Eine Veröffentlichung des
Leo Baeck Instituts New York

Bürger auf Widerruf

Lebenszeugnisse deutscher Juden
1780–1945

Herausgegeben von
Monika Richarz

Verlag C. H. Beck München

Eine Veröffentlichung des Leo Baeck Instituts New York
Diesem Buch liegt das dreibändige Werk
„Jüdisches Leben in Deutschland",
Stuttgart 1976–1982, zugrunde
Mit 4 Abbildungen
(Bildarchiv des Leo Baeck Instituts, New York)

CIP-Titelaufnahme der Deutschen Bibliothek

Bürger auf Widerruf:
Lebenszeugnisse deutscher Juden 1780–1945 / hrsg. von
Monika Richarz. - München : Beck, 1989
ISBN 3 406 33856 9
NE: Richarz, Monika [Hrsg.]

ISBN 3 406 33856 9

Umschlagentwurf: Bruno Schachtner, Dachau
Umschlagbild: Familie an der Sedertafel
(Foto: Pisarek, Berlin)
© C. H. Beck'sche Verlagsbuchhandlung (Oscar Beck), München 1989
Satz: Fotosatz Otto Gutfreund, Darmstadt
Druck und Bindung: May + Co, Darmstadt
Printed in Germany

Inhalt

Vorwort

Der vorliegende Band enthält eine Sammlung autobiographischer Zeugnisse von in der Öffentlichkeit unbekannten deutschen Juden. Diese Texte zur Sozialgeschichte entstammen sämtlich dem Archiv des Leo Baeck Instituts in New York. Zu Wort kommen Juden aller sozialen Schichten, aus Stadt und Land, aus verschiedenen Berufen und aus unterschiedlichen religiösen und politischen Gruppierungen. Fast immer haben die Autoren ihre Aufzeichnungen ursprünglich nur für die eigene Familie bestimmt. Das Hauptgewicht der Auswahl liegt auf zwei Grundthemen: der inneren Entwicklung der jüdischen Sozialgruppe und der sich wandelnden Situation der Juden in der Gesamtgesellschaft. Die Autoren berichten anschaulich von Kindheit, Schule und Berufstätigkeit ebenso wie über Gemeindeleben, Religiosität, Kultur und Politik. Diese Berichte aus dem Alltagsleben bezeugen sehr unterschiedliche Formen jüdischer Identität und damit die außerordentliche Vielfalt des deutschen Judentums. Sie zeigen aber auch das Verhältnis zwischen Juden und Umwelt – die kulturelle und soziale Annäherung ebenso wie die Verweigerung der Integration und alle Stufen antisemitischer Verfolgung. Diese Texte geben damit dem Leser die Möglichkeit, sich selbst ein Bild zu machen vom Sozialleben der deutschen Juden in den 150 Jahren vom Beginn ihrer Emanzipation bis zu ihrer Vertreibung und Vernichtung.

Dieses Buch ist die Kurzfassung einer früheren dreibändigen Edition von Autobiographien deutscher Juden, die unter dem Titel „Jüdisches Leben in Deutschland – Selbstzeugnisse zur Sozialgeschichte" erschien (DVA Stuttgart 1976–82). Diese inzwischen vergriffene Edition enthält 126 Selbstzeugnisse, von denen 51 im vorliegenden Band abgedruckt sind. Der Kurzausgabe ist ein einleitender Essay vorausgestellt, der die längeren wissenschaftlichen Einführungen der Erstausgabe zusammenfaßt. Der Essay verzichtet auf Fußnoten, die in der Originalausgabe zu finden sind, doch der Anhang enthält ein Verzeichnis der benutzten Literatur. Die Dokumentation richtet sich gleichermaßen an historisch und politisch Interessierte wie an Lehrende und Lernende, die einen Zugang zur Geschichte der deutschen Juden suchen.

Die Originale der hier vorgelegten Autobiographien aus dem Archiv des Leo Baeck Instituts sind fast alle bisher ungedruckt. Das Leo Baeck Institut wurde 1955 von Emigranten aus Deutschland gegründet als Forschungszentrum zur deutsch-jüdischen Geschichte und unterhält Teilinstitute in New York, London und Jerusalem. Eine wichtige Abteilung des in New York aufgebauten Archivs bildet die Sammlung von Memoiren und Erinnerungsschriften, die Max Kreutzberger begründete. Sie umfaßt heute etwa 1 000

Manuskripte und Privatdrucke, die aus Deutschland geflüchtete Juden dem
Archiv übergaben. Etwa zwei Drittel dieser Manuskripte behandeln die Zeit
des 20. Jahrhunderts, wurden also meist erst nach 1945 geschrieben. Doch
gibt es auch zahlreiche Erinnerungen an das 19. Jahrhundert, die bereits vor
zwei oder drei Generationen entstanden und innerhalb der Familie vererbt
und bei der Flucht gerettet wurden.

Wer sind die Autoren dieser Manuskripte? Es handelt sich zum größten
Teil um öffentlich nicht bekannte Personen aus dem jüdischen Bürgertum.
Akademiker sind überproportional vertreten, Autoren aus der sozialen
Ober- und Unterschicht sowie aus dem Ostjudentum sind ebenso unterre-
präsentiert wie Autorinnen. Jedoch ist es möglich, durch die Auswahl der
Quellentexte dieser sozialen Einseitigkeit entgegenzuwirken. Bei vielen
Autoren handelt es sich um soziale Aufsteiger, die auch das ärmere oder
ländliche Milieu ihrer Kindheit beschreiben. Die Motivation für die Abfas-
sung der älteren Erinnerungen war nicht selten der Stolz auf den Aufstieg
der Familie. Nach dem Holocaust veranlaßten ganz andere Gründe die
Autoren zum Schreiben – die Überzeugung, eine historische Verpflichtung
zur Zeugenaussage zu haben, ein starker psychischer Leidensdruck aufgrund des Erlebten und das Bedürfnis, den außerhalb Deutschlands in einem
anderen Kulturkreis aufgewachsenen Kindern und Enkeln ein Bewußtsein
ihrer familiären Herkunft zu geben.

Die Auswahl strebt einen möglichst repräsentativen sozialen Querschnitt
an, was selbstverständlich niemals voll zu verwirklichen ist. Die Idee,
Memoiren zu schreiben, bleibt nun einmal ein bürgerliches Konzept. Was
die zeitliche Auswahl betrifft, so wurden die drei Epochen Emanzipation,
Kaiserreich und die Zeit der Weimarer Republik und der nationalsozialistischen Verfolgung fast gleich stark berücksichtigt. Das mag verwundern, da
heute das Interesse besonders auf die Zeit des Nationalsozialismus gerichtet
ist. Dieser Band soll jedoch Aufstieg, Entfaltung und Zerstörung des
deutschen Judentums gleichermaßen dokumentieren, weil nur so das volle
Bild der vernichteten Kultur und Gesellschaft entsteht. Geographisch wurde
die Dokumentation beschränkt auf Ereignisse innerhalb Deutschlands. Sie
reicht also im Schlußteil nur bis an die Schwelle der Auswanderung oder der
Deportation und behandelt nicht das Leben in der Emigration oder in den
Vernichtungslagern. Ausgenommen hiervon sind die Konzentrationslager in
Deutschland selbst, in denen Juden nach dem Novemberpogrom inhaftiert
waren. Zeitlich reicht die Dokumentation über den Abschluß der Massendeportationen im Jahre 1943 hinaus, da entgegen der nationalsozialistischen
Propaganda auch danach noch Zehntausende von Juden in Deutschland
lebten. Daher wurde der letzte Teil den einzigartigen Zeugnissen jener
gewidmet, die in den Untergrund gingen, und deren Aufzeichnungen über
das Leben am Rande des Todes die Dokumentation davor bewahren, durch
ihre notwendige Begrenzung einer Verharmlosung der Judenverfolgung
Vorschub zu leisten.

Bei der Edition von Memoiren stellt sich immer die Frage nach der historischen Zuverlässigkeit der Berichte. Jedes Erinnern ist selektiv und unterliegt durch Vergessen, Verdrängen und Neuinterpretieren im Laufe der Zeit weiteren Veränderungen. Auch der Abfassungszeitpunkt der Memoiren beeinflußt ihren Inhalt. Ob beispielsweise ein Manuskript in Kenntnis der Gaskammern von Auschwitz geschrieben wurde oder nicht, stellt einen ganz entscheidenden Unterschied dar. Es wurde deshalb besondere Mühe darauf verwendet, die undatierten Manuskripte zu datieren – meist durch Befragung der Familien – und ihren historischen Inhalt zu überprüfen, soweit dies möglich ist. Fehler wurden nur bei Jahreszahlen stillschweigend berichtigt, sonst erscheinen Korrekturen in den Fußnoten. Die im Text vorkommenden hebräischen Wörter sind von den Autoren oft entsprechend der aschkenasischen Aussprache transkribiert worden, wie sie in Deutschland üblich war. Dies wurde nicht zugunsten des modernen Hebräisch geändert. Runde Klammern im Text stammen vom Original, eckige von der Herausgeberin.

Um dem Leser der autobiographischen Zeugnisse deren Verständnis und historische Einordnung zu erleichtern, wurde der Band mit einer Einleitung versehen, die die Sozialgeschichte der Juden in Deutschland in einem knappen Überblick skizziert. Sie stützt sich dabei auf die Ergebnisse der bisherigen Geschichtsforschung, die gerade im letzten Jahrzehnt auf diesem Gebiet international einen großen Umfang erreicht hat.

Die Memoirenedition, die dieser Kurzfassung zugrunde liegt, wurde von mir während eines mehrjährigen Aufenthaltes im New Yorker Leo Baeck Institut erarbeitet und von der Deutschen Forschungsgemeinschaft gefördert. Gleichzeitig war ich wissenschaftliche Mitarbeiterin am Institut für Geschichtswissenschaften der Technischen Universität Berlin, wo Professor Reinhard Rürup die Edition gegenüber der Deutschen Forschungsgemeinschaft vertrat. Dem Ursprung nach war das Projekt eine Idee des Leo Baeck Instituts und wurde dann in internationaler Kooperation verwirklicht. Vorstand und Mitarbeiter des Instituts haben meine Arbeit in New York in jeder nur denkbaren Weise unterstützt und ermöglichten damit eine ebenso vertrauensvolle wie freundschaftliche Zusammenarbeit. Hierfür bin ich dem Institut und besonders seinem Direktor, Fred Grubel, in großer Dankbarkeit verbunden. Zahlreiche Wissenschaftler gaben mir in New York Rat und Hilfe in Einzelfragen, von denen ich dankbar nenne: Max Grünewald, Ernest Hamburger, Ismar Schorsch, Marion Kaplan, Sybil Milton, Steven Lowenstein und Robert Liberles. In Berlin gilt mein herzlicher Dank der kollegialen Unterstützung durch Reinhard Rürup und der Beratung durch E. G. Lowenthal, dessen Privatarchiv zahlreiche Fußnoten erst ermöglichte. Nicht zuletzt danke ich Arnold Paucker (London) und Josef Walk (Jerusalem) für ihre Hilfe bei Recherchen in England und Israel.

Köln, im Frühjahr 1989   Monika Richarz

Einleitung

Die folgenden autobiographischen Texte sind historische Zeugnisse aus dem jüdischen Leben in Deutschland. In ihrer vollen Bedeutung begreifen kann sie nur, wer gewisse Grundkenntnisse der Bedingungen hat, unter denen diese Leben standen. In den persönlichen Rückblicken werden diese Bedingungen entweder als bekannt vorausgesetzt, oder sie waren den Verfassern selbst nicht bewußt, weil sie erst in historischer Rückschau als strukturelle Grundmuster erkennbar werden. Das scheinbar Individuelle ist vielfach Ausdruck einer allgemeinen Entwicklung. In der Sozialgeschichte der deutschen Juden des 19. Jahrhunderts waren beispielsweise Phänomene wie sozialer Aufstieg, Urbanisierung und Rückgang der Kinderzahl Grundstrukturen des Lebens. Es ist deshalb notwendig, dem Leser einen Überblick über die historischen Lebensbedingungen und Lebensformen der jüdischen Minorität in der deutschen Gesellschaft zu geben. Behandelt werden hierbei folgende sozialgeschichtliche Hauptthemen: die Entwicklung der Rechtslage der Juden, demographische Veränderungen, Wandel der Berufsstruktur, soziale Mobilität, Akkulturation und Bildung, Familienstruktur, Veränderung in der religiösen Haltung, Gemeindeleben und Organisationen, politische Einstellungen und Wandlungen in den Beziehungen zwischen Juden und Umwelt. Diese Themen werden bis 1933 im historischen Längsschnitt dargestellt, und der Zeit des Nationalsozialismus ist anschließend ein eigener Abschnitt gewidmet.

Emanzipation: Vom Schutzjuden zum Bürger zweiter Klasse

Das Zeitalter der Judenemanzipation begann in Deutschland 1781 mit der berühmten Schrift des preußischen Staatsrats Christian Wilhelm Dohm „Über die bürgerliche Verbesserung der Juden" und endete erst mit der Verfassung des Deutschen Reiches von 1871, die die endgültige rechtliche Gleichstellung der Juden enthielt, ohne daß diese jedoch de facto im Kaiserreich voll verwirklicht wurde. Das Zeitalter der Emanzipation bildete gleichzeitig die Epoche der Entstehung der bürgerlichen Gesellschaft in Deutschland, und beide Prozesse waren eng miteinander verflochten. Die Judenemanzipation war nur ein Teil jener grundlegenden sozialen Veränderungen, durch die die ständische Gesellschaft aufgelöst und der Aufstieg des deutschen Bürgertums ermöglicht wurde. Die bürgerlich-liberale Bewegung mit ihrer Forderung nach Menschenrechten, Verfassung und politischer Selbstbehauptung mußte auch für die Gleichberechtigung der Juden eintreten, wollte sie sich nicht selbst widersprechen. Bürgerliche Beamte und Abgeordnete machten sich zu Fürsprechern der Judenemanzipation. Doch anders als in Frankreich, wo die Juden über Nacht die Gleichberechtigung erhielten, wurde diese in Deutschland an die Erfüllung von Bedingungen geknüpft, und der Prozeß der Emanzipation wurde so über drei Generationen hingezogen. Niemals schienen die Juden den Behörden angepaßt genug, um sie voll zu emanzipieren, wodurch der Emanzipationsprozeß selbst permanent Gelegenheit zu neuer Diskriminierung gab. Die bürgerliche Bewegung und der Liberalismus zeigten so von Anfang an eine ambivalente Haltung gegenüber der jüdischen Minorität. Erst als die Juden im Zuge der Industrialisierung wirtschaftlich aufgestiegen und verbürgerlicht waren, wurde ihre rechtliche Benachteiligung schließlich ganz aufgehoben – konnten sie doch nicht länger als arm und ungebildet diskriminiert werden.

Schon bald aber begann dann im Kaiserreich ein gesellschaftlicher Antisemitismus bisher nicht gekannten Ausmaßes. Jetzt waren es gerade Bildung und gehobener Wohlstand der jüdischen Minorität, die zum Angriffsziel dienten. Besonders das Bürgertum verweigerte Juden die soziale Anerkennung, schloß sie aus von Staatsämtern und Offizierskarrieren und beschuldigte sie der wirtschaftlichen Übervorteilung und kulturellen Überfremdung des deutschen Volkes. So blieben die deutschen Juden auch in der Zeit ihres größten wirtschaftlichen Erfolges sozial weitgehend isoliert und wurden zu einem deutsch-jüdischen Bürgertum eigener Prägung, das nach außen hin stark um Anpassung bemüht war, im Innern aber trotz aller Assimilation auch jüdische Traditionen bewahrte. Zwar war das orthodoxe Judentum stark geschwächt, und nur noch eine Minderheit der Juden lebte streng nach dem Religionsgesetz, doch entwickelte die jüdische Minorität eine eigene deutsch-jüdische Subkultur. In ihr verbanden sich traditionell jüdische Elemente mit solchen der bürgerlichen Kultur in Deutschland. Die so viel diskutierte „deutsch-jüdische Symbiose" war also weniger eine soziale Realität im Zusammenleben von Juden und Nichtjuden als ein innerjüdisches Kulturphänomen.

Im 18. Jahrhundert waren die Juden in der ständischen Gesellschaft des Heiligen Römischen Reiches rechtlich gesehen nur Geduldete und Fremde, die außerhalb der allgemeinen Sozialordnung lebten. Als sogenannte „Schutzjuden" unterstanden sie direkt den zahlreichen Landesherren und den von diesen erlassenen Judengesetzen. Die Fürsten tolerierten die Angehörigen der „Jüdischen Nation", wie sie genannt wurden, allein aus wirtschaftlichen und fiskalischen Interessen. Durch das von Juden zu zahlende Schutzgeld und weitere Sonderabgaben an die Fürsten bildeten sie für die stets in Geldnöten befindlichen Landesherren eine zuverlässige Einnahmequelle und belebten zudem durch Kapital- und Handelskontakte die Wirtschaft. Jeder Landesherr versuchte daher, nur kapitalkräftige Juden in sein Land aufzunehmen, während mittellose oft ausgewiesen wurden und als Betteljuden von Gemeinde zu Gemeinde ziehen mußten. Juden besaßen weder Freizügigkeit noch das Recht auf freie Berufsausübung. Gesetzlich waren sie überall auf Handelsberufe beschränkt und konnten weder zünftige Handwerker werden noch Grundbesitz erwerben. Selbst die Zahl ihrer Kinder, die sich im Lande niederlassen durfte, begrenzte der Landesherr auf ein oder – bei entsprechender Zahlung – höchstens zwei.

Von den übrigen Untertanen mit Mißtrauen und religiösem Haß betrachtet, lebten die Juden in ihren eigenen Gemeindekorporationen. Nur an wenigen Orten, wie beispielsweise in Frankfurt, bestand ein Ghetto. Aber die Diskriminierung und die Unterschiede in Religion, Kultur, Kleidung und Sprache schufen überall eine strikte soziale Trennung. Meist war es allein der Handel, der Juden in Kontakt mit Christen brachte. Im Innern besaßen die Gemeinden eine gewisse Autonomie. Der Landesherr gewährte das Recht auf Religionsausübung, auf Einrichtung von Synagogen und Friedhöfen, und der Gemeindevorstand regelte die religiösen und sozialen Angelegenheiten der Gemeinde. Doch die Gemeindevorsteher bedurften landesherrlicher Bestätigung und hafteten mit ihrem Vermögen für die Zahlung der Gemeindeabgaben. Sie gehörten daher oft der schmalen Oberschicht der Hofjuden an, die von den Fürsten als Instrumente ihrer Wirtschaftspolitik benutzt wurden und den ständigen Bedarf der Herrscher an Krediten, Luxuswaren und Heereslieferungen zu befriedigen hatten. Die Hofjuden genossen besondere Privilegien und zeigten schon früh Zeichen der Akkulturation (Übernahme der Umweltkultur), doch wirkten sie auch als Fürsprecher für ihre Glaubensgenossen.

Kulturell lebte die Masse der Juden in starker Abgeschlossenheit. Allein Tora und Talmud bestimmten das geistige Leben, und Lesen und Schreiben lernten jüdische Kinder bis Ende des 18. Jahrhunderts nur in hebräischen Buchstaben. Das Lesen deutschsprachiger Bücher galt als suspekt. Die jüdischen Elementarschulen wie die Talmudschulen vermittelten religiöse Bildung, und eine Beschäftigung mit der Umweltkultur fand nur im Ausnahmefall statt. Die Umgangssprache der Juden war das sogenannte Judendeutsch, heute philologisch als Westjiddisch bezeichnet, das mit hebräischen Buchstaben geschrieben wurde.

Die Schutzjuden wiesen eine deutliche soziale Schichtung auf. Man kann annehmen, daß nicht einmal zwei Prozent zur Oberschicht der Hofjuden gehörten. Abgesehen von einer schmalen Mittelschicht, bestehend aus Kaufleuten mit einigem Handelskapital, lebten im 18. Jahrhundert über drei Viertel der Juden in Armut. Die meisten von ihnen waren Kleinsthändler, Hausierer auf dem Lande oder mußten als Handelsgehilfen ohne Heiratserlaubnis unter dem Schutz eines Glaubensgenossen leben, wenn sie keinen eigenen Schutzbrief besaßen. Die unterste soziale Schicht bestand aus den in jeder Gemeinde wohnenden Almosenempfängern und aus den schätzungsweise zehn Prozent wandernden Betteljuden, die ständig im Umherziehen lebten, weil sie nirgends ein Wohnrecht erhielten.

Diese Skizze der jüdischen Gesellschaft darf jedoch nicht den Eindruck von Statik erwecken. In der zweiten Hälfte des 18. Jahrhunderts zeigten sich deutliche Veränderungen in der jüdischen Bildungswelt und in den Sozialbeziehungen zwischen Juden und Christen. Es erwachte bei einzelnen Juden das Interesse an der Umweltkultur, während sich gleichzeitig unter dem Einfluß der Aufklärungsbewegung bei der christlichen Bildungsschicht die Bereitschaft verbreitete, den „gebildeten" Juden auch als Menschen und potentiellen Bürger zu akzeptieren. So kam es zur Begegnung einer schmalen jüdischen und christlichen Bildungsschicht in Gelehrtenzirkeln und Salons der Aufklärungsepoche. Der Berliner Philosoph Moses Mendelssohn, der zu europäischem Ruhm gelangte, war der gefeierte Protagonist dieser Entwicklung. Jüdinnen wie Henriette Herz und Rahel Varnhagen wurden durch ihre Berliner Salons in ganz Deutschland bekannt. So begrenzt der Umfang dieser kulturellen Begegnung blieb, so stark wirkte doch ihr Einfluß auf die Entstehung und Verwirklichung der Idee der Judenemanzipation.

Als Christian Wilhelm Dohm, der Freund Mendelssohns, 1781 die bürgerliche Gleichstellung der Juden forderte, löste dies eine öffentliche Debatte aus. Dohm ging es vor allem um eine Erziehung und „Verbesserung" der Juden durch ihre Abziehung vom Handel und ihre Hinführung zu Handwerk und Ackerbau. Diese Idee der notwendigen staatlichen Erziehung sollte in den nächsten Jahrzehnten verhängnisvoll verzögernd auf die Judenemanzipation einwirken. Das 1782 von Joseph II. für die österreichischen Juden erlassene „Toleranzpatent", das keine bürgerlichen Rechte gewährte, aber Militärpflicht, Berufslenkung und staatliche Schulreform für Juden einführte, beeinflußte die Diskussion in den deutschen Staaten stärker als die sofortige und uneingeschränkte Gleichstellung der Juden durch die französische Nationalversammlung im Jahre 1791.

Faktisch waren es die Juden in den von Frankreich eroberten deutschen Territorien, die zuerst in den, freilich nur kurzfristigen, Genuß der vollen Gleichstellung kamen. Als Napoleon besiegt war, wurden den Juden in den Rheinlanden, in Westfalen, den Hansestädten und Frankfurt diese Rechte wieder genommen. In Preußen gab die Niederlage von 1806 den Anstoß für die Verwirklichung einer Reihe von Sozialreformen, die die Schranken der ständischen Gesellschaft abbauen und die Teilnahme der Bürger am Staatsleben fördern sollten. Zu diesem Reformwerk gehörte das 1812 erlassene Judenedikt, das die Juden zu preußischen Staatsbürgern machte mit den entsprechenden Rechten und Pflichten, wozu auch der Militärdienst zählte. Damit war das Schutzjudentum aufgehoben; Juden hatten Berufsfreiheit, wurden aber zu Staatsämtern noch nicht zugelassen. Dieses verhältnismäßig progressive Gesetz galt jedoch nur für das sehr verkleinerte Preußen von 1812 und bis 1848 nicht für die übrigen Juden Preußens, vor allem nicht für die Masse der ärmeren Juden, die in der Provinz Posen ansässig waren. Im Gegensatz dazu wurden in Bayern die Juden dem rigorosen Matrikelgesetz von 1813 unterworfen. Dies verbot ihre Zunahme über eine festgesetzte

Zahl von Matrikelnummern hinaus und verursachte damit eine umfangreiche Auswanderung. In Bayern, wie auch in den beiden hessischen Staaten, in Baden und Württemberg wurde in den Emanzipationsgesetzen die Gewährung der staatsbürgerlichen Rechte von der Ausübung erwünschter Berufe abhängig gemacht, also eine bewußte staatliche Berufslenkung betrieben. Nicht emanzipiert wurden im Rahmen dieser Erziehungspolitik bis 1848 alle jene Juden, die als Hausierer, Trödler und Pfandleiher oder bloße Handelsvermittler über kein nennenswertes Handelskapital verfügten. Davon waren vor allem die in Süd- und Westdeutschland zahlreich ansässigen Landjuden betroffen.

Überblickt man den wegen der Vielzahl der deutschen Staaten und wegen seiner nur schrittweisen Verwirklichung sehr komplizierten Prozeß der Judenemanzipation im ganzen, so lassen sich deutlich mehrere Phasen unterscheiden. Die erste Phase umfaßte die Zeit bis 1815 und war geprägt von neuen Judengesetzen, die sich entweder an dem Vorbild Österreichs oder Frankreichs orientierten. Mit dem Wiener Kongreß siegte auch in der „Judenfrage" die Reaktion. Gesetzgebung und Verwaltungspraxis schränkten teilweise die gewährten Rechte wieder ein. Die Revolution von 1848 brachte dann die entscheidende zweite Phase der Emanzipationsgesetzgebung, auch wenn dann wiederum in den fünfziger Jahren eine rückläufige Bewegung folgte, bis schließlich in den sechziger Jahren in fast allen Staaten die rechtliche Gleichstellung vollendet wurde. Erst zuletzt erhielten die Juden das Gemeindebürgerrecht und damit das Recht auf Freizügigkeit. Hatte die bürgerlich-liberale Bewegung die Judenemanzipation nur zögernd vorangetrieben, so waren es nach 1850 vor allem die Auswirkungen des Wirtschaftsliberalismus und der industriell-kapitalistischen Produktionsweise, die zusammen mit dem jetzt sichtbaren sozialen Aufstieg der Juden Sondergesetze für jüdische Bürger in einer völlig veränderten Wirtschafts- und Sozialverfassung zum Anachronismus hätten werden lassen.

Entsprach die Rechtslage der Juden im Kaiserreich der aller übrigen Bürger, so bedeutete dies jedoch nicht, daß ihnen de facto auch von der Gesellschaft gleiches Recht konzediert wurde. Die starke Verbreitung des Antisemitismus in der Beamtenschaft, unter den Akademikern und Offizieren des Kaiserreichs führte dahin, daß die Verfassung durch die gesellschaftliche Praxis immer wieder ad absurdum geführt wurde. Zwar gab es für Juden jetzt Berufsfreiheit, doch war sich jeder Jude bei der Berufswahl bewußt, daß er beispielsweise fast keine Aussicht hatte, Beamter, Lehrer, Professor, Richter oder Offizier zu werden. Die rechtliche Diskriminierung war durch eine soziale ersetzt worden, die vor allem darauf zielte, Juden von gesellschaftlichen Führungspositionen fernzuhalten.

Entwicklung der jüdischen Bevölkerung

Die Emanzipationsgesetzgebung bewirkte die politische Integration der
Juden in Gemeinde und Staat, beeinflußte ihre religiöse und kulturelle
Entwicklung und nicht zuletzt ihr demographisches Verhalten. Für das
Schutzjudentum war charakteristisch, daß die Landesherren die Vermehrung
der jüdischen Bevölkerung möglichst zu beschränken suchten, doch die
entsprechenden Gesetze wurden – außer in Bayern – fast überall schon zu
Beginn der Emanzipation aufgehoben. Es ist daher nicht verwunderlich, daß
die jüdische Bevölkerung im Zeitraum von 1820–1871 wie die Gesamtbevölkerung stark anwuchs. Die Zuwachsrate betrug allgemein 63 Prozent, bei
Juden 74 Prozent. Im Jahr 1871 gab es im Deutschen Reich 512000 Juden,
die 1,2 Prozent der Bevölkerung ausmachten.

Nach 1871 begann das Bevölkerungswachstum der Juden zu sinken.
Zwischen den Volkszählungen von 1871 und 1910 wuchs die Gesamtbevölkerung um 58 Prozent, die jüdische Bevölkerung nur um etwa 20 Prozent
auf 615000. Wie ist das zu erklären? Der soziale Aufstieg und die starke
Urbanisierung der Juden hatten sie überwiegend ins städtische Bürgertum
geführt, eine Gruppe, die gegen Ende des 19. Jahrhunderts ihre Kinderzahl
durch Geburtenkontrolle zu beschränken begann. So sank der Anteil der
Juden an der Reichsbevölkerung, wozu auch eine starke Auswanderung
nach Übersee beitrug. Nur die geringere Säuglingssterblichkeit und die
höhere Lebenserwartung der Juden, vor allem aber die jüdische Einwanderung aus Osteuropa, verhinderten einen noch stärkeren Verlust an jüdischer
Bevölkerung. Da diese ausländischen Juden zumeist nicht dem Bürgertum
angehörten, hatten sie eine höhere Kinderzahl. Man muß also feststellen,
daß die deutschen Juden bereits um 1900 eine negative Bevölkerungsbilanz
aufwiesen. Der Altersaufbau der jüdischen Minorität unterschied sich bald
deutlich von der der Gesamtbevölkerung. Der Anteil der Kinder sank von
1871 bis 1933 um die Hälfte. Diese negative demographische Entwicklung
trat nicht in das Bewußtsein der deutschen Öffentlichkeit, da die Juden
durch ihre Konzentrierung in den Städten und in einzelnen Berufsgruppen
sowie durch die ostjüdische Zuwanderung eher an Sichtbarkeit zugenommen hatten. Die Antisemiten suchten sogar, wie Heinrich von Treitschke,
den Eindruck zu erwecken, daß eine jüdische Masseneinwanderung das
Reich überflutete. Anders die jüdischen Statistiker, die warnend auf die
Entwicklung hinwiesen, wie vor allem Felix Theilhaber in seiner 1911
veröffentlichten Schrift „Der Untergang der deutschen Juden".

Die folgende Tabelle gibt einen Überblick über die Entwicklung der
jüdischen Reichsbevölkerung von 1871 bis 1939. Zu beachten ist dabei, daß
das Reich nach dem Ersten Weltkrieg in seinem Umfang vermindert war, da
es an den Ost- und Westgrenzen Gebiete verloren hatte. Die Bevölkerungsentwicklung unter nationalsozialistischer Herrschaft spiegelt 1933 die Aus-

wirkungen der ersten Fluchtbewegungen und 1939 das Resultat der erzwungenen Massenauswanderung. (Alle Zahlen nach Stat. d. Dt. Reiches)

	Juden	% der Bevölkerung
1871	512153	1,25
1885	563172	1,2
1900	586833	1,04
1910	615021	0,95
1925	564379	0,9
1933	502799	0,76
1939	213930	0,31

Außer abnehmender Fruchtbarkeit und zunehmender Lebenserwartung bestimmten zwei weitere Faktoren die jüdische Bevölkerungsentwicklung: Ein- und Auswanderung sowie Mischehen und Konversionen. Eine jüdische Auswanderung aus Deutschland, speziell nach den Vereinigten Staaten, gab es während des ganzen 19. Jahrhunderts, ohne daß genaue Zahlenangaben darüber vorliegen. Nach vorläufigen Schätzungen wanderten zwischen 1830 und 1910 bis zu 200000 deutsche Juden nach Übersee aus. Mit Sicherheit lag ihr Anteil an der deutschen Auswanderung höher als ihr Bevölkerungsanteil. Die Auswanderung erfolgte vor allem aus Bayern, wo sie bis 1862 das Matrikelgesetz erzwang, und aus den übrigen wirtschaftlich rückständigen Gebieten Süddeutschlands sowie aus der Provinz Posen. Ab 1880 begann infolge der Pogrome in Rußland und der wirtschaftlichen Krisenlage der Juden in Galizien eine größere jüdische Einwanderung aus Osteuropa nach Deutschland. Sie bildete allerdings nur ein Rinnsal im Vergleich zum Strom der mehr als zwei Millionen jüdischen Auswanderer aus Osteuropa nach Übersee. Der ständige Aufenthalt in Deutschland wurde den Ostjuden schwergemacht. Eine Naturalisation konnten sie fast nie erreichen, und fast alle mußten Ausländer bleiben. Die folgende Tabelle zeigt die Entwicklung der Zuwanderung ausländischer Juden und ihren wachsenden Anteil an den Juden in Deutschland.

	Ausl. Juden	% der Juden in Dt.
1890	22000	3,9
1910	78746	12,8
1925	107747	19,1
1933	98747	19,8

Während des Ersten Weltkrieges wurden aus den von Deutschland besetzten Gebieten des Zarenreiches vorübergehend auch Juden als Arbeitskräfte angeworben. Dies führte zu einer erhöhten Einwanderung, so daß die Ostjuden in der Weimarer Republik etwa ein Fünftel der in Deutschland lebenden Juden ausmachten. Die meisten von ihnen waren Kleinhändler oder Handwerker und ungelernte Arbeiter, viele gehörten dem Proletariat an. Sie sprachen Jiddisch, lebten oft orthodox oder waren Sozialisten. Kurzum: sie unterschieden sich in jeder Beziehung von den deutschen Juden. Die meisten Ostjuden konzentrierten sich in Berlin sowie in Sachsen und dem Ruhrgebiet, wo sie in den Großstädten separat vom deutsch-jüdischen Bürgertum lebten. Der Staatsangehörigkeit nach stammten 1925 fast die Hälfte aller ausländischer Juden aus Polen, die übrigen zumeist aus Österreich und der Sowjetunion, und zehn Prozent waren durch die Folgen des Weltkrieges staatenlos geworden.

Der Bevölkerungsverlust durch Taufen blieb verhältnismäßig gering. Jakob Toury schätzt ihn für das gesamte 19. Jahrhundert auf etwa 22000 Personen. Die meisten Konversionen fanden im Kaiserreich statt, als der Antisemitismus zur systematischen Bewegung wurde und die religiöse Indifferenz auch unter Juden stark zugenommen hatte. In den Jahren 1918 und 1933 erreichte die Taufkurve dann neue Höhepunkte, was eine klare Abhängigkeit der Taufen vom Druck des Antisemitismus beweist.

Folgenschwerer als die Taufen waren die Mischehen für die Bevölkerungsentwicklung, denn sie nahmen stärker zu, und die Kinder aus diesen Ehen wurden zu weniger als einem Viertel noch als Juden erzogen. Eine gemischte Ehe gingen von allen heiratenden Juden in Preußen 1875/79 vier Prozent ein, 1901/04 neun Prozent und 1930/33 schon 24 Prozent. In Hamburg stieg der Anteil der gemischten Heiraten zwischen Juden und Christen vor 1933 sogar auf 39 Prozent. Diese Tendenz widersprach der Tradition der Binnenheirat, die der stärkste Ausdruck jüdischer Identität geblieben war. Die weitere Steigerung der Mischehen hätte auf die Dauer den Fortbestand einer separaten jüdischen Sozialgruppe gefährdet und zur Absorbtion der jüdischen Bevölkerung geführt.

Die geographische Verteilung der jüdischen Bevölkerung auf die einzelnen deutschen Staaten war aus historischen Gründen vor 1871 sehr unterschiedlich. Als die Juden mit der Vollendung der Emanzipation und mit der Reichsgründung die Möglichkeit zu unbegrenzter Mobilität innerhalb Deutschlands erhielten, änderte sich ihre Verteilung kontinuierlich zugunsten der höher industrialisierten Regionen und der Großstädte. Die folgende Tabelle zeigt die Verteilung der Juden auf die einzelnen deutschen Staaten im Jahr der Reichsgründung.

Preußen	325587	Hamburg	13796
Bayern	50648	Württemberg	12245
Elsaß-Lothringen	40938	Sachsen	3346
Baden	25703	Thüringen	3309
Hessen	25373	Übrige	11208
		Summe:	512153

In dem am stärksten industrialisierten Preußen lebten demnach 1871 schon fast zwei Drittel aller deutschen Juden, was sich bis 1925 auf 72 Prozent steigerte. Innerhalb Preußens gab es eine deutliche Abwanderungsbewegung aus den agrarischen Ostprovinzen in Richtung auf die Reichshauptstadt Berlin. Doch auch das Ruhrgebiet zog durch Industrialisierung und Städtewachstum jüdische Bevölkerung an. In den süddeutschen Staaten Bayern, Baden, Württemberg und Hessen stagnierte die jüdische Bevölkerung, oder es kam zu einer leichten Abwanderung.

Angesichts der rapiden Urbanisierung der Juden im Kaiserreich wird oft unterschätzt, wie stark die jüdische Bevölkerung bis Ende des 19. Jahrhunderts noch auf dem Lande lebte. In Süd- und Westdeutschland war die Siedlung der Juden in Dörfern und Landstädten weiter vorherrschend, und dies galt auch für die preußische Rheinprovinz und Westfalen. Mit 93 Prozent (1832) wies das Königreich Württemberg den höchsten Prozentsatz von Dorfjuden auf. Auch im Großherzogtum Hessen war noch 1871 die Hälfte aller Juden in Dörfern mit weniger als 2000 Einwohnern ansässig. Doch dann begann im ganzen Reich die schnelle Abwanderung der Juden aus den Dörfern und Landstädten in die Großstädte.

Die Urbanisierung, ermöglicht durch die Freizügigkeit, bildet ein wichtiges Kriterium für den wirtschaftlichen und sozialen Aufstieg der deutschen Juden. Wie die Memoiren immer wieder erkennen lassen, sind es gerade die Erfolgreichen, die von den kleinen Orten in die Städte abwandern. Am häufigsten werden zwei Ursachen für den Abzug in die Stadt genannt: der Eisenbahnanschluß und das Gymnasium. Beide sind gewissermaßen Vehikel des sozialen Aufstiegs. Aufgrund der modernen Verkehrsentwicklung und der stärkeren Konzentration der Bevölkerung und des Handels in einzelnen Städten ist es für den ländlichen Großkaufmann jetzt günstiger, sich näher an seinem Absatzmarkt niederzulassen oder zumindest an einem Ort mit guter Eisenbahnverbindung dorthin. Mit der Abwanderung in die Stadt veränderten sich oft Objekt und Umfang des Unternehmens, was in der Folge nicht selten zu einem weiteren Umzug in die Haupt- und Residenzstadt führte. So bildete z. B. die Ansiedlung in Posen oder Breslau oft nur eine Etappe auf dem Wege nach Berlin. Die Urbanisierung bot zugleich die Chance wesentlich verbesserter Bildungsmöglichkeiten für die Kinder, worauf in jüdischen Familien traditionell besonders großer Wert gelegt wurde. Konnte die Familie selbst noch nicht in die Stadt ziehen, so ermöglichte sie doch oft, wie das Beispiel Isidor Hirschfelds (24) zeigt, den Söhnen eine städtische Ausbildung, was die intergenerationelle Mobilität erheblich förderte. Die Verbindung von sozialer und lokaler Mobilität war ein besonderes Kennzeichen der jüdischen Sozialentwicklung und führte zu einer Binnenwanderung größten Umfangs. Dies hatte wiederum einschneidende Folgen für die religiöse Entwicklung, denn die Urbanisierung verursachte oft die Abschwächung der traditionellen jüdischen Lebensform.

Die Urbanisierung der Juden vollzog sich schneller und in weit größerem Umfang als die der übrigen Reichsbevölkerung. Im Jahre 1871 lebten knapp 20 Prozent aller Juden in Großstädten, 1910 waren es schon 58 Prozent und

1933 67 Prozent. Die deutsche Gesamtbevölkerung wohnte dagegen 1871 nur zu fünf Prozent und 1933 zu 27 Prozent in Großstädten. Hinter diesen Zahlen verbergen sich tiefgreifende Unterschiede in Bildung und Berufsstruktur, doch sie spiegeln auch die Tatsache, daß viele Juden sich in der Anonymität der Großstädte vor dem Antisemitismus sicher fühlten. Die folgende Tabelle gibt eine Übersicht über das Wachstum der sieben umfangreichsten jüdischen Gemeinden, die sich alle in Großstädten befanden.

	1871	% Bev.	1910	% Bev.	1925	% Bev.
Berlin	36015	4,3	90013	4,3	172672	4,3
Frankfurt	10009	7,1	26228	6,3	29385	6,3
Breslau	13916	6,4	20212	3,9	23240	4,2
Hamburg	11954	4,0	19472	1,9	19904	1,8
Köln	3172	2,4	12393	2,0	16093	2,3
Leipzig	1739	1,1	9434	1,6	12540	1,8
München	2884	1,8	11083	1,9	10068	1,5

In diesen sieben Gemeinden lebt 1925 mehr als die Hälfte aller deutschen Juden. Am auffallendsten ist das Wachstum der Berliner Gemeinde, die nach den Eingemeindungen der von Juden bevorzugten westlichen Vororte 1925 für sich allein fast ein Drittel der deutschen Juden umfaßte. Die wirtschaftlichen und kulturellen Möglichkeiten der Reichshauptstadt machten sie ebenso zu einem Magneten für in- und ausländische Juden wie ihr intensives jüdisches Leben. Nach Berlin strebten Juden aus dem ganzen Reich und etwa die Hälfte aller ostjüdischen Einwanderer. Ab 1918 kamen zusätzlich über 40000 der jüdischen Einwohner aus den abgetretenen Ostgebieten nach Berlin. Während die ärmere jüdische Bevölkerung und die Ostjuden im Zentrum Berlins blieben, zog das jüdische Bürgertum in die westlichen Vororte, wo es in Wilmersdorf mit 13 Prozent der Einwohner (1925) die größte Wohndichte erreichte.

Zwischen 1910 und 1925 wuchsen auch die jüdischen Gemeinden an Rhein und Ruhr stark an, weil sich hier gute wirtschaftliche Möglichkeiten boten. Ebenso vergrößerte sich die Leipziger Gemeinde beträchtlich, da die internationale Messestadt durch ihren Osthandel und speziell durch den Pelzhandel große Anziehungskraft auf Ostjuden ausübte, die hier 1933 etwa 80 Prozent der jüdischen Gemeinde ausmachten. München verlor dagegen, wie ganz Bayern, an jüdischer Bevölkerung, was nicht zuletzt auf die antisemitische Politik der bayerischen Regierung zurückzuführen war, die Philipp Löwenfeld (25) in seinen Erinnerungen beschreibt.

Der Zunahme der großstädtischen Juden entsprach ihre Abnahme in den Kleinstädten und auf dem Lande. In Südwestdeutschland, das weniger industrialisiert war und viel Landbevölkerung hatte, ging der Konzentrationsprozeß langsamer voran. Seit Beginn des 20. Jahrhunderts gab es auf dem Lande immer mehr Restgemeinden, die durch den Fortzug der besten

Steuerzahler und das Zurückbleiben der Älteren und Unbemittelten in große Schwierigkeiten gerieten. Sie verfügten nicht mehr über die für einen Gottesdienst notwendigen zehn Männer (Minjan) und mußten zuletzt aufgelöst werden.

Zusammenfassend ist festzuhalten, daß die jüdische Sozialgruppe ein spezifisches demographisches Verhalten aufwies, das zu einer wachsenden Unterscheidung von der Gesamtbevölkerung führte, aber der demographischen Entwicklung des Bürgertums in vieler Beziehung entsprach. Die Hauptkriterien der Entwicklung waren sinkende Fruchtbarkeit, höhere Lebenserwartung, starke Mobilität und extreme Verstädterung.

Berufsstruktur und sozialer Aufstieg

Bis zur Emanzipation waren infolge der Berufsbeschränkungen etwa 90 Prozent der erwerbstätigen Juden im Handel tätig, und zwar die große Mehrheit von ihnen im Klein- und Hausierhandel. Die restlichen zehn Prozent der Juden arbeiteten entweder als Schlachter und unzünftige Handwerker oder als Bedienstete der jüdischen Gemeinden, wozu auch Rabbiner, Lehrer und Ärzte zählten. Bauern gab es unter den Juden nicht, da Juden Landbesitz fast überall verboten war. Weil die Masse der Gesamtbevölkerung in der Landwirtschaft arbeitete, unterschied sich die jüdische Berufsstruktur damit grundlegend von der ihrer Umwelt.

Innerhalb des Handelssektors gab es eine ausgeprägte Klassenstruktur der Händler. Die kleine Oberschicht der Hofjuden widmete sich dem Handel mit Geld und Luxuswaren für den Bedarf der Fürsten und belieferte deren Armeen mit Pferden und Proviant. Die ebenfalls nicht umfangreiche Mittelschicht verfügte über ein gewisses Handelskapital und feste Läden, während der größte Teil der Juden am Rande des Existenzminimums vom Hausier-, Trödel- und Gelegenheitshandel lebte. Auf dem Lande waren die Handelsobjekte der Juden vor allem Agrarprodukte wie Vieh, Getreide und Wein, die sie bei den Bauern aufkauften und auf regionalen Märkten absetzten. Andererseits brachten die jüdischen Hausierer Manufakturwaren wie Stoffe und Metallwaren aus den Städten zu den Bauern auf das Land. Quellen, wie die Erinnerungen von Isaac Thannhäuser (3) und Itzig Hamburger (11) berichten bis zur Mitte des 19. Jahrhunderts immer wieder von der Armut und Anspruchslosigkeit dieser Hausierer, die mit ihrem Bündel auf dem Rücken zu Fuß die Jahrmärkte und Bauern besuchten und ihre Handelsobjekte je nach Angebot und Nachfrage oft wechselten. Auch der Altwarenhandel mit Lumpen und Metall war eine typische Handelsbranche der Juden. Den Geld- und Kredithandel, der ihnen im Mittelalter zugewiesen worden war, übten Juden in allen sozialen Schichten aus – vom Hofbankier bis zum Pfandleiher oder Viehhändler, der auf Kredit verkaufte. Gerade die Darlehen für die soziale Unterschicht blieben weitgehend Juden überlassen, da andere Kreditoren das wirtschaftliche Risiko scheuten, das die Juden eingehen mußten, um Schutzgeld aufzubringen. Im absolutistischen Staat beruhten alle Rechte der Juden letztendlich auf ihrer Zahlungsfähigkeit.

Die Emanzipationsgesetze hoben überall zuerst die für Juden bestehenden Berufsbeschränkungen auf, um so die erwünschte „Normalisierung" ihrer Berufsverteilung zu erreichen. Doch der Wandel der jüdischen Erwerbsstruktur verlief ganz anders, als ihn sich die Emanzipatoren vorstellten. Hatten diese eine kontinuierliche und, wie in Süddeutschland, auch gesetzlich forcierte Anpassung an die allgemeine berufliche Schichtung erstrebt, so erwies sich bald, daß dieses Konzept angesichts des sich durchsetzenden Wirtschaftsliberalismus ebenso veraltet wie unrealistisch war. Entsprach es doch ganz dem Denken des 18. Jahrhunderts, die Juden vom Handel als einem für unproduktiv gehaltenen Gewerbe abzuziehen, sie durch Hinführung zu Ackerbau und Handwerk zu produktivieren und moralisch zu „verbessern" und so zu Bürgern zu erziehen. Ein solches Konzept ließ sich mit der Gewerbefreiheit, dem Anwachsen der Warenproduktion und der Expansion des Handelssektors im 19. Jahrhundert nicht mehr vereinen. Mit der voranschreitenden Industrialisierung und der Rationalisierung der Landwirtschaft nahm die Zahl der in Handwerk und Ackerbau Beschäftigten ab, und ihre wirtschaftliche Situation verschlechterte sich, während die Erwerbstätigkeit im Handel durch die Steigerung von Produktion und Konsum anwuchs. Es bestand also für Juden keine Notwendigkeit, sich ihnen unbekannten und im Rückgang befindlichen Berufsgruppen zuzuwenden, bot doch der Handel, in dem sie über Jahrhunderte erworbene Erfahrung verfügten, bessere Möglichkeiten als je zuvor.

Die Versuche der süddeutschen Regierungen im Vormärz, Juden zwangsweise zu Bauern und Handwerkern zu machen, zeitigten daher meist nur vorübergehende statistische Erfolge. Um in den Genuß des Rechtes auf Niederlassung und frühere Heirat zu kommen, erlernten junge Männer zwar ein Handwerk, kehrten jedoch oft später zum Handel zurück. Dies zeigen zwei der Memoiren aus Bayern: Der Vater Eduard Silbermanns (5) ist Tuchmacher, betreibt aber ein Manufakturwarengeschäft, während Philipp Tuchmann (8) das Gerberhandwerk erlernen muß, bevor er Hopfenhändler wird. Viele Landjuden, die mit Vieh und Getreide handelten, besaßen hierfür auch Ställe, Scheunen, Weiden und Äcker, und manche betrieben, wie Eduard Silbermann, Ackerbau im Nebenerwerb. Daß Juden aber hauptberuflich Bauern wurden, geschah ganz selten – war dies doch noch immer ein sozial abgeschlossener Stand, in den man hineingeboren wurde.

So blieb die Mehrheit der Juden auch nach der ihnen gewährten Berufsfreiheit dem Handel treu. Hier hatten sie jahrhundertelang unter den schwierigsten äußeren Bedingungen Erfahrungen gesammelt, kannten Handels- und Werbemethoden, besaßen überregionale Verbindungen und Warenkenntnisse in vielen verschiedenen Branchen, so daß sie beim allgemeinen Übergang zur Gewerbefreiheit über einen Vorsprung an wirtschaftlicher

Praxis und Mobilität verfügten, der erheblich zu ihrem Aufstieg beitrug. Es fällt in den vorliegenden Memoiren immer wieder auf, mit welcher Schnelligkeit neue wirtschaftliche Bedürfnisse und Möglichkeiten erkannt und genutzt wurden und wie stark der Unternehmer die Bereitschaft zur ständigen Modernisierung und Umorientierung seines Geschäftes zeigte. So war es vor allem die Anpassung an die Erfordernisse der industriellen Wirtschaft, die die jüdische Berufsstruktur veränderte und den Weg zum Aufstieg bereitete, während der Übergang in andere Berufsgruppen eine vergleichsweise nur zweitrangige Rolle spielte. Dies zeigt sich statistisch darin, daß bis zum Ende der Juden in Deutschland immer zwischen 50 und 60 Prozent der jüdischen Erwerbstätigen im Sektor Handel und Verkehr beschäftigt blieben. Damit zusammen hängt die Tatsache, daß sich bei Juden immer ein wesentlich höherer Anteil von Selbständigen als von abhängig Beschäftigten fand. Der Drang nach Selbständigkeit war nicht zuletzt aber auch motiviert durch ein ständiges Gefühl der Bedrohung durch Antisemitismus.

Ein wirklich neues Phänomen der jüdischen Berufsstruktur bildete dagegen die wachsende Zahl jüdischer Akademiker – ein Symptom für den Aufstieg ins Bildungsbürgertum. Im Vergleich zur Berufsverteilung der Gesamtbevölkerung blieb der größte strukturelle Unterschied allerdings, daß Juden nur zu etwa einem Prozent im Agrarsektor tätig waren, während dort um die Mitte des 19. Jahrhunderts noch 70 Prozent aller Deutschen Beschäftigung fanden. Im Handelssektor arbeiteten zur gleichen Zeit in Preußen fast 60 Prozent der Juden, aber nur zwei Prozent der Gesamtbevölkerung. Damit wies die jüdische Minorität eine ganz spezifische Berufsstruktur auf, die erstaunlich konstant blieb. Aber hätte nicht eine gleichmäßigere Verteilung auf alle Berufssparten dem sozialen Zusammenhalt und damit der Idee einer Minorität gänzlich widersprochen? Per definitionem zeichnet sich jede Minderheit auch durch ihre speziellen beruflichen Prioritäten aus. Existieren sie nicht mehr – wie etwa bei den Nachkommen der Hugenotten in Deutschland – so ist die Minderheit von der Mehrheit absorbiert worden.

Die folgende Tabelle gibt eine Übersicht über die prozentuale Verteilung von Gesamtbevölkerung und Juden auf die Wirtschaftsgruppen in Kaiserreich und Republik.

	1895		1907		1933	
	Allg.	Juden	Allg.	Juden	Allg.	Juden
Landwirtschaft	37,5	1,6	35,2	1,6	28,9	. 1,7
Handwerk und Industrie	37,5	22,5	40,0	26,5	40,4	23,1
Handel und Verkehr	10,6	65,2	12,4	61,4	18,4	61,3
Öffentl. Dienste, Freie Berufe	6,4	7,1	6,2	7,9	8,4	12,5
Häusliche Dienste	8,0	3,6	6,2	2,6	3,9	1,4

Während sich die Konzentrierung der Juden im Handel erhält, steigt auch die Tätigkeit der Gesamtbevölkerung in der Handelsbranche an. Im Jahre 1933 machten Juden nur noch 2,4 Prozent aller in dieser Sparte Erwerbstätigen aus. Dies besagt jedoch nichts über ihre wirtschaftliche Bedeutung im Handelssektor, die nur erfaßbar wäre, wenn der Umsatz aller Handelsunternehmen ermittelt werden könnte. Der leichten Abnahme der Zahl der jüdischen Erwerbstätigen im Sektor Handel und Verkehr entsprach ihre Zunahme im Sektor Freie Berufe und Öffentlicher Dienst. Die Zahl der im häuslichen Dienst Erwerbstätigen reduzierte sich bei Juden stärker als bei der Gesamtbevölkerung, was auf ihren Mittelklassestatus verweist.

Die jüdischen Erwerbstätigen zeigten eine sehr unterschiedliche Verteilung auf die einzelnen Branchen in Handel, Handwerk und Industrie. Auch hier spielten berufliche Traditionen eine große Rolle.

Handwerker hatte es infolge des Ausschlusses der Juden aus den Zünften vor der Emanzipation nur wenige gegeben. Entweder waren diese Schlachter und Bäcker, die primär für den Bedarf der jüdischen Gemeinde arbeiteten, oder sogenannte unzünftige Handwerker, wie Goldsticker und Siegelstecher. Das Schlachterhandwerk war das älteste und bis ins 20. Jahrhundert am meisten verbreitete jüdische Handwerk, denn Juden konnten sich immer nur da niederlassen, wo sie die Erlaubnis erhielten, rituell zu schlachten. Als Preußen durch die Teilung Polens eine zahlreiche jüdische Bevölkerung erwarb, befanden sich darunter etwa zu einem Viertel Handwerker, da in Polen jüdische Handwerker verbreitet waren und über eigene Zünfte verfügten. Eine Eigentümlichkeit der jüdischen Handwerker bestand darin, daß sie Handwerke mit einer starken Handelskomponente bevorzugten, also vor allem Schlachter, Bäcker, Schneider, Weber und Schuhmacher wurden. Diese Gewerbe erlaubten später manchem den Übergang zu fabrikmäßiger Produktion, wie es zum Beispiel die Memoiren von Faibel Siegel (10) zeigen, dessen Vater und Onkel von Webern über das Verlagssystem zu Großunternehmern der Textilindustrie aufstiegen.

Während im Sektor Handwerk und Industrie bei der Gesamtbevölkerung die Industriearbeiter die Mehrheit ausmachten, überwogen bei Juden die Handwerker und Inhaber kleiner Fabrikationsbetriebe. In diesem Sektor waren 1895 fast drei Viertel aller jüdischen Erwerbstätigen in den Branchen Nahrungs- und Bekleidungsgewerbe tätig. In keinem anderen Fabrikationszweig waren die Juden in Deutschland so zahlreich vertreten wie in der Textilindustrie, während sie etwa in der Schwerindustrie nur eine geringfügige Rolle spielten. Die meisten Textilfabriken von Juden entstanden über Textilverlage, indem Handwerk und Großhandel sich verbanden und das so gewonnene Kapital frühzeitig in die Mechanisierung der Produktion investiert wurde. Zentren der jüdischen Textilindustrie befanden sich in Berlin, Württemberg, Schwaben und Schlesien. Den Mittelpunkt der jüdischen Textilindustrie bildete die Berliner Konfektionsbranche. Die Herstellung von Fertigkleidung nach standardisierten Größen begann schon zu Anfang des 19. Jahrhunderts und gehörte zu den von Juden stark mit durchgesetzten neuen Produktionsformen. Im Kaiserreich erreichten jüdische Firmen den höchsten Produktionsanteil in der Konfektion von Oberbekleidung, waren aber auch stark vertreten in der Wäschekonfektion, der Schuhindustrie und der Pelzherstellung, die ihr Zentrum in Leipzig hatte. Die ostjüdischen Einwanderer leisteten als Schneider und Schneiderinnen, als Pelznäher und Pelznäherinnen industrielle Handarbeit in der Konfektion, waren aber auch in der Offenbacher Lederindustrie und der Berliner Zigarettenindustrie als Arbeiter tätig. In der Weimarer Republik arbeiteten 22000 Juden im Bekleidungsgewerbe, von diesen waren drei Viertel Frauen oder Ostjuden. Gleichzeitig hatten von den Konfektionsfirmen für Damenoberbekleidung 70 Prozent und von solchen für Herrenoberbekleidung 60 Prozent jüdische Inhaber.

Außerhalb der Textilindustrie waren Juden als Unternehmer in einigen weiteren Produktionszweigen vertreten, so vor allem in der Nahrungsmittel- und Lederindustrie, der chemischen Industrie, dem Druckereigewerbe und der Elektroindustrie, während sie in der Schwerindustrie keine Rolle spielten. Nachdem die dem Gründerkrach von 1873 folgende Wirtschaftsdepression überwunden war, verdoppelte sich zwischen 1895 und 1913 in Deutschland die gesamte Produktion. Diese Epoche der Hochkonjunktur wurde zur Entstehungszeit der Großindustrie. Mit der zunehmenden wirtschaftlichen Verflechtung und Konzentrierung wuchs die Zahl der Wirtschaftskonzerne. Der größte von einem jüdischen Unternehmer geschaffene Konzern war die 1887 von Emil Rathenau begründete und ab 1915 von seinem Sohn Walter Rathenau übernommene Allgemeine Elektrizitäts-Gesellschaft. Zusammen mit dem Siemens-Konzern beherrschte die AEG die aufsteigende Elektroindustrie. Die Maschinen- und Waffenfabrik Ludwig Loewe AG, eine der führenden Gewehrfabriken Europas, baute Isidor Loewe zu einem auch an der Elektro- und Automobilindustrie beteiligten Konzern aus. Im traditionell von Juden bevorzugten Metallhandel gründete die Frankfurter Metallgesellschaft, eine jüdische Schöpfung, 1897 die Metallurgische Gesellschaft AG, die zu einem internationalen Konzern der metallschaffenden und metallverarbeitenden Industrie wurde. Weniger umfangreich war der Metallkonzern der Metallhandelsfirma Ahron Hirsch. Die Familie Hirsch blieb orthodox und richtete – ein wohl einmaliger Fall – in ihrem Messingwerk bei Berlin eine Synagoge ein. Aus ihren Gewinnen unterhielt die Firma Hirsch, wie Henriette Hirsch (17) berichtet, das Berliner orthodoxe Rabbinerseminar.

Die Druckindustrie war ein von Juden bevorzugter Unternehmenszweig, hatte es doch für den Druck hebräischer Bücher in Deutschland seit Jahrhunderten jüdische Drucker und Druckereien gegeben. Im Kaiserreich gingen Juden zunehmend vom Drucken auch zum Verlegen über. Im Presse- und Verlagswesen erlangten die Berliner jüdischen Zeitungsverleger Mosse und Ullstein sowie der Societätsverlag Leopold Sonnemanns in Frankfurt eine hervorragende Stellung. Das bei Mosse erscheinende Berliner Tageblatt und Sonnemanns Frankfurter Zeitung waren die vom liberalen Teil des Bürgertums bevorzugten Blätter. Als Verleger moderner Literatur erwarb sich Samuel Fischer schnell einen Namen durch seinen 1886 in Berlin gegründeten S. Fischer Verlag. Diese bekanntesten jüdischen Verlage waren nicht nur große Wirtschaftskonzerne, sondern spiegelten in ihren Veröffentlichungen auch die kulturelle Bedeutung, die Juden in Presse, Literatur und Theater des Kaiserreichs erlangten.

Wie gezeigt, blieb immer über die Hälfte der Juden im Handelssektor erwerbstätig. Doch Art und Umfang des jüdischen Handels veränderten sich im 19. Jahrhundert grundlegend. Der Weg führte vom Hausier- und Trödeljuden zum bürgerlichen jüdischen Kaufmann. Ein wesentlicher Teil des Umschichtungs- und Aufstiegsprozesses der deutschen Juden fand damit *innerhalb* des Handelssektors statt. Beispielsweise waren in Preußen 1843 noch 61 Prozent aller selbständig handeltreibenden Juden Kleinhändler, Trödler und Hausierer ohne eigene Läden. Im Jahre 1861 betrug dieser Prozentsatz nur noch 51 Prozent und ging kontinuierlich weiter zurück. Ende des Jahrhunderts waren weniger als drei Prozent der im Handel tätigen Juden noch Hausierer, während sich die Zahl der jüdischen Ladenbesitzer entsprechend vergrößert hatte. Manche der Hausierer sind in der neuen Berufsgruppe der kaufmännischen Angestellten als Reisende und Vertreter mit dem Musterkoffer wieder zu finden, deren Leben Kurt Katsch (19) so anschaulich schildert.

In keinem Handelszweig verfügten Juden über eine ähnlich starke Stellung wie im Bankgeschäft: 43 Prozent aller Direktoren und Inhaber von Bank- und Kreditunternehmen in Preußen waren 1882 Juden. Dieser hohe Anteil erklärt sich daraus, daß zu den Kapitalien der Hofjuden des 18. Jahrhunderts jenes Kapital hinzukam, das Juden im 19. Jahrhundert in Handel und Industrie erwarben und ebenfalls dem Bankgeschäft zuführten. Neben den bekannten Großbanken der Rothschilds, Mendelssohns und Bleichröder, der Warburgs und Oppenheims bestanden viele kleinere Privatbanken, deren Inhaber oft weiterhin auch Großhändler waren. Hirsch Oppenheimer (4) schildert die typische Entstehungsgeschichte einer solchen Privatbank. Die Großbanken widmeten sich dem Geschäft mit Staatsanleihen und zunehmend auch der Eisenbahn- und Industriefinanzierung. An den Börsenplätzen Frankfurt, Berlin und Hamburg hatten jüdische Bankiers entscheidenden wirtschaftlichen Einfluß, der durch den Handel mit Staatsanleihen, Kriegsanleihen und Eisenbahnaktien auch in die Politik hineinreichte. Mit der Gründung der Aktienbanken ging die Bedeutung der jüdischen Privatbanken jedoch schnell zurück.

Im Großhandel waren jüdische Firmen vor allem im Textil- und Metallhandel sowie im Pelz- und Ledergeschäft stark vertreten, aber auch im Getreidehandel und im Viehgeschäft. Im Jahr 1913 hatten 70 Prozent aller Metallhandelsfirmen jüdische Inhaber. Viele der Großhandelsunternehmen gingen direkt aus dem traditionellen jüdischen Handel mit Agrarprodukten hervor, wozu beispielsweise der Hopfen- und Futtermittelhandel gehörte. In Süd- und Westdeutschland waren bis ins 20. Jahrhundert drei Viertel aller Viehhändler Juden. So wirkten in der Handelsbranche Einflüsse aus voremanzipatorischer Zeit lange nach, wenn auch andererseits Juden viele Modernisierungen im Handel einführten, wie zum Beispiel Festpreise und Versandhandel.

Die augenfälligste Neuerung im Einzelhandel waren die seit den 90er Jahren entstehenden Warenhäuser mit ihren palastartigen Verkaufsgebäuden, ihrer Massenwerbung und ihren Sonderangeboten. Die Warenhäuser hatten sich in Amerika, England und Frankreich schon durchgesetzt, in Deutschland aber waren es jüdische Familien wie die Tietz und Wertheim, die die ersten Warenhäuser schufen. Sie machten damit auch den zahlreichen jüdischen Konfektionsgeschäften Konkurrenz, die in jeder Stadt zu finden waren. Der gehobene Handel mit modischer Konfektion, wie ihn Isidor Hirschfeld (24) schildert, wurde zu einer Spezialität der jüdischen Firmen, die fast immer Handel und Produktion verbanden. Das galt auch für den in Leipzig konzentrierten Pelzhandel und für die zahlreichen Schuhfirmen mit jüdischen Inhabern.

Eine Besonderheit im Großhandel waren die jüdischen Heereslieferanten, die nicht nur in den napoleonischen Kriegen, sondern auch in Friedenszeiten und später in den Kriegen von 1866 und 1870/71 sowie im Ersten Weltkrieg eine wichtige Rolle spielten. Sie belieferten die Armeen vor allem mit Pferden, Proviant, Futtermitteln und Uniformen – also Produkten aus klassischen jüdischen Wirtschaftsbereichen. Die Großhändler konnten sich dabei auf zahlreiche jüdische Unterlieferanten aus dem Agrar- und Textilhandel stützen und so eine schnelle und preiswerte Versorgung garantieren.

Wie die Statistik zeigt, zogen außerhalb von Handel und Industrie allein die akademischen Berufe zunehmend Juden an. Da sie hier auch im Kaiserreich entgegen der Verfassung noch Berufsbeschränkungen unterlagen und selten Beamtenstellungen erhielten, waren sie überwiegend darauf angewiesen, selbständige Ärzte, Anwälte und Journalisten zu werden, während die christlichen Akademiker mehrheitlich als Pfarrer, Lehrer und Richter Anstellung fanden. Für viele Kaufmannsfamilien, deren Söhne Akademiker wurden, symbolisierte dies den Aufstieg ins Bildungsbürgertum. Um die Mitte des 19. Jahrhunderts waren Juden zweifach, 1886/87 bereits achtfach überrepräsentiert unter preußischen Universitätsstudenten. Keineswegs war die Wohlhabenheit der Eltern Voraussetzung für ein akademisches Studium, bezogen doch auch junge Männer vom Lande oder aus wirtschaftlich engen Verhältnissen wie Conrad Rosenstein (16) und Samuel Spiro (20) die Universität.

In Staatsstellungen gab es vor dem Ersten Weltkrieg etwa 900 jüdische Richter im Deutschen Reich, aber nur 13 Ordentliche Professoren jüdischer Religion. Von den Lehrern unterrichteten fast alle an jüdischen Schulen.

In der Weimarer Republik, als die Berufsmöglichkeiten für jüdische Akademiker sich weiter verbesserten, nahm ihre Zahl in den freien Berufen und im öffentlichen Dienst auf 12,5 Prozent aller jüdischen Erwerbstätigen zu. Die folgende Tabelle gibt eine Übersicht über Juden in akademischen Berufen im Juni 1933, als bei der Volkszählung jene Juden, die schon Berufsverbot hatten, noch als Erwerbslose in ihren früheren Berufsgruppen mitgezählt wurden. Die Prozentzahl bezeichnet den Anteil der jüdischen Akademiker an der gesamten Berufsgruppe, der bei Anwälten mit 16 Prozent und bei Ärzten mit 11 Prozent am höchsten lag.

Anwälte, Notare	3030	16,2 %
Richter	286	2,7 %
Ärzte	5557	10,8 %
Zahnärzte	1041	8,6 %
Redakteure, Schriftsteller	872	5,0 %
Rabbiner	434	–
Hochschullehrer	192	2,6 %
Studienräte	317	0,8 %
Volksschullehrer	1323	0,5 %
Privatlehrer	461	4,3 %

Dieser hohe Prozentsatz jüdischer Akademiker in der Weimarer Republik bildete die Basis für die überragenden wissenschaftlichen und kulturellen Leistungen der Juden in Deutschland. Gleichzeitig war die jüdische Intelligenz das bevorzugte Angriffsziel des überwiegend antisemitisch eingestellten Bildungsbürgertums, das in den jüdischen Akademikern vor allem unliebsame Konkurrenten und Zerstörer des deutschen Geistes sah. Nicht zufällig gehörten die Akademiker zu den Berufsgruppen, die als erste von der nationalsozialistischen Diktatur verfolgt und mit Berufsverboten belegt wurden.

Die Erwerbstätigkeit der jüdischen Frauen lag im Kaiserreich niedriger als die der weiblichen Bevölkerung generell, was ein weiteres Kriterium für die Verbürgerlichung der jüdischen Minorität ist. Bis zur Mitte des 19. Jahrhunderts arbeiteten die meisten jüdischen Frauen noch im Familienbetrieb mit, meist als Verkäuferin oder Buchhalterin. Nach dem sozialen Aufstieg aber galt, entsprechend den bürgerlichen Vorstellungen, die Arbeit der Ehefrau oder Tochter als deklassierend und geschah, wenn überhaupt, nur im Verborgenen. Dementsprechend waren im Jahre 1907 31 Prozent aller Frauen, aber nur 18 Prozent der jüdischen Frauen erwerbstätig. Bei letzteren handelte es sich zur Hälfte um Mitarbeiterinnen im Familienbetrieb und um ostjüdische Arbeiterinnen. Viele jüdische Frauen waren Schneiderinnen und Näherinnen in der Konfektion, Inhaberinnen kleiner Läden oder angestellte Verkäuferinnen. Unter den ersten Studentinnen befanden sich 11 Prozent jüdische Frauen, die damit an der Universität noch stärker überrepräsentiert waren als die jüdischen Studenten generell. In der Weimarer Republik stieg der Anteil der erwerbstätigen Jüdinnen auf über 27 Prozent bei einer allgemeinen Erwerbstätigkeit der Frauen von 34 Prozent. Dieser Anstieg war nicht nur durch die jetzt stärker verbreitete voreheliche Berufstätigkeit von Frauen bedingt, sondern war ebenso das Resultat der wirtschaftlichen Krise des jüdischen Bürgertums.

Wie die berufliche Struktur der Juden eine andere war als die der Gesamtbevölkerung, so wich auch ihre soziale Schichtung vom Durchschnitt ab. Das 19. Jahrhundert ermöglichte den Juden in Deutschland einen beispiellosen sozialen Aufstieg von der Existenz am unteren Rande der Gesellschaft in das Bürgertum. Vollzog sich dieser Prozeß bis zur Jahrhundertmitte auch infolge der ökonomischen Krisen nur langsam, so beschleunigte er sich rapide in den fünfziger und sechziger Jahren mit dem Durchbruch der industriellen Revolution. Nach Überwindung der Gründerkrise gehörten in den neunziger Jahren mindestens zwei Drittel der deutschen Juden zur bürgerlichen Mittelschicht, wie die uns erhaltenen Steuerverzeichnisse belegen. Das eigentlich besondere dabei ist, daß sich diese Aufstiegsmobilität weitgehend innerhalb der traditionellen jüdischen Berufe vollzog, also vorwiegend im Handel. Hier ging der Weg vom Hausierer und Gelegenheitshändler zum bürgerlichen Kaufmann und manchmal weiter zum Fabrikanten, Großkaufmann oder Bankier. Dezimiert wurde dagegen die jüdische soziale Unterschicht einschließlich der Tagelöhner und Hausangestellten, wozu vermutlich vor allem die Auswanderung nach Übersee beitrug. Allerdings nahm diese Schicht seit Beginn der ostjüdischen Einwanderung ab 1880 wieder zu.

Trotz der Verbürgerlichung gab es innerhalb der jüdischen Minorität im Kaiserreich deutliche Klassenschranken, wie sie Hermann Makower (14) und Conrad Rosenstein (16) beschreiben. An der Spitze der jüdischen Gesellschaft stand eine Gruppe von Großkapitalisten und Multimillionären, wie Albert Ballin, Gerson Bleichröder, Max Warburg und Carl Fürstenberg. Diese jüdische Wirtschaftsaristokratie bevorzugte zum Teil den Lebensstil der Junker und war im Durchschnitt politisch konservativer und eher zur Taufe bereit als die übrigen Juden. Im jüdischen Bürgertum bildeten wohlhabende Unternehmer, Kaufleute und Rentiers sowie Ärzte und Rechtsanwälte jene Oberschicht, die in den Gemeindevorständen zu finden war und in den jüdischen Organisationen die führende Rolle spielte. Auf diese Honoratioren folgte das mittlere Bürgertum der zahlreichen Geschäftsinhaber und selbständigen Gewerbetreibenden mit gutem Einkommen. Das Kleinbürgertum bestand teils aus weniger bemittelten Händlern und Handwerkern, teils aus den angestellten Verkäufern, Reisenden, Gemeindebediensteten und Volksschullehrern. Zur jüdischen Unterschicht schließlich gehörten vor allem Tagelöhner, Kleinsthändler ohne Kapital und Fabrikarbeiter.

In der Weimarer Republik verschlechterten Inflation, Weltwirtschaftskrise und Arbeitslosigkeit auch die Situation der jüdischen Bevölkerung erheb-

lich. Die Inflation traf vor allem die unter Juden zahlreichen Geschäftsleute,
die im Alter von Kapitalzinsen lebten, sowie die kleinen Selbständigen und
die freiberuflich Praktizierenden. Die Verarmung spiegelte sich deutlich in
den steigenden Wohlfahrtsausgaben der jüdischen Gemeinden. In Berlin
wurde 1931 fast ein Viertel der jüdischen Bevölkerung von der Gemeinde
unterstützt, und über 14000 Juden fragten in diesem Jahr im jüdischen
Arbeitsnachweis nach offenen Stellen. Nicht zuletzt der auf ein Fünftel
gestiegene Anteil der Ostjuden an der jüdischen Bevölkerung trug dazu bei,
daß nach 1918 das soziale Niveau der jüdischen Minorität deutlich sank.
Auch die Struktur der allgemeinen Wirtschaftsentwicklung bewirkte, daß
Juden jenen wirtschaftlichen Vorsprung verloren, den sie durch ihre frühe
Kenntnis der kapitalistischen Wirtschaftsform im 19. Jahrhundert gehabt
hatten. Die Zunahme der Konzerne und Trusts, das Anwachsen der Genos-
senschaften und die Vergrößerung des staatlichen Wirtschaftssektors wirkten sich strukturell gegen jüdische Unternehmer aus, denn diese waren aus
jahrhundertelanger Tradition und aus berechtigter Furcht vor Antisemitismus meist nicht bereit, ihre Selbständigkeit aufzugeben und in große
bürokratische Hierarchien als Abhängige einzutreten.

Innerjüdisches Leben

Vor der Emanzipation umfaßte die jüdische Gemeinde ebenso das religiöse
und kulturelle wie das soziale und politische Leben ihrer Mitglieder. Nur
wirtschaftliche Beziehungen verbanden die Juden mit der Umwelt. Dies
änderte sich in der zweiten Hälfte des 18. Jahrhunderts, als das Interesse für
die Umweltkultur zunächst bei einer kleinen Gruppe von Juden erwachte.
Mit der europäischen Aufklärung, ihrer veränderten Religionsauffassung
und neuen Humanitätsidee wurde eine Begegnung zwischen jüdischen und
christlichen Intellektuellen möglich. In Gelehrtenzirkeln und Salons begannen einzelne Juden und Christen, über wissenschaftliche und literarische
Themen zu sprechen. Es entstand eine eigene jüdische Aufklärungsbewegung, die ihr Zentrum in Berlin und in der Person Moses Mendelssohns
hatte. Hauptziele der jüdischen Aufklärer waren zunächst die Reinigung der
hebräischen Sprache, die Einführung des Hochdeutschen als Umgangssprache der Juden und die Erweiterung der jüdischen Bildung durch säkulare
Kenntnisse. In Berlin, Dessau, Wolfenbüttel, Breslau, Frankfurt am Main
und anderen Gemeinden wurden ab 1778 aufgeklärte jüdische Schulen
gegründet, die das Hauptgewicht des Unterrichts nicht mehr auf die Religion, sondern auf die allgemeine Bildung legten. Bildung wurde zu einem
fundamentalen Begriff für das deutsche Judentum des 19. Jahrhunderts.
Bildung sollte die Akkulturation ermöglichen, die Emanzipation als verdient
erweisen und auch die soziale Anerkennung der Juden in der Gesellschaft
herbeiführen.

Moses Mendelssohn vereinte in seinem Leben und Denken das traditionelle Judentum mit der europäischen Kultur seiner Zeit. Er lebte streng orthodox, wenngleich seine Auffassung des Judentums als einer Vernunftreligion mit geoffenbartem Gesetz aufklärerisch beeinflußt war. Aber schon seine Schüler taten den nächsten Schritt und begannen, an der fortgesetzten Gültigkeit aller Gebote des jüdischen Religionsgesetzes zu zweifeln. Manche betrachteten das Gesetz nur noch als einen historischen Schutzzaun zur Bewahrung des eigentlichen Kerns der jüdischen Lehre. Damit war einer religiösen Reformbewegung die Tür geöffnet. Sie begann nur vorsichtig mit lokalen Reformen des Gottesdienstes und setzte sich dann fort bei den Konferenzen der Reformrabbiner, die Hinweise auf den Messias und hebräische Gebete aus dem Gottesdienst strichen. Diese Auflösung des traditionellen Judentums führte unweigerlich zu einer Konfessionalisierung der jüdischen Religion. Das Judentum hörte auf, das Leben seiner Anhänger umfassend zu prägen und wurde zu einer Konfession. Aus dem Ghettojuden entstand der deutsche Staatsbürger jüdischen Glaubens.

Die religiöse Reform vollzog sich gleichzeitig mit dem Emanzipationsprozeß, und es gab starke Wechselwirkungen zwischen beiden Entwicklungen. Die deutschen Staaten scheuten sich nicht, auch in die religiöse Verfassung der Juden direkt einzugreifen. So wurde in Preußen 1823 den Juden von Staats wegen jede religiöse Reform verboten, während andererseits Baden und Württemberg per Gesetz die dem Judentum fremde hierarchische Konsistorialverfassung einführten. Die Konsistorien nahmen dann zentral gelenkte Reformen vor. In Stuttgart stand an der Spitze des Konsistoriums, also der „Israelitischen Oberkirchenbehörde", sogar ein Staatsbeamter.

Die erste Hälfte des 19. Jahrhunderts war für viele Juden eine Zeit großer religiöser Unsicherheit. Die sogenannten Gebildeten, das heißt die am allgemeinen Kulturleben teilnehmenden Juden, gaben die strenge Befolgung des Religionsgesetzes oft mehr oder weniger auf oder wurden sogar religiös indifferent. In Preußen ließen sich in der ersten Hälfte des 19. Jahrhunderts knapp 6000 Juden taufen, was aber weniger als ein Prozent der jüdischen Bevölkerung darstellte. Die Mehrheit der Juden, zumal auf dem Lande, in der Provinz Posen und in Süddeutschland, lebte dagegen mindestens bis zur Jahrhundertmitte auch weiterhin orthodox und bewahrte die traditionelle jüdische Lebensform.

In vielen Gemeinden amtierten noch bis zur Jahrhundertmitte Rabbiner, die nur talmudisch ausgebildet waren und kaum über zeitgenössische Bildung verfügten. Diese verloren allerdings besonders in den Großstädten immer mehr den Kontakt zu ihren akkulturierten Gemeindemitgliedern. Die zukünftigen Rabbiner begannen etwa ab 1815 teils freiwillig, teils durch die Landesgesetze gezwungen, neben ihrem Talmudstudium auch an den Universitäten zu studieren. Diese zweigleisige und widersprüchliche Form der Ausbildung fand erst 1854 ein Ende durch die Gründung des ersten modernen Rabbinerseminars in Breslau, das Moritz Güdemann (12) in seinen Erinnerungen beschreibt.

Als gewählte Beamte der jüdischen Gemeinden und von diesen besoldet, hatten die Rabbiner in den fast überall religiös zerstrittenen Gemeinden einen schwierigen Stand. Die meisten größeren Gemeinden waren im 19. und 20. Jahrhundert in Liberale und Orthodoxe gespalten, wobei die Liberalen schon im Kaiserreich die große Mehrheit stellten und in der Weimarer Republik der Orthodoxie schätzungsweise nur noch 10 Prozent der Juden anhingen. Dennoch bildeten beide Richtungen gemeinsam die für Deutschland typischen Einheitsgemeinden, wenn auch die einzelnen Synagogen jeweils entweder liberal oder orthodox waren. Als die beiden führenden Theologen traten Abraham Geiger (1810–1874) auf der Seite der Liberalen und Samson Raphael Hirsch (1808–1888) als Begründer der modernen Orthodoxie hervor. Geiger lehrte, daß die jüdische Tradition historischen Wandlungen unterworfen sei, womit er die Möglichkeit für Reformen eröffnete. Die nationalen Elemente schied er zugunsten einer betont universalistischen Auffassung ganz aus dem Judentum aus. Da er mit diesen Ansichten als Breslauer Gemeinderabbiner nicht am dortigen Rabbinerseminar lehren durfte, das eine konservative Richtung vertrat, schuf er 1872 in Berlin mit der Hochschule für die Wissenschaft des Judentums eine liberale Bildungsstätte. Außerhalb der verschiedenen Schattierungen des liberalen Judentums gab es die kleine radikale Reformbewegung, die sich in der 1844 in Berlin gegründeten „Genossenschaft für Reform im Judentum" zusammenfand. Sie machte sich an umfangreiche Erneuerungen, zu denen auch die Einführung des Sonntagsgottesdienstes gehörte.

Die Orthodoxie blieb in ihrer Haltung zur Umwelt keineswegs dieselbe, die sie im 18. Jahrhundert gewesen war, denn sie strebte jetzt danach, die volle Gesetzestreue mit dem bürgerlichen Leben und der modernen Kultur zu vereinen. Samson Raphael Hirsch bekämpfte entschieden das liberale Judentum und propagierte die Errichtung von Separatgemeinden der Orthodoxie, wozu der preußische Landtag 1876 die gesetzliche Voraussetzung schuf. Die Ultraorthodoxen traten daraufhin aus der Einheitsgemeinde aus und errichteten eigene Synagogengemeinden und ein eigenes Bildungssystem. Esriel Hildesheimer, Rabbiner der Berliner Separatgemeinde Adass Jisroel, gründete dort ein orthodoxes Rabbinerseminar, das seine Enkelin Henriette Hirsch (17) in ihren Kindheitserinnerungen liebevoll beschreibt. Samuel Spiro (20) dagegen gibt eine kritische Schilderung der Talmudschule der Frankfurter Separatorthodoxie. Die Mehrzahl der Orthodoxen blieb jedoch in der Einheitsgemeinde, die in größeren Orten möglichst immer einen liberalen und einen orthodoxen Rabbiner anstellte. Auf dem Lande, wo die Tradition und die gegenseitige Sozialkontrolle stärker waren, erhielt sich die Orthodoxie bis ins 20. Jahrhundert. In den Städten nahm sie unter dem jüdischen Bildungsbürgertum schnell an Einfluß ab, auch weil sie von diesem als Hindernis auf dem Weg zur sozialen Integration angesehen wurde. Es zeigte sich schon bald ein großer Verlust an jüdischem Wissen und eine religiöse Unsicherheit, wie sie etwa in den Erinnerungen von Clara Geissmar (15) ausgedrückt wird. Emil Schorsch (36) schildert eindrucksvoll, wie die Entfremdung vom Judentum zu einem Hauptproblem vieler Gemeinden wurde.

Memoiren bilden eine gute Quelle für die Erforschung der religiösen Praxis im Alltagsleben. Die von den Autoren am häufigsten behandelten religiösen Themen sind die jüdischen Feiertage und die Einhaltung der Speise- und Sabbatvorschriften. Die Schilderung der häuslichen Feste und des Sabbat ist auch bei jenen, die sich später vom Judentum abwandten, stark positiv emotional besetzt. Die Feiertage gehören zu den tiefsten Eindrücken der Kindheit, und die Erinnerung an sie ist eine die Religiosität bewahrende Kraft. Die Frage der Gesetzestreue dagegen wird oft als Konfliktstoff innerhalb der Familie dargestellt – sei es zwischen den Generationen oder zwischen den Ehepartnern. Die Großeltern, die Eltern oder die Hausfrau sind „fromm", während die Söhne und Enkel oder auch der Ehemann das Gesetz nur noch teilweise befolgen, wobei jeder seine eigene Auswahl trifft. Hier zeigen sich geschlechtsspezifische Unterschiede: Frauen halten als Bewahrerinnen der häuslichen Rituale länger an der Tradition fest. Männer öffnen den Laden auch am Sabbat, Söhne schreiben am Sonnabend in der Schule, Studenten essen nicht mehr koscher – überall paßt man sich den bürgerlichen Lebensformen an. Zu Hause führt die Mutter oft weiter einen koscheren Haushalt. Die Teilnahme am Gottesdienst reduzierte sich bei vielen auf die höchsten Feiertage, und Kinder erhielten oft keinen oder nur unzureichenden Religionsunterricht. Wo die persönliche Religiosität schwand und die Gemeinde keine soziale Nähe mehr schaffen konnte, jedoch der Wille zu prunkender Selbstdarstellung wuchs, da kam es zu den opernhaften Gottesdiensten in kalter Pracht, die Conrad Rosenstein (16) für Berlin beschreibt.

Die religiöse Indifferenz hatte viele Formen und Stadien. Der Weihnachtsbaum wurde als Teil der zeitgenössischen deutschen Kultur von vielen Familien übernommen und kann geradezu als Symbol der extremen Anpassungsbereitschaft angesehen werden. Bürgerliche Familien vermieden jeden jüdischen Ausdruck, ja überhaupt alles Jüdische in Gegenwart ihres Personals. Diese Verleugnung des Judentums, die sich bis zum Selbsthaß steigern konnte, zeigte das ganze Ausmaß der Krise jüdischer Identität. Paul Mühsam (27) haßte die hebräischen und jiddischen Ausdrücke, die seine Eltern noch verwendeten, und er verabscheute das „abstoßende Treiben" der Ostjuden in der Zittauer Synagoge. In manchen Familien wurde es üblich, die Kinder gleich nach der Geburt taufen zu lassen. Von Konversionen ist in den Erinnerungen aus naheliegenden Gründen selten die Rede, doch die Memoiren von Leopold Freund (6) und Clara Geissmar (15) lassen erkennen, daß diese viel eher aus sozialen als aus religiösen Motiven stattfanden – war es doch der Druck des Antisemitismus, der den stärksten Einfluß auf die

Taufen hatte. Viele religiös gleichgültige Juden, wie Walther Rathenau, lehnten dagegen die Taufe als opportunistisch ab und blieben formal Juden. Wie im christlichen Bildungsbürgertum trat dann die Bildung oft an die Stelle der Religion, wurde zu einer Art Bildungsreligion.

Die ostjüdische Einwanderung nach Deutschland fügte dem breiten Spektrum jüdischer Religiosität eine weitere Form hinzu. Die Einwanderer kamen zum größten Teil aus orthodoxen oder chassidischen Familien, wenn auch einige von ihnen sich inzwischen dem Sozialismus zugewendet hatten. Viele Ostjuden fanden sich in kleinen landsmannschaftlich organisierten Betstuben zusammen, die sich in den ostjüdischen Wohnvierteln Berlins und anderer Großstädte befanden. Emil Schorsch (36) gibt in seinen Erinnerungen eine eindrucksvolle Schilderung dieser Betstuben, die durch Wärme und soziale Nähe gekennzeichnet waren. Mit der deutschen Form der Orthodoxie konnten sich die Einwanderer dagegen wenig befreunden. Die Ostjuden waren staatsrechtlich Ausländer, gehörten aber der jüdischen Einheitsgemeinde an. Zahlreiche jüdische Gemeinden versuchten, den Ausländern das Gemeindewahlrecht zu nehmen. Dies war jedoch nur in Sachsen erfolgreich, wo die Ostjuden in der Mehrzahl waren und gerade deshalb kein gleiches Wahlrecht erhielten. In anderen Gemeinden behielt man das Zensuswahlrecht bei, wodurch die ärmeren Ostjuden automatisch benachteiligt wurden. Bezeichnend war, daß nicht die religiösen Gegensätze, sondern die sozialen in den Gemeinden den eigentlichen Konfliktstoff zwischen deutschen Juden und Ostjuden bildeten.

Die jüdische Gemeinde blieb auch nach der Emanzipation immer mehr als nur eine rein religiöse Einrichtung. Sie übernahm in Erfüllung des jüdischen Gesetzes weiterhin pädagogische und soziale Aufgaben, diente aber auch als Ort der Auseinandersetzung über jüdische Fragen. Während dies im 19. Jahrhundert vor allem die geschilderten religiösen Konflikte waren, traten später Auseinandersetzungen mit Ostjuden und Zionisten in den Vordergrund. In der Berliner Gemeinde kam es zu erhitzten Wahlkämpfen bei den Repräsentantenwahlen in der Weimarer Zeit, besonders als 1926 zum ersten Mal eine Koalition aus Zionisten, Orthodoxen und Ostjuden, also eine jüdisch-nationale Gruppierung, den Wahlsieg errungen hatte und die Gemeindepolitik bestimmte. Die große Mehrheit der deutschen Juden lehnte zu dieser Zeit den Zionismus ab und sah in ihm eine Gefährdung ihrer Identität als assimilierte deutsche Bürger. Die Ostjuden dagegen, der jüdischen Nationalkultur in Polen und Rußland entstammend, waren zahlreich Anhänger des Zionismus.

Die deutschen Zionisten, seit 1897 in der Zionistischen Vereinigung für Deutschland zusammengeschlossen, hatten sich zunächst auf die Entwicklung ihrer Lehre und den Aufbau ihrer Organisation konzentriert sowie das jüdische Aufbauwerk in Palästina unterstützt. Die Idee der jüdischen Volksgemeinschaft und die Ablehnung der Assimilation machte sich nur eine kleine Zahl von Juden zu eigen. Die Mehrheit blieb antizionistisch und wollte Deutschtum und Judentum zu einer Einheit verbinden. Als die Balfour-Deklaration von 1917 den Juden das Recht auf eine „nationale Heimstätte" in Palästina einräumte, gewann die zionistische Bewegung an Einfluß und übte besonders auf junge Menschen eine stärkere Anziehungskraft aus. Einzelne von ihnen gingen als Pioniere nach Palästina. In der Weimarer Republik hatte die zionistische Organisation in Deutschland etwa 10000 aktive Mitglieder und beteiligte sich in der Form der Jüdischen Volkspartei an den Wahlen zu den Gemeindevertretungen.

Die jüdischen Gemeinden bildeten Körperschaften öffentlichen Rechts und veranlagten jedes Mitglied zur Gemeindesteuer entsprechend seinem Einkommen. Der Gemeinde gehörte automatisch jeder in ihrem örtlichen Bereich lebende Jude an, soweit er nicht aus der Gemeinde ausgetreten war. Geleitet wurden die Gemeinden von den gewählten Repräsentanten und dem Vorstand, wobei der Wahlmodus sehr unterschiedlich war, teilweise bis in die Weimarer Republik das Zensuswahlrecht bestand und Frauen nicht wahlberechtigt waren. Im Jahre 1933 gab es 1611 jüdische Gemeinden im Deutschen Reich, von denen die meisten kleine Restgemeinden auf dem Lande waren. Die Großstadtgemeinden wuchsen dagegen durch die Urbanisierung so an, daß die Berliner Gemeinde in der Weimarer Zeit 1500 Beamte benötigte, um ihren Aufgaben nachzukommen. Nicht nur für Rabbiner, Synagogen und Friedhöfe hatte die Gemeinde zu sorgen, vielmehr war sie auch verantwortlich für Wohlfahrtspflege, für die jüdischen Schulen, Krankenhäuser und Altersheime, unterhielt Bibliotheken und Gemeindezeitungen und verwaltete Stiftungen und Pensionskassen. Die Erinnerungen von Alexander Szanto (38) geben einen Einblick in die Selbstverwaltung der Berliner Gemeinde dieser Zeit. Die Großgemeinden mußten bald die dahinschwindenden Kleingemeinden unterstützen, da diese über immer weniger Mittel verfügten, um das religiöse Leben aufrechtzuerhalten. Nicht zuletzt aus diesem Anlaß kam es zu Zusammenschlüssen der Gemeinden auf Landesebene. Der 1922 gegründete Preußische Landesverband jüdischer Gemeinden umfaßte zwei Drittel aller deutschen Juden und hatte über 700 Mitgliedsgemeinden. Ein Gesamtverband aller Juden des Deutschen Reiches entstand vor 1933 jedoch nicht.

Neben den Gemeinden und Gemeindeverbänden gab es eine große Zahl weiterer jüdischer Organisationen, die überregional arbeiteten. Die bedeutendste war der „Centralverein deutscher Staatsbürger jüdischen Glaubens", der die Stimme der Mehrheit der deutschen Juden bildete. Als 1893 die Antisemitenparteien ihre höchsten Wahlerfolge errangen, gründeten jüdische Notabeln den Centralverein (CV) als Abwehrorganisation. Er widmete sich zunächst ausschließlich der Bekämpfung des Antisemitismus, wurde aber zunehmend zu einer auch nach innen hin für die Stärkung des jüdischen Selbstbewußtseins und die Erhaltung des Judentums eintretenden Organisation. Dabei betonte er die Verbindung von Deutschtum und Judentum und ließ es auch an nationalistischen Tönen nicht fehlen. Der CV entwickelte eine deutliche Frontstellung gegenüber den Zionisten, zumal beide Organisationen etwa gleichzeitig im Aufbau waren. Die Zionistische Vereinigung blieb zwar zahlenmäßig viel kleiner als der CV, besaß aber durch ihre Radikalität eine starke Anziehungskraft auf die Jugend und durchdrang das Leben ihrer Mitglieder in ganz anderer Weise als der CV, der keine neuen Inhalte vermitteln wollte. Die Wendung zum Zionismus besaß fast den Charakter einer Konversion, während die Mitgliedschaft im CV in manchen Kreisen zu einer Selbstverständlichkeit wurde. Zionist zu werden bedeutete dagegen immer, in Konflikte zu geraten mit der Familie und der gesamten jüdischen Umwelt. Als der Erste Weltkrieg ausbrach, eilten die Mitglieder beider Organisationen mit Enthusiasmus zu den Fahnen. Auch hier galt der „Burgfrieden" zwischen den Parteien, den der Kaiser gefordert hatte. Für viele Zionisten und auch manche der anderen jüdischen Soldaten wurde die Begegnung an der Ostfront mit der gelebten Nationalkultur der Juden Polens und Rußlands zu einem nachhaltigen Erlebnis.

Von den weiteren großen jüdischen Organisationen können nur einige genannt werden. Der Jüdische Frauenbund, 1904 von Bertha Pappenheim gegründet, verstand sich als Teil der bürgerlichen deutschen Frauenbewegung, förderte aber gleichzeitig eine bewußt jüdisch-religiöse Haltung seiner bis zu 50000 weiblichen Mitglieder. Er schuf Bildungs- und Fürsorgeeinrichtungen für Frauen, trat für ihre Berufsausbildung ein, bekämpfte den Mädchenhandel und forderte das Frauenstimmrecht in den jüdischen Gemeinden. Ottilie Schönewald (37), die letzte Vorsitzende des Frauenbundes bis 1938, gehörte zu den wenigen Frauen, die in der Weimarer Zeit auch Parteiämter innehatten und in die Vorstände jüdischer Organisationen gewählt wurden.

Sozialarbeit leisteten über 3000 lokale Wohlfahrtsvereine, die sich 1917 zur Koordinierung ihrer Arbeit in der Zentralwohlfahrtsstelle in Berlin zusammenschlossen. Als Volontärinnen und später als professionelle Sozialarbeiterinnen spielten auch hier jüdische Frauen eine bedeutende Rolle. Die Hilfe unter ausländischen Juden besonders in Osteuropa und Palästina organisierte der 1901 geschaffene Hilfsverein der deutschen Juden. Im Ersten Weltkrieg baute der Generalsekretär des Hilfsvereins, Bernhard Kahn (31), ein umfangreiches Hilfswerk für die Ostjuden in den von Deutschland besetzten Gebieten auf. Nach dem Weltkrieg schlossen sich die jüdischen Kriegsteilnehmer zum „Reichsbund jüdischer Frontsoldaten" zusammen, einer patriotischen Veteranenorganisation, die die Ehre der jüdischen Soldaten gegen antisemitische Angriffe verteidigte. Darüber hinaus gab es zahlreiche jüdische Jugendbünde, die teils die Ideen der Jugendbewegung übernahmen, teils mehr zionistische Ideen pflegten oder beides zu verbinden suchten. Außerdem bestanden jüdische Studentenverbindungen, jüdische Logen und kulturelle Organisationen wie der „Verband der Vereine für jüdische Geschichte und Literatur". Die Gründung dieser zahlreichen Organisationen ist nicht zuletzt darauf zurückzuführen, daß Juden wegen des starken

Antisemitismus in den allgemeinen deutschen Vereinen oft nicht willkommen waren. Viele der jüdischen Organisationen gaben eigene Zeitungen und Zeitschriften heraus, so daß in der Weimarer Republik weit über 100 jüdische Periodica erschienen.

Ostjüdische Vereine schlossen sich 1919 zu einem „Verband der Ostjuden in Deutschland" zusammen. Seine Aufgaben waren die Interessenvertretung der Ostjuden als Ausländer, die Abwehr des besonders gegen Ostjuden gerichteten Antisemitismus und Selbsthilfemaßnahmen auf dem Gebiet der Arbeitsbeschaffenheit, der Sozialarbeit und der Rechtshilfe. Der Verband, wie die meisten Mitglieder, war nationaljüdisch orientiert und unterstützte die zionistische Bewegung. Wie schon beschrieben, unterschieden sich Ostjuden, die 1925 etwa ein Fünftel der Juden in Deutschland ausmachten, sozial und religiös deutlich von den deutschen Juden. Diese fühlten sich den Zuwanderern kulturell überlegen und fürchteten, daß deren auch in Kleidung und Sprache stark sichtbar werdendes Judesein Anlaß zu antisemitischen Angriffen auf *alle* Juden geben könnte. Sie waren daher bemüht, die Probleme der armen Einwanderer durch Wohlfahrtsarbeit zu lösen, akzeptierten sie aber, soweit sie nicht selbst Zionisten waren, selten als mögliche Freunde oder Ehepartner. Die Ostjuden blieben in ihren eigenen Wohnvierteln, Arbeitervereinen und Betstuben oft ganz unter sich. Doch gab es auch bei ihnen Bereitschaft zur Akkulturation, besonders unter den Intellektuellen und Studenten, den Bemittelteren sowie unter den Angehörigen der zweiten Generation. In Berlin pflegten ostjüdische Künstler und Gelehrte ein eigenes Kulturleben und machten die Stadt in der Weimarer Zeit zu einem Zentrum der hebräischen und jiddischen Literatur. Die Lebensgeschichten von Joseph Lange (18) und Kurt Katsch (19) sind Beispiele für eine gelungene Integration von Ostjuden, dürften damit aber eher die Ausnahme als die Regel bilden, zumal ein großer Teil der Ostjuden nur Durchwanderer nach Westeuropa und Übersee waren, während andere nach Osteuropa zurückkehrten.

Die jüdischen Gemeinden und Organisationen wurden nur von Männern geleitet, und auch nach 1918 blieben Frauen in Vorständen die seltene Ausnahme. An der jüdischen Wohlfahrtspflege nahmen Frauen dagegen in den Gemeinden traditionell großen Anteil. Stark war die Stellung der Frau in der Familie, obgleich diese als jüdische und bürgerliche zweifellos patriarchalisch strukturiert war. Doch hatte die jüdische Frau in der Familie traditionell eine bessere Stellung gegenüber ihrem Mann als die christliche Frau, denn das Judentum wurde durch Mann und Frau in verschiedenen, aber einander bedingenden religiösen Rollen tradiert. Während der Mann zum Toralernen verpflichtet war und sich den Gemeindeaufgaben widmete, war das jüdische Haus zu führen Aufgabe der Frau. Sie sorgte für die Einhaltung der Speisegesetze, bereitete den Sabbat und die Feste vor und wahrte die Gebote der jüdischen Sexualethik. Zu den religiösen Aufgaben der Frau in Haus und Familie kamen bis mindestens zur Mitte des 19.

Jahrhunderts auch wirtschaftliche. Da die Männer als Kaufleute meist während der ganzen Woche abwesend waren, führten die Ehefrauen oft den Handel am Ort, verkauften, nahmen Waren an, führten Buch. Bis zum Ersten Weltkrieg beruhte die jüdische Familie fast immer auf der traditionellen Ehestiftung. Verwandte, Freunde oder professionelle Ehevermittler schlugen die Partner einander vor und prüften, ob sie nach Familie, Herkunft und Vermögen zueinander paßten. Denn die Ehe war in erster Linie die Vereinigung zweier Familien, wie dies auch z.B. bei den Bauern und beim Adel und den meisten Bürgern des 19. Jahrhunderts als selbstverständlich galt.

Mit dem sozialen Aufstieg wurde die jüdische Ehefrau auf die Familie beschränkt, da die frühere Mitarbeit im Geschäft im Bürgertum als sozial diskriminierend galt. Gleichzeitig hatte sie als Mutter jetzt weniger Kinder zu betreuen und verfügte über Hauspersonal zu ihrer Hilfe. Die so gewonnene Muße widmete sie musikalischen und literarischen Interessen, pflegte soziale Kontakte und förderte die Ausbildung ihrer Kinder. In vielen jüdischen Familien nahmen die Ehefrauen die kulturell führende Position ein, während die Männer sich überwiegend dem Geschäft widmen mußten. Die Teilnahme an kulturellen Veranstaltungen, wie Theateraufführungen, Konzerten und Vorträgen, gehörte bei jüdischen Familien so zur Selbstverständlichkeit, daß Juden in allen Großstädten einen beträchtlichen Teil des Publikums stellten. So wie früher auf das talmudische Lernen legten die Familien jetzt auf die Bildung ihrer Kinder außerordentlichen Wert. Daher waren jüdische Kinder auf den höheren Schulen stark überrepräsentiert. In Berlin machten sie 1906 ein Viertel aller Schüler humanistischer Gymnasien aus und stellten sogar ein Drittel aller Schülerinnen auf höheren Töchterschulen. Selbst Landjuden taten alles, um ihren Kindern den Besuch höherer Schulen zu ermöglichen.

Juden und Umwelt

Die Beziehung zwischen Juden und Gesamtgesellschaft ist nicht auf eine einfache Formel zu bringen. Anders erscheint sie aus der Perspektive der Juden, anders aus der ihrer Umwelt und ganz anders aus der Sicht des heutigen Betrachters, der niemals das furchtbare Ende dieser Beziehung ausblenden kann. Dem Heutigen werden viele der autobiographischen Berichte aus der Zeit vor 1933 als Dokumente einer „geträumten Sicherheit" erscheinen, wie sie ein Autor rückblickend nennt. Aber sind sie das? Hatten die Juden in Deutschland nach der Emanzipation die Kunst entwickelt, Judenhaß nur noch begrenzt wahrzunehmen? Oder gab es Räume, die davon frei waren? Es ist schwer, hierüber genauere Feststellungen zu machen, da diese Beziehungen nicht nur örtlich und schichtenspezifisch verschieden waren, sondern auch abhingen von der jeweiligen politischen und wirtschaftlichen Entwicklung. Auf dem Lande, wo sowohl die jüdische als auch die christliche Bevölkerung religiös konservativer waren, beide Gruppen sozial getrennt lebten, aber doch nachbarschaftliche Beziehungen unterhielten, gestaltete sich das Verhältnis ganz anders als in der Großstadt, wo es sich mehr um individuelle Kontakte zwischen Angehörigen der gleichen sozialen Schicht handelte. Hier kam es manchmal vor, daß Juden, vor allem Angehörige der Oberklasse, Akademiker oder Künstler, nur mit Christen Umgang hatten. Andererseits gibt es zahlreiche Lebenszeugnisse aus dem jüdischen Bürgertum, die erkennen lassen, daß dieses überwiegend unter sich verkehrte und vom christlichen Bürgertum wie durch eine Glaswand getrennt blieb. Auch in den bürgerlichen jüdischen Wohnvierteln des Berliner Westens waren solche Verhältnisse zu beobachten. Im Berufsleben hatte jeder Jude Umgang mit Nichtjuden, im Privatleben überwog der Verkehr mit Glaubensgenossen.

Wichtiger als der Umfang der christlich-jüdischen Sozialbeziehungen waren ihr Charakter und ihre Qualität. Hierbei muß unterschieden werden zwischen persönlichen Freundschaften aufgrund individueller Wahl und sozial unvermeidlichen Beziehungen wie denen zu Nachbarn, Mitschülern und Berufskollegen. In den letzteren gab weniger der einzelne Jude als die christliche Majorität den Ton an, und dieser war nicht selten feindlich. Liest man die Memoiren daraufhin, so wird davon vor 1918 erstaunlich wenig sichtbar. Zwar berichten die Autoren von örtlichen Ausschreitungen gegen Juden, von beruflichen Behinderungen oder Konflikten in der Schule, doch stärker betonen sie die gleichzeitigen harmonischen Beziehungen zwischen Juden und Umwelt. Nicht vergessen darf man dabei, daß die Minorität gelernt hatte, durch eine vorbeugende Haltung offene Konflikte zu vermeiden. Wie anders etwa ist es zu erklären, daß Juden die Selbständigkeit im Beruf stets der abhängigen Beschäftigung vorzogen? Über positive christlich-jüdische Sozialbeziehungen wird oft in einer Art berichtet, die sie als Ausnahmen erscheinen lassen, wie beispielsweise die Hochachtung der Bauern für den hopfenanbauenden Eduard Silbermann (5) oder das Lob für den frommen Lebenswandel des Bäckers Kirschner (7) durch den Dorfpfarrer.

Die Auswirkungen des Antisemitismus auf das Leben der Juden als Gruppe waren beträchtlich. In der ersten Hälfte des 19. Jahrhunderts und in der Revolution von 1848 kam es mehrfach zu tätlichen Ausschreitungen gegen Juden. Eine bedrohliche und gespannte Situation entstand auf dem Lande vor allem dann, wenn verarmte Bauern durch Kreditaufnahme und Verpfändung der Felder in finanzielle Abhängigkeit von jüdischen Händlern gerieten. Der wirtschaftliche Aufstieg der Juden bei gleichzeitiger Verarmung vieler Bauern durch Agrarkrisen und Agrarreform barg viel sozialen Sprengstoff in sich. In den Städten waren besonders verarmte Handwerker und kleine Ladenbesitzer Vertreter des Wirtschaftsantisemitismus aus Konkurrenzfurcht.

Nach einer Epoche des politischen Liberalismus und der Prosperität organisierte sich bei der ersten schweren Wirtschaftskrise des Kaiserreichs ein Antisemitismus von bisher unbekannter Durchschlagskraft. Dieser blieb nicht auf einzelne Gruppen oder Parteien beschränkt, sondern durchdrang als integrierender Bestandteil einer nationalistischen Ideologie weite Teile des Bürgertums. Träger des Antisemitismus waren vor allem mittelständische und agrarische Gruppen sowie die Universitäten und das Bildungsbürgertum, während die Arbeiterschaft durch die Sozialdemokratie gegen die neue Ideologie weitgehend immunisiert wurde. Die volle Entfaltung des kapitalistischen Wirtschaftssystems brachte ökonomische und soziale Umwälzungen mit sich, deren negative Folgen vor allem Juden zur Last gelegt wurden. Die antisemitische Position war antiliberal, aber antikapitalistisch zumeist nur, soweit es Juden betraf. Die schnelle Ausbreitung des Antisemitismus wurde gefördert durch die zwischen 1873 und 1894 periodisch auftretenden Wirtschaftskrisen, die generell antimoderne Haltung des Bürgertums und die Schwächung des politischen Liberalismus. Staat und Gesellschaft des Kaiserreichs nahmen Minderheiten gegenüber eine von Aggressionen und Feindbildern bestimmte Richtung ein. Der Haß auf „Reichsfeinde" wie Polen, Katholiken und Sozialdemokraten bildete einen konstituierenden Bestandteil der Innenpolitik. In einem solchen sozialen Klima waren die Juden, die ihre Identität in gewandelter Form weitgehend bewahrt hatten, besonders gefährdet, weil sie sich jetzt nicht mehr am Rande, sondern zumindest wirtschaftlich und kulturell eher im Zentrum der Gesellschaft bewegten.

Am häufigsten erfuhren Juden Antisemitismus als individuelle Diskriminierung im privaten täglichen Umgang. Dieser allgegenwärtigen Ausdrucksform der Judenfeindschaft konnte kein Jude entgehen, er begegnete ihr meist schon als Kind und mußte ständig auf sie gefaßt sein. Die in den Autobiographien geschilderten Erfahrungen mit Antisemiten stammen nicht zufällig meist aus den drei Sozialisationsinstanzen Schule, Universität und Armee. Diese ließen Juden fast nie in Führungspositionen gelangen und schufen schon dadurch ein Klima der Diskriminierung, das Schüler, Studenten und Soldaten zu antisemitischem Verhalten gegen Juden in ihren Reihen ermutigte. Hier waren daher fast alle jüdischen Jugendlichen negativen Erlebnissen ausgesetzt, die ihre psychischen, sozialen und politischen Verhaltensformen als Erwachsene bestimmen konnten. Walther Rathenau schrieb: „In den Jugendjahren eines deutschen Juden gibt es einen schmerzlichen Augenblick, an den er sich zeitlebens erinnert: Wenn er sich zum ersten Mal voll bewußt wird, daß er als Bürger zweiter Klasse in die Welt getreten ist, und daß keine Tüchtigkeit und kein Verdienst ihn aus dieser Lage befreien könne." Antisemitische Erfahrungen im frühen Kindesalter, wie sie Paul Mühsam (27) beschreibt, waren traumatische Erlebnisse, die zum ständigen Verlust der Harmlosigkeit im Umgang mit Mitschülern führten und zu einer dauernden Erniedrigung des Selbstwertgefühls.

Verließ der jüdische Schüler die Schule, so sah er sich spätestens jetzt mit dem Antisemitismus gleich doppelt konfrontiert – bei der Berufswahl und bei der Ableistung des Wehrdienstes. Das Offizierskorps bestand zu Beginn des Kaiserreichs noch zu über der Hälfte aus Adligen, und Bürgerliche wurden vor ihrer Zulassung auf ihre Herkunft aus „besseren Kreisen" und auf zuverlässig konservative Gesinnung hin überprüft. Juden hatten dabei keine Chance und wurden erst während des Ersten Weltkrieges in größerer Zahl zu Offizieren befördert. Von den rund 100000 jüdischen Kriegsteilnehmern erhielten etwa 2000 Offiziersrang. Daß dies nicht das Ende judenfeindlicher Haltungen in der Armee bedeutete, zeigte die im Herbst 1916 vom Kriegsminister angeordnete Zählung aller Juden an der Front, die vom Vorwurf der Drückebergerei veranlaßt war und von den jüdischen Soldaten als erneute schwere Diskriminierung erlebt wurde.

An den Universitäten trat der Antisemitismus noch offener hervor als in Schule und Armee, und seine Träger waren Professoren wie Studenten. Die Burschenschaften und Corps, die das studentische Leben bestimmten, nahmen Juden entweder gar nicht auf oder nur, wenn sie sich bis zur Selbstaufgabe anpaßten. Philipp Löwenfeld (25) erwähnt Studenten, die ihren Namen änderten und ihre Verwandten mieden, nur um in einer christlichen Verbindung akzeptiert zu werden. Der Deutsche Burschentag beschloß 1896, Juden in den Burschenschaften nicht mehr zuzulassen. Aggressiv antisemitisch war der Verein Deutscher Studenten, der 1880 bei der Sammlung von Unterschriften für die Antisemitenpetition gegründet wurde. Diese Petition, die vom Reichstag die Aufhebung der Judenemanzipation forderte, unterschrieb in Berlin fast die Hälfte aller Studenten. Infolge ihrer sozialen Isolierung gründeten die jüdischen Studenten 1886 in Breslau mit der Viadrina die erste jüdische Verbindung, der bald weitere folgten. Ihre besondere Bedeutung lag darin, daß sie zugleich die erste jüdische Organisation war, die sich aktiv gegen den Antisemitismus zur Wehr setzte und sich dabei nicht nur zum Deutschtum, sondern auch zum Judentum bekannte. Viele Juden lehnten zunächst eine solche rein jüdische und dazu kämpferische Organisation ab, da sie zu manifestieren schien, daß die soziale Integration der jüdischen Bürger gescheitert war. Die jüdischen Verbindungen schlossen sich 1896 zum Kartell-Convent (KC) zusammen und behielten das Duell bei, mit dem sie antisemitische Beleidigungen zu bekämpfen suchten. Ab 1895 entstanden auch zionistische Verbindungen, die sich zum Kartell jüdischer Verbindungen (KJV) verbanden. Aus ihnen gingen viele der später führenden Zionisten hervor.

Bei der Mehrzahl der deutschen Juden dauerte es länger als bei den Studenten, bis sie zu einer organisierten, d. h. politischen Antwort auf den Antisemitismus bereit waren. Hätte nicht die Gründung einer Gemeinschaft zur Verteidigung jüdischer Rechte ausgedrückt, daß Juden doch mehr als eine Religionsgemeinschaft waren? So reagierten sie auf den steigenden Antisemitismus zwanzig Jahre lang nur individuell und privat. Manche gingen soweit, ihr Judentum möglichst zu verbergen, zahlreiche Juden taten angesichts des Antisemitismus den Schritt zur Taufe, doch die meisten schwiegen in der Annahme, daß der Antisemitismus in einem Kulturland wie Deutschland nur eine vorübergehende Erscheinung sein könne.

Bei der Reichstagswahl von 1893 erhielten die Antisemitenparteien 16 Sitze im Reichstag – das war der größte Wahlerfolg, den sie jemals erreichten. Noch während des Wahlkampfes kam es zur Gründung eines Vereins zur Abwehr des Antisemitismus, des schon erwähnten Centralvereins deutscher Staatsbürger jüdischen Glaubens. Aus einer von vielen nur zögernd unterstützten Vereinigung entwickelte sich der CV zur größten jüdischen Organisation vor 1933 mit einem weit verzweigten Netz von Ortsgruppen. Den Antisemitismus bekämpfte der CV mit Aufklärungsbroschüren, mit Interventionen gegen antisemitische Kandidaten im Wahlkampf und durch seine Rechtsschutzabteilung, die jährlich Hunderte von Klägern vertrat. Diesen Aufgaben entsprechend, waren mehr als ein Drittel der Funktionäre des CV Rechtsanwälte.

Die militärische Niederlage am Ende des Ersten Weltkriegs, der Sturz der Monarchie, die Revolution, die politische und wirtschaftliche Instabilität der Nachkriegsjahre und schließlich die Inflation ließen Antisemitismus in bisher unbekannter Aggressivität zutage treten. Er konnte, wie Henry Buxbaum (32) beschreibt, für Juden schnell lebensgefährlich werden. Dem 1919 geschaffenen Deutsch Völkischen Schutz- und Trutzbund gehörten als größter antisemitischer Organisation etwa 200 000 Mitglieder an. Unter den Parteien hatten die Deutschnationale Volkspartei und die Nationalsozialisten den Antisemitismus von Anfang an fest in ihrem Parteiprogramm verankert. Seine Wirkung aber reichte weit in die Parteien der bürgerlichen Mitte hinein. Die Antisemiten beschimpften die jüdischen Deutschen unablässig als Drückeberger im Kriege, Kriegsgewinnler, Anstifter der Revolution, Verräter an Deutschland und Beherrscher von Presse und Kulturleben. Ein Hauptangriffsziel bildeten die Ostjuden, denen gegenüber Rassismus und Xenophobie am deutlichsten ausgesprochen wurden. Bayern machte sogar den Versuch, alle Ostjuden auszuweisen, wogegen Philipp Löwenfeld (25) als Anwalt auftrat. In der Phase einer gewissen wirtschaftlichen und politischen Stabilisierung zwischen 1924 und 1928 trat der Antisemitismus etwas zurück, erreichte dann aber seit der Weltwirtschaftskrise durch den Wahlerfolg der NSDAP einen weiter steigenden Einfluß. Schon vor 1933 propagierte die NSDAP den Boykott jüdischer Läden, und an den meisten deutschen Universitäten gewann der antisemitische NS-Studentenbund die Mehrheit der Studenten für sich.

Wie reagierte die jüdische Bevölkerung individuell und als Gruppe auf den Anstieg des Antisemitismus? Viele Angehörige der älteren Generation, geprägt durch das Kaiserreich, und der mittleren, die voller Patriotismus im Ersten Weltkrieg gekämpft hatten, waren geneigt, den Antisemitismus als eine vorübergehende Begleiterscheinung der wirtschaftlichen und politischen Krisen zu sehen. Das bedeutet aber nicht, daß die Mehrheit den Antisemitismus in seiner politischen Bedeutung unterschätzte und passiv blieb. Man kann vielmehr eine deutliche Reaktion der jüdischen Sozialgruppe feststellen, die vom Wahlverhalten über das steigende Engagement in den Linksparteien bis zur systematischen Bekämpfung des Antisemitismus durch den CV und den Reichsbund jüdischer Frontsoldaten reichte. Der CV betrieb eine rationale Aufklärungsarbeit und widerlegte Punkt für Punkt die antisemitische Propaganda – ein Unterfangen, das von vornherein nur eine sehr geringe Wirkungsmöglichkeit haben konnte. Unter den zahlreichen Publikationen des CV waren ein Antinazihandbuch, ein Weißbuch über den NS-Terror und ein Handbuch zur Bekämpfung antisemitischer Argumentationen. Zusätzlich gab der CV einen ständigen Pressedienst heraus, erreichte 1932 allein 200 Verurteilungen wegen Boykotthetze und konnte mehrfach das antisemitische Hetzblatt „Der Stürmer" beschlagnahmen lassen. In den letzten Wahlen der Republik unterstützte der CV nicht-antisemitische Parteien mit Geld und Propagandamaterial. Doch all diese Bemühungen der jüdischen Minorität von weniger als einem Prozent der Bevölkerung waren zum Scheitern verurteilt, solange die Mehrheit der Deutschen nicht zur Rettung der Republik entschlossen war.

Die politische Isolierung der Juden erreichte so 1933 ihren Höhepunkt – es fehlte an Bündnispartnern. Im 19. Jahrhundert hatten die deutschen Juden im Liberalismus ihre politische Heimat gesehen, aber mit der Schwächung des Liberalismus im Kaiserreich und seinem Verschwinden in der Republik wurde ihnen dieser Rückhalt genommen, der von seiten der Liberalen zudem immer ein fragwürdiger geblieben war.

Die Judenemanzipation war erfolgt in der Zeit des sich ausbildenden Nationalgefühls und des Ringens um einen deutschen Nationalstaat. Zwischen 1815 und 1848 begannen die Juden, sich politisch zu integrieren und sich als Deutsche zu verstehen. Die meisten politisch aktiven Juden sahen dabei, wie Gabriel Riesser, die Frage der Judenemanzipation nur als Teilfrage der Emanzipation des Bürgertums im Streben nach einem nationalen Verfassungsstaat an. Damit stellten sie sich ganz auf die Seite des Liberalismus und glaubten an eine natürliche Weggemeinschaft von Juden und Liberalen. Dies dokumentierten sie in der Revolution von 1848 durch ihre starke Beteiligung als Abgeordnete, Mitglieder politischer Clubs, Barrikadenkämpfer und Journalisten. Fünf ungetaufte Juden wurden in die Nationalversammlung gewählt, und Gabriel Riesser amtierte als ihr Vize-Präsident. Doch die antijüdischen Ausschreitungen während der Revolution trugen zur Ernüchterung der Hoffnungen bei, und mancher setzte sich, wie Hirsch Oppenheimer (4), für eine Kanalisierung der revolutionären Energie ein oder suchte Zuflucht bei der bestehenden Regierung als Ordnungsfaktor.

Nach der gescheiterten Revolution nahm der Liberalismus eine neue Richtung. Die Mehrheit der Liberalen ließ sich durch die außenpolitischen

Erfolge Bismarcks davon überzeugen, daß die nationale Einigung den Vorrang vor der Verwirklichung des liberalen Verfassungsstaates habe, und akzeptierte die Reichsgründung als Werk des preußischen Obrigkeitsstaates. Die deutschen Juden begrüßten die Reichsgründung mit großen Hoffnungen und wählten mit dem übrigen Bürgertum die Nationalliberalen und die linksliberale Fortschrittspartei. Doch als die Nationalliberalen sich nach Bismarcks Schwenkung zu den Konservativen nach rechts orientierten und zur Schutzzollpolitik übergingen, verließen die freihändlerisch eingestellten Vertreter des Handels und der Banken und mit ihnen die führenden jüdischen Politiker Eduard Lasker und Ludwig Bamberger enttäuscht die Partei. Sie schufen die linksliberale Partei des Freisinns, die von der Mehrheit aller jüdischen Wähler bevorzugt wurde. Als einzige bürgerliche Partei war der Freisinn bereit, für die vollen verfassungsmäßigen Rechte der Juden einzutreten und nicht mit Antisemiten zusammenzuarbeiten. Er wurde daher von Antisemiten als „Judenschutztruppe" angegriffen, und seine Wählerschaft nahm schnell ab.

Die durchschnittlichen jüdischen Wähler (ab 1918 auch Wählerinnen) hielten sich aufgrund ihrer Klassenzugehörigkeit von der Sozialdemokratie entschieden zurück und sahen mit dem übrigen Bürgertum in ihr die Partei des Umsturzes. Der Sozialismus als Idee und die kompromißlose Haltung der Sozialdemokraten gegenüber den Antisemiten übten jedoch auf einzelne jüdische Intellektuelle eine steigende Anziehungskraft aus, wie das Beispiel Philipp Löwenfelds (25) zeigt. Die sozialdemokratische Partei gewann unter jüdischen Intellektuellen, Angestellten und Kleingewerbetreibenden vor 1918 eine Wählerschaft von schätzungsweise 15 Prozent der jüdischen Wahlberechtigten.

Dieselben politischen Wandlungen, die das Wahlverhalten jüdischer Wähler änderten, führten auch zu Veränderungen in der parteimäßigen Zusammensetzung der jüdischen Reichstagsmitglieder. Vor 1878 gab es im Reichstag 16 ungetaufte Juden als Abgeordnete – sieben nationalliberale, sechs linksliberale und fünf Sozialdemokraten. Als der Freisinn immer mehr an Wählern verlor und die Nationalliberalen keine Juden mehr aufstellten, standen zwischen 1893 und 1918 im Reichstag 15 jüdischen Sozialdemokraten nur noch zwei jüdische Abgeordnete des Freisinns gegenüber. Im Gegensatz dazu blieben in den Stadtverordnetenversammlungen jüdische Liberale stärker vertreten. Die Gesamtzahl der jüdischen Stadtverordneten und Stadträte im Kaiserreich war hoch und betrug etwa 1400. Vielen Juden bedeutete die lokale politische Tätigkeit Ersatz für die ihnen versagte öffentliche Wirksamkeit im Staatsdienst des Kaiserreichs.

In der Weimarer Republik erhielten Juden zwar Zugang zu Staats- und Regierungsämtern, doch ihre politische Situation verschlechterte sich schnell. In der Novemberrevolution, den Räteregierungen und in der bayerischen Räterepublik spielten eine Reihe von jüdischen Sozialisten und Kommunisten eine sichtbare Rolle, was die Rechtsparteien zum Anlaß nahmen, die Juden schlechthin als Verräter und als Urheber der Revolution zu brandmarken. Da Juden jetzt auch in politische Führungspositionen gelangten, diente dies den Antisemiten dazu, den verhaßten neuen Staat als „Judenrepublik" zu diffamieren. Das blieb nicht bloß Propaganda. Der Mord an Außenminister Walther Rathenau im Jahre 1922 zeigte, daß jüdische Politiker in dieser Atmosphäre eines Bürgerkrieges jederzeit ihr Leben riskierten.

Die Linksliberalen sammelten sich nach dem Krieg in der Deutschen Demokratischen Partei (DDP), zu deren Gründern bekannte Juden gehörten wie Albert Einstein, der Zeitungsverleger Rudolf Mosse und der Staatsrechtler Hugo Preuß, der die Weimarer Verfassung entwarf und daher eine Hauptzielscheibe der Antisemiten war. Die DDP wählten nach zeitgenössischen Schätzungen 60 Prozent aller deutschen Juden, und sie wurde entsprechend als „Judenpartei" diffamiert. Als die Partei an Wählerstimmen verlor, orientierte sie sich weiter nach rechts und verband sich 1930 mit dem rassistischen Jungdeutschen Orden. Damit war die liberale Mitte geschwunden, und das deutsche Bürgertum hatte sich mehrheitlich Rechtsparteien angeschlossen. Die jüdischen Wähler orientierten sich jetzt notgedrungen stärker nach links. Es ist geschätzt worden, daß vor 1930 bis zu einem Viertel der Juden sozialdemokratisch wählte, danach aber suchten wohl mehr als die Hälfte der jüdischen Wähler bei der SPD Halt gegen den Nationalsozialismus. Als Theoretiker, Funktionäre und Redakteure spielten jüdische Intellektuelle eine wichtige Rolle in der SPD, die bis zuletzt auch durch Abgeordnete jüdischer Herkunft im Reichstag vertreten waren. In der Parteiführung der Kommunisten nahmen nach der Ermordung Rosa Luxemburgs Juden weiter wichtige Positionen ein, bis die stalinistischen Kampagnen gegen Intellektuelle zu ihrem Ausschluß führten. In der Endphase der Republik entschieden sich junge Juden, wie Wolfgang Roth (34), immer häufiger für die Kommunistische Partei, so daß die Zionisten vor der „roten Assimilation" warnten. In der Gruppe „Neu Beginnen" nahmen nach dem Bericht Gerhard Brys (41) Juden an dem Versuch teil, schon vor 1933 eine gemeinsame antifaschistische Front verschiedener linker Organisationen aufzubauen.

Zusammenfassend ist festzuhalten, daß die Juden in Deutschland 1933 eine überwiegend bürgerliche Minderheit bildeten, die weltanschaulich und religiös stark inhomogen war und keine Gesamtorganisation besaß. Sozial und politisch befand sie sich in gefährlicher Isolierung, wirtschaftlich wies sie die Krisensymptome des Mittelstandes auf. Den größten Reichtum dieser Minorität stellten ihre kulturellen Leistungen dar, die sie auf der Basis eines außerordentlich hohen Bildungsniveaus hervorbrachten. Entgegen den Erwartungen ihrer Emanzipatoren hatten die Juden in Deutschland zum größten Teil ihre jüdische Identität bewahrt, die sich nach der Abnahme der Religiosität auch in sekundären Ausdrucksformen erhielt – vor allem im weiter vorherrschenden Prinzip der Binnenheirat.

Verfolgung und Selbsthilfe nach 1933

Hier soll nicht die nationalsozialistische Judenpolitik dargestellt werden, sondern das Leben unter den Bedingungen dieser Politik. Die Autobiographien lassen deutlich werden, was der Nationalsozialismus für den Alltag der Juden bedeutete, wie die zunehmende Verfolgung ihre Existenzmöglichkeiten vernichtete, ihre sozialen Beziehungen zur Umwelt zerstörte und die gewachsene kulturelle Integration negierte. Zugleich dokumentieren die Erinnerungen den Willen der Juden zur Selbsthilfe, geben Einblick in ihr religiöses und kulturelles Leben in der Zeit der Verfolgung. Und schließlich lassen die Memoiren die Mühsal der Massenemigration begreifen und das Grauen der Deportation.

„Wir stehen als Juden vor der Tatsache, daß eine uns feindliche Macht die Regierungsgewalt in Deutschland übernommen hat", konnte die Jüdische Rundschau am 31. Januar 1933 noch schreiben. Mit der Ernennung Hitlers zum Reichskanzler wurde der Rassenantisemitismus Teil der Regierungspolitik und erlangte nach der Beseitigung aller rechtsstaatlichen Prinzipien eine bisher nicht vorstellbare Wirkungsmöglichkeit. Diese gewandelte Situation zu begreifen, fiel den in obrigkeitsstaatlichen und bildungsbürgerlichen Traditionen aufgewachsenen Juden schwer. Nach über 100 Jahren der Akkulturation und zwei Generationen nach Abschluß der rechtlichen Emanzipation waren die Juden so deutsch, daß ihnen jeder Versuch, sie als „Fremde" zu entrechten, ebenso unbegründet wie unwahrscheinlich erschien. Es war dem größten Teil der erwachsenen deutschen Juden unmöglich, auf das Diktat der Nationalsozialisten hin seine deutsche Identität einfach abzustreifen.

Schärfer erkennen konnten die nationalsozialistische Gefahr jüdische Sozialisten und Kommunisten, die wie Philipp Löwenfeld (25) und Wolfgang Roth (34) als Linke zu den ersten Verfolgten gehörten und zuerst aus Deutschland fliehen mußten. Nach den Reichstagswahlen vom 5. März begann dann eine Welle antisemitischer Gesetze und Terrorakte. Ihren Höhepunkt erreichten sie am 1. April 1933 mit dem von Partei und SA organisierten Boykott der jüdischen Geschäfte, der als Vergeltungsmaßnahme erklärt wurde für die angebliche „Greuelpropaganda" der Juden im Ausland gegen das nationalsozialistische Deutschland. Der Tag des Boykotts, an dem die SA vor allen jüdischen Geschäften Posten stand, erscheint in vielen Erinnerungen als einschneidendes Erlebnis, da sich die Recht- und Wehrlosigkeit und die soziale Isolierung den Betroffenen tief einprägten. Die Bedeutung des 1. April war weniger wirtschaftlich und außenpolitisch, sondern sie lag darin, daß hier die öffentliche Brandmarkung der Juden vollzogen wurde als erster Schritt zur rassistischen Segregation, zur gesellschaftlichen Ausgrenzung der Juden. Der Boykott suchte den antisemitischen Konsens der Öffentlichkeit zu erzwingen. Doch noch gab es einzelne

Deutsche, die sich dem Zwang zum Antisemitismus nicht beugten und, wie Marta Appel (39) berichtet, demonstrativ in jüdischen Geschäften einkauften.

Dem Boykott folgten noch im April Verordnungen zur Entlassung jüdischer Beamter, Richter, Anwälte und Ärzte. Auch die jüdischen Künstler sowie die meisten Angestellten in nichtjüdischen Firmen wurden entlassen. Ausgenommen von den Berufsverboten waren schon vor 1914 Erwerbstätige und Frontkämpfer, so daß ein großer Teil der Akademiker sich weiter in einer falschen Sicherheit wiegen konnte, während viele der Betroffenen – zu ihrem späteren Glück – bald auswanderten. Die antisemitische Welle des Frühjahrs 1933 veranlaßte etwa 25 000 Juden zur Flucht oder zur Emigration aus Deutschland, darunter viele Ostjuden. Im Juni 1933 waren 14 Prozent der Juden arbeitslos, unter den Arbeitern und Angestellten sogar 31 Prozent. Fast die Hälfte aller Juden jedoch waren Selbständige, die in Handel und Industrie nicht direkt von Berufsverboten betroffen wurden; vielfach jedoch gingen ihre Geschäftsumsätze durch fortgesetzten Boykott schon jetzt zurück.

Materielle Not und physische Bedrängnis wuchsen. Es wuchs aber auch unter den deutschen Juden die Erkenntnis, daß sie, von der Umwelt im Stich gelassen, jetzt unter Überbrückung der inneren Gegensätze nur bei sich selbst Halt und Hilfe suchen konnten. Viele jedoch glaubten, daß der „Spuk" nicht dauern werde und konnten nicht begreifen, daß sie in einem Kulturland wie Deutschland über Nacht fast rechtlos geworden sein sollten.

Als Selbsthilfeorganisation formierte sich im April 1933 der Zentralausschuß für Hilfe und Aufbau, die erste Organisation, die in Reaktion auf die Verfolgung von Vertretern unterschiedlicher jüdischer Richtungen gemeinsam geschaffen wurde. Der Zentralausschuß war ein Vorläufer der dann im September 1933 gegründeten „Reichsvertretung der deutschen Juden", die 1935 nach den Nürnberger Gesetzen zwangsweise in „Reichsvertretung der Juden in Deutschland" umbenannt werden mußte. Diese erste Gesamtorganisation leitete das jüdische Selbsthilfewerk der Jahre 1933 bis 1939. Zu den Aufgaben der Reichsvertretung gehörten Wirtschaftshilfe, Schulwesen, Auswanderhilfe und Wohlfahrtswesen. Nach außen vertrat sie alle deutschen Juden gegenüber der Regierung. Dies war eine extrem schwierige Aufgabe, denn der ständig der Kontrolle und Willkür der Gestapo unterworfene Vorstand mußte versuchen, die jüdische Gemeinschaft möglichst zu schützen, ohne selbst in die Situation von Geiseln zu geraten und verhaftet zu werden. In der Reichsvertretung arbeiteten die jüdischen Gemeinden und Landesverbände ebenso mit wie der CV, die Zionistische Vereinigung, der Reichsbund Jüdischer Frontsoldaten und der jüdische Frauenbund. In der Atmosphäre totaler Rechtsunsicherheit versuchte die Reichsvertretung erfolgreich, Solidarität und Hilfe unter Juden zu organisieren. Ihr Präsident war der Berliner Rabbiner Leo Baeck, der als geistige Führungspersönlichkeit von allen jüdischen Gruppen anerkannt wurde. Angesichts der gemeinsamen Bedrohung mäßigten sich die inneren Konflikte zwischen den jüdischen Fraktionen. Die Reichsvertretung gab dem Willen der Juden zur Selbstbehauptung Ausdruck, Widerstand im politischen Sinne leistete sie nicht. Als einer kleinen, zumeist bürgerlichen Minorität, überaltert, politisch zersplittert und ohne Bündnispartner, fehlte den deutschen Juden jede Voraussetzung für kollektiven Widerstand. Politischen Widerstand von einzelnen Juden hat es selbstverständlich gegeben. Mehr als 1000 arbeiteten illegal in der organisierten Linken, vor allem in SPD und KPD. Die Reichsvertretung war wesentlich konservativer in der Einschätzung der Lage, erwartete zunächst noch die Wiederherstellung des Rechtsstaates und riet nur der beruflich chancenlosen Jugend zur Auswanderung. Die Älteren aber rief sie zum Durchhalten im Lande auf.

Die sogenannten Nürnberger Gesetze vom 15. September 1935 bedeuteten eine entscheidende Verschärfung der Situation. In konsequenter Verwirklichung der Rassenlehre machten sie die Rechte des einzelnen endgültig von seiner staatlich festgestellten „Rasse" abhängig. Man unterschied jetzt zwischen „Reichsbürgern" mit politischen Rechten und bloßen Staatsangehörigen. Juden konnten nur Staatsangehörige sein, und damit war die Judenemanzipation rückgängig gemacht. Das „Gesetz zum Schutz des deutschen Blutes und der deutschen Ehre" verbot die Eheschließung zwischen Juden und Nichtjuden und stellte außereheliche Sexualbeziehungen zwischen ihnen unter Strafe. Jude war nach der Definition der Nürnberger Gesetze, wer von drei oder vier der Religion nach jüdischen Großeltern abstammte, d.h. die „rassistische" Definition der Juden beruhte auf der Religionszugehörigkeit der Vorfahren. Als Jude galt ferner, wer als „Mischling" nur zwei jüdische Großeltern hatte, aber gleichzeitig jüdischer Religion oder mit einem Juden verheiratet war. Diese Gesetze verstärkten entschieden die Segregation, zumal jeder Kontakt zwischen Juden und Nichtjuden verschiedenen Geschlechts jetzt kriminalisierbar und damit lebensgefährlich war. Tausende von Anklagen wegen „Rassenschande" waren die Folge.

Die Verdrängung der Juden aus dem Erwerbsleben machte sich immer stärker bemerkbar und betraf bald auch die Wirtschaft. Anfang 1938 waren bereits über die Hälfte aller von Juden geleiteten Betriebe entweder liquidiert oder zwangsweise „arisiert", d.h. an Nichtjuden – fast immer weit unter Preis – verkauft. Von den 50000 jüdischen Geschäften im Jahr 1933 hatten Mitte 1938 nur noch etwa 20 Prozent jüdische Besitzer. Die verbliebenen Geschäfte machten geringen Umsatz, bis auf solche, die Waren verkauften, mit denen sich die Auswanderer ausstatteten. Viele Juden wurden von Wohlfahrtsunterstützung abhängig, die sie vom Staat nur noch in vermindertem Umfang erhielten. Die jüdische Winterhilfe, eine der zur Selbsthilfe geschaffenen Wohlfahrtseinrichtungen, mußte im Winter 1937/38 gut 20 Prozent aller Juden unterstützen. Der Etat der Reichsvertretung reichte schon lange nicht mehr aus, und Gelder des American Jewish Joint halfen, die Kosten aufzubringen. Die Wirtschaftshilfe der Reichsvertretung, die Alexander Szanto (38) beschreibt, versuchte, einzelnen Juden die Mittel für neue Kleinstunternehmen zu geben, damit sie nicht jegliche Existenz verloren.

Ein wichtiges und kostenaufwendiges Ressort der Reichsvertretung war die Bildungsarbeit. Marta Appels (39) Erinnerungen zeigen, wie sehr die jüdischen Kinder in den öffentlichen Schulen unter Isolierung und Rassismus zu leiden hatten. Sie verließen diese daher in wachsender Zahl. Die Reichsvertretung unterhielt 1936 schon 160 oft neu geschaffene Schulen. Hier waren 1 200 Lehrer tätig, die auch neue Lehrpläne und Unterrichtsmaterialien mit jüdischen Inhalten entwickelten. Es wurden große Anstrengungen unternommen, der Jugend eine Schul- und Berufsausbildung zu geben, die ihr eine Zukunft im Ausland eröffnen sollte. Die Möglichkeiten zu einem Universitätsstudium schwanden bis 1937 ganz, Lehrstellen waren kaum zu erhalten, so daß für die jüdische Jugend kollektive Ausbildungsstätten errichtet werden mußten. Diese ermöglichten auch die berufliche „Umschichtung" junger Erwachsener, die sich mit einem neuen Beruf für die Auswanderung qualifizieren wollen. Alexander Szanto (38) und Ernst Loewenberg (40) geben einen Einblick in Organisation und Probleme dieser Ausbildungsstätten in den Großgemeinden Berlin und Hamburg. Für Landwirtschaft und Handwerk, Hauswirtschaft und Krankenpflege bestanden Anfang 1938 insgesamt 94 Kollektivausbildungsstätten, und bereits 23 000 junge Menschen hatten hier eine Berufsausbildung erhalten.

Eine bedeutende Rolle bei Ausbildung und Umschichtung spielten die zionistischen Organisationen. Der nach 1933 schnell wachsende Einfluß des Zionismus zeigte sich besonders bei der Jugend, die in großer Zahl in die zionistischen Jugendbünde und in die Pionierorganisation Hechaluz strömte. Hier eröffnete sich ihnen eine neue Zukunftsperspektive. Die Aufgabe des Hechaluz war die Vorbereitung (Hachschara) auf die Einwanderung nach Palästina. In den über 80 Hachschara-Zentren, die zum Teil im Ausland lagen, konnten sich 17 000 junge deutsche Juden ausbilden und danach auf die begrenzte Quote für Arbeiter nach Palästina einwandern. Die Jugendlichen erhielten eine überwiegend landwirtschaftliche Ausbildung, lernten Hebräisch und übten sich im kollektiven Gemeinschaftsleben.

Zum jüdischen Selbsthilfewerk gehörte auch der 1933 geschaffene Kulturbund deutscher Juden, der bis zu 70 000 Mitglieder hatte und mehrere Schauspielensembles, eine Oper sowie Orchester und Chöre unterhielt. Er bot ein Kulturprogramm jüdischer Künstler für ein ausschließlich jüdisches Publikum und stand unter der strikten Kontrolle des Reichspropagandaministeriums. Dieses zwang ihn durch seine Zensur, zunehmend nur noch jüdische Autoren und Komponisten zu spielen. Kurt Baumann (42), einer der Gründer, gibt in seinen Erinnerungen einen Einblick in die Arbeit des noch bis 1941 bestehenden Kulturbundes. Weitere kulturelle Einrichtungen umfaßten die jüdischen Lehrhäuser als Stätten der Erwachsenenbildung und einer Rückbesinnung auf jüdische Tradition. Martin Buber und Ernst Simon hatten den entscheidenden Einfluß in dieser Bewegung. Die in Deutschland außerordentlich stark entfaltete jüdische Presse stand unter strenger Aufsicht, so daß kritische Artikel, wenn überhaupt, nur getarnt erscheinen konnten. Die Zahl der jüdischen Zeitungen und Zeitschriften betrug 1934 etwa 120, 1938 noch 65. Umfangreich blieb auch die Buchproduktion jüdischer Verlage. Der Schocken Verlag war der aktivste und veröffentlichte unter anderem in der beliebten Schocken-Bücherei einen Kanon jüdischer Literatur.

Verbunden mit der Rückbesinnung auf jüdische Kultur war meist die Hinwendung zum Zionismus. Das schnelle Anwachsen der zionistischen Bewegung nach 1933 geschah zweifellos in Reaktion auf die Verfolgung und Entrechtung. Die zionistische Lehre ermöglichte es, Diskriminierung und Segregation leichter zu ertragen, denn sie erklärte diese als typischen Bestandteil der Diasporageschichte und setzte die Idee der jüdischen Nation und das Ziel der Staatsgründung dagegen. So erleichterte der Zionismus seinen Anhängern die soziale und kulturelle Ablösung von Deutschland und gab ihnen mit einer neuen Identität eine neue Lebensperspektive. Dies wird von Edwin Landau (33) in großer Eindringlichkeit dargestellt. Die Nationalsozialisten anerkannten die Zionisten, weil diese sich als Teil der jüdischen und nicht der deutschen Nation verstanden und die erwünschte Auswanderung förderten. Der CV dagegen konnte sich nach 1933 nur eingeschränkt betätigen, da sein Beharren auf dem Deutschtum von den Nationalsozialisten als Provokation aufgefaßt wurde und die Gestapo seine Gremien überwachte.

Die völlige soziale Isolierung der Juden und der Boykott jüdischer Geschäfte war auf dem Lande stärker als in der Stadt. Tausende von Juden flohen daher aus Dörfern und Kleinstädten in die Anonymität der Großstädte, wo sie nicht so direkt der sozialen Diskriminierung und der Willkür der örtlichen Partei und SA-Führer ausgesetzt waren. Binnenwanderung und Emigration begannen, die Altersstruktur und das Sozialprofil der jüdischen Gemeinden grundlegend zu verändern.

Die Flucht aus Deutschland, die erzwungene Emigration, bildete langfristig gesehen die Hauptreaktion der jüdischen Bevölkerung auf ihre Bedrohung. Die Auswanderung war ein Akt der Selbstbehauptung, aber kein Widerstandsakt, denn sie entsprach vollkommen der bis 1941 von den Nationalsozialisten verfolgten Politik der Vertreibung der deutschen Juden. Die Memoiren zeigen, welche Vielfalt von Faktoren für den Zeitpunkt des Emigrationsentschlusses ausschlaggebend war. Es spielten dabei nicht nur persönliche Gefährdung, Beruf und Vermögen eine Rolle, sondern auch Alter, Auslandskontakte und die politische Einschätzung der Situation. Je älter, erfolgreicher und vermögender jemand war, desto mehr hatte er zu verlieren und desto später entschloß er sich im allgemeinen zur Auswanderung. Zahlreiche Jugendliche konnten mit speziellen Kinderhilfswerken nach Palästina oder nach England emigrieren, während die Eltern später oder gar nicht mehr ins Ausland gelangten. Marta Appel (39) beschreibt die dramatischen Abschiede dieser Eltern von ihren Kindern, die oft Abschiede für immer waren. Menschen über 60 emigrierten meist nur mit Familienangehörigen und warteten, bis ihre Kinder im Ausland Fuß gefaßt hatten und sie nachholen konnten. Häufig war es dann für eine Ausreise zu spät. „Aus Kindern werden Briefe", pflegten die Zurückgebliebenen zu sagen, und dieser Ausspruch war bezeichnend für die Zerreißung der Familien entlang der Generationenlinie.

Die Auswanderung war für den einzelnen Juden ein Vorgang, der ihn sozial, wirtschaftlich und kulturell vollständig entwurzelte und ihn der Unsicherheit und Armut des Exils auslieferte. War unter dem unerträglichen Druck der Verhältnisse der Entschluß zur Auswanderung gefaßt, so begann der Kampf um eine Einwanderungserlaubnis, um die Mitnahme von Geld und Sachwerten und um die Sicherung der nächsten Zukunft im Ausland. Deutsche Juden versuchten in fast alle Staaten der Erde einzuwandern, doch kein Land öffnete sich ihnen vorbehaltlos – abgesehen von der Hafenstadt Shanghai. Die Staaten verlangten am häufigsten Einwanderer mit Kapitalvermögen, mit einer Ausbildung in gewissen Mangelberufen oder, wie die USA, Emigranten, für deren Unterhalt jemand im Zielland die volle Bürgschaft übernahm. Alle Länder begrenzten ihre Aufnahmebereitschaft, so daß ab 1938 Hunderttausende, die fliehen wollten, kein Aufnahmeland mehr fanden.

Weder über die Gesamtzahl der Auswanderer noch über ihre Verteilung auf die einzelnen Aufnahmeländer liegen exakte Statistiken vor. Nach qualifizierten Schätzungen gelang etwa 280000 deutschen Juden die Emigration, die besser als Flucht zu bezeichnen wäre, hätte sie nicht monatelange bürokratische Vorbereitungen erfordert. Als Aufnahmeländer standen die Vereinigten Staaten (130000), Palästina (55000) und England (40000) bei weitem im Vordergrund. Von den nach Frankreich, Holland und Belgien Geflüchteten sind die meisten später während des Krieges noch in die Vernichtungslager deportiert worden, sofern ihnen nicht vorher die Weiterwanderung gelang. Eine Odyssee durch mehrere Länder war das Schicksal vieler Auswanderer. Außerhalb Europas nahmen Argentinien und Brasilien jeweils über 10000 deutsche Juden auf, Südafrika 5000 und die klassischen Einwanderungsländer Kanada und Australien nur je etwa 2000. Der Hilfsverein der deutschen Juden versuchte ständig, neue Einwanderungsmöglichkeiten zu finden, beriet die Auswanderer über mögliche Ziele, beschaffte Transportmittel und finanzielle Beihilfen. Jedoch konnte er trotz seiner engen Zusammenarbeit mit jüdischen Hilfsorganisationen im Ausland die Zahl der Visa nicht vergrößern. Es zeigte sich, daß die Juden nicht nur machtlos waren gegenüber ihren Verfolgern, sondern auch machtlos gegenüber ihrer Ablehnung als Flüchtlinge.

Die Einwanderung nach Palästina wurde als einzige zentral organisiert, und zwar durch das Palästina-Amt in Berlin. Dieses verteilte die von der britischen Mandatsregierung in beschränktem Umfang erhaltenen Einwandererzertifikate, von denen es drei Arten gab: solche für Arbeiter, die die Hachschara-Absolventen erhielten, solche für „Kapitalisten", d. h. für Personen mit einem Vermögen von mindestens 1000 englischen Pfund und schließlich Studentenzertifikate für Lernende mit gesichertem Lebensunterhalt. Ein gutes Drittel der deutsch-jüdischen Einwanderer waren Kapitalisten, davon viele Nichtzionisten, ein weiteres Drittel landwirtschaftliche Siedler und Arbeiter. Als besondere Einwanderungsgruppe kamen 5300 Jugendliche durch die sogenannte Jugend-Alija nach Palästina. Dieses schon 1932 in Berlin gegründete Kinderrettungswerk brachte Jugendliche ohne Begleitung der Eltern ins Land, um ihnen eine Ausbildung und die Aufnahme in Kibbuzim zu ermöglichen. Dank einem Transfer-Abkommen bestand für Einwanderer nach Palästina die beste Möglichkeit, Kapital in ihre neue Heimat mitzunehmen. Der Transferverlust betrug bis 1936 nur 15 Prozent und stieg bis zum Krieg auf 70 Prozent. Für alle anderen Länder machten die Verluste 1934 schon 60 Prozent aus und 1939 schließlich 96 Prozent – nicht gerechnet die hohe Reichsfluchtsteuer, die jeder zu zahlen hatte.

Die Auswanderung bedeutete die vollständige und fast immer endgültige Lösung aus der deutschen Gesellschaft. Doch waren auch Juden, die nicht auswanderten, schon aus der Gesellschaft Ausgestoßene. Die Erinnerungen zeigen, wie die rassistische Politik der Entrechtung und des Terrors die Sozialbeziehungen zwischen Juden und Nichtjuden schrittweise bis zur völligen Segregation veränderte. Viele berichten von Freunden und Bekannten, die sich nach 1933 von ihnen zurückzogen und ihnen im besten Falle vorher mitteilten, daß sie um ihrer Stellung willen dazu gezwungen seien. Viele Juden hielten sich ihrerseits früh von Nichtjuden fern, um sich Enttäuschung und Diskriminierung zu ersparen oder um ihre Freunde nicht zu gefährden. So warnte zum Beispiel Ernst Loewenberg (40) seine früheren Schüler davor, ihn auf der Straße anzusprechen. Die Kontaktvermeidung unter Zwang führte zur sozialen Entfremdung und schließlich zur totalen Absonderung. Es war die Abwendung der Mehrheit von der Minderheit, dieser schweigende Antisemitismus, der die folgenden Verbrechen erst möglich werden ließ.

Im Ganzen gesehen konnte die Integration der jüdischen Bevölkerung in die Gesamtgesellschaft, die niemals eine vollständige gewesen ist, binnen sechs Jahren in einem Umfang rückgängig gemacht werden, der fragen läßt, welche Realität sie vor 1933 überhaupt gehabt hat. Partei und Regierung nutzten den in der Bevölkerung vorhandenen Antisemitismus, um durch Terror, Propaganda und Entrechtung die Juden vollständig aus der Gesellschaft auszuschließen, wogegen es keine Proteste gab. Das Pogrom vom 9./10. November 1938 wurde erst auf diesem Hintergrund möglich und bestätigte und steigerte die vollzogene Ausgrenzung.

Seit Herbst 1937 verschlechterte sich die Situation der Juden immer

schneller. Der Druck zur „Arisierung" der Geschäfte wurde unausweich-
lich. Im April 1938 mußten Juden ihr Vermögen anmelden. Im Juli 1938
verloren fast alle noch tätigen Ärzte, im September die Rechtsanwälte ihre
Praxis. Schließlich schob die Reichsregierung am 28. Oktober 1938 mindestens 15 000 Juden mit polnischen Pässen über die Reichsgrenze nach Polen
ab. Unter ihnen war ein Ehepaar Grynszpan, das in Hannover seit 1914
einen Schneiderladen betrieb. Ihr siebzehnjähriger Sohn lebte in Paris und
erschoß dort nach Erhalt der Nachricht den deutschen Botschaftssekretär
vom Rath. Diesen Mord nahm der nationalsozialistische Herrschaftsapparat
zum Anlaß für das große Pogrom vom 9./10. November 1938, eine reichs-
weit geplante Aktion. Durchgeführt wurde sie von Partei, SA und SS – die
Bevölkerung sah zu. Am Ende waren 91 Juden ermordet und fast 30 000
verhaftet worden, mehr als 1 000 Synagogen in Brand gesteckt oder demoliert und 7 500 Geschäfte jüdischer Besitzer verwüstet. Die Verhafteten
wurden mehrere Monate in den Konzentrationslagern Buchenwald, Sachsenhausen und Dachau inhaftiert, wo Hunderte weitere an Mißhandlungen
starben.

In den Erinnerungen wird das Novemberpogrom, im Volksmund zynisch
verharmlosend „Kristallnacht" genannt, als Anfang der Vernichtungspolitik
begriffen. Für Juden bedeutete das Pogrom die Erfahrung vollkommener
Recht- und Hilflosigkeit und unmittelbarer Lebensgefahr. Der massenhafte
Sturm auf die nicht ausreichenden Visa und Einwanderungszertifikate war
die von den Nationalsozialisten gewollte Reaktion.

Auf Terror und Verhaftung folgte eine Flut von neuen antijüdischen
Erlassen, die den Ausschluß der Juden aus dem Wirtschaftsleben und ihre
völlige finanzielle Ausplünderung bewirkten. Jüdischen Kindern wurde der
Besuch öffentlicher Schulen untersagt, die jüdischen Zeitungen wurden bis
auf eine verboten und alle jüdischen Organisationen für aufgelöst erklärt.
Wie die Erinnerungen von Alfred Schwerin (44) zeigen, begannen die
Gemeinden dennoch unter schwierigsten Bedingungen und in ständiger
Verhandlung mit der Gestapo die Arbeit für die Befreiung der Verhafteten,
für die Beschleunigung der Auswanderung und die Unterstützung vieler
Mitglieder in Not.

Die Reichsvertretung der Juden hörte auf zu bestehen und wurde ersetzt
durch die im Februar 1939 zwangsweise geschaffene „Reichsvereinigung der
Juden in Deutschland", die personell mit der früheren Reichsvertretung
identisch war, jedoch eine grundlegend andere Struktur hatte. Ihr gehörten
zwangsweise alle Juden im Sinne der Nürnberger Gesetze an, d. h. die
Mitgliedschaft beruhte auf der „Rasse", nicht auf der Religion, so daß jetzt
auch Christen jüdischer Herkunft Mitglieder sein mußten. Die Reichsvereinigung unterstand direkt der Gestapo und damit ab Ende 1939 dem
Judenreferat des Reichssicherheitshauptamtes unter Adolf Eichmann. Diese
direkte Abhängigkeit bestimmte ihren Bewegungsspielraum, wenn sie die
Interessen der Juden auch in dieser ohnmächtigen Situation zu vertreten

suchte, obgleich sie gezwungen war, Befehlsempfängerin der Gestapo zu sein. Es gab keinen Bereich des organisierten jüdischen Lebens mehr, der nicht vom NS-Herrschaftsapparat kontrolliert oder gelenkt wurde, und selbst Gottesdienste fanden nur überwacht statt.

In der kurzen Zeit zwischen dem Novemberpogrom und dem Beginn des Zweiten Weltkrieges gelang es noch etwa 80000 Juden, Deutschland zu verlassen. Als einziges Land lockerte Großbritannien seine Einwanderungsbestimmungen angesichts der Not und nahm auch 8000 Kinder auf, die ohne Eltern einwanderten. Nach Beginn des Krieges sanken die Auswanderungsmöglichkeiten rapide. Etwa 8000 deutsche Juden konnten bis 1941 nach Shanghai flüchten. Michael Meyer (45) gehörte zu denen, die 1939/40 noch illegal nach Palästina gelangten, während Elisabeth Freund (46) im letzten Auswandererzug im Oktober 1941 Berlin verließ, um sich von Portugal aus nach Kuba einzuschiffen. Dann wurde die Auswanderung verboten, und die Deportationen begannen.

Nach Kriegsbeginn wurde der Lebensraum der Juden weiter eingeschränkt. Sie mußten Radio und Telefon abgeben, unterlagen einer nächtlichen Ausgangssperre, wurden in speziellen „Judenhäusern" konzentriert, durften nur zu bestimmten Stunden einkaufen, erhielten geringere Lebensmittelrationen und durften schließlich keine öffentlichen Verkehrsmittel mehr benutzen. Gleichzeitig wurden immer mehr, wie Elisabeth Freund (46), als Zwangsarbeiter in der Rüstungsindustrie eingesetzt. Die Folge dieser Maßnahmen war, daß Juden wie Gefangene in einem Ghetto lebten, ohne schon formal in Haft zu sein.

Die Auswanderung ließ eine jüdische Restgruppe in Deutschland zurück, die im Oktober 1941 mit 163000 Menschen nur noch 30 Prozent derjenigen Juden umfaßte, die im Januar 1933 in Deutschland gelebt hatten. Die übrigen waren nicht nur ausgewandert, sondern mehr als 70000 waren seit 1933 gestorben, ohne daß dies in der überalterten Bevölkerung durch Geburten ausgeglichen wurde. Von den 1941 zurückgebliebenen waren über zwei Drittel mehr als 45 Jahre alt, und der Anteil der Frauen lag 20 Prozent höher als der der Männer.

Schon im Oktober 1940 war die jüdische Bevölkerung aus Baden und der Saarpfalz über Nacht nach Südfrankreich abgeschoben worden. Etwa 7000 Menschen lebten in Gurs und anderen Lagern unter primitivsten Bedingungen, konnten sich aber wie Miriam Gerber (47) zum Teil noch vor der späteren Deportation in Vernichtungslager retten. Vergeblich hatte die Reichsvereinigung gegen die Abschiebung nach Frankreich bei Eichmann protestiert. Sie ordnete daraufhin für alle Mitarbeiter einen Fast- und Gedenktag an und informierte heimlich die ausländische Presse. Ein Vorstandsmitglied mußte dies mit dem Tode im KZ bezahlen.

Die Kennzeichnung der Opfer bereitete die Massendeportation aus dem Reich vor. Seit dem 19. September 1941 mußten alle Juden, die über sechs Jahre alt waren, den Judenstern tragen. Am 18. Oktober 1941 wurden die ersten Juden aus Berlin deportiert. Erst im Februar 1943 endeten die Massendeportationen mit der Verhaftung der letzten jüdischen Zwangsarbeiter in den Fabriken. Seit Sommer 1942 führten die meisten Transporte entweder als „Osttransporte" direkt nach Auschwitz oder als „Alterstransporte" nach Theresienstadt. Insgesamt erfaßten die Deportationen etwa 134000 deutsche Juden, von denen nur ganz wenige überlebten.

Das Leben der Juden in Deutschland war nur noch ein Leben auf Abruf. Die Angst, zum nächsten Transport aufgerufen zu werden, beherrschte jeden verbleibenden Augenblick. Angesichts dieser verzweifelten Situation blieben den Betroffenen nur zwei Auswege – Illegalität oder Selbstmord. Illegalität bedeutete Untertauchen oder Flucht ins Ausland, meist die Schweiz, unter schwierigsten Bedingungen und war nur den Jüngeren und Widerstandsfähigen möglich. Wahrscheinlich sind bis zu 10000 Juden in die Illegalität gegangen, von denen weniger als ein Drittel überlebte. Die Aufzeichnungen von Camilla Neumann (49) und Hermann Pineas (50) geben eine Idee von den enormen Schwierigkeiten des illegalen Lebens in ständiger Sorge um Papiere, Unterkunft und Nahrung und in vollkommener Abhängigkeit von zahlreichen Helfern. Den Älteren blieb nur der Selbstmord als letzter Akt der Selbstbestimmung. Die Erinnerungen an Käte Mugdans (48) Tod zeigen, welche große menschliche Stärke und Würde sich in dieser Entscheidung ausdrücken konnte. Etwa 3000 bis 4000 meist alte Menschen gaben sich unmittelbar vor der Deportation selbst den Tod.

Nach den Massendeportationen galt Deutschland im Sommer 1943 bis auf die in Mischehen Lebenden als „judenfrei". Zum gleichen Zeitpunkt aber begann im Interesse der deutschen Kriegswirtschaft eine durchaus gegenläufige Entwicklung. Wegen des akuten Mangels an Rüstungsarbeitern wurden 1943/44 über 100000 Juden aus Polen, Ungarn und vielen anderen Ländern Europas als Arbeitssklaven der deutschen Industrie in Konzentrationslager wie Buchenwald, Ravensbrück und Bergen-Belsen gebracht. In Wirklichkeit ist das deutsche Reich also niemals ohne jüdische Bevölkerung gewesen. Für die wenigen in „Freiheit" lebenden Juden Deutschlands bestand 1943 bis 1945 ein Verwaltungszentrum im Jüdischen Krankenhaus in Berlin. Das Krankenhaus blieb, wie auch der jüdische Friedhof in Berlin-Weißensee, bis 1945 immer geöffnet. In seinem Gebäude befand sich eine Überwachungsstelle der Gestapo für die verbliebenen Juden und ein Gefängnis für entdeckte Illegale. Die Erinnerungen des Statistikers Bruno Blau (51), der bis 1945 Patient des Krankenhauses war, enthalten einen einzigartigen Bericht über die Vorgänge in diesem umfangreichen Gebäudekomplex. Hier erlebte Blau nach seinen Angaben mit insgesamt 800 Juden die Befreiung Berlins.

Ganz wenige Juden hatten in Deutschland überlebt, vielen war es geglückt, noch rechtzeitig ins Ausland zu flüchten, über ein Drittel der deutschen Juden war ermordet worden. Die Kontinuität der deutschjüdischen Kultur war zerstört. Ob an sie jemals wieder angeknüpft werden kann, ist offen.

I

Das Zeitalter der Emanzipation

1780–1871

Bild der Familie Götz

1 Itzig Behrend

geb. 1766 Grove (Hessen-Kassel) – gest. 1845 ebd.

Unsere Familienchronik. Geführt vom seligen Großpapa Itzig Behrend in jüdisch-deutscher Schrift, ins Deutsche übersetzt Juni 1893 von Herrn Dr. Magnus Cohn, Hannover. Abgeschrieben, teils nach einer Abschrift des Herrn Hermann Berg in Warburg, teils nach einer gedruckten Chronik von Prof. Abraham Berliner, von Hermann Behrend aus Bückeburg, Sohn von Gotthelf Behrend. New York 1950, 44 S.[1]

Itzig Behrend verbringt sein ganzes Leben in Grove bei Rodenberg, wo nur eine Landgemeinde mit wenigen jüdischen Familien besteht. Er besitzt ein Haus mit Scheune und Stall und handelt primär mit Getreide, Vieh, Fellen, Wolle, Lebensmitteln und Ellenwaren. Das so erworbene kleine Vermögen gestattet ihm 1817, das Haus des Bürgermeisters zu kaufen. Drei seiner Söhne läßt er ein Handwerk erlernen. – Die in sehr annalistischer Form beginnende Chronik verzeichnet neben Geburten, Heiraten, Todesfällen, Unwetter und Teuerung zunehmend auch die politischen Zeitereignisse, die bei der vorliegenden Auswahl besonders berücksichtigt werden. Behrend berichtet u. a. über den Einmarsch der Franzosen, die Gründung des Königreichs Westfalen (1807–13), die dortige Emanzipation der Juden und die Errichtung des jüdischen Konsistoriums.

Dieses ist die Geschichte Jitzchaks (Itzigs), Sohnes Jakaufs, genannt Jakob.

Jakob war ein Sohn Bärs, Bär ein Sohn Jakobs. Ich, Itzig, bin der dritte Sohn meines Vaters Jakob in Rodenberg, geboren wurde ich in Grove, [Haus] Nr. 65. Ich habe meinen Urgroßvater Jakob noch gekannt, derselbe ist 100 Jahre alt geworden. Sein Sohn hieß Bär. Dieser heiratete eine Frau namens Chaja aus Hildesheim und zeugte vier Töchter und zwei Söhne, von welchen mein Vater der älteste war. [...]

Unsere Hochzeit war am Sonntag und Montag, Neumondstage von Ijar 1793.[2] Am Mittwoch, Sidra ... (11. Februar 1796) sind wir durch Gottes Hilfe in das Haus Nr. 88 in Grove eingetragen. Und Jitzchak nahm die Rivka und führte sie in das Zelt Sarahs, seiner Mutter.[3] [...]

Den 13. Mai 1800 sind die jüdischen männlichen Personen von 15 bis 40 Jahren zur Musterung und Ausnahme zu Soldaten nach Gudensberg von dem Landgrafen Wilhelm IX.[4] bestellt worden, welches auch geschah. Aber die Parnassim der Gemeinden haben das mit schwer Geld abgemacht, wovon unser Teil 100 Taler gekostet hat, welches wir hier in der Rentnerei bezahlt haben.[5] Da der Landgraf verreist war, und er Schwuaus[6] zurückkam und in einigen Tagen wieder verreisen wollte, so hatte der Raw (Rabbiner) den Parnassim gewiesen (als gesetzlich erlaubt) am Jontew[7] zu ihm zu fahren nach dem Weißenstein, und da haben sie auch die Gesere (verhängnisvolle Gefahr) mit viel Geld abgewandt.[...]

Am 9. Mai 1803 hatten wir, sämtliche Schutzjuden hier und in Nenndorf, mit den hiesigen Kaufleuten und mit Witheln, Aplern Sachen Termin; nämlich die Kaufleute hatten eine Schrift ans Amt übergeben (dahin lautend), wir sollten nicht handeln, nicht hausieren, nicht viele Diener (Commis) halten. Dagegen haben wir eine Schrift durch Fürstenau in Rinteln übergeben, wovon sich die Kosten auf 13 Taler, 21 Groschen beliefen. Dazu hat Feibisch O.N., Meyer und sein Bruder Gumpel, ich, Itzig, und mein Bruder Aron beigetragen. Übrigens ist die Sache ruhig geblieben. Gott gebe ferner Frieden uns und ganz Israel. [...]

Am 15. Mai 1803 haben wir sämtliche Juden hier einen Ball auf dem Ratskeller gegeben mit Musik, da an diesem Tage unser Landgraf zum Kurfürsten gemacht war. Auch wurden des Morgens in der Schul (Synagoge) sieben Psalme gesungen, welche seiner Ehrwürden Rabbi Löb Berliner in Kassel aufgegeben. Und die Kasseler Judenschaft haben sich denselben Tag [...][8], wovon wir auch gedrucktes Buch erhalten haben. Der Ball hat uns, nämlich meinem Herrn Vater Itzig, Aron und Abraham, 15 Taler gekostet. Seit dato ist der Leibzoll[9] im ganzen Hessenlande abgeschafft worden. [...]

Im Monat Juni 1803 sind die Franzosen in das hannoversche Land gekommen mit einem Kommandeur namens Mertier, um es einzunehmen, da England den Friedensschluß[10] nicht gehalten. Die hannoverschen Truppen wollten sich verteidigen, aber sie haben sich bedacht und [sich] b'scholaum [friedlich] zurückgezogen. Die Franzosen sind unbehelligt hereingekommen. Teile von dem Streif- und Freicorps haben geplündert und gebrandschatzt, welche man aber dabei ertappt hat, sind stark bestraft und erschossen worden. Wir hatten derzeit viele Güter unserer Freunde im Hause, welche befürchteten, sie könnten alle darum kommen. So von Nienburg, Stolzenau, Ohes, Baschehusen (Barsinghausen).

Im Monat Elul [August/Sept.] sind die meisten Franzosen aus dem hannoverschen Land durch Hessenland nach Bayern gezogen, und was noch dageblieben, hat sich nach Hameln auf ein Jahr verproviantiert.

Derzeit habe[n] ich, Bruder Feibisch und Kaufmann Scher hier viel alt und neu Eisen gekauft, als Räder, Winden, Ketten, Schmiedegeschirr – eines für 3000 Taler – von den Franzosen, die diese Sachen aus dem Zeughaus in Hannover genommen. Hiervon ist mehrenteils von und für 1400 Taler und für mich und Feibisch für 400 Taler und im Februar 1806 hier in einer Auktion für 600 Taler verkauft, und dato war noch circa für 400 Taler netto vorrätig, welche circa 110 Taler auf Spesen zu rechnen ist.

Von Dezember bis Februar waren viele Preußen, Russen, Engländer,

Schweden im hannoverschen Lande, sind aber alle unverrichteter Sache wieder in die Heimat gezogen. [...]

Rosch Haschana 1805 bin ich 39 Jahre alt geworden zum guten, und war in meiner Lebenszeit kein teurerer Kornpreis wie dieses Jahr: Gerste 1 Taler 6 Groschen, Roggen 1 Taler 24 Groschen, Hafer 24 Groschen, Bohnen 1 Taler 15 Groschen. [...]

Seit Januar 1806 hat der König von Preußen von dem Franzosenkaiser das hannoversche Land zur Administration erhalten, wofür er Ansbach, Bayreuth und Wesel mit Kleve gegeben an den Kaiser.[11] Da dieser aber das ganze preußische Land bis an die Weser haben wollte, ist der Kaiser Bonaparte mit einer großen Armee nach Preußen gekommen und ist in den Kurfürst von Hannover sein Land eingefallen, wie auch in das Hessen- und Braunschweigerland, hat alles entwaffnet und die Länder in Besitz genommen, und jeder mußte liefern, was zum Lebensunterhalt nötig ist, Reiche und Arme. Hier sind große Durchmärsche gewesen von Kaisers Bruder, der König in Holland gewesen ist, wobei viele Plündereien geschahen. Von hier ist die holländische Armee nach Magdeburg und Berlin marschiert, wo Bonaparte sein Hauptquartier nahm, dann nach Pommern, Polen und hat Preußen ganz überwältigt. Diesen Herbst war bis heute, 25. Dezember, gar kein Frost, sondern beinahe Sommerwetter.

In diesem Jahre Michaelis 1806 hat der Roggen 2 Taler 9 Groschen, Weizen 2 Taler 12 Groschen, Gerste 1 Taler 6 Groschen, Hafer 30 Groschen gekostet und ist bis Dezember so gefallen, daß Weizen 1 Taler 24 Groschen, Hafer 15 Groschen, Gerste 24 bis 30 Groschen, Roggen 1 Taler 18 Groschen gekostet hat. Im Mai hat der Roggen und Bohnen 1 Taler gekostet. [...]

Januar 1808 hat der Kaiser Bonaparte seinen Bruder Hyronimus [Jérôme] zum König von Westfalen eingesetzt[12] mit der Bedingung, daß er [Napoleon] die Hälfte der Domäne im Lande behalte. Hierzu [d. h. zum Kgr. Westfalen] gehört das Fürstentum Minden, Ravensberg, Osnabrück, Paderborn, Hildesheim, Kassel, Göttingen, der Harz, Eichsfeld, Goslar, Halberstadt, Magdeburg nebst angehörigen Ländern. Wie nun der König das Land angenommen, gingen die Parnassim als Deputierte nach Kassel, um ihm zu huldigen mit großem Aufwand, jeder nach seinem Stand. Er hat allerlei neue Verordnungen herausgegeben, worunter auch, daß er die Juden von ihren Fesseln befreit hat und hat sie so gut wie die Gojim für Bürger erklärt. Jeder kann wohnen und handeln und handwerken, was sie wollen. Am 1. März ist der König von allen gehuldigt worden.

Den 27. Januar 1808 sollen laut königlichem Dekrete all die Gelder, so die Juden mehr wie Christen ausgeben, aufhören. Hier haben wir sonst Schutzgeld geben müssen, jetzt nicht mehr, sondern jeder nimmt sich ein Patent auf das, was er treiben will.

Eine Branntweinschenke kostet jährlich 1 Taler, ein Holzhandel 2 Taler, ein Ellenhandel 4 Taler, eine Schlächterei 3 Taler, ein Kornhandel 5 Taler, ein Großweinhandel 4 Taler. Sonsten haben müssen für ein Ort (Flüssigkeitsmaß) einen Heller mehr Akzis geben wie der Goi, auch die Zunge von einem geschlachteten Vieh an den Reb abgeben, und von jedem geschlachteten Rind 1 Taler an die Rentnerei ohne den Fleischheller. Auch ist kein Leibzoll mehr. [...]

Den 6. August [1808] ist der König von Westfalen mit einer Suite von verschiedenen Herren und Damen, 60 Personen und wohl 300 Mann Soldaten, welche in Fußgarde und Gardecorps Kavallerie bestand, nach Nenndorf gekommen. Die Soldaten sind in Groß- und Klein-Nenndorf, Groß-Rodenberg einquartiert gewesen, für welche wir sämtliche Jehudim [Juden] hier mit Feibisch Nenndorf die Lieferung gehabt an Fleisch, Brot und Stroh und Futter, wie auch Spezerei und Geflügel. Letzteres ist von einem Controlleur namens Messier befohlen und bescheinigt und von einem Marschall de Logis ausgezahlt worden, n. b. mit einem starken Abzug. Der Verständige merkt was.

Bei des Königs Ankunft haben ihn 16 hiesige Jungfrauen in weißer Kleidung mit grüner Besetzung ein Gedicht auf ein Taft- oder Samtkissen präsentiert, welche er hiergegen jede mit ein Paar goldenen Ohrringen und Halsschmuck beschenkte, welche von Aron Escamp aus Hamburg in Nenndorf gekauft sind.

Übrigens hat sich der König milde betragen gegen alle Menschen, hauptsächlich hat er 3 Chasanim und Kalles (Bräute und Bräutigame) von die Gojim von Kopf bis Fuß mit Festkleidung bekleidet und dazu noch jedem Paar 300 Taler Bargeld als Mitgift gegeben, welche sich auch bei seinem Hiersein haben zusammen espulieren lassen müssen, am Sonntag. Hierbei war großer, freier Ball für jeden, großes Feuerwerk, Illumination, Pfahlklettern, Wettrennen, Kanonenschießen, Freilotterie von allerlei S'chaures (Waren), welche teils wir geliefert haben. Die Bräute und Bräutigame haben von mir und Gumpel circa für 300 Taler Ware erhalten. [...]

August 1808 ist Kaiser Napoleon mit einer großen Armee nach Spanien gezogen und hat es ganz erobert, den König abgesetzt und seinen Bruder Joseph zum Könige eingesetzt.

Mai 1809 ist Napoleon mit einer Armee nach Österreich gezogen und hat es erobert.

September 1809 ist zwischen beiden Frieden geschlossen, Napoleon verlangte nun des österreichischen Kaisers Tochter zur Frau, was ihm auch zugestanden wurde. [...]

Von 1809–1811 war kein Handel in Früchten, und ich, Aron u. Leib hatten unter dieser Zeit für 2400 Taler vorrätig und haben nichts verkaufen können. September 1811 kam auf einmal Kaufmann Helmke aus Hannover an und kaufte uns alles ab. Roggen 28½ Groschen, Gerste 25½ Groschen, Weizen 1,10 Münze, frei nach Hannover. Hierbei war Schaden 300 Taler.

Der Herr hat's gegeben, der Herr hat's genommen, sein Name sei gepriesen von nun an bis in Ewigkeit! Amen – Selah.[13] [...]

Das Jahr 1810 war eine stille, geschäftslose Zeit und ich war daher viel zu Hause und auf das wenige Hausgeschäft angewiesen. Um nun auf andere Weise etwas zu verdienen, verschaffte ich mir das Amt der Steuernhebung der Gemeinde Grove, Mühlenstraße und Rodenberger Tor. Die Gebühr für die monatliche Erhebung betrug 37 Groschen und für Extraerhebung wird 2–3 Groschen p. c. vergütet. [...]

Januar 1812 zogen hier wieder viele Franzosen und Holländer durch nach Danzig zu. Dieser Durchmarsch war bis Ende März, dero Zeit hatten wir jeden Tag Einquartierung von allen Völkern und Sprachen: Schweizer, Kroaten, Holländer, Franzosen, Italiener, Deutsche.

Januar 1813 ist diese Armee von Rußland retour gekommen, wie Schafe ohne Hirt, mechulle [bankrott] mit die Pulle.

Im Juli 1813 ist der Präsident des jüdischen Konsistoriums, nämlich Israel Jacobson[14], mit Kutsche und Reitpferden nebst Bedienung nach Nenndorf gekommen. An einem Schabbes besuchte er die Schul meines Bruders Feibisch, da fungierte er selbst als Chasen und lernte auch, dann hielt er eine erbauliche Predigt. Den anderen Schabbes wollte er in Rodenberg die Schul besuchen, wurde durch schlechtes Wetter verhindert, da kam er Donnerstag vor seiner Abreise nach hier, hielt in Schul eine schöne Rede und sprach ein Dankgebet für seine von Gott in Nenndorf erlangte Gesundheit.

Wir, meine Brüder Feibisch und Aron und ich, Itzig, sandten ihm als dem Präsidenten des israelitischen Konsistoriums eine deutsche Schrift, in welcher wir ihm unsere Verehrung ausdrückten, und unser Lehrer, Herr Sußmann Cohn, eine solche in hebräischer Sprache. Diese Adresse wurde ihm denn auf einem grün und gold gestickten Kissen überreicht und zwar von drei in weiß gekleideten jungen Mädchen, nämlich meiner Tochter Marianne, meiner Nichte Pesche (Betti), Tochter meines Bruders Feibisch, und Nichte Caroline, Tochter meines Bruders Aron; Caroline hielt eine angemessene Anrede. Unter ihnen befand sich auch Neffe Behrend, Sohn Arons, der eben Bar Mizwa geworden, der seine Drosche[15] vortrug. Unser Präsident war über alles dieses sehr gerührt, kurz darauf wurden vier Kinder auch von ihm beschenkt, und zwar bekam Behrend eine silberne Medaille, Caroline ein hübsches Nähkissen, Marianne eine Reihe gelbe Perlen, Betti dito. Übrigens hat er sich gegen Arme und Reiche freundlich und liebreich benommen. Den Armen hat er ansehnliche Geldgeschenke gemacht. Der Aufenthalt in Nenndorf hat ihn recht befriedigt, und gab er am Tage seiner Abreise ein Tractament vielen Kurgästen, wozu auch einige Herrschaften von hier geladen waren. Das Essen hatte Zahn geliefert, an Wein und Musik hat es nicht gefehlt. Es hat ihn über 100 Taler gekostet, er hat während seiner Kurzeit sich von Gottschalk speisen lassen (koscher).

Im Mai 1813 sind viele französische Truppen durchmarschiert an 20000 Wagen, beladen mit Fourage, Korn und Brot, dabei viele Ochsen und Kühe. Der Zug ging nach Magdeburg. Von neuem hatte der Krieg zwischen Russen und Franzosen begonnen. Preußen war zu den ersteren getreten, wie auch

Österreich. Viele Schlachten fanden im Juli statt und kosteten auf beiden Seiten viel Menschenleben.

Im Oktober marschierten Kosaken nach Kassel und vertrieben den König von Westfalen und verjagten das ganze westfälische Corps. 14 Tage darauf kehrte Hyronimus nach Kassel zurück, da wurden viele Bürger der Stadt hart bestraft, weil sie dem König keine Hilfe geleistet hatten. Kaum hatte er sich wieder in Kassel festgesetzt, als er von den Schweden, Preußen und Russen abermals verjagt wurde.

Der erste General von Preußen war Blücher, der der Russen Janetscheck, die waren es, unter deren Führung Kassel genommen wurde. Diese marschierten nun nach Hameln, preußisch Minden in der Richtung Holland. Ende Oktober wurde auch das Land Hannover nach früherem Fuße wiederhergestellt unter von Bremer und unter von Decken. Auch der Kurfürst von Hessen kehrte nach Kassel zurück, da war großer Jubel und Feste. Auch wir Juden brachten das Hanaussen Teschuo Gebet[16] mit Musik nach der Synagoge zum Wochen-Abschnitt Tauldaus.[17] Den folgenden Tag, Sonntag, feierten die Christen den Tag seiner Rückkehr. Die Nationalgarde zog mit Musik zur Kirche, abends war Illumination und Ball. [...]

Als nun der König von Westfalen, Hyronimus, welcher von 1807–1813 regierte, von den Alliierten vertrieben worden, und unser Kurfürst in sein Land zurückgekehrt war, hatten die bisherigen Ortseinnehmer viele unangenehme Streitigkeiten mit ihren Gemeinden wegen der Kriegskontributionen, welche, wie die Kommunen sie jetzt beschuldigten, zuviel auferlegt haben sollten und für sich behalten. Mich aber traf gottlob solche Beschuldigung nicht. Keiner auch hatte mir in dieser Beziehung etwas gesagt. Haudu laschem ki tauw (Danket dem Ewigen, denn er ist gütig ...)[18]

Am 16. Dezember 1813 erschien eine Proklamation des Kurfürsten, durch welche er seine Untertanen aufforderte, sich freiwillig zur Fahne zu begeben, da er 24000 Mann zu stellen habe. Viele taten es auch, denn sie dachten, daß sie auch zum Dienst gezwungen werden könnten. Auch ging ein Gerücht, es würde eine Aushebung von 18–50 Jahren stattfinden. Aus Rodenberg stellten sich nun freiwillig zum Jäger-Corps: mein Sohn Bernhard, die Söhne des Oberförsters Kleinstöber, des Pastoren Kinder und Friedensrichter Deichmann und mehrere. Sie wurden von Kilian nach Rinteln gebracht und hatten freie Fahrt. Mein Sohn Bernhard bekam von mir an barem Gelde 30 Taler, eine Büchse 13 Taler, eine Jagdtasche 5 Taler, eine Brieftasche 1 Taler, außerdem bekam er einen Tuchüberrock und Hose, 3 Hemden, 3 Paar Strümpfe, eine silberne Taschenuhr, ein Geschenk von seiner Tante Jette.

Von Trier hatten wir Brief, desgl. von der Festung Cheonsville, welche von den Hessen belagert wurde, sie hatten mit den Franzosen tüchtig zu kämpfen. [...] Den 14. August 1814 kam mein Sohn Bernhard aus seiner Garnison Treysa bei Ziegenhain auf Urlaub nach Hause, mußte aber schon am 22. August wieder fort, wie auch die anderen Jäger und Landwehrmänner. Zum Reisegeld 2 Louisdor, und von seinem Onkel Feibisch erhielt er einen Dukaten, auf welchem die 10 Gebote und andere schöne Sprüche standen. Am 26. hatte ich Brief von ihm aus Bettenhausen bei Kassel, wo sein Quartier war, nachdem war solches wieder in Treysa, kam dann am 15. November auf Urlaub nach Hause. Ende Dezember machte ich eine Vorstellung durch den Bürgermeister direkt an den Kurfürsten wegen seines Abschieds, Kosten 31 Groschen.

Am 3. Januar 1815 wurde mir auch sein Abschied durch den Kriegsminister zugeschickt, kostet 2 Taler. Hierauf schickte mein Sohn seine Montierungsröcke an seinen Kapitän in Ziegenhain. Anfang März schrieb ihm sein Kapitän, er müsse wegen seines Abschieds noch einmal kommen, um mit ihm abzurechnen. Diese Reise kostete 12 Taler.

Seitdem Bernhard bei dem Oberförster gelernt bis heute, hat mir sein Soldatenstand 120 Taler gekostet, ohne Kleidung und Taschengeld.

Den 11. Februar 1815 ging derselbe nach Hamburg, um sich dort eine Stellung zu suchen. Mitgenommen hat er einen neuen Koffer mit Sonntags- und Alltagszeug, eine silberne Uhr und an bar 8 Louisdor. Nachdem er 14 Tage dort war, bekam er eine Stelle bei Haymann Engel in der Schlachte-straße, der ein Engros-Geschäft in Engl.-Manufakturwaren besitzt. Im ersten Jahr erhält er als Lohn 90 Taler und Kost und Logis und ist damit zufrieden. Im Januar 1816 hat sein Herr den Lohn auf 150 Taler gesetzt und endlich auf 200 Taler. 1817 ging er zu einem anderen Kaufmann, namens A. E. Cohn, da bekam er 300 Taler. 1819 kehrte er in die Heimat zurück, brachte ca. 400 Taler mit, nebst vollständiger Kleidung und eine goldene Repetieruhr, 12 Louisdor wert. [...]

Am 14. März 1815 und nach jüdischem Kalender am 2. Adar[scheni] ist mein hochverehrter Vater nach kurzem Krankenlager infolge eintretender Altersschwäche in seinem 83. Lebensjahre sanft entschlafen.

An seinem Sterbebette waren zugegen meine Brüder, Feibisch, Aron, der Chasen Bornheim und ich, wie sämtliche Mitglieder der hiesigen Gemeinde. Er hatte letztere zum Abschied eingeladen und ließ dann denselben eine Mischebeirach[19] machen, bat alle Anwesende um Verzeihung, so er ihm etwas zu Leide getan hätte, gelobte 2½ Taler für die Armenbüchse und vermachte sein noch übriges Vermögen an barem Gelde den Armen. Am 3. dieses Monats Adar[scheni], das ist der 15. März 1815, fand sein ehrenvolles Begräbnis statt. Bornheim hat ihm eine Trauerrede im Sterbehause gehalten und Lehrer Sußmann eine solche am Grab. 1816 am 3. Adar[scheni][20] ist ihm ein Leichenstein gesetzt in Gegenwart der ganzen Gemeinde. Bei dieser Gelegenheit hielt Rabbi Sußmann eine Trauerrede.

Mein seliger Vater war ein streng redlicher und rechtschaffener Mann. Als Gemeindemitglied hat er die Lasten der Gemeinde weit über seine Vermö-gensverhältnisse, gleich den Reichen, getragen. Er war aber nicht reich an irdischen Gütern, reich jedoch wieder, da er mit dem ihm beschiedenen Teile zufrieden war. Wenn wir, seine Kinder, ihn oftmals darauf aufmerksam machten, daß seine wohltätigen Leistungen über seine Vermögensverhältnisse gingen, dann beruhigte er uns, daß es gut sei, in dieser Hinsicht ein Mehreres zu tun: „Ihr werdet alles wieder bekommen, Gott wird für Euch streiten, Ihr aber schweigt. Ihr werdet in der Welt weiter [kommen] u. es wird Euch zu teil werden, hier in der Gemeinde, die größer werden wird, in Ehren zu wohnen." – Gott hat dieses auch in Erfüllung gehen lassen. Die meisten seiner Kinder hatten zwei eigene Häuser, ausgenommen sein Sohn David, der infolge der Kriegsereignisse seinen bisherigen Wohnsitz hat verlassen müssen und nach Hameln übergesiedelt ist. Auch hat er es erlebt, uns alle unter die Chuppe zu führen.[21] [...]

Im Monat Ijar [April/Mai] 1815 kaufte die jüdische Gemeinde Rodenberg das Holzmannsche Haus auf der Hinterstraße für 800 Taler in Münze, es ward dazu bestimmt, eine Wohnung für die Ehefrau und den Lehrer zu werden. Unser Hauptplan ist jedoch, eine Synagoge hinter dem Hause in den Garten zu bauen. Denn unsere bisherige Schul ist jetzt zu klein für uns. Waren wir früher 4–6 Familien, so nunmehr 14 Familien. Zum Bau sind von hiesigen Mitgliedern und etlichen guten Freunden von auswärts an 300 Taler als Geschenke eingegangen. Der ehemalige Präsident des jüdischen Konsistoriums in Kassel sandte 50 Taler, und ich gab 52 Taler sowie die Quadersteine für die Ostseite der zu erbauenden Synagoge. In dem Hause wohnt unser Lehrer Rabbi Sußmann und bezahlt 28 Taler Miete.

1816 im Monat Ijar [April/Mai] wandten wir uns an folgende Handwerker und wünschten von denselben einen Anschlag der Kosten für den geplanten Bau eines massiven Gebäudes von 38 Quadratfuß. Maurer Wilkening forderte für Mauerwerk 900 Taler, Zimmermann Meyer 400 Taler, Tischler Pfingsten 1100 Taler, Schlosser [Hintze] 150 Taler. Da nach dem Anschlage die Kosten für uns zu hoch, so contrahierten wir mit Zimmermann Steege aus Maltringhausen für 630 Taler und mit Maurer Völker aus Nenndorf für 450 Taler. Hierauf kam Zimmermann Meyer von hier und prätendierte, ein näheres Recht auf den Bau zu haben. Wir accordirten nun mit ihm für Zimmerarbeit 650 Taler und Maurer Wilkening für 600 Taler und Tischler Pfingsten 730 Taler, mit Tischler Bake für diverse Kleinigkeiten 10 Taler, mit Schlosser Hintze für 60 Taler, Homeyer für eine Planke an Tegtmeyers Seite 20 Taler, für Malerarbeit 80 Taler. Summa 2182 Taler.

Die Einweihung der Synagoge fand am Donnerstag den 19. Ellul 1819[22] in folgender Weise statt: um 5 Uhr morgens versammelten wir uns in der alten Schul, sagten die Psalmen des Tages, dann wurde geort, die Parsche geleint[23], worauf dann Gumpel Levy eine Abschiedsrede hielt. Darauf hielt auch Rabbi Sußmann eine der Stunde entsprechende Rede. Auch war Rabbi Leib Pollak mit seinem Sohn und drei Musikanten gekommen und erhöhten die Feier durch Gesang und Spiel. Darauf wurden die Sefer-Toras [Torarollen] aus der Lade genommen und die verheirateten Männer machten mit denselben sieben Umzüge um den Almemor [Lesepult]. Und nun ging der Zug nach der neuen Synagoge. Voran die ältesten Gemeindemitglieder mit den Torarollen, der Hanaussen-Teschuo²⁴ wurde von zwei Jungen getragen, diesen voraus gingen zwei Fackelträger, dann folgte die Musik und dahinter Männer, Frauen und Kinder. Vor dem Hause angekommen, hielt Rabbi Leib Pollak eine Rede, und nun ging es durch eine Ehrenpforte zur Synagoge. Hier wurden wieder mit den Torarollen sieben Umzüge gemacht und dann die Rollen in die Lade gestellt. Rabbi Sußmann mit den Schulknaben rezitierten jetzt einen Psalmen. Wiederum hielt Rabbi Sußmann eine Rede, dann wurden einige Psalmen von Rabbi Pollak und Sohn gesungen, die von der Musik begleitet wurden. Jetzt sprach mein Bruder Feibisch den Segensspruch Schehechijonu²⁵ und die ganze Gemeinde rief ein lautes Amen!

Aus den Nachbarorten waren viele gekommen, um der Feier beizuwohnen, auch viele Christen hatten sich eingestellt. Beamte und Geistliche, auch die Polizei war gegenwärtig. Die Feier verlief in der schönsten Ordnung und fand allgemeinen Beifall. 40 arme Christen wurden mit 6 Groschen bar und 6 Pfund Brot beschenkt. Gottschalk hatte für die fremden Besucher gekocht und fand auch reichlich Absatz. Ein Tanz auf dem Ratskeller bis Mitternacht beschloß die schöne Feier. [...]

Im Mai 1819 ist mein Sohn Philipp bei dem Färber Kessler in die Lehre gekommen, hat drei Jahre zu lernen, Lehrgeld 100 Taler. Habe auch die Gebühren für Ein- und Ausschreiben zu zahlen, habe meinem Sohn auch Kost und Bett gehalten. Von Januar 1820 bis zum 14. Februar konnte Kessler des starken Frostes wegen nicht arbeiten lassen. Während dieser Zeit lernte er bei Voges in Lauenau das Formstechen u. hat nur 18 Taler gekostet. Für Kost, die er bei Jakob hatte, verlangte dieser nichts, konnte es ein andermal wieder gut machen. Den 22. Mai 1820 wurde er bei der Färbereigilde in Oldendorf eingeschrieben, Unkosten 3 Taler 24 Groschen. Den 18. Febr. 1821 erhielt er daselbst seinen Lehr- und Wanderbrief als Geselle, kostete 5 Taler. 1822 ging er auf die Wanderschaft und bekam Arbeit in Lübeck. Bald darauf erkrankte er an Nervenfieber, fand Pflege bei Rabbi Schimon, daselbst lag er bis Erew Rosch Haschana²⁶, wo er per Wagen nach Hause kam. Kurkosten an 70 Taler. [...]

Im Mai 1823 ging mein Sohn Philipp wieder auf Reisen, arbeitete in Berlin, Hamburg, ging dann den Rhein hinauf, kam nach Lothringen, wo er bei einem jüdischen Meister in Arbeit stand. Hierauf wanderte er nach Paris. Hier erhielt er Beschäftigung in einer Kattunfabrik und bekam ½ Taler Lohn die Woche; dann reiste er nach Lyon, wo er bis Dezember 1825 arbeitete. Die Erlernung seiner Profession mit diversen Ausgaben, als Reisegeld u.s.w. hat an 375 Taler gekostet. [...]

Michaeli 1826 habe ich das Pomysche Haus für 700 Taler Gold auf den Namen meines Sohnes Philipp angekauft, kam mit diversen Kosten auf 1815 Taler. 1827 begann der Bau des Färberhauses und kostete mit der Einrichtung 1400 Taler.

1828 begann Philipp, seine Färberei zu betreiben. Möge Gott seinen Segen dazu geben. Erst ein Haus bauen, dann eine Frau nehmen, ist ein Rat, den einer unserer Weisen erteilt. Diesen Rat hat Philipp denn auch befolgt. [...]

Im Juni 1825 kam mein Sohn Abraham bei einem Klempner in Lübbeke, namens Ladorf, in die Lehre. Lernzeit 2 Jahre, Lehrgeld 35 Taler, Kost und Logis hatte er bei meinem Schwiegersohn Ennoch, wofür ich 50 Taler zahlte. Januar 1827 kam er aus der Lehre, mußte aber vorerst der Conscription wegen zu Hause bleiben. Ende September erhielt er erst Paß und Wanderbuch. Nun ging er nach Hameln, fand dort auch Arbeit. Mittagstisch hatte er bei meinem Bruder David, die übrige Kost bei seinem Meister. Kostgeld zahlte er von seinem Verdienst und zwar 18 Groschen jede Woche. Den 30. April 1829 ging er wieder auf die Wanderschaft, Gott beschütze ihn auf seiner Reise. [...]

Wie oben erwähnt, war mein Sohn Abraham im April 1829 wieder auf die Wanderschaft gegangen, arbeitete in mehreren großen Städten Deutschlands, wanderte dann nach Italien, fand Arbeit in Mailand, Florenz und Venedig und kehrte 1832 nach der Heimat zurück, um nun als Meister sein Handwerk zu betreiben, wozu ihm die Erlaubnis erteilt wurde.

Im Juli 1824 ward für Abraham das Wenzelsche Haus in Rodenberg gekauft und zwar für 1105 Taler. Die Bürger wehrten ihm jedoch den Einzug. Er beschwerte sich bei der Regierung in Rinteln, erhielt aber einen Abschlag. Da wandte er sich an die Regierung in Kassel, welche ihm die Erlaubnis erteilte. Als mein Sohn Abraham einziehen wollte, kamen der Vorsteher Bär und Schlosser Neuhauser und legten Protest dagegen ein. Es kam dann auch von dem Minister Hassenpflug ein Reskript, lautend, daß derselbe nicht eher einziehen sollte, als bis er die Sache untersucht hätte. Abraham appellierte nun bei den verschiedenen Instanzen, aber er erhielt von allen einen Abschlag. Die Bürger hatten wirklich den Schlachter Pomy nach Kassel gesandt, und von mir gesehen nicht vergebens. Die Reisekosten wurden von den Bürgern Rodenbergs zusammengebracht, und unter den Unterzeichneten waren denn auch die Namen der frommen Juden Gumpel und Calmann Levy zu lesen, jeder mit einem Beitrag von 24 Groschen. So erfüllten sie große Mizwa: „Liebe Deinen Nächsten, wie Dich selbst.", übten aber zugleich das Verbot: „Folge nicht der Menge nach zum Bösen."[27]

Da meinem Sohne so viele Schwierigkeiten gemacht wurden, in das Wenzelsche Haus zu ziehen, so kaufte er das Haus des Nagelschmiedes Hattendorf für 800 Taler und ließ es abreißen und neu erbauen. Als man mit dem Abreißen beschäftigt war, ging der Bürgermeister Biesterfeld mit Kamlot[28] nach dem Amt und hoffte mittels dessen, Abraham das Bauen zu verbieten, da der Jude die laufenden Gemeindegelder nicht bezahlen wollte. Er verweigerte das mit Recht, weil darin auch die Steuer für Kirche, Schule und Geistlichkeit enthalten und seit der Emanzipation die Juden dazu nicht verpflichtet sind. Der Amtmann Deichmann antwortete ihnen, sie sollten dem Behrend das Haus wieder abkaufen, und wenn er die schuldigen

Gemeindegelder nicht bezahlen wollte, möchten sie ihn verklagen. Wenn sie weiter nichts wollten, sollten sie nur nach Hause gehen. Das taten sie dann auch und gewiß trauernd und wehmütig. Sie ließen sich aber nicht abschrekken und schickten wieder eine Deputation nach dem Amt. Darunter befand sich Schuster Netscher, der sich erbot, das Haus zu kaufen, er wollte es dann an Christen vermieten. Sie sollten das versuchen, erwiderte der Amtmann. Ihre Mühen waren also vergebens. Den Tag darauf engagierten wir Biesterfeld und Konsorten, behülflich zu sein, das Haus weiter abzureißen, was sie auch taten. Nachdem nun das Haus aufgebaut war und mit Gebet eingeweiht worden, bezog er es. Er konnte mit dem Psalmisten sprechen: „Gott Du warst meine Hülfe und hast meine Feinde gedehmütigt."

1838 im Monat Macheschwan [Okt./Nov.] heiratete Abraham eine Tochter des Mathias aus Gehrden, namens Friederike. Die Hochzeit wurde in meinem Hause gefeiert, wozu an 50 Verwandte und Freunde eingeladen wurden. Die Kosten beliefen sich auf ca. 50 Taler, wovon Mathias die Hälfte trug.

1829 Oktober 12. Auch mein Sohn Israel widmete sich einem Handwerk. Er kam in die Lehre zu einem Drechslermeister in Allendorf. Wegen eines Beinfehlers kam er wieder nach Hause. Wieder hergestellt, ging er im Januar 1831 zu seinem Meister zurück. Dieser erkrankte jedoch und starb. Nun engagierte ich einen anderen Meister in Nienburg, bei dem er auch lernte und wurde 1832 Geselle. Er begab sich nun auf die Wanderschaft, arbeitete in Holstein, Mecklenburg, in der Rheingegend, in München und in Wien. April 1837 kam er zurück, um sich nunmehr zu etablieren, erhielt auch sofort Konzession, bekam viel Arbeit, hatte seine Werkstatt bei Philipp, Kost und Logis bei seinem Bruder Bernhard.

Am 6. September 1838 ist mein Sohn Israel in sein neues Haus gezogen. Das Haus, das Abraham einst gekauft. Die Zeiten hatten sich geändert, und konnte derselbe unbelästigt einziehen. Er hatte sich nun auch mit Hendel, Tochter meines Bruders Abraham in Hannover, verlobt und fand die Hochzeit in Grove, am 22. Mai 1839 statt.

---

1 Einen Teildruck (S. 1–28) dieses Manuskripts veröffentlichte Professor Abraham Berliner in der Übersetzung von M. Cohn in: Jahrbuch für jüdische Geschichte und Literatur Bd. 12, S. 109–134, Berlin 1909. Dieser unkritische Druck enthält zahlreiche Einschübe des Übersetzers, die in dem vorliegenden Auszug bis auf einige Worterklärungen (in runden Klammern) weggelassen sind. – Da die Chronik sichtlich nicht fortlaufend, sondern oft im nachhinein für mehrere Jahre verfaßt wurde, geriet die chronologische Reihenfolge mehrfach durcheinander, was um der Lesbarkeit willen durch einige Umstellungen korrigiert wurde.

2 13. u. 14. April 1793.

3 Gen. 24,67.

4 In Druck und Hs. heißt es versehentlich Wilhelm II. – Wilhelm IX. regierte 1785–1803 als Landgraf von Hessen–Kassel. Mit dem Erwerb der Kurwürde 1803

wird er Kurfürst Wilhelm I., ist 1806–13 abgesetzt und regiert dann wiederum 1813–21 als Kurfürst.

5 Am 11. 10. 1781 wird das sogenannte Toleranzedikt Kaiser Josefs II. auch in Hessen–Kassel übernommen, womit die Militärpflicht für Juden eingeführt ist.

6 Schawuot, vgl. Worterklärungen im Anhang.

7 Feiertag. Reisen und Fahren sind nach dem Gesetz am Feiertag nicht erlaubt, in Notfällen aber kann ein Rabbiner von diesem Verbot Dispens erteilen.

8 Satzteil fehlt.

9 Sondersteuer, die reisende Juden an jedem Stadttor für die eigene Person zu entrichten hatten. In Preußen schon 1787 abgeschafft, in Hessen–Kassel 1803 auf Verwendung des Hoffaktors Wolf Breidenbach.

10 Frieden von Amiens 27. 3. 1802 zwischen England und Frankreich.

11 Vertrag zu Schönbrunn 12. 12. 1805.

12 Die Gründung des Königreichs Westfalen und die Einsetzung König Jérômes erfolgten durch die Konstitution vom 15. 11. 1807, die Untertanen aller Konfessionen die gleichen Rechte zusagte und damit die volle Emanzipation der Juden aussprach.

13 Hiob 1,21.

14 Durch kgl. Dekret vom 31. 3. 1808 wurde im Königreich Westfalen für die jüdischen Gemeinden die Konsistorialverfassung eingeführt. Der Braunschweiger Geheimrat und Bankier Israel Jacobson leitete als Präsident des Konsistoriums die Gemeinden straff zentralistisch und führte zahlreiche Reformen ein.

15 Aus der rabbinischen Literatur geschöpfter Vortrag, um den Toraabschnitt der Woche auszulegen. Wird ein Knabe Bar Mizwa (s. Worterklärungen), hält er bei der Feierlichkeit eine solche Ansprache.

16 Traditionelles Fürbittegebet für den Herrscher, das im Gebetbuch enthalten ist.

17 Gen. 25,19–28,9.

18 Psalm 136,1.

19 Segensspruch.

20 3. März 1816.

21 D. h. unter dem Trauhimmel zu verheiraten.

22 9. Sept. 1819.

23 ... dann wurde gebetet, der Toraabschnitt gelesen ...

24 Hier vermutlich gemeint als gerahmter Text am Vorbeterpult, der in die neue Synagoge hinübergetragen wird. (Vgl. Anm. 16)

25 Dankgebet beim Beginn der Feiertage oder neu eintretender Ereignisse – wie hier der Synagogeneinweihung.

26 Vorabend des jüdischen Neujahrsfestes. Die jüdischen Feiertage beginnen jeweils mit Sonnenuntergang des Vortages.

27 Ironisches Zitat von Lev. 19,18 und Ex. 23,2.

28 Wahrscheinlich verschrieben für „Konsorten".

2 Ascher Lehmann

geb. 1769 Zeckendorf (Oberfranken) – gest. 1858 Verden (Hannover)

Ascher Lehmann (Lämle ben Aron Weldtsberg), Tagebuch. Hrsg. mit einem Vorwort von
Max Lehmann und dem Stammbaum der Familie. Gerwisch bei Magdeburg 1936, 72 S.
Privatdruck. – Verfaßt 1845–1850.

*Dieses „Tagebuch" ist eine Autobiographie Ascher Lehmanns, der vor allem
sein Leben während der napoleonischen Zeit als Händler mit Waren jeder
Art beschreibt. In der Nähe von Bamberg geboren, verläßt L. 1786 die
Heimat und zieht zum Talmudstudium nach Prag. Der völlig mittellose
Bocher ernährt sich durch zahlreiche Gelegenheitsarbeiten, gibt schließlich
das Studium auf und ist Gehilfe eines Prager Lederhändlers, bis er 1789 aus
Angst vor der Militärpflicht in die Heimat zurückkehrt, wo er sich vergeblich
als Hausierer versucht. Daraufhin entschließt er sich zur Auswanderung ins
Königreich Hannover, wo er 1795 bis 1815 gute Geschäfte mit den durchzie-
henden Truppen und den Heeresmagazinen der englischen und französischen
Armee macht. Im Jahr 1804 Hannoveraner Schutzjude geworden, erhält er
1810 in Verden das Staatsbürgerrecht des Königreichs Westfalen, muß aber
1815 wiederum Schutzjude des zurückgekehrten Königs von Hannover
werden und eine neue Beschränkung der Handelsfreiheit hinnehmen.*

Da ich bis zu meinem sechzehnten Jahr im Jüdischen immer Unterricht hatte
und gut lernen konnte, so sollte ich nach Prag, um weiter zu studieren und
Raw [Rabbiner] zu werden. 1786 nach Sukkos ging ich vom Hause nach
Prag. Da meine seligen Eltern ihre drei Töchter ausgesteuert hatten und
sonst durch viele Prozesse und Krankheiten ihr Vermögen sehr geschmälert
war, konnten sie mir wenig Reisegeld mitgeben. Von meinem Geburtsort bis
Prag sind nur sechsunddreißig Meilen. Ich dachte, in 12 Tagen die Reise
gemacht zu haben, und so war ich mit den mir mitgegebenen 5 Gulden
zufrieden und reiste am Sonntag mit einem Felleisen auf meinem Rücken
sieben Stunden Wegs bis Bayreuth, wo ich abends ankam. Der dortige
Chasen begegnete mir und fragte mich, woher ich komme und wohin ich
wolle. Zugleich fragte er mich, ob ich als Bocher wohl ein Blett[1] haben
wolle.

„Wenn du nicht reichlich Geld bei dir hast, wirst du froh sein, daß du ein
Blett bekommen kannst", sagte er, „von hier bis Eger an der böhmischen
Grenze sind 14 Meilen; da findest du keinen Ort, wo Juden wohnen. Da
mußt du noch Geld genug verzehren."

Ich nahm das erste Blett an, und es kam so aus, wie der gute Mann gesagt.
Nicht allein für Lebensmittel muß man Geld ausgeben, sondern in jeder

Stadt und jedem Marktflecken mußte ich zehn, zwölf bis achtzehn Kreuzer
Leibzoll² bezahlen, dazu in schlechten Wirtshäusern logieren und bekam die
Krätze. Ich habe begriffen, warum meine geliebten Eltern nur 5 Gulden
mitgaben, weil sie auf hinlängliche Unterstützung von meinem geliebten
Bruder, der gegenwärtig in Prag viel Geld verdiente, gerechnet haben, und
mehrere Bachurim aus Prag uns anzeigten und versicherten, daß im Böhmer-
land so billig zu leben sei, daß man in einer ganzen Woche mit einem Gulden
reichlich auskommen könne. Und es war auch so. Eine Semmel oder
Butterbrot für einen Kreuzer, hier drei Pfennig, konnte ich kaum auf einmal
aufessen.

Aber ich hatte die Rechnung ohne den Wirt gemacht. Nach einer mühseligen Reise kam ich nach der ersten böhmischen Grenzstadt Eger, die eine
gewaltige Festung ist. Eine Stunde vorher kam ich in ein großes Gebäude,
von weitem sah ich Männer spazieren. Dann fragten sie mich nach meinem
Paß, und ich zeigte ihn. Sie nahmen mich in einen großen Saal, da waren
mehrere Männer mit verschiedenen Kleidern und Uniformen, nahmen mir
mein Felleisen vom Rücken, öffneten es und untersuchten mich bis aufs
Hemd. Da sie keine Schmuggelware und auch keine neuen Kleider fanden,
konnte ich weitergehen. So kam ich Freitag nachmittag in Eger an. Ich
kehrte in einem ordinären Wirtshause ein und fragte den Wirt, ob Juden hier
wohnen.

„Ja", sagte er, „nur fünf, sind aber alle reiche Leute. Auch einen Vorsänger haben sie hier."

Ich erkundigte mich nach der Schul und ging in die Schul, wo noch
mehrere Orchim³ waren. Nach Schul wurde ich von einem hübsch gekleideten Manne angeredet, ob ich mit ihm gehen wolle. Ich ging mit und kam vor
ein Haus wie ein Schloß. Auf der Diele war ein großer Laden mit mehreren
Lichtern, wo ein hübscher junger Mann stand. Ich erschrak, denn ich
glaubte, bei einem Neumodischen zu sein, der gewiß trefe ist. Es war aber
nicht so, er war Pächter und Tabakfabrikant. In ganz Österreich, in jeder
Stadt und jedem Flecken, durfte nur einer Tabak verkaufen, und es war
Befehl der Regierung, am Schabbes und Jontew den Laden offen zu lassen,
wozu er einen gojischen Ladendiener hatte; alle Rabbiner haben es erlaubt,
weil es ein Gebot vom Kaiser selbst war. Aber was hatte ich für einen Tisch
zu sehen bekommen, den ich in meinem Leben nicht wiedergesehen habe;
ein langer Speisesaal, vor jeder Person zwei große silberne Lampen, jede mit
acht Zacken, für jeden doppelte silberne Teller, für Suppe und Braten, alles
von Silber, mehrere Gabeln und Löffel, ebenso Speisen, alle möglichen
Gerichte, ebenso Schabbesnachmittag doppelt Kugel, Lockschen⁴ von allem
schönsten Obst, Früchte aller Art. Ich habe mich mehr umgesehen als
gegessen. Die Frau glänzte von Juwelen, so auch die Töchter. Seine Gehilfen
alle in großem Luxus, so auch der Informator und Commis und Gehilfe.
Ach, ich habe noch nach Jahren dies nicht aus meinen Gedanken verscheu-
chen können [...]

Dann ging ich nach Pilsen, wo gerade die Weihnachtsmesse war. Ich las vor einem Hause, daß eine jüdische Garküche darin sei. Ich ging hin, sah eine schöne Frau, die beschäftigt war, Torten zu machen. Ich forderte etwas für weniges Geld zu essen. Die Frau befahl ihrer Magd, mir einen Teller mit Gemüse zu bringen. Beim Essen fragte sie mich wie gewöhnlich. Ich klagte ihr meine Not. Sie sagte: „Du hast noch 14 Meilen bis Prag. Wenn ich dir raten soll, bleibst du 14 Tage bei mir. Ich habe viele Kunden, die sich ihr Essen in ihre Wohnung schicken lassen, und es fehlt mir an Menschen. Du sollst gut und satt hier essen, und von den Leuten bekommst du obendrein ein Geschenk."

Wer war froher als ich! Zumal da einer aus Prag war, der mir sagte, daß in Prag keiner ein Bocherchen vor Pessach ins Haus nimmt. Wenn ich früher hinkäme, müßte ich in Wirtshäusern für mein Geld essen und trinken. Noch eins sagte er mir: zwei Tage vor Schluß der Messe sei hier ein Markt von Bachurim, Meschoresim[5], Mägden; da könnte ich mich bei einem Jischubmann[6] für seine kleinen Kinder als Bocher verdingen.

Der Mann von der Garküche war Musikus, spielte auf Chasnes und war ein Glaser von Profession. Die beiden Eheleute hatten 5 Kinder, wovon das älteste 10 Jahre alt war. Sie sagten: „Wir wollen dich bis nach Pessach behalten, kannst nachher mit uns nach Hause gehen. Es ist nur 2 Stunden von Pilsen." Ihr Ort hieß K. Es waren in einer Stunde 3 Jeschubim[7], die eine Schul, einen Chasen und Schochet hatten, und jeder Jischubmann hatte einen eigenen Bocher für seine Kinder, aber Lohn wollten sie mir nicht geben. Ich dachte, wenn ich mich auf dem Bochermarkt nicht besser anbringen kann, dann weiß ich doch gottlob in diesem harten Winter eine bleibende Stelle und dankte dem lieben Gott beim Niederlegen wie beim Aufstehen.

Die Messe war vorbei. Ich brachte den Kunden die Mahlzeiten und Rechnungen, sie bezahlten ihre Mahlzeiten und gaben mir ein honoriges Biergeld. Ich zählte es nachher nach und hatte bar 15 Kaisergulden oder 10 Taler. Wer war reicher als ich! Ich ging auf den Platz am Sonntag nach Schluß der Engrosmesse. Wirklich sah ich da wohl 20 Mädchen, die dienen wollten, 30 Männer, die sich als Meschores verdingen wollten, aber nur wenige Bocher. Da kamen Männer mit ihren Weibern, um eine Magd oder Meschores einzuhandeln. Die Magd wurde gefragt, woher sie sei, ob sie kochen, buttern, melken könne. Die Meschoresim fragte man, ob sie stockböhmisch sprechen könnten, ob sie kassubisch verstanden, denn da war gerade die Grenze von Deutschland stockböhmisch. Von diesen stockböhmischen Bürgern und Bauern konnte kaum einer ein Wort verstehen.

Es waren wenige Bocher, aber auch wenige Käufer. Da kam ein untersetzter Mann, mit einer Pudelmütze und einem Kaftan angetan, einen Stock in seiner Hand und fragte mich, ob ich als Bocher wohl eine Stelle annehmen wollte und vier Kinder, von denen das älteste ein Junge ist, unterrichten. Ich sagte: „Ja, aber nicht länger als bis nach Pessach." „Gut, wieviel Lohn nehmt Ihr?" Ich fragte ihn, wieviel er gebe. 5 Gulden, war die Antwort. „Nicht mehr?" „Nein", sagte er. „Masel, broche und scholaum[8] in Eure Hand", sagte ich.

Dann mußte ich ihm ein Pfand geben, daß ich richtig nach seinem Hause reisen wollte, weil er, wie er vorgab, unterwegs Geschäfte habe. Es sei ein Wagen hier in seinem Wirtshause, wohin ich gleich gehen müßte. Ich stellte mich dem Fuhrmann vor, der mich am anderen Morgen früh nach seinem Wohnort unentgeltlich mitnehmen sollte. Ich war noch zu unerfahren, und so hatte ich den Mann nicht gefragt, wo er her sei und wie weit es noch von Pilsen ist. Ich kam zu meiner Garküchenfamilie, die erschrocken war, daß ich mich verdungen habe. Sie fragten mich, an wen, wohin. Von allem wußte ich nichts.

Der Mann ging selbst mit mir nach dem Wirtshause, unseren Mann aufzusuchen, um zu wissen, wohin ich komme. Aber er so wenig wie der Fuhrmann waren zu Hause.

Ich nahm am frühesten Morgen Abschied. Die gute Frau packte mir Weiß- und Schwarzbrot mit Braten und ein Viertel von einer gebratenen Gans ein. Da ich an diesem Morgen bei dem Fuhrmann pünktlich mich einfand, war das erste, was ich fragte, wo er her sei. Der Bauer war ein Stockböhme, verstand mich nicht und ich ihn nicht. Er rief und winkte aufzusteigen. Es war ein leerer Wagen, wie ein Heu- oder Holzwagen, kein Stuhl oder etwas anderes, um darauf zu sitzen. Ich nahm mein Felleisen und setzte mich darauf und steckte meine Füße durch die Leiterstrahlen. So gings im Trabe fort, ohne anzuhalten, acht Stunden weit.

Abends vier Uhr kam ich vor ein armseliges Haus, das gestützt werden mußte, um nicht zusammenzufallen. Der Bauer machte Halt und gab mir ein Zeichen, auszusteigen. Da kam eine große hübsche Judenfrau heraus mit fünf Kindern. Die Frau jubelte hoch auf, daß sie für ihre Kinder einen Bocher bekommen hatte. Ich kam vom Wagen, um ins Häuschen zu gehen, aber auf meinen Füßen konnte ich nicht stehen, weil sie nahezu erfroren waren. Die gute Frau mit dem elfjährigen Sohne führte mich in das Stübchen, zogen mir meine Schuhe aus, denn Stiefel waren in der Zeit und in der Gegend noch keine Mode; sie wollten mir auch die Strümpfe ausziehen, das litt ich nicht aus dem Grunde, weil sie die schlimmen Beine nicht sehen sollten. Da mußte ich, wieder unterstützt von den beiden, zur Hintertür hinaus und im Schnee herumgehen. Gott sei ewig gelobt und gedankt, die Beine sind wieder gut geworden!

Die Frau machte des Abends Brot zurecht, eine gebrannte Mehlsuppe, die mir recht gut schmeckte. Neun Uhr abends mußte ich mit den beiden ältesten Söhnen auf eine Leiter steigen, wir kamen auf den Boden und legten uns in unser zubereitetes Bett. Da für drei Personen die Decke zu schmal war, so nahm der Sohn einige Schaffelle, die da lagen, und wir deckten uns reichlich zu. Das Frühstück war am anderen Morgen eine Milchsuppe mit

Butterbrot. Sie hatten selbst eine melkende Kuh hinten auf der Diele angebunden, dabei auch ein schon ziemlich großes Kalb zum Aufziehen.

Ich fing jetzt meinen Unterricht an. Die Frau gab mir ein vierkantiges Brett, worauf ein Alphabet geklebt war. Da war der elfjährige Sohn, der schon ziemlich geläufig das Aleph Bet[9] herzulesen begann, der zweite Sohn von neun Jahren konnte noch nicht viel. Die Tochter von sieben Jahren konnte noch kaum ein Aleph. Ich sagte zu der Frau, daß der älteste Sohn die Tefillah[10] anfangen müßte. O wie freute sie sich!

[Mit einem Trick entflieht Lehmann dieser kümmerlichen Stellung nach einer Woche und bleibt in einem anderen böhmischen Dorf zwei Wochen als Gehilfe eines Schächters.]

Da schrieb ich an meinen seligen Bruder, daß ich Pessach nach Prag komme und er für mein Unterkommen sorgen möge, und daß ich komme, um weiterzulernen. Auch an meine seligen Eltern schrieb ich. Vierzehn Tage nachher erhielt ich von meinem Bruder aus Prag einen Brief mit einem Paket. Es enthielt zwei Schächtmesser und einen Schleifstein. Er schrieb, daß er mich nicht unterstützen könne, ich sollte bei dem Chasen in K. Schechita[11] lernen, was er bezahlen wolle, als Lehrer und Schochet wäre was zu verdienen.

Ich fing an zu lernen und sollte kurz vor Pessach von dem dortigen Raw Kabbolo[12] nehmen. Ich hatte ausgelernt, und der Chasen ging mit mir zu einem Dajan, das ist ein Assessor vom Raw, der Kabbolo gibt, und dieser hielt eine Rede an mich und ermahnte mich, daß man leicht bei der Schechita seine Seele verlieren könnte.

Dieses regte mich so auf, daß ich die Messer mit dem Schleifstein an den Chasen schickte und mir vornahm, niemals Schochet zu werden, was ich nachher oft bereut habe. Denn als ich 1795 nach Verden kam und für mich handelte bis 1806, wo ich geheiratet habe, lebte ich von Kaffee und Bratkartoffeln. Manchmal kochte ich mir am Freitag Fische und dachte öfter, wenn ich Kabbolo genommen hätte, könnte ich doch ein Schaf schlachten und mir die Leber braten. Darum ist es gut, wenn ein junger Mensch alles lernt, was er Gelegenheit hat zu lernen, wovon er auch keinen Gebrauch machen will.

Acht Tage nach Pessach reiste ich nach Prag, das fünfzehn Meilen weit war. Ich blieb auf der Chaussee, wo ich alle Abend in einer Stadt oder einem Flecken logieren mußte, wo keine Juden waren und ich von meinem Geld zehren mußte, so daß ich kaum fünf Gulden mit nach Prag brachte.

Ich kam müde Mittwoch abend in der Judenstadt Prag an und logierte in einem jüdischen Wirtshause. Der Mann fragte mich alles aus. Ich sagte, daß ich einen Bruder hier habe, der bei einem reichen Mann auf dem Kontor sei, er heiße Moses Zeckendorfer.

„O", schrie dieser Wirt, „den kenne ich recht gut! Er ist ein berühmter, geschickter, hübscher Mann. Er ist bei Reb Guttenplan, der drei Fabriken besitzt. Ihr Bruder bekommt ein großes Gehalt. Der wird Euch gut unterstützen."

Donnerstag früh ging ich, um meinen Bruder aufzusuchen, und da ich immer Gassenjungen, den größten Pöbel Prags, fragte, so wiesen sie mich immer verkehrt. Endlich war ein Mann so gut und wies mir das Haus, an dem ich wohl zwanzigmal vorbeigegangen war, denn die Judenstadt ist so groß wie Verden, sind aber weit mehr Straßen und neun große massive Schulen und wohl fünfzig kleine.

Ich kam in das Haus und fragte nach dem Kontorschreiber Moses Zeckendorfer. Ich fand ihn, er saß an seinem Schreibpult mit noch mehreren Schreibern. Er kannte mich nicht mehr, endlich sagte er: „Was willst du hier?" „Ich soll weiterlernen. Das wollen unsere guten frommen Eltern haben." Er: „Ich kann dich nicht unterstützen. Ich will dir zehn Dukaten geben, geh wieder nach Hause und hilf unseren Eltern im Geschäft."

Ich hatte meine Füße voller Blasen und sollte wieder die Reise machen. Ich weinte bitterlich und war so dumm und nahm seine mir gereichten zehn Dukaten nicht an, ging ledig von ihm und sagte meinem Wirt aber nichts.

Freitags sagte mir der Wirt:

„Du, Bocherchen, geh auf die große und breite Straße, da werden wohl hundert hölzerne Budiken stehen. In einer Budike sitzt der Beamte und gibt dir ein Blett. Es möchte bis über Schabbes zu viel kosten."

Ich folgte dem Manne und suchte die Bude auf und erhielt ein Schabbesblett. Als ich nach vielen Fragen die Wohnung gefunden hatte, so gab ich mein Blett an einen ab, der wie ein Bedienter aussah. Er sagte zu mir, warte ein bißchen. Da kam ein hübscher Mann, gab mir einen Gulden mit den Worten: „Gehen Sie in die Garküche, lassen Sie sich speisen, ich nehme heute keine fremde Person zu Tisch, weil ich heute abend mit meiner Frau ins Theater gehe."

Ich war damit zufrieden, ging in mein Logis und fragte, was es heute abend und morgen mittag koste. „Acht Groschen", war die Antwort.

Schabbes nach Tisch ging ich aus, um mich umzusehen. In der breiten, großen Straße, wo ich aus einer Bude mein Blett holte, waren wohl hundert solcher Budiken, aber alle geschlossen. Diese Straße ist beinahe ein und eine Viertelstunde lang und achtmal so breit wie unsere Straße. Wie ich so in Gedanken stand und meinen gegenwärtigen Zustand bedachte, kam ein Bocher daher, der etwa zwei Jahre älter war als ich. Denn man kennt die Bocherim an ihrem langen Haar im Nacken.

Er reichte mir die Hand und sagte: „Gut Schabbes, mein Freund. Vermutlich bist du fremd und wohl gar ein Aschkenas (d. h. ein Deutscher)."

Ich nannte ihm meinen Geburtsort. „O willkommen, Landsmann", rief er, „ich bin aus Baiersdorf, vier Stunden von Zeckendorf."

Wie er meine Verlegenheit merkte, meinte er, da wollten wir bald Rat schaffen.

„Sieh hier die Budiken, darin stehen morgen Männer, die bestimmen, wer Bocherim ins Haus zu nehmen hat; denn jeder Hausherr in Prag hat sich verpflichtet, einen Unterbocher zu nehmen, das ist derjenige, der mit seinem Studium noch nicht fertig ist. Wer aber einige Jahre studiert hat und für fertig erklärt ist, der bekommt eine Informatorenstelle bei den reichen Juden, oder er reist nach Hause. Solch Informator bekommt jährlich, je nachdem wie seine Kenntnisse sind, wohl fünfzig bis hundert Taler und wird herrschaftlich bewirtet, muß aber mit dem Unterbocher, wenn er arm ist, unentgeltlich lernen und die Kinder im Hause unterrichten."

Sonntag holte mich mein Landsmann aus meinem jüdischen Wirtshause ab, und wir gingen nach der Bude, wo nachgewiesen wird, wo eine Unterbocherstelle offen ist. Die Frau in dieser Bude sah in einem Buche nach und sagte:

„Vorgestern ist eine solche Stelle ledig geworden, eine der besten, da haben es die Bocher so gut, Essen und Trinken vollauf und haben auch ein gutes Bett. Das Nachweisen kostet einen Gulden."

Ich gab ihr ein Pfand, meine silbernen Knieschnallen, mit der Bestimmung, wenn ich angenommen würde, so würde sie ihren Gulden bekommen. Sie schrieb auf einen Zettel: Reb Henoch Singer in der Zigeunerstraße. Es war leicht zu finden, weil er der erste Sänger beim besten Chasen war und eine der größten und besten Herbergen und Speisehäuser hatte. Ich wurde ganz freundlich aufgenommen, und die Frau hatte nicht gelogen. Essen gut und viel, denn es waren mittags und abends nicht unter dreißig bis vierzig Personen am Tisch, und von den besten Speisen im Überfluß, aber ich mußte Markeurdienste tun, Essen auf den Tisch bringen, wieder abräumen, Messer schleifen, ja sogar den Mädchen mußte ich helfen die Betten machen, wo alle Morgen so fünfzehn bis zwanzig gemacht werden mußten.

Ich tat es mit Freuden, denn ich hatte es gut. Der Hausherr und die Hausfrau waren sehr gut gegen mich. Aber was war mein Kummer? Es war kein Oberbocher da, da ihre Kinder alle erwachsen waren. Da konnte ich nichts lernen. Ich bat, mir zu erlauben, des Vormittags nach dem jüdischen Kollegium zu gehen, wenigstens die Herren Rabbiner, u. a. das Haupt der Jeschiwe zu hören. Das wurde mir erlaubt. Aber was half mir das Zuhören, ich hatte zu Hause keine Bücher.

[Er dient dann drei Monate bei schlechter Behandlung im Haus eines Bankiers und findet schließlich eine gute Stellung bei einem Prager Leder-händler.]

Ich ging also zu dem Lederhändler und wurde der Frau vorgestellt, denn der Herr lernte mit zwei Oberbochern von früh fünf Uhr bis abends spät. War ein außerordentlich frommer Mann, dabei ein Millionär. Er hatte zwei Söhne, die schon mit im Geschäft waren. Aber die Frau war das Haupt, ferner waren da eine einzige hübsche achtzehnjährige Tochter, mehrere Diener und zwei Oberbocher, die nur mit dem Herrn und den Söhnen lernten.

Ich wurde engagiert und hatte es so gut, daß ich diese ein und ein halbes Jahr, die ich da war, für meine glücklichsten Jahre vor meiner Verheiratung rechnen konnte. Ich hatte für meine Jugend und bei dem schwächlichen Körper eine zu große Arbeit mit übernommen. Wir hatten täglich, Schabbes und Sonntag abgerechnet, fünfhundert bis tausend Stück Großleder und Kalb- und Schaffelle aufzuheben. Es war ein solch strenger Winter, daß wir unsere Füße mit einem Schaffell einwickelten, und an unseren Fingern hingen bei den nassen Fellen gefrorene Blasen. Dann schlugen wir die Hände um die Arme, bis die Blasen weg waren. Die Arbeit war wirklich sehr hart. Unser Lieferant brachte täglich viele Felle, soviel Felle, daß wir es nicht bewältigen konnten.

Am schlimmsten war es aber für mich vom ersten bis zehnten Januar. Da die Schlachter alle in Akkord waren, so erhielt jeder Vorschuß, und da mir meine Herrschaft vor all den Dienern das größte Zutrauen schenkte, so mußte ich den Schlachtern ihren Vorschuß ins Haus bringen und mußte täglich Beutel mit fünfhundert bis tausend Talern Konventionsmünzen schleppen, vorzählen und quittieren lassen.

Es verdroß mich aber keine schwere Arbeit, da ich es recht gut hatte. Ich war bei Herrschaft und Kindern beliebt, so als wenn ich ein Familienglied gewesen wäre. Ich mußte mit meiner schönen Haustochter an meinem Arme spazieren gehen, auch ins Theater, auch bei ihren Einkäufen immer mitgehen, konnte essen und trinken, so gut wie die Herrschaft und bisweilen auch besser, denn die Köchin mochte mich auch gern leiden, weil ich ihr bisweilen bei der Arbeit behilflich war.

Da konnte ich Geld verdienen, denn wir erhielten zwanzig Gulden halbjährlichen Lohn. Dann wurden von den großen Ochsenhäuten die Hörner herausgeschlagen, die Schwänze abgeschnitten, von den Kuhfellen die Köpfe und von den Schaffellen die Füße. Die Fuhrleute wollten so sich's leichter machen, und die Lohgerber, die das Leder kauften, fragten nichts danach; wir verkauften vierteljährlich für zwanzig Dukaten Hörner, Kalbsköpfe und Schafsfüße. Das Geld teilten wir uns, so daß ich noch viele Kleidungsstücke, und nach sonstigen Ausgaben, noch dreißig Dukaten übrig hatte.

Da rief der Kaiser Josef II. alle Juden auf und sagte, daß seine Mutter Maria Theresia die Juden sehr beschränkt habe. Er wolle sie mit jeder anderen Nation gleichstellen. Sie könnten wohnen, wo sie wollten, könnten heiraten, wann sie wollten, und Geschäfte treiben, wo sie wollten, aber sie sollten Soldaten werden.[13] Er wolle mit den Türken Krieg anfangen.

Da war es ein Lärmen in der Judenschaft. Schreien und Weinen erhoben sie. In den großen neuen Schulen haben sie Tillim[14] gesagt, gefastet und bis nach Mitternacht gewacht. Ja, die reichen Juden haben für ihre Söhne

Offiziersstellen gekauft, einen Tag Soldat, den zweiten Unteroffizier, am dritten Tag Offizier.

Jetzt rief der Kaiser tüchtige Männer auf, um Normalschulen anzulegen. Alle Judenkinder sollten mehrere Sprachen, Schreiben und Rechnen lernen. Mein Bruder hatte sich gemeldet, ward geprüft und erhielt eine Stelle in Lemberg und bekam ein jährliches Gehalt von vierhundert Dukaten. Da ließ er mich zu sich rufen und sagte, ob ich Gebrauch machen könne von seinen alten Kleidungsstücken. Ich dankte, wünschte ihm eine glückliche Reise und ging von ihm.

Unterdessen stand es in der Zeitung, daß die Juden österreichische Soldaten werden müßten. Da schrieben mir meine seligen Eltern, daß ich ohne Verzug nach Hause kommen müßte, obschon ich als Ausländer frei war. Ich hatte einen Paß, wofür mir einer hundert Dukaten gegeben hätte, denn kein Inländer erhielt, für welchen Preis auch, einen Paß. Und wer ohne Paß weglief, wurde als Deserteur angesehen. Dabei liefen sie doch bei Hunderten weg.

Ich mußte also auf Befehl meiner guten Eltern nach Hause kommen und meine gute Stelle verlassen. Es fanden sich noch mehrere meiner Landsleute bei meiner Abreise ein, und wir reisten Rausch Chaudesch Ijar 1789[15] aus Prag mit betrübtem Herzen, besonders ich, weil ich eine der besten Herrschaften hatte und dabei in anderthalb Jahren dreißig Dukaten eingeheimst hatte. Diese Summe für einen Meschores zu erübrigen, war zu jener Zeit eine Seltenheit. Ich erhielt im Herbst desselben Jahres in Brunshausen beim seligen Großvater meiner Frau zwei und einen halben Taler Lohn für das halbe Jahr und mußte fünfzig bis achtzig Pfund meilenweit schleppen, mußte mehrere Meilen weit Kälber herholen, wobei ich mein schönes gutes Zeug aufriß.

Wie oben gesagt, reisten wir, unserer vier, aus Prag, und bei dem Gedanken an meine lieben Eltern und Geschwister, die ich in drei und ein halbes Jahr nicht gesehen hatte, vergaß ich ganz Prag. Wir marschierten täglich sechs Meilen. Nach Juden zu fragen, um Blett zu erbitten, ist uns nicht eingefallen. Wir hatten alle Geld, einer mehr als der andere. Aber wie haben wir uns gewundert, daß in Städten und Flecken der Leibzoll abgeschafft war. Wo wir wenigstens fünf Gulden von Eger bis Prag auf der Hinreise hatten bezahlen müssen, konnten wir [sie] jetzt verzehren. Den folgenden Freitag kam ich zu Hause an, und meine seligen Eltern sowie die ganze Gemeinde freuten sich mit mir.

Aber was nun anfangen? Mein seliger Vater hatte wohl noch für einige hundert Gulden Ware. Das Hausieren war damals frei. Ich ging nach Fürth und Nürnberg, kaufte für mein mitgebrachtes Geld noch mehr gangbare Ware und ging hausieren. Aber wie ich zu meines Vaters Bekanntschaft kam und meine Ware anbot, da hieß es einstimmig von den katholischen Bauern und ihren Frauen und Töchtern: „O du hübscher Mensch, es ist doch schade, daß du in die Hölle und das Fegefeuer kommst, laß dich taufen!"

Ich packte meine Ware ein und verließ ihr Haus. So ging es mir in vielen Häusern und Dörfern unterwegs. Jungen, die Kühe oder Schweine hüteten, riefen mir zu: „Jud, mach Mores!"[16] Wenn ich nicht gleich meinen Hut abnahm, warfen sie mit Steinen nach mir.

Ich kam nach Hause, weinte und sagte: „Dieses Benehmen halte ich nicht aus, ich gehe nicht wieder aufs Land zu den Reschoim."[17] Sie waren aber nicht eigentlich Judenfeinde.

So ging ich in eine andere Gegend, wo mehr Lutheraner waren. Da war aber nichts zu verkaufen. Man fand Dörfer mit vierzig bis achtzig Bauern, die für keinen Groschen Ware, vom Kaufmann gekauft, in ihrem Hause hatten. Sie trugen nichts anderes, als was sie selbst gemacht hatten, von Wolle oder Leinen. Ja, nicht einmal findet man unter hundert Frauen oder Mädchen eine Elle Seidenband. Die Bemittelten tragen auf ihren Mützen Gold- oder Silbertressen, und die Armen gar keine Mützen, sondern ein weißes leinenes Kopftuch und geflochtenes Haar. So schlenderte ich bis Schawuot herum, ohne daß ich einen Taler verdienen konnte.

[L. entschließt sich 1795, ins Königreich Hannover zu gehen und kommt zuerst zu Verwandten nach Bruchhausen.]

Ich verdingte mich bei dem Großvater meiner Frau bis Rausch Chaudesch Ijar für zwei und einen halben Taler Lohn, mußte Kälber kaufen, die ich gar nicht kannte, mußte meilenweit fünfzig bis achtzig Pfund Fleisch nach den Wirtshäusern tragen und habe meine guten Kleider abgerissen. Ich verdingte mich nach Hoya bei Reb Leb Spanier für sieben und einen halben Taler Lohn. Ich ging mit Waren hausieren und erhielt den halben Profit. Aber ich mußte dabei auch das Schlachten versehen, um das nötige Koscherfleisch in die Haushaltungen zu liefern. Da ich keinen Kunden hatte, mußte ich das trefene Fleisch billig verkaufen[18], so daß ich dabei zusetzte und in drei Jahren kaum zehn Taler übrig hatte. Mit diesem Gelde ging ich nach Bücken, handelte für mich und gab wöchentlich einen Taler Kostgeld. Ich erhielt für dreißig Taler Ware auf Kredit, schlachtete Hammel und Kälber und verdiente von Rausch Chaudesch Ijar bis Rausch Chaudesch Cheschwan[19] 1795 wohl hundert Taler. Da war es aber ein solch starker Winter, daß ich bis Pessach 1796 meine Barschaft bis auf ein Drittel Taler verzehrt hatte.

Da wurden in Rethen, Nienburg, Hoya und hier in Verden von englischen Kommissaren große Magazine von Hafermehl, Heu und Stroh angelegt. Ein jeder lief um einzukaufen. Ich lief auch hin und kaufte mit gutem Nutzen. Aber ich konnte es an keinen verkaufen, weil die, die angenommen hatten zu liefern, nicht von jedem kauften, damit sie allein den Nutzen haben wollten. Ich ging nach Rethen. Da waren folgende Oberlieferanten: Reb

Nathan, David Michel, Salomon Heilbronn aus Hannover, Mendel aus Göttingen. Die hatten eine Kasse von vierhundert bis fünfhundert Talern. Es waren aber so viele Unterlieferanten, daß ich nichts mehr davon bekommen konnte. Ich bat unseren allgütigen Schöpfer um Hilfe. Er erhörte mich, gelobt sei sein heiliger Name, immer und ewig. Reb Herz in Rethen s. A. brachte mich bei einem Lieferanten an. Ich mußte den Tagelöhnern, die den Hafer in Säcke – jeden von hundert Pfund – einpackten, beim Wiegen aufpassen, auf jeden Sack mußte ich mit meinem Pinsel G. R. aufzeichnen und dann in Magazine englischer und französischer Emigranten gegen einen Bon oder Quittung abliefern. Dafür erhielt ich wöchentlich eine Pistole. Anfangs aß ich bei Selig oder Schragenheims Eltern und gab für tägliche Mahlzeit einen Taler wöchentlich. Bald nachher gab mir Reb Herz Rethen einen Freitisch mit guter Kost. Ende August hatte ich dreihundert Taler übrig.

Wo nun hin, fragte ich mich. Da kamen acht Regimenter französischer Husaren und acht Regimenter englischer Kavallerie bei Scharnhorst in der Heide ins Lager. Ich dahin. Da ein englischer Lieferant, der all seinen Bedarf selbst von den Bauern kaufte, keinen Unterlieferanten brauchen konnte, so handelte ich mit den Soldaten, kaufte und verkaufte Uhren, Pfeifenköpfe, auch schaffte ich mir neue Waren an, wie seidene Hals- und Taschentücher, Strümpfe usw. und aß für Kostgeld bei Reb Löb in Bücken s. A.

Im Herbst gingen diese Truppen weg, und nun wußte ich nichts anzufangen; denn wo ich ein Geschäft machen wollte, hieß es, ich sei kein Schutzjude, auch kein Meschores.

Ich nahm mir vor, nach meinem Vaterland zu reisen, aber es hielt schwer, einen Paß zu bekommen. Endlich erhielt ich einen und reiste von hier nach Kassel, ganz zu Fuß. Da hieß es, daß die Franzosen in Bamberg seien und alle jungen Leute zu Soldaten nähmen. Ich riet hin und her, aber meine Barschaft war bis auf ungefähr zehn Taler verringert, und nur eine alte englische Uhr von fünf Taler Wert hatte ich noch. Nun war wieder die Frage, wo nun hin. Als Kälbermeschores wollte ich mich durchaus nicht verdingen. Da gab mir unser allmächtiger Schöpfer den Gedanken ein, hierher nach Verden zu gehen, und ich ging hin.

Hier angekommen, sind gerade die Soldaten, die in Frankreich gefangen waren, auch eingetroffen, und erhielt jeder hundert bis zweihundert Taler guthabende Gage ausgezahlt. So hatte jeder seine Tasche voll Geld und kaufte, was ihm vorkam, besonders Taschenuhren. Ich verkaufte meine Uhr für zehn Taler und konnte in diesem Augenblick noch hundert loswerden. Aber wo bekommt man welche? Ich lief mit meinen zwanzig Talern nach Bremen. Da lief ich herum, fand aber keine Uhrenhändler. Glücklicherweise kam ich zu einem alten Uhrmacher, der zwölf Stück alte Uhren hatte, die ich ihm alle abkaufte und nahm für meine zwanzig Taler vier schlechte mit. Kaum hier angelangt, habe ich sie mit gutem Nutzen verkauft. Ich lief in der Nacht nach Bremen, früh kam ich mit sechs Stück an, und gegen Abend waren sie verkauft. Ich lief wieder nach Bremen und kaufte noch welche. Sowie ich mich wieder sehen ließ, kamen dreißig Soldaten, die alle Uhren haben wollten; was ich forderte, erhielt ich. So bin ich innerhalb vierzehn Tagen zwölfmal nach Bremen gewesen, wo ich nur etwa fünfzig Uhren erhalten konnte. Aber das Geld der Soldaten war bald alle, und so war der Uhrenhandel vorbei. Da ging ich auf die Auktion und kaufte alte Kleider und Betten und machte gute Geschäfte.

Es war hier in Verden voll von Juwelen, Perlen, Gold und Silber; alles kaufte ich mit gutem Nutzen bis 1803; als am 3. Juni die Franzosen ins Land kamen, hatte ich wohl tausend bis eintausendfünfhundert Taler im Besitz. Da fing aber der Uhrenhandel erst an. Ich reiste nach Hamburg, wurde mit einem Uhrenhändler bekannt, der mir wöchentlich mit der Post mehrere Dutzend schickte.

Es blieb hier in Verden ein ganzes Regiment der achten Infanterie mit einem Divisions- und Regimentsgeneral. Ich verkaufte in einem Jahre für sechzehnhundert Taler Uhren, wurde auch um mehrere Uhren betrogen.

[1810 wird er Bürger in Verden, damals zu Frankreich gehörend.]

Ich hatte aber mit Gottes Hilfe gute Geschäfte mit allerhand. Es war in der Zeit, daß man viel Leder einkaufen konnte, das Dächer[20] für ungefähr vierundzwanzig bis siebenundzwanzig Taler, und erhielt vierzig wieder. Schaffelle kaufte ich hier vierzehnhundert Stück von hiesigen Schlachtern und erhielt von dem Weißgerber Schwaner in Hoya sechsundsechzig Prozent Leder wieder.

Ich kaufte Gold- und Silbersachen; u. a. kaufte ich von einem französischen Divisionsgeneral eine große Kiste, sechs Ellen lang und fünf Ellen breit, voll mit Kleidern von Samt, Atlas und Tischgedecken, die ich nach Hamburg schickte, wo ich sie für gedruckte Kattuns verkaufte, wie sie dort gedruckt waren. Es war eine Generaluniform mit goldener Montierung, Epauletten, die ein Pfund schwer waren. Ich gab ihm achtzig Taler dafür und erhielt dafür das Doppelte.

Nur Manufakturwaren waren nicht zu bekommen. Die englische Ware wurde weggenommen und teils verbrannt. Deutsche Ware konnte nicht über die Grenze kommen. Aus Frankreich kamen Manchester und Kattune. Manchester kostete die Elle ein und einen viertel Taler und der englische ein siebenunddreißigstel Kattun einen halben Taler, war aber keine sechzig Pfennig wert. Kaffee kostete ein und einen halben Taler, Zucker einen Taler. Man war aber bei all dem Geld zufrieden.

Da ich in meiner Bude noch Einquartierung erhielt, mietete ich mir ein großes Haus. Ich brauchte keine Miete zu bezahlen, mußte aber Einquartierung nehmen und die übrigen Abgaben entrichten. Das kam mir aber teuer. Ich mußte die Wohnung instandsetzen, immer sechs bis zehn Mann einquartieren, zu essen, zu trinken und ein gutes Lager unentgeltlich hergeben.

Dabei freuten wir uns, wenn wir echte Franzosen ins Quartier bekamen. Denn wenn man sie gut und freundlich behandelte, waren sie zufrieden mit einer mäßigen Mahlzeit, aber Italiener, Elsässer, Holländer konnten nicht satt werden. Auch war der Franzose der ehrlichste Soldat von allen, die Holländer die ärgsten, aber die Kosaken wie auch die anderen Russen sind noch ärger.

Jetzt kommt die schrecklichste Periode, die sich im menschlichen Leben ereignen kann. Am ersten Tag Pessach 1813 kam der französische General Prinz von Reuß mit zweitausendachthundert Mann aus Bremen und griff ungefähr dreihundert Mann Kosaken an, die zwischen hier und Bremen herumgeschweift hatten. Die Franzosen kamen hinter den Kosaken, die sich nach Rotenburg verzogen. Sie rückten hier am Mittag ein, sahen alle so schwarz aus wie Mohren, denn es hatte jeder sechzig Patronen auf die Kosaken abgeschossen und hatten nur einen getroffen. Diese zweitausendachthundert Mann lagerten auf dem Domhof, und die meisten Häuser mußten für achtzehn Mann Essen dorthin schicken; wir auch, und es war Pessach. Ich kaufte sogleich zehn Pfund Fleisch, ein Brot, neue Löffel und Messer und Gabel. Unsere Schabbesfrau mußte in ihrem Hause kochen und das Essen hinbringen, und jüdische Elsässer Soldaten kamen und aßen an unserem Tisch Mazzelockschen.[21]

Gegen Abend kam das Gerücht, daß der General gehört hätte, daß es unserem Magistrat am Mittwoch vorher von den Russen befohlen war, den französischen Adler zu entfernen und „Georg Rex" anzubringen. Dafür wollten sie abends plündern und Verden in Brand stecken. Meine liebe Frau war noch nicht aus dem Kindbett mit Hannchen. Jetzt denkt, was für Sorge wir ausgestanden haben. Ich lief nach dem damaligen Dr. K.schen Haus, wo der Prinz sein Logis hatte, um etwas zu erfahren, aber es war leider mehr als eine Sage.

Die Doktorin lief in ihre Küche und schrie aus vollem Halse. Ich lief ihr nach und fragte, warum sie so schrie. „Ach", sagte sie, „die Franzosen wollen wissen, daß ‚Georg Rex' angebracht und der Adler abgenommen worden ist. So wollen sie erst plündern und dann brennen und sengen."

Ich habe vergessen, daß bei dem Einmarsch ein Soldat von einem Kosaken unterm Kinn in den Hals gestochen wurde, und dieser lief nun ins Haus und wollte Hilfe haben, um sein Blut zu stillen. Ich rief den Chirurgen N., der ihn verband. Nun konnte ich ihn nicht wieder loswerden und brachte ihn in das Einquartierungsbett. Gegen Abend wurde ausgerufen, daß kein Bürger einen Soldaten verheimlichen soll bei strenger Strafe. Da ich von der Doktorin hörte, was geschehen solle, hatte ich Ursache, den Prinzen selbst zu sprechen. Ich klopfte an sein Zimmer und, ohne Antwort abzuwarten, war ich schon vor ihm, wo er mit vielen Stabsoffizieren saß. Ganz artig fragte er, was ich wolle. Über seine Artigkeit erholte ich mich und sprach:

„Euer Durchlaucht haben befohlen, keinen von Ihren Leuten zu verheimlichen. Ich habe einen verwundeten Soldaten im Bette liegen, den ich nicht loswerden kann."

„Gut", sagte er, „wenn wir hierbleiben, sollen Sie ein Billet haben, marschieren wir weiter, soll er abgeholt werden. Welche Nummer hat Ihr Haus?" fragte er.

Ich sagte, 114. Der Adjutant mußte es aufschreiben. Ich fiel vor ihm auf die Knie: „Was soll das?"

„Ich, o Durchlaucht, bitte für die hiesige Stadt, Ihre Wirtin ist ganz trostlos, sagte soeben, daß Ihr Korps plündern und die Stadt anzünden solle."

„Ja", sagte er, „ihr Verdener Kanaillenpack habt so geschwind unseren großen Kaiser vergessen und wendet euch an den König von England. Jetzt laßt ihn kommen, um euch zu helfen!"

Ich sagte ganz dreist: „Gott im Himmel kann nur helfen."

Da fiel mir ein, daß es die zweite Nacht Lel Schimurim[22] ist und erhielt frischen Mut und sagte:

„Durchlauchtigster Fürst, Herr und Gouverneur, Sie haben die Macht in Händen, können Tausende in wenigen Stunden unglücklich machen, und es ist Ihnen wie Ihrem Korps nichts damit gedient. Was soll der friedfertige Bürger tun? Die verdammten Russen wegschlagen? Unser Kaiser hat unsere Waffen genommen, denn ein Jahr vorher mußte ein jeder bei Todesstrafe seine Waffen abliefern. Wir waren ja bereits 1803 französisch und haben seitdem das achte Infanterie-Regiment hier gehabt und uns brüderlich vertragen. Sagen Sie doch, was sollen wir tun? Wenn morgen Preußen kommen, übermorgen Österreicher! Was sie gebieten, muß befolgt werden."

Er sagte: „Sind Sie von hiesigen Bewohnern abgeschickt?"

Ich sagte: „Ganz und gar nicht! Aber denken Sie an die Frauen und Kinder! Auch ist meine Frau gegenwärtig in Wochen, und ich habe noch fünf kleine Kinder, wo sollen wir bleiben?"

Sie fingen an zu lachen und wiesen mir die Tür. Ich lief über den Sandberg und wollte einige Tagelöhner mit in mein Haus nehmen, um mich zu wehren, aber keiner wollte aus seinem Hause gehen. Ich kam nach Hause und sagte meiner Frau kein Wort davon. [...]

Dadurch, daß keine Ware ins Land kommen durfte, nicht einmal von Hannover, denn es war westfälisch und hier französisch, verdiente ich Geld über Geld. Auch die Produkte kosteten wenig, das beste Kalbfell neun gute Groschen, eine Ochsen- oder Kuhhaut ein und einen halben Taler. Gold, Silber, Juwelen, Perlen gab es noch, woran ich viel verdiente.

So kam ein französischer General namens Biron mit seiner Frau und sieben Kindern. Er war ein wahrer Menschenfresser, jagte die größten Herrschaften aus ihren Häusern und nahm sie zu seinem Quartier. Er begegnete mir einst auf dem Wall, als er vom Exerzieren kam. Ich nahm meinen Hut ab und fragte ihn, ob er nichts zu verkaufen habe. Er sagte, ich solle am anderen Morgen um neun Uhr zu ihm kommen. Ich ging in das Haus auf dem Paradeplatz, wo einige seiner Bedienten im Quartier lagen und fragte diese, ob mit ihrem Herrn gut zu handeln wäre. Sie lachten und sagten, daß er in Wien mehrere Juden, die was von ihm kaufen wollten, mit einer Hundepeitsche aus seinem Zimmer getrieben habe. Ich verlor die Lust, zu ihm zu gehen, nahm aber einen Schnaps zu mir und erhielt wieder Mut. Die Uhr schlug neun, und ich stand vor diesem Barbaren.

„Ha", sagte er auf französisch, „er will was kaufen!"

Sogleich stand er auf von seinem Sitz und holte eine Generaluniform mit zwei Epauletten, jede ein Pfund schwer, einen großen Hut mit breiten Tressen, Säbeltasche mit Tressen, drei bis vier Bandaliere mit viel Silber, vergoldete Schnallen, die ich für Messing hielt, und erst lange nachher, als ich es an hiesige Gürtler für Messing verkaufen wollte und abgeschnitten hatte, sah ich, daß es Silber war, vierzehnlötiges, feinstes Pariser Silber und über zwei Pfund schwer. Ich fragte ihn, was er dafür haben wolle. Fünf Louisd'or, sagte er. Ich nahm meinen Geldbeutel und gab ihm fünf Louisdor. Das hatte er nicht erwartet. Er glaubte, ich würde ihm vielleicht weniger dafür bieten, und dann hätte er mich mit Schlägen aus dem Zimmer gejagt. Er war ganz verdutzt. Ich nahm meine Sachen, die über hundert Taler wert waren, und empfahl mich. Er rief mir nach, in ein und einer halben Stunde wiederzukommen.

In einer Angst ging ich zu ihm. Er führte mich in einen Saal, wo seine sehr hübsche Frau war. Da stand ein Koffer mit Lederüberzug, sieben Fuß lang und vier Fuß breit. Er schloß auf und sagte, ich möchte dies genau besehen und ihm sagen, wieviel ich dafür geben wolle, und ging nach seinem Zimmer. Die Frau parlierte mir zu viel französisch, nicht den zehnten Teil ihrer Worte habe ich verstanden. Sie wollte diesen Sachen einen hohen Wert geben, sprach von sechs- bis achttausend Francs, die sie gekostet haben. Da waren Samt- und seidene Kleider, große Atlasmäntel mit silbernen Spangen und Kronen, Bettücher von feinem Brabanter Leinen, zehn Viertel breit jede Bahn, zwölf komplette Gedecke, alles sehr fein. Ich packte es wieder in den Koffer und fragte ihn, was es kosten solle. Er sagte, er kenne den Wert nicht, ich solle bieten. Ich war in Angst, zu wenig zu bieten; sagte ich zu wenig, bekomme ich was mit seiner Hundepeitsche, wie mir seine Bedienten prophezeit haben, biete ich zu viel, mache ich Schaden.

Ich faßte mir ein Herz. Da auch seine Frau nicht fordern wollte, so sagte ich: „Herr General, ich will so bieten, daß ich meine Last habe, es wieder zu Geld zu machen. Ich gebe Ihnen achtzig Louisdor dafür."

Die Frau schrie: „Es ist über zweihundert wert!" Er aber winkte seiner Frau, schweigend nahm er den Schlüssel und sagte: „Bringen Sie das Geld, dann sollen meine Leute den großen Koffer nach Ihrem Hause bringen."

Da war mir ein Zentner Steine vom Herzen gefallen. Ich erhielt richtig den Koffer mit schönem Inhalt, an dem ich mit Gottes Hilfe über fünfhundert Taler verdient habe.

Nicht lange nachher, am 18. Oktober 1813, war die Leipziger Schlacht, und die Franzosen verloren sich; nach und nach wurden sie nach Paris getrieben. Napoleon ward nach der Insel Elba verbannt. Da war nun Friede. Im Juni 1815 [1814?] feierten wir das Friedensfest. Ich hörte, daß jeder Hausbesitzer vor seinen Fenstern ein Transparent machen ließ, weil die Stadt erleuchtet werden sollte. Ich ließ also von einem Maler auf eine große hölzerne Tafel oben sieben magere Kühe auf Heide weidend und unten sieben fette Kühe im Grase weidend malen und ließ oben überschreiben „Vergangenheit und Zukunft". Es war das schönste Transparent, an beiden Seiten von blechernen Lampen, mit Talg gefüllt, erleuchtet, so daß sich die ganze Stadt davor versammelte und bewunderte.

Da kamen Teile vieler Regimenter Kavallerie von der englischen Legion zur Werbung, ich übernahm von Gottschalk Schwabe, der damals in Bremen wohnte, die Lieferung von Hafer, Heu, Stroh, Brot, Fleisch, Branntwein und Holz. Ich hätte reich dabei werden können, wenn Schragenheim mit mir Compagnie gemacht hätte. Aber er wollte zwei Teile Profit haben, und ich sollte nur ein Drittel haben. Da die Lieferung, die drei Jahre gedauert hat, alle Vierteljahr frisch vergeben wurde, so hat er mir immer die Preise heruntergetrieben, wobei er selbst den Schaden hatte; denn diese Lieferung hat beinah hunderttausend Taler betragen.

Dann kam Napoleon 1815 wieder nach Paris, alles Militär mußte wieder nach Brabant, wo am achtzehnten Juni 1815 die letzte Schlacht bei Waterloo geliefert wurde. Napoleon flüchtete sich auf ein englisches Schiff, das ihn nach St. Helena brachte, von wo er nicht wiederkam. Damit war in der ganzen Welt Frieden.

Im Jahre 1815 erhielten wir von der provisorischen Regierung Staatsschutz und Konzession, alle möglichen Artikel zu handeln, dagegen eine Abgabe an die Kaufleute zu zahlen. Die Schutzbriefe wurden auf drei Jahre ausgestellt. Die Kaufleute quälten während dieser Zeit den Magistrat, uns den Tuchhandel wieder zu nehmen. 1818, am letzten Tag nach Pessach, wurden wir nach dem Rathaus zitiert und uns befohlen, unsere Konzessionen mitzubringen. Wir erhielten eine neue ohne Tucheinschluß, ohne alles, was aus Wolle gemacht ist, auch nicht einmal wollene Strümpfe oder Mützen oder Westen.

Damit war ich nicht zufrieden. Ich protestierte dagegen, machte Suppliken an die Landdrostei, die verwies mich an das Ministerium, und jedes Schriftstück von dem Dr. Münchmeyer hier, in Stade von Dr. Freudenthal, in Hannover von Dr. Gumprecht kostete fünf bis sechs Taler und so viele Reisen, die mir fünfhundert Taler gekostet haben. Ich konnte nichts ausrichten, trotzdem ich die beste Fürsprache hatte. Der hiesige Magistrat war mir nicht gewogen.

Ich hatte für zweitausendfünfhundert Taler wollene Ware mit Einschluß des Tuches auf Lager, war an Böse in Hannover achthundert Taler schuldig, einige hundert nach Brandenburg, auch an Gebr. Ernst in Braunschweig für

Friese und Kattune und durfte für keinen Pfennig verkaufen. Ich war in Verzweiflung. Meine Frau umarmte mich, weinte und tröstete mich mit den Worten: „Vertrau auf Gott, er wird helfen." Er hat geholfen, gelobt sei sein heiliger Name, immer und ewig! Ich verabredete mit dem Vogt Vocke, daß er bekanntgeben solle, daß ab 17. Juli Auktion von Tuch sei, das meistbietend verkauft werden solle. Glaubhafte Käufer sollten bis Martini Kredit haben. Da hat er vom Montag bis Donnerstag für sechzehnhundert Taler mit großem Nutzen verkauft. Es sollte nach wenigen Tagen mit dem Verkauf fortgesetzt werden, wenn nicht die Kaufleute von Verden und Hoya vereint beim Amtsmann einen Befehl erwirkt hätten, daß der Vogt nicht weiter verkaufen dürfe. Meine anderen Tücher und Kattune haben sie nach dem Rathaus gebracht und öffentlich verkauft, à tout prix.

Im dritten Jahr war ich des Supplizierens müde, und mein Referent, der Kanzleirat Z. in Hannover, ein guter Mann, hatte Mitleid mit mir und sagte: „Sie vergeuden so viel Geld für Suppliken und Reisen. Wenn Sie jetzt alle übrigen Wollwaren frei zu verkaufen außer Tuch die Erlaubnis erhielten, könnten Sie wohl zufrieden sein." Ich sagte ihm, daß ich mich bedenken wolle. Ich kam nach Hause und sagte es meiner Frau. Die war damit zufrieden. Ich als Menschenfreund war immer meinen Chawerim[23] gut, obschon sie gegen mich hinterlistig und falsch waren, wie noch heute bei dieser Niederschrift mir alle feind sind. Am vierten August 1825, redlich und aufrichtig, sagte ich zu Jakob Seligmann, Samuel Schragenheim, Meier Joseph Herzberg, daß ich schon hundert Taler Kosten gehabt hätte. Wenn sie mir jeder fünfzig Taler zugäben, so wollte ich ihnen allen den Warenhandel frei schaffen. Sie waren sehr zufrieden, gaben mir ihre Hand darauf, und nach Verlauf von vier Wochen hatten wir unsere Konzession zu Hause. Ich forderte von jedem die versprochenen fünfzig Taler und erhielt nicht einen Pfennig. Schragenheim hatte die Schuld, denn er sagte, ich hätte für mich suppliziert, und sie wären mitgeschlendert. Er gäbe mir nichts, und so haben die anderen beiden mir auch nichts gegeben. Klagen wollte ich nicht.

So hatten wir also alle Wollwarenhandel, nur kein Tuch. Aber die Geschäfte wurden immer weniger, denn wo der Bauer kein Tuch, keinen Kaffee, Zucker, Tran und Wagenschmiere bekommen kann, geht er nicht hin. Ich hatte einige hundert Taler bei den Bauern ausstehen, wie ich anfing zu verklagen. Was taten sie? Sagten, sie hätten einst in den verbotenen Jahren von 1822 bis 1826 Tuch zu Kleidern von mir gekauft. Ich wurde angezeigt und verurteilt zu fünfhundert Talern Strafe und fünfundachtzig Talern Kosten. Da war guter Rat teuer. Unser allgütiger Schöpfer rettete mich aber, gelobt sei sein heiliger Name. *[Leider gibt L. die Art der Rettung nicht an.]*

1 „Billet", d. h. Anweisung für unentgeltliches Essen und Übernachten bei einem Gemeindemitglied.
2 Sondersteuer für Juden, die in Österreich 1781 abgeschafft wurde.
3 Gäste (hebr.), auswärtige Juden.

4 Die Kugel ist die traditionelle jüdische Mehlspeise am Sabbat, die in runder Form in Fett gebacken wird. Lockschen sind Nudeln.

5 Knechte, Gehilfen.

6 Landjude.

7 Dörfer.

8 Glück, Segen und Frieden.

9 Hebräisches Alphabet.

10 Gebetbuch.

11 Schlachten entsprechend den religiösen Vorschriften.

12 Lizenz für rituelles Schlachten, die der Rabbiner ausstellt.

13 Das österreichische Toleranzpatent von 1781 sah u. a. die Einführung der Militärpflicht für Juden ab 1787 vor.

14 Psalmen.

15 Neumondsfest des Monats Ijar (April/Mai).

16 Traditioneller Zuruf von Judenfeinden, die damit Juden zwangen, den Hut zum Gruß abzunehmen, wollten sie sich nicht weiterer Belästigungen aussetzen.

17 Judenfeinde (wörtlich „Bösewichter").

18 Da auch von koscher geschlachteten Tieren gewisse Stücke, z. B. das Hinterteil, als trefe gelten, verkaufen jüdische Schlachter diese billig an christliche Kunden.

19 D. h. im Sommerhalbjahr.

20 Frühes deutsches Zählmaß für Felle: ein Decker (Decher) sind 10 Stück.

21 Die Schabbesfrau ist eine christliche Magd, die Hausarbeiten erledigt, die Juden am Sabbat verboten sind, z. B. das Heizen. Hier wird sie mit der Beköstigung der christlichen Soldaten beauftragt, die an Pessach auch Brot essen dürfen, während die jüdischen Soldaten bei L. Mazzenudeln erhalten.

22 „Nächte der Bewahrung" zu Pessach. Gemäß Exodus 12,42 beschützt Gott sein Volk in den beiden Sedernächten in besonderem Maße.

23 Genossen, Kollegen.

3 Isaac Thannhäuser

geb. 1774 Altenstadt (Bayrisch Schwaben)

Kurze Lebensbeschreibung von Isaac Thannhäuser, Religionslehrer zu Fellheim, von seiner frühesten Jugend bis in sein spätes Alter. Bearbeitet von ihm selbst. 21 S. (Original in hebr. Buchstaben, aber in deutscher Sprache geschrieben).

Der spätere Lehrer Isaac Thannhäuser berichtet in diesem Memoirenfragment, das nur die Zeit bis 1802 umfaßt, von seinem kümmerlichen Leben als Hausierer in den Kleinstaaten Ostschwabens. Geboren in Altenstadt, einer Herrschaft des Fürsten Schwarzenberg in der Nähe von Ulm, muß sich Isaac Thannhäuser, obgleich für das Lernen begabt, nach dem Tode seines Vaters schon mit 13 Jahren als Lastträger und Hausiergehilfe verdingen. Er bringt es in seiner freudlosen Jugend niemals über den oft illegal betriebenen

Hausierhandel hinaus. Nur die Koalitionskriege und die Truppendurchzüge ermöglichen einige Gelegenheitsgeschäfte. Nach der widerwillig geschlossenen Heirat läßt er sich 1798 in Fellheim bei Memmingen nieder, handelt aber weiter im Umherziehen, bis er wegen seiner Kränklichkeit die Lehrerstelle in Fellheim übernimmt. – Die in zumeist klagendem Ton geschriebenen Erinnerungen sind eine der wenigen Quellen, die direkten Einblick in das harte Alltagsleben der jüdischen Unterschicht geben.

Mein Geburtsort ist Altenstadt. Ich bin geboren den 11. Tamus 5534 [20. 6. 1774]. Ich war der einzige Sohn guter Eltern und hatte vier Schwestern. Mein Vater, ein Mann von Vernunft, gab mir eine gute Erziehung, ließ mich erlernen, was zur damaligen finstern Zeit zu erlernen war, ließ mich von zwei Rabbinern unterrichten. Beim ersten erlernte ich alle gemeinnützigen Gegenstände und später dann Gemara (Talmud), beim zweiten anfangs Raschi auf die Tora, nachher die anderen vierundzwanzig Bücher mit Raschi.[1]

Man schickte mich auch in die deutsche Schule; ich mußte alle Tage den Flecken hinauf nach Illereichen und daselbst bei dem selbst sehr beschränkten Schulmeister lesen, schreiben und rechnen lernen.

Meine Eltern, die mich dem Studium gewidmet haben, versprachen sich von mir eine glänzende Zukunft, weil ich wirklich Anlage und Genie fürs Studieren hatte, und so ging meine Laufbahn so ziemlich den ebenen Weg, ohne Anstöße und ohne besondere Ereignisse bis zu meinem zwölften Jahr. Und schon glaubten meine Eltern, ihren Wunsch in etwas erreicht zu haben, mich auf einen anderen Platz zum Studieren schicken zu können, als unerwartet das Schicksal einen Strich durch ihre Rechnung machte, welches ihre und meine ganze Hoffnung auf einmal vernichtete.

Mein Vater fing schon mit Anfang meines elften Jahres an zu kränkeln, man hielt seine Unpäßlichkeit anfangs für unbedeutend, wurde aber nach und nach immer bedenklicher, man sparte keinen Aufwand, man suchte Ärzte auf, aber leider alles war vergeblich. Noch hatte ich mein dreizehntes Lebensjahr nicht erreicht, und mein Vater war nicht mehr. Mit seinem Absterben hat auch – wie sich weiter unten ergeben wird – der ganze Plan zu meinem Studium aufgehört.

Mein Vater hatte einen Bruder, welcher in Ichenhausen wohnhaft war, namens Rabbi Hirsch. Diesen machte er zum Vormund, und da dieser als Geschäftsmann nicht immer in loco sein konnte, so wählte man zu ihm noch einen Aufseher, nämlich Berli, den Schwager meines Vaters und meines Onkels, welcher auch allein die Ursache meines widrigen Schicksals war.

Nach meines Vaters Tod ließ man mich bis zu meiner Bar Mizwa zwar noch lernen, aber der Plan, mich studieren zu lassen, wurde gleich aufgegeben, aus diesem Vorwand: das Studium kostet viel, und so könnte mein Erbteil aufgeopfert werden (leider wurde ich durch den obigen Berli doch darum gebracht.)

Die Verlassenschaft meines Vaters war anfangs nicht unbedeutend. Einen Monat nach seinem Tode wurde meine älteste Schwester ausgesteuert, sie bekam zur Mitgift fl. 600, so auch eine jede meiner anderen Schwestern, und ebensoviel gehörte meiner Mutter, die dreieinhalb Jahre nach dem Ableben meines Vaters auch starb.

Ich als einziger Sohn sollte nach dem Recht unserer Tora zwei Teile bekommen, das wäre der Betrag von fl. 1200, und von meiner Mutter ihrer Verlassenschaft traf mir auch wenigstens noch fl. 100, die Wohnung, die zwei Stände in der Synagoge[2] gehörten mir noch insbesondere, sowie auch die Seforim (Bücher).

Nachdem ich nun mein dreizehntes Jahr zurückgelegt hatte, wurde über mich beschlossen, ich könne nun nicht mehr bei meiner Mutter in Kost bleiben, weil sie nun von ihrem ihr zugekommenen Vermögen leben müsse; ich wurde also dem erwähnten Berli übergeben. Dieser Berli, ein vermögensloser Mann, der sich immer nur durch Bankrottieren zu ernähren wußte, war meinem Vater eine mir unbekannte Summe Geldes schuldig; diese wurde durchstrichen, dafür weil ich zwei Jahre lang als Schuhputzer, Stallknecht, Jagdhund und Kindermädchen in seinem Hause war; dabei wurde ich so in Furcht getrieben, daß ich meinen Vormund mehr als den Tod fürchtete.

Mein Onkel von Ichenhausen war zwar an sich selbst ein ehrlicher und rechtlicher Mann, aber sein Fehler war, daß er diesem Berli zuviel glaubte und mehr Zutrauen ihm schenkte, als er verdient hätte; was dieser sprach, mußte geschehen, weil er seine schiefen Absichten so zu bemänteln wußte, daß man ihm nie auf die Spur kam. Auch dies trug sehr viel dazu bei, weil Berlis Frau meines Onkels leibliche Schwester war, so mußte nun schon durch die Finger gesehen werden.

Da nun für die Zukunft auch gesorgt werden mußte, ich sollte doch auch einst mein Brot selbst verdienen können, so spannte man mich an, wie ein junges Füllen am Wagen gespannt wird, zum Schacherhandel, für den ich aber nicht geschaffen war.

Ein alter, aber auch guter Mann (der Vater des Bernhard Levi) nahm mich mit sich in seinen Handel. Man kaufte mir Knöpfe, Brillen, große und kleine Spiegel und noch mehr so Galanteriewaren, daran sollte ich das Schachern erlernen. Aber das erste Mal, als ich mit diesem neuen Kram über Feld ging, zerriß ich einen der größten Spiegel, weil ich mit ihm nicht recht umzugehen wußte. Dies war eine Vorbedeutung, daß mir der Schacherhandel nie behagen wird, welcher auch meine ganze Abneigung erregte.

Endlich übergab man mich einem Manne, welcher auf weite Reisen ging, zum Lastträger. Dieser trieb seine Handelschaft in der Gegend des Bodensees. Vier Wochen war ich auf derselben Reise, vermochte aber das Heimgehen bereits nicht mehr, weil der Mann, mit dem ich reiste, zwar kein unrechter, aber ein im Vermögen beschränkter und folglich sehr sparsamer

Mann war, bei dem ich nur sehr schmale und rauhe Kost auf der Reise hatte, die ich noch nicht gewöhnt war; und als ich endlich sehr mühsam, aber ganz ermattet nach Hause kam, fing meine Mutter, die damals noch lebte, an zu weinen und war über mein erblaßtes Gesicht und über mein erbärmliches Aussehen ganz entsetzt.

Ich wurde endlich dieses Übel ein bißchen mehr gewohnt, ging mit diesem Mann auf Reisen und beneidete diejenigen, welche eine schwere Last zu tragen vermochten, weil ich mein einziges Glück darin glaubte; denn man könnte mir ja nachher nicht mehr vorwerfen, daß ich der Welt nutzlos sei: so weit und so tief kann ein unmündiger, elternloser Knabe durch gewissenlose Menschen durch ihr stählernes Herz erniedrigt werden. Ich, der Sohn eines edeldenkenden Vaters, dem nur lauter schöne erhabene Gedanken beigebracht worden waren, mußte mich zu dem niedrigsten Geschäft gebrauchen lassen.

Ungefähr ein Jahr nach meines Vaters Tode verheiratete sich auch meine zweite Schwester nach Ichenhausen; und auch meine dritte Schwester wuchs heran und wurde ein schönes, gebildetes, sehr tugendhaftes Mädchen, welches nach dem Tode meiner Mutter in des Berli Haus als Dienstmädchen genommen wurde.

Diese meine sonst gute, fromme und brave Schwester war sozusagen die einzige, unschuldige Ursache all meiner Widerwärtigkeiten; denn Bernhard Levi (so will ich ihn von nun an nennen) hatte einen Bruder, dieser warb um meine Schwester. Aber wo niederlassen? Er hatte kein eigenes Haus und nach den damaligen Schwarzenbergischen Gesetzen, unter welchem Fürsten wir damals als Schutzgenossen lebten, durfte keiner heiraten, der nicht eine eigene Wohnung hatte; die Wohnungen wurden daher sehr teuer verkauft, eine Wohnung manchmal für 1200 bis 1300 und 1400 fl. Dies überstieg das Vermögen meines nachmaligen Schwagers weit. Es mußte auf Mittel getrachtet werden, mich von meiner Vaterstadt zu entfernen; der Plan wurde geschmiedet. Als mein Onkel von Ichenhausen kam, ging man zum Oberamt Illereichen, stellte vor, daß ich noch sehr jung sei, vor der Hand mein Wohnhaus meiner Schwester überlassen wolle; man nahm mich unmündigen Knaben selbst mit zum Gericht. Die Richter waren für meinen Schwager eingenommen. Der Bericht ging nach Wien, wo Fürst Schwarzenberg sich befand; nicht lange nachher erfolgte die Genehmigung des Schutzes für meinen Schwager, und die Verehelichung begann.

Nun war der erste Gedanke, mich aus meiner Heimat zu entfernen. Ich mußte zu meinem Onkel nach Ichenhausen wandern, wahrscheinlich auch für Kostgeld; denn verschwunden kann mein Vermögen einmal nicht sein.

In diesem Hause war ich eineinhalb Jahr. Aus guter Absicht und aus Schonung übergehe ich diese Periode mit Stillschweigen, nur soviel muß ich berühren (weil es mir zur Erzählung meiner nachmaligen Lebensbahn unumgänglich notwendig ist), daß mir in diesem Hause der ganze Sklavensinn beigebracht wurde. Ein Wort von meinem Onkel oder von seinem

Weibe, und ich wäre aus Furcht und Angst durch die Hölle gelaufen; aber sehr wahrscheinlich ist es, wenn ich noch ein halbes Jahr bei diesem geizigen Weibe hätte zubringen müssen, so wäre ich von Kummer, Hunger, Erkältung, Erhitzung und überspannter Last aufgerieben worden. [...]

Mein Onkel verdingte mich als Diener für einen sehr geringen Lohn zu einem Manne namens Eli Hirsch, ein braver, aber im Vermögenstand sehr beschränkter Mann. Da meinte ich wohl, ich sei aus der Hölle erlöst und ins Paradies versetzt worden, denn da gab man mir doch keine so bissigen und herzkränkenden Worte, da genoß ich doch natürliche Kost. Als mein Onkel mit ihm den Lohn und die Bedingnisse wegen meiner richtig machte, sagte er ihm auch: „Ich weiß, daß Sie ein Freund sind vom Lernen, daher taugt dieser Knabe um so mehr, weil er auch ein bißchen lernen kann."

Wirklich war dies ein sehr religiöser und gottesfürchtiger Mann, lernte fleißig, war aber darin sehr beschränkt. Als er sah, daß ich wirklich weit über ihm war, so war seine Freude grenzenlos. Ich mußte alle Morgen, wenn ich zu Hause war, mit ihm lernen. Am Sabbat war meine Beschäftigung, wenn er nicht schlief, mit ihm zu lernen. Als er nun sah, daß ich im Studium so ziemlich viel eigen hatte, machte er sich Gewissensbisse, mich als einen elenden Nothändler bei sich zu behalten. Einst fragte er mich, warum ich denn nicht weiter studiere? Ob ich denn keine Neigung dazu hätte? Und als ich ihm erwiderte, daß ich gern studieren würde, aber mein Onkel gibt es nicht zu, da sprach er: „Warte! Ich will sehen, Deinen Onkel zu bewegen; es wäre ja unverantwortlich, ein solches Genie zu vernachlässigen."

Er ging hierauf zu meinem Onkel, nahm auch einige bedeutende Männer, die von meiner Lernbegier überzeugt waren, mit sich. Sie stellten ihm alles mögliche vor, weil sie sich ein Verdienst daraus gemacht hätten, wenn sie die Ursache, einen jungen Menschen für die Tora zu erziehen, gewesen wären; und wohl mir, sie hätten ihr Vorhaben durchgesetzt, aber mein Onkel blieb unerbittlich: „Ich will das bißchen Vermögen dieses Knaben nicht so verprassen. Das Studieren kostet gar viel, er soll und muß ein Handelsmann werden." Und so blieb es nun dabei. Ich war ein Gehhändler, ging alle Woche mit meinem Räfle auf dem Buckel nach Dornstadt, Tomerdingen und Westerstetten. Diese Ortschaften liegen zwei und drei Stund unter Ulm in der Stuttgarter Straße, sie gehörten dem Kloster Elchlingen und mein Herr hatte den Konsenz, einen Knecht mit Handelswaren dahin schicken zu dürfen. Er selbst hatte seine Handelsbekanntschaft zwar auch in dieser Herrschaft, aber nur diesseits der Donau, Klein- und Groß-Pohlheim, Neringen, Laibenstraus, Dihlfingen und Elchlingen.

Nun taumelte ich in diesem herabwürdigsten Zustande zwei ganze Jahre fort, sah nichts vor Augen, das mir für meine Zukunft hätte nützlich oder vorteilhaft werden können, sondern blieb ein elender Räfleträger und Bauernhändler.

[Thannhäusers nächster Herr ist Bernhard Levi in Illereichen.]

Es wohnte in Altenstadt mein Onkel Isak Seligmann, welcher ebenfalls ein vermögensloser Mann war. Dieser nahm von Bernhard Levi Waren auf Kredit und machte damit kleine Reisen. Mit ihm mußte ich gehen, schwere Lasten nachtragen, und in lauter verbotenen Gegenden mich aufhalten, wo ich größtenteils in den Wirtshäusern sitzen mußte und warten, bis er immer kam. Ich konnte nichts weniger als selbst etwas unternehmen, weil wegen des strengen Verbotes nicht zu trauen war, indem man in der Gefahr gewesen wäre, um die bei sich geführte Ware zu kommen. Oh, wie oft bereute ich es, in solchen langweiligen Stunden, daß ich von Ichenhausen weggegangen bin, aber ich konnte mir nun nicht helfen.

Endlich wurden die beiden, nämlich Bernhard Levi und Isak Seligmann, entzweit. Dieser konnte nicht beihalten und blieb jenem immer einen Rest schuldig. Aber wie konnte dies anders sein? Seine Waren waren zu teuer angesetzt, weil Levi selbst alles im höchsten Warenpreis annehmen mußte; der Gewinn war also klein, die Kosten groß, und so mußte Seligmann im Rückstand bleiben. Man gab das Geschäft mit Seligmann auf. Bernhard Levi gab mir eine Partie aus der Mode gekommener, altfränkischer und im teuren Preis angesetzter Waren, weil damals die Frankfurter Messe noch nicht bedient wurde. Dafür sollte ich Geld lösen, und nur Geld lösen, um das neue Frankfurter Schwindelgeschäft anfangen zu können. Ich wurde mir selbst überlassen, konnte hinreisen, wo ich wollte, aber nirgends hätte ich öffentlich mich mit meinen Waren zeigen dürfen. Ich machte Reisen, bezog auch die Münchner Dult, löste auch ein bißchen Geld, und damit zeigte man sich gegen mich wohl zufrieden, aber nur, um mich recht in die Schlingen zu bringen.

Im Herbste, es war ungefähr im Jahre 1793, reiste Bernhard Levi nach Frankfurt am Main zur Messe, verschuf sich daselbst Kredit, brachte Waren mit nach Hause, aber alle um den dritten Teil teurer wie gewöhnlich, denn solche Einkäufer müssen immer nur nehmen, was andere nicht wollen und um einen ungeheuren Preis.

Nun fing sich erst die Epoche meines widrigen Geschickes an. Man übergab mir eine Partie Waren, die ich durch Fuhrgelegenheiten schicken oder Extraboten mit mir nehmen mußte, um sie von Ort zu Ort zu bringen. Dies verursachte große Kosten, an Gewinn war nicht zu denken, weil andere Handelsleute die Waren wohlfeiler verkauften, als sie mir angesetzt wurden. Immer hieß es: „Nur Geld lösen, wenn auch nichts gewonnen wird." Es versteht sich, daß dadurch großer Schaden entstand, wenn ich zum Beispiel nach München reiste zur Dult, so hatte ich, so sehr ich sparte, fl. 50 Kosten, weil damals die bayrische Maut von den Waren sehr viel Kosten verursachte. An meinen Waren war nichts zu gewinnen; so oft ich von einer Reise nach Hause kam, nahm man das gelöste Geld und schwieg; aber selbst dieses Schweigen mißfiel mir, weil ich keine gute Folge versprach. Ich rügte dem Bernhard oft meine Verhältnisse, aber ich wurde immer auf eine bessere Zukunft vertröstet.

[Nachdem er sich von Bernhard Levi betrogen fühlt, beginnt T. 1793 seinen eigenen Handel.]

Nun war die Rede, was ich nun anfangen soll, und das Resultat war, ich soll für mich handeln. Man gab mir von meinem Vermögen fl. 100, aber nicht alles in barem Geld, sondern gegen fl. 30 in liquiden oder halb verlorenen Schulden, welche mein seliger Vater einzunehmen hatte. Da konnte ich nun in der weiten Welt herumtaumeln, nirgends einen sicheren, erlaubten Aufenthaltsort. Ich mußte auf Kredit einkaufen, denn mit fl. 70.– gibt es ein kleines Warenlager, um Reisen zu machen. War ich zu Hause, mußte ich an den Wochentagen Kr. 26.– täglich Kostgeld geben, an den Feiertagen aber Kr. 36.–. Ich hatte eine schwere Last auf mir, und doch würde ich mich durchgeschlagen haben, wenn nicht zur damaligen Zeit das erste Mal die Franzosen ins Land gekommen wären. Aber schon drei Monate vor ihrer Ankunft konnten diejenigen, welche nicht in der Nähe ihre Bekanntschaft hatten, nichts mehr verdienen, weil das Gerücht mit den „Condeuren"[3] sich fürchterlich und schwervoll verbreitete.

Hier die Erzählung:

Als die Revolution zu Paris zum höchsten Grade gestiegen war, als sie nämlich den König Ludwig XVI. guillotinierten, machte sich ein Prinz aus dem königlichen bourbonischen Hause auf, namens Prinz Condé, ging mit einem großen Heer über den Rhein, vereinigte sich mit den Österreichern und mit der Reichsarmee (damals mußten nämlich jeder Reichsgraf und jedes Kloster eine Zahl von Soldaten stellen zum Kontingent, um eine besondere Armee zu bilden) und lagerten sich lange Zeit am Ufer des Rheins, endlich siegten die Franzosen, trieben alle drei Armeen zurück: nämlich die Österreicher, die Condeure und die Reichsarmee. Nun ging das Gerücht, die Condeure verderben alles, wo sie hinkommen, sie rauben, brennen und morden, was ihnen unter die Hände kommt. Nun hieß es lang, man wird wider sie einen Landsturm aufbieten und sich gegen sie zur Wehr setzen. Es wurden so viele Märchen von ihnen erzählt, daß alles voller Angst war.

Endlich kam im Monat Juli, morgens zwei Uhr, ein Bote von Balzheim herüber an das Oberamt Illereichen: man müsse schnell aufbrechen zum Landsturm, die Condeure seien aufgebrochen, plündern, morden, rauben, schänden und verderben alles. Es wurde in Eile Anstalt zum Marsch getroffen, und um ein Uhr kam Herr Oberamtmann Kolb und Herr Rentmeister Dirner zu reiten mit einigen Hundert aus dem Flecken. Da hieß es: Juden, allons! Ihr müßt mit! Die mehrsten Ledigen gingen nun mit. Mit Gabeln, Schaufeln, Hacken, Spießen und was man nur in der Geschwindigkeit bekommen konnte, und so kamen wir bis an die Linde an der Straße bei Jedesheim. Da kam ein Reiter nach uns her, rief „Halt", wir hielten, der Reiter kam näher, endlich hieß es „Zurück, zurück! Alles ist nichts."

Da ging's so freudenvoll der Heimat zu, als hätten wir Länder erobert.

Das Sonderbare bei dieser Geschichte war, daß an eben diesem Tage der nämliche Schrecken im ganzen Reich sich verbreitete, nach der Länge und nach der Breite; alles machte sich auf, alles marschierte bereits eine Stunde Wegs, ohne zu wissen, wohin; und alles wurde sogleich wieder zurück berufen, unbegreiflich!

Vierzehn Tage nachher kam die Nachricht vom Rhein her: Die Franzosen sind über den Rhein gebrochen, haben die drei Armeen überfallen, alles ergriff die Flucht und die Condeure kamen auch wirklich in unser Land, beleidigten aber niemanden. Zur damaligen Zeit wurde die Reichsarmee gänzlich aufgehoben; sie wurde nämlich von den Kaiserlichen und Condeuren umzingelt, ihre Gewehre wurden ihnen abgenommen und sie wurden wie die Bettelbuben heimgeschickt. Eine große Ehre!

So lebte ich nun bereits vier bis fünf Monate, ohne einen Heller verdient zu haben; es blieb mir folglich von meinen empfangenen fl. 100, welche nur für 80 zu rechnen waren, nichts mehr übrig. Ich beschwerte mich bei meinem Onkel; man gab mir endlich abermals fl. 150, aber das war, außer meinen Büchern, meinen Synagogenständen und meinem Haus, das man mir, wie in der Folge sich zeigte, für den dritten Teil Wert abdrückte, auch alles, was ich von meinem Erbteil erhielt.

Ich war mir nun selbst überlassen, hatte niemanden, dem ich mich anvertrauen konnte. Meine Schwester, welche zwar eine tüchtige Frau war, konnte mir nicht helfen, weil ihre Vermögensumstände sehr mittelmäßig waren. Ich irrte in der Welt umher, ohne Aussicht, ohne Zweck, von allen Menschen verlassen. Oh, wie sehr oft weinte ich die bittersten Tränen, wenn ich so manchmal sah, wie sich Familien miteinander unterredeten und an Freude und Trauer den herzlichsten Anteil nahmen, sich einander beistanden, einander unterstützten, und ich von einem jeden so gleichgültig, so unempfindlich und so gefühllos behandelt wurde.

So verstrichen nun einige Jahre. Ich dachte zwar oft, es wäre das Beste, ich bewerbe mich um eine Ehegattin, um doch eine Freundin zu haben, der ich meine Angelegenheiten mitteilen kann, aber: mit was sie ernähren? Nirgends hatte ich einen Anhaltspunkt, um nur auch in dem mühseligen Hausierhandel eine gewisse Gegend zu finden, wo ich mein Geschäft ohne große Schwierigkeiten treiben konnte. Ging ich auf den Weg, so waren oft Tränen meine Reisegefährten und meine Begleiter. Oh, wie oft dachte ich: was wird wohl aus mir werden? Welcher glänzenden Zukunft sah ich in meiner Kindheit entgegen, und welches traurige Leben muß ich jetzt führen! Oh, meine guten Eltern! Ihr, die ihr allen Menschen Gutes tatet: Oh, Vater! Der du die Armen unterstütztest, die Witwen tröstetest, den Waisen beistandest, wenn du wüßtest, wie ich von Menschen behandelt werde, dein Geist würde sich empören!

Indessen war doch die Religion immer wieder meine Trösterin. Ich nahm meine Zuflucht zu Gott; bat ihn, er möchte mir doch einen Weg zeigen, der mir eine sichere Existenz verschaffe. Dabei war ich immer fleißig in meinem Hausiergeschäft, schlug mich so ziemlich gut hindurch, und machte mir meine Handelsgaue zu Grönenbach und in derselben Gegend umher. Obzwar nicht mit obrigkeitlicher Erlaubnis, aber doch war ich mit den Unterbehörden vertraut, mit den Bürgern Grönenbachs in bester Freundschaft, und glaubte nun, meinem Zweck einen Schritt näher gekommen zu sein.

Diese zum Teil günstige Zeit mag etwa ein Jahr lang ohne besondere Ereignisse und ohne widrige Anstöße gedauert haben. Manchen Monat hatte ich etwas erspart und manchen dann das Ersparte wieder eingebüßt. Endlich wurde mir vom Schicksal wieder ein Streich gespielt, welcher, wie weiter unten sich zeigen wird, die Ursache war, daß ich von meinem Vaterort weg ging und mich in Fellheim niederließ.

Grönenbach gehörte damals zur Abtei Kempten, woselbst ein geistlicher Fürst und 12 Kapitularherren waren. Zum Flecken Grönenbach gehörten insbesondere noch einige Ortschaften, welche zusammen eine Propstei ausmachten. Es wurde in das Schloß Grönenbach einer der Kapitularherren als Propst versetzt, welcher der Onkel einer verstorbenen Baronessin von Reichlin, geborene von Welteki, war. Diese empfahl den Gerstle als Hofjuden. Nun da war's auf einmal um meine Bekanntschaft geschehen. Alle Bürger Grönenbachs waren begierig, den Hofjuden kennenzulernen. Der Plan wurde ausgestreut: da kann man wohlfeile Waren haben; wo ich hinkam, hieß es: ich habe mit dem Hofjuden gehandelt. Dabei mußte ich mich um so mehr vor der Polizei fürchten. Ich irrte um die Gegend von Grönenbach, aber mit erschrockenem Herzen und bereits geschäftslos. Da hielt ich nun wieder am Anfange und wußte nicht, was ich unternehmen soll.

Es stieg zwar manchmal der Gedanke in mir auf: Ich will Kinder zum Unterrichten annehmen, weil ich Fähigkeiten genug hatte, zur damaligen Zeit hierzu ein vorzügliches Subjekt zu sein, aber man schämte sich damals vor dem Namen Bocher oder Rebbe (verheirateter Lehrer) und der herrschende Dummstolz hielt mich davon ab und zwar zu meinem größten Nachteil.

Endlich entwickelte sich aus der Grönenbacher Geschichte ein Heiratsplan. Es kam zu meinem Onkel Isak Seligmann ein hiesiger Mann, namens Gerschon bar Salomon, und sagte ihm: „Euer Brudersohn Isaac sollte des Gerschons Tochter nehmen, weil doch Grönenbach sein Gau ist." Dies war meinem Onkel deswegen gleich einleuchtend, weil er dachte, von meinem Schwager David einen ansehnlichen Fang zu machen, wenn er dazu hilft, mich von Illereichen wegzubringen. Er überbrachte dieses Projekt meinem Schwager und meiner Schwester. Wem konnte dieser Plan angenehmer sein als ihnen? Es wurde sogleich Anstalt getroffen, mir die Sache recht glänzend und vorteilhaft vorzustellen. Zuerst durch meinen Onkel Isak Seligmann, dann durch den gedachten Gerschon, und endlich durch meine Schwester selbst; da hieß es: Erstens ist Gerschon ein sehr sicherer Mann (in Vermögenssachen); zweitens bleibt Dir Dein Gau Grönenbach; drittens ist der Gerschon ein braver Mann, hat große Bekanntschaft, alle Sonntage hat er einen starken Zuspruch von Handelsleuten, er gibt Dir einen Anteil (in den Schwindeleien!); viertens ist sein Mädchen geschickt und brav, war lang bei fremden Leuten im Dienst (wie ich dies nachher befand, das will ich aus guter Absicht mit Stillschweigen übergehen); fünftens bekommst Du da ein ordentliches Häuschen, eine Holzhütte und noch fl. 200 bares Geld. Dein Schwager hilft Dir zu Deiner häuslichen Einrichtung, es kostet Dich alles sehr wenig.

Ich als junger Mensch, der Kniffe und die feinen Kunstgriffe noch nicht kannte, der glaubte, alles denkt edel, wie ich wirklich gegen Jedermann dachte, nichts unmöglicher, als daß man wegen eigener Interessen seinen Bruder zu seinem Nachteil raten kann, ich, der ich gewohnt war, nur der Stimme anderer zu gehorchen, nahm diese Vorstellung an, versprach, daß ich mich genau erkundigen werde.

Mein erster Gang war zu meiner Kusine Rebecka Bacher, welche etwa ein Jahr hier verheiratet war. Das junge unerfahrene Weib riet mir, diese Partie nicht auszulassen, rühmte mir den Herrn Gerschon überaus. (Vielleicht aus Unerfahrenheit, vielleicht aber auch, um einen Blutsverwandten hier zu haben). Ich sah das Häuschen an; dies wollte mir freilich nicht recht gefallen. Ich spann mit meiner Freierin ein Gespräch an, und fand freilich Dalilas Überredungskunst nicht. Dies aber würde ich weniger geachtet und es würde mich auch weniger zurückgeschreckt haben – aus dem Grunde, man braucht ja Weiber nicht zu Geheimen Räten – als das elende lumpichte Häuschen.

Ich zögerte daher mit dieser Partie und fing wirklich an zu wanken. Dazu kam noch, daß in Altenstadt ein sehr braver Mann wohnte, namens Mose Hirber; dieser hatte ein sehr schönes Mädchen namens Beila. Diese gefiel mir, und ihr Vater hätte sich glücklich geschätzt, wenn er mich hätte zum Schwiegersohn erlangen können. Er hatte seine Handelsschaft zu Ober- und Unterbalzheim; er hätte mir einen Gau angewiesen und Anteil gegeben, und ich war bereits entschlossen, diese Partie richtig zu machen.

Als aber mein Schwager und meine Schwester dies erfuhren, fing sich der Sturm an. Da wußte man so viel Nachteiliges von dieser Partie, daß es einen jeden zurückschrecken mußte: „Ein solches Mädchen“, sprach meine Schwester, „ein solches Mädchen willst Du heiraten, das geschwollene Füße hat?“ Ich hätte nun freilich, wenn ich nicht so leichtgläubig gewesen wäre und meiner Schwester mein ganzes Zutrauen geschenkt hätte, fragen sollen: „Hast Du denn ihre Füße schon visitiert?“ Aber ich war ein zu guter Narr, der nur gar zu viel Familiensinn hatte, und fing an, wiederum abgeneigt zu werden.

Um aber Sicherheit zu brauchen, daß ich nicht endlich doch noch diese Partie vorziehe, schickte mein Schwager nach Ichenhausen, ließ meine Schwester heraufkommen; man nahm sie ein (ich weiß nicht durch was); diese brauchte alle ihre Überredungskunst, machte ihre Ratschlüsse als älteste Schwester geltend, und beredete oder betäubte mich, daß ich zu der Fellheimer Partie einwilligte.

Mein Onkel kam im Monat November 5538 (1797) nach Altenstadt. Von da ging er, mein Schwager David und ich, nach Fellheim, legten das Knes.[4] Ich von meiner Seite versprach, fl. 600,– zu liefern, nämlich in Geld und Werten. Mein Schwiegervater gab mir die Hälfte von dem Häuschen, das ich jetzt besitze, und die andere Hälfte wurde vermietet; dafür nahm er in acht Jahren (solange waren Mietleute darin) fl. 200.– ein, und soviel gab er mir noch zur Mitgift nebst einer Holzhütte. Ich hatte nun nicht die mindeste Einrichtung an Möbel, auch an der Aussteuer fehlte mir sehr viel. Da mir mein Schwiegervater (nicht mit Wahrheit) als ein getreuer Kindesvater beschrieben wurde, gab ich ihm den Auftrag, mir auf Rechnung alles anzuschaffen, sowohl an Geräten als Betten, welche mir abgingen. Die Rechnung war stark, da, wenn ich bei Fremden eingekauft hätte, ich billiger behandelt worden wäre und hätte bessere Waren bekommen. Kurz, er versäumte sich nicht dabei.

Nun ging mir ungeheuer viel Geld auf; alles ging über mich, und ich hatte nach Erklärung meiner Vormünder nichts mehr von meiner väterlichen Erbschaft als mein eigentümliches Haus, meine Torarolle, meine Bücher und meine Stände in der Synagoge. Ich forderte meines Vaters Buch und überhaupt die ganze Rechnung, aber nichts ward mir gestattet; und ich war damals noch zu unerfahren und zu furchtsam, um mich darüber zu beschweren. Aber dies war nicht alles: mein Haus, das damals zum geringsten Anschlag fl. 1000 wert gewesen wäre, habe ich aus übertriebener Bruderliebe und durch Überrechnung meiner Verwandten in Ichenhausen und Altenstadt (zu meiner Schande muß ich es sagen) für fl. 400 erlassen; dazu habe ich meiner Schwester bereits noch für fl. 20 Bücher geschenkt. Nun hatte ich fl. 400, ein paar Stände verkaufte ich für fl. 100, und sonstiges Vermögen mag ich auch noch etwas an fl. 50 gehabt haben. Davon ging aber bis nach meiner Hochzeit wenigstens fl. 400. So blieb mir mit den fl. 200, die ich zur Mitgift bekommen habe, stark fl. 300. Davon sollte ich mich ernähren.

Ehe ich aber in der Geschichte fortfahre, muß ich noch hier anfügen, daß ich in dem Jahr, wo ich Bräutigam war, nichts als Mißvergnügen hatte. Ich hatte weder Neigung nach Fellheim, noch zu meinem Schwiegervater, noch zu meiner Braut, wenn nicht erstens mein Gewissen mir zugerufen hätte: „Man darf keine jüdische Tochter verschämen", und zweitens der Gau Grönenbach, der mir im Kopf gelegen hätte, ohne welchen ich nicht gewußt hätte, wo ich mich wenden soll, und der Knes des Rücktretens mit fl. 200.–, hätte ich wirklich die Partie wieder zurückgehen lassen.

Meine Reise hierher freute mich so, daß es mir ebenso lieb gewesen wäre, wenn mich jemand erschossen hätte; doch Zeit und Gewohnheit macht alles erträglich, und so ging es auch mir.

Meine Hochzeit war im November 5559 (1798); es wohnten ihr viele Leute bei von Illereichen, von Ichenhausen, von Binswangen, von Schöpfheim; alles war lustig, alles war aufgeräumt, nur ich nicht.

Ich würde meine Lage gerne mit der des Galeerensklaven vertauscht haben. Mir gefiel weder der Ort Fellheim, noch die Bewohner desselben, noch ihre Gebräuche; damals waren noch keine Landesgesetze eingeführt. Mag dies daher rühren, weil man nicht gern seinen Vaterort verläßt, oder, weil die Leute wirklich viele Mißbräuche hatten, welche man an anderen Orten nicht bemerkt, oder auch, weil meine Schwiegereltern ganz abgeschmackte und widerliche Leute waren.

Was anfangs meinen Ehestand betrifft, so geschah bei mir alles bloß aus Pflicht. An wahre, zärtliche Liebe war nicht zu denken. Oh, wie traurig ist dieses für einen jungen Mann, ohne Liebe und Gegenliebe im Ehestand zu leben. Wie nachteilig muß eine solche Lebensart auf die Gesundheit wirken. Aber war es denn anders möglich?

Mir wurde vorgegeben, meine Frau könne gut oren und lesen, auch ein bißchen schreiben – aber ach, wie fand ich dies so notdürftig! Mir sagte man, wie sehr geschickt sie sei im Hauswesen – ach, wie notdürftig! Man beschrieb mir sie für vernünftig – aber ach, wie dumm! Man sagte mir, sie sei gut und sanftmütig – aber ach, wie starrsinnig und empfindlich ums Geringste, ohne mindesten Anlaß konnte sie den größten Streit anfangen (kann es noch) und dann drei, vier, fünf bis sechs Tage oder auch noch länger schmollen; fängt sie wieder an zu reden, so spinnen sich nur neue Zänkereien an. Viele dieser Fehler merkte ich zwar schon in meinem Bräutigamsstand, und eben deswegen trat ich so ungern in den Ehestand, dachte aber, vieles kann die Schüchternheit bei ihr machen. Aber ich irrte.

Gleich nach meiner Hochzeit hatte ich von meinen Schwiegereltern und von meinem Schwager Raphael den oft wiederholenden Vorwurf, warum ich sie wegen der vielen Hochzeitsgäste von meiner Seite in Kosten gebracht hätte? Ich zahlte nämlich laut Heiratsvertrag fl. 33.– Beisteuer und übrigens mußten sie alle verkösstigen. Meine Frau fing an, sich ein bißchen nach meinem Willen zu fügen, und ihre Launen wurden mir erträglicher, weil ich sie allmählich anfing, gewohnt zu werden. Dazu kam noch, daß sie sich in gesegneten Umständen befand; da fing so nach und nach die Liebe an, sich in meinem Herzen einzuquartieren, und ich habe ihr auch mit Vergnügen ein Kämmerchen in demselben eingeräumt. So ging es bereits ein Jahr lang so ziemlich erträglich fort, doch mitunter mit vielen Unannehmlichkeiten.

Hinsichtlich des Geschäftsganges waren damals die Österreicher zum zweiten Mal wieder am Ufer des Rheins gegen die Franzosen; da gab es große Lieferungsgeschäfte, es bildeten sich viele Kompagnien, es wurde bei Reichen und Geringen vieles Geld gewonnen. Auf Anraten meines Schwagers David von Altenstadt suchte auch ich einen Kompagnon zu bekommen, war aber hier fremd und wollte mich daher an meinen Schwiegervater wenden, aber dieser, ein dummer, eigensinniger Starrkopf, der lieber mit seines Herrn Gerstle Geschäften sich abgab, und dem das Kaufen von Gestohlenem mehr behagte und mehr Vorteil zu verschaffen schien als alle anderen Geschäfte, wollte sich nicht damit abgeben. Es blieb mir keine Wahl übrig, ich mußte allein arbeiten. Ich kaufte Spelz, was ich in meinem Gau bekommen konnte. Aber schon die Gegend war nicht dazu geeignet, um vieles von diesem Produkte kaufen zu können. Ich brachte doch jede Woche etwas zusammen, daß ich wöchentlich 12, 15 bis 20 fl. verdiente. Doch hatte ich dabei soviel Unannehmlichkeiten und soviel Mißgeschick, was nie ein anderer gehabt hat.

Hier eine kleine Beschreibung, wie viel Widerwärtiges sich in einer Woche bei mir zusammentrug: Als ich an einem Montag oder Dienstag nach Grönenbach ging, traf ich in Memmingen einen Mann von Ottobeuren, welcher mir Heu anbot, das damals sehr gesucht wurde; ich kaufte ihm zwanzig Zentner ab, machte mit ihm schriftlich, daß er es am Donnerstag Morgen bis 9 Uhr nach Memmingen bringen müsse, gab ihm einen Laubtaler[5] Draufgeld, und verkaufte das Heu gleich wieder an Leyser Wolf, der Friede sei mit ihm, wo ich 12 bis 15 fl. daran gewonnen hätte. Dann ging ich nach Grönenbach, kaufte etwas Spelz daselbst und in der Umgegend. Am Donnerstag früh ging ich nach Memmingen wegen des Heus, welches mir schon deswegen schadete, weil ich noch mehr Spelz hätte einkaufen können. Es war schlechtes Wetter; ich wartete in Memmingen bis 10 Uhr, es wollte kein Heu kommen. Ich ging gegen das Kalbtor, um zu sehen, ob nichts komme. Endlich kam der Mann, von dem ich das Heu gekauft hatte, gelaufen, sagte: es sei in der Herrschaft Ottobeuren verboten, mehr Heu zu verkaufen und gab mir meinen Taler wieder; ich konnte den Mann nicht packen; es blieb mir nichts übrig, als zum Leyser Wolf zu gehen und ihm zu sagen, daß ich kein Heu bekomme. Ich mußte es noch für eine Wohltat halten, daß er mich entließ. Ich ging wieder nach Grönenbach, wurde ganz durchnäßt, weil es unaufhörlich regnete, kaufte noch ein bißchen Spelz und ließ alles, was ich gekauft hatte, nach Zell führen, weil ich da schon einen Fuhrmann bestellt hatte, der mir den Spelz nach Memmingen führen wird. Als ich aber nach Zell kam, sagte mein Fuhrmann, er könne mir nichts nach Memmingen führen, er habe für Samuel ben Mose Bachrach etwas hineinzuführen. Ich suchte einen andern Fuhrmann, konnte aber keinen bekommen, und ich hatte versprochen, bis Freitag zu bringen. Endlich sagte mein Quartiergoi namens Betsch, wenn ich ihm einen Laubtaler gebe, wolle er mich hineinführen. Ich hatte keine andere Wahl, gab ihm einen Laubtaler, und er führte mich nach Memmingen. Als ich ans Tor kam, wurde ich vom Torwart angehalten, da hieß es: „Hier ist nicht das Judentor, er muß zum Ulmer Tor herein." Damals war Memmingen noch eine Freie Reichsstadt, da mußte ein jeder Jude täglich 10 Kr. Leibzoll geben, und nur beim Ulmer Tor sollten Juden eingelassen werden. Ich weiß nicht, was dem Kerl einfiel, denn sonst ließ er mich passieren. „Mein Fuhrwerk ist vorausgefahren", sagte ich, „ich habe hier kaiserliches Lieferkorn", und wollte fortlaufen. Da packte er mich, und eine elende Schildwache aus dem Schilderhäuschen sprang hinzu, wollte mit ihrer (wahrscheinlich ungeladenen) Flinte gegen mich fahren, die ich aber mit leichter Mühe zurückwies. Ich mußte aber zurück, wurde durchaus nicht eingelassen. Ich lief eilends bis an das Lindauer Tor, kam da unangefochten hinein, suchte meinen Wagen, der Fuhrmann jammerte, wo ich denn so lange bliebe, sein Bauer habe ihm aufgetragen, bald wieder heim zu kommen. Ich ließ meinen Spelz ins Kornhaus führen, um es an Hirsch Löwenstein von Altenstadt abzuliefern; mitten im Messen wollte mir dieser Schikanen machen, und ich ließ aufhören zu messen. Endlich war Raphael Landauer von Hürben da; dieser nahm meinen übrigen Spelz gerne, und ich kann doch sagen, daß ich für dieselbe Ware über alle Schwierigkeiten hinaus fl. 22.– gewonnen habe.

Indessen nahte sich auch die Entbindung meiner Frau, auch die Herbstfeiertage kamen heran; ich konnte nur noch einige Wochen Geschäfte machen. Freitag kam ich nach Hause, Sonntag war Erew Rosch Haschana[6], und abends gebar meine Frau meinen ersten Sohn, Moses; zwar unter großen Schmerzen, aber doch war und blieb, Gott sei Dank, alles gesund. Nur meine Geldkasse litt ungeheuer. Die Mißbräuche der Juden kosten ungeheuer Geld.[7] Der Socher[8], die jüdische Köchin, der Bris Milo, der Pidion-Haben[9], die Feiertage, die nicht sparsame Kindbettpflegerin. Das waren Dinge, die bereits meinen Beutel leerten.

Ich ging nach den Feiertagen ins Gau. Mit Spelz war nicht mehr viel zu tun, doch ging mein kleines Hausierhandelsgeschäft so ziemlich seinen geraden Gang bis gegen Purim, da hieß es auf einmal wieder „die Franzosen sind über den Rhein gebrochen", das gab wieder Anlaß zu neuem Jammern. Der Handel war gehemmt; gegen Schawuot kamen sie auch wirklich, da hatte man nichts als einen Schrecken auf den anderen. Da sie aber vorwärts marschierten bis gegen Wien, so war keine Gefahr, aber auch sehr wenig zu verdienen. Dies war ungefähr um die Zeit 1800.

Mein Vermögen ging indessen immer den Krebsgang. Aufs Frühjahr 1801 kamen die Franzosen wieder zurück. Es war durch Abkaufen ihrer erbeuteten Produkte etwas zu verdienen, aber ich Tor ließ mich von den damaligen Parnassim Leyser Wolf und Moschele durch ihr Verbot zurückschrecken, und dies war mir viel Schaden. Am Ende, als ich sah, daß niemand ihnen Gehör gibt, wollte ich es noch machen, aber da gab es bereits nichts mehr. [...]

Ich suchte in früheren Zeiten als Geschäftsführer bei Lieferanten anzukommen, erhielt viele Versprechungen von mehreren Seiten, aber unter mannigfaltigem Vorwand scheiterten alle meine Hoffnungen. Ich fügte mich nun zu meinem Hausierhandel und bot alle möglichen Kräfte auf, mein Weib und Kinder zu ernähren, hatte aber immer große Widerwärtigkeiten.

Ich ging neben meinem Schwager Raphael in die Gaue, ihm lächelte das Schicksal immer freundlich entgegen, mich schien es zu hassen. Kam hie und da ein Geschäft aus, wo etwas gewonnen wurde, da traf es nur immer ein, wenn ich nicht im Gau war.

Hier ein Beispiel: Auf der Einöde Ruckbols eine Viertelstunde von Grönenbach, war mir ein Bauer fl. 17 schuldig, von dem ich nichts zu bekommen wußte. Ich kaufte ihm daher eine Kuh ab, nahm sie an Zahlungsstatt, gab sie dem David bar Israel Halbe, und Sonntag früh gingen wir miteinander fort, die Kuh zu holen. Es war nah am Winter, vormittags war es gefroren. Als wir nach Mittag mit der Kuh nach Waringen kamen, sagte ich zum David: „Wir wollen auf der Straße bleiben und mit der bejahrten Kuh nicht den Fußweg gehen." David sagte: „Nein, wir haben es da eine Viertelstunde näher." An das Nachgeben gewöhnt, gab ich auch hier nach. Wir gingen mit unserer Alten den Fußweg, aber was geschah? Das Wetter wurde gelinde, das Gefrorene ging auf. Das Ried, worauf wir gingen, war an vielen Plätzen voller Sümpfe, ein schmaler Balken führte darüber, den ein Vieh nicht passieren konnte; meine alte Kuh mußte durch die Sümpfe geführt werden und blieb in Gottes Namen stecken. Da stand ich nun, wußte nicht hin und nicht her zu kommen, wußte nun nicht, was anzufangen ist. Endlich wurde beschlossen, David soll nach Dickenreis laufen, dessen wir gegenüber in einer Entfernung von einer Viertelstunde waren. Nach langem Warten kam endlich David mit einem Goi und einem Pferd, welcher uns half die Kuh aus dem Sumpf zu ziehen; ich zahlte den Goi, ging mit der Kuh langsam weiter und kam mit ihr mit Anfang der Nacht nach Memmingen; da mußte ich die Kuh in einem Hause vorm Kemptner Tor beim sogenannten Schanzmeister über Nacht stehen lassen; ich aber ging nach Hause. David fing mit mir an zu handeln, und ich mußte ihm die Kuh für fl. 12.– anschlagen, weil ich allein sie nicht zu verwerten wußte. Wir holten sie am Montag, schlachteten sie, sie wurde koscher.

[Ende des Fragments]

1 Salomon ben Isaak Raschi (1040–1105) ist der wichtigste jüdische Kommentator von Bibel und Talmud. Seine Werke wurden auch im Elementarunterricht verwendet.

2 Synagogensitze wurden zur Finanzierung der Synagogenbauten verkauft, konnten also vererbt und veräußert werden.

3 Gemeint ist das Emigrantenkorps des Louis Josephe Prinz von Condé (1736–1818), der 1789 Frankreich verließ und am Rhein ein Korps von Emigranten sammelte, das bis 1801 auf österreichischer und russischer Seite gegen die französische Republik kämpfte.

4 Strafgeld, das im Verlobungsvertrag für den Fall der Auflösung der Verlobung festgelegt zu werden pflegte. Der Vertrag regelte außerdem immer genau die Höhe der Mitgift.

5 Bezeichnung für den frz. Ecu d'argent des 18. Jahrhunderts, der in Deutschland viel im Umlauf war.

6 D. h. am Sonntagabend begann das Neujahrsfest.

7 Thannhäuser bezeichnet im Stil der jüdischen Aufklärer gewisse jüdische Bräuche – hier die bei der Geburt des ersten Sohnes – als Mißbräuche.

8 Kaufmann (jidd.).

9 Symbolischer Freikauf des ältesten Sohnes, der als Gott geweihte Erstgeburt gilt. Die Zeremonie findet am 30. Tage nach der Geburt statt. Zu Bris Milo (Beschneidung) s. Worterklärungen.

4 Hirsch Oppenheimer

geb. 1805 Gronau (Hannover) – gest. 1883 Hannover

Louis Oppenheimer, Lebensgeschichte unseres seligen Vaters Hirsch Oppenheimer. Hannover 1922, 8 S.

Der Sohn Louis (geb. 1854) beschreibt den Aufstieg seines Vaters vom armen Landjuden zum Bankier. Hirsch Oppenheimer beginnt in Gronau als Kleinhändler und geht dann zum Altwaren- und Landwarenhandel über. Um 1840 wird er von der hannoverschen Regierung mit der örtlichen Vertretung zweier Staatsbetriebe, einer Eisenhütte und eines Eisenwerkes, beauftragt. Den Grundstock zu seinem Vermögen legt er nach dem Brand von Hamburg 1842 mit dem Aufkauf großer Mengen geschmolzenen Metalls. Bald fungiert er in dem Kreis um Gronau als Versicherungsagent und ländlicher Bankier. Sein Ansehen verwendet er 1848 zugunsten der Regierung, als er die revolutionäre Unruhe in Gronau dämpft. Religiös orthodox, übt er lebenslänglich das Amt des Mohel aus. 1867 übersiedelt er als Bankier nach Hannover, wo er wiederum verschiedene Ehrenämter in der jüdischen Gemeinde übernimmt.

Unser Großvater, Israel Oppenheimer, wohnte seit mir unbekannter Zeit in Gronau an der Leine und war verheiratet mit Zipora, geborene Samson. Er verstarb infolge eines Unglücksfalles beim Überschreiten der zugefrorenen Leine, die mit Schnee bedeckt war, im Januar 1813 und liegt in Rössing beerdigt. Er hinterließ 6 Kinder. [...] Unsere Großmutter übernahm laut einem mir vorliegenden Protokoll des Friedensgerichtes in Gronau, das damals zum Königreich Westfalen unter Hyronimus Napoleon gehörte, de dato 25. Juni 1813, die Vormundschaft unter Assistenz eines Gegenvormundes Michael Freudental aus Bodenfelde und eines Hausfreundes Munizipalrat Tenne aus Gronau. In dieser Zeit erließ genannter Fürst auch den Befehl, daß alle in seinem Reiche befindlichen Juden statt der bisherigen – dem Namen des Vaters folgenden, wie Jacobsohn, Isaaksohn etc. – sich deutsche Namen geben sollten. So hat unser Großvater sich Oppenheimer genannt, während seine beiden Brüder sich Rothschild und Steinberg nannten.

Einige Jahre später verheiratete die Großmutter sich wieder mit Mendel

Elb und kurz nach dieser Ehe wurde unser seliger Vater nach Wunstdorf aufs Cheder[1] in Pension gegeben, wo er auch bis zu seiner Bar Mizwa verblieb. Die Feier dieser religiösen Handlung sollte er in der Heimat begehen; als Geschenk erhielt er von seinem Stiefvater, nach eigenen uns oft genug wiederholten Erzählungen, *einen Taler*, um mit diesem Gelde sein Geschäft und Verdienstmöglichkeit zu beginnen.

So ging er am Sonntag morgens zu Fuß nach Hannover und kaufte sich für sein Vermögen von einem Taler kleine Waren, mit denen er dann in der Umgegend von Gronau, wo er jeden und jeder ihn kannte, Handel trieb und in wenigen Tagen mit seinem Taler einen Taler oder mehr verdient hatte.

Auf diese Weise, und da ihm auf seinen Wanderungen keine Kosten entstanden – er fand willig und gerne nachts Aufnahme bei seinen Kunden und Bekannten – vergrößerte er stets sein Betriebskapital und konnte auch bald größere und bessere Sachen einkaufen und dadurch auch mehr verdienen. Trotz aller Schwierigkeiten aber, die er bei seinem Erwerb durchzumachen hatte, benutzte er jede freie Minute, sich weiterzubilden und auch durch sein Auftreten sich die Achtung und Zuneigung aller Bekannten, Freunde und Kunden zu erwerben, so daß er bald in Gronau mit den angesehensten Kreisen und Behörden in nähere Beziehung treten konnte, und nachdem sich sein Vermögen soweit erhöht hatte, ein offenes Geschäft in seiner Heimat errichten konnte.

Im Jahre 1829 wurde er zum Bürger der Stadt Gronau vereidigt, eine Stellung, die ihn als Juden zur damaligen Zeit sehr ehrte und die er mit einem Kostenaufwand von 3 Talern und 20 guten Groschen bezahlen mußte.

1833 verlobte er sich mit Johanne, geb. Enoch, geboren am 26. März 1811 in Celle und am 20. Oktober 1833 wurde auch seiner zukünftigen Frau und etwa später geborenen Kindern das Bürgerrecht zugesprochen. Im folgenden Jahr 1834 verheiratete sich unser Vater und hat für damalige Verhältnisse eine große Mitgift von 300 Louisdors und eine Aussteuer von 100 Louisdors erhalten. Sein Schwiegervater Wolf Samuel Enoch betrieb daselbst eine Lichter- und Seifenfabrik, dessen Frau Henriette Enoch war eine geborene Herz.

Mit unserer seligen Mutter zog ein freudigeres und besseres und glücklicheres Leben bei ihm ein, und auch die geschäftlichen Verhältnisse besserten sich zusehends; neben seinen kleinen Handelsgeschäften begann er den An- und Verkauf von Metallen, Knochen, Glas und Schweinshaaren, später auch von Getreiden und Wolle, und bei all diesen Geschäften stand ihm Mutter treu und hilfreich zur Seite.

Sein durchaus rechtschaffenes Verhalten in jeder Richtung verschaffte ihm auch bald die Zuneigung der Behörden und er wurde sehr häufig zu wichtigen Beratungen derselben hinzugezogen. Als die Königlich Hannoversche Regierung (König Ernst August) die beiden Bergwerks- und Hüttenwerke „Georg-Marienhütte" und „Eisenwerk Carlshütte" in Betrieb setzte, wurde unserm Vater durch den damaligen Landdrost von Bothmer in

Gronau die Vertretung beider Gesellschaften übertragen, was ihm wieder eine völlig neue Art von Kunden zuführte. Die erstere Gesellschaft machte Eisen aller Art für Schlosser und Schmiede, die andere eiserne Öfen und Artikel von Gußeisen. Hierdurch wurde seine Stellung am Platze von neuem gestärkt, so daß bald die ganze Gegend von Gronau ihn als Sparkasse und Ratgeber ansah und seinen Empfehlungen in jeder Richtung folgte.

Während trotz allem Vaters Geschäft als noch ein kleines zu benennen war, trat im Jahre 1842 ein Ereignis ein, das seinem Vermögen einen erheblichen Zuwachs bringen sollte, das aber auch von einem Unternehmungsgeiste und einer Energie großen Stils zeugte. In dieser Zeit erschienen schon Zeitungen – aus einer solchen hatte er gelesen, daß in Hamburg ein ganzer Stadtteil vernichtet sei, und hier große Lagerhäuser mit Metallen aller Art verbrannt seien und daß die letzteren als großer Metallblock aus dem Schutt hervorragen sollten. Kurz entschlossen, suchte er sich bei den Behörden in Gronau deren flüssiges Kapital zu leihen, ritt nach Hamburg, wo er einen Schwager, Samuel Enoch, hatte, um sich persönlich über den Befund dieser Metalle zu unterrichten. Onkel Samuel riet ihm ab von einem solchen Unternehmen, das selbst die Hamburger Großkaufleute nicht zu kaufen wagten, aber er sah sich die Sachen an und kaufte den ganzen Block für einen sehr billigen Preis, da eine Konkurrenz nicht da war.

Nachdem dieses geschehen war, lieh er sich in Hamburg große Schiffskräne, ließ selbige über dem Block aufrichten, engagierte viele Arbeiter und ließ Gräben unter den Block, kreuz und quer ziehen und in diesen Feuer machen, durch welches die Metalle langsam auseinanderschmolzen; die Eisenteile fielen auseinander, während das Blei, Kupfer, Zinn und Zink in den Gräben aufgefangen wurde.

Inzwischen ritt er selbst aber zur Direktion der Georg-Marienhütte und des Eisenwerks Carlshütte, verkaufte diesen das ganze Eisen, machte auf dem Rückweg in Gronau halt und ließ alle hier erhältlichen Wagen nach Hamburg fahren, daselbst beladen und teils nach Osnabrück, teils nach Delligsen direkt fahren, um das Eisen abzuliefern. Gleichzeitig verkaufte er aber auch die restlichen Metalle an Hamburger Firmen und legte damit den Grundstock zu seinem größeren Vermögen. Ein ähnliches Geschäft machte er einige Jahre später durch den Kauf eines bei Geestemünde gestrandeten dänischen Kriegsschiffes, welches er im Verein mit einer Bremer Firma durch Taucher verwerten ließ.

Später erhielt er auch noch die Vertretung der Aachener und Münchener Feuer- und der Aachener Hagelversicherung, was ihm die sämtlichen Gutsbesitzer und bäuerliche Bevölkerung der Umgebung von Gronau zuführte, und auch diese folgten bald blindlings seinen Worten und Ratschlägen.

Der beste Beweis für das Vertrauen, welches er genoß, zeigte sich im Jahre der Revolution 1848. Als durch unser ganzes Vaterland der Aufruhr zog, brach auch im Königreich Hannover und besonders im Landdrosteibezirk Hildesheim die Revolution aus, und verpflanzte sich auch bald nach Gron-

au. Die Behörden und der Magistrat versammelten sich in der am Marktplatz befindlichen Schule, um die erforderlichen Schritte gegen die revoltie-
renden Einwohner, die auf dem großen Platz skandalierten, zu beraten,
konnten aber zu keinem Resultat gelangen. Da erbot sich unser Vater, ganz
allein mit der Menge zu verhandeln und sie zu beruhigen. Die Behörden
hielten dieses Wagnis für zu gefährlich und wollten sein Leben nicht
gefährden, ließen sich aber doch durch sein sicheres Auftreten beeinflussen,
und so ging er allein zum Volke und sagte ihnen – nach seiner eigenen
Erzählung –: „Bürger, Freunde! Ihr macht hier einen solchen Skandal und
wollt Revolution!" Allgemeine Zustimmung! „Ihr wißt wohl gar nicht, was
das heißt, aber Ihr wißt, daß ich es gut mit Euch meine, und deshalb rate ich
Euch, geht auseinander und nach Haus, verhaltet Euch ruhig. Habt Ihr aber
Wünsche auf Abänderung der bestehenden Verordnungen, so wählt eine
Kommission, die morgen zu mir kommen soll und mit der ich zum
Bürgermeister gehen will. Ich verspreche Euch, daß alles, was möglich ist,
gemacht werden wird. Tut Ihr aber das nicht und macht Unruhen und
dergleichen, so wisset, daß alles kaputtgeht und ich auch, und damit
natürlich auch Ihr selbst, da Euer Geld bei mir steht. Also nochmals: tut,
was ich Euch rate." Erneute große Zustimmung und der Ruf: „Es lebe
Hirsch Oppenheimer!" und danach Beendigung der ganzen Revolution.

Am nächsten Morgen erschien auch wirklich die erwählte Kommission und
verlangte, daß die Arbeiter des Nachbardorfes Barfeld, denen die Berechtigung des Holzfällens im Gronauer Forst zugebilligt war, dieses für die Folge
nicht mehr tun dürfen und daß diese Arbeit den heimischen Arbeitern
übertragen würde und noch einige solche Kleinigkeiten. Natürlich wurde
das alles bewilligt, die Revolution in Gronau erledigt, und die Ehre unseres
Vaters hatte ein neues Denkblatt erhalten. [...]
    Im Jahre 1865 trat bei unsern Eltern die Absicht auf, ihren Wohnsitz und
Geschäft nach Hannover zu verlegen. Es liegt mir darüber eine Bescheinigung des Magistrats Gronau vor, die ich zum Andenken wörtlich wiederge-
ben will und die uns Angehörigen der Familie ein Vorbild sein sollte:
    „Dem Herrn Bankier Hirsch Oppenheimer bescheinigen wir damit auf
desfalsiges Ansuchen, daß derselbe während seines langjährigen Aufenthalts
und seiner langjährigen Geschäftsführung in jeder Hinsicht sich so betragen
hat, daß er zu den besten Bürgern hiesiger Stadt zu rechnen, sowohl was die
Redlichkeit in den verschiedenartigsten Geschäften anlangt, als auch hinsichtlich der Behandlung der Leute, mit denen derselbe in Geschäftsverkehr
gestanden. Die Folge der Strebsamkeit des Herrn Bankier Hirsch Oppenheimer ist die gewesen, daß derselbe zu wohlhabensten Familien in hiesiger
Stadt gehört und ist allen Umständen nach anzunehmen, daß derselbe ein
bedeutendes Vermögen erworben.
    Wir stellen diese Bescheinigung mit dem Hinzufügen aus, daß wir den
Herrn Bankier Hirsch Oppenheimer mit seiner Familie ungern aus unserer

Mitte, in der derselbe zu den angesehensten Familien Umgang gehabt, scheiden sehen. Gronau, den 23. April 1865. Der Magistrat."

Die Ausführung der Absicht, Gronau zu verlassen, zog sich aber damals noch in die Länge und unterblieb vorläufig durch den im Jahre 1866 ausgebrochenen und verlorenen Krieg mit Preußen, wurde aber doch im Jahre 1868 ausgeführt. Israel und William blieben aber noch mit dem Geschäft bis zum Jahre 1872/73 in Gronau, eröffneten dann aber ein Bankgeschäft unter der alten Firma in Hannover, in dem auch Schreiber dieses von 1873 bis 1878 tätig gewesen ist.

Kaum war Vater in Hannover eingebürgert, als er auch schon hier mit Ehrenämtern versorgt wurde und diese in seiner gewohnten sicheren und selbstlosen Weise verwaltete, so daß er auch in Hannover bald ebenso geehrt und beliebt war, als in seiner Heimat.

1 Wörtlich „Zimmer" (hebr.) Bezeichnung für die einklassige jüdische Elementarschule, die bis zum 13. Jahr besucht wird.

5 Eduard Silbermann

geb. 1851 Kolmsdorf (Oberfranken)

Eduard Silbermann, Erinnerungen 1871–1917. München 1916, 252 S.

Als Sohn eines gelernten Tuchmachers, der einen Manufakturwarenhandel auf dem Lande betreibt, wächst Eduard Silbermann in dem fränkischen Dorf Bischberg bei Bamberg auf, wo ein Fünftel der Einwohner Juden sind. Die gut situierte Familie treibt im Nebenerwerb etwas Ackerbau und Hopfenzucht. Silbermann schildert den Ablauf des jüdischen Jahres in der orthodoxen Gemeinde und das nachbarschaftliche Verhältnis zwischen jüdischen und christlichen Dorfbewohnern. Als die Juden Bayerns 1861 endlich die Freizügigkeit erhalten, übersiedelt die Familie nach Bamberg, wo Silbermann eine glänzende Karriere als Gymnasiast macht und 1871 beim Abitur die goldene Preismedaille des Kultusministers gewinnt. Er studiert später Jura, wird 1879 als erster Jude Deutschlands zum Staatsanwalt ernannt und amtiert als Senatspräsident beim Oberlandesgericht in München.

Etwa eineinhalb Jahre nach meiner Geburt, im Oktober 1852, siedelten meine Eltern nach dem eineinhalb Stunden von Kolmsdorf und eine Stunde von Bamberg entfernten Dorfe Bischberg über. Das Tuchmachergewerbe meines Vaters ging hier allmählich in den Betrieb eines Manufakturwarengeschäftes über. Da die Einwohnerschaft des Dorfes und der Umgebung vorwiegend aus Bauern und Kleingütlern bestand, die an Werktagen wenig Zeit zur Besorgung ihrer Einkäufe hatten, so konzentrierte sich das Ladengeschäft auf die Sonntage und christlichen Feiertage. An den Sabbaten und jüdischen Feiertagen hielt mein Vater das Geschäft streng geschlossen.

Die Werktage verbrachte mein Vater selbstverständlich nicht müßig. Er suchte seine Kunden in den umliegenden Dörfern auf, nahm Warenbestellungen entgegen und brachte ihnen auch Waren ins Haus. In der heutigen Gesetzessprache würde man diesen Geschäftsbetrieb als „Hausierhandel" oder „Gewerbebetrieb im Umherziehen" bezeichnen. Die Art und Weise des Betriebs hatte jedoch in der damaligen Zeit, in welcher die Kräfte der jüdischen Bevölkerung trotz des Sturmes von 1848 noch nach allen Richtungen unterbunden waren, nichts Herabwürdigendes. Alle Glaubensgenossen, welchen die „Ansässigmachung" in einer größeren Stadt nicht gelang und die notgedrungen oder freiwillig auf dem Lande wohnten, waren auf den Klein- und Hausierhandel angewiesen, wenn sie sich überhaupt ernähren wollten.

Neben dem Handelsbetrieb meines Vaters warf die Landwirtschaft [etwas ab], wenn auch nicht im großen Umfang, so doch in einem Maße, daß die Ergebnisse einen großen Teil des Notbedarfs an Getreide, Kartoffeln und Obst lieferten. Auch ein kleines Hopfenfeld besaß er. Das letztere war ein Lieblingsplatz von ihm. Es rentierte sich auch vorzüglich. Ich weiß, daß es in den fünfziger Jahren um den Preis von 70 Gulden (120 Mark) von meinem Vater verkauft wurde. Das Ergebnis an Hopfen war durchschnittlich 50 kg, d. i. ein Zentner im Jahr. Je nach der Höhe des Hopfenpreises, der zwischen 5 und 500 Mark für den Zentner in einzelnen Jahren schwankte, war das Ergebnis ein mehr oder minder befriedigendes. Durchschnittlich darf man das Ergebnis auf 50 bis 60 Mark im Jahre rechnen. Ich erinnere mich noch, daß mein Vater im Jahre 1860 oder 1861 für einen Zentner auf diesem Felde gewonnenen Hopfen den Betrag von 100 Kronentalern erzielte (1 Kronentaler sind 2 Gulden oder 42 Kreuzer oder 4,62 Mark), also *462 Mark*.

Den Betrieb der Landwirtschaft besorgte mein Vater in der Hauptsache selbst. Er griff wacker mit Hacke und Schaufel zu. Ich sehe noch heute vor meinem geistigen Auge, wie mein Vater von seinem Geschäftsgange müde zurückkehrend, nach Einnahme einer kleinen Erfrischung mit der Hacke auf der Schulter aufs Feld ging, öfter von einem oder mehreren der Buben begleitet. Wir machten uns nützlich durch Ausreißen des Unkrautes und dergleichen. „Fleißig, Herr Silbermann", grüßten die Nachbarn, die mit einer Art von Respekt auf den Juden blickten.

Besonders erwünscht war uns die Beteiligung an den Feldarbeiten zur Zeit der Ernte. Das Einsammeln der Ähren hinter den Schnitterinnen zur Zeit der Sommerhitze war zwar an sich kein besonderes Vergnügen, aber die Aussicht, an dem Vespermahl und dem Biertrunk der Schnitterinnen teilnehmen zu dürfen, bot immerhin ein kleines Äquivalent für die Mühe, insbesondere bei unseren, in bescheidenen Grenzen sich bewegenden Ansprüchen.

Stolz saßen wir Brüder auf dem einfahrenden Ochsenwagen, angestaunt von unseren glaubensgenössischen Kameraden, die freilich uns den ehrenden nach ihrer Meinung aber [schimpflichen Titel] „Bauernbuben" entgegenschleuderten. Einmal rief mir ein alter Israelit nach: „Der Schekez (Christenjunge), nicht einmal eine Kappe (Mütze) hat er auf!" Orthodoxe Juden hatten das Haupt stets bedeckt. [...]

In Bischberg befand sich seit langer Zeit eine jüdische Gemeinde, welche im wesentlichen die Schicksale der übrigen Juden des Fürstbistums Bamberg teilte. Im allgemeinen unterlagen die Juden in den geistlichen Herrschaftsgebieten keiner so schweren Bedrückung als in den weltlichen, wenn sie in den ersteren auch nicht immer auf Rosen gebettet waren. Auch im Fürstbistum Bamberg wurden sie in der Hauptsache glimpflich behandelt.

Im Jahre 1803 wurden das Fürstbistum und seine etwa 1500 jüdischen Familien der Krone Bayerns einverleibt. Die Juden wurden allmählich zu Staatsbürgern – wenn auch zweiter Klasse – befördert. Bezüglich ihrer rechtlichen Stellung war das zum Teil noch heute [1916] geltende Judenedikt vom 10. Juni 1813[1] maßgebend. Zur Charakteristik dieses vorkonstitutionellen Gesetzes will ich einige Bestimmungen desselben wörtlich beifügen:

§ 2.

Zum Genusse der in diesem Edikt ausgesprochenen Rechte und Vorzüge wird die Eintragung in die bei unserer Polizeibehörde anzulegende Judenmatrikel vor allem vorausgesetzt.

§ 11.

Jede Einwanderung und Niederlassung [fremder Juden] im Königreiche ist durchaus verboten.

§ 12.

Die Zahl der Judenfamilien an den Orten, wo sie dermal bestehen, darf in der Regel nicht vermehrt werden, sie soll vielmehr nach und nach vermindert werden, wenn sie zu groß ist.

Im Grunde genommen bezweckt also das Edikt die allmähliche Beseitigung der jüdischen Bevölkerung als solcher. Nicht zu verkennen ist anderseits, daß das Edikt auch für die Entwicklung der jüdischen Bevölkerung günstige Bestimmungen enthält. Zu erwähnen sind hier: Der Zwang zur Annahme von Familiennamen, Unterbindung des Schacher- und Hausierhandels, Freigabe des Feldbaues, der Handwerke, des Betriebes von Fabriken und des ordentlichen Handels (freilich unter gewissen Einschränkungen), Auflösung der „Judenorganisationen" und Zuteilung der jüdischen Einwohner zu den politischen Gemeinden, Sicherung der Gewissensfreiheit, Schaffung gesetzlicher Grundlagen für die Kultuseinrichtungen.

Da weder die allgemeine Gesetzgebung, und noch weniger das Judenedikt die freie Entfaltung der wirtschaftlichen und sonstigen Kräfte und Anlagen gestattete, begann allmählich eine Auswanderung von Juden aus Bayern, deren Ziel hauptsächlich Nordamerika war.

Es wird wenige jüdische Familien in Bayern geben, von denen kein Glied auswanderte. Auch unsere weitere und engere Familie stellte eine ziemlich große Zahl von Auswanderern. Diese Auswanderer gelangten im Ausland vielfach zu großem Reichtum, Ansehen und Würden. Für sie persönlich war es ein Glück, daß sie an Stelle des alten Vaterlandes, das sie als Bürger zweiter und dritter Klasse behandelte, ein Vaterland gewannen, das in ihnen den freien Menschen sah.

Dennoch haben die Auswanderer ihr altes Vaterland nicht vergessen, die Beziehungen zu ihm aufrechterhalten, es wieder besucht und ihm Zuwendungen gemacht. Im Weltkrieg steht ihre Sympathie auf Deutschlands Seite.

Nach diesen – nicht ganz überflüssigen Abschweifungen – komme ich auf die jüdische Einwohnerschaft unseres Dorfes zurück. Bischberg hatte in den 50er Jahren des vorigen Jahrhunderts eine ziemlich zahlreiche jüdische Bevölkerung. Bei einer Gesamteinwohnerschaft von etwa 700 bis 800 Seelen etwa 35 bis 40 jüdische Familien mit mindestens 150 Seelen. Die christliche Bevölkerung ernährte sich vorwiegend von den Ergebnissen der Landwirtschaft, während die jüdischen Hausväter zu einem Teil den Handel jeglicher Art betrieben, zu einem Teil Gewerbe ausübten. Die Landwirtschaft, selbst nur im Nebenbetrieb, wurde von einigen wenigen ausgeübt.

In meiner Jugendzeit waren in Bischberg vier jüdische Metzger, ein Schuhmacher, ein Schneider, ein Glaser und ein Seifensieder. Zu großem Reichtum hatten es die jüdischen Einwohner nicht gebracht, doch herrschte unter ihnen eine Art von Wohlstand. Als reich galten allerdings damals schon Leute mit einem Vermögen von etwa 30000 Gulden (circa 50000 Mark). Etwa drei solche Familien sind mir aus meiner Jugendzeit bekannt. Zwei davon trugen zufälligerweise den Namen „Goldmann".

Meine Eltern gehörten anfangs noch nicht zu dieser Klasse der „Kozinim" (Reiche). Allmählich bis Ende der 50er Jahre brachten sie es aber dazu, ohne jedoch – bei ihrem jeden Schein von größerer Wohlhabenheit vermeidenden Auftreten – bei der jüdischen Einwohnerschaft offiziell in die Reihe der Kozinim gezählt zu werden.

Die jüdischen Einwohner als solche lebten mit den christlichen im großen ganzen in Frieden. Insbesondere fanden Störungen oder Belästigungen der ersteren in ihren rituellen Übungen und Gebräuchen nicht statt. Zur Kirchweih sandten die christlichen Familien „Krapfen und Kirchweihbrot" in jüdische Häuser, während wir an Pessach uns mit Zusendung der bei der christlichen Bevölkerung sehr beliebten „Mazzen" revanchierten. In vielen christlichen Häusern herrschte der Aberglaube, daß der Besitz eines Stückchens Mazze gegen den Blitzschlag sichere. Bekanntlich wird in orthodoxen jüdischen Häusern ein Stück „Afikomen"[2] das ganze Jahr aufbewahrt. Vielleicht liegt hier die Quelle des erwähnten Aberglaubens.

Ich erinnere mich noch sehr deutlich, wie am „Kolnidre"-Abend die kleine Synagoge mit christlichen Zuschauern gefüllt war, um die Juden in Tallis und Sterbekleid den „langen Tag" feiern zu sehen.[3]

Unter der christlichen Bevölkerung befanden sich auch mindestens fünf bis sechs Familien, die etwa zu Anfang des vorigen Jahrhunderts zum Christentum übergetreten waren, z. B. die Familien Kohn, Haupt, Zimmermann, Christenmeyer. Bei allen lebte noch die Erinnerung an ihre Herkunft. Einer, dessen Großvater sich hatte taufen lassen, sprach den jüdischen Jargon, wie man ihn damals noch vielfach auf dem Lande hörte, besser als viele echte Juden. Oft sagte er zu uns Silbermann-Buben am Vorabend vom Fasten: „Junges, habt Ihr schon Äpfel, Weintrauben oder dergleichen zu Schechejune (Segensspruch zum Beginn eines Jahres)? Kommt und holt sie Euch bei uns." Eine ältere Frau aus einer dieser Familien hörte ich oft ausrufen: „Juched schemoh" („Einzig ist sein Name", Ausruf wie: „Jesus, Maria und Josef" bei der christlichen Bevölkerung). Von der vielfach üblichen Gehässigkeit von Renegaten gegen ihre früheren Glaubensgenossen merkte man wenig oder nichts. Viele Nachkommen dieser Familien sind jetzt als Arbeiter und Taglöhner von jüdischen Kaufleuten in Bamberg beschäftigt. Keiner hat es zu einer besonderen Stellung gebracht.

Übertritte zum Christentum kamen in meiner Jugendzeit in Bischberg nicht vor. Das größte Schimpfwort in jüdischen Kreisen war „Meschummed".[4] Ich erinnere mich, daß wir Kinder einen jüdischen Knaben – sein Vater war wohlbestallter Schuhmachermeister – aus Anlaß von Streitigkeiten mit dieser Bezeichnung belegten. Sein Gevatter, ein gewisser Moritz Hirsch in Bamberg, hatte sich in den 50er Jahren taufen lassen, ein auch in Bamberg seltenes Ereignis. Moritz – so hieß nämlich dieser Knabe – geriet über diesen Schimpf (die Tatsache der Taufe seines Gevatters konnte er nicht in Abrede stellen) so in Wut, daß er sich handgreiflich zu rühren versuchte, wir jedoch vereitelten den Versuch durch Ergreifung der Flucht.

Von einem besonderen gesellschaftlichen Verkehr war naturgemäß an einem so kleinen Platze keine Rede. Doch schlossen sich die Juden, soweit ein solcher jedoch bestand, keineswegs von der christlichen Bevölkerung ab. Ein intimerer Verkehr bestand natürlich unter den jüdischen Familien. Die Sabbat- und Festtage – die sämtlich noch strenge gehalten wurden – führten die jüdischen Einwohner nicht nur in der Synagoge zusammen, sondern auch vielfach in den einzelnen Familien. Jedes Familienereignis führte sie zusammen, das eine die Kinder, das andere die Erwachsenen.

So war insbesondere für uns Kinder die sogenannte „Holekrasch" ein Festtag. Etwa 3–4 Wochen nach der Geburt eines Kindes versammelten sich die jüdischen Kinder in der Wohnung des Neugeborenen. Sie stellten sich um die Wiege und riefen dabei: „Holekrasch, Holekrasch, wie soll das Kindchen heißen?" Der Vater oder die Mutter des Kindes verkündeten dann den Namen. Darauf erhoben die Kinder wiederum die Wiege mit dem Rufe: „X, soll es heißen!"

Damit war der Akt der Namensgebung beendet. Die Hauptsache für uns Kinder war die darauffolgende Bescherung mit gesalzenen Erbsen, Obst, Lebkuchen und dergleichen. Über die Herkunft der Bezeichnung „Holekrasch" kursieren die verschiedenartigsten Auslegungen. Die Bezeichnung kann verunziertes Hebräisch, Deutsch oder Französisch sein.⁵ Wir Kinder kümmerten uns noch nicht um derartige etymologische Untersuchungen, für uns war eine Holekrasch immer ein großes Vergnügen. War das neugeborene Kind ein Knabe, so versammelten sich die jüdischen Frauen einige Tage vor der Bris Milo (Beschneidung) zur „Jidd'schen Katz" (Jüdische Kerze) in der Wohnung der Wöchnerin. Beim Genuß von Kaffee und Kuchen wurde die bei der Beschneidung erforderliche Wachskerze gefertigt.

So bot die „Mizwo" (Erfüllung eines religiösen Gebotes) gleichzeitig Gelegenheit zu einer Art von „Kaffeeklatsch". Bar Mizwa, Verlobung, auch Hochzeiten waren Gelegenheiten zu Besuchen und fröhlichen Zusammenkünften. Auch Todesfälle führten die jüdischen Einwohner zusammen. Die siebentägige Trauerfeier (Schiwe) wurde noch streng beobachtet. Da die Leidtragenden verhindert waren, für Zubereitung der Nahrung zu sorgen, so übernahmen es die übrigen Glaubensgenossen, hiefür Sorge zu tragen. Jeder schickte nach seinen Kräften Nahrungs- und Genußmittel, so daß die Leidtragenden häufig die Fülle der Vorräte nicht bewältigen konnten.

Lustig ging es an Purim her. Wir Kinder gingen maskiert in den jüdischen Häusern herum. Die Maskerade bezog sich in der Regel auf die Geschichte der Esther. Meist wurde ein kleines Festspiel aufgeführt. Die Hauptsache war auch hier die Entgegennahme von Geschenken in Obst, Kuchen etc. – auch Bargeld wurde nicht verschmäht. Freilich kam es dann manchmal bei der Verteilung des letzteren zu ernstlichen Dissidien, die mit einer regelrechten Prügelei endeten. Doch trat alsbald wieder die Versöhnung ein.

Ein Hauptfesttag für uns Kinder war der Erew Pessach (Tag vor dem Pessachfest). Nach dem Morgengottesdienst holten die Kinder in den jüdischen Häusern das „gebaddelte Chumez" (das am Abend vorher zusammen gesuchte Gesäuerte) ab.⁶ Das „Chumez" wurde sodann in der „Nickel", einem breiten Graben zwischen zwei unmittelbar bei dem Dorf befindlichen Feldwegen, in der Zeit zwischen 9 bis 10 Uhr verbrannt. Zu der Feier erschien regelmäßig unser Lehrer Fränkel, welcher den Segensspruch über Wegschaffung des Gesäuerten rezitierte. Wir sprangen über das Feuer und brachten manchmal versengte Hosen heim. Aus den hieraus sich ergebenden Folgen machten wir uns wenig.

Der Mittagstisch war spärlich, da man kein „Chumez" mehr essen durfte und Mazzen noch nicht genossen werden durften. Um so opulenter war das zwischen dem Seder eingestreute Abendessen. – Mein Vater gab den Seder in der vorgeschriebenen Weise, jedoch ohne besondere Erörterungen daran zu knüpfen. Heute muß ich gestehen, so beschämend das auch sein mag, daß ich am Sederabend mehr die Größe der „Mazzekugel" als die Not unserer Väter im Lande Ägypten im Auge hatte. Ganz besonders erfreulich war es für uns, daß wir während der ganzen Festzeit anstatt des Morgenkaffees Mazzesuppe erhielten.

Ernst und mit großer Strenge wurden die großen Feiertage Rosch Haschana und Jom Kippur im Dorfe und bei uns speziell gefeiert. Am Tage vor Rosch Haschana mußten wir einen halben Tag fasten, am Rosch Haschana bis nach dem Schoferblasen, am Jom Kippur vor der Bar Mizwa bis zum Ausheben der Tora.[7]

An den beiden Neujahrstagen trugen die Männer wie am Versöhnungstag ihre Sterbekleider, die Frauen waren sämtlich weiß gekleidet. Manche konnten sich in der Kasteiung nicht genug tun, so *stand* ein Greis von nahezu 90 Jahren am Jom Kippur den ganzen Tag, ohne sich zu setzen. Freilich mag deshalb nicht immer ein innerer Wandel eingetreten sein.

Eine Sukka hatten wir nicht. Dagegen war im „Judenhof" eine Gemeindelaubhütte errichtet, die jedermann benutzen durfte. Meine Eltern haben keinen Gebrauch davon gemacht. Wahrscheinlich wollten sie nicht die anderen Leute in die Suppenschüssel sehen lassen.

Einen Haupttag bildete noch das Simchas Tora-Fest, an dem wir Buben in der Synagoge mit Fähnchen herumzogen und die [?] ganz besonders gut und reichlich war. Am vorausgehenden Abend fand regelmäßig ein Simchas Tora-Ball statt.

Wenig feierlich wurde bei uns das Chanukkafest begangen. Lichter zündeten wir Buben an, jedoch jeden Tag nur *eines* – der Kostenersparung wegen. Auch erhielten wir jeder einen Kreuzer Chanukkageld, das wir aber nicht verwerten, sondern sparen mußten. Auf diese Weise legte jeder von uns den Grund zu einem kleinen Sparvermögen. Vermehrt wurde es durch Geschenke bei Verwandtenbesuchen, von Kunden (Trinkgelder), Geburtstagsgeschenke, etc. Später flossen die Gaben etwas reichlicher. So kam es, daß ich, als ich im Jahre 1872 die Universität bezog, ein erspartes Geld von etwa 400 bis 500 Mark hatte. [...]

Obwohl, wie bereits oben erwähnt, von einem eigentlichen Antisemitismus, wie er sich in den achtziger Jahren entwickelt hat, in der hier geschilderten Zeit keine Rede war und zwischen der jüdischen und christlichen Bevölkerung das beste Einvernehmen bestand, so mußten wir Judenkinder von Christenkindern doch hie und da Neckereien und Schimpfereien hinnehmen. Der Ausdruck „Judenstinker" wurde hiebei gar nicht selten gebraucht. Während die anderen Judenkinder meist hierauf nicht reagierten, ließ ich mir nie etwas gefallen. Zum mindesten rief ich dem Schimpfenden in analoger Wortbildung das gleich wohlriechende Wort zusammengesetzt mit „Christen" nach.

In Bischberg bestand eine deutsche Volksschule, in der zur Zeit meines Eintritts noch Knaben und Mädchen ungetrennt unterrichtet wurden. Kurze Zeit danach fand eine Trennung von Geschlechtern statt. – Daneben bestand die jüdische Religionsschule. Der Volksschulunterricht umfaßte die Zeit von 8–11 vormittags und von 12–3 Uhr nachmittags. Sonntags und an den Nachmittagen von Mittwoch und Samstag war frei. Im Sommer war nur vormittags Unterricht. Vierzehntägige Ferien gab es zur Getreide- und Kartoffelernte.

Der Unterricht in der jüdischen Schule wurde täglich mit Ausnahme der Sabbate und Festtage und der Ferien von 10–12 Uhr vormittags und 2–4 Uhr nachmittags erteilt. Die Kollision zwischen den Unterrichtszeiten der deutschen Volksschule und der jüdischen Schule wurde dadurch behoben, daß die jüdischen Schüler um 10 Uhr beziehungsweise 2 Uhr aus dem Volksschulunterricht entlassen wurden. Zwischen 10 bis 11 Uhr, ferner 2 bis 3 Uhr wurde dann in der deutschen Schule Unterricht in der christlichen Religion und der Bibel erteilt. Für das Mittagsmahl blieb freilich nur eine kurze Spanne Zeit übrig, die dadurch erzielt wurde, daß uns der jüdische Lehrer etwa 20 Minuten vor 12 Uhr entließ. Wir rasten im Sturmschritt nach Hause, wo das frugale Mahl bereits auf dem Tisch stand. Wie unsere Väter beim Auszug aus Ägypten warfen wir das Essen „mit gegürteter Lende und dem Stab in der Hand" in den Mund und trollten wieder ab in die deutsche Schule. Zum Ersatze war die Abendmahlzeit, die bereits um sechs Uhr eingenommen wurde, reichlicher. Dies war ohnedies, da unser Vater mittags vielfach in Geschäften abwesend war, die Hauptmahlzeit.

Während es am Mittag – selbstverständlich die Sabbate und Festtage ausgenommen – kein Fleisch gab, bildete dieses einen Bestandteil der Abendmahlzeit. Freilich gab es auch am Abend keine allzu großen Fleischportionen für uns Kinder. Es galt bei uns ein Sprichwort: „An Fleisch kann man sich nicht satt essen." Satt aßen wir uns jedoch immer. Wenn wir auch die besseren Sachen vorzogen, waren wir doch auch mit den anderen zufrieden.

Von Jugend auf eingepflanzte Sparsamkeit durchzog das ganze Hauswesen. Meine Mutter war eine Hausfrau, wie man solche heutzutage kaum mehr trifft, dabei auch fortwährend im Geschäft tätig und meinen abwesenden Vater vertretend. Wenn ich das „Lob des edlen Weibes" in den Sprüchen Salomons[8] (Freitagabend-Liturgie) lese, so denke ich immer an meine selige Mutter. Dabei war sie – trotz ihrer ständigen Mühe und Arbeit – immer heiteren Gemütes und wußte uns Kindern herrliche Geschichten zu erzählen. „Sie öffnete ihren Mund mit Weisheit und die Lehre der Milde war auf ihren Lippen."[9] Der Satz steht auf ihrem Grabstein. [...]

Der jüdische Lehrer Fränkel – er lebt heute noch im hohen Alter (85 Jahre) hier in München – war, als ich in die Schule kam, etwa 30 Jahre alt und voller Eifer. Er gehörte nicht der strengen Richtung der Orthodoxie an. Auf seine Veranlassung wurden auch in der Synagoge rituell manche Neuerungen eingeführt. Während vor seiner Zeit die Gebetsordnung ganz die althergebrachte war, setzte er es durch, daß das Königsgebet (das heute noch in der Kanalsynagoge zu München in hebräischer Sprache gesprochen wird) deutsch rezitiert wurde. Ein großer Teil der Piutim (poetische Stücke, welche in die gewöhnliche Liturgie an besonderen Sabbaten und an den Festtagen eingeschaltet wurden) wurden beseitigt und dadurch die Dauer des Gottesdienstes verkürzt. Auch führte er einen Knabenchor ein. Auf Ordnung und Anstand während des Gottesdienstes drang er. Öfters hielt er predigtartige Ansprachen. Eigentliche Predigten waren nämlich selten, da die Gemeinde Bischberg keinen eigenen Rabbiner hatte, und der in Burgebrach residierende Distrikts-Rabbiner äußerst selten zu einer Gastpredigt erschien.

Lehrer Fränkel gab sich redlich Mühe, uns gründliche Kenntnisse in der Religion, der biblischen Geschichte und der hebräischen Sprache, die auch einigermaßen grammatikalisch betrieben wurde, beizubringen. Ein großer Teil der Schüler und Schülerinnen konnte allerdings durchaus nicht folgen. Dagegen erwarben sich mein Bruder und auch meine Person ziemlich gute Kenntnisse in diesen Gegenständen. Wenn ich in Betracht ziehe, daß ich es in einem Alter von 11 Jahren schon zur Übersetzung – ganz zu schweigen vom Pentateuch – der Propheten und sonstiger Schriften gebracht hatte, daß ich die sämtlichen Gebete des Wochen- und Sabbatgottesdienstes verstand, auch einen großen Teil der festgottesdienstlichen Gebete, ferner die Haggada, so kann ich getrost behaupten, daß mein späterer Religionsunterricht am Bamberger Gymnasium eine besondere Erweiterung und Vertiefung meines religiösen und hebräisch-sprachlichen Wissens nicht brachte.

Da ich auch in meinem späteren Leben mit den Traditionen aus meiner Jugendzeit – wenn auch zeitweise legerere Perioden vorhanden waren – niemals vollständig gebrochen habe und auch fortgesetzt Interesse für das jüdische Schrifttum hatte, so sind mir diese Kenntnisse bis auf den heutigen Tag nicht abhanden gekommen.

Wenn ich, wie regelmäßig seit dem im Jahre 1906 erfolgten Tode unseres Vetters Julius Feust, bei Frau Justizrat Feust den Seder gebe, bin ich in der Lage, die Rezitation mit vollem Verständnis vorzutragen, so daß mir dies jedesmal das entsprechende Lob einträgt. – Ich kann an den hohen Feiertagen dem – ganz und gar nach altem Ritus sich abwickelnden Gottesdienst – in der Kanalsynagoge in München folgen, ohne mich, wie viele andere, zu langweilen. Ja gerade *dieser* Gottesdienst, der meine erste Jugendzeit wieder lebendig macht, übt einen besonderen Reiz auf mich aus, während viele Kanalsynagogenbesucher es sich nicht erklären können, daß *ich* diese Synagoge besuche. Hier habe ich oft die im Hause nicht vorhandene Sabbat und Festesweihe verspürt. Und wenn ich am Jom Kippur von früh morgens bis zum Neileschluß[10] ununterbrochen hier zugebracht habe, sagte ich mir oft, daß dieser Tag ein wahrer Festtag (nicht nur Fasttag) für mich gewesen sei. [...]

Bei dieser Gelegenheit will ich noch erwähnen, daß die Grundlage zu meiner Kenntnis der katholischen Religion in der deutschen Volksschule gelegt wurde. Oftmals wurde auch zu einer Zeit, in der die jüdischen Schüler anwesend waren, Unterricht in der katholischen Religion erteilt. Mein gutes Gedächtnis behielt den hier gelehrten Stoff. Das Vaterunser und das Credo wurden mir fast geläufiger als die von Maimonides aufgestellten 13 Glaubensartikel.[11] Die Lektüre betraf meist biblische Stoffe des Neuen Testaments. Einmal wurde es mir etwas schwül zu mute, als der Lehrstoff die „Weissagung Christi von der Zerstörung Jerusalems" und dem Ende der Welt betraf. Insbesondere ängstigte mich das prophezeite Erscheinen „des Zeichens des Menschensohnes am Himmel und das Fallen der Sterne vom Himmel". Meine Mutter, die ich zu Hause befragte, sagte zu mir, daß „wir an diese Sachen nicht glauben, was nicht in der Tora stehe, sei nicht wahr", und ich brauche keine Angst zu haben. Ich beruhigte mich bei dieser autoritativen Erklärung. [...]

An Sabbaten und Festtagen griff das Ritual auch in das Vergnügen ein, da man nicht schreiben, reißen, brechen, pflücken und dergleichen durfte. Einen Teil des Vormittags nahm der Besuch des Gottesdienstes in Anspruch, an dem wir Knaben uns regelmäßig beteiligten, auch durch eine Art „Chorgesang" einigermaßen mitwirkten. Lehrer Fränkel hielt darauf, daß wir uns einer korrekten Aussprache des Hebräischen befleißigten, wie er auch in der Schule die Fernhaltung von Jargonausdrücken durchsetzte.

Selbstverständlich nahmen wir auch an den Gottesdiensten des Vorabends teil. Nach dem Gottesdienst wartete unser der herrliche Freitagabend. Die Poesie dieses Abends ist schon oft geschildert worden. Jede Schilderung kann nicht an die Wirklichkeit heran. Wer diese Poesie selbst erlebt, wird den Eindruck nicht mehr vergessen. Wenn ich in späteren Jahren als Junggeselle in einer fernen Stadt am Freitagabend aus einem Fenster die Sabbatlampe leuchten sah, so befiel mich eine Art von Heimweh nach Frieden und Sabbatruhe. Die Höhe des Glaubens und des Vergnügens, auf welcher ich als Kind an Sabbat- und Festesvorabenden stand, habe ich nicht mehr erstiegen. Alle Surrogate verfehlen ihren Zweck. Schafft den Freitagabend wieder und ihr rettet das Judentum!

Der Abend wurde ausschließlich in der Familie verbracht. Vater und Mutter noch in ihrer Jugendkraft und wir Kinder um den Tisch herum, leuchtenden Auges und seligen Herzens! Nach dem üblichen Festmahle, dem wir Kinder wacker zusprachen, erzählte unser Vater von den Erlebnissen der Woche, unsere Mutter von ihrer Heimatstadt Lichtenfels, ein anderes Mal spielten wir „Lotterie", „Glock und Hammer" und dgl. Manchmal wurde vorgelesen. Wir merkten gebannt auf die Romane der Louise Mühlbach: „Kaiser ... und seine Zeit", „Maria Theresia und ihre Zeit"[12] und die verschiedenen sonstigen historischen Romane. Das war die erste Quelle meiner Kenntnisse der neueren Zeit. Insbesondere interessierte mich die Napoleonische Zeit. Meine Mutter hatte immer eine Vorliebe für Napoleon. Sie mag sie von ihrem Vater ererbt haben, der nach ihrer Erzählung, so oft er den Namen „Napoleon" aussprach, an seinem Käppchen rückte, um seiner Verehrung Ausdruck zu geben, denn „Napoleon" sei ein großer „Ohew Israel" (Judenfreund) gewesen. [...]

Die Volksbewegung (Revolution) das Jahres 1848 hat dem deutschen Volke keine Freiheit, den jüdischen Volksgenossen keine Emanzipation gebracht. Abgesehen von einigen größeren oder kleineren Zugeständnissen, blieb es in der Hauptsache beim alten, insbesondere hinsichtlich der Judengesetzgebung.

Für den jüdischen Studierenden der Jurisprudenz, der nicht vorhatte, mit dem Taufwasser sich den Weg zur Karriere zu eröffnen, wurde nur die Aussicht auf Erlangung einer Advokatur – welche durch königliche Anstellung verliehen wurde – zum Sporne. Und so mancher alte Rechtspraktikant oder Advokatenaspirant der mosaischen Religion konnte von nun an in das gelobte und ersehnte Land der Advokatur eingehen, darunter auch mein Großonkel Dr. Karl Feust in Fürth. Sonst konnte man nichts werden.

Die Bestrebungen der Bayrischen Regierung, die Juden dem Handwerk zuzuführen, waren in der Hauptsache mißlungen. Jahrhundertelange Gewohnheiten und Charaktereigenschaften wurden selbstverständlich durch einen gesetzgeberischen Akt nicht beseitigt. Dazu kommt, daß das Handwerk allein, zumal auf dem Lande, trotz seines goldenen Bodens, wenig Gold trug, und die jüdische Bevölkerung nach ihrer ganzen historischen Entwicklung auf den Besitz angewiesen war – hatte er doch, wenn nicht in der Hauptsache, so doch zu einem guten Teile sie über alle Verfolgungen und Mißhandlungen hinübergerettet. Darum griffen sie zu Handwerken, die mit dem Handel mehr verwandt waren und von denen aus auch der Übergang zum Handel oder zum Fabrikbetrieb erleichtert war. So wurden die Tuchmacher später zu Manufakturwarenhändlern und Farbrikanten, die Schneider zu Konfektionären, die Schuster zu Schuhwarenhändlern etc.

Das weitere Bestreben war, vom Dorfe weg, wo die Ernährungsverhältnisse schwierig waren, in die größeren Städte zu gelangen. Da aber das Matrikelsystem des Judenediktes noch immer als Recht bestand, gelang es verhältnismäßig wenigen, das Ziel zu erreichen. Es mußte einer auf den Tod eines anderen oder einen glücklichen Zufall warten, um eine Matrikel zu erlangen. So sind in der Zeit zwischen 1848 und 1862 verschiedene jüdische Familien aus Bischberg nach Bamberg oder gar Nürnberg verzogen. Die Bamberger Familien Kronacher und Morgenroth sind Bischberger · Ursprungs aus dieser Zeit. Meinen Eltern ist es nicht gelungen, das ersehnte Ziel zu erreichen bis die Gesetzgebung den Weg öffnete. Im Landtagsabschied vom 10. Nov. 1861 § 15 wurde nämlich bestimmt: „Die gemäß §§ 12, 13 und 18, Abs. 1 des Edikts vom 10. Juni 1813, die Verhältnisse der israelitischen Glaubensgenossen betreffend, rückbezüglich der Ansässigmachung und des Gewerbebetriebs der Israeliten und den Provinzen diesseits des Rheins bestehenden Beschränkungen sind aufgehoben." Damit war zwar keine Freizügigkeit, wohl aber wenigstens eine Gleichstellung mit der christlichen Bevölkerung in wesentlichen Punkten geschaffen.

Bei dieser Gelegenheit muß ich eine kleine Abschweifung machen. Mein Vater war eine mehr konservative Natur, nach seinem halb bäuerlichen Ursprung bodenständig, ein Feind von Neuerungen und Experimenten. Rastloses Arbeiten und Sparsamkeit waren für ihn die einzigen Wege, zu Vermögen zu kommen. Auf äußere Ehren war er wenig erpicht, und seine Art von Arbeit schien ihm befriedigend. Das moderne Strebertum, das viele jüdische Kreise befallen hatte, lag ihm vollständig ferne.

Dagegen hatte meine selige Mutter eine mehr fortschrittliche Richtung, wie sie auch die intellektuelle Seite ganz besonders vertrat. Ihr Großvater mütterlicher Seite war ein angesehener Rabbiner (Feust in Bamberg). In ihrer mütterlichen Verwandtschaft waren Gelehrte aller Fakultäten. Ihr ältester Bruder war königlicher Bataillonsarzt und mit König Otto nach Griechenland gezogen. Ihre Brüder waren hochgebildete Kaufleute. Sie selbst war zwar einfach erzogen, jedoch in der Literatur nicht unbewandert. Sie kannte die deutschen Klassiker zu einem Teile; Shakespeare, Walter Scott und Balzac las sie mit Vorliebe. Von Kotzebue hörte ich durch sie zum ersten Male. Sie hielt sich in bezug auf die neue Belletristik soweit als möglich auf dem laufenden und war bis zu ihrem Lebensende eine eifrige Leserin der Frankfurter Zeitung, und dies alles neben ihrer reich zugemessenen Tätigkeit im Geschäft und in der Haushaltung. Eine Frau, wie sie heutzutage immer seltener werden. Sie war es, die meinen Vater fortlaufend anspornte nach vorwärts.

Kolmsdorf, ein Dörfchen von einigen hundert Einwohnern, war für sie eine Art Verbannungsort, nachdem sie in Lichtenfels, einem bekannten Handelsstädtchen in Oberfranken, an städtisches Leben gewöhnt war. Ihr Verkehr beschränkte sich auf die jüdischen Frauen Walsdorfs, in bescheidenen Verhältnissen lebende, an Bildung weit unter ihr stehende, kleinliche Leute. In Walsdorf war die Synagoge, wo man sich an den Sabbaten und Feiertagen traf und auch sonst gesellig zusammenkam.

Die Männer, wenig gebildet, bloß für das Geschäft lebend, dauernd nur davon sprechend, daneben bäuerisch und bäuerischen Sitten und Unsitten ergeben. Selbst Schlägereien untereinander und mit christlichen Bewohnern waren nicht allzu selten! Wenn sie aus einem solchen Aufenthaltsorte wegstrebte, wer kann es ihr übelnehmen?

So setzte sie es, nach dem vergeblichen Versuche, sofort nach Bamberg vorzudringen, durch, die Situation durch Übersiedlung nach Bischberg zu verbessern. Sie drang darauf, daß die Knaben auch eine höhere Ausbildung als sie die Volksschule gewährt, erhielten. Meine drei Brüder besuchten nach der damals üblichen vollständigen Absolvierung der Volksschule, d. h. ungefähr nach eingetretener Bar Mizwa, zwei bis drei Jahre die Handelsschule in Bamberg, wobei sie jeden Abend nach Bischberg zurückkehrten. Mein Bruder Simon wurde nach seiner theoretischen Ausbildung etwa 1858 in ein Manufakturwarengeschäft nach Aschaffenburg in die Lehre gegeben.

Nachdem das Gesetz vom Jahre 1861 freie Bahn geschaffen hatte, ließ meine Mutter nicht ab, meinen etwas bedenklichen Vater zu bestürmen, sein Domizil nach Bamberg zu verlegen. Ich erinnere mich noch heute, wie mein Vater vorstellte, daß das städtische Leben zu teuer sei und daß, wenn er „mechulle" (zahlungsunfähig) werde, meine Mutter schuld sei. Meine Mutter ließ sich aber nicht irre machen. Und so entschloß sich mein Vater zur Einreichung eines Gesuches um Ansässigmachung in Bamberg. Die Ansässigmachung hatte keine Schwierigkeiten, da der Nahrungsstand meiner Eltern, die bereits für damalige Verhältnisse nicht ganz unbedeutendes Vermögen besaßen, ein gesicherter war. Am Jom Kippur des Jahres 1862 wurde meinem Vater die Ansässigmachungserlaubnis zugestellt. Großes Erstaunen und große Aufregung in der jüdischen Gemeinde! Das war der Beginn des Niedergangs der Gemeinde! Der Exodus setzte sich fort, und nach etwa 20 Jahren war die Gemeinde, die auch einen Teil ihrer Mitglieder durch Todesfälle verloren hatte, auf einige wenige zusammengeschmolzen: wenig wohlhabende, geringe Geschäftsleute und Witwen, die ein kümmerliches Kulturleben führten. Die einst blühende Gemeinde mußte sich, um wenigstens an den höchsten Feiertagen (Rosch Haschana und Jom Kippur) Minjan zu bekommen mit teils aus Bamberg requirierten, teils freiwillig sich einfindenden Orchim (armen Gästen) begnügen. Später verschwanden auch noch die wenigen Zurückgebliebenen. Heute ist in der Gemeinde nur noch eine einzige kleine Familie, mit deren Wegzug oder Erlöschen die jüdische Einwohnerschaft Bischbergs verschwunden sein wird. Ein typisches Beispiel der Aufhebung jüdischer Landgemeinden durch die Stadt.

Es bedurfte einiger Monate, bis die Vorbereitungen zur Übersiedlung getroffen waren. Am 22. Dezember 1862 fand der Umzug statt und zwar in unser neuerworbenes Haus Nr. 522 in der unmittelbar an den „Grünen Markt" anstoßenden Austraße. Neue Verhältnisse traten ein. Das städtische Leben und seine Anforderungen machten sich geltend, so sehr auch meine Eltern und insbesondere mein Vater bemüht waren, einen allzugroßen Umschwung hintanzuhalten. Vor allem wurde das Geschäft auf eine breitere Grundlage gestellt. Mein Bruder Simon kehrte aus Aschaffenburg zurück und verwertete seine im städtischen Betrieb gemachten Erfahrungen. Immerhin blieb das Geschäft auf die bäuerliche Kundschaft, die mittlere städtische und auch die Fabrikbevölkerung eingestellt. Die alte Landkundschaft mußte auch jetzt noch, wenn auch seltener, von meinem Vater aufgesucht werden. Doch war das Geschäft vorwiegend Ladengeschäft. Fremdes Personal hielten sich meine Eltern noch nicht. Meine Brüder Simon und Salomon waren vorerst genügende Hilfskräfte, da auch meine Mutter vielfach im Geschäft tätig war. In Zeiten und Tagen, an welchen es besonders lebhaft zuging, wurden auch wir anderen Kinder requiriert. – Gar manchmal, wenn ich zur Zeit der Messe oder an einem Wochenmarkttage von der Schule nach Hause kam, mußte ich ohne weiteres in den Laden, wenn nicht zur Bedienung von Kunden, so doch zum Aufpassen. Mit Neid schaute ich manchmal, wie meine Mitschüler sich auf den „Plärrer" begaben, um Schaubuden zu besuchen, während ich im Laden beschäftigt war.

Von einer landwirtschaftlichen Tätigkeit konnte natürlich keine Rede mehr sein, nachdem mein Vater seinen ländlichen Grundbesitz einschließlich unseres Hauses – es trug die Nr. 46 – in Bischberg verkauft hatte. Eine Art von Zusammenhang mit diesem Hause besteht insofern noch heute, als die Kaufgeldhypothek in einem Restbetrag von 1000 Mark noch zu Buche steht. Ein Drittel hievon gebührt mir.

Wir durften und beziehungsweise mußten uns noch sonst vorkommenden häuslichen Arbeiten unterziehen. Gar manchmal – da ich schon die Latein-schule besuchte – trug ich klein gespaltenes Holz von der Straße ins Haus oder einen Laib Brot zum Bäcker in die Bäckerbackstube. Einmal begegnete mir bei letzterem Geschäft unser Rektor; da ich die Mütze nicht abziehen konnte, war ich in größter Verlegenheit. Eine bloße Kopfverbeugung zu machen, hinderte mich der auf dem Kopfe getragene Laib Brot. Nun, die Sache ging zur Zufriedenheit aus, der Rektor hat mich gar nicht gesehen. Immerhin nahm ich aus dem Vorfall Anlaß, mich nach Möglichkeit von dieser ehrenvollen Funktion, die nebenbei nichts eintrug, zu „drücken". Dagegen blieb mir die Aufgabe, an Sonntagen bei einem Teil der auf Kredit kaufenden Kundschaft, die hauptsächlich auf den „Bergen" wohnte, Raten-zahlungen einzukassieren, als besonderes Reservatrecht bis gegen das Ende meiner Gymnasialzeit vorbehalten. Oft noch in späteren Jahren war ich im Traume auf diesem Geschäftsgange, wobei ich allerdings die einzelnen Wohnungen nicht mehr wußte und immer froh war, wenn ich erwachte.

Auch der äußerliche Mensch – insbesondere bei uns Kindern – mußte einer Umgestaltung unterzogen werden in Bamberg. In bezug auf Toilette hatte man es auf dem Lande nicht so genau genommen. Da lief man sogar hie und da, wie die anderen Buben, ohne Kopf- und Fußbedeckung auf der Straße herum, wie ein „Schechzle"[13], wie der alte Frummel zu sagen pflegte. Immerhin wurde kein besonderer Luxus getrieben. Und da mein Vater zunächst auch seine Kunden bedenken mußte, und diese nicht die erstklassigsten Schneider oder gar Konfektionäre waren, so waren unsere Anzüge auch nicht erstklassig, wenn auch gegen früher ein Fortschritt nicht zu verkennen war. [...]

Die damalige jüdische Bevölkerung Bambergs betrug 500 – 600 Seelen; ein Teil waren Alteingesessene, ein Teil Zugewanderte. Unter den ersteren waren hauptsächlich die sogenannten „Gewirim" (d. i. Reichen) meist Hopfenhändler.

Ich erinnere mich, daß geraume Zeit hindurch an den Besuchstagen, d. i. Samstagen (damals war der größte Teil der jüd. Geschäfte am Samstag geschlossen), viele jüdische Frauen – die Männer machten regelmäßig keinen Besuch – selbst aus den Reihen der „Großen" zu Besuch kamen.

Da sich aber bald herausstellte, daß wir ein von den Gepflogenheiten der jüdischen Bevölkerung einigermaßen abweichendes Leben führten, auch in bezug auf Toilette uns mehr der christlichen Bevölkerung näherten, nahm man an, daß wir in bescheidenen Verhältnissen lebten, und da auch in Bamberg „vornehm" und „groß" bloße Synonyma für „reich" waren, erkalteten die Beziehungen der „Großen". Wir galten für Bauernjuden. Die christliche Nachbarschaft allerdings war mit unserem Auftreten mehr als zufrieden. Ein uns gegenüber wohnender Großkaufmann Lambrecht, von altem Korn und Schlag, der uns in unserer Tätigkeit aus nächster Nähe zu beobachten reichlich Gelegenheit hatte, sagte einmal zu mir: „Ihr seid christliche Juden, Respekt": Freilich in den Augen der glaubensgenössischen Bevölkerung war dies kein Lob. Der „Makel" wurde im Laufe der Zeit wohl gemildert, aber nie ganz beseitigt. Und selbst als meine Eltern größeren Wohlstand erlangt hatten, und in Wirklichkeit zu den „Großen" gezählt zu werden würdig waren, galten sie nicht für ganz vollwertig. Wir haben es im Leben manchmal erfahren müssen.

„Verkehr" im eigentlichen Sinne mit der christlichen Bevölkerung fand nicht statt, abgesehen von den zufälligen Begegnungen an öffentlichen Orten u. dgl. Ein prononcierter Antisemitismus bestand in damaliger Zeit nicht, und die Bevölkerung war im ganzen tolerant. Da meine Eltern von dem Verkehr mit den „Großen" nur finanzielle Mehrbelastung fürchteten, die „Großen" sich auch, wie erwähnt, um den Verkehr nicht rissen, ein andrer Teil der jüdischen Bevölkerung hinwiederum tatsächlich minderwertig war, blieben für uns nur einige Familien als zum Verkehr geeignet. So kam es, daß der ganze Verkehr ein eng umgrenzter und unbedeutender war. Meine Eltern, die den ganzen Tag angestrengt im Geschäfte und sonst beschäftigt waren, fanden ihren Genuß darin, abends im Kreise der Ihrigen sich zu erholen und sonst nützlich zu beschäftigen.

Hie und da ging man ins Theater, das damals unter einer selbständigen Direktion stand. Ob es besonders gut geleitet war, ist eine andere Frage. Jedenfalls hat es mir im Theater sehr gut gefallen. Es war für jeden von uns ein Festtag, wenn er ins Theater durfte. Ich erinnere mich noch gut, wie mein seliger Bruder Salomon einmal im Theater die „Undine" sah, in welchem Stück, wenn ich nicht irre, auch die „Kalos tinthe chomokrene" (schöne Freuden sprühende Quelle) vorkam. Er war vor Entzücken ganz weg und machte uns den Mund sehr wässerig nach diesem Genusse.

Die Sabbatnachmittage sahen im Sommer auf den „Kellern" etwa ab 4 Uhr einen großen Teil der jüdischen Bevölkerung versammelt. Da wurde ausgepackt, und dann tat man sich gütlich an den Resten des Mittagsmahles, Geschundenem und Pökelfleisch, Zunge, u. a. Schlimmstenfalls taten es auch Käse und Butterbrot. Die Maß (Maß etwas mehr als ein Liter) Bier kostete noch 5 Kreuzer und 15 Pfennige. Der „Hain", ·der „Michelsberg" waren auch damals schon beliebte Erholungspunkte. Zur Altenburg verstieg man sich seltener. Ausflüge machte man an jüdischen Feiertagen nicht. An christlichen fehlte es hiezu in der Regel an Zeit. Bezüglich der letzteren trat gegen früher eine anderweitige Bewertung nicht ein. In der Familie selbst galten nur die jüdischen Feiertage als solche.

Das Geschäft war am Sabbat, jedenfalls anfangs noch, streng geschlossen, wenn auch mein Bruder Simon, der in Aschaffenburg in einem Geschäft tätig war, das an diesem Tage und an den Feiertagen – außer Neujahr und Jom Kippur – geöffnet war, allmählich eine laxere Observanz herbeiführte, an der sich dann auch mein Bruder Salomon beteiligte. Wenn auch der Laden äußerlich geschlossen bleiben mußte, so ließen sie es sich doch nicht nehmen, an solchen Tagen Kunden, die dringenden Bedarf hatten – später auch solche, die überhaupt kamen – zu bedienen. An den Nachmittagen blieben auch sie dem Geschäfte fern und widmeten sich den üblichen Zerstreuungen und der Lektüre. Auf dem Lande wurde es nicht als auffällig empfunden, daß die jüdische Bevölkerung am Sonntag Werktagskleidung trug, da die Juden am Samstag ihren „Schabbes" hatten. Anders in der Stadt: Hier kleidet sich die jüdische Bevölkerung, jedenfalls die bessere, auch an christlichen Feiertagen besser oder ganz festtäglich. [...]

Die Frage der Berufswahl wurde nun brennend.

Mit Rücksicht auf meine Erfolge am Gymnasium einerseits und anderseits aus dem Umstand, daß seit 1870 auch mein Bruder Philipp im väterlichen Geschäft tätig war, so daß irgendein Bedürfnis nach meiner Mithilfe nicht bestand, war man allseits einverstanden, daß ich eine akademische Laufbahn, d. h. einen Beruf mit akademischer Vorbildung ergreife. Das Studium der Medizin lag mir nicht, zumal mein Onkel Dr. Philipp Zenner mich oft vor diesem Berufe gewarnt hatte; er sprach von vieler Mühe und geringen finanziellen Erfolgen. Nun mag freilich seine Lebensgeschichte hierbei das größte Wort gesprochen haben, immerhin verspürte ich auch keine innere Neigung zu diesem Berufe.

Ich für meine Person dachte wohl hie und da an das Studium der alten Philologie. Allein die Aussichten auf eine staatliche Anstellung als Mittelschullehrer waren damals noch äußerst gering, sind ja heute, da das Gesetz über die Gleichberechtigung der Konfessionen vom 3. Juli 1869[14] bald ein halbes Säkulum alt ist, die Aussichten keine besonders glänzenden. Dazu kam, daß meine Eltern von einem Berufe, dessen Chancen nicht zu übersehen waren, nichts wissen wollten. Blieb also praktisch nur das juristische Studium.

Der künftige „Advokat" schwebte meinen Eltern, insbesondere meinem Vater vor. Mein Vater hatte eine Art Respekt vor diesem Stande. Er selbst hatte mancherlei juristische Erfahrungen durch die im Laufe der Jahre geführten Prozesse und sprach gerne von juristischen Dingen. Bei seinen Kunden und Bekannten stand er in großem Ansehen als „Rechtskundiger". Vielfach holten sich die Bauern Rat in Rechtsangelegenheiten und auch in

wirtschaftlichen Dingen bei meinem Vater „der gescheiter sei als alle Advokaten". Unter allen Umständen waren die Ratschläge meines Vaters *billiger*
als jene der Advokaten.

Mit Stolz schaute mein Vater auf den künftigen Advokaten. Ich wäre der
erste in der Familie Silbermann gewesen, der diese Würde bekleidet. Auf
mütterlicher Seite gab es mehr Advokaten und Rechtskundige. So war mein
Großonkel Dr. Karl Feust[15] Advokat. Sein Sohn Philipp war damals Rechtskonzipient, kurze Zeit später wurde er Advokat. Herzfelder, ein Sohn der
Dorothee Herzfelder, einer Tochter von Reitzle Feust war Rechtskonzipient
und wurde noch in den siebziger Jahren ebenfalls Advokat in Augsburg; den
Rechtskonzipienten Epstein habe ich bereits erwähnt. In späterer Zeit
kamen noch dazu Julius Feust und ein Enkel der Dorothee Herzfelder, Karl
Würzburger, ersterer in München, letzterer in Bayreuth.

Ich für meine Person hatte weder eine besondere Zuneigung zur Jurisprudenz, noch eine Abneigung gegen sie. Wollte ich überhaupt – und das wollte
ich – einen akademischen Beruf ergreifen, so blieb ja nach der Lage der Sache
nur die Juristerei.

An den Staatsdienst dachte ich nicht. Damals waren Juden noch nicht zur
Anstellung gelangt. Erst im Jahre 1874 wurde der erste jüdische Richter in
Bayern ernannt. Es war dies der Schwager unseres Vetters Dr. Philipp Feust,
Max Berlin in Nürnberg, der vor einigen Jahren als Oberlandesgerichtsrat
in den Ruhestand trat. Ihm folgte als Assessor bei dem Stadtgerichte München I mein Vetter Adolf Epstein im Jahre 1876. Mit dem Vorsatze, Advokat
zu werden, entschloß ich mich für das juristische Studium.

---

1 Durch die Aufhebung des Matrikelparagraphen 1861 und das Gesetz über die Gleichstellung der Juden 1867 wurde die Emanzipation der Juden Bayerns bis 1871 endlich
  vollzogen. Die Paragraphen über die jüdische Religionsgesellschaft im Gesetz von 1813
  blieben aber bis zum Ende des Kaiserreichs geltendes Recht.
2 Ein Stückchen Mazze, das nach alter Sitte beim Sedermahl von den Kindern entwendet
  und als Glücksbringer bis zum nächsten Jahr aufgehoben wird.
3 Der „lange Tag" ist der Bußtag Jom Kippur, an dem bis Sonnenuntergang gefastet wird.
  Der Feiertag beginnt am Vorabend mit dem Gesang „Kol Nidre" („alle meine Ge-
  lübde"). Die Männer tragen außer dem Gebetsschal (Tallis) den weißen Kittel, in dem
  sie auch begraben werden.
4 Getaufter Jude, Renegat.
5 Manche Forscher führen Holekrasch auf „Hollekreis", d. h. Kreis der Frau Holle,
  zurück.
6 Am Pessachfest ist nur das Essen ungesäuerten Brotes (Mazze) erlaubt, daher wird am
  Vorabend im gründlich geputzten Haus ein zeremonielles Suchen nach Gesäuertem
  veranstaltet, wobei jeweils ein Stückchen „gefunden" werden muß zum Verbrennen.
7 D. h. Kinder, die noch nicht Bar Mizwa waren, brauchten also vor dem 13. Lebensjahr
  an Jom Kippur nur vom Abend bis in den nächsten Vormittag zu fasten. Das war keine

religiöse Pflicht, sondern eine pädagogische Maßnahme zur Vorbereitung auf das ganztägige Fasten der religiös Volljährigen.

8 Sprüche Salomonis 31,10 ff.

9 Sprüche Salomonis 31,26.

10 Neile = schließen (hebr.), Schlußtext des Jom Kippur-Gottesdienstes über die Schließung der Himmelspforten vor Abhaltung des Gerichts.

11 Der jüdische Religionsphilosoph Maimonides (1135–1204) legte die Grundprinzipien des Judentums in 13 Glaubenssätzen nieder.

12 Louise Mühlbach, Pseudonym für Klara Mundt (1814–1873), verfaßte mehrere Dutzend historischer Romane, darunter die wohl hier gemeinten „Kaiser Leopold II. und seine Zeit", 3 Bde. 1860, und „Maria Theresia und der Pandurenoberst Trenck", 4 Bde. 1861 f.

13 Kleiner Christenjunge.

14 Verabschiedet vom Norddeutschen Reichstag, in Bayern durch das Reichsgesetz vom 22. 4. 1871 eingeführt.

15 Karl Feust (1798–1872) war ein Sohn des Bamberger Oberlandesrabbiners, promovierte 1822 in Würzburg zum Dr. iur., war ab 1831 Sekretär der jüdischen Gemeinde Fürth und wurde erst durch die Gesetzgebung von 1848 zur Advokatur zugelassen. Feust gehört zu den ersten jüdischen Jurastudenten und Juristen in Deutschland überhaupt.

6 Leopold Freund

geb. 1808 Badewitz (Oberschlesien)

Leopold Freund, Eine Lebensgeschichte. Breslau 1867 (Druck im Verlag des Autors), 44 S.

Leopold Freund muß nach dem Tod seines Vaters das Gymnasium in Leobschütz mittellos verlassen und begibt sich, seinem Bruder folgend, zu Fuß in die Judenmissionsanstalt des Grafen Recke-Volmerstein in Düsseltal bei Düsseldorf. Seine Hoffnung auf Gewährung einer Chirurgieausbildung erfüllt sich nicht, und er verläßt enttäuscht und ungetauft die Anstalt. In Berlin beginnt er 1828 die Setzerlehre und wird 1831 Schriftsetzer bei Brockhaus in Leipzig. 1834 begründet er eine eigene kleine Druckerei in Breslau, die er nach notvollen Anfangsjahren zur florierenden Verlagsbuchhandlung und Zeitungsdruckerei ausbauen kann. Ab 1842 verlegt er das Handelsblatt und die Breslauer Morgenzeitung. Durch Aufnahme des Anzeigengeschäfts kann er die liberale Morgenzeitung trotz zahlreicher Zensurfehden und Presseprozesse bis auf eine Auflage von 15 000 Exemplaren steigern. Freund vertritt den Typus des gebildeten und politisch engagierten Buchdruckers.

I.

Ich bin in Badewitz, Kreis Leobschütz, im Jahre 1808, am Vorabend des Chanukka-Festes (14. Dezember) geboren. Mein Vater war der Sohn eines frommen jüdischen Kaufmannes und hatte vor Erteilung des Staatsbürgerrechts den Namen Falk Badewitz. Als 1812 der Staat den Juden das Staatsbürgerrecht mit der Bedingung, sich Vor- und Zunamen beizulegen, verlieh, ließ mein Vater sich Valentin Freund nennen. Meine Mutter war eine geborene Pleßner, mit Vornamen Friederike. Sie ruhen beide vereint nebeneinander auf dem jüdischen Friedhofe in Kosel.

Die ersten drei Jahre meines Lebens verbrachte ich auf meinem Heimatdorfe, bis meine Eltern nach der Kreisstadt Leobschütz zogen, wo mein Vater sofort eine jüdische Gemeinde zu begründen begann. Er zog mehrere nähere und weitläufige Verwandten nach Leobschütz, sorgte für das religiöse Bedürfnis und die Erziehung meiner übrigen fünf Geschwister, meiner Brüder Bernhard, Heimann, Salomon und Josef, sowie der Schwester Ernestine. In meinem sechsten Jahre, also im Jahre 1814, engagierte mein Vater den Lehrer Wiener, später Schächter und Kantor der Gemeinde Leobschütz, als meinen Erzieher. Im Jahre 1817 schon gab mich mein Vater zu meinen Großeltern Pleßner nach Kosel, wo der damalige jüdische Lehrer Ring den Ruf eines tüchtigen Pädagogen genoß. In der Schule des Herrn Ring verblieb ich bis zum Jahre 1819. Von da kam ich zu meinem ältesten Bruder Bernhard nach Ratibor, in das soeben begründete Gymnasium, wo ich in Quinta Aufnahme fand. Auch hier sollte ich nicht lange bleiben, ich wurde schon nach einem halben Jahre von meinen Eltern weggenommen und nach Leobschütz auf das Gymnasium gebracht, wo ich bis zum 15. Juli 1827, also fast 7 Jahre verblieb und aus Obersekunda ausschied; wenige Wochen später wäre ich nach Prima versetzt worden. Ich habe bis heutigen Tages meine Vorliebe für dieses Gymnasium behalten und neben mehreren Geschenken für die dortige Schulbibliothek ein Legat für zwei jüdische Schüler des Gymnasiums ausgesetzt.

Im Jahre 1826 am 1. November war mein Vater, der inzwischen nach Kosel verzogen war und dort in vollständigen Vermögensverfall geriet, verstorben und meine Mutter, die mit meinem Bruder Salomon das Geschäft fortsetzte, war nicht imstande, das Wenige, welches ich bei Lebzeiten meines Vaters zum Studium empfangen, mir weiter zu geben. Ich war nämlich schon bei Lebzeiten meines Vaters jahrelang auf meine eigenen Kräfte und auf die Unterstützung der mit mir weitläufig Verwandten in Leobschütz angewiesen. Dieser Zustand wurde mir nach dem Tode meines Vaters unerträglich, und ich wollte, arm und verlassen, wie ich war, nach Breslau oder Berlin, um entweder weiter zu studieren oder sonst etwas zu lernen.

Zu damaliger Zeit war mein Bruder Josef in Düsseltal bei Düsseldorf in

der Anstalt des Grafen Recke-Volmerstein[1], wo er Tischler lernte und vom
Judentum zum Christentum übergegangen war. Dies Beispiel lockte. Josefs
wenige Briefe von dort an die Mutter waren verlockend, und ich dachte,
wenn in Breslau oder Berlin nichts sei, schlimmstenfalls nach Düsseltal zu
gehen, um vielleicht die Akademie in Düsseldorf zu besuchen oder anderweitig Unterkommen zu finden. Aber wie anders war es dort!

Ich ergriff mit einigen Kleidungsstücken, geringer Wäsche und etwa 6 bis
7 Taler Barschaft den Wanderstab und ging vorerst am 25. Juli aufs Unge-
wisse nach Breslau. Hier fand ich, außer meinem Cousin Eduard Pleßner,
der zu der Zeit das Maurerhandwerk lernte, niemanden, der sich meiner
annahm. Er selbst war teilweise auf Hilfe Fremder angewiesen. Ich beschloß
daher, weil mir der Aufenthalt in Breslau zu teuer war, bis Neumarkt zu
gehen, von da aus an Josef anfragend zu schreiben, ob ich in Düsseltal
Aufnahme fände, und wenn ja, ob er mir Reisegeld schicken könne. Ich
kehrte in ein Vorstadt-Wirtshaus ein, schlief für einen halben Sgr. auf der
Streu und lebte dort täglich für etwa 5 Sgr. Ich wartete eine Woche auf
Antwort von Josef, ich wartete noch eine lange, bange Woche, es kam kein
Brief. Mein Bruder war nämlich inzwischen von dort weggereist. Es blieb
mir aber nichts weiter übrig, als wiederum den Wanderstab zu ergreifen, und
nach Berlin zu gehen. Ich wanderte zehn Tage lang und kam endlich an
einem heißen Augusttage in Berlin an.

Mit meinem Ränzel auf dem Rücken kam ich Unter die Linden, noch
ohne Zweck und ohne Bestimmung, als mich ein junger Mann ansprach und
fragte: „Du bist wohl Leopold aus Leobschütz?" Durch einen glücklichen
Zufall fand mich mein Bruder Josef, der, wie oben erwähnt, die Anstalt in
Düsseltal als Tischlergeselle verlassen hatte. Er brachte mich in sein Quartier, führte mich zu einigen Landsleuten und weitläufigen Verwandten,
namentlich zu einem früheren Buchhalter meines Vaters, Herrn Josefson,
dessen Frau, eine geborene Loewenberger aus Brieg, mich sehr freundlich
aufnahm.

Ohne Hilfe jedoch, alleinstehend in der Welt, wollte ich meinen Plan,
nach Düsseltal zu gehen, nicht aufgeben; ich wußte ja nichts anderes; was
sollte ich in der großen, mir unbekannten Stadt. Ich glaubte also, um etwas
werden zu können, mich taufen lassen zu müssen. Mein Bruder hatte mich
behufs dessen unter andern auch bei dem Professor der Jurisprudenz Bethmann-Hollweg[2], dem späteren Minister des Unterrichts, eingeführt. Derselbe lud mich für den Abend in seine Betstunde ein und bestellte mich auf
den andern Tag. Ich erschien zur bestimmten Zeit. „Junger Mann", redete er
mich an, „Sie wollen nach Düsseltal gehen, Sie wollen ein wahrer Mensch
werden, Sie wollen Ihr Seelenheil retten, gehen Sie in Jesu Christo; hier
haben Sie eine Anweisung an unsern Kassierer, der wird Sie mit Mitteln
versehen, daß Sie eine Fußreise nach Düsseldorf machen können und
überdem werden Sie mit zwei anderen angehenden Proselyten reisen; und
nun machen Sie uns und allen guten Christen Freude."

Ich ging mit schwerem Herzen zum Kassierer der Gesellschaft, dem Tapezierer Wohlgemuth, in der Scharrenstraße Nr. 11. Dort bekam ich einige salbungsvolle Reden, einige Traktätchen, Reise-Instruktion und -Route nebst Geld, und wurde meinen Reisegefährten zugewiesen. Am andern Morgen reisten wir drei mit der Landkutsche nach Brandenburg und von da weiter zu Fuß. Meine Reisegefährten waren der jetzige Buchdruckereibesitzer Sittenfeld in Berlin, geboren im Königreich Polen, erzogen in Brieg, und ein Posener, junger, kräftiger Mensch, namens Buchwald, so wie ich ohne allen Anhalt. Wir befreundeten uns rasch; waren wir doch im Jünglingsalter, ich noch nicht 18 Jahre, die beiden Schicksalsgenossen in fast gleichem Alter.

Von Brandenburg wanderten wir über Magdeburg, Halberstadt, Hildesheim, Minden, Herford, Bielefeld, Soest, Unna, Hagen, Elberfeld nach Düsseltal. Ich hatte mich schon in Unna vom meiner Reisegesellschaft getrennt, weil ich das Befehlshaberische unseres Mitreisenden Sittenfeld nicht ertragen mochte. Nach fünfzehntägiger Wanderschaft klopfte ich an die Pforte des früheren Klosters Düsseltal, welches Graf Recke in eine Anstalt zur Rettung verwahrloster Knaben und Mädchen des Rheinlandes und Westfalens und zur Anstalt für „Bekehrung junger Israeliten zum Christentum" verwandelt hatte. Am andern Morgen wurde ich zum Grafen beschieden, der meine Briefe las und mich fragte, ob ich geneigt sei, zum Christentum überzugehen und was ich werden wollte. Als ich dem Grafen die erste Frage bejaht und die andere dahin beantwortet, ich möchte die seit kurzem begründete Akademie in Düsseldorf besuchen oder mich mindestens als Chirurg I. Klasse in Bonn ausbilden, zerstörte er mir meine Pläne mit der Frage: „Haben Sie die Mittel, die Akademie in Düsseldorf oder die Universität zu besuchen, um das eine oder das andere zu werden?" Als ich diese Frage verneinte, sagte der Graf, „dann wählen Sie sich eine von den in der Anstalt sich befindenden Professionen, entweder Tischler, Schlosser, Schneider, Schuhmacher oder eine dergleichen." Mich ergriff ein Schauer, dazu war ich bis nach Prima eines Gymnasiums gekommen? Doch was sollte ich armer Verlassener machen? Ich wählte die Tischlerei.

Obschon eine humane Behandlung der Werkführer in den Werkstätten der Anstalt stattfand, weinte ich vor Schmerz, als ich am ersten Abend mich auf mein rauhes Lager legte. Ich dachte an meine Jugendpläne; und nun, mit Verleugnung meines religiösen Gefühls, die Aussicht, nach langen drei Jahren ein simpler Tischler zu werden!

Ich beschloß in der ziemlich schlaflosen Nacht, mir alles erst hier anzusehen und nach den gemachten Erfahrungen zu handeln. Der Hausvater Bormann, ein Pietist im wahren Sinne des Wortes, d. h. im Äußern fromm, demütig und scheinbar tadellos, ermunterte mich zum Übertritt und so ging ich auf Kommando früh und Abend in die Betstunden, freute mich jedoch innerlich als ich hörte, mit der Taufe habe es Zeit.

Inzwischen waren auch Sittenfeld und Buchwald eingewandert, ersterer wählte auch die Tischlerei, letzterer die Schneiderei zu seinem Lebensberuf. Das einförmige klösterlich-militärische Leben in der Anstalt wurde mir bald überdrüssig, um so mehr, als ich mich mit der trockenen Lehre des Religionsunterrichts plagen mußte, die vielen Augenverdrehereien des Anstaltspastors Schmidt mich anwiderten und ich nur sehr ungern an die Hobelbank ging. Doch es mußte eben noch gehen, ich hobelte, schruppte, stemmte und hungerte; denn das Anstaltsessen glich nämlich mehr der Gefangenenkost.

So vergingen Wochen auf Wochen, zur Lektüre bekamen wir Traktätlein auf Traktätlein, die mich für das Christentum keineswegs einnahmen, sondern durch ihren mystischen Inhalt, unbedingtes Unterwerfen an den krassesten Glauben mich mehr und mehr dem Christentum abwendig machten. Ich ging zwar noch in die Erbauungsstunden und Sonntagspredigten, aber alles dies erhöhte meine Sehnsucht, aus Düsseltal fortzukommen und dem Glauben meiner Väter treu zu bleiben.

Sittenfeld war eines Tages, ich weiß nicht aus welchem Grunde, nach Elberfeld hinübergereist und hatte mir erzählt, daß dort der oberste Sitz der Gesellschaft zur Beförderung des Christentums unter den Juden[3] sei. Daraufhin sann ich mir einen Plan aus. Festhalten konnte man mich in Düsseltal nicht – also fort aus dieser Bekehrungsanstalt; aber ohne Mittel, ohne einen Groschen Geld! – Ich fing jetzt von meinen wenigen Groschen, die ich in der Anstalt erhielt, zu sparen an, schrieb noch bis spät abends für einige Gesellen der Anstalt Briefe nach ihrer Heimat, machte Überstunden, um einige Groschen extra zu verdienen und erbat mir eines Tages Urlaub vom Herrn Grafen für Elberfeld. In Elberfeld war ich an Herrn Kaufmann Schniewindt gewiesen, ihm teilte ich vertrauensvoll meine Lage mit, wie ich in Düsseltal nicht länger bleiben könne und lieber nach Berlin zurückwolle, um mich dort, meinen Kenntnissen angemessener auszubilden. „Was wollen Sie denn nun werden?", fragte mich der freundliche, das wahre Christentum im Herzen tragende alte Herr. „Ich will Chirurgie studieren oder, wenn das nicht zu erreichen, irgendeine Kunst erlernen, z. B. Schriftsetzer oder dergleichen, wo mir mein erlerntes Griechisch und Latein nützen könnte." Darauf wies mich Herr Schniewindt an Herrn Kaufmann Müller, den Schatzmeister des Vereins und nach einer unter Tränen bang durchwachten Nacht erhielt ich am andern Mittag das ersehnte Reisegeld nach Berlin in 10 Taler ausgezahlt, mit der Weisung, der Graf würde davon unterrichtet und ich aus der Anstalt entlassen werden. Ich flog mehr von Elberfeld nach Düsseldorf als ich ging, Gott für seine Gnade dankend, und spät abends kehrte ich in die Anstalt ein, tiefmüde von dem viereinhalb Meilen langen Fußweg.

Am andern Morgen wurde ich zum Grafen befohlen, der von Elberfeld aus schon von allem unterrichtet war. Der Graf, ein seelenguter, frommer, sanfter Mann, der Inbegriff des Christentums in allen seinen Handlungen und Äußerungen, ermahnte mich, meinen Vorsätzen treu zu bleiben, ein guter Mensch zu werden, und versicherte mich seiner Zuneigung und Hilfe auch für Berlin.

In den ersten Tagen des Januar 1828, an einem hellen, schönen Tage verließ ich die Anstalt, beneidet von Sittenfeld, Buchwald und noch vielen andern. Sittenfeld hatte ich meinen Plan mitgeteilt, in Berlin die Schriftsetzerei zu erlernen, und dies bestimmte ihn auch, später in der Traktätchen-Druckerei in Elberfeld sich dieser Kunst zu widmen. Man ließ mir, als ich mich bei dem Inspektor Bormann verabschiedete, meine in der Anstalt bekommenen Commissachen, eine graue ordinäre Tuchjacke, dergleichen Hose und Weste und, was die Hauptsache für die 70 Meilen lange Fußreise war, zwei Paar gute Lederschuhe. Ich schnallte mein 50 Pfund schweres Felleisen auf und verließ, frei wie der Vogel in der Luft, die stets geschlossene Pforte der Anstalt. Ich ging nach Düsseldorf im Sturmschritt, mich noch fürchtend, es könnte Contreordre kommen, ließ in Düsseldorf mit dem Erlaubnisschein des Herrn Grafen in der Hand, meinen Paß als Gymnasiast nach Berlin über Frankfurt a. M. visieren und ging noch nämlichen Tages den Rhein hinauf nach Köln. So nahe am Rhein, wollte ich, wißbegierig, wie ich war, die Rheinreise, wenn auch unter Opfern an Geld und Füßen machen. So gelangte ich in wenigen Tagen über Koblenz, Mainz nach Frankfurt.

In Frankfurt, das erfuhr ich zufällig dort, besteht eine jüdische Gesellschaft zur Unterstützung gebildeter oder gelehrter jüdischer Reisender. An diesen Verein wandte ich mich, und mein Vermögen von circa 12 Talern, das ich in Düsseltal besessen, wurde durch eine Unterstützung von 5 Talern vermehrt.

Mit der weisesten Sparsamkeit wanderte ich nun von Frankfurt über Kassel, Nordhausen, Stolberg, Harzgerode, Bernburg nach Magdeburg, Berlin zu. Ich hatte absichtlich diesen weiteren Weg gewählt, weil ich wußte, daß mein zweiter Bruder Heimann als jüdischer Lehrer in Bernburg fungierte. Er war seit dem Jahre 1818 aus der Heimat fortgegangen, er war in den Jahren 1812–1815 freiwilliger Jäger in Lützows Scharen gewesen und dort, wie so viele andere, für das gesellschaftliche Leben ganz unbrauchbar geworden. Er fristete, nachdem er eine Handlung, die ihm mein Vater in Leobschütz etabliert, ruiniert hatte, als Lehrer, vagierend, sein Leben. In Bernburg fand ich ihn wieder. Die Erkennungsszene wird mir unvergeßlich sein. Nach mehreren Tagen Aufenthalt ergriff ich den Wanderstab und ging meiner künftigen Lebensbestimmung entgegen. Auf meiner Fußreise nach und von Düsseltal, die an 170 Meilen betrug, hatte ich reiche Lebenserfahrungen gesammelt, mein Selbstvertrauen wuchs, ich lernte Ausdauer und Sparsamkeit; denn ich sah, wie wenig andere, minder begünstigte, die mit mir reisten, zum Leben brauchten.

II.

An einem trüben Tage des sehr milden Winters 1828, Ende Januar, kam ich zum zweiten Male nach Berlin, um, diesmal mein ferneres Lebensziel fest im Auge behaltend, etwas zu werden, es koste, was es wolle. Ich nahm mir, Gott im Herzen, vor, wenn auch hungernd, zu beten und zu arbeiten, aber etwas zu werden.

In Berlin angekommen, ging ich zu der früheren Wirtin meines Bruders Josef, zur Frau Kuhfahl, Schlafstellwirtin in der Mittelstraße Nr. 36 und zu meinem wahren Freunde Josefson, damals am Mühlendamm wohnend. Ihm teilte ich vertrauensvoll meine Lage mit, ich wollte unter keinen Umständen Christ werden, wollte als Jude studieren, wenn das nicht ginge, ein Gewerbe oder eine Kunst lernen. Nachdem Herr Josefson mich überzeugt, daß man ohne Mittel nicht studieren könne, schlug er vor, irgendein Gewerbe zu erwählen. Ich entschied mich für meinen alten Plan, Schriftsetzerei zu erlernen, und sofort führte mich Herr Josefson zu dem Pflegevater des „Israelitischen Vereins zur Förderung und Erlernung der Handwerke unter den Israeliten", Herrn Ullmann. Dieser, allen Berlinern von damals bekannte alte und wohltätige Herr, brachte mich zu Herrn Leopold Krause, Adlerstraße Nr. 6, jetzt Geh. C. R. Littfaß, und nach kurzen Unterhandlungen war ich, Ende Januar 1828, wohlbestallter Setzerlehrling bei Herrn Krause unter Leitung des Faktors Hardt mit einem Taler Kostgeld pro Woche. In Schlafstelle blieb ich bei meiner Frau Kuhfahl für 10 Sgr. wöchentlich und von 20 Sgr. mußte ich nun sieben lange Tage leben. Häufig aß ich tagelang Kommißbrot, das ich von Soldaten kaufte, und eine Kartoffelsuppe. Herr Ullmann sagte mir, der Verein könne erst, nach vielen bösen Erfahrungen, dann für mich etwas tun, wenn man sich nach längerer Zeit überzeugt hätte, daß ich brav sei, und wirklich etwas lernen wolle. Trotz meines Hungers und sonstiger Not, blieb ich meinen Vorsätzen treu, und nach drei Monaten schon fing der Verein an, tätig für mich zu sein. Ich erhielt bei Präsident Jacobson[4] einen erledigten Tisch, d. h. ein Mittagsbrot wöchentlich und von sechs andern Wohltätern – die Ehrenmänner heißen: „Joachimsthal, Veit, Redakteur Josef Lehmann, Referendarius Löwenberger (jetzt Obertribunalsrat in Berlin), Ludwig Lesser (Schriftstellernamen Lieber) und Kaufmann Schayer" – Stipendien von 10 Sgr. bis einen Taler monatlich. Kurze Zeit darauf verschaffte mir Herr Josefson abermals wöchentlich zweimaligen Tisch bei Herrn Juwelier Rieß in der Spandauer Straße – gesegnet sei sein Andenken – und endlich auch noch einen Tisch bei Herrn Adolph Schayer. So hatte ich nur viermal wöchentlich wenigstens warmes Mittagbrot und bei Herrn Rieß und bei Präsident Jacobson mehr als reichlich. Stiefel und einige Kleidungsstücke bekam ich vom Verein. Frohen Mutes trieb ich mein Gewerbe mit einem Eifer, daß ich schon nach einjähriger Lehrzeit zu schwierigem Satz herangezogen werden konnte und nach eineinhalbjähriger Lehrzeit 1⅔ Taler Kostgeld und den „Kurier", ein mit 4 Oktavseiten täglich erscheinendes kleines Feuilletonblatt, redigiert von Saphir,[5] zum Nachtsetzen bekam. Damals waren die Theaterrezensionen noch so sehr Bedürfnis des leselustigen Publikums, daß dieselben noch nach unmittelbar beendigtem Theater geschrieben, in der Nacht gesetzt, korrigiert und am anderen Morgen früh vier Uhr gedruckt, um sieben Uhr zur Ausgabe gelangten. Die jetzige Generation weiß wenig oder nichts mehr von Saphir, aber jedes Konversationslexikon wird über diesen jüdischen, humoristischen Schriftsteller Auskunft geben. Er lernte mich bald kennen und fand den gebildeten Setzer in mir heraus. Auch er wendete mir manches zu, denn er hatte ein gutes Herz, aber ein Herz, das mit dem Verstande häufig davonging. Oft, wenn er zu bequem war, gab er mir sein Theater-Passepartout, und ich schrieb die Rezension selber, die ich später setzte und korrigierte. Hier kann ich einen Freund Saphirs, seinen Unterredakteur Eduard Oettinger nicht vergessen, der mir auch viel Liebes und Gutes erwies, und sich, wo er nur konnte, meiner freundlich annahm.

Schon zu jener Zeit wandte ich mich an einen Freund Saphirs, Doktor Herlossohn nach Leipzig und lieferte ihm, unter dem pseudonymen Namen „Leopold Klarissa", Korrespondenzen aus Berlin für sein belletristisches Journal „Komet". Der ältere von den beiden Herren Borchert ist wohl der einzige in Breslau lebende, welcher meine damaligen Korrespondenzen gelesen, und der mich noch heut mit dem Namen Klarissa neckt. [...]

Durch unsere Druckerei, die sämtliche Arbeiten der königlichen Theater lieferte, war ich mit den Theaterverhältnissen sehr vertraut geworden und später zu der unverdienten Ehre gelangt, Chef einer Claqueurgesellschaft zu werden, die ich für den Bruder des Generalmusikdirektors Meyerbeer, den reichen Bankier Beer, im Interesse seiner Geliebten, der Solotänzerin Mies St.-Romain, welche damals die gefährliche Nebenbuhlerin Fanny Elslers war, organisierte. Es waren fast nur Studenten der verschiedenen Fakultäten und von mir sehr gut instruiert, und häufig überflügelten wir, durch donnernden Applaus, zweckentspechend angebracht, die größere Anzahl der Elsler-Enthusiasten vom Garde du Corps und sonstigen Offizieren.

Nichtsdestoweniger machte ich aber auch gute Fortschritte in meiner Kunst, und nachdem ich fast vier Jahre fleißig und tüchtig gelernt, ging ich nach einem sehr ostensiblen Auftritt mit meinem etwas verbissenen Faktor Hardt, ohne daß mir von meinem Lehrprinzipal Gerechtigkeit wurde, ohne Genehmigung desselben, Anfang September 1831 von ihm ab. Ein Jahr vorher war ich zum 20. Landwehrregiment als Landwehrrekrut ausgehoben und einexerciert worden.

[Aus Freunds späterer Tätigkeit als Breslauer Zeitungsverleger:]

Bei dem hiesigen Theater war der frühere Redakteur des „Danziger Dampfboots" Dr. J. Lasker als Dramaturg angestellt. Die Theaterdirektoren

Nimbs, Reimann und Kießling konnten das Geschäft nicht zu dem gewünschten Resultate bringen und trennten sich im Jahre 1852; dadurch wurde auch Lasker unhaltbar. Reimann sprach mit mir, ob ich nicht geneigt wäre, Lasker als Redakteur meines „Anzeigers" zu engagieren. Ich ging auf den Vorschlag ein, und Lasker machte aus dem Blatte, das bisher nur Polizei- und Lokalnachrichten, namentlich viel Belletristik enthielt, ein Blatt, das obige Abteilungen nur nebenbei, hauptsächlich aber kurze politische Artikel im liberalen Sinne, brachte. Am Dienstag, den 29. März 1853 setzte ich zu dem schon bekannten Titel als Überschrift noch hinzu: „Kleine Morgenzeitung"; ein Name, der, obschon seit acht Jahren von der Zeitung verschwunden, noch heute im Munde des Volkes als Bezeichnung meiner Zeitung gilt.

Die Redaktion Laskers war, was den belletristischen Teil anlangte, ganz vorzüglich, wenig oder gar nicht genügte seine schwankende politische Ansicht. Kurze Zeit nach seinem Eintritt erhielt der Polizeirat Werner, der mit mir den „Anzeiger" begründet, den Befehl seiner Behörde, von der Redaktion auszuscheiden, weil nach den inzwischen erlassenen Gesetzen kein Beamter als Redakteur fungieren sollte. Es wurden ihm die direkten Mitteilungen der polizeilichen Nachrichten entzogen und so konnte er für das Blatt gar nichts mehr tun. [...]

Sowohl die Auflage des „Anzeigers" unter Lasker, als auch die Anzahl der Inserate wollten durchaus nicht vorwärts. Ich sah ein, daß ein Blatt ohne Inserate, wenn auch noch so gut redigiert, niemals Faveur nehmen könne. Wie aber zu diesen kommen? Zu dieser Zeit existierte ein „Tagesanzeiger" an den Straßenecken, von Ed. Groß herausgegeben, welcher ein ansehnliches Inseratengeschäft machte. Ich entschloß mich daher, dergleichen in Verbindung mit meiner Zeitung herauszugeben und zwar so, daß derjenige, der in der „Kl. Morgenzeitung" inserierte, das Inserat in dem Straßenplakat umsonst eingerückt bekam. Ich arbeitete den Plan dazu in Karlsbad aus, kam am 30. August 1855 nach Breslau zurück und am 1. September desselben Jahres erschien die erste Nummer des „Straßen-Anzeigers" unter oben angeführten Modalitäten. Dieses Unternehmen, obgleich von Lasker nicht gebilligt, schlug ein. Am 1. September waren noch wie gewöhnlich ¼–½ Seite Inserate in der Zeitung. Acht Wochen später schon 2 Seiten, und so ging es fort und fort mit steigendem Erfolge. Nicht minder stieg die Auflage, und Ende 1859 figurierte ich schon mit über 5000 Auflage – ein in Breslau unerhörter Erfolg.

1 Adalbert Graf von der Recke-Volmerstein (1791–1878) übernahm 1822 das ehemalige Trappistenkloster Düsseltal und unterhielt dort neben einem Heim für gefährdete Jugendliche eine pietistische Ausbildungsstätte für taufwillige jüdische Lehrlinge.
2 Moritz August von Bethmann-Hollweg (1795–1877) war ab 1823 Juraprofessor in Berlin und gehörte zum pietistisch-konservativen Freundeskreis Friedrich Wilhelms IV. Er

begründete den Deutschen Evangelischen Kirchentag und fungierte 1858–1862 als preußischer Kultusminister.

3 Gegründet Berlin 1822.

4 Israel Jacobson (1768–1828), Braunschweigischer Hofagent und Präsident des jüdischen Konsistoriums im Königreich Westfalen, setzte ab 1815 seine Bestrebungen zur Reform des Judentums in Berlin fort, wo die Regierung seine Synagoge jedoch 1823 schließen ließ.

5 Moritz Saphir (1795–1858) war ein bekannter österreichischer Satiriker und Kritiker, der nach vorübergehenden Aufenthalten in Berlin und München ab 1837 in Wien das Blatt „Der Humorist" herausgab. Er ließ sich 1832 taufen.

7 Ahron ben Moscheh Kirschner

geb. 1827 Beuthen (Oberschlesien)

Emanuel Kirschner, Erinnerungen aus meinem Leben, Streben und Wirken. Wörishofen 1933, 251 S. Mit Nachträgen seines Sohnes, New York 1947.

Der folgende Auszug aus den Memoiren des Münchner Kantors Prof. Emanuel Kirschner (1857–1938) schildert seine Kindheitserlebnisse als Sohn eines armen Bäckers in Oberschlesien. Ahron ben Moscheh Kirschner, der spätere Vater des musikalisch hochbegabten Sohnes, erlernt das Bäckerhandwerk und führt erst in Rokittnitz, dann in Karf bei Beuthen einen Laden, der vor allem der polnischen Landbevölkerung Oberschlesiens dient. 1868 zieht er mit Frau und 10 Kindern nach Beuthen. Sein kleiner Bäckerladen ist nicht nur zugleich Wohn- und Schlafzimmer der Familie, sondern muß auch das Klavier des sich zum Kantor ausbildenden Sohnes aufnehmen. Das Verhältnis der orthodox lebenden Familie zu den Priestern und der Bevölkerung wird positiv dargestellt.

Mein Vater Ahron ben Moscheh Kirschner wurde von meiner Großmutter Liesel, geb. Dresdner, in Beuthen, Oberschlesien, am 2. März 1827 geboren. Nachdem er die Volksschule verlassen und das Bäckergewerbe erlernt hatte, ging er in die Fremde, durchzog Deutschland als fechtender[1] oder arbeitender Handwerksbursche bis Danzig, von wo er in die Türkei auswandern wollte. Paßschwierigkeiten jedoch verhinderten nicht nur die Ausführung dieses Planes, sie veranlaßten auch die Behörden, meinen Vater in die Heimat abzuschieben. Hier betätigte er sich in seinem erlernten Berufe bis zum 26. Lebensjahre, in dem er Gelegenheit fand, ein Kolonialwarengeschäft in Rokittnitz, einem zwei Wegstunden von Beuthen entfernt gelegenen Dorf zu übernehmen.

Damals, 1853, war Rokittnitz noch ein unansehnliches Dorf mit polnisch sprechender, wenige 100 Seelen zählender Bevölkerung, deren männlicher Teil zumeist aus Grubenarbeitern bestand. Ihr kulturelles Niveau ließ zwar viel zu wünschen übrig, sie waren jedoch harmlos und gutmütig, allerdings nur in nüchternem Zustand.

War aber Löhnungstag gekommen, klimperte in den Taschen der im dunklen, feuchten Schoß der Erde, in Erz- und Kohlenschächten schwer verdiente Sold, dann galt der erste Besuch in der Regel dem Wirtshaus, in dem oft bis zur Besinnungslosigkeit Schnaps getrunken wurde. Bei jenen, die torkelnd heimgekommen waren, entlud sich der Rausch nicht selten in Mißhandlungen von Frau und Kindern. Aber trotzdem entwickelte sich zwischen Vater und der katholischen Bevölkerung ein so inniges, auf Vertrauen begründetes Verhältnis, daß es in unseren Tagen mit ihrer konfessionellen und politischen Verhetzung wie ein Märchen aus uralten Zeiten anmutet. Solches Vertrauen konnte sich Vater nur erwerben durch streng reelle Geschäftsführung, durch uneigennützige Beratung in Leid und Freud und als stets hilfsbereiter Mensch. [...]

Deutsch wurde nur gesprochen im Elternhaus und in einer zweiten jüdischen Familie des Orts, des Kretschaminhabers[2] Grätzer, doch blieb die Umgangssprache mit der Bevölkerung die polnische, die wir schließlich sicherer beherrschten als die deutsche. Auch hebräische Laute drangen schon frühzeitig an mein Ohr durch meinen sangesfrohen Vater, der mit seines tiefen Basses Grundgewalt, neben dem deutschen und polnischen Volkslied, vor allem den Synagogengesang pflegte. Auch wurde uns Kindern an jedem Morgen von Vater oder Mutter der erste Abschnitt des „Schema Jisrael"[3] vorgesprochen, den wir nachsprechen mußten. [...]

Ein mehrere Kilometer weit sich erstreckender Wald war durchschnitten von einer Landstraße, die Rokittnitz mit dem nächstgelegenen Dorf Miechowitz verband. Dort wohnten mehrere jüdische Familien, die, insbesondere an den Feiertagen, ein Minjan zusammenbrachten, bei dessen gottesdienstlichen Veranstaltungen mein Vater als Baal Tefilla[4] vorbetete. Um aber an Sabbaten und Feiertagen von einem Ort zum anderen gelangen zu dürfen, mußte ungefähr auf halbem Wege „Eruw"[5] gelegt werden. Dieser Pflicht genügte mein Vater, indem er am Rüsttage, am Erew Jontew, eine Mahlzeit auf einen Baumzweig niederlegte. Aber oft war schon am nächsten Tag dieser Eruw durch Tiere des Waldes verschwunden, die sich ihn als gefundene Atzung gut schmecken ließen. [...]

Im Gegensatz zu allen anderen Festen, mußten die Eltern am Jom Kippur in Miechowitz übernachten. Wir Kinder waren zwar bei Sofie in guter Hut, aber Haus und Hof mußten diese Nacht herrenlos bleiben. Um nun diebische Elemente fernzuhalten, verfiel mein Vater auf den glücklichen Gedanken, den Bock zum Gärtner zu machen. Er bestellte den ebenso bekannten wie berüchtigten Spitzbuben Pieczek zu sich, fragte ihn, ob er ihm das Haus zur Bewachung anvertrauen könne, worauf Pieczek stolz antwortete: Panoczku (Herr), wo *ich* wache, wird kein Dieb wagen, auch nur den geringsten Gegenstand anzurühren. Dieser Mann hatte Charakter, hielt sein Wort, und so oft er auch den Wächterdienst übernommen haben mag – niemals vergriff er sich an unserm Eigentum, noch durften es andere tun. Ich bin überzeugt, auch ohne diesen Schutz wären wir von der gesamten bäuerlichen Bevölkerung treu behütet worden; denn nur zu oft fanden meine Eltern Gelegenheit, Not zu lindern, Verarmten wieder aufzuhelfen.

Es gehörte nicht zu den Seltenheiten, daß Bauern, die durch Mißwirtschaft heruntergekommen waren, Vater den Vorschlag machten, ihren Grundbesitz bei ihm einzutauschen gegen die Verpflichtung lebenslänglicher Verköstigung. Bei Annahme dieses Vorschlages hätte mein Vater der größte Grundbesitzer des Dorfes werden können. Er zog aber vor, auch weiterhin in bescheidenen, wirtschaftlichen Verhältnissen zu leben, durch Redlichkeit in Handel und Wandel das Vertrauen der Ortsbevölkerung zu erwerben und zu erhalten und nicht Reichtümer anzusammeln auf vorher angedeutete Weise.

[1865 ziehen die Eltern der besseren Schulbildung der Kinder wegen nach Karf bei Beuthen.]

Der zweieinhalbjährige Aufenthalt in Karf brachte uns Kindern, die wir täglich nach Beuthen zur Schule, in der Regel auf Schustersrappen, traben mußten, mancherlei mehr oder weniger erfreuliche Abwechslung. Im Sommer, bei schönem Wetter, war es eine Lust, zwischen wogenden Getreidefeldern, an der Theresiengrube vorbei barfuß zur Stadt zu laufen. Im Gegensatz zur friedliebenden Rokittnitzer Dorfjugend zeichnete sich ein Teil der Burschen, die in der Theresiengrube beschäftigt waren, durch außergewöhnliche Roheit aus. Von solchen Banditen wurden wir auf dem Heimweg, glücklicherweise nicht oft, überfallen mit den Worten: „Jude, gib etwas her, oder wir erschlagen dich wie einen Frosch!" In Ermangelung von Geld lösten wir uns mit Stahlfeder, Federhalter oder Griffel aus, und im Laufschritt durften wir weiter dem Elternhause zueilen, wo Mittag- und Abendessen, in einer ausgiebigen Mahlzeit vereinigt, unserer harrte. [...]

Der Krieg gegen Österreich vernichtete die Existenzmöglichkeit meiner Eltern in Karf. Viele Schuldner meines Vaters, die ins Feld gerückt waren, konnten nach ihrer Heimkehr ihren finanziellen Verpflichtungen nicht mehr nachkommen. So schwand die Reserve, das in Rokittnitz durch Fleiß und Sparsamkeit erworbene Kapital, dahin wie Schnee an der Sonne. Die geschäftlichen Verbindungen, die, wie bereits erwähnt, mit Kunden in Beuthen bestanden, veranlaßten meinen Vater nach seinem geschäftlichen Zusammenbruch in Karf, Bäckerei und Wohnung aufzugeben, und in Beuthen den Wiederaufbau seiner Existenz in Angriff zu nehmen.

Im Jahre 1868 fand, nach zweieinhalbjährigem Aufenthalt in Karf, unsere Übersiedlung nach Beuthen statt. Dort hausten die Eltern mit 10 Kindern, einem Dienstmädchen und einem Bäckergesellen in einer Wohnung, die aus einem Bäckerladen, einer Wohnküche, einer fensterlosen, dunklen Kammer und aus einer Backstube bestand. Diese Wohnung bildete das an der Kirchgasse gelegene Rückgebäude, dessen bis zum Ring reichendes Vorderhaus von dem Besitzer des ganzen Anwesens, Kaufmann C. S. Guttmann, zu Geschäfts- und Wohnzwecken benutzt wurde. Der Bäckerladen, hinter dessen mit falschen Münzen beschlagenem Ladentisch meine Mutter schon von frühestem Morgen an knusprige Semmeln und frischduftende Brotlaibe feilbot, diente ebenso als Schlafzimmer für die Eltern wie als Speisezimmer für die ganze Familie. Hinzu kam noch als täglicher Mittagsgast entweder ein auswärtiger, die Beuthener Schule besuchender Schüler oder ein durchreisender Fremder, alias Schnorrer.

Häufig betraten langbärtige, ehrwürdige Greise, aus dem nahen Polen stammend, unsern Laden, entnahmen ihrer Kaftantasche einen Salzhering, der mit frischem Brot und Zwiebeln ihr lukullisches Mittagsmahl bildete. Als Kaufleute – sie waren zumeist Mehlhändler – wären sie wohl in der Lage gewesen, ihr Mahl durch Fleischgerichte üppiger zu gestalten, aber die Beuthener Schechita[6] erschien ihrer überfrommen Richtung nicht zuverlässig genug. Gegenüber unserer Behausung auf einem freien Platz brachten Milchhändler aus Peiskretscham ihre Milch zu Markte. In den Wintermonaten, wenn die ihren Wagen lenkenden, halb erfrorenen Milchhändler in der Stadt ankamen, lenkten sie vor allem ihre Schritte, schon um 5 Uhr morgens, zu uns in den Laden, um an einem eisernen, Gluthitze ausstrahlenden Ofen die fast erstarrten Glieder zu erwärmen. Das war für uns in der Wohnküche schlafenden und arbeitsfähigen Kinder das Signal, unsere Betten zu verlassen, in denen wir uns nicht allzu behaglich gefühlt hatten. Mußten wir doch wegen Platzmangel zu viert in dem einzigen Bett schlafen, während neben diesem auf dem Fußboden für die übrigen Geschwister allabendlich eine Schlafgelegenheit hergerichtet wurde.

Für die im Geschäft mithelfenden Geschwister, zu denen auch ich zählte, begann die Tagesarbeit mit der Verrichtung des Morgengebetes, wozu uns die Mutter mit mildem Zuspruch, der Vater aber mit eifervoller Strenge anhielt. Die salomonische Weisheit: „Wer seinen Sohn liebt, züchtigt ihn", setzte er so manches Mal in die schmerzende Praxis um. Alsdann wurden nach eingenommenem Frühstück zwei oder drei von uns mit Henkelkörben für jeden Arm beladen, um Frühstückssemmeln bei zahlreichen Kunden abzuliefern. [...]

In der Nacht von jedem Donnerstag zu Freitag half unsere im Gan Eden[7] ruhende Mutter die Berches[8] zu flechten und mit Mohn zu bestreuen, während Vater sie nach ihrem Aufgehen in den Backofen schob und genau darauf achtete, daß sie wohlgeraten in vielen jüdischen Familien dem Sabbattisch zur leckeren Zierde gereichten. War diese Nacht mit Arbeit vorübergegangen, so erforderte der Freitagmorgen nicht minder Tatkraft und Umsicht meiner Mutter. Hatte sie die Kundschaft bedient, erschienen die Ortsbettler serienweise, um ihren wöchentlich fälligen Obolus zu empfangen, mußte sie die Anordnungen und Vorbereitungen treffen für den würdigen Empfang des heiligen Schabbes.

Nachmittags wurde der aus Brettern bestehende Fußboden von dem Schmutz, der sich im Laufe der Woche reichlich angesammelt hatte, mit Besen und Schrubber gereinigt und so lange gescheuert, bis er sein natürliches weißes Aussehen wieder gewonnen hatte, das noch gehoben wurde durch eine Lage über ihn gestreuten weißgelben Sandes. Wie umgewandelt erschien der Laden, wenn Mutter im festlichen Sabbatgewande die auf dem mit blendend weißem Linnen bedeckten Tisch stehenden Sabbatlichter entzündete, während Vater und wir im Gotteshause den Sabbat feierlich empfingen.

Nach Hause zurückgekehrt, betraten Vater und sein Gefolge mit kräftigem Gutschabbesgruß das anheimelnde, im Lichterglanz erstrahlende Zimmer. Nachdem Vater uns gebenscht, begrüßte er, auf- und niederschreitend, die Malache Haschores[9] und stimmte danach begeistert das Lied vom Esches Chajil[10] an mit seinen vielfachen Beziehungen zu unserem mild vor sich hinlächelnden Mütterchen, das endlich der wohlverdienten Sabbatruhe sich erfreuen durfte. Schon während des reicher bestellten Mahles intonierte Vater uns weniger geläufige Semiros[11]. Aber kurz vor dem Benschen vereinigten sich mit Vaters grundgewaltigem Baß unsere hellen Kinderstimmen zu weithin schallenden Semiros, die nicht selten interessierte Aufmerksamkeit Vorübergehender erregten. Zu diesen zählte auch der Ortspfarrer, der auf dem Wege zur Kirche an unserem Hause vorübergehen mußte.

Im Zusammenhang mit dieser Tatsache erinnere ich mich des folgenden, ungemein bezeichnenden Vorkommnisses. In jener Zeit wurden meinen Eltern silberne Löffel entwendet. Ungeachtet eifriger Nachforschungen gelang es nicht, den Dieb festzustellen. Auf einem mir unbekannten Weg erfuhr der Ortspfarrer von der Missetat und erwähnte ihrer von der Kanzel herab beim sonntäglichen Gottesdienst dem Sinne nach mit folgenden Worten: „Wenn ich auf dem Wege zur Kirche am Hause des jüdischen Bäckers Kirschner vorbeikomme, dringen zuweilen hebräische Gesänge an mein Ohr aus dem Munde der Eltern und Kinder. Schon daran erkenne ich, daß in diesem Hause ein frommes, gottgefälliges Leben geführt wird, dem auch wir Christen mit Achtung zu begegnen haben. Wer sich an dem Gute eines solchen Mannes vergreift, begeht eine Todsünde. Eine solche Sünde ist, wie ich kürzlich erfahren habe, an diesem Manne verübt worden. Befindet sich der Missetäter unter euch, dann kann er diese Todsünde ungeschehen machen, und sühnen nur durch sofortige Rückgabe des gestohlenen Gutes an seinen Besitzer." Schon am nächsten Tage waren unsere silbernen Löffel wieder zur Stelle.

Bei dieser Gelegenheit erinnere ich mich noch einer anderen Episode, in der ebenfalls der Pfarrer eine gewichtige Rolle spielt. In blitzartiger Beleuchtung erscheint dabei der krasse Gegensatz zwischen einst und jetzt, zwischen dem einst friedlichen Verhältnis unter den verschiedenen Konfessionen und der jetzt grassierenden, von oben herab geförderten, systematischen Verhetzung des deutschen Volkes, mit dem Ziele, durch Diffamierung und Entrechtung der deutschen Juden, ihnen die Existenzmöglichkeit im bisherigen Vaterlande zu erschweren, ja zu vernichten.

Die Lehrer der jüdischen Schule überbürdeten in der Regel nicht die ihnen anvertraute Schuljugend mit allzuviel Wissenskram. Doch einmal im Jahre fand die öffentliche Schulprüfung statt, für die wir schon wochenlang vorher gehörig gedrillt wurden. Der gefürchtete Prüfungstag war endlich erschienen, und wir, blitzsauber gewaschen und angezogen, harrten gespannt der kommenden Dinge. Da wird die Tür zum Klassenzimmer geöffnet und herein tritt, in Begleitung des Lehrers und des Vorstandsmitgliedes R. Mosche Guttmann, ein Hüne von Gestalt, angetan mit dem geistlichen Gewande und uns Schüler mit wohlwollender Miene und durchdringendem Blick musternd. Es war dies Pfarrer Schaffrannek, ein strammer Demokrat von 1848, der sich von Dr. Ginsberg ein Pentateuch ausbat und aus diesem zu unserm maßlosen Erstaunen hebräische Sätze vorlas, die wir übersetzen mußten. Nach der Prüfung, deren Ergebnis ihn befriedigt zu haben schien, ermahnte er uns mit warmen Worten, treu an unserem Glauben festzuhalten, den Inhalt der heiligen Schrift nicht nur uns geistig anzueignen, sondern auch draußen im Leben, in Handel und Wandel, die Erfüllung des Gotteswortes allzeit zur Richtschnur unseres Tuns und Lassens zu machen.

Wie himmelhoch unterscheidet sich doch diese reine Humanität dieses christlichen Pfarrers von der gegenwärtig so furchtbar sich auswirkenden Weltanschauung brutalen Judenhasses und Rassenwahns.

1 Erbitten von Gaben durch wandernde Handwerksburschen.
2 Schankwirt (jidd.).
3 „Höre Israel" (hebr.), Hauptgebet der Juden nach Deut. 6,4 ff.
4 Vorbeter (hebr.).
5 Am Sabbat oder Feiertag ist es im orthodoxen Judentum verboten, sich vom Wohnort mehr als einen Kilometer zu entfernen. Wo dies aus religiösen Gründen dennoch nötig ist, wird am Vortage durch die Niederlegung einer Speise unterwegs symbolisch eine zweite Wohnstätte geschaffen, um so die Übertretung des Gebotes zu vermeiden.
6 Schlachtung (hebr.) entsprechend den religiösen Vorschriften.
7 Garten Eden, Paradies (hebr.).
8 Geflochtenes Weißbrot, das am Sabbat gegessen wird.
9 Lied zur Begrüßung des Sabbat, das vor dem Sabbatmahl gesungen wird.
10 Preislied auf die Tugenden der Ehefrau, nach Sprüche 31,10 ff.
11 Sabbatlieder (hebr.).

8 Philipp Tuchmann

geb. 1810 Ühlfeld (Franken) – gest. 1883 Dessau

Moritz u. Franz Tuchmann, Chronik der Familie Tuchmann älterer Linie. 1895 und 1910, 85 S.[1]

Franz Tuchmann berichtet von seinem Vater Philipp Tuchmann, der als Sohn des Hopfenbauern und Hopfenhändlers Marx Tuchmann in Ühlfeld aufwächst. Die drei Söhne und fünf Schwiegersöhne Marx Tuchmanns widmen sich alle dem Hopfenhandel, der in Franken mit Entstehen größerer Brauereien und Eröffnung der Nürnberger Hopfenmesse starken Aufschwung nimmt. Philipp Tuchmann lernt zunächst das Gerberhandwerk, da in Bayern jüdische Handwerker bevorzugt das Recht auf Ansässigmachung erhalten. Er verbringt die Wanderjahre in Preußen und Polen, legt 1838 die Meisterprüfung ab, wird dann aber doch Reisender im Hopfenhandel des Vaters. Als ihm daraufhin Schwierigkeiten entstehen, entschließt er sich in den vierziger Jahren zur „Auswanderung" nach Dessau. Dort handelt er sehr erfolgreich mit Hopfen und Kohle, die er per Schiff aus Böhmen bezieht. 1856 erweitert er das Geschäft um eine Holzhandlung und errichtet eine Sägemühle.

Zu Beginn des 19. Jahrhunderts wurden die Juden in Bayern von den Behörden aufgefordert, einen deutschen Namen anzunehmen, da sie bis dahin sich nur eines jüdischen Rufnamens bedienten.[2] So führte mein Großvater bis dahin den Namen „Mordechai". Als mein Großvater damals von dem Landrichter in Neustadt a. d. Aisch gefragt wurde, welchen deutschen Namen er annehmen wolle, war derselbe sehr bedacht darauf, einen möglichst kurzen Namen zu erhalten und schlug in Anbetracht dessen, daß er mit Hopfen handelte, den Namen Hopf vor, der ihm jedoch verweigert wurde, weil kurz vorher ein anderer, Loeb Hopf, der spätere Schwiegersohn meiner Großeltern, diesen Namen bereits angenommen hatte. Da mein Großvater außer mit Hopfen auch mit Hopfentuch handelte, eine aus Flachs, Hanf und Jute hergestellte Art Leinwand, die zum Verpakken des Hopfens gebraucht wird, kam er auf die Idee, den Namen „Tuchmann" anzunehmen.

Soweit ich mich erinnere, war mein Großvater Marx Tuchmann ein sehr aufgeklärter Mann, und galt derselbe nicht nur in Ühlfeld, sondern auch in weiterer Umgebung wegen seines geraden, streng rechtlichen, uneigennützigen Charakters als sehr geachtet. Alle Geldgeschäfte und insbesondere alle Geschäfte, die irgendwie anstößig sein konnten, waren ihm verhaßt, und von weit und breit kamen Leute zu ihm, um sich nicht allein Rat von ihm zu holen, sondern auch, um mit ihm Verkehr zu pflegen.

Meine Großmutter Marie Tuchmann, geborene Engelmann, aus Floß stammend, der ich mich noch sehr deutlich erinnere, war eine sehr häusliche, wirtschaftliche und sparsame Frau, deren ganze Zufriedenheit darin lag, daß es ihrem Mann und ihren Kindern gut ging. Für Vergnügungen hatte sie wenig Sinn, desto mehr für Häuslichkeit und Handel, so daß sie selbst im Hause einen kleinen Handel mit Farbwaren, Leim usw. betrieb und sich stets darüber freute, daß sie damit täglich einige Kleinigkeiten verdiente. Sie war auch hauptsächlich die Triebfeder, daß mein Großvater neben der Ökonomie und dem Hopfenbau noch den Hopfenhandel betrieb, und daß sich später nicht nur mein Vater, sondern auch ihre anderen zwei Söhne und sämtliche fünf Schwiegersöhne dem Hopfenhandel zuwandten.

Mein Großvater betrieb, wie schon erwähnt, die Ökonomie und widmete sich hauptsächlich dem Hopfenbau, war aber auch der Baulust nicht abgeneigt und errichtete nicht nur für sich ein großes Wohnhaus mit Hintergebäuden, sondern veranlaßte auch den Bau der großartigen Synagoge in Ühlfeld unter seiner Leitung. Wie schon gesagt, wandte er sich auf Veranlassung meiner Großmutter auch dem Hopfenhandel zu, indem er den in und um Ühlfeld gewachsenen Hopfen aufkaufte und denselben mit eigenem Fuhrwerk nach Hersbruck, Happurg usw. brachte, wo zu damaliger Zeit sich stets böhmische Hopfenhändler aufhielten, um dort Hopfen einzukaufen. [...]
Mein Vater genoß seinerzeit in Ühlfeld einen besseren Unterricht, da seine Eltern schon darauf sahen, ihren Kindern eine ordentliche Schulbildung angedeihen zu lassen. Dadurch, daß anfangs des 19. Jahrhunderts noch eine für die Juden sehr drückende Gesetzgebung[3] in Bayern bestand und da nach derselben nicht gestattet war, Kaufmann oder Handelsmann zu werden, und da die Juden vielmehr gezwungen wurden, ein Handwerk zu erlernen, entschloß sich mein Vater Weißgerber zu werden und kam nach Neuhof bei Markt Erlbach zu Meister Nickel in die Lehre. Diese 4jährige Lehrzeit gehörte gerade nicht zu den angenehmsten Erinnerungen meines Vaters, denn einerseits brachte der Beruf schon die unangenehmen Hantierungen mit Häuten, Wasser und Säuren mit sich, andrerseits war mein Vater infolge seiner religiösen Erziehung gezwungen, während dieser 4 Jahre eigene Küche zu führen, und da er durch die schon anstrengende Lehre nicht immer genügend Zeit zur Bereitung der Speisen hatte, konnte er seinem Körper nicht die nötigen Kräfte durch ordentliches und genügendes Essen zuführen. – Nach Beendigung seiner Lehrzeit im Jahre 1827 begab er sich am 11. Oktober 1827 auf die Wanderschaft. Auch während dieser Zeit besaß er soviel Energie, die religiöse Küche beizubehalten. Im Jahre 1834 wurde mein Vater Meister, doch wurden ihm seitens der Innung soviel Schwierigkeiten bereitet, daß er die Lust zum Handwerk verlor und sich auf Zureden der Großmutter lieber dem Hopfenhandel zuwandte. Hierbei kam ihm nun sehr zustatten, daß sein Vater Marx Tuchmann selbst Hopfenbau und Hopfenhandel betrieb, und es war ihm daher ein leichtes, sich im elterlichen

Geschäft gründlich in die Branche einzuarbeiten. Auf seiner Wanderschaft schon interessierte er sich, da sein Vater doch Hopfenhandel betrieb, sehr für Brauereien, machte da und dort schon Bekanntschaft mit Brauern und fühlte sehr bald heraus, daß in den Städten Mittel- und Norddeutschlands zweifellos Verständnis für bayrischen Hopfen vorhanden war. Seine ersten Reisen als Hopfenhändler machte er zu Fuß von Ort zu Ort und erzielte für die damalige Zeit (1831–1838) ganz passable Resultate. Insbesondere möchte ich hier erwähnen, daß er in Altenburg (Herzogtum), wo er längere Zeit als Weißgerbergeselle gearbeitet und viele Bekanntschaften gemacht hatte, auch als Hopfenhändler gute Geschäfte machte und sich hier die Kunden für seine spätere Selbständigmachung erwarb. In Altenburg existierte nämlich eine Kommunebrauerei, d. h. ein Brauhaus, in welchem der größte Teil der Hausbesitzer Bier für eigene Rechnung zu brauen berechtigt war. Mein Vater verkaufte nun fast an jeden dieser Brauberechtigten den benötigten Hopfen, und wenn auch gerade nicht große Quantitäten an den einzelnen abzugeben waren, so wurden doch an alle zusammen ca. 40–50 Zentner pro Jahr verkauft.

Ganz ähnliche Geschäfte machte auch Salomon Tuchmann, der ältere Bruder meines Vaters, der Rheinland und Westfalen bereiste. Der Nutzen aller dieser Verkäufe fiel jedoch noch meinem Großvater zu, in dessen Geschäft die beiden Söhne damals noch tätig waren. Erst nachdem mein Onkel Salomon sowohl als auch mein Vater sich verheiratet hatten, betrieben beide zusammen verschiedene Jahre hindurch ein eigenes Hopfengeschäft und kamen dabei recht vorwärts.

Anfang der vierziger Jahre war mein Vater bereits in der Lage, sich eine kleine einspännige Chaise und einen Kutscher halten zu können, um damit, da es damals noch keine Eisenbahnen, sondern nur sehr schlechte Postverbindungen gab, seine Geschäftstouren, die sich immer weiter entwickelten, nach eigenem Bedarf unternehmen zu können, wobei es jetzt öfter vorkam, daß er drei bis vier Wochen unterwegs blieb.

Das Geschäft war damals insofern recht mühsam, als noch nicht wie jetzt, nur große Brauereien existierten, sondern der Brauereibetrieb größtenteils nur auf Rittergütern oder in den Städten in den sogenannten Kommunebrauereien ausgeübt wurde. Da zu jener Zeit nur Weiß-, Braun- und Bitterbiere, sogenannte obergärige Biere, gebraut wurden, belief sich der Hopfenverbrauch bei den einzelnen Kunden auf 1–10 Zentner pro Jahr, und so setzte mein Vater anfänglich nur 400–500 Zentner jährlich um. In den größeren Städten wie Berlin, Magdeburg, Leipzig, Stettin, welche mein Vater auf seinen Geschäftsreisen gleichfalls besuchte, war der Bedarf ein größerer, doch man hatte hier bereits mit der Konkurrenz zu rechnen. Auch konnte mein Vater das Geschäft damals noch nicht so weit ausdehnen, da der Hopfeneinkauf bei den Produzenten größtenteils nur gegen Kasse stattfand, sein Vermögen aber noch nicht zu größeren Einkäufen hinreichte. Ich erinnere mich noch, von ihm öfter gehört zu haben, daß er, wenn seine

Kasse nicht ausreichte, von Zwischenhändlern Hopfen gekauft habe, den er erst zu Jacobi (25. Juli) zu bezahlen brauchte. Diese Einkäufe gestalteten sich aber selbstverständlich teurer als beim Produzenten, und so ging dabei von vornherein schon ein Teil des Nutzens verloren.

Durch seine rastlose Tätigkeit erwarb mein Vater sich immer mehr Kunden, und so war er dann genötigt, sich Kredit bei sogenannten Geldverleihern (wie Meyer Kohn in Markt Erlbach, Frauenfeld in Büchenbach) zu verschaffen und von diesem Geld zu gerade nicht billigem Zinsfuß zu nehmen. Solche Geldkredite wurden ihm, der als strebsamer, fleißiger und ordentlicher Mann bekannt war, gerne eingeräumt. Auch die großen, gefälligen Eigenschaften, die mein Vater besaß, trugen nicht wenig dazu bei, ihn bei jedermann beliebt zu machen. So erzählten mir Anton und Joseph Kohn aus dem vorerwähnten Markt Erlbacher Geschäft, das sie später in Nürnberg unter der Firma Meyer Kohn weiterführten, in den siebziger Jahren mit großem Vergnügen, ein wie gern gesehener Gast mein Vater in ihrem elterlichen Hause stets gewesen ist.

Das Geschäft entwickelte sich nun immer mehr und mehr, aber so groß auch Vaters Freude daran war, so wurde ihm doch seine Tätigkeit darin sehr erschwert, da, durch die Mitte der vierziger Jahre unter König Ludwig I. und Minister Abel beginnenden politischen Wirren, für die bayrischen Juden drückende Verhältnisse herbeigeführt wurden. So waren z. B. die Behörden angewiesen, strengstens darauf zu sehen, daß alle, die ihr erlerntes Handwerk nicht betrieben, dieses wieder aufnehmen, vornehmlich aber, daß alle zum Handel übergegangenen Juden diesen aufgaben und zu ihrem Handwerk zurückkehrten. Der Landrichter von Neustadt an der Aisch, der an und für sich schon zu Schikanen geneigt war, hatte durch diese Verordnungen ein freies Feld für seine Willkür, um so mehr, da er von oben herab stets Schutz fand und in allen Sachen Recht erhielt, so daß eine Beschwerde über ihn von vornherein vollständig aussichtslos war. Auch von seiten der Gendarmerie mußten wir Schikanen ertragen, so war z. B. das Schwefeln des Hopfens verboten, da die Behörde in dieser Manipulation nicht nur eine Fälschung erblickte, sondern dieselbe auch, da die Einrichtungen zu diesem Verfahren damals sehr primitiv waren, für feuergefährlich hielt. So kam es denn nicht selten vor, daß plötzlich Gendarmerie und Kommissionen in Ühlfeld erschienen, die Haussuchungen nach geschwefeltem Hopfen hielten, und sobald sie solchen vorfanden oder die Leute gar beim Schwefeln überraschten, sofort die ganzen Vorräte mit Beschlag belegten und entweder ins Wasser warfen, vergraben ließen oder sonst auf eine Weise vernichteten. Die Folge davon war, daß viele Leute sich kaum weiterbrachten, vollständig verarmten und dadurch in große Verbitterung gegen Staat und Behörden gerieten.

Zu allen diesen Schikanen der Behörden gesellte sich noch der Neid der Ortsbewohner, denn nachdem verschiedene andere jüdische Familien bemerkt hatten, wie mein Vater allmählich vorwärtsgekommen war, nahmen sie sich denselben zum Vorbild, griffen gleichfalls zum Hopfenhandel, und hatten es auch allmählich zu etwas gebracht. Dies weckte jedoch den Neid der Andersgläubigen, und so bildete sich ein Haß gegen die Juden heraus, der dem heutigen Antisemitismus gleichkam.

Wenn nun auch mein Vater ganz besonders scharf vom Landrichter und der Gendarmerie schikaniert worden ist, so wäre es wahrscheinlich doch nicht ausgeschlossen gewesen, diese Schikane zu verringern, wenn er es wie andere gemacht hätte und den Beamten mit guten Worten und klingender Münze entgegengekommen wäre. Da er aber einen geraden, rechtlichen Charakter hatte und auch etwas heißblütig angelegt war, wollte er davon nichts wissen und entschloß sich lieber, um einerseits diesen fortwährenden Schikanen und Gehässigkeiten aus dem Wege zu gehen, andererseits aber auch, um seinen Kindern eine bessere Schulbildung angedeihen zu lassen als dies in Ühlfeld möglich war, das von jeder Eisenbahnverbindung abgeschlossen war und auch keine Aussicht hatte, je eine solche zu erhalten, sein Vaterland Bayern zu verlassen und wanderte mit seiner Familie am 28. April 1847 nach Dessau aus, welche Stadt er schon auf seinen Reisen oft besucht hatte.

Es war eine große Aufgabe für meinen Vater, seinen Geburtsort, sein Vaterland, an dem seine ganze Erinnerung hing, seine Eltern, Geschwister und Jugendfreunde zu verlassen, um mit einer großen Familie in ein fernes, fremdes Land zu ziehen. Er hoffte jedoch insofern eine gute Wahl mit Dessau getroffen zu haben, weil diese Stadt gerade im Zentrum seiner Kundschaft lag, weil es dort damals die besten Schulen Deutschlands gab, und weil die Behörden und Bürger Dessaus schon vollständig aufgeklärt waren, und die Juden sich dort derselben Achtung erfreuten wie jeder andere.

Der Umzug mit Frau, fünf kleinen Kindern und Magd war damals keine Kleinigkeit, wenn man bedenkt, daß die Landwege noch recht schlecht waren und die Eisenbahnen in ihrem ersten Stadium noch recht viel zu wünschen übrig ließen. Die Reise ging zunächst von Ühlfeld nach Bamberg mit Fuhrwerk in vier Stunden und von Bamberg bis Hof per Eisenbahn. Hier wurde übernachtet und am nächsten Tage per Eisenbahn nach Plauen weitergefahren, von wo aus wieder ein Fuhrwerk bis Reichenbach benutzt werden mußte. Von Reichenbach ging es per Bahn nach Leipzig, Halle, Köthen und Dessau, wo wir nachts elf Uhr ankamen, von Bekannten meines Vaters erwartet und mit offenen Armen empfangen wurden. Sie geleiteten uns nach unserem Hause Franzstraße Nr. 6, das von Wolf Jacoby gekauft war, und das wir heute noch besitzen.

Dessau war im Vergleich zu Ühlfeld eine größere Stadt, in der sich der Hof und die Regierung befanden. Die Einwohner kamen uns freundlich entgegen, so daß wir uns bald häuslich eingerichtet hatten und uns viel besser aufgehoben fanden als in Ühlfeld. Dadurch, daß wir gleich ein eigenes Haus besaßen, hatten es meine Eltern mit der Einrichtung leichter, mein

Vater konnte nicht nur seinem Beruf ruhiger nachgehen, sondern auch, da meine Mutter doch mit den norddeutschen Verhältnissen noch unbekannt war, auch seiner Häuslichkeit mit vorstehen, wenn er von seinen Geschäftsreisen gewöhnlich spätestens jeden Freitag zurückkehrte. Meine Mutter war stets mit großer Freude darauf bedacht, ihrem Mann und ihren Kindern ein den Verhältnissen angemessenes angenehmes Heim zu schaffen, auch ließ diese treue Frau sich die Erziehung ihrer Kinder stets angelegen sein. Durch anhaltend große Sparsamkeit, indem sie für ihre Wirtschaft nur wenig verbrauchte und weil sie sich außerdem auch außerordentlich des Geschäfts annahm, standen die Vermögensverhältnisse meiner seligen Eltern recht gut und mehrten sich von Jahr zu Jahr.

Da das Hauptgeschäft nicht das ganze Jahr hindurch Beschäftigung bot, kam mein Vater auf die Idee, nebenbei sich mit dem Verkauf von Brennmaterialien (Torf, Kohlen etc.) zu beschäftigen, ließ deswegen große Kahnladungen böhmische Kohlen, die er persönlich in Böhmen einkaufte, die Elbe hinunter nach Dessau schiffen und verdiente auch damit kleinere Summen. Die Konkurrenz aber, die mit der Zeit in diesen Artikeln entstand, veranlaßte ihn, dieses Geschäft nach einigen Jahren wieder aufzugeben und seine ganze Kraft dem Handel mit solchen Artikeln zu widmen, die damals von den Brauereien gebraucht wurden, nämlich Pech, Honig, Syrup, Dörrhorden usw.

Meine Mutter, die geschäftlich sehr mittätig war, besorgte, während mein Vater auf Reisen war, den Versand sämtlicher Artikel und führte auch die Korrespondenz, so daß mein Vater auf seinen Geschäftsreisen stets ruhig und unbesorgt sein konnte. Durch diesen großen Fleiß und Sparsamkeit kamen meine Eltern immer mehr vorwärts, so daß sie in der angenehmen Lage waren, den hinteren Teil ihres Grundstückes niederreißen und dafür Neubauten aufrichten zu können, wodurch größere Lager- und Bodenräume entstanden, die höchst nötig waren, da die alten dem größeren Geschäftsbetrieb keineswegs mehr genügten. Auch die durch den Bau entstandenen neuen Zimmer kamen meinen Eltern sehr gelegen, da die Familie inzwischen gewachsen war und neue Räumlichkeiten benötigte. Im Jahre 1855 wurde ferner das Nachbargrundstück, Franzstraße 5, nicht zu teuer von Rentier Hirschberg erworben, und dadurch konnten die Wohnräume und Böden noch mehr erweitert werden.

Meine Eltern ließen es sich sehr angelegen sein, ihren Kindern eine so gute Schulbildung, wie nur möglich angedeihen zu lassen. Sie schickten ihre Söhne auf die Handelsschule, ihre Töchter in das sogenannte Braunsche Mädcheninstitut – beide damals mit die besten Unterrichtsinstitute Deutschlands – und verfehlten auch nicht, den Kindern noch außerdem Privatunterricht erteilen zu lassen, so daß August bereits im Jahr 1855, Franz im Jahr 1856 und Louis 1858 gut vorbereitet bei Magdeburger Kaufleuten in die Lehre gegeben werden konnten. Dies hatte zu damaliger Zeit schon eine Bedeutung, da die jährlichen Kosten für Unterhalt und Lehre 300 Taler betrugen, aber meine Eltern scheuten diese Ausgaben keineswegs, da sie recht gut erkannten, daß eine gründliche Ausbildung für einen Kaufmann unbedingt notwendig war.

Im Jahr 1856 waren meine Eltern bereits besorgt, ihren Söhnen eine Existenz zu schaffen, da doch nicht alle das elterliche Geschäft betreiben konnten. Zu jener Zeit lernte mein Vater einen Baumeister Karl Krause in Dessau kennen, der ihn auf die Idee brachte, sich mit ihm zu assoziieren und zusammen eine Schneidemühle zu erbauen und ein Holzgeschäft zu betreiben. Diese Idee wurde zur Wirklichkeit, die Schneidemühle wurde gebaut, und das Geschäft machte bald gute Fortschritte. Nach einer vierjährigen gemeinsamen Tätigkeit trat Krause, der einen leichtsinnigen Charakter besaß, wieder aus, und mein Vater übernahm das Geschäft allein. [...]

Wenn auch meine seligen Eltern schon im Jahre 1847 mit einem Vermögen von ca. 200000 Mark, was damals fast reich genannt werden konnte, nach Dessau kamen, so wurden, einerseits, da das Hopfengeschäft recht große Kapitalien gebrauchte und andererseits durch die Mitgift der zwei Töchter, dem Hopfengeschäft bedeutende Gelder entzogen. Und deshalb hatten es Franz und Louis, die in diesem Geschäft hauptsächlich tätig sein mußten, recht schwer, insbesondere da die bayrische Bierbrauerei anfing, in Flor zu kommen, das Ausland zu diesem Zwecke große Etablissements baute und hierzu die pekuniäre Hilfe der Hopfenhändler in Anspruch nahm.

1 In englisch eingefügt in die Selbstbiographie von H. Metzger (LBI-Archiv). Das dt. Original stellte F. C. Tuchmann in New York zur Verfügung.
2 Bayrisches Judenedikt von 1813, § 4.
3 Bayrisches Judenedikt von 1813, § 13. Nach diesem Gesetz erhielt nur ein Sohn je Familie das Niederlassungsrecht, darüber hinaus wurde nur zugelassen, wer sich nachweislich der Fabrikation, dem Handwerk oder dem Ackerbau widmete.

9 Martin Lövinson

geb. 1859 Berlin – gest. 1930 ebd.

Martin Lövinson, Geschichte meines Lebens, Teil I: Die goldene Jugendzeit. Berlin 1924, 128 S.

Justizrat Dr. Martin Lövinson berichtet in diesen Jugenderinnerungen von seinem Vater, dem Sohn eines Danziger Kaufmanns, der in Berlin zum wohlhabenden Möbelfabrikanten aufsteigt. Siegfried Lovinson gründet 1858 in Berlin eine Fabrik für geschnitzte Eichenmöbel, beschäftigt Tischlergesellen und Hilfsarbeiter und läßt auch in den Spandauer Strafanstalten arbeiten. Die aufstrebende Firma stellt auf den ersten Weltausstellungen in

London und Paris aus. 1865 zieht die Familie in die damals noch selbständige Residenzstadt Charlottenburg, wo sie in ihrem Hause eine orthodoxe Synagoge einrichtet. Ins wohlhabende Bürgertum aufgestiegen, begrüßt die Familie die Reichsgründung und die volle rechtliche Emanzipation der Juden enthusiastisch. In den Gründerjahren erwirbt S. Lövinson zahlreiche Berliner Grundstücke, muß aber zu Beginn der achtziger Jahre den Konkurs der Firma anmelden.

Als offizieller Verlobungstag [meiner Eltern] ist immer der 22. August 1857 gefeiert worden. Genau ein Jahr später war Hochzeit. In dieser Zwischenzeit aber gründete der Bräutigam ein eigenes Geschäft. Auf dem Sterbebette hatte ihm seine Mutter seinen älteren Bruder Louis dringend ans Herz gelegt, der trotz besonderer Begabung es zu keiner geregelten bürgerlichen Existenz hatte bringen können, im Gegensatz zu dem ältesten Sohne Moritz, der, als sie die Augen schloß, bereits in jungen Jahren ein angesehener Arzt, und dem jüngsten, meinem Vater Siegfried, der, noch nicht 30 Jahre alt, in seinem kaufmännischen Beruf gut vorwärtsgekommen war. Louis, der das Handwerk der Buchbinderei erlernt hatte, war nach einem ziemlich abenteuerlichen Wanderleben in den Stürmen des Jahres 1848 zum politischen Agitator geworden, hatte noch den Zeughaussturm am 15. Juni 1848 – ein nach allen Berichten recht unüberlegtes Unternehmen – organisiert und war zum tiefen Schmerze seiner Mutter auf längere Zeit ins Gefängnis gewandert. Siegfried sollte ihn nun dem bürgerlichen Leben wiedergewinnen. In Erfüllung des der sterbenden Mutter gegebenen Wortes gab er zur Überraschung seines Prinzipals Hermann Gerson seine aussichtsvolle Stellung in dessen Hause auf und eröffnete unter der Firma Gebrüder Lövinson eine Fabrik geschnitzter Möbel aus Eichenholz – zunächst in einem engen Geschäftslokal in der Brüderstraße. Da das Geschäft einen erfreulichen Aufschwung gewann, so erwies sich bald die Verlegung in größere Räume als erforderlich, und so war schon, als die Eltern heirateten, der Sitz der Geschäftstätigkeit meines Vaters in der ersten Etage des Hauses Unter den Linden 8, wo er bis in die Mitte der siebziger Jahre verblieben ist. Das Geschäft ist später Kommandit-Gesellschaft auf Aktien, schließlich Aktiengesellschaft geworden, aber in den Stürmen der großen Handelskrise, die den Milliardentaumel der Gründerjahre ablöste, etwa um 1880 zugrunde gegangen. Mein Vater und sein Bruder Louis waren wohl bis zuletzt die Direktoren. Sie und eine Reihe von Verwandten und Freunden haben bei dem Zusammenbruch schwere Verluste erlitten. [...]

Die niemals getäuschte Fürsorge meines Vaters für entlassene Strafgefangene erklärt sich offenbar durch das oben erwähnte Schicksal seines Bruders Louis. Es gehört zu den vielen sympathischen Charakterzügen, die ich stets an ihm bewunderte, daß er, wenn ihm von dem Direktor der Strafanstalt in Spandau, in der ein Teil der Schnitzereien hergestellt wurde, ein Gefangener bei der Entlassung empfohlen wurde, ihn unbedenklich in seinem Betriebe, selbst in Vertrauensstellungen, unterbrachte. So sollen der Führer seines Hauptbuches, der alte Habekost, der langjährige Comptoirdiener Marschner, der Kutscher Taubenheim und auch der Beizer Printz, der die Möbel in unserer Privatwohnung in Ordnung zu halten hatte, zu dieser Art von Schützlingen gehört haben. [...]

Meine Eltern führten einen streng rituell jüdischen Haushalt. Wenn auch mein Vater am Sabbat sein Geschäft geöffnet hielt und das Fahren nicht vermied, so hat er doch stets, solange ich denken kann, des Morgens sein vorgeschriebenes Gebet verrichtet, wobei mir nur später auffiel, daß er die Tefillin (Gebetriemen) nicht anlegte. Die Arba Kanfot (Schaufäden) dagegen hat er unter der Unterjacke auf dem bloßen Körper getragen.[1] Daß am Sabbat und den hohen Feiertagen bei uns gekocht wurde, hörte ich der Großmutter Hirschberg gegenüber mit der Rücksicht auf die kleinen Kinder erklären; dagegen hat sie selber auch in dieser Hinsicht die alten Ritualgesetze streng beobachtet. Wir brachten jeden Freitag ihr Gericht Schalent[2] zu dem Mazze-Ofen nach der Heidereutergasse, der alten sogenannten Großen Synagoge gegenüber, und holten ihn am Sonnabend mittag nach Schluß des Hauptgottesdienstes, schön durchgebacken und noch warm, auch wieder ab. Auch der freigeistige Großvater Lövinson hat die gelegentliche Einladung der lieben Großmutter zu dem leckeren Mahle nicht verschmäht. In der Synagoge habe ich ihn an den allerhöchsten Feiertagen, wenn ich schon jung von den Eltern mitgenommen wurde, wohl auch gesehen; sonst hat er sich von dem alten Herkommen aber ganz emanzipiert.

Das heutige System der Plätze-Vermietung bestand damals noch nicht; wer nicht einen Eigentumsplatz hatte, nahm beim Gottesdienst unbehelligt irgendeinen leeren Platz ein, zumal der Eintritt in das Gotteshaus in keiner Weise beschränkt, eher wohl gefördert wurde. So bin ich in jener fernen Vergangenheit, sobald ich nur laufen konnte, sehr oft in die genannte alte Synagoge mitgenommen worden, wohin die Großmutter regelmäßig, die Mutter, sooft es ihr die Sorge für die Kleinen erlaubte, und die Männer der Familie an Hauptfeiertagen gingen. Eine Orgel ist noch heute aus diesem alten Gotteshause verbannt; aber der feierliche Gesang des Chors, des gefeierten Vorbeters Lichtenstein und der Gemeinde, sowie die Predigten des sehr beliebten gemütvollen Rabbiners Dr. Sachs haben auf mein kindliches Gemüt einen unauslöschlichen Eindruck gemacht, den ich aus meinem Leben nicht fortdenken kann, wenn ich auch weder den deutschen noch den hebräischen Vortrag verstanden habe. Um so früher wurde – und das war wohl der pädagogische Zweck meines Vaters – der Wunsch nach dem Verständnis dieser schönen, über den Alltag erhebenden Gebräuche in mir erweckt. Von den Wohlfahrtseinrichtungen der jüdischen Gemeinde habe ich dagegen in der damaligen Zeit nur die Altersversorgungsanstalt in der Großen Hamburgerstraße kennengelernt; dort besuchten wir von Zeit zu Zeit mit kleinen Aufmerksamkeiten ein altes Fräulein Emma Sachs, die irgendwie mit der Großmutter verwandt gewesen sein muß, und die, wie mir dunkel vorschwebt, dort mit einer noch älteren Schwester ihre letzten Tage und Jahre zubrachte. So hielten unsere Eltern darauf, in uns die Liebe zur angestammten Religion und den Gedanken zu erwecken, daß Religion gelebt und erlebt, aber nicht erdacht oder errechnet wird. [...]

In das Jahr 1864 fällt der deutsch-dänische Krieg, dessen siegreiches Ende wir als Zuschauer des feierlichen Truppeneinzuges vom Fenster unseres Geschäftslokals „Unter den Linden" mit ansehen durften. Unser Vater war von hoher patriotischer Begeisterung über den glänzenden Verlauf des Krieges nach so langen Friedensjahren erfüllt. Sie äußerte sich darin, daß er das Holz erbeuteter feindlicher Lafetten von der Heeresverwaltung erwarb und daraus allerhand kleine Andenken in der Fabrik schnitzen ließ, die zugunsten der Kriegsopfer verkauft wurden. Es befinden sich noch Aschenbecher, Zigarrenabschneider und ähnliche Kleinigkeiten im Besitze von Familienangehörigen.

Das Geschäft hatte in dieser Zeit einen guten Aufschwung genommen. Es verkehrten in unserm Hause bekannte Architekten wie der Erbauer der Synagogen zu Breslau und Hannover, Oppler, und der hat nach gotischen Motiven ein Tischchen mit zwei Bänkchen gezeichnet, die für die Kinderstube bestimmt, uns Kindern allen als erste Arbeitsplätze gedient haben. [...]

Das literarische Bedürfnis der Familie wurde durch die noch im Format eines kleinstädtischen Wochenblattes erscheinende „Vossische Zeitung" und durch die großen illustrierten Blätter „Gartenlaube" und „Über Land und Meer" befriedigt. Doch werden wir uns damals auf das Besehen der Bilder beschränkt haben, da wir noch zu klein waren, um bei den abendlichen Vorlesungen der Mutter aufzubleiben. Das aber weiß ich bestimmt, daß wir in der Bellevuestraße noch die erste Bekanntschaft mit unserem späteren Liebling Wilhelm Busch machten, dessen Münchener Bilderbogen für uns einen beliebten Wunsch zum Geburtstag bildeten.

So habe ich denn wohl alles erzählt, was aus der Zeit meiner ersten sechs Lebensjahre in meinem Gedächtnis haften geblieben ist, in denen ich aus meiner Vaterstadt nicht hinausgekommen bin, denn die Sitte der Sommerreisen war noch auf die besser gestellten Kreise beschränkt, während wir uns nur zum mittleren Bürgerstand rechneten. Höchstens gab es einmal eine sogenannte Landpartie, deren Ziel aber immer die großväterliche Besitzung in Treptow bildete. Die alljährliche Fabriklandpartie, zu der die Chefs nebst ihren Familien den in Kremsern des Morgens früh schon ausrückenden Handwerkern und Angestellten erst des Nachmittags in Landauern nachfuhren, ist, soviel ich weiß, immer nach Pichelsberge gegangen. [...]

Eine ungeheure Umgestaltung der täglichen Ordnung brachten jedesmal die hohen jüdischen Feiertage mit sich. Ich habe schon die Einrichtung der Haus-Synagoge erwähnt, die unser Vater hauptsächlich eingerichtet hatte, um unserer Mutter, die zu jener Zeit um keinen Preis an den Feiertagen gefahren wäre, den Besuch des Gottesdienstes zu ermöglichen. Das Vorbild für die Kinder, die auf jeden Fall ein streng religiöses Leben kennenlernen sollten, war sicherlich hierbei ausschlaggebend. Freilich regten sich früh in uns Fragen, ob es auch ganz konsequent sein möchte, daß der Vater an den Sabbaten und den hohen Feiertagen unbedenklich die Straßenbahn benutzte, daß wir in der Schule an den Feiertagen schrieben, ja daß wir bis zur Sexta an dem christlichen Religionsunterricht teilnehmen durften. Aber man sagte uns für alle diese Unstimmigkeiten eine der herrschenden Aufklärung entsprechende Deutung, so besonders, daß mit der Anerkennung der vollen staatsbürgerlichen Gleichberechtigung auch die Erfüllung der bürgerlichen Pflichten Hand in Hand gehen müsse. Wer zu den öffentlichen Schulen, wie wir, nunmehr zugelassen sei, müsse sich auch der allgemeinen Schulordnung fügen; wer ein Geschäft in dem deutschen Heimatstaate eröffne, müsse es auch an den allgemein anerkannten Werktagen dem Verkehr eröffnet halten und an dem bürgerlichen Ruhetage schließen. Vor allem aber wurde darauf hingewiesen, daß die vielen christlichen Arbeiter und Angestellten in allen diesen Punkten eine Berücksichtigung ihres religiösen Gefühls wie ihrer materiellen Interessen zu beanspruchen hatten. Damit war der Toleranzgedanke, der für unser ganzes Leben eine Richtschnur werden sollte, in den Mittelpunkt unserer bürgerlichen und religiösen Lebensanschauung gestellt. Wie wir als religiöse Minderheit den Staatsinteressen Rechnung zu tragen hatten, so hatten wir im Privatleben für die Pietät, mit der unsere andersgläubigen Mitbürger an ihrem Glauben und den dementsprechenden Gebräuchen hingen, unbedingte Achtung zu üben. Ich kann nur sagen, daß in jenen Tagen vor der Erfindung des gesellschaftlichen und wissenschaftlichen Antisemitismus die Anschauungen unserer christlichen Umwelt sich hiermit vollkommen deckten.

So wurde es fast mit Anerkennung dort draußen begrüßt, daß auch wir Juden nun einen geregelten Gottesdienst haben sollten, und den wenigen dort wohnenden Glaubensgenossen war es schon recht, daß unser Vater ihnen nicht nur die Mühen, sondern auch restlos die Kosten dieser Einrichtung abnahm. Wo das Zimmer lag, habe ich schon erwähnt, ein Schrank wurde durch Anbringung eines Vorhangs zur heiligen Lade umgewandelt und es fand sich, daß im Besitze der Familien sich zwei Torarollen befanden, die bereitwillig für den guten Zweck zur Verfügung gestellt wurden. Als Vorbeter wurden zwei würdige alte Männer gefunden, Herr Ebenstein und Herr Cohn, von denen der erstere früher in Neuruppin Lehrer, Vorbeter und Schochet gewesen war und nun im Ruhestande in Berlin lebte, während der andere durch einen kleinen Handel seinen bescheidenen Lebensunterhalt zu finden suchte. Da sie an den Feiertagen nicht fahren konnten und zudem ihr Dienst sie von früh bis spät in Anspruch nahm, so kamen sie am Vorabend der Festtage bereits früh zu uns heraus und zu Mutter in Kost. Nur Quartier konnte sie ihnen zu ihrem Leidwesen nicht gewähren, weil jeder Raum in dem großen Hause von andern Gästen in Anspruch genommen war. Da war in erster Linie natürlich Großmutter Hirschberg bei uns, dann erschien regelmäßig der sonst so freidenkende Großvater Lövinson und schließlich ein alter Bruder der Großmutter Hirschberg, genannt Onkel Schlaume. Er war Ackerbürger in einem kleinen Städtchen der Mark oder in Pommern gewesen, ich glaube in Berlinchen, und muß damals schon gegen achtzig Jahre alt gewesen sein. Er hatte weder Frau noch Kinder und lebte in Berlinchen von der kleinen Rente, die ihm nach Verkauf seines Grundstücks geblieben war, bei anständigen jüdischen Leuten in der Stralauerstraße oder noch früher am Königsgraben, wo wir ihn selten, zum Geburtstag oder bei Krankheitsfällen etwa, besuchten. Zu den Feiertagen aber war er unser gefeierter Gast. Denn er hatte Weltgeschichte mitgemacht. Er gehörte zu den wenigen jüdischen Freiwilligen, die aus seiner Pommerschen Heimat 1813–1815 mit den Verbündeten gegen Napoleon aus und bis nach Paris gezogen waren. Er wurde von uns bis aufs Blut nach seinen Kriegsgeschichten ausgepreßt, und es tat uns nur leid, daß er nicht mit Theodor Körner, unserm Abgott, in derselben Schwadron des Lützowschen Freicorps, sondern bescheiden als Infanterist bei der nicht minder tapferen Landwehr gestanden hatte. Von den andern Alten wurde er mit seinen Kriegsgeschichten weidlich geneckt. Sie meinten, die Kugeln seien ihm wohl oft stückweise durch den Hals gegangen, und dachten dabei an die sogenannte Polnische Kugel, ein beliebtes Sonnabendgericht, das als Beilage zum „Schalet" bei der alten Generation in hohem Ansehen stand. Besonders interessant wurde es, als einmal zu den Feiertagen sich auch noch der alte Vater unseres dichterischen Onkels Hermann Hersch aus seiner rheinischen Heimat Jüchen einfand. Dieser hatte die Freiheitskriege auf der französischen Seite mitgemacht, und der bewegliche, auch wohl feiner gebildete Rheinländer wußte allerdings besser zu erzählen als der schwerfällige und etwas wortkarge Pommer. Der alte Hersch, der Deutsch und Hebräisch wie gestochen schrieb, hat die schöne Unterschrift unter das Bild gesetzt, das in meinem Arbeitszimmer hängt und das stattliche Charlottenburger Haus darstellt, von dem ich hier erzähle. Es ist ein Spruch aus den Sprüchen der Väter und lautet: „Siehe nicht auf den Kelch, sondern auf das, was darinnen ist."

Man kann sich heute kaum noch vorstellen, wie meine Mutter es fertigbrachte, neben dem Fortgang der Wirtschaft auch die vielen Gäste in jeder Weise aufmerksam aufzunehmen. Denn mit den bisher genannten war diese Schar noch nicht vollzählig. Während der Kriege kamen regelmäßig die jüdischen Soldaten aus den Charlottenburger Lazaretten dazu; damit aber noch nicht genug: natürlich sprach sich die Kunde von dem schönen Gottesdienste bald herum, und wer dazu erschien und kein Heim mit festtäglicher Verpflegung zur Verfügung hatte, war ohne weiteres bei unsern Eltern zu Gast. So war der große Gartensaal, in dem zu solchen Zeiten gespeist wurde, dann wohl ebenso mit Gästen gefüllt, wie damals zum Einzuge des Heeres 1866. Von den bei dieser Gelegenheit gemachten Bekanntschaften nenne ich nur zwei. Großvater Lövinson entdeckte eines Tages bei seinen Spaziergängen unter den Erdarbeitern, die damals aus dem

Engpaß am Spandauer Berg eine breite Chaussee zu machen hatten, einen fleißigen jungen Mann, den er als Juden erkannte und in einer Arbeitspause darauf ansprach. Der entpuppte sich als ein Buchbinder aus Rußland und nannte sich Hermann Presakowicz oder auch Polakewicz. Er war wie viele Juden und Christen, um dem unerträglich langen und harten Militärdienste zu entgehen, aus seiner ungastlichen Heimat entflohen und hatte nur vorübergehend in seiner Profession Arbeit gefunden; um nicht der Mildtätigkeit der Glaubensgenossen zur Last zu fallen, hatte er kurz entschlossen die erste Arbeitsgelegenheit ergriffen, die sich ihm bot. Nun war ihm aber geholfen, nicht nur für die Feiertage an denen er selbstverständlich unser gleichberechtigter Tischgast war, sondern auch für die Dauer. Unser Vater nahm ihn zunächst in die Fabrik als ungelernten Hilfsarbeiter auf. Später, als wir wieder nach Berlin hineingezogen waren, leistete er daneben im Hause noch manche Hilfsdienste. Er fand in einem Hause meines Vaters ein recht primitives, aber um so billigeres Quartier, konnte sich bald mit Unterstützung meines Vaters eigenes Werkzeug anschaffen und ist dann selbständiger Meister in seinem Gewerbe geworden. [...]

Die bisherige Erzählung der Charlottenburger Jahre hat schon gezeigt, daß unser Haushalt den Charakter eines recht wohlhabenden, wenn auch nicht üppigen Bürgerhauses angenommen hatte. Die Mittel dazu gewann unser Vater durch das sichtlich aufblühende Geschäft. Die Beseitigung des Zunftzwanges in seinen letzten Ausläufern hatte es ermöglicht, sich geschäftlich den Wünschen des Publikums ganz frei anzupassen; so gingen aus der Fabrik z. B. neben den Möbeln auch Uhren und Musikinstrumente, Elfenbeinschnitzereien und ähnliches hervor. Lange hat als Beispiel solcher kleinen Kunstwerke ein hölzernes kleines Ei unser lebhaftes Interesse erweckt, in dem ein ganz kleines Schachspiel untergebracht war, oder ähnliche Geräte, die zur Aufbewahrung des beliebten Bullrichschen Verdauungssalzes von den Herren stets mit herumgetragen wurden. Mit solchen Neuheiten bezog das Geschäft anfangs die Leipziger Messe, später aber die in jenem Jahrzehnt aufkommenden Welt- und Landes-Industrieausstellungen. So findet sich der Name der Firma unter den Ausstellern in London 1863, namentlich aber auf der großen Weltausstellung 1867 in Paris. Wochen, wenn nicht Monate hat damals Vater im Auslande bei solchen Gelegenheiten zugebracht und wertvolle Verbindungen im Auslande angeknüpft. In London wurde sogar eine Filiale eingerichtet, der ein Danziger Landsmann der väterlichen Familie, Julius Jacobi, vorstand. Die Vertretung auf der Pariser Ausstellung hatte der junge Siechen, der spätere Chef des seinerzeit und wohl auch jetzt noch hochberühmten Bierhauses dieses Namens. Manche freundschaftlichen Beziehungen ergaben sich aus dem Zusammenwirken der Aussteller bei den Vorbereitungen und der Durchführung eines solchen Unternehmens. Die Herren waren dann in den fremden Orten und auf der Reise viel zusammen, und der Verkehr setzte sich in der Heimat nicht selten fort.

Schwierigkeiten schwerer Art blieben dem Vater freilich auch damals nicht erspart. Ich nenne nur die drei Kriege mit den unvermeidlichen Kredit- und Absatzstockungen sowie einen verheerenden Brand, der in der Neujahrsnacht, wenn ich nicht irre, zum Jahre 1869, die Fabrik in Asche legte, und dann nach dem Kriege 1870 einen großen Streik der Arbeiter des ganzen Geschäftszweiges, der trotz der bekannt arbeiterfreundlichen und demokratischen Prinzipien der Prinzipale auch auf unsere Fabrik übergriff. Mit seiner ungewöhnlichen Elastizität wußte Vater alle diese schweren Widerwärtigkeiten zu überwinden. Als im Kriege 1866 oder 1870 der Möbelverkauf stockte, gleichzeitig aber die Cholera drohend in Berlin auftrat und in der noch nicht kanalisierten Stadt Schrecken verbreitete, erfand er ein Desinfektionsmittel, das nach meiner Erinnerung aus Torfstreu und Eisenvitriol bestand, und in die in den Wohnungen fast allgemein im Gebrauch stehenden Nachtstühle geschüttet werden sollte. Die Bestandteile kamen auf dem Wasserwege an die Fabrik heran, die ja mit ihrer Hinterfront an die Spree grenzte, und wurden dort gemischt. Der Verkauf geschah in großen Papiertüten, welche die Aufschrift „Antimiasmaticum" trugen. Ein großer Reklamedienst sorgte für die Empfehlung des sehr zeitgemäßen Mittels, das wirklich ganz praktisch gewesen sein muß, und die Zusendung an die Verbraucher besorgten die nicht ausreichend mit ihren eigentlichen Aufgaben beschäftigten Angestellten der Fabrik mittels einiger Kremser, welche Vater zu diesem Zwecke in Charlottenburg aufgetrieben hatte und deren Besitzer froh waren, in dieser schlechten Geschäftszeit auch in der Woche einen lohnenden Verdienst gefunden zu haben. [...]

So bin ich denn in meiner Erzählung bis zum Jahre 1871, d. h. bis zu meinem 12. Lebensjahre gekommen, und ich muß nun den Abschied von diesen in der Erinnerung schönsten Jahren nehmen. Es ist nicht nur für unsern kleinen Familienkreis, sondern für die politischen und sozialen Verhältnisse des gesamten Vaterlandes eine Schicksalsstunde geworden. Der siegreiche Krieg fand seinen Abschluß in dem ruhmreichen Frankfurter Frieden und der Gründung des neuen Deutschen Reiches. Am 15. und 16. Juni sind die stolzen Truppen in die neue Kaiserstadt eingezogen, und es hat einen unauslöschlichen Eindruck auf mich gemacht, daß ich das prunkvolle Schauspiel wieder von dem Fenster des väterlichen Geschäfts mit ansehen konnte. Schon am Tage vorher hatten wir die von der Künstlerschaft in nie geahnter Weise in Szene gesetzte Ausschmückung der Triumphstraße in Augenschein genommen. Der Weg führte vom Kreuzberg über die Belle-Alliance-Straße, die Königgrätzer Straße, am Potsdamer Tor vorbei durch das Brandenburger Tor nach den Linden, die den Höhepunkt des Schmukkes bildeten, und zum Lustgarten. Die Enthüllung des dort eben fertiggewordenen Denkmals für Friedrich Wilhelm II. bildete den Schlußakt. Ich weiß nicht mehr, was die auf den Hauptpunkten dieser Siegesstraße, an den Toren, von vergänglichem Material errichteten Denkmäler darstellten. Es werden die Verkörperungen des Sieges, des deutschen und des engeren preußischen Vaterlandes gewesen sein. Das Großartige dieses unvergeßlichen Festes aber war die gehobene Stimmung, der sich niemand entziehen konnte. Erinnerten auch die erbeuteten Geschütze, die den ganzen langen Weg säumten, daran, daß der Weg zur Einigung des Vaterlandes durch blutige drei Kriege geführt hatte, so war die Freude über das Ende dieser Zeit der harten Gewalt doch stärker als der Stolz auf den errungenen Sieg. Alle Welt erwartete vor allem das Ende der schweren inneren Kämpfe unter den Parteien und unter den einzelnen deutschen Ländern und als Folge des Friedens einen Aufschwung von Handel und Industrie, wovon wieder Kunst und Wissenschaft die schönsten Antriebe empfangen mußten. Die sympathische Gestalt des über Siebzigjährigen, für seine Person so bescheidenen ersten Hohenzollernkaisers schien das monarchische System für alle Zukunft zu sichern. Die starke Gegnerschaft, die Bismarck durch sein politisches Auftreten auf sich gezogen hatte, verstummte, nicht nur vor seinen Erfolgen, sondern vor der Größe, mit der er unter Verleugnung seiner ursprünglichen junkerlichen Ideale nicht gezögert hatte, um den Preis der Einigung Deutschlands dem neuen Reiche eine scheinbar demokratisch-parlamentarische Verfassung zuzugestehen. Alte Republikaner stimmten in den Jubel ein, und Onkel Moritz dichtete ein altes achtundvierziger Freiheitslied in ein deutsches Einheitslied um. Es beginnt mit den Worten:

Vorwärts, vorwärts, Deutschlands Söhne,
Mutig vorwärts in's Gefecht,
Wag' es niemand mehr und höhne
Unsere Freiheit, unser Recht.

Wilhelm Taubert, der bekannte Liederkomponist, hat es nicht verschmäht, hierzu die Melodie zu setzen. Der zweite Vers mag noch hierher gesetzt werden. Er lautet etwa:

Für des Lebens höchste Güter,
Für das Deutsche Vaterland,
Stehn als Schützer und Behüter
Wir mit Kopf, mit Herz und Hand.

Das Lied, das zu Beginn des Krieges in Tausenden von Exemplaren zugunsten der Verwundeten verkauft wurde, hat sich wie die die Gesinnung des ganzen Volkes so treffend wiedergebende „Wacht am Rhein" meinem Gedächtnis eingeprägt, obwohl ich nicht die beiden Gesänge in ihrer poetischen Kraft miteinander vergleichen will.

Besonders ging auch uns Juden der Umschwung der inneren Verhältnisse lebhaft an. Durch das Gesetz über die Gleichberechtigung der Bekenntnisse vom Jahre 1869 waren in ganz Deutschland nunmehr die Schranken gefallen, die in den Gesetzen gegen den Zugang zu Ämtern für sie aufgerichtet waren; man konnte nicht ahnen, daß die Gesellschaft und die Praxis der Behörden noch lange diese Schranken beachten und neue aufrichten würden. Schon im Kriege 1866 hatte es jüdische Offiziere gegeben; im französischen Kriege haben es zahlreiche Juden zu einer gleichen Anerkennung ihrer Pflichttreue und Tapferkeit gebracht. Die beiden Vettern meiner Mutter, Moritz und Albert Marcuse, Söhne des ältesten Bruders der Großmutter, kamen, ersterer als Stabsarzt, letzterer als Leutnant, mit dem Eisernen Kreuze aus dem Felde zurück. Man sprach von jüdischen Richtern und Verwaltungsbeamten, nachdem in den vorangegangenen Jahren schon die Ernennung zum Rechtsanwalt für einen jüdischen Assessor kaum nach jahrelangem, unbesoldeten Staatsdienste durchzusetzen gewesen war. So war denn auch in unsern Kreisen die Freude und Hoffnung eine fast unbeschreibliche. Nicht, daß nun jeder Jude eine Staatsstellung ersehnt hätte; aber daß das Gefühl der grundsätzlichen Entrechtung, eines Helotentums, von uns genommen schien, das hob den Sinn und spornte zu Leistungen im Dienste des Vaterlandes nunmehr auch auf den Gebieten der friedlichen Entwicklung an.

1 Arba Kanfot ist ein von Orthodoxen getragenes Untergewand mit vier gedrehten Schnüren (Zizit) an den Enden, wie sie in Deut. 22,12 zu tragen vorgeschrieben werden.

2 Sabbatspeise, die am Vortag bereitet werden muß, da am Sabbat Kochen als Arbeit verboten ist.

10 Faibel Siegel

geb. 1807 Walldorf (bei Meiningen) – gest. 1887 Meiningen

Moritz Siegel, Meine Familiengeschichte. Meiningen 1900–1917, 298 S.

Moritz Siegel (geb. 1842) beschreibt die jüdische Dorfgemeinde in Walldorf (Sachsen-Meiningen), in der die 567 jüdischen Einwohner um die Jahrhundertmitte mehr als ein Drittel der Dorfbewohner ausmachen. Religiöse Reformbewegung, kulturelle Assimilation und wirtschaftlicher Fortschritt finden in dieser Landgemeinde schnell Eingang. Die Familie Siegel gehört zu den führenden Familien des Ortes, legt großen Wert auf die Erziehung der Kinder und pflegt viel Umgang mit Christen. Faibel Siegel, der Vater des Autors, entwickelt sich vom Schnittwarenhändler zum Besitzer der Großweberei Siegel, Elsbach u. Co., die Hunderte von thüringischen Hauswebern beschäftigt, Garne aus England bezieht und vor allem nach Süddeutschland exportiert. Als endlich 1868 Juden auch in Sachsen-Meiningen die Freizügigkeit gewährt wird, verlegt Siegel seine Großhandelsfirma in die Residenzstadt Meiningen.

In Walldorf teilten sich drei herrschaftliche Adelsfamilien in die Macht. Es gab, jede im genau abgegrenzten Lebensgebiet, eine von Diemarsche, eine von Bibraische (vorher von Wolfskehl) und eine von Marschallksche Güter-

bzw. Gerichtsherrschaft. Der Gerichtsstand eines jeden Ortsangehörigen war einzig und allein bei seiner Patrimonialherrschaft. Selbst das Recht über Leben und Tod stand dieser zu, nachdem im Jahr 1686 der Herzog Bernhard I. von Meiningen, die ihm bis dahin zustehende Episcopal- und Zehntgerichtsbarkeit um 3000 Taler an die Walldorfer Lehnsherren veräußerte.

Diese Verschiedenheit in der Zugehörigkeit zu den drei nicht immer miteinander in freundlichem Verkehr stehenden adeligen Herrschaften brachte unter den christlichen wie auch jüdischen Bewohnern des Ortes mannigfache Unzuträglichkeiten, Streit und Gehässigkeit hervor. Gab es doch selbst für die damals noch eine geringe Anzahl Familien umfassende jüdische Bewohnerschaft verschiedene Bethäuser, ja sogar für die zu dem Osterfeste benötigten Mazzot getrennte Bäckereien, damit kein Zugehöriger des einen Patrimoniats mit dem andern etwas zu tun zu haben brauchte.

Die Bibraischen und Marschallkschen Untertanen pflegten ein noch immerhin erträgliches Verhältnis untereinander; die meisten unruhigen Vorgänge kamen aus den Diemarschen Kreisen, weil diese Herrschaft selbst nicht sehr friedliebender Art war. Erst 1789 gelang es einem meiner Vorfahren, meinem Urgroßvater Abraham Holländer, die drei Gemeinden unter einen Hut zu bringen und auch die Genehmigung der drei adeligen Herrschaften zu erwirken, nachdem schon vorher die Bibraischen und Marschallkschen Schutzjuden gemeinschaftliche religiöse Einrichtungen getroffen hatten. [...]

Es braucht nicht zu verwundern, daß bei solcher Zersplitterung, wie sie in der Walldorfer Gemeinde seinerzeit herrschte, viele Zänkereien und viel Unfriede anzutreffen war, besonders da im Laufe der Jahre die aus neun Familien bestehende Judenschaft durch neuen Zuzug manche nicht sehr angenehme Erweiterung erfahren hatte. War doch jeder neu in Schutz Genommene eine neue Einnahmequelle an Schutzgeld für die in nicht sehr günstigen Vermögensverhältnissen lebenden, stark abgewirtschafteten adeligen Herren.

Daß es unter den Neuangesiedelten manchen nicht sehr rühmenswerten Zuwachs gab, ist nicht zu verwundern, hatten doch die adeligen Herren zur Zeit während oder nach dem Siebenjährigen Krieg eine ganze Anzahl im Gefolge der Truppen herumziehende wallachische und galizische Juden aufgenommen, gegen die sich die schon früher Ortsangesessenen noch bis in meine Jugendzeit ablehnend verhielten und alles, was dazu gehörte, mit der wegwerfenden Bezeichnung „Wallachei" von sich fernhielten. [...]

Mit dem Auffraffen des deutschen Volkes zur Bekämpfung des französischen Usurpators fielen auch einige Überbleibsel der Feudalzeit wie die Herrschaft der adeligen Herren in ihren Lehenssitzen. Sie wurden einfach Gutsbesitzer, die sich in die Rechtspflege nicht mehr einmischen konnten; ihre Gewalttätigkeiten hatten ein Ende. Die dreiköpfige Hydra des Unfriedens in Walldorf hatte ausgelebt. Walldorf fiel 1808 an das Herzogliche Haus zu Meiningen, unter dem sich die Verhältnisse sicherer und besser gestalteten als sie vordem waren. [...] Für die jüdischen Bewohner war es von Wert, daß unter dem neuen Regiment die Zulassung zu den Handwerken gestattet, ja sogar sehr gefördert wurde.

Mein Großvater betrieb mit Hilfe seines zweiten Sohnes, meines Vaters, einen Schnittwarenhandel; der dritte Sohn erlernte die Bleicherei, er wurde nach seiner Lehrzeit Geselle, war einige Zeit in der Fremde, und die spätere Hebung des Geschäfts zu fabrikmäßigem Betrieb war nur der neuen Ordnung der Dinge zuzuschreiben. [...] Meine Großeltern entschlossen sich, insbesondere auf Drängen meiner sehr intelligenten Großmutter, daß der jüngste Sohn die Weberei erlernen sollte. Dies geschah auch, und mein Onkel kam auf drei Jahre nach Handwerkerbrauch zu einem Meister Triebel, den ich als alten Mann noch kannte, nach Meiningen in die Lehre. Dann ging er als Geselle mehrere Jahre in die Fremde, wo er u. a. laut Ausweis seines Wanderbuches bei dem Vater des als Politiker und Volksmannes weltbekannten Leopold Sonnemann[1] in Frankfurt a. M., des Begründers der Frankfurter Zeitung, einige Zeit in Höchberg bei Würzburg, dem damaligen Wohnort der Familie, in Arbeit stand. In die Heimat zurückgekehrt, machte mein Onkel sein Meisterstück, arbeitete kurze Zeit allein, dann mit Hilfe einiger Gesellen, und als dies nicht ausreichte, die Bestellungen, die einliefen, zu bewältigen, gab er Arbeit an andere Meister außer dem Hause, denen diese regelmäßige Beschäftigung in der damaligen wenig Erwerb bietenden Zeit sehr willkommen war. Mein Vater, der sich mit dem Verkauf der angefertigten Ware an Kaufleute und Händler befaßte, machte anfänglich kleine Reisen in die Umgegend, dann weiter und immer weiter, bis sich allmählich aus dem anfangs handwerksmäßigen Betrieb ein fabrikmäßiger mit einigen hundert Arbeitern in Hausindustrie entwickelte, so daß in den Ortschaften des Landes wie auch des nahen Rhöngebietes, eine stattliche Zahl Weber für das Geschäft arbeitete.

So glatt ging das aber doch nicht ab, denn als andere Meister sahen, daß das junge Geschäft in die Höhe kam und besonders durch die geschickte kaufmännische Führung meines Vaters sich immer mehr ausdehnte, da traten zünftlerische Engherzigkeit und der Neid in die Schranken, und es hieß: dazu hat dieser kein Recht, zum Verkauf solcher Webwaren sei nur der zünftige, einer Innung angehörende Meister berechtigt. Und auf die Denunziation dieser Neidlinge hin, wurde dann auch meinem Vater der weitere Vertrieb untersagt. Da blieb nichts anderes übrig, sollte das im Aufblühen begriffene Geschäft nicht eingehen, als daß mein Vater gleichfalls, wenn auch nur pro forma, dem Webereihandwerk sich zuwandte. Er ließ sich, damals schon 26 Jahre alt, als Lehrling bei einem ihm befreundeten Meister Lehmuth in Herpf einschreiben und machte sein Gesellenstück nach einiger Zeit. Dabei besorgte er aber ruhig zu Haus den Geschäftsbetrieb, wenn auch immer von dem Einschreiten der neidischen Kleinmeister bedroht. Und richtig: als er sein Gesellenstück, an dem er selbst nicht das geringste getan hatte – sein Meister besorgte das – gemacht hatte, da verlangten sie auch die damals vorgeschriebene Einhaltung einer dreijährigen Wanderzeit, die zur Erlangung der Meisterschaft erforderlich war. Aber auch da wurde Rat geschafft. Die Gehässigkeiten, die gegen meinen Vater wegen seines Emporkommens ausgeübt wurden, hatten ihm viele Sympathien erworben, die Leute, mit denen er in Verkehr kam, hatten ihn wegen seines klugen Wesens und seines offenen geraden Charakters schätzen und achten gelernt. Als er eines Tages auf einer seiner Geschäftstouren nach Gotha zu dem ihm gut bekannten, hochgeachteten Kaufmann Arnoldi[2], dem Gründer der großen Gothaer Feuerversicherungsgesellschaft kam, klagte er ihm seine Erschwernisse und frug ihn, ob er ihm nicht behilflich sein wolle. Dieser, angewidert von den gegen meinen Vater geübten Schikanen, sagte ihm sofort seinen Beistand zu, ließ einen Meister der dortigen Weberinnung kommen, trug ihm die Sache vor und bat ihn, seinen jungen Freund als Gesellen einzuschreiben und für die Zeit der Wanderjahre als solchen gelten zu lassen, natürlich unter sofortiger Beurlaubung, solange dieser ausbleiben wollte. Das wurde auch so ausgeführt, und während das Wanderbuch in der Fremde war, betrieb mein Vater zu Hause seine eigenen, vorwärtskommenden Geschäfte. Diese Scheinwanderschaft dauerte aber nur ganz kurze Zeit. Der damalige Oberamtmann (Bezeichnung der jetzigen Landräte) in Meiningen, Freiherr von Bibra, der meinem Vater sehr gewogen war und das Interesse des Kreises durch Schutznahme eines vielen armen Leuten Broterwerb bietenden Industriellen besser zu wahren suchte, gab selbst meinem Vater den Rat, bei ihm um Dispensation vom Rest der Wanderschaft einzukommen, die auch gewährt wurde, zum Verdruß und trotz Einrede seiner Gegner. Das erforderliche Meisterstück wurde dann jedenfalls auch nur pro forma geleistet, indem mein Vater einige Webschläge an einem auf dem Webstuhl befindlichen Stück Ware tat, worauf die ihm wohlgesinnten Obermeister der Innung, die von dem Zweck der Sache unterrichtet waren, den Meisterbrief ausstellten, den ich noch besitze, wie auch den Dispensationsschein von der Wanderschaft, datiert 1837. Nun konnte mein Vater sich ungestört seinen Geschäften widmen. [...]

Den Höhepunkt hatte die jüdische Gemeinde [Walldorf] im Jahr 1837 bei insgesamt 1580 Einwohnern mit 567 Seelen erreicht, dann wanderten viele nach Amerika aus, so daß im Jahr 1855 nur noch 493 Juden dort wohnten. Durch die Freizügigkeit im Jahr 1866 ging die Zahl rasch abwärts, so daß im Jahr 1900 nur noch 85 Juden in Walldorf wohnten, während sich die Zahl der Bevölkerung auf 1537 Einwohner belief. [...]

Gab es früher eine ganze Anzahl armer Juden in der Gemeinde, denen besonders zu den Festtagen milde Spenden an Geld, Mehl und dergleichen zugesendet wurden, so änderte sich dies allmählich in günstigerer Weise. Durch die Auswanderung vieler nach Nordamerika und durch die den Juden in Handel und Gewerbe gewährte größere Bewegungsfreiheit besserten sich die Verhältnisse derselben bedeutend auf, so daß gegen Ende der sechziger Jahre fast gar keine Almosenempfänger mehr vorhanden waren. Wer noch die letzten Spuren der früheren Zeit der Abgeschlossenheit gesehen hat, wer die letzten Träger jener alten Zeit noch kannte, der muß sich sagen, daß eine Wandlung vor seinen Augen vorüberzog, welche das neue Geschlecht sich nicht mehr vorzustellen vermag. [...] Es gab unter den Juden meiner Kindheit einzelne Originale, die in ihrer Erscheinung, ihren altväterlichen, altertümlichen Gewohnheiten wie Denkmäler längst verschwundener Tage in die neue Zeit herüberragten, die sich auch in die Änderungen schwer hineinfinden konnten. Wie leicht erklärlich, gab es auch in der Übergangszeit von alter zu neuer Observanz in religiöser Auffassung zwei klar begrenzte Parteien in der Gemeinde. Das Übergewicht hatte die freiere Richtung, zu der die meisten besseren Familien gehörten, die auch fest zusammenhielten und vermöge ihrer besseren Lebensstellung wie auch ihres höheren Bildungsgrades den meisten Einfluß ausübten und die Richtung der Gemeinde bestimmten.

In meinen Jugendjahren schieden sich diese beiden Richtungen auch in gesellschaftlicher Beziehung, so daß an den Feiertagen, wie z. B. am Pfingst- und Laubhüttenfest die Vergnügungen getrennt abgehalten wurden. Es herrschte in unserem gesellschaftlichen Kreis ein hochanständiger, in den Grenzen bester Sitten und Umgangsformen gehaltener Ton, und zu unserem Kreis zugezogen zu werden galt als eine Bevorzugung. Wir feierten schon damals unsere Ballfestlichkeiten mit einem fröhlichen Souper und munterer Unterhaltung bei Reden und Wein, und waren unsere Menus auch nicht nach den Vorschriften ritueller Gebote, so war dies doch kein Grund für uns, minder vergnügt zu sein. Die Speisegesetze wurden von dem jüngeren Geschlecht, das zumeist die Welt gesehen hatte und dadurch von den alten Gebräuchen abgekommen war, nicht streng gehalten. Ich entsinne mich recht genau, schon als 7–8jähriger Knabe junge erwachsene Leute aus dem Verwandten- und anderen Kreisen ihre Zigarren am Sonnabend rauchen und auch in den Gasthöfen essen gesehen zu haben. Es war dies Ende der 1840er Jahre. Allerdings trug dazu bei, daß viele junge Leute draußen in der Welt ihre Ausbildung erhalten hatten, es trug auch der wachsende gesellige Verkehr mit Nichtjuden und der Besuch höherer Schulen mit Schuld daran, und auch der damals liberale Sinn in christlichen Kreisen übertrug sich auf die jüdische Bevölkerung. Was früher als unzulässig betrachtet wurde, das Schreiben am Sonnabend, wurde von Rabbiner Hofmann[3] gestattet, auch von den Nachfolgern nicht beanstandet, so daß allmählich ein alter Gebrauch nach dem anderen abbröckelte und die neuen Zeitverhältnisse hervorbrachte.

Walldorf hatte dadurch auch bald den Ruf einer sehr freien Richtung bei den Gemeinden erhalten, die in ihren Reformen zurückhaltender waren. Für das Bildungsbedürfnis der Walldorfer Juden, nach dem ihnen die bedrükkende Sonderstellung genommen und mehr Rechte zur Gleichstellung mit den anderen Staatsbürgern eingeräumt worden, wenn auch die vollständige Emanzipation erst 1856 bzw. 1868[4] erfolgte, und auch da noch erschwert durch hohe Bürgergelder, spricht gewiß der Umstand, daß innerhalb der Gemeinde außer der von derselben unterhaltenen Gemeindeschule unter Josef Sachs noch ein Privatinstitut von Selkan Gutmann mit zwei Lehrern bestand und außerdem noch von einer kleinen Anzahl Familien, worunter auch die unsrige, ein besonderer Privatlehrer gehalten wurde, um den Kindern möglichst besten Unterricht zuteil werden zu lassen. Ich bin infolgedessen während meiner ganzen Schulzeit nur mit den Kindern einiger enger befreundeten Familien unterrichtet worden. Wir waren nur 15–18 Schüler und verdanken den tüchtigen Lehrern, die wir hatten, ein die Grenzen der anderen, selbst der städtischen Schule überschreitendes Ziel von Kenntnissen. Ich entsinne mich, daß ich mit einigen besser begabten Schülern der vorgerückten Altersklassen Unterricht in Botanik, Zoologie, Mineralogie, Algebra und Geschichte hatte, die gewöhnlich in Elementarschulen nicht gelehrt wurden. Diese Zustände stachen sehr ab von den früheren zur Jugendzeit meines Vaters, wo ein Zwang zum Schulbesuch nicht bestand, und die Lehrer, die selbst keine nur einigermaßen genügende Ausbildung erhalten hatten, auch oft zweifelhafte Elemente gewesen, wie mir aus den Erfahrungen alter Leute mitgeteilt wurde, die gar nicht imstande waren, den Kindern nennenswerte Kenntnisse beizubringen. Es wurde der Hauptwert auch damals meist nur auf hebräisches Wissen gelegt und auch dieses meist in sehr notdürftiger Form. Was mein Vater, der sich in deutschem Stil gewandt auszudrücken wußte, was er zu seinem umfangreichen Geschäftsverkehr auch nötig brauchte, in dieser Hinsicht gelernt hatte, war meist durch Selbststudium erreicht, ging allerdings auch nicht über das Notwendige hinaus. Er beklagte es oft, daß in seiner Jugend so wenig Gelegenheit zur Ausbildung gegeben war, bei seiner geistig guten Veranlagung würde er es darin sicher weit gebracht haben. Dieses Gefühl der Unzulänglichkeit seiner Kenntnisse war jedenfalls auch der Hauptgrund dafür, daß er sich mit besonderem Eifer bestrebte, uns Kindern eine möglichst gute Schulbildung zu geben. Bei allem Sparsamkeitssinn, bei aller Einfachheit und Anspruchslosigkeit für sich selbst und dem Bestreben, auch uns – seine Kinder – in diesem Sinne zu erziehen, eine Stelle gab es doch, wo ihm kein Opfer zu viel war, wo er sich gern und mit offener Hand bereit fand, keine Kosten zu scheuen – das war, wenn es galt, uns durch Unterricht zu fördern, wenn wir Bücher zur Fortbildung von ihm verlangten, kurz, wenn es sich darum handelte, uns Kinder etwas lernen zu lassen. Und dafür, wie für sein streng rechtliches Vorbild, sind wir ihm, was ich auch stets mit vollem Herzen tief empfunden habe, für alle Zeit zu besonderem Dank verpflichtet. [...]

An geselligem Verkehr fehlte es aber am Wohnsitz meiner Eltern nicht. Aus den besseren jüdischen Familien im Verein mit einer Anzahl christlicher Ortsbewohner wie z. B. Pfarrer, Lehrer, einige Landwirte, bildete sich schon in den 1840er Jahren eine gesellige Vereinigung, Casino, die nicht nur dem Vergnügen galt, vielmehr auch durch Anlegung einer Bibliothek dem allgemeinen Bildungsstreben zu dienen suchte. Es fehlte auch nicht an den nötigen geistigen Elementen. Christliche und jüdische Geistlichkeit, Lehrer und Bürger harmonierten aufs beste zusammen, und da eine Anzahl Leute schon zu jener Zeit auch unter den Juden etwas Tüchtiges gelernt hatte, sogar gute Musiker und Sänger darunter waren, fehlte es nicht an geistigen Genüssen edler Art. Ich bin selbst als Kind wiederholt mitgenommen worden, wenn derartige Abendunterhaltungen waren. Walldorf war zu jener Zeit bis Ende der 60er Jahre ein Ort mit vielem Verkehr, der auch geschäftlich von Bedeutung war. Dann zogen, nachdem die Beschränkung der Freizügigkeit[5] aufgehoben und alle deutschen Staatsangehörigen vor dem Gesetz gleichgestellt waren, eine ganze Anzahl und besonders die besseren Familien nach dem nahen Meiningen, einige andere auch nach entfernteren Städten.

Im Hause meines Vaters war stets ein reger Verkehr. Das Geschäft brachte es mit sich, daß viele Leute aus und ein gingen. Besonders an den Liefertagen, an denen oft Hunderte von Webern ihre fertigen Waren ablieferten, war es manchmal allzu lebhaft. Es machte sich eine Entlastung notwendig, die durch Einstellung eines Faktors in Kaltersondheim a. d. Rhön herbeigeführt wurde. Es wurden damals sehr viele Bettbarchente, Bettbezugzeuge und Futterbarchente gewebt, letztere besonders, die bis in die siebziger Jahre gut abgingen, dann aber von eleganteren Artikeln verdrängt wurden. Wir hatten Appretur- und Trockenmaschinen mit Dampfkessel im Hause, später auch noch in Meiningen in Benutzung.

Über die Bedeutung des Geschäftsbetriebes, den mein Vater von 1863–67 in Gemeinschaft mit dem später nach Berlin verzogenen Siegmund Elsbach betrieb, um die Konkurrenz dieser beiden Geschäfte zu beseitigen, findet sich Erwähnung in Humanns „Geschichte der Juden im Herzogtum Meiningen" als der größten Weberei Thüringens.[6] Mein Vater machte schon in den dreißiger Jahren Geschäftsreisen, die ihn hauptsächlich nach Bayern, Baden und Württemberg führten. Er besuchte dann auch die früher sehr bedeutenden Messen in Frankfurt, Würzburg und Bamberg zum Engrosverkauf, kurze Zeit mit Waren, dann nur noch mit Mustern, und von seinen Reisen, die zu damaliger Zeit viel bewundert wurden, mußte er dann im Kreis seiner Bekannten erzählen. Bei seiner scharfen Beobachtungsgabe und seinem vorzüglichen Erzähltalent wußte er auch immer Stoff zu finden, der ihm mitteilenswert schien. Er brachte auch in den dreißiger Jahren die ersten Streichhölzer von seiner Reise mit nach Hause. [...]

Mein Vater ging in den ersten Jahren seines Geschäftsbetriebes zu Fuß von Walldorf nach Schweinfurt und wohl auch von da nach Würzburg, wie er auch den Weg nach Frankfurt a. M. mehreremal auf gleiche Weise zurücklegte. Als seine Verhältnisse es ihm später gestatteten, benutzte er die Post. Von 1858 an bekamen wir dann Bahnverbindung nach Lichtenfels, später auch nach Schweinfurt. Vorher kamen die Fuhrleute aus der Schweinfurter Gegend alle Woche einmal zu uns und führten die Ballen nach Süddeutschland, wohin sich damals der Hauptverkehr erstreckte. Die Garne, die zur Fabrikation benötigt waren, wurden zum großen Teil aus England bezogen, aus Liverpool und Manchester, und die englische Korrespondenz, die von einzelnen Häusern einlief, machte oft Schwierigkeiten, weshalb ich auch sehr frühzeitig außer französischem Unterricht solchen in englischer Sprache nehmen mußte, um in dieser das Nötigste mir zu eigen zu machen. Als ich nach Jahren soweit war, erwies sich der Bezug englischer Garne allerdings nicht mehr als nötig, da sich inzwischen die deutsche Spinnerei rasch und gut entwickelt hatte und in der Lage war, den inländischen Bedarf zu decken.

1 Leopold Sonnemann (1831–1909) wurde in Höchberg bei Würzburg als Sohn eines Webermeisters geboren. Sein Vater brachte es später zum Fabrikanten in Offenbach und Frankfurt a. M.

2 Ernst Wilhelm Arnoldi (1778–1841), Fabrikant in Gotha, gründete 1821 die Gothaer Feuerversicherung, 1829 die Lebensversicherungsbank.

3 Josef Hofmann (1806–1845) wurde nach dem Studium an der Talmudschule Fürth und der Universität Marburg 1838 Rabbiner in seinem Geburtsort Walldorf. Er gehörte der liberalen Richtung an und verfaßte die Landessynagogenordnung Sachsen-Meiningens von 1844.

4 Das Gesetz vom 22. 5. 1856 sah noch zahlreiche Sonderregelungen für Juden vor, die das Gesetz vom 25. 2. 1868 im Herzogtum Sachsen-Meiningen aufhob.

5 1819 wurden die Juden aus Meiningen ausgewiesen, und erst das herzogliche Gesetz vom 25. 2. 1868 ermöglichte ihnen den unbeschränkten Zuzug in die Residenzstadt, wo 1898 schon 490 Juden lebten.

6 Arnim Humann, Geschichte der Juden im Herzogtum Sachsen – Meiningen – Hildburghausen, Hildburghausen 1898, Schriften des Vereins für Sachsen Meiningsche Geschichte und Landeskunde, Heft 30, S. 109: „Auf industriellem Gebiet leistete einst Bedeutendes die große Barchentweberei von Siegel, Elsbach u. Co. in Walldorf, die neben derjenigen von Suhl bis zum 7. Dezennium unseres Jahrhunderts wohl die bedeutendste Thüringens war."

11 Itzig Hamburger

geb. 1811 Schmiegel (Posen)

Hermann Hamburger, Erinnerungen 1837–1920. Breslau 1920, 47 S.

Hermann Hamburger (geb. 1837) berichtet vom Leben seines Vaters Itzig Hamburger, der mit 13 Jahren in das väterliche Großhandelsgeschäft eintritt. Itzig begleitet den Vater, einen Großhändler in Manufakturwaren, auf den ständigen Einkaufsreisen zur Messe in Frankfurt/Oder und Leipzig sowie auf den Verkaufsreisen zu den umliegenden Jahrmärkten. So entsteht ein anschauliches Bild von den alltäglichen Beschwernissen des Kaufmannslebens in dieser Zeit und von der wichtigen Rolle der jüdischen Kaufleute im Handel der Provinzen Posen und Schlesien. Mit 19 Jahren macht sich Itzig Hamburger mit einem Geschäft für Leinwand, Leder und Lumpen selbständig. Sein Erfolg ermöglicht es ihm, 1857 nach Breslau zu übersiedeln, wo er eine neue Firma eröffnet, und später gründet er einen Filialbetrieb in der Stadt Posen. Er erweitert sein Geschäft um die Leinenfabrikation und vergibt direkte Aufträge an die Weber, Färber und Drucker.

Das Leben in Schmiegel bot zu damaliger Zeit viel Genuß und geistige Anregung. Das Städtchen liegt nicht weit von der deutschen Grenze entfernt. Die Bevölkerung ist zum größten Teil deutsch und zur Zeit lebte dort eine große Zahl angesehener und gebildeter Männer und Frauen, die alten angesehenen Familien angehörten. Vermögen und alter ererbter Besitz befand sich in ihren Händen. Sie hatten Häuser in der Stadt, Äcker und Weinberge in der Umgegend und bildeten zum größten Teil den sogenannten Patrizierstand der Stadt. Sie waren frei von dem gewöhnlichen Patrizierstolz und unterhielten mit den anderen Bürgern und auch mit den jüdischen Mitbürgern gute Beziehungen. Meine Eltern lebten auch dort sehr behaglich, glücklich und zufrieden. Sie lebten mit ihren Eltern an demselben Orte, waren von einem großen Verwandtenkreis umgeben und standen in der Stadt selbst bei Christen und Juden in der höchsten Achtung. Mein Vater war zuletzt Vorsteher der Stadtverordneten, mein Schwiegervater z. Zt. Ratsherr und die rechte Hand des Bürgermeisters, und mehrere andere Mitglieder der Familie gehörten zum Stadtverordnetenkollegium. Gesellschaftliche Unterschiede zwischen Christen und Juden bestanden damals nicht. Mein Vater verkehrte freundschaftlich mit dem Pastor und Kreisphysikus, welcher letzterer einer alten eingesessenen Familie der Stadt angehörte und dem das seltene Vorrecht zuteil wurde, daß er nicht in der Kreishauptstadt, sondern in seiner zum Kreise gehörigen Geburtsstadt, seinen Wohnsitz nehmen durfte. Er war ein sehr tüchtiger, erfahrener, in Stadt und Umgegend viel begehrter Arzt, ein Mann von großer allgemeiner Bildung, sowie von humaner und toleranter Gesinnung, ebenso wie der Pastor. Dieser bereitete mich für das Gymnasium im Lateinischen vor. Er war ein sehr jovialer und lebenslustiger Herr, stark beleibt und im hohen Grade trinkfest. Er konnte sehr viel vertragen, ohne zu erliegen. Am Sonnabend und Sonntag, den beiden Ruhetagen, versammelte man sich gewöhnlich in großer Zahl zum Frühschoppen im Gasthofe „Zum König von Preußen". Die Bürger der verschiedenen Konfessionen verkehrten dort miteinander in schönster Gemeinsamkeit, und oft kam es zu heftigen Auseinandersetzungen zwischen den politischen, selten aber zwischen den religiösen Überzeugungen. Meine Mutter verkehrte ebenso freundschaftlich mit den jüdischen wie mit den christlichen Damen der Stadt und wurde zu den Kaffees und Kränzchen wie

jede andere mit hinzugezogen. Auch gab es eine gemeinschaftliche Bürgerressource am Orte, in der keine Spur von Exklusivität vorhanden war. Es
war damals nicht so wie heute; man befand sich in den ersten Stadien des
Verfassungsstaates. Die gesamte Bürgerschaft des Landes mit wenigen Ausnahmen waren in ihrer Gesinnung liberal. In der Provinz Posen standen die
Juden mit den Deutschen zusammen gegen die Polen. Noch standen die
wirtschaftlichen Interessen nicht derart im Vordergrunde des politischen
Kampfes wie heute. Es handelte sich im Kampf der Partei mehr um
politische Freiheit und Gleichberechtigung der verschiedenen Stände und
Konfessionen. Um ihren Strebungen praktische Geltung zu geben, legten
die Liberalen ganz besonderen Wert auf religiöse Toleranz gegen Anders-
gläubige, und die guten gegenseitigen Beziehungen blieben durch Jahrzehnte
hindurch ungetrübt, bis sie später infolge der traurigen Wirkung des Antisemitismus sich allmählich lösten. [...]

Meine Eltern verließen die Stadt Schmiegel, nachdem die Großeltern
gestorben waren, um nach Breslau überzusiedeln. Sie taten dies nicht, weil
sie sich in Schmiegel nicht mehr wohlfühlten, sondern darum, weil mein
Vater dort kein Tätigkeitsgebiet mehr hatte (er hatte aus Gesundheitsrück-
sichten die Jahrmarktsreisen schon seit längerer Zeit aufgeben müssen), weil
die Eltern uns in der Großstadt eine bessere Erziehung geben wollten, und
weil mein Vater sich in Breslau bereits ein größeres und ihm zusagenderes
Arbeitsgebiet vorbereitet hatte. Er hatte am Ende der vierziger Jahre bereits
mit seinem Neffen Josef Hamburger aus Posen die Firma J. Z. Hamburger
& Co. in Breslau gegründet; diese hatte sich unter der Leitung des sehr
intelligenten und geschäftstüchtigen Neffen, eines sehr umsichtigen und
vorsichtigen Kaufmanns, gut entwickelt. Mein Vater brauchte also nicht erst
in Breslau neu zu beginnen, sondern er wirkte sofort als tüchtige Kraft in
dem Betriebe eines bereits in gutem Gang befindlichen Unternehmens mit.
Meine Eltern waren auch sonst in Breslau nicht mehr fremd. Sie fanden hier
bereits einen großen Kreis von Verwandten und Freunden vor, und so
gestaltete sich ihr Leben daselbst, abgesehen von manchen unausbleiblichen
Zwischenfällen, zu einer Reihe froher und glücklicher Jahre. Als die liebli-
chen Töchterchen noch im Hause weilten und später, als wir Kinder nach
unserer Verheiratung fast alle unseren Wohnsitz in Breslau hatten, war das
Elternhaus der Mittelpunkt der Familie und von Gästen niemals leer. Immer
herrschte daselbst Frohsinn und geistig regsames Leben; hochgebildete
Männer und Frauen verkehrten in unseren Räumen; es war ein stets offenes
und gastfreies Haus, und diese schöne glückliche Häuslichkeit hat unbedingt
viel dazu beigetragen, meinen Eltern das Leben zu verlängern und sie ein
ungewöhnlich hohes Alter erreichen zu lassen, und ihnen bis zur letzten
Stunde ihres Lebens das Bewußtsein ihres Glückes zu erhalten. Uns Kindern
aber wird dieses Bewußtsein eines der schönsten Merkmale unseres Lebens
bleiben.

Wenn wir heutzutage die Warenhäuser der großen Städte, ihre unübersehbaren Räume und Warenbestände, die glänzenden Auslagen in den Schaufenstern, die herrlich ausgestatteten Büros mit ihren luxuriösen Einrichtungen betrachten, so vergessen wir ganz, aus welch kleinen Anfängen sie zum Teil hervorgegangen sind. Auch das Geschäft, das den Namen meines Vaters führt, welches, im Jahre 1830 gegründet, im Laufe der Zeit zu Besitz und großem Ansehen in der Geschäftswelt gelangt ist, ist aus sehr kleinem Ursprung emporgewachsen. Es war zu Anfang ein Bestandteil des Geschäfts meines Großvaters; damals gab es noch keine Spezialgeschäfte, die nur einige wenige Artikel, diese aber in der größten Mannigfaltigkeit und geschmackvollsten Auswahl, wie wir es heute sehen, ihren Kunden anboten. Man handelte so ziemlich mit allen Artikeln, die irgendwie verkäuflich waren, und man fand in ein und demselben Laden Kaffee und Zucker mit Spirituosen, Schuhwaren, Büchern, Spielzeug, Galanteriewaren und Geweben und allem möglichen Kram vereinigt. Jeder Artikel allerdings nur in sehr geringen Qualitäten und sehr geringer Auswahl. Man kaufte eben nur gewöhnliche Gebrauchsartikel, die zum täglichen Leben gehörten, wenig Luxuswaren, und nicht der eigene Geschmack gab die Richtung an, sondern das, was der Kaufmann gerade auf Lager hatte. Die Käufer waren der Mittelstand und die ärmeren Stadtbewohner und die Bauern vom Lande. Der wohlhabende und reiche Bürger und der Adel der Umgegend kaufte in den wenigen großen Stadtgeschäften, oder er ließ sich seine Bedarfsartikel aus der größeren Kreis- oder Provinzialhauptstadt schicken.

Mein Großvater hatte ein Kurz- und Manufakturwarengeschäft en gros. Letztere Artikel waren von verschiedener Provenienz. Er kaufte seine Waren gewöhnlich auf den Frankfurter und Leipziger Messen, wo die Fabrikanten aus dem Rheinland und Westfalen, Sachsen und Schlesien zusammenströmten und ihre Fabrikate in großen Warenlägern zum Angebot brachten. Man verblieb dort gewöhnlich eine Woche und darüber; man nahm sich sehr viel Zeit, kaufte in aller Seelenruhe und mit großer Vorsicht und Überlegung den voraussichtlichen Bedarf bis zu der nächsten Messe. Man mußte sich aber ziemlich reichlich versehen, denn Nachsendungen zum Ersatz fehlender oder verkaufter Waren vom Ursprungsorte aus waren kostspielig und blieben wegen der großen Entfernungen und der mangelhaften Verkehrsmittel lange und sehr unbeschränkte Zeit unterwegs, so daß man ihre rechtzeitige Ankunft niemals mit Sicherheit voraussehen konnte. Wenn ein Artikel ausverkauft war, so mußte man auf die Neuanschaffung und den Weiterverkauf bis zur nächsten Messe verzichten. Mein Großvater hatte den klugen Grundsatz, mit dem Verkauf seiner Waren kurz nach der Messe immer nur langsam vorzugehen und zu warten, bis die anderen ihre Warenläger sehr reduziert oder ganz ausverkauft hatten; er war dann ohne Konkurrenz und konnte dann seine Waren zu besseren Preisen anbringen. Er konnte dies aber auch eher tun als die anderen, deren beschränkte Mittel ein langes Warten nicht aushalten konnten. Der Verkauf der Waren vollzog sich, wie schon früher erwähnt, größtenteils auf den Jahrmärkten.

Mein Vater wurde im Alter von 13 Jahren aus der Schule herausgenommen und mußte in diesem jugendlichen Alter schon im Geschäft mithelfen und an dem Besuch der Jahrmärkte mit teilnehmen. Er zeigte sich bald sehr geschickt und anstellig und griff überall, wo es nötig war, tüchtig mit an. Im Alter von 17 Jahren heiratete er, und im Januar 1830 machte ihn mein Großvater selbständig, indem er ihm einige Artikel seines eigenen Geschäftes, die sogenannten schlesischen Artikel, zu eigenem Handel überwies. Am 1. Januar 1830, im Alter von 18 Jahren und 2 Monaten, eröffnete mein Vater sein eigenes Geschäft unter der Firma seines Namens J. Z. Hamburger. Das Geschäftslokal richtete ihm mein Großvater im Nachbarhause ein, welches, wie schon am Eingang dieses Berichts erwähnt, für meinen Urgroßvater Maier Hamburger erbaut worden war. Das Geschäftslokal oder der Laden, wie es damals genannt wurde, war ungefähr 4–5 m lang und 2–2½ m breit, also nach heutigen Verhältnissen nicht allzu reichlich. Auch für eine allzu schnelle Geschäftsausdehnung nicht gerade besonders geeignet, aber man rechnete nicht damals mit der Hoffnung schneller Fortschritte und Geschäftsvergrößerungen. Die Verhältnisse veränderten sich in längeren Zeiträumen nur wenig, zufällige Glücks- und Konjunkturwechsel traten nicht ein, auch die Bevölkerung blieb dieselbe, und der Besitz vergrößerte sich immer nur durch das, was man bei fleißiger Arbeit und sparsamer Lebensweise regelmäßig verdiente und zurücklegte. Mein Vater bezog noch in demselben Hause seine Wohnung, bestehend aus einem nach dem Hofe gelegenen Wohnzimmer und einer schmalen, hellen Alkove, die als Schlafzimmer benutzt wurde, und einer ganz finsteren Küche; dazu gehörte noch ein kleines nach vorn gelegenes Zimmer, welches aber fast immer verschlossen blieb und nur an Feiertagen geöffnet wurde, wenn man Gäste erwartete. In dieser bescheidenen Wohnung wurden meinen Eltern ihre ersten 4 Kinder geboren, die sämtlich noch darin Platz finden mußten. Dann aber wurden die Räume doch zu eng und auch der Geschäftsraum reichte nicht mehr aus. Es wurde im Hause ein Stockwerk aufgesetzt und die gesamten vorderen Parterreräume des Hauses wurden zu Geschäftszwecken benutzt. Dadurch wurde der Laden nur um das Doppelte vergrößert. Dies geschah erst im Jahre 1846 nach der Geburt meiner Schwester Rosa.

Mein Vater bekam noch einen Handelsartikel von seinen Schwiegereltern, den vorgenannten Löwenthalschen Großeltern, überwiesen. Es war dies ein Lederausschnitt für Schuhmacher. Dieser Artikel wurde nur in der Stadt verkauft und hatte seine Abnehmer an den in Schmiegel zahlreich wohnenden Schuhmachern, welche nicht immer die besten Zahler waren, so daß es damit immer viel Umstände und Schererein gab. Später legte sich mein Vater noch ein Lumpengeschäft und zuletzt noch ein Indigogeschäft neben seinen anderen Geschäftsartikeln an. Das Lumpengeschäft wurde in folgender Weise geführt: Es war damals Sitte, daß die sogenannten Haderlumpensammler mit Schubkarren, denen ein Hund vorgespannt war, in der Stadt und in den umliegenden Dörfern von Haus zu Haus fuhren und Lumpen und sonstige Abfälle, die sich im Laufe der Zeit angesammelt hatten, und welche man gern loswerden wollte, in ihren Karren aufhäuften. Sie meldeten sich gewöhnlich durch Glockenzeichen, oder durch bestimmte Ausrufe, und arm und reich trugen ihnen von allen Seiten die aufgespeicherten Vorräte herbei. Diese fuhren die Lumpensammler mit ihren Karren zur Stadt an die Lumpenhändler und verkauften sie für ein geringes Entgelt. Die Zeugabfälle wurden dann in den sogenannten Lumpenkammern von den Sortiererinnen aus dem Unrat herausgelesen, nach Sorten in Wolle-, Leinen-, Tuch-Abfälle usw. sortiert und an die Papierfabriken verkauft. Es war ein unsauberes, übelriechendes, aber nicht unlohnendes Geschäft, und mein Vater hat es erst später mit dem Ledergeschäft zusammen aufgegeben, als er seinen Wohnsitz Schmiegel mit Breslau vertauschte. Man nannte damals den Handel meines Vaters „das Geschäft der drei Ellen" (Leinwand – Leder – Lumpen). Das Lumpengeschäft wurde vom Bruder meines Vaters, Salomon Hamburger, übernommen und bis zur Verlegung seines Wohnsitzes nach Posen im Jahre 1860 mit Erfolg weitergeführt. Von ihm übernahm es der Neffe meiner Eltern und der langjährige Leiter der Schmiegeler Firma Marcus Landsberg und führte es bis zu seinem im Jahre 1893 erfolgten Tode fort.

Wie ich schon wiederholt angeführt, vollzog sich der Verkauf der Waren meines Großvaters und Vaters im Wege des Engroshandels vornehmlich auf Jahrmärkten. Der Kundenkreis wohnte zumeist innerhalb eines kleinen Umkreises von 70–80 km um Schmiegel herum, und der Absatz vollzog sich auf den Jahrmärkten der innerhalb dieses Umkreises gelegenen Ortschaften. Diese Jahrmarktsreise war mit großen Mühseligkeiten und Entbehrungen verknüpft. Eisenbahnen gab es damals in der Provinz Posen nicht, die Chausseen waren gut, aber nicht alle Städte waren mit solchen verbunden, und so war man zumeist auf die alten, schlechten, ungeebneten Verkehrsstraßen angewiesen, die im Frühjahr und Herbst zur Zeit der Schneeschmelze oder nach starken Regengüssen mit dem schwerbeladenen Wagen kaum zu passieren waren. Die Jahrmarktsbesucher streckten sich vom Geschäftszentrum Schmiegel nach der nördlichen, östlichen und westlichen Seite hin. Der Süden ist die deutsche Seite des Umkreises und wurde nicht besucht, da dieser mehr nach Breslau hin gravitierte und die Kaufleute dort ihre Bezugsquellen hatten. Die Jahrmärkte verteilten sich auf die Tage Montag bis Donnerstag; der übrige Teil der Woche blieb frei. Der Handel befand sich damals ganz in den Händen der jüdischen Kaufleute, und so konnten die Behörden nicht umhin, bei Festsetzung der Jahrmärkte Rücksicht auf die jüdischen Feiertage und Ruhetage zu nehmen.

Gewöhnlich schon am Sonnabend abend begann das Einpacken und Verladen der Waren in großen Frachtwagen, und zwar in folgender Weise: Im hinteren Raum des Wagens wurden offene Waren wie Kattune, Nessel, Barchente etc. kunstgerecht verstaut, und zwar so, daß sie den Reisenden als Nachtlager dienen konnten. In der Mitte und im vorderen Raum des Wagens wurden die gefüllten Kisten und Ballen verladen und mit groben Stricken und Ketten an den Wagen festgebunden. Über das Ganze war ein Plan von grober Leinwand über Reifen gezogen, der zum Schutze gegen Regen, Schnee und Kälte dienen sollte, welcher aber sehr unzureichend war und im Sommer sogar lästig wurde, weil er der Luft den Zutritt verwehrte. Gegen Mitternacht fuhr man weg und kam, wenn die Märkte weiter entlegen waren, gewöhnlich erst am Abend des folgenden Tages am Bestimmungsort an. Der Wagen fuhr vor die aus Holz gebaute Jahrmarktsbude; es standen aber nur die leeren Bretterwände da, die Regale, Leitern und Gestelle zur Aufnahme der Waren wurden mitgeführt. Man mußte sie sich selbst zusammennageln und zur Aufnahme der Waren selbst aufstellen. Nachdem diese Arbeit, die wenig Zeit in Anspruch nahm, vollendet war, wurde abgeladen und das Nachtlager aus den dazu geeigneten Waren in derselben Weise wie im Wagen, in der Jahrmarktsbude bereitet. Das Lager war allerdings nicht sehr bequem, aber man war von der Reise mit der getanen Arbeit ermüdet, und dies brachte einen gesunden Schlaf. Auch die Lebensmittel mußte man mitführen, denn es gab in den kleinen Städten bei dem geringen Fremdenverkehr nur selten eine genießbare Kost, ebensowenig in den Gasthöfen ein Unterkommen. Eine genügende Beköstigung wurde noch durch die rituellen Speisebeschränkungen erschwert. Brot, Butter, Kaffee, Käse, Hering bildeten fast die einzigen zulässigen Nahrungsmittel. In einigen wenigen Städten waren Zimmer gemietet, und auf diese bevorzugten Jahrmärkte freute man sich schon im voraus, da man daselbst nicht so den Wirkungen von Wind und Wetter ausgesetzt war wie in den Jahrmarktsbuden.

Am frühen Morgen wurde ausgepackt und die Waren in den Fächern geordnet. Die Geschäfte des Tages wickelten sich in einfacher Weise ab. Allerdings nicht ohne vieles Feilschen und Handeln, wie es in damaliger Zeit üblich war. Am lebhaftesten war es am frühen Morgen, da suchten sich die Kunden ihre Ware aus, die sie tagsüber an die scharenweise in die Stadt hineinströmenden Bauern und Bäuerinnen, welche ihre landwirtschaftlichen Erzeugnisse zu Markte brachten, zu verkaufen suchten. Diese Art der Geschäftsabwicklung zwischen Käufer und Verkäufer im Detailhandel war ebenso interessant wie eigentümlich. Die Verkäufer waren zumeist jüdische Händler, das kaufende Publikum bestand aus polnischen Bäuerinnen, welche weder von der Beschaffenheit der Waren, noch von dem wirklichen Wert derselben ein Verständnis hatten. Sie gingen an jeden Kauf bald von vornherein mit dem Vorurteil heran, daß sie betrogen werden und daher von dem gebotenen Preis soviel wie möglich herunterhandeln müßten. Infolge dieses Vorsatzes war der Käufer gezwungen, soweit wie möglich das Angebot seiner Waren heraufzuschrauben, und der Abstand zwischen dem Angebot des Verkäufers und dem Untergebot des Käufers war mitunter ein so weiter, daß oft gar nicht abzusehen war, wie man auf dieser gefährlichen Skala zu einer Einigung würde gelangen können. Kein Geschäft, auch nicht das kleinste, konnte sich ohne lautes Schreien und Lärmen abwickeln. Und

unter Flüchen und Verwünschungen kam man dann endlich nach langem
Feilschen ans ersehnte Ziel. Dieselben wilden Szenen wiederholten sich beim
Abmessen und Abschneiden der Waren, und so boten diese Geschäfte zum
Teil ein sehr lebendiges und bewegtes, aber auch abschreckendes Bild
damaligen und zum Teil noch heutigen Handelsverkehrs zwischen Händlern
und Konsumenten in den polnischen Städten und Dörfern. Im Laufe des
Tages flaute bei den Großhandlungen meines Vaters und Großvaters, zu
denen sich noch einige Konkurrenten gesellten, das Geschäft ab. Hin und
wieder holte sich ein Händler noch ein Stück Ware zur Ergänzung und zum
Ersatz eines ausverkauften Musters oder Artikels. Am Abend vor Sonnenuntergang wurden die Gelder für die verkauften Waren eingezogen. Die
Kunden zahlten aus dem Erlöse, den ihnen der Jahrmarktsverkauf einbrachte, die Waren, welche sie gekauft oder noch von früher her schuldig
waren. Dieses Inkassogeschäft war nicht ganz gefahrlos, denn der Marktplatz flutete von heimziehenden, lärmenden und zumeist betrunkenen polnischen Bauern, welche, wenn nicht von der Polizei in Schach gehalten, zu
Gewalttätigkeiten und Diebereien allzu leicht geneigt waren.

Es gab aber auch der Gefährdungen genug auf diesen Jahrmarktsfahrten,
abgesehen von den Strapazen des Tages und der Nachtfahrten, der Witte-
rungseinflüsse, der schlechten Wege und Verkehrsstraßen; ganz besonders
im Herbst und Frühjahr gab es noch viele andere Unannehmlichkeiten und
Gefahren. Wie oft mußte man (ich selbst machte diese Freuden und Genüsse
noch in den Jahren 1859–1864 mit durch), wenn der Wagen in Schlamm und
Schnee stecken blieb, vom Wagen herabsteigen, um ihn durch Nachstoßen
von der Stelle zu bringen. Oft mußte man bei schlechtem Wetter Vorspan-
nung aus dem nächsten Dorfe holen, wenn die Pferde trotz aller Mühe den
Wagen nicht vom Flecke bringen konnten, und man mußte bei Wind und
Wetter oft stundenlang ausharren, bis der Vorspann eintraf, der nicht immer
so schnell zu haben war. Gewöhnlich fuhren die beladenen Wagen meines
Vaters und Großvaters zusammen und bei drohenden Fährlichkeiten immer,
so daß der eine dem anderen mit Vorspann aushelfen konnte. In meiner
Praxis geschah es einmal, daß der schwer beladene Wagen bei finsterer
Nacht, da der schlafende Kutscher in den Graben fuhr, umfiel und die
Insassen nur mit knapper Not mit dem Leben davonkamen. Auch von
räuberischen Überfällen und Diebstählen blieb man nicht verschont. Es war
in finsterer Nacht ja allzuleicht, an dem nur leicht verwahrten Wagen den
Leinwandplan aufzuschneiden und ein paar Stücke lose aufgestapelte Waren
herauszunehmen. Allerdings war diese Manipulation durch den Umstand
erschwert, daß oben auf dem Stapel einige Personen ihr Nachtlager aufgeschlagen hatten und sofort erwachen mußten, wenn unter ihnen verbrecheri-
sche Hände ihr Wesen trieben. – Es kamen hierbei mitunter auch recht
drollige Szenen vor. Ein Schmiegelscher Schneider, der sehr klein von
Gestalt mit einem starken Buckel behaftet war, wurde einstmals im Winter
als Passagier oder als Gehilfe auf den Jahrmarkt mitgenommen; um sich vor

der Kälte zu schützen, wickelte er sich in eine große grobe Leinwanddecke ein, so daß er die vollständige Gestalt eines Warenballens einnahm, und legte sich so zur Nachtruhe auf den hinten im Wagen befindlichen Warenstapel. In der Nacht schnitten Diebe hinten die Leinwand auf, und alsbald fiel ihnen zu ihrer großen Freude ein großer Ballen in die Hände. Die Spitzbuben, hochbeglückt über die gute Beute, öffneten sofort den Ballen, um den Fang zu teilen, und zu ihrem Staunen entpuppte sich unser buckliges Schneiderlein, welcher froh war, mit einer tüchtigen Tracht Prügel davonzukommen.

Das Revolutionsjahr 1848 war für die Jahrmarktsbesucher ganz besonders gefährlich. Der Kanonendonner der Schlachten dieses polnischen Aufstandes unter Mieroslawsky[1] vom März bis Mai des Jahres 1848 schallte oft mitten in den Jahrmarktsrummel hinein. Als die Schlacht bei Miloslaw geschlagen wurde, in welcher die preußischen Truppen unter General Blumen durch die Übermacht der Gegner eine Niederlage erlitten, befanden sich unsere Jahrmarktsreisenden auf dem Jahrmarkte in Schroda. Der Kanonendonner, der nur wenige Meilen entfernten Schlacht wurde deutlich gehört, und sie hatten es ihrem guten Stern zu verdanken, daß sie glücklich und ohne Schaden davonkamen. Mein Vater erzählte oft von den gewaltigen Stürmen jener aufgeregten Zeit; von ihren Ängsten und Nöten, denen er und seine Genossen ausgesetzt waren, denen sie aber stets glücklich entkamen, denn auch die unbewaffneten polnischen Bauern, die naturgemäß mit ihrem Herzen auf seiten der Aufständischen waren, warfen drohende Blicke auf den Besitz der Deutschen und warteten nur auf einen Wink zu räuberischen Überfällen. Zu damaliger Zeit wurde fast nur in Silbermünzen und Scheidemünzen gezahlt, und einmal geschah es, daß der Boden des mit Geldsäckchen gefüllten hölzernen Geldkastens auf offener Straße inmitten einer erregten Volksmenge sich löste und mit den Geldsäcken zur Erde fiel. Aber auch da fügte es ein günstiges Geschick, daß nichts verlorenging. Oft begegnete man auf offener Heerstraße Zügen bewaffneter Aufständischer; diese waren hauptsächlich mit langen Sensen bewaffnet, bestehend aus einem langen Stiel mit einem Sensenmesser, welches gradlinig und nicht, wie bei den im landwirtschaftlichen Betriebe gebrauchten Sensen winkelförmig am Stiel befestigt war. Die Sense war oben noch mit einem Widerhaken versehen. Wegen dieser Bewaffnung nannte man die polnischen Aufständischen allgemein Sensenmänner. Die Begegnung mit diesen war gewiß sehr gefährlicher Natur, und es war immer ein großes Glück, wenn man hierbei mit heiler Haut davonkam. Da aber der polnische Bauer, wenn auch roh und stark dem Trunke ergeben, doch von gutmütigem Wesen und jeder Grausamkeit abgeneigt ist, so ist er mit einem Schnaps und einem guten Trinkgeld schnell zu befriedigen. Raub und Mord, Greuel und Grausamkeiten, wie sie in Kriegszeiten unumgänglich sind, wurden in der Zeit der polnischen Revolution in der Provinz Posen nur selten verübt. Die Führer, polnische Edelleute von meist vornehmer und edler Abkunft, hielten gute Manneszucht unter ihren Leuten, und so kamen die Unseren trotz vielfacher

Gefahren, denen sie im Jahre 1848 während des kurzen polnischen Aufstandes ausgesetzt waren, immer noch glücklich und ohne wesentlichen Schaden davon. Die wenigen Reize, welche diese Fahrten boten, genossen wir in den frühen Morgenstunden schöner Sommer- und Herbsttage, wenn wir, neben dem Wagen hergehend, durch den grünen Wald zogen, die frische Morgenluft einatmend, den herrlichen Sonnenaufgang bewundernd und den weiten Ausblick über duftende Wiesen und wogende Getreidefelder bis zur Grenze des Horizontes genossen, der in diesem ziemlich reizlosen polnischen Flachlande durch Berge und Höhen nicht beschränkt war.

Zur Zeit vor und längere Zeit nach der Gründung des väterlichen Geschäfts war das Fuhrwerksmaterial, welches dem Geschäfte diente, noch von sehr unvollkommener Beschaffenheit. Die Mittel reichten noch nicht so weit, um teure Pferde zu kaufen. Die Pferde mußten stark und knochig sein, um den schweren Frachtwagen zu ziehen, aber sonst durften sie alle möglichen Mängel und Schönheitsfehler besitzen, wenn solche ohne Beeinträchtigung der Arbeitskraft auf die Billigkeit der Kaufpreise Einfluß hatten. So wurden oft ältere Pferde angeschafft, welche sonst gesund, aber wegen äußerer Schäden ausrangiert waren. Es kam auch zuweilen vor, daß eines der Pferde halb oder ganz erblindet war. Denn das Auge ist das am wenigsten notwendige Requisit für ein gutes Zugpferd. Die Gespanne waren stets aus drei Pferden zusammengesetzt und so durfte das mittelste, das von den beiden Seitenpferden mitgeführt wurde, des Augenlichts ganz oder teilweise ohne Schaden für das ganze Gefährt entbehren. Der Spott- und der Lokalwitz nahm sich der Sache an und behauptete, Hamburgers Pferde brauchten zusammen immer nur zwei Augen, nämlich das Handpferd ein rechtes Auge, das Sattelpferd ein linkes Auge und das mittelste Pferd dürfe ganz blind sein und damit käme ein gutes Lastfuhrwerk ganz gut aus. Später wurde es mit der Zeit viel besser. Mit dem zunehmenden Wohlstand wurden auch bessere Pferde angeschafft, die sich ohne Erröten sogar vor der Britschka (polnisch), dem damaligen sogenannten Gesellschaftswagen, sehen lassen durften. Kutschen und Equipagen hielten sich damals nur die reichsten christlichen Bürger der Stadt und der Adel der Umgegend. Mein Großvater, dem es seine Vermögenslage auch schon erlaubt hätte, sich eine Equipage halten zu dürfen, tat dies nicht, denn seine Bescheidenheit und seine Scheu, als Jude protzig zu erscheinen, mögen ihn wohl davon zurückgehalten haben, es den anderen gleichzutun. In späteren Jahren ließ man auch den Frachtwagen unter Aufsicht des Kutschers und des Markthelfers allein fahren, und man reiste in einem bequemen Reisewagen, mit dem man in kürzerer Zeit und angenehmerer Weise ans Ziel gelangte.

So wie ich es hier geschildert habe, war ungefähr der Typ der Geschäftsführung der jüdischen Handelswelt bis in die Mitte des vorigen Jahrhunderts, und dabei waren die Engroshändler die bevorzugten Aristokraten des Jahrmarktsgeschäfts. Wieviel schwieriger hatten es die kleineren und ärmeren jüdischen Händler, die Kleinhändler, die ihre Waren in gemieteten

Wägelchen zu Markte brachten, die teils in Buden, teils auf der Erde ausgebreitet feilhielten und die Hausierer, welche ihre Packen selbst von Dorf zu Dorf auf dem Rücken tragen mußten; welche Summe von Gefahren und Mühseligkeiten, Widerwärtigkeiten und Strapazen, wieviel Hunger und Durst hatten sie auszuhalten, wie oft mußten sie den Schlaf entbehren und die Nächte auf der Landstraße zubringen. Und dazu kam noch der Haß und die Verachtung, Hohn und Spott und Mißhandlung, welche man ihnen damals noch straflos angedeihen lassen durfte. Alles dieses zu ertragen, dazu gehört mehr Tapferkeit, als man sonst den Juden zuzutrauen geneigt ist. Wer den Juden feige nennt, der weiß nicht oder will nicht wissen, was der Jude an Hingebungs- und Aufopferungsfähigkeit im Ertragen von Leiden und Mühseligkeiten zu leisten imstande ist. Ihm war zu damaliger Zeit sein ganzes Leben eine Schule des Kampfes und der Gefahr, des beständigen Widerstandes gegen Menschen und Naturgewalten; tagtäglich mußte er sich seine Existenzmöglichkeit von neuem erobern. Die Juden haben sich auch im Kriege immer tapfer gezeigt und dem Kugelregen furchtlos standgehalten. Viele haben sich ausgezeichnet und haben Siegespreise errungen; aber den größeren Mut haben diejenigen gezeigt, die sich täglich den Gefahren ihres Lebensberufes aussetzten, die ohne Zittern und Zagen immer wieder von neuem den Kampf um ihre eigene und um die Existenz ihrer Frauen und Kinder aufnahmen, obwohl Tausende in dem Kampfe unterlagen.

Die Jahrmarktsreisen wurden bis zum Jahre 1864 fortgesetzt, bis das Geschäft von Schmiegel nach Posen verlegt wurde. Mein Vater mußte sie schon im Anfang der 50er Jahre aufgeben, da die Mühen und Anstrengungen und die unregelmäßige Lebensweise seine Gesundheit geschädigt hatten, und die Ärzte ihm die Fortsetzung ernstlich untersagten. Er hatte bereits gegen Ende der vierziger Jahre mit seinem Neffen Josef Hamburger, dem Sohn seines vorgenannten ältesten Bruders Baruch, ein Geschäftsunternehmen in Breslau gegründet, welches die Firma J. Z. Hamburger & Co. führte und von genanntem Josef Hamburger zuerst allein geleitet wurde. Später trat noch der Bruder Meyer Hamburger in das Geschäft mit ein. Meine Eltern behielten bis zum Tode der Großeltern den Wohnsitz in Schmiegel. Erst im Jahre 1857 verlegten sie ihr Domizil nach Breslau.

Die Schmiegeler Firma blieb weiter bestehen und wurde in gleicher Weise wie bisher von den mehrjährig bewährten Mitarbeitern Marcus Landsberg und Maier Miadowski für Rechnung meines Vaters fortgeführt. Das Leder- und Lumpengeschäft war aufgegeben worden, und der Indigohandel wurde als Nebengeschäft weiter fortgesetzt. Wir lieferten den Färbern, welche in Schmiegel und der Umgegend für uns färbten, den Indigo und verkauften ihn auch zum Teil für ihren eigenen Gebrauch. Im Herbst 1859 schied Miadowski aus unserem Geschäft aus, um sich in seiner Vaterstadt Bojanowo selbständig zu machen, und ich trat an seiner Stelle in das Geschäft ein. Im Jahre 1864 wurde das Geschäft nach Posen verlegt. Das anstrengende

Jahrmarktsfahren war uns doch lästig geworden. Die Stadt Posen hatte sich inzwischen dank der vervollkommneten Verkehrsmittel immer mehr zur Zentrale des Provinzgeschäftes ausgebildet. Unser Arbeitsgebiet auf den Jahrmärkten hatte sich nur auf einen kleinen Teil der Provinz erstreckt, während in der Stadt Posen die Fäden aus allen Teilen der Provinz zusammenliefen; so faßten denn Zacharias Hamburger Söhne zuerst den Entschluß, den Sitz ihres Geschäftes nach Posen zu verlegen und wir folgten bald nach. Das Geschäft in Posen stand unter meiner alleinigen Leitung. Marcus Landsberg hatte sich inzwischen in Schmiegel mit Rosalie Hoppenheim, der Tochter der verstorbenen ältesten Schwester meiner Mutter, verheiratet und hatte dort das Kurzwarengeschäft meiner Großeltern und das von meinem Vater und den von meinem Vater bisher betriebenen Lumpenhandel übernommen. Er führte diese Geschäfte bis zu seinem Tode im Jahre 1893 mit gutem Erfolge fort. Ich leitete das Geschäft in Posen bis zum Jahre 1869. Das Geschäft in Schmiegel und später in Posen hatte im engsten Zusammenhange mit dem Breslauer Geschäft J. Z. Hamburger & Co. gestanden. Es bezog seine Waren teils von dort, teils wurden sie durch Vermittlung desselben angeschafft. Als mein Vater den Entschluß faßte, sein Geschäft von Schmiegel nach Posen zu verlegen, lehnte sich der Breslauer Sozius meines Vaters, sein Neffe Josef Hamburger mit aller Energie dagegen auf, weil er fürchtete, daß dadurch dem Breslauer Geschäft Abbruch geschehen könnte. Infolge der hierdurch entstandenen Differenzen kam es zur Separation und zur Auflösung der Firma J. Z. Hamburger & Co.

Mein Vater eröffnete sein neues Geschäft unter seiner alten bisherigen Firma in dem Hause Carlstraße 20, welches dem damals lebenden Goldarbeiter Gumpert gehörte und sich noch heute im Besitz derselben Firma befindet. Mein Bruder Heinrich hatte in dem Manufakturwarengeschäft von Gerstenberg & Glücksmann seine Lehrzeit durchgemacht und in einem großen Berliner Geschäftshause seine weitere Ausbildung genossen. Mein Bruder Albert hatte eben ausgelernt; beide traten sofort nach der Separation in das neue Geschäft meines Vaters mit ein (als Mitarbeiter). Das Geschäft nahm bald von vornherein eine sehr gute Entwicklung. Mein Vater hatte schon einige Jahre vorher das Haus Graupenstraße Nr. 1 erworben und verlegte, als das Geschäft infolge seiner Ausdehnung größere Räume erforderte, dasselbe Ende der 60er Jahre in sein eigenes Haus. Das Geschäft in Posen hatte sich inzwischen auch recht gut entwickelt und wesentlich vergrößert. Es arbeitete mit einer Kundschaft in Städten, die auf der einen Seite gleich nahe zu Breslau wie zu Posen gelegen waren, auf der anderen Seite waren die Ortschaften, in denen die Kundschaft wohnte, näher an Posen gelegen, aber sie konnten ebensogut von Breslau, wie von Posen aus bereist werden. Es war also recht gut möglich, die Geschäfte Breslaus mit denen der Posener Filiale zu verbinden und den Verlauf beider von Breslau aus zu leiten und hierdurch die Betriebsspesen zu verringern. Die Filiale Posen wurde demnach im Jahre 1869 eingezogen, und Breslau verblieb als alleinige Handlung der Firma bestehen. Ich wurde in derselben mit meinem Bruder Heinrich zusammen von meinem Vater als Sozius aufgenommen.

Mein Bruder Albert war schon kurz vorher nach Landshut gegangen, wo er sich mit Adolf Fränkel, welcher kurz vorher die Nichte und Pflegetochter meiner Eltern namens Jenny geheiratet hatte, assoziierte und mit diesem ein Leinenfabrikationsgeschäft eröffnete.

Das reine Handelsgeschäft, wie es in Schmiegel in dem so kleinen Maßstabe geführt wurde, genügte schon von Anfang an dem stets vorwärtsstrebenden Geiste meines Vaters nicht. Es lag schon von jeher in seiner Natur, jedes Ding durch Nachdenken auf seine Ursachen und seinen Ursprung hin zu ergründen. Sein Geist beschäftigte sich schon lange mit der Untersuchung, wie die Waren, die er als Handelsartikel führte, eigentlich hergestellt werden und seine Absicht und Bestrebung zielten darauf hin, seine Waren sich, soweit möglich, selbst herzustellen. Seine Geschäftsreisen führten ihn häufig nach Breslau und den Fabrikorten Schlesiens. Er gewann dort Eindrücke in das Fabrikationswesen, in die dortigen Webereien, Färbereien, Druckereien und Appreturanstalten. Sein klarer Kopf, seine rasche Auffassung und sein praktisch gebildeter Sinn kamen ihm hierbei zur Hilfe. Er erlangte schnell gute Kenntnisse auf diesem Gebiete, und er begann in Schmiegel damit, sich selbst gute Kräfte heranzubilden. Dort wurden nämlich damals und teils auch noch heute mannigfache Gewerbe und auch das Weberhandwerk – allerdings in sehr einfacher primitiver Weise – betrieben. Die Weber verarbeiteten grobe Gespinste, die von den Bauern der Umgegend auf einfachen alten Spinnrocken, teilweise aus selbst angebautem Flachs, gesponnen waren. Sie verwebten diese Gespinste zumeist auf Bestellung der Bauern für deren Hausgebrauch gegen geringen Weberlohn. Mein Vater gab ihnen bald reichlichere und lohnendere Arbeit und führte den sogenannten Schnellschützen ein, der die Arbeitszeit der Weber wesentlich verkürzte und ihnen besseren Verdienst verschaffte. Die geringe Intelligenz und der Widerstand gegen Neuerungen erschwerten jedoch sehr die Einführung von Verbesserungen bei der dortigen Weberbevölkerung, und auf neue Artikel ließen sich die Weber erst gar nicht ein.

Es war daher meinem Vater sehr willkommen, als ihm die Regierung gestattete, eine größere Anzahl Gefangener im Zuchthause zu Rawitsch mit Webarbeit zu beschäftigen. Zumeist waren dieselben von Hause aus keine Weber und mußten erst dazu angelernt werden. Mein Vater stellte dort einen Webmeister an, und nach Überwindung mancher Schwierigkeiten kam die Arbeit in flotten Gang. Der damalige Zuchthausdirektor Müller war ein feiner, liebenswürdig gebildeter Mann, dessen ich mich noch dunkel erinnere von der Zeit her, als er meinen Vater, was nicht selten geschah, in Schmiegel besuchte. Er war meinem Vater sehr gewogen und bemühte sich, die Absichten meines Vaters aufs möglichste zu fördern. Uns Kindern war es ganz besonders interessant, daß Gefangene im Zuchthause für uns arbeiten mußten. Mein Vater nahm mich auch einmal, als ich noch ein Knabe war, mit auf einer seiner Reisen nach Rawitsch, und ich erinnere mich noch heute an das Gruseln, das ich empfand, als mir gesagt wurde, daß die armen Gefangenen für uns arbeiten und manchmal sogar körperlich gestraft und eingesperrt werden, wenn sie aus Bosheit oder Unachtsamkeit schlechte Ware lieferten. In Rawitsch konnte mein Vater sein Arbeitsgebiet schon wesentlich erweitern. Er ließ dort verschiedene baumwollene und halbleinene Artikel machen, hauptsächlich rohe und gestreifte Nessel und ganz besonders in größeren Mengen einen grobfädigen Nessel für Färbereizwecke, welche wir viele Jahre hindurch bis zu dessen Tode einem Färber namens Gumpert in Grätz in großen Quantitäten lieferten, und zwar regelmäßig. Dieser Mann war ein Riese von Figur, stämmig und hochgewachsen, aber dabei einer der gutmütigsten und liebenswürdigsten Menschen. Er war meinem Vater in treuer Freundschaft ergeben, kam oft in unser Haus und wurde natürlich immer aufs beste bewirtet. Auch meine Mutter konnte ihn recht gut leiden, er blieb bis zu seinem Tode einer unserer treuesten Kunden.

Auch das Veredlungsgeschäft, desgleichen Färben und Druck roher Kattune und Nessel hatte mein Vater schon damals in die Hand genommen. Er beschäftigte die Färber und Drucker der Stadt und Umgegend, aber auch schon sehr viel die Etablissemente in Reichenbach/Schl. und Umgegend. Graue und schwarze Futterstoffe konnten damals nur in Langenbielau hergestellt werden, und unsere Geschäftsverbindung mit Christian Dierig leitete sich schon von damaliger Zeit her, und wird heute gewiß länger als 60 Jahre bestehen.

1 Ludwig von Mieroslawsky (1814–1878), polnischer Revolutionär, wurde 1847 in der Provinz Posen wegen Vorbereitung eines polnischen Aufstandes verhaftet und in Berlin verurteilt, 1848 aber befreit. Er leitete dann den bewaffneten Aufstand in Posen 1848, der von der preußischen Armee schließlich niedergeworfen wurde, nachdem sie zuerst bei Miloslaw eine Niederlage erlitten hatte.

12 Moritz Güdemann

geb. 1835 Hildesheim – gest. 1918 Baden bei Wien

Moritz Güdemann, Aus meinem Leben. 298 S. – Verfaßt Wien 1899–1918.

Güdemann ist der Sohn eines Hildesheimer Schlachters und besucht das bischöfliche Gymnasium seiner Heimatstadt. Er beginnt 1854 das Studium am Rabbinerseminar in Breslau, der in diesem Jahr eröffneten ersten wissenschaftlichen Rabbinerbildungsstätte Deutschlands. Nach achtjährigem Studium an Universität und Seminar erhält er 1862 seine erste Rabbinerstellung in Magdeburg. Er wird 1866 Rabbiner in Wien, wo er 1891 zum Oberrabbiner aufsteigt. Religiös konservativ eingestellt und politisch antipreußisch gesinnt, betätigt sich Güdemann neben dem Rabbinat auch wissenschaftlich. Er veröffentlicht mehrere Schriften zur jüdischen Geschichte und das antizionistische Werk „Nationaljudentum" (1897).

Ich muß noch sehr jung gewesen sein, als ich anfing, deutsch und hebräisch zu lesen, denn ich erinnere mich dieses Anfangs nicht. Aber wohl erinnere ich mich dessen, daß ich die Buchstaben, deutsche und hebräische, nachzeichnete – ich war damals kaum mehr als fünf Jahre alt – und daß ich, wenn Gäste kamen, Proben dieser Kunstfertigkeit, worauf mein Vater sehr stolz war, ablegen mußte. Schon in demselben Alter wurde mir der Gedanke eingeflößt, Rabbiner zu werden, so daß ich, wenn ich als Kind gefragt wurde, was ich werden wolle, diesen Beruf angab. Der Rabbiner, oder eigentlich der Landrabbiner, welchen Titel er führte, war der erste Mann unter den Juden der Stadt und der Provinz, wenigstens gab es für meinen Vater keinen größeren, verehrungswürdigeren. Diese Anschauung meines Vaters ging schon in meinen Kindesjahren auf mich über, so war es natürlich, daß ich den Beruf des Rabbiners als meinen Lebensberuf wählte, oder daß er suggeriert wurde, und auf diesen Beruf wurde denn auch meine Ausbildung angelegt.

Mit acht Jahren kam ich auf das bischöfliche Gymnasium Josephinum, oder schlechtweg das Josephinum, wie dieses Institut genannt wurde, und zwar in die Quinta, die unterste Klasse, in der ich aber drei Jahre verbleiben mußte. Dies war der vorgeschriebene Zeitraum. [...] Ich kann mich über meine Lehrer am Gymnasium nicht beklagen, bewahre einzelnen sogar aufrichtige Dankbarkeit, dennoch darf ich heute in sehr vorgerückten Jahren bei abgeklärtem Urteil behaupten, daß manche von den Lehrern in der Beurteilung ihrer Schüler fehlgriffen, weil sie nicht auf deren Individualität eingingen. Fast alle Lehrer waren Geistliche, durch ihre Ehe- und Kinderlosigkeit mag ihnen im Laufe der Zeit das rechte Verständnis für die Jugend abhanden gekommen sein. Mit meinen Mitschülern stand ich im besten Verhältnis. Der Umstand, daß ich Jude, noch dazu der einzige auf dem Gymnasium war, hat mir nie Kränkungen oder sonstige Unannehmlichkeiten weder seitens der Lehrer noch von seiten meiner Mitschüler zugezogen. Ja es wurde auf meine Konfession und religiöse Haltung Rücksicht genommen. Ich schrieb natürlich am Sabbat und an den jüdischen Feiertagen nicht, setzte nun ein Lehrer aus Versehen ein „Extemporale", d. h. eine schriftliche Prüfungsarbeit auf einen dieser Tage an, dann pflegten meine katholischen Mitschüler den Lehrer zu erinnern, daß ich an dem Tage nicht schreiben könne, worauf alsdann ein anderer Tag festgesetzt wurde. Andererseits nahm ich an manchen Übungen und Verrichtungen meiner Mitschüler teil, denen sie als Katholiken oblagen. Im Gesangsunterricht sang ich die

Litanei und andere Kirchengesänge mit, daran nahm weder ich, noch nahmen die Lehrer und Schüler daran Anstoß. In einer Motette von Mozart sang ich sogar ein Solo, natürlich nur im Gesangsunterricht, nicht in der Kirche. [...]

Ich habe auch einmal eine lange Reihe von Predigten angehört, welche von den berühmten Jesuiten Roth und Klinkowström[1] im Dom gehalten wurden. Ich erinnere mich nicht, daß Aufreizungen gegen die Juden darin vorgekommen wären. Freilich gab es in Hildesheim keine reichen Juden, aber sie waren alle in guten Verhältnissen, befleißigten sich eines rechtschaffenen Lebenswandels, hielten auf ihre Religion und pflegten mit ihren christlichen Mitbürgern einen angenehmen, oft freundschaftlichen und intimen Verkehr. Von einer bürgerlichen und politischen Gleichstellung der Juden war im damaligen Königreich Hannover keine Rede. Sie bekamen keine Orden und keine Staatsanstellung, aber es gab in Hildesheim einen jüdischen Advokaten und jüdische Ärzte, unter Christen angesehen und auch bei letzteren viel in Verwendung. Meine Mutter erzählte mir allerdings oft, daß in ihrer Kinderzeit kein Jude am Fronleichnamsfeste auf der Straße erscheinen durfte, auch daß den Juden zuweilen zugerufen wurde: „Jude mach' mores!", aber in meinen Kinderjahren habe ich eine Zurücksetzung oder Verspottung meiner Religion wegen nie erfahren. Mit dem Jahre 1848 wurde dann auch die rechtliche Stellung der Juden der der übrigen Staatsbürger gleich.[2] [...]

Es ereignete sich im Sommer des Jahres 1853, daß die Kunde von der Errichtung eines jüdisch-theologischen Seminars in Breslau nach Hildesheim gelangte. Dies geschah auf einem Umwege. Es wurden eines Tages Aufrufe unter den Juden in Hildesheim verbreitet, in welchen die bevorstehende Errichtung jenes Seminars als eine große Gefahr für das Judentum bezeichnet wurde. Die Aufrufe waren von dem Rabbiner Samson Raphael Hirsch[3] in Frankfurt a. M. ausgegangen und in alle Welt verschickt worden. Den Anlaß zu dem Sturm hatte wohl die in Aussicht genommene Anstellung H. Graetz'[4] an dem zu errichtenden Seminar gegeben. Graetz hatte früher bei Hirsch in Oldenburg gelebt und diesem große Verehrung entgegengebracht, hatte sich aber dann von ihm und seiner religiösen Anschauung getrennt. Durch diese Aufrufe nun empfing ich zuerst Kunde von der beabsichtigten Errichtung des erwähnten Seminars. Bei einem Besuche, den ich, wie dies öfters geschah, meiner Schwester und meinem Schwager in Hannover machte, suchte ich auch Dr. Wiener auf, und sprach mit ihm über die neue Gründung. Dr. Wiener lehrte am Lehrerseminar in Hannover und hat sich durch verschiedene Arbeiten auf dem Gebiete der jüdischen Geschichte einen guten Namen gemacht. Wiener klärte mich nun über das Seminar, aber auch über das was ich zu tun hätte, wenn ich meinem Vorsatz, Rabbiner zu werden, treu bleiben wollte, gründlich auf. Besonders machte er mir klar, daß meine Studien ohne Fundament bleiben würden, wenn ich nicht im Talmud gehörig zu Hause wäre. Nur durch diese Pforte könne ich in das Wesen des Judentums und in die Geschichte der Juden eindringen und mich in beiden zurechtfinden. Es war eine sehr eindringliche Ermahnung, die Wiener an mich richtete, und ich muß diesem Manne dankbar das Verdienst zuerkennen, daß er mir eigentlich den Weg für meine Zukunft gewiesen. Angenehm war mir ja der Eindruck nicht, mit dem ich von Wiener schied. Es war mir zumute wie einem, der hungert, und dem gerade eine unwillkommene Speise vorgesetzt wird, aber ich sagte mir, es muß sein! Der Gedanke, einen anderen Beruf zu wählen, kam mir nicht: es war mir von Kindheit an der Rabbinerberuf so bestimmt vorgezeichnet, auch schien mir die Wahl dieses Berufes eine Ehrenpflicht gegen meinen seligen Vater zu sein, daß ich an andere Berufszweige gar nicht dachte. Ich reiste also von Hannover ab und gelobte mir im stillen, mich ganz und gar auf das Talmudstudium zu werfen. Dies tat ich denn auch. Sobald ich nach Hause gekommen war, entlieh ich mir von dem Rabbiner Landsberg den Traktat Baba mezia[5] und versenkte mich in ihn so sehr, daß ich kaum eine oder zwei Stunden täglich der Ruhe und Bewegung widmete. Wie es nun geht, daß diejenigen Bestrebungen, die einem schwer werden, sich aber dadurch auch beliebt machen, so erging es mir auch mit dem Talmud. Je mehr Eifer ich auf ihn verwendete, desto mehr erfreute ich mich an den Problemen, die er darbietet, und an den versuchten Lösungen, die ich auf kleinen Zetteln aufschrieb, die ich zwischen die Blätter schob. Späterhin zeigte mir noch Landsberg diese Zettel, die er sorgfältig aufbewahrt hatte. Auch der Unterricht, den er mir nun erteilte, ward angeregter, lebhafter und erfolgreicher. Ich schrieb nun an den Oberrabbiner Dr. Z. Frankel[6] in Dresden, den künftigen Direktor des Seminars und bat, mich in dasselbe aufzunehmen. Ein sehr höfliches Antwortschreiben, das mich sehr beglückte, enthielt die Bewilligung meines Ansuchens. In eifrigen Studien, besonders des Talmud, erwartete ich das Herannahen des August, in dessen ersten Tagen das Seminar eröffnet werden sollte. [...]

Am Donnerstag, den 10. August 1854, an einem warmen Sommermorgen ward das Seminar durch eine einfache Feier eröffnet.[7] Es waren von dem Lehrkörper der Direktor Dr. Zacharias Frankel, Dr. H. Graetz, Dr. Jacob Bernays und Dr. B. Zuckermann, dann die Herren Kuratoren Milch, Prinz und Dr. Lewy zugegen. Die Schülerzahl belief sich auf zehn oder zwölf. Nach der Feier, die in dem auch als Betlokal verwendeten großen Saale im zweiten Stockwerk stattfand, begaben wir uns in den Garten, der wohlgepflegt und geräumig ebenso wie das Haus einen sehr einnehmenden Eindruck machte. Sodann begaben wir Schüler uns auf die Promenade. Hier hatte ich mit einem in Jahren schon ziemlich vorgerückten Kollegen namens Landsberg ein mich sehr entmutigendes Gespräch. Dieser, der aus der Provinz Posen stammte, hatte schon viele rabbinische Kenntnisse sich angeeignet, und als ich ihm sagte, daß es bei mir damit noch schwach bestellt sei, da meinte er, ich sollte lieber von meiner Absicht, Rabbiner zu werden, abstehen, denn wer nicht schon in der Jugend im Talmud beschlagen sei, der bringe es darin zu nichts. Aber ein anderer bereits älterer Mann, Meier Lewy, der selbst ein guter Talmudist war, und, obwohl er das Seminar nicht besuchte, mit uns umging, beruhigte mich und ermutigte mich. Labor omnia vincit improbus. Das habe auch ich erfahren. Ich warf mich mit allem Ernst auf diese Studien, bis tief in die Nacht und früh am Morgen lag ich ihnen ob. Dabei ward mir die Hilfe eines jungen Mannes förderlich, der damals aus Ungarn nach Breslau gekommen war, um die weltlichen Wissenschaften zu studieren. Es war Benjamin Szold, der nachmals als langjähriger und sehr angesehener Rabbiner in Baltimore gestorben ist. Er war ein feiner Kopf, übersah und begriff in einem Augenblick die ganze Folioblätter einnehmenden Ausführungen der Kommentatoren zum Talmud und verstand, den Inhalt mit ungemeiner Klarheit wiederzugeben. Dadurch wurde ich in die scharfsinnigen Diskussionen eingeführt und ward bald einer der heftigsten Diskutatoren im Kolleg unseres Direktors. Einmal verging ich mich so weit, daß der Direktor in beleidigender Weise mich zurechtwies. Ich blieb dem Kolleg fern, aber der Direktor ließ mich bald rufen und begütigte mich – so bescheiden und liebevoll war dieser Mann gegen seine Schüler, die er, selbst kinderlos, seine Kinder zu nennen pflegte. Eine gleich tiefe Anregung wie vom Direktor, ging auch vom Professor H. Graetz aus, der jüdische Geschichte, auch Grammatik und Exegese vortrug. Von einer anderen Seite wußte Jacob Bernays, der als Oberbibliothekar in Bonn gestorben ist, unser Interesse anzuregen. Er trug den Kusari[8] vor, schlug aber auch die Brücke zu den klassischen Wissenschaften hinüber, indem er uns Phokylides, oder lateinische Dichtungen über biblische Themata lesen ließ. [...]

Es herrschte damals unter den Lehrern, zu denen auch der Mathematiker Dr. Zuckermann gehörte, eine entschiedene Begeisterung für die von ihnen übernommene Aufgabe. Dieselbe Begeisterung ging auch auf uns Schüler über, unter denen mehrere waren, die als Preußen, Hannoveraner, Badenser usw. gründliche Gymnasialbildung genossen hatten. Weniger war dies bei den aus der Provinz Posen und aus Österreich gekommenen Schülern der Fall. Der Direktor betraute mich mit der Aufgabe, diese in den lateinischen und griechischen Anfangsgründen zu unterrichten, was mir nicht bloß schmeichelhaft war, sondern auch Geld einbrachte. Als dann im zweiten Jahre des Seminars Dr. M. Joel[9] kam, hörte meine Lehrtätigkeit auf. [...]

Weniger gut, als im Seminar, ging es mir und den Kollegen an der Universität. Hier fehlte uns jede Anleitung zu dem einzuschlagenden Studiengang. So wählte ich denn auf eigene Faust Arabisch und Syrisch, dann auch Persisch. Ich habe es aber in allen diesen Fächern nicht weit gebracht. Das Arabische war damals in Breslau nicht sonderlich vertreten, Syrisch wurde von dem ausgezeichneten Kenner dieser Sprache, Bernstein, vorgetragen, der aber schon sehr alt war und den wir zumeist in seiner Wohnung hörten. Das Persische reizte mich, und Stangler, der diese Sprache vortrug, war auch ein anregender Lehrer. Aber es fehlte jede Beziehung dieser

Literatur zu meinen rabbinischen Studien, höchstens, daß ich durch das Persische das eine oder andere Wort im Talmud mir zurechtzulegen wußte. Sehr anregend und fesselnd waren die philosophischen Vorträge von Braniss[10], der ein getaufter Jude aus Kempen war, großen Ansehens sich erfreute, damals aber schon in hohem Alter sich befand. Ich hörte von ihm eine berühmt gewordene akademische Rede gegen den bekannten Führer der Reaktionäre in Preußen, Stahl[11], der früher Schlesinger geheißen hatte und als getaufter Jude eine Stütze des christlichen Pietismus wurde. Braniss gegen Stahl – ein getaufter Jude gegen den andern! Der Kladderadatsch bezeichnete die erwähnte Rede als einen „Stahlstich", was damals in Breslau viel besprochen wurde. Es wäre besser gewesen, wenn ich die klassischen Studien, in denen ich vom Gymnasium her ziemlich gut beschlagen war, auf der Universität fortgesetzt hätte. Diesen ward ich immer mehr entrückt, während ich in den semitischen Studien nie recht heimisch wurde. Zu meiner Doktor-Dissertation benutzte ich ein persisches Manuskript. Ich kann meine eigene Dissertation schon lange selbst nicht mehr lesen.

Für das Studium im Seminar waren sieben Jahre festgesetzt, eine lange Zeit, wenn man sie vor sich hat. Als mich bald nach meiner Ankunft der Professor der Geologie, Römer, der aus Hildesheim stammte und an den ich empfohlen war, nach der Länge meiner Studienzeit fragte und ich sie angab, so rief er erstaunt aus: Sieben Jahre! und schlug die Hände über dem Kopf zusammen. Nun sind mehr als sieben mal sieben Jahre dahingegangen, und ich habe das fünfzigste Jubiläum des Breslauer Seminars dank der Gnade Gottes erlebt. Aber während dieser sieben Jahre sind doch eine Menge von Hörern dem Seminar und dem Rabbinerberuf untreu geworden. Die lange Zeit hatte das Gute, daß man Gelegenheit zur Selbstprüfung hatte. Manche Hörer sind dann auch auf anderen Gebieten tüchtige Männer geworden.

Meine näheren Kollegen waren Rahmer, der als Rabbiner in Magdeburg, Bamberger, der in dieser Eigenschaft in Königsberg, und Seligsohn, der noch als Hörer im Seminar 1858 gestorben ist. [...] Wir vier übersiedelten 1856 in das Seminar, wo man uns zwei Dachkammern zur Wohnung überlassen hatte. Im Winter lagen ganze Schneemassen vor unseren Betten, wenn wir des Morgens erwachten, denn Öfen gab es da oben nicht. Auch die Betten waren primitiv und gaben keine Wärme. Den Frühstückskaffee kochte uns die Frau des Hausdieners, und da sich auf der Oberfläche einige wenige Fettaugen der Milch anzusammeln pflegten, so ward eine bestimmte Ordnung vereinbart, nach welcher jedem von uns verstattet war, sich zuerst einzuschenken und jener Fettaugen sich zu bemächtigen. Im Winter benutzten wir ein im Parterre gelegenes, geheiztes Zimmer zu unseren Studien. Hier pflegten wir abends, wenn wir von der Universität kamen, unser sehr frugales Nachtmahl zu nehmen, ein Stück Brot mit schlechter Butter und einen Stettiner Apfel, den wir uns auf dem Heimwege von der Universität auf dem Ringe zu kaufen pflegten. Bis tief in die Nacht hinein studierten wir. Um Mitternacht ward Kaffee gemacht. Zu diesem Zwecke stieg abwechselnd einer von uns auf einen Stuhl und hielt die Blechkanne über der Gasflamme solange, bis der Kaffee fertig war. Wir kamen wohl nie vor eins, halb zwei hinauf in unsere Dachkammer, in der uns eine eisige Kälte empfing. Diese Lebensweise wich so sehr von der regelmäßigen ab, an die ich von Kindheit an gewöhnt war, daß die Folgen nicht ausblieben. Ich bekam einen Darmkatarrh, und nun ward unser gemeinschaftliches Studierzimmer mein Krankenzimmer. Hier lag ich nun Tage und Wochen einsam und verlassen, nur daß ab und zu einer der Kollegen oder Herr oder Frau Spiegel mich für kurze Zeit besuchten. Langsam kam ich zu Kräften, aber zu meinem körperlichen Zustand kam noch das drückende Bewußtsein hinzu, daß ich aller Subsistenzmittel entblößt war und einer ungewissen Zukunft entgegenging. [...]

Im selben Jahre 1858 habe ich auch mein Doktorexamen gemacht, in dem Persisch mein Hauptfach und Professor Stenzler der Hauptprüfende war. Ich weiß von dieser Sprache fast nichts mehr, denn meine späteren Studien gingen in eine andere Richtung. Auch habe ich in diesem Jahre, während der hohen Feiertage, zum ersten Mal in einer Gemeinde, nämlich in Brieg, gepredigt. Es wurde mir großer Beifall zuteil. Einige Monate zuvor hatte ich im Seminar meine Jungfernrede gehalten. Ich besaß wohl einige Begabung für den öffentlichen Vortrag, denn auf dem Gymnasium war ich auch immer für öffentliche Deklamationen ausersehen worden, aber jedesmal lief ich aus Angst Gefahr, stecken zu bleiben. Man kann sich danach vorstellen, wie mein Herz pochte, als ich zum ersten Male die Kanzel des Seminars betrat. Es kam aber ganz anders, denn kaum hatte ich das erste Wort gesprochen, so war auch die Angst verschwunden und alle rühmten nachher die Freiheit meiner Haltung und den guten Vortrag.

In den folgenden beiden Jahren wurde ich nach Berlin berufen, um an den hohen Feiertagen in den von dem Vorstande errichteten Nebensynagogen zu predigen. Ich lernte damals den berühmten Prediger Dr. Michael Sachs[12] kennen, der mich sehr freundlich aufnahm, mich an seine Tafel lud und bei meiner Abreise mich mit Zigarren versorgte. Im Jahre 1854, als ich nach Breslau zog, hatte ich ihn predigen hören, und dachte damals nicht, daß ich auf diesem Gebiete in seine Nähe gelangen würde. Nun war es doch so gekommen. [...]

Dann kam die Vorbereitung für das wichtige Ereignis der Entlassung der ersten zu Rabbinern Promovierten aus dem Seminar, die mich ganz in Anspruch nahm. Auf das Doktorexamen an der Universität hatte Frankel kein Gewicht gelegt, er wollte gar nicht, daß wir diesen Titel erwerben sollten, und er hatte eigentlich recht, denn die Theologen der anderen Konfessionen führen ihn auch nicht. Aber die jungen Leute, so auch ich, ließen sich nicht abhalten. Bei der Entlassungsfeier sollte ich die Festrede halten, die ich denn mit großem Fleiße ausarbeitete und die Bernays durchsah. Er machte manche Ausstellung, die von feinem Sprachgefühl zeugte, so z. B. hatte ich das Wort „Amtswirksamkeit" gebraucht, wofür er mich richtiger „Amtstätigkeit" setzen ließ, aber im allgemeinen schien ihm die Rede zu gefallen, wenn er es auch nicht aussprach. Sie ist, wie der ganze Bericht über die Feierlichkeit im Jahrgang 1862 der Monatsschrift[13] gedruckt. Am 3. April fand die Feier statt mit einer einleitenden Rede des Direktors, wir waren unserer drei, Rahmer, der als Rabbiner in Magdeburg, Perles, der in dieser Eigenschaft in München verstorben ist, und ich. Nach der Feierlichkeit fand ein Mahl beim Direktor statt, an dem alle Lehrer und wenige Gäste teilnahmen, unter anderem auch Joseph Lehmann aus Glogau, der Gründer des „Magazins für die Literatur des Auslands", der seinerzeit Frankel nach Breslau gebracht, und auch ein wissenschaftliches Stipendium für das Seminar gestiftet hatte. Er war ein berühmter Mann, mit vielen literarischen Größen, so auch mit Heinrich Heine, befreundet, und ein treuer Jude. In einer Tischrede führte er aus, wie wichtig das Seminar und die heutige Feier dadurch sei, daß sie dem Rabbinerberufe seine historische Bedeutung wiedergegeben hätte. In Berlin sei er der „Kadett" des jüdischen Gemeindevorstandes gewesen, an dessen Spitze Gumpertz stand. Als dieser vom Minister Eichhorn gefragt wurde, was denn eigentlich der Rabbiner vorstelle, habe er geantwortet: „Was der Rabbiner kann, kann bei uns jeder." Die Folge dieser seltsamen Schilderung von der Stellung des Rabbiners sei gewesen, daß derselbe in dem preußischen Judengesetz von 1847 ganz übergangen und für die Juden als ein Ausnahmegesetz die Zivilehe eingeführt wurde. Die Rabbiner wurden in der Tat in Preußen nicht – und sind heute noch nicht einmal – den christlichen Kirchendienern gleichgestellt: Diese und natürlich erst recht die Geistlichen sind von den direkten Gemeindeabgaben befreit, die Rabbiner sind es nicht. Ich will dies nur anmerken anläßlich der Rede Lehmanns. Es wurden auch noch andere Tischreden gehalten und die Feier verlief sehr gemütlich.

Inzwischen war die Magdeburger Rabbinerstelle ausgeschrieben worden, weil der bisherige Inhaber, Dr. Ludwig Philippson[14], der Gründer der „Zeitung des Judentums", Verfasser des Bibelwerks und anderer Schriften, beabsichtigte, sich zurückzuziehen. Ich reichte meine Meldung ein und erhielt die Berufung zur Probepredigt für Pessach 1862. Wahrscheinlich hatte die Kusine meines Vaters, die mich schon, als ich 1854 nach Breslau zog, sehr freundlich aufgenommen hatte – sie war zum zweiten Male verheiratet und hieß jetzt Frau Fanny Hirsch – zu der Berufung beigetragen. [...] Es war nicht lange nach meiner Abreise, so wurde ich gewählt. Die telegrafische Anzeige und nachher die förmliche schriftliche Berufung bereiteten meiner Mutter, meinen Geschwistern große Freude und erregten in Breslau, wo ich sehr bekannt war, großes Aufsehen. Das Gehalt, das mir zugesagt wurde, war klein – achthundert Taler. Damit sollte ich alle meine Bedürfnisse bestreiten. Aber die Summe schien mir ein Reichtum, auch war es keine Kleinigkeit, der Nachfolger eines in weiten Kreisen bekannten

Mannes zu werden. Im August sollte ich mein neues Amt antreten, und nun hieß es, für den Ernst des Lebens sich vorbereiten. [...]

In Magdeburg hatte früher eine große jüdische Gemeinde gesessen, deren bedeutende Religionsgelehrte als die „Weisen von Maideborch" – dies der ältere Name der Stadt – in den Responsensammlungen des Mittelalters erwähnt werden. Aber die Gemeinde war 1492 vertrieben worden. Das spanische Beispiel hatte Schule gemacht.[15] Die jetzige Gemeinde ist verhältnismäßig jungen Datums und hat sich zum Teil aus Elsässern, die mit Napoleons Zuge als Marketender oder Lieferanten, aber auch Kombattanten bis an die Elbe gelangt waren, rekrutiert. [...] Auch aus dem Anhaltischen hatten sich viele Juden in Magdeburg angesiedelt. Die Gemeinde war nicht reich, aber im ganzen wohlhabend, und zählte sehr gebildete Familien in ihrer Mitte. Das damalige Gotteshaus war groß, aber schmuck- und geschmacklos. Auch die Torarollen waren ohne jeden Schmuck. Als ich in einer Vorstandssitzung darüber klagte, meinte einer der Herren, die Tora bedürfe keines Schmucks. „Das ist richtig", entgegnete ich, „aber das können Sie von Ihrer Gattin auch sagen, dennoch werden Sie sie schmükken." Ich unternahm eine Sammlung und habe den ersten üblichen Silberschmuck für die Torarolle nach Magdeburg gebracht.

Das Verhältnis der Gemeindemitglieder zueinander war ein liebevolles. Die wenigen Armen wurden reichlich unterstützt. Alljährlich fand ein Liebesmahl der „Chewra Kadischa"[16] statt, und bei dieser Gelegenheit saßen die Armen oder Mittellosen mitten unter den angesehensten Personen. [...]

Der einzige, mit dem ich mich [in Magdeburg] über die jüdische Literatur und Wissenschaft unterhalten konnte, war der sehr unterrichtete Kantor Nathanson. Ein trefflicher, bücherkundiger Mann, dem ich manche Anregung verdanke. Ich bewahre ihm ein freundschaftliches und liebevolles Andenken. Auch Philippson hatte viel auf ihn gehalten. Sonst gab es in der Gemeinde keinen, der ordentlich Hebräisch verstand. Dieses bei mir erlernen zu dürfen, bat mich Dr. Carl Siegfried, der Lehrer am dortigen Domgymnasium war, und der mich zu diesem Zwecke besuchte. Ich las mit ihm verschiedenes, unter anderem den „Meor Einajim" des Asariah dei Rossi.[17] Siegfried wurde bald nach Schulpforta, dann nach Jena berufen, wo er als Professor und Geheimer Kirchenrat nach langem Siechtum vor einigen Jahren verstorben ist. Ich habe ihn nie wiedergesehen, aber wir blieben in brieflichem Verkehr und innig befreundet. Während seiner Krankheit bearbeitete ich für ihn und auf seinen Vorschlag den Artikel „Juden" im Brockhausschen Konversationslexikon, den er abgefaßt hatte.

Auch durch den Buchhändler Fischl in Halberstadt empfing ich manche Anregung. Ich konnte nur wenige Bücher kaufen, aber er überließ mir viele zur Durchsicht. Dadurch bereicherte ich meine Kenntnis der jüdischen Literatur und fand Lust an wissenschaftlicher Arbeit. Ich machte auch historische Studien und gab eine kleine Geschichte der Juden in Magdeburg heraus. Eine andere Arbeit behandelte das Rabbinerwesen im Mittelalter, über die mein Lehrer Graetz sehr günstig urteilte. Beide Arbeiten erschienen in der Frankelschen Monatsschrift.[18] Wenn im Laufe der Zeit meine jüngeren Kollegen, die sich in kleinen Gemeinden befanden, ihre wissenschaftliche Untätigkeit oft damit entschuldigten, daß sie ohne Anregung und ohne einen größeren Bücherschatz wären, so mußte ich mir sagen, daß es mir in Magdeburg gleichfalls an beidem fehlte, daß ich aber doch mich auf diesem Gebiete unablässig versuchte, was für meine spätere Laufbahn von großer Bedeutung war.

1 Max von Klinkowström (1819–1896), ein als Kanzelprediger bekannter Jesuit aus Wien, wirkte seit 1849 als Volksmissionar u. a. auch in Westfalen und Hannover.

2 Das Schutzjudentum bestand im Königreich Hannover bis zum Judengesetz von 1842. Durch das Gesetz vom 5. 9. 1848 erlangten dann die Juden die vollen politischen und bürgerlichen Rechte. – „Mach Mores" ist eine Aufforderung zur Abnahme der Kopfbedeckung.

3 Samson Raphael Hirsch (1808–1888), Führer der Neu-Orthodoxie, war 1830–1841 Rabbiner in Oldenburg und seit 1851 Rabbiner der Israelitischen Religionsgesellschaft in Frankfurt a. Main, der ersten orthodoxen Separatgemeinde.

4 Heinrich Graetz (1817–1891), jüdischer Historiker, Verfasser der elfbändigen „Geschichte der Juden von den ältesten Zeiten bis auf die Gegenwart". Graetz wurde 1854 in Breslau Dozent für jüdische Geschichte am Rabbinerseminar, 1869 auch Honorarprofessor an der Universität.

5 Talmudtraktat, der primär Fragen von Recht und Eigentum behandelt.

6 Zacharias Frankel (1801–1875) wurde 1836 Oberrabbiner in Dresden und leitete als Anhänger einer gemäßigten Reform von 1854 an das neu gegründete Rabbinerseminar in Breslau.

7 Güdemann verweist dann auf seine zuerst 1904 im Oktoberheft der Zeitschrift „Ost und West" im Druck erschienene Beschreibung der Seminareröffnung, die nachgedruckt wurde in: Das Breslauer Seminar, Jüdisch-Theologisches Seminar (Fränkelscher Stiftung) in Breslau, 1854–1938 Gedächtnisschrift, hrsg. Guido Kisch, Tübingen 1963, S. 297–301.

8 Polemische Dialogschrift des Judah Halevi aus dem 12. Jahrhundert, sie ist gerichtet gegen die aristotelische Philosophie. Jacob Bernays (1822–1881) war ein bedeutender Altphilologe, der sich 1848 in Bonn habilitiert hatte, wohin er 1866 als Extraordinarius und Direktor der Universitätsbibliothek zurückkehrte.

9 Manuel Joel (1826–1890) wurde Dozent für Klassische Philologie, Religionsphilosophie und Homiletik am Seminar sowie 1864 auch Rabbiner in Breslau.

10 Christian Julius Braniss (1792–1873) lehrte seit 1826 Philosophie in Breslau und war vor allem von Hegel und Schleiermacher beeinflußt.

11 Friedrich Julius Stahl (1802–1861) konvertierte nach orthodoxer Erziehung 1819 zum Luthertum, wurde zum führenden konservativen Staatstheoretiker Preußens und wandte sich als Vertreter einer christlichen Staatslehre gegen die Judenemanzipation.

12 Michael Sachs (1808–1864), seit 1844 in Berlin, war einer der führenden Rabbiner der traditionellen Richtung und besonders als Prediger beliebt.

13 Monatsschrift für Geschichte und Wissenschaft des Judentums Bd. 11, 1862, S. 166–173.

14 Ludwig Philippson (1811–1889), Rabbiner und Schriftsteller, gründete 1837 die Allge-

meine Zeitung des Judentums (1837–1932), deren Herausgeber er bis zum Tode blieb. Seit 1833 Rabbiner in Magdeburg, mußte er diese Stelle aus Krankheitsgründen aufgeben und lebte 1862–1889 in Bonn.

15 Die große Vertreibung der Juden aus Spanien fand ebenfalls 1492 statt.

16 Heilige Bruderschaft (hebr.). Diese Vereinigung bestand in jeder Gemeinde zum Zweck der Krankenpflege und der Beerdigung.

17 Asariah dei Rossi (1511–1578), größter jüdischer Gelehrter der italienischen Renaissance. In seinem Werk Meor Einajim (Augenleuchte) benutzte er als erster jüdischer Historiker auch nichtjüdische Quellen.

18 G. veröffentlichte in der von Zacharias Frankel herausgegebenen Monatsschrift für Geschichte und Wissenschaft des Judentums insgesamt 29 Aufsätze; die genannten befinden sich in Bd. 13 u. 14, 1864–1865.

13 Moses Seligmann

geb 1810 Landau (Pfalzbayern) – gest. 1887 Landau

Caesar Seligmann, Mein Leben. Erinnerungen eines Großvaters. 161 S. – Verfaßt Frankfurt 1934 – London 1941.[1]

Caesar Seligmann (1860 Landau – 1950 London), eine führende Persönlichkeit unter den liberalen Rabbinern Deutschlands, berichtet vom Leben seines Vaters Moses Seligmann. – Aus alter Rabbinerfamilie stammend, widmet sich Moses Seligmann viele Jahre dem Talmudstudium, besucht die Jeschiwe in Frankfurt a. M. und wendet sich erst danach an Gymnasium und Universität allgemeinen Wissenschaften zu. 1836 legt er die Rabbinerprüfung ab, erhält aber durch Unregelmäßigkeiten beim Wahlvorgang nicht das erhoffte Rabbineramt in Landau. Daraufhin wird er Antiquariatsbuchhändler und lebt vorübergehend in Paris. Endlich 1862 bekommt er eine Anstellung in Kaiserslautern als Dozent am protestantischen Lehrerseminar, das auch Juden ausbildet. – Caesar Seligmann schildert dann in Kindheitserinnerungen die Lage der jüdischen Gemeinde Landau und seine Eindrücke vom Krieg 1870/71.

Vier Jahre älter als Tante Lenchen, drei Jahre jünger als Tante Malchen war mein Vater, der am 25. Februar 1809 in Landau geboren wurde. Seine ersten Kinderjahre fielen noch in die Zeit, da Landau französisch war, und das hat Papa nie vergessen. In diesem Landau seiner und auch noch meiner Kinderjahre war der Verkehr zwischen Juden und Christen so freundnachbarlich und selbstverständlich, daß es keine Scheidewand zwischen ihnen gab. Landau war eine urbane Stadt, im Gegensatz zum Pfälzer Westrich. Es war geradezu eine Enklave inmitten der alten Kurpfalz, die bis zur Zeit der

Französischen Revolution in so viele kleine Teile zersplittert war, daß man im 18. Jahrhundert nicht weniger als 37 verschiedene Regierungen zählte. Unter den Juden, deren Zahl im Anfang des 19. Jahrhunderts etwa 50 Familien betrug, herrschte ein außerordentlich reges, geistiges Leben. Jüdische Tradition und jüdisches Wissen waren in der Gemeinde von altersher zu Hause.

Mein Vater war von Kindheit an zum Rabbiner bestimmt. Vom zartesten Alter an studierte er den Talmud, zuerst in Landau beim dortigen Rabbiner Herz Kann. Als er sechzehn Jahre alt war, schickte ihn sein Vater in die damals berühmteste südwestdeutsche Jeschiwe nach Frankfurt am Main, wo Rabbi Salomon Trier lehrte.

Meines Vaters liebster Freund auf der Frankfurter Jeschiwe war der aus Buchsweiler im Elsaß stammende, spätere Antiquar und Verleger der Rödelheimer Gebetbücher, Isaak Kauffmann, mit dem zusammen er manches ergötzliche Erlebnis hatte, das davon Zeugnis ablegt, daß er in seiner Jugend nicht so ernst war wie im späteren Leben. Beide bewohnten gemeinschaftlich ein Zimmer. Neben ihnen, durch eine dünne Wand getrennt, übten sich vor Eintritt des Monats Ellul ein paar Jeschiwe-Bachurim [Talmudstudenten] ganze Nächte hindurch im Schofarblasen und störten die beiden im Schlaf. Da verfielen sie auf eine geniale Idee, um sich Ruhe zu verschaffen. Es war ein richtiger Studentenstreich. Sie warteten eine Abendstunde ab, in der die nächtlichen Bläser nicht zu Hause waren, gingen in das Nachbarzimmer, fanden das gesuchte Schofar und stopften in seine beiden Öffnungen soviel dünnes Papier hinein, bis das Papier ganz fest saß und das Schofar keinen Ton mehr von sich gab. In der Nacht horchten sie von ihren Betten aus angespannt und hörten, wie die armen Bachurim, einer nach dem anderen aus Leibeskräften bliesen und immer wieder bliesen und nicht wußten, von welchem Satan das heilige Instrument besessen sei. Die Folge war, daß mein Vater und sein Freund ungestört schlafen konnten. Wenn mein Vater mir diese Geschichte in einer aufgeräumten Stunde erzählte, liefen ihm im hohen Alter vor Lachen die Tränen über die Backen; er hielt dabei die zwei Finger vor den Mund, wie beim Schofarblasen, blies die Backen auf und ahmte den komischen Ton nach, der aus dem heiseren Schofar kam.

Wie es in der Jeschiwe des Rabbi Salomon Trier zuging, erzählt der spätere bekannte französische Essayist Alexandre Weill, gleichfalls ein Jugendfreund meines Vaters, in höchst ergötzlicher und anschaulicher Weise in seiner Selbstbiographie „Ma jeunesse": „Nachdem man Kaffee getrunken hatte, begab man sich zu Rabbi Trier. Nach kaum einer halben Stunde befand man sich in einem geistigen Ringkampf, einer Schlacht, in der es hin und her wogte von Rede und Antwort, von Streit, Geschrei und Brüllen. Die Fragen und die Antworten kreuzten sich, flogen, prallten zurück, bis plötzlich das betäubende Schreien abgeschnitten wurde von einem Todesschweigen. Jeder grübelte über die gestellte Frage nach, suchte nach einem

Ausgleich, um den Widerspruch zu lösen, oder um eine neue Erklärung eines unerklärbaren Textes. Ein Vorübergehender, der uns gehört hatte, würde uns gewiß für tobsüchtige Verrückte gehalten haben. Der Rabbi ließ uns gewöhnlich in ein Labyrinth von Widersprüchen versinken und behielt sich uns gegenüber bis ganz zuletzt seine Lösung auf, die er uns alsdann mit einem Lächeln der Befriedigung auf den Lippen gab. Oft wurde seine Lösung mit Hurra und Trampeln ohne Ende aufgenommen. Wenn seine Antworten hingegen uns nicht befriedigten und unsere Einwürfe von rechts und links lebhaft auf ihn niederprasselten, ließ er sich zu Bewegungen des Unwillens hinreißen und bisweilen zu einer Anwandlung von Zorn. In solchen Fällen pflegte er sein kleines Pult hochzuheben und dröhnend niederzusetzen, so daß eine Staubwolke aufwirbelte, die uns einhüllte und uns das Wort abschnitt. Dann war es an uns zu lächeln. Das war aber kein Lächeln der Befriedigung, sondern der Mißbilligung. Wir wollten Gründe hören, aber kein Pultgepolter." [...]

Ich kehre zurück zu der Frankfurter Studienzeit meines Vaters. Sechs bis sieben Jahre lernte er auf der Frankfurter Jeschiwe. Anfangs ganz dem Talmudstudium hingegeben, beschäftigte er sich später, wie die meisten damaligen Talmudjünger mit profaner Wissenschaft, wozu insbesondere die von der bayrischen Regierung seit 1828 für die Rabbinatskandidaten geforderte Prüfung in Gymnasial- und Universitätsfächern ihn nötigte. Er bereitete sich privatim für das Frankfurter Gymnasium vor, dessen drei oberste Klassen er von 1831 bis 1834 absolvierte. Seine besondere Hinneigung galt der klassischen Philologie, zu der ihn seine angeborene Sprachbegabung trieb.

Sein hebräisches Wissen war ungewöhnlich groß. Als er mich im Chumesch [Tora] mit Raschi unterrichtete, hatte er nie ein Buch vor sich. Er wußte das ganze Chumesch auswendig. Er beherrschte den gesamten Stoff des Talmuds und der rabbinischen Literatur, ebenso wie den Sohar[2] und Neuhebräisch. In hebräischer und chaldäischer Grammatik war er vermöge seiner philologischen Begabung ein Meister, während er von der sogenannten schönen Literatur, ebenso auch von der Philosophie sich weniger angezogen fühlte. Bei seinem Weggang von Frankfurt stellte ihm Salomon Trier eine ehrenvolle Rabbinats-Autorisation aus – damals „Morenu", heute meist „Hatoras Horoo" genannt.

Da für die Anstellung in Bayern ein Reifezeugnis eines bayrischen Gymnasiums erforderlich war, meldete sich mein Vater als extraneus zur Abiturientenprüfung am Lyzeum zu Speyer und bestand die Prüfung am 30. August 1834. Schon wenige Minuten nach Beginn der Prüfung äußerte der königliche Prüfungskommissar Professor Dr. Fr. Thiersch „ex ungue Leonem" (an der Tatze erkennt man den Löwen).

Er bezog hierauf die Universität Heidelberg. Nach zwei Semestern ging er im Sommersemester 1835 an die Universität München, wo er drei Semester studierte, im Herbst 1835 die philosophische Fakultätsprüfung und im Mai

1836 die bayrische Rabbinatsprüfung bestand, und, neben seiner Hatoras Horoo von Rabbiner Salomon Trier, eine weitere von Rabbiner Hirsch Aub in München erhielt.

So hatte mein Vater alle Aussicht, in seiner Heimatgemeinde Landau, wo seine Familie hochgeachtet, und er selbst seit seinen Jugendjahren als Lamdon [Gelehrter] gekannt und geehrt war, bei der gerade im Jahre 1836 eintretenden Vakanz als Rabbiner gewählt zu werden. Er stand damals im siebenundzwanzigsten Lebensjahr, und eine schöne, von Sorgen unbelastete Zukunft öffnete vor ihm ihre Tore. Aber es sollte anders kommen, als er gedacht hatte.

[Durch Wahlunregelmäßigkeiten erhält S. das Amt nicht.]

Da mein Vater, bei der Überfülle bayrischer Rabbinatskandidaten, von denen die meisten nach Nordamerika auswanderten, keine Aussicht auf ein Rabbinat in Bayern (damals gab es noch kein einiges Deutschland) hatte, wanderte er, dem Beispiel vieler anderer folgend, im Jahre 1846 nach Paris aus. Er arbeitete dort an der Bibliothek, schrieb eine Doktorarbeit und versuchte eine Art Philanthropin[3], wie es in Frankfurt entstanden war, zu begründen. Der Plan scheiterte an der Interessenlosigkeit der Pariser Juden. Zwei Jahre blieb mein Vater in Paris zusammen mit seinen beiden Schwestern, die mit ihm nach Paris ausgewandert waren. Auf Drängen seiner Schwestern, die in Paris nicht heimisch werden konnten, vor allem aber auch wegen der politischen Umwälzung des Jahres 1848, kehrten die drei Geschwister nach Landau zurück. In Landau errichtete mein Vater, seiner Lieblingsneigung folgend, eine Erziehungsanstalt, aus der hochgebildete, mit dem Judentum in tiefer Liebe verbundene Männer hervorgingen. Der Besuch war aber von Anfang an so schwach, daß die Erziehungsanstalt sich nur mühsam bis zur Mitte der fünfziger Jahre halten konnte. So stand mein Vater, der damals 45 Jahre alt war, vis-à-vis du rien.

In dieser Notzeit entschloß er sich zur Errichtung des oben erwähnten Antiquariats, womit der Vertrieb der Gebetbücher, Machsorim[4], Bibeln, Ritualien etc. für den Verlag I. Kauffmann in Frankfurt verbunden war. Die nach Gründung seines Antiquariats gesichertere wirtschaftliche Lage meines Vaters gestattete ihm endlich in seinem 49. Lebensjahre 1858 sich zu verheiraten. Von meiner Mutter Leonore, geborene Neugass aus Mannheim und von ihren Ahnen werde ich nachher erzählen.

Meines Vaters auf wissenschaftliche und pädagogische Tätigkeit gerichteter Sinn konnte sich auf die Dauer mit kaufmännischer Tätigkeit nicht befriedigen. Da trat, infolge einer bedeutsamen Rede, die er 1861 auf einer Tagung der pfälzischen jüdischen Gemeindevorstände hielt, und einer gleichzeitigen Initiative bei der pfälzischen Kreisregierung, eine glückliche Wendung im Leben meines Vaters ein. Es handelte sich um die Errichtung einer Abteilung für Heranbildung jüdischer Lehrer, die dem protestantischen Seminar in Kaiserslautern angegliedert werden sollte. Der Bildungsstand jüdischer Lehrer auf allgemeinem und jüdischem Gebiet war damals äußerst armselig. Der mit großer Energie betriebene Plan meines Vaters fand, insbesondere durch die eifrige Befürwortung des Dezernenten für Schulangelegenheiten, des Regierungsrats Jordan, der meinen Vater außerordentlich hochschätzte und freundschaftliche Beziehungen zu ihm pflegte, die wohlwollendste Förderung von seiten der Kreisregierung. Diese befürwortete den Plan beim bayrischen Ministerium, das damals der Heranziehung der Juden zum staatlichen Leben und ihrer Erziehung besonderes Augenmerk schenkte, aufs wärmste und schlug gleichzeitig meinen Vater als Dozent an diesem Seminar vor. Entsprechend den Anträgen meines Vaters, sollte künftig kein Lehramtsaspirant zur Lehrerprüfung zugelassen werden, der nicht die Ausbildung am Seminar erhalten habe. Die jüdischen Seminaristen sollten ihre Vorbildung in einer Präparandenanstalt erhalten, ehe sie in das Seminar aufgenommen würden und sollten in jeder Beziehung den protestantischen Zöglingen gleichgestellt werden. Ebenso wie die Seminaristen sollte auch der Seminarlehrer als gleichberechtigtes Mitglied in den Lehrkörper des Seminars aufgenommen werden.

Der Antrag der pfälzischen Kreisregierung, beziehungsweise der Antrag meines Vaters, wurde vom Ministerium in vollem Umfang genehmigt und mein Vater im Jahre 1862 als Seminardozent (mit dem Titel Professor) vom Staate angestellt. Er erhielt ein jährliches Gehalt von 600 Gulden, wozu die entsprechenden Einnahmen für den Religionsunterricht am Gymnasium, der Realschule, der Höheren Töchterschule sowie für die Seelsorge und den Gottesdienst am Gefängnis und Zuchthaus kamen, im ganzen circa 900 Gulden oder 1360 Mark, wovon wir aber bei der großen Einfachheit und Sparsamkeit meines Vaters höchstens 900 Mark jährlich verbrauchten. Der Rest wurde als Mitgift für meine Schwester und Ersparnis für uns Kinder zurückgelegt.

So hatte mein Vater, freilich erst im dreiundfünfzigsten Jahre seines Lebens, das Ziel seiner Wünsche erreicht, und es begann für ihn eine zweiundzwanzigjährige Zeit intensiver, hochbefriedigender und reichgesegneter Tätigkeit. [...]

Aus dem grauen Einerlei meiner Schulzeit sind nur wenige Erinnerungen bei mir haftengeblieben, größtenteils solche, die mit einer großen Erwartung oder Enttäuschung, mit einer Freude oder einem Leid meiner empfindsamen Seele verbunden waren.

Die Seminarschule war eine ausgezeichnete Schule. Man lernte dort alles spielend. Da ich der einzige jüdische Schüler dieser protestantischen Schule war, wohnte ich dem protestantischen Religionsunterricht bei, gleichsam als extraneus, als welchen ich mich empfand und auch als solcher von Lehrern und Mitschülern angesehen wurde. Ich lernte dadurch frühzeitig den christlichen Katechismus, das Neue Testament und die Hauptdaten der Kirchengeschichte gründlich kennen und meldete mich sehr oft, wenn die anderen nichts wußten. Aber immer mit dem Bewußtsein, daß ich eigentlich nicht dazugehöre. Es war damals wohl die ungetrübteste Zeit im Leben der deutschen Juden seit der Emanzipation.

Interessant und bezeichnend für die damalige Einstellung der Christen zu den Juden ist folgendes Vorkommnis, das sich im Anfang der 70er Jahre zutrug. Als in allen Städten Bayerns über die Einführung der Kommunalschulen (so nannte man in Bayern die Simultanschulen, weil sie nicht vom Staate, sondern von der Kommune eingerichtet wurden) abgestimmt wurde – und in dem „Demokratennest" Kaiserslautern die Abstimmung zugunsten der Kommunalschule ausfiel, gab es eine Sitzung im Stadtrat, zu der der katholische und der protestantische Pfarrer und mein Vater als Vertreter der jüdischen Konfession eingeladen waren. Es sollte zur Feier der neuen Kommunalschule ein großes Schulfest abgehalten werden, bei dem die Volksschulkinder nach altem, aus dem 13. Jahrhundert stammenden Brauch einen Umgang durch die Wälder rings um die Stadt machen sollten. Bei der Besprechung über die Ordnung dieses Umzugs tauchte die Frage auf, welche Konfession den Vortritt haben sollte. Der protestantische Pfarrer meinte, daß die Protestanten als die vorwiegende Konfession darauf Anspruch hätten. Der katholische Pfarrer aber beanspruchte den Vortritt für die Katholiken als die ältere Konfession. Da erwiderte der ebenso humorvolle wie liebenswürdige protestantische Pfarrer: „Gut, ich akzeptiere die Anciennität, aber dann haben die Juden den Vortritt!" Und so ward beschlossen. Leider kam der Umzug nicht zustande, weil es an dem betreffenden Tage einen Wolkenbruch gab.

Als die Abstimmung über die Einführung der Kommunalschule im großen Saal der Fruchthalle, dem schönsten Gebäude Kaiserslauterns, das nach dem Vorbild des Palazzo Strozzi in Florenz im Stil der Frührenaissance erbaut ist, stattfand, nahm mich mein Vater mit zur Abstimmung. Unterwegs sagte er mir: „Du weißt nicht, welchen schweren Gang ich mache; ich soll für die Aufhebung der jüdischen Schule stimmen und weiß doch, daß das ein Unglück für das Judentum ist; ein Glück für die Juden, aber ein Unglück für das Judentum. Du verstehst es heute noch nicht, aber vielleicht wirst du dich später einmal an meine Worte erinnern." Ich habe diese Worte nie vergessen. Als ich den Vater fragte, wie er denn nun abstimmen werde, antwortete er: „Gegen mein Herz für die Kommunalschule, das muß ich schon als jüdischer Lehrer an einem protestantischen Seminar."

Im letzten Schuljahr brach der deutsch-französische Krieg von 1870/71 aus. Diesen habe ich als 10jähriger Knabe in all seiner atemraubenden Erschütterung, seiner Spannung und Begeisterung, seinem Ernst und Jubel miterlebt. Kaiserslautern war das Hauptquartier des Prinzen Friedrich Karl von Preußen. Man nannte ihn nur den roten Prinzen. Schon in den ersten Tagen nach der Kriegserklärung lag Kaiserslautern vollgepfropft von Einquartierung. Eines Morgens in aller Frühe wurden wir von den vielstimmigen Rufen aufgeweckt: „Die Hulaner (Ulanen) kommen." Eilends zogen wir uns an und liefen in die ganz nahe gelegene Hauptstraße, die von Napoleon I. von Paris bis Mainz angelegt worden war und außerhalb der Stadt Kaiserslautern Kaiserstraße hieß. Da zogen dann vom frühen Morgen bis in die späte Nacht unendliche Reihen von Ulanen, Kürassieren und Husaren mit ihren buntfarbigen Uniformen auf stattlichen Rossen an uns vorüber, ein farbenprächtiges, unvergeßliches Bild. Sie ritten, ohne bei uns haltzumachen, weiter nach Saarbrücken und Metz, wo sie bei Mars-la-Tour und Gravelotte die blutigen Siege erfochten.

Immer und überall wurde in jenen Juli- und Augusttagen „Die Wacht am Rhein" mit heller Begeisterung gesungen, gepfiffen, getrommelt und gespielt.

Anfang August waren wir, wie in allen Ferien, nach Landau gefahren. Es war nicht so einfach. An den Bahnhöfen standen allenthalben nach Chloroform duftende Desinfektionshäuschen wegen der Rinderpest. In diesen mußte man lange verweilen. Dann gab es wegen der Truppen- und Gefangenentransporte unendlich währenden Aufenthalt. Ich war am Bahnhof in Landau, als die ersten Verwundetentransporte nach der Schlacht von Weißenburg dort ankamen. Den schauerlichen Anblick werde ich nie vergessen. Notdürftig Verbundene mit durchgebluteten roten Verbänden, die gefürchteten halbschwarzen Turkos, furchtbar verstümmelt, stöhnend vor Schmerzen, alle in Viehwagen zusammengepfercht! Ich verging vor Mitleid, und wir alle, die wir an den Bahnhof gekommen waren, reichten den verwundeten Franzosen von den mitgebrachten Liebesgaben, wofür sie rührend dankbar waren. Aller Franzosenhaß, der uns durch die Erzählungen und Lieder eingeimpft worden war, verging vor diesem menschlichen Elend.

Wir waren wieder in Kaiserslautern, als die Nachricht von der Schlacht bei Sedan und der Gefangennahme von über hunderttausend Franzosen samt dem Kaiser Napoleon eintraf. Die Stadt wurde illuminiert, man glaubte, daß damit das Ende des Krieges gekommen sei. Und man erklärte launig die Internierung des französischen Kaisers auf Schloß Wilhelmshöhe mit dem Wortspiel „Napoleons Fall ist Wilhelms Höh'." als die französische Besatzung aus dem Kirchenstaat abzog, und der Papst vergeblich gegen die Besetzung Roms protestierte, ging die Scherzfrage von Mund zu Mund: „Wer sind die drei kränksten Männer im Kriege?" Die ziemlich anrüchige Antwort, über die wir Jungen uns köstlich amüsierten, lautet: „König Wilhelm, denn er muß immer einnehmen, Napoleon, denn er mußte sich übergeben, und der Papst, denn er sitzt auf dem Stuhl und kann nichts machen." Am 18. Januar, dem Tage der Kaiserkrönung in Versailles und der Erneuerung des Deutschen Reiches leuchtete gegenüber dem einstigen prächtigen Barbarossaschloß ein Transparent, das den alten sagenumwobenen Kaiser darstellt, wie die alten Raben davonfliegen.

Dann kam endlich der Tag, freilich erst mehr als ein halbes Jahr später, da der Friede geschlossen ward und die Truppen heimzogen. Das habe ich miterlebt. Weit, weit bis in die fernen, westlichen Wälder zogen wir Knaben den heimkehrenden Truppen entgegen. Wir flochten Eichenkränze, um sie den Offizieren und Soldaten um die Helme zu winden und schräg über die Brust zu hängen.

Von ungeheurem Patriotismus geschwellt war in jenen Tagen, wie bis zum Weltkrieg 1914, mein leicht entzündliches Herz. Und darum wagte ich damals, als mein Vater wieder einmal einen oft gehörten ominösen Ausruf „Pfui Aschkenas [Deutschland]!" tat, der wie eine kalte Dusche auf meine Begeisterung fiel, die schüchterne Entgegnung: „Warum sagst du das immer?" Worauf mein Vater heftig erwiderte: „Du bleibst doch immer nur der Jud in ihren Augen. Ich will dir es nicht wünschen, aber ich fürchte, du wirst es noch einmal erleben, wie der Richus (Judenfeindschaft) in Aschkenas unausrottbar ist." [...]

In der Seminarschule und auch später im Gymnasium hatte ich nur christliche Freunde. Mit einigen von ihnen verband mich eine wahrhaft innige Freundschaft. Auch mein Vater hatte ausschließlich christlichen Verkehr. Das kam vor allem daher, daß die Kaiserslauterer Juden, im Gegensatz zu Landau, kein eigentliches Kehillaleben hatten. Es waren größtenteils aus den kleinen Westricher Walddörfern oder den fern vom Verkehr liegenden Städtchen Hereingezogene, die weder jüdisches Wissen noch allgemeine Bildung besaßen. Nur wenige Familien machten eine rühmliche Ausnahme. Es gab fast keine altansässigen Familien. Während nach einer amtlichen Zählung vom Jahre 1833 Landau, neben Grünstadt, die größte jüdische Gemeinde der Pfalz war mit einer Seelenzahl von 1116 altansässigen jüdischen Einwohnern, betrug die Seelenzahl der Kaiserslauterer Juden nur 251. Bis zum Jahre 1880 wuchs diese Zahl auf 716. Die wirtschaftliche Lage der Juden in Kaiserslautern war bis zum deutsch-französischen Krieg dürftig und ließ die geistigen und religiösen Interessen in den Hintergrund treten.

---

1 Eine leicht gekürzte und bearbeitete Fassung erschien mit dem Teil: Caesar Seligmann (1860–1950), Erinnerungen. Hrsg. von Erwin Seligmann, Frankfurt 1975. Der vorliegende Text, dort gekürzt, gibt mit freundlicher Genehmigung E. Seligmanns das Original im Archiv des LBI wieder.

2 Hauptwerk der jüdischen Mystik, der Kabbala. Entstanden Ende des 13. Jahrhunderts in Kastilien.

3 Jüdische Mittelschule in Frankfurt a. M., gegründet 1804.

4 Gebetbuch für die Feste des Jahres.

14 Hermann Makower

geb. 1830 Santomysl (Posen) – gest. 1897 Berlin

Hermann Makower, Jugenderinnerungen. 17 S.[1]

Der Berliner Justizrat Hermann Makower gibt hier eine Schilderung seiner Kindheit und seines Vaters. Dieser stammt aus Mackow in Rußland, wandert als Bocher westwärts, lernt heimlich Deutsch und erhält als Hauslehrer Anstöße zum autodidaktischen Erwerb einer aufklärerischen Bildung. Nach der Heirat lebt er bei seinem Schwiegervater, einem Rechtskonsulenten in Santomysl (Posen). Er eröffnet einen kleinen Handel, bleibt aber geschäftlich erfolglos, lebt primär der Lektüre und ist religiös freisinnig. Größten Wert legt er auf die Erziehung seines Sohnes Hermann, den er auf das Französische Gymnasium in Berlin sendet. Hermann lernt unter großen Entbehrungen und wird ein ausgezeichneter Schüler. Er befreundet sich mit dem Sohn des Gemeindevorstehers Meyer, dem damals reichsten Juden Berlins, und gewinnt früh Einblick in die verschiedensten sozialen Verhältnisse.

In Santomysl lebte ein Mann, der sich in der Provinz Posen einen Ruf als Rechtskonsulent und redlicher Mann erworben hatte; in der französischen Zeit war ihm das Recht verliehen worden, vor den Friedensgerichten aufzutreten, und als dann Posen wieder unter preußischer Verwaltung war, ließen die Gerichte ihm das Recht, schriftliche Arbeiten für die Parteien zu fertigen. Es ist auch wirklich vorgekommen, daß dieser Mann einmal zur Ordnung einer Erbschaftsangelegenheit von Santomysl – man denke! – bis nach Elberfeld gefahren ist – und deshalb wurde er im Städtchen als ein Odysseus oder Franklin angesehen.

Jemand, ich weiß nicht wer, sagte meinem Vater, daß jener gelehrte und fromme Herr zwei Töchter zu vergeben habe, deren zweite noch schöner als die erste sein sollte, welche beide aber sehr nette Damen seien, die ältere von milderer Gemütsart und zutunlicherem, zugleich aristokratischerem Wesen als die jüngere. Meinem Vater wurde von dem mir Unbekannten geraten, die Ältere kennenzulernen und um sie zu werben; er könne als wandernder Bocher das Haus jenes Mannes unerkannt besuchen und die Damen unbefangen kennenlernen. Mein Vater willigte ein und ging auf die Reise. Eine Meile vor Santomysl in Schroda angekommen, suchte er dort eine Fahrgelegenheit, die ihn dorthin bringen könnte. Er traf auch in einer Ausspannung einen Mann aus Santomysl, der aber nicht dorthin zurückfahren wollte. Mein Vater benutzte die Unterhaltung mit ihm, um sich zu erkundigen, was denn für einen Ruf der betreffende Rechtskonsulent genieße. „Den schlechtesten“, erwiderte der Herr, „er übernimmt alles; meinen Prozeß hat er verloren." Der Angeredete machte meinen Vater aufmerksam, daß ein Fuhrmann aus Santomysl am Orte sei, der zurückfahren würde. Mein Vater suchte ihn auf und fuhr mit ihm nach Santomysl. Den edlen Fuhrmann und sein bedauernswertes Gespann habe ich noch mit leiblichen Augen gesehen. Feind jedes Luxus an Leder in Pferdegeschirrren, lenkte er einen etwas abgemagerten Einspänner an Strippen, welche kaum eine stärkere Drehung als die Strippe an seiner Peitsche hatten. Man kann sich denken, daß der Strohsack, auf welchem der Kutscher und mein Vater saßen, einen traulichen Ruhesitz bildete, auf welchem sich angenehm plauderte. Mein Vater benutzte wieder die Gelegenheit, um sich zu erkundigen, welchen Ruf der Rechtskonsulent genieße, den er besuchen wollte. „Den besten", erwiderte der Fuhrmann, „in der ganzen Provinz gibt es keinen fähigeren Kopf und redlicheren, frömmeren Mann. Von weit und breit strömen sie zu ihm, um seinen Rat und seine Unterstützung zu finden; er gewinnt alles; auch meinen Prozeß hat er gewonnen."

Mein Vater erschien also wohl informiert in Santomysl, stieg bei des Kutschers Wohnung ab und ging so von ungefähr harmlos in das Haus meines Großvaters, um ihm seine Aufwartung zu machen. Er mußte in der großen Vorstube warten, da jemand bei meinem Großvater zur Konsultation in dessen Hinterstube war, wo auf einem Brette das Königlich Preußische Landrecht und Kamptz' und Raabes Annalen höchst achtunggebietend und ordentlich standen. In der Vorstube gingen die beiden Töchter des Hauses aus und ein, besorgten dies und das, warfen auch einmal einen Blick auf den „offenbaren Bocher", der wunderbar wenig den Typus seiner Stammesgenossen hatte. Meine Großmutter dagegen war mutiger, fragte den Herrn nach seinem Namen und dem Zweck seines Besuches und woher er käme, um ihn melden zu können. Mein Vater wich aber geschickt den Fragen aus. Nach angestelltem Inquisitorium verschwand meine Großmutter; ich werde später sagen, warum. Endlich war die Konferenz meines Großvaters zu Ende; er öffnete die mit Gardinen verhängte Glastür zur Vorderstube, entließ den Klienten und ersuchte meinen Vater durch eine Bewegung der Hand, in sein Zimmer zu treten. Dies geschah, und mein Vater befand sich gegenüber dem Rechtskonsulenten, der Prozesse verloren und gewonnen hatte, und das Preußische Landrecht, Kamptz und Raabe waren die alleinigen Zeugen der Unterhaltung, deren Inhalt ich, weil jene Zeugen stumm geblieben sind, nicht verraten kann.

Und meine Großmutter? Sie hatte gemerkt, die geschäftige Frau, daß etwas im Gange sei. Der Angefragte hatte seinen Namen nicht genannt, sondern war ihrer Frage ausgewichen. Er konnte doch nicht vom Himmel gekommen sein; also wurde ermittelt, mit welchem Fuhrmann er gekommen sei, und der Fuhrmann wurde ausgefragt, von wo der Herr gekommen sei, den er mitgebracht habe, und ob der Herr zu meinem Großvater habe kommen wollen oder ob seine Reise einen anderen Zweck gehabt habe, und so weiter.

Nach dem Resultat der angestellten Ermittlungen – buk meine Großmutter eiligst Kuchen, zwei große Kuchenbleche voll! Nicht wahr, ich stamme von einer findigen Großmutter!?

Aus der späteren Zeit weiß ich nur, daß meine Eltern in einem Stübchen im Hause der Großeltern wohnten und bei ihnen mitaßen. Dies Stübchen, zu dem man auf einer lebensgefährlichen Treppe gelangte, hatte nur den Raum für die Betten der Eltern, eine Kommode, einen Tisch und einen Stuhl, sowie für die Wiege meiner älteren Schwester Hannchen. Es war buchstäblich nicht mehr Platz in dieser einfenstrigen Bodenstube, und deshalb, als ich ebenda das Licht der Welt erblickte, machte sich das Bedürfnis, ein anderes Unterkommen zu finden, aus rein physikalischen Raumgesetzen geltend.

Mein Vater mußte an Erwerb denken; er hatte wohl reichlich eine Mitgift von wohl zweihundert Talern erhalten, und mein Großvater, der nichts vom Handel verstand, weihte meinen Vater, der niemals eine kaufmännische Ader hatte, in die Geheimnisse des Warenumtausches und Geldverkehrs nach philosophischen Grundsätzen und den weisen Lehren „unserer Lehrer" ein. Dies fruchtete prächtig, wenigstens zur ersten Hälfte. Mein Vater kaufte für zweihundert Taler Leder ein und zahlte bar, kaufte also zur Freude seiner Familie billig ein. Bis dahin war die Sache in der Tat auch gut. Sodann verkaufte er die Waren zu höherem Preise und berechnete sich den Gewinn. Dies wäre auch gewiß gut gewesen, wenn nur nicht der Käufer mit den Waren auf Nimmerwiedersehen durchgegangen wäre. Trotz aller Philosophie war die Mitgift meiner Mutter in die Luft gegangen; der arme Rechtskonsulent konnte nicht neu aufschütten, und mein Vater tröstete sich mit dem Gedanken, es sei nicht nötig, im Reichtum zu schwelgen. Dies kaufmännische Talent hat mein Vater – Gott habe ihn selig! – bis ans Lebensende sich bewahrt. Er errichtete später, als ich nach Berlin gegangen war, einen Kramladen, weil er dadurch Gelegenheit hatte, zur Messe nach Frankfurt an der Oder zu fahren und mich dabei zu besuchen. Sein Prinzip war, alles sofort bar zu bezahlen, nie etwas auf Kredit zu nehmen, weil er vielleicht später nicht imstande sein würde, seine Verpflichtung zu erfüllen. Diesen Horror, irgend jemandem etwas schuldig zu sein, habe ich von ihm geerbt, und dies war recht gut, weil er mir wenig Deckungsmittel gewährt hat und gewähren konnte. Aber für einen Kaufmann, der fast nichts besaß, war der Grundsatz, keinen Kredit zu nehmen, zwar höchst solide, aber wenig versprechend. Hatte er dann wunderschöne Stoffe von der Messe gebracht, so freute er sich über die Kunst der Gewebe, die Schönheit der Muster und der Farben; aber wenn eine Bäuerin zum Kauf sich meldete, dann riet ihr entweder vom Kaufe ab, weil der Stoff doch vielleicht nicht waschecht oder nicht rein Leinen oder nicht haltbar oder zu kostbar für sie sei, oder – falls mein Vater gerade im Lessing las – verwies die Bäuerin an meine Mutter, damit er ungestört weiterlesen könne. – Man ersieht heraus, daß ich durch meine Abstammung schon für das Handelsrecht prädestiniert war.

Mein Vater kümmerte sich wenig um sein Geschäft und grämte sich über dessen geringe Einträglichkeit nicht; er hat mich immer gelehrt, es komme nicht darauf an, viel zu verdienen, sondern wenig auszugeben; denn alsdann brauche man nicht viel. Er hat auch aus Überzeugung wie ein Diogenes gelebt und sich niemals einen Luxus gestattet. Dagegen trieb er eifrig Lektüre; namentlich erinnere ich mich, daß er Mendelssohn und Lessing und die Encyclopädisten las; sein Lieblingsdichter war Schiller, dessen onomatopoetische Kunst er bewunderte. Sehr frühzeitig lernte ich bei ihm Gedichte und mußte sie von einem Tische herunter deklamieren, um zu lernen, fest und frei zu stehen. In dieser Weise mußte ich mit korrektester Aussprache und Betonung auch einige Hymnen in hebräischer Sprache, nachdem die Bedeutung jedes Wortes und jeder Flexion mir klargemacht war, hersagen. Vielleicht schreibt sich schon von dort aus meine Vorliebe für die Etymologie her. Unbedingt hielt er darauf, daß ich das Deutsche so rein als möglich spreche. Nichts war ihm verhaßter als der Jargon, welchen man rings herum hörte. Auch mein Großvater sprach ein schönes Deutsch. Neben meiner Erziehung und seiner Lektüre, auch des Preußischen Landrechts, das er bei meinem Großvater verstehen und interpretieren lernte, beschäftigte er sich mit der Errichtung einer Gemeindeschule und berief einen geprüften Lehrer an dieselbe, welcher mir und meiner älteren Schwester Privatstunden – auch im Französischen – gab.

Eigentümlich und bei der ringsherum herrschenden Orthodoxie beachtenswert ist die Stellung, welche er in religiöser Hinsicht einnahm. Mein Großvater war orthodox, aber nicht verfolgungssüchtig, beobachtete streng die Zeremonialgesetze, hielt sogar jeden Freitagabend Gottesdienst in seinem Hause. Mein Vater dagegen war freisinnig, wie es bei dem Hauptstock seiner Lektüre begreiflich ist. Er ging alle Sonnabend eine Stunde und an Festtagen auf mehrere Stunden in die Synagoge, stellte mich dann auf seinen Sitz und ließ mich aus dem Gebetbuche, das auf dem Pulte vor ihm lag, einige besonders dichterische oder sprachlich schöne Gebete und namentlich die Psalmen übersetzen. Wenn ringsherum Gebete in überhastender Eile und mit Geschrei hergesagt wurden (weil es an einer Stelle in der Bibel heißt: „und sie schrieen zum Ewigen"), so sagte er mir: „Du mußt verstehen und überlegen, was du sagst, laß jene plappern!" Im Hause beobachtete er zwar die Speisegesetze, aber ohne ihnen irgendwelchen Wert beizumessen. An den vielen Fasttagen, welche damals üblich waren, ließ er uns im Hinterzimmer essen, um kein Ärgernis seinen Glaubensgenossen zu geben. Dabei lehrte er uns, man müsse immer mäßig sein, nicht häufig mehr als nötig und an einzelnen Tagen weniger als nötig genießen. Meine Mutter folgte nur zögernd seiner Meinung, am Versöhnungstage aber definitiv nicht.

Der Umgang meines Vaters war ein sehr beschränkter. Die Juden, welche am Orte lebten, standen zum größeren Teile auf einer recht niedrigen Bildungsstufe, und ihre strenge Rechtgläubigkeit erschwerte den Verkehr eines Freidenkers mit ihnen. Dagegen verkehrte mein Vater mit einem freisinnigen Superintendenten und, nachdem ein strenggläubiger Protestant an seine Stelle getreten war, mit einem geselligen und gemütlichen katholischen Diaconus. Auch wir Kinder verkehrten wenig mit den Kindern, namentlich nicht den Knaben der Stadt, weil der Vater den Umgang, insbesondere wegen ihrer häßlichen Sprechweise, nicht für ratsam hielt. Einmal jedoch sagte er mir, es kämen ein paar Brüder, von denen er Lobenswertes gehört habe, zu einem Onkel als Besuch, und er empfehle mir, sie kennenzulernen. Ich tat dies und verkehrte, damals etwa acht Jahre alt, mit ihnen. Wir trieben folgendes Spiel: Nur einsilbige hebräische Wörter durften gesagt werden. Der Angeredete hatte mit einem Worte zu antworten, welches denselben Anfangsbuchstaben hatte, mit welchem das ihm zugewendete Wort geendet hatte. Die Kunst bestand darin, den Gegner zu nötigen, seine Antwort immer mit demselben Buchstaben zu beginnen. Derjenige, dessen Wortschatz zu Ende war, hatte verloren. Der eine dieser Brüder, welche ich auf lange Jahre aus dem Auge verlor, war der später bekannt gewordene Abgeordnete Lasker.[2] Als wir beide in Berlin als Assessoren arbeiteten, suchte er mich einmal auf, um die Bekanntschaft zu erneuern. Er sagte mir, daß er, als ich – neun Jahre alt – nach Berlin ging, noch eine Zeitlang in Santomysl gelebt und von da ab sich immer für mich und meine Fortschritte auf dem Gymnasium interessiert habe. Ich sei ihm namentlich wegen meiner Schönheit in Erinnerung geblieben; der gerade, elastische Gang, das auf die Schultern herabhängende schlichte Haar, die sorgfältige Kleidung und die reine Sprache hätten ihn in mir etwas anderes als die sonstigen Knaben der Stadt sehen lassen. Man sieht daraus, daß Lasker, der von der Natur körperlich nicht sehr gut ausgestattet war, auf diese Äußerlichkeiten aufmerksam war.

Daß ich wirklich ein schönes Kind war, wird außer Lasker wahrscheinlich nur meine herzige Mutter geglaubt haben. Aus meinen Kinderjahren ist mir nur noch erinnerlich, daß ich, vier Jahre alt, eine hübsche Handschrift gehabt haben muß, da man damals sie in der Stadt als Muster herumzeigte, daß ich jedoch, als ich im neunten Jahr ans Gymnasium kam, meinen Schreiblehrer zur Verzweiflung brachte; er fand, daß ich eine zu ausgeschriebene Handschrift habe. Dies war dadurch herbeigeführt worden, daß ich meinem Großvater längere Zeit durch Abschriften geholfen habe, welche ich von seinen Schriftsätzen oder deren Anlagen gefertigt hatte. Ich erinnere mich ferner, daß mich mein Vater einmal mitnahm, als er in die nahegelegene Kreisstadt auf das Gericht gehen mußte. Das Zimmer, in welchem mehrere Richter saßen, die Menge Bücher und das Reden der Parteien und der Advokaten machten auf mich, der ich bereits aus den gefertigten Abschriften etwas von Rechtsstreitigkeiten und deren Verhandlung wußte, einen mächtigen Eindruck.

Als ich, neun Jahre alt, vom Direktor behufs Aufnahme in das Gymnasium examiniert wurde, frug er mich am Schlusse so nebenhin, was ich denn werden wollte, und war sichtlich erstaunt, als ich ihm ohne Bedenken antwortete: Advokat. – Er lachte herzlich über diesen Hosenmatz mit einem fertigen Lebensprogramm.

Ich muß aber erzählen, wie es kam, daß ich gerade nach Berlin geschickt wurde. Damals fuhr man mit der Post sechs Tage von Santomysl nach Berlin und, da die Post zu teuer war, mit einem Hauderer (Fuhrmann) noch etwas länger. Für die Leute in meiner Heimat lag Berlin im Grunde noch außer aller Berechnung wegen seiner Entfernung. Es wurde aber zunächst erwogen, ob ich nicht – wie ein oder zwei andere Knaben – auf das Gymnasium nach Meseritz oder Trzemeszno (ich weiß nicht mehr, welches) geschickt werden sollte. Außerdem wurden Bedenken erhoben, daß man in Berlin nicht fromm sei und ich sehr bald von den alten Gebräuchen mich befreien würde. Das letztere Bedenken machte keinen tiefen Eindruck auf meinen Vater. Und in der Frage, ob ich in der Provinz bleiben oder nach Berlin wandern solle, entschied der theoretische Satz meines Vaters: „Die Zivilisation kommt vom Westen; man muß ihr entgegengehen."

Für einen Mann, der in seinem ganzen Leben nicht wenige Meilen über seinen Wohnort hinausgekommen ist, der die Geringfügigkeit der Mittel kannte, die er zu gewähren imstande sei, der von allen ängstlichen Gemütern bestürmt wurde, das Kind in seiner Nähe zu behalten, ist der gefaßte Beschluß etwas Bedeutsames. Er war sich des Wagnisses, daß ich leicht zugrunde gehen könnte, bewußt; dennoch entschloß er sich. Ein Bruder meiner Mutter studierte in Berlin Theologie; er hatte zugesagt, mich zu sich zu nehmen. Wir reisten durch Posen und fanden eine Nachtunterkunft bei einem Bekannten, wo ich auf einem Sofa schlief – oder schlafen sollte. Am Morgen fand man mich in gesundem, erquickenden Kinderschlaf auf der Erde. Es hatte mich nicht gestört, daß ich heruntergerollt war. Mein Vater stellte mich einem Dr. Samter (später Stadtrat in Posen) vor und fragte diesen, auf welches Gymnasium er mich bringen solle. Der Herr nannte die verschiedenen Gymnasien und deren Besonderheiten; sobald er das Französische Gymnasium genannt und dessen Lehrmethoden geschildert hatte, war mein Vater entschlossen, mich dorthin zu bringen. Er sehe nicht ein, sagte er, weshalb man die alten Sprachen gründlich und die lebenden Sprachen, die französische und englische, nur kümmerlich lernen solle. Wer sich einen Weg durchs Leben bahnen wolle, müßte die lebenden Sprachen beherrschen. (Man bedenke, daß mein Vater vor jetzt vierzig Jahren diese Ansicht hatte!) Ich kam also nach Berlin, und am folgenden Tage wurde ich dem Direktor vorgestellt. Meine Mutter hatte mich nach ihrer besten Hinsicht auf das herrlichste ausstaffiert, ganz so, wie die polnischen Gutsbesitzer ihre Kinder auf die Schule schickten; ein einreihiger, blauer Rock mit Stehkragen, vorn mit Schnüren besetzt (wie die Husarentrachten), Knebelknöpfe, zwei Schnüre, die von der Brust über die Schulter reichten und am Rücken zusammenhingen, an deren Ende eine Silberschnurtroddel; dazu eine vierkantige Mütze und ein frisch in Santomysl gefertigter Tornister, so schwer wie die Soldatentornister, für die Schulbücher. Man muß gestehen, daß diese

Tracht in Berlin etwas auffällig für einen Schulknaben war, aber ich fühlte mich sehr wohl in derselben; denn jemand, der eben ausgeht, um die Welt zu erobern, muß ein Staatskerl sein.

Das Examen beim Direktor fiel leidlich gut aus, aber im Rechnen stolperte ich. Warum mußte er auch nach der Hälfte von 97 fragen? Zwei ungerade Zahlen durch 2 zu dividieren, war in der Tat eine unkeusche Zumutung.

Der Direktor sagte meinem Vater, ich sei – namentlich im Französischen – eigentlich für die Quinta reif; nur im Rechnen fehlte es, und deshalb sei er im Zweifel, ob er mich nach Quinta oder Sexta setzen solle. Er war sehr erstaunt, als mein Vater erwiderte: „Dann habe ich eine Bitte: setzen Sie ihn Letzter in Sexta! Er soll von der Pieke auf dienen, vielleicht macht er dann das ganze Gymnasium durch."

So geschah es denn auch, und da der Zufall es fügte, daß ich Primus omnium bei meinem Abgang vom Gymnasium war, so habe ich die Hoffnung meines Vaters voll erfüllt.

Die Sorge meines Vaters, mich in der großen Stadt so allein bei einem armen Studenten, meinem Onkel, zu lassen, der wenig zu Hause sein könnte, bestimmte meinen Vater, noch irgendeinen weiteren Anhalt für mich zu suchen. Es fand sich eine Anknüpfung: ein gelehrter und ziemlich gut situierter alter Herr, ein Verwandter meiner Großmutter, war Vorbeter in der Berliner Gemeinde. Mein Vater suchte ihn auf und bat ihn, zu gestatten, daß ich ihn hie und da einmal besuchen dürfe. Der Herr gestand dies zu, sagte aber meinem Vater: „Wissen Sie denn, Herr Makower, was Sie da tun? Sie bringen den Jungen nach Berlin, lassen ihn hier etwas lernen, und dann – dann wird er auf Sie herabsehen." – „Mag dies geschehen", erwiderte mein Vater, „sofern seine Leistungen ihm dereinst ein Recht dazu geben!" Ist dies nicht groß und selbstlos gedacht?

Ich brauche nicht zu sagen, daß je älter ich geworden, je mehr ich meinen Vater verehrt und bewundert habe, wie er in den Verhältnissen, in welchen er lebte, das werden konnte, was er war.

Mein Leben in Berlin war in den Jugendjahren ein recht trauriges. Ich war liebebedürftig und stand allein; kein weibliches Wesen, nicht die Mutter, noch eine Schwester, noch wer sonst stand mir zur Seite. Auch an männlichem Umgang fehlte es mir; denn der Onkel, bei dem ich wohnte, war selten zu Hause, und ich war daher ganz auf mich angewiesen. Aber es fehlte mir auch an dem Nötigsten. Ich lernte frühzeitig, daß man, ohne etwas genossen zu haben, zur Schule gehen könnte. Ein Stückchen trocken Brot war manchmal alles, was ich begehrte – und nicht hatte. Damals lernte ich, mit wie wenigem der Mensch leben könne, und habe deshalb auch in späterer Zeit, als es mir besser ging, den kulinarischen Genüssen niemals recht obgelegen. Aber eine andere Erfahrung, die bitterer war, machte ich frühzeitig.

Immer wenn das Schulgeld gezahlt werden sollte, immer wenn neue Schulbücher, Hefte, Zeitungen, Karten oder dergleichen angeschafft werden mußten, war kein Geld vorhanden. Der Onkel hatte es eben nicht, und es mußte irgendeine günstige Gelegenheit abgewartet werden, wenn sie angeschafft werden konnten. Die Lehrer drängten und waren böse, daß die Bücher und so weiter von mir nicht gebracht wurden. Meine Armut immer einzugestehen, dazu konnte ich mich nicht entschließen; ich wollte auch nicht das Mitleid meiner Mitschüler empfinden. Ich erhielt manchen Tadel der Lehrer wegen meiner Vergeßlichkeit oder Liederlichkeit, Tadel, welche vom Standpunkte der Lehrer aus gerechtfertigt waren, mich aber doch ungerecht trafen. Natürlich konnte ein Diarium nicht leidlich aussehen, das ich mir aus den unbeschriebenen Blättern von Briefen zusammengeflickt hatte; natürlich konnte der blaue Deckel eines Heftes für Reinschriften nicht sauber sein, da ich ihn mir aus dem Papier hergestellt hatte, in welches man damals Stückenzucker einzuwickeln pflegte. Ich lernte damals, ungerecht zu leiden und zugleich anzuerkennen, daß derjenige, welcher die Leiden zufügt, von seinem Standpunkt aus gerecht zu sein glaubt – aber nicht die Lage des anderen ganz übersieht. Ich habe so liebe Lehrer gehabt, daß, wenn sie meine Lage übersehen hätten, sie wahrscheinlich mich eher unterstützt als gescholten hätten. Jene Erfahrungen haben es zuwege gebracht, daß ich in meinem ganzen Leben fremde Handlungen milde beurteilt habe, in der Besorgnis, die Lage des anderen doch nicht recht zu übersehen.

Etwa als ich zehn Jahre alt war, fing man in Berlin auf den Gymnasien wieder zu turnen an; natürlich war die Teilnahme nicht geboten, sondern nur freigestellt. Im Grunde sah man damals noch in jedem Turner einen verkappten Revolutionär. Von Anfang an beteiligte ich mich energisch am Turnen; ich kam hinaus aus dem engen Stübchen und war mitten unter anderen Kindern. Die Sache war beschwerlich. Im Sonnenbrand vom Gymnasium nach der Hasenheide laufen, welche damals eine Viertelmeile jenseits der Stadtmauer lag, keinen Schatten hatte, da der Platz eben erst angelegt war, dann zurück zur Stadt gehen und sich an die Schularbeiten setzen bei einem Stümpfchen Licht und einem mageren Abendbrot, war etwas anstrengend; dennoch habe ich nie gefehlt.

Allmählich wurde ich auch mit einigen Mitschülern bekannt und lernte das größere Behagen kennen, in welchem dieselben lebten. Niemals habe ich in solchen Fällen eine Spur von Neid oder Mißgunst empfunden; ich freute mich, daß es andere besser haben. Namentlich imponierte es mir, als ich bei dem Sohne des damals bekannten, jetzt wohl vergessenen humoristischen Schriftstellers Kossack in dem Saale, welcher seinem Sohne zur Verfügung stand, volle Rüstungen sah und Schläger fand, mit welchen wir in unseren Kinderspielen uns die gewaltigsten, glücklicherweise unblutigen Schlachten lieferten. Als im Jahre 1841 in der Synagoge eine Königsfeier stattfinden sollte und Knaben, die mitsingen wollten, gesucht wurden, meldete ich mich und stand bei der Feier neben einem Knaben, der mir erzählte, er sei Tage zuvor in das Französische Gymnasium aufgenommen worden. Dieser Knabe, mit welchem ich dann mein ganzes Leben in Beziehung blieb und mit welchem ich fast alle Examina von Quinta ab bis zum Assessorexamen an demselben Tage gemacht habe, ist der jetzige Justizrat Meyer in Berlin. Sein Vater war ein etwas eigentümlicher Mann, Aristokrat, zugeknöpft, im Hause unbedingter Herrscher wie ein Patriarch, streng und bestimmt, unduldsam gegen fremde Ansichten. Es bedurfte einer „schriftlichen" Erlaubnis dieses Mannes, daß ich seine Kinder besuchen durfte; so ängstlich suchte er jeden möglichen schädlichen Einfluß fremder Elemente abzuwehren. Das Haus war angesehen und weit bekannt; für die Erziehung der Kinder geschah das mögliche, aber der belebende Hauch der Freiheit und des Frohsinns fehlte. Die Pedanterie erstreckte sich auf den Erzieher, einen Studiosus der Medizin, und bei aller Strenge der Formen des geselligen Verkehrs lag etwas Frostiges im Hause, und das Gemüt blieb leer. Bei meiner Überschwenglichkeit des Gemütslebens, bei meinem Streben nach Vertiefung, bei meiner Hingebung an Ideale war diese nüchterne Schule korrekter Lebenshaltung und aristokratischen Benehmens von heilsamem Einfluß. Ich verdanke dem Hause viel, nicht bloß in der äußeren Unterstützung für meinen Lebensbedarf, sondern auch durch die Einführung in eine Familie mit geordneter, strenger Zucht.

Warm bin ich freilich nie geworden. Noch in einer anderen Richtung war der Aufenthalt in jenem Hause für mich bedeutungsvoll. Zum ersten Male befand ich mich in der Umgebung reicher Leute, während ich bettelarm war, als ich zuerst in Beziehung zu jener Familie trat, und sie ebenso nach vielen Jahren, in denen ich bei den Kindern der ältesten Tochter Hauslehrer war, verließ. Obschon ich sah, daß der Reichtum manche Beschwernisse beseitigt, welche dem Armen entgegenstehen, und manche Hilfe gewährt, welche der Arme entbehren muß, so sah ich doch, daß er auf das glückliche Leben der Menschen ohne Einfluß ist. Die Reichen haben andere Sorgen als die Bedürftigen und leiden mehr als diese an eingebildeten Sorgen, welche genauso wehtun wie diejenigen, welche eine objektive Grundlage haben. Ich habe daher niemals den Wunsch empfunden, reich zu sein, vielmehr erstreckte sich mein Wunsch nur dahin, so viel zu besitzen, um möglichst unabhängig zu sein.

Ich sah, wie viele Menschen, die keineswegs schlechte Neigungen hatten, durch die Not gezwungen, zu Handlungen und Diensten sich bequemten, welche sie ohne Zwang nicht geleistet hätten, oder doch wenigstens zu einem Verhalten, das ich nicht billigte, zum Beispiel zum Verschweigen ihrer Ansicht, wo sie dieselbe hätten äußern sollen, zu schmeichlerischen Redensarten, die nicht ernst gemeint waren, zum Entschuldigen, wo ernste Rüge – gleichviel, welche Folge sie hatte – am Platz gewesen wäre, und so weiter.

Noch etwas anderes beobachtete ich im Laufe der Jahre. Als ich jenes Haus kennenlernte, galt es unter den Juden nicht bloß der Stadt, sondern auch außerhalb derselben als das erste. Obschon ich doch nur zwei oder drei Generationen durchlebt habe, sah ich, wie andere Familien emporkamen und der Nimbus jenes Hauses schwand. Es galt mit den Jahren nicht mehr als andere, und viele Unglücksschläge, die jenes Haus – unverschuldet – trafen, haben ihm seinen besonderen Glanz genommen. Obschon ich mich um den Reichtum der Familienmitglieder niemals gekümmert habe, so glaube ich doch, daß man schon die dritte Generation zwar zu den Begüterten, nicht aber zu den Reichen zählen wird. Diese Beobachtung, daß im gewöhnlichen Laufe der Dinge etwa in drei Generationen sich die Stellung und der Reichtum von Familien ändert, daß also in hundert Jahren oben ist, was unten war, und umgekehrt, daß namentlich der Reichtum – in der Regel – nicht über eine mäßige Zeit hinaus in derselben Familie verbleibt, war für meine Anschauungen in sozialen Fragen von Einfluß.

Schließlich noch ein Wort über die religiösen Ansichten, die ich in jenem Hause vorfand! Der alte Herr war, wie aus seiner obigen Beschreibung hervorgeht, maßgebend für den im Hause herrschenden Ton. Er erachtete sich für einen frommen Mann im Sinne der Orthodoxie, beobachtete streng die Speisegesetze, die Feiertage und dergleichen mehr. Aber niemals habe ich ein rechtes Verständnis für seine Art der Frömmigkeit gehabt; denn sie schien mir durchaus willkürlich. Was Orthodoxie ist, das hatte ich in Santomysl kennengelernt, und der alte Herr dachte nicht entfernt daran, alles das mitzumachen, was ich dort gesehen hatte. Er setzte sich die Grenzen selbst, und hierzu war er zweifellos berechtigt, aber er durfte nur nicht verlangen, daß auch andere an diesen Grenzen stehen blieben. Jung, wie ich war, liebte ich das Entweder-Oder und sagte mir: will der Herr orthodox sein, dann muß er es ganz sein; mindestens reservierte ich mir das Recht, auch mir selbständig die Grenzen zu setzen und nach meiner Fasson selig zu werden. Aus meiner Ansicht machte ich im Hause keinen Hehl; es kam jedoch nie zu einer Kollision.

1 Das Manuskript wurde freundlicherweise zur Verfügung gestellt von Dr. K. J. Ball-Kaduri. – Die deutsche Schreibweise für Santomysl ist Santomischel.

2 Eduard Lasker (1829–1884), der führende Nationalliberale, wurde in Jarotschin (Posen) geboren, studierte Jura und war 1856–1870 Assessor am Berliner Stadtgericht.

15 Clara Geissmar, geb. Regensburger

geb. 1844 Eppingen – gest. 1911 Mannheim

Clara Geissmar, Erinnerungen. Mannheim 1913, 255 S., Privatdruck.

Clara Geissmar schildert hier das orthodoxe Milieu ihrer Kindheit, dem sie sich später ganz entfremdete. Bei ihrer Geburt lebt ihr Vater, bereits vom Geschäft zurückgezogen, in bescheidenem Wohlstand. Freundschaftliche Beziehungen zwischen Juden und Christen sind in Eppingen selbstverständlich.

Clara besucht die Volksschule und erhält ergänzenden Unterricht beim Pfarrer. Mit 18 Jahren heiratet sie den jüdischen Juristen Josef Geissmar, und das Ehepaar lebt als einzige jüdische Familie in Konstanz. Inmitten der neuen gesellschaftlichen Pflichten und einer protestantisch geprägten Bildungswelt ergreift Clara eine tiefe religiöse Unsicherheit, und sie flüchtet in eine Art Bildungsreligion.

Das Händewaschen vor der Mahlzeit, der Segensspruch bei Brot und Salz war auch an Werktagen beim Mittagessen eine religiöse Gepflogenheit. Das hebräische Gebet am Schluß des Mahls wurde vom Vater laut, von der Familie leise gebetet. Nach dem Abendessen kam gewöhnlich mein Bruder Moses mit seiner Frau Sara. Das äußere Behagen dieses Abends, die erfüllten religiösen Vorschriften, das Gefühl herzlicher Familienzusammengehörigkeit – diese Schwiegertochter stand dem Herzen meiner Mutter ganz nahe – das alles gab diesen Abenden eine Weihe, oder vielmehr eine, aus äußerem Behagen und gemütlicher Befriedigung zusammengesetzte Stimmung, die mir in späteren Jahren kein sinnlicher und kein geistiger Lebensgenuß geboten hat.

Zur Zeit als die Neuerung mit dem frisch gekochten Kaffee noch nicht eingeführt war, litt meine Mutter sehr unter diesem gewärmten Sabbatfrühstück. Sie hatte so wenige und bescheidene Bedürfnisse. Aber gegen zwei Dinge hatte sie einen ausgesprochenen Widerwillen; das war gewärmter Kaffee und geringe Obstsorten. Am Samstagmorgen gewärmten Kaffee trinken, das ging noch, aber am Nachmittag nochmals, das ging fast nicht. Es hatte aber eine Schulfreundin den Zweiten Beamten des Städtchens geheiratet, die nur zwei Häuser linker Hand entfernt wohnte. Dort ließ sie sich regelmäßig für den Nachmittagskaffee des Samstags einladen und regelmäßig um 4 Uhr kam das Dienstmädchen vom Hause Schmidt und rief die Haustüre aufmachend: „Frau Regensburger, der Kaffee ist auf dem Tisch." [...]

Aber einmal erfuhren die gemütlichen Samstagnachmittage eine Unterbrechung. Meine Mutter war eine eifrige Zeitungsleserin, und in jener Zeit gab es unter dem Rufe: „Hepp, hepp!" bösartige Judenverfolgungen.[1] In meiner Vaterstadt war davon nichts zu verspüren, dort lebten die verschiedenen Konfessionen friedlich nebeneinander. Aber meine Mutter nahm sich die üblen Nachrichten schwer zu Herzen, und ihre lebhafte Einbildungskraft mochte die Dinge wohl noch wachsen machen, die die Zeitungsschreiber gewöhnlich kräftig genug schildern. Ihr weiches Gemüt war ohnedies leicht bedrückt. Eines Abends, als meine Eltern beim Essen saßen, flog ein Stein durch die Scheiben, jedoch ohne jemand zu verletzen. Meine Mutter kam in die größte Aufregung. Daß es jemand wagte, dem Hause ihres Mannes so etwas zuzufügen – von sich selbst dachte sie immer viel zu gering –, erfüllte sie mit Entrüstung und Bitterkeit. Sie weigerte sich, die zerbrochene Fensterscheibe einsetzen zu lassen. Jedermann müsse sehen, was gegen unser

Haus verübt wurde und alle müßten sich schämen. Dabei wurde sie ganz melancholisch. Als das Schmidtsche Dienstmädchen die gewohnte Botschaft ausrichtete, suchte sie eine Ausrede und blieb mit ihren trüben Grübeleien zu Hause sitzen. Wieder verging eine Woche, und die Mutter war noch immer bitter und betrübt und leistete wieder dem Vier-Uhr-Ruf keine Folge. Da kam Herr Amtmann Schmidt selbst, um nach dem Rechten zu sehen. Er sagte meiner Mutter, er habe sie bis jetzt für eine verständige Frau gehalten. Das sei sie aber nicht, er habe sich getäuscht. Wenn jemand der Tat eines Gassenbuben oder sonst eines rohen Menschen wegen eine langjährige Freundschaft aufs Spiel setze, so sei das eine ganz törichte Handlungsweise. Wenn sie nicht jetzt sofort mit ihm gehe, so komme er selbst nie wieder, und seiner Frau werde er jeden Verkehr mit ihr verbieten. Diese kategorische Art tat ihre Wirkung, und nach und nach saß meiner Mutter wieder Kopf und Herz auf dem rechten Fleck. Sie ging wieder regelmäßig zum Samstagkaffee. [...]

Wenn ich an die Freitagabende in meinem Elternhause denke, wird mir noch heute wohl und warm ums Herz. Die Vorbereitungen dazu waren so sorglich, wie man sie heutzutage trifft, wenn man Abendgesellschaft bei sich sieht. Die frischgeputzten Räume, die behagliche Wärme im Winter, die siebenarmige Messinglampe mit ihren sieben Flämmlein, deren Dochte aus Baumwollwatte am Morgen gedreht wurden. Die selbstgebackenen Kartoffelbrote, Barches genannt, die Grünkernsuppe, der Ganspfeffer im Winter, und der Fisch im Sommer, letzter nach einer Weise bereitet, wie sie schon üblich gewesen sein soll als die Juden in babylonischer Gefangenschaft waren. Dann ein süßes Gericht, auch speziell jüdischer Art. Für den Samstagmittag wurden schon am Freitag zwei geschlossene eiserne Häfen zum Bäcker gebracht. Der eine enthielt die „gesetzte Suppe", das war gewöhnlich eine Mischung von Gerste, Erbsen, einem Stück Rindfleisch, einem Stück gepökelten und geräucherten Brustkern, welches in dem Bäckerofen zu einem gar schmackhaften Gerichte zusammenbrodelte, welches Suppe und Fleisch in einem Gang enthielt. Die andere Kachel enthielt den „Schalet" oder die „Kugel" (letzteres Gericht ist eine Art engl. Nierenpudding), beides delikate Dinge, aber nur für starke Mägen, weshalb zur Sommerszeit, wo sich der Mensch bei leichterer Nahrung wohler fühlt, Apfel und Kirschtorten an die Stelle traten. Ich begleitete unser Dienstmädchen beim Wegtragen und Abholen dieser Samstagsgerichte. [...]

Wenn der Vater von der Synagoge heimkam, gingen wir ihm bis zu Stubentür entgegen, um uns von ihm segnen zu lassen. Zuerst die Mutter. Dann die Kinder. Er legte uns die Hände auf den Kopf und sprach leise in hebräischen Worten die Segensformel, die ein Gemeingut geworden: „Der Herr segne und behüte dich". Vor Beginn des Essens Händewaschen mit einem kurzen Segensspruch; das Händewaschen geschah an einem Eckschrank, der fast so hoch war wie die Stube, der oben und unten Fächer für Haushaltungszwecke enthielt. In der Mitte war ein sogenanntes Gießfaß

angebracht, ein Messingbehälter mit Hähnen, der das Wasser für das vorge-
schriebene Händewaschen hergab. Ein schmales Seitentürchen an diesem
Eckschrank barg das Handtuch zum Trocknen der Hände. Vor dem Essen
sprach dann mein Vater den Segen über das Brot, schnitt für jedes eine kleine
Schnitte ab, die er in Salz tunkte und dann herumreichte. Dann begann das
Abendessen.

Eine ganz besondre Freude war für uns Kinder, wenn ein Kind der
israelitischen Gemeinde seinen Namen bekam. Dazu wurden sämtliche
Kinder der ganzen Gemeinde geladen, d. h. es war selbstverständlich, daß
alle kamen, daß, sobald bekannt wurde, daß irgendwo eine Hollekrasch
stattfinde – so nannte man diese Zeremonie, sich alle Gemeindekinder dahin
begaben. Man umstellte die Wiege des vier Wochen alten Kindes im Kreis,
die kräftigsten Knaben der Versammlung hoben die Wiege in die Höhe und
riefen mit lautesten Stimmen: „Hollekrasch wie soll's Kind heißen?" Darauf
erwiderte die Versammlung mit dem Namen des Kindes, wie er ihnen von
den Eltern desselben mitgeteilt wurde. Das in die Höhe Halten der Wiege
und die Antwort der Kinder wurde dreimal wiederholt; dann war die
Zeremonie beendet. Jetzt kam die Belohnung. Gewöhnlich standen drei
Körbe bereit, einer mit Konfekt, der andere mit Nüssen und der dritte mit
Obst. Manche Kinder brachten kleine Säckchen mit, um ihr Geschenk
aufzuheben. In reichen Häusern gab's mehr, in armen Häusern weniger.

Der Beschneidungstag der Knaben war eine Festlichkeit, für die Kuchen
gebacken wurden, verschiedenes Konfekt und ein Festessen stattfand, zu
welchem die auswärtigen Familienglieder erschienen. Von allem hatten wir
Kinder das beste. Am schönsten war das Pessachfest (Osterfest). Da saß man
im Kreise um den runden Tisch, in der Mitte des Tisches eine Erhöhung
durch Mazzes, deren jede mit einem gestickten Tüchlein zugedeckt war.
Zuletzt kam das schönste der Deckchen und darauf stand das Schönste, was
an Silberzeug im Hause war, kleine durchbrochene Körbchen, Schalen usw.
Darin waren die Symbole für das Osterfest untergebracht, etwas geriebener
Meerrettich, was der bedeuten sollte, weiß ich nicht mehr[2], dann geriebene
Äpfel mit Zucker und Zimt braun gemacht; diese Mischung sollte den Lehm
vorstellen, welchen die Kinder Israels zu den Bauten verwendeten, die sie in
Ägypten ihren Peinigern aufführen mußten. In einem Körbchen befand sich
ein gebratener Knochen, der sollte das Osterlamm, welches früher in
Jerusalem gebraten wurde, vorstellen, den konnte man nicht versuchen,
dagegen die bittern Kräuter, der Meerrettich, der Lehm, das alles wurde
beim Vorlesen der „Haggada" mit Mazze bei gewissen Stellen gegessen. Die
„Haggada" ist ein uraltes hebräisches Büchlein, welches die Geschichte des
Auszugs der Kinder Israels mit vielen Holzschnitten enthält.[3] Der Hausvater trägt den Text laut vor, die Umgebung folgt und erwidert teilweise im
Chor. Sobald ich lesen konnte, ich lernte fast so früh hebräisch als deutsch
lesen, hab ich den Passus laut vorgelesen, der dem jüngsten Kinde der
Familie zukommt und in lauter hebräischen Fragen über die Bedeutung des

Tages besteht. Der Hausherr erwidert, d. h. er setzt die Erzählung, die er schon vorher begonnen, fort. Nach Schluß, wo der Prophet Elias aufgefordert wird zu erscheinen, und ich als Kind dazu die Türe aufmachte, sprang regelmäßig unsere Katze ins Zimmer. Dann kam das Händewaschen, aber an diesem Tage wurde das Wasser in einem massiv silbernen Lavoir umgereicht, zuerst meinem Vater, dem an die Sofaecke ein prachtvoll gesticktes blauseidenes Kissen gelegt war, das nur alle Ostern in Gebrauch kam, dann der Mutter usw. Dann das wohlverdiente Nachtessen. Das Vorsagen der „Haggada" hat wohl immer zwei Stunden gedauert. Nach dem Essen wurde die „Haggada" nochmals zur Hand genommen, und die Geschichte vom „Zicklein" vorgelesen.[4] [...]

Die Laubhütte wurde bei uns und bei den Verwandten ganz in der Weise hergestellt, wie es in einem der 5 Bücher Moses, wo die Verordnung über das Laubhüttenfest steht, vorgeschrieben ist.[5] In jedem gläubigen Judenhaus mußte sich irgendwo ein Zimmer befinden, durch welches man vom Gebälk der Decke aus den freien Himmel sehen konnte. Dieser Raum diente als Laubhütte. Eine Art Falltüre oder sonst eine Brettervorrichtung schützte bei Regenwetter, auf das Gebälk herabgelassen, die Stube vor dem Regen. Der Schmuck einer Laubhütte bestand, abgesehen von den grünen Zweigen an den Wänden, aus Früchten aller Art, wie sie die Jahreszeit eben reifen ließ. Äpfel, Trauben, Nüsse, Welschkorn, Getreidehalme, dazwischen lange, ausgeschnittene Ketten von Gold- und Silberpapier und wenn es ganz brillant sein sollte, Lampions dazwischen, wie man sie bei den sogenannten italienischen Nächten ansteckt.

Wenn ich am Weihnachtsabend, der mir nichts brachte – weil meine Eltern den Weihnachtsbaum in einem Judenhaus für etwas Widersinniges hielten und christbescherende Juden einfach für lächerlich –, recht neidisch war und mich manchmal der Tränen nicht erwehren konnte, wenn ich das ärmste Nachbarhaus im Kerzenglanze erstrahlen sah, so war ich am Laubhüttenfest den christlichen Kindern über. Wen ich leiden mochte, der durfte in unserer Laubhütte sitzen.

Dann kam Chanukka und später das Purimfest, lauter Freudentage. Das Chanukkafest ist ein Siegesfest. An diesem Tag hat ein Makkabäer mit seinen Tapfern gegen die Syrer gesiegt und den Stamm Juda vom Untergang gerettet. Es existierten besondere Behälter, wir hatten sie aus Silber, mit sieben Abteilungen, deren jede für Docht und Öl bestimmt war.[6] An sieben Tagen zündete jedes männliche Familienglied von diesen Öllichtern eines an, d. h. am ersten Tag eins, am zweiten Tag zwei, am dritten drei, bis am siebenten Tag alle sieben brannten. In Häusern, die viele männliche Glieder zählten, gab's auf den innern Fenstersimsen, wo gewöhnlich die Chanukka-Leuchter plaziert werden, eine glänzende Beleuchtung.

An jedem der sieben Abende nach der Beleuchtung wurde der chaldäische[7] Siegesgesang angestimmt, den ich stolz und freudig mitsang. Ich habe seit bald 40 Jahren nichts mehr von diesem Feste gehört, aber die fünf Verse und die eigentümliche Melodie sind mir noch ganz gegenwärtig, so daß ich sie noch auswendig singen könnte. Dieser glorreichen Zeit zuliebe wurden am Abend die Handarbeiten beiseite gelegt und mit Karten Gesellschaftsspiele gemacht.

Das heiterste Fest war das Purimfest. Ein Freudentag. Der Bösewicht Haman, ein Antisemit, wollte die Juden vertilgen. Der König Ahasveros aber, der die Jüdin Ester zu seiner Gemahlin machte, ließ den Haman – nachdem er vorher zu seiner Demütigung den Juden Mardochei auf prachtvoll gezäumtem Rosse durch die Stadt führen und ausrufen mußte: „das ist der Mann, den der König zu ehren begehrt" – an demselben Galgen aufhängen, den er dem Mardochei errichtet hatte. Die Juden aber feierten ein Freudenfest und schickten einander Geschenke. Das Geschenkeschicken fand damals noch in der ganzen Judengemeinde statt, in Form von Torten, Bisquits. Die Armen machten sich die Sache zunutz und fabrizierten Backwerk und brachten es den Reichen, wofür sie dann ein Geldgeschenk bekamen. Am Abend verkleideten wir uns und führten sogar einmal eine Posse auf. Wenn ich nichts anderes wußte, steckte ich mich in Bubenkleider und ließ mir einen Schnurrbart aus Kohle anmalen und ging zu den Verwandten und kam mit vielen Gutseln heim. [...]

Die [Köchin] Jette hatte einen offenen Kopf, las gern und oft zu einer Zeit, wo sie die Gedanken auf die Kocherei hätte konzentrieren sollen. Ich hatte einmal eine Schillersche Ballade auswendig zu lernen; die gefiel ihr, und sie beschloß, sie auch zu lernen und nahm den Band Schiller in die Küche. Als meine Mutter kurz vor dem Essen in die Küche ging, um, wie es ihre Gewohnheit war, die Speisen zu versuchen, versteckte die Jette das Buch rasch in die leere Suppenschüssel. Wir haben an jenem Tag die Suppe mit Schillers Gedichten angerichtet bekommen. Von klassischer Lektüre war meiner Mutter „Hermann und Dorothea" das höchste. Sie meinte, das sei eine zweite Bibel. Sie las gerne Walter Scott und am allerliebsten Dickens und Heine. Die ersten Romane Walter Scotts erschienen, als sie halb erwachsen schon ihre Mutter verloren hatte. Von 11 Jahren an war sie ohne Schulunterricht, weil sie im Haushalt nötig war; es brachte ihr das Lesen dieser vortrefflichen Bücher Freude, Erhebung und Belehrung; aber sie mußte es verstohlen tun, man hielt ein solches Bedürfnis für etwas Überspanntes, die praktische Arbeit hemmend. [...]

Während zu Hause die Dickensschen Romane immer herumlagen, wurden die verschiedenen Bände „Heine" – neben Dickens Lieblingsschriftsteller der Mutter – eingeschlossen, damit ich nicht darin lese. Das hatte nur zur folge, daß ich um so erpichter war, Heine zu lesen und dank der Zerstreutheit der Mutter recht oft dazu Gelegenheit fand. Wenn ich einen großen Teil der Gedichte auswendig kann, so stammt dies aus der Lektüre jener Zeit. Ich machte selbst Verse; meistens wenn ich gekränkt war und jemand ärgern wollte. [...]

Ich habe jetzt schon von vielen Leuten geschrieben, die während der

Kinder- und Schulzeit um mich lebten, habe aber noch lange nicht all die lieben Menschen genannt, die dazu beigetragen, daß mir alles so sonnig in Erinnerung geblieben. Da sind unsere Milchleute Gebhart, eine angesehene Bauernfamilie, bei welcher unser Mädchen abends die Milch holte, wobei ich sie meistens begleitete, mit denen sich durch die langen Jahre eine Art Freundschaftsverhältnis bildete. Unsere nächsten Nachbarn, Buchbinder Kepners, Posthalter Wittmers, Seifensieder Zutaferns, Bierbrauer Schäfers, Bäcker Rieglers, Glöcklers. Lauter sparsame, fleißige, rechtschaffene Leute, zu denen durch langjährige Gewohnheit und gegenseitige Achtung ein immer gleich gemütliches Verhältnis bestand.

Während ich nach dem Nachtessen im Sommer mit den Kindern herumsprang und spielte, saß meine Mutter auf einem Hocker vor dem Hause. Dann kamen nach und nach die Nachbarsleute herbei und setzten sich auf die dreistufige steinerne Treppe. Wenn ich mich müde gesprungen hatte, setzte ich mich zu Füßen meiner Mutter und hörte zu. Da wurden dann alle möglichen häuslichen Gespräche geführt, aber auch viel geklagt und gejammert wegen des Wetters. Das war nie recht. Meine Mutter besorgte unsern großen Garten, abgesehen vom Umhacken im Frühjahr, ganz allein. Auch die Nachbarinnen arbeiteten zur Sommerszeit viel in ihren Gärten. Nur für die Äcker pflegte man Taglöhner zu halten, wenn die eigenen Kräfte nicht ausreichten. [...]

Ich hatte meine erste Kindheit in einem gläubigen Elternhause verbracht und Freuden und Leiden, die Entbehrungen und die innere Befriedigung, welche das Judentum seinen Bekennern zuteilt, durchgekostet. [...] Man gehörte einem Ganzen an, von dessen Segnungen nur derjenige etwas empfand, der all den Gesetzen und Vorschriften, mit welchen es sich gleich einem Zaun umgab, durch stetes Beobachten – gleichbedeutend mit steter Entsagung – gerecht wurde.

Aus dieser Welt war ich durch die neue Umgebung, in welche mich Josef einführte, endgültig ausgeschieden. Es drang in dieser neuen Welt so viel Gutes und Schönes auf mich ein, daß es fast für meine seelischen Verdauungskräfte zu viel war. Ich hatte Stunden, an welchen ich mich leer und unbefriedigt fühlte. Es gab ein Plätzchen in meinem Gemüt, welches weder die Liebe des Gatten noch die schönsten Stellen aus Shakespeare und Goethe auszufüllen vermochten. Mir fehlte die Zugehörigkeit zu einer Konfession. Ich ging einmal in die Kirche, mir den protestantischen Gottesdienst anzusehen. Als der Gottesdienst eingeleitet wurde „im Namen des Vaters, des Sohnes und des heiligen Geistes", welche Worte man sich erst zurechtlegen muß, um einen Sinn herauszubekommen, fielen mir die hebräischen Worte ein, welche die jüdischen Gebete einleiten: „Höre Israel, der Ewige Dein Gott ist ein einiges, einziges ewiges Wesen". Als am Schluß die Gemeinde mit den Worten entlassen wurde: „Der Herr segne Euch, der Herr behüte Euch", da gedachte ich meines Vaters, der am Freitagabend, wenn ich ihm an die Tür entgegenging bei der Heimkehr vom Gottesdienst, mir die Hände auf den Kopf legte und dazu die Worte in der Ursprache sagte, welche der protestantische Geistliche seinen Andächtigen heute auf den Heimweg mitgab. Ich ging nicht wieder in eine protestantische Kirche.

Mein Bruder Leopold schenkte mir in jener Zeit die zwei Bände historische und politische Aufsätze von Treitschke. In das Entzücken, in welches ich beim Lesen dieser Essays geriet, kann ich mich heute kaum mehr hineindenken. Was damals dem jungen Nationalliberalismus am Herzen lag, die Dinge, zu welchen die Unterhaltung der Männer immer zurückkehrte, hier war es in schöner Form von einer glutvollen vorwärtsdrängenden Seele ausgesprochen. Ich hatte noch nie so für einen Schriftsteller geschwärmt. Während junge Leute und Mädchen meines Alters ihre Schillerperiode hatten, empfand ich nichts dergleichen. Ich hatte meine Treitschkeperiode. Schon die Sprache berauschte mich. Mein unbefriedigtes religiöses Bedürfnis fand Genüge an dem festen Glauben an eine sittliche Weltordnung, der wie ein roter Faden alles durchzieht was Treitschke bespricht. Als ihm nun gar später das Jahr 1866 rechtgab „die Brutalität der kleinen deutschen Fürsten kann nur durch eine andere Brutalität überwunden werden; durch die Brutalität der preußischen Säbel", da erschien er mir wie ein Seher. So kann kein Jude und kein Katholik schreiben, sagte ich mir. Nur ein Protestant kann so was zuwege bringen.

Wir sprachen, wenn wir allein waren, viel über die religiöse Erziehung unserer Kinder. Wir waren darüber einig, daß das Leben im Judentum unserer Kinderjahre unserem Innern etwas zurückgelassen habe, einen Extrakt, an dem wir unser weiteres Leben wohl zehren könnten. Wir waren auch darüber einig, daß Kinder nur durch die äußere Form zum Wesen der Religion gebracht werden können. Josef wünschte, daß diese äußere Form in unserm Hause eingeführt werde. Wie er sich in allen Dingen des Lebens nicht um die praktischen Details kümmerte, so war nicht recht herauszubekommen, in was diese einzelnen Formen bestehen sollten. In erster Reihe sollten Freitagabend und Sabbat gefeiert werden. Aber wenn der Samstag nicht auch durch andere Freunde und Bekannte gefeiert wird, und namentlich, wenn die Kinder sehen, wie der Vater an Samstagen seine Wochentagstätigkeit ausübt und am Sonntag Feiertag hat, wie alle Leute um sie herum, dann läßt sich der Samstag schwer als ausgesprochener Ruhetag aufrecht erhalten.

Die äußeren Formen des Judentums, dieses Gemäuer, mit welchem es seinen Gott umgab, kann nur stehen, wenn all die vielen asiatischen Steine und Steinchen, aus welchen es zusammengesetzt ist, beisammen bleiben. Nimmt man einen einzelnen Stein heraus, so wankt die ganze Mauer und stürzt schließlich zusammen. Nur das orthodoxe Judentum hat Halt. Alle Reformen bedeuten Zusammensturz. Es war nichts zu machen.

Jetzt wollte ich, daß die Kinder protestantisch erzogen würden. Frau v. Rechthaler mit ihrem Eifer für die liberal protestantische Sache erzählte mir, wie ihr Freund Zittel in Heidelberg einmal gesagt hat: „Alle Kirchen sind

Erziehungsanstalten; der Protestantismus die Beste." Josef wollte nichts davon wissen. Schon seines Vaters wegen durfte keine Rede davon sein. Die Kinder waren noch so klein, die Frage nicht brennend. Jener einzige Kirchenbesuch wirkte noch in mir nach; es wäre mir nicht leicht geworden, meine Kinder in die protestantische Kirche zu schicken. Aber seit jener Zeit gehörte ich dem Protestantismus an, seiner Wirkung wegen, trotz all der Schattenseiten, die mir im späteren Leben nicht mehr verborgen blieben. Von Christus mochte ich nichts wissen. Nicht einmal als Mensch betrachtet war ich von dieser edlen, hoheitsvollen Erscheinung angezogen. Der Mangel menschlicher Schwächen stieß mich ab. Nur durch ihre Schwächen kommt uns die Liebe für Persönlichkeiten, die uns hoch überragen, und davon war nichts zu erblicken. Das einzige im Neuen Testament, was mich freute und bereicherte waren zwei Aussprüche: „So Ihr Alles habet und habet der Liebe nicht etc." Und „An ihren Früchten sollt Ihr sie erkennen." Ich glaubte, die Früchte des Protestantismus zu sehen, greifbar, im nationalen und national-ökonomischen Sinne. Ich glaubte an das, was er vielleicht seiner ganzen Anlage nach, zu sein berufen ist und fand, Lessing, Schiller und Goethe seien auch gute Protestanten gewesen in diesem Sinn. [...]

Ich sprach aber über meine religiösen Nöte mit den protestantischen Freunden, die es gerne gesehen hätten, wenn wir die beiden Kinder hätten taufen lassen. Eine gefühlvolle Seele hatte einmal Tränen im Auge bei dem Gedanken, wie es dem kleinen Leopold einmal in der Welt ergehen werde, was er alles zu leiden habe, wenn er als Jude heranwachse. Josef kam immer darauf zurück, wenn wir darüber sprachen, daß die Kinder eben, so gut es ginge, jüdisch-religiös erzogen werden sollten. Wir hatten beide den gleichen Widerwillen gegen das moderne Judentum mit seinem Überfluß an Schärfe und seinem Mangel an Tiefe, welches sich eigentlich nur durch die Negation erhält. Aber Josef verstand nicht, mir in meinen Nöten beizustehen, war auch mehr als einmal recht ungeduldig über mein krankhaft einseitiges Hinneigen zur religiösen Frage. Der Protestantismus, dessen Vorzüge er nicht verkannte, war in seinen Augen wohl eine gute Erziehungsanstalt, hätte aber so viel zerstört und gesprengt, was zu unsern Lebensbedingungen gehörte, daß er ihn unannehmbar fand. Mein Schwiegervater, dem ich in meiner Bedrängnis meine Gründe für die Taufe der Kinder auseinandersetzte, schrieb mir einen empörten Brief, der mich vollends aus dem Gleichgewicht brachte. Karoline fand, ich hätte ihr früher viel besser gefallen. Mein Bruder Leopold setzte mir auseinander, wie der Mensch, um für sich und andere gedeihlich zu leben, einer ganzen Reihe von Anforderungen gerecht werden müsse. Vertieft er sich so in eine einzelne dieser Anforderungen auf Kosten aller andern, so kann das seinen Ruin und den seiner Umgebung herbeiführen. „Der größte Abgrund ist in uns selbst."

1 Der ganz Deutschland durchziehende Hep-Hep-Sturm von 1819 bewirkte auch in Baden tätliche Ausschreitungen gegen Juden. Die Ursachen sucht man vor allem in der wirtschaftlichen Notlage des Kleinbürgertums.

2 Der Meerrettich, scharf und bitter, soll an das bittere Leid der Juden in Ägypten erinnern.

3 Die Pessach-Haggada enthält die feststehenden Texte für die häusliche Zeremonie des Sedermahls. Die heutige Fassung entstammt überwiegend dem 10.–11. Jahrhundert.

4 Das Lied vom Zicklein bildet den Abschluß der Pessach-Haggada und stammt in seinem volksliedhaften Charakter wahrscheinlich aus dem 15. Jahrhundert.

5 Lev. 23, 42 f.

6 Das Chanukka-Fest, das die Wiedereinweihung des Tempels nach den Makkabäerkriegen feiert, umfaßt acht, nicht sieben Tage. Der Chanukka-Leuchter hat entsprechend acht Lichter und ein weiteres, das zum Anzünden dient.

7 Ebenfalls ein Irrtum der Verfasserin: das Chanukka-Lied ist in Hebräisch verfaßt.

II

Im Kaiserreich

1871–1918

Bild der Familie Kalischer, aufgenommen 1889 zum 90. Geburtstag
von Löbl Kalischer

16 Conrad Rosenstein

geb. 1910 Berlin – gest. 1978 Israel

Conrad Rosenstein, Der Brunnen, Eine Familienchronik. Ms. datiert Israel 1958, 64 S.

Der Vater des Verfassers kommt aus der Provinz Posen nach Berlin, wo er ein bescheidenes Engrosgeschäft für Frisörbedarfsartikel betreibt. Die Woche über besucht er Kunden, während seine Frau die Korrespondenz erledigt. Neben dieser Tätigkeit der Eltern beschreibt Conrad Rosenstein nicht ohne kritische Distanz das Gemeindeleben in der Synagoge Fasanenstraße. Bei Rabbiner Leo Baeck wird er Bar Mizwa. Mit Ironie schildert er den Lebensstil „besserer" jüdischer Familien aus dem Kreis der Verwandten und Bekannten. – Später studiert Rosenstein Zahnmedizin, wird 1933 von der Universität Freiburg ausgeschlossen und promoviert in Bern. Bis zu seiner Auswanderung nach Palästina ist er Zahnarzt an der jüdischen Poliklinik in Berlin.

Das Arbeitsfeld meiner Mutter war mannigfaltig. Neben ihren Hausfrauenpflichten erledigte sie allerlei Büroarbeit für meinen Vater, der gewöhnlich fünf Tage der Woche verreist war, um in streng abgegrenzten Bezirken seine Kunden zu besuchen. Die Reiseroute setzte mein Bruder fest, der an Fahrplänen, Stadt- und Ortskenntnis im Deutschen Reiche jeden Mitschüler und auch die meisten seiner Lehrer ausstach. Er zeichnete also ganze Landkarten für den Vater, versah alles mit den nötigen Bemerkungen, so daß sich mein Vater vollkommen auf seinen Wochenplan verlassen konnte. Die Korrespondenz wurde von der Mutter überwacht. Solche Büroarbeit schätzte sie mehr als die detailgeschäftliche Tätigkeit, an der „Kasse" sitzen zu müssen. Sie sah darin ein wenig Entwürdigung. In den ersten Jahren ihrer Ehe, als mein Vater noch seine Schuhgeschäfte hatte, mußte sie sich in dieses Schicksal ergeben. Noch in späteren Jahren empfand sie diese Zeit als betrübend. Der Vater hatte diese Läden von seinem jüngeren Bruder übernommen, der selbst in dieser Branche keine sehr glückliche Hand hatte und im Grunde ganz froh war, daß er sie meinem Vater „anhängen" konnte. Es war dies zweifellos ein nicht ganz faires Gebaren. Aus dieser Zeit stammte eine gewisse latente Aversion meiner Mutter gegen die väterliche Familie, die sich erst mit den Jahren milderte und schließlich sogar in herzliche Sympathie umschlug. Damals aber fühlte sie sich geprellt. Sie drang auf Unabhängigkeit von der Familie und Selbständigkeit im Beruf. Sie war deshalb recht froh, als sich mein Vater entschloß, den Detailhandel aufzugeben und in der

Provinz zu „reisen". Die Tätigkeit des jüdischen Handlungsreisenden war
gang und gäbe, gehörte irgendwie in jene Kategorie menschlicher Tätigkeiten, „die dem Juden angeboren sind". Jedenfalls behauptete das das einfache
Volk, und die Juden glaubten es schließlich selbst. Halbwahrheiten, die viel
kolportiert werden, nimmt man als Wahrheiten.

Mein Vater reiste mit schweren Musterkoffern belastet, für die ihm
keineswegs immer Laufburschen zur Verfügung standen. Wenn im Propa-
gandaklischee der Antisemiten häufig behauptet wurde, die Juden scheuten
körperliche Arbeit, so kann jedenfalls von meinem Vater ganz objektiv
gesagt werden, daß er im Schweiße seines Angesichts sein Brot verdiente.
Die Klischeeansicht verlor später gänzlich ihren Sinn für mich, als ich den
jüdischen Landarbeiter Palästinas kennenlernte, der im allgemeinen, schon
klimatisch, unter viel schwierigeren Bedingungen arbeitet als der deutsche
Bauer.

Kehrte nun mein Vater von der „Tour" zurück, so fuhr er sofort in die
Innenstadt, um Waren aufzukaufen, denn das eigene Warenlager blieb stets
nur klein, da das Betriebskapital sehr begrenzt war. Andererseits war er sehr
darauf aus, schnellstens – „prompt", wie es im Geschäftsdeutsch lautet –
seine Kunden zu bedienen, um nicht den Verdacht aufkommen zu lassen,
sein kleines Engrosgeschäft für Frisörbedarfsartikel stände hinter größeren
Unternehmungen zurück, sei vergleichsweise nicht leistungsfähig. In der
Mentalität des christlichen kleinen Kaufmanns war es dem Juden schwer zu
verzeihen, wenn er ein so kleiner Mann blieb, wie er es war. Insgeheim
erwartete man von ihm, ein „großer Kaufmann" zu sein. Deshalb schrieb
Mama auch gern in Briefen an die Kundschaft: „Wie uns unser Herr
Rosenstein mitteilte ...", niemals „mein Mann". Sofort hätte man geahnt,
daß Frau und Mann die ganze Besetzung sind. „Unser Herr Rosenstein
...", das ließ dem kleinen Manne Raum für seine Phantasie. Kam dann
einmal solch ein Kunde in die Großstadt, suchte er seinen jahrelangen
Lieferanten auf, so war er baß erstaunt, daß die Realität so nüchtern-
begrenzt aussah. Papa und Mama schämten sich dann ihrer Bedeutungslosig-
keit im Geschäftsleben. Dennoch hielten die kleinen Leute treu zu meinem
Vater, ja sie hießen ihn – was soviel wie ein Kompliment sein sollte – einen
„weißen Juden". Im Beginn der Hitler-Herrschaft ließen sie meinen Vater
gerne durch eine „rückwärtige Tür" eintreten; empfingen ihn nach Laden-
schluß; erwarteten ihn in der Privatwohnung, um nicht den Kontakt zu
einem Manne zu verlieren, dem sie wohlwollten, von dessen Rechtlichkeit
sie überzeugt waren. Freilich war das nur eine temporäre Lösung, die für
„Judenknechte" immer gefährlicher wurde, je mehr sich das Regime konso-
lidierte.

Kam Vater von den Einkäufen zurück, begann alsbald die Büroarbeit, das
Packen von Paketchen. Meistens eilte ich noch, mit Päckchen aller Größe
beladen, am Sonntagabend zu dem einzig offenstehenden Postbüro eines
Bahnhofs, um den „ersten Schwung" hinauszuexpedieren. Dieses Schreiben,

Rechnen, Packen hielt meine Eltern bis in die späten Abendstunden in Atem. Kaum aber war der Montag angebrochen, da fuhr mein Vater schon wieder hochbepackt von dannen, niemals verdrießlich, nie der Plage müde, sondern seiner Pflicht still ergeben wie ein treuer Gaul, dem gar keine Seitensprünge in den Sinn kommen. Diese außerordentliche Rechtlichkeit, die nicht einmal den „schlechten Gedanken" aufkommen läßt, war frappierend; die Asketik der Lebensführung, die keineswegs als Bürde empfunden wurde, war wohl auch traditionelles Gut, eine Art rabbinische Konzeption, „im Gesetz zu leben". Nicht, daß mein Vater darüber kontempliert hätte, denn die Kontemplation lag seiner bescheidenen Denkungsart fern, die Asketik war eine reflexgewordene Haltung, übernommen, erfahren, anerzogen, so merkwürdig es klingt, als jüdisch-preußische Synthese.

Neben diesen Tätigkeiten im geschäftlichen Betrieb hatte die Mutter ihr eigenes und spezifisches Feld. In unseren Kinderjahren, meinen und denen meines Bruders, gab sie eifrig Klavierunterricht. In der Zeit des Ersten Weltkrieges, als mein Vater zum Militärdienst einberufen war, das Geschäft holterdiepolter und mit Schaden ausverkauft wurde – mein Vater hatte sich damals auf einen recht gutgehenden Betrieb für Lazarettbekleidung umgestellt und zahlreiche Näherinnen brachten täglich riesige Bündel – da also ernährte uns unsere Mutter mit ihren Klavierlektionen, die sie in den verschiedensten Stadtteilen Bürgersöhnen, Haustöchterchen und gähnenden Dämchen erteilte. Erstaunlich war also die Umstellungsfähigkeit, die innere Wachheit, Anpassung an die jeweiligen Situationen, die dieser Generation gemäß war. Die hektischen Situationen der Zeit erforderten vom kleinen Mann, besonders wenn er Jude war, Adaptionsfähigkeit, wenn er nicht zugrunde gehen wollte. Das hatte die vorhergehende Generation nicht gekannt.

Da im frühen Kindesalter unsere Mutter viel außer dem Hause beschäftigt war, blieben wir einem Dienstmädchen überlassen. Es erzählte uns „Gruselgeschichten" oder ließ uns in den Parkanlagen herumstrolchen. Sie saß mit einem Liebhaber auf der Bank und flirtete, bis das Abendsignal die Soldaten in die Kaserne zurückrief, und sie erschrocken und wie betäubt nach den Kindern fahndete, die ihrer Obhut überlassen waren. – Über viele Jahre war meine Mutter auch Chorsängerin in der Synagoge Fasanenstraße, bis zu jener berüchtigten „Kristallnacht", da diese Synagoge des Berliner Westens in Flammen aufging, und das Gemeindeleben der Juden in Deutschland aufhörte, eines zu sein.

Die Synagoge Fasanenstraße spielte im jüdischen Leben der Reichshauptstadt eine entscheidende Rolle. Sie war sozusagen das Symbol, für: „wie weit" man es in der deutschen Judenemanzipation bringen konnte. Zuweilen sprach man zwar von der „Jüdischen Reformgemeinde" noch mehr als von dieser Synagoge[1]. Dennoch war die Reformgemeinde kein Symbol, sie war auch nicht „typisch", sondern eine Extravaganz, insofern sie bewußt jüdische Tradition aufgab, um sich an den Kirchenstil anzulehnen. Den Sonntag setzte sie an die Stelle des Sabbat und die hebräische Gebetssprache wurde vollkommen verdrängt. Der Andachtsstil wurde durchaus dem christlichen Gottesdienst nachgeahmt. Davon war in der Synagoge Fasanenstraße keine Rede. Hier wurde die Tradition aufrechterhalten, die schon eine Generation früher geschaffen wurde: zwar moderne Form, aber doch mit den alten Gehalten.

Anfang des Jahrhunderts wurde für phantastische Summen ein prunkvoll kaltes Riesengebäude errichtet mit Nebenbauten, einem Vortragssaal, einer Bibliothek, dem bekannten „Trausaal", der mit Kadiner Kacheln ausgestattet war, die aus der Privatmanufaktur des deutschen Kaisers stammten. Seine Majestät hatte sich auch nach der Einweihung das Gotteshaus zeigen lassen, und der Kaiser witzelte ein bißchen über den Reichtum seiner jüdischen Untertanen.

Hier wirkte für Jahrzehnte Oberkantor Magnus Davidsohn, ein ehemaliger Opernsänger, imposante Erscheinung, etwas steif, mit den Allüren eines Heldentenors, blondhaarig, feierlich-prunkvoll: eine Mischung von Josua ben Nun[2] und Parsifal. Er betrat den Altarraum, seine Bühne, stets erst nach dem Orgelpräludium. Eine goldglänzende Tür tat sich auf. Das Gesangbuch, alias Sidur, im Arm, eine sternförmige Priesterkappe auf dem Kopfe, den zusammengefalteten Gebetmantel wie einen Schal über die Schulter gelegt, wandelte er hocherhobenen Hauptes im Talar zu seinem Betpult: jeder Zoll ein Star. Beim Schabbatkiddusch[3] pflegte er den silbernen Pokal hoch emporzuheben: es war eine Art Gralsszene. Dennoch kann nicht geleugnet werden, daß seine pathetische Rezitation eindrucksvoll war. Zuweilen unterbrach er auch seinen Gesang, um sonor und salbadernd zu deklamieren. Er imitierte unbewußt vielleicht den großen Sprecher Ludwig Wüllner. Davidsohn hatte einen sehr metallisch klingenden Tenorbariton, vernachlässigte das Piano und liebte kraftvollen Vortrag. Doch verfügte er über weites musikalisches Können, so daß er auch in öffentlichen Konzerten mit Erfolg auftreten konnte. Im übrigen war er seiner synagogalen Tätigkeit wirklich zutiefst ergeben, wenn auch in seiner „priesterlichen" Art ein gut Stück Scharlatanerie steckte.

In dieser Synagoge predigte über lange Jahre Rabbiner Dr. Juda Bergmann, eine menschlich sehr anziehende, vielseitig gebildete Persönlichkeit, jedoch vom liberalen Stil weitgehend „verdorben". Man behauptete, er hätte seinen Sprechstil und seine Gesten seinem Schwiegervater abgelauscht, dem Rabbiner Dr. Rosenzweig[4] von der Großen Synagoge. Er liebte den sanftlyrischen Andachtsstil christlicher Prediger. Meine Anlage zu persiflieren nutzte ich als Schüler nicht selten aus, um diesen Rabbiner zu imitieren. Gewöhnlich erntete ich vollen Applaus bei meinen Zuhörern. Ich unterhielt ganze Gesellschaften damit. Es war wirklich betrübend zu sehen, wie sich dieser hoch gebildete Mann bequemte, fast hätte ich gesagt „erniedrigte", dem Parvenütum des Kurfürstendamms einige Tränen der Sentimentalität abzuquetschen. Dr. Bergmann war Zionist. Schon bevor die deutsche

Republik zusammenbrach, wanderte er mit seiner großen Familie nach Eretz Israel aus[5]. Um so merkwürdiger war es, daß seine Gemeindemitglieder über Jahrzehnte von seiner Zionssehnsucht nichts gemerkt hatten. So etwas konnte man als Rabbiner seinen „andächtigen Zuhörern" vorenthalten. – Im persönlichen Umgang war Dr. Bergmann eine der würdigsten, hilfreich-gütigsten und achtungsgebietenden Persönlichkeiten meiner Kindheit. Ich kannte ihn nicht anders als im Gehrock. Ihn einmal im Ostseebade Kolberg im Badeanzug zu sehen, war eine so unsagbar komische Situation, daß ich ihrer noch heute lachend gedenke. Er aß nämlich Heidelbeerkuchen, den Frau Rabbiner für die ganze Bergmannsche Sippschaft gebacken hatte, und der blaue Saft lief ihm ins Bärtchen, als er am Strande stehend, meiner ansichtig wurde. Er befragte mich damals, was ich denn einmal für einen Beruf ergreifen wollte. Ich antwortete: „Journalist." – „Oh", meinte er, „das ist ein Beruf für die vierundzwanzigste Stunde am Tage!" Dann setzte er hinzu, da es ohne Moralsentenz nicht abgehen durfte, „Der Beruf gestaltet nicht uns, sondern wir gestalten den Beruf. Was wir in ihn hineintragen, das ist er wert." [...]

Höhepunkte des Synagogenlebens waren die turnusmäßigen Predigten Dr. Leo Baecks, des großen Lehrers, Religionsphilosophen und Führers des deutschen Judentums[6]. Leider war das Sprachorgan Leo Baecks nicht sehr angenehm, es klang gequält, gequetscht, manchmal geradezu wimmernd. Aber der Bau seiner Predigten hatte eine fast klassische Schönheit und war vorbildlich. Die Fülle der Einsicht, des Geistigen, überragte alles, was sonst das liberale Predigertum zu bieten hatte. Obgleich nicht gerade am Synago-genbesuch interessiert, war ich als Student dennoch beinahe regelmäßig in der Synagoge, jedenfalls in den Berliner Semestern, wenn Dr. Leo Baeck angekündigt war.

Bei ihm wurde ich auch Bar Mizwa. Ich weiß, daß mein Vater mit mir vor diesem wichtigen Tag seine Aufwartung bei ihm machte. Dr. Baeck erkun-digte sich sehr eingehend nach dem Städtchen, aus dem mein Vater stammte. Auch ist mir der Inhalt der Konfirmationsrede nicht verloren gegangen. Ich denke noch heute mit aller Lebendigkeit an dieses Ereignis zurück. Dr. Baeck sprach über die „heilige Freude". Er ging von der Tatsache aus, daß der eingesegnete Knabe „zum Gesetz" aufgerufen werde, ein „Bar mizwa" sei, was nach Ansicht der Völker doch zweifellos eine Einengung seiner Freiheit bedeute, denn im Gesetz zu gehen, betrachte die Welt zwar allge-mein als notwendig, doch nicht gerade als „erfreulich". Es sei die Eigenart des Judentums, das Gesetz auf sich genommen zu haben und sich dessen mit innerer Freude zu rühmen, denn erst das Gesetz gebe dem Menschen die eigentliche menschliche Freiheit, in ihm erhebe er sich aus der gemeinen Kreatur. Doch sei diese Freude keine „ausgelassene Heiterkeit", sondern die erhabene, die heilige Freude, die er eben in dieser Stunde für mich, den „Bar mizwa", herabflehe.

Es traf sich denn auch gut, daß ich bei dieser festlichen Gelegenheit aus

„Mespotim[7]" las, einem Toraabschnitt, der von der Verpflichtung den Armen gegenüber handelt, ein Sozialgesetz, vorgetragen in einem freundlichen Singsang, den mich Oberkantor Davidsohn gelehrt hatte. Man beglückwünschte mich allgemein, da ich eine höchst ansprechende Knabenstimme hatte, auch verstand, „mich in gute Positur" zu setzen. Mama meinte, nun sei ich erwachsen, was vielleicht an dem unkleidsamen Hut lag, den ich zu diesem Tage geschenkt bekam.

Dr. Baeck überreichte mir, wie üblich, ein deutsch-hebräisches Gebetbuch, dessen pathetisch-hohler Andachtsstil dem Kirchengottesdienst schon recht viel Konzessionen machte. Das Judentum war hier schon seiner tiefen Gehalte beraubt, es schielte dauernd nach draußen, was wohl die christlichen Mitbürger sagen würden. Das Gewicht des Judentums lag nicht mehr im Juden selbst, so wurde er eine Art Attrappe seiner eigenen Gestalt. Die Legitimation wurde von draußen erwartet. Achad Haam[8] formulierte es einmal so: der Westjude habe seine innere Freiheit verloren, um eine äußere zu erlangen, der Ostjude besitze keine äußere Freiheit, aber immer noch sich selbst. Wenn dieser „Jid", häßlich, wenig sauber, unter der Hülle seines Talles jubilierte oder schluchzte, wußte er noch immer, daß er ein Enkel Abrahams, Isaaks und Jakobs war. In ihm war der Jubelruf der Chassidim und die Inbrunst der Zaddikim, die Mystik des Sohar und die Weisheit der Gemara – der Aufriß einer ganzen Geschichte[9]. Die Geschichte des *deutschen* Juden erzählte dagegen von den Fürsten der Mark Brandenburg, vom Kurfürsten und den preußischen Königen, den Kaisern und der Republik. Das war „seine" Geschichte. In dieser Feststellung ist ebensoviel Wahrheit wie Trug. Vom eigenen Judentum hatten wir nur aus Bearbeitungen für die Jugend gehört, der Text, der Tenach[10] war uns im Grunde fremd. In der Religionsschule des Herrn Dr. Bergmann war dieses Originalwerk so gut wie unbekannt; von den Religionsstunden in der Schule ganz zu schweigen. So war auch mein Nigun[11] nur ein Mäntelchen, das ich bei Oberkantor Magnus Davidsohn zu schultern gelernt hatte. Meine Großmutter sagte deshalb ganz treffend: „Er hat den Nigun. Nur fehlt ihm leider das hebräische Wort."

Die liberale Gemeinde, soweit sie über ihre Situation nachdachte, empfand diesen Zwiespalt recht gut. Ich glaube sogar, daß sich die Leute der Reformgemeinde, wenn ihnen der jüdische Geistliche sonntags einen Vortrag über Rembrandt und das Alte Testament hielt, das gleiche spürten. Jede Selbstkritik konnte vernichtend wirken.

Man suchte die innere Problematik mit Synagogenmusik zuzudecken. Das ästhetisch anfechtbare Trillern, Schluchzen, Säuseln, das unbedenkliche Herausschreien, diese Stilelemente des Nigun, vorgetragen durch oft großartige Naturtalente, das alles wurde abgelehnt und durch die romantische Kantilene Lewandowskis ersetzt. Doch gab's auch Birnbaum und Friedmann, unter den Neueren Kornitzer, Nadel und Bloch, ein ganzes Repertoire veredelter Synagogenmusik, das ein gebildeteres Publikum sehr gern annahm[12]. Hier standen nun der Synagoge Fasanenstraße der ausgezeichnete, blinde Organist Altmann zur Verfügung und vor allem Theodor Schönberger, mein Onkel. Schon als Kind begleitete ich gerne meine Mutter in den hohen Synagogenchorraum, um auf den Stufen, die zur Orgel hinaufführten, zu sitzen. Meister Altmann erklärte mir den Bau der drei Manuale, der Pedalklaviatur, der Registerzüge und überflog mit seinen Fingerspitzen die Blindenschriftpartituren, um dann das gewaltige Werk zum Dröhnen zu bringen, daß ich erschauerte. In Theodor Schönberger besaß die Synagoge eine exzeptionelle, künstlerisch-seriöse Persönlichkeit. Der Chor konnte mit den besten Berliner Kirchenchören konkurrieren. Synagogenkonzerte, mit Magnus Davidsohn als konzertierendem Vorbeter, von Chor und Orgel umrahmt, wurden ein musikalisches Ereignis, auf das die Berliner Gemeinde stolz sein durfte. Diesem Chore bester Berufssänger anzugehören, war ein Privilegium, auf das meine Mutter nicht wenig stolz war – ganz davon abgesehen, daß ihr auch die bescheidene Monatsgage half, das Budget auszugleichen.

Die besonderen Festveranstaltungen der Synagoge Fasanenstraße, kostenlose Schaustellungen, die wir Kinder gerne begafften, waren die Trauungszeremonien der wohlhabenden jüdischen Kreise vom Kurfürstendamm. Da fuhren dann lackglänzende Kutschen vor, von Apfelschimmeln gezogen, ein betreßter Diener sprang vom Bock, lüftete den Zylinderhut und öffnete den Schlag. Innen waren die Kutschen mit weißer Seide ausgeschlagen, und die Brautleute schritten über ausgelegte Teppiche in den Trausaal. Mit dem Druck auf den Knopf von seiten des „Kastellans", des geschäftigen Kaatz, rauschte die Orgel auf. Breite Türen wurden geöffnet. Tempeldiener, recht feiste Herren und schon ergraut in ihrer beamteten Hingabe, trugen brennende Kerzen, Rabbiner und Kantor waren in vollem Ornat erschienen. Sie folgten den schmerbäuchigen „Schamoschim[13]". Dann kamen die blumenwerfenden Kinder, allerliebste Körbchen in den Händen, ein Rokokoidyll. Braut und Bräutigam zogen natürlich aller Augenmerk auf sich, ihnen folgten die Schleppenträger und die Verwandten; elegant, festtagsgeschwollen, so wandelten sie durch den Riesenbau. Chorgesang erscholl und engagierte Opernkräfte sandten von der Rampe des Chorraums Harfen- und Celloklänge herab, während sich die ganze Gesellschaft malerisch um den Trauhimmel versammelte. Alsbald begannen die Festreden der Rabbiner, stereotyp festgelegte Ansprachen, hohl und feierlich. Sie paßten für jedermann, es brauchten immer nur die anderen Namen eingefügt zu werden. Dennoch trieben der Aufwand und die Feierlichkeit den Miterlebenden das Wasser in die Augen. Schon mit dem Eintreffen der Kutschen strömte eine Schar von Gaffern in die Synagoge, meistens christliches Publikum, das an Judenhochzeiten besonderen Gefallen fand und geradezu beglückt, überwältigt war – ähnlich wie beim Gesange Richard Taubers – wenn die getrauten Brautleute, Eltern und Schwiegereltern einander an die Brust sanken, sich herzten und küßten: eine Liebeskundgebung jüdischer Familiarität, inniger, pathetischer als in der Kaiser-Wilhelm-Gedächtniskirche. „In diesem Punkte", erklärten die Leutchen, „sind uns die Juden über."

So war also der Wirkungskreis meiner Mutter abwechslungsreich genug. Doch kamen in späteren Jahren noch sehr hübsche Familienveranstaltungen hinzu, als allwöchentlich Dienstagabend „Kammermusik" getrieben wurde: meine Mutter am Klavier, ein befreundeter preußischer Gymnasiallehrer Geige spielend, ein ungarischer Chemiker, Geschäftsfreund meines Vaters, Cellist. Man spielte ganz ausschließlich Haydn, Mozart, Beethoven. Das Spiel hatte, soweit ich mich erinnere, dilettantischen Charakter, aber wurde dennoch musikalisch und reizvoll zusammengehalten unter der gezügelten Direktive meiner Mutter, die ihre Sache ernst nahm und bestmöglich bewältigte. [...]

Die Epoche seit Beginn des Ersten Weltkrieges, da der europäische Erdrutsch begann, hatte ihre nagenden zermürbenden Wirkungen gehabt. Es war pure Unvernunft, daß man in Berlin lebte, denn zweifellos wäre das Leben meiner Eltern wesentlich ruhiger verlaufen, hätten sie sich nicht in ihren frühen Ehejahren darauf versteift, das Leben in der Hauptstadt zu verbringen. Indessen ist es für Angehörige einer Minorität immer leichter, seelisch zuträglicher, da zu existieren, wo es möglichst viele Menschen der eigenen Art gibt. Man war in Berlin dem wachsenden Antisemitismus weniger ausgesetzt als in den kleinen Städten. Man hatte eine Wabe Eigenständigkeit für sich. Es interessierte im Grunde nicht, wenn irgendein Herr, den Zylinderhut auf dem Kopfe, das Gebetbuch in der Hand – nicht mal in Zeitungspapier eingewickelt – zum Feiertagsgottesdienst in die Synagoge ging. Die Nachbarn nahmen wenig Notiz davon, wenn man die Mazzepakete geschickt bekam. Man lebte eben in einem großen Mietshaus, und die Leute guckten einem nicht in den Suppentopf.

Die jüngste Schwester meines Vaters lebte in Pommern, in einer Kleinstadt, hatte Haus, Garten, Besitz. Die Mimikry aber, zu der Juden gezwungen waren, ging so weit, daß sie, um ihre vaterländische Gesinnung zu beweisen, sogar das Bild des Generalfeldmarschalls von Hindenburg im Pferdestall aufgehängt hatten. Beim Schützenfest hätten sie keineswegs fehlen dürfen, der freiwilligen Feuerwehr anzugehören, war nationale Verpflichtung. Wurde ringsum einmal „Hurra" geschrien, so schrien die paar Juden „Hurra, hurra, hurra"! An dem dreimaligen Ausruf merkte man, daß es sich um Juden handelte. Dafür durften sie dann auch leisetretend mit Ostelbiern und Gutsbesitzern in geschäftliche Beziehungen treten. Sie wurden dort mit Vornamen angeredet als Zeichen besonderer Gunst und durften dann wieder in den Hintergrund treten.

Da hatte man es in Berlin besser. Die jüdische Gemeinde war groß an Kopfzahl, einflußreich durch das jüdische Kapital. Die Juden waren, cum grano salis gesprochen, Deutschlands beste Steuerzahler. Ihre erstaunliche Intelligenz wirkte sich im Geschäftsleben „ankurbelnd" aus. Sie entfachten Kunstbetrieb und Pressewesen. Die Juden haben an der bedeutenden Entwicklung Berlins in den zwanziger Jahren entschieden mitgewirkt. Damals wurde Berlin, freilich nur für acht, neun Jahre, das Zentrum Europas. Es schien also verlockend, in Berlin zu leben, vor allem, wenn man Jude war. [...]

Das Café Leu in der Oranienburger Straße, unmittelbar neben dem Verwaltungsgebäude der Jüdischen Gemeinde, war sozusagen das Foyer des jüdischen „Parlaments". Tatsächlich fiel der Gemeindeverwaltung ein weites Arbeitsfeld zu, denn sie unterhielt Spezialfonds für Arme und Kranke, für durchwandernde Juden, für Witwen und Waisen. Sie zahlte Gehälter und Pensionen aus an ihre Beamten und Angestellten. Sie verfügte über eine eigene Steuerabteilung. Sie besaß ein jüdisches Museum, das ausgezeichnet geleitet wurde, hatte Altersheime, Krankenhäuser, Synagogen, Schulen, Seminare, Bibliotheken, Rechtsberatungsbüros, besaß Friedhöfe und Grundstücke, verwaltete Erbschaften und stellte Vormundschaften. Sie gab Stipendien an Schüler, Studenten, Akademiker. Ein Gemeindeblatt berichtete über alle Aktivitäten und Ereignisse in Deutschland und vor allem in der Reichshauptstadt. Die Repräsentanten der Gemeinde führten mannigfaltige Verhandlungen mit dem staatlichen Fiskus und dem preußischen Kultusministerium. Sie wurden auf demokratische Weise in öffentlichen, geheimen Wahlen gewählt. Die Majorität war über Jahrzehnte deutsch-liberal im Sinne des Centralvereins Deutscher Staatsbürger Jüdischen Glaubens[14].

Im Café Leu nun verkehrten Vorsitzende, Repräsentanten und Personal der Gemeindeverwaltung. Hier legte man sozusagen das Ohr an die Brust des Berliner Judentums. Hier erschien zuweilen Dr. Weiße, der würdige Kanzelredner der Großen Synagoge, eine Art Bischof mosaischer Herkunft. Der Talmudist Albert Katz philosophierte hier und wurde von Fabius Schach genasführt[15]. Die Zionisten kämpften hier ihre Schlachten gegen die „Centralvereinler". Die Orthodoxen intrigierten gegen die Liberalen, die Liberalen fochten gegen die Orthodoxen. Die Westjuden lehnten hier jeden Verkehr mit den Ostjuden ab, und die Ostjuden provozierten ihre westlichen Brüder über den Tisch hinweg. Hier starteten wohltätige Sammlungen. Hier erfuhr man wie durch einen Telegraphen von antisemitischen Ausschreitungen. Hier karikierte Sammy Gronemann[16] den ganzen „Sturm im Wasserglas" mit kaustischem Hohn und liebendem Herzen. Kantoren, die vor Langeweile herumlungerten, spielten hier stundenlang Skat, berichteten vom Beerdigungsdienst erster, zweiter und dritter Klasse auf dem großen Judenfriedhof in Weißensee, den Protzmausoleen der upper ten, und von den Reihengräbern der Armen. In diesem Lokal entstanden viele der „jüdischen Witze", die reihum gingen, und hier sammelte Fabius Schach reichen Stoff für seine Glossen, fand er noch einen unversiegbaren Quell jüdischen Volkstums. [...]

Patriarchalische Häuser waren mir schon als Schüler der Mittelklassen bekannt geworden. Papa hatte Vettern mit Villen, Leute, die mit der Angelrute am Weiher weilten und von Weltreisen berichteten, wenn wir steif um den Kaffeetisch saßen. Ich hatte auch Schulkameraden aus wohlhabendsten Häusern. Nichtsdestoweniger kamen sie sehr gerne zu mir, nahmen an den Verlosungen mit größtem Vergnügen teil und waren sehr glücklich, wenn sie Zeichenstifte oder eine Trillerpfeife gewannen. (Papa hatte alles engros eingekauft.) Die Knaben küßten meiner Mama die Hand. Wir Jungen lasen bereits die aufregenden Dramen des Helden Theodor Körner. Wir kratzten uns gegenseitig auf der Geige eine „Bourré" oder eine „Sarabande" vor. Wir überboten uns mit dem Largo von Händel. Mama akkompagnierte.

Bei den Freunden wurde nur im Musiksalon musiziert, und im Biedermeierzimmer wurde gelesen. Die Leckereien wurden uns im Kinderzimmer serviert. – Die Bar-Mizwa-Feiern wurden Feste großgesellschaftlicher Aufmachung. Ganze Bibliotheken türmten sich als Geschenke auf. Photoapparate, Operngläser, Fahrräder, Schreibmappen, Uhren, Krawattennadeln wurden „überreicht". Es wurmte mich, daß mir meine Mutter nur gerade ein Bändchen Fontane als Mitbringsel erstand! Man war ganz pauvre diesem Aufgebot ausgeliefert. Da rollten Limousinen in den stillen Straßen vor, und junge Fräulein in Schwarz und Weiß nahmen den Damen die Pelze ab. Einige waren tief dekolletiert, und sie dufteten in der Vielfalt edler Parfüms.

Bei Tisch wurden silberne Platten herumgereicht, auf denen Poularden in Spargel und Salaten ruhten. Füllhörner, wie ich sie nie gesehen hatte, waren von der Firma Koschel gesandt worden, aus denen Blumen herausfielen in ganz seltener Pracht, und kühle Tautropfen hingen noch an den Blüten. Auf jedem Gedeck lagen Tischkärtchen; auch ich hatte mein „Couvert", und die Speisefolge war französisch angegeben, ein Französisch, mit dem meine Schulkenntnisse einfach nicht mitkamen. Worte gab's da, die ich nie vernommen hatte. Ich paßte höllisch auf, um nicht die Bestecke zu verwechseln, war geradezu in Angst, ich könnte mit der Fleischgabel den Fisch verunzieren; das Eislöffelchen könnte übrigbleiben, mich verraten, wenn ich das Dessertlöffelchen statt dessen benutzte. Will man mir glauben, daß ich mich nicht ganz wohl in meiner Haut fühlte, daß ich alle Augenblicke fürchtete, einen faux pas zu begehen und womöglich das Damasttischtuch zu beflecken! Es wäre gar nicht auszudenken gewesen! Ich hätte mich blamiert, was sage ich, decouvriert gesehen! Die Herren im Frack nahmen aber von mir gar keine Notiz, sie toasteten den Damen zu. Doch neigte sich uns ein buckliges, sehr gütiges Großmütterchen zu, von ihr stammte der ganze Erbreichtum, und sie fragte uns, ob wir glücklich seien.

Für den Nachhauseweg nach Mitternacht, ich war schrecklich müde, setzte man mich in ein gemietetes Taxi. Ich gab zum erstenmal in meinem Leben Trinkgelder und fühlte mich sehr peinlich erregt dabei. Irgendwie kam es mir vor, als ob sich das nicht gehöre. Doch hätte es sich wohl auch nicht gehört, keine zu verabreichen.

1 Die Berliner Reformgemeinde, gegründet 1845, brach von allen Gemeinden am radikalsten mit dem traditionellen Judentum. Die Synagoge Fasanenstraße gehörte dagegen der liberalen Richtung im Judentum an.

2 Josua, der Nachfolger Mose als Führer des Volkes Israel.

3 Gesungener Sabbatsegen über den Wein während des Gottesdienstes am Freitagabend.

4 Adolf Rosenzweig (1850–1918) war ab 1887 Rabbiner in Berlin, gehörte zur gemäßigt liberalen Richtung und veröffentlichte zahlreiche Werke zur jüdischen Geschichte.

5 Juda Bergmann (1874–1956), seit 1908 Rabbiner in Berlin, emigrierte erst 1933 nach Palästina.

6 Leo Baeck (1873 Lissa – 1956 London) war seit 1912 Rabbiner in Berlin und wurde 1933 Präsident der Reichsvertretung der Deutschen Juden.

7 Exodus 21–24, 18.

8 Pseudonym für Ascher Ginzberg (1856–1927). Achad Haam war der bedeutendste Vertreter des geistigen Zionismus.

9 Chassidim sind die Anhänger des Chassidismus, der im polnischen Judentum des 18. Jahrhunderts entstandenen mystischen Volksbewegung. In ihr spielt die ekstatische Verehrung der vollendet Frommen, der Zaddikim, eine besondere Rolle. – Der Sohar ist das Hauptwerk der älteren jüdischen Mystik, das zuerst Ende des 13. Jahrhunderts in Spanien auftauchte. Die Gemara bildet zusammen mit der Mischna (vgl. Worterklärungen) den Talmud.

10 Bibel. Dies in der Umgangssprache verwendete Wort geht auf eine hebräische Abkürzung der Bibelteile zurück.

11 Melodie, Synagogengesang.

12 Louis Lewandowski (1821–1894), Chordirigent in Berlin, und Eduard Birnbaum (1855–1920), Kantor in Königsberg, waren die führenden Komponisten dieser Synagogenmusik. Bei den übrigen Genannten handelt es sich um Aron Friedmann (1855–1936), Kantor in Berlin, Leon Kornitzer (1875–1947), Kantor in Hamburg, Arno Nadel (1878–1943), Chordirigent in Berlin, und um den Schweizer Komponisten Ernst Bloch (1880–1959).

13 Synagogendiener.

14 Der Centralverein wurde 1893 als Abwehrorganisation gegen den Antisemitismus gegründet und war die größte jüdische Vereinigung. Seine Mitglieder verstanden sich als Deutsche jüdischer Konfession und standen überwiegend linksliberalen Parteien nahe.

15 Albert Katz (1858–1923) und Fabius Schach (1868–1930) waren beide Zionisten ostjüdischer Herkunft, die als Journalisten arbeiteten. Katz gab zeitweise die Allgemeine Zeitung des Judentums heraus, Schach wurde später zum Antizionisten.

16 Zu Sammy Gronemann siehe seine Memoiren, Nr. 28.

17 Henriette Hirsch, geb. Hildesheimer

geb. 1884 Berlin – gest. 1970 Tel Aviv

Henriette Hirsch, Erinnerungen an meine Jugend. Ms. datiert Ramat Gan (Israel) Oktober 1953, 85 S.

Die Verfasserin, geboren im Hause des Berliner orthodoxen Rabbinersemi-nars, entwirft in ihren Kindheitserinnerungen das Bild einer der führenden orthodoxen Familien Deutschlands. Im Vordergrund steht die dominierende Persönlichkeit des Großvaters Esriel Hildesheimer (1820–1899), der 1873 das Seminar begründet und Rabbiner der Berliner orthodoxen Separatgemeinde ist. Henriettes Vater Hirsch lehrt am Rabbinerseminar Geschichte, entfaltet eine reiche publizistische und soziale Tätigkeit und widmet sich u. a. der Ostjudenhilfe und der Spendensammlung für das Seminar. Den Lebens-unterhalt der zwölfköpfigen Familie, die ein gastfreies Haus führt, bestreiten die Verwandten Hirsch in Halberstadt, Inhaber der bekannten Metallfirma. Nach dem Tode ihres Großvaters und Vaters läßt sich die Verfasserin zur Lehrerin ausbilden und heiratet 1907 den Arzt Remy Hirsch.

Kam man durch die Holztür ins Wohnhaus, so ging rechts eine kleine Holztreppe hinauf in die Räume des Rabbinerseminars, dessen Gründer und Leiter unser Großvater war. Gegenüber dieser Holztreppe, also links vom Eingang, führte auch eine Holztreppe in unsere Privatwohnung. Da war zuerst, etwa zehn bis zwölf Stufen hoch, die Wohnung unseres Großvaters; wir wohnten im zweiten Stock. Nur unser gemeinsames Eßzimmer und Wohnzimmer war auch unten. Vaters Arbeitszimmer und unsere Schlafzim-mer oben. Beide Stockwerke wurden von innen durch eine Wendeltreppe verbunden. Das war der herrliche Tummelplatz für uns Kinder. Es gab nichts Schöneres, als die runde Wendeltreppe rauf und runter zu laufen.

Im ersten Stock war dominierend Großvaters Arbeitszimmer, das mit einem großen Schreibtisch und Riesenregalen gefüllt und mit seinen unzähli-gen Büchern ausgestattet war. Soweit ich mich erinnere, waren es nur hebräische Bücher, ich habe ihn auch niemals andere lesen sehen, obwohl ihm die weltliche Literatur keineswegs unbekannt war. Ich erinnere mich seiner an seinem großen Schreibtisch oder am Arbeitstisch sitzend, immer mit Riesenbänden Talmud, Gemara oder sonstigen Studien der hebräischen Literatur beschäftigt. Das Zimmer war ganz einfach eingerichtet, ebenso sein kleines Schlafzimmer, das an sein Arbeitszimmer angrenzte, und das er mit seinem, zur Zeit noch unverheirateten Sohn, dem späteren Rabbiner Meier Hildesheimer, teilte [...]

Irgend jemand soll einmal gesagt haben, das Haus Gipsstraße 12a steht gar nicht in Berlin, das Haus steht irgendwo in der weiten Welt, außerhalb von allen schlechten Einflüssen und schlechten Menschen. So erschien es auch mir! Wenn es auch durchaus kein Prunkhaus war, so ist es doch wohl selbstverständlich, daß ein solches Haus mit so vielen Menschen, so vielen Räumen, und so vielerlei Ansprüchen jedes einzelnen, eine Fülle von Arbeit erfordert hat, und es lag in der immer gleichmäßigen ruhigen Art unserer Mutter, eine Atmosphäre von Ruhe in dieses betriebsame Milieu gebracht zu haben. Da war zunächst die Sorge um meinen Großvater. Soweit meine Erinnerung an ihn zurückreicht, sehe ich ihn als älteren, etwas gebückt gehenden, ehrwürdigen, ruhigen und stets freundlichen Mann vor mir. Er hatte eine merkwürdige Laufbahn. Er war in Halberstadt geboren, von ganz bescheidener Herkunft aus einer Gelehrtenfamilie. Er studierte an verschiedenen Jeschiwot, um Rabbiner zu werden, und kam als Rabbiner nach Eisenstadt in Ungarn. Schon dort war er sehr anerkannt und angesehen. Er lebte mit seiner Familie im Getto, hatte aber viele Beziehungen zur Außenwelt. Von dort wurde er [1869] nach Berlin berufen, wo er Rabbiner einer orthodoxen Separatgemeinde wurde und gleichzeitig Gründer und Leiter des Rabbinerseminars. In Halberstadt hatte er durch seinen Eifer, seinen Fleiß, seine Klugheit und Tüchtigkeit die Aufmerksamkeit der dort ansässigen, sehr wohlhabenden Familie Hirsch auf sich gezogen. Das war eine sehr vermögende, angesehene Kaufmannsfamilie von mehreren Brüdern, deren Wunsch es war, für ihre Schwester „Jettchen" einen Mann zu finden, den sie durch außergewöhnliche Klugheit, Gelehrsamkeit und Wissen, besonders auf dem Gebiet der Tora, für würdig hielten, der Ehemann ihrer geliebten Schwester zu werden. Sie kannten den angehenden Rabbiner Hildesheimer und seine Familie aus Halberstadt, und ihre Wahl fiel auf ihn. Sie heirateten – und durch diese Verbindung wurden meine späteren Eltern Vetter und Cousine, denn meine Mutter war eine junge Tochter einer dieser Brüder Hirsch aus Halberstadt[1].

Zuerst lebten die Großeltern in Eisenstadt. Beide Großeltern waren geistig sehr interessiert. Sie besuchten Theater und Konzerte und sorgten dafür, daß auch ihre Kinder nicht nur mit jüdischer Wissenschaft, sondern auch mit weltlicher Bildung vertraut wurden. Mein Großvater hatte an der Berliner Universität Mathematik und Philosophie studiert und verlangte von seinen Kindern und von seinen Schülern, daß sie sich neben ihren Torastudien mit den anderen Wissenschaften soviel wie möglich beschäftigten. Mein Großvater vertrat schon damals die Ansicht, daß zu einem wahren Gelehrten kein einseitiges, sondern ein möglichst vielseitiges Wissen erforderlich sei. Da seine Gelehrsamkeit und sein Wissen bald in den orthodoxen Kreisen Westeuropas bekannt waren, wurde er nach Berlin auf den schon erwähnten Posten berufen. So zogen meine Großeltern mit ihrer großen Kinderschar nach Berlin. Sie hatten sechs Söhne und vier Töchter. Sie bezogen das Haus Gipsstraße 12a. Sehr bald wurden die Synagoge eingeweiht, und das Seminar eröffnet. Es war – soviel ich weiß – das erste Rabbinerseminar dieser Art, in dem die Rabbinatskandidaten gleichzeitig an der Universität in weltlichen Wissenschaften immatrikuliert werden konnten². Mein Großvater hat weder als Rabbiner dieser neuen separaten Gemeinde „Adass Jisroel"³ noch als Leiter des Rabbinerseminars jemals ein Gehalt bezogen. Er betrachtete seine Arbeit als Beitrag zur Verbreitung, zur Vertiefung und zum Verständnis des orthodoxen Judentums und wurde in dieser Einstellung von seiner Frau und deren Familie vollkommen verstanden und unterstützt. Ohne dieses Verständnis und die gleiche Einstellung der Familie Hirsch wäre diese Art der Lebensführung wohl praktisch undurchführbar gewesen.

Die Familie Hirsch war sehr begütert, die Industrie in Deutschland nahm damals einen großen Aufstieg, und ebenso erging es der Firma Aron Hirsch & Sohn. So wurde zum Unterhalt der Familie des Rabbiners Hildesheimer regelmäßig aus Halberstadt Geld geschickt. Ich erinnere mich, daß in der Schublade des Schreibtisches meines Großvaters immer Geld lag, das aus Halberstadt geschickt wurde. War es alle, nun, so kam wieder neues. Und jeder, der etwas brauchte, nahm aus dieser unerschöpflich scheinenden Schublade Geld heraus. Ob eine irgendwie geartete Kontrolle da herrschte, weiß ich nicht – ich glaube es aber nicht. Welch ein idealer Zustand!

Zur Erleichterung des großen Haushalts bei der sehr zahlreichen Kinderschar, wurde der eine oder der andere zu Verwandten nach anderen Städten geschickt, sehr oft nach Halberstadt. So auch mein Vater. Und so lernten sich Vetter und Cousine – mein Vater und meine Mutter – kennen und lieben. Ich nehme an, daß schon in jungen Jahren eine sehr innige Freundschaft zwischen ihnen bestand, denn oft erzählte unsere Mutter, daß Vater ihr die Schulaufgaben gemacht und die Schulaufsätze für sie geschrieben habe. Da er nun sehr oft nach Halberstadt kam, entwickelte sich schon sehr früh die große Liebe, die meine Eltern Zeit ihres Lebens verbunden hat, die uns in ihrer Harmonie und Gemeinsamkeit schon in unserer frühesten Jugend ein leuchtendes Vorbild gewesen ist. Mein Vater erzählte, wie er für Mutter die „Pirke avot"⁴ aus dem Hebräischen ins Deutsche übersetzt hat, und wie er, etwas viel Prosaischeres, für sie einen Sack voller frischer Nüsse geöffnet, geschält und geschickt hat, weil er wußte, daß sie die so gern aß. [...]

Außer unserem Großvater lebten zuerst in unserem Hause zwei unverheiratete Söhne (Gustav und Meier) und eine unverheiratete Tochter (Jenny), die später nach Nürnberg heiratete. Außerdem meine Eltern mit zuerst drei, dann vier, fünf, sechs Kindern. Das Haus schien ausdehnungsfähig zu sein. Natürlich gehörte dazu eine ganze Reihe von Hauspersonal. Da war zunächst eine Köchin, eine orthodoxe Person, der man das Kaschrus hundertprozentig überlassen konnte; dann ein Hausmädchen Anna, die für die Sauberhaltung und Ordnung der Wohnung zu sorgen hatte. Sie war lange Jahre bei uns im Hause. In den letzten Lebensjahren unseres Großvaters, in denen seine geistigen Kräfte stark nachließen, war sie auch mehr oder weniger mit der Sorge für ihn betraut und hat sich dabei in geradezu rührender Weise in seine Gewohnheiten und seine Mentalität eingefühlt. Sie war keine Jüdin, war aber mit den jüdischen Gebräuchen so vertraut, daß sie mehr als manch anderer die Gewohnheiten unseres Großvaters oft mehr ahnte als wußte. So war zum Beispiel in einem der letzten Jahre seines Lebens, als er der Sprache nicht mehr ganz mächtig war, einmal eine sichtbare Unruhe in ihm spürbar. Er lief ruhelos hin und her, und keiner wußte, was er wollte. Plötzlich sagte Anna zu ihm: „Herr Rabbiner, Sie wollen gewiß die Lewone mekadisch sagen", d. h. den Segensspruch über den Vollmond sprechen, den er jeden Monat zu sagen pflegte⁵. „Ja, ja", sagte er ganz erlöst, ging herunter in den Hof und sagte den Segensspruch. Ein anderes Mal hatte sie am Abend meinem Großvater einen anderen Anzug hingelegt. Er kam ganz aufgeregt heraus aus seinem Zimmer und wollte ihn nicht anziehen. Darauf sagte ihm Anna: „Sie können ihn ruhig anziehen, Herr Rabbiner, er ist nicht mehr neu. Sie haben ihn schon am Rosch Chodesch⁶ getragen." Mein Großvater pflegte etwas Neues nur an diesem besonderen Tag zum erstenmal anzuziehen. Ich erzähle diese Einzelheiten nur, um zu sagen, wie tief damals auch die nichtjüdischen Angestellten mit uns, unserem Haus und unseren Gewohnheiten verbunden waren.

Bei dieser Gelegenheit möchte ich zur Charakteristik meines Großvaters noch ein paar Kleinigkeiten erwähnen, die so typisch für seine Lebenshaltung einfachster Art waren. So weit es seine privaten Studien erlaubten, war er öfter auf Reisen, um – natürlich für wohltätige Zwecke – Geld bei auswärtigen reichen Juden zu sammeln. Natürlich fuhr er nur – wenn die Fahrt auch weit und unbequem war – dritter Klasse. Seinerzeit gab es in der Eisenbahn in Deutschland drei Klassen. Die Wagen erster Klasse waren nur für die Allerobersten reserviert. In der zweiten Klasse, die mit gepolsterten, bequemen Bänken versehen war, fuhren die meisten besser situierten Bürger. Mein Großvater fuhr nur dritter Klasse, saß dort lesend oder ein bißchen ruhend auf der harten, ungepolsterten Bank, meist an einem Tag hin- und zurückfahrend, um für wohltätige Zwecke tätig zu sein. In Berlin selbst fuhr er nur im Omnibus; es gab auch Pferdebahnen, aber die waren teurer, und auch im Omnibus kletterte er auf einer unbequemen Wendeltreppe oben hinauf aufs Dach, weil dort die Fahrt nur fünf Pfennig, im Gegensatz zu zehn Pfennig unten im Wagen kostete. Sehr bezeichnend war auch die Art seiner Korrespondenz. Er hatte eine sehr deutliche, aber mit sehr kleinen Buchstaben geschriebene Handschrift. Um Papier zu sparen, schrieb er, wenn es irgend möglich war, die Antwort auf einen Brief, den er bekommen hatte, zwischen die einzelnen Zeilen des empfangenen Briefes. Das waren Zeichen seiner unendlichen Sparsamkeit und Bescheidenheit. Seine große Güte und Menschlichkeit dokumentierten sich in jeder seiner Handlungen. Er war als Wohltäter weit über die Grenzen Deutschlands hinaus bekannt. Einmal kam ein Brief mit der Adresse „An den Oberrabbiner von Deutschland". Der wurde bei ihm abgegeben, obwohl an solch eine Stellung gar nicht zu denken war. Seine Gemeinde war ziemlich klein, jedenfalls viel kleiner als die allgemeine jüdische Gemeinde in Berlin. Aber seine Autorität war so anerkannt.

Wir Kinder haben die wärmste Erinnerung an seine herzliche, immer heiter gleichmäßige Persönlichkeit. Wenn einer von uns krank war und im Bett liegen mußte, dann kam er täglich die Wendeltreppe zu uns herauf und setzte sich zu uns ans Bett, und wenn es nur für wenige Minuten war, denn er war eigentlich immer beschäftigt und von so und so vielen Menschen in Anspruch genommen. „Aber", – so sagte er, wenn er sich zu uns setzte, „man darf einem Kranken nicht die Ruhe nehmen", und so setzte er sich einige Minuten zu uns, um uns mit einem heiteren Wort zu erfreuen. Daß eine so abgeklärte, heitere, in sich abgeschlossene Persönlichkeit nicht ohne Einfluß auf unsere Entwicklung war, da wir unsere ganzen Jugendjahre so unter seinen Augen vollkommen mit ihm zusammen verlebt haben, ist wohl verständlich, zumal sich seine Güte und Menschlichkeit voll und ganz auf die Person unseres Vaters übertragen hat. Mein Vater hatte eine unbegrenzte Hochachtung vor seinem Vater, die er uns immer wieder und wieder eingeflößt hat. Mittags bei Tisch durften wir uns nicht hinsetzen, bevor unser Großvater saß, und mein Vater hat sich jedesmal von seinem Sitz erhoben, wenn der Großvater ins Zimmer kam. [...]

Die Besucher, die zu meinem Vater kamen, hatten meist irgendein Anliegen, zu dem sie den Rat meines Vaters einholen wollten. Viele kamen, die in Wohlfahrtsinstitutionen gemeinsam mit ihm arbeiteten. Es gab wohl kaum einen jüdischen Verein, kaum eine Institution, in der er nicht im Vorstand war. Da war der „Hilfsverein der Deutschen Juden", der Verein „Esra", der „Verein für Jüdische Geschichte und Literatur", und wie sie alle hießen – für alle hat mein Vater in gleicher Weise gearbeitet und sich aufgeopfert[7].

Am angestrengtesten arbeitete er nach den furchtbaren Pogromen in Rußland. Da kamen die ratlosen, vollkommen vernichteten Juden in Scharen ganz mittellos nach Deutschland. Hier konnten sie nicht bleiben. Sofort bildete mein Vater ein Komitee, das es den armen verfolgten Menschen durch geldliche Unterstützung ermöglichte, weiter zu existieren. Es wurde in Ruhleben bei Berlin eine Sammelstelle, eine Durchgangsstation eingerichtet, in der die bedauernswerten Flüchtlinge gesammelt wurden. Dort unterstützte man sie zunächst ein paar Tage mit Verpflegungs- und Unterkunftsgelegenheit, um sie dann weiter nach Amerika zu schicken. Oft kamen Flüchtlinge zu uns, die nichts weiter in der Hand hielten als einen Zettel: „Hildesheimer, Berlin." Man wußte, *das* ist ein Rettungsanker. Auf uns Kinder, die wir das alles miterlebten, machte es den schrecklichsten Eindruck, als eines Tages ein etwa zehnjähriger Junge, vollkommen verstört, mit seiner Tante zu uns kam. Er hatte mitangesehen, wie man seine Eltern umgebracht hatte! Durch den furchtbaren Schock hatte er die Sprache verloren. Mein Vater sorgte für ihn, hat ihn sachgemäß untergebracht und

behandeln lassen, so daß er im Laufe der Jahre wieder seiner Sprache mächtig wurde. [...]
Die Tätigkeit für die Wohlfahrt nahm einen beträchtlichen Teil von Vaters Arbeitszeit in Anspruch. Ich frage mich oft, wo er die Zeit hernahm für alle die unendlich vielen Dinge, die an ihn herantraten. Er war Dozent für jüdische Geschichte und für die Geographie Palästinas an Großvaters Rabbinerseminar. In der Geographie Palästinas war er so bewandert, daß er oft mit Experten, die das Land bereist hatten, über diesen oder jenen Weg gestritten hat; meist wußte er es genauer. Es war sein sehnsüchtigster Wunsch, einmal in seinem Leben nach Palästina reisen zu können. Er ist leider niemals da gewesen. Oft hat er den Wunschtraum ausgesprochen: am Fuße des Karmel möchte er sich ansiedeln. Wie ich später hörte, soll einmal die Frage an ihn herangetreten sein, eine Lehrtätigkeit in Beirut zu übernehmen. Meine Mutter hat ihn bestimmt, es nicht zu tun. Sie fürchtete, ihm und uns allen würde das damals noch sehr berüchtigte Klima des mittleren Ostens gesundheitlich schädlich sein. Wie oft haben wir später davon gesprochen, wie anders sich unser Schicksal gestaltet hätte, wenn wir schon damals aus Deutschland ausgewandert wären. Aber mit „wenn" kann man nicht argumentieren – wir blieben in Berlin, und Vater gründete die Zeitung „Die Jüdische Presse", eine Wochenzeitung, für die er viel, viel Arbeit, Zeit und Mühe geopfert hat, ohne daß sie ihm in bezug auf öffentlichen Einfluß auf die Allgemeinheit oder auf Verdienst den Erfolg gebracht hat, den er sich davon versprochen hatte. Es war eine enorme Arbeitslast, die er neben seinen vielen anderen Pflichten damit auf sich geladen hat. Es fehlte ihm vor allem an gleichwertigen, intelligenten und interessierten Mitarbeitern, so daß die ganze Last und Verantwortung ihm allein oblag. Jeden Vormittag ging er ins „Café Bauer" an der Ecke Friedrichstraße und Unter den Linden, saß dort, umgeben von einem Riesenberg sämtlicher in Deutschland erscheinender Zeitungen, um alles, was seinen Leserkreis interessieren könnte, abzuschreiben oder auszuschneiden. Jeder kannte ihn natürlich dort, oft war er der Mittelpunkt eines großen Kreises, denn jeder wußte, daß er vormittags um 12 Uhr an seinem bestimmten Tisch oben im ersten Stock rechts anzutreffen war. Wie oft wurde er von diesem und jenem dort aufgesucht, belästigt, gestört, von seiner Arbeit abgelenkt, die ihm so wichtig war. Es war nicht leicht, eine Wochenzeitschrift interessant und vielseitig allein zu füllen. Wie oft kam er scherzend am Donnerstag früh an unseren Frühstückstisch und fragte uns lachend, aber sicher mit ernstem Unterton: „Habt Ihr nicht einen Leitartikel für mich?" Jeder Artikel mußte geschrieben, jede Korrektur mußte gelesen werden. Wie oft wurden wir am Nachmittag in die Druckerei von Herrn Itzkowsky ein paar Häuser entfernt in der Gipsstraße geschickt, um für Vater eine Korrektur zu bringen oder zu holen.
Mein Vater hatte auf der Universität Geschichte studiert. Er besaß ein ungeheures universales Wissen, und er hatte ein außergewöhnlich gutes Gedächtnis. Daß er ein Mann ganz besonderer Begabung war, ersieht man

daraus, daß er der Lieblingsschüler von Professor Mommsen war. Mommsen hatte unendlich viel für die Zukunft von ihm erwartet, und hatte gehofft, er würde sich an der Berliner Universität als Professor habilitieren. Aber das Pflichtgefühl meines Vaters führte ihn andere Wege. Er erachtete es als seine Pflicht, nicht seinen persönlichen Ehrgeiz zu befriedigen, sondern für die Sache seines jüdischen Volkes zu leben und zu arbeiten. Und dafür stellte er seine ganze Arbeitskraft zur Verfügung. Mommsen konnte das nicht verstehen. Oft erzählte mein Vater, daß er auf der Straße, wenn er Mommsen begegnete, schnell um eine Straßenecke gebogen ist, um nicht von ihm zur Rechenschaft gezogen zu werden. Eine kleine Büste von Mommsen stand immer auf Vaters Schreibtisch.

Abgesehen von den regelmäßigen Pflichten, die meinen Vater in Anspruch nahmen, gab es so und so oft noch außergewöhnliche Anlässe, bei denen er seine Kraft hundertprozentig zur Verfügung stellte. Da waren die furchtbaren Ritualmordprozesse, in denen er voller Mut und Offenheit als Verteidiger manches zu Unrecht Angeklagten aussagte. Ich erinnere an den furchtbaren Prozeß in Xanten[8]. Eine Familie Levy war angeklagt. Nach ihrer natürlich berechtigten Freisprechung ließ Vater sie nach Berlin kommen, richtete ihnen ein neues Geschäft ein und verhalf ihnen zu einem neuen Lebensaufbau. – Dann waren die Verhandlungen im Reichstag über das Schächtverbot[9]. Ich weiß, wie unendlich viele Gutachten von Sachverständigen er zusammenbrachte, um genügend Material gegen ein offizielles Schächtverbot vorzubereiten. – Dann gab es die antisemitischen Manöver eines Ahlwardt und eines Stoecker, denen er in Wort und Schrift mutig, und ohne Rücksicht auf persönliche Anfeindung entgegengetreten ist[10].

Ich frage mich oft, wo er die Zeit hernahm, um so viel leisten zu können. Auch für ihn hatte der Tag nur 24 Stunden. Er gönnte sich sehr wenig Nachtruhe. Wenn er am frühen Morgen aufwachte, stand er auf. Dann stand auf seinem Tisch eine kleine Kaffeemaschine, die mit einem Petroleumdocht geheizt wurde und von Mutters Hand am Abend vorher schon vorbereitet war. Er bereitete sich sofort eine starke, gute Tasse Kaffee, um dann sogleich am Schreibtisch zu sitzen und mit seiner Arbeit zu beginnen.

Natürlich besuchte er auch reiche Leute, um für seine wohltätigen Zwecke oder für die Erhaltung des Rabbinerseminars bei ihnen zu sammeln. Das Seminar wurde durch Stiftungen und Geldsammlungen erhalten. Die Seminaristen zahlten, soweit mir bekannt ist, niemals Lehrgeld. Oft fuhr er in andere Städte Deutschlands für die gleichen Zwecke, nachdem mein Großvater in höherem Alter diese Pflicht nicht mehr ausüben konnte. Überhaupt muß man sagen, daß unser Vater in jeder Beziehung Erbe und Nachfolger unseres Großvaters gewesen ist. Er war sein Erbe in geistiger, menschlicher und moralischer Beziehung. Von den sechs Brüdern war er bei weitem der bedeutendste, und er wurde schon damals von der ganzen engeren und weiteren Familie als Oberhaupt anerkannt und verehrt. Sein Rat, sein Urteil waren maßgebend, und in manchem Familiendisput wurde seine Meinung als die maßgebende anerkannt. Er war ein hervorragender, glänzender Redner. Wenn er in einer öffentlichen Versammlung sprach, waren die Zuhörer von der Überzeugungskraft seiner Reden hingerissen, und mancher „Geber" hat aufgrund dieser Redegabe für die Wohlfahrt oder für seine Schützlinge mehr gegeben, als er ohne diese großartige Gabe des Redens und Erklärens getan hätte. Dabei spielten natürlich seine zum Ausdruck gebrachte Herzensgüte, seine bestrickende, liebenswürdige Art, seine teils heitere, teils ernste Ausdrucksweise eine entscheidende Rolle. [...]

Beide Eltern bemühten sich, unserem alternden Großvater seinen schweren Lebensabend zu erleichtern. Beide haben sich bemüht, dem Hause Gipsstraße 12a das Gepräge zu erhalten, das unser Großvater, dank seiner großen Persönlichkeit, ihm gegeben hatte. Die letzten Jahre seines Lebens haben seine geistigen Kräfte sehr geschwächt, auch seine Körperkräfte verließen ihn. Er starb im Winter 1899. Die Trauer um ihn war in der gesamten Judenheit sehr groß. Ein großer Mann – ein großer Toragelehrter war dahingegangen! An seinem Totenbett wurde Tag und Nacht gelernt[11]. Seine vielen Schüler rechneten es sich zur Ehre an, an seinem Totenbett zu wachen und zu beten. In einer der letzten Stunden vor der Beerdigung ging unser Vater mit uns sechs Geschwistern an seine Totenbahre. Er schloß uns eng an sich und sagte zu uns ein paar Worte über unseren Großvater. Zum Schluß sagte er: „Meine geliebten Kinder, vergeßt niemals in Eurem Leben, was Ihr für einen Großvater hattet." Mir sind dieser Satz und diese Situation unvergeßlich geblieben.

Ich denke voller Dankbarkeit und Achtung an diese klugen Worte, als unser Vater zu uns Kindern in dieser eindrucksvollen Stunde gesprochen hat. Wie klug war es von ihm, wie weitsichtig, gerade diese Worte zu gebrauchen. Er hat uns nicht etwa ermahnt, so fromm zu sein, wie unser Großvater war – noch hat er uns ein Versprechen abgenommen, die Gebote so zu halten, wie er sie gehalten hat. Nichts dergleichen! Das wäre ein Zwang gewesen, den er uns nicht auferlegen wollte. Er sagte schlicht und einfach nur die Worte: „Vergeßt nicht, was Ihr für einen Großvater hattet!" Ich glaube, wir alle haben ihm dies Versprechen gehalten. Die Ethik seiner Lebensauffassung ist auf uns übergegangen; wir haben in ethischer, in moralischer Beziehung sein Leben fortgesetzt – wir haben ihn nie vergessen! Die Persönlichkeit ist in uns geblieben, und heute noch, nach so vielen Jahrzehnten, gedenke ich voller Liebe und Dankbarkeit all der guten Stunden, die wir seiner liebevollen Güte verdankten.

Seine Beerdigung war ein überwältigendes Ereignis. Die Straßen, durch die der Trauerzug ging, waren von der Polizei abgesperrt. Hunderte und Hunderte von Menschen folgten zu Fuß dem Leichenwagen und ein nicht endenwollender Zug von Trauernden ging vom Trauerhause bis nach Weißensee hinterher. Es waren nur Männer. Einem Wunsch unseres Großvaters entsprechend, sollten keine Frauen mit auf den Friedhof gehen, auch nicht seine Tochter. In der Schiwe hatten wir natürlich unendlich viel Besuch. Es wurde nur von Großvater und seinem großem Werk, das er dem Judentum geleistet hat, gesprochen.

1 Die Metallhandelsfirma Aron Hirsch erwarb 1863 vom preußischen Staat das Messingwerk in Eberswalde bei Berlin und baute es zu einem Großbetrieb aus. Leiter des Unternehmens war Gustav Hirsch (gest. 1898), der auf dem Werksgelände eine Synagoge einrichtete und als Vorstandsmitglied des Berliner orthodoxen Rabbinerseminars dieses großzügig förderte. Das Seminar hatte 1880/81 21 Studenten, die überwiegend aus Osteuropa kamen.

2 Dies ist ein Irrtum, denn die Studenten des religiös konservativen Rabbinerseminars in Breslau, gegründet 1854, waren sowohl am Rabbinerseminar als auch an der Universität Breslau immatrikuliert.

3 Die gesetzestreue Berliner Religionsgesellschaft Adass Jisroel wurde nach dem Tode des letzten orthodoxen Gemeinderabbiners 1869 gegründet und bis 1899 von Esriel Hildesheimer geleitet. Nach Erlaß des preußischen Austrittsgesetzes von 1876 etablierte sich Adass Jisroel 1885 als separate Synagogengemeinde (orthodoxe Austrittsgemeinde).

4 „Sprüche der Väter", ein Mischnatraktat im Talmud.

5 Gemeint ist vielmehr der Segensspruch über den Neumond.

6 Neumondstag, ein Halbfeiertag und der erste Tag jeden Monats im jüdischen Kalender.

7 Der Hilfsverein, gegründet 1901, unterstützte Juden in Osteuropa und Palästina (vgl. Memoiren Bernhard Kahn, Nr. 31). Der Verein Esra, gegründet 1883, förderte den Ackerbau unter den Juden in Palästina und Syrien. Der Verein für Jüdische Geschichte und Literatur entstand 1892 in Berlin und hatte später über 200 lokale Vereinigungen.

8 Beim Ritualmordprozeß in Xanten wurde 1891 der Schächter Buschhoff des Mordes angeklagt und freigesprochen. Die Autorin verwechselt ihn vermutlich mit dem 1901 in Konitz des Ritualmordes beschuldigten Schächter Levy.

9 Die Anklage, daß Schächten Tierquälerei sei, war ein Lieblingsthema der Antisemiten. Vergeblich stellten sie im Reichstag 1887, 1899 und 1901 Anträge auf Verbot des Schächtens.

10 Hermann Ahlwardt (1846–1914), radikaler Antisemit in Leipzig, war Mitglied des Reichstags und erhielt wegen verleumderischer Angriffe auf den jüdischen Gewehrfabrikanten Löwe eine Gefängnisstrafe. Adolf Stoecker (1835–1909), ebenfalls Reichstagsmitglied, gründete als Berliner Hofprediger die Christlich-Soziale Arbeiterpartei und wurde zum führenden antisemitischen Agitator Berlins.

11 Gemeint ist: an seinem Sterbebett wurde „gelernt", d. h. Tora studiert. Das Torastudium ist wie das Gebet eine im traditionellen Judentum am Sterbebett übliche religiöse Handlung.

18 Joseph Lange

geb. 1855 Kosminek (Russisch-Polen) – gest. 1935 Berlin

Joseph Lange, Mein Leben. Handschriftl. Ms. datiert Berlin 1934/35, 124 S.

Joseph Lange ist der Sohn eines polnischen Glasers. Er besucht die Talmud-schule in Kalisch, wird mit 17 Jahren Lehrer und flieht 1876 vor der Einberufung in die zaristische Armee über die nahe Reichsgrenze nach Ostrowo (Provinz Posen). Bald zieht er weiter nach Berlin, wo er sich als Glaser und Gelegenheitsarbeiter durchschlägt. Durch Vermittlung heiratet er 1878 in eine orthodoxe Familie, die seine Ausbildung zum Kantor finanziert. Als einer der zahlreichen ostjüdischen Kantoren in Deutschland amtiert er zuerst in Lippehne (Neumark), wo er 1883 die Naturalisation erreicht. 1885–1905 ist er Kantor in Garz (Pommern), 1906 bis 1921 in Kulmsee (Westpreußen), bis dieses polnisch wird und seine drei Söhne ihm in Berlin einen Laden einrichten. – Im Abdruck sind die sprachlichen Eigenheiten des Originals beibehalten worden.

Es kam ein Verwandter, ein Herr Berke aus Kosminek, nach Ostrowo. Er war Schneider, und er hat bald eine feste Anstellung gefunden. Wir verkehrten zusammen und waren ein Herz und eine Seele. Da es auch ihm in Ostrowo nicht ganz behagte, so haben wir kurz beschlossen, nach Berlin zu fahren. Und wie ein Blitz kam zur Zeit die Nachricht, daß Berlin von einem großen Hagel heimgesucht wurde, und dort Glaser sehr gesucht werden. Diese Nachricht war für mich ganz erfreulich, und bald haben wir uns zur Reise nach Berlin fertig gemacht. Eine Frau Salzmann, die in Berlin eine Schwester wohnen hatte, gab uns eine Adresse zu ihr und hat uns sehr warm empfohlen.

Ja reisen – aber eine Fahrt nach Berlin kostet auch Geld, und wir hatten leider beide den ganz großen Dalles[1]. Ich mußte Rat schaffen, und Gott hat uns bald geholfen, indem ich meinen Winterüberzieher und eine ganz gute Hose verkauft habe, und mit diesem Gelde sind wir beide nach Berlin mit der Eisenbahn nach dort angekommen. – Kann sich ein Mensch wohl denken, was sich zwei junge Leute, die von einem ganz kleinen Nest, von Kosminek, nach so einer Großstadt kommen, gesagt haben? Nein, nein, keiner ist im Stande, dies zu sagen! Doch ich freute mich, Berlin zu sehen und auch mein Freund Berke, das weiß ich noch, als ob es erst heute wäre.

Nun hatten wir ja Gott sei Dank eine Adresse an einer Frau Krause, geborene Salzmann, welche in der kleinen Alexanderstraße 27 wohnte, und bei der wir uns einlogieren sollten. Fahren per Auto konnten wir nicht, weil wir kein Geld hatten und weil seinerzeit auch noch kein solch „Wunderwagen" zu sehen war. Was haben wir gemacht? Wir nahmen unsere Füße und Koffer in die Hand und sind losgeschoben. Bevor wir aber nach der kleinen Alexanderstraße angekommen, ist uns das Hören und Sehen vergangen – aber wir kamen an. Glücklicherweise war die Frau Krause auch zu Hause. Sie wohnte dort in einem Keller, und als wir ihr das Schreiben von ihrer Schwester übergaben, ließ sie uns endlich eintreten und sagte: „Wenn Sie damit zufrieden sind, daß Sie beide dahinten in dieser kleinen Stube – es war nur ein ganz kleines finstres Loch – zusammen schlafen und pro Monat zehn Mark, ohne Kaffee, zahlen, dann können Sie bei mir bleiben." Hocherfreut legten wir unser Päckchen ab. Fast den ganzen Tag hatten wir leider nur sehr schmale Bissen. Müde und verhungert und mit ganz leeren Taschen, so kamen zwei nette Menschen nach Berlin.

Mein Freund Berke führte mich zu einem Herrn Pulvermacher, der zufällig auch Glaser gewesen ist und aus Polen, d. h. aus einer kleinen Stadt bei Kalisch, stammte. Selbiger wohnte Landsbergerstraße in einem Hinterhause vier oder gar fünf Stock hoch. Die Küche, Schlafstube, Eßsalon usw. war zusammen, und eine ganz gesegnete Familie. Eine große Freude hat der Herr Pulvermacher mit dem großen Besuch gewiß und sicher nicht haben können, denn er war selbst kein reicher Mann. Er konnte sich kaum ernähren – und dabei fünf kleine Kinder – und er hörte bald von uns, daß wir nur ganz blanke Taschen mitgebracht haben und ihn daher anpumpen wollten! Nachdem wir unser Leid klagten, gab uns der gute Mann mit Bitten und Betteln 50 ganze Pfennige, welche er uns nur geliehen hat. Und mit diese ganze 50 Pfennig gingen wir nach einem Bierkeller, kauften uns ein halbes Brot, für zehn Pfennig Butter und eine ganze Flasche Weißbier, und es hat uns besser geschmeckt als der schönste Gänsebraten.

Nachdem wir uns kaum sattgegessen hatten, gingen wir, uns das kaiserliche Schloß Unter den Linden zu besehen. Wir dachten, wo der Kaiser Wilhelm wohnt, muß etwas Wunderbares sein! Jedoch von außen haben wir ein ganz schwarzes verräuchertes Haus gesehen, so daß wir gesagt haben: „Hier in solchem alten Hause kann doch ein Kaiser Wilhelm unmöglich wohnen!" Von dort nun gingen wir zurück zu Pulvermacher in der Landsbergerstraße. Er sollte uns einen Rat geben, was wir beide anfangen. Da sagte er: „Sie, mein lieber Herr Lange, sind Glaser, Sie sind aber ein Pechvogel, weil Sie etwas versäumt und nach Berlin zu spät gekommen sind. Wären Sie zwei bis drei Wochen früher gekommen, dann hätte ich Sie gut beschäftigen können, und Sie hätten schönes Geld verdient. Doch ganz abweisen will ich Sie nicht. Kommen Sie morgen früh zu mir, und wir sehen, ob etwas zu verdienen, d. h. ob wir auch Glaserarbeit finden."

Mein Freund Berke ging auch auf die Suche und bekam bei einem Bekannten Arbeit. Ich ging mit Herrn Pulvermacher von Straße zu Straße und von Haus zu Haus. Und wenn wir die Fenster von oben bis unten gut besehen hatten und zufällig Scheiben nach einem Hagel zertrümmert waren, frugen wir höflich an, ob wir diese Scheibe oder Scheiben einsetzen resp.

machen können. So gingen wir von Tag zu Tag, und die Lauferei kam mir aus dem Halse heraus. Schließlich habe ich mir mehr die Stiebelsohlen zerrissen und mehr gehungert, als ich dabei verdient habe, und war nun gezwungen, mir anderweitig eine Stelle zu suchen. In der Königstraße bei einem Herrn Gelhar, der Glasermeister gewesen ist, fand ich Beschäftigung, resp. Anstellung, die nicht von langer Dauer war, denn kaum war ich ein oder zwei Tage bei ihm, hat er mich mit den größten Schimpfworten fortgejagt und hinterher gesagt: „Sie sind kein Glaser! Wissen Sie, was Sie sind? Ein Pfuscher! Sie haben ja von der Glaserei gar keine Ahnung. Machen Sie nur, daß Sie aus dem Hause herauskommen!"

Mein Freund Berke hat sich von Berlin heimlich – oder besser gesagt englisch – empfohlen, und nun blieb ich ganz allein! Wie es mir erging, läßt sich kaum beschreiben. Fast die ganze Woche lang lebte ich von trocknem Brot und Wasser, und nur selten konnte ich mir für 10 oder 20 Pfennig etwas Wurstabfall leisten. Und ich wurde so verzagt, daß ich zurück nach meiner Heimat gehen wollte.

Eines schönen Tages, als ich so verzagt in einer Straße ging, traf ich einen jungen Mann, der mit einem Glaserkasten herumging, den ich als Kollege angesprochen habe. Dieser war ebenfalls aus Polen, und bald haben wir uns angefreundet. Ich klagte mein Leid und erzählte, was ich für ein ausgesprochenes Pech hier habe und wie mich mein Meister entlassen hat. Als ich mit meiner Erzählung fertig war, sagte er zu mir: „Sie sind ein Schaute[2], was brauchen Sie bei einem Meister zu sein! Machen Sie es, wie ich es gemacht habe. Kaufen Sie sich eine kleine Glaskiste und gehen Sie von Haus zu Haus. Dann rufen Sie laut auf dem Hof: ‚Hier werden Scheiben oder Glaserarbeiten angefertigt!'" – Gesagt, getan! Bald ging ich zu einem Tischler, ließ mir eine solche Kiste machen, und von nun an war ich ein selbständiger Glasermeister!

Die erste Zeit ging es noch so, d. h. ich habe so viel verdient, daß ich das Essen hatte, aber auch dies dauerte nicht zu lange. Ich war dem Beruf nicht gewachsen, und darum war bei mir das Geld zu knapp. Es kann sich wohl jeder lebhaft denken, daß mein Leben nicht gerade auf Rosen gebettet war, und daß es mir sehr leid tat, daß ich nach Deutschland gekommen bin und mein junges Leben so in Zores[3] und Leid verbringen soll. Nur der Betochon, d. h. das große Vertrauen zu Gott, daß kein Mensch untergeht, der auf ihn hofft und vertraut, hat mich erhalten. Und ich sagte mir: „Es wird doch nicht immer für mich so traurig und so schlecht sein!"

Richtig, es kam auch eine ganz andere Zeit – aber leider nicht besser. Zu derselben Zeit, wo ich in einer großen Not gewesen bin, verkehrte ich bei einer Familie Israel Nenadel. Derselbe wohnte in Berlin, Walnertheaterstraße 1. Die Leute waren aus Warschau, und der Nenadel war Sattler, arbeitete für eine Firma nur Ledertaschen usw. Eines Tages kam zu diesen Leuten, resp. zu dieser Familie, ein junger Mann, auch aus Warschau, welcher für Militär geflüchtet war und der sich bei Herrn Nenadel einlogierte. Auch dieser junge Mann hatte gar keinen Beruf, wußte aber nicht, was er beginnen, resp. anfangen sollte. Da kam der Herr Israel Nenadel auf eine Idee, die vielleicht gut wäre, wenn wir richtige Kaufleute gewesen und in Deutschland geboren und dazu das richtige Mesumin[4] gehabt hätten. Von allen drei Sachen war nicht eine zutreffend: Wir waren weder kaufmännisch gebildet, noch deutsch, und Mesumin, das hatten die anderen, aber nicht wir. Und was sollte von uns werden, besser gesagt, was hat uns der Herr Nenadel nun geraten? Wie ich schon sagte, war der Herr Nenadel Sattlermeister. Er machte nur Ledertaschen für eine große Firma. Nun machte der Herr Israel Nenadel uns folgenden Vorschlag: „Ich werde für Sie Lederhandtaschen anfertigen, die Sie per Kasse von mir kaufen. Mit dieser Ware reisen Sie zu Märkten, und Sie sollen sehen, daß Sie damit ein großes und gutes Geschäft machen werden." Die Sache hörte sich ganz prächtig und sehr schön an, und da mein Freund kaum Deutsch sprechen konnte, war er fast gezwungen, mich als Geschäftsinhaber, resp. als Kompagnon, aufzunehmen. Doch verlangte er von mir ein gewisses Kapital als Einlage, was ich leider nicht hatte. Bald hat der liebe Gott geholfen. Indem ich meinen guten und letzten Anzug versetzt und meinen Diamant verkauft habe, machte ich eine Geldeinlage. Das Geschäft wurde bald eröffnet, und im Handelsregister wurde die Firma eingetragen „Dalles, Dalfen & Co".

Die erste Reise, die wir zur Messe machten, war Strausberg bei Berlin. Wir haben dort gerade soviel verkauft, daß wir kaum die Kosten deckten. Zur zweiten Jahrmarktreise fuhren wir nach Pritzwalk. Pritzwalk liegt in der Mark und hatte seinerzeit noch keine Bahnverbindung. So mußten wir die Reise von einer Station vor Pritzwalk oder nach Pritzwalk per Post oder per Wagen machen. Diese Reise nach Pritzwalk ist oder war für mich eine verhängnisvolle, oder richtig gesagt, fast mein Untergang. Wir fuhren gegen sieben bis acht Uhr nachmittags vom Lehrter Bahnhof nach Pritzwalk ab, mußten jedoch, weil Pritzwalk keine Bahnverbindung hatte, aussteigen, und kamen in einem Dorfe des Nachts gegen zwölf Uhr an. Bevor wir es uns überlegt hatten, war die Post und auch der Omnibus fort, und wir waren jetzt ohne Zweifel eingeseift. Einer hat den andern wie die Affen angesehen. Was nun machen, sprach Zeus! Wir gingen nach dem Dorf und suchten einen Bauern, der uns nach Pritzwalk bringen sollte. Kein Bauer wollte uns Rede stehen, und sie haben uns mit den bösen Hunden fortgejagt. Endlich wollte uns einer fahren, wollte aber für die Fahrt nach Pritzwalk 24 oder 25 Mark haben, die wir beide nicht hatten. Jetzt haben wir beschlossen, die Tour „per Bene" zu machen.

Heute muß ich darüber lachen, wenn ich Euch, meine Lieben, erzähle – damals habe ich nicht lachen können –, daß wir bei Sturm und Regen, ohne was zu essen und zu trinken in Pritzwalk gegen ein bis zwei Uhr glücklich angekommen sind. Der große Jahrmarkt war vorbei, resp. zu Ende. Müde und verhungert wie ein Hund und keinen Pfennig in der Tasche, waren wir gezwungen, etwas Geld zu machen. Wir verkauften oder verschleuderten mehrere Sachen, damit wir nur nach Berlin heil zurückkommen konnten. Zusammengesperrt wie die Heringe in einer Tonne sind wir per Wagen 10 oder 12 Menschen zur Bahnstation abgefahren, und endlich früh sind wir alle in Berlin angekommen. Jeder von uns nahm sein Päckel und ging nach Hause – ich nach der kleinen Alexanderstraße 27 und mein Chawer[5] zur Walnertheaterstraße 1. Als wir uns trennen mußten, sagte er: „Wenn Sie sich ausgeruht haben, so kommen Sie zu mir, und wir wollen eine Abrechung machen." Ich konnte mir schon lebhaft denken, wie diese für mich sein würde, und ich habe mich nicht getäuscht. Mit diesem Bewußtsein legte ich mich, als ich in meiner „Bude" war, ins Bett und schlief bis andern Morgen so fest wie eine Ratte. Ohne etwas zu genießen, stand ich auf und ging jetzt zu meinem Freunde. Kaum war ich eingetreten, kündigte er die Chawruse[6] und Freundschaft, indem er hinzufügte: „Das Geschäft ist für zwei Menschen zu groß oder zu klein. Wir haben nichts verdient, Ihre Einlage ist hiermit aufgegangen. Hier haben Sie eine Mark, kaufen Sie sich dafür ein Rittergut oder was."

Wer kann sich wohl in meine Lage hineindenken? Und wenn diese bis jetzt gerade nicht auf Rosen gebettet gewesen ist, so war ich von nun an vollständig fertig, und konnte ich mit Recht die Frage stellen „Meajin jawo esri – von woher soll mir die Hilfe kommen[7]?" Diese Frage habe ich mir beantwortet, indem ich sagte: „Die Hilfe kommt von dem, der Himmel und Erde geschaffen", und obgleich sie nur langsam kam, sie kam. Und ein wunderschöner Spruch lautet: „Wer auf Gott vertraut, der hat gut gebaut."

Es war kurz vor Neujahr, Rosch Haschana, und so sollte diese Zeit des Neujahr auch für mich ein glückliches sein und mir etwas Gutes bringen. Ich suchte eine Hilfsvorbeterstelle, aber auch dies ist mir leider mißlungen, denn ich war ja in Berlin unbekannt. Doch zu Jom Kippur ist es mir gelungen außerhalb, und zwar in Beelitz, eine Stelle zu erhalten, für Schachris[8] vorzubeten. Um nach Beelitz zu kommen, mußte man, da zur Zeit nach Beelitz keine Bahnverbindung gewesen ist, erst nach Potsdam fahren und von Potsdam nach Beelitz per Wagen. Es fuhren von Berlin nach Beelitz Leute mit, die von der Gemeinde in Beelitz zu Minjan bestellt waren. In Beelitz angekommen, ging ich zu dem dortigen Kantor. Es war ein alter, sehr würdiger Herr, der mich recht freundlich als „Kollege" begrüßte und bald eine Prüfung mit mir vornahm. Nachdem ich einige Sachen vorgesungen hatte, sagte er: „Sie scheinen ja ein ganz schöner polnischer Chasen zu sein. Sie haben eine wundervolle Stimme und Sie sollen, wie Sie wohl wissen, die Funktion als Schachris-Mincho[9] ausüben."

Es war ein Zufall, oder besser gesagt vielleicht eine Bestimmung, daß ich nach Beelitz gekommen war und dort bei dem Herrn Kantor Brill einen Herrn Simon Presch kennengelernt habe, der später mein Schwager wurde. Es war auch ein besonderer Zufall, daß dieser Herr Presch von seinem Militärdienst aus Treuenbrietzen entlassen wurde und von Kantor Brill gebeten war, bei ihm als Gast zu bleiben. Ich muß gestehen, als mir der Herr

Brill vorgestellt wurde, daß ich kaum mit ihm zwei Worte gesprochen habe. Bald wurde ich zu Tisch zu einem Herrn Marcus gerufen, und als die schöne Achile[10] vorüber war, ging ich nach dem Tempel. Dieser Tempel war ein altes Gebäude. In der Mitte des Tempels war ein Almemor[11], wie es früher so Sitte war, und daraus war zu ersehen, daß die jüdische Gemeinde früher größer gewesen sei als jetzt. Herr Kantor Brill zeigte mir einen Platz neben Herrn Presch an, und ich muß nun offen sagen, daß er mir kein angenehmer Gast gewesen ist, weil er sich mit mir nur unterhalten und gar wenig beten wollte. Ich dagegen habe jede Unterhaltung zurückgewiesen, resp. abgelehnt. Ob ich nun das erstemal gut oder schlecht vorgebetet habe, weiß ich nicht und bleibt meinem Urteil fern. Aber das kann ich wohl sagen, daß ich in Beelitz so vorgebetet habe, wie ich es zu Hause gesehen und gelernt habe und wie mir damals so zu Mut gewesen ist. Der Allmächtige, der die Gedanken eines jeden Menschen kennt und prüft, hat auch mich geprüft, aber auch erhört!

Der heilige Tag ging vorüber, und frohen Herzens ging jeder entlastet von Sünden nach Hause. Nach dem Essen ging Herr Marcus über seine Geldkasse und zahlte mir mein Gehalt – 21 Mark in Gold und drei Mark extra – aus, eine große Summe, die ich kaum kannte! Ich besuchte noch den Kollegen, und dann ging es zu Bett. Frühmorgens zwischen sieben bis acht Uhr fuhr nur ein Omnibus von Beelitz nach Potsdam. Kaum waren wir zur Stelle, war auch schon alles besetzt, nur noch zwei ganz schlechte Plätze ganz vorn beim Kutscher waren für zwei Personen übergeblieben, und ich und Herr Presch nahmen diese beiden Plätze ein. Kaum ging der Wagen los, begann die Unterhaltung. Sagte Herr Presch: „Na, gut gefastet?"[12] „Ich danke für gütige Frage." „Warum waren Sie gestern so sehr stolz? Sie haben ja nicht ein einziges Wort mit mir gesprochen." „Oh nein, mein Herr, Sie scheinen im Irrtum zu sein: Stolzheit, die kenne ich nicht, aber mit Ihnen zu plaudern, dazu war ich zu ernst und der gestrige Tag zu heilig. Jetzt, wenn es Ihnen paßt und recht ist, können wir uns beide schön unterhalten." Ein Wort gab das andere. Ich faßte zu dem jungen Mann, den ich das erstemal gesehen, Vertrauen, und fing an, meine ganzen Akten und Lebensgeschichte wie auf einem Jahrmarkt auszupacken. Der Herr Presch hat sich meinen Vortrag ganz andächtig angehört. Er war gerührt und versuchte, mich zu trösten, indem er eine kurze Bemerkung machte: „Was, sie wollen sich verheiraten? Dazu brauchen Sie wirklich keine Sorge zu haben. Hören Sie mich nur an, was ich Ihnen jetzt sage: Ich habe eine Schwester, die mit der Mutter zusammen ist. Mein Vater in Meseritz ist bereits drei Jahre tot. Meine zwei Brüder, die in Liebenau bei Schwiebus wohnen und dort zusammen ein Geschäft haben, würden gern meine Schwester verheiraten, und ich glaube, Sie würden der richtige Mann für meine Schwester sein. Ich fahre jetzt nach Potsdam, mache meinem alten Chef, Herrn Rothe, einen Besuch, fahre sodann nach Meseritz zu meiner Mutter und Schwester und dann zu meinen Brüdern. Ich werde alles mit ihnen besprechen, und wenn meine Brüder darauf eingehen und näher treten sollten, dann werden wir ja sehen, was sich von Ihnen machen läßt." Mittlerweile waren wir in Potsdam. Jetzt verlangte der Herr Presch meine Adresse, er gab mir auch seine, und nahmen wir Abschied – „Auf Wiedersehen".

[Lange heiratet 1878 Malchen Presch, und ihre Familie ermöglicht ihm die Ausbildung zum Kantor und Lehrer.]

Ich meldete mich nach Lippehne, Neumark, wurde nach dort berufen, und nachdem ich eine Probe gehalten, wurde ich einstimmig mit einem Gehalt von 450 Mark pro Jahr gewählt und als Lehrer und Kantor angestellt. Am 1. Juli 1880 zog ich nach Lippehne. Die Gemeinde schickte einen großen Wagen mit großem Zugpferd. Der Fuhrmann hieß Schulz, und bald wurden die Möbel auf den Wagen gebracht. Meine beiden Schwäger Nathan und Philipp kamen, die uns das Geleit eine kurze Strecke gaben und die mir drei Mark in die Hand drückten. Wir setzten uns darauf, und es ging langsam los. Die Fahrt ging: Meseritz, Schwerin, Landsberg über Stock und Stein nach Lippehne[13]. Es war keine kleine Reise, denn sie dauerte 26 bis 27 Stunden. Nachmittags gegen vier Uhr sind wir glücklich in Lippehne angekommen, und wurden wir von dem ersten Vorsteher, Herrn Rosenberg, herzlich begrüßt. Bald kam von einer Familie Kaffee und Kuchen, und wir waren glücklich und so zufrieden, als hätte ich das große Los gewonnen.

Als ich eine kurze Zeit in Lippehne war, schickte der dortige Bürgermeister und ladete mich freundlich ein, zu ihm zu kommen. Kaum war ich eingetreten, hatte er die Akten, die bei ihm lagen, aufgeschlagen und sagte: „Sie sind hier von der Gemeinde als Kultusbeamter angestellt. Wissen Sie, daß das Gesetz besagt, daß jeder jüdische Beamter deutscher Untertan sein muß?" Dies war für mich wie ein Schlag ins Kontor, weil ich wußte, daß die Sache keine leichte für mich sei. Kurz entschlossen frug ich den guten Herrn, auf welcher Art und Weise ich das deutsche Bürgerrecht erlangen kann. „Ja, Sie müssen folgende Papiere dazu haben: erstens Geburtsschein, zweitens Führungsatteste, wo Sie sich hier in Deutschland aufgehalten haben, und drittens die Entlassung aus dem russischen Verbande. Wenn Sie also alle diese Papiere haben, dann schicken Sie mit einer Bitte alle diese Sachen an die Regierung zu Frankfurt an der Oder und bitten um das Bürgerrecht." Alle Sachen konnte ich gut herbeischaffen, aber die Entlassung konnte ich, wie auch mein seliger Vater schrieb, auf keinen Fall bekommen. Ich bat nun, daß der Bürgermeister mir eine Zeit dazu geben möchte oder daß er mich ganz und gar zufrieden und in Ruhe läßt.

Eines Tages ereignete sich folgendes. Dieses Ereignis kann man und muß man sicher als Wunder bezeichnen und beschreiben. Eines Sonntags, es war der 23. April 1882, war ich zufällig in einem Garten und spazierte dort auf und ab. Dieser Garten lag an einem großen See, nur durch einen Zaun getrennt. Mit einem Male ertönten Hilferufe: „Rettung, Rettung! Ein Kind ist von einer Brücke ins Wasser gefallen!" Schnell sprang ich über diesen Zaun, eilte zur Brücke, zog mir den Überzieher herunter und sprang ins Wasser und habe also das Kind mit eigener Lebensgefahr glücklich gerettet. Gar viele, viele Menschen, die sich schon angesammelt hatten, waren mit langen Stangen auf der Brücke, aber keiner wollte ins kalte Wasser, keiner wagte, mit dem Leben einzustehen, um ein Menschenleben zu retten. Sie versuchten zwar durch Stangen, aber diese haben kaum hingelangt, und dann war das Kind nahe des Todes und konnte nicht mehr an einer Stange sich anfassen. Ich sprang von der Brücke, schwamm mehrere Meter, packte den Kleinen an seinen Sachen und übergab ihn den Leuten. Gar zu schnell hatte sich in Lippehne das Gerücht verbreitet, und kaum war ich zu Hause, um mich auszuziehen, da war schon meine Wohnung voll Menschen, die mich zu dieser Tat herzlich beglückwünschten.

Am andern Tage wurde ich zur Polizei gerufen, es wurde der Tatbestand aufgenommen, und es wurde für mich eine Rettungsmedaille beantragt! Leider hat die Regierung diese abgelehnt mit der Begründung, daß ich diese nicht erlangen kann, weil ich kein Deutscher bin! Und nun sollte diese Sache erst an den russischen Zaren und Kaiser gehen, um seine „Genehmigung" einzuholen, die sehr viel Umstände und auch Kosten gemacht hätte, und daraufhin habe ich dankend verzichtet! Weil ich auf eine Geldprämie verzichtet habe, wurde ich von der Regierung zu Frankfurt an der Oder nur mit einer öffentlichen Belobigung ausgezeichnet, die folgenden Wortlaut hatte:

„Der Kantor und Lehrer Joseph Lange aus Lippehne hat daselbst am 23. April d. J. den sechs Jahre alten Knaben Franz Phienow, Sohn des Arbeiters Phienow, vom Tode des Ertrinkens gerettet. Derselbe wird hiermit für die mit dieser Tat verbundene Aufopferung und Entschlossenheit öffentlich belobt.

Der Regierungspräsident, gez. v. Stabosch.

Vorstehende Abschrift erhalten Sie zur gefälligen Kenntnisnahme mit der Bemerkung, daß die Veröffentlichung der Belobigung im Amtsblatte der Königlichen Regierung zu Frankfurt an der Oder erfolgt ist und auch im hiesigen Anzeiger erfolgen wird. Lippehne, den 21. Oktober 1883. Die Polizeiverwaltung, gez. Arndt."

Nach einer kurzen Pause dachte ich ganz ernstlich darüber nach, ob nicht gerade jetzt ein günstiger Augenblick sei, mich wegen der Bürgerrechte mit der Regierung in Verbindung zu setzen. Und so ging ich zu dem Bürgermeister, um zu hören, was er sagen würde. Obgleich der Herr Bürgermeister gut und freundlich gewesen ist, so konnte er mir nur sagen, daß ich die Entlassung aus dem russischen Verbande haben muß, und ohne diese bei der Regierung nichts zu machen sei. Der Schreiber, ein Herr Parmann, der alle meine Akten kannte und mit mir befreundet war, sah mich eine Weile an, und als der Bürgermeister den Rücken kehrte, sagte er zu mir: „Warum besuchen Sie mich nicht?" Dies genügte. Nachmittags war ich bei Herrn Parmann in seiner Wohnung. Viel brauchte ich ihm nicht zu erzählen, und er gab mir folgenden Rat: „Sehen Sie, mein lieber Lange, mit unserem Bürgermeister werden Sie nichts machen können. Wir müssen jetzt eine andere Sache drehen, und zwar machen Sie ein Gesuch an den Oberpräsidenten. Ich werde Ihnen dies vorschreiben." Sofort setzte ich mich, nahm die Feder und schrieb das Gesuch, in dem ich sagte: Alle meine Papiere, wie Geburts-und Führungsatteste usw. lege ich bei, aber das Attest aus dem russischen Verbande kann ich leider nicht herbeischaffen, weil jede Sache in Rußland ganz besonders honoriert werden muß, und da ich nur ein sehr geringes Gehalt von meiner Gemeinde beziehe, bin ich nicht in der Lage, diesen großen Posten alleine zu bestreiten. – Es dauerte kaum drei bis vier Wochen, da wurde ich zur Polizei gerufen, und übergab mir der Herr Parmann die Urkunde, indem er mich herzlich gratulierte als deutscher Untertan. Wer kann sich wohl meine Freude ausdenken, wer war glücklicher als ich!

1 Armut
2 Narr
3 Kummer, Sorge
4 Geld
5 Kamerad
6 Partnerschaft
7 Psalm 121,1
8 Morgengebet
9 (Vorbeter beim) Morgengebet und Nachmittagsgebet
10 Essen, Mahlzeit
11 Erhöhtes Pult zum Vorlesen der Tora, das seit dem 19. Jahrhundert nicht mehr in der Mitte, sondern an der Stirnwand der Synagoge steht.
12 An Jom Kippur wird von Sonnenuntergang zu Sonnenuntergang 24 Stunden lang gefastet.
13 Die zurückgelegte Entfernung von Schwiebus nach Lippehne über Meseritz (Posen) beträgt etwa 100 km. Lippehne liegt in der nördlichen Mark Brandenburg an der Grenze zu Pommern und hatte in den achtziger Jahren 60 jüdische Einwohner.

19   Kurt Katsch

geb. 1893 Grodno (Russisch-Polen) – gest. 1958 Los Angeles

Kurt Katsch, Von Getto zu Getto. Ms. undatiert, 198 S. – Verfaßt Berlin 1934 mit Rudolf
Frank und Kurt Landsberger.[1]

*Der Schauspieler Kurt Katsch (urspr. Issar Katz, in USA Katch) entstammt
einer armen ostjüdischen Familie. Sein Vater ist Wanderredner, seine Mutter
verfällt einer Geisteskrankheit. Die Familie flieht vor Pogromen aus Grodno
nach Österreich, wo Kurt Katsch vorübergehend das Gymnasium in Lemberg besucht. Er wird dann Weinreisender in Deutschland und führt anschließend ein unstetes Wanderleben, bis er 1916 eine Gönnerin findet, die
ihm die Ausbildung an der Max-Reinhardt-Schule in Berlin ermöglicht. In
der Weimarer Zeit spielt er Hauptrollen an den führenden Bühnen deutscher
Sprache. 1933/34 tritt er im Theater des Jüdischen Kulturbundes in Berlin
auf, geht dann als Regisseur an das Jiddische Theater in Warschau. Katsch
emigriert 1938 nach Hollywood, wo er Filmschauspieler wird.*

Ich las eines Tages [in Wien]: „Weinreisender nach Deutschland gesucht. Zu
erfragen bei Herrn Federbusch, Kleine Schiffgasse 24." Deutschland? Das
Wort klang verlockend in den Ohren. Das war ja das Land, aus dem unsere
Sprache stammte, das Land, dessen steigende Macht wir aus der Ferne
bewunderten.

Sofort machte ich mich auf den Weg. Als ich den Chef zu Gesicht bekam,
sagte er: „Mein Schwiegersohn ist in Magdeburg; er vertritt dort eine große
Weinfirma. Schreiben Sie sogleich eine Offerte an Herrn F. Schindler in
Magdeburg." Ich setzte mich hin und schrieb einen Brief, darin ich meine
unbändige Arbeitslust in den leuchtendsten Farben malte. Zum Zeichen
meiner Körperkraft legte ich eine Fotografie bei, auf der ich im Sportdreß zu
sehen war, die nackten Arme gehoben, den Bizeps gespannt, jeder Zoll ein
Athlet. Ich hatte ja nie gelernt, eine Offerte zu machen, und doch hatte ich
unbewußt das Richtige getroffen. Schon nach wenigen Tagen bestellte mich
Herr Federbusch zu sich und berichtete mir, sein Schwiegersohn sei ganz
begeistert von meinem Schreiben. Zwar Fässer schieben, wie ich wohl
meiner Fotografie nach anzunehmen scheine, brauche ich nicht, aber viel
Arbeit gäbe es dort. Er gab mir darauf einen Koffer, drückte mir fünf
Kronen in die Hand, löste mir eine Fahrkarte nach Magdeburg, und so fuhr
ich über die Grenze.

Nach Deutschland, Deutschland!

Abends zehn Uhr kam ich in Magdeburg an und ging sofort zu Herrn F.
Schindler, um mich bei ihm vorzustellen. Er musterte mich und war von

meinem Aussehen befriedigt. „Sie gehen jetzt zum Bahnhof ins Hotel ‚Weißer Bär'", sagte er zu mir, „und nehmen sich dort ein Zimmer. Hier ist eine Preisliste, die prägen Sie sich genau ein, damit Sie die Weine voneinander unterscheiden können. Hier ist ein Kommissionsbuch, darein schreiben Sie die Bestellungen und geben dem Kunden eine Kopie, damit Sie etwas Festes in Händen haben. Morgen früh um sieben Uhr lassen Sie sich wecken und fahren nach Schönebeck. Wenn Sie die Kundschaft besuchen, so sagen Sie: „Ich komme vom Rüdesheimer Weingutbesitzer vom Rhein."

„Vom Rhein?"

„Natürlich vom Rhein, nicht aus Magdeburg! Aber unterbrechen Sie mich nicht. Sie sagen also: „Ich komme vom Rüdesheimer Weingutbesitzer vom Rhein und möchte mir erlauben, Ihnen eine Offerte zu machen."

„Das muß ich mir aufschreiben."

Ich zog mein Notizbuch heraus, und er setzte inzwischen seine Rede fort: „Von jedem Auftrag bekommen Sie zwanzig Prozent Provision. Wenn Sie für hundert Mark verkaufen, haben Sie zwanzig Mark verdient." Das verstand ich ohne Aufschreiben. Er schloß mit den Worten: „Hier haben Sie zehn Mark; das sind Ihre Tagesspesen. Abends fahren Sie mit dem letzten Zuge zurück und sagen mir, was Sie verkauft haben."

Ich tat, wie er geheißen, logierte mich in dem Hotel ein, ließ mich früh um sieben Uhr wecken, fuhr nach Schönebeck und besuchte gleich das erste Haus in der Bahnhofstraße. Als der Eigentümer der Wohnung mir öffnete, begann ich in stockendem Jiddisch-Deutsch: „Ich komme vom Rüdesheimer Weingutbesitzer vom Rhein –". Da blieb ich stecken und blätterte in meinem Notizbuch nach dem Ende des Satzes. Als ich ihn fertig gestammelt hatte und aufsah, fand ich die Tür verschlossen. Kein Mensch war zu sehen.

So lief ich vom frühen Morgen bis zum späten Abend, aber niemand dachte daran, mir etwas abzukaufen. Es war, als hätten alle Schönebecker dem Alkohol abgeschworen. Ganz zerschmettert fuhr ich zurück. Ich mußte an meine Mutter denken, wie sie hinter dem Ladentisch gestanden und auf Kunden gewartet hatte. Ist es denn so schwer zu verkaufen? Wenn ich jetzt nach Magdeburg komme und Herrn Schindler die Erlebnisse dieses Tages erzähle, wirft er mich gewiß in weitem Bogen heraus. Dann ist es aus mit mir.

Zaghaft klopfte ich an. Der Chef öffnet und sieht mich erwartungsvoll an. Mir standen die Tränen nahe, als ich ihm erzählte, wie ich treppauf, treppab gelaufen sei, vom frühen Morgen bis zum späten Abend; nicht einmal ein Mittagessen hatte ich mir gegönnt, um ja keine Zeit zu verlieren. Schindler lachte furchtbar; es klang mir wie grausamer Hohn. Dann sagte er: „Kätzchen, wenn Sie weiter so fleißig sind, werden Sie mein größter Verkäufer."

„Meinen Sie?" fragte ich zweifelnd. Ich dachte noch immer, es sei Hohn. Aber er meinte es ernst. F. Schindler war einer der größten Menschenkenner, die ich je getroffen habe.

„Gewiß, Sie haben alle Anlage dazu; Sie müssen es nur noch einmal

versuchen. Fahren Sie morgen früh um sieben Uhr wieder nach Schönebeck."

Ich schrie entsetzt auf: „Um Gottes willen, nur nicht nach Schönebeck;
dort kennt mich schon jedes Kind!"

„Sie fahren gerade nach Schönebeck", sagte er mit unerschütterlicher
Ruhe, gab mir von neuem zehn Mark in die Hand, und wieder fuhr ich nach
Schönebeck, ohne eine Ahnung, wohin ich mich wenden sollte.

Bis nachmittags fünf Uhr lief ich ganz vergebens herum. Dann erwischte
ich einen Bäcker und einen Klempner, die mir, der eine sechs, der andere
acht Flaschen Wein abkauften. Das waren immerhin schon zwei Aufträge
für 72 Mark. Als ich zu Herrn F. Schindler zurückkehrte, blickte er
befriedigt in mein Kommissionsbuch und sagte: „Von heute ab sind Sie ein
großer Reisender. Setzen Sie sich morgen wieder auf die Bahn und fahren Sie
wieder nach Schönebeck."

Mir blieb der Mund offen stehen. „Wieso denn wieder Schönebeck? Gibt
es denn in Deutschland keinen anderen Ort als Schönebeck?"

„Gewiß, mein Kätzchen, aber Sie waren ja noch nicht in dem Villenvier-
tel. Dort wohnen die reichen Leute. Sie haben jetzt bereits die nötige
Gewandtheit, um mit der feinen Kundschaft zu sprechen; Sie werden sehen,
dort werden Sie Erfolg haben."

So fuhr ich also zum dritten Male nach Schönebeck. Alle Leute kannten
mich bereits. Sogar der Schutzmann auf dem Marktplatz lächelte mir unter
seinem buschigen Schnurrbart zu. Als ich an diesem Abend nach Magdeburg
zurückkehrte, hatte ich Aufträge für 300 Mark in der Tasche. Mein Chef
umarmte mich und hieß mich eine „Kanone".

Was mir bei allen diesen Besuchen half, war jene Überredungsgabe, die ich
vom Vater geerbt hatte. Hatte er nicht auch mit einem einzigen Vortrag sein
Glück gemacht? Zwar war mein Deutsch noch ganz jämmerlich, und ich
hatte wahnsinnige Mühe, ohne irgendwelche Anleitung diese Sprache zu
lernen. Aber was ich sagte, klang so eindringlich, daß die Menschen mir
zuhören mußten, ob sie wollten oder nicht.

Der Beginn meiner Rede war stets genau so, wie es mich Herr F.
Schindler gelehrt hatte: „Ich komme vom Rüdesheimer Weingutbesitzer
vom Rhein und möchte mir erlauben, Ihnen eine Offerte zu machen." Nur
klemmte ich jetzt zur Sicherheit den Fuß zwischen die Entréetür, damit man
sie nicht wieder zuschlage und mich bis zu Ende höre.

Gewöhnlich sagte dann der Kunde: „Danke, wir brauchen nichts." Ich
erwiderte: „Jawohl, das weiß ich. Gerade darum komme ich. Ich habe einen
spanischen Wein; das ist eine wahre Arznei für Ihre Kleinen. Jeden Morgen
und Abend ein Gläschen voll; ich habe erlebt, daß zarte Kinder dabei in
einer Woche zwei Pfund zugenommen haben." Kam dann ein Kind zum
Vorschein, so zog ich eine Tüte mit Bonbons hervor, und schließlich hielten
mich die Kinder weinend an den Rockschößen fest, wenn ich fortgehen
wollte.

Unangenehm war nur, wenn bisweilen ein großer Hund mich mit Bellen empfing. Vor diesen Kläffern hatte ich mächtige Angst. Aber ich wußte mir auch hier zu helfen. Ich kaufte mir eine Terrierhündin und besuchte mit ihr meine Kunden. Schoß dann so ein wütender Köter aus dem geöffneten Türspalt hervor, so schmolz angesichts meiner Frieda (so hieß die Terrierdame) die hündische Wut wie Butter an der Sonne. Der alte Kläffer verwandelte sich in einen jugendlichen Liebhaber, und ich konnte meine Offerte zu Ende sprechen.

Als mein Chef sah, daß ich solche Erfolge hatte, schickte er mich durch ganz Deutschland, und so habe ich dieses Land von Osten nach Westen, von Süden nach Norden durchquert. Kam ich in einer Stadt an, so trat ich als ausländischer Fußballspieler auf und besuchte die dortigen Vereinsbrüder. Am nächsten Tag ging ich zu den Eltern der Spieler und verkaufte ihnen meine Weine.

Besondere Erfolge hatte ich einmal in Pommern, und diese Provinz galt als besonders schwierig. Schon auf der Fahrt habe ich den Wein kisten- und fässerweise verkauft. Erst dem Schaffner, dann, als der Zug hielt, stieg ich auf die Lokomotive und behandelte Zugführer und Heizer mit solchem Erfolg, daß mir der letztere 50 Flaschen Mosel und ersterer ein ganzes Faß Eierkognak abkaufte. In Köslin habe ich damals den teuersten Wein meines Lebens verkauft: sechs Flaschen à 40 Mark.

Die Reise ging weiter nach Stolp. Dort kam ich in die Villa eines Weingutbesitzers, der mich in einer großen Vorhalle empfing. Überall sah man Schwerter und Rüstungen; er war offenbar eine kriegerische Natur. Der Mann empfing mich als einen Fachmann und Kollegen mit gebührender Achtung. Als ich meine Offerte begann, unterbrach er mich: „Jetzt will ich Ihnen erst einmal *meinen* Wein vorführen." Er schellte, ein Diener kam und brachte eine geöffnete Flasche. Die Flasche lag in einem gepolsterten Körbchen wie ein Kind in der Wiege. So etwas hatte ich noch nie gesehen. „Nun probieren Sie mal!" Dabei sah er mir erwartungsvoll in die Augen.

Mich überlief es kalt. Ich hatte noch nie in meinem Leben einen Wein probiert; ich wußte nur, das sei eine umständliche Prozedur, beinah eine Wissenschaft, und man könne sich dabei leicht eine Blöße geben. Aber etwas mußte jetzt geschehen. Die Angst beflügelte meine Phantasie, ich erhob das Glas, hielt es ans Licht, nahm ein Schlückchen, spuckte es auf die Hand, rieb mit dem Finger den Tropfen auf der Handfläche auseinander, guckte dann, ans Licht gebeugt, scharf die Handfläche an, schnupperte und sagte endlich: „Der Wein ist nicht schlecht, aber dünn."

„Seit – wann – wird – Wein – so – probiert?" Und der Stolper Weinmagnat warf einen drohenden Blick auf die Schwerter und Rüstungen.

„Wissen Sie nicht? Nach der neuesten Wissenschaft", und dabei sah ich ihm, erstaunt über soviel Unwissenheit, in die Augen. Der Mann war derart erschlagen, daß er nicht zu mucksen wagte, und hat mir tatsächlich ein Faß

Wein abgekauft. Aber ich war doch froh, als ich mit meiner Frieda wieder draußen war.

Von dem vielen Gelde, das ich so erwarb, hatte ich mir elegante Kleider gekauft. Dazu trug ich, ganz wie mein Chef, seidene Strümpfe und Lackschuhe und an der Hand einen Brillantring. Herr Schindler schickte mir jetzt schon seinerseits Leute zu, die ich ausbilden sollte. Ich machte es auch hier meinem Chef auf das genaueste nach. Als sich ein älterer Reisender bei mir vorstellte, lehrte ich ihn den bewährten Spruch: „Ich komme vom Rüdesheimer Weingutbesitzer vom Rhein und möchte mir erlauben, Ihnen eine Offerte zu machen." Dann drückte ich ihm zehn Mark in die Hand und schickte ihn in einen benachbarten Ort. Am nächsten Abend kam er zurück, vor Anstrengung keuchend, und teilte mir traurig mit, er habe nicht eine Flasche verkauft. Ich lachte furchtbar: „Junger Mann, wenn Sie weiter so fleißig sind, werden Sie mein größter Verkäufer."

Wieder gab ich ihm zehn Mark, und wieder kam er ohne einen Auftrag zurück. Ich versuchte es sogar noch ein drittes Mal. Als er aber wieder unverrichteter Sache nach Haus kam, warf ich ihn mit wutbebender Stimme hinaus: „Sie sind die größte Enttäuschung meines Lebens." Der Arme mußte zu Fuß in seine Heimat zurück. Offenbar war ich nicht ein so guter Menschenkenner wie mein Chef.

[Aus Überdruß gibt Kurt Katsch die Tätigkeit als Vertreter auf. Bei Kriegsausbruch 1914 lebt er mit einer Tänzerin, die sich seiner nach einem Selbstmordversuch annahm, in Berlin.]

Am Morgen kam der Portier des Hotels, in dem wir wohnten, und sagte, ich hätte mich sofort auf dem Polizeirevier zu melden, da ich Ausländer sei. Ohne Kragen, ohne Frühstück ging ich ins Revier. Dort standen noch mehrere andere Leute. Nach einer Weile fuhr ein Polizeiwagen vor, der sogenannte „grüne Wagen", darein sollten wir steigen. Ein Beamter bemerkte ironisch, die Herren vom Polizeipräsidium wünschten, uns persönlich kennenzulernen. Ich protestierte, auch ein gut angezogener Herr, der mit mir gewartet hatte, erhob lebhaft Einspruch gegen diese Behandlung. So wurde uns beiden erlaubt, ein Auto zu nehmen. Mit diesem Auto fuhren wir zum Polizeipräsidium und kamen in ein Zimmer, in dem 40 bis 50 Menschen saßen.

„Haben Sie Papiere bei sich?" wurde ich gefragt.

Ich hatte nur ein Zeugnis vom Gymnasium in Lemberg, das zeigte ich vor. Ich wurde nun hinausgeführt und fragte den Mann, der mich begleitete, ob ich eingesperrt würde. Er verneinte. Auf einmal machte er eine Tür auf, schob mich rasch hinein und schloß die Tür wieder zu. Ich wollte sie sofort wieder öffnen, da bemerkte ich, daß sie keine Klinke hatte. Oben an der Tür gab es ein kleines Loch zum Durchgucken, aber nur von außen. Gegenüber war ein Gitterfenster, ziemlich hoch an der Wand. Dann gab es dort ein

Bett, das an der Wand angebunden war, einen kleinen Hocker, ein kleines Nachtgeschirr und an der Wand eine Hausordnung. Ich war gefangen. Kein Klopfen, kein Schreien half. So ließ man mich ohne Essen bis zum nächsten Morgen sechs Uhr. Da mußte ich die Zelle sauber machen, bekam schwarzen Kaffee und ein Stück trockenes Brot. Dann ging es hinunter in den Hof zum Spaziergang. Auf dem Hof sah ich Hunderte von Ausländern, die in der gleichen Lage waren wie ich: Engländer, Franzosen, Polen, ja sogar ein Neger. Dort erfuhr ich, daß aus Angst vor Spionage alle Ausländer eingesperrt würden, die sich nicht genügend ausweisen könnten.

Ich erzählte dem, der mir das leise mitteilte, ich hätte eine Freundin, die sei im Hotel. Er riet mir, ihr sogleich eine Postkarte zu schreiben. Ich tat es, ging in die Zelle zurück und bekam dort eine Kartoffelsuppe mit einem Stückchen Fleisch. Glücklicherweise war das Bett heruntergelassen, und ich konnte mich darauf ausstrecken. Da ich noch immer nicht ganz gesund war und von den aufregenden Erlebnissen sehr geschwächt, fand ich es gar nicht so übel, auf einem Bett zu liegen, allein, in der Stille des Gefängnisses.

Am nächsten Tage das gleiche Spiel. Ich mußte wieder auf den Hof, hatte aber bald genug von dem eintönigen, trostlosen Marsch im Kreise und ging auf mein Zimmer zurück. Das war mein Glück. Denn in diesem Augenblick kam gerade die Treppe herab jener Hauptmann, den ich im „Mascotte" kennengelernt hatte. Er war von der Kommandantur und hatte Dienst. Ich stürmte auf ihn zu. Aber er schien mich nicht mehr zu kennen. Mit amtlicher Miene stand er da, hörte, was ich ihm sagte, und erwiderte kurz und militärisch, ich sollte abwarten, was mit mir geschehen würde. Damit verschwand er.

Aber wenige Stunden danach wurde ich entlassen; er hat mich also doch erkannt und war nur zu klug, um es sich merken zu lassen. Ich lief nun zu Fuß wie ein Besessener vom Alexanderplatz bis zur Albrechtstraße in mein Hotel. Dort fand ich meine Tänzerin, im Bette liegend, ganz verweint. Meine Karte lag neben ihr, die Buchstaben waren von Tränen verwischt. Vor ihr stand das Frühstück, und ich konnte nicht umhin, mich gleich auf die Brötchen zu stürzen, solchen Hunger hatte ich.

Aber was war jetzt zu tun? Geld hatten wir beide nicht. Ich telegraphierte sofort an Herrn Schindler nach Magdeburg, bekam aber keine Antwort. Da erfuhr ich, in der Potsdamer Straße gäbe es ein Unterstützungskomitee für Russen, die infolge des Krieges nicht hatten wegfahren können. Dort erhielt ich 100 Mark. Mit diesem Gelde fuhr ich nach Magdeburg zu meinem früheren Chef. Der Abschied von der Tänzerin wurde mir schwer.

In Magdeburg mietete ich mir ein ganz einfaches Dachzimmer bei einer armen Frau und bezahlte auch sofort die 15 Mark, die es monatlich kostete. Nun hatte ich Ruhe. Als ich oben aus der Dachluke heruntersah, hörte ich die Soldaten auf der Straße vorbeimarschieren und singen. Da packte mich die allgemeine Kriegslust; ich wollte mitmarschieren, kämpfen! Die Erzählungen des Großvaters, der doch auch Soldat gewesen und dem ich in so vielem ähnlich war, kamen mir in den Sinn. Kräftig genug war ich auch. So eilte ich zur Kommandantur und meldete mich als Kriegsfreiwilliger. Nach längerem Warten wurde mir der Bescheid, ich könne als Ausländer nicht im preußischen Heere dienen. Aber ich solle mich bei der polnischen Legion melden, die kämpfe mit Deutschland und Österreich für die Befreiung ihres Landes von der russischen Herrschaft. Sogleich richtete ich ein Gesuch dorthin, bekam aber nach acht Tagen den Bescheid, es sei alles überfüllt; ich solle mich später noch einmal melden.

Nun mußte ich eine Stellung suchen, um leben zu können. Mein erster Gang war zu Herrn Schindler. Aber der drückte mir wie einem Bettler drei Mark in die Hand. Ich wollte sie zuerst nicht nehmen, sondern ihm ins Gesicht schlagen, aber dann habe ich sie doch genommen.

Am nächsten Tag traf ich einen Bekannten, auch einen früheren Weinreisenden, der sich in der gleichen elenden Lage befand wie ich. Wir schmiedeten gemeinsame Pläne, um uns über Wasser zu halten. Dabei erinnerten wir uns an einen Neffen von Schindler, gleichfalls Weinreisender, der so viel Geld verdiente, daß er uns gut davon etwas abgeben konnte. Ihn suchten wir auf und schilderten ihm unsere Not. Aber er sagte ganz kaltblütig: „Wen interessiert denn das?" Wütend über diese Ablehnung beschlossen wir, noch einmal zu ihm zu gehen und ihm, wenn er sich wieder so hartherzig zeigte, einen Denkzettel zu geben. Als wir am nächsten Tage ankamen, aß er gerade einen Teller voll Schlagsahne. Schmatzend schlug er unsere Bitte um Hilfe ab. Da nahm mein Freund den Teller und klatschte ihm die ganze Sahne ins Gesicht. Es war eine süße Rache.

Schließlich fand ich doch eine Beschäftigung. Ich verkaufte für einen Berliner Händler Schokoladen- und Teewürfel für Feldpostpakete, und es regnete bald Aufträge. Aber der Händler behielt die Provision einstweilen ein, und als ich sie eines Tages von ihm fordern wollte, war er mit dem Geld verschwunden.

Nun fing eine bittere Zeit des Hungers an. Oft schlich ich mich nachts in die Küche meiner Wirtin, nahm mir dort etwas Brot und weichte es in Wasser auf; das war meine einzige Mahlzeit. Endlich ging ich in den Magdeburger Fußballklub und fand dort einen preußischen Offizier, der sich meiner erbarmte. Er schenkte mir Kommißbrot und Konserven; so war ich vor dem ärgsten Hunger geschützt.

Schließlich fand ich durch die Vermittlung eines Bekannten eine Stellung im Büro der Magdeburger Straßenbahn-Gesellschaft. Dort bekam ich 90 Mark im Monat, das schien mir, nach der Zeit des Hungers, ein glänzendes Gehalt.

Mittags aß ich ganz billig bei der Stadtmission. Die Leiterin war eine kluge freundliche Dame, die sich oft mit mir unterhielt. Eines Tages traf ich dort einen Landsmann, einen Russen, den ich Sascha nannte. Er war ein vermögender Junge, so eine Art ewiger Student, der von seinen in Montreux lebenden Eltern einen reichlichen Wechsel erhielt. Sein Ideal war, Kavalier zu sein. In der Rocktasche trug er stets eine gedruckte Anleitung, worin aufgeführt war, was ein echter Kavalier alles besitzen müsse. Immer wenn er etwas davon gekauft hatte, eine Zigarettendose oder ein bestimmtes Parfüm, strich er in seiner Liste die betreffende Zeile aus. So konnte es dann gar nicht mehr lange dauern, und sein Ziel war erreicht. Ich hielt es für meine Pflicht, ihm nachzueifern, so gut es eben ging, und so weit er mir mit seinen stärkeren finanziellen Kräften dabei zur Seite stand.

Jeden Morgen und Abend mußten wir uns auf dem Polizei-Revier melden. Das geschah in folgender Weise: Wir steckten den Kopf zur Tür herein und riefen: „Morgen", worauf uns ein lautes „Morgen" entgegenschallte.

Acht Monate wechselte ich so zwischen Dienst und Vergnügen. Dann nahm sich ein Beamter aus unserem Büro das Leben, und ich war dazu bestimmt, seine Stelle einzunehmen. Nun hatte ich vom Schauspieler damals schon eine Eigenschaft, nämlich die, ganz furchtbar abergläubisch zu sein. Wie ich so auf dem Platze des Erhängten saß, konnte ich gar nicht arbeiten; immer sah ich den Mann an dem Strick hängen und hatte das Gefühl, der Tote würde keine Ruhe geben, ehe er mich nicht gleichfalls hängen sähe. Ich bat darum, mir einen anderen Platz anzuweisen. Man erklärte mir aber, ich solle froh sein, eine solche Stellung zu haben, und wenn es mir nicht passe, so könne ich gehen. Da verließ ich den Platz und ging nach Hause.

Um vier Uhr kehrte ich noch einmal zurück, um mir an der Kasse das Geld bis zu diesem Tag auszahlen zu lassen. Als ich wieder auf die Straße kam, sah ich einen Schutzmann, der auf mich wartete. Ich lief sofort die Treppe zurück und suchte, den Chef zu sprechen. Aber der empfing mich nicht mehr. Ich erfuhr nur, daß er mich laut Vorschrift bei der Polizei als stellungslos gemeldet hatte. Das war der Grund, weshalb mich der Schutzmann erwartete.

Nun wurde ich verhaftet und in die Zitadelle geführt. Dort war ein unterirdisches Lager mit mehreren hundert Personen – viel verkommenem Volk. Ich habe mich mächtig dagegen gewehrt; endlich gebrauchte ich, da ich nun schon als feindlicher Ausländer behandelt wurde, eine Kriegslist und erklärte, ich sei ein russischer Offizier und verlange standesgemäße Behandlung. Das half. Nach einigen Stunden kam der Bescheid: standesgemäßes Gefängnis. So saß ich denn wieder in einer Zelle. Dort entdeckte ich eine Klingel und habe die ganze Nacht vor Wut geläutet, bis der Aufseher mich in Ketten legen wollte. Dann ließ ich es endlich.

Sonntag früh kam ein Polizeiassistent und fragte, warum ich von der Straßenbahn weg sei. Ich erzählte die Geschichte von dem Selbstmörder, und daß ich keinen sehnlicheren Wunsch hätte, als wieder eine Stellung zu finden. Darauf rief der Polizeiassistent: „Marsch, nach Hause, aber morgen früh bis zwölf Uhr melden, daß Sie Stellung haben!" Schneller konnte kein

Mensch laufen als ich aus dem Gefängnis. Als ich in der Stadtmission zum
Mittagessen eintraf, begrüßte mich die Vorsteherin voller Freude. Hier
erfuhr ich, daß sie es war, die sich für mich verwandt hatte.
    Aber woher nun rasch eine Stellung nehmen? Da hörte ich von einem
Herrn Schmidt, der eine Korkfabrik hatte. Zu ihm ging ich am nächsten Tag
und bat ihn, mich ohne Bezahlung anzustellen. Er erwiderte: „Gut", aber
ich müsse auch arbeiten, Korken sortieren.
    Strahlend kam ich um zwölf Uhr aufs Revier und erzählte, ich hätte eine
Stellung gefunden. So war alles in Ordnung. An diesem Tage habe ich auch
in der Tat von früh bis abends Korken sortiert. Am nächsten Tag blieb ich
aber nur zwei Stunden, am dritten Tag eine Stunde. Ein paar Tage später war
es so weit, daß ich nur früh die Fabrik betrat und den Chef mit den Worten
begrüßte: „Guten Morgen, Herr Schmidt, wie geht es Ihnen?" Dann zog ich
mit meinem Freunde Sascha los. Allmählich waren wir in der ganzen Stadt
bekannt: wir hießen die Bummler von Magdeburg.

*[Kurt Katsch findet in „Mütterchen" eine gebildete Gönnerin, die es ihm
ermöglicht, 1916 Schauspielschüler der Max-Reinhardt-Schule in Berlin zu
werden.]*

Ich weiß es noch wie heute, wie ich am Potsdamer Bahnhof ankam. Ich
fühlte mich nicht mehr als armer Ausgestoßener, sondern sah einer locken-
den Zukunft entgegen. Und ich hatte einen Menschen, dem ich etwas
bedeutete, ich hatte ein Mütterchen, und das war für mich wie eine Heimat,
eine neue, gute und freundliche Heimat. Ich würde mich auch hier in der
großen Stadt bald zu Hause fühlen. Gleich auf dem Bahnhofsplatz lief ich
auf den ersten Schutzmann zu, den ich zu Gesicht bekam, und fragte ihn:
„Wo soll ich hier wohnen?" Er meinte es auch wirklich gut mit mir und
schickte mich nach kurzem Überlegen in eine Pension in der Leipziger
Straße. Ein langer, gesunder Schlaf nahm alle Reisemüdigkeit aus meinen
Knochen.
    Schon vor acht Uhr früh war ich in der Schumannstraße und ging zum
ersten Mal durch die Torfahrt Nummer 13. Dort links, das gelbe Haus, das
waren die Kammerspiele, dort befand sich die Schauspielschule. Aber noch
war alles geschlossen. Der Unterricht begann erst um zehn Uhr; vorher war
auch kein Lehrer zur Stelle. Noch zwei Stunden trennten mich vom
ersehnten Ziel. Ich wich nicht von der Stelle; ich ging in dem Hof, auf dem
so viele große und berühmte Schauspieler gestanden hatten, ruhelos und
erwartungsvoll auf und ab.
    Pünktlich um zehn Uhr wurde ich dem Direktor der Schule, dem alten
Kampfgefährten Max Reinhardts, Berthold Held, gemeldet. Er empfing
mich mit den Worten: „Na, wir werden ja bald sehen, was Sie können."
Wieder mußte ich eine Weile draußen warten, dann rief er mich endlich
herein. Er war jetzt nicht mehr allein. An seiner Seite saß eine blonde Frau

mit klarem Gesicht und gütigem Ausdruck. Sie trug ein Einglas im Auge und rauchte eine Zigarre. Das war Lucie Höflich, die große Künstlerin, der wundervolle Mensch. Auf den ersten Blick fühlte ich, daß diese Frau etwas Besonderes war. Ich starrte sie an. In ihren Augen lag mein zukünftiges Schicksal.

„Was wollen Sie uns vorsprechen? Was haben Sie gelernt?" fragte Held.

„Ich habe ein gutes Gedicht auf Polnisch."

„Aber Sie können doch als deutscher Schauspieler nicht etwas Polnisches vorsprechen!"

Da sagte Lucie Höflich: „Aber laß doch, laß ihn doch sprechen, wie ihm der Schnabel gewachsen ist." Das helle Schwingen ihrer Stimme und die freie Überlegenheit, die aus ihren Worten sprach, berührten mich wunderbar. Ohne eine Spur von Bangigkeit sprach ich mein polnisches Gedicht. Ich sprach es mit ganzer Seele, ganz im Bann der großen Persönlichkeit, die da vor mir saß. Während meiner ziemlich langen Deklamation ließ ich sie keine Sekunde aus den Augen.

Ich war wie hypnotisiert.

Wieder wurde ich hinausgeschickt. Als man mich wieder hereinrief, war Frau Höflich verschwunden. Freundlicher als zuvor redete Held mich an: „Tja... Sie sind ein ganz begabter Knabe. Frau Höflich haben Sie besonders gut gefallen. Wir werden Sie in die Schule aufnehmen. Also herzlich willkommen!" Ich wagte kaum zu atmen. Dann fuhr er fort: „Sie sollen zunächst etwas technisch lernen, dann können Sie gleich in den zweiten Kurs, Sie wollen doch sicher rasch mit Rollenstudium anfangen."

Und ob ich wollte!

Wohl jeder Schauspielschüler, zumal wenn er das Glück hat, die Reinhardt-Schule zu besuchen, erklärt die Zeit auf der Schule für die schönste seines Lebens. Sie war es bestimmt. Die Schüler gehörten zu dem ganzen großen Werk, das damals in den beiden Häusern geschaffen wurde; sie waren der Nachwuchs. Mancher von den viel bewunderten Größen hatte auch so bescheiden angefangen, und je größer sie waren, je mehr sie konnten, um so freundlicher waren sie im Verkehr mit uns Anfängern.

Wir durften in jede Aufführung, zu jeder Generalprobe. Wir erfüllten die weitläufigen Räume von der Hinterbühne bis zu den Kellerräumen des „Dete" – dem urgemütlichen Theater-Restaurant – mit Gelächter und Begeisterung, Arbeitsfreude und Jugend.

Ich war damals dreiundzwanzig Jahre alt. Mein bester Freund war Erich Riewe, der durch puren Zufall auf die Schauspielschule gekommen war. Er hatte einen Freund zur Aufnahmeprüfung begleitet und dann in plötzlicher Aufwallung erklärt, er wolle auch etwas vorsprechen. Sein Freund wurde abgelehnt, Erich aufgenommen.

Das Paradepferd der Schule war Gerda Müller, ein prachtvolles kluges Mädel von ungeheurer Vitalität und besonderer künstlerischer Reife. Man munkelte, sie sei früher bereits an der Bühne gewesen, habe große Rollen gespielt und sich erst dann zur Aufnahme in der Schule gemeldet. Ich weiß nicht, ob diese Legende auf Wahrheit beruht. Sollte es der Fall sein, so spricht es entschieden für Gerda Müllers künstlerische Einsicht. Ich war für Schüler und Lehrer „der begabte Ausländer". Besonders Professor Ferdinand Gregory, der gelehrteste unter den deutschen Schauspielern, brachte mir viel Interesse entgegen. Er beschäftigte sich eingehend mit meiner Ausbildung und gab mir sogar Privatstunden, ohne dafür Bezahlung zu nehmen. Er schärfte mein künstlerisches Verantwortungsgefühl und wies mich ebenso wie Lepanto, der Sprachmeister der Schule, immer wieder mit Güte und Strenge auf die Vervollkommnung meiner höchst mangelhaften Aussprache hin.

Reines Deutsch ist für uns Ostjuden ein besonders schwieriges Kapitel. Ich kenne Ostjuden, die noch nach dreißig, vierzig Jahren kein akzentfreies Deutsch sprechen. Das war nun eine harte Arbeit. Aber ich ließ nicht locker. Selbst heute noch mache ich vor jeder Rolle, ja, sogar vor jedem Auftreten, jene Sprechübungen, die mir damals Lepanto und Gregory beigebracht haben. Ich erinnere mich zum Beispiel, daß mir das Wort „Mond" unüberwindliche Schwierigkeiten bereitete. Bei uns sagte man ganz kurz: „Monnd". Monatelang habe ich daran geübt; wo ich ging und stand, vom Aufstehen bis zum Schlafengehen, auf der Straße und im Café in einem fort: „Mooond, Mooond, Mooooooond!"

Besonders glücklich war ich, als mir die glühend verehrte Lucie Höflich einige Stunden gab. Ich studierte bei ihr den Franz Moor. Auch an Eduard von Winterstein denke ich mit besonderer Dankbarkeit. Er war ein Schauspielpädagoge hohen Grades, voll Phantasie und Temperament. Er konnte alle Stücke auswendig, nicht nur die Männer- auch die Frauenrollen.

Julius Bab[2] hielt uns Vorträge über literarische Strömungen unter besonderer Berücksichtigung der deutschen Dichtung. Seine Lieblinge waren Hebbel und Anzengruber. Ich folgte seinen Ausführungen mit viel Anteil.

Der verständnisvollen Vorbereitung durch Mütterchen in Magdeburg hatte ich es zu danken, daß ich den behandelten Themen nicht als Fremder gegenüberstand. Ich kannte Hebbel, Rilke, Dehmel. Ich konnte schon mitreden und war kein „Wilder" mehr, obwohl mir noch vieles vom Wilden anhaftete. Schon in Magdeburg hatte ich mich bemüht, mir ein feineres Benehmen anzueignen. Überall, wo ich mich befand, beobachtete ich, wie die Leute aßen und tranken, sich kleideten und bewegten, und suchte ihnen ähnlich zu werden. Auch im Film machte ich Studien westeuropäischer Zivilisation. Diese Filmschauspieler waren für mich schlechthin Götter, höhere Wesen, die auf Wolken wandelten. Wanda Treumann und Viggo Larsen, einst Größen des Stummfilms, wurden meine Lehrmeister der Lebensart. Nie hatte ich so einen Filmschauspieler, den ich von der Leinwand her kannte, im Leben gesehen.

Eines Vormittags stand ich bei der Portierloge im Vorraum des Deutschen Theaters. Da hörte ich, wie Herr Zimmermann, der ehrwürdig langbärtige

Portier, einen kleinen eleganten Herrn mit den Worten: „Guten Morgen, Herr Lubitsch"[3], begrüßte. Der Name durchzuckte mich wie ein Blitz. Lubitsch!

„Sind Sie der Lubitsch aus ‚Der Stolz der Firma?‘"

„Ja."

Ich war hingerissen. Er freute sich über meine kindliche Begeisterung, und wir wurden Freunde. Ich lernte seinen ganzen Kreis kennen, in dem ich mich wohl fühlte, und ich glaube, auch er mochte mich gern.

Damals inszenierte Reinhardt[4] zum ersten Mal Georg Büchners mächtig erregendes Schauspiel „Dantons Tod". In den Straßen- und Gerichtsszenen war die ganze Schauspielschule auf den Beinen. Ich spielte ein Weib aus dem Volk, eine Megäre mit einer Trommel. Das war keine gewöhnliche Statisterie, das war eine ungeschriebene Rolle, eine Gestalt aus der Phantasie Meister Reinhardts. Da konnte ich meine Wildheit wenigstens zum Teil loswerden. Und ich tat es. Jahre danach hat mir mein ausgezeichneter Kollege Johannes Riemann erzählt, Max Reinhardt habe damals geäußert: „Passen Sie auf, von diesem Jungen wird man noch hören. Aber sagen Sie ihm nichts; sonst rennt er mir die Bude ein!" Ich wurde in dieser „Rolle" sogar gezeichnet, denn es war eine markante Type. Ich war stolz darauf, stolzer als auf manche weit größere Rolle, die ich späterhin in anderem Rahmen spielte.

1 Erstdruck 1934 in „Jüdische Bibliothek". Ein Auszug aus einem hier nicht gedruckten Teil der Erinnerungen erschien unter dem Titel „Als Nathan und Othello" in der Frankfurter Allgemeinen Zeitung vom 24.7.1969.
2 Julius Bab (1880-1955), jüdischer Theaterkritiker, Regisseur und Dramaturg, der zahlreiche Schriften über Theater und Literatur veröffentlichte.
3 Ernst Lubitsch (1892 Berlin – 1947 Hollywood) Schauspieler und Filmregisseur, kam über Max Reinhardts Schauspielschule zum Film.
4 Max Reinhardt (1873 Baden bei Wien – 1943 New York) leitete seit 1906 das Deutsche Theater in Berlin und war der berühmteste Theaterregisseur seiner Zeit. Als Jude mußte er 1933 emigrieren und lebte seit 1938 in den USA.

20 Samuel Spiro

geb. 1885 Schenklengsfeld (Prov. Hessen-Nassau) – gest. 1960 Israel

Samuel Spiro, Jugenderinnerungen aus hessischen Judengemeinden. Ms. undatiert, 45 S. – Verfaßt Israel 1948.

Die Erinnerungen Spiros behandeln seine Jugendzeit bis zum Jahre 1904. – Großvater und Vater des Verfassers waren Lehrer an der staatlichen jüdischen Volksschule in Schenklengsfeld bei Hersfeld. In dieser hessischen

Dorfgemeinde von etwa 50 jüdischen Familien sind die meisten Juden Viehhändler und Hausierer mit gutem Einkommen. Spiro schildert ebenso das traditionelle jüdische Leben im Dorf wie die wirtschaftliche Rolle der Juden. Dem Antisemitismus ist er am stärksten ausgesetzt während seiner Gymnasialzeit in Hersfeld. Spiros Vater wechselt 1899 als Lehrer nach Fulda über, wo der orthodoxe Rabbiner ein autoritäres Regiment führt. Vom Vater zum Talmudstudium bestimmt, verläßt der Abiturient jedoch nach zwei Monaten die Jeschiwe des Rabbi Breuer in Frankfurt a. M. und studiert Medizin. – 1938 kann Spiro nach Palästina emigrieren und wird dort Arzt der Jugend Alija.

Wenn ich mich entschlossen habe, diese Erinnerungen niederzuschreiben, so deshalb, weil das Leben in den hessischen Judengemeinden sich stark unterschied von dem Leben der Juden in allen anderen Gemeinden Deutschlands, sowohl hinsichtlich ihrer Zusammensetzung, ihres Bildungsgrades, ihrer Gebräuche, ihrer Beschäftigung als auch ihrer Lebensanschauung, und es scheint mir wert, in der Erinnerung festgehalten zu werden. Auch sollen meine Kinder wissen, in welchen Kreisen und unter welchen äußeren und inneren Bedingungen ich meine Jugend verbracht habe.

Ich bin geboren im Jahre 1885 im Dorfe Schenklengsfeld, im Kreise Hersfeld, Rabbinatsbezirk Fulda, Regierungsbezirk Kassel, Provinz Hessen-Nassau, Königreich Preußen. Bis zum Jahre 1866 gehörte dieser Bezirk zum Kurfürstentum Hessen, das nach dem siegreichen Kriege Preußens gegen Österreich und dessen deutsche Bundesgenossen von Preußen annektiert wurde. Noch bis zum Jahre 1914 gab es in Hessen-Nassau eine hessische Rechtspartei, die diese Annektion nicht anerkannte und sogar eigene Kandidaten für den deutschen Reichstag aufstellte. Sie konnte allerdings zuletzt nur noch 400 Stimmen auf sich vereinigen, ein Beweis, daß sich die Bevölkerung fast restlos mit dem Anschluß an Preußen abgefunden hatte. Insbesondere unter den hessischen Juden, deren Zahl ziemlich erheblich war, und die in zahlreichen größeren und kleineren Gemeinden zusammengeschlossen waren, gab es keinerlei Opposition gegen Preußen. Man setzte große Hoffnungen auf den Kronprinzen Preußens, der zugleich Kronprinz des Deutschen Reiches war und der sich wiederholt unzweideutig für die praktische Gleichberechtigung der Juden und gegen den Antisemitismus aussprach, den er als die Schmach des Jahrhunderts bezeichnete.

Gerade die Juden in Hessen, der Hochburg des Antisemitismus in Deutschland, blickten in gläubigem Vertrauen zu diesem Fürsten auf. Aber schon im Jahre 1888, drei Monate nach seinem Regierungsantritt, erlag er einer tückischen Krankheit, und mit ihm sanken viele jüdische Hoffnungen ins Grab. Sein Nachfolger, der unselige Kaiser Wilhelm II., zeigte wenig Sympathie für seine jüdischen Staatsbürger.

Mein Großvater, der im Jahre 1817 in Fulda geboren war als Sohn eines Kaufmannes, wurde 1840 Lehrer an der kurfürstlich-hessischen jüdischen

Volksschule in Schenklengsfeld und wurde im Jahre 1866 durch die preußische Regierung als Beamter übernommen. Hessen gehörte zu den wenigen preußischen Provinzen, in denen es auf Grund alter Edikte *staatliche jüdische* Volksschulen gab. Mein Großvater war ein sehr gelehrter Mann, sowohl in profanen als auch in talmudischen Fächern. Er stand an Bildung weit über dem Durchschnitt der damaligen Lehrer. In seiner Jugend hatte er mehrere Jahre lang die berühmte Jeschiwe des Rabbi Seckel Wormser in Gelnhausen besucht, und er gehörte zu den wenigen Männern, die, ohne Rabbiner zu sein, den Titel eines „Morenu Raw" führen durften[1]. Er hatte auch französisch und englisch gelernt. Ich erinnere mich, daß er in seinen letzten Lebensjahren – er starb 1892 – als er wegen seines Gesundheitszustandes pensioniert war, seinen Enkelkindern englischen Unterricht erteilte. Dieser Unterricht war bei uns Kindern wenig beliebt, denn mein Großvater war von einer ganz außergewöhnlichen Strenge. In der Gemeinde genoß er eine unbestrittene Autorität. Man sprach von ihm mit großer Ehrfurcht, manchmal auch mit Furcht. Die einfachen Dorfjuden, die sich vom Viehhandel und vom Hausierhandel ernährten, hatten einen ungeheuren Respekt vor Gelehrsamkeit, so ungebildet sie selbst waren. Dieser Respekt drückte sich auch in dem Stolz aus, mit dem sie ihre Kinder in das Gymnasium der benachbarten Kreisstadt Hersfeld schickten, dessen Direktor übrigens der berühmte Duden war, der Verfasser des in der ganzen Welt als Standardwerk anerkannten deutschen Wörterbuches. Gegen die Entscheidungen des „alten Lehrers", wie mein Großvater zum Unterschied gegen meinen Vater, seinen Nachfolger, genannt wurde, in religiösen Fragen gab es keinen Widerspruch, aber auch in anderen Gemeindeangelegenheiten und in vielen privaten Dingen wurde sein Rat eingeholt. Ich war sieben Jahre alt, als mein Großvater starb, aber heute noch, nach 56 Jahren, sehe ich die riesige Menschenmenge vor mir, die zum Leichenbegängnis aus allen Dörfern der Umgebung herbeigeeilt war, unter ihnen sehr viele Nichtjuden, die ebenso wie die Juden dem „alten Lehrer" große Verehrung zollten.

Mein Vater hatte als Amtsnachfolger meines Großvaters sich bald dieselbe Stellung in der Gemeinde errungen wie mein Großvater. Obwohl die Mehrzahl der Gemeindemitglieder, mit denen zusammen er aufgewachsen war, ihn mit „Du" anredeten, wußte er zwischen sie und sich eine Distanz zu legen, die jeden Versuch einer plumpen Vertraulichkeit im Keime erstickte. Niemand wagte, ihn mit seinem Vornamen zu nennen, selbst seine gleichaltrigen Mitschüler, die er selbstverständlich mit ihren Vornamen anredete, nannten ihn „Spiro". Aber das tat den guten Beziehungen zu ihnen keinen Abbruch. An Wissen kam er seinem Vater gleich. Er war ein Talmid-Chacham[2], beherrschte Französisch und Englisch, und noch im Alter von mehr als 50 Jahren lernte er Lateinisch. An Begabung war er seinem Vater vielleicht noch überlegen, er war ein ausgezeichneter Redner und ein gefürchteter Debattierer. Diese Begabung war meines Erachtens nicht immer segensreich, denn er kannte seine geistige und rednerische Überlegenheit nur zu gut und nutzte sie nicht selten zu diktatorischem Verhalten aus. Trotzdem war er in der Gemeinde beliebt, denn man schätzte sein Wissen und seine Hilfsbereitschaft, die den Gemeindemitgliedern gegenüber keine Grenzen kannte. Es war eine geläufige Redensart in der Gemeinde: „Ohne Spiro darf niemand heiraten, niemand krank sein, niemand sterben." Aber auch bei den Nichtjuden nahm er eine sehr angesehene Stellung ein. Vor patriotischen Festen, wie Kaisers Geburtstag, Feier des Sieges von Sedan, erschienen bei ihm die Vorsitzenden der patriotischen Vereine, Bauern oder Handwerksmeister, um sich ihre Festreden von ihm entwerfen zu lassen. Eingaben an Behörden hat er wohl zu Hunderten abgefaßt, sowohl für Juden als für Nichtjuden. Die jüdischen wie die christlichen Lehrer des Bezirks waren ihm in Freundschaft verbunden.

So war denn das Bedauern groß, als er im Jahre 1899 als Lehrer an die neugegründete jüdische Volksschule in Fulda versetzt wurde. Ein Schenklengsfelder Jugendfreund sagte ihm damals in hessisch-jüdischer Mundart: „Wenn's de gestorbe wärscht, hätten mer uns getrejscht (getröstet) un gesagt: Es is min Haschomajim[3], awer, daß de uns zu Lebzeiten verlaßt, das verstehen mer net." Ich bin sicher, daß er sich manchmal nach seiner alten Gemeinde zurückgesehnt hat, sein Leben bekam mit seiner Versetzung nach Fulda einen Bruch, der niemals ganz verheilt ist.

Die jüdische Gemeinde Schenklengsfeld war damals – in den achtziger und neunziger Jahren des vorigen Jahrhunderts – eine der größten und blühendsten des Rabbinatsbezirks Fulda. Sie zählte etwa 50 Familien, deren Oberhäupter fast durchweg Viehhändler und Hausierer waren. Die Mehrzahl gehörte dem sogenannten Mittelstand an, aber es gab auch einige reiche Familien und nur sehr wenig wirklich Arme.

Schenklengsfeld war ein Bauerndorf von etwa 1200 Seelen, und die Juden machten etwa 20 Prozent der Bevölkerung aus. Die Beziehungen zwischen Juden und Christen waren freundschaftlich bis um die Mitte der neunziger Jahre, als die antisemitische Bewegung in Hessen einen starken Auftrieb nahm und sogar ein antisemitischer Abgeordneter für diesen Wahlbezirk in den deutschen Reichstag entsandt wurde. Bei den Wahlversammlungen ging es oft sehr stürmisch her, es kam auch zu Schlägereien zwischen Juden und Nichtjuden, aber nach den Wahlen herrschte wieder Ruhe im Dorfe, wenn auch die Beziehungen gespannter waren als früher. Mein Vater, der natürlich mit den übrigen Juden die Wahlversammlungen besuchte, hatte immer einen Knotenstock bei sich.

Daß der Antisemitismus gerade in Hessen so große Erfolge erzielen konnte, hatte seine besonderen Gründe. Durch den Viehhandel, der den Haupternährungszweig der Juden in allen hessischen Dörfern bildete, wurden die Beziehungen zwischen Juden und Bauern sehr eng. Die vielfach in mißlichen wirtschaftlichen Verhältnissen lebenden christlichen Bauern wandten sich an ihre jüdischen Geschäftsfreunde um Kredite und erhielten sie gegen Zinsen und gegen Verpfändung ihrer Ländereien. Wenn dann die

Bauern mit ihren Zahlungen in Verzug gerieten, veranlaßten die Juden die Parzellierung der Ländereien und verkauften sie oft mit hohem Gewinn an andere wohlhabende Bauern. Die Juden, die dieses etwas anrüchige Geschäft betrieben, wurden als „Güterschlächter" bezeichnet. Ihre Zahl war nicht groß, aber sie trugen nicht unwesentlich dazu bei, daß die Saat des Antisemitismus in Hessen auf besonders fruchtbaren Boden fiel. Wie immer in der Geschichte des jüdischen Volkes machte man die Gesamtheit für die Fehler weniger verantwortlich. Auch bei den Juden selbst standen diese „Güterschlächter" nicht in hohem Ansehen, aber sie hatten Einfluß in der Gemeinde kraft ihres Reichtums, den sie durch ihre unsauberen Geschäfte erworben hatten. Auch mein Vater kämpfte gegen die einer Enteignung der verarmten Bauern gleichkommenden Methoden an, aber seine Bemühungen scheiterten an der Geldgier der Güterschlächter. Doch die Mehrzahl der hessischen Juden verdiente ihr Brot auf ehrliche Weise, und ihre Beziehungen zu den Bauern waren vertrauensvoll. Die großen Güter hatten ihre sogenannten Hofjuden, mit denen sie alle ihre Viehgeschäfte abschlossen. Der Versuch, diese „Hofjuden" zu verdrängen, galt als höchst unehrenhaft und führte zu tödlicher Feindschaft zwischen den Beteiligten.

Der Viehhandel hatte einen außerordentlichen Umfang angenommen. Auf den Viehmärkten in Hersfeld und Fulda trafen sich Hunderte von Juden und Bauern aus der näheren und weiteren Umgebung, und dort konnte man die Geschicklichkeit der jüdischen Viehhändler und die Schläue und Hartnäckigkeit der Bauern beobachten. Flüche, die nicht ernst gemeint waren, Schwüre, die nie gehalten wurden, flogen hin und her. Man trennte sich nach langem vergeblichen Handeln mit dem Schwure, nie wieder miteinander in Geschäftsverbindung zu treten, um nach wenigen Schritten die Verhandlungen wieder aufzunehmen und zum Abschluß zu bringen. Ich hörte einmal einen Viehhändler schwören: „Ich will gleich verrecke ufm Platz und mein Toches soll zuerscht kappore gehn[4], wenn ich mit dir noch emol handel." Mit diesen Worten ließ er seinen Geschäftspartner stehen, um gleich darauf zu neuem Verhandeln zu ihm zurückzukehren. Ein anderer beliebter Schwur war: „Hier will ich blind wern", wobei sie auf ihre Brust deuteten, oder: „Ich will net gesund zu Kewer Jsroel komme[5]." Ein besonders häufig angebrachter Schwur war: „Maneschome", eine verdorbene Wortbildung aus „meine Neschome" („meiner Seel", zu deutsch). Zur Verstärkung einer Verneinung diente das Wort „Osser[6]".

Ich war einmal Zeuge einer komischen Szene in der Eisenbahn, als zwei Viehhändler während ihrer Unterhaltung die Station Fulda, wo Viehmarkt war, übersehen hatten und in Richtung Hersfeld weitergefahren waren. Der eine rief, als er seinen Irrtum bemerkte: „Ich spring maneschome aus'm Zug", während der andere, nicht minder aufgeregt, schrie: „Du springst osser *net* aus'm Zug." Diese Ausrufe wiederholten sich einige Male, ohne daß etwas geschah. Auf der nächsten Station stiegen sie friedlich aus.

Für mich war es ein besonderes Vergnügen, dem Treiben auf den Viehmärkten zuzusehen, und ich habe manche Schulstunde versäumt, um Zeuge dieser interessanten Verhandlungen zu sein. Dabei habe ich mehr Einblicke in das Volksleben gewonnen als durch lange Abhandlungen. Die Sprache dieser hessischen Dorfjuden war ein seltsames Gemisch von verdorbenem Deutsch und ebenso verdorbenen hebräischen Brocken, sie hatte aber keinerlei Ähnlichkeit mit dem Jiddischen[7]. Für Nichtjuden und auch für Juden aus anderen Landesteilen war es eine fast unverständliche Sprache. [...] Mit Fremdwörtern standen die Juden auf Kriegsfuß, entweder wurden sie völlig verkehrt angewandt oder entstellt, so „Spenditar" statt „Spediteur", „Kredition" statt „Diskretion" oder gar „Republik" statt „publik". Eine beliebte Redensart war: „Ich hän driver nachsimuliert (nachgedacht)." Mit den Bauern redeten diese Viehhändler und Hausierer im Bauerndeutsch, das sie vollkommen beherrschten.

Fast während der ganzen Woche waren die Viehhändler unterwegs, und erst am Donnerstag nachmittag oder Freitag morgen kehrten sie – oft mit Vieh, das sie gekauft hatten – nach Hause zurück. Da fast alle diese Juden gesetzestreu waren und nur streng koscher lebten, mußten sie sich im Essen große Entbehrungen auferlegen, denn in den Bauerndörfern gab es keine koscheren Mahlzeiten. Von der spartanischen Lebensweise dieser Händler kann man sich kaum eine Vorstellung machen. Sie lebten fast die ganze Woche hindurch von Brot, Wurst, die sie mit auf die Reise nahmen, schwarzem Kaffee (Milch tranken sie unterwegs nicht) und Früchten. Selbstverständlich hatte jeder seine Tefillin bei sich, und die Bauern waren daran gewöhnt, daß ihre jüdischen Geschäftsfreunde bei ihnen Tefillin legten. Ich bin sicher, daß keiner dieser Viehhändler aus jener Generation sich je rasiert hat[8]. Am Freitag wurde der Bart mit der Schere gezwickt oder mit dem bestialisch riechenden Schwefelbarium entfernt.

Bereits eine Stunde vor Schabbatanfang spazierten die Männer in ihren Schabbatanzügen durch die Dorfstraßen, und geraume Zeit vor Beginn des Gottesdienstes versammelte man sich im Hof der Synagoge, wo die Tagesereignisse besprochen und die Erlebnisse aus der verflossenen Woche erzählt wurden. Während des Gottesdienstes herrschte eine wahre Andacht. Der Gottesdienst war feierlich und würdig und streng traditionell. [...] Der strenge Gemeindevorsteher, Parnas genannt, duldete keine Unterhaltungen, und nicht selten wurden Ruhestörer von ihm mit Geldstrafe belegt, die er bis zu einer gewissen Höhe verhängen durfte. Das geschah mit den Worten: „Sie sind gestraft um ein Pfund Wachs." Wachs war das Material, nach dessen Preis die Strafe berechnet wurde.

Die Vorstandsämter in den Dorfgemeinden wurden nicht nach Besitz, sondern nach Würdigkeit verliehen. Die Vorsteher wurden nicht gewählt, sondern durch das „Vorsteheramt der Israeliten", deren es in Hessen vier gab, ernannt. Das „Vorsteheramt der Israeliten" war eine staatlich anerkannte Institution, an deren Spitze ein Provinzialrabbiner stand. Er hatte große Vollmachten, die, besonders wenn der Rabbiner ein energischer Mann war, zur Diktatur über die Gemeinde führen konnten, im Rabbinatsbezirk Fulda auch dazu führten. Besonders lebhaft sind mir in Erinnerung geblieben die Nacht des Schawuotfestes und die Nacht vor Hoschana Rabba[9]. In diesen Nächten war die ganze Gemeinde zum „Lernen" versammelt, jeder in seiner „Chewre"[10]. Das „Lernen" fand in Privathäusern statt; die Tische waren festlich gedeckt und besetzt mit allen möglichen Früchten und Gebäck. Um Mitternacht gab es Kaffee und Kuchen. Mein Vater mußte sich in jeder der „Chewrot" eine Zeitlang aufhalten, und ich durfte ihn begleiten. Das waren für mich herrliche Nächte, weniger wegen des Lernens, als wegen der Süßigkeiten, die ich mir zuführen durfte. Jede Familie, bei der das Lernen stattfand, suchte ihr Bestes an Darbietungen von Speis und Trank zu geben, und am darauffolgenden Tage wurde im Synagogenhof Kritik geübt. Auch das „Kapores" Schlagen war bei mir sehr beliebt, denn ich sah während des „Schlagens" die Hühner im Geiste schon gekocht und gebraten[11].

Die Gemeinde bildete im Grunde eine große Familie. Familienfeste waren Feste der ganzen Gemeinde. Bei Todesfällen herrschte Trauer in allen Häusern. Am Tage der Beerdigung kehrten alle Händler nach Hause zurück, um an der Lewaja[12] teilzunehmen. Während der Schiwe brachte jede Besucherin Kuchen oder Geflügel in das Trauerhaus. Während der Schiwe um den Vater meiner Mutter standen wir Kinder fast den ganzen Tag vor dem Hause, und wenn wir eine Besucherin sich nahen sahen, stürzten wir aufgeregt ins Zimmer mit den Worten: „Mama, es kommt wieder eine Frau mit einem Korb in der Hand."

Die Gemeindemitglieder waren zum größten Teil „Amrazzim", Ungebildete, die zwar die hebräischen Gebete mehr oder weniger richtig hersagen konnten, ihren Inhalt aber nicht verstanden, was übrigens ihrer Andacht keinen Abbruch tat. Wir von der jüngeren Generation, die wir in der Schule schon hebräische Grammatik lernten, machten uns ein besonderes Vergnügen daraus, die Fehler festzustellen, die die Großen machten, wenn sie am Jahrzeitstage vorbeten durften[13]. Nur ein ganz kleiner Teil der Gemeindemitglieder hatte den Ehrgeiz, auch etwas von dem zu verstehen, was sie beteten. In Schenklengsfeld versammelten sich am Freitag abend und am Schabbat mittag etwa zehn Männer in unserm Hause, wo mein Vater mit ihnen Kizzur und Mischnajot lernte[14]. Von uns Kindern wurden sie die „Lerner" genannt. Sie betrieben dieses Studium mit großem Eifer, und es war rührend mitanzusehen, wie diese abgearbeiteten, müden Männer am Munde meines Vaters hingen, um Toraworte von ihm zu vernehmen.

Ich mußte mich schon als kleiner Junge an diesen Lernsitzungen beteiligen. Mein Vater hatte – leider – den Ehrgeiz, einen großen Talmudgelehrten aus mir zu machen. So wurde ich gezwungen, schon im Alter von vier Jahren hebräisch lesen zu lernen, im Alter von fünf Jahren lernte ich Chumosch[15] übersetzen und im Alter von sechs Jahren einen Abschnitt Mischnajot. Durch diesen Zwang hat mein Vater das Gegenteil von dem erreicht, was er beabsichtigte. Mir wurde das Hebräischlernen allmählich zum Greuel, und als mein Vater mich nach Absolvierung des Gymnasiums gegen meinen Willen auf die Breuersche Jeschiwe in Frankfurt schickte, war das Resultat, daß ich schon nach zweimonatigem Aufenthalt in dieser stickigen Atmosphäre das Weite suchte und es von da ab 30 Jahre lang – in Erinnerung an die Quälereien in der Jugend – nicht über mich gewinnen konnte, auch nur in ein hebräisches Buch hineinzusehen. [...]

Die Juden bildeten in Schenklengsfeld 20 Prozent der gesamten Bevölkerung, ihr politischer Einfluß war aber größer als ihrer Zahl entsprochen hätte. Es bestand zu jener Zeit in Preußen das sogenannte Dreiklassenwahlrecht, das den besitzenden Klassen besondere Rechte bei der Wahl einräumte. Jede der drei Klassen hatte die gleiche Zahl von Wahlmännern zu wählen, und da die Juden in ihrer Mehrheit wohlhabender waren als die Bauern, gehörten sie den beiden ersten Klassen zu. In Schenklengsfeld wählte in der ersten Klasse ein einziger Wähler, ein reicher Jude. Seine einzige Stimme hatte dasselbe Gewicht wie die Stimmen sämtlicher Wähler der dritten Klasse, die das Gros der Bevölkerung ausmachten. Von den Juden wählte ein großer Prozentsatz in der zweiten Klasse. So kam es, daß im Dorfparlament von Schenklengsfeld unter zwölf Abgeordneten sieben Juden waren. Wenn auch die Juden ihre Mehrheit im Dorfrat nicht mißbraucht haben, so war es doch ein ungesunder Zustand, daß 20 Prozent der Bevölkerung die Mehrheit in diesem Rat bildeten, ein Zustand, der zu einer Stärkung des Antisemitismus beigetragen hat. Ähnlich lagen die Verhältnisse in zahlreichen anderen Dörfern Hessens mit jüdischer Bevölkerung. Als Kuriosum sei hier erwähnt, daß in einem Dorf im Rabbinatsbezirk Fulda, in Rhina, als einzigem Dorf in Deutschland, die Zahl der jüdischen Einwohner größer war als die der nichtjüdischen. Trotzdem gab es dort einen nichtjüdischen, von den Juden gewählten Bürgermeister. Selbst wenn ein Jude zum Bürgermeister gewählt worden wäre, wäre er nie und nimmer von der preußischen Regierung bestätigt worden. In Rhina gab es nur einen jüdischen Vizebürgermeister.

Die wohlhabenden Juden hatten den begreiflichen Wunsch, ihren Kindern eine höhere Schulbildung zuteil werden zu lassen, und so wurden denn einige Kinder in das Gymnasium der benachbarten Kreisstadt Hersfeld geschickt, darunter ich, das „Wunderkind". Damals gab es noch keine Bahnverbindung zwischen unserm Dorf und Hersfeld. Die Entfernung betrug 14 Kilometer, und man mußte eineinhalb bis zwei Stunden mit dem Pferdewagen dorthin fahren. Gar manchmal habe ich den Weg auch zu Fuß zurückgelegt. Ich selbst wurde in Schenklengsfeld für die Quarta des Gymnasiums vorbereitet.

Diese Vorbereitung war für mich mit vielen Leiden verbunden. Mein Vater hatte dafür Sorge getragen, daß in Schenklengsfeld immer ein jüdischer Arzt war, der die ganze Umgebung ärztlich versorgte. Es waren meist ganz junge Ärzte, die gerade ihr Universitätsstudium beendet hatten und in

Schenklengsfeld praktische Erfahrungen sammelten. Einer dieser Ärzte erklärte sich bereit, mir lateinischen Unterricht zu erteilen. Wenn er ärztlich stark in Anspruch genommen war, fand dieser Unterricht in unregelmäßigen Abständen statt, war er wenig beschäftigt, so gab er mir täglich eine Stunde. Aber der Mangel an ärztlicher Arbeit verbitterte sein Gemüt, und ich war der Blitzableiter für seine Verbitterung. Machte ich einen Fehler, so mußte ich mich über einen Stuhl legen, und dann traktierte dieser Prügelpädagoge meine Sitzfläche mit einem Lederriemen, an dessen Ende ein Knoten angebracht war. An solchen Tagen habe ich immer tief bedauert, daß es nicht mehr Kranke in der Gegend gab, die ärztlicher Hilfe bedurften. Zu Hause wagte ich aus Angst vor meinem Vater nichts von diesen Schlägen zu erzählen, denn dann hätte ich doch zugeben müssen, daß ich etwas nicht gewußt habe, und dann hätte ich möglicherweise noch eine „Erziehungszulage" erhalten. Aber als ich an einem Schabbat nach einer solchen Prügelszene weinend und mir meinen schmerzenden Körperteil reibend nach Hause kam, und man feststellte, daß meine Sitzfläche über und über mit Striemen bedeckt war, war selbst meinem Vater dieser „Oneg Schabbat"[16] zuviel, und er verbot die Fortsetzung des Unterrichts. Ich erhielt dann lateinischen Unterricht bei dem protestantischen Ortspfarrer, der als ein Antisemit galt. Mir gegenüber hat er sich stets korrekt benommen.

Aber als einmal bei einer Wahl zum Preußischen Landtag, dessen Abgeordnete in öffentlicher Stimmabgabe durch sogenannte Wahlmänner gewählt wurden, der nicht antisemitische Kandidat gegen den antisemitischen Kandidaten mit einer Stimme Mehrheit siegte, ließ der Pfarrer seine wahre Gesinnung durchblicken. Mein Vater war einer der Wahlmänner, und seine Stimme hatte gewissermaßen den Ausschlag bei der Wahl gegeben. Er mußte zum Zwecke seiner Stimmabgabe als „Wahlmann" nach der Kreisstadt Hersfeld fahren und daher den Schulunterricht für diesen Tag ausfallen lassen. Der Pfarrer, der offenbar unzufrieden mit dem Wahlausgang war, ließ als staatlicher Schulinspektor, der er war, meinen Vater in sehr erregtem Ton durch mich auffordern, den Schulunterricht nicht ohne seine, des Schulinspektors, vorherige Genehmigung auszusetzen. Ich erhielt daraufhin von meinem Vater den wenig angenehmen Auftrag, zum Pfarrer zurückzugehen und ihm zu sagen, mein Vater lehne es ab, derartige Mitteilungen durch mich entgegenzunehmen, und bitte den Herrn Schulinspektor, sie ihm schriftlich und amtlich zur Kenntnis zu bringen. Und da ich vor meinem Vater größere Angst hatte als vor dem Pfarrer, mußte ich diesen Auftrag wohl oder übel ausführen. Diese kleine Episode zeugt von dem Unabhängigkeitssinn meines Vaters auch Vorgesetzten gegenüber.

Der Unterricht durch den Pfarrer im Lateinischen und durch meinen Vater in den übrigen Fächern war erfolgreich. Ich bestand die Aufnahmeprüfung in die Quarta, und selbst mein Vater war – was selten vorkam – an diesem Tag mit mir zufrieden. Für mich bedeutete dieser Tag einen neuen, wichtigen Abschnitt in meinem jungen Leben. Er bedeutete für mich

Verlassen des Elternhauses im Alter von elfeinhalb Jahren und Eintritt in eine christliche Schule.

Hersfeld war damals eine Hochburg des Antisemitismus. Es war die typische Stadt der kleinen Spießbürger, für die Antisemit zu sein, zum guten Ton gehörte. Auch im Gymnasium spürte man diese antisemitische Atmosphäre auf Schritt und Tritt, weniger bei den Lehrern, die im allgemeinen die jüdischen Schüler ohne Voreingenommenheit behandelten, als vielmehr bei den Schülern, die ihren jüdischen Klassenkameraden gegenüber sich roh und abweisend benahmen. Der Direktor des Gymnasiums, der berühmte Duden, ein hochgelehrter Mann, galt allgemein als Antisemit, trat aber politisch nicht hervor. Den jüdischen Schülern gegenüber verhielt er sich korrekt.

In Hersfeld bestand eine jüdische Gemeinde, die sich durch Zuzug aus den umliegenden Dörfern dauernd vergrößerte. Damals setzte die Landflucht der hessischen Juden ein, und viele ehemals und noch in meiner Jugend blühenden Landgemeinden lösten sich durch den Drang nach den Städten allmählich auf.

Ich lebte in Hersfeld im Hause eines Onkels (Mann der Schwester meiner Mutter), der, wie viele Angehörige meiner Familie, Lehrer war und an der jüdischen Volksschule unterrichtete. Er war mit einer reichen Kinderschar gesegnet, und alle diese sieben Kinder waren ausgezeichnete Schüler. Der Onkel selbst war ein ungewöhnlich vornehmer, gütiger, liebenswerter Mann, der in seiner Gemeinde hohe Verehrung genoß. Er gehörte zu den wenigen wahrhaft Frommen, denen ich im Leben begegnet bin, bei denen Leben und Lehre im Einklang miteinander standen. Sein Vorbild bewirkte, daß die Gemeinde Hersfeld, in der es ursprünglich viele Nichtreligiöse gegeben hatte, später zu den religiösesten des Bezirkes gehörte. – Der sonst so gütige Mann bedachte mich im Laufe meines dreijährigen Aufenthaltes in seinem Hause zweimal mit Ohrfeigen, einmal weil ich meiner Tante, seiner Frau, eine ungehörige Antwort gegeben hatte und das zweite Mal, weil ich versäumt hatte, Tefillin zu legen. Ich war an diesem Morgen 14 Kilometer zu Fuß von Schenklengsfeld nach Hersfeld gewandert und hatte vor Schulbeginn nicht mehr die Zeit, Tefillin zu legen. Aber ich kann beteuern, daß es in dieser Periode meines Lebens das einzige Mal war, daß ich dieses Gebot nicht erfüllte.

Im Jahre 1896 wurde in Hersfeld eine neue, sehr schöne Synagoge gebaut. Mein Vater, der neben seinen anderen Fähigkeiten auch musikalische Begabung aufweisen konnte, hatte ein Halleluja komponiert, das bei der Synagogeneinweihung gesungen wurde und seitdem zum eisernen Bestand der Synagogengesänge der Gemeinde Hersfeld gehörte, und am Schabbat und an Feiertagen von der ganzen Gemeinde mit großer Begeisterung gesungen wurde. Als Sohn des Verfassers dieses fröhlichen Gesanges genoß ich die besondere Sympathie der Gemeindemitglieder.

In Hersfeld war die soziale Schichtung der Juden schon etwas anders als in den Dörfern. Es gab auch dort eine Anzahl Viehhändler, sowie einige

„Güterschlächter", aber es lebten dort auch schon viele Kaufleute, deren Bildungsgrad allerdings mit wenigen Ausnahmen kaum über dem der Viehhändler lag. Die Kinder dieser Juden besuchten bereits fast alle das Gymnasium mit mehr oder weniger Erfolg. In meiner Klasse waren damals sechs Juden, von ihnen waren allerdings nur zwei am Schuljahrsbeginn in diese Klasse aufgestiegen, während die vier anderen „alte Herren" waren, d. h. die Klasse ein zweites Mal absolvierten. Außer mir hat keiner von ihnen das Gymnasium beendet, nicht einmal bis zur Einjährigenprüfung sind sie gelangt, aber sie wurden trotzdem alle tüchtige Kaufleute. [...]

Trotz der streng orthodoxen Richtung meines Onkels mußten wir auch am Schabbat das Gymnasium besuchen. Da es in Hersfeld keinen „Eruw" gab, durfte man dort am Schabbat nicht tragen[17]. Das Taschentuch wurde an die Rocktasche angenäht. Die Bücher, die ich für den Unterricht brauchte, mußte ich am Freitag zum Pedell des Gymnasiums bringen und sie am Sonntag dort wieder abholen. Ich habe es nicht gerne getan, denn ich wurde von meinen Mitschülern – auch von den jüdischen – deswegen verspottet. Selbstverständlich haben die jüdischen Schüler am Schabbat nicht geschrieben. Nur ein einziger Lehrer hat daran Anstoß genommen, alle anderen Lehrer respektierten unsere religiösen Gefühle. Ich habe in meiner Jugend die religiösen Gebote gewissenhaft erfüllt. Besonders vor Klassenarbeiten und vor den Terminen der Zeugnisverteilung steigerte sich meine religiöse Inbrunst, und mit Versprechungen an Gott bezüglich Erfüllung seiner Gebote war ich in solchen Zeiten sehr freigebig.

Unter meinen Mitschülern war ein christlicher Junge dänischer Herkunft. Sein Vater hatte den Krieg von 1864 zwischen Preußen und Dänemark auf dänischer Seite mitgemacht, und da er in den an Preußen abgetretenen Landesteilen wohnte, trat er nach Friedensschluß in den preußischen Staatsdienst über. Dieser Junge, der zu den besten Schülern der Klasse gehörte und daneben auch körperlich ungewöhnlich kräftig war, war frei von jeder antisemitischen Regung und kam allen jüdischen Mitschülern mit seinen starken Armen zu Hilfe, wenn sie von den antisemitischen Klassenkameraden belästigt wurden. Und solche Schläge der vereinten christlichen Mitschüler gegen die wenigen jüdischen waren an der Tagesordnung. Man wurde über einen sogenannten Schlagbaum gelegt, von einigen Jungen festgehalten, und dann hatte jeder Schüler das Recht, einen Schlag auf die Sitzfläche zu geben, und da etwa 28 christliche Schüler in der Klasse waren, summierten sich diese Schläge im Laufe des Monats zu ganz erklecklichen Ziffern. Aber wenn der starke Däne Olaf Olerog zugegen war, wurden selbst die rohesten Patrone vorsichtig.

Gesellschaftlichen Verkehr gab es in Hersfeld zwischen Juden und Christen überhaupt nicht, es bestand eine vollständige Trennung zwischen den Konfessionen, und ich habe auch später in Deutschland niemals eine so rein antisemitische Atmosphäre in allen Kreisen der Bevölkerung erlebt, wie in Hersfeld. [...]

Im Jahre 1899 wurde mein Vater an die neugegründete jüdische Volksschule in Fulda versetzt. Das bedeutete für ihn zugleich einen Aufstieg und einen Abstieg. Einen Aufstieg insofern, als er in eine Stadt kam mit besseren Bildungsmöglichkeiten für uns Kinder, die wir nunmehr wieder im Elternhause leben konnten, als er dort Umgang mit gebildeten Menschen pflegen und seine geistigen Fähigkeiten besser zur Geltung bringen konnte. Für meine Mutter, die auf dem Dorfe unter sehr primitiven Bedingungen leben mußte, bedeutete es eine Erleichterung ihres Lebens. Ein Abstieg war es, weil es mit der Selbstherrlichkeit, mit der er im Dorfe geschaltet und gewaltet hatte, nunmehr vorbei war. Er war dort nicht mehr der Mittelpunkt der ganzen Gemeinde, sondern einer unter vielen Beamten, die Vorgesetzte über sich hatten. Er, der Jahrzehnte hindurch nur gewohnt war, zu befehlen, mußte nun plötzlich Befehle entgegennehmen. Hinzu kam, daß die stickige Atmosphäre eines religiösen Fanatismus, wie er in Fulda unter dem Regime eines zelotischen Rabbiners herrschte, seinem Wesen fremd war. Dieser Rabbiner, der kraft der hessischen Judenverordnung eine große Machtfülle hatte, nutzte sie in wahrhaft diktatorischer Weise aus.

Die jüdische Gemeinde, die damals aus etwa 175 Familien bestand, setzte sich zusammen aus einer kleinen Zahl alteingesessener Familien, die zum Teil seit Jahrhunderten in Fulda wohnten – darunter auch die Familie Spiro – und die sich mit Stolz „Altfuldaer" nannten, und aus einer großen Zahl zugezogener Juden, die vorher in den umliegenden Dörfern gelebt hatten. Die religiöse Grundeinstellung der Gemeinde war streng orthodox. Leider herrschte in der Gemeinde viel religiöse Heuchelei, besonders in den Kreisen, die dem Rabbiner nahestanden, und die sich in Liebedienerei ihm gegenüber nicht genug tun konnten. Die Mitglieder des „Vorsteheramtes der Israeliten" und des Gemeindevorstandes, die er auswählte, gehörten nicht immer zu den Edelsten der Nation. Ein Menschenkenner war er nicht.

Unter den freisinnten Männern der Gemeinde herrschte starke Mißstimmung gegen den Rabbiner und seinen Kreis, aber es ist zu Lebzeiten des Rabbiners niemals gelungen, eine organisierte Opposition zu schaffen. Wer es wagte, den Schabbat zu entweihen durch Geschäftsöffnung oder andere Arbeit, wurde von der Kanzel herab an den Pranger gestellt. Die zionistische Bewegung verfolgte er mit besonderem Haß. Eine Misrachi-Ortsgruppe[18], die sich in Fulda gebildet hatte, wurde auf des Rabbiners Geheiß wieder aufgelöst. Die religiöse Erziehung der Jugend sprach allen pädagogischen Grundsätzen Hohn. Die Schüler der höheren Schulen wurden zum allmorgendlichen Synagogenbesuch gezwungen. Wer zu spät oder gar nicht erschien, wurde mit Strafpunkten belegt. Die Kontrolle über den Synagogenbesuch wurde von den von dem Rabbiner für würdig befundenen Schülern ausgeübt, die dadurch zu einem widerlichen Denunziantentum angehalten wurden. Ich selbst war in der Synagoge Zeuge einer Szene, die wohl einzig in ihrer Art ist: Der Rabbiner eilte, mit Tallit und Tefillin angetan, einem sechzehnjährigen Obersekundaner, der die Synagoge vor Beendigung des

Gottesdienstes verlassen hatte, bis in den Synagogenhof nach, ohrfeigte ihn und zwang ihn, in die Synagoge zurückzukehren, und niemand wagte es, sich gegen solche Handlungen aufzulehnen. Der Lohn blieb allerdings nicht aus. Sehr viele der unter diesem Regime erzogenen Schüler wandten sich, nachdem sie der rabbinatlichen Diktatur entronnen waren, endgültig von der Orthodoxie ab. Gerechterweise muß zugegeben werden, daß dieser Rabbiner immerhin eine Persönlichkeit war, die die Forderungen, die er an andere stellte, auch von sich selbst verlangte.

Besonders gefürchtet war der Rabbiner bei den Lehrern seines Bezirkes. Jeden Donnerstag versammelten sich die Lehrer zum Zwecke des Talmudstudiums in Hersfeld oder in Fulda, und der Rabbiner „lernte vor". Wehe den Lehrern, die zu diesen Übungen nicht erschienen. Sie galten als religiös unzuverlässig. Was das bei diesem Rabbiner bedeutete, kann der nicht ermessen, der ihn nicht kannte. Allerdings kamen die Lehrer nicht ungern zu diesen Lernstunden, denn es bot sich dann eine gute Gelegenheit, in der Stadt Einkäufe zu machen. Besonderen Grund zu Furcht vor dem Gestrengen hatten die Lehrer, die gleichzeitig Schochtim waren, so wie dieses bei den Dorflehrern üblich war. Sie wurden von Zeit zu Zeit durch den Rabbiner auf ihre Eignung geprüft, mußten ein „Messer stellen", und wehe dem Armen, in dessen Messer der Rabbiner eine Lücke (Pegima) fand, die ihm, dem Schochet, entgangen war. Dann machte der Rabbiner selbst feine Lücken in das Messer, die der Schochet finden mußte. Ich sehe noch die schreckerfüllten Gesichter dieser Lehrer und Schochtim vor mir, die nach unbefriedigendem Ergebnis sich rat- und hilfesuchend an meinen Vater wandten. Für die Lehrer in den kleinen Dorfgemeinden bildete die Schechita eine wichtige Erwerbsquelle, die versiegte, wenn der „Fulder Raw" die Lehrer als Schochtim „passelte"[19].

Es gehörte zu den besonderen Gepflogenheiten dieses Rabbiners, nach Lücken und Mängeln auf dem religiösen Gebiet zu *suchen*. Einmal hatte er festgestellt, daß ein Mohel, der seit über 20 Jahren seines Amtes waltete, Fehler bei der Ausübung der Beschneidung gemacht hatte. Des Rabbiners bemächtigte sich eine große Erregung, und er gab Befehl, daß sämtliche Kinder und jungen Männer, die durch eben diesen Mohel ihrer Vorhaut beraubt worden waren, sich einem streng orthodoxen Arzt in Fulda zur Untersuchung ihrer Kaschrus vorzustellen hatten. Es hob eine große Aktion an, um alle diese Kinder und Jugendlichen ausfindig zu machen, und tatsächlich fanden sich einige Kinder, zum Teil schon im Schulalter, bei denen Fehler festgestellt werden konnten. Alle diese Kinder wurden auf Befehl des Rabbiner-Diktators ein zweites Mal beschnitten. Ich selbst gehörte zu der Klientel dieses Mohel, war damals, als das Unglück entdeckt wurde, schon Student, und als ich zu den Universitätsferien nach Hause kam, eröffnete mir mein Vater, daß ich mich zum Zwecke meiner Beschneidungskaschrus von dem oben erwähnten orthodoxen Arzt untersuchen lassen müsse. Aber damals widerstand ich sogar der Forderung meines strengen Vaters mit der Begründung, daß erstens eine nochmalige Beschneidung für mich unter keinen Umständen in Frage komme und zweitens ich mit dem Ergebnis der Beschneidung durchaus zufrieden sei. Es sprach sich in Fulda bald herum, daß der Sohn des Lehrers Spiro die Untersuchung verweigert hätte, und es gab Anlaß zu Empörung und zu Heiterkeit, je nach der religiösen Einstellung der Gemeindemitglieder, ich aber ging stolz erhobenen Hauptes an den mich scheel anblickenden Orthodoxen vorbei. [...]

Für unseren Rabbiner war es um so leichter, seinen Gefühlen freien Lauf zu lassen, als in dem erzkatholischen Fulda die Atmosphäre eines religiösen Fanatismus herrschte. Im Gymnasium waren 80 Prozent der Schüler und Lehrer katholisch, und sie unterstanden der strengen Aufsicht der katholischen Geistlichkeit, die mit eiserner Hand die Schüler zur „Frömmigkeit" anhielt. In diesen Kreisen fand denn auch der Rabbiner volles Verständnis für seine Erziehungsmethoden. [...] In der Oberprima waren unter 33 Schülern 28 Katholiken, vier Juden und ein Protestant. Bezeichnend für den Geist der Schule war, daß von den 28 Katholiken 18 Pfarrer wurden.

Unser katholischer Gymnasialdirektor, ein tiefreligiöser Mann, unterhielt zu den jüdischen Schülern die besten Beziehungen. Nie hätte er eine Verletzung der religiösen Gefühle der jüdischen Schüler geduldet, und bis auf einen einzigen protestantischen Lehrer wagte keiner der Lehrer, antisemitische oder religionsfeindliche Bemerkungen zu machen. Und auch diesem antisemitischen Lehrer wurde durch den Direktor das Handwerk gelegt.

Zwischen dem Rabbiner und der katholischen Geistlichkeit herrschten ausgezeichnete Beziehungen, insbesondere aber zu dem Bischof. Während des Ritualmordprozesses gegen den Schächter Buschhoff in Xanten in der Rheinprovinz (am Ende des 19. Jahrhunderts in dem „Kulturland" Deutschland!) erreichte unser Rabbiner, daß der Bischof von Fulda, der spätere Kardinal Kopp, öffentlich gegen das Ritualmordmärchen Stellung nahm[20]. Seine Erklärung erregte damals in der ganzen katholischen Welt ungeheures Aufsehen. Auch als im deutschen Reichstag das Verbot des rituellen Schächtens zur Debatte stand, hat der Rabbiner mit Unterstützung des katholischen Abgeordneten von Fulda mit Erfolg auf die katholische Zentrumspartei, eine der größten des Reichstages, eingewirkt, um sie zur Ablehnung des Schächtverbotantrages zu veranlassen[21]. Das muß ihm auf die Kreditseite seines Wirkens angerechnet werden. Auf der anderen Seite hat er jahrelang einen erbitterten Kampf gegen den unter liberalem Einfluß stehenden Verband der jüdischen Lehrervereine sowie gegen den deutschen Rabbinerverband geführt und durch seinen hemmungslosen Extremismus viel Schaden gestiftet. In seinem Kampf aber und seinem Haß gegen den Zionismus – auch den religiösen – hat er die liberalen Rabbiner weit übertroffen. [...]

Die gesellschaftliche Schichtung der jüdischen Einwohner von Fulda war gänzlich verschieden von der in dem benachbarten Hersfeld. In Fulda gab es schon eine sogenannte Oberschicht von Akademikern, gebildeten Kaufleuten, einigen Industriellen, Bankiers und einigen Beamten. Dann war da die Schicht der Alteingesessenen, die sich kraft ihrer Seßhaftigkeit besser dünkten als ihre aus den Dörfern zugezogenen Brüder, die die dritte Schicht bildeten und für die es fast unmöglich war, in die sogenannte gute Gesellschaft aufgenommen zu werden.

Nach unserer Übersiedlung nach Fulda trat mein Vater in den jüdischen Geselligkeitsverein „Casino" ein. Dort aufgenommen zu werden, galt damals als eine Ehre. Die Abstimmung war geheim, und ich habe manche Tragödie erlebt bei Menschen, die bei der Abstimmung durchfielen, und für die Ablehnung einer gesellschaftlichen Ächtung gleichkam. Dabei waren die Abgelehnten oft ehrenhafter als die Ablehner. Später sank das Ansehen des „Casino" beträchtlich, als in Fulda eine Bne Briss Loge gegründet wurde, in die aufgenommen zu werden der höchste Ehrgeiz der Gemeindeangehörigen war. Wenn ich aus Berlin für einige Tage nach Fulda kam, war die erste Frage meiner der Loge angehörenden Bekannten: „Sind Sie Mitglied der Loge?" Und als ich verneinte, fühlte ich, wie die Achtung vor mir sank. So segensreich in großen Städten die Tätigkeit der Loge war, so sehr führte die Zugehörigkeit zu ihr in kleinen Städten zu einem gesellschaftlichen Dünkel, der sicher nicht im Sinne der Begründer der Loge war. Gewiß gab es auch in den kleinen Städten geistig hochstehende, freigesinnte Männer, die über das aufgeblasene Logengehabe überlegen lächelten, aber das Gros der Gemeindemitglieder, das nicht zur Loge gehörte, blickte mit Neid auf die „Auserwählten", die der Mitgliedschaft zur Loge für würdig erachtet wurden, während die „Auserwählten" sich im Glanze ihrer Auserwähltheit sonnten und blähten.

Es soll nicht geleugnet werden, daß in den Logen durch Vorträge das Interesse für geistige Fragen geweckt wurde, aber für die Masse der Mitglieder wurden in den kleinen Städten auch diese Vortragsabende in erster Linie als gesellschaftliche Ereignisse gewertet. Selbst bei vielen der Austrittsorthodoxen[22] war die Sucht, auch dazuzugehören, größer als der sonst so stark ausgeprägte Trieb zur Absonderung, und sie traten gegen den Willen des jungen Rabbiners, des geistig wenig hervorragenden Sohnes des „alten Raw", in die Loge ein.

Eine Misrachi Ortsgruppe konnte in Fulda nicht mehr ins Leben gerufen werden; so weit reichte der Einfluß des jungen Rabbiners immerhin noch. Dagegen konnte schon der alte Rabbiner die Gründung einer allgemeinen zionistischen Ortsgruppe, die sich in der Hauptsache aus Nichtorthodoxen zusammensetzte, nicht mehr verhindern, wenn auch diese Ortsgruppe einen Dornröschenschlaf schlief. Allmählich gewannen in Fulda auch die liberalen Kräfte stärkeren Einfluß, denn ihre Zahl war im Lauf der Jahre stark gewachsen. Der junge Rabbiner, der sich zunächst bemühte, in allen Gemeindeangelegenheiten in die Fußstapfen seines Vaters zu treten, war doch nicht die Persönlichkeit, um sich auf die Dauer dem gewandelten Zeitgeist zu widersetzen, und so mußte er schließlich einwilligen, daß ein Vertreter der Liberalen in den Gemeindevorstand eintrat. Der Rabbiner brauchte seine Einwilligung nicht zu bereuen, dieser Oppositionelle wurde allmählich völlig „regierungstreu" und wachte scharf über die Innehaltung der streng orthodoxen Grundlinie der Gemeinde. [...]

Im Frühjahr 1904 beendigte ich das Gymnasium in Fulda, und die Frage der Berufswahl stand zur Erörterung. Mein Vater hatte trotz seiner sehr weltlichen Einstellung die Hoffnung noch nicht aufgegeben, aus mir einen großen Raw machen zu können, während meine Mutter, die mich besser kannte, den Standpunkt vertrat, daß ich mich nicht zum Rabbiner eigne. Es wurde eine Zwischenentscheidung getroffen, dahingehend, daß ich zunächst einmal die Breuersche Jeschiwe in Frankfurt am Main besuchen solle, und daß erst während meines dortigen Studiums die Entscheidung über meine Berufswahl getroffen werden solle. Es war, wie sich bald herausstellte, ein unglücklicher Entschluß.

Schweren Herzens trat ich im April 1904 die Reise nach Frankfurt an, um als „Bocher" in die Jeschiwe einzutreten. Ich meldete mich bei dem allmächtigen Rabbiner der Austrittsgemeinde und Leiter der Jeschiwe, Dr. Breuer, einem Schwiegersohne Samson Raphael Hirschs[23], als jüngster Jeschiwebachur. Die Audienz bei Seiner Hoheit fand im Stehen statt und war wenig ermutigend für mich. Mir wurde sofort klar, daß meines Bleibens in dieser Welt der Eiferer nicht lange sein werde. Die Jeschiwebachurim waren fast sämtlich mittellose junge Männer aus Ungarn und Galizien. Nur zwei deutsche Juden waren unter den Schülern, außer mir ein Sohn des durch seine Frömmigkeit und Wohltätigkeit in der Orthodoxie bekannten und hochverehrten Bankiers Samuel Strauß in Karlsruhe. Da ich in meinen Kenntnissen weit hinter den übrigen Bachurim zurückstand, von denen ein Teil schon wirklich Lamdanim[24] waren, erhielt ich einen „Repetierer", einen sogenannten „Chaserbocher", der sich mit großem Eifer bemühte, meine großen Wissenslücken auszufüllen. [...]

Ich hatte Gelegenheit, den religiösen Hochmut und den persönlichen Dünkel der Führer der Frankfurter Austrittsorthodoxie kennenzulernen. Sie waren orthodox, aber nicht fromm. Zur Frömmigkeit gehört Nächstenliebe, und von Nächstenliebe war bei ihnen nichts zu spüren. Darin hatten sie ein gutes Vorbild in ihrem Herrn und Meister, dem Rabbiner Breuer. Sein Haß gegen alles und alle, die nicht zur Austrittsorthodoxie gehörten, war grenzenlos. Besonders groß war sein Haß gegen den ebenfalls gesetzestreuen Rabbiner der großen jüdischen Gemeinde in Frankfurt, den bedeutenden, gelehrten, toleranten Dr. Horovitz, der in weiten Kreisen des deutschen Judentums höchste Verehrung genoß[25]. Sein Name durfte nicht in Breuers Gegenwart genannt werden. Wie weit sich der Haß gegen die freiere Richtung der Frankfurter Gemeinde verstieg, erhellt am besten die Tatsache, daß der Nachfolger Breuers sich weigerte, an der Beerdigung des Rabbiners Horovitz teilzunehmen, eine Haltung, die ihm allerdings auch von einem

Teil seiner Anhänger verübelt wurde. Zweifellos war Breuer ein bedeutender Talmudgelehrter, aber diese Gelehrsamkeit war verbunden mit einer Starrheit, mit einem Mangel an Verständnis für die junge Generation, daß sich diese nur mit Zittern und Furcht dem Gebieter näherte, soweit diesem Manne gegenüber sich das Wort „sich nähern" überhaupt anwenden läßt.

Eines Tages stellte mich einer der Breuerschen Söhne darüber zur Rede, daß ich, wie man dem „Rebbe" berichtet habe, Theater und Opern besuche. Er fügte hinzu: „Dies wird nicht gern gesehen." Ich konnte die Tatsache nicht leugnen, aber auch nicht versprechen, daß ich mir diesen Genuß versagen werde. Meine Situation in dieser Umgebung wurde immer unhaltbarer und meine Abneigung gegen diese Form der Orthodoxie immer stärker. An wen hätte ich mich wenden sollen, um mich aus dieser Lage zu befreien? Höchstens an meine Mutter, die mich verstanden hätte, aber deren Einfluß in solchen Fragen nur gering war. Schließlich beschloß ich, auf eigene Faust zu handeln. Ich faßte mir ein Herz und ging zum „Rebbe", um ihm mitzuteilen, daß ich mich entschlossen hätte, die Jeschiwe zu verlassen, nachdem ich eingesehen hätte, daß ich für den Jeschiwebesuch nicht geeignet sei. Die Beschimpfung des Rabbi, der mich als faul und lernunwillig bezeichnete, hörte ich mir in aller Gemütsruhe an, wußte ich doch, daß dies mein letztes Zusammentreffen mit ihm war, und daß meine Laufbahn als Jeschiwebachur noch am gleichen Tag beendet sein werde. Dieser Entschluß bildete den Beginn meiner inneren Unabhängigkeit von meinem Vater, der bis dahin ohne Rücksicht auf meine Wünsche und Neigungen über die Gestaltung meines Lebens entschieden hatte. Es bedeutete auch das Ende meiner Beschäftigung mit dem Talmud und sonstiger hebräischer Literatur. Hatte ich schon vorher durch den Zwang, mit dem man mich zur Beschäftigung mit den heiligen Büchern angehalten hatte, mich mit einem gewissen Widerwillen dem Studium dieser Bücher gewidmet, so war jetzt das Maß voll, und weder mein Vater noch andere vermochten es, diesen Widerwillen zu überwinden. 30 Jahre hindurch wirkte dieser in der Jugend erlittene Schock nach, und erst in Erez Israel ist es mir gelungen, den Widerwillen gegen das Hebräische zu besiegen und meine in *früher* Kindheit empfundene Liebe zum Hebräischen wieder zum Erwachen zu bringen.

1 Den Titel des Morenu Raw (hebr. Unser Lehrer, der Rabbiner) darf nur führen, wer als Rabbiner ausgebildet und authorisiert wurde. Nicht jeder Träger des Titels amtiert auch als Rabbiner.
2 Schriftgelehrter
3 „Es kommt vom Himmel"
4 „und mein Arsch soll zuerst kaputt gehen"
5 „Ich will nicht das Glück haben, jüdisch beerdigt zu werden."
6 „Verboten"
7 Diese Behauptung ist philologisch nicht korrekt, es handelt sich vielmehr um hessische und westjiddische Sprachformen.

8 Entsprechend dem biblischen Gebot in Leviticus 19,27 lehnen orthodoxe Juden das Rasieren mit dem Rasiermesser ab.

9 7. Tag des Laubhüttenfestes. Zu Schawuot s. Worterklärungen im Anhang.

10 D. h. jeder lernt Talmud in seinem „Verein".

11 Gemeint ist der im traditionellen Judentum verbreitete Volksbrauch des Kapores Schlagens am Vortag des Versöhnungsfestes. Bei dieser Sühnehandlung nimmt der Mann einen Hahn, die Frau ein Huhn, schwingt es über dem Kopf und sagt Sühnegebete, in denen das Tier als Sühneopfer bezeichnet wird. Anschließend schlachtet man das Tier und gibt es oder den Gegenwert in Geld den Armen.

12 Beerdigung

13 Unter Jahrzeit versteht man das jährliche Begehen des Todestages der Eltern oder anderer naher Verwandter. Für den Verstorbenen wird das Kaddisch-Gebet gesprochen und ein Jahrzeitlicht angezündet. Dem Trauernden kann auch das Vorbeten in der Synagoge übertragen werden.

14 Mit Kizzur ist der Kizzur Schulchan Aruch gemeint, verfaßt 1864 von Salomon Ganzfried. Diese Schrift faßt die wichtigsten Gebote und Vorschriften des Judentums in ihrer rituellen Bedeutung für das Leben der Orthodoxen zusammen. – Mischnajot sind Abschnitte der Mischna im Talmud (s. Worterklärungen in Anhang).

15 Chumosch sind die Fünf Bücher Mose.

16 „Sabbatfreude"

17 Eruw bedeutet „Sabbatgrenze". Am Sabbat ist im orthodoxen Judentum u. a. das Tragen als eine Arbeit verboten. Ummauerte Städte gelten als Erweiterungen des eigenen Wohnbereichs, in dem das Tragen erlaubt ist. Wird die Stadtmauer entfernt, muß an ihrer Stelle eine symbolische Sabbatgrenze, meist eine Kette, das Tragen ermöglichen.

18 Die Misrachi Zionisten sind eine 1902 in Wilna gegründete Vereinigung nationalreligiöser Zionisten, die die Erfüllung des Basler Programms auf der Grundlage der Tora erstreben.

19 D. h. als Schächter für religiös nicht tragbar erklärte.

20 Antisemiten beschuldigten 1891 den Xantener Schächter Buschhoff des Ritualmordes an einem tot aufgefundenen Knaben. Sie erzwangen zwei Aufsehen erregende Gerichtsverfahren, die mit Freispruch endeten. Der spätere Kardinal Georg von Kopp (1837-1914) war bis 1887 Bischof von Fulda, zur Zeit des Xantener Ritualmordprozesses aber schon Fürstbischof von Breslau.

21 1899 stellten antisemitische Abgeordnete im Reichstag vergeblich den Antrag, das Schächten als Tierquälerei zu verbieten. Neben Sachverständigen nahm vor allem das Zentrum entschieden gegen die Vorlage Stellung.

22 Ab 1876 war es in Preußen gesetzlich möglich, aus der jüdischen Einheitsgemeinde auszutreten, ohne zu konvertieren. Eine radikale Gruppe der Orthodoxen machte davon Gebrauch und gründete separate „Austrittsgemeinden", während die Mehrheit der Orthodoxen in den Einheitsgemeinden blieb.

23 Samson Raphael Hirsch (1808-1888), der Begründer der Neuorthodoxie, war seit 1851 Rabbiner der orthodoxen Israelitischen Religionsgesellschaft in Frankfurt a. M. Als Urheber des Austrittsgesetzes von 1876 schuf er in Frankfurt die erste Austrittsgemeinde. Sein Schwiegersohn Salomon Breuer (1849-1926) wurde sein Nachfolger, gründete (1890) die ultraorthodoxe Jeschiwe und den Verband der Orthodoxen Rabbiner Deutschlands.

24 Gelehrte

25 Marcus Horovitz (1844-1910) wurde 1878 Rabbiner der Frankfurter Jüdischen Gemeinde. Als einer der Führer des deutschen Judentums begründete er den Allgemeinen Rabbinerverband in Deutschland und den Verband Traditionell-gesetzestreuer Rabbiner. – Horovitz starb noch zu Lebzeiten Breuers – die folgende Bemerkung über die Teilnahme an der Beerdigung bleibt daher unklar.

21 Johanna Harris, geb. Brandes

geb. 1879 Oberaula (Prov. Hessen-Nassau) – gest. 1964 Boston (USA)

Johanna Harris-Brandes, Fröhliche Kindheit im Dorf, Erlebnisse aus den Jahren 1880-1890. Ms. undatiert, 96 S. – Verfaßt in den USA.

Mit erzählerischer Begabung schildert die Verfasserin das Milieu ihrer Kindheit im hessischen Dorf Oberaula, Kreis Ziegenhain. Unter den etwa 1000 Einwohnern leben 25 jüdische Familien, die sich überwiegend vom Viehhandel ernähren. Johannas Vater ist der Lehrer der staatlichen jüdischen Volksschule, leitet auch den Gottesdienst in der Synagoge und schlachtet koscher. Trotz des überall spürbaren Antisemitismus sind der jüdische und der christliche Lehrer des Dorfes enge Freunde, teilen sie doch die gedrückte und materiell dürftige Lage des gleichen Berufsstandes. Die Erinnerungen veranschaulichen das Leben einfacher Dorfjuden, die schwierige Stellung des jüdischen Lehrers als Gemeindeoberhaupt und die ländlichen Formen des Antisemitismus in Hessen.

Unser Vater war sicherlich kein glänzender Lehrer, und gewiß kein Erzieher. In einer Stadtschule hätten ihm die Kinder ins Gesicht gelacht, das war hier undenkbar; er wurde von den Kindern als etwas Gottgewolltes empfunden und hingenommen. Die Kinder fühlten auch, er war ihnen allen, und jedem einzelnen besonders, sehr gut, sein Blick hing mit Liebe und Wohlgefallen an ihnen, wenn sie gut gelernt hatten, und mit Sorge und Betrübnis, wenn es ihnen nicht gelang. Dieser wunderliche, alte Lehrer war selber ein Kind in seinem Herzen geblieben und von so großer Herzensreinheit und Sittenstrenge, wie man das nur bei Menschen trifft, die wenig mit der Außenwelt in Berührung kommen.

Soviel nur irgend möglich, schützte der Lehrer die Kinder vor ihren eigenen, ungebildeten Eltern, die oft roh waren. Er duldete nicht, daß sie daheim über ihre Kräfte ausgenutzt oder sinnlos bestraft wurden. Er sieht ihnen an, wenn zuhause etwas nicht in Ordnung ist, geht zu den Eltern, läßt sich erzählen, warum sie unzufrieden sind mit den Kindern, spricht ihnen gut zu und lacht zuletzt mit ihnen und sagt: „Nur Geduld, die Kinder sind brav und gut, ordentlich und fleißig, ich lasse auf meine Schulkinder nichts kommen. Sie werden einmal sehen, wie sich der Junge oder das Mädel später im Leben bewähren wird, an dem werden Sie noch Ihre Freude haben. Waren Sie denn als Kinder Engel? Das muß sich austoben, und wie schwer haben es die Kinder erst, wenn sie arm, wie wir alle sind, in die harte Fremde kommen mit 14 Jahren; lassen Sie doch um Gottes Willen den Kindern etwas Freude und Übermut." Und weil der Lehrer streng und wahrhaftig war, so glaubten's ihm die Eltern und wußten die Kinder bei ihm in guter Hut. Wenn er ihnen auch als Mensch gar nicht paßte, als Lehrer hielten sie große Stücke auf ihn.

Unser Vater war ein Autokrat, ein selbstherrlicher Herrscher. Die Kinder seiner Gemeinde waren sein unumschränktes Reich. Kommt irgendwo in seiner Domäne ein Kind auf die Welt, so zieht er nach der Schule sein schwarzes Röckchen an, bürstet sich die Schuhe blank, strählt sich den weißen Kopf, den langen weißen Bart, und geht in das Haus, wo ihm ein Kind zugeboren ist. Er fühlt sich als Ordnungspolizei, sieht nach dem Rechten, schaut nach, ob es der Wöchnerin gut geht, ob es ihr an nichts fehle, kurz, ob alles in Ordnung ist. Dann betrachtet er mit großer Befriedigung das Kind, stellt fest, daß es wohlgeraten ist. Wehe, wenn dem nicht so wäre! Das Kind muß auch in sein Synagogenbuch eingetragen werden, denn zu jener Zeit wurden die jüdischen Menschen noch nicht im Standesamtsregister, sondern im Synagogenbuch bei Geburt und Sterbefall eingetragen. Nun fühlt sich unser Vater wieder ganz als Sachwalter für das Neugeborene. Der betreffende Vater würde ihm Gott weiß was für einen altmodischen scheußlichen Namen geben, er würde es Itzig, Schmuel, Voel oder Hirsch genannt haben; ein Mädchen gar Reis oder Mahd. „Nichtsda", ruft mein Vater streng, „so ein Name würde dem Kind nur Spott eintragen; es würde darüber verhöhnt und verlacht werden. Das Kind wird nicht Reis, sondern Röschen, nicht Mahd, sondern Meta, nicht Itzig, sondern Isidor usw. ins Register eingetragen!"

War aber irgendwo ein Kind erkrankt, auch dann zog der Lehrer seine Stiefel an, ging hin, sah nach, und sollte es gar ernstlich krank sein, so wachte er am Krankenbett mit den Eltern und noch einem Gemeindemitglied. Kam gar eins zum Sterben, so wurde er in tiefer Nacht gerufen, wenn er nicht schon vom Abend her am Bett saß, und blieb da, bis das schmerzliche Ende vorbei war. Bei dem Erwachsenen, der zum Sterben kommt, ist die ganze Gemeinde vollzählig versammelt, um die Totengebete mit ihm zu sagen, ihn hernach abzuheben und auf Stroh zu legen. Nur zwei Leute bleiben zum Wachen da. Anderntags versammeln sich die Frauen, nähen gemeinsam die Totenkleider, die Männer zimmern den Sarg, und so kostet die Beerdigung nach jüdischem Brauch wenig oder gar nichts, damit die Trauernden nicht durch Geldsorgen von ihrer Trauer abgelenkt werden. – Der Kinder Sterben geht meinem Vater besonders nah, denn ihm ist etwas fortgenommen worden aus seinem Reich. Ebenso wie nach seinen Worten

„kein Blatt vom Baum fällt, wenn es nicht Gottes Wille ist", gerade so absolut denkt er über seine Machtbefugnisse über das Häufchen Menschen, das seine Gemeinde darstellt.

Einmal war ein kleines Kind von zwei Jahren so schwer erkrankt, daß mein Vater entschied, es ist dem Kind besser, wenn es stirbt, rasch stirbt, als länger die Qualen einer Gehirnhautentzündung zu ertragen. Vater schickt am hellen Alltag, mittags um 12 Uhr, zu sämtlichen Männern der Gemeinde, daß sie sich sofort in der Synagoge einfinden. Das war bald geschehen, da fehlte keiner. „Wir wollen dafür beten, daß das Kind rasch stirbt", entschied mein Vater, kurz angebunden, wie es seine Art war. Ohne Zögern tat es die ganze Gemeinde. Diesem strikten Befehl meines Vaters konnte sich denn auch der Tod nicht widersetzen, und das arme gequälte Kind starb am gleichen Tag.

[Die jüdische Schule befindet sich neben dem Haus des Pfarrers, der die Schulaufsicht ausübt.]

Der neue, junge Pfarrer, mit Energie geladen, nahm es ernst mit Amt und Schule. Der Unterschied in den Leistungen der christlichen gegenüber der besseren jüdischen Schule gab ihm viel zu denken. Warum sollte man die gute Schule nicht mit der schlechteren verschmelzen können, und der christlichen Schule, die ohnehin sehr groß war, drei Lehrer geben? Der alte, jüdische Lehrer war staatlich angestellt und leistete wirklich allerhand. Die Dorfschule würde sich unbedingt heben – nach einiger Zeit konnte er dann durch einen christlichen Lehrer ersetzt werden, und die jüdischen Kinder konnten von irgend jemand das bißchen Religionsunterricht bekommen. Dies dünkte ihm so gut, es würde allgemein anerkannt werden.

„Unmöglich", rief mein Vater, als der Pfarrer ihm diesen Plan schmackhaft zu machen versuchte. „Während den Bauernkindern jeder Anreiz zum Lernen vom Elternhaus aus fehlt, kommt das jüdische Kind voll Lern- und Wißbegierde in die Schule und wird im Elternhaus zum Lernen angehalten. Dazu kommt noch, daß die christliche Bevölkerung durch das antisemitische Sonntagsblatt und alle sonstigen Einflüsse ihren jüdischen Mitbewohnern insgeheim feindlich ist, was sich auf die Kinder überträgt. Es würde eine feindselige und vor Neid und Mißgunst allen Kindern unzuträgliche Atmosphäre entstehen, die jeder Schule und jedem Lehrer Abbruch täte."

„Machen wir doch einmal einen ganz kleinen Versuch", sprach der Pfarrer, „fangen wir doch einmal damit an, die jüdischen Mädchen in die Strickschule zu schicken, die von der Ortshebamme geführt wird, und ich bin sicher, die Kinder werden sich vertragen. Für die Knaben habe ich schon den allgemeinen Turnunterricht angeordnet, und es wird (da Turnunterricht früher nicht obligatorisch war) ein Freund von mir, ein Turnlehrer hierherkommen und unterrichten."

„Herr Pfarrer", rief mein Vater erfreut, „wie schön, daß wir einen so fortschrittlich gesonnenen Mann als Schulinspektor bekommen haben. Nur meine ich", fuhr er fort, „die Vorbedingungen für die gemeinsame Erziehung müßten von dem tonangebenden Teil der Bevölkerung zuvor durch ihr Beispiel gegeben werden." – „Wie soll ich das verstehen?" fragte der Pfarrer, etwas gereizt. „Nehmen wir zum Beispiel den jungen, jüdischen Arzt, der seine Studien nicht in der Kneipe, sondern bei ernsten Büchern verbracht hat, ein sehr geistreicher, feingebildeter Mann. Herr Pfarrer, Sie sind doch auch sein Nachbar? Haben Sie oder der Herr Amtsrichter oder der Postmeister oder der Herr Oberförster je ein Wort mit dem Mann gewechselt?" – „Wie sollte ich wohl", rief der Pfarrer, „der Mann steht als Jude außerhalb der Gesellschaft, er gehört nicht zu unseren Honoratioren, ebensowenig wie ich mit dem Gendarm verkehren kann, noch viel weniger mit einem Juden. Übrigens, Sie haben den Herrn Amtsrichter genannt, nun der verkehrt nicht mit dem Pfarrer, so wenig wie ich mit dem Lehrer verkehre." Vater erwiderte: „Entschuldigung, Herr Pfarrer, ich muß zum Gottesdienst, ich werde veranlassen, die Mädchen in die Strickschule, die Knaben zum Turnunterricht zu schicken. Guten Tag, Herr Pfarrer."

Als Anfang wurden Jenny und ich in die Strickschule geschickt. Frisch gebadet, sauber gekämmt, mit den Sabbat-Druckzeugkleidern angetan, zogen wir beide mit einem Gefühl von Feierlichkeit und Stolz in die große, christliche Schule. Vor Hebamme Borneller machten wir einen Knicks und gaben ihr die Hand ganz zaghaft, denn sie war Respektsperson und für uns Kinder von geheimnisvollem Reiz umgeben. Sehr sauber und vornehm sah sie uns aus in der kleidsamen, bäuerlichen Tracht, rosig von Gesicht, mit freundlichen, aber ernsten blauen Augen und sauber gescheitelten weißen Haaren. Sie nahm uns bei der Hand und führte uns auf eine Schulbank ganz in ihrer Nähe, lächelte uns ermunternd zu und sah nach unserm Strickzeug. Aber wir fühlten uns scheu und unsicher unter etwa 50 Mädchen von 6–14 Jahren, die alle mit dem Strickzeug bewaffnet dasaßen. Kein Wort wurde gesprochen, es war Totenstille, nur die Stricknadeln hörte man. Nach und nach atmeten wir etwas freier in diesem großen Schulsaal, in dem nie ein jüdisches Kind zuvor gesessen hatte. Als wir uns ein wenig erholt hatten, ging auch das Stricken leichter, unsere Hände zitterten nicht mehr. Da ertönte durch die Stille, die nur noch durch die klappernden Nadeln unterbrochen war, plötzlich eine sehr laute Stimme und rief: „Borneller, es stinkt, es stinkt." Borneller tat, als hörte sie nichts. Da schrie die ganze Mädchenschar zusammen: „Borneller, das ham die Judde getan, das ham die Judde getan." – Weder wir, noch irgend sonst ein jüdisches Mädchen ging je wieder in die Strickschule. [...]

Schön sind die langen Freitagabende im Winter. Aber sind die Abende schön und lang, sind die Tage um so kürzer und arbeitsreicher. Wir müssen tüchtig und flink Reiser zum Feueranmachen brechen, weil man's ja am Sabbat nicht tun darf, Holz hinter den Ofen tragen, zehn Paar Schuhe putzen. Die älteren Geschwister müssen viel Wasser herbeischleppen, das ganze Haus und alle Stuben schrubben. Mutter muß für zwei Tage kochen, eines von uns muß dabei mithelfen, ein anderes die Wege springen. Schließlich ist um vier Uhr alles fertig. Dann laufen wir zum Bach und waschen uns, so kalt es auch ist, wir werden gekämmt und ziehen alle unsere Schabbeskleider an. „Hoffentlich habt ihr nicht vergessen, den Rosinenwein zu kochen, abzukühlen und auf den Tisch neben den feinen, selbstgebackenen Barches, der unter dem Deckchen liegt, zu stellen, damit Vater den Segen darüber spricht."

Mutter entzündet die Lichter, sie bedeckt die Augen, spricht den Segen über das Licht, dankt Gott, der uns den Sabbat gegeben hat. Dann setzt Mutter sich auf den Sessel, auf dem sonst niemand sitzen darf. Sie hebt ihr Kleid und zeigt uns ängstlich die angeschwollenen Beine. Ach wie froh ist sie, daß wieder eine Arbeitswoche vorüber ist. Dann treten wir einzeln an Mutters Sessel, beugen uns nieder, legen den Kopf auf ihren Schoß und werden von ihr gesegnet. Sie spricht den Segen leise, und ihre Hände ruhen auf unseren Köpfen. Paula stellt noch rasch einige blühende Blumen auf den weißgedeckten Tisch und zieht die weißen Gardinen zu. So, jetzt können Vater und die Brüder aus der Synagoge kommen. Ah, da sind sie schon. Man schaut noch rasch mal aus dem Fenster auf die Leute, die aus der Synagoge heimgehen, ob nicht vielleicht ein Fremder dabei ist, vielleicht ein Reisender oder auf Besuch weilend, ein früherer Schüler unseres Vaters, oder wenn's auch ein Bettler wäre, jedenfalls was Neues in unserem engen Gesichtsfeld. Einen Bettler zu Gast haben, das möchte jeder gern. Man fragt sie aus nach Neuem in der Welt. Aber damit ist heute nichts.

Vater kommt herauf, wirft einen strengen, prüfenden Blick umher, ob alles in Ordnung ist. Wir treten zu ihm, werden gesegnet, dann spricht er vorschriftsmäßig den Segen über Wein und Brot, singt ein Lied zum Lobe des Sabbat, trinkt von dem feinen Rosinenwein, der gewiß keinem den Kopf verdreht, und schon steht dampfend die herrliche Suppe auf dem Tisch. Vater klopft Mutter zufrieden auf die Schulter und lobt und spricht: „Wie Öl, einen Toten könnte man damit erwecken." Dann gibt's saure und süße weiße Bohnen, ein Stück Fleisch. „Alles ausgezeichnet", lobt Vater, aber Mutter schilt ihn, weil er das Essen zu rasch hinunterschlingt, wo sie einen ganzen Tag dran gekocht hat. Nun wird das altbekannte „Schir-Hamaalaus"[1] gesungen, dann gebetet. Meine Mutter betrachtet unterdessen prüfend und mit Wohlgefallen alle die sauberen, frischgewaschenen Kindergesichter, lächelt zufrieden; Freudentränen, richtige dicke große Tränen rollen ihr das Gesicht hinab. Das ist Mutters Heerschau. Sie ist hier General, ein stolzer Sieger. Ruhmvoll hat sie die Schlachten der Arbeit geschlagen, die Körbe voll Wäsche geflickt, für die Kinder all die Kleider gemacht, sie mit wenigem ernährt, sie alle acht großgezogen und, was sie stets mit Nachdruck erwähnt, „sie alle zwölf gesund geboren mit graden Gliedern." Sie darf zufrieden sein, und sie ist's.

Der Tisch wird geräuschlos abgedeckt, das Mühlebrett wird herbeigeholt.

Einige spielen mit Vater Mühle; er prüft, wer aufpaßt und wer nicht. Die Jüngeren läßt er ab und zu gewinnen, das macht sie sehr stolz. Einige spielen Lotto. Die Großen lesen. Mutter liest heute abend, ohne zu stricken. Vater erzählt uns gerne Geschichtchen von schrecklichen Gespenstern; er macht uns gruseln und prüft hernach, ob wir uns auch nicht fürchten, was er streng verbietet.

[Abends kommt oft heimlich der befreundete christliche Lehrer zu Besuch, was der Pfarrer nicht erfahren darf.]

Ein langer Schatten von einem Mann bückt sich in der Tür, damit er nicht anstößt, kommt herein, reicht schweigsam meinen Eltern die Hand und setzt sich schweigend aufs Sofa, auf denselben Platz, den er schon viele Jahre lang zur gleichen Stunde einnimmt. Nachdem er sich eine halbe Stunde vom Schweigen erholt hat, bereitet er das Gespräch vor. Es sind dieselben Worte, das Thema variiert nie seit all den Jahren. Jeder von uns weiß, was er jetzt sagen wird. Endlich hat er's raus. Mit Grabesstimme ganz unten aus seiner Brusttiefe kommt's: „Was habt Ihr denn die Woche bei Schmiedehannes Liesbeth für die Butter zahlen müssen?" „60 Pfennige das Pfund", antwortet einsilbig meine Mutter, ohne sich im Lesen zu unterbrechen. Er verdaut für eine halbe Stunde das Gehörte. Mein Vater, die lange Pfeife in der Hand, macht wohl zwanzigmal die Runde im Zimmer, immer in tiefem Selbstgespräch. Er redet eifrig mit den Händen, schüttelt ab und zu den Kopf, dazu hüllt er sich in dicke Rauchwolken, fuchtelt erregt mit den Händen und läßt sich endlich erschöpft und seufzend neben Gutfreund auf dem Sofa nieder. Gutfreund schüttelt ab und zu den Kopf. Auf einmal fällt Gutfreund etwas ein. Er grunzt einige Minuten vorbereitend, räuspert sich etliche zwanzig Male, dann kommt's: „Was habt Ihr denn die Woche für die Eier bezahlt?" Mitten aus dem Lesen raus blickt Mutter erst auf ihr Strickzeug, dann auf Gutfreund, seufzt und sagt: „Der Buttermann bezahlt nur zwei Pfennig für's Stück, aber die Trine will zweieinhalb dafür." – Furchtbare Töne des Abscheus, ein tiefes unbehagliches Grunzen, das aber keine Worte findet, kommt aus seiner Ecke.

Nach zehn Minuten hat er sich wieder erholt und meint: „Ja, ha, die Trine, die weiß, Preise zu machen, drum ist sie auch so fett und ihre Jungen so dumm." Wieder nach einem Viertelstündchen kündet ein unendlich langes Grunzen und Räuspern eine neue Redeflut an. Er sieht meinen Vater an, der wartet geduldig, dann kommt's: „Sag mal Moses, hast du schon die ‚Preußische Lehrerzeitung' von dieser Woche gelesen, die ich dir schickte?" Ganz leise und vorsichtig war das gesagt worden. Moses aber, mein Vater, war nun einmal ein unverbesserlich aufgeregtes Männchen und schleuderte dem Verdutzten ohne Übergänge die Worte ins Gesicht: „Hast du gelesen, was Bismarck schon wieder gegen uns Volksschullehrer ausgeheckt hat? Die Zulage ist abgelehnt." Da springt aber Gutfreund in jähem Entsetzen in die

Höhe, packt meinen Vater am Kragen und sagt leise: „Um Gottes willen, was schreist du denn so, Moses, du redest dich noch um Kopf und Kragen. Haben die Wände nicht Ohren?" Dabei deutete er mit den Händen aufs Pfarrhaus hinüber. Aufgeregt springt mein Vater ans Fenster, zieht die Vorhänge dichter zusammen, blickt nach oben, um zu sehen, ob die Fenster fest schließen, springt wieder zur Sofaecke, wo Gutfreund in der hintersten Ecke des Zimmers recht weit vom Fenster entfernt sitzt, nimmt Gutfreund am Kinn und sagt aufgeregt, aber leise zu ihm: „Du, ich sag dir, die Sozialdemokraten haben recht, aber man darf's ja nicht sagen; absägen müßte man den Kerl Bismarck!" Gutfreund würde niemals auf so etwas ein Wort erwidert haben, aber ein sehr behagliches Schmunzeln, langes, tiefes Grunzen, Rülpsen und merkwürdige Töne tief aus seiner dürren Brust verraten dem Eingeweihten seine Zustimmung.

„Der Bebel hat mal wieder so schön gesprochen", läßt sich die Stimme meiner Mutter vernehmen. „Haben Sie im Kasseler Tageblatt und Anzeiger gelesen, was Paul Singer und Karl Liebknecht über das Lehrer-Besoldungsgesetz gesagt haben?" Langes tiefes Grunzen ersetzt die Antwort.

„Ja, ja", ruft aufgeregt mein Vater, „sowas bringt unsere Preußische Lehrerzeitung nicht. Aber ich sage dir, Gutfreund, und wenn ich achtzig Jahre alt werde, ich kämpfe bis zum letzten Tag meines Lebens dafür, daß wir jüdischen Lehrer den Kantorendienst in der Synagoge und ihr Christen den Kantorendienst in der Kirche bezahlt bekommen." Wieder langes behagliches Grunzen in der Sofaecke. „Da steh ich nun jede Woche zweimal um fünf Uhr auf und muß eine geschlagene Stunde in der eiskalten Synagoge vorbeten, weil die so früh auf den Viehmarkt müssen, und kriege das ganze Jahr keinen roten Pfennig für meinen Dienst", ruft erregt mein Vater und fährt mit dem Zeigefinger aufs Pfarrhaus deutend fort: „Da drüben, der macht sich's bequem, da fängt keine Kirche vor zehn Uhr morgens an und schön bezahlt wird's, und hat das große feine Haus, den herrlichen Garten und wer weiß noch was alles an Abgaben."

„Na, ich spiele schon 25 Jahre lang die Orgel und halte die zweite Kirche ganz alleine ab", sagt still und unter fortwährendem Kopfschütteln Gutfreund, „hat man je einen Pfennig dafür gesehen?"

„So", höhnt nun Vater, „bekommst du nicht die guten Zwetschgen, die auf den Gräbern neben der Kirche wachsen?"

„Kannst sie haben, wenn dich der Mund danach wässert", knurrt ingrimmig Gutfreund. „Und was ich noch sagen wollte: Der da drüben hat noch Neid auf dich, schimpft von der Kanzel seine Bauern aus, sie sollten sich ein Beispiel nehmen, wie pünktlich und vollzählig früh vor Tage deine Juden in der Synagoge stehen und abends wieder, nicht zu reden von Schabbes und Feiertagen. Du, Moses, du müßtest eigentlich noch was drauf bezahlen", sagt Gutfreund, und erfreut über seinen Witz, verzieht er den schmalen Mund in dünnem Lächeln von einem Ohr zum anderen.

„Wenn du mich noch ärgern willst, schmeiß ich dich zur Treppe hinunter, alter Schwätzer", sagt lachend Papa. „Bei euch tau ich immer so auf, rede soviel, bin ganz müde geworden. Gute Nacht denn alle beisammen. Schickt mir die Zeitung nicht so unpünktlich."

„Bestell einen schönen Gruß an deine Frau", ruft Vater ihm leise auf der Treppe zu, und verschwunden ist er. Auf der Straße rülpst und grunzt er aber nicht, das könnte ihn verraten, denn er muß über die Dorfstraße gehen im Winter, dagegen im Sommer hat er's gut, er kann durch das enge Gäßchen am Bach entlang, hinten herum durch die Hintertür zu uns gelangen, um Vater zu einem Spaziergang im Wald abzuholen. Wenn er gegangen ist, lächelt Mutter noch nachsichtig über ihn, schüttelt den Kopf, aber Vater springt zu seiner Verteidigung bei, stellt sich vor Mutter hin und ruft: „Weißt du noch, wie ich ihm eine Frau gesucht habe? Ja", fährt Vater fort, „einfach war das nicht." Er ist immer noch Feuer und Flamme in der Erinnerung.

„Du mußt wissen, seine Schwester hat ihn um sein väterliches Erbteil gebracht, weil er Lehrer hat werden dürfen. Damals hab ich zu ihm gesagt: ,Hör', sagte ich, ,du wirst eine reiche Frau heiraten, damit du noch zu etwas Vermögen kommst. Ein Lehrer sollte ein reicher Mann sein, damit nur kannst du deinen Bauern Respekt einflößen.' ,Du, Moses, das bring ich im ganzen Leben nicht hin, mir eine Frau zu suchen und auch noch eine Reiche, nein, sowas kannst nur du dir einbilden.' – ,Gutfreund', erwiderte ich ihm, ,laß mich machen'."

In der Erinnerung wird Vater ganz wohl und feurig und mutig in Kopf und Herz. „Natürlich hab ich ihn nirgends mit hingenommen, hab mir die Mädchen angesehen und ihre Väter verhört. Einige Mal war's beinah soweit, daß mich ein reicher Bauer reinlegen wollte, aber da hab ich dem gesagt: ,Nein, das Mädchen ist mir nicht gebildet genug, sie ist mir nicht schön genug für meinen besten Freund.' Endlich habe ich denn durch eine An-nonce in der Zeitung die Jetzige gefunden – groß, stark, gesund wie sie ist, hat sie in Kassel als Köchin gedient, sich etwas gespart. Solch Mädchen hat doch Bildung und Schliff und kann kochen." „Aber", meint nun besinnlich Mutter, „sehr einsilbig ist sie." „Gerade deshalb paßt sie gut zu ihm", sagt munter Vater, denn er muß sein Werk loben. „Ein Mäuschen möcht ich sein und mit zuhören, wenn die zwei miteinander allein sind", lacht Mutter. „Wieso denn", ruft empört Vater. „Er kann sich natürlich nicht mit mir vergleichen, aber sie haben's auf drei Kinder gebracht, davon ist eines gestorben, na, das kann ja bei jedem vorkommen, zudem wo er etwas schwindsüchtig ist. Oh nein, ich lasse auf ihn nichts kommen, er ist mein Freund, mein einziger Freund. – Gute Nacht, Madamchen, ich geruhe, mich ins Bett zu legen, und ich meine, du hättest auch genug gelesen. Laß noch ein Stückchen an der Zeitung. Du brauchst sie nicht ganz in dich hineinzu-fressen. Gute Nacht, also meine süße, kühle, weiße Rose. Ha, du kannst zufrieden sein, hast einen feuerspeienden, nie ausgeglühten Vulkan zum Mann", und mit einem liebevollen Blick auf die immer noch strickende, lesende Gattin trällert froh der alte Lehrer: „Du bist die Ruh, du bist der Frieden, vom lieben Herrgott mir beschieden", und begibt sich in die Eisregionen seines Schlafzimmers.

Außer Gutfreund besaß mein Vater keinen Freund im Dorf und verkehrte mit niemandem. Seine Juden sind ihm viel zu ungebildet. Der Viehhandel trägt nicht zur Verfeinerung bei. Es ist kein schönes Geschäft, sie können einem schon leid tun. Hörst du, wie Nachbar Justus seine Ochsen verhandelt, so stehen dir die Haare zu Berge. Justus hat die Ochsen von Geburt an großgezogen. Er liebt sie, nach seinen eigenen Worten, wie die leiblichen Kinder. Ja, einmal sagte er zu meiner Mutter: „Lieber wie meine Ochsen säh' ich mein Mariechen aus dem Hof hinaus auf den Kirchhof tragen." Mariechen war ein etwas zurückgebliebenes, schwächliches Dingelchen, das nicht viel arbeiten konnte. Seine Ochsen aber, die konnten arbeiten, die halfen, das bergige, steinige Feld bestellen. Nach der geleisteten Arbeit schätzt der Bauer nun mal die Kreatur ein.

Sie also, seine starken Ochsen, sie mußte er verkaufen, sie, die Tüchtigen mußten sich schlachten lassen, damit die verruchten Städter, die zu faul, zu schwach zur Feldarbeit waren, sich an ihrem Fleisch gütlich tun konnten. An den Stadtleuten konnte er seine Wut nicht auslassen, aber an dem elenden Juden, der sie kaufte und fortführte. Ach, er brauchte das Geld, um so manches, vor allem den geliebten Schnaps anzuschaffen, den der verdammte Wirt – „schlimmer als ein Judd" – nicht ohne bares Geld hergab. Und was das allerschlimmste war, er hatte auf diesen Handel hin, schon den ganzen Sommer über, sich Geld beim Judd geliehen, so daß er gar soviel nicht einmal bekam. Wohl an die zehn Mal verjagte er ihn mit den gemeinsten, nicht wiederzugebenden Schimpfworten von seinem Hofe. Er trank sich Mut und Wut an, wenn er ihn nur kommen sah, um ihn noch roher verfluchen und beleidigen zu können; wußte er doch, er würde schon wiederkommen. Der Handeljude kannte seine wahren Gefühle, er war nicht zimperlich, er kam wieder, so lange, bis Justus dringend das restliche Geld brauchte und bis er die Ochsen mitnehmen konnte.

Und so wie bei Justus war es bei den meisten Bauern. Das Feld war karg und steinig, die Ernte oft nicht ausreichend, um die große Familie zu ernähren, bares Geld brauchte man auch für das, was der Bauer nicht ziehen kann, wie Zucker, Reis, Stoff zum Sonntagsanzug, Schuhe, und vor allem für den Schnaps, den der Bauer bei der harten Arbeit nicht missen mochte. Das Geld borgt er beim Juden. Gewiß, er handelt mit ihm, bekommt auch etwas bares Geld heraus, hat aber an Kirchensteuern, Schulsteuern und von dem, was er noch von der Übernahme des Gütchens her an Bruder und Schwester abzugeben hat, viele Schulden, so daß er unweigerlich an den Juden gebunden ist.

Ausgedehnte Viehzucht war unmöglich. Das Vieh konnte nicht immer auf die Weide geschickt werden, weil es im Winter bei Schnee und Eis nicht draußen sein konnte, nicht einmal die Schafe – auch sie mußten im Stall überwintern. Den kurzen Sommer über mußte das Vieh, Ochsen wie Kühe, den Pflug ziehen, die Wagen heimbringen, kurz, sie halfen das Feld bestellen. Wenn Kühe schwer arbeiten, ist die Milcherzeugung gering und wird von der starken Bauernfamilie, die selten Fleisch ißt, aufgebraucht. Dem Juden schiebt der Bauer all seine Sorgen, sein Unglück in die Schuhe. Kommt dann der liebe Sonntag, wo er beim frommen Gesang in der Kirche seine Not für kurze Zeit vergessen möchte, so hört er hier wieder, wie die Juden seinen Heiland und Erlöser gekreuzigt haben. Der Pfarrer, der auch nicht weiß, was er immer den dummen Bauern sagen soll, stellt diese Kreuzigung so schaurig, so blutrünstig dar, wie nur irgend möglich, als wäre es erst gestern gewesen. Der Bauer denkt: „So werde ich auch täglich gekreuzigt", und seine Abneigung schwillt zum Haß. Nicht der magere Boden, die Sauferei, nicht die große Familie, nein, der Jude ist an allem schuld.

Ob nun der Jude öfters den betrunkenen Bauern hineinlegte, wer kann das sagen. Wo es Menschen hier auf diesem Erdball gibt, da sind es zwei Sorten, redliche und unredliche, gute und schlechte Menschen. Einheitlich gute oder einheitlich schlechte gibt's ja nicht. Und dann war dem Bauern, wenn er nicht aus noch ein wußte, oft der Jude, der ihm Geld lieh, in seiner Not lieber als der Schwarzrock des Pfarrers auf der Kanzel, zu dem er nicht gehen und borgen konnte, oder der elende Faulenzer, der Lehrer. Für solche Leute mußte er Geld hergeben, für einen Lehrer, der die Kinder in der unnützen Schule zurückhielt, wo er sie dringend zur Feldarbeit gebraucht hätte.

Mein Vater haßte aber diejenigen Juden, denen man nachsagte, sie hätten den und jenen Bauern um Haus und Hof gebracht, mit so glühendem Haß, daß jedes Wort versagte. Und wo zeigte er ihnen seinen Haß, seinen Abscheu, seine Verachtung? Er kommt ja nie mit ihnen zusammen, nur im Gotteshaus. Hier also, wenn sie dastehen, den Gebetmantel fest um sich geschlagen, zusammengekauert in tiefem Gebet, wenn sie inbrünstig die Heilige Schrift küssen, sieht mein Vater sie mit schrecklichem Blick an, er sagt halblaut zu ihnen: „Wucherer, Scheinheiliger, Verderber." Ja, er vergaß sich soweit, daß er vor ihnen ausspie im Gotteshause. Er setzte sich nicht unter sie, wenn er nicht vor dem Altar zu stehen hatte, sondern abseits unter seine Schulkinder. – Der alte Lehrer war ein aufrechter, aber lebensunkluger Mann. Mord und Totschlag hätte es gegeben, und vor allen Dingen, er hätte sich im Amt nicht halten können, denn sie, die er so beleidigte, das waren die paar Reichen und Mächtigen in der Gemeinde, die was zu sagen hatten. Meine Mutter aber, mit stillen Augen und klugen Worten, mit beschwichtigend redenden Händen, machte das alles wieder gut. Sie versteckte sich hinter der Tür, wenn nach solchen Auftritten die Männer aus der Synagoge kamen. Ausgerechnet dann hatte sie ein Huhn auf dem Hof zu fangen, oder sie nahm den Reiserbesen zur Hand und mußte eilig den Hof kehren. Sie fing die betreffenden Männer ab. Was da gesprochen wurde, viel war's nicht, aber es wirkte wie Öl auf den erregten Fluten und besänftigte die Erbitterten. [...]

Ach, es gab immer noch sehr viele in der Gemeinde, die meinem Vater nicht wohlwollten. Alle dieser Männer, die die ganze Woche über mit einem Hering und einem Stück Schwarzbrot in der Tasche von Dorf zu Dorf liefen, den schweren Packen auf dem Rücken, das Vieh mühsam vor sich hertreibend, und die daheim noch ihre Wiesen und Äcker bestellten, all die, die sich schmutzig und müde abrackerten die Woche über, sie sollten sich von diesem Lehrer, dem Faulenzer, Vorschriften machen lassen, was sie zu tun und was sie zu lassen hätten! Obendrein wollte er noch dafür bezahlt haben. Keine Geschenke wollte er nehmen. „Zdoko", also Wohltätigkeit, wie es die Heilige Schrift vorschreibt, ja gut, die wollte man üben. Aber er wollte es bezahlt haben, das Vorbeten bezahlt haben, keine Almosen annehmen, wo er es doch aus Frömmigkeit hätte tun müssen. Nein, diesen Lehrer sollte man fortjagen. Aber er war vom Staat angestellt, sie waren machtlos. Dazu hatte jeder von ihnen unberufen acht oder neun, ja auch zehn Kinder. Die Kinder lernten gut bei ihm, also mußte man eine Faust in der Tasche machen und schweigen. Dieser zähe Kampf dauerte 35 Jahre lang.

Als Vater sein fünfzigjähriges Dienstjubiläum feierte, schenkte ihm die Gemeinde zwei silberne Obstschalen, oder besser gesagt, Aufsätze auf einen Tisch, die man mit Obst füllen sollte. Vater hatte gar nicht gewußt, daß es so was gäbe. Niemand aus der Gemeinde hatte es gewußt, aber man hatte sie ihnen aufgeschwätzt in der Stadt, als etwas „sehr Feines", und er wollte doch stets so fein sein. Um diesen Kauf für die Geldbeutel der verschiedenen Gemeindemitglieder nicht gar zu empfindlich zu machen, hatten sie die uralten hohen Eichen auf dem jüdischen Friedhof umhauen lassen und verkauft. Als der alte Lehrer hörte, daß man wegen dieser albernen, zu nichts nützen Tafelaufsätze die alten ehrwürdigen Eichen hatte fällen lassen, unter denen er von seines Lebens Mühen ausruhen wollte, ja, befohlen hatte, ihn darunter zu begraben, da raste der greise Mann wie ein Wilder: „Ich werfe ihnen ihre Geschenke ins Gesicht, samt dem Orden IV. Klasse", der ihm vom Landrat öffentlich überreicht werden sollte. „Mag sich der Kaiser Wilhelm seinen Hausknechtsorden zu seinen übrigen Reichtümern dazulegen, ich will ihn nicht, ich verweigere die Annahme", schrie hochrot vor Zorn mein Vater. Da hatte meine Mutter eine schwere Aufgabe, bis sie ihn soweit brachte, diese Dinge schweigend anzunehmen. Bei der Feierlichkeit selber, als der Landrat, der Kreisschulrat und der Provinzialrabbiner ihre Ansprache an ihn hielten, lag es wie eine bange Schwüle, wie eine Gewitterwolke über der Versammlung, denn der so Hochgeehrte trat von einem Fuß auf den anderen, er sah niemanden an, er tat, als langweile er sich, und als langweile ihn die ganze Feier; er blickte nur auf Gutfreund, der in einer Ecke stand, die Hand krampfhaft über das magere Kinn und den dünnen Mund gepreßt, als wollte er wie so oft sagen: „Mensch, Moses, du redest dich noch um Kopf und Kragen." Seine Augen ließen den Freund nicht. Der Landrat, dem der gequälte Gesichtsausdruck des Jubilars auffiel, wollte noch etwas Liebes, Persönliches sagen, er sprach von den zahlreichen Enkeln des alten Lehrers. Aber das gerade war ein wunder Punkt. Wohl hatte er einige Enkel, die er aber nie gesehen hatte, nie zu sehen wünschte. Seine Söhne hatten Christinnen geheiratet. Seine Töchter hatten nicht heiraten können, weil er ihnen keine Mitgift geben konnte. Ingrimmig ballte mein Vater die Hand zur Faust, seine Augen sagten: „Sei still, ich will nichts mehr hören."

1 Gesungene Einleitung zum Gebet nach Tisch.

22 Max Daniel

geb. 1891 Bublitz (Hinterpommern) – gest. 1963 San Francisco (USA)

Max Daniel, Meine Familiengeschichte. Ms. datiert San Francisco 1963, 15 S.

Max Daniel wird in der kleinen pommerischen Kreisstadt Bublitz geboren, wo sein Vater Sally Großhändler in Wolle, Leder und Eisen ist. Er berichtet von der Tätigkeit seines Vaters als Gemeindevorsteher und über Auswirkungen der Konitzer Ritualmordbeschuldigung auf Bublitz. 1901 zieht die Familie nach Stargard, 1905 in die Provinzhauptstadt Stettin und später nach Berlin. In Stettin, dem Auswandererhafen, gründet der Vater eine Hilfsorganisation für jüdische Durchwanderer aus Rußland. – Max Daniel studiert Pharmazie, wird Apotheker, emigriert während der Nazizeit in die USA und leitet bis 1963 in San Francisco die eigene Apotheke.

Den Juden ging es in Bublitz im allgemeinen gut, auch in bezug auf ihr wirtschaftliches Leben. Man machte keinen Unterschied, wo der einzelne seine Einkäufe tätigte, man war freundlich und kameradschaftlich zueinander, und ich weiß, daß wirkliche Freundschaften zwischen Juden und Christen sich seit Generationen fortsetzten.

Nach Großvaters Tode wurde mein Vater zum ersten Vorsitzenden der jüdischen Gemeinde gewählt. Die jüdische Gemeinde hatte eine Chewra Kadischa[1]. Meist wurde einmal im Jahr eine Sitzung abgehalten, und in manchen Jahren fand ein Diner im jüdischen Restaurant statt. Allgemein lebte die Gemeinde koscher. Die Schlächter ließen das Vieh von dem Kultusbeamten schächten, und der höhere Preis für das koschere Fleisch war vom Schlächter sehr geschätzt. Die Bauern brachten ihre Produkte zum Wochenmarkt in die Stadt und bevorzugten die jüdische Kundschaft sehr, da sie bessere Preise für besondere, seltenere Waren von ihnen erhielten.

Ich weiß, daß es in der Stadt von 5000 Einwohnern *einen* wirklichen Antisemiten gab, der allgemein als Rosche Hahn bezeichnet wurde zum Unterschied von den anderen Hahn-Familien. 1898 brachte die Konitzer Ritualmordaffäre Unruhe, und in Neustettin ging die Synagoge durch antisemitische Brandstifter in Flammen auf[2]. Die Täter wurden nie gefunden. Auch in unserer Stadt hatte man die eine Seite des Bretterzaunes unseres Friedhofes angesteckt. Das Feuer wurde bald entdeckt, und größerer Schaden wurde verhütet. Schulkinder sangen das Lied:

In Konitz, ist das nicht 'ne Schande,
Was sich da zugetragen hat:
Da schlachtete die Judenbande
Den Gymnasiasten Winter ab.

Als dies zu Ohren des Superintendenten der Lutherischen Kirche kam, schritt er sofort ein. Er versammelte die ganze Schule und verkündete, daß das Kind, das beim Absingen dieser Verse gehört werde, zur Strafe noch ein Jahr länger zur Schule gehen müsse.

Gerade in der bösesten Zeit war wieder einmal Jahrmarkt in Bublitz. Unter den Ausstellern auf dem Marktplatz unweit unseres Hauses stand ein jüdischer Händler mit Pfefferkuchen. Es war in den Nachmittagsstunden, als das Bauernvolk schon kräftig getrunken hatte, da sahen wir plötzlich eine große Ansammlung um den Stand. Schon schrie ein Bauernlümmel: „Das ist der Konitzer Mörder." Das Volk brüllte dazu und ging schon tätlich an den armen Aussteller heran. Da rannte mein Vater aus dem Laden, griff noch nach einem Knotenstock, packte den Schreier am Kragen, warf ihn zu Boden und schlug so lange auf ihn ein, bis der Stock in Stücke zersprang. Der Geschlagene konnte sich vor Schmerzen nicht rühren, man half ihm später auf. Niemand aus der Menge rührte sich, man wich erschrocken zurück und verschwand eilends.

Als mein Vater seines Amtes gewaltet hatte, brachte er den befreiten Händler und seine Ware zu uns ins Haus in Sicherheit. Da sah er beim Betreten des Hauses am gegenüberliegenden Rathaus den Polizisten untätig stehen. Braun war gerade nicht allzu beliebt bei den Juden. Da fuhr ihn mein Vater laut rufend über den Platz an, ob er so seinen Dienst verstehe, anstatt einem Bedrängten zu helfen. Braun fürchtete wahrscheinlich, noch mehr von meinem Vater zu hören und floh ins Rathaus zurück. Auch dieses entschiedene Auftreten machte einen tiefen Eindruck auf die christliche Bürgerschaft, die später in Scharen zu uns kam, um Sally Daniel zu danken.

Ich kann es mit berechtigtem Stolz sagen, mein Vater war der Freund der ganzen Stadt. Sein Wort galt. Alle Vereinssachen wurden unter seinem Vorsitz besprochen, und er gehörte auch allen Organisationen an. In der Stadtverwaltung war er in vielen Ämtern tätig, der Bürgermeister kam oft zu uns, um sich mit ihm zu besprechen; in der Stadtsparkasse gehörte er zur Gruppe der Revisoren, in der Baukommission war er der Führer. Ob es nun der Turnverein oder die Bürgerressource war oder die Liedertafel, immer war er tonangebend. Hatten diese Vereine ihre Zusammenkünfte oder Tanzereien, so fehlte er mit meiner Mutter nicht. Es kam noch hinzu, daß er ein guter Tänzer war und den Contre-Tanz und die Polonaise leitete. Auf dem Lande war es dasselbe Bild. Zu Hochzeiten war er stets mit meiner Mutter geladen. Hatten sie auch nicht Zeit, dort mitzumachen, so blieben die Geschenke doch nicht aus. Umzüge der Schützengilde und des Kriegervereins machte er nicht mit, das tat einst mein Großvater. [...]

Im Sommer 1897 war ein Sängerfest, wozu die Vereine aus den anderen hinterpommerischen Städten kamen. Vor unserem Hause wurde eine Tribüne aufgeschlagen und mit reichem Grün geschmückt. Als nun der Umzug der Vereine mit Musik durch die Stadt zog, wurde an unserem Hause Halt gemacht, und mein Vater hielt von dort seine Ansprache. Am Abend wurde noch in allen Sälen der Stadt getanzt. Es erschien eine Festzeitung, vom Bublitzer Kreisblatt herausgegeben, zu der mein Vater viele Gedichte beitrug. So war in dieser kleinen Stadt immer etwas los, und das Leben wurde dadurch nicht langweilig. An allen diesen Freuden nahmen die Juden regen Anteil.

Aber auch die religiöse Seite wurde von den Juden sehr gepflegt und bot viel Anregungen. Regelmäßig ging man zur Synagoge. Am Simchas Tora Fest war die Jugend schon am Nachmittag nach dem Ausschmücken der Tora zu einem Bonbonregen eingeladen. Vor dem Abendgottesdienst legten wir Jungen Nußschalen unter die aufzuklappenden Sitze, und wenn die alten Herren sich hinsetzten, so krachte es, was uns viel Spaß machte. War es möglich, so versuchten wir es wieder. Uns wurde für diesen Abend gern verziehen, denn es war ja Tora Freudenfest. Am Schawues Fest ließ meine Mutter vom Gärtner besorgte, herrliche Blumenkronen auf die Torarollen setzen. Es war ein wundervolles Bild, diese geschmückten Toren zu sehen. [...]

Im Oktober 1905 zogen wir nach Stettin. Hier begann für uns alle eine köstliche Zeit. Die Schulen waren ausgezeichnet, und wir fühlten uns glücklich hier. Stettin war eine sehr liberale und judenfreundliche Stadt. Die Warenhäuser waren alle in jüdischem Besitz, auch in anderen Branchen herrschten die Juden. Hier gab es keinen Kastengeist mehr, ausgenommen bei den jüdischen Akademikern, die sich höher dünkten und danach zu leben glaubten. Ich kam zum Realgymnasium, kurzweg die Friedrich-Wilhelm-Schule genannt. Dort verbrachte ich meine schönste Schulzeit.

Ein reger Geist herrschte in der jüdischen Gemeinde, der besonders von dem hervorragenden Rabbiner Dr. Heinemann Vogelstein[3] ausging. Im Literatur-Verein wurden regelmäßig Vorträge gehalten. Die Abende waren sehr besucht, und ich ließ keinen aus. Auch wurde 1905 der jüdische Turnverein gegründet, der eine zionistische Grundidee hatte. Es gab im Anfang viele Leute, die das nicht wünschten. Jedoch in relativ kurzer Zeit zählte dieser Verein wesentlich mehr Mitglieder. [...]

Von der Gemeinde in Stettin wurde bald nach unserer Ankunft meinem

Vater ein Amt übertragen, das er in all den Jahren unseres Dortseins verwaltete. (Auch schon in Stargard wurde er seinerzeit vom Vorsteher gebeten, mit ihm die Bürden der Gemeinde zu teilen.) Er übertrug ihm die Verwaltung der Chewra Kadischa, ferner als Zeiger der Tora zu walten und sich der Wanderbettler anzunehmen. Diese kamen gern zu ihm, da man wußte, daß er auch viel aus eigener Tasche gab und jeden Schabbat Arme von der Synagoge zum Essen mitbrachte.

Es war 1905. Der russisch-japanische Krieg brachte viele Juden von Polen und Rußland in die Hafenstadt Stettin. Es waren dort Pogrome, und wer konnte, floh aus den Ländern[4]. Da schuf mein Vater eine Flüchtlingsorganisation. Es war seinem Bemühen zu danken, daß in unserer Stadt sich alles friedlich abwickelte. Man mietete ein Haus zur Unterbringung. Mein Vater wandte sich sofort an den Hilfsverein der Deutschen Juden und an die Alliance Israélite Universelle, um Hilfsgelder für seinen Plan zu erhalten[5]. Die Mittel waren sehr bescheiden, aber ich bin sicher, daß er persönlich beisteuerte. In dieses Haus setzte man zur Verwaltung einen jüdischen Briefträger mit seiner Familie. Das Haus im alten Stettin hatte vier Stockwerke, im Parterre wohnte der Briefträger, und da war auch die Gemeinschaftsküche, in den oberen Etagen befanden sich die Logierräume. Nun sollte diese Zufluchtsstätte vor irgendeinem Mißbrauch der Reisenden bewahrt bleiben, und zudem mußte das Essen gekocht werden. Da kam Frau Vogelstein, die Ehefrau des Rabbiners, zu Hilfe. Mein Vater hatte auch meine Mutter sehr dafür interessiert, und so waren es sieben Damen, die sich alle erboten, einen Tag in der Woche von früh bis zur Abendzeit dort zu wirken. Es wurde genau Buch über die Gäste geführt, das jederzeit von der Polizei eingesehen werden konnte. Es kamen jeden Tag Flüchtlinge, selten mit etwas Geld, meist ohne dies.

Die Mittel, die zur Verfügung standen, reichten höchstens für Miete und Beköstigung aus, nicht aber für die Weiterfahrt. Da half wiederum eine Idee meines Vaters: Die Reisenden sollten sich selbst das Reisegeld verdienen. Er sorgte für die Anstellung in jüdischen Geschäften. Das Geld, das der einzelne verdiente, wurde dem Komitee überwiesen und gespart, bis es reichte – auch als Vorzeigegeld für Kanada. Von der Reederei des Konsuls Kunstmann[6] und auch von der Stettiner Dampfschiffahrtsgesellschaft wurde genehmigt, daß man, nicht in allen Fällen, aber soweit wie möglich, auch unentgeltlich Passagiere mitnahm. Ferner sammelte man bei den Mitgliedern der Gemeinde, wenn die Kassen erschöpft waren. Dieser mit viel Liebe von beiden Eltern ausgeführte Dienst machte sie sehr glücklich. Die größte Zahl der Wanderer kam in den Jahren 1905-1910. Es war eine segensreiche Tätigkeit, die dort geübt wurde, und allen konnte geholfen werden. Jeder konnte sich durch seine Tätigkeit, die ihm nachgewiesen wurde, selbst helfen, so hatte er nicht das bedrückende Gefühl der Hilflosigkeit.

Auch den Wanderbettlern in Polen war bekannt, daß mein Vater gern gab. Eines Tages fand ein Diener des Büros ein gedrucktes Buch über viele deutsche Städte mit einem Verzeichnis, wer aufzusuchen sei und wie man sich bei den einzelnen zu verhalten habe. Da stand über meinen Vater zu lesen: „Ist um zwei Uhr zu Hause und ist wohltätig." Über einen anderen Herrn, auch einen Mitarbeiter des Komitees, war zu lesen, man solle nur über die Tora mit ihm sprechen.

1 Die Chewra Kadischa („Heilige Vereinigung") ist eine traditionell in jeder jüdischen Gemeinde bestehende Gesellschaft zur Pflege der Kranken und Beerdigung der Toten.
2 Die Ritualmordaffäre in Konitz (Westpreußen) begann erst im Jahr 1900, als Antisemiten Juden des Mordes an einem Gymnasiasten bezichtigten. Während der folgenden Prozesse kam es 1901 zu Pogromen in Konitz und pommerischen Städten, wobei die Konitzer Synagoge zerstört wurde. Die Synagoge von Neustettin war dagegen schon 1881 in Flammen aufgegangen, als es die ersten antisemitischen Unruhen in Pommern gab.
3 Heinemann Vogelstein (1841-1911) war ab 1880 Rabbiner in Stettin. Er wurde Begründer und Vorsitzender der Vereinigung liberaler Rabbiner sowie anerkannter Führer der religiös-liberalen Richtung im deutschen Judentum.
4 Seit 1881 fanden in Rußland wiederholt Pogrome statt, die mehr als eine Million Juden zur Auswanderung veranlaßten. Im Jahr der ersten russischen Revolution 1905 forderten die Oktoberpogrome über 800 Todesopfer.
5 Die Alliance Israélite Universelle, gegründet 1860 in Paris, leistete wie der Hilfsverein der Deutschen Juden, gegründet in Berlin 1901, Hilfe für die ostjüdischen Auswanderer. Der Hilfsverein leitete das 1904 geschaffene Zentralbüro für jüdische Auswanderungsangelegenheiten. Zum Hilfsverein vgl. Memoiren Bernhard Kahn (Nr. 31).
6 Wilhelm Kunstmann (1844-1934) schuf in Stettin und Swinemünde die größte Privatreederei, die einem jüdischen Reeder gehörte.

23 Edmond Uhry

geb. 1874 Ingwiller (Ingweiler, Elsaß) – gest. 1954 New York

Edmond Uhry, Galleries of Memory. Ms. datiert New York 1946, 407 S. – Aus dem Amerikanischen übersetzt von Monika Richarz.

Edmond Uhry wächst auf in der elsässischen Kleinstadt Ingwiller (2550 Einwohner) als Sohn eines Gemischtwarenhändlers, der auch Vieh- und Getreidehandel treibt und ein kleines Hotel-Restaurant unterhält. Der Verfasser beschreibt ausführlich das allgemeine und das jüdisch-orthodoxe Leben in Ingwiller und betont die Abneigung der Einwohner gegen die nach der Annexion eingesetzten norddeutschen Beamten. Uhry besucht das Gymnasium in Bouxwiller und wandert als Sechzehnjähriger nach Amerika aus, wo ihn zwei Brüder erwarten. Er arbeitet sich in New York zu einem mittleren Geschäftsmann empor und wird Vorstandsmitglied der Free Synagogue des Rabbiners Stephan S. Wise. – Der Auszug behandelt die Auswanderung im Jahr 1891.

Ich war noch nicht ganz zehn Jahre alt, als mein ältester Bruder im März 1884 nach Amerika ging. Die deutschen Gesetze verlangten, daß der Antrag auf Entlassung aus dem Deutschen Reich für männliche Auswanderer vor der Erreichung des 17. Geburtstages gestellt werden mußte. Man nannte dies die Beschaffung einer „Entlassungsurkunde". War sie ausgestellt, hatte die Abreise binnen sechs Monaten zu erfolgen, andernfalls wurde die Entlassung widerrufen, und der Name des Betroffenen blieb auf der Liste der mit zwanzig Jahren Wehrpflichtigen.

In Emils Fall unterlief ein Versehen, und man entdeckte zwei Tage vor Pessach, daß die Frist am ersten Pessachtag ablaufen würde. Bisher waren für ihn weder eine Schiffskarte noch eine Reiseausstattung beschafft worden. Es wurde beschlossen, daß er am nächsten Morgen – das war Erew Pessach[1] – die Stadt vor Sonnenaufgang verlassen sollte. Ich erinnere mich noch vage daran, wie ich ihn und meine Mutter mit verschlafenen, halboffenen Augen an meinem Bett stehen sah, und ich ein paar kurze verstörte Laute murmelte, die mein Abschiedsgruß sein sollten.

Ein guter Freund der Familie half und brachte Emil nicht etwa zur nächstgelegenen Bahnstation, sondern zu einer weiter entfernten, von der aus ihm nicht so leicht nachgespürt werden konnte. Emil fuhr nach Romanswiller zu unserer Tante, wohin nach den Feiertagen unsere Eltern mit seinem Gepäck kamen. Dann reiste er weiter nach Frankreich und schiffte sich von Le Havre nach den Vereinigten Staaten ein.

Sofort nach seiner Abreise prüften die Behörden Abfahrtstermin und Reiseziel nach, aber alles ging glatt. Noch ist mir lebhaft die düstere Stimmung im Gedächtnis, die an der Sedertafel herrschte, als der Stuhl des Erstgeborenen leer blieb. Auch weiß ich noch, welch Gefühl wichtiger Verantwortung ich hatte, als ich über diese ganze Angelegenheit Stillschweigen bewahren mußte.

Heutige Eltern mögen sich wundern, wie es damals Eltern über sich bringen konnten, so junge Söhne in alle Welt zu schicken. Und dabei entsprach eine damalige Meile an Entfernung sozusagen zehn heutigen Meilen, denn der Schiffsverkehr war langsam und gefahrvoll, und die Aussichten auf ein Wiedersehen waren viel geringer als heute. Und doch schickte fast jede Familie unserer Stadt Söhne in die Welt hinaus. Die größeren Möglichkeiten und Freiheiten in der Neuen Welt waren zwar ein Beweggrund, aber schwerer fiel bei der Entscheidung der Militärdienst ins Gewicht. In unserem vom preußischen Militarismus bedrückten Grenzland waren die drei Jahre Militärdienst sehr gefürchtet. Das Volk nahm dem Bismarckschen System seine Ungerechtigkeiten übel und fürchtete ständig die Wiederkehr des Krieges. Konnten die Söhne all dem entfliehen, machte das den Abschiedsschmerz leichter. In einigen Fällen hofften die Familien auch auf eine spätere Wiedervereinigung der Familie auf jenem Boden, den die Söhne als Pioniere erst gewinnen sollten.

Die Vereinigten Staaten und einige der südamerikanischen Länder besaßen die größte Anziehungskraft für diese Auswanderer. Wo immer sich einer ansiedelte, folgten bald andere, die aus der gleichen Gegend stammten. New Orleans war meist der erste Bestimmungsort für die frühen Auswanderer aus unserer Heimat. Ein Teil unserer Familie kam schon vor dem amerikanischen Bürgerkrieg dorthin, denn die französische Atmosphäre von Louisiana sagte ihnen zu. (Ich war begeistert, als ich auf der Weltausstellung von 1939 im Haus der Erfindungen das Modell einer Dampfmaschine sah, für die ein Uhry 1852 als Bürger von Louisiana das Patent erhalten hatte). Auch Cincinnati war ein günstiger Bestimmungsort, lange bevor New York zur Einwanderungsstadt unserer Familie wurde. Durch Geschäftstätigkeit und durch Heiraten verbreitete sich die Familie dann über die Südstaaten.

Im Jahre 1886 ging mein Bruder Moise nach New York. Ich erinnere mich noch an die zehn Tage ängstlicher Gespanntheit während seiner Überfahrt, denn gerade damals hatte es ein schweres Unglück auf dem Atlantik gegeben. Mutter betete Tag und Nacht. Als ein Telegramm aus New York seine glückliche Ankunft meldete, rannte ich durch die Straßen und verkündete die gute Nachricht. [...]

Die Tatsache, daß die Zeit gekommen war, über meinen Berufsweg zu entscheiden, lastete schwer auf dem Gemüt meiner Eltern. Sie fragten viele Leute um Rat. Militärpflicht und Kriegsgefahr wurden zu den ausschlaggebenden Faktoren, und im Oktober 1890 stand meine Abreise in die Vereinigten Staaten als Lösung fest.

Verschiedene Gründe, die heute als trivial erscheinen, damals aber wichtig waren, führten zu einer mehrmonatigen Verzögerung meiner Abfahrt. Erstens sollte ich den Atlantik nicht im Winter überqueren, zweitens mußte die passende Garderobe zusammengestellt werden, und drittens sollte ich an der Feier zur Einweihung der umgebauten Synagoge teilnehmen. Man war noch weit vom Zeitalter der Konfektion entfernt, und wir mußten mehrmals nach Straßburg und Saverne fahren, um die Ausstattung zusammenzubekommen. Als Herr und Frau Simson aus New York Verwandte in unserer Stadt besuchten, schlugen sie vor, daß ich mit ihnen im November auf der „Umbria" zurückfahren sollte. Das war im Oktober, und ihr freundliches Angebot wurde abgelehnt, weil meine Unterwäsche noch nicht eingekauft worden war. Die Tatsache, daß ich vorher nie Unterwäsche getragen hatte, ließ das besonders komisch erscheinen. Aber es mußten achtundzwanzig Garnituren verschiedener Größe von Dr. Jägers Sanitätswäsche sein, hergestellt in Stuttgart. Herr Simson, der mein erster Chef in New York wurde, bezog sich noch oft auf diese Geschichte, wenn er mich zur schnellen Erledigung eines besonderen Auftrags mahnte. – Die Synagogeneinweihung war für mich vor allem wegen der dabei an mich von andern gestellten

Erwartungen wichtig. Seitdem ich fünfzehn war, hatte man mich nämlich – in Ermanglung eines Besseren – zum Anführer der jungen Leute gemacht, die meist drei bis zehn Jahre älter waren als ich. Ich führte neue Lieder und Gesellschaftsspiele ein, leitete das Kasperletheater und schrieb schlechte Gelegenheitsgedichte, was damals eine wahre Seuche war. Doch die Vernunft und etwas Druck von seiten meiner Brüder in Amerika überwanden diese hinderliche Rücksichtnahme auf die Einweihung. Es wurde eine Schiffskarte zweiter Klasse für das Dampfschiff „La Bourgogne" gekauft, das am 10. Januar 1891 von Le Havre abfahren sollte.

Dann kamen die Abschiedsbesuche bei den Verwandten, das Packen und Umpacken der Schiffskiste und der Koffer. Das Umpacken wurde nötig wegen des ständigen Stroms von „Kleinigkeiten", die etwa fünfzehn bis zwanzig Familien mich für Verwandte überall in Amerika mitzunehmen baten. Diese „Kleinigkeiten" reichten von einer Zehnpfunddose grünen Senfs über Flaschen mit Schnaps, Taschentücher, Socken und Schokolade bis zu Gebäck – meist Sirupkuchen, wie sie es in der amerikanischen „Wildnis" nicht gab. Einige der Spender warteten, bis sie ihre Gaben sicher in der Schiffskiste verstaut sahen und wiederholten ständig ihre Ermahnungen zur prompten Ablieferung. Ich hatte geheime Absichten bezüglich der Verwendung mancher dieser Schokoladen und Kuchen, aber einige Tage Seekrankheit machten sie zunichte.

Als meine Schiffskiste verschlossen und verschnürt war, kam eine der Bäckerinnen solch klebriger Kuchen, brachte eine weitere Salatschüssel voll ihrer Spezialitäten und bestand darauf, daß die Schüssel samt Inhalt noch irgendwo eingepackt werde. Ich war in diesem Augenblick allein zu Hause, und ihre Beharrlichkeit führte zu einem erhitzten Streit zwischen uns, der mit dem mehrtägigen Verlust meiner Stimme und der dauernden Beschädigung eines eben erblühenden Tenors endete.

Der Tag des Abschieds, Mittwoch, der 7. Januar 1891, kam nur zu schnell. Das Wetter war kalt und traurig, das Land öde, das Herz schwer. Aber die jugendliche Neugier auf die bevorstehenden Abenteuer obsiegte. Ich war auf dem Weg zum verheißenen Land, zu einem neuen Leben!

Mein Vater brachte mich nach Saverne, wo sich mir ein fünfzehnjähriger Junge aus Bouxwiller anschloß. Am Donnerstag morgen kamen wir in Paris an, und Herr und Frau Levy, Freunde von Freunden unserer Familie, holten mich ab. Ich war ihr Hausgast bis Freitagabend, dann brachten sie mich zum Bahnhof St. Lazare und an den um Mitternacht abgehenden Zug.

Es war eine erschreckende Erfahrung, mich über Nacht aus unserem Städtchen von 2200 Einwohnern verpflanzt zu sehen in diesen Ozean von Menschen, diesen Wirbelsturm an Bewegung. Herr Isaac Levy brachte mich zu seinem Geschäft auf dem Boulevard Montmartre, und als er glaubte, ich habe mich genügend an den Anblick des Verkehrs gewöhnt, empfahl er mir einen Spaziergang auf den Boulevards. Beim Überqueren der Straße fühlte ich mich, als sei ich in die reißende Strömung geraten, die zu Hause die

Mühlräder antreibt und in die sich niemand hineinwagt. Von einem Wunder zum nächsten eilend und von einem Schaufenster zum andern, verlor ich in meiner Verwirrung die Richtung. Die Höflichkeit der Passanten und die Bereitwilligkeit der Gendarmen, die wie Leibwächter ihre schützenden Hände über mich hielten, werde ich nicht vergessen. Ich war froh, als es Nacht wurde und meine Gastgeber vorschlugen, daß ich mich früh zurückziehe, weil sie zu ihrem Geschäft zurückkehren mußten.

Bisher hatte ich noch nie Gaslicht oder elektrisches Licht gesehen, geschweige denn benutzt. Mein Bruder, der in Colmar lebte, wo es Gaslicht gab, hatte mich davor gewarnt, dies Licht auszublasen, nicht ganz abzudrehen oder – am schlimmsten – einen Hahn zu bedienen, der sich ganz herumdrehen ließ. Letzterer war selten, aber ausgerechnet hier in Paris sah ich mich diesem Fall konfrontiert. Ich drehte das Licht an und ab, bis mein letztes Streichholz verbraucht war. Erschöpft fiel ich in Morpheus Arme bei angezündeter Lampe. Ich erwachte in einem dunklen Zimmer, denn mein Gastgeber hatte bei seiner Rückkehr leise das Gas abgedreht, während ich fest schlief. Überzeugt, daß das Gas jetzt ausströme, saß ich nach meinem Erwachen die ganze kalte Januarnacht hindurch am geöffneten Fenster.

Meine Mutter hatte mir aufgetragen, für meine Gastgeberin in Paris eine Bonbonniere zu kaufen – doch ich erwarb statt dessen zwei Pfund Felix Potin Kochschokolade. Als der Zeitpunkt der Geschenkübergabe kam, wurde ich schüchtern und gab auf. So vergrößerte sich mein übermäßiger Vorrat an Süßigkeiten um das nicht überreichte Geschenk. Mein Reisegefährte und ich verzehrten es auf dem Weg nach Le Havre und veranstalteten damit schon die zweite Schokoladenorgie unserer Reise.

Von Paris bis Le Havre saßen wir zwischen Mitternacht und sieben Uhr morgens in einem Abteil dritter Klasse mit italienischen Auswandererfamilien, brüllenden Babies, schimpfenden Vätern und erschöpften Müttern. Bei der Ankunft in Le Havre erhielten die Passagiere für das Zwischendeck am Kai Zwiebelsuppe zum Frühstück. Als Passagier zweiter Klasse stand mir ein Frühstück im Speisesaal zu, das viel dazu beitrug, mich für den Kummer und die Ängste der letzten Tage zu entschädigen.

Und damit endet die Geschichte meines Lebens als Europäer, die von meiner Geburt im April 1874 bis zu meiner Abreise von Le Havre am 10. Januar 1891 reicht.

24 Isidor Hirschfeld

geb. 1868 Kasparus (Westpreußen) – gest. 1937 Hamburg

Isidor Hirschfeld, Tagebuch. Ms. undatiert, 75 S. – Verfaßt Hamburg 1921.

Isidor Hirschfelds Mutter betreibt in Westpreußen eine ländliche Schankwirt-schaft, sein Vater hausiert mit Pferd und Wagen. Vierzehnjährig wird Isidor Lehrling einer jüdischen Textilhandlung in Preußisch-Stargard, mit 18 Jahren geht er nach Berlin. Zusammen mit seinem Bruder Joseph gründet er 1893 in Hamburg die Damenbekleidungsfirma Gebr. Hirschfeld, die es bis 1912 auf einen Jahresumsatz von 2,4 Millionen Mark und über 500 Angestellte in Verkauf und Anfertigung bringt. Die Firma eröffnet Filialen in Bremen, Lübeck, Leipzig und Chemnitz. Mit naivem Stolz berichtet der Autor von seinem steilen sozialen Aufstieg bis zum Weltkrieg.

Unser 1875 neugebautes Elternhaus war nicht nur für *meine* damaligen Begriffe, sondern auch nach Ansicht der dortigen Anwohner kolossal groß, mit vier Zimmern im Parterre, einer großen Gaststube, daran anschließend das Warenlager, abgeteilt durch eine sogenannte Tonbank (Ladentisch); daneben war ein besseres Zimmer, das war das eigentliche Schlaf-, Wohn- und Eßzimmer, aber es wurde auch für die „besseren" Gäste benutzt, dann die Putzstube, da wurden die feinsten Gäste, wie Oberförster, Oberforstmeister u.a. bewirtet, und das vierte Zimmer war das Familienzimmer, darin schliefen die Kinder, Mädchen, Jungen, paarweise oder auch zu dreien (das dritte wurde ans Fußende gelegt). Ich schlief mit Emil im Gastzimmer auf einem Kunsttisch, den man abends als Bett umwandeln konnte. Wir gingen schlafen, obschon die Gäste noch eine lärmende und spuckende Unterhaltung führten und Schnaps tranken.

Diesen Schnaps, Kornus, den Vater selbst destillierte, nannte man Bumchen, und ein Bumchen kostete fünf Pfennig. Es gab Leute, die eine ganze Menge Bumchen tranken und dann in ihrem Suff Streit anfingen. Vielfach kam es auch zu Schlägereien. Dann trat Mutter dazwischen mit ihrer energischen Stimme. Manchmal kam es auch vor, daß sie so einem Halbwüchsigen eine Ohrfeige gab – jedenfalls hatten die Gäste vor Mutter Respekt. Natürlich wurde auch viel politisiert und von der Wiederaufrichtung Polens gesprochen. Einige brachten sogar die Posener „Polnische Zeitung" abends mit in die Gaststube, und häufig wurde zum Schluß das alte Lied gesungen: „Noch ist Polen nicht verloren..." Heute, wo die Neugründung des Polenstaates Wirklichkeit geworden ist, muß ich an das Wort Windthorsts[1] denken: „Ein berechtigter Wille, der mit Energie durchgekämpft wird, geht seiner Verwirklichung entgegen."

Auch Hochzeiten wurden in unserer Gaststube gefeiert und dann viel und flott getanzt. Der Bierausschank war dabei das Hauptgeschäft, denn wenn die Leute erst im Taumel waren und nach jedem Tanz ein Bier für zehn Pfennig tranken, merkten sie es nicht, daß es inzwischen mit Wasser vermischt wurde, dann brachte die Tonne Bier vielleicht drei Mark mehr. Holztermine wurden bei uns abgehalten, die gutes Geschäft brachten. Andererseits kamen Leute aus der Berliner Regierung, Forsträte, Oberforstmeister, die hatten sich wegen der guten und billigen Küche, Mittagessen oder auch Logierzimmer bestellt: Mittagessen zwei Mark, Übernachtung 50 Pfennig, es war sozusagen feudal. Vater war auch Kgl. Preußischer Forstkassenrendant für 15 Mark monatlich. Die Bücher konnte er wohl dafür nicht fertigstellen, das besorgte die Schwester Emma.

Als ich im Jahre 1912 mit Frieda in Kasparus zu Besuch war, war ich über unser früher so „groß" erschienenes Haus sehr enttäuscht; ich fand jetzt das Haus klein, ich fand die Stuben so klein, und besonders so niedrig, daß ich mich unwillkürlich bückte, um nicht gegen die Zimmerdecke zu stoßen. Aber ich fand viele schöne Heimat- und Elternerinnerungen. Ich fuhr auf unser Land und auf unsere schöne große Wiese am Schwarzwasser, traf viele Kameraden, insbesondere meinen Freund Peter Koclawski, der Dorfschulze geworden war, aber sein Amt wegen Schulstreik niedergelegt hatte. Er hatte 17 Kinder, und es ging ihm leidlich. Ich trank eine Flasche Wein mit ihm, und wir sprachen von unserer Jugend. Er hatte auch zu den Waldarbeitern gehört. Auch meine Amme traf ich wieder, die alte siebzigjährige Manuczewski, die im Elternhaus gedient hatte, als ich geboren wurde. Ich fragte sie in Friedas Beisein, ob sie sich noch des kleinen Jungen entsinne, der gerade zur Welt kam, als sie bei Frau Hirschfeld diente. „Oh", sagte sie, „der hieß Isidorek." Ich sagte, daß ich der Isidorek bin, machte ihr Geschenke, und sie konnte sich nicht genug wundern und rief stets polnisch „Boze, boze, Gott ach Gott". Unterhalten konnte ich mich nicht mit ihr, da ich Polnisch jetzt nur brockenweise spreche, aber ich konnte ihr die Freude ansehen, und sie brachte uns nachher einen Korb mit Eiern. Für die Kirche in Kasparus stiftete ich 1000 Mark.

Wir waren im Elternhaus zwölf Kinder. Auch Vaters Schwester war bei uns, Tante Ida, kurz, es war ein großer Haushalt. Mutter war ungemein tüchtig, sie wurde immer fertig. Freilich wurde schon morgens um fünf Uhr aufgestanden; dann kamen bereits die ersten Kunden nach Branntwein. Mutter versorgte die Kinder, den Haushalt, das Vieh, und außerdem die Gäste und das Geschäft. Vater war meistens unterwegs. Und alles wurde fertig! Abends wurde noch geflickt und gestrickt und gestopft – wie Mutter das alles fertig brachte, ist mir noch heute ein Rätsel. Einen Arzt hatten wir nie, bei den vielen Kindern wurde alles mit Hausmitteln kuriert. [...]

Bis etwa zum Jahre 1875 ging es bei uns noch fromm zu. Mutter stammte aus orthodoxem Hause, Vater war freier. Am Sonnabend wurden keine Geschäfte gemacht; die Kundschaft hatte sich danach zu richten.

Der Gastwirtschaftsbetrieb war allerdings geöffnet, das war behördliche Vorschrift, aber im Laden wurde nichts verkauft. Während der Osterfeiertage war das Geschäft ganz geschlossen, bzw. es wurde, wie das jüdische Ostergebetbuch vorschreibt, für die Dauer von acht Tagen einer dritten Person übergeben, damit unsere Osterkuchen (Mazzes) nicht mit Brot in Berührung kamen[2]. Auch an den hohen Herbstfeiertagen war das Geschäft geschlossen, und die Eltern fuhren mit uns Buben zum Gottesdienst nach Schliewitz, damit wir die Gebräuche und Gebete kennenlernten. Mit den benachbarten jüdischen Familien wurde Freundschaft gehalten, die bei Freud und Leid zum Ausdruck kam. Wenn irgendwo Bris war, fuhr man hin, damit zehn jüdische Männer (Minjan) dort waren, und bei Trauerfällen nahm man selbstverständlich größten Anteil und war hilfsbereit.

[1882 wird Isidor Hirschfeld Lehrling im nahen Preußisch-Stargard.]

Meine drei Jahre vergingen sehr schnell. Ich wurde vom Kurzwarenlager bald abgelöst, kam aushilfsweise nach vorne in das Schürzenwarenlager, Hosen- sowie Kleiderstofflager, und schließlich ins Leinenlager. Zum letzteren wurden nur penible Leute genommen, die sauber packten, weil dort alle weißen Stoffe in Papier gepackt waren. Ich erinnere mich noch an die Fränkelschen Tischtücher mit ihren Maßen 200 mal 280 Zentimeter.

Es war im zweiten Lehrjahre. Die Kommis sagten mir: ich sei tüchtig, ich ersetze einen Kommis. Aussteuern waren der wichtigste Artikel im Geschäft, den bediente der Chef, der Kommis war der Zulanger der Waren. Hierbei stand ich meinen Mann. Ich ging dem Chef sehr zur Hand. Ich wartete nicht, bis der Chef Waren verlangte. Ich kombinierte selbst und gab dem Chef die verkaufsfähigen Artikel in die Hand. Das gefiel, und ich hatte beim Chef Gunst. Er hatte Vertrauen zu mir. War Wichtiges zu besorgen, dann mußte ich es tun; waren große Summen zur Post zu bringen, was sonst nur der Buchhalter tat, so tat ich das jetzt. Mir wurden Summen bis 30 000 Taler anvertraut. Wenn ich einen Auftrag erhielt, etwas zu besorgen, so besorgte ich es schnell und machte keine Privatbesuche. Die Kameraden waren darüber wütend. Sie sagten, ich wolle mir nur die Gunst des Chefs und der Kommis erwerben. Ich kümmerte mich um die Dummköpfe nicht. Chefs und Kommis haben mir das stets gut angerechnet. Ich machte auch Arbeiten aus mir selber und wartete nicht, bis mir die Arbeit aufgegeben wurde; ich nahm mir eben selbst Arbeit. Überhaupt war ich stets bestrebt, die Initiative zu ergreifen, und das war stets richtig.

Einmal hatte ich jedoch große Vorwürfe entgegenzunehmen, und meine Gunst beim Chef drohte zu schwinden. Vater hatte beim Chef 400 bis 500 Mark Warenschulden und wagte nicht, neuen Kredit zu nehmen. Unsere Konkurrenzfirma H. M. Wolfheim bot ihm Kredit an, und Vater kaufte dort für etwa 400 Mark. Das erfuhr der Chef und machte mir ernsthafte

Vorwürfe, da er der Meinung war, ich hätte den Vater dort hingeführt. Es lag daran, daß der Vater geldknapp war.

Meine drei Lehrjahre gingen zur Neige, und ich wurde zum Chef gerufen. Er fragte mich, ob ich bleiben wollte. Ich bejahte, bemerkte aber, daß ich für kleines Salär nicht arbeiten könne (die Ausgelernten erhielten 15 Mark monatlich und freie Station). Er schlug mir vor: 15 Mark monatlich und nach vier Monaten 35 Mark monatlich, was ich freudig akzeptierte. Ich konnte das doch den Eltern berichten, und denen sollte das ein Beweis sein, daß ich tüchtig sei. [...]

Unsere Geschäftsführung war veraltet, feste Preise gab es nicht. Wir mußten vorschlagen, der Kunde hat geboten. Jedes Geschäft war daher schwierig. Obgleich man dadurch viel lernt, haben wir schon damals gesehen, daß die Geschäftsführung reformbedürftig sei. Es wurden dann auch Kommis engagiert, die Neuerungen einführen sollten, um das Geschäft zu heben. Wir bekamen einen Kommis, der hieß Lindenstrauß. Das war ein sogenannter „Reißer", der machte das Geschäft folgendermaßen: Er schrieb auf ein Etikett: Reserviert für Lubkowski, 27½ Taler, und machte dieses Etikett an einen Anzug. Kam ein kauflustiger Kunde, den er bediente, dann unterhielt er sich von Militärsachen, Landwirtschaft, und schließlich sagte er: „Brüderchen, wieviel Geld hast du in der Tasche?" War die Antwort: „30 Taler", dann sagte er: „Hör mal an, ich habe einen prima Anzug, der ist zwar reserviert für meinen Freund Lubkowski. Mit dir meine ich es besser, hier, du bekommst ihn, wie du siehst, für 27½ Taler." Das Geschäft war gemacht. – Ich schreibe das nur zur Kennzeichnung dessen, was man unter einem sogenannten tüchtigen Reißer-Verkäufer versteht. Damals kannte man noch nicht offene, für jedermann ersichtliche Preise, sondern jedes Geschäft war ein Schachergeschäft. Unserem Chef gefiel aber dieses Reißergeschäft nicht. Lindenstrauß wurde gekündigt, ging nach Berlin und bekam Stellung in der „Goldenen 110".

Wir hatten auch ein Engrosgeschäft, Händler – meist Juden – aus den umliegenden Dörfern waren unsere treuen Kunden. Die Einrichtung des Reisenden verbreitete sich jedoch, und die Berliner Grossisten ließen die kleinen Dörfer besuchen. Wir verloren die Kundschaft, da die Leute lieber von Reisenden kauften.

Im Herbst 1884 bekam ich einen Brief von Joseph, er habe von Onkel Meyer den „Befehl" erhalten, mir zu schreiben, ich sollte nach Berlin kommen. Also Berlin – das höchste für einen Provinz-Kommis! Stellung sei zwar noch nicht da, Onkel würde eine solche aber besorgen. Man sagte da, „auf blauen Dunst" nach Berlin, aber ich griff zu.

[Isidor Hirschfeld arbeitet bei Sielmann & Rosenberg in Berlin, wird 1889 deren Filialleiter in Hamburg, wo er im Herbst 1893 mit seinem Bruder Joseph ein eigenes Konfektionsgeschäft eröffnet.]

Schon im Dezember konnten wir uns sagen, daß unsere Existenz nicht mehr in Frage gestellt sei. Wir fühlten, daß man in Hamburg für unsere Art Verständnis hatte. Wir schrieben den Eltern, die uns dann zusagten, Weihnachten herzukommen. Wir bereiteten alles vor, um unseren Eltern den Aufenthalt in Hamburg angenehm zu machen. Wir sannen erst mal auf Geschenke; da fiel uns ein, daß Vater seit Jahren sich einen Kragen-Pelz wünschte. Mutter wünschte sich einen Radmantel (damalige Mode). Für Mutter beschafften wir von der Firma Tiedemann einen Radmantel, mit Fehpelz gefüttert, für Vater kauften wir Felle und ließen ihm einen Pelz machen. Beides zusammen kostete uns 600 Mark. Dann war verabredet, Joseph sollte sie von Berlin abholen und mit ihnen im D-Zug hierher fahren, der damals gerade neu eingeführt war. Das geschah, d. h. die Eltern fuhren bis Berlin 4. Klasse und von Berlin nach Hamburg 2. Klasse D-Zug. Ich holte sie am Bahnhof mit einer Droschke ab, die ein gutes Pferd hatte, da Vater gute Pferde liebte.

Der Zug kam abends elf Uhr an, der Wagen hielt Ecke Admiralitätstraße. Ich lief dann schnell vor und beleuchtete mit Bogenlampen das Geschäft, Schaufenster und Straße, und dann durften die Eltern mit Joseph kommen. Als sie im Geschäft waren, hängte Joseph Mutter den Mantel um, und ich zog Vater den Pelz an. So gestaltete sich der Empfang und Einzug der Eltern in unser Glück, unser Geschäft.

Die guten Eltern waren nicht fähig zu sprechen. Blasse, ratlose Gesichter. Den Eindruck konnten sie nicht aufnehmen. Wir hatten Mühe, ihnen das alles leicht hinzustellen; wir sagten: „In großen Städten ist das so; entweder es geht oder es geht nicht", kurz, wir mußten leichtsinnig sprechen, da wir sahen, daß die Eltern diese Größe nicht überwinden konnten. Sie aber sagten: „Aber Jungens, 8500 Mark Miete, das ist ja unmöglich, daß Ihr dabei bestehen könnt!" Wir gingen dann koscher essen und brachten die Eltern ins Hotel. Doch sie waren irgendwelcher Worte nicht mächtig.

Am nächsten Tag, dem ersten Weihnachtstag, hatten wir geöffnet. Wir setzten Vater und Mutter hinter die Kasse. Das Geschäft war lebhaft, und die guten Eltern guckten zu, wie das Geld in die Kasse floß. Da erst machten sie zufriedene Gesichter, und da erst lösten sich die Zungen; Mutter sagte: „Alles gibt Gott Euch." Ich bemerkte, unsere Eltern waren durch alles, was wir ihnen beim Empfang geboten hatten, im wahren Sinne des Wortes nicht mächtig zu sprechen, solche Eindrücke hatten sie von unserem Geschäft und den kostbaren Geschenken bekommen. Dabei war der ganze Laden mit seinen zwei Fenstern 150 qm groß.

Hochbeglückt reisten die Eltern ab. Am 31. Dezember machten wir Inventur und Bilanz. Zum Buchhalter hatten wir uns unseren Freund Max Josephsohn, jetzt Prokurist bei der Einkaufsgesellschaft, genommen; denn, sollten wir Konkurs gehen, mußten die Bücher stimmen, dann brauchte man wenigstens nicht ins Gefängnis. Vor dem Konkurs hatten wir große Angst. Josephsohn war in Stellung und konnte erst abends um acht Uhr erscheinen. Das war uns recht; wir schickten das Personal fort, um die Sache selbst zu machen. Wir sagten ihm das Lager an, und um zehn Uhr war alles aufgerechnet. Josephsohn sagte: „Meine Herren, Ihre Bilanz ist fertig. Sie haben in den drei Monaten Ihres Bestehens einen Gewinn von 9500 Mark!" Wir waren starr und riefen: „Josephsohn, Sie lügen, das ist nicht wahr, Sie uzen uns. Wir verhauen Sie." „Nein, nein, hier, sehen Sie her, soundso ist der Bestand usw." Aber wir konnten es uns nicht vorstellen, daß man in drei Monaten diese Summe verdienen könne, wir wollten doch in dem ersten Jahr nur glatt durchkommen. Wir prüften nochmals, und unsere Freude, als es wahr war, hatte keine Grenzen. Mit frischem Mut gingen wir im Jahre 1894 an die Arbeit.

Die Frühjahrssaison 1894 gestaltete sich wunschgemäß, so daß wir beschlossen, ins Bad zu reisen. Man mußte sich „sehen lassen"; vielleicht verliebte sich doch ein Mädchen mit Geld in uns. Joseph fuhr nach Westerland-Sylt, und ich fuhr auf acht Tage nach Helgoland. Damals galt der für reich, der sich eine Bäderreise erlaubte. Im allgemeinen wurde nicht gereist, Angestellte kannten keine Erholungsreise.

Wir haben Bekanntschaften gemacht, und das war geschäftlich nützlich für uns. Das Jahr 1894 brachte einen Nutzen von 40 000 Mark, so daß wir sogleich alles bar regulieren konnten und überall bei den Lieferanten offene Türen hatten. Ende 1894 konnten wir unsere Existenz als befestigt ansehen. Wir haben uns auch entsprechend gefühlt und konnten daran denken zu heiraten.

Unser Freund Liebner schrieb uns dann um eine Heiratsauskunft über eine Familie Heckscher. Wir konnten gute Auskunft geben. Er verlobte sich, und im Frühjahr sollte die Hochzeit sein. Wir wurden geladen. Ich lehnte ab, und zwar wegen der Kosten, aber Joseph drängte darauf und bestellte für uns beide Frackanzüge. Dann kaufte er noch zwei goldene Uhren, und Fräulein Lerche kaufte im Auftrage von Joseph zwei Brillantknöpfe. Die Kleidung war von Kopf bis Fuß neu, und wir gingen, nachdem wir uns dem Personal vorgestellt hatten, als Kavaliere zur Hochzeit. Wir machten Eindruck als neue Heiratssterne in Hamburg.

Auf dieser Hochzeitsgesellschaft bekam Joseph Fräulein Falk aus Hannover zur Tischdame. Er hatte sie im Sommer vorher in Sylt wiederholt gesehen. Auf der Hochzeitsgesellschaft sang sie das Lied: „Schaffner, lieber Schaffner", und Joseph erzählte mir nachher, daß ihm seine Tischdame sehr gut gefiele. Am nächsten Tage fragte ich bei den hier anwesenden Verwandten an. Wir trafen uns am nächsten Abend in Gesellschaft im Restaurant. Ich merkte, daß man sich über uns erst informieren wollte. Ferdinand Rose nahm Einsicht in unsere Bücher. Joseph fuhr dann nach Hannover zu näherem Kennenlernen. Er versprach mir, es solle nur ein Kennenlernen sein, von Verlobung sei noch keine Rede. Der Zug traf um halb zwölf Uhr in Hannover ein. Um zwölf Uhr wurde mir am Telefon die Verlobung mitgeteilt.

Einige Monate später sollte Hochzeit sein. Die Mitgift betrug 25000 Mark. Je näher der Termin der Hochzeit kam, um so unsicherer erschienen den Falks die 25000 Mark. Sie verlangten einen Ehevertrag, durch den die Summe sichergestellt werde. Wir faßten das zwar als Mißtrauensvotum auf, willigten aber ein. Die Ehe war sehr glücklich. Sie bekamen zwei Kinder, Hans und Werner Hirschfeld. Aber schon nach einjähriger Ehe stellte es sich heraus, daß Joseph dem Tode geweiht war.

[Joseph stirbt, aber zwei weitere Brüder treten in das Geschäft ein.]

Im Jahre 1896 mieteten wir die vorderen Lokalitäten für 10 000 Mark und bauten das Lokal selbst um. Mir schwebte damals vor, zwei Geschäftseingänge zu haben, denn ein Geschäft mit zwei Eingängen und fünf Schaufenstern war damals etwas Gewaltiges. Der Umbau kostete 12 000 Mark, wir mußten ihn auf eigene Kosten machen.

Ende 1900 waren wir also zu dreien im Geschäft. Von da an begann eigentlich der Aufstieg unserer Firma. Teilweise trug dazu bei, daß der Artikel Konfektion sich sehr erweiterte. Blusen und Röcke, die man bis dahin in der Konfektion nicht gekannt hatte, konnten nun im Verkauf gehalten werden.

Bei einer Anwesenheit in Marienbad fuhr ich auch nach Karlsbad hinüber. Dort sah ich eine Schaufensteranlage im Mahagonirahmen. Ich beschloß, so etwas auch bei uns zu bauen. Die zwei Eingänge wurden weggenommen; es wurde ein breiter Eingang hergestellt mit zwei Türen, und sämtliche Schaufenster und Türen wurden in feinstem Mahagoniholz ausgeführt, was äußerst repräsentativ war. Dazu machte ich auf dem Hof einen Anbau. Am letzten Ende Wand wurden Spiegel gesetzt, und wenn man von draußen in das Geschäft hineinsah, dann täuschten einem die Spiegel einen unübersehbar langen Laden vor. Auch die erste Etage wurde mit einer großen Freitreppe dazugenommen, so daß wir von da an ein sehr großes Geschäft hatten.

Mein Vermögen betrug bei Josephs Tod [1889] etwa 43 000 Mark. Das war natürlich für einen größeren Geschäftsbetrieb recht wenig. Dazu hatte ich einen größeren Verbrauch, weil ich die ganze Familie meinen Verhältnissen entsprechend unterstützte, so daß sich die Kapitalansammlung verhältnismäßig gering vergrößerte. Wir drei Brüder arbeiteten sehr emsig Tag und Nacht im Geschäft. Es war eine Einmütigkeit, wie sie nicht besser gedacht werden kann. Unser Wohnen im vierten Stock des Geschäftshauses war das einfachste. In einem kleinen Zimmer schliefen zwei in einem Bett, weil drei Betten dort keinen Platz hatten. Dafür habe ich meine Brüder meist zum Essen mitgenommen. Rauchmaterial gab es frei für sie. Auch eine Badereise konnten sie auf Geschäftskosten machen. Fast täglich gingen Berichte an die Eltern ab. Die Arbeit, die wir leisteten, war eigentlich nicht für mein Geschäft, sondern für das Elternhaus, denn da liefen die Fäden zusammen. [...]

1908 haben wir wiederum eine Vergrößerung vorgenommen, indem wir das ganze Haus unseren Zwecken dienstbar machten. Weitere Vergrößerungen folgten 1910. Die jetzige Gestaltung unseres Geschäftes ist 1913 vorgenommen worden, wo wir das Putzgeschäft einrichteten und neben der Konfektion auch Putz zu führen begannen. In den Jahren 1910/12 hat unser Geschäft den Höhepunkt erreicht: damals war unser Umsatz auf 2 400 000 Mark angewachsen. [...] Dann kam 1914 der Krieg, der die Umsätze sehr herabminderte. Trotzdem war unser Personal auf 500–600 Personen gestiegen. Unsere Firma wurde tonangebend in Deutschland, in Berlin galten wir als größte Einkäufer.

1 Ludwig Windthorst (1812–1891), Führer der katholischen Zentrumspartei und Gegner Bismarcks im Kulturkampf.

2 Diese Erklärung ist nicht ganz korrekt. Mit „Ostern" sind die Pessachfeiertage gemeint. Während dieser Zeit ist es nach dem jüdischen Gesetz nicht erlaubt, mit Sauerteig gebackenes Brot und andere Gärprodukte zu besitzen, da zur Erinnerung an den eiligen Auszug aus Ägypten nur Ungesäuertes gegessen werden darf. Laden und Schankwirtschaft müssen deshalb für die Pessachtage an einen Nichtjuden verpachtet werden.

25 Philipp Löwenfeld

geb. 1887 München – gest. 1963 New York

Philipp Löwenfeld, Memoiren. Ms. undatiert, 953 S. – Verfaßt New York ca. 1940–1945.

Der sozialdemokratische Anwalt Philipp Löwenfeld stellt sich in diesen politischen Erinnerungen u. a. die Aufgabe, die Wurzeln des deutschen Faschismus im Wilhelminischen Reich zu zeigen. Aufgewachsen in München als Sohn eines sozialpolitisch interessierten Anwalts und Honorarprofessors, entwickelt Löwenfeld unter dem Einfluß Lujo Brentanos früh eine kritische Haltung gegenüber der Wilhelminischen Gesellschaft. Er studiert Jura, promoviert über Sozialrecht und tritt 1912 der Sozialdemokratischen Partei bei, zu deren rechtem Flügel er gehört. In der Weimarer Republik ein bekannter politischer Anwalt und Journalist, muß er schon 1933 in die Schweiz fliehen und emigriert später nach New York. – Obgleich die Memoiren vor allem für die Geschichte der SPD von Bedeutung sind, berücksichtigt die Auswahl primär jüdische Themen wie Assimilation, Mischehe, Antisemitismus in Heer und Studentenschaft, SPD und Juden.

Einmal wurde ich auch auf eine Badereise mitgenommen, und zwar nach Marienbad. Damals waren meine Großeltern auch dabei. Marienbad war zu dieser Zeit ein Platz, an dem Menschen aus vieler Herren Ländern zusammenkamen. Bevor wir hinfuhren, wurde ich mit den ersten langen weißen Hosen und weißen Schuhen ausgestattet, auf die ich außerordentlich stolz war. Das internationale Kur- und Promenadenleben war für mich etwas völlig Überraschendes und Unerhörtes. Ich lernte aber dort auch zum erstenmal die Verschiedenheit der aus verschiedenen Ländern kommenden West- und Ostjuden kennen.

In München gab es zur damaligen Zeit auch eine große Anzahl vom Osten eingewanderter jüdischer Familien. Die eingesessenen Judenfamilien hatten mit ihnen aber durchschnittlich weniger Beziehungen als mit der eingesessenen nichtjüdischen Bevölkerung. Dies rührte zum Teil daher, daß die ostjüdischen Familien den orthodoxen Gemeinden anzugehören pflegten und demgemäß auch zum größten Teil in andere Synagogen gingen als die eingesessenen Juden, so daß man sich gegenseitig relativ wenig kannte. Im äußeren Auftreten aber, wie Kleidung, Sitten, unterschieden sich die Ostjuden so wenig von der übrigen Bevölkerung wie die eingesessenen Juden, so daß sie für uns Kinder nichts irgendwie Auffälliges waren. Dies war in Marienbad anders. Dort traten beispielsweise die reichen polnischen und galizischen Juden mit einem äußeren Glanz und einer Pracht auf, die uns etwas völlig Unbekanntes waren. Andererseits trat das orthodoxe Element dort in der historischen Kleidung der langen Röcke und Bärte und der Löckchen ins Straßenbild. Dies war besonders auffallend bei jungen stattlichen Männern mit riesengroßen braunen und roten Bärten. Ich konnte zum erstenmal aus diesem Anlaß das Gefühl der Fremdheit empfinden, das unter Juden möglich ist. Daß aus solchen äußeren Umständen bei anderen Leuten das Gefühl der Mißachtung und der Feindschaft die Konsequenz sein könne, ahnte ich natürlich noch nicht. Mir kamen eben nur der ganze Aufzug und zum Teil auch das heftige Gestikulieren etwas komisch vor, zumal wenn man einer Prozession solcher langen Röcke mitten im Wald oder auf der Promenade begegnete.

Unsere Mahlzeiten nahmen wir in dem „liberal-koscheren" Restaurant „New York" ein, das früher einmal „Baruch" geheißen hatte. Das streng orthodoxe Restaurant hieß „Löwenthal". Mein Großvater war nur sehr schwer zu überzeugen, daß er im „New York" ohne Versündigung gegen seine Religion essen könne. Er glaubte nicht recht an die Rabbinatskontrolle, unter der das Restaurant angeblich stand. Seine Zweifel darüber, ob im „New York" alles mit rechten Dingen zugehe, waren vor allem dadurch genährt, daß es dort manchmal Rehbraten gab. Da bekanntlich der gläubige Jude nur geschächtetes Fleisch essen darf, wollte er nicht verstehen, daß diese Rehe den Anforderungen der Religion entsprachen, weil er wußte, daß man Rehe in der Regel schieße. Es bedurfte starker Überredungskünste meiner Eltern, um ihn davon zu überzeugen, daß der Rehbraten im „New

York" von gefangenen und geschächteten Rehen herrühre. Immer wieder erkundigte er sich bei meinem Vater, ob wir ihn damit nicht in gottloser Weise hereinlegten. Ich glaube, so recht geschmeckt hat es ihm im „New York" deshalb nie. [...]

Wir konnten als Kinder noch kaum verstehen, wie es komme, daß die jüdischen Familien mehr unter sich als mit den christlichen Familien verkehrten, wo es sich doch nur um eine Verschiedenheit der Religion handele. Erst recht war uns vollständig unklar, wieso manche Leute sich feiner vorkamen, wenn sie mit Christen verkehrten, als wenn sie sich in Gesellschaft von Angehörigen ihrer eigenen Religion befanden. Dabei spielte in diesem ganzen Zustand, wie wir allmählich merkten, neben dem religiösen Moment die soziale Stellung der Eltern die Hauptrolle. Dies wurde zum Beispiel recht deutlich, als wir Knaben in die erste Tanzstunde geschickt wurden. Die Söhne der sogenannten „feinen" jüdischen Familien, das heißt derjenigen, die über Geld oder Titel verfügten, wurden in die „christliche" Tanzstunde eingeladen, so die Kinder von Kommerzienräten, Justizräten, Medizinalräten. Die Kinder der „gewöhnlichen" Kaufleute waren dagegen in der „christlichen" Tanzstunde nicht zugelassen. Für mich war dies sehr störend, weil meine beiden besten Freunde Söhne von „gewöhnlichen" jüdischen Kaufleuten waren, und weil ich viel lieber mit diesen zusammen gewesen wäre. Als ich dies meinem Vater und meiner Mutter sagte, meinten sie beide, diese Angelegenheit habe mit der Religion nichts zu tun, ich solle nicht dumm sein, und in die „bessere" Tanzstunde gehen. Das instinktive Gefühl der „liberalen" Juden jener Epoche, das für uns Kinder oft etwas Verwirrendes hatte, kam nicht nur in jener Form zum Ausdruck. Meine Mutter und viele andere Juden und Jüdinnen fanden auch ein Kind hübscher, wenn es „nicht jüdisch aussah". Meine Mutter hielt etwas darauf, daß dies – nach ihrer Meinung – auch bei ihren Kindern der Fall war. Dieselben jüdischen Kreise aber waren tief entrüstet, wenn ein Jude nicht zur jüdischen Gemeinschaft hielt, insbesondere wenn er sich taufen ließ. Mein Vater pflegte dies in die Worte zu fassen, daß „man aus einer belagerten Festung nicht entweicht". Für einen großen Teil der Juden dieser Generation war es also vielmehr eine Sache des Charakters als des Bewußtseins, bei der jüdischen Stange zu bleiben. Sie verdammten aus Charaktergründen die Leute, die es sich selbst oder ihren Kindern durch Empfang der Taufe „leicht machen" wollten. Sie verdächtigten zumeist auch die Leute, die als Nichtanhänger der monotheistischen Lehre aus der israelitischen Glaubensgemeinschaft austraten, Dissidenten wurden und sich keiner christlichen Kirche anschlossen. Man sagte sich in solchen Fällen zumeist, das sei doch nur die Vorstufe zur Taufe, es handle sich jedenfalls um „Abtrünnige". So lernten wir es gleichermaßen von unseren Eltern und Religionslehrern. Der innere Widerspruch dieser Lehren wurde zwar nicht den Eltern, wohl aber den Kindern oft quälend bewußt. Warum sollte es eine Angelegenheit des Charakters sein, in einer Gemeinschaft zu verbleiben, wenn es doch feiner war, mit den anderen umzugehen? Und warum sollten andererseits die anderen feiner sein als wir, die wir doch, nach unserer Meinung, eine richtige, nach Aussage unserer Religionslehrer sogar die allein richtige Religion hatten? Es war uns naturgemäß noch nicht klar, daß der Rückzug auf die Religionsgemeinschaft einen mehr oder weniger bewußten Versuch der Juden darstellte, ihre noch nicht lang errungene Emanzipation durch assimilatorische Gesten vor sich selbst als den Ausdruck wirklicher Gleichberechtigung auszugeben.

Im Laufe unserer Erziehungszeit wurden wir in Schule und Familie von der Tatsache des Bestehens einer zionistischen Lehre und eines eigentlichen jüdischen Stammesbewußtseins völlig ferngehalten. Ich glaube, daß ich mindestens achtzehn Jahre alt war, als ich von diesen Dingen, von den Lehren Herzls und seiner geistigen Nachfolger etwas erfuhr, und auch dies nur im Zusammenhang mit blöden Witzen, wie etwa „Zionist ist ein Jude, der einen zweiten Juden auf Kosten eines dritten Juden nach Zion bringen will." Auf mich machte es deshalb in meinen Knabenjahren – ich mag damals so etwa zwölf Jahre alt gewesen sein – einen tiefen Eindruck, als ich eine Diskussion zwischen meinem Vater und einem ihm befreundeten jüdischen Professor hörte, bei der dieser Kollege zu meinem Vater sagte, er fühle jedes Jahr jüdischer. Ich hörte meinen Vater ihm opponieren mit Gründen wie etwa: Jude sein, sei ein Zustand und kein Verdienst oder Makel, man solle sich darauf weder etwas einbilden noch sich dessen schämen. Der Freund insistierte, daß dies eine unzulängliche Stellungnahme sei, und unter seinem Druck begann mein Vater, ein wenig das Feld zu räumen und ihm zuzugestehen, daß es ihm mit seinen Gefühlen eigentlich genauso ginge. Die wenigsten wollten das aber damals wahrhaben. Die meisten hielten an der Lehre fest, das Judentum sei nur eine besondere Religion gleichberechtigter deutscher Staatsbürger.

[1905 legt Löwenfeld das Abitur ab.]

Meine Eltern hatten ursprünglich den Wunsch, daß ich bei der Feldartillerie diene, deren es in München drei Regimenter gab. Die Nachforschungen ergaben, daß das erste und siebte Feldartillerieregiment im Prinzip antisemitisch waren, das heißt, jüdische Einjährige im allgemeinen nicht annahmen und keinesfalls zu Reserveoffizieren machten. Für manche reichen Juden allerdings bildete das gerade den Grund zu einem Versuch, ihre Söhne bei diesen Regimentern ihr Einjährigenjahr abdienen zu lassen. Denn auch auf diesem militärischen Gebiet kamen sich manche reiche Juden „feiner" vor, wenn ihre Söhne in einer judenreinen Umgebung geduldet wurden. Das dritte Feldartillerieregiment nahm auch jüdische Einjährige an und ließ sie normal zum Unteroffizier avancieren, auch ließ es sie zu den Reserveoffizierskursen zu. Wenn ein jüdischer Einjähriger dann „reif" zum Reserveoffizier war, wurde er in aller Regel nicht bei dem Regiment, sondern bei dem in

München garnisonierenden ersten Trainbataillon zum Reserveoffizier gemacht. Jedermann kannte daher den Scherz-Tagesbefehl, der zum Geburtstag des Prinzregenten Luitpold die Teilnahme am militärischen Gottesdienst
in folgender Weise für das Reserveoffizierskorps regelte: „die Herren Katholiken in den Dom, die Herren Protestanten in die Sankt Markuskirche, die
Herren vom Train in die Synagoge".

Da meine Eltern den Begriff des Bürgerstolzes nicht nach dem Wahl-
spruch mancher Reicher auffaßten, der besagte „Man will mich nicht, komm
ich erst recht", sollte ich mein Einjährigenjahr beim dritten Artilleriereg-
ment abdienen. Bevor ich mich aber dort melden konnte, erlitt ich einen
Unfall, der nach ärztlichem Urteil Reiten für lange Monate ausgeschlossen
hätte, während Marschieren und Laufen nicht verboten waren. Dies war der
Grund, warum beschlossen wurde, mich zur Infanterie zu tun. Das erste
und zweite Infanterieregiment, die jüdische Einjährige nicht nur annahmen,
sondern in kleinen Prozentsätzen in ihr Reserveoffizierskorps aufnahmen,
hatten aber zu dieser Zeit ihre Meldelisten bereits geschlossen. Es blieb
daher nur noch die Möglichkeit, mich zum Infanterie-Leibregiment, dem
bayrischen Garderegiment, zu tun. Dieses lehnte zwar jüdische Einjährige
nicht ab, stand aber im Geruch, sie weder zu den Reserveoffizierskursen
zuzulassen, noch als Reserveoffiziere aufzunehmen. Mir war dies gleich, da
ich keinerlei Ehrgeiz hatte, dereinst ein Offizier zu werden, weil ich
vielmehr, übrigens gleich meinen Eltern, in der ordentlichen Leistung des
Militärdienstes die Erfüllung einer gesetzlichen Pflicht sah, deren Notwendigkeit ich mich innerlich nicht verschloß, die ich aber auch nicht als mehr
als eine Notwendigkeit empfand. Immerhin war ich auf diese Weise der
einzige jüdische Einjährige des Regiments in meinem Jahrgang. [...]

Als ich als Einjähriger am 1. Oktober des Jahres, in dessen Juli ich das
Gymnasium absolviert hatte, beim königlich-bayrischen Infanterie-Leibregiment in München eintrat, war mein „Vorgesetzter", der meine „militärische Ausbildung" besorgen sollte, der Fähnrich Freiherr von P., der immer
einer der schlechtesten Schüler unserer Klasse gewesen war, dessen fragwür-
dige Leistungsfähigkeit besonders Dr. von Arnold immer stark betont hatte.
Er sollte nun auf einmal qualifiziert sein, nicht nur mich gehen und stehen
zu lehren, sondern mir auch die erforderlichen Begriffe von Zucht, Ordnung, vaterländischer Gesinnung beizubringen. Ich sollte vor ihm stramm
stehen und auf seine Kommandos mit den Händen an der Hosennaht,
„Jawohl, Herr Fähnrich!" sagen.

Mir wollte es nicht in den Kopf hinein, daß mein Klassenkamerad, der
wohl nicht durchs Absolutorium gekommen wäre, wenn er nicht maßlos
von seinen jüdischen Mitschülern abgeschrieben hätte, nun auf einmal mein
Befehlshaber sein sollte. Ich nahm mir deshalb ein Herz und wollte sehen,
was er tun werde, wenn ich ihn kameradschaftlich anspräche. Als er mir auf
dem Kasernenhof begegnete, sagte ich, ohne eine Bewegung zum Stramm-
stehen zu machen, „Guten Morgen P.", wie wir es unter uns Schülern neun

Jahre lang getan hatten. Da kam ich aber an den Rechten. Er machte mir einen tobenden Krach, schrie vor Wut mit weithin vernehmbarer Stimme und drohte mir, mich einsperren zu lassen, wenn ich mich noch einmal erfrechen sollte, ihm gegenüber die schuldige Disziplin zu verletzen, ihn anzusprechen oder gar zu duzen, wie ich es versucht hätte, oder nicht die richtige Ehrenbezeugung vor ihm zu machen.

Diese ebenso dumme wie bübische Haltung machte auf mich einen tiefen Eindruck. Ich sagte mir, in einem Staat, der solche Ungerechtigkeiten dulde, ja sogar anordne, müsse bestimmt etwas nicht in Ordnung sein. Ich begann mich eigentlich erst aufgrund dieses Erlebnisses mit der Frage der Klassenbildung, der gesellschaftlichen Macht, der Standesvorrechte und ähnlichen Problemen zu beschäftigen. Trotz der sozialen Einstellung und Betätigung meines Vaters war ich bis dahin als ein durchschnittlicher Bürgerknabe erzogen worden, und auch die Methode des Schulunterrichtes hatte uns Schüler kaum mit gesellschaftskritischen Problemen vertraut gemacht.

[Löwenfeld studiert in München Jura und zusätzlich Nationalökonomie bei Lujo Brentano.]

Die studentischen Korps waren durchweg antisemitisch. Sie pflegten nicht etwa einen politischen Antisemitismus oder gar einen Radauantisemitismus, wie ihn in Deutschland Hitler, Streicher und deren Kumpane einführten, sondern es war ein gesellschaftlicher Antisemitismus von der Art, wie ihn etwa in Amerika traditionell ein Teil der sogenannten „guten" Gesellschaft pflegt. Wie deren Häuser und gesellschaftliche Veranstaltungen Juden verschlossen sind, wie in deren Geschäften kein Jude Anstellung findet, wie diese Gesellschaftsgruppen ihre Erholung an Plätzen verbringt, die dem Juden gegenüber „restricted" sind, so war auch der „Geist" der deutschen Studentenkorps. Die Tatsache, daß in einzelnen dieser Korps, keineswegs in den höchstrangigen, einmal ganz ausnahmsweise ein Renommierjude zugelassen war, änderte nichts an diesem Bild, sondern bestätigte es. Eben diese Renommierjuden waren in aller Regel Leute minderwertigsten Charakters. Sie gingen in ihrer unlimitierten Sucht nach völliger Assimilation und Mimikry nicht nur zur Taufe, sondern suchten ängstlich ihre Abstammung von Juden zu verbergen, sie änderten ihre jüdisch klingenden Namen, um als autochthone christliche Glieder der Gesellschaft dazustehen, sie wichen ihrer jüdischen Verwandtschaft und ihren früheren jüdischen Freunden scheu aus und waren beglückt, wenn ihnen in aller Stille ein wissender „Christ" mehr oder weniger hämisch versicherte, sie sähen gar nicht jüdisch aus, sie seien genauso wie die „anderen". Man weiß heute, daß schließlich alle diese Leute unter die Hitler-Walze gerieten und daß für sie die Wiederhinzurechnung zu den Juden eine fast noch größere persönliche Tragödie war als ihre Entrechtung und Aussaugung als Juden. Dennoch kann nicht bezweifelt werden, daß in jener Wiederhinzurechnung eine zwar sicherlich im einzelnen Fall grausame, aber doch in jedem Falle wohlverdiente Rache des Schicksals für Verrat an der Gemeinschaft zu sehen war. Daß die Kräfte, die diese Schicksalsrache auslösten, noch schmutzigere Gesellen waren als die Objekte der Rache, kann nichts an der Tatsache ändern, daß die volle Erfolglosigkeit gemeinschaftswidrigen Verhaltens an sich etwas Befriedigendes ist. – Die Verhältnisse in den Burschenschaften, den Turnerschaften, Landsmannschaften und farbentragenden Verbindungen waren im Punkte des gesellschaftlichen Antisemitismus kaum anders. Jede dieser Gruppen und Grüppchen kam sich „feiner" vor, wenn sie „judenrein" war. Wenn einzelne Verbindungen in diesem Punkt etwas toleranter waren, so verschlechterten sich doch zusehends auch bei ihnen die Verhältnisse, indem sie es als eine Art Gnade auf ihrer Seite und als eine Art Vorzug für den jüdischen Studenten ausgaben, wenn sie ihn ausnahmsweise aufnahmen!

Mein Vater war in seiner Jugend noch bei einer Verbindung gewesen, die „Adelphia" hieß und die später in einer anderen Verbindung mit dem Namen „Apollo" aufging. In dieser Verbindung gab es, als ich mein Universitätsstudium begann, außer meinem Vater noch einige weitere jüdische „Philister", darunter einige höhere jüdische Richter und auch Rechtsanwalt Justizrat O., den damaligen Vorsitzenden der Jüdischen Kultusgemeinde München. Als ich zu studieren begann, wurde ich von dieser Verbindung auch zum Beitritt eingeladen. Ich wollte die Einladung weder annehmen noch ablehnen, bevor ich mir ein Bild von der Angelegenheit gemacht hatte. Ich ging also mehrere Wochen als Gast zu den Veranstaltungen der Verbindung und war bald stark angewidert von dem rückständigen und verblödenden Geist, der unter den jungen Leuten dort herrschte. Saufen und nochmals Saufen, Fechtangelegenheiten, sonstiger Komment, Kartenspielen im Kaffeehaus, Unterhaltungen über die Eroberungen immer neuer Mädchen, die diese frisch auf das Leben losgelassenen Jünglinge besonders maßgeblich interessierten, bildeten die Hauptunterhaltungsthemen. Mit den verhältnismäßig besten konnte man eben noch ein wenig „fachsimpeln". Einigen geistig besonders Zurückgebliebenen gab ich, wiewohl selbst ein juristischer Neuling, Nachhilfestunden in denselben Fächern, die sie mit mir studierten. Das Ganze war für mich so unerfreulich und ernüchternd, daß ich nach ungefähr achtwöchiger Beobachtung erklärte, ich könne nicht beitreten. Ich war besonders froh, diesen Entschluß gefaßt zu haben, als ich nicht sehr viel später hörte, daß das Aufnahmegesuch des Sohnes von Justizrat O. zurückgewiesen worden sei. Sein Vater war Jude, gleich meinem. Aber er war „nur" ein angesehener Rechtsanwalt und ein hochverdienter Funktionär der jüdischen Gemeinschaft, nicht ein Universitätsprofessor. Dies gab bei den unreifen Burschen, die für die Wahl oder Nichtwahl maßgebend waren, und bei den Alten Knaben, die diese hoffnungsvolle Jugend im stillen berieten, offenbar den Ausschlag für die Zurückweisung.

Aber auch den Einladungen zum Beitritt bei jüdischen farbentragenden Studentenverbindungen, deren wir in München zwei hatten, bin ich nicht gefolgt. Ich konnte mich, als ich einigen Einblick in deren Geist und Tun und Lassen nahm, rasch davon überzeugen, daß sie eine genaue, für Juden aber um so lächerlichere Kopie der Trink-, Fecht- und Kommentsitten der „christlichen" Verbindungen darstellten. Für diese aber waren sie nicht „satisfaktionsfähig", das heißt, die „Christen" sollten sich untereinander, zu Befestigung ihrer deutschen Ehre, die Köpfe verhauen und die Gesichter zerhacken. So mußten die Juden aus der Not eine Tugend machen und ihre deutsch-jüdische Ehre dadurch befestigen und wieder herstellen, daß sie jüdische Köpfe verhauten und jüdische Gesichter zerhackten. Ein Mitglied der jüdischen „Licaria" konnte in der Regel nur einem Mitglied der jüdischen „Thuringia" in die Fresse hauen, während es einem Mitglied des vornehmen Korps „Suevia" niemals in den Sinn gekommen wäre, dies zu tun. Für ihn war hierzu grundsätzlich nur ein anderer Korpsstudentenkopf und nur notfalls ein Burschenschaftergesicht oder eine farbentragende Verbindungsbacke „fein" genug.

Gerade die völlige innere Ablehnung jenes Verbindungswesens, die das Resultat meines aufmerksamen Einblickes in dieses war, ließ mir die von Brentano angeregte Tätigkeit für den Sozialwissenschaftlichen Verein besonders erwünscht erscheinen[1]. Es war für mich eine wahre seelische Wohltat, als ich schon bei meinem ersten Zusammentreffen mit den vielfach ganz vortrefflichen Menschen, die sich in dieser Gruppe vereinten, des tiefgehenden geistigen Unterschiedes gewahr wurde, der zwischen Vereinigungen bestand, die mit ihrem Gesinnungs- und Gefühlsleben im wesentlichen auf dem Boden einer verzopften Vergangenheit standen, und Gruppen, bei denen der Respekt vor geistiger und wissenschaftlicher Leistung, das soziale Verantwortungsgefühl und die Diskussion gegenwarts- und zukunftswichtiger Probleme den Kern des Inhalts bildeten.

Die Ablehnung des christlichen und jüdischen Korporationswesens brachte mich aber auch der eben im Entstehen begriffenen Organisation der „Freistudentenschaft" nahe, die es sich zum Ziele setzte, die Sammelorganisation aller nicht in Korps und schlagenden und farbentragenden Verbindungen befindlichen Studenten und Studentinnen zu sein. Die aktiven Studierenden waren in lokalen „Freistudentenschaften", so zum Beispiel in München in der „Freistudentenschaft München" zusammengefaßt. Während man die früheren Studenten nach Ablegung ihrer Examina bei den farbentragenden- und schlagenden Verbindungen „Alte Herren" und, nicht ganz mit Unrecht, „Philister" nannte, waren sie in der freistudentischen Organisation in sogenannten Landesverbänden zusammengefaßt, in meiner Heimat im „Freistudentischen Bund Landesverband Bayern", dessen Vorsitz ich nach meinem Ausscheiden aus der Universität längere Zeit führte. Der Gedanke der Freistudentenschaft rührte zunächst aus der gleichen Ablehnung des antiquierten Korpskomments her, der mich so sehr abgestoßen hatte. Die Freistudentenschaft verwarf auch völlig jede rassische und gesellschaftliche Diskriminierung und öffnete sich jedem Studenten und jeder Studentin, die

willens waren, ehrlich mitzuarbeiten. Dies trug der Freistudentenschaft von
seiten der schlagenden Korps und Verbindungen natürlich prompt den
Namen von „Judenvereinen" ein. Soweit es sich um die zahlenmäßige
Zusammensetzung der Organisation handelte, war dies sicherlich unbegründet, da die Mehrheit der Mitglieder Nichtjuden waren. Was dagegen die
geistige Führung angeht, so ist nicht zu bezweifeln, daß die Blüte der
damaligen akademischen jüdischen Jugend an ihr einen bedeutenden, ja man
darf sagen, ruhmvollen Anteil hatte. [...]

Aufgrund meiner wachsenden Erfahrung sozialwissenschaftlicher und
sozialpolitischer Art legte ich mir auch immer dringlicher die Frage vor, ob
ich verpflichtet sei, aus meinen Überzeugungen die Konsequenz des An-
schlusses an eine politische Partei zu ziehen. [...] Für eine parteipolitische
Organisierung sprach die Erwägung, daß der Mensch der Gemeinschaft da
dienen solle, wo er seine persönlichen Ideen und Überzeugungen am relativ
meisten verwirklicht sah, und wo er sich deshalb subjektiv auf dem rechten
Weg fühlen konnte. Empfindungsmäßig hielt mich am längsten von einer
Organisation bei einer Partei die Erwägung ab, daß man durch die parteipolitische Bindung vielleicht genötigt sein könne, seine bessere Erkenntnis
einer vermeintlich nötigen Anschauungsdisziplin zu opfern, Dinge zu verteidigen, die man nicht gutgläubig verteidigen konnte, und Dinge anzugrei-
fen, weil dies nun einmal Parteischablone war.

Meine Eindrücke von dem deutschen Parteiwesen waren alles andere als
ermutigend. Daß auf der Seite der Rechtsparteien unter ihren Mitgliedern
erheblicher Gesinnungsterror herrschte, konnte ich anhand vieler Einzel-
wahrnehmungen feststellen. In den Fragen der Zoll- und der gesamten
Handelspolitik, der Agrarpolitik, der Arbeiterpolitik, waren die Angehörigen der Rechtsparteien, von wenigen rühmlichen Ausnahmen abgesehen,
die handfesten Vertreter nackter Macht- und Geldinteressen, die oft in der
übelsten Weise in angeblich nationale Interessen umgefälscht wurden. Die
bürgerlichen Mittel- und Linksparteien, zahlenmäßig relativ schwach und
innerlich zerrissen durch den Mangel gemeinschaftlich begeisternder Parolen, schwankten in der praktischen Politik oftmals zwischen liberaler und
reaktionärer Geisteshaltung. Aber auch an der Einstellung der Sozialdemokraten, die in der damaligen deutschen Politik die äußerste Linke darstellten,
stieß mich vieles ab.

Die Partei war noch von den alten radikalen Parolen revolutionärer Art
beherrscht, wie sie in ihrer Entwicklungszeit sozusagen klassisch geworden
waren, und wie sie von altgewordenen Führern, wie Bebel und Singer, und
jüngeren hinzugekommenen marxistischen Theoretikern mit einem wahrhaft konservativen Revolutionarismus gepflegt wurden. Innerlich hatte die
Partei trotz aller radikalen Gesten längst ihren Frieden oder wenigstens ihren
Waffenstillstand mit der Gegenwartsordnung gemacht und dachte nicht
ernstlich daran, die kapitalistische Ordnung oder den monarchistischen
Staat umzustürzen. Unter dem Einfluß der rapid wachsenden Gewerk-

schaftsbewegung, deren Interessen nicht der Verwirklichung eines Zukunftsstaates, sondern der Hebung der Lage der Arbeiterklasse im Gegenwartsstaat gehörte, und unter dem Einfluß hochgebildeter geistiger Führer wie Eduard Bernstein, Georg von Vollmar, Eduard David, Adolf Müller und Max Schippel, hatte sich die sogenannte revisionistische Bewegung in der Partei, die ihr Ziel nicht in der Revolution, sondern in der Evolution sah, und die deshalb mit den Einstellungen Brentanos eine große Ähnlichkeit hatte, zu einem achtunggebietenden Faktor in der sozialdemokratischen Politik entwickelt, ohne gegenüber dem Revolutionarismus mehrheitsmäßig irgendwie durchdringen zu können. Der Revolutionarismus als solcher aber war längst versandet und verkalkt. Er zeichnete sich nicht durch produktive Geisteshaltung, sondern durch orthodoxes und gewaltsames Festhalten an allen Teilen der marxistischen Theorie aus, auch an denen, die durch den Lauf der Geschichte als widerlegt gelten mußten. [...]

Diese Lage war für mich sehr quälend. Ich empfand, daß ein Teil der theoretischen Grundsätze der Partei, ihr Kampf für die Befreiung der Arbeiterklasse, für die Emanzipation der Frau, für die Beseitigung von Herrenrechten und Klassendünkel völlig in meiner Denk- und Gefühlslinie lag. Auch einen großen Teil der gesellschaftskritischen Haltung der Partei, ihrer Verurteilung der Auswüchse des Militarismus, ihrer Justizkritik, ihrer positiven Leistung in Sachen der Sozialpolitik und vielen anderen ihrer Aktivitäten stimmte ich warm zu. Um so stärker stieß mich der geistige Drill ab, mittels dessen der durchschnittliche Parteifunktionär alles und jedes „wissenschaftlich" sofort „endgültig" zu erklären wußte. Schon damals herrschte in der Partei auch die wahrhaft üble Manier, jedwedes Denkresultat, das als unbequem empfunden wurde, als „intellektuell" anzuschwärzen. Die „Intelligenzbestie" ist keineswegs eine rein nazistische Erfindung, sie hatte vielmehr Vorbilder in der sozialdemokratischen Bewegung. Dies war um so peinlicher, als ja der historische Glanz und die dialektische Schulung der Bewegung ohne das Werk der Intellektuellen Karl Marx und Friedrich Engels ganz undenkbar gewesen wären. Trotzdem war es jahrzehntelang eine beliebte Methode in weiten Parteikreisen, lästige Meinungen als die Produkte der Geistesverfassung von „Intellektuellen" abzutun, womit eine gewisse Entartung und ein Gegensatz zu dem angeblichen volksgewachsenen Verstand des „einfachen" Arbeiters gekennzeichnet werden sollte.

Schließlich konnte ich nicht übersehen, daß die Partei trotz aller gegenteiligen Versicherungen zum Judenproblem ein lauwarmes Verhältnis hatte. Von ihren geschichtlichen Vätern waren Karl Marx und Ferdinand Lassalle Juden gewesen. Unter ihren großen Führern, die wirkliche Popularität erlangt hatten, war der Berliner Jude Paul Singer[2], ursprünglich ein reicher Fabrikant, der Leben und Vermögen für die Bewegung opferte, nachdem er einmal deren Richtigkeit erkannt hatte. Zu der damaligen Zeit waren in der sehr starken sozialdemokratischen Reichstagsfraktion und in den deutschen

Landtagen nur wenige Juden, während man im großen und ganzen die Kandidatenlisten der Partei von solchen freihielt.

Unter diesen Juden befand sich der noch junge sozialdemokratische Abgeordnete von Mannheim, Rechtsanwalt Dr. Ludwig Frank[3], der gleich in den ersten Tagen des Weltkrieges als kriegsfreiwilliger Soldat fiel. Er war einer der besten Köpfe des sozialdemokratischen Revisionismus, ein großer juristischer und politischer Könner, ein Mann von glänzender Erscheinung und fortreißender Beredsamkeit, den viele in der Größe seiner Konzeption mit dem jungen Lassalle verglichen. Mit ihm hatte ich anläßlich eines von mir in Mainz gehaltenen Vortrages eine Begegnung, bei der wir uns lange aussprachen. Es zeigte sich, daß er meine Arbeiten kannte und schätzte. Er fragte mich unvermittelt, warum ich meinen Platz noch nicht in der Bewegung gefunden hätte. Ich erwiderte ihm, indem ich ihm alle Bedenken darlegte, die hier geschildert sind. Er sagte hierauf, jedes dieser schweren Bedenken sei berechtigt, allein es handle sich darum, daß die positiven Kräfte sich zur Verfügung stellten, sonst könne sich nichts bessern und werde alles noch mehr versanden. Auch er, so sagte er, sei mit tiefem Pessimismus in die Partei eingetreten, und doch sei es ihm schon gelungen, viel Lebendiges gegen die Orthodoxie durchzusetzen. Er meinte weiter, nicht ein jeder müsse einen Parteiagitator machen. Positive Leistung aber solle ein jeder zur Verfügung stellen. Das allermindeste sei die Notwendigkeit des Erwerbes der Mitgliedschaft, darüber hinaus aber sei auch eine sachliche Wirksamkeit geboten, durch die man einer weiteren Verödung des Parteiwesens vorzubeugen suche. Mit dem sachlichen Gewicht seiner Gründe und mit der zu Herzen gehenden Wärme seines Tones, mit der einfachen Kameradschaft seines Wesens überzeugte er mich, daß ich doch den organisatorischen Anschluß da finden müsse, wo so vieles erstrebt wurde, was ich auch erstrebte.

Ich trat also Anfang 1912 den Gang in das Büro der Sozialdemokratischen Partei Münchens an, um mich dort als Mitglied zu melden. Der Parteisekretär, ein Mann mit langem wallenden weißen Bart, der später einmal in Revolutionszeiten Präsident des bayrischen Parlaments wurde, empfing mich mit Anstand, jedoch mit großer Zurückhaltung. Er versicherte mir, daß er meinen Vater sehr verehre und meinen Kampf für Brentano mit Interesse verfolgt habe. Immerhin war ich aber fühlbar für ihn ein junger Herr aus einer bürgerlichen Professorenfamilie, und diese Art von Mitgliedern war sicherlich sehr selten in dem mehrere Zehntausende von Genossen umfassenden Ortsverein. Ein Teil seiner Zurückhaltung beruhte wohl auch auf einer gewissen Schüchternheit im persönlichen Verkehr, die ich später an ihm noch zu beobachten Gelegenheit hatte. Nach einer konventionellen Unterhaltung von etwa zehn Minuten trennten wir uns, nicht ohne daß er mir das Versprechen abgenommen hatte, in den Sektionen des Ortsvereines einige Vorträge nationalökonomischer und sozialpolitischer Art zu halten. Bis zum Beginn des Weltkrieges war dies die einzige Form, in der die Partei

auf meine Mitwirkung Anspruch erhob. Ich war dessen im Grunde genommen froh, da ich nicht das Gefühl hatte, mich tiefer in eine eigentlich parteipolitische Tätigkeit einlassen zu sollen, da mir insbesondere vor dem Gedanken schauderte, man könne mich etwa einmal für irgendwelche Ehrenämter oder Mandate heranziehen. [...]
Ich habe meine spätere Frau kurz vor meinem Universitäts-Staatsexamen und Doktorexamen in der praktischen Sozialarbeit kennengelernt. In der Schwanthaler Schule zu München lehrte ich je an einem Wochenabend für Arbeiter und Angestellte aller Richtungen und Parteien Staatsbürgerkunde. Sie lehrte im Zimmer nebenan für die gleiche Personenkategorie Schönschreiben. Sie war damals eine junge Studentin der Germanistik, Schülerin des weithin bekannten germanischen Philologen Hermann Paul. Als wir uns nach kurzer Bekanntschaft einander versprachen, hatten wir uns gegenseitig zu gestehen, daß wohl mancher Widerstand aus den beiderseitigen Familien zu erwarten sei. Auf meiner Seite war von dem anerkannten Liberalismus meines Vaters nichts zu fürchten. Auf der Seite meiner Mutter aber konnte höchstens ein geteiltes Gefühl angenommen werden, denn ihr noch lebender Vater war ein strenggläubiger Jude, der die Ehe eines Juden mit einem Mädchen, das man heute in Deutschland als „Vollarierin" bezeichnen würde, jedenfalls bekämpfen würde. Meine Verlobte ihrerseits entstammte einer Familie, in der Mischehen mit einem Juden etwas Unbekanntes waren. Sie hatte zwar in der Schule jüdische Freundinnen, mit denen sie echte Zuneigung verband. Der Gedanke an eine eheliche Verbindung mit einem Juden war ihr aber kraft der Tradition und der häuslichen Einflüsse kurz zuvor noch etwas so völlig Fremdartiges gewesen, daß sie zugegebenermaßen nicht mehr als ein Jahr vor unserer Verlobung bei Erörterung der Mischehenfrage in einer Gesellschaft geäußert hatte, man könne ebensogut einen Neger wie einen Juden heiraten. [...] Der Vater meiner Verlobten arbeitete ein Menschenalter lang in den Gruson-Werken für die Interessen von Friedrich Krupp, Essen. Seine Anschauungen und Einstellungen waren das getreue Spiegelbild dieser seiner äußeren Stellung. Er war deutschnationaler Stadtverordneter, sehr tätig im Reserveoffiziersverein und befreundet mit der ganzen rechtsstehenden Gesellschaft von Magdeburg. Er war einer der Mitgründer der sogenannten gelben Gewerkschaften, das heißt jener angeblichen Arbeitervereine, die sich als „wirtschaftsfriedlich" ausgaben, in denen auch die Unternehmer Mitglieder waren und deren wirkliche Funktion es war, bei Streiks der eigentlichen Gewerkschaften die Streikbrecherkolonnen zu stellen.

Es war daher zu gewärtigen, daß die Bekanntgabe unserer Eheabsichten uns allerhand familiäre Nüsse zu knacken geben werde. Aufgrund unseres taktischen Planes weihten wir zunächst meinen Vater ein. Wie es zu erwarten war, war seine Haltung nobel und ritterlich, nachdem er sich durch seinen persönlichen Eindruck davon überzeugt hatte, daß meine Verlobte geistig und ethisch seinen Vorstellungen entsprach. Bei meiner Mutter gab es gelinden Schrecken, in der Folge jedoch familiäre Haltung. Der Großvater, dem man die Verlobung nun auch nicht mehr verschweigen konnte, erklärte, an dem Tage, an dem diese Ehe geschlossen werde, werde er sich vom Fenster herunterstürzen. Die Ehe wurde geschlossen, er hat sich nicht vom Fenster heruntergestürzt. Er überwand sein negatives Gefühl und brachte meiner Frau nicht nur äußere Korrektheit, sondern ehrliche Zuneigung entgegen.

Mit Eiseskälte wurde ich empfangen, als ich im Hause meines zukünftigen Schwiegervaters antrat, um ihm die Absicht der Eheschließung mit seiner Tochter mitzuteilen. Er war offenbar von der Mutter meiner Frau darauf schon irgendwie schonend vorbereitet, daß der junge jüdische Jurist, der seinen Besuch angekündigt hatte, ein „Attentat" vorhabe. Er empfing mich sitzend und ließ mich stehen. Es entwickelte sich folgendes Gespräch: „Womit kann ich Ihnen dienen?" „Ich bin gekommen, um Ihnen mitzuteilen, daß Ihre Tochter Lotte und ich zu heiraten beabsichtigen." „Das ist ausgeschlossen!" „Dann kann ich wieder gehen. Ich wollte nur die Pflicht der Sitte und des Anstandes erfüllen, indem ich diese Mitteilung persönlich machte. Einer Zustimmung Ihrerseits bedürfen wir als Volljährige, wie Sie wissen, nicht." „Darf ich Dich bitten, Platz zu nehmen!" Das Eis war gebrochen, er hatte sich sofort mit der Geschwindigkeit eines praktischen Menschen davon überzeugt, daß eine Fortsetzung seiner Taktik nutzlos sein würde.

Nun verwickelte er mich in ein Kreuz- und Quergespräch von Stunden. Er wollte unendlich viel wissen. Sein Schock darüber, daß ich Jude war, wurde – da das gehobene Rassengefühl damals noch unbekannt war – offenbar einigermaßen paralysiert durch die Tatsache, daß ich einer Professorenfamilie entstammte, daß er in meinem bisherigen Lebensgang nichts Abenteuerliches fand und ihm meine bisherige Entwicklung eine Gewähr für baldige völlige Selbständigkeit zu sein schien. Daß ich ein Schüler von Brentano war, verursachte einiges Nasenrümpfen, denn Lujo Brentano war auch in der Magdeburger Industrie das rote Tuch. Als er auf das Gebiet der politischen Ansichten kam, sagte ich ihm, die seinigen seien mir bekannt und ich respektierte seinen guten Glauben. Er sollte mich nach den meinigen nicht fragen. Sie seien von den seinigen unversöhnlich verschieden. Ich beanspruchte von ihm in dieser Beziehung auch nichts als Respektierung meines guten Glaubens. Er war anständig genug, um keinerlei Versuche zu einem Insistieren zu machen. Wir haben auch später nie versucht, politische Diskussionen zu halten oder uns sonst gegenseitig politisch zu beeinflussen. Er entwickelte sich zum besten, ja man darf sagen, zum zärtlichsten Schwiegervater. [...]

Ich hatte den schweren Entschluß zu fassen, wie ich mich persönlich im Falle des Kriegsausbruches zu verhalten hätte. Durch mein eigenes militärisches Erleben und durch meine ganze persönliche und politische Entwicklung war ich ein Ablehner, ja man darf sagen, ein Hasser des militaristischen

Systems. Jeder organisierten Massenbewegung gegen den Krieg hätte ich mich freudig auf jedes Risiko angeschlossen. Der Gedanke gar, daß der deutsche Militarismus in einem Kriege siegreich sein könne, war mir im höchsten Maße konträr und widerwärtig. Ich sagte mir instinktiv, daß dann der Übermut der deutschen Militärkaste keine Grenzen kennen werde. In der äußeren Politik war für den Fall eines deutschen Sieges ein maßloser Exzeß von Neid, Haß und Gier zu befürchten, dem jedes Streben nach staatlicher Integrität und nach Aufrechterhaltung eines vernunftgemäßen Gleichgewichts unter den Völkern erliegen würde. Innenpolitisch mußte, so war ich mir klar, ein deutscher Sieg rechtlich und gesellschaftlich zu einem völligen Überwuchern der Militärmacht führen. Ich sah im Geiste bereits die deutschen Zivilisten, wie sie bei der Begegnung mit dem Herrn Leutnant vom Trottoir herunter mußten. Lange genug hatte ich selbst den geistlosen militärischen Drill mitgemacht, um nicht in erster Linie die grauenerregende Verdummungswirkung eines solchen Systemes zu fürchten. Ohne genauere Kenntnis der diplomatischen Zusammenhänge fühlte ich instinktiv, daß der kommende Krieg kein gerechter deutscher Abwehrkrieg sein werde. Dazu war die Massenvorbereitung, deren widerwilliger Zeuge ich wurde, viel zu sehr auf Lärm, Rummel, chauvinistische Instinkte, persönliche und politische Brunnenvergiftung abgestellt. Dazu lag es für den halbwegs vernünftig Denkenden auf der Hand, daß ein Kleinstaat von dem Umfang und den Machtmitteln Serbiens nicht aus sich heraus eine Macht von dem damaligen Ausmaße von Österreich-Ungarn angreifen werde, daß andererseits Österreich-Ungarn niemals ohne offene oder geheime Rückendeckung Deutschlands die Kriegserklärung an Serbien im Hinblick auf die möglichen Rückwirkungen riskiert hätte. Ich fühlte deshalb, ohne Urkundenbeweise in der Hand zu haben, daß der alldeutsch-imperialistische Pangermanismus die Stunde für gekommen erachte, sich mit dem sogenannten Panslawismus zu messen, wie er von den zaristischen Imperialisten gepflegt wurde. Daß der deutsche Generalstab unter zynischem Bruch aller völkerrechtlichen Grundsätze und unter Verletzung der durch alte Verträge verbürgten Neutralität Belgiens wenige Tage später in dieses Land einfallen werde, um die strategische Vorhand gegenüber Frankreich, dem Bundesgenossen Rußlands, zu erlangen, daß hierfür alle Vorbereitungen bereits getroffen waren, lag damals noch nicht im Bereiche meiner Phantasie, denn trotz aller Ablehnung der politischen Doktrinen des deutschen Generalstabes hatte ich ihn ethisch und intellektuell immer noch viel zu hoch eingeschätzt.

In Konsequenz meiner Einstellung und meiner politischen Erziehung hätte meine persönliche Entscheidung dahin lauten müssen, daß ich mich den sich anspinnenden Kriegszwecken vorbehaltlos verweigere. Ich war mir dennoch bald darüber klar, daß die personliche, politische, wirtschaftliche und gesellschaftliche Vernichtung, die die unausbleibliche Folge eines solchen Schrittes gewesen wäre, ein nutzloses Opfer bedeutet hätte. Der Schritt wäre juristisch ein Verbrechen gewesen, das mich, wenn selbst nicht die physische Vernichtung daraus entstanden wäre, der bürgerlichen Ehren und damit jeder politischen Wirksamkeit beraubt hätte. Eine derartige Konsequenz würde möglicherweise nicht zu scheuen gewesen sein, wenn hinter der Handlung eine moralische oder politische Erfolgsaussicht gestanden wäre. Allein die moralische Wirkung eines solchen Opfers war schon dadurch im voraus verhindert, daß ich mit Präventivzensur und allen anderen Mitteln einer militärischen Meinungsmanufaktur für den Fall des Kriegsausbruches zu rechnen hatte, so daß die erste Voraussetzung eines moralischen Erfolges, nämlich seine Beispielhaftigkeit in einem größeren Kreise, gefehlt hätte. Politisch war im Hinblick auf die Haltung der Sozialdemokratie damit zu rechnen, daß man einen solchen Schritt als die Privatattitüde eines geistig mehr oder weniger gesunden Sektierers ohne ins Gewicht fallenden Anhang erklären würde. Ich kam also zu meinem Schmerze zu dem Resultat, daß ich mich dem deutschen Militarismus viel zu billig verkaufen würde, wenn ich den Dienst verweigern würde.

Mich den Massen von Leuten anzuschließen, die ihre Abneigung vor dem Kriege, ihren Schrecken vor Gefahr, ihre Furcht vor einer verantwortungsbewußten Entscheidung in „einfacher" Weise durch Flucht in fremde Länder abreagierten – in Amerika wohnen heute als wohlbestallte Bürger viele Leute, die auf Grund solcher Erwägungen ihre Beschlüsse gefaßt hatten – kam mir nicht in den Sinn. Deutschland war das Land, in dem ich geboren war, dessen Bürger ich in Recht und Pflicht war und mit dem ich mich demgemäß allein auseinanderzusetzen hatte. Zweifellos schwangen bei dieser Entscheidung auch ererbte und eingewurzelte Vorstellungen von der Notwendigkeit der Legalität, ja vielleicht sogar von jener verkehrten Treue und Loyalität mit, die man, der kantischen Philosophie gemäß, dem Regierer des Landes auch dann schuldet, wenn er sein Verderber ist. Jene Lehre, die der deutsche Rechtsphilosoph Kohler in die Worte faßte, daß jede Regierung von selbst gerechtfertigt sei, solange sie bestehe und den Staat lenke, hatte in der Erziehung des Deutschen und vor allem des deutschen Juristen, viel tiefere Wurzeln geschlagen als die Doktrin von den „ewigen" Rechten, die sich das Individuum, nach Schiller, im Widerstand gegen die Macht erobere, indem es „in die Sterne greife". Mein Vater im besonderen, der von allen Menschen in meinen jungen Jahren den tiefsten Einfluß auf mich ausübte, war ein entschlossener Anhänger des rein gesetzlichen Fortschrittes. Ich fühlte, daß eine vorsätzliche Abweichung von der gesetzlichen Linie nicht nur den Bruch mit Staat und Gesellschaft, sondern auch mit ihm zur Folge haben müsse. Ich war jederzeit entschlossen, für meine Überzeugung meine Existenz zu riskieren, niemals aber die Beziehung zu meinem Vater, weil ich in ihm jenes bessere Ich anerkannte, dessen Einstellung in persönlicher und ethischer Hinsicht man nicht ohne unwiderstehliche Gründe unbeachtet lassen dürfe.

So beschloß ich wider meine eigene Überzeugung, mich zum Militärdienst zu stellen, falls es zum Kriege komme. Ich hatte damals die Reservezeit bereits hinter mir und gehörte demgemäß dem Unteroffiziersstand der Landwehr an. Mit einer sofortigen Einberufung bei Kriegsausbruch war deshalb nicht zu rechnen. Andererseits war es nicht mehr Sache meiner freien Wahl, wo ich mich stellen wollte, wenn ich erst einmal eine Einberufungsorder hatte. Ich beschloß deshalb, eine solche Zwangsorder nicht abzuwarten, sondern meldete mich freiwillig vier Tage nach Kriegsausbruch bei meinem Stammregiment, dem bayrischen Infanterie-Leibregiment zu München und wurde dort angenommen.

1 Der Nationalökonom Lujo Brentano (1844-1931) war 1873 einer der Mitbegründer des Vereins für Sozialpolitik und erweckte viele Studenten zum sozialpolitischen Denken. Er richtete als Professor in München (emeritiert 1914) dort die von Löwenfeld genannten Volkshochschulkurse für Arbeiter ein.

2 Paul Singer (1844-1911) wurde 1885 Vorsitzender der SPD-Reichstagsfraktion und 1890 zusammen mit Bebel Vorsitzender der Partei. An seinem Begräbnis nahmen 1911 mehr als eine Million Berliner Arbeiter teil.

3 Der Anteil der jüdischen Reichstagsabgeordneten – einschließlich Dissidenten und Getaufte – betrug bei den Sozialdemokraten in den Wahlen von 1903, 1907 und 1910 etwa 10 %, war also keineswegs gering. – Ludwig Frank (1874-1914) war Fraktionsvorsitzender der SPD im Badischen Landtag und 1907-1914 Reichstagsmitglied.

26 Philippine Landau, geb. Fulda

geb. 1869 Worms – gest. 1964 Caldwell, New Jersey

Philippine Landau, Kindheitserinnerungen. Privatdruck Dietenheim 1956, 141 S.

Die Verfasserin schildert ihre Kindheit im kleinstädtischen Worms, wo ihre Eltern ein gutgehendes Stoffgeschäft betreiben. Der Laden, in dem auch die Mutter ständig anwesend ist, bildet den eigentlichen Inhalt und Mittelpunkt des Familienlebens. Töchter und Söhne erhalten in diesem Geschäftshaushalt jedoch sehr unterschiedliche Bildungschancen. Religiös lebt die Familie zunächst eher traditionell, gibt dann aber die Befolgung des Religionsgesetzes immer mehr auf, soweit dies in der traditionsreichen Gemeinde Worms möglich ist. – Die Autorin heiratet später einen Arzt, lebt in Berlin und emigriert 1938 zuerst in die Schweiz, dann 1941 weiter nach New York.

Die Straße, in der sich unser Haus befand, war die Hauptstraße. Sie war die Lebensader der kleinen Stadt, in der sich alles geschäftliche Leben abspielte. In jedem Haus befanden sich ein oder mehrere „Läden", wie man die Geschäfte nannte, mit den dazugehörigen Schaufenstern, die „Erker" hießen, in denen die betreffenden Waren ausgestellt waren, die das Geschäft führte. Unser Haus war mit seinen drei Stockwerken und zwei großen Erkern eines der stattlichsten. In seiner Mitte befand sich die Eingangstür zum Laden. Der Laden war langgestreckt, und ich sehe seine Einteilung und die Warenordnung noch genau vor mir. Rechts und links war je eine „Theke" (Ladentisch), auf der die Waren ausgelegt und gezeigt wurden. Zur Beleuchtung befand sich über jedem Ladentisch ein dreiarmiger Gasleuchter, aus dem das blaugrünviolette Gas mit heftigem Zischen in drei zuckenden Lichter entwich. [...]

Im Hintergrund des Ladens befanden sich nochmals zwei derartige Theken für die Waren anderer Gattung, die dort untergebracht waren. Ganz im Hintergrund, an einem breiten Fenster, durch das der rückwärtige Laden Licht empfing, von dem sogenannten „Glashaus" aus – befand sich auch die „lange Bank", eine einfache, eingelassene, breite Holzbank, auf der sich das Papier zum Einpacken der Waren befand. Es war gelb, roh und hart, sogenanntes Strohpapier, und eigentlich seiner Starrheit wegen wenig geeignet zum Einpacken. Aber es war billig, und das war die Hauptsache. Man war in jener Zeit noch weit entfernt, sich selbst und den Käufern einen Komfort zu bieten, der sie locken konnte und der sich indirekt wieder bezahlt gemacht hätte. Das kannte man in jener Zeit nur erst in ganz vereinzelten und schwachen Anfängen, und man war geneigt, Leuten, die danach handelten, Unsolidität und Schwindel vorzuwerfen. Sie waren wohl genötigt, durch solche Machenschaften für ihre minderwertige Ware Käufer heranzulocken und sie durch solches Entgegenkommen über die Mangelhaftigkeit der Qualität hinwegzutäuschen. Dies war zum Beispiel absolut der Standpunkt meines Vaters, der eher die Idee hatte, daß die Leute schon wüßten, was sie täten, wenn sie zu ihm kamen, um gute und solide Waren bei ihm zu kaufen, und daß sie sich bedanken konnten, daß man sie ihnen abgab. Mein Vater hatte auch das Prinzip, den Nutzen, den er auf die Waren nahm, gleichmäßig auf alle Waren zu schlagen, ob dies nun ein Stück billiges Nesselzeug oder hochwertige Seide war. Als nun nach und nach moderner denkende und gerissene Kaufleute, auf die Psyche des Kaufenden spekulierend, minderwertige Gegenstände gewissermaßen als Dreingabe oder Anlocker fast verschenkten, um dann von anderen Gegenständen, die bei der Gelegenheit mit erstanden wurden, einen unverhältnismäßig hohen Nutzen zu nehmen, verstand mein Vater eine solche Welt nicht mehr, geschweige denn verstand er, sich ihr anzupassen, und – äußerlich gesichert durch das durch ehrliche und anständige Arbeit in vielen Jahren Erworbene – zog er es vor, sich ganz von einem solchen geschäftlichen Treiben zurückzuziehen. Bei dem stattfindenden Ausverkauf des Geschäftes hatte er dann die Genugtuung zu sehen, wie die Leute sich wirklich um seine Waren rissen, wohl wissend, daß es nur erstklassige Qualitäten waren, die sie für ihr Geld eintauschten. Unfaßbar für einen heutigen Betrieb war es auch, wie der Verkauf selbst bei diesem Andrang der Käufer vor sich ging. Nachdem ein

Verkauf getätigt und die Waren zum Mitnehmen eingepackt waren, gab der Verkäufer das erhaltene Geld, für das er keine Rechnung ausgestellt hatte, einfach meinem Vater oder einem Familienmitglied – wir halfen bei dieser besonderen Gelegenheit alle mit – in die Hand. Es wurde nicht gefragt, was verkauft worden war, noch welche Quantitäten, und es wäre auch kaum nachzuprüfen gewesen, da sich der Verkauf nicht nur im Laden zu ebener Erde, sondern auch noch in zwei geräumigen, darübergelegenen Stockwerken, „Magazinen" genannt, abspielte. Eine Zahlkasse zu etablieren, an der jemand die Eingänge eingetragen hätte, war eine abwegige, unbekannte Sache; Registrierkassen erschienen wohl erst nach Dezennien auf der Bildfläche. Doch es ging auch so. Wenn auch bei der Versuchung durch diese Handhabung manche kleine Summe in die unrechte Tasche geflossen sein mochte, im allgemeinen waren diese langjährigen, erprobten Angestellten durchaus vertrauenswürdig, und man konnte sich auf ihre Ehrlichkeit verlassen.

Doch ich kehre nun zur Schilderung der unteren Räume unseres Hauses zurück. An dem sogenannten kleinen Comptoir entlang lief ein Gang, der ziemlich kurz – das ganze kleine Comptoir war ein winziges Stübchen – den eigentlichen Laden mit dem dahinterliegenden ziemlich großen Raum verband, das „große Comptoir" genannt, der langgestreckt eine auch sehr eigenartige Einteilung zeigte. Von dem ersten Teil war durch ein Holzgitter ein beträchtlicher Teil abgetrennt, der in sich wieder in besondere offene Kojen geteilt war. Hier standen fest aneinandergefügt hohe Pulte, eigentlich Stehschreibpulte, vor denen sich besonders hohe, feste Stühle befanden, auf denen die „jungen Leute" saßen, welche die Bücher führten, wie der Ausdruck damals lautete. Je zwei große Doppelpulte befanden sich gegenüber, so daß je zwei Schreibende sich gegenüber saßen. Einen ständigen Buchhalter gab es nicht, sondern ein oder zwei besonders geeignete junge Leute unter den Angestellten wurden dazu designiert. Sie mußten gelegentlich bei starkem Geschäftsgang – wie die anderen – im Laden und in den Magazinen helfen, während sie wieder bei stillem Geschäftsgang zu den Büchern herangezogen wurden. Auf den Pulten lagen große Bücher, „die Strazzen", und das Hauptbuch, das mit seinem schönen grauen Wildlederrücken und dem feuerroten Schild darauf in dieser äußerlich grauen Geschäftsatmosphäre meinem farbenhungrigen Auge besonders gefiel. Auch daß es jeden Abend feierlich in den großen, schweren Kassenschrank geschlossen wurde, gab ihm in meinen Augen eine besondere Bedeutung.

Unterhalb der letzten der Doppelpultpaare, die schon ganz an die Wand des kleinen Comptoirs herangerückt und fast im Dunkeln standen, befanden sich zwei Schubladen, die meiner Schwester und mir eingeräumt worden waren und die eigentlich der ganze Raum waren, der uns für unsere Schulhabseligkeiten gegönnt war. In der Ecke dieser Abteilung standen außerdem auch noch Rollen von Wachstuch in jeglicher Größe auf einem dazu angefertigten Holzpodium. Wollte man nun zu den hinteren Schubladen, so mußte man über dieses Podium klettern. Der Geruch dieses Wachstuchs, der hier herrschte, ist für mich unzertrennlich verknüpft mit den Schul- und Hauserinnerungen jener Zeit.

Man sieht, es wurden mit uns Kindern nicht viel Umstände gemacht, und wir waren weit entfernt von wohleingerichteten Kinderstuben, in denen die Kinder auf eigens hygienisch gebauten Sitzen, ungestört vom Lärm, unter dem Auge einer behütenden und helfenden Erzieherin ihre Schulaufgaben machten. Wir waren auf uns selbst gestellt und manchmal wirklich in großer Verlegenheit, den ruhigen Platz zu finden, um eine schriftliche Arbeit zu erledigen. Aber das war ganz unsere Angelegenheit und bekümmerte unsere Eltern durchaus nicht. Sie hatten ihre eigenen Sorgen und um die Dinge des Tages kreisende Gedanken. Die Kinder durften da nicht stören und in die Quere kommen. So erinnere ich mich, daß ich eines Tages, mit der Abschrift eines Aufsatzes beschäftigt, an dem Tisch des großen Comptoirs saß, das ja gleichzeitig unser aller Tagesaufenthalt und Wohn- und Eßzimmer war. Mein Vater, unter Assistenz einer der jungen Leute, war gerade beschäftigt, ein Paket nach außerhalb sorgfältig zu verpacken und zu versiegeln. Das ging natürlich nicht ohne Drehen und Werfen des ziemlich schweren Stückes und gewaltigen Erschütterungen des Tisches ab, und als ich, nach verschiedenem Ausgleiten der Feder bei meiner Reinschrift mich wohl zu beklagen wagte, wurde mir nicht etwa ein anderer Platz angewiesen, sondern ich selber mit meiner Arbeit unter durchaus nicht sanften Worten energisch hinausgewiesen. Wo und wie ich nun mit meiner Arbeit fertig wurde, war meine Sache, darüber zerbrach sich niemand den Kopf; man hatte nicht viel Gedanken für derartige Kleinigkeiten – das Geschäft ging vor. Wir Kinder wurden aber dadurch, daß so wenig Federlesens mit uns gemacht wurde, erstens nicht verwöhnt und nicht dazu verleitet, uns für Hauptpersonen zu halten, und zweitens genötigt, uns ganz in diesen Dingen auf uns selbst zu stellen und die Verantwortung zu tragen.

Übrigens machten meine Eltern einen großen Unterschied in diesen Dingen zwischen den Jungen und den Mädchen. Es herrschte in den siebziger und achtziger Jahren des vorigen Jahrhunderts in den bürgerlichen Kreisen noch durchaus die Meinung, daß das Lernen der Mädchen nicht so wichtig zu nehmen sei. Gewiß sollten sie sich einen Grundstock von Kenntnissen erwerben, und wenn sie darüber hinaus sich auch noch aus eigenem Antrieb vervollkommneten, so war das zu begrüßen, denn eine gescheite Frau war besser als eine dumme und ungebildete. Aber das Ausschlaggebende war: Für die Frau gab es keinen Abschluß oder wichtiges Examen, das ihr einen Beruf und eine günstige Laufbahn in der Zukunft eröffnet oder verschlossen hätte, wie es bei den Jungen der Fall war. Ein solches Wirken in der Öffentlichkeit für Mädchen war für diese wohlsituierten bürgerlichen Kreise der damaligen Zeit undenkbar und unerwünscht. So blieben sie, ob sie gut oder schlecht lernten, die üblichen Jahre in der Schule. Daran schloß sich später allenfalls noch erweiterter Sprach- und

Literaturunterricht und mehr oder minder dilettantische Betätigung in den schönen Künsten der Musik und Malerei nebst hauswirtschaftlicher Ausbildung. Dann kam die Heirat als einzig gedachte, zu erwartende und zu wünschende Krönung. Die Schule und ihre Erfolge hatten also mit den späteren Lebenserfolgen eines Mädchens gar nichts zu tun, weshalb die Eltern auch nur geringes Interesse dafür aufbrachten.

Anders bei den Söhnen: Da war es wichtig, daß sie ihr Pensum richtig absolvierten, um zur Osterversetzung in eine höhere Klasse aufzurücken und das Abschlußexamen in einer Zeit abzulegen, die normal war und sie nicht in Rückstand gegenüber anderen brachte. Deshalb hatten unsere Eltern auch schon rein äußerlich dafür gesorgt, daß die Jungen, ungestört vom geschäftlichen Betrieb, ihre Arbeiten machen konnten. Sie bewohnten tatsächlich ein kleines Haus für sich. Im Hof, dem Comptoir gegenüber, stand dieses kleine Haus; es gehörte ursprünglich zu dem Nachbarhaus, und da meinen Vater dieselbe allzu nahe und neugierige Nachbarschaft genierte, so erwarb er bei Gelegenheit das anstoßende ganze Nachbarhaus, das er vermietete, nachdem er vorher das kleine Haus, das quasi in unserem Hof stand, für seine Zwecke abgetrennt hatte. In diesem Hause nun wohnten meine Brüder. Es war ein einstöckiges kleines Haus und folgendermaßen eingeteilt: Im Erdgeschoß, ganz zu ebener Erde, befand sich die Küche mit einer danebenliegenden Stube, Küchenstube genannt, die allen möglichen Zwecken diente. Im einzigen Stockwerk darüber befanden sich drei Zimmer, zu denen vom Hof ausgehend eine Treppe hinaufführte. Zwei dieser Zimmer gehörten meinen Brüdern als Schlaf- und Arbeitszimmer. Das dritte, kleinste Zimmer, wurde von den Lehrlingen und dem jüngsten Commis bewohnt, so daß es einer ganz dem männlichen Geschlecht reservierten „Enclave" zu vergleichen war. [...]

Meine Eltern waren nicht eigentlich fromm. Von der früheren Frömmigkeit, den Riten und dem religiösen Gefühl, mit dem die Voreltern verwachsen gewesen waren, hatten sich noch einzelne überkommene Formen und Gebräuche erhalten, wie das Halten der hohen Feiertage mit ihren verschiedenen Vorschriften, dem Fasten am „langen Tag" (Jom Kippur) und dem Beiwohnen des Gottesdienstes. Aber alles wurde nicht mehr so von innen heraus, sondern nur noch herkommen- und gewohnheitsmäßig gehalten, auch im Bann der Augen der kleinen Gemeinde, die ein Aufgeben der äußerlichen Zusammengehörigkeit mit dem Judentum von Abkömmlingen so frommer Vorväter als ein Sakrileg betrachtet hätte. Es fehlte das, was die Dinge erst wahrhaft leben läßt als Notwendigkeit: der wahre Glaube und die echte Frömmigkeit. Das Fasten an bestimmten Tagen, das Zubereiten gewisser Gerichte und das Synagogengehen waren Dinge, die nun einmal so seit Jahr und Tag herkömmlich waren. So erhielten sie sich noch äußerlich, wie ein Gebäude, dem man fast alle Stützen weggenommen hat, schließlich noch notdürftig im alten Gefüge zusammenhält, solange nicht daran gerührt wird. Ein frischer Wind, ein Isoliertwerden von den alten Gefährten rundum, wirft es um. So entsinne ich mich denn sehr genau der Feier des „langen Tages", dem Jom Kippur. Trotz der Zwiespältigkeit und Halbheit, die darin lag, daß nur ein Teil der Hausinsassen die strengen Vorschriften innehielt – meine Mutter und wir Geschwister fasteten niemals – trotz dieser willkürlichen Befreiung, Emanzipation, diesem Eindringen anderer, freierer Anschauungen, lag doch an diesem Tag ein Hauch von Heiligkeit und tiefem Ernst über dem Hause, dem sich niemand zu entziehen vermochte. An diesem heiligsten und höchsten Feiertag, den die Juden kennen, erflehen die Frommen die Verzeihung aller Sünden, deren sie sich im vergangenen Jahr schuldig machten, und kasteien sich vor Gott durch Waschen und Fasten. Während vierundzwanzig Stunden, also auch die ganze Nacht, bleiben die Gläubigen ununterbrochen bei fortwährendem Beten und dauerndem Gottesdienst in der Synagoge beisammen. Die meisten tragen ihre weißen Sterbegewänder, was einen bedrückenden Eindruck macht und den Ernst der Feier – man gedenkt besonders der Toten – noch erhöht. Am Vorabend des „Jom Kippur" nun, ehe die Mitglieder der Familie in die Synagoge gehen, wird ein sehr reichliches und gutes Mahl für die Fastenden aufgetragen, denn diese müssen sich nun für vierundzwanzig Stunden stärken, da nicht einmal ein Tropfen Wasser vor Ablauf des anderen Tages über ihre Lippen kommen darf.

Schon diese zu ungewohnter Zeit aufgetragene Mahlzeit fiel stark aus der nach der Uhr geregelten Einteilung unseres häuslichen Lebens. Fastende und Nichtfastende gingen dann zur Synagoge und meine Mutter und die Geschwister kehrten dann nach einiger Zeit nach Hause zurück, um unsere gewohnte Mahlzeit zu gewohnter Zeit einzunehmen. Denn wir Nichtfastenden blieben ganz bei unseren sonstigen Eßgepflogenheiten, die höchstens etwas vereinfacht und eingeschränkt waren zum Zeichen, daß wir nach Recht und Fug eigentlich hätten fasten müssen. Am anderen Morgen ging meine Mutter mit dem Vater wieder zur Synagoge, doch während dieser nun bis zum Schluß des Gottesdienstes dort blieb, kehrte meine Mutter zu unseren etwas summarischen Mahlzeiten zurück.

Zwischendurch besuchte ich sie in der Synagoge und habe eine sehr deutliche und genaue Erinnerung an alle Vorgänge, wie sie sich mir darstellten. In Festkleidern und in der gehobenen Stimmung, die Kinder haben, wenn die Regelmäßigkeit des Alltages aufgehoben ist, pflegte ich dann durch die Judengasse zu schlendern, die direkt auf die Synagoge mündete. Sie war schon längst, vielleicht ein halbes Jahrhundert, ihres eigentlichen Charakters entkleidet, nur wenige Juden wohnten noch dort, nur die geringsten und ärmlichsten waren geblieben, untermischt mit dürftigen kleinen Handwerkern und armen Leuten der anderen Konfessionen. Die Reichen und Wohlhabenden, alle, die es sich leisten konnten, waren nach Aufhebung der strengen Vorschrift, die alle Juden in diese Gasse verbannte, aus der sie zwar tagsüber hinaus- und ihren Beschäftigungen nachgehen konnten, am Abend aber durch ein festes Tor wie wilde Tiere eingesperrt wurden, dieser düsteren Enge und dem Zusammengepferchtsein entronnen und hatten sich unter gesünderen und besseren Bedingungen angesiedelt. Schon in dieser Gasse war das Außergewöhnliche des Tages deutlich zu spüren, ein ständiges Kommen und Gehen von festlich gekleideten Männern und Frauen, die teils zur Synagoge wollten, teils von dort kamen oder sich einfach in Unterbrechung des Gottesdienstes einige Zeit im Freien aufhielten, erfüllte die Gasse. Bekannte begrüßten sich und blieben beieinander zum Plaudern stehen. Der Platz vor der Synagoge war bunt belebt von schwatzenden und lebhaft gestikulierenden Menschen – ein Stück Orient in den Norden verpflanzt.

Durch diese Gasse hindurch ging ich in den Vorhof, den Eingang zur Frauensynagoge[1]. Hier in diesem Raum mit den schweren und alten Steinmauern, der ein spärliches Licht nur durch die sich öffnende Eingangstür und einige seitliche Luken empfing, herrschte im Halbdunkel der Halle ein Durcheinander von Menschen und Stimmen – Kinder, die wie ich kamen, ihre Eltern zu besuchen oder mit mehr oder weniger Ernst einem Stückchen Gottesdienst beiwohnen wollten. Frauen, die die Stille des „langen Tages" ein wenig durch weltlichere Aussprache mit ebensolchen Nachbarinnen und Bekannten unterbrechen wollten. Alles das schwatzte und saß in dem Halbdunkel des Gewölbes bunt durcheinander. In der dumpfen, eingesperrten Luft unterschied man deutlich die verschiedenen Gerüche von Riechsalz und Stärkungsmitteln von Zitronen und Baldrian, deren sich die Frauen bei Schwächeanwandlungen bedienten, die bei dem vierundzwanzigstündigen Fasten nicht selten vorkamen und oft tiefe Ohnmachten und noch ernstere Störungen nach sich zogen. Es verging wohl kein „langer Tag", an dem nicht ohnmächtige Frauen von rasch zuspringenden Männern aus dem Gotteshaus getragen werden mußten.

Durchschritt man dann diese turbulente Welt, in der sich noch alle Interessen der Gasse mischten, und war die seltsam schwere und leise fallende Tür der Synagoge hinter einem zugefallen, so packte einen sogleich die Heiligkeit und Feierlichkeit des Ortes und erfüllte das Herz des Kindes, das, noch geblendet von Licht und Alltagsgeräusch, hier eintrat. Es umfing einen eine andere Welt, deren Fremdartigkeit, Losgelöstheit von allem Alltäglichen und Heiligkeit einen gleichzeitig entzückte, erhob und einem fast schmerzlich feierlich an das Herz griff. Wenn die Töne der Orgel erklangen, die Lichter des Altars durch die Dämmerung des Raumes zitternd leuchteten, das eintönige, in seltsamen Harmonien sich bewegende Singen von Vorsänger und Gemeinde an mein Ohr schlugen, so war ich in einer verzauberten besseren Welt, voll Heiligkeit, in der nur Güte, Liebe und edle Gedanken Platz hatten, und ich fühlte mich seltsam geläutert und emporgetragen in eine andere, erhabene Welt. Es war wohl dieses durchdringende Gefühl der Erhebung, merkwürdigerweise unverbunden mit jeder realen religiösen Vorstellung, das mich zur Synagoge hinzog, ein Gefühl, das mich in derselben Unbestimmtheit noch heute überkommt, wenn der Zufall mich einem jüdischen Gottesdienst beiwohnen läßt. Vielleicht die tiefschlummernde Erinnerung der Gefühle dahingegangener Geschlechter?

In dem dämmerigen Raum suchte ich nach der Bank meiner Mutter und durfte dann, von ihr und den Nachbarinnen freudig begrüßt und geliebkost, hinter ihr stehend, eine Zeitlang dem Gottesdienst beiwohnen. Die „Frauenschule" war von der „Männerschule" durch ein hohes, vollkommen trennendes Gitter abgetrennt. Diese Trennung war jedoch nur eine symbolische, und ich sah durch das Gitter die betenden Männer und Knaben, fast alle in weiße Sterbegewänder gehüllt, den silberschimmernden „Tallis" umgelegt, in heftigen Bewegungen sich betend hin- und herwerfen oder sich mit den Händen in Inbrunst vor die Brust schlagend. Dabei absolvierten die Betenden laut und rhythmisch, halb singend, halb sprechend, die vorgeschriebenen Gebetsformeln oder antworteten in derselben Weise dem Beten des Vorsängers. Es war ein merkwürdiges Gefühl, in der Menge der sich so fremdartig betragenden und gekleideten Männer den eigenen Vater zu erblicken, der nun auch plötzlich ganz anders aussah und ebenfalls in eine andere Sphäre gehoben schien.

Mitunter nahm mich meine Mutter an die Hand und ging mit mir für ein paar Minuten in einen kleinen, ziemlich verwilderten Garten, der an die „Männerschule" anstieß und den sie „Kaalsgarten" nannte. Was dieser Name für eine Bewandtnis hatte, weiß ich nicht. Ich nahm ihn jedenfalls damals, wie dies Kinder tun, dem Klang nach in meinem Ohr auf, meinend, es hieße Karlsgarten, was bei unserer weichen süddeutschen Aussprache auch ganz plausibel war. Dieser kleine Garten war etwas erhöht gelegen zwischen dem Bethaus auf der einen und der uralten „Raschikapelle", zu der die Fremden pilgerten, und der „Mikwe" auf der anderen Seite. Es war, wie gesagt, ein kleines, zerzaustes und ungepflegtes Stückchen Erde. Für mich, die ich merkwürdigerweise schon als kleines Kind eine fast wehtuende Sehnsucht nach der Natur hatte, die ich, aufwachsend in engen Gassen in einer steinernen Stadt, die kaum etwas von Grün aufzuweisen hatte, nirgends befriedigen konnte – für mich war schon dieser kleine Fleck Erde ein Stückchen Paradies, und die Freude, mich darin aufhalten zu dürfen, nicht die geringste von den Sensationen dieser Festtage.

Wissentlich erlebte ich auch den „Jom Kippur", an dem mein Vater zum ersten Male in seinem Leben das Gebot des Fastens übertrat. Wie ich schon sagte, hatten sich die Formen des religiösen Lebens in unserem Hause im Laufe der Jahre sehr gelockert. Der Vater war der einzige der Familie, der außer den „jungen Leuten" des Geschäftes noch streng die vorgeschriebenen Gebote innehielt, teils des Beispiels eben dieser „jungen Leute" wegen, die meist aus frommen Familien kamen, teils aber auch aus Aberglauben und Furcht, bei Nichterfüllung des Fastengebotes in demselben Jahre sterben zu müssen. Doch die Ausbreitung der liberalen Anschauungen auf religiösem Gebiet, ferner die Auflösung des Geschäftes, die ihn der Aufgabe enthob, für eine Reihe junger jüdischer Menschen mit gutem Beispiel, auch auf diesem Gebiet, voranzugehen, und nicht zum Wenigsten der Einfluß der Mutter, die in ihrer leichten Art auch fand, daß man mit Auswahl und Bequemlichkeit religiös sein könne, veranlaßten ihn zu diesem für ihn sehr einschneidenden und gewichtigen Schritt. So sehe ich, daß an diesem denkwürdigen Tage das Mittagessen aufgetragen wird; merkwürdigerweise ist der Vater gegen alle Gepflogenheiten zu Hause und nicht wie sonst in der Synagoge. Er zögert, sich zu Tisch zu setzen, und ich fühle die Gewichtigkeit des Augenblickes und die Spannung, was nun geschehen wird. Mein Herz versteht den schweren Kampf, den der Vater kämpft, doch die Mutter redet auf ihn ein und lacht ihn aus. Aber erst nachdem sie unter Lachen und Scherzen Vorhänge und Rouleaus der Fenster fest verschlossen hat, daß kein Auge der nahen Nachbarschaft den Frevel entdecken kann, setzt er sich zu Tisch. Nach diesem für ihn gewiß sehr schweren Entschluß, und nachdem auch der Glaube, bei Übertretung des Verbotes im Laufe des kommenden Jahres schwere Strafe auf sich zu ziehen, sich als nichtig erwiesen hatte, trennte sich auch mein Vater endgültig von den alten, strengen Gebräuchen, mit denen ihn kein wirkliches Herzensbedürfnis, sondern nur noch Furcht, Gewohnheit und Pietät verbunden hatten.

1 Die berühmte Synagoge der alten Gemeinde Worms wurde 1034 erbaut und 1213 um die Frauenabteilung erweitert. Das rituelle Tauchbad (Mikwe) stammt von 1186, die Lehrstube (Raschikapelle) von 1624. Salomon ben Isaak Raschi (1040–1105), der bedeutendste jüdische Kommentator von Bibel und Talmud, studierte und lehrte hier. Die Synagoge wurde 1938 zerstört und 1961 rekonstruiert.

27 Paul Mühsam

geb. 1876 Brandenburg – gest. 1960 Jerusalem

Paul Mühsam, Ich bin ein Mensch gewesen. Ms. undatiert, 2173 S. – Abgeschlossen Jerusalem 1956.

Paul Mühsam wächst in Chemnitz und Zittau auf, wo seine Eltern ein kleines Schuhgeschäft betreiben. Nach dem Jurastudium und der Referendarzeit läßt er sich 1904 in Görlitz als Anwalt nieder. Von seinem Beruf unbefriedigt, versteht sich der sensibel und künstlerisch veranlagte Mühsam zunehmend als Schriftsteller. Er betätigt sich intensiv in der Deutschen Friedensgesellschaft und ist im Weltkrieg Mitarbeiter des Roten Kreuzes in Berlin. Nach Veröffentlichung mehrerer literarischer Werke emigriert er 1933 nach Palästina. – Der Auszug beschäftigt sich mit Problemen des Antisemitismus und der jüdischen Identität während der Schulzeit.

Der Jude, wohin er auch kam, begegnete immer zunächst einem gewissen Mißtrauen und mußte sich seine Stellung erkämpfen. Er wurde keineswegs mit offenen Armen aufgenommen. Während ein christlicher Schüler ebenso wie jeder christliche Bürger sofort gewissermaßen mit dazu gehörte und bis zum Beweis des Gegenteils als anständig galt, mußte der jüdische sich erst legitimieren und seine Anständigkeit unter Beweis stellen. Mich wurmte das versteckte Tuscheln und Kichern, wenn einige Schüler anderer Klassen auf der Straße mich sahen, die zu einer offenen Brüskierung zu feige waren und daher vorzogen, erforderlichenfalls den Spieß umdrehen zu können, indem sie sich bei einer Zurechtweisung naiv gestellt, angeblich über etwas ganz anderes gelacht und mich dadurch noch lächerlicher gemacht hätten. Man mußte immer unter Verlust der Harmlosigkeit überlegen, wie man sich verhalten, ob man eine verletzende Bemerkung als zu dumm oder unbedeutend mit Stillschweigen übergehen oder eine Affäre daraus machen solle.

Als ich zu Bismarcks 80. Geburtstag ein selbstgefertigtes Gedicht, das von allen abgegebenen als das beste anerkannt worden war, vortragen sollte, gingen auf dem Weg zum Festakt zwei Schüler einer anderen Klasse an mir vorüber, von denen der eine dem anderen die Bemerkung zuflüsterte, daß man dazu nicht gerade mich hätte auszuwählen brauchen. Die Äußerung kränkte mich, doch es schien mir nicht der Mühe wert, darauf einzugehen. Aber als ein Schüler einer unteren Klasse, die ich als Oberprimaner zu inspizieren hatte, mir „Itzig" zurief, ließ ich ihn antreten und versetzte ihm eine schallende Ohrfeige. Mein Vater befürchtete Komplikationen, als ich davon zu Hause erzählte, weil er glaubte, daß der Vater des Jungen, ein Major des Litauer Regiments, sich das nicht gefallen lassen werde, aber wahrscheinlich hatte es ihm sein Sprößling wohlweislich verschwiegen. Ich selbst hatte mir jedenfalls durch diese Handgreiflichkeit Respekt verschafft.

Als ich einmal mit mehreren Mitschülern, darunter einem als Sitzengebliebenen in unsere Klasse gekommenen, mehrere Zentner schweren, adligen Faulpelz, der auch zuerst, wie alle in unsere Gemeinschaft neu Eintretenden, spöttisch auf mich herabgesehen hatte, über die Straße ging und ein vorübergehender kleiner Schüler eine antisemitische Bemerkung in bezug auf mich machte, kanzelte jener von Trautwetter ihn so ab, wie ich es nie fertig bekommen hätte. Aber es war beschämend für mich, denn er tat es nicht aus Freundschaft, sondern weil ich mich in seiner Gesellschaft befand und er sich daher als persönlich verletzt ansah, und ich fühlte mich erniedrigt wie ein Schutzjude. Auch eine an mich adressierte anonyme Postkarte mit antisemitischen Schmähungen beeindruckte mich schmerzlich, so schonend auch mein Vater mir vorstellte, daß einem solche Kränkungen im Leben nicht erspart bleiben.

Ich vermied es, mit meinem Freund Bernhard über diese Dinge zu sprechen, die ja doch nur der empfinden kann, der sie erlebt. Aber einmal schüttete ich ihm zutiefst aufgewühlt mein Herz aus, so daß ich fast auf offener Straße geweint hätte, empört über alle diese ungerechten Anwürfe.

Er tröstete mich, wenn er sich auch sicher nicht ganz in meine Seele versetzen konnte. Es war jedoch nicht nur der höhnische Spott, der mich so aufbrachte, weil er keinen Platz zu sachlicher Diskussion bot und nicht mit Vernunftgründen zu bekämpfen war, sondern ich wußte auch, daß meinem Wirken in der Zukunft enge Schranken gezogen waren, während jedem Nichtjuden alle Tore offen standen. Trotz der rechtlich verankerten Gleichstellung konnte ein Jude damals weder Offizier, noch Richter noch sonst höherer Beamter werden, zumal in Sachsen, wo die Emanzipation erst seit einigen Jahrzehnten sich durchgesetzt hatte[1]. Und wenn es mir auch fern lag, zu solchen Stellungen zu streben, so war doch schon die Unmöglichkeit, zu ihnen zu gelangen, für meinen Gerechtigkeitssinn und mein Selbstgefühl eine drückende Fessel.

Außerdem hatte ich schon durch die Erfahrung gelernt, daß der gesellschaftliche Antisemitismus sich wie eine schleichende Krankheit von Geschlecht zu Geschlecht vererbt. Wer von den unbeschwerten kindlichen Kameraden wußte, was in meiner Seele vorging, während sie sich harmlosen Genüssen hingeben konnten? Ich gehörte zu ihnen, und doch stand dieses eine, das Judenschicksal, zwischen uns, das sie nicht kannten und nicht verstanden hätten in seiner ganzen Schwere. Empfand ich es doch selbst nur mit dem Herzen, ohne es mit dem Verstand zu begreifen. Hätte sich mein Verkehr ausschließlich auf meine Klassengenossen beschränkt, so wäre ich von diesem Pesthauch der Umwelt, der nicht ein Produkt der Schule war, sondern nur aus den Elternhäusern stammte, nicht angeweht worden. Aber es gab zahlreiche Gelegenheiten, auch mit anderen Schülern in Berührung zu kommen, nicht nur in der Öffentlichkeit, auf der Straße, auf der Eisbahn, bei gemeinschaftlichen Kneipen, sondern auch in der Schule und ihren Veranstaltungen. Jede patriotische Gedenkfeier vereinigte alle in der Aula. Zum Sedantag zog die ganze Schule geschlossen nach dem eine dreiviertel Stunde entfernten Kaltenstein, wo Freiübungen vorgeführt wurden, mit nachfolgendem Tanz. Und als dieser Gedenktag sich zum 25. Male jährte, fand sogar nach einem feierlichen Gottesdienst ein Festzug aller Bürger und Schulen statt, wobei wir Oberprimaner den Fahnenzug bildeten, Bernhard mit Schärpe und Degen voran, und auch mein Vater unter den Veteranen mitmarschierte – das einzige Mal dessen ich mich entsinne, daß er seine Orden anlegte. An den Mittwochnachmittagen vereinigten sich immer mehrere Klassen zum Sport in der Weinau. Bei besonderen Gelegenheiten fanden Fackelzüge und Festkommerse statt. Und auch die Tanzstunden boten Gelegenheit, nicht nur mit Schülern anderer Klassen und des Realgymnasiums, sondern auch mit anderen Bevölkerungsschichten, mit den Damen der Gesellschaft und deren Eltern, zusammenzukommen.

Seit Jahrzehnten waren zu jener Zeit die deutschen Juden emanzipiert, aber daß sie gesellschaftlich im allgemeinen weder damals noch später, als die Gleichberechtigung eine vollständige war, als vollwertige Glieder der Gemeinschaft angesehen wurden, hätte eigentlich jedem Juden zu denken

geben müssen, es waren jedoch nur wenige, die dieser an sich auffälligen
Tatsache auf den Grund gingen und ihre Schlüsse daraus zogen. Die meisten
beharrten, geblendet von dem Glanz der europäisch-christlichen Kultur,
deren Leuchtkraft die von Druck und Enge befreiten Geister seit den Tagen
des Gettos immer tiefer in ihren Bann gezogen hatte, in einem Zustand der
Verzückung, daß sie, wie einem Gefängnis Entronnene, im Rausch errunge-
ner Freiheit nur daran dachten, die sich lockernden Fesseln des Judeseins
möglichst gänzlich abzustreifen und sich ihrer christlichen Umwelt restlos
anzupassen, in dem Glauben, auf diese Weise, sei es mit, sei es ohne Taufe,
ein für alle Mal ihrem Judenschicksal entgehen zu können. Ein fundamenta-
ler Irrtum, der sich noch als sehr verhängnisvoll erweisen sollte. Denn
innerhalb eines christlichen, von nicht jüdischer Rasse gebildeten Volksgan-
zen ist der Jude aus Gründen der Religion und der Herkunft ein Fremdkör-
per und hört nicht auf, als solcher empfunden zu werden, wenn er auch
selbst noch so sehr in vollständiger Assimilation unterschiedslos in dem
Organismus aufgegangen zu sein wähnt, in den er eindrang.

Gewiß, es könnte anders sein. Religion und Rasse könnten als Ausschlag
gebende Faktoren im Leben des Volkes und der Völker völlig zurücktreten
gegenüber dem allein Wert und Wesen der Persönlichkeit bestimmenden
Menschentum, es könnte und wird vielleicht einmal anders sein, wie es ja in
kleineren Gemeinschaften schon immer möglich war. Aber vorläufig ist die
Menschheit noch nicht so weit. Vorläufig spielen noch in ihr der Wahn der
Religion und der tierhafte Instinkt der Rassen ihre unheilvolle, jedoch nicht
wegzudiskutierende Rolle. Es gibt eben Dinge, die zwar von der hohen
Warte edler Menschlichkeit aus nicht zu rechtfertigen, aber unter Berück-
sichtigung der Gegebenheiten erklärbar sind.

In Sachsen haben die Juden erst verhältnismäßig spät Bürgerrecht erworben, und daher kommt es, daß ihr prozentualer Anteil an der Gesamtbevölkerung geringer war, und noch ist, als in anderen Bundesstaaten. Das
Zittauer Gymnasium besuchten, als ich eintrat, nur zwei jüdische Schüler.
Neubauer, der Sohn des Predigers, vier Klassen höher als ich, und in meiner
Klasse Salo Glaser. Letzterer war wenig beliebt, er hatte Eigenschaften, die
man gern als „jüdisch" zu bezeichnen pflegt, aber diese Andersartigkeit war
nur zum Teil in seiner Abstammung, hauptsächlich in seiner Individualität
begründet. Er war ein romantischer, idealistisch veranlagter Schwärmer.
Daran zwar nahm man nicht Anstoß, aber mißliebig machte er sich, obwohl
von Natur gutmütig und harmlos, dadurch, daß er vorlaut, launisch und von
Charakter unbeständig war. Daß er auch noch Jude war, kam als belastendes
Moment hinzu. Er stand ein wenig außerhalb der Gemeinschaft, der voll
und ganz anzugehören mir ein mehr triebhaftes als klar empfundenes
Bedürfnis war. Es lag keine Absicht zugrunde, als ich in einer der ersten
Stunden, herumsuchend, weil ich noch keinen festen Platz zugewiesen
erhalten hatte, mich neben ihn setzte. Aber als Oberlehrer Neumann in
witzigem Ton bemerkte: „Natürlich die Schwarzköpfe stecken immer zu-

sammen!", nahm ich mir vor, von ihm abzurücken, um nicht wieder Anlaß zu einer solchen, weder angenehmen noch zutreffenden, Bemerkung zu geben. Die Verhältnisse brachten es allerdings mit sich, daß ich später häufiger mit ihm zusammenkam, da es in Zittau nur wenige jüdische Familien gab, und seine Eltern, erfreut, einen Kameraden für ihren Salo zu wissen, mich öfter einluden, ich aber auch wegen seiner zwar exzentrischen, doch schönen und reizvollen Schwester den Aufforderungen nicht ungern nachkam. Trotzdem stand ich ihm innerhalb der Klasse sowohl aus Gemeinschaftsgefühl als auch, weil er mir wirklich wenig sympathisch war, nicht viel näher als die übrigen Mitschüler. [...]

Meine Eltern haben sich stets zu ihrem Judentum bekannt. Assimilationsbestrebungen lagen ihnen schon deshalb vollständig fern, weil sie gar nicht den Ehrgeiz hatten, im öffentlichen Leben eine Rolle zu spielen. Sie waren Familienmenschen, die ihr Glück im Frieden des Hauses suchten, und für die in unermüdlicher Aufopferung und selbstloser Hingabe die Fürsorge um mich und der Wunsch, mir die Wege zu einer sorgloseren Zukunft und gehobeneren Existenz zu ebnen, Inhalt und Ziel des Lebens bildeten. – Mein Vater entstammte einem Elternhaus, in dem jüdische Tradition und Frömmigkeit mit Selbstverständlichkeit gepflegt wurden. Aber so sehr er auch am angestammten Judentum hing, so hatte er sich doch im Banne der in der Zeit liegenden freigeistigen Ideen von jeder religiösen Betätigung losgesagt. Er sah es gern, als er zum Repräsentanten der jüdischen Gemeinde gewählt wurde und ging regelmäßig zu deren Sitzungen, aber er besuchte niemals den Gottesdienst. Er hatte seinen Glauben und seine innere Frömmigkeit und war viel zu aufgeklärt, um sich von dem Prediger Neubauer, der früher, als er noch „Hosen verkaufender Jüngling"[2] war, mit meinem Vater, wie sich zufällig herausstellte, in Breslau in einem gemeinsamen Quartier gewohnt hatte, und den er mit Recht als eine etwas komische Figur ansah, religiös erbauen zu lassen. Aber er verlangte, daß ich zu den hohen Feiertagen den Gottesdienst besuchte, und das war für mich eine Qual und hat viel weniger eine erzieherische und erhebende als vielmehr abschreckende Wirkung auf mich ausgeübt und nicht nur damals, sondern für das ganze Leben, so daß, wenn ich mich trotz aller Ablehnung von Dogma und Kult einen religiösbewegten Menschen nennen darf, ich es nicht dank, sondern trotz jener Gottesdienste geworden bin. Wie ja überhaupt äußere Einflüsse niemals das Wesenhafte zu gestalten vermögen, sondern immer nur regulierend wirken, und der Mensch letztlich, wenn er sich ungehindert entwickeln kann, doch nur das wird, was er seiner Natur nach bestimmungsgemäß von allem Anfang an keimhaft schon war.

Die kleine Zittauer jüdische Gemeinde hatte keine Synagoge, sondern nur einen Betsaal in Form eines gemieteten Zimmers in einem Haus an einer belebten Geschäftsstraße. Hier saßen bei geschlossenen Fenstern zusammengedrängt die Männer und hinter ihnen die Frauen, wir Schüler irgendwo an die Wand gedrückt, und es herrschte eine derartige Undiszipliniertheit, ein solches Stimmengewirr, Unterhaltungen, Tuscheln, sich Umsehen und sich Gehenlassen, und der Gottesdienst war so sehr von jeder Feierlichkeit der Stimmung und des Ablaufs entfernt, daß er nur ein Tohuwabohu genannt werden konnte[3]. Schon damals fragte ich mich, was all dies abstoßende Treiben mit Gott und Religion zu tun habe, und wenn ich seit meiner Schulzeit außer bei besonderer Veranlassung keinen Gottesdienst mehr besucht habe, auch nicht in Synagogen, in denen es feierlich und würdevoll zuging, so ist dies nicht aus mangelnder, sondern aus zu tiefer Gläubigkeit geschehen. Für den Juden gilt der als fromm, der in Haus und Tempel alle Vorschriften des Gesetzes befolgt. Aber wahre Frömmigkeit besteht nicht in Beten, nicht in Kulthandlungen, nicht in Dogmen, Formen und Gebräuchen und ist nicht an besondere Stätten gebunden, sondern fromm sein heißt: in innerer Schau zur Erkenntnis des Eins-Seins mit Gott und damit zum Gefühl der Allverbundenheit gelangen und im Bewußtsein dieser höchsten Verantwortung sein Denken, Fühlen und Leben gestalten. Und gerade diese Gestaltung ist für mich das wichtigste. Aber als ich in späteren Jahren einmal in einem Kreise prominenter evangelischer Theologen Güte und Menschenliebe als das wesentlichste Moment der Frömmigkeit hinstellte, wurde mir sofort entgegengehalten: das ist nicht Religion, sondern Ethik. Zugegeben, „Religion" heißt Bindung und regelt unsere Beziehung zu Gott. Aber wenn mich die ganze Menschheitsgeschichte lehrt, daß keine positive Religion vermocht hat, die Menschen in eine Beziehung zu Gott zu setzen, die sie besser und edler macht und mit warmem Menschentum erfüllt, ist es dann nicht folgerichtig, wenn ich eine Ethik, die die Seele aufwärts führt, einem vorgeschriebenen Glauben vorziehe, der ohne veredelnde Wirkung das Herz unberührt läßt und nur auf den Lippen liegt? Ethik erwächst immer aus religiösem Untergrund, nämlich aus der Anerkennung göttlicher Allmacht und aus der Unterwerfung unter den Willen Gottes, aber damit ist nicht gesagt, daß sie der Abstempelung durch eine positive Religion bedarf. Die Religionen mit der Glorifizierung ihrer Gründer, mit ihren Bräuchen, Zauberformeln und Wundern, mit ihrer Gottvermenschlichung und ihren Begriffen von Sünde und Seligkeit, Hölle und Himmel und all der Naivität ihrer für simple Seelen berechneten Glaubenslehren sind vorübergehende, aus der in der Einsamkeit des Ich begründeten Furcht entstandene, historisch bedingte Erscheinungen in der Menschheitsgeschichte. [...]

Ich wäre wahrscheinlich mehr von jüdischem Geiste befruchtet worden, wenn mein Vater, anstatt mich zum Besuche jener Gottesdienste anzuhalten, mir die Kenntnis der Festtagsbräuche vermittelt und die häuslichen Feiern gehalten hätte, die von jeher am meisten zum Zusammenhalt des Judentums durch lebendige Tradition und pietätvolle Pflege des Erbes der Vergangenheit beigetragen haben. Die Feste wurden gefeiert, wie sie fielen, und das Geschäftsleben brachte es mit sich, daß es sich dabei immer um die christlichen Feste handelte. Auch an den hohen jüdischen Feiertagen blieb das Geschäft geöffnet. Das einzige, was an jüdisches Brauchtum erinnerte, war die Gewohnheit, der Todestage meiner Großeltern durch ein Nachtlicht zu gedenken, das in einem auf das Buffet gesetzten Wasserglas auf einer Ölschicht schwamm[4]. Auf wann die nach dem jüdischen Kalender berechneten Todestage fielen, teilte mein Onkel Samuel immer rechtzeitig mit. – Zu Weihnachten wurde zwar kein Baum aufgestellt, aber es fand eine Bescherung statt. Die religiösen Feste, der Schabbat, die Hagada, die Laubhütte usw. blieben mir bloße Begriffe, und ich wußte wohl, wann Weihnachten, aber nicht, wann Chanukka ist. Ich sah zwar meine Mutter jeden Freitagabend aus ihrem Gebetbuch, gewissenhaft bei den vorgeschriebenen Stellen aufstehend, leise vor sich hinbeten, aber ich selbst hatte nicht den Antrieb, ein Gleiches zu tun.

Nicht weniger als durch die Gottesdienste wurde ich unangenehm beeindruckt durch die Gewohnheit meiner Eltern, sich in der täglichen Umgangssprache jüdischer, teils dem Jiddischen, teils dem askenasisch ausgesprochenen Hebräisch entlehnter Jargonausdrücke zu bedienen[5]. Der reiche Mann hieß ein Kozen, der arme ein Dalles, der Dieb ein Ganef, der Vornehme ein Srore, der Dumme ein Chammer, der Bräutigam war ein Chosen, die Braut eine Kalle, die Verwandtschaft hieß Mischpoche, eine Gemeinschaft Chavrusse, statt Antisemitismus sagte man Risches, Bedauern wurde mit nebbich, ironische Verneinung mit osser, Mitleid mit Rachmones, Trotz mit Dafke ausgedrückt. Der Glückliche hatte Massel, der Pechvogel Schlamassel, Chochme bedeutete Klugheit, Gewure Wichtigtuerei, Simche Freude, Kauach Kraft, Chuzpe Frechheit, Ponim Gesicht, Krire Kälte, Chamime Wärme, Parnosse Beruf, Meziehe Gelegenheitskauf, Tineff schlechte Ware, Bowel veraltete Ware, Maure Furcht, Charpe Blamage, Sroche Gestank, Menuche Ruhe. Ein ehrbarer Mensch war bekowed, ein einfacher poschet, ein anmutiger becheint, ein verrückter meschugge. Es waren sicher weit über hundert solcher Wörter, von denen die Sprache durchsetzt war. Sie prägten sich mir natürlich ein, aber ich habe aus bewußter Opposition nie auch nur eins davon in den Mund genommen. [...]

Wenn ich aus solcher Oppositionsneigung heraus die Jargonausdrücke meiner Eltern absichtlich ablehnte, so geschah das in Verfolg einer Assimilationsbestrebung, die in anderen Familien bereits die vorige Generation verwirklicht hatte. Sie war ein Ausdruck des Wunsches, in einer Gemeinschaft zu leben, was nur durch Abstreifen jeder Andersartigkeit möglich war. Aber diese Andersartigkeit war und ist vorhanden, und darum war das Bemühen von Anfang an zum Scheitern verurteilt. Ich ging in der Gemeinschaft auf, aber nicht restlos. Ich glaubte so zu sein, wie die anderen, wurde aber des öfteren schmerzlich daran erinnert, daß dies eine Illusion war. Daraus jedoch Konsequenzen zu ziehen, lag nicht im Zug der damaligen Zeit. Ich nahm die Schmerzhaftigkeit als etwas Unabänderliches hin, ohne über den dadurch hervorgerufenen Zwiespalt der Seele nachzudenken. [...]

Ich weiß nicht, was alles ich darum gegeben hätte, wenn es mir möglich gewesen wäre, der Schülerverbindung, in der alle Mitglieder und Alte

Herren sich duzten, und in der ein Geist ungebundener Fröhlichkeit herrschte, anzugehören. Obwohl Bernhard an ihrer Spitze stand und obwohl meine Klassengenossen mich gern aufgenommen hätten, blieb es eine Unmöglichkeit infolge des Widerstandes der Schüler der höheren Klassen und vor allem der Alten Herren, von denen mehrere nicht nur antisemitisch eingestellt waren, sondern auch auf die Jugend in diesem Sinne einzuwirken, für eine verdienstvolle Tätigkeit hielten. Und wie leicht ist solche Beeinflussung junger Gemüter. Es genügt schon, ein paar Witzchen zu erzählen, durch die der Jude lächerlich gemacht wird, und schon ist der Anfang von jener Giftsaat gemacht, die, wenn sie aufgeht, niemandem zum Glück, aber vielen zum Unglück gereicht und, Haß gebärend, die Seelen herabzieht. Es war der bis dahin empfindlichste Schmerz, den ich meinem Judesein zu verdanken hatte, ohne einen Ausgleich dafür zu finden, und den ich jahrelang still mit mir herumtrug. Bernhard war bereit, das Präsidium abzugeben, aber ich bat ihn, davon Abstand zu nehmen. Er hätte damit nur sich geschadet, ohne mir zu nützen.

Wohl hätten solche Symptome mir ein Fingerzeig sein können, daß der Weg der Eingliederung in die christliche Umwelt nur eine Strecke lang gangbar ist, dann aber vor einer verschlossenen Tür endet und nicht ins Freie führt. Jedoch fehlten mir für ein Beschreiten des Weges zur jüdischen Gemeinschaft hin schlechterdings alle inneren und äußeren Voraussetzungen. Ich wußte vom Judentum nichts. Es gab mir nicht das geringste. Es war mir nur eine Hülle ohne Inhalt, und ich sah in ihm nichts als eine lästige Fessel. Den Gedanken einer Taufe allerdings, den ich des öfteren erwog, lehnte ich ab, sowohl aus Gründen der Pietät gegen meine Eltern, als auch deshalb, weil sie ohne innere Notwendigkeit geschehen wäre, und es mir feige, charakterlos und verächtlich erschien, die Bedrängten im Stiche zu lassen und mich auf die Seite der Bedränger zu schlagen, eine Religion annehmend, für die, trotz des alles überstrahlenden Genius, nach dem sie sich nennt, fast 2000 Jahre nicht ausgereicht hatten, ihre Anhänger mit einer Menschlichkeit zu erfüllen, die solche Bedrängung unmöglich gemacht hätte.

---

1 Im Königreich Sachsen erfolgte die Judenemanzipation erst nach der Revolution von 1848. Sachsen hatte infolge seiner restriktiven Judenpolitik 1871 mit 0,13 % (3357 Personen) den geringsten Anteil jüdischer Bevölkerung in Deutschland.

2 Dieser Ausdruck stammt aus Heinrich von Treitschkes antisemitischer Schrift „Ein Wort über unser Judentum", Berlin 1879/80: „Über unsere Ostgrenze dringt Jahr für Jahr aus der unerschöpflichen polnischen Wiege eine Schar strebsamer hosenverkaufender Jünglinge herein, deren Kinder und Kindeskinder dereinst Deutschlands Börsen und Zeitungen beherrschen sollen."

3 In der stark von Ostjuden bewohnten Gemeinde Zittau herrschte sichtlich die traditionelle Form des orthodoxen Gottesdienstes, bei der das laute individuelle Beten und Toralesen eine große Rolle spielt. Mühsam mißt dies an der modernen Form des

liberalen Gottesdienstes, die vom protestantischen Ritual beeinflußt ist: Es gibt eine Predigt, und es wird Wert gelegt auf Stille, Disziplin, Feierlichkeit, Stimmung usw.

4 Gemeint ist das Jahrzeitlicht, das am Jahrestage des Todes eines nahen Angehörigen angezündet wird. Zur Jahrzeit gehört auch das Sprechen des Totengebetes (Kaddisch) in der Synagoge.

5 Die deutschen und osteuropäischen Juden (Aschkenasim) benutzen die sogenannte aschkenasische Aussprache des Hebräischen, während die westeuropäischen und mediterranen Juden (Sephardim) die sephardische anwenden, die auch im heutigen Israel als Norm gilt.

28 Sammy Gronemann

geb. 1875 Strasburg (Westpreußen) – gest. 1952 Tel Aviv

Sammy Gronemann, Erinnerungen. Ms. undatiert, 329 S. – Verfaßt Palästina vor 1947[1].

Als Sohn des Landesrabbiners von Hannover widmet sich Gronemann zunächst in Halberstadt und Berlin dem Talmudstudium, geht aber dann zur Rechtswissenschaft über und wird Anwalt. Nach häufiger Konfrontation mit dem Antisemitismus schließt er sich 1898 der jungen zionistischen Bewegung an. Er entwickelt sich zu einem der bekanntesten Redner der „Zionistischen Vereinigung für Deutschland" und baut deren Landesverband Hannover auf. Ab 1906 praktiziert er in Berlin und wird Mitglied im Vorstand der Zionistischen Vereinigung sowie im zionistischen Aktionskomitee. Sein besonderes Interesse während des Weltkrieges gilt den Ostjuden, mit denen er als Dolmetscher für Jiddisch beim Stab des Oberkommandos Ost in enge Berührung kommt. Die Memoiren enden mit dem Jahr 1918. In den zwanziger Jahren veröffentlicht Gronemann mehrere humoristische Romane, und nach seiner Emigration nach Tel Aviv (1936) tritt er auch als Verfasser von Komödien hervor.

Im Mai 1900 nahm ich zum erstenmal an einer zionistischen Tagung, dem Delegiertentag in Berlin, teil. Das war damals noch eine Veranstaltung von bescheidenem Ausmaß. Sie fand in Cassels Hotel in der Burgstraße statt, und dort trat ich zum erstenmal mit den Leitern des deutschen Zionismus in Fühlung. Ich lernte vor allem David Wolffsohn, Max Bodenheimer und Adolf Friedemann[2] kennen. Eigentlich hatte ich Wolffsohns Bekanntschaft schon viel früher gemacht, oder er eigentlich meine. Es muß um das Jahr 1877 gewesen sein, als er in Prostken in Ostpreußen bei einer Hochzeit mich, das zweijährige Baby, auf den Arm genommen hatte. Daher pflegte er mich als die älteste Bekanntschaft unter den deutschen Zionisten zu bezeichnen. – Mir fiel die organisatorische Tüchtigkeit von Arthur Hantke[3] auf, und auch der junge Rabbiner Wilhelm Levy, übrigens der Gründer des jüdischen Turnvereins „Bar Kochba", ferner Egon Rosenberg und Erich Rosenkranz prägten sich mir besonders ein. Mit großer Freude begrüßte ich von alten Bekannten Lina Tauber und Jacob Wagner (die bald darauf heirateten – wie man behauptete, hauptsächlich, um zur Stiftung von Ölbäumen als Glückwunsch zu provozieren). Es wurde damals die Gründung einer eigenen zionistischen Zeitung beschlossen und eine kleine, von dem Lehrer Flanter herausgegebene jüdische Zeitung erworben. Aus dieser wurde später die „Jüdische Rundschau". Zum Redakteur wurde Heinrich Loewe gewählt, für den Lina Tauber mit Wärme eintrat. [...]

Ich hatte mir von vornherein keine Illusionen darüber gemacht, daß die Arbeit für den Zionismus in Hannover nicht leicht sein würde. Sie wurde mir durch meine Eigenschaft als Sohn des Rabbiners besonders erschwert. Es wurde von mancher Seite mein Auftreten meinem Vater zur Last gelegt, und es setzte eine zuzeiten höchst unangenehme Formen annehmende Opposition gegen ihn ein. Mein Vater aber verlangte nicht nur nicht, daß ich irgendwelche Rücksichten auf seine Stellung nehmen sollte, sondern hielt es für seine Pflicht, fast in jeder öffentlichen zionistischen Versammlung auch die Tribüne zu besteigen und seine Sympathie für die nationale Bewegung zum Ausdruck zu bringen. Im ganzen aber war es wirklich eine starke Zumutung, von den guten Hannoveranern zu verlangen, daß sie sich so vollkommen umstellen sollten. Man war noch in urdeutschen Anschauungen erzogen. Man fühlte, daß man als Jude gegenüber Deutschland, wie es später in einer Kundgebung des Centralvereins im Kriege hieß, „mehr als seine Pflicht erfüllen müßte". Alle Tendenz ging dahin, der Umwelt zu beweisen, daß man nur durch die Religion und durch nichts anderes sich von ihr unterschied. Anstatt sich auf den Standpunkt zu stellen, daß die Zugehörigkeit zum jüdischen Stamm in keiner Weise eine Verminderung der Erfüllung von Pflichten als deutscher Staatsbürger herbeiführen müßte, suchten sie unsinnigerweise die Prämisse zu leugnen und behaupteten, daß sie vollblütige Germanen seien und leugneten jeden Unterschied. Sie wurden sich dessen gar nicht bewußt, daß sie gerade durch diese Haltung den anderen die beste Waffe lieferten. Denn ihre Argumentation besagte ja schließlich nichts anderes, als daß, wenn sie nicht Deutsche im völkischen Sinne seien, dann der antisemitische Standpunkt berechtigt wäre. Und daß sie keine Nachkömmlinge Hermanns des Cheruskers waren, konnte ihnen jeder Gassenjunge an der Nase ansehen. Freilich ging es ja so weit, daß sie sogar eben jene „zwangsweise Uniform", von der Heinrich Heine spricht, die Nase, zu ignorieren versuchten. Und die sogenannten toleranten Kreise, die Liberalen etwa vom Schlage eines Rickert[4], bliesen in dasselbe Horn.

Nun kam ein junger, kaum flügge gewordener Mensch und wollte ihnen beibringen, daß alle diese Anschauungen, in denen sie groß geworden waren und auf denen ihre ganze Stellungnahme zu allen Problemen beruhte, unsinnig seien. Er verlangte von ihnen, die sich ängstlich bemühten, ihr

Judentum zu verstecken und die ihm nur in der Synagoge ein Asyl gaben, sich offen als Juden zu dekuvrieren und ihre Solidarität mit den Juden der ganzen Welt zu dokumentieren. Das mußte ihnen unsympathisch und gefährlich erscheinen. Rückschauend muß ich bekennen, daß ich persönlich meinen guten Mitbürgern wohl etwas viel zugemutet habe. Es mag sein, daß ich, der ich ja selber noch kurz nach jener schweren geistigen Operation stand, durch die die alten inneren Vorurteile besiegt wurden, nunmehr mit besonderer Schärfe vorging. [...]

Es gelang mir in verhältnismäßig kurzer Zeit, eine ziemlich stattliche Organisation in Nordwestdeutschland ins Leben zu rufen, und ich freute mich aufrichtig, als auf dem 5. Zionistenkongreß 1901 Bodenheimer dies rühmend hervorhob. Die Sache brachte es dann mit sich, daß ich herumzureisen begann, um Agitationsvorträge zu halten, natürlich nur in größeren Orten und mit Vorliebe dort, wo es noch keine zionistische Ortsgruppe gegeben hatte. Es war eine recht interessante, an Zwischenfällen nicht arme Betätigung.

Fast immer spielte sich die Sache in der gleichen Form ab. Es galt, jemanden zu finden, der die Vorbereitungen auf sich nahm, einen Saal mietete, usw. Die Spesenbelastung war nicht groß, da im allgemeinen Reise und Aufenthalt von dem Redner persönlich getragen wurden. Dann kam man also an, von dem betreffenden Vertrauensmann empfangen, der einem sofort erklärte, daß hier am Orte die Verhältnisse ganz besonders schwer seien, daß man von Zionismus dort nichts wissen wolle, der Rabbiner insbesondere ein strenger Gegner sei usw. Die Versammlung war aber dann doch überfüllt. Gerade die heftige Agitation gegen den Zionismus hatte die Leute gespannt darauf gemacht, einmal ein solches Monstrum von Zionisten zu sehen, und man versprach sich zumindest einen kurzweiligen Abend. Dann trat man vor einem übelgesinnten Publikum auf die Balustrade und sagte sein Sprüchlein auf. Ich hütete mich nach den ersten Erfahrungen sehr wohl, sofort alle meine Batterien zu dekuvrieren, sondern begnügte mich damit, logisch die Theorie des Zionismus zu entwickeln und die Notwendigkeit und Ausschließlichkeit der zionistischen Lösung zu beweisen. Dann trat regelmäßig ein Gegner auf, fast immer der Ortsrabbiner, der nach einigen höflichen Wendungen, in denen er für die maßvolle und lichtvolle Darstellung dankte, den Zionismus in Grund und Boden verdammte. Und dann erst, nachdem dieser Gegenredner den verständnisvollen Beifall seiner Hörerschaft geerntet hatte, kam meine eigentliche Agitationsrede. Punkt für Punkt den Argumenten des Gegners folgend, war es dann ein leichtes, ihn zu zerpflücken, zu seiner und des Publikums größter Verblüffung, die etwas Derartiges nach dem maßvollen Referat kaum erwartet hatten. Und dann gab es regelmäßig großen Jubel und Beifallsstürme der überrumpelten Hörerschaft, die freilich nachher etwas beschämt und nachdenklich nach Hause ging. Aber damit war das Interesse geweckt und die Diskussion für Wochen hinaus entwickelt, und bestimmt meldete sich nach Schluß der

Versammlung doch eine Anzahl von Personen, die den Grundstock der neuen Gruppe bildeten.

Es mögen einige Proben solcher Diskussionen folgen: Rabbiner K. verwahrte sich mit Energie dagegen, daß man von einem jüdischen Volk rede. Gewiß habe es einmal ein jüdisches Volk gegeben, aber wie er und alle seine Kollegen auf den Kanzeln Deutschlands einstimmig lehrten, habe es seine Mission erfüllt, es sei tot und könne nicht wieder belebt werden. Diesem Herrn erwiderte ich: Es erinnere mich seine Argumentation an jenen Arzt, der einen alten Patienten traf und sich höchst verwunderte, daß dieser noch lebe. Auf dessen Erklärung, er lebe und fühle sich durchaus wohl, erwiderte der Arzt: „Das ist Unsinn. Für die Wissenschaft sind Sie tot!" Der andere bemerkte aber, daß es ihm sogar sehr gut gehe. Darauf der Arzt in höchster Empörung: „Dann haben Sie sich nicht nach meinen Verordnungen gerichtet." – Rabbiner V.: Der Zionismus predige das nationale Judentum. Er erkenne aber als Juden nur solche Personen an, die irgendwie die jüdische Religion betätigten. Wer die jüdische religiöse Lehre nicht in irgendeinem Ausmaße befolge, sei kein Jude. Darauf fragte ich mit aller Bescheidenheit: „Herr Rabbiner, wenn in Ihrer Gemeinde jemand lebt, der sich öffentlich als Atheist bekennt, nichts vom Judentum hält als allenfalls das ‚Berliner Tageblatt', am Versöhnungstag nicht fastet, würden Sie diesen Mann nicht auf dem jüdischen Friedhof beerdigen? Ich bin sogar überzeugt, gerade den mit besonderem Vergnügen." [...]

Man muß sich vorstellen, von welcher Begeisterung wir jungen Zionisten erfüllt waren. Herzl war unser Abgott. Wir bewunderten seinen und seiner Mitkämpfer Mut, die trotz aller Vorurteile, die sich entgegenstellten, von reinem Idealismus getragen, das jüdische Volk wieder zur Selbstbesinnung und zum Kampf aufgerufen hatten. Da nun erfuhren wir, daß Gegner unserer Idee sich nicht scheuten, die bösesten Verdächtigungen gegen unsere abgöttisch verehrten Helden vorzubringen, sie mit Schmutz zu bewerfen und ihnen die niedrigsten Motive zu unterschieben. Man ging so weit, unsere Führer zu verdächtigen, daß sie aus egoistischen, sogar materiellen Motiven handelten, daß die Bankgründung nichts anderes sei als ein Versuch, armen naiven Juden das Geld aus der Tasche zu ziehen, um sich selbst zu bereichern. Und meine persönliche Empörung wuchs, als gerade das orthodoxe Organ „Der Israelit" in Mainz sich zum Träger dieser Verleumdungen machte. Und in diesem Moment bekam ich eine Aufforderung, in Mainz einen Propagandavortrag zu halten. Man kann sich vorstellen, mit welcher Freude ich diese Einladung annahm. Ich fuhr, kochend vor Wut, von Mannheim nach Mainz, kam, sah und explodierte. Es gab wohl den größten Krach, den ich je in einer Versammlung entfacht habe. [...] Jenes überschießende Temperament, das ich speziell in Mainz gezeigt hatte, habe ich erst allmählich zu bändigen gelernt. Ich habe auf vielen Versammlungen, insbesondere in Hannover, oft meine Gegner so schonungslos behandelt, daß es einigermaßen schwer wurde, überhaupt noch Gegner zu finden, die sich auf die Tribüne wagten. Das war natürlich sehr bedauerlich, denn die Diskussion machte eigentlich erst die Versammlungen attraktiv. Aber das war wohl nicht das Wesentliche. Viel schlimmer war, daß, wie ich heute bekennen muß, wirklich oft meine Angriffslust die gehörigen Grenzen überschritt, mir und auch der Sache Erfolg sichernd, aber doch auf nicht ganz einwandfreie Weise. [...]

Der 5. Kongreß (Dezember 1901) rückte näher, der erste, dem ich beiwohnen sollte. Ich fieberte ihm geradezu entgegen. Man kann sich vielleicht heute schwer vorstellen, welchen Eindruck die ersten Kongreßstenogramme auf uns junge deutsche Juden machten. Immer wieder und wieder las ich mit gleicher Begeisterung die Reden von Herzl, Nordau und den anderen Protagonisten, studierte aber auch alle Debatten, einschließlich aller Geschäftsordnungsreden. Jene großen Programmreden aber hatten nicht nur mir eine neue Welt erschlossen, hatten Herzkammern geöffnet und Inhalte herausgeholt, von deren Existenz die Träger selbst nichts ahnte. Es schien mir beinahe unfaßbar, daß ich nun selbst einem solchen historischen Ereignis, wie etwa der Eröffnung eines Kongresses, beiwohnen sollte.

Ich fuhr dann nach Basel als Delegierter der Hannoverschen Gruppe, begleitet von meinen Mitdelegierten Ivan Meyer und Jacob Schnelling. Die erste Sensation brachte mir schon eine an sich unbedeutende Begegnung auf dem Bahnhof in Frankfurt am Main. Ich sah durch das Gedränge einige alte bärtige Juden, schwer an ihren Koffern schleppend, am Zuge entlanggehen, und mir gab es einen Stich ins Herz: Was sind wir, die wir aus ruhigen Verhältnissen kommen, wie zu einer Lustfahrt in die Schweiz fahren, im Vergleich zu jenen Menschen, die vielleicht unter den schwersten Opfern aus jenen unglücklichen russischen Gettos sich aufmachen, nur von der einen Sehnsucht nach der endlichen Erlösung erfüllt? Und als man nun am Bahnhof Basel im Morgengrauen ankam, vervielfachte sich jener Eindruck. Aber da liefen junge Leute mit blauweißen Abzeichen hinzu, modern gekleidet, sportlich aussehend. Wir sahen, wie sie die Juden aus dem Osten fast enthusiastisch begrüßten, ihnen, die etwas mißtrauisch sie musterten, die Koffer aus der Hand nahmen und sie geleiteten.

Als wir dann im Wagen unserem Hotel zurollten, gab es wieder eine Sensation. Wir kamen an dem Kasinogebäude, dem Sitz des Kongresses, vorbei, und zum erstenmal sahen wir die jüdische blauweiße Fahne wehen. Und ein großes hebräisches und deutsches Plakat kündete aller Welt, daß wir Juden, aus der Verborgenheit tretend, jetzt die öffentliche Bühne betreten hatten. – Ich sah zu dem Balkon des Kasinos hinauf und erinnerte mich an jene Episode vom 2. Kongreß, von der man so viel berichtet hatte, da beim Schweizer Nationalfest der Umzug hier vorbeigegangen war und die Schweizer Dr. Herzl und seinen Begleitern auf dem Balkon zugejubelt hatten – und zum erstenmal seit einem Jahrtausend der Ruf „Hoch die Juden" erklungen war.

Ich war nicht nur wie im Fieber, sondern ich fieberte wirklich und sorgte mich, ob ich wegen Krankheit der Kongreßeröffnung würde fernbleiben müssen. Aber mein Zustand besserte sich schnell. Man ging ins Kongreßbüro, empfing Abzeichen und Material und begann, sich umzuschauen. Die Eindrücke drängten sich. Dieses Gewimmel auf den Korridoren und auf der Terrasse des Kasino-Cafés, auf dem Barfüßerplatz und allen Straßen Basels überwältigte uns, und wir freuten uns, waren beglückt. Aber in diesem Glücksgefühl zeigte sich doch etwas von der alten Gettomentalität und dem uns anerzogenen Minderwertigkeitsgefühl, wenn wir so stolz waren, in den Schaufenstern die zionistischen Embleme um das Bild von Herzl zu erblikken. Wir konnten noch gar nicht daran glauben, daß wir uns als Volk deklarieren und eine Fahne aufweisen durften. [...]

Endlich am andern Morgen kam die Stunde der Kongreßeröffnung. Ich saß bescheiden in einer der hinteren Reihen, und mein Herz schlug höher, als ich den überfüllten Saal und die Galerien betrachtete. Das war doch wirklich das Bild eines jüdischen Parlaments, nicht eine Versammlung wie irgendeine andere. Hier sah man Juden aus allen Weltteilen, Vertreter aller Weltanschauungen, die sich zu einem einzigen Zweck verbunden hatten. Alle waren von der gleichen Spannung erfüllt, die mich gefangenhielt. Aus aller Augen leuchtete helle Freude und Erwartung, als ob im nächsten Moment ein Wunder geschehen, der Prophet Elias eintreten und das jahrtausendelang erwartete Signal geben würde.

Drei Hammerschläge ertönten. Mit einem Schlage verstummte das lebhafte Gesumme, das den Saal erfüllte. Aller Augen richteten sich auf die kleine Tür links im Hintergrund des breiten Podiums. Kaum bewegte sie sich, als ein ungeheurer Jubel losbrach, alle erhoben sich, Tücher wurden geschwenkt, man tobte vor Freude und Begeisterung. Herzl, gefolgt von Nordau und den anderen Mitgliedern der Leitung, begab sich auf den Präsidialsitz. Es dauerte lange, bis der Begrüßungslärm sich gelegt hatte und Dr. Herzl seine Rede beginnen konnte.

[1904 begibt sich Gronemann zur Ablegung des Assessorexamens nach Berlin.]

Zwischen dem proletarischen Osten Berlins (Berlin O) und dem aristokratischen Westen (Berlin W) liegt das Bellevueviertel (Berlin NW, im jüdischen Volksmund „Nebbichwesten" genannt). Berlin O war die Domäne der Ostjuden, die seltsamerweise alle militärisch benannten Straßen besiedelten, wie Artilleriestraße, Grenadierstraße, Dragonerstraße, während im Westen in Charlottenburg, Wilmersdorf oder dem besonders vornehmen Grunewaldviertel die Arrivierten wohnten. Ostjude und Westjude waren in Berlin nicht sosehr geographische wie zeitliche Begriffe. Gar oft kam es vor, daß aus dem Osten eingewanderte Juden zunächst in den obengenannten Straßen ihr Quartier nahmen, dann allmählich zu Wohlstand gelangten, in das vornehmere Bellevueviertel zogen, der Heimat des besseren Mittelstandes, und dann, auf der sozialen Leiter aufsteigend, ihren Wohnsitz nach Charlottenburg verlegten und Westjuden wurden, die dann oft mit ungeheurer Verachtung auf die eingewanderten Elemente jenes östlichen Viertels herabsahen. In einer Repräsentantensitzung späterer Zeit hat Alfred Klee[5] sich einmal folgendes Vergnügen gemacht, als, wie so häufig, von liberaler Seite gegen die von Osten kommenden, angeblich Antisemitismus hervorrufenden Elemente polemisiert wurde. Er fragte: „Ich möchte doch einmal feststellen, wer von den Herren der Linken eigentlich auf dem Anhalter Bahnhof (dem Bahnhof, auf dem die Züge aus dem Westen einliefen) und wer auf dem Schlesischen Bahnhof (dem Ostbahnhof Berlins) angekommen ist." Er ging mit ausgestrecktem Zeigefinger die Reihe durch, und siehe da – ohne Ausnahme waren diese Herren sämtlich entweder selbst aus Posen, Breslau oder Polen eingewandert, oder es waren wenigstens ihre Vorfahren unzweifelhaft östlicher Herkunft.

Also in jenem Bellevueviertel brachte ich mit meiner Frau und meiner Schwester die nächsten Monate zu, und die bängliche Atmosphäre des bevorstehenden großen Staatsexamens warf kaum einen Schatten auf das sehr vergnügliche Studentenleben, das wir damals führten.

[Nach bestandenem Examen läßt sich Gronemann als Anwalt in Hannover nieder und setzt seine zionistische Arbeit intensiv fort.]

In der Ukraine hatte eine mächtige Auswanderbewegung nach Amerika eingesetzt. Die Schiffahrtsagenten der großen Überseelinien hatten ungeheure Reklame gemacht, und Massen von Juden und Ruthenen setzten sich in Bewegung. Die Transporte wurden in Myslowitz zusammengestellt und gingen über Ruhleben-Spandau nach Rotterdam. Die Durchreiseerlaubnis wurde nur unter der Bedingung gegeben, daß die Auswanderer in plombierten Waggons Deutschland passieren sollten, so daß sie tagelang nicht aus den vollgepfropften Waggons heraus durften, nicht einmal, um an einer Pumpe einen Becher Wasser zu trinken. Es existierte keine Möglichkeit, für die Kinder frische Milch und überhaupt irgendwelchen Proviant zu besorgen. Man kann sich vorstellen, in welchem Zustand diese Menschen nach Rotterdam gelangten. Zufällig hatte Änne [Berliner] auf dem Bahnhof Hannover einen solchen Transport entdeckt. Sie war resolut zum Bahnhofsvorsteher gegangen und hatte gegen alles Gesetz und alle strengen Vorschriften des Eisenbahnministeriums erreicht, daß ihr die Schlüssel zu den Waggons übergeben wurden und sie den Leuten die Möglichkeit verschaffte, wenigstens kurze Zeit sich frei zu bewegen und sich in gewissem Umfange zu verproviantieren. So etwas, so einen Einbruch in die preußische Bürokratie konnte nur Änne erreichen. „Mit meinen Augen setzte ich alles durch", sagte sie, und der Erfolg gab ihr recht.

Wir nahmen nun die Sache systematisch in Angriff. Es stellte sich heraus, daß täglich dreimal oder auch viermal solche Transporte Hannover passierten, die regelmäßig um Zwölf Uhr nachts, sechs Uhr früh und vier Uhr nachmittags ankamen. Bei jedem Transport waren einige Hundert Auswanderer. Der Nachtzug und der Frühzug blieben nur je zwölf Minuten in Hannover, wo eine Rangierung der Waggons vorgenommen wurde, während der Nachmittagstransport zwei Stunden von vier bis sechs Uhr in Hannover verblieb. Ich richtete nun folgendes ein: Täglich bekam ich von dem Agenten in Myslowitz ein Telegramm oder auch mehrere, in dem mir für jeden Zug angezeigt wurde, wie viele Männer, Frauen und Kinder zu erwarten wären. Ich organisierte einen Bahnhofsdienst, in den ich von Jung bis Alt alle Mitglieder der Ortsgruppe einspannte. Sie hatten den notwendigen Einkauf zu besorgen, die Waren im Buffet einzulagern; dann beförderte die betreffende Bahnhofssektion die Waren an Ort und Stelle. Jedesmal, wenn die Züge nachts oder frühmorgens einliefen, drangen wir hinein, wählten schnell einige vertrauenswürdige Personen, denen die angeschafften Sachen übergeben wurden. Es war für jede einzelne Person ein Paket vorbereitet und ebenso Milchflaschen für die Kinder. Das wurde während des Rangierens erledigt, und man stieg dann vor der Abfahrt aus. Die Leute waren ungeheuer überrascht und beseligt über das Glück, das ihnen scheinbar vom Himmel fiel. Bei dem Nachmittagszug wurde anders verfahren. Änne erreichte, daß uns ein Wartesaal 4. Klasse zur Verfügung gestellt wurde, in dem eine Jause vorbereitet war und neben jedem Gedeck lag das betreffende Paket. Man kann sich vorstellen, welche Arbeit diese Organisation machte, und natürlich mußte ich mit gutem Beispiel vorangehen und in bitterer Winterkälte morgens um halbsechs Uhr am Bahnhof erscheinen, um dann mit Milchkannen usw. beladen die Treppen emporzuklimmen, um auf die Rangiergeleise zu gelangen.

Natürlich erforderte das Ganze nicht unbeträchtliche Geldmittel, einige Tausend Mark pro Monat. Aber unglaublicherweise machte auch das keine Schwierigkeiten, denn als die Kunde von diesem Unternehmen sich verbreitete, strömte das Geld von allen Seiten heran, und ich muß hier den hannoverschen Juden, über die ich manches nicht Freundliche zu sagen hatte, noch nachträglich meine Anerkennung aussprechen. Natürlich blieb der Betrieb nicht verborgen, und es wurde eine Art Sehenswürdigkeit, sich mindestens am Nachmittag eine solche Verpflegungsaktion anzusehen. Und regelmäßig spendeten Zuschauer mitunter recht namhafte Beiträge. So erinnere ich mich, daß ein christlicher Herr mir 100 Mark in die Hand drückte. Auch die Reporter der Zeitungen hatten den Vorgang bald entdeckt und ließen sich, an sich in sehr wohlwollender Weise, über die Aktion aus. Aber das war uns nichts weniger als angenehm, denn wir zitterten vor der Einmischung des Ministeriums, dessen Vorschriften wir ja gröblich verletzten. Auch die christliche Bahnhofsmission begann, sich für die Sache zu interessieren und versuchte, einen ähnlichen Dienst für die ruthenischen Auswanderer einzurichten. Dieser Versuch scheiterte aber nach wenigen Tagen, und die Damen der Mission behinderten uns mehr als sie uns halfen, so daß ich, kurz entschlossen, auch die Versorgung der Ruthenen mit übernahm. Da ich aber doch fürchtete, daß die Geldquellen schließlich versiegen würden, wandte ich mich an den „Hilfsverein Deutscher Juden" in Berlin. Dort fand ich aber zunächst keine Gegenliebe. Dr. Paul Nathan und Bernhard Kahn[6] kamen vielmehr eiligst nach Hannover herüber, um uns zu beschwören, die Aktion einzustellen. Wir könnten das größte Unheil anrichten, wenn etwa die Auswanderer eine Seuche einschleppten usw. Vor allem aber konnten sich die Herren nicht damit abfinden, daß wir die heiligen Gebote des Ministeriums gröblich verletzten. Wir ließen uns aber nicht irre machen, und ich wandte mich an die Deutsche Konferenzgemeinschaft der Alliance Israélite[7] (M. A. Klausner), durchblicken lassend, daß der Hilfsverein für unsere Aktion kein Verständnis hat. Das war nun eine Gelegenheit für Herrn Klausner, die Großzügigkeit der Alliance zu beweisen, und er bot uns sofort Subvention an. Als ich davon nun dem Hilfsverein wieder Mitteilung machte – es fand in Berlin eine Spezialsitzung statt, zu der ich mit Ännes Vater hinüberfuhr – war diesen Herren die Konkurrenz der Alliance natürlich nicht recht, und so erlangten wir auch von ihnen eine Subvention, so daß wir im Laufe der Zeit einigen Zehntausend Auswanderern eine sehr notwendige Hilfe leisten konnten. Es kamen später aus Amerika noch viele rührende Dankbriefe.

Sehr kurios war es immer, wenn wir in die Waggons einbrachen. Die ahnungslosen Menschen glaubten, sie seien schon in Amerika oder wenigstens, daß sie auf ihr Schiff umsteigen sollten. Dann dauerte es immer Minuten, bis man ihnen den Sinn unseres Besuches klargemacht hatte. Für mich aber hatte die Sache, wie schon angedeutet, einen ganz besonderen Vorteil: Ich konnte meine Leute in nützlicher Weise beschäftigen, ihr Solidaritätsgefühl wuchs, sie lernten aus eigener Anschauung das Elend der Massen im Osten kennen und kamen der Mentalität unserer Brüder im Osten allmählich näher. Gleichzeitig aber imponierte diese unsere Leistung denn doch den hannoverschen Juden, und wenn es auch natürlich Strömungen gab, um unsere Tätigkeit zu inhibieren oder zu erschweren, war es doch im allgemeinen die beste Propaganda, die man sich denken konnte, und wir bewiesen, daß wir nicht nur in Zukunftsbildern und Phantasien schwelgten, sondern alle zu tatkräftiger Arbeit bereit waren. Ich glaube, daß das, was wir damals leisteten, auch eine Art Hachschara[8] war, und viele Teilnehmer jener Aktion erinnern sich noch mit Freude an jene Monate, die uns viel Arbeit aber auch viel Befriedigung brachten.

---

1 Der erste Teil dieser Memoiren wurde in Hebraisch veröffentlicht unter dem Titel „Erinnerungen eines Jecken", Tel Aviv 1947. Ein Auszug aus dem ungedruckten deutschen Original, Gronemanns Großvater Karger betreffend, erschien in Jüdisches Leben in Deutschland, Selbstzeugnisse zur Sozialgeschichte 1780-1871, hrsg. v. M. Richarz, Stuttgart 1976 (431ff.). – Seine Erlebnisse im Ersten Weltkrieg schildert

Gronemann auch in dem autobiographischen Roman „Hawdoloh und Zapfenstreich", Berlin 1924.

2 Rechtsanwalt Adolf Friedemann (1871-1933) war Mitarbeiter und erster Biograph Herzls und 1902-1920 Mitglied des zionistischen Großen Aktionskomitees.

3 Rechtsanwalt Arthur Hantke (1874-1955) leitete ab 1905 das Zentralbüro der Zionistischen Vereinigung und war von 1910-1920 deren Vorsitzender.

4 Heinrich Rickert (1833-1902), Reichstagsmitglied 1874-1902. Ursprünglich nationalliberal, ist er ab 1884 freisinnig, ab 1893 Führer der Freisinnigen Vereinigung.

5 Rechtsanwalt Alfred Klee (1875-1943) hatte führende Funktionen in der zionistischen Organisation inne und wurde 1920 in die Repräsentantenversammlung der Berliner jüdischen Gemeinde gewählt.

6 Paul Nathan (1857-1927) war Präsident und Bernhard Kahn (1876-1955) Generalsekretär des 1901 gegründeten Hilfsvereins der Deutschen Juden, der sich der Sozialarbeit für osteuropäische und palästinensische Juden widmete.

7 Die Alliance Israélite Universelle war 1860 in Paris als jüdische Weltorganisation mit Sektionen in einzelnen Ländern gegründet worden. Sie arbeitete für die Verteidigung der Rechte der Juden in aller Welt und leistete eine umfangreiche Sozial- und Bildungsarbeit. In der Hilfe für Ostjuden und ostjüdische Emigranten waren die Alliance und der 1901 gegründete Hilfsverein der Deutschen Juden neben- und miteinander tätig.

8 Hebr. „Vorbereitung", d. h. im Zionismus Vorbereitung der Auswanderer auf das Leben in Palästina durch Sprachkurse und berufliche Umschulung auf Ackerbau oder Handwerk.

29 Charlotte Popper, geb. Lewinsky

geb. 1898 Preußisch-Stargard (Westpreußen)

Charlotte Popper, Erinnerungen an eine kleine Stadt. Ms. undatiert, 8 S. – Verfaßt Tel Aviv um 1955.

Charlotte Popper wächst in Preußisch-Stargard, Regbz. Danzig, auf, wo ihr Vater ein Textilgeschäft betreibt. Sie schildert die in drei Klassen gespaltene jüdische Gemeinde und den fragwürdigen Religionsunterricht, den die Schüler erhalten. Als die Gemeinde einen neuen Rabbiner anstellt, führt dieser nicht nur religiöse Reformen ein, sondern beeinflußt auch die Jugend zionistisch. Daraufhin verbietet ihm der Gemeindevorstand alle Amtshandlungen. – Die Autorin besucht später das Gymnasium in Danzig und studiert Mathematik in Königsberg, wo sie führend im zionistischen Jugendverband tätig ist. 1923 heiratet sie als Lehrerin in Hamburg und wandert von dort 1936 nach Palästina aus.

Preußisch-Stargard war bis 1918 eine kleine Stadt in Westpreußen. In ihr lebten etwa 100 jüdische Familien. Das jüdische Leben gruppierte sich um die Synagoge. Diese stand in einer Hintergasse. Von unserem Küchenfenster aus konnten wir sie sehen und aufpassen, wenn am Freitagabend die Lichter angezündet wurden. Dann rief meine Mutter Vater und Brüdern zu: „Es ist Zeit, in die Synagoge zu gehen." Die Brüder, die nicht so schnell zu ihrem Siddur[1] griffen, vielmehr ihren Abgang gern hinauszögerten, mahnte sie nach einer Weile: „Der Rabinowiz schockelt sich schon." In der Tat konnte man das Hin- und Herwiegen des Vorbeters an seinem Pult beobachten, und ich war froh, daß man nicht auch seine krächzende Stimme hören konnte. Die Synagoge war von einem sauber gehaltenen Hof umgeben. Manche nannten ihn „Garten", weil sie die Hecken am Zaun und einige verschämte Blumenbeete an der Front in Betracht zogen. Der Hof war geräumig genug, daß sich die Jugend während des Jiskor-Gebetes[2] dort ergehen und der Blicke-Austausch der Geschlechter während dieser gern in die Länge gezogenen Pause stattfinden konnte, ebenso die Zurschaustellung der neuen Festgarderobe der Mädchen. Dieses letztere war auch das Motiv des Synagogenbesuches der übrigen Weiblichkeit, wozu noch ausgedehnte, durch keinerlei Haushaltspflichten gestörte Plaudereien hinzukamen. Die Damen kamen vom Festgottesdienst jedesmal angeregt und mit neuen Kochrezepten nach Hause.

An den Schabbaten war die Damenempore leer bis auf zwei ganz alte Frauen, Ortsarme, die nebeneinander saßen, wobei die eine der andern in lautem, gleichbleibendem Gemurmel aus einem deutschen Andachtsbuch vorlas, ungeachtet des hebräischen Gottesdienstes, der währenddessen in der Herrenabteilung vor sich ging, und den die beiden Alten von ihren hinteren Plätzen sowieso nicht sehen konnten. Als Kind schienen mir diese beiden verhutzelten Frauen und ihr eintöniges Gemurmel untrennbar zum Synagogeninventar zu gehören. Des erwähnten Andachtsbuches – man nannte es „Techinne" – bedienten sich übrigens auch die andern Synagogenbesucherinnen. Der Text wimmelte von Ermahnungen, Phrasen und unmöglichen Satzgebilden und sollte, wie im Vorwort zum Ausdruck gebracht wurde, zur „Erbauung der jüdischen Frau" dienen[3].

Ich darf nicht unterlassen, auf den erhebenden Eindruck hinzuweisen, den die Synagoge am Jom Kippur bot, wenn sie bis auf den letzten Platz von ernsten Andächtigen erfüllt war, die Männer in ihren weißen Kitteln eine demütige, jeder äußeren Ehren entkleidete, standeslose Gemeinschaft bildeten und die Frauen sich ohne Geschwätz über ihre Bücher beugten. Zur Erquickung während des langen Tages in dem ungelüfteten, menschenerfüllten Raum hatten sie sich einen mit Nelken gespickten Apfel mitgebracht, der in der Tat angenehm erfrischend duftete, und den sie als „Riechfläschchen" benutzten.

Das Nivellierende des Jom Kippur verlor sich mit dem letzten Schofarton[4]. Im Alltagsleben waren die Standesgesetze unantastbar. Wir hatten es gut, weil wir zum Mittelstand gehörten, der die breiteste Schicht darstellte. Schlimm war es für die „Reichen" in ihrer Isoliertheit, während die Armen in ihren Stadtvierteln mit den Nichtjuden solidarische Nachbarschaft pflegten. Denn die ewig gleichmachende Armut hat nicht die Zeit und das Recht, sich mit Differenzierungen abzugeben, die nicht auf dem Gebiet der Lebensnotwendigkeiten liegen.

Für das Gemeindeleben war es von Vorteil, daß es in unserem Städtchen arme Juden gab. Denn wohin sollten die laut verkündeten reichlichen Spenden abfließen? Man durfte sich nicht lumpen lassen. Wohin sonst sollten die „Schlachmones"-Pakete zu Purim geschickt werden⁵? Meine Mutter allerdings machte es sich bequem, indem sie solche Gaben, ungeachtet der Religionszugehörigkeit, einfach in die mageren Hände der Kinder der Hintergasse legte, die sie von ihrem Küchenfenster aus um den Synagogenhof herumspielen sah. Unsere Juden hatten es wirklich gut mit ihren Armen, denn es waren da noch die Stipendien unterzubringen, die, von der Provinzhauptstadt ausgehend, nach einem bestimmten Schlüssel auch auf die kleinen Städte fielen, und ähnliche Zuwendungen. Ich erinnere mich an eine Kleinstadt in Ostpreußen, wo die Juden dieserhalb in großer Verlegenheit waren und sich schließlich eine arme, mit Kindern reich gesegnete Schusterfamilie kommen ließen. Diese wurde nach einigen Jahren, schon durch den bequemen Start, und die großzügig unterstützte Ausbildung der Kinder und ihr Verdienen so situiert, daß die Verlegenheit der Gemeinde von neuem begann.

Zurück zu meiner Heimatstadt und dem wichtigsten Kapitel: der jüdischen Erziehung. Die Vordringlichkeit dieser Aufgabe erkennend, hatte der Vorstand einen Lehrer engagiert, der zweimal wöchentlich, am Mittwochnachmittag und Sonntagvormittag, die Jugend zum Hebräischunterricht um sich versammelte. Den Nachmittag waren wir bereit zu opfern, aber den Sonntag suchten wir durch die üblichen Ausreden zu retten. Wenn „Kopfschmerzen" und „Übelkeit" schon genügend und wochenlang ausgeschlachtet waren, mimten wir Vergessen und plötzliches Erinnern, wenn Mutter am Sonntag mahnend ins Kinderzimmer kam. Sie half uns schnell auf den Weg, und wenn wir zu spät kamen, so war dies nur das Übliche und wurde nicht etwa geahndet. Herr R., der an der städtischen Volksschule angestellt war und seinem mageren Gehalt und seiner zahlreichen Familie durch den Nebenverdienst an der Gemeinde aufhelfen wollte, wußte genau, wem er diese Vergünstigung zu verdanken hatte, und behandelte die Kinder der Wohlhabenden dementsprechend. Er hängte, um das Wohlwollen perfekt zu machen, ein „chen" an jeden Namen. So gab es ein Lilienthalchen, ein Ullendorfchen usw. Die Zuspätgekommenen wurden höflich auf ihre Plätze in den vordersten Reihen gewiesen. Hinten saßen die Armen und hatten nichts zu lachen. Mein Bruder, der einmal mitten in der Stunde seinen Kopf auf die vorderste Bankreihe fallen und sanfte Schlummertöne hören ließ, veranlaßte Herrn R., den Unterricht im Flüsterton weiterzuführen und diesen Ton durch ein Kopfnicken zu dem Schlafenden hin auch von den Schülern zu verlangen.

Wie R. es fertigbrachte, uns innerhalb eines Jahres die hebräischen Buchstaben und fließendes Lesen beizubringen, ist mir ein Rätsel, zumal sämtliche Jahrgänge in einem Klassenraum und zur selben Zeit zusammengelegt waren. Aber nach dem ersten Jahr und in den sieben folgenden Schuljahren gab es nur das Übersetzen der wichtigsten Gebete in gleichbleibender, nie geänderter Folge. Das Übersetzen ging Wort für Wort vor sich und wurde rigoros zugunsten der deutschen Sprache und auf Kosten der hebräischen vorgenommen. Die Schemone Esre[6] begann: Adonai = Herr, Sfossai = meine Lippen, Tiftach = öffne, „Herr, öffne meine Lippen." Die Langeweile wurde angenehm unterbrochen durch das Zuspätkommen und Früherweggehen der bevorzugten Klasse und durch die Bestrafungen bis zum Prügeln der hinteren Schülerreihen. Herr R., durch das dauernde Kommen und Gehen vor ihm irritiert, dem er aus den erwähnten Rücksichten nicht Einhalt gebieten wollte, konnte plötzlich, Schaum vor dem Mund und einen Stock in der Hand, auf einen Schüler der letzten Reihen vorstoßen, wobei sich seine Stimme heiser überschlug und ein Sprühregen sich über uns Vordere ergoß.

Das war nicht die einzige jüdische Bildung, die uns geboten wurde. Die Gymnasiasten und die Mädchen der Höheren Töchterschule bekamen Religionsunterricht im Rahmen des allgemeinen Stundenplanes durch den Herrn Rabbiner. Der Rabbiner der Gemeinde, natürlich liberaler Richtung, ein vornehmer Herr mit weltmännischen Allüren, gehörte zum Lehrerkollegium der höheren Lehranstalten. Er lehrte uns „biblische Geschichte" unter ängstlicher Vermeidung aller Gesetze und Vorschriften und mit spezieller Betonung der allgemein menschlichen Prophetenworte, die wir, natürlich in deutschem Text, auswendig lernen mußten. Das Auswendiglernen bildete den Kern des jahrelangen Unterrichtes, wobei die Übersetzung in der Regel so großzügig war, daß ich späterhin die Texte in der Ursprache nicht immer wiedererkannte. Der Rabbiner wechselte alle paar Jahre Namen und Gesicht, da diese Herren die öde Kleinstadt nur als Sprungbrett zu interessanteren Anstellungen benutzten.

So erschien eines Tages Rabbiner Fritz Bernstein auf der Synagogenkanzel. Diesmal waren es nicht nur ein neuer Name und ein neues Gesicht. Es war ein neuer Mensch. Die Herren des Vorstandes, denen die Probepredigt ausnehmend gut gefallen hatte – und dieses war jedesmal das ausschlaggebende Kriterium der Anstellung – ahnten nicht, welch ein Kuckucksei – in ihrem Sinne – sie sich da ins Nest gelegt hatten. Rabbiner Bernstein war Zionist. Als er mit einem unkündbaren Vertrag in der Tasche in unser Städtchen einzog, brachte er außer einer eben angetrauten Gattin den Elan seiner Jugend mit, mit dem er entschlossen war, sein Zionsideal zu verbreiten und ihm hier zum Siege zu verhelfen. Welch vielversprechenderes Betätigungsfeld konnte er sich wünschen als die unverdorbene Jugend einer geschlossenen jüdischen Gemeinschaft.

Zunächst begann er vorsichtig mit Reformen des abgestandenen, eintöni-

gen, jeder lebendigen Frische beraubten religiösen Zeremoniells. „Reform"
ist ein schlechter Ausdruck für dieses Unternehmen, das eher auf eine
Renaissance hinauslief, wenn Bernstein sich angelegen sein ließ, die gesamte
Gemeinde am Gottesdienst zu beteiligen, zunächst durch gemeinsamen
Gesang und gleichzeitiges Einfallen in die Worte des Vorbeters. Darüber
hinaus wurde ein Mädchenchor zusammengestellt. Der Rabbiner selbst
übernahm in seiner Wohnung das Einüben der Chöre. Dabei zeigten sich die
Früchte des jahrelangen Hebräisch-Übersetzungsunterrichtes, in dem die
Mädchen, die den Text in lateinischer Schrift silbenmäßig unter den Noten
stehen hatten, zum Beispiel den Gesang, der „Kohanecho jilbeschu ze-
dek…"[7] begann, als das „Lied von den jilben Schuhen" bezeichneten. Die
Herren der Gemeinde begannen aufzuhorchen. Es wurde ihnen unbehag-
lich. Jede Änderung des Althergebrachten und Immerdagewesenen empfanden sie als Schwanken auf dem festen Boden, auf dem so und nicht anders zu
stehen, Eltern und Voreltern aufgezeigt hatten. Als aber der Rabbiner zum
Sukkosfest eine Sukka im Synagogenhof errichten ließ, gingen sie zum –
vorläufig noch stillen – Protest über, indem sie dieses Unternehmen einfach
boykottierten und durch ihr Nichterscheinen in der Laubhütte ihre Meinung unmißverständlich zum Ausdruck brachten.

Dann geschah das Unausdenkbare: Rabbiner Bernstein sammelte die
Jugend um sich und erzählte ihnen vom Zionismus. Die jungen Leute kamen
in die modern und geschmackvoll eingerichteten Räume des Rabbinerhei-
mes. Sie kamen schon deshalb, weil sich ihnen hier eine erste Gelegenheit
zum zwanglosen Beieinandersein bot. Leider reichte die Begeisterung des
Rabbiners nicht aus, ein Gegengewicht gegen die Beeinflussung des satten,
bürgerlichen, patriarchalischen Elternhauses zu schaffen. Vielleicht war es
auch nicht geschickt von Bernstein, auf die Massen verarmter, durch die
Willkür der Behörden unterdrückter und entehrter Juden des Ostens hinzuweisen, und ebenso auf die Pionierarbeit, die die ersten Einwanderer unter
schwierigsten Bedingungen im Heiligen Lande leisteten. Die Eltern hatten
leichtes Spiel, ihre vom Wohlleben verweichlichten Sprößlinge davon zu
überzeugen, wie gut sie es hier in ihrer Bequemlichkeit hatten und wie
hirnverbrannt es wäre, sich Strapazen und Entbehrungen aufzuladen. „Aber
außerdem und in erster Linie leben wir hier als freie Bürger eines freien,
großen deutschen Vaterlandes, dessen Kultur jahrhundertweit von den
Pogromländern des Ostens entfernt ist."

Als aber der Rabbiner auch von der Kanzel Worte hören ließ, die mit
denen übereinstimmten, durch die er die Jugend „einfangen" wollte, mußte
etwas geschehen. Der Vorstand trat zu einer außerordentlichen Sitzung
zusammen. Indessen durchlas in seiner gemütlichen Heimstätte Rabbiner
Bernstein lächelnd seinen Vertrag, der ihm eine unkündbare Anstellung
sicherte, und spielte unbekümmert mit seinem Töchterchen, das ihm seine
junge Frau nach einjähriger Ehe geschenkt hatte. Die Herren des Vorstandes
waren nicht bereit, klein beizugeben. Zunächst verboten sie dem Rabbiner

jede Kanzelrede. Bernstein hatte noch immer die Jugend zu seiner Verfügung. Zwar gelang es ihm nicht mehr, sie in seinem Hause vollzählig um sich zu versammeln, aber sein Unterricht in den höheren Schulen gab ihm eine dauernde Gelegenheit, mit jungen Menschen, und gerade mit den intelligenteren von ihnen, in Konnex zu kommen. Schon wurden in einigen Häusern Zionslieder gehört und Schriften gefunden, deren Text die Hausherren erblassen ließ. Angesichts dieser Gefahr, in der die Gemeinde schwebte, war der Vorstand zum Äußersten entschlossen. Das Verhängnis abzuwenden, war auch ein Geldopfer nicht zu viel. Man teilte Rabbiner Bernstein durch ein offizielles Schreiben mit, daß er zwar vertragsgemäß sein Gehalt weiter beziehen werde, daß man ihm aber sämtliche Amtshandlungen verbiete, für die man so schnell wie möglich einen andern Herrn engagieren werde.

Der Schlag, der Bernstein zur Untätigkeit verurteilte und ihm ein Gnadenbrot vor die Füße warf, traf ihn schwer, ebenso die Verfemung, die die natürliche Folge der genannten Amtshandlung war. Er „fiel", wie man so sagt, „vom Fleisch". Er unternahm Reisen, hierhin und dorthin, um sich durch Probepredigten eine neue Stellung zu erwerben. Auf einer solchen Reise nach Schlesien erkrankte er, und die damals grassierende Grippe-Epidemie machte fern von Frau und Kind seinem jungen Leben ein Ende.

Bald darauf löste sich die Gemeinde auf. Preußisch-Stargard fiel durch den Versailler Vertrag an Polen, genauer gesagt: an den polnischen Korridor. Die Gemeindemitglieder, die in ihrer Mehrzahl für Deutschland optierten, verstreuten sich nach allen Richtungen in das Reich.

Nur mich und meine Geschwister hat Rabbiner Bernstein zum Zionismus geführt, und wir sind in Israel gelandet. Von den andern Gemeindemitgliedern hat kein einziges den Weg in unser Land gefunden. Die Witwe von Rabbiner Bernstein lebt mit ihren beiden Kindern – das zweite wurde nach dem Tode des Vaters geboren – ebenfalls in dem Land, auf das ihr früh verstorbener Ehemann sie hingewiesen.

---

1 Gebetbuch

2 Das Jiskor-Gebet wird an Feiertagen für verstorbene Eltern gesprochen. Kinder, deren Eltern leben, verlassen währenddessen die Synagoge.

3 Techinne oder Techinna (hebr. Flehen) ist die Gattungsbezeichnung für Andachtsbücher, die in Jiddisch, später in Deutsch, verfaßt wurden und ausschließlich für Frauen bestimmt waren.

4 Der Schofar ist ein aus Widderhorn gefertigtes Blasinstrument, das am Ende des Jom Kippur Gottesdienstes und an Rosch Haschana geblasen wird.

5 Geschenkpakete mit Eßwaren. Gemäß der Weisung im Buch Esther 9,22 werden an Purim zum Zeichen der Freude Speisen und Almosen verschenkt.

6 Das Hauptgebet, sogenanntes Achtzehngebet, das von Orthodoxen dreimal täglich gebetet wird.

7 Psalm 132,16 „Deine Priester werden sich in Gerechtigkeit kleiden".

30 Arnold Tänzer

geb. 1871 Preßburg (Österreich) – gest. 1937 Göppingen (Württemberg)

Arnold Tänzer, Kriegserinnerungen. Ms.˙undatiert, Fragment 49 S.

Arnold Tänzer wird in Preßburg zum Rabbiner ausgebildet und amtiert in Hohenems und Meran, bis er 1907 als Gemeinderabbiner nach Göppingen, Württemberg, geht. Er gibt 1910-1914 die „Israelitische Wochenschrift" heraus und veröffentlicht mehrere Werke zur Geschichte der Juden. Von großer nationaler Begeisterung erfüllt, meldet er sich bei Kriegsausbruch 1914 sofort freiwillig als Feldrabbiner. Erst im Juli 1915 wird sein Gesuch berücksichtigt, und er beginnt seinen Dienst bei der Bug-Armee. Das Fragment berichtet vom Alltag des Feldrabbiners an der Ostfront im Jahr 1915. Hauptsächlich in Brest-Litowsk stationiert, erlebt Tänzer in dieser zerstörten Stadt die Realität des Krieges, besucht die Lazarette und hält Gottesdienste[1].

Wer doch imstande wäre, jene einzigartige Empfindung hingebungsvoller Begeisterung lebenstreu zu schildern, welche in den ersten Augusttagen des Jahres 1914 jedes deutschfühlende Herz höher schlagen ließ! Noch heute zittert diese Empfindung in mir nach und haftet unverwischbar in meiner Erinnerung. Unzählige Male seither, während der oft so langen und eintönigen Fahrten auf Panjewagen oder Feldbahnen durch die russischen Sandwüsten und ebenso in Stunden ernstester Selbstprüfung nach der Wiederkehr in die so schwergeprüfte Heimat, habe ich es versucht, dieser damaligen, so begeisterungsvollen Stimmung auf den Grund zu kommen. Waren es Eroberungssucht, Beutegier, Kriegslust einer Generation, die nach 43 Friedensjahren den fürchterlichen Ernst des Krieges und seine unausbleiblichen Opfer nicht kannte und darum auch nicht fürchtete? Nein, und tausendmal nein. Nichts von alledem – und wenn auch die Kultur des zwanzigsten Jahrhunderts durch den berüchtigten § 231 des Versailler Gewaltfriedens in beispielloser Weise geschändet worden ist. Die Behauptung von der alleinigen deutschen Schuld am Kriege ist und bleibt trotz der unter den allerschwersten Drohungen erpreßten deutschen Unterschrift die widerlichste Lüge der Weltgeschichte, um so widerlicher, als sie ihre Urheber gegen ihr eigenes besseres Wissen in die Welt gesetzt haben, um ihre eigene schwere Schuld zu verschleiern und zugleich für ihre von Anfang an als Kriegsziel festgelegte Vernichtung Deutschlands eine Rechtfertigung zu konstruieren.

Eben diesen Vernichtungswillen der seit langem hierzu verschworenen Feinde kannte oder fühlte doch bei Kriegsausbruch jeder Deutsche, und darum war es nichts als Liebe, hingebungsvolle Liebe zum so schwer bedrohten Deutschtume, zur deutschen Heimat, zur deutschen Kultur, zum deutschen Volke, die damals alle deutschen Herzen erfüllte. Heilig und rein war damals die Empfindung der deutschen Volksseele, wenige wußten, alle aber fühlten, daß dieser Krieg uns von den Feinden aufgezwungen war, daß er der Verteidigung der Heimat gegen die drohende Vernichtung galt. Wie nur zu berechtigt aber dieses damalige Gefühl war, haben die Erfahrungen der Nachkriegszeit vollauf bestätigt. Weihevolle Stunden waren es, die wir alle in jenen ersten Augusttagen durchlebten, denn sie waren von der reinsten Pflichterfüllung getragen, von der Pflichterfüllung gegen Volk und Vaterland.

Und sie allein war es, die damals auch mich begeisterte, auch mich, den Dreiundvierzigjährigen, durch Beruf und Lebenserfahrung tiefernst gewordenen Mann, nur eine Liebe, nur eine Sorge erkennen ließ: das deutsche Vaterland. Was sonst mein Sinnen so ganz erfüllte: der Berufskreis, die wissenschaftliche Arbeit, die Vaterpflicht sechs Kindern gegenüber, alles trat in den Hintergrund, erschien nebensächlich und bedeutungslos gegenüber der großen und täglich sich vergrößernden Gefahr, die dem deutschen Vaterlande drohte. Als in den letzten Julitagen die Aussicht auf Erhaltung des Friedens immer mehr dahinschwand, und als vollends am Freitag, den 31. Juli, die nach der unerträglich gewordenen Spannung der vorausgegangenen Tage wie eine Erlösung gefundene kaiserliche Verordnung erschien, durch welche über das ganze deutsche Reichsgebiet der „Zustand des drohenden Krieges" verhängt wurde, da stand es bei mir fest, an einem etwaigen Kriege im Heeresdienste teilzunehmen, obwohl ich seinerzeit bei der Musterung als untauglich befunden worden war. Jetzt mußte eben jeder tauglich sein, der den redlichen Willen hierzu hatte. [...]

Die patriotische Stimmung erreichte ihren Höhepunkt, als am Spätnachmittage des 1. August die drei Göppinger Tageszeitungen durch Extrablätter die Anordnung der Mobilmachung bekanntgaben. Nun waren die Würfel gefallen. Ein in seinem weitaus überwiegenden Teile durch und durch friedfertiges Volk wie das deutsche sah sich durch den Vernichtungswillen seiner Feinde zu einem schweren Kampfe um seine nationale Existenz gezwungen. Einheitlich geschlossen stand damals das ganze Volk diesem ihm aufgezwungenen Verteidigungskriege gegenüber, alle Schranken politischer, sozialer und konfessioneller Art waren geschwunden. Der Kaiser kannte und im Volke gab es nur noch Deutsche.

Jener verhängnisvolle 1. August war ein Schabbat. In seiner Ausgangsstunde am späten Abend war meine Gemeinde nahezu vollzählig in der Synagoge versammelt. Der Gottesdienst galt eigentlich dem 9. Ab, dem alljährlichen Gedenk- und Trauertage ob der Zerstörung Jerusalems. Trug dieser Gottesdienst an sich schon ein tiefernstes Gepräge, da er die Erinnerung an Israels tausendjährige Leidensgeschichte außerhalb seines Stammlandes weckte, so war heute eine besonders ernste, in vertiefter Andacht sich kundgebende Stimmung unverkennbar. War doch jedes Herz von der bangen Sorge erfüllt, was wohl die nächste Zukunft der Gesamtheit und dem Einzelnen bringen werde.

Nach Schluß des Gottesdienstes, es mochte gegen zehn Uhr sein, schrieb ich meine erste Eingabe an die mir unmittelbar vorgesetzte Israelitische Oberkirchenbehörde in Stuttgart und bat um meine Entsendung als Feldrabbiner. Um die Mitternachtsstunde brachte ich das Schreiben selbst zum Postamt. Es hätte dieser Eile nicht bedurft, denn erst nach genau einem Jahre ging mein Wunsch in Erfüllung. Um nichts zu versäumen, meldete ich mich auch in den nächsten Tagen brieflich und telegrafisch beim „Verband der Deutschen Juden" in Berlin, der beim Mangel jeder gesetzlichen Regelung sofort bei Kriegsausbruch die so dankenswerte Initiative zur Einrichtung einer jüdischen Feldseelsorge ergriffen hatte und durch dessen Vermittlung die „Zulassung" der Feldrabbiner durch das Kriegsministerium in Berlin erfolgte. Mit begreiflicher Ungeduld sah ich der, wie ich bestimmt erwartete, baldigen und günstigen Entscheidung entgegen.

Mit dem ersten Mobilmachungstage hatte sich auch das Bild unter meinem Fenster verändert. In dem nun veröderen großen Festzelte sammelten sich die einberufenen Heerespflichtigen vor ihrem gemeinsamen Abmarsche zum Bahnhof, täglich viele Hunderte, alle in guter Stimmung. So mancher, den ich damals um seinen Ausmarsch beneidet habe, hat indessen sein frühes Heldengrab im Feindesland gefunden.

Für Dienstag, den 4. August, vormittags zehn Uhr, hatte ich einen Sondergottesdienst anberaumt, um von den etwa 30 schon in den ersten Mobilmachungstagen ausmarschierenden Gemeindemitgliedern – ihre Zahl hat sich im Laufe des Krieges auf 92 erhöht, von denen sechs gefallen sind – Abschied zu nehmen und ihnen Gottes Wort und Segen mit auf den Weg zu geben. Vollzählig erschien die Gemeinde zu diesem ersten Kriegsgottesdienste, die Ausmarschierenden zumeist in Uniform. Einer besonderen Ermahnung zu treuester Pflichterfüllung bedurfte es nicht. Auf allen Zügen war vollstes Verständnis für den Ernst der Lage und die feste Entschlossenheit zu lesen, für das bedrohte Vaterland alle Kräfte einzusetzen. Mein Hinweis auf die Betätigung des alle ohne Unterschied der Konfession verbindenden Gemeingefühles und auf die daraus sich ergebende Verpflichtung zur weitgehenden Unterstützung der Familien aller Ausmarschierten hatte alsbald guten Erfolg.

Eine von mir noch am gleichen Tage in meiner Gemeinde eingeleitete Sammlung für das „Rote Kreuz" brachte einen stattlichen Ertrag, wie sich überhaupt die Mitglieder meiner Gemeinde in opferwilligster Weise während des ganzen Krieges an den fortlaufend veranstalteten Sammlungen für Kriegshilfe beteiligt haben. Auf Anregung der Israelitischen Oberkirchenbehörde wurde in die Reihenfolge der Synagogenspenden für die Dauer des Krieges auch eine Abteilung „Kriegswohltätigkeit" aufgenommen, deren Erträgnis das Kirchenvorsteheramt fortlaufend entsprechenden Zwecken zuführte. Auch die Mitglieder des „Israelitischen Frauenvereines" und des „Israelitischen Jungfrauenvereines", die sich während der ganzen Dauer des Krieges in hingebungsvoller Weise am vaterländischen Hilfswerk beteiligt haben, nahmen auf meine Anregung hin mit Kriegsbeginn einen früher bestandenen Nähkranz wieder auf, um für die Zwecke des „Roten Kreuzes" eine möglichst große Beihilfe leisten zu können. Mehrere Mitglieder dieser Vereine wurden späterhin durch Verleihung des Charlottenkreuzes ausgezeichnet.

[Da bei Kriegsanfang nur sechs Rabbiner im Heer vorgesehen waren, wird Tänzer erst im Juli 1915 zur Bug-Armee einberufen und erhält einen Ausweis mit folgendem Text:]

„Dem Rabbiner Dr. Tänzer in Göppingen ist gestattet worden, im Bereich der dem Armee-Oberkommando der Bug-Armee unterstellten Truppen die Seelsorge für die jüdischen Heeresangehörigen auszuüben. Er hat für seinen Aufenthalt auf dem Kriegsschauplatze zu beanspruchen: die Stellung eines Wagens, zweier Pferde und eines Trainfahrers, freie Verpflegung, freies Quartier, freie Reise zur Armee, Rationen für die Pferde, Mitbenutzung der Dienstkraftwagen, soweit Platz vorhanden. Maßgebend für diese Ansprüche ist die für die christlichen Felddivisionsgeistlichen bestehende Ordnung. Anderweitige Gebührnisse stehen ihm nicht zu. Wegen Ausstellung der erforderlichen Militärfahrscheine, insbesondere für die Reise nach Breslau, hat er sich an die betreffenden Etappenkommandanturen zu wenden. Seine Ausstattung mit Wagen, Wagenpferden und Trainfahrer erfolgt durch das stellvertretende Generalkommando des VI. Armeekorps, an das er sich dieserhalb unter Vorzeigung dieses Ausweises zu wenden hat. – Alle Militär- und Zivilbehörden werden ersucht, dem Genannten zur Erreichung seines Zweckes tunlichste Unterstützung und erforderlichenfalls den nötigen Schutz und Beistand zu gewähren. Er ist berechtigt, das im Artikel 20 des Abkommens zur Verbesserung des Loses der Verwundeten und Kranken bei den im Felde stehenden Heeren vom 6. Juli 1906 vorgesehene Abzeichen, nämlich eine auf dem linken Arme befestigte Binde mit dem Roten Kreuz auf weißem Grunde zu tragen. Er hat diese Binde unter Vorzeigung des Ausweises bei der nächsten Militärbehörde stempeln zu lassen. – Berlin, den 29. Juli 1915. Kgl. Preußisches Kriegsministerium."

Ich habe es damals an mir selbst erfahren, daß es für den rechten Willen unüberwindliche Schwierigkeiten nicht gibt. Obwohl ich selbst durchaus unerfahren in allen militärischen Dingen war und obwohl ich niemand Kundigen in der Nähe hatte, den ich um Rat hätte fragen können, war ich doch schon in wenigen Tagen in vorschriftsmäßiger Weise reisefertig. Wohl reichte der bewilligte Ausrüstungsbeitrag nicht aus, und hatte ich ein Erkleckliches aus eigener Tasche beizusteuern. Doch brachte ich dieses kleine Opfer gern, da ich nun endlich ins Feld sollte. Sämtliche Stücke der

Uniform lieferte mir in vorschriftsmäßiger und befriedigender Weise die Stuttgarter Firma Bender & Co. Das anfängliche Fremdgefühl in der mir so ungewohnten Kleidung war rasch überwunden, wie mir überhaupt alle äußerlichen Dinge damals durchaus nebensächlich waren. Wie kaum jemals zuvor, habe ich in jenen Tagen ein ganz und gar verinnerlichtes, der unmittelbaren Umgebung entrücktes Leben geführt, da mein ganzes Sinnen und Trachten nur darauf eingestellt war, in welcher Weise und mit welchen Mitteln ich mich draußen unseren kämpfenden Truppen, und zwar, wie von vorneherein bei mir feststand, unbekümmert um deren Religionsbekenntnis nützlich erweisen könnte. Um doch wenigstens etwas vom Felddienste zu wissen, hatte ich in den letzten Wochen verschiedene einschlägige Schriften durchgelesen und auch in einem Stuttgarter Tattersall Reitunterricht genommen, bei dem ich es bis zu einem respektablen Reitweh brachte. Auch schaffte ich mir einen Revolver an und ließ mich in dessen Handhabung unterweisen, was sich späterhin als recht zweckmäßig erwies.

[Tänzer fährt über Krakau nach Cholm in Russisch-Polen.]

Am nächsten Morgen war mein erster Weg zur Etappeninspektion, wo ich etwas wie eine Instruktion für Art und Umfang meines Dienstes zu erhalten hoffte. Ich fand hier, wie in allen den folgenden Jahren bei allen vorgesetzten Dienststellen, entgegenkommende Aufnahme und volle Bereitwilligkeit zu jeder möglichen Förderung meiner dienstlichen Aufgabe. Doch diese selbst, so ward mir hier gesagt, sei im Rahmen der allgemeinen Dienstvorschriften ganz meinem Ermessen anheimgestellt. Für die Erteilung einer etwaigen Dienstinstruktion sei allein das Armee-Oberkommando zuständig, dem überhaupt die weitere Verfügung über meine dienstliche Tätigkeit zustehe und an das ich mich deshalb wenden müsse. Das A. O. K. aber, hieß es weiter, sei auf dem Wege nach Brest-Litowsk, das drei Tage vorher eingenommen worden war.

Ich wollte jetzt so rasch als möglich dahin aufbrechen, sah mich aber zu einem Aufenthalte von drei Tagen in Cholm gezwungen, weil meine Pferde der Ruhe bedürftig waren und weil auch mein Wagen repariert werden mußte. Ich begann deshalb hier sofort mit meinen seelsorgerischen Aufgaben, verschaffte mir Auskunft über die drei damals in Cholm befindlichen Feldlazarette und vereinbarte die Abhaltung eines Feldgottesdienstes in der für diesen Zweck von der jüdischen Gemeinde angeforderten Hauptsynagoge. Von diesem Feldgottesdienste wurde sofort auf dienstlichem Wege allen erreichbaren Formationen Kenntnis gegeben und die israelitischen Heeresangehörigen zu demselben befohlen. Da der Gottesdienst erst in zwei Tagen stattfinden sollte, widmete ich die Zwischenzeit den Lazaretten, in denen ich alle Krankenräume aufsuchte und in diesen, wie übrigens in der Folgezeit immer, von Bett zu Bett ging und mich den Kameraden, ohne erst nach der Konfession zu fragen, zur Verfügung stellte. Bei den jüdischen

Kameraden ergab sich dann ein mehr oder weniger religiöses Gespräch von selbst. In den Feldlazaretten 7 und 50, die beide überfüllt waren, fand ich zahlreiche jüdische Kameraden, die teils verwundet, teils erkrankt waren. Im Feldlazarett 7 hatte ich ein angenehmes Erlebnis. Ich hatte nämlich kaum das Krankenzimmer betreten, als ich mich zu meiner grenzenlosen Überraschung laut bei meinem Namen rufen hörte. Es war ein Kamerad aus Göppingen, der Mechaniker B., der sich hier einer Blinddarmoperation unterziehen mußte. Wir freuten uns beide ob des unerwarteten Zusammentreffens im Feindeslande, dessen wir auch seither schon manchmal in der Heimat gedacht haben. – Das 3. Feldlazarett war notdürftig in einer Kirche untergebracht. Hier mußte ich den Kameraden auf deren dringendes Verlangen einen längeren Bericht über die augenblickliche Kriegslage erstatten. Ich war glücklich, nur Gutes berichten zu können.

Am Sonntag, den 29. August, vormittags zehn Uhr, hielt ich den angesetzten Feldgottesdienst in der geräumigen Hauptsynagoge ab, welche die jüdische Gemeindeverwaltung für diesen Zweck hatte herrichten lassen. Der Zivilbevölkerung war wegen der Choleragefahr das Betreten der Synagoge während des Gottesdienstes verboten worden. Um so eifriger drängte sie sich außen an den Fenstern. Neben einer größeren Anzahl jüdischer Heeresangehöriger waren auch mehrere Offiziere christlicher Konfession zum Gottesdienste erschienen. Vor Beginn des Gottesdienstes hatte ich, wie später stets, das vom „Verband der Deutschen Juden" bei Kriegsausbruch herausgegebene und kostenlos zur Verfügung gestellte Feldgebetbüchlein unter den Anwesenden verteilt, die es dann dauernd behalten durften. Das von mir behandelte Thema „Pflichtbewußtsein und Gottvertrauen" fand bei allen Anwesenden viel Anklang.

Von der Stadt habe ich damals kaum etwas gesehen. Und das Wenige mißfiel mir gründlich. So ziemlich alles, Straßen, Häuser und Menschen trugen in Schmutz und Verkommenheit die Spuren der Kriegsleiden unverkennbar an sich. Das schlechte, abgehärmte Aussehen der fast nur aus Juden bestehenden Zivilbevölkerung war besonders auffällig. Die Verpflegung durchreisender Offiziere war durch die Findigkeit eines jüdischen Ehepaares ermöglicht worden, das in aller Eile in einem leerstehenden Geschäftslokal ein freundliches Restaurant eingerichtet hatte, in dem man zu mäßigen Preisen gut essen konnte. Und man war ja damals auf dem Vormarsche auch überaus anspruchslos.

[Nach einem kurzen Besuch beim Oberkommando in Jablon fährt Tänzer in das schwer zerstörte Brest-Litowsk.]

Am folgenden Morgen machte ich mich auf die Suche nach den Lazaretten. In solchen habe ich überhaupt während der ganzen Zeit meines Felddienstes mein wichtigstes und liebstes Arbeitsgebiet gesucht und gefunden. In jenen Tagen waren die Lazarette in Brest-Litowsk unschwer zu finden. Ich brauchte nur den vielen Panjewagen zu folgen, die mit Kranken beladen durch die Stadt fuhren. Eine kleinere, wenig beschädigte Synagoge, die blaue Kirche – eine von unseren Truppen wegen ihres blauen Turmes so bezeichnete russische Kirche – und in deren Nähe das große Gebäude des Gymnasiums, das späterhin die Militär-Eisenbahndirektion III bezog, waren in den ersten Wochen in der primitivsten Weise zu Lazaretten eingerichtet. In der Synagoge fand ich, auf Stroh am Boden liegend, nur Cholera- und Typhuskranke, in der blauen Kirche in gleicher Weise nur leicht Verwundete und Erkrankte, im Gymnasium Kranke aller Art vor. Betten waren hier nur sehr wenige vorhanden, dagegen das Haus in allen Teilen und Winkeln schauderhaft überfüllt. Das Entsetzliche, Grauenvolle, das dem Kriege auch im Lager des Siegers anhaftet, trat mir hier mit erschütternder Klarheit vor Augen. Und allen jenen leider nicht wenigen, die daheim in oft recht billigem und bequemem Patriotismus begeisterte Fürsprecher des Krieges waren, ja heute noch sind, wäre zu empfehlen, daß sie doch einmal die Eindrücke so eines Feldlazarettes auf sich wirken lassen möchten. Und gar erst solche Eindrücke, wie man sie damals im großen Lazarette in Brest-Litowsk in sich aufnahm. Dieses wurde bald das einzige am Platze, da man alle Insassen der beiden anderen schon genannten Lazarette in das Gymnasium verbrachte. Zusammen mit den christlichen Kollegen habe ich bei dieser Übersiedlung mitgewirkt. Wir trugen die schwerkranken Kameraden von den Wagen ins Haus und waren froh, wenn wir wenigstens in den Korridoren irgendwo im Stroh noch ein Plätzchen für sie finden konnten. Eng aneinander gedrängt, füllten die so bewundernswert Geduldigen jeden Winkel in allen Zimmern und Gängen. Niemand kümmerte sich hier um Konfession oder soziale Stellung, hier sprach nur der leidende Mensch und wirkte ungewollt als eindringlichster Protest gegen das Fürchterliche des Krieges. Durch die Gänge wurden fortwährend Verwundete und Kranke in den Operationsraum getragen, in dem ohne Unterbrechung gearbeitet wurde. Mit allen andern griff auch ich zu, wo es eben möglich war, da großer Mangel an Personal herrschte.

Erst am späten Abend kam ich heim ins Quartier, wo meiner eine recht unliebsame Überraschung harrte. Meine beiden Gäule und mein Wagen waren fort. In einem großen Hofe gegenüber meinem Quartiere befanden sich gutgebaute, unbenützte Stallungen. In einer solchen hatte ich mein Gespann untergebracht und die Türe mit einem Vorhängeschloß abgesperrt. Im Hofe selbst stand ein Wachtposten, den die dort untergebrachte Sammelkompanie stellte. Der Pferdewartung wegen hatte mein Bursche den Schlüssel in Verwahrung. Nach Aussage des Wachtpostens war am späten Nachmittag ein Leutnant in den Hof gekommen, habe nach dem Inhalte der versperrten Stallung gefragt und habe nach erhaltener Auskunft die Stallung aufgebrochen und sei mit dem Gespann davongefahren. Nur soviel habe er gesagt, daß er den Wagen für dringliche dienstliche Zwecke brauche und bald zurückschicken zu können hoffe. Da der Wagen nicht zur Sammelkompanie gehörte und der Posten nicht mit der Bewachung desselben besonders beauftragt war, habe er sich nicht weiter um die Sache gekümmert. Selbstredend erstattete ich bei der Ortskommandantur Meldung und ließ mir hierüber eine Bescheinigung ausfolgen, die ich dem A. O. K. übersandte. Von diesem erhielt ich dann einige Wochen später ein anderes Gefährt. Übrigens war damals das Aufbrechen versperrter Schlösser und das Aneignen fremden Gutes in Brest-Litowsk keine seltene Erscheinung. War doch in den gleichen Tagen dem Kriegsgerichtsrate der Ortskommandantur ein größerer Geldbetrag aus dem versperrten Koffer gestohlen worden. Und kam ich doch damals selbst dazu, wie ein Unteroffizier mein versperrtes Zimmer mit dem Seitengewehr aufbrechen wollte. Die sofort mit Hilfe mehrerer Kameraden aufgenommene Verfolgung blieb leider erfolglos, weil der Mensch, der durch ein Fenster ins Freie entsprang, bei der Dunkelheit in einem der Trümmerhaufen leicht ein Versteck fand.

Am 6. September begann ich mit den Vorbereitungen zu den Feldgottesdiensten am Rosch Haschana, dem jüdischen Neujahrsfeste, das am 9. und 10. September gefeiert wurde. Zunächst erwirkte ich die entsprechenden Tagesbefehle bei den erreichbaren Formationen (Korps Conta, Beskidenkorps und 41. Reservedivision), wobei mir der Ortskommandant Major v. Ranke in dankenswerter Weise behilflich war. Sodann suchte ich die Hauptsynagoge auf, die allein für Gottesdienste in Frage kam. Diese, an der Kreuzung der Politseyskaya ulica und der Sbirogowskaja ulica gelegen, fiel schon weithin in die Augen. Nicht nur, weil sie in der sie umgebenden Ruinenwelt als stattlicher, äußerlich wenig beschädigter Bau hervorragte, sondern auch, weil das helle Gelb der Außenwände weithin leuchtete. Dieses außen achteckige, oben spitz zulaufende Gotteshaus nannte der Volksmund „Große Synagoge", zum Unterschiede von der zweiten kleineren Gemeindesynagoge und von den etwa 50 anderen Betlokalen, von denen nur drei der Vernichtung entgangen waren.

Schon die Judengemeinde in der ehemaligen Stadt Brest-Litowsk hatte eine ob ihrer Schönheit weithin berühmte Synagoge, die im Jahr 1841 als letztes Haus niedergerissen wurde. In der neuen Stadt konnte infolge der vielen von der Regierung bereiteten Schwierigkeiten erst 1851 mit dem Bau einer großen Gemeindesynagoge begonnen werden, die 1861 vollendet und ihrer Bestimmung übergeben wurde. Sie steht mitten auf einem großen, freien Platze, der nach der Straßenseite durch eine Mauer abgeschlossen ist. Das mittlere Hauptportal führt in den großen Betraum für die Männer mit etwa 600 Plätzen, während die beiden Seiteneingänge zu den zwei Frauenemporen führen. Die innere Ausschmückung des hohen, weiten Raumes, im Jahr 1878 durch das Legat eines Ch. J. Schereschewsky ermöglicht, muß, wie jetzt noch zu erkennen war, sehr schön gewesen sein. Gegenüber dem Eingange an der Ostwand ragte der das Gesamtbild beherrschende heilige Schrein empor, in welchem die Torarollen aufbewahrt wurden. Hübsche Malereien, Musikinstrumente nach den Schilderungen in den Psalmen oder

Blumengebinde darstellend, schmückten Decke und Wände, in welch letztere auch mehrere Schränke zur Aufnahme von Büchern eingebaut waren. Zwei große Marmortafeln, Gebete für den Zaren in hebräischer und russischer Sprache enthaltend, befanden sich an der Nord- und Südwand. Zahlreiche hohe Bogenfenster ließen reiches Licht in den weiten Raum fallen, der an den Abenden durch Spiritusglühlicht erleuchtet wurde.

Als ich am 6. September die Synagoge durch das Mittelportal betrat, bot sich mir schon in dem kleinen Vorraum ein schmerzliches Bild. Hier standen zwei Kisten, früher bis an den Rand mit Torarollen gefüllt und zugenagelt. Die flüchtenden Juden hatten sie hier zurückgelassen im Vertrauen darauf, daß diese Kultgegenstände, die ja nur dem frommen Empfinden des Juden Objekte von hohem Werte waren, sich schon durch ihre heilige Bestimmung der Schonung empfehlen würden. Ich fand jetzt die Kisten aufgebrochen vor und ihren Inhalt, zum Teil zerrissen, auf dem Boden verstreut, für das religiös-jüdische Empfinden ein unsagbar schmerzvoller Anblick, da es Jahrtausende alte Sitte bei den Juden ist, den Torarollen nur mit allen Zeichen der Ehrerbietung zu nahen. So mußten zum Beispiel, wenn während des Gottesdienstes eine solche Torarolle einmal ihrem Träger aus der Hand glitt und auf den Boden fiel, alle Anwesenden durch ein eintägiges vollständiges Fasten diese Sünde sühnen. Und wie hier im Vorraum so fand ich auch im Innern alle Kisten, die ja nur Torarollen und fromme Bücher enthielten, aufgebrochen und ihren Inhalt auf dem Boden verstreut. An mehreren Stellen waren das Dach und die Decke der Synagoge durchbrochen, so daß der Regen der letzten Tage mehrere Tümpel auf dem Boden gebildet hatte. Die Scherben der Fensterscheiben, von denen nicht eine einzige heil geblieben war, bedeckten fußhoch den Boden. Schmutz aller Art erfüllte den ganzen Raum. Die Bankreihen bildeten, umgeworfen und aufeinander getürmt, ein wüstes Chaos. Hier mußte erst einigermaßen Ordnung gemacht werden, ehe an die Abhaltung eines Gottesdienstes gedacht werden konnte. Mit Hilfe von mehreren, mir zu dem Zwecke zukommandierten russischen Kriegsgefangenen und unter der Mitwirkung meines Burschen und einiger jüdischer Kameraden habe ich dann in den beiden folgenden Tagen die Synagoge so ziemlich instand setzen können.

Derselbe Tag brachte mir noch ein anderes recht bezeichnendes Erlebnis. Das einzigartige Bild dieser Stadt der Trümmer, in der es keinerlei Zivilbewohner gab und in der nur Soldaten herumstreiften, hatte eine merkwürdige Vervollständigung dadurch erfahren, daß man vielen Soldaten mit einer recht sonderbaren Ausrüstung begegnete, mit Schürhaken, Eisenstäben, kleinen Schaufeln und dergleichen, durchweg mit Werkzeugen, mit denen man im Schutt wühlen konnte. Soldaten betätigten sich als Schatzgräber. Man suchte eifrig nach Wertobjekten, die die flüchtenden Zivilbewohner vergraben haben mochten. Ein nicht ganz gefahrloses Beginnen, weil die Ruinen stets mit Einsturz drohten, weshalb ja auch bald darauf dieses ganze widerliche und verwildernde Treiben streng verboten wurde. Aber in jenen ersten

Wochen stand es in voller Blüte und förderte die seltsamsten Funde zutage, die laut Vorschrift sämtlich bei der Ortskommandantur, die damals noch zur II. Armee gehörte, abzuliefern waren. In wahren Unmassen wurden Bücher aller Art beigebracht. Zumeist hebräische und solche jüdisch-deutschen Jargons[2], dann aber auch viele russische, darunter verschiedene Lehr- und Lesebücher der deutschen Sprache. Einen komischen Beigeschmack hatten jene Funde, welche von der Fürsorge der russischen Heeresverwaltung für ihre zahllosen Analphabeten im Heere Kunde gab. Man fand da nämlich in verschiedenen Ausführungen versandfertige, in Schreibschrift gedruckte Briefe für die Soldaten an ihre Angehörigen in der Heimat, in welchen sie diesen über ihr ausgezeichnetes Befinden und über den Heldenmut und den Siegeszug des russischen Heeres Bericht erstatteten. Eine gewiß sehr bequeme Einrichtung für die Korrespondenz, da nur die Namen von Absender und Empfänger eingefügt zu werden brauchten. Zwei Exemplare solcher „Feldbriefe" habe ich zum Andenken aufbewahrt.

Wegen einer solchen Fundsache nun ward ich an diesem Tage zur Ortskommandantur gerufen. Auf einem großen Tische fand ich das Synagogensilber aller Art in beträchtlicher Menge aufgestapelt. Die anwesenden Herren wünschten von mir Auskunft sowohl über das Alter der einzelnen Stücke, wie auch über deren Geldwert, weil dieselben als Beutegut veräußert werden sollten. Das Alter konnte ich ohne weiteres bestimmen, da das Herstellungsjahr auf jedem Stücke in hebräischer Inschrift angegeben war. Weit schwieriger war dagegen die Einschätzung nach dem Geldwerte. Überdies widerstrebte mir dergleichen durchaus, weil die in Aussicht genommene Verwendung dieser Kultgegenstände unberechtigt und vorschriftswidrig war. Mit aller Offenheit setzte ich dies den Herren auseinander, schilderte ihnen die ausschließlich kultische Verwendung jeden einzelnen Stückes, verwies darauf, daß es sich um sogenanntes Kirchengut handle, das keinesfalls unter den Begriff von Beutegut falle und bat deshalb dringend, daß sämtliche Stücke, von denen ich ein Verzeichnis aufnehmen wollte, vorläufig bei der Kommandantur unter Dienstverschluß in Verwahrung bleiben sollten, bis das Oberkommando, dem ich sofort berichten wolle, weitere Verfügung getroffen haben werde. Meinem Vorschlag wurde allseitig ohne weiteres zugestimmt und derselbe auch sofort unter meiner Mitwirkung ausgeführt. Wie ich späterhin dieses und noch weiteres Synagogensilber aus Brest-Litowsk in Deutschland in Verwahrung geben konnte, werde ich noch erzählen.

Unter der Fülle von hebräischen Schriften aller Art, welche unsere Soldaten aufgestöbert hatten und die in allen Quartieren haufenweise umherlagen, fand ich auch eine kleine Torarolle, die mir des leichten Transportes halber sehr geeignet erschien, um bei meinen späteren vielen Feldgottesdiensten bei den einzelnen Truppenteilen verwendet zu werden. Die k. u. k. Feldrabbiner waren alle von ihrer Heeresverwaltung mit solchen kleinen Torarollen ausgestattet worden. Mit Erlaubnis der Ortskommandantur nahm ich die hier gefundene an mich, die mir sehr gute Dienste geleistet hat. Späterhin ließ ich mir dieselbe vom Vorstande der Brester Judengemeinde schriftlich als persönliches Eigentum zuerkennen und bewahre sie noch heute als liebstes Kriegsandenken.

Die Kunde von dem bevorstehenden Feldgottesdienste an Rosch Haschana hatte sich rasch verbreitet, immer mehr jüdische Kameraden sprachen in meinem Quartier vor. Ich hielt an beiden Festtagen mehrstündige Gottesdienste ab, die sehr stark besucht waren. Ein wackerer, sangeskundiger Kamerad von der Diedenhofener Landsturmkompanie Nr. 66 namens P. fungierte in vorzüglicher Weise als Vorbeter. Ich predigte zweimal und bemühte mich, das Heimweh, das unser aller Herzen besonders an solchen Festtagen erfüllte, in eine gottergebene, pflichtfreudige Stimmung zu verwandeln. Mit einem Teile der Kameraden verbrachte ich dann noch einige anregende Stunden in meinem Quartier.

Den eine Woche später zu feiernden höchsten jüdischen Festtag, den Versöhnungstag, wollte ich unter allen Umständen bei der kämpfenden Truppe verbringen. Ich dachte, zu dem Zwecke die jüdischen Heeresangehörigen beim 41. Res. Corps und beim Corps Conta an irgendeinem geeigneten Platze zwischen Kobrin und Antopol sammeln zu können. Schwer empfand ich jetzt den Verlust meines Gespannes. Doch die Freundlichkeit des neuernannten Ortskommandanten Freiherrn v. Gisevius verschaffte mir für diese Fahrt einen kleinen offenen Leiterwagen, einen sogenannten Panjewagen, nebst zwei kleinen, aber unglaublich ausdauernden und anspruchslosen Pferden, mit denen ich unter vielerlei Schwierigkeiten am 14. September die 50 km lange Strecke bis Kobrin zurücklegte. Über den Muchawez ging's dabei in toller Schwebefahrt auf einigen lose über den Fluß gelegten Brettern, da die Brücke von den Russen gesprengt worden war. Grauenvoll war der Anblick der in den Wäldern zu beiden Seiten der Straße hausenden Flüchtlinge, die in ihrem verwahrlosten, ausgehungerten Zustande mehr Tieren als Menschen glichen. Von den vorbeikommenden deutschen Mannschaften wurde alles irgend Entbehrliche an Lebensmitteln an die Unglücklichen abgegeben. Mir riß ein kleines Mädchen mein Säckchen mit den Zwiebackstückchen ohne weiteres aus der Hand und lief damit in den Wald, wo sie damit ihren Angehörigen eine nicht geringe Freude bereitet haben mag.

In Kobryn, wo sich das Kommando der Bug-Armee nach dem Abzuge Mackensens eben einrichtete, erhielt ich beim Ortskommando den Bescheid, daß meine Absicht unausführbar sei, weil die Truppen schon über 120 km von Kobryn entfernt und überdies in raschem Vormarsch begriffen seien, so daß an eine Sammlung zum Gottesdienste vorerst nicht zu denken sei. Eine sofort beim A. O. K. telefonisch vorgebrachte Bitte erzielte nur den gleichen abschlägigen Bescheid und außerdem die Weisung, für die erreichbaren Truppen einen Gottesdienst in Brest-Litowsk abzuhalten. Nach einer kurzen Besichtigung des kleinen verwahrlosten Städtchens, in dem fast jedes Haus die ominösen Seuchetafeln trug und nach einer in einer elenden Ruhe völlig schlaflos verbrachten Nacht mußte ich am nächsten Tage wieder nach Brest-Litowsk zurückfahren, um dort die Vorbereitungen für den Gottesdienst am Versöhnungstage zu treffen. An den folgenden beiden Tagen, 16. und 17. September, war das Feldlazarett in Brest-Litowsk besonders stark belegt, weshalb ich da reichliche Gelegenheit zu Hilfsarbeiten hatte und fast bis zum Beginne des Gottesdienstes dort weilte.

Am Versöhnungstage hielt ich drei Feldgottesdienste mit Predigten, Seelenfeier usw. ab, zu denen sich etwa 100 Kameraden und einige russische Kriegsgefangene eingefunden hatten. Wir alle fasteten vorschriftsmäßig den ganzen Tag. Mit dem schon genannten Kameraden P. teilte ich mich in den an diesem Tage besonders umfangreichen Vortrag der Gebete, welche eine überaus andachtsvolle Stimmung auslösten.

1 Tänzer veröffentlichte während des Krieges die Broschüre: „Brest-Litowsk, Ein Wahrzeichen russischer Kultur im Weltkriege", Berlin 1917.

2 „Jüdisch-deutscher Jargon" war die damals in Deutschland übliche abwertende Bezeichnung für die jiddische Sprache. Vgl. dagegen die Memoiren Sammy Gronemanns (28), der als Zionist nur von „Jiddisch" spricht.

31 Bernhard Kahn

geb. 1876 Oscarshamn (Schweden) – gest. 1955 New York

Bernhard Kahn, Memoirs 1914–1921. Ms. undatiert, 74 S. – Verfaßt nach 1939. Aus dem Amerikanischen von Monika Richarz.

Dr. jur. Bernhard Kahn ist 1904-1921 in Berlin Generalsekretär des Hilfsvereins der Deutschen Juden. Diese 1901 gegründete Wohlfahrtsorganisation widmet sich der Hilfe für die Juden Osteuropas und Palästinas. Kahn organisiert bei Kriegsausbruch das Komitee zur Repatriierung russischer Staatsbürger. Während des Krieges baut er für den Hilfsverein aus amerikanischen und deutschen Geldern eine große Hilfsorganisation auf, die die Juden in den besetzten Gebieten Polens und Litauens unterstützt. In der Frage der Auswanderung dieser Juden hat er 1916 eine Meinungsverschiedenheit mit General Ludendorff, der ihn überwachen läßt. – Ab 1921 arbeitet Kahn für die jüdische Hilfsorganisation American Jewish Joint Distribution Committee zuerst in Berlin und Paris, ab 1939 in New York. Dort wird er Vizepräsident des Joint.

Es war die Ferienzeit im Juli und August. Wie üblich, kamen Hunderttausende von Russen – meist Angehörige der Oberschicht – in deutsche Kurorte oder in die Großstädte, um dort deutsche Ärzte zu konsultieren. Etwa 100 000 dieser Menschen wurden in Deutschland vom Krieg überrascht. Ich und meine Frau, die selbst russischer Herkunft ist, waren der Ansicht, daß für diese unglücklichen Menschen sofort etwas geschehen mußte.

Als ich zum Büro des Hilfsvereins der Deutschen Juden kam, das sich in der Lützowstraße befand, war es umgeben von Gruppen erschreckter Russen, die nicht wußten, was sie tun sollten. Sie befanden sich wirklich in schlimmer Lage, denn die Bevölkerung behandelte sie schlecht. Wir beobachteten eine traurige Szene in der Tiergartenstraße, im besten Viertel der Hauptstadt: Einige Russinnen hatten Bewohner der stattlichen Villen um einen Schluck Wasser gebeten, und diese brachten zwar Wasser, gossen es aber demonstrativ auf die Straße, anstatt es den Durstenden zu geben, unseren sogenannten Feinden. – Auch wollte niemand mehr ausländisches Geld wechseln. Schnell erschienen Schwarzhändler und verlangten 100 Rubel für ein paar Mark.

Ich entschloß mich sofort, den Bedrängten zu helfen und ihnen unser Büro zur Verfügung zu stellen. Die zu uns gekommene Gruppe bestand nur aus Juden, aber da es mindestens 40 % Nichtjuden gab unter den vom Kriegsausbruch überraschten Ausländern, versuchte ich, aus Organisationen, die sich noch etwas Humanität gegenüber jenen Unglücklichen bewahrt hatten, ein überkonfessionelles Hilfskomitee zu gründen. Wir wählten ein oder zwei Sozialdemokraten, ein oder zwei Linksliberale und einen Angehörigen der polnischen Fraktion im Reichstag und bildeten ein Komitee für den Schutz russischer Bürger.

Als die Mitglieder des Hilfsvereins erfuhren, daß solch ein Komitee eingerichtet worden war, protestierten Hunderte von überpatriotischen Juden dagegen. Als aber die Bedrängten von der Existenz des Komitees hörten, kamen sie in Scharen zu unserem Büro, das von Tausenden von Männern, Frauen und Kindern bestürmt wurde. Etwa ein Dutzend Polizisten zu Pferde und mit gezücktem Säbel sowie weitere Polizisten zu Fuß umgaben die Menge. Ich setzte mich mit dem Kriegsministerium in Verbindung, und nach schwierigen Verhandlungen wurde uns erlaubt, als Hilfskomitee für die in Bedrängnis Geratenen zu fungieren.

Viele der Hilfesuchenden kannten mich und meine Frau schon vor Kriegsausbruch, und viele wußten unsere Namen. So kam es, daß bald auch unsere Privatwohnung ebenso belagert war wie das Büro. Bei dem wachsenden Mißtrauen der Bevölkerung und dem steigenden Haß auf die Russen gerieten wir in unserer Wohnung bald in eine gefährliche Lage. Ein paar Wochen vor Kriegsausbruch hatten unsere Kinder ihre Großeltern in einer bayrischen Kleinstadt besucht, wo sie weiß-blaue Fähnchen zum Spielen bekommen hatten, von denen sie einige bei der Heimkehr mit nach Berlin brachten. Als die Kinder nun sahen, daß jeder Fahnen hißte, nahmen sie ihre bayrischen Fähnchen und hängten sie aus dem Fenster. Schon bald näherte sich eine erzürnte, gefährlich wirkende Menge unserer Wohnung, die die Bevölkerung gegen uns aufhetzte und behauptete, wir zeigten russische Fahnen oder gäben dem russischen Feind Zeichen. Zu diesem Zeitpunkt hatte ich schon so guten Kontakt mit dem Berliner Polizeipräsidium, daß ich dort um Hilfe anrufen konnte. Ein Polizeioffizier kam mit etwa zwölf Mann zu unserer Rettung und versuchte, dem erzürnten Mob zu erklären, daß die aus unserer Wohnung flatternden Wimpel bayrische Fahnen seien.

Das Büro des Hilfsvereins war fast Tag und Nacht geöffnet. Wir arbeiteten in einer Etage eines Hauses an der Lützowstraße, und als durch Kriegsumstellungen zwei weitere Etagen frei wurden, ergriffen wir die Gelegenheit und mieteten diese für das Büro noch hinzu. Bald brachte die ausländische Presse, besonders die englischen, französischen und russischen Blätter, Berichte über die schlechte Behandlung von Ausländern in Deutschland und über die barbarische Haltung, die die deutsche Bevölkerung ihnen gegenüber zeigte. Wenn sie diesen Berichten entgegentraten, waren die Behörden immer froh, auf uns verweisen zu können, die sich wenigstens um diese Ausländer in Not kümmerten. Daraufhin hieß es in den Artikeln französischer und russischer Zeitungen bald, daß der Hilfsverein der Deutschen Juden und ich selbst die einzigen seien, die sich noch humane Umgangsformen bewahrt hätten.

Durch eine besondere Verfügung informierte der Reichskanzler alle Behörden davon, daß der Hilfsverein die Wohlfahrtsorganisation sei, an die sie sich mit allen russische Staatsbürger betreffenden Problemen wenden sollten. Etwa 60 000 bis 80 000 dieser Russen hatten Deutschland als Touristen besucht oder Heilung in Kurorten und Sanatorien gesucht oder deutsche Ärzte konsultiert. Dann gab es mehrere Tausend Russen, die ständig in Deutschland lebten. Sie wurden jetzt plötzlich als Feinde betrachtet, verloren ihr Vermögen, und auch ihre Freizügigkeit wurde eingeschränkt. Sie alle waren in bedrängter finanzieller Lage, wenn nicht sogar total ruiniert.

[Das Komitee organisiert den Austausch dieser Russen mit Deutschen in Rußland.]

Es gab noch eine zweite schwierige Aufgabe, der wir uns schon wenige Tage nach Kriegsausbruch konfrontiert sahen. Die deutsche Armee marschierte in Rußland ein, das ja damals auch die uns benachbarten Länder Polen und Litauen umfaßte. Nach einer furchtbaren Schlacht, die schweren Schaden in den Industriegebieten anrichtete und viele Menschenleben kostete, eroberte das deutsche Heer die Städte Kalisch und Lodz und anschließend die umliegenden kleineren Orte. Dies war ein Gebiet dichter jüdischer Besiedlung, und Zehntausende von Juden gerieten in große Not. Der Hilfsverein tat sein Bestes, diesen Opfern des Krieges beizustehen. Wieder war es schwierig, die deutsche Heeresverwaltung dazu zu bringen, daß sie einer deutschen Organisation Wohlfahrtsarbeit für den „Feind" erlaubte. Aber bald wurde das Elend so groß, daß es selbst für die vorrückende Armee eine Gefahr bedeutete und wir die Erlaubnis erhielten, den Opfern des Krieges zu Hilfe zu kommen. Mitte August, etwa zwei Wochen nach Kriegsausbruch, gelangten wir zu der Überzeugung, daß die Mittel des Hilfsvereins und der relativ kleinen jüdischen Gemeinschaft in Deutschland für eine wirkungsvolle Hilfsarbeit nicht ausreichen würden.

Wir hatten immer gute Beziehungen zu einigen prominenten amerikanischen Juden unterhalten, besonders zu Mr. Jacob H. Schiff in New York[1]. Sie hatten bereits, wenn auch in geringem Umfang, mit uns zusammengearbeitet zur Zeit des Pogroms von Kischinew 1903, im Ersten Balkankrieg 1912/13 und bei unserem Projekt, ein Technikum in Haifa zu gründen. [...] Daher telegrafierten wir an Schiff und beschrieben die Situation, die wir vorgefunden hatten, und fragten an, ob die Amerikaner uns Hilfe leisten könnten. Wir erhielten sofort eine Antwort mit einem Angebot von $ 100000. Dies war der Beginn der amerikanischen Hilfsarbeit für Polen und Litauen. Wir wußten nicht, aus welcher Quelle die $ 100000 kamen, aber wir wußten von einem American Jewish Relief Committee, das damals identisch war mit dem American Jewish Committee oder eine Unterabteilung davon bildete[2].

Mr. Schiff stellte folgende Bedingungen: Das Hilfswerk sollte sich nicht nur Juden widmen, sondern wir sollten ein überkonfessionelles Komitee gründen und alle Arbeit ohne Rücksicht auf die Religion durchführen. Natürlich erfüllten wir Mr. Schiffs Forderungen. Das überkonfessionelle Komitee wurde gebildet und unter den Schutz der Spanischen Botschaft gestellt. Wir entsandten eine Kommission in die Gebiete, in denen die Not am größten war, und die ersten Gelder wurden ohne Ansehen der Religion verteilt. Bald jedoch stellten wir fest, daß die wirklichen Leidtragenden die Juden waren. Das überkonfessionelle Komitee funktionierte nicht, denn es brachte so viele Intrigen mit sich, daß es uns nicht möglich gewesen wäre, auf dieser Basis wirkungsvoll zu arbeiten. Wir telegrafierten in diesem Sinne nach New York. Die durch den Krieg verursachte Not der jüdischen Massen war inzwischen in den USA so bekannt geworden, daß die Amerikaner der Gründung eines „Jüdischen Hilfskomitees für Polen und Litauen" zustimmten. Wieder machte es große Schwierigkeiten, die Erlaubnis für diese jüdische Wohlfahrtsarbeit von der deutschen Heeresleitung zu erhalten, denn auch diese wünschte ein überkonfessionelles Komitee und wollte die jüdischen Hilfsgelder auch an Nichtjuden verteilt sehen. Besonders General Ludendorff war in dieser Hinsicht hartnäckig, und ich brauchte eine Weile, bis ich alle Widerstände überwunden hatte.

Die Arbeit des Jüdischen Hilfskomitees für Polen und Litauen leitete ich selbst. Die Amerikaner hatten seiner Gründung unter der Bedingung zugestimmt, daß auch einige Orthodoxe und Zionisten darin vertreten sein

sollten. Natürlich lehnten wir keine jüdische Gruppe ab, und das Komitee
bestand also aus Dr. Paul Nathan, Richter Waldstein, Hauptmann Melchior
und Dr. James Simon als Vorsitzendem sowie aus Max Warburg als Schatzmeister und mir selbst als Generalsekretär[3]. Dieses Komitee verwaltete die
amerikanischen Unterstützungsgelder und die vom Hilfsverein selbst aufge-
brachten Mittel.

Wir entschlossen uns, eine Kommission in die zugänglichen Teile Polens
zu senden, um die Lage vor Ort zu studieren. Die Kommission bestand aus
Dr. Paul Nathan, Dr. Fink von der Bne Briss Loge, dem Künstler und
Zionisten Hermann Struck, dem Wirtschaftswissenschaftler Dr. Eduard
Heimann und mir selbst. Vom 17. Februar bis zum 17. April 1915 unternahmen wir vier Reisen nach Polen: eine in den nördlichen, eine in den mittleren
und zwei in die südlichen Teile des Landes. Die Kommission stellte fest, daß
zehn der elf Gouvernements zu diesem Zeitpunkt bereits ganz oder teilweise
von österreichischen bzw. deutschen Truppen besetzt worden waren. Die
Einwohnerzahl dieser besetzten Gebiete betrug 5190000, davon waren
700000 Juden. Die Juden machten mehr als 13 % der Gesamtbevölkerung
aus. Sie waren meist in den Städten konzentriert, wo sich allgemein die
Kriegsfolgen am schlimmsten bemerkbar machten, so daß die jüdische
Bevölkerung besonders unter dem Kriegselend zu leiden hatte.

Die Gebiete um Wloclawek, Plock, Kutno, Kolo und Konin, wo keine
großen Kämpfe stattgefunden hatten, waren am wenigsten zerstört, und die
allgemeine wie auch die jüdische Bevölkerung litt nicht so sehr wie in
anderen Landesteilen. Kalisch, Lodz und die umgebenden Städte hatten
dagegen schwer Schaden genommen, und dort gab es mindestens 100000
Juden, denen es einfach an allem fehlte. Das dortige Elend wurde aber noch
übertroffen durch die Lage im Dombrower Becken und im Industriegebiet
von Tschenstochau, wo für 400000 Menschen Nahrung herbeigeschafft
werden mußte und 250000 Unterstützung brauchten, darunter 75000 Juden. Besondere Hilfsmaßnahmen waren auch in Galizien nötig, wo die
jüdische Bevölkerung zuerst von den vorrückenden Russen vertrieben worden war oder später nach Rußland deportiert wurde, bevor die deutsche
Armee Teile Galiziens wieder befreite. Die Hilfsmaßnahmen in diesem
Gebiet führte die Israelitische Allianz[4] in Wien in enger Verbindung mit uns
durch, da ein Teil des russisch-polnischen Gebiets, wie Piotrkow und
Umgebung, von der österreichischen Armee besetzt war.

Unseren amerikanischen Freunden schickten wir umfassende Berichte
und Informationen. In den USA waren inzwischen neue Hilfsorganisationen für die Juden in Polen, Litauen und Galizien gegründet worden. Neben
dem bereits bestehenden American Jewish Committee, das kein direktes
Hilfskomitee war, wurde etwa im November 1914 zuerst das Central Relief
Committee der Orthodoxie gegründet. Anfangs kam die Unterstützung aus
den USA sehr regelmäßig, doch es dauerte eine ganze Weile, bis die
Hilfsprogramme aufgestellt und angelaufen waren. Mit fortschreitendem

Kriege und der Besetzung von mehr und mehr Gebieten in Polen, Rußland und Litauen durch die deutschen Truppen vergrößerte sich die Not in diesen Ländern immer mehr. Oft mußte ich in die eben eroberten Gebiete reisen, um Hilfsmaßnahmen für die jüdischen Kriegsopfer einzuleiten. [...] Bis 1916 unternahmen wir zehn Reisen in die besetzten Gebiete, um den Bedarf zu erkunden und die Hilfe zu organisieren. Die Unterstützung bestand darin, daß wir Darlehenskassen einrichteten, ferner Volksküchen, Teestuben, Konsumläden, Wärmehallen und andere Wohlfahrtseinrichtungen für die bedürftige Bevölkerung. Auch verteilten wir Gelder an schon bestehende Sozialeinrichtungen.

Wir arbeiteten Hand in Hand mit dem allgemeinen Deutschen Hilfskomitee für Polen. Umfangreiche Mittel stellten die Amerikaner zur Verfügung. Zusammen mit dem Frankfurter Unterstützungskomitee für bedürftige osteuropäische Juden und mit der deutschen Bne Briss Loge führten wir in Deutschland 1915 zwei große Sammlungen für einen Hilfsfonds durch, die bis 1916 eine Million Mark erbrachten.

Im Frieden hatte es etwa 1,7 Millionen Juden in Polen gegeben. Ein Fünftel von ihnen, also etwa 340 000, waren freiwillig oder gezwungenermaßen nach Rußland geflohen, so daß jetzt noch etwa 1 360 000 Juden vorhanden waren. Von diesen litten etwa 455 000 Personen unter Hunger und Kälte. 50 000 unter ihnen waren aus der Frontzone evakuiert worden und befanden sich als Obdachlose in beklagenswerter Lage. Die Zahl der Bedürftigen wuchs von Monat zu Monat. Da es kaum Möglichkeiten zum Erwerb eines Lebensunterhaltes gab, wurden diejenigen, die noch einige Ersparnisse hatten, auch bald mittellos.

In Litauen hatte die Zahl der Juden vor dem Krieg 700 000 betragen. Ein Viertel von ihnen – 175 000 – war nach Rußland vertrieben worden, 125 000 weitere gingen freiwillig mit den Russen bei deren Rückzug, so daß jetzt etwa 400 000 Juden in den besetzten Gebieten Litauens lebten, von denen mindestens 250 000 in größter Not waren. Da Litauen sich immer in schlechteren wirtschaftlichen Verhältnissen befunden hatte, war das Elend der Juden dort noch größer als in Polen.

In Kurland gab es 50 000 Juden, von welchen 40 000 in brutalster Weise durch die Russen vertrieben worden waren. Von den verbliebenen 10 000 lebten allein 8 000 in Libau. Hilfsmaßnahmen für die Juden in Kurland waren zu diesem Zeitpunkt nicht nötig, da der kleine Rest natürlich unsere Hilfe nicht so brauchte wie die Kriegsopfer in Polen und Litauen.

Insgesamt gab es also 700 000 bedürftige Juden in den besetzten Gebieten, und ihre Zahl stieg täglich.

Das Hilfskomitee für Polen und Litauen hatte schon beinahe zwei Millionen Mark ausgegeben, zusätzlich hatte das deutsche Hilfskomitee etwa 75 000 Mark zur Verfügung gestellt. Darüber hinaus waren 110 000 Mark von der Jewish Colonisation Association[5] überwiesen worden, weitere 500 000 Mark kamen direkt aus Amerika und 100 000 Mark aus neutralen

Ländern oder anderen Quellen. Die Hilfsgelder für Polen und Litauen betrugen zu diesem Zeitpunkt also 2,75 Millionen Mark. In den folgenden Monaten mußte das jüdische Hilfskomitee zur Beseitigung der schlimmsten Not monatlich eine halbe Million Mark ausgeben. Für 700 000 Hungernde war das natürlich ein kleiner Betrag. Doch wir mußten für eine längere Zeitspanne planen, so daß wir im Augenblick keine größeren Summen verteilen konnten. Mit dieser halben Million Mark im Monat wurden 225 Einrichtungen in den besetzten Gebieten finanziert, unter diesen 90 Volksküchen, 25 Teestuben und viele andere Stellen, von denen die Hungernden Hilfe erhielten.

Außer durch Geldbeträge halfen wir den Notleidenden auch wirkungsvoll, indem wir große Mengen Kleidung, Bettzeug, Unterwäsche und Schuhe in die besetzten Gebiete sandten. 1915 wurden 3000 Zentner Hilfsgüter verschickt, von denen allein 2000 von unserem sehr aktiven Komitee in Königsberg kamen. Bei einer späteren Kleidersammlung beteiligte sich vor allem die Bne Briss Loge in großem Umfang. Ein wichtiger Faktor bei diesen Sammlungen war, daß die Verteilung von sauberer Kleidung und Wäsche an Bedürftige auch die Ausbreitung von Krankheiten verhinderte.

Die Eroberung immer weiterer Gebiete Rußlands konfrontierte uns mit schweren Problemen politischer und materieller Art. Da war einmal die Aufgabe, zwischen den Einwohnern der besetzten Gebiete und ihren Verwandten – besonders denen in USA, aber auch solchen in Rußland und anderen Ländern – wieder einen Kontakt herzustellen. Diese Arbeit wurde von Anfang an auf überkonfessioneller Basis betrieben. Wir richteten einen umfangreichen Brief- und Informationsdienst ein und beförderten von den letzten Monaten des Jahres 1915 bis zur ersten Hälfte 1916 mehr als 120 000 Briefe und Anfragen nach Polen, Litauen und Kurland und 100 000 aus diesen Ländern in die USA und andere Länder. Auch wenn es sich um Briefe an Nichtjuden handelte, wurde unser Büro als Vermittlungszentrale angesehen. Die Amerikanische Botschaft, andere Botschaften und Konsulate, polnische katholische Organisationen und andere nichtjüdische Einrichtungen sowie Militärdienststellen und Polizeibehörden benutzten unsere Vermittlungsdienste. Folgendes Beispiel zeigt den Umfang der eingehenden Post: Allein an einem Tag, dem 22. März 1915, erhielten wir 2300 Briefe, darunter 900 eingeschriebene. Hierzu muß ich anmerken, daß die Weiterbeförderung dieser Briefe und Nachrichten nicht eine reine Routinearbeit war, denn aus Gründen der deutschen militärischen Sicherheit durften wir die Briefe nicht im Original übermitteln, sondern mußten Auszüge machen, die nur unverdächtige Themen betreffen konnten, und diese wurden dann übersetzt. Unter solchen Bedingungen war die Nachrichtenübermittlung äußerst schwierig.

Unsere zweite Aufgabe bestand in der Transferierung von Geldern, eine Arbeit, die noch verantwortungsvoller und wirtschaftlich wichtiger war als die Vermittlung von Briefen. Diese Überweisungen von Familien im Ausland an ihre Verwandten in den besetzten Gebieten Rußlands hatten einen großen Umfang angenommen. Als Hauptpartner diente die Warburg Bank in Hamburg, die die Gelder an uns überwies, und wir übermittelten sie dann nach Polen, Litauen und Kurland. Wir bekamen jedoch auch sehr viele Gelder direkt aus Amerika. Wie unser Briefdienst wurde auch unser Geldtransfer als beste Vermittlungseinrichtung angesehen, so daß Banken in Deutschland, Amerika und anderen Ländern sich an uns wandten, um die bei ihnen eingezahlten Beträge nach Polen und Litauen transferieren zu lassen. Die vielen kleinen Überweisungen, die so jeden Monat durch unsere Hände gingen, beliefen sich monatlich auf etwa eine halbe Million und wuchsen ständig. Manchmal erhielten wir an einem Tag 100000 Mark in kleinen Beträgen von je 10 bis 200 Mark zur Weiterleitung. Ich brauche nicht zu betonen, wie wichtig diese materielle Hilfe war, die von Verwandten an Verwandte gegeben wurde, und was es bedeutete, wenn zerrissene Familienverbindungen wiederhergestellt wurden.

Als eine weitere Hilfsmaßnahme für die Juden in den besetzten Gebieten sahen wir in der Kriegszeit auch die Auswanderung an. Eigentlich hat die Emigration nie richtig aufgehört. Während des ganzen Krieges wendeten wir Mittel für Auswanderung auf, wenngleich natürlich nicht in dem früheren Umfang. Nachdem die deutsche Verwaltung die Ordnung in den besetzten Gebieten hergestellt hatte, begann die Emigration langsam wieder. Bei den verschiedenen Konferenzen, die wir mit den zuständigen deutschen Behörden abhielten, und besonders während der Konferenz vom 21. Februar 1916 im Oberkommando Ost unter dem Vorsitz General Ludendorffs, wurde erklärt, daß die Auswanderung nicht behindert werden solle, sondern im Gegenteil, soweit im Kriege möglich, zu fördern sei.

Selbstverständlich konnte die Auswanderung nicht den Umfang wie in Friedenszeiten haben. Aber es gab viele Familien, die noch Schiffskarten besaßen, die ihnen vor dem Krieg geschickt worden waren. In den meisten Fällen konnten wir diese Karten mit Hilfe der Behörden anerkennen und gegen gültige umtauschen lassen. Dabei mußten wir gewöhnlich den Differenzbetrag aufbringen, der sich aus der Fahrpreiserhöhung während des Krieges ergab. Außerdem erhielten wir viele vorausbezahlte Schiffskarten aus Amerika geschickt, bzw. entsprechende Geldbeträge, um sie an Verwandte im besetzten Gebiet weiterzuleiten. Es war jedoch im allgemeinen nicht die Politik des Hilfsvereins, Fahrgelder vorzustrecken, um so Notleidenden die Auswanderung zu ermöglichen. Wer Fahrgeld oder Schiffskarten von seinen Verwandten erhielt, war jetzt in jedem Fall viel stärker auf unsere Hilfe angewiesen als im Frieden. In der Auswandererhilfe machten wir ebenfalls keinen Unterschied der Religion und halfen Juden ebenso wie Katholiken, Protestanten und Griechisch-Orthodoxen, die sich alle in großer Zahl an uns wandten.

Die gesamte Arbeit im besetzten Gebiet konnte der Hilfsverein natürlich nur in Übereinstimmung und enger Zusammenarbeit mit den Militär- und

Zivilbehörden leisten. Zuerst hatten wir dabei viele Hindernisse zu überwinden, aber dank der verständnisvollen Haltung aller Beteiligten konnten wir eine umfangreiche, fruchtbare Arbeit für Juden und Nichtjuden leisten, die auch Deutschland selbst zugute kam. [...]

Wie schon erwähnt, berief Ludendorff im Februar 1916 eine Konferenz beim Oberkommando Ost in Kowno ein, die sich mit der Förderung der jüdischen Auswanderung beschäftigte. Außer dem Hilfsverein der Deutschen Juden nahmen an dieser Konferenz die beiden deutschen Schiffahrtsgesellschaften Norddeutscher Lloyd und Hamburg-Amerika-Linie sowie einige höhere Offiziere teil. Der Hilfsverein und das Hilfskomitee für Polen und Litauen waren vertreten durch Dr. James Simon, Dr. Nathan, Dr. Franz Oppenheimer[6] und mich, die Hamburg-Amerika-Linie durch Herrn Stahmer, den Leiter der Auswanderungsabteilung.

Ich reiste zu dieser Konferenz zusammen mit Dr. Franz Oppenheimer. Wir kamen früh am Morgen in Kowno an und mußten uns natürlich bei der Militärpolizei anmelden. Zu unserem Erstaunen fragten sie uns dort nach unserer Konfession. Das geschah uns zum erstenmal, denn weder in Deutschland noch in den besetzten Gebieten wurde ein Deutscher jemals nach seinem Glaubensbekenntnis gefragt. Als wir unserem Erstaunen Ausdruck gaben, war der Offizier sehr verlegen, sagte aber, dies sei eine kürzlich neu eingeführte Maßnahme, und jeder Besucher aus Deutschland müsse jetzt seine Religion angeben. Obgleich er wisse, daß Ludendorff uns zu einer Konferenz eingeladen habe, könne er keine Ausnahme machen.

Als wir zu unserem Hotel kamen, trafen wir dort eine Reihe höherer Offiziere, die uns herumführten, bis es Zeit für die Konferenz war. Sie fuhren uns zur Festung hinaus und erklärten uns, wie diese durch deutsche Kanonen erobert worden war, weil der Luftdruck, den die Kanonen erzeugten, die Soldaten in der Festung fast in Stücke gerissen hätte. Sie teilten uns noch weitere militärische Einzelheiten mit, und dann fuhren sie uns durch die Stadt und zeigten uns die Sehenswürdigkeiten.

An der Konferenz nahm eine ganze Anzahl hoher Offiziere teil. Ludendorff hielt eine Ansprache, in der er den Standpunkt des Heeres darlegte und vorschlug, besondere Schiffe einzusetzen, um so viel jüdische Auswanderer wie möglich aus Polen und Litauen herauszubringen. Mit den Vertretern der Schiffahrtslinien besprach er dann Einzelheiten der Durchführung dieser Auswanderung. Es wurde auch die Frage aufgeworfen, wie sicher diese Schiffe seien, aber Ludendorff schien sich nicht sehr für die Sicherheit der Schiffe zu interessieren, sondern für eine Massenauswanderung um jeden Preis. Die jüdischen Konferenzteilnehmer waren völlig überrascht von Ludendorffs Plänen, aber keiner wagte es, das Wort zu ergreifen. Schließlich erhob ich mich und sprach mich gegen Ludendorffs Absichten aus, wenngleich sehr vorsichtig, denn ich wußte, wenn ich Ludendorff erzürnte, würde das für mich die sofortige Einberufung an die Front bedeuten, und die Armee würde mich sicher nicht mit allzuviel Behutsamkeit behandeln.

Ich sprach ein paar Minuten, und die meisten Anwesenden, einschließlich der jüdischen Repräsentanten, sahen mich sehr verwundert an und hörten erstaunt, was ich vorbrachte. Sichtlich waren sie überrascht, daß ich es wagte, Ludendorff zu widersprechen. Nach meiner Äußerung herrschte eine Minute lang eisiges Schweigen. Ludendorff antwortete nicht, und da es keine weitere Diskussion gab, schloß er die Versammlung.

Vor der Konferenz hatte der Generaldirektor des Norddeutschen Lloyd uns und die Vertreter beider Schiffahrtslinien zum Abendessen eingeladen. Aber bevor Ludendorff die Sitzung verließ, forderte er die Offiziere und die Vertreter der Schiffahrtslinien auf, abends mit ihm zu essen. So wurde unser Essen mit dem Generaldirektor abgesagt, und dieser beauftragte einen seiner Herren, uns zum Diner zu bitten, doch wir lehnten ab.

Nach der Sitzung gingen alle zu Ludendorff, um sich zu verabschieden. Ich war natürlich der letzte und trat mit Befürchtungen an ihn heran. Er ergriff meine Hand, sah mich sehr streng an, und dann entwickelte sich folgender Dialog zwischen uns: „Wann reisen Sie ab, Dr. Kahn?" „Morgen früh um acht Uhr, Exzellenz." „Das ist schade, ich hätte gern noch mit Ihnen gesprochen, bevor Sie abreisen." „Exzellenz, natürlich kann ich meine Abreise verschieben. Ich bin nur zu dem Zweck hergekommen, Ihnen bei allen auftretenden Fragen und Problemen, die Sie zu diskutieren wünschen, dienlich zu sein. Ich stehe völlig zu Ihrer Verfügung, Exzellenz." „Gut. Es wäre schön, wenn Sie noch einen Tag länger bleiben könnten. Stehen Sie früh auf?" „Ich stehe Ihnen jederzeit zur Verfügung, Exzellenz." „Würden Sie schon um 7 Uhr 30 zu mir ins Hauptquartier kommen?" „Ich stehe zu Diensten, Exzellenz." So endete das Gespräch.

Unsere jüdische Abordnung aß zusammen zu Abend und besprach Ludendorffs Pläne für die jüdische Auswanderung. Alle stimmten darin überein, daß ich zu Recht dagegen gesprochen hatte. Wir konnten uns nicht vorstellen, was Ludendorff mir am nächsten Morgen sagen wollte, und wir beschlossen, daß ich für weitere Unterredungen mit Ludendorff in Kowno bleiben sollte. Die anderen warnten mich davor, ihm weiterhin zu widersprechen, denn immerhin waren wir in dieser Angelegenheit vollständig von ihm abhängig.

Am nächsten Morgen war ich um 7 Uhr 30 bei Ludendorff im Hauptquartier. Er empfing mich sehr freundlich und war ganz verändert. Bei offiziellen Anlässen hatte sein Gesicht immer einen sehr strengen Ausdruck, der dadurch verstärkt wurde, daß er die Augen zusammenkniff. An diesem Morgen jedoch nahm er weder seine gewöhnliche martialische Haltung an, noch umgab ihn die Aura eines Kriegsgottes. Er war sogar entgegenkommend und bemerkte, er habe dem, was ich am Vortage sagte, genau zugehört und sei beim Überdenken zu der Überzeugung gekommen, daß ich nicht völlig unrecht hätte, und er werde nicht auf seinem Plan einer forcierten Massenauswanderung bestehen. Jedoch wünsche er, die Auswanderung der Juden fortgesetzt zu sehen. Als er nach meiner Ansicht fragte, erwiderte ich, daß meiner Meinung nach die Auswanderung nicht erzwungen werden solle. Ferner hielte ich die Auswanderung auf Schiffen, die nicht nur mit jüdischen Emigranten besetzt seien, für durchaus zufriedenstellend.

Während wir dies erörterten, hörte ich, daß hinter meinem Rücken eine Tür geöffnet wurde, und als Ludendorff aufblickte, drehte ich mich herum und sah Hindenburg in den Raum treten. Ludendorff stellte mich Hindenburg sehr freundlich vor und erklärte ihm mit ein paar Worten, wovon wir sprachen. Dann sagte er mir, daß wichtige militärische Fragen es ihm unmöglich machten, das Gespräch fortzusetzen, und er führte mich in einen zweiten Raum, in dem sich etwa ein Dutzend Offiziere aller Ränge befanden. Er stellte mich ihnen vor, erläuterte, was sie erörtert hatten, und sagte, seine Offiziere seien zu meinen Diensten, ich möge mit seinem Stab die Besprechungen fortsetzen. Etwa eine Stunde lang diskutierten wir Einzelheiten, und alle Offiziere bemühten sich um einen freundlichen Ton, aber ich hatte das Gefühl, daß das nur eine Maske war.

Am nächsten Tag reiste ich nach Berlin ab. Als ich einen Tag nach meiner Ankunft in Berlin zu meinem Büro ging, traf ich auf dem Kurfüstendamm Herrn Korfanty, den polnischen Reichstagsabgeordneten[7]. Seine Familie war mit der meinen befreundet, sie kam uns oft besuchen, und manchmal waren wir bei ihnen zu Gast. Er fragte mich: „Was ist denn nur zwischen Ihnen und Ludendorff vorgefallen?" „Wieso?" erwiderte ich, „Ludendorff und ich sind beste Freunde!" Er sah sich um, als habe er Angst vor Mithörern, zog mich in einen Hauseingang, sah sich noch einmal um, und erst als er feststellte, daß der Hausflur leer war, sagte er: „Sie und Ludendorff scheinen wirklich besondere Freunde zu sein. Ich habe einen Cousin im Nachrichtendienst des Heeres, der weiß, daß Sie und ich Freunde sind, und hat mir deshalb gesagt, daß Ludendorff dem Nachrichtendienst und der Post Befehl gab, alle Briefe von Ihnen oder an Sie gründlich zu untersuchen. Nicht nur der Inhalt muß festgestellt werden, man soll auch prüfen, ob Geheimtinte oder ein Code verwendet wurde." Ich war wirklich überrascht. Obgleich ich nicht an die Freundlichkeit von Ludendorff und seinen Offizieren geglaubt hatte, nahm ich doch nicht an, daß sie so weit gehen würden. Ich sagte zu Korfanty, daß ich für mich persönlich nicht fürchtete, wohl aber um die notleidenden Juden in Polen und Litauen, die mir Briefe immer in der Annahme schickten, daß sie schreiben könnten, was sie möchten. Jetzt würden sicher viele von ihnen dabei erwischt werden, unvorsichtige Bemerkungen in ihren Briefen zu machen. Ich erinnerte mich da an ein Ereignis zu Beginn des Krieges, und um Korfanty eine Vorstellung davon zu geben, was für Briefe die Menschen im Osten an mich schrieben, erzählte ich ihm die Geschichte: Ein jüdischer Uhrenhändler in Lodz sandte mir einen Brief und bat mich, für ihn Teile eines Uhrwerks in der Schweiz zu bestellen. Zwei Seiten lang beschrieb er die Teile und nannte Einzelheiten und Zahlen, die nur ein Uhrmacher versteht. Daraufhin kamen zwei Kriminalbeamte in mein Haus und fragten, was für Maschinen ich durch die neutrale Schweiz nach Rußland zu senden beabsichtige. Natürlich konnte ich das selbst nicht erklären, und erst als wir einen Uhrmacher hinzuzogen, stellten sie fest, daß es sich bei den Maschinen und anderen genannten Objekten nur um Teile eines Uhrwerks handelte.

Am Nachmittag fand eine Sitzung des Hilfsvereins und des Hilfskomitees für Polen und Litauen statt, um über die Konferenz mit Ludendorff zu diskutieren. Ich berichtete von meinem persönlichen Gespräch mit ihm, von der Unterbrechung durch Hindenburg und von der folgenden Besprechung mit dem Stab. Was Herr Korfanty mir gesagt hatte über den Befehl Ludendorffs bezüglich meiner Post, erwähnte ich nicht, denn ich wollte die Mitglieder des Hilfsvereins nicht in Angst versetzen. Sie waren sehr patriotisch und sahen in Ludendorff und Hindenburg die Retter Deutschlands.

Ich schloß meinen Bericht mit der Bemerkung, daß ich den Eindruck habe, Ludendorff sei ein bedeutender General und Stratege, aber politisch ein Reaktionär. Diese Ansicht über den allgemein verehrten Ludendorff rief bei vielen Anwesenden einen Sturm der Entrüstung hervor, und besonders Professor Sobernheim[8], der mit Herrn Schiff verschwägert war, wurde sehr wütend und schrie: „Es ist eine Schande, so etwas zu sagen. Sie sind kein Deutscher!" „Und wenn schon!", antwortete ich.

1 Jacob H. Schiff (1874–1920), geboren in Frankfurt a. M., emigrierte mit 18 Jahren in die USA und heiratete in die später von ihm geleitete große Industriebank Kuhn, Loeb & Co. Seine umfangreichen Stiftungen galten vor allem jüdischen Bildungseinrichtungen und dem Wohl der russischen Juden.

2 Das American Jewish Committee wurde 1906 von prominenten amerikanischen Juden, darunter Jacob Schiff, gegründet als Selbsthilfeorganisation zur Wahrung der Rechte der Juden. Entstanden als Antwort auf die Pogrome in Rußland, entwickelte das Komitee in den ersten Jahrzehnten vor allem diplomatische und philanthropische Aktivitäten zugunsten der dortigen Juden.

3 Als Mitgründer des Hilfsvereins der Deutschen Juden im Jahre 1901, wurden der Textilindustrielle Dr. James Simon (1851–1932) Vorsitzender und Dr. Paul Nathan (1857–1927) geschäftsführender Vorsitzender des Hilfsvereins. Max Warburg (1867–1946) war Mitinhaber des 1798 gegründeten Hamburger Bankhauses M. M. Warburg & Co. Sein Bruder Felix M. Warburg war in New York Schwiegersohn und Teilhaber Jacob H. Schiffs (vgl. Anm. 1). Hauptmann Carl Melchior (1871–1933), Richter und Bankier in Hamburg, wurde 1917 Partner der Warburg Bank.

4 Die Israelitische Allianz zu Wien, gegründet 1873, war die österreichische Hilfsorganisation für Ostjuden und Auswanderer. Während des Weltkrieges betreute sie über 100000 Flüchtlinge aus Galizien.

5 Die Jewish Colonisation Association wurde 1891 von Baron Moritz Hirsch gegründet als internationale Hilfsorganisation für Auswanderung und Kolonisation (Argentinien, Palästina). Sie organisierte auch Schulen und Kreditgenossenschaften in Osteuropa.

6 Dr. Franz Oppenheimer (1864–1943), Arzt, Nationalökonom und Soziologe, war als Zionist Mitglied des Komitees für den Osten.

7 Wojciech (Adalbert) Korfanty (1874–1939) war Führer der polnischen Fraktion im Reichstag (1903–1912 und 1918) und im Preußischen Landtag (1904–1918). 1921

kämpfte er im „Korfanty-Aufstand" als Abstimmungskommissar für den Anschluß Oberschlesiens an Polen.

8 Prof. Moritz Sobernheim (1872–1933) war Orientalist, ab 1919 Legationsrat im Auswärtigen Amt und stellvertretender Vorsitzender des Jüdischen Gemeindebundes.

III

Weimarer Republik
und Nationalsozialismus

1918–1945

Verbandstag des Preußischen Landesverbandes Jüdischer Gemeinden im ehemaligen
Preußischen Herrenhaus, März 1930

Brennende Synagoge in Bamberg

32 Henry Buxbaum

geb. 1900 Assenheim (Hessen) – gest. 1979 Canandaigua (New York)

Henry Buxbaum, Erinnerungen. Ms. Canandaigua 1979, 252 S. – Aus dem Amerikanischen übersetzt von Eva Furth.

Als Sohn eines Hausierers erhält Heinrich Buxbaum durch ein Stipendium die Möglichkeit, das Gymnasium in Friedberg zu besuchen. Nach dem Notabitur wird er 1917 Soldat und ist 1919 bis 1924 Werkstudent in Frankfurt a. M. Er promoviert zum Dr. med., arbeitet mehrere Jahre als Vertreter von Landärzten und eröffnet 1930 in Griesheim (Hessen) eine eigene Landpraxis. Als ihm 1933 die Kassenzulassung entzogen wird, entwickelt er eine private Versicherung für seine Patienten und kann so bis 1936 weiter praktizieren. Anfang 1938 wandert er nach den USA aus, verdient als Pfleger das Geld, um seine Frau mit drei Kindern nachkommen zu lassen, und besteht 1940 das medizinische Staatsexamen des Staates New York. Entschlossen, wieder als Landarzt zu arbeiten, praktiziert er zunächst vier Jahre in einem Indianerreservat, dann in Canandaigua im Norden des Staates New York.

In Friedberg[1] wurde starr an der Unterscheidung zwischen den alteingesessenen Juden unserer Gemeinde und den Neuhinzugekommenen festgehalten, selbst wenn einige der Neuen große Firmen aufgebaut hatten, inzwischen reich geworden waren und Mädchen aus alteingesessenen Familien geheiratet hatten. Doch die eingebildeten Lokalpatrioten konnten ihnen niemals vergeben, daß ihr Geburtsort etwas östlich von Berlin lag. Zwar nannte man sie nicht mehr direkt die „Pollaken", sondern sagte, „die kommen wohl auch aus dem V. Armeekorps". Jeder verstand, was damit gemeint war: Preußen und später das Deutsche Reich war militärisch in zwölf Gebiete aufgeteilt, aus deren Bevölkerung sich jeweils die Soldaten für eines der zwölf Armeekorps rekrutierten, die zusammen die große deutsche Armee bildeten. Das V. Armeekorps hatte sein Hauptquartier in Posen, der Hauptstadt der Provinz Posen, und so wußten alle, was es bedeutete, wenn man von einem Nachbarn sagte „Der ist vom V. Armeekorps".

Natürlich gab es auch andere Unterscheidungen innerhalb der Gemeinde, die für die Gemeindemitglieder von Bedeutung waren. Diejenigen Friedberger Juden, deren Vorfahren seit vielen Generationen im Judenviertel der Stadt gelebt hatten, betrachteten sich als eine Art Adel und blickten mit Verachtung und Hohn auf die Landjuden herab, die erst vor kurzer Zeit aus den umliegenden Dörfern in die Stadt gezogen waren. Unsere Familie, die erst 1908 aus Assenheim nach Friedberg gekommen war, und die anderen Zugezogenen, wurden von den Alteingesessenen, deren Familien seit mehr als 300 Jahren in Friedberg beheimatet waren, niemals richtig akzeptiert. Man duldete uns in der Gemeinde, aber fand, daß wir eigentlich nicht richtig dazugehörten. Den Landjuden war das gleichgültig; sie bildeten schon längst die Mehrheit innerhalb der jüdischen Gemeinde, und außerdem hielten sie sich an die alte jüdische Redensart, die besagt, „Für's Gehabts gibt der Jud nix". Der wirkliche Unterschied aber und der, der im Alltagsleben der Gemeinde auch am meisten zählte, war der Unterschied zwischen Arm und Reich, zwischen denjenigen, die im Reichtum lebten und denen, die wenig hatten, und das war die Schicht, zu der wir gehörten. Dieses Gefühl, einen niederen sozialen Status in der Gemeinde zu haben, konnte ich nie ganz überwinden. Für meine Freunde, von denen einige aus den reichen Familien der Stadt kamen, spielte das keine Rolle, aber mich bedrückte das Gefühl der sozialen Unterlegenheit sehr, wenn ich ihre Häuser betrat. Ich erinnere mich noch sehr gut, mit welchem Gefühl von ehrfürchtiger Scheu, aber auch von Unbehagen ich als Junge während unserer ersten Jahre in Friedberg in ein solches Haus kam, wenn ich zu einem Geburtstag, einer Bar Mizwa oder einem Holekrasch[2] für ein Neugeborenes eingeladen war. Natürlich überkamen mich dieselben Gefühle wie in jüdischen Häusern, wenn ich das wohlhabende kultivierte Haus eines meiner christlichen Freunde betrat. Mich beeindruckten die schönen Möbel, die geräumigen, hellen Zimmer, die großen Fenster mit den Gardinen aus Samt oder Seidenstoffen; und gar das Badezimmer erschien mir mit unschätzbaren Kostbarkeiten ausgestattet: der Mosaikfußboden, die Badewanne aus Marmor so groß wie ein Sarkophag und daneben das wunderbarste Schmuckstück, die niedrige Toilette, ein Gegenstand von so schimmerndem Weiß, daß ich immer meinte, er müsse einem sehr viel edleren Zweck dienen, mit einer Wasserspülung, die man bedienen mußte, wenn man fertig war. Die geräumige Küche strahlte soviel Helligkeit und Glanz aus, daß sie nicht die allergeringste Ähnlichkeit mit der finsteren, dunklen Küche unserer Wohnung aufwies; und hier hantierte ein geschäftiges Dienstmädchen, das uns wegjagte, wenn wir zu nahe kamen. In dieser Küche gab es keinen simplen Spülstein in einer Ecke mit einem armseligen Wasserhahn darüber, aus dem nur ein dünner Strahl kalten Wassers floß, wenn man ihn aufdrehte. All dieser Glanz und dieser Reichtum bewirkten, daß ich mich klein und unbedeutend fühlte. Ich wußte nicht mehr, wie ich mich bewegen, wo ich stehen, wo ich sitzen sollte. Als ich älter wurde, war ich natürlich von diesen fremden Wunderdingen, die mich als kleiner Knabe so überwältigt hatten, nicht mehr so beeindruckt. Aber das Gefühl und das Wissen, daß ich aus einer anderen Welt kam, daß meine Familie auf einer niedrigen Stufe der sozialen Leiter stand, hat mich niemals ganz verlassen. Doch das Traurigste ist, daß ich mein ganzes Leben lang wahrscheinlich niemals völlig darüber hinweggekommen bin – im Gegenteil – ich bin fest davon überzeugt, daß diese Erfahrungen meine Einstellung zum Leben und zu meinen Mitmenschen entscheidend geprägt haben. In Deutschland ebenso wie in den Vereinigten Staaten habe ich mich unter einfachen Menschen immer ungezwungener und wie zu Hause gefühlt. In meiner Praxis ist es mir ebenso gegangen, denn ich konnte immer besser mit Patienten umgehen, die aus einer ähnlichen Schicht kamen, wie ich selbst. Das hat überhaupt nichts damit zu tun, ob einer Jude oder Christ war, die Wurzeln dafür lagen in meinen frühen sozialen Erfahrungen. Ich kann mich mit armen Patienten leichter identifizieren und bin daher bei ihnen und für sie ein besserer Arzt. Hier ergibt sich sofort ein Kontakt, ihre Gefühle und ihre Denkweisen sind mir vertraut, wozu auch gehört, daß ich mir ihrer wirtschaftlichen Probleme dauernd bewußt bin. Habe ich dagegen einen „upper-class"-Patienten vor mir, so schleicht sich leicht das alte Gefühl der Fremdheit ein, und ich bin viel befangener, als ich es normalerweise meinen Patienten gegenüber bin. [...]

Mit der Niederlage Deutschlands und mit der November-Revolution wurde die antisemitische Agitation zu mehr als einer Nebenerscheinung. Alle Teile des deutschen Volkes waren von Krieg und Revolution zutiefst getroffen. Aber die deutschen Juden spürten die Veränderungen mehr als jede andere Gruppe, ihre gesamte Lebensatmosphäre veränderte sich plötzlich. Man konnte den Antisemitismus überall spüren, die Luft Deutschlands war plötzlich von ihm durchdrungen. Die unvermeidlichen Folgen der militärischen Niederlage, der Revolution, der Inflation und des Versailler Vertrages, die Gebietsverluste in Ost und West und die sozialen Umwälzungen, die sich daraus ergaben, alles, aber auch alles, wurde den Juden und/ oder den Kommunisten (diese beiden Gruppen waren für den richtigen Judenhasser austauschbar) zur Last gelegt. Schon zu Friedenszeiten in der Wilhelminischen Ära waren wir die Zielscheibe von Angriffen gewesen, in der Anspannung des Krieges waren wir einigen sehr heftigen Attacken ausgesetzt, jetzt aber wurden die Angriffe hemmungslos. Konnte man den antisemitischen Ausfällen früherer Zeiten noch individuell und in bürgerlicher Form begegnen, so wurden die Angriffe jetzt immer bösartiger, ihr Charakter immer bedrohlicher. Sie waren Vorboten der Rechtlosigkeit, der wir in der Hitlerzeit ausgesetzt sein sollten.

Eines Abends fuhr ich mit dem Zug von Frankfurt nach Hause. Im Zug war es stockdunkel, keine Lampe brannte. Das war nicht ungewöhnlich in der Nachkriegszeit. Die meisten Eisenbahnwagen befanden sich in schlechtem Zustand, und nichts funktionierte mehr richtig. Es muß im Jahre 1919 oder 1920 gewesen sein während einer der ersten Perioden heftiger antisemitischer Ausschreitungen, die überall aufflackerten. Ein Jude, der genug Mut hatte, sich zu wehren, wurde oft in heftige Prügeleien verwickelt. Gerade im Zug geschah so etwas häufig, denn es war fast unmöglich, auf die Verleumdungen und Gemeinheiten, die man an den Kopf geworfen bekam, nicht entsprechend zu reagieren. An diesem Abend saßen sieben oder acht Leute in dem dunklen Abteil der Vierten Klasse zusammen, alle schwiegen, bis einer das übliche Stichwort gab: „Die verdammten Juden, die sind doch an unserem ganzen Unglück schuld." Einige andere Mitreisende stimmten sofort zu. Ich konnte nichts sehen, aber aus dem Klang ihrer Stimmen schloß ich, daß es sich um jüngere Menschen handeln müsse. Unaufhörlich wiederholten sie denselben Unsinn und gaben den Juden die Schuld an allem, was in Deutschland schiefgegangen war und an allem Unheil in der Welt. Mit jeder Wiederholung wurde dieses widerliche Stimmengewirr bösartiger und für mich unerträglicher. Endlich konnte ich es nicht mehr aushalten. Ich wußte natürlich, daß ich mich mit jedem Wort, das ich an diese Leute richtete, in Schwierigkeiten bringen würde und daß es nicht gerade den Gipfel der Klugheit darstellte, hier eine Diskussion zu beginnen, aber ich konnte einfach nicht anders. Leider ist es mir in diesen Jahren oft so ergangen, daß ich mich in einer solchen Situation herausgefordert fühlte. Auch jetzt war ich wütend und nahm kein Blatt vor den Mund, als ich die Mitreisenden und ihr bösartiges Geschwätz kritisierte. Natürlich begann ich meine Rede mit der Feststellung: „Also, ich bin Jude, usw., usw." Das war genau das Signal, auf das sie gewartet hatten. Sie fielen über mich her und bedrohten mich auch körperlich. Ich konnte meinen Mund trotzdem nicht halten, und wir stritten, bis sie anfingen, mich herumzuschubsen und zu stoßen. Einer, der zwischen mir und der Tür saß, machte – mehr von der Dunkelheit als von der eigenen Tapferkeit beflügelt – den Vorschlag: „Werfen wir den Juden doch aus dem Zug." Dieses Warnsignal wagte ich nun nicht mehr zu überhören, und ich schwieg, denn Schweigen war in diesem Moment sicherlich besser als unter die Räder eines fahrenden Zuges zu geraten. Einer der Männer, dessen Äußerungen noch übler gewesen waren als die der anderen, stieg mit mir zusammen in Friedberg aus. In der schwachen Bahnhofsbeleuchtung erkannte ich ihn: Wir gehörten demselben Fußballverein an, dem V.f.B.[3], und ich hätte es nie für möglich gehalten, daß dieser Mann ein so wütender Antisemit war. [...]

Die Antisemiten und die antisemitischen Agitatoren betätigten sich überall, aber besonders stark an den Universitäten. Während meiner Studienzeit in Frankfurt von 1919 bis 1924 hat die Intensität der antisemitischen Attacken niemals nachgelassen. All die finsteren Kräfte, die der Krieg freigesetzt hatte, fanden unter den Studenten mehr Anhänger als in anderen Gruppen. Die Studenten der Ingenieurschule in Friedberg bildeten da keine Ausnahme. Am schlimmsten war es vor den Wahlen und am Wochenende. Da rotteten sich große Haufen zusammen und beschmierten und beklebten im Schutze der Dunkelheit jedes Haus und jede Mauer der Stadt mit ihren antisemitischen Parolen. Vor einer der Wahlen, es muß 1920 oder 1921 gewesen sein, wurden ihre Umtriebe so unerträglich, daß wir (etwa acht bis zehn junge Leute von Anfang Zwanzig) uns eines Samstagabends nach dem Gottesdienst zu einer Selbstschutztruppe zusammenschlossen und uns aufmachten, diesem Spuk ein Ende zu bereiten. Wir wußten aus Erfahrung, daß sie Samstagnacht unterwegs sein würden. Mit Knüppeln bewaffnet zogen wir zu zweit oder dritt in den dunklen Stunden nach Mitternacht durch die Straßen. Wir überraschten zwei Gruppen in verschiedenen Teilen der Stadt, als sie gerade dabei waren, ihre dreckigen Parolen an die Wand zu kleben, und mit Drohungen, deren Wirkung durch die Knüppel in unserer Hand sehr verstärkt wurde, zwangen wir sie, uns die Plakate auszuliefern. Dann verschwanden sie schnell in der Dunkelheit. Von dieser Nacht an versuchte niemand mehr, die Mauern und Wände zu beschmieren. Wir waren eigentlich recht erstaunt, daß schon unsere einmalige nächtliche Unternehmung genügt hatte, diesen Leuten ihr schmutziges Handwerk zu legen. Doch während meiner gesamten fünfjährigen Studienzeit an der Medizinischen Fakultät der Universität Frankfurt ist nicht ein einziger Tag vergangen, an dem ich und meine jüdischen Freunde nicht irgendwelchen Hetzreden oder herabsetzenden und kränkenden Bemerkungen ausgesetzt gewesen wären. Man wußte nie, was man während einer Versammlung, beim Essen in der Mensa, in der Toilette oder sogar in den Vorlesungsräumen wieder zu hören bekommen würde. Gelegentlich kam es auch vor, daß ein Kommilitone, mit dem ich mich nach Monaten gemeinsamer Arbeit und gemeinsamen Studiums befreundet hatte, von allen guten Geistern verlassen, anfing, mir seine Ansichten über Juden darzulegen. Damit endeten diese Freundschaften dann. Solche Situationen waren fast unvermeidlich, da mich niemand für einen Juden hielt. Am widerlichsten waren mir aber diejenigen meiner Bekannten, die mir erst versicherten, wie sehr sie mich als Menschen liebten und schätzten, mir aber zugleich erklärten, daß eigentlich alle anderen Juden ausgerottet gehörten. Noch heute müssen in Friedberg ein oder zwei dieser „Freunde" leben, die mir auf diese Art zugetan waren, deren „Freundlichkeiten" ich aber nach allem, was geschehen ist, niemals vergessen kann. [...]

Gleich nach dem Krieg begann der Zionismus eine wachsende Rolle in Deutschland zu spielen. In unserer ruhigen konservativen Gemeinde hatte er zwar noch keine Anhänger gewonnen, aber bald schlossen sich einige junge Leute unter dem Einfluß unserer rührigen Studentengruppe zu einer kleinen, aber enthusiastischen Schar zusammen. [...] Die Mitglieder dieser von uns organisierten Gruppe waren junge Menschen, die von denselben Ideen ergriffen waren wie wir oder die sich zumindest von unserer Begeisterung soweit anstecken ließen, daß sie bei uns mitmachten. Unser „Bund", eigentlich nur eine kleine verschworene Gemeinschaft von Burschen in meinem Alter und einigen jüngeren, war nach dem Vorbild des „Wandervogels" organisiert. Es gab nur einen entscheidenden Unterschied: In unserer Gruppe waren alle Mitglieder Juden. Neben den alten deutschen Volksliedern, die wir so liebten, und den Landsknechtsliedern, die wir bei unseren Wanderungen sangen, stimmten wir jetzt die traurigen, gefühlvollen jiddischen Gesänge und die frühen erregenden Melodien der „Chaluzim"[4] an. Jeder Bund, jede Organisation, braucht eine Fahne, unter der sie marschiert, eine Flagge, die sie der Welt zeigt, eine Standarte, der sie folgt. Unser Zeichen war – wie konnte es anders sein – der Mogen David, der Davidstern. Wir hatten einen wunderschönen kleinen Wimpel, den wir auf unseren Wanderfahrten mit uns führten. [...]

Nur einmal kamen wir mit diesem Wimpel in eine schwierige Lage, doch war unser goldglänzendes Zeichen nicht nur die Ursache dieser Schwierigkeiten, die Stange, an der der Wimpel befestigt war, half uns auch wieder heraus. Wir befanden uns auf dem Heimweg von einer Wanderung zur Burgruine Münzenberg – das ist eine berühmte Burg aus der Stauferzeit, die 1175 erbaut wurde, um das Reich der Stauferkaiser zu schützen. Wir mußten durch Gambach, ein feindliches Territorium, denn dieser Ort war eine Hochburg des Antisemitismus. Professor Werner[5] aus dem nahegelegenen Butzbach, Erzantisemit und Reichstagsabgeordneter, hatte hier eine große Anhängerschaft. An diesem ruhigen, sonnigen Sonntagnachmittag wanderte nun unsere kleine Gruppe, bestehend aus drei Erwachsenen und fünf Jugendlichen, an einem großen Herrenhaus im Zentrum des Städtchens vorbei. Eine breite steinerne Freitreppe führte vom Eingang des Hauses, das fast wie eine Burg aussah, zur Straße hinunter, auf der wir heimwärts marschierten. Eine Gruppe junger Männer in ihrem besten Sonntagsstaat lümmelte sich auf der Treppe herum und beobachtete uns. Plötzlich erspähten sie unseren Wimpel. Da stand einer der Burschen auf, zeigte auf das große gelbrote Hakenkreuzabzeichen, das er am Rockaufschlag trug, und rief mir zu: „He, dieses Zeichen solltet ihr auf eure Fahne heften!" Er hatte natürlich keine Ahnung, wer wir waren, und sicherlich hatte er niemals vorher einen Davidstern gesehen. Ich hätte still bleiben sollen, denn ich wußte genau, wie stark der Antisemitismus in Professor Werners Einflußbereich war. Aber Zorn und unauslöschlicher Haß auf dieses Symbol, dessen Anhänger uns verleumdeten und beschimpften, überwältigten mich, und in einer Reflexbewegung zeigte ich dem Schreier meine Hinterseite und klopfte noch drauf, damit er es auch richtig verstand, und rief zurück: „Auf den Hintern würde ich mir das Ding höchstens kleben." Daraufhin brach die Hölle los. Alle sprangen von der Treppe herunter, und zugleich hetzten sie die Hunde auf uns. Die Jüngeren fingen an, vor Angst und Schrecken zu weinen, aber wir rannten so schnell wir konnten, um unseren Verfolgern zu entkommen. Glücklicherweise gaben diese die Jagd bald auf, hetzten uns aber die Hunde hinterher. Während ich versuchte, die Jungen zusammenzuhalten, schlug Isy, der immer in die Bresche sprang, wenn Not am Mann war, mit der Fahnenstange um sich. Das Wimpelende hielt er fest in seinen kräftigen Schuhmacherhänden und schwang die Stange in weiten Halbkreisen in die uns verfolgenden Hunde hinein. So sicherte er unseren Rückzug und ermutigte uns durch laute Zurufe: „Keine Angst, keine Angst, sie werden uns schon nicht kriegen." Wir schafften es auch, bis zum Ausgang des Städtchens gleichmäßig weiterzurennen; der Schrecken legte sich. [...]

Das Jahr 1920 war ein Jahr der Demonstrationen – man demonstrierte von rechts, und man demonstrierte von links. Alle Demonstrationen fanden auf der Kaiserstraße statt, der Hauptstraße, auf der sich schon in früheren Jahrhunderten die meisten wichtigen Ereignisse abgespielt hatten. Im Jahr 1920 war die allgemeine Unzufriedenheit groß. An einem grauen, regnerischen Novembertag waren nun die Bauern dabei, ihren Beschwerden Nachdruck zu verleihen. Dies war nicht einer der üblichen, mittwochs und samstags stattfindenden Markttage, an denen die Bauern in die Stadt kamen, um ihr Obst und Gemüse zu verkaufen, und geduldig am Straßenrand an ihren Ständen auf Kunden warteten. Die Zeit der Geduld war vorüber für Tausende von Bauern, die an diesem düsteren Novembermorgen in unsere Stadt gekommen waren, um gegen die Agrarpolitik der neuen Weimarer Regierung zu protestieren. Diese Regierung hatte die Bauern in eine Zwangsjacke von Bestimmungen und Gesetzen gepreßt, mit denen sie alles und jedes, was auf dem Hof produziert wurde, ihrer Kontrolle unterwarf. Die Geduld des Bauern war nun zu Ende, denn alle seine Produkte waren strenger Bewirtschaftung unterworfen, von dem Vieh, das er züchtete, über die Milch, die er verkaufte, bis zu den Ernten, die er heranzog. Am schlimmsten aber waren die Preisbindungen in einer Zeit heftigster Inflation, denn sie brachten die Bauern an den Rand des Verhungerns. [...]

Der Protestmarsch der Bauern löste sich in der Nähe des alten Hotels Trapp auf, eine Querstraße von der Kirche entfernt. Eine Gruppe junger Männer trennte sich sofort von der Menge der Demonstranten, lief an der Kirche vorbei und sammelte sich wieder jenseits des Gebäudes, vor dem stattlichen Haus Bernard Rosenthals, des größten Viehhändlers der Gegend. Rosenthal war zugleich Regierungsbeauftragter für die Kontrolle der Viehwirtschaft. Er war mit diesem Amt betraut worden, weil seine einschlägigen Kenntnisse, seine guten Beziehungen zu den Bauern und sein Sinn für Gerechtigkeit allgemein geachtet wurden. Aber selbst unter den bestmöglichen Umständen wäre diese Aufgabe äußerst schwierig gewesen und bei allem Streben nach Gerechtigkeit, blieb er für die Bauern doch immer der Regierungsbeauftragte, der ihre Freiheit beschnitt und beeinträchtigte. Viele murrten über die Art, wie er seine Aufgabe durchführte. Man sagte ihm nach, daß er die großen Bauern bevorzuge zum Nachteil der kleinen Bauern, die aber in der Überzahl waren. Nun plötzlich nach der Demonstration entlud sich vor seinem Haus die aufgestaute Unzufriedenheit. Eine große Scheune stand hinter dem Haus innerhalb des geräumigen gepflasterten Hofplatzes, auf dem Bernard Rosenthal jederzeit 30 bis 40 Stück Vieh zum Verkauf bereitstellen konnte. Das Anwesen wurde auf einer Seite durch eine Mauer und zur Straßenseite hin durch die Vorderfront des Wohnhauses begrenzt. Zwischen der hohen Mauer und dem Haus befand sich der Eingang, der durch zwei schwere festgefügte Eichentüren sicher verschlossen war. Einige junge Männer versuchten, diese Tore aufzubrechen. Sie waren aber durch Querbalken gesichert und widerstanden leicht der Wucht der Körper, die sich immer wieder gegen die Holztore warfen. Die Tore erzitterten unter den immer heftiger werdenden Angriffen. Da plötzlich wurde das Hoftor von innen entriegelt und öffnete sich weit. Die Menge drückte die Torflügel auseinander und drängte hinein. Aber im gleichen Moment hielt der Mob verwundert und verwirrt inne, denn in dem weitgeöffneten Tor standen zwei schweigende Gestalten: Bernard Rosenthal, der Vater, und an seiner Seite sein Sohn Siegfried. Wie diese beiden Menschen dort mit gesenktem Haupt standen, bereit, sich den Angreifern zu stellen und noch in ihrer Hilflosigkeit voll ruhiger Würde, dieses Bild hat sich meinem Gedächtnis für immer eingeprägt. Die Angreifer hatten einige Sekunden überrascht eingehalten, dann stürmten einige auf die Scheune zu, während andere die beiden Rosenthals einkreisten, ihnen mit Schimpfworten und Drohgebärden zusetzten und ihnen mit der Faust drohten. Aber der Angriff dauerte nicht lange. Einige ältere beherzte Bauern warfen sich dazwischen, bildeten einen Ring um die Rosenthals und fingen mit ihren Armen und Körpern die heftigsten Angriffe auf. Gleichzeitig versuchten sie, die Menge zu beruhigen und beschworen sie, sich nicht zu Gewalttätigkeiten hinreißen zu lassen. [...]

Die antisemitischen Scharfmacher haben immer behauptet, daß der Jude der Feind, der gewissenlose Ausbeuter des einfachen vertrauensseligen Bauern ist. Aber genau das Gegenteil ist wahr. Nach den Gesetzen des Wettbewerbs kann ein jüdischer Händler nur dann gewinnbringend arbeiten, wenn er das Vertrauen und den guten Willen seiner Kunden hat. Er kann es sich einfach nicht leisten zu betrügen, wenn er sich letztlich nicht selbst um sein Einkommen bringen will. Trotz aller antisemitischer Tiraden gegen die Juden in ihrer Mitte sind die meisten Bauern eigentlich niemals wirklich auf den Antisemitismus hereingefallen. Es ist bemerkenswert, wie stark die Bindungen und das Vertrauen zwischen den Bauern und den jüdischen Händlern waren trotz der unaufhörlichen Propaganda, die vor dem Handel mit Juden warnte und trotz des allgemeinen Mißtrauens und der Diffamierung der Juden. Wie oft habe ich mit angehört, daß ein Bauer sein Vertrauen zu einem jüdischen Händler lautstark verkündete, während er von dessen christlichen Konkurrenten nur mit größtem Mißtrauen sprach. [...] Bezeichnend hierfür war, was sich kurz vor dem Tode von Sally Löwenstein ereignete, der Schwager meiner Schwester und Viehhändler in Echzell war. Als er schon todkrank lag und nicht mehr aufstehen konnte, kam ein Bauer, einer seiner alten Kunden, in sein Haus und bat um seinen Rat. Sallys Konkurrent, ein nichtjüdischer Viehhändler, wollte dem Bauern eine Milchkuh verkaufen und hatte diesem versichert, daß die Kuh einen erstklassigen Milchertrag bringen würde. Aber der Bauer fühlte sich ohne Sallys Rat verloren. Sally war wirklich zu schwach, um aufzustehen, aber der Bauer ging einfach nicht weg. Wenn Sally die Kuh nicht ansehen und beurteilen konnte, dann wollte er überhaupt nicht kaufen. Schließlich fand man einen Weg. Familie und Nachbarn schleppten das schwere Bett in den Wohnraum an ein Fenster, das sich zur Straße hin öffnete. Der Bauer führte die Kuh unter dieses Fenster und band sie dort fest. Mit der Hilfe aller Anwesenden wurde das schwere Bett mit dem kranken Mann darin unter größter Anstrengung auf die Höhe des Fenstersims gehoben, so daß der Kranke das Tier gründlich betrachten und sein Urteil abgeben konnte. Erst danach kaufte der Bauer diese Kuh. [...]

Die Beziehung zwischen dem Bauern und dem jüdischen Händler seines Vertrauens entwickelte sich nicht selten zu einer Freundschaft, die auch in den folgenden Generationen Bestand hatte. In Hessen wurde aus den Geschäftsbeziehungen zu den großen Landeigentümern, den „Pächtern", wie sie hier genannt wurden, wirkliche Partnerschaften, auch wenn sie im streng juristischen Sinn nicht so genannt wurden. Das Vertrauen dieser großen Landbesitzer in ihre jüdischen Händler kannte fast keine Grenzen. In ihren Augen konnte so ein Jude nichts Unrechtes tun. Er war ihr Berater, ihr Vertrauter in allen Fragen, vom Geld bis zum Heiraten. Ich meine, er war – auf einer niedrigeren sozialen Stufe – der direkte Nachkomme des „Hofjuden" vergangener Jahrhunderte, der der spanischen Krone und später den Fürstenhöfen Mittel- und Osteuropas ähnliche Dienste geleistet hatte. Diese Pächter waren die tatsächlichen Nachfolger der adligen und geistlichen Herren, die vor der napoleonischen Zeit die größten Landeigentümer auf dem Dorf und in der Stadt gewesen sind. Der Besitz des durchschnittlichen Bauern wurde „Bauerei" genannt, der Besitz der großen Landeigner hieß „Hof". Die Höfe überragten alle anderen Bauerngüter an Größe und an Bedeutung für das Sozialleben des Dorfes. Die Pächter waren sozusagen eine heimliche Adelskaste. Sie waren groß, reich und unabhängig genug, um mit ihren jüdischen Partnern von gleich zu gleich zu verhandeln. Weil sie von einer Position der wirtschaftlichen Stärke und Überlegenheit ausgehen konnten, verfielen sie nicht leicht Haß und Neid den Juden gegenüber, dem so viele wirtschaftlich weniger gesicherte Bauern erlagen. Aus eben diesen Gründen widerstand diese Gruppe auch ziemlich lange den radikalen Parolen der Nazis und ihren antijüdischen Maßnahmen. Aber trotz der engen und vertrauensvollen Beziehungen zwischen den reichen Bauern und ihren ebenso reichen jüdischen Geschäftspartnern hat es niemals Heiraten zwischen den Angehörigen dieser Gruppen gegeben. Ich weiß jedenfalls von keiner solchen Ehe, und auch meine Mutter hat mir nie von einer berichtet.

---

1 In der traditionsreichen jüdischen Gemeinde Friedberg (Oberhessen), in der ein Judenbad aus dem 13. Jahrhundert erhalten ist, lebten 1905 etwa 550 Juden. Diese Zahl ging bis 1925 auf 380 zurück.

2 Fest der Namengebung, bei dem die Kinder der Gemeinde das Neugeborene in die Höhe heben, den Namen erfragen und dann mit Süßigkeiten belohnt werden. Dieser jüdische Brauch war nur in Süd- und Westdeutschland sowie im Elsaß und der Schweiz bekannt.

3 Die erste Mannschaft des V.f.B. Friedberg bestand 1918 bis 1933 zur Hälfte aus Juden.

4 Pioniere (hebr.), d.h. Mitglieder der zionistischen Chaluz-Organisation, die auf die Auswanderung nach Palästina vorbereitete.

5 Ferdinand Werner (1876–1961), Oberlehrer in Butzbach, war zweimal Reichstagsabgeordneter, und zwar 1918 für die Deutschsoziale Wirtschaftliche Vereinigung und 1924 bis 1928 für die Deutschnationale Volkspartei.

33 Edwin Landau

geb. 1890 Deutsch-Krone (Westpreußen) – gest. 1975 Ramat Gan (Israel)

Edwin Landau, Mein Leben vor und nach Hitler. Ms. Ramat Gan 1940, 52 S.[1]

Edwin Landaus Vater ist Eisenhändler und Klempner in Deutsch-Krone und Repräsentantenvorsteher der dortigen jüdischen Gemeinde. Während drei seiner Brüder studieren, wird Edwin Landau Klempner und übernimmt später das väterliche Geschäft. Orthodox erzogen, ist er gleichzeitig betont deutsch eingestellt. Von vierjährigem Kriegsdienst heimgekehrt, gründet er in Deutsch-Krone eine Ortsgruppe des Reichsbundes jüdischer Frontsoldaten mit 40 Mitgliedern. Er heiratet 1921, vergrößert das Installationsgeschäft durch Übernahme öffentlicher Aufträge und wird Vorsteher der jüdischen Gemeinde. Als nach der Machtübernahme der Nationalsozialisten am 1. April 1933 alle jüdischen Geschäfte boykottiert werden, bricht Landaus Welt zusammen. Er betrachtet sich nicht mehr als Deutscher, bekennt sich zum Zionismus und beschließt, nach Palästina zu gehen. Im November 1934 wandert er mit Frau und zwei Kindern aus und eröffnet in Ramat Gan ein neues Installationsgeschäft.

Unverhofft kam ich am 10. Dezember 1918 in meiner Heimat an, und die Freude meiner Angehörigen war groß. Noch größer wurde sie, als ich alle meine Liebesgaben auspackte, die ich aus Frankreich und Belgien mitgebracht hatte. Es waren alles Dinge, die man in der Heimat schon lange entbehrt hatte, wie z. B. Waschseife, Kaffee, Schokolade, Kakao, Tee und Kerzen. Und dann ging das Erzählen los, und die Nachbarn kamen und hörten zu. Nun kehrten täglich Soldaten zurück, und viele Bekannte konnte ich wiedersehen und sprechen, darunter auch manche, die Offiziere waren. Und alle, die ich sprach, waren froh darüber, daß nun endlich nach vier Jahren der Krieg vorbei war, wenngleich mit der Republik nicht alle einverstanden waren. Man merkte vielen dieser aus gutbürgerlichen Kreisen Stammenden an, daß sie lieber prominente Persönlichkeiten an der Spitze gesehen hätten. Auch ich war im Herzen kein Republikaner, da mir die Monarchie noch zu sehr im Blute lag. Ich brauchte erst einmal etwas Zeit, um mich in alles hineinzufinden und mich von alten Vorstellungen freizumachen. Interessant war für mich die Tatsache, daß mein Vater ein strammer

Republikaner war und meine Mutter stets den Kaiser in Schutz nahm und aus ihrer Liebe zur Monarchie keinen Hehl machte, so daß es zuweilen zwischen den Eltern politische Diskussionen gab. [...]

Obwohl sich der größte Teil der jüdischen Bürger um die Linksparteien scharte, hatte doch nur ein einziger den Mut, bei allen Anlässen die schwarz-rot-goldene Fahne zu zeigen. Diesen Mut hat er nach der Machtergreifung Hitlers im Konzentrationslager büßen müssen. Bei den bald einsetzenden Wahlversammlungen, an denen auch ich regelmäßig teilnahm, konnte man bald unterscheiden, wer Republikaner und wer Gegner war. Ich hatte sehr viele katholische Bekannte und auch Kunden, mit denen man sich gelegentlich aussprach. Trotzdem durfte man sich nicht ganz offenbaren, da man ja nicht in das Herz dieser Menschen sehen konnte. Es war damals ja noch eine Atmosphäre eines gewissen Mißtrauens der Bürger untereinander. Diese befanden sich ja immer noch in Gärung, und viele wußten selbst nicht, wo sie hingehörten. Eines stand jedoch fest: Wenn wir jüdischen Soldaten geglaubt hatten, uns durch die Teilnahme am Kriege die Liebe unserer Mitmenschen zu erringen, so hatten wir uns geirrt. Herrschte auch kein offener Antisemitismus, so standen den Juden, welche sich doch mit den Arbeitern solidarisierten, ein großer Teil der Leute als Gegner gegenüber, welche die Republik haßten. Es schien auch schon, als ob die wirtschaftliche Macht dieser Gegner sehr stark war, und daß auch von ihnen bald die Parole ausgegeben wurde, daß die meisten Juden Drückeberger gewesen seien. Und so wie in meiner Heimatstadt war es ja im ganzen Reiche, und wenn auch die Arbeiter stets die Juden in Schutz nahmen, so schlossen sich doch die jüdischen Frontkämpfer, für welche der Schutz von dieser Seite eine gewisse Demütigung darstellte, unter Führung früherer Offiziere zu einer Vereinigung zusammen, dem Reichsbund jüdischer Frontsoldaten.

Ich selbst nahm die Gründung einer Ortsgruppe vor, welche bald 40 Mitglieder zählte, die statutengemäß auf Grund ihres Militärpasses sich als Frontkämpfer ausweisen konnten. Mein Vater war mit meiner Aktivität nicht ganz einverstanden, befürchtete er doch, vielleicht nicht zu Unrecht, daß wir einen Teil unserer Kunden verlieren könnten. Zählten wir doch zu diesen viele Rittergutsbesitzer, Landwirte, Beamte und auch Baumeister, die, wenn nicht deutschnational, so doch zur Deutschen Volkspartei und zum Stahlhelm gehörten. Bald ließ auch die Deutschsoziale Partei und ihr Führer, der berüchtigte „Knüppelkunze", bei uns von sich hören.[2] Diese Partei hielt eine Wahlversammlung ab, zu welcher auch unser Frontbund und ein großer Teil der Arbeiter aufmarschierte. Es sprach ein Dr. Veit aus Meiningen. Der Redner brachte so dumme Lügen über die Juden vor, daß ich mich beinahe zum Worte melden wollte, um ihm zu entgegnen. Da mir mein Vater strengstens empfohlen hatte, nicht öffentlich zu sprechen, unterließ ich es. Im weiteren Verlauf wurden Widersprüche der Arbeiter laut, da sie selbst die Anklagen gegen die Juden nicht glaubten. Da besaß der Vortragende den Mut, die Behauptung aufzustellen, daß, wenn er nicht die

Wahrheit gesprochen hätte, sich doch mindestens ein Jude zum Worte gemeldet haben müßte, um ihm zu entgegnen, was jedoch auf allen seinen Vortragsreisen niemals der Fall gewesen sei.

Da konnte ich mich nicht länger beherrschen und rief: „Dann meldet sich jetzt einer zum Wort!" Der Vortragende stutzte erst, dann rief er: „Es wird mir nachher eine besondere Freude sein", worauf ich erwiderte: „Vielleicht auch nicht!" Nachdem er nun seinen Vortrag beendet hatte, drängte ich zum Vortragspult auf die Bühne, gefolgt von vielen Frontbündlern und einigen Arbeitern, die mich kannten. In einer fast einstündigen Rede, in der ich mich auf Verteidigung beschränkte, hatte ich auf meine Mitbürger, die mich kannten, einen solchen Eindruck durch die Leidenschaftlichkeit meiner Argumentation gemacht, daß ich wußte, ich würde siegen. Die Gegner, die es merkten, versuchten, mir das Wort abzuschneiden, besonders die Schüler der Baugewerksschule, welche ich leicht abfertigen konnte. Aber die Arbeiter ergriffen für mich Partei, und der Schluß war, daß der Vortragende nicht mehr sein Schlußwort sprechen konnte, da alles im Tumult unterging. Meine Mitbürger riefen mir vielfach zu: „Na, dem haben Sie es aber gut gegeben!" Wichtig war mir nur gewesen, daß man uns nicht feige schelten sollte.

Mein Vater war mit meinem Auftreten, das am nächsten Tage in der Zeitung erwähnt wurde, nicht einverstanden. Aber der Vorstand der jüdischen Gemeinde kam zu mir, um mir für mein mannhaftes Auftreten zu danken, was ich lächelnd entgegennahm. Aber bei den Gegnern stand ich auf der schwarzen Liste. [...]

Ich wurde nicht Mitglied irgendeiner politischen Partei, ging aber in alle Versammlungen und wurde nicht dümmer davon. Mit großem Eifer widmete ich mich nur dem Jüdischen Jugendbund, wo mein aus der Gefangenschaft heimgekehrter Bruder einen Vortrag über seine Erlebnisse hielt. Ich sprach auch vor der jüdischen Gemeinde und wurde nun mit großer Mehrheit ins Repräsentantenkollegium gewählt. Auch in den Vorstand des einst von meinem Großvater gegründeten Jüdischen Wohltätigkeitsvereins wurde ich gewählt. Mein Vater, der früher lange Jahre Repräsentantenvorsteher war, sagte zwar, daß jedes Amt viel Ärger und Feindschaft mit sich bringe, wenn man es objektiv versehen wolle, aber ich muß sagen, daß man mir, dem jüngsten Repräsentanten, Achtung und Respekt zollte, da ich immer rein sachlich blieb.

Geschäftlich hatte ich mich nicht nur bei den alten Kunden eingeführt, sondern auch neue geworben, so daß ich viele Neubauten in der Stadt zu installieren hatte. Ich ging auch zu den Behörden und stand bald in guter Geschäftsverbindung mit dem Stadtbauamt, Kreisbauamt, Preußischen Hochbauamt sowie mit der Militärbehörde. Da mein jüngerer Bruder in einer Fabrik für Bierdruckapparate und Sodafontainen Angestellter geworden war, so übernahm ich von dieser Firma, die teilweise meinem ältesten Bruder gehörte, die Vertretung und belieferte eine Anzahl von Restaurants mit neuen Apparaten.

Eines Tages erhielt ich von meiner Berliner Freundin einen Brief mit der Mitteilung, daß sie sich verlobt habe. (Ihr Bruder, mein Freund, war inzwischen praktischer Arzt in Berlin geworden.) Ich nahm diese Mitteilung zwar mit Interesse, aber ohne große Anteilnahme entgegen. Ich muß überhaupt sagen, daß im Kriege mit mir eine Wandlung vorgegangen war. Ich war aus den Sturmjahren heraus und war realer geworden.

Mein Vater meinte nun auch, es wäre Zeit, daß ich ans Heiraten dächte, und meine verheiratete Schwester hatte in ihrem Wohnort eine befreundete Familie mit zwei Töchtern, deren ältere sich gerade verlobt hatte, während die zweite, ein gut wirtschaftlich erzogenes anständiges Mädel noch zu haben sei. Auch mir gefiel dieses Mädel ganz gut, und ich trat in freundschaftlichen Briefverkehr mit Einwilligung ihrer Eltern. Zur Hochzeit der älteren Schwester fand auch unsere Verlobung statt, bei der u. a. viele christliche Nachbarn, sogar der deutschnationale Bürgermeister zugegen waren. Dieser Ort war fast nur evangelisch und vielfach antisemitisch eingestellt. Im Jahre 1921 heiratete ich. [...]

Von der Oberpostdirektion Köslin, für welche ich bereits früher Arbeiten ausgeführt hatte, erhielt ich auch im Jahre 1932 in unserer Stadt einen größeren Auftrag. Mit dem bauleitenden Architekten saß ich in einem Lokal (er konnte sehr viel trinken) und verhandelte. Da sagte er zu mir: „Sehen Sie, es ist sonderbar, ich bin ein Nazi, Sie ein Jude, und trotzdem bevorzuge ich Sie bei der Arbeit, weil Sie ein anständiger, ehrlicher Mensch sind, aber von Partei wegen dürfte ich Ihnen den Auftrag gar nicht geben; ich bin ein objektiver Mensch."

Für mich war es ein Vorbote kommender Dinge, und ich fragte mich, wie oft ich wohl derartige Reden zu hören bekommen würde. Inzwischen spürte man auch schon unter der Republik die geheime Aufrüstung. Rings um unsere Umgebung wurden Befestigungswerke ausgeführt und getarnte gassichere Unterstände wurden bei den Kasernen angelegt. Aber für mich gab es dort keine Arbeit, vielleicht hielt man mich für nicht zuverlässig genug.

Inzwischen sprach vor einer Wahl zum ersten Male Adolf Hitler in Schneidemühl, und alles strömte dorthin, um diesen kommenden Mann sprechen zu hören. Die Zeitungen brachten wahre mystische Ergüsse über diese Wallfahrt. Nunmehr fand sich öfter in der Heimatpresse irgendein antisemitisch angehauchter Artikel. Als wir bei dem Zeitungsinhaber deswegen vorstellig wurden, antwortete dieser Volksparteiler, er wäre nicht dafür verantwortlich, sondern sein Redakteur. Von diesem wußten wir natürlich, daß er Mitglied der NSDAP war. Besonders erwähnenswert ist aber die Tatsache, daß fast sämtliche Beamte des Finanzamts bis hinauf zum Regierungsrat vorbildlich korrekt und entgegenkommend waren. Hingegen ging der Erste Bürgermeister von der Deutschnationalen Volkspartei ins Nazilager über. Auch einige Katholiken hielten schon die Zeit für gekommen, aus der Zentrumspartei auszutreten. Sie wollten den Zeitpunkt nicht versäumen, wenn es neue Posten gäbe. Jetzt erschien das antisemitische Hetzblatt Der

Stürmer in kleiner Auflage bei uns, und die persönliche Verunglimpfung jüdischer Mitbürger begann. Die Hetze setzte sich immer weiter fort und brachte vielen Juden Schaden. Man begann, Friedhöfe zu schänden und belästigte linksrepublikanische Bürger. [...]

Wir spürten, daß ein Vulkanausbruch bevorstand. Mit Bangen begann für uns das schicksalschwere Jahr 1933. Anfang Januar, als ich zufällig beim Bürodirektor des Landrats war, sagte er mir, daß sie vom Reichsbund jüdischer Frontsoldaten das Gedenkbuch der gefallenen jüdischen Soldaten im Weltkrieg erhalten hätten.[3] Er glaubte aber, daß man es bald in irgendeine Ecke legen werde, und er möchte es lieber mir geben, weil es bei mir besser aufgehoben sei. Es wäre zu schade, wenn man es schänden würde. Bekanntlich hatte auch der Reichspräsident ein Vorwort dazu geschrieben, und auch der damalige Chef der Wehrmachtsabteilung, Oberstleutnant Ott, hatte bei der feierlichen Übergabe am 17. November 1932 folgende Ansprache gehalten: „Meine Herren, ich habe die Ehre, Ihnen im Auftrag des Herrn Reichswehrministers hier in dieser feierlichen Stunde zum Ausdruck zu bringen, daß wir dieses Gedenkbuch unserer jüdischen Kameraden, die im Weltkrieg gefallen sind, in hohen Ehren halten werden zum Gedächtnis dieser treuen und echten Söhne unseres deutschen Volkes." Ich nahm mit Dank von diesem Beamten das Buch und war innerlich sehr ergriffen von diesem Charakterzug.

Vielfach hörte man in den anderen Parteien, sogar von vielen Juden sagen, es wäre vielleicht gut, wenn Hitler in die Regierung eintreten würde, denn er würde bald seine radikalen Ideen ablegen, zumal die anderen Rechtsparteien ihn hemmen würden und alsdann würde die Partei wieder Wähler verlieren. Es sollte sich bald erweisen, daß das ein Trugschluß war.

Bald gärte es überall, und dann kam der Tag, an dem Papen den Kanzler Schleicher stürzte und der Reichspräsident Adolf Hitler in die Regierung als Kanzler berief – ein Gedenktag voll übermenschlicher Tragik für alle Zeiten. Die Großindustrie, voran Thyssen, Vögler, Klöckner, hatten mit ihrem Geld dem Mann zur Kanzlerschaft verholfen, von dem sie annahmen, er würde ein Spielball in ihren Händen werden. (Heute, wo ich dies niederschreibe, weiß Thyssen im Ausland, was er mitangerichtet hat.)[4]

Durch das Radio hörten wir dann den großen Fackelzug der Nazis vor der Reichskanzlei vorbeimarschieren, hörten den brausenden Jubel der Menschenmassen und wurden sehr deprimiert. Wir wagten nicht, an diesem Abend auf die Straße unserer Stadt zu gehen, denn auch dort war ein Jubel ohnegleichen, und man hörte draußen die Rufe der marschierenden Nazis „Juda verrecke".

Und am nächsten Morgen flatterten von den Häusern die Hakenkreuzfahnen und daneben auch die schwarzweißroten des Kaiserreichs. Aber jetzt konnte man auch schon feststellen, wer von den Bekannten ein Nazianhänger war. Man sah bei manchen Bürgern einen Zug im Gesicht, den man früher nicht entdeckt hatte. Auch viele Katholiken machten schon mit. Und die Jugend ging und marschierte voran. Dann hörte man die große Kundgebung der neuen Regierung und die Reden der neuen Minister. Herr Hugenberg sprach, und das Radio übermittelte uns u. a. einen Satz, der mich sofort stutzig machte. „Wir erwarten, daß unser neuer Kanzler treu die uns gemachten Zusagen halten wird." Dann wurden Neuwahlen ausgeschrieben. Die Republik war sang- und klanglos abgetreten. Vielleicht hat sie sich diesen schmählichen Abgang verdient. Noch eine Woche vor Hitlers Machtantritt sagte der Führer des Reichsbanners, Höltermann, im Lustgarten zu Berlin „Lieber tot als Sklav". Er starb nicht, wurde auch nicht Sklave, sondern war wie viele andere schon bald im Ausland.

Kurz vor den Wahlen kam der Reichstagsbrand und Verhaftungen setzten ein. Es folgte das Verbot der Kommunistischen Partei. Am Tage von Potsdam wurden die Betriebe geschlossen, damit das Personal am Lautsprecher die Feier miterleben konnte und die erste Tagung des neuen Reichstags. Hitler erhielt die Ermächtigung und Herr Göring blieb Reichstagspräsident. Zwar wagten noch einige Sozialdemokraten zu opponieren, aber es war nur noch ein Sichanklammern an den Strohhalm vor dem Ertrinken. Der Kampf gegen das Judentum war der erste Programmpunkt, der zur Durchführung gelangte. Das Schicksal nahm seinen Lauf.

Auch bei uns machten die Nazibanden die Straßen unsicher. So näherte sich der 1. April, der Tag des Judenboykotts. Bereits am frühen Morgen des Freitag sah man die SA mit ihren Transparenten durch die Stadt ziehen. „Die Juden sind unser Unglück", „Gegen die jüdische Greuelpropaganda im Auslande". In den Vormittagsstunden begannen sich die Posten der Nazis vor die jüdischen Geschäfte und Betriebe zu stellen, und jeder Käufer wurde darauf aufmerksam gemacht, nicht bei Juden zu kaufen. Auch vor unserem Lokal postierten sich zwei junge Nazis und hinderten die Kunden am Eintritt. Mir erschien das Ganze unbegreiflich. Es konnte mir nicht einleuchten, daß so etwas im 20. Jahrhundert überhaupt möglich sein konnte, denn solche Dinge hatten sich doch höchstens im Mittelalter ereignet. Und doch war es bittere Wahrheit, daß da draußen vor der Tür zwei Jungen in braunem Hemd standen, die ausführenden Organe Hitlers.

Und für dieses Volk hatten wir jungen Juden einst im Schützengraben in Kälte und Regen gestanden und haben unser Blut vergossen, um das Land vor dem Feind zu schützen. Gab es keinen Kameraden mehr aus dieser Zeit, den dieses Treiben anekelte? Da sah man sie auf der Straße vorübergehen, darunter gar viele, denen man Gutes erwiesen hatte. Sie hatten ein Lächeln auf dem Gesicht, das ihre heimtückische Freude verriet. Früher hieß es einmal im Überschwang „An deutschem Wesen soll die Welt genesen", aber dies hier war schon Satanismus, und es war eigentlich erst der Anfang.

Ich nahm meine Kriegsauszeichnungen und legte sie an, ging auf die Straße und besuchte jüdische Geschäfte, wo man mich auch zuerst anhielt. Aber in mir gärte es, und ich hätte am liebsten diesen Barbaren meinen Haß ins Gesicht geschrien. Haß, Haß – seit wann hatte dieses Element in mir

Platz ergriffen? – Seit einigen Stunden erst war in mir eine Wandlung eingetreten. Dieses Land, und dieses Volk, das ich bisher liebte und schätzte, war mir plötzlich zum Feinde geworden. Ich war also kein Deutscher mehr, oder ich sollte es nicht mehr sein. Das läßt sich natürlich nicht in einigen Stunden abmachen. Aber das eine empfand ich plötzlich: ich schämte mich, daß ich einst zu diesem Volk gehörte. Ich schämte mich über das Vertrauen, das ich so vielen geschenkt hatte, die sich nun als meine Feinde demaskierten. Plötzlich erschien mir auch die Straße fremd, ja die ganze Stadt war mir fremd geworden. Es gibt nicht die richtigen Worte, um die Empfindungen zu schildern, die ich in diesen Stunden erlebte. Zu Hause angelangt, ging ich auf den einen Posten zu, den ich kannte, und der auch mich kannte, und sagte ihm: „Als Sie noch in den Windeln lagen, hab ich schon draußen für dieses Land gekämpft." Er erwiderte: „Sie sollten mir aus meiner Jugend keinen Vorwurf machen, Herr..., aber ich bin kommandiert worden, hier zu stehen." Ich sah in sein junges Gesicht und dachte mir, er hat recht. Arme, irregeführte Jugend!

Trotz alledem kamen auch noch an diesem Tage eine Anzahl Kunden zu mir, besonders Katholiken, und es war so mancher dabei, der mich nur aus Protest gegen das Treiben da draußen besuchte. Auch der Bürodirektor des Landrats kam, um, wie er so schön sagte, mir nur die Hand zu drücken. Als ich ihm dankerfüllt sagte, er möge meinetwegen nicht seine Stellung aufs Spiel setzen und an seine Familie denken, antwortete er voll Stolz: „Ich bin Parteimitglied Nr. 20 der Deutschnationalen Volkspartei; was soll mir passieren?" Der arme Idealist, er sollte bald gewahr werden, daß auch diese Partei nichts mehr gelten sollte. Aber ich war ihm von Herzen dankbar, denn in mir war es wund. Am Nachmittag wurden zwei jüdische Gutsbesitzer verhaftet, der katholische Landrat abgesetzt. Ich lief auf die Straße und ging zu meinem jüdischen Schulkollegen, der ein Einheitspreisgeschäft nebenan hatte, und wir gingen die Straße auf und ab. Vor der Tür seines Geschäfts fragte ich ihn, was er tun würde, wenn auch am nächsten Tage die SA-Leute noch vor der Tür stehen würden. Er antwortete und hielt seine Zigarre im Mundwinkel: „Ich werde schließen."

Ich ging nach Hause. Der neue Posten wollte mich nicht einlassen, und ich machte Radau, daß er kein Recht hätte, mir den Eintritt in meinen Betrieb zu verwehren, woraufhin einige SA-Leute hinzukamen und den fünfzehnjährigen Hitlerjungen fragten, warum der Jude solchen Radau mache. Ich ging dann unbelästigt in meinen Betrieb, den meine Frau sofort schloß. Das Personal sah mich traurig an und fragte, ob es am nächsten Tage kommen solle. Ich verneinte... die Leute gingen hinweg... ich war innerlich zerbrochen. Mir wäre schon alles egal gewesen.

In der Wohnung rüstete meine Frau zum Sabbat. Ich ging in die Synagoge wie viele andere Juden. Dort sah ich verzweifelte Gesichter voll tiefstem Seelenschmerz, bleich und zitternd. Noch niemals haben Juden inbrünstiger gebetet als an jenem Abend, wo sie ihr Judesein so gründlich erlebten. Auch mein Herz bebte, und meine Seele schrie heimlich zu ihrem Gotte: „Mein Gott, warum hast Du mich verlassen?" So hatte ja einstmals auch Christus voll Schmerz am Kreuz geschluchzt. Auch wir wurden ans Hakenkreuz geschlagen. Wenig Trost gab mir das Gebet, und ebenso erschüttert ging ich nach Hause zur Frau und den Kindern. Und als ich dort, wie stets, im Kreise meiner Familie den Sabbat einweihte, als ich an die Stelle im Gebet kam, „der Du uns erwählt hast von allen anderen Völkern" und meine Kinder sah, die mich mit ihren unschuldigen und fragenden Augen anblickten, da war es mit meiner Fassung vorbei; da entlud sich in mir die Schwere des erlebten Tages, und ich brach zusammen, die letzten Worte nur noch stammelnd. Die Kinder wußten oder begriffen nicht, warum ich heftig weinte, aber ich wußte: Das war mein Abschied vom Deutschtum, meine innere Trennung vom gewesenen Vaterland – ein Begräbnis. Ich begrub 43 Jahre meines Lebens. Und wäre es nur der eine und einzige Tag solchen Erlebens gewesen, jetzt *konnte* ich kein Deutscher mehr sein.

Und was war ich nun? Zwar war ich ein religiöser Jude, aber doch schon sehr assimiliert. Ich war heimatlos geworden. In der Nacht zogen die Nazihorden durch die Stadt und tobten. Am kommenden Tage, dem Sonnabend, begannen die Haussuchungen bei Juden und Sozialdemokraten. Auch bei vielen jüdischen Freunden erschienen die braunen Banden. Die ganze Stadt war in Aufruhr. Wieder standen die Posten da. Ich konnte und wollte nichts sehen, ich war fertig. Am Abend war ich mit einigen jüdischen Freunden beisammen, und da fragte einer plötzlich, wie lange Hitler regieren werde, worauf ein Freund, der Inhaber des Einheitspreisgeschäftes, sagte: „zehn Jahre". Die anderen protestierten und meinten drei Monate oder ein Jahr. Heute ist dieser Freund in den USA, und Hitler ist schon sieben Jahre an der Regierung.

Wir glaubten, das Ausland könnte im 20. Jahrhundert eine solche Barbarei nicht dulden. Wo blieb England, wo Amerika? Wo war das Christentum geblieben? Zwar hielt damals John Simon⁵ einige Protestreden, aber es änderte nichts, und Israel stand ganz allein. War Gott auf seiner Seite?

Was barg die Zukunft? Die nächsten Tage brachten etwas Beruhigung, und auch wir begannen, zur Besinnung zu kommen. Ich ließ mich bei dem neuen kommissarischen Landrat als Repräsentantenvorsteher der Gemeinde melden. Zu mir waren viele jüdische Bürger gekommen und sagten, ich sei der einzige, der dort etwas ausrichten könne. Und darum ging ich hin und wurde vorgelassen. Man sagte mir, ich solle die übrigen Juden beruhigen, die Aktion sei nun abgeschlossen, sie wäre nur eine Strafe für die Propaganda der Juden in anderen Ländern gewesen. Ich teilte dies meinen Leidensgefährten mit, und sie hatten etwas mehr Mut. Ich aber hatte kein Vertrauen mehr und war zwar nach außen hin tapfer und stark, aber innerlich mutlos und verlassen. Ich ging zu den Gräbern meiner Eltern, Großeltern und Urgroßeltern und hielt Zwiesprache. Ich gab ihnen alles zurück, was ich vom Deutschtum von drei Generationen empfangen, in mir aufgenommen und gepflegt hatte. Ich schrie ihnen ins Grab: „Ihr habt Euch geirrt. Auch ich bin irregeführt worden. Nunmehr habe ich es begriffen, ich bin kein Deutscher mehr. Und was werden meine Kinder sein?" Die Frage blieb offen... Die Grabsteine blieben stumm. Auch mein alter Lehrer konnte aus dem Grabe nicht mehr antworten.

Und die Lebenden? Mein früherer Lehrer, der ein beliebter Rektor am Mädchengymnasium war und von den Lehrern und Schülerinnen sowie von deren Eltern sehr geschätzt wurde, wußte bald die Antwort zu geben. Während der Morgenstunden, als er gerade lehrte, erschienen SA-Leute und schrien ihm in Gegenwart der Schülerinnen zu: „Machen Sie Jude sofort, daß Sie hinauskommen. Sie haben kein Recht deutsche Kinder zu unterrichten!" Er wurde starr. Viele Mädchen begannen zu schreien und riefen seinen Namen. Er aber sagte ihnen: „Liebe Kinder, ich habe über fünfzehn Jahre an dieser Stelle gelehrt, ich habe stets Euer Bestes gewollt, auch deutsche Kultur übermittelt... ich gehe nun von Euch, weil die Gewalt es so will, lebt wohl." So ging er, und die Kollegen sahen ihm nach. Das war der Dank für seine aufopfernde Arbeit gewesen. Aber eine Freude sollte er noch erleben. Am Nachmittag erschienen in seiner Wohnung viele Schülerinnen mit Blumen und anderen Aufmerksamkeiten. Es war die Kritik einer noch unverdorbenen und unbeeinflußten Jugend. [...]

Ich selbst glich einem Pendel. Ich war haltlos. Die Gemeindemitglieder trafen sich öfter im Gemeindehaus oder auf dem Friedhof. Dort war es noch ruhig. Aber wenn einmal ein Jude beerdigt wurde, sah man (im Gegensatz zu früher) keine Christen mehr im Geleit. Die Leute waren auch feige und ängstlich geworden.

Eines Abends wurde ich von einem Schulfreund M. in seine Wohnung geladen, wo eine Anzahl Bekannte und auch ältere Zionisten anwesend waren. Mein Freund hielt eine zündende Agitationsrede für den Zionismus, um dort eine Ortsgruppe zu gründen. Ich ahnte, daß nun der Centralverein deutscher Staatsbürger jüdischen Glaubens erledigt war, weil wir eine Rasse bilden und keine Glaubensgemeinschaft sind. Hatte ich denn die ganze Zeit geschlafen, ein halbes Leben lang? Sind wir nicht einst am Sinai ein Volk und eine Glaubensgemeinschaft geworden? Ich sah, wie viele „Centralvereinler" zur neuen zionistischen Ortsgruppe übergingen. Ich aber konnte mich nicht entschließen. Ich war noch zu verwirrt von allen Geschehnissen. Die zionistische Ortsgruppe hatte sofort zwanzig Mitglieder. Man lud mich als Gast zur ersten Sitzung ein. Es wurde das Organ der Zionisten ausgelegt, die Jüdische Rundschau. Da las ich Überschriften wie „Jasagen zum Judentum" und „Tragt ihn mit Stolz, den gelben Fleck"[6]. Wie, wenn man das könnte, „die uns zugedachte Infamie" innerlich umwandeln zum nationalen Stolz, das Schimpfwort Jude als Ehrenname. Würde das einem nicht den Weg heraus zeigen aus der inneren Zerrüttung und Verzweiflung? Würde man nicht den Kopf trotz allem dann wieder hoch tragen können wie einst?

Es wurde ein interessanter Abend, bei dem auch einige Chaluzim sprachen. Da fiel das Wort „Palästina". Ich dachte an meine Schulzeit. Unser
Lehrer sagte an der großen Landkarte: „Das ist das Heilige Land, das Land
unserer Väter." Und jetzt sollte es wieder das Land unserer Kinder werden!
Vielleicht sogar auch unser Land! Man sang zum Schluß die „Hatikwa",
unsere Nationalhymne. Ich stand auf, wie einst bei „Heil Dir im Sieger-
kranz" zu Kaisers Geburtstag. Auf dem Heimweg ging mein Freund M., der
Vorsitzende der Ortsgruppe, allein mit mir. Wir gingen durch die stillen
Straßen im Mondschein. Ich fühlte mich innerlich freier. Er sprach und
redete auf mich ein. Seine Worte fielen in mich wie der Tau frühmorgens auf
die Pflanzen und Bäume. Sie lösten in mir angeborene Fesseln und linderten
den Schmerz meiner Seele. Und noch spät in der Nacht pochte es in mir:
Palästina,... „Altneuland"... Herzl... Denk an die Kinder.

Mit dem Geschäft ging es weiter bergab. Kunden zogen sich zurück, und
neue kamen nicht dazu. Was sollte werden? Wenn wir mit Bekannten
spazierengingen, dann war es mehr ein „Spazierenschleichen". Auf Umwegen, wo sonst wenig Menschen gehen, gingen wir in den Buchenwald, zu
den Seen, aber nicht in das Restaurant. Wie habe ich von Jugend an euch
geliebt, ihr Seen und Wälder der Heimat! Wie sehnte ich mich in der
Fremde, im Felde als Soldat nach euch! Und jetzt... Fremd seid ihr
geworden, denn ihr gehört mir nicht mehr. Ich habe kein Recht mehr, euch
zu lieben. Aber eines darf ich noch – euch danken für eure Schönheit, für die
Kühlung, die ihr mir so oft schenktet, für die Stunden der Erholung, die ich
bei euch genoß. Und ihr seid nicht schlecht. Ihr seid Natur – ein Stück von
Gott.

Nach einer weiteren Sitzung bat mich mein Freund sehr, einen Vortrag zu
übernehmen, auch ohne daß ich Mitglied sei. Das Thema überlasse er mir, er
könne nicht verlangen, daß ich einen zionistischen Vortrag halte. Ich sagte
nach einigem Zögern zu. In meiner Bibliothek hatte ich einen Band Gedichte von Hugo Zuckermann, dem jüdischen Dichter, der im Weltkrieg
gefallen war.[7] Beim Lesen wurde ich sehr ergriffen von dem tragischen
Schicksal dieses Menschen, der für sein Vaterland gefallen ist. Ich beschloß
daher, über diesen Mann zu sprechen, und junge Menschen sollten einige
seiner Gedichte vortragen, während ich gleichzeitig die verbindenden Worte
sprechen wollte.

Es kam der Sonntagnachmittag des Vortrages. Der Raum war überfüllt.
Jugend und Alter waren beisammen. Auch aus einer Nachbargruppe waren
einige Zionisten anwesend. Und als ich ansetzte, sah ich alle Gesichter auf
mich gerichtet mit gebannten Blicken. Ja, in mir fing es an zu singen, zu
leuchten, ich sah in vielen jungen Augen Tränen. Visionär sah ich das Land,
das der Dichter besungen. Auch mein älterer Junge sprach ein Gedicht...
Ich war wie im Traum, entrückt und die Worte kamen nur so aus mir, bis ich
zu Ende war. Alles kam begeistert zu mir, und der Vorsitzende sagte in
seinem Dank, es sei ein ergreifender zionistischer Vortrag gewesen, ich hätte

mich als Mitglied in die Ortsgruppe hineingesprochen und brauchte nicht mehr einzutreten, denn ich sei schon mit dabei. So wurde ich nach Jahren Zionist. Und die Mitglieder freuten sich, daß sie mich hatten, denn sie wußten, daß ich stets *aktiv* bin, wo ich auch immer Mitglied bin. Für mich selbst aber wurde es ein innerer Aufstieg. Ich wurde ruhiger und fand den Kontakt mit dem neuen Leben wieder.

1 Auszugsweise veröffentlicht in: Mitteilungen des Verbandes der ehemaligen Breslauer und Schlesier in Israel, Nr. 45 u. 46, Tel Aviv 1979/80.

2 Die Deutschsoziale Partei, eine völkisch-antisemitische Splittergruppe, bestand 1921 bis 1928. Ihr Vorsitzender Richard Kunze erlangte seinen Beinamen durch den Vertrieb von Gummiknüppeln für „geistige" Auseinandersetzungen. Er trat 1930 zur NSDAP über und war 1933 bis 1945 Reichstagsabgeordneter.

3 Die jüdischen Gefallenen des deutschen Heeres, der deutschen Marine und der deutschen Schutztruppen 1914 bis 1918. Ein Gedenkbuch, hrsg. vom Reichsbund jüdischer Frontsoldaten, Berlin 1932. – Das Buch enthält die Namen von 10 623 im Weltkrieg gefallenen jüdischen Soldaten. Reichspräsident von Hindenburg schrieb kein Vorwort, wie Landau angibt, sondern sein Dankschreiben an den Vorsitzenden des Reichsbundes wurde im Gedenkband abgedruckt.

4 Fritz Thyssen (1873–1951) war der deutsche Großindustrielle, der die NSDAP zuerst und am stärksten finanziell unterstützte. Bei Kriegsbeginn brach er mit Hitler, emigrierte in die Schweiz und dann nach Frankreich, wo er verhaftet und nach Deutschland zurückgebracht wurde. 1941 bis 1945 war er in Lagern inhaftiert und wurde 1948 als „minder belastet" eingestuft. Der Stahlindustrielle Albert Vögler (1877–1945), Reichstagsabgeordneter der DVP und 1933 bis 1945 der NSDAP, sowie Peter Klöckner (1863–1940), Mitglied der Zentrumspartei, finanzierten bis 1933 die DVP, die DNVP und das Zentrum.

5 Sir John Simon (1873–1954) war 1931 bis 1935 britischer Außenminister.

6 Robert Weltschs bekannter Leitartikel „Tragt ihn mit Stolz, den gelben Fleck!" erschien nach dem Boykott-Tag in der Jüdischen Rundschau vom 4. April 1933.

7 Hugo Zuckermann (1881–1915), böhmischer Dichter und Zionist, schuf u. a. das im Ersten Weltkrieg viel gesungene „Österreichische Reiterlied".

34 Wolfgang Roth

geb. 1910 Berlin – gest. New York 1988

Wolfgang Roth, Hängt alles von der Beleuchtung ab. Ms. New York 1977, 416 S.[1]

Roth wächst als Sohn eines Kellners im proletarischen Berlin auf. Mit 16 Jahren besucht er die Kunstgewerbeschule und lernt gleichzeitig das Malerhandwerk. 1928 wird er Meisterschüler Cesar Kleins an der Kunstakademie und beginnt, als Bühnenbildner für politische Theatergruppen zu arbeiten.

Er tritt der KPD und der „Assoziation Revolutionärer Bildender Künstler"
bei. Roth ist 1929 Assistent Traugott Müllers an der Piscator-Bühne und
besucht das Piscator-Studio. Bei Piscator lernt er Brecht kennen und arbeitet
bis 1933 als Assistent seiner Bühnenbildner Caspar Neher und Teo Otto.
Nach dem Reichstagsbrand aufgrund seiner Parteiarbeit kurzfristig verhaf-
tet, flieht Roth im März 1933 über Prag nach Wien. 1934 bis 1938 lebte er in
Zürich, wo er für das Corso Theater arbeitet, und emigriert 1938 nach New
York. Nach Jahren des Sichdurchschlagens erhält er 1943 den ersten Broad-
way-Auftrag. Sein größter Erfolg wird die Ausstattung der Welttournee von
„Porgy and Bess" 1952. International bekannt, wirkt er ab 1969 auch als
Gast in der Bundesrepublik und der Schweiz.

Ob meine Eltern wollten oder nicht, mit 15 hatte ich genug von den
humanistischen Studien am „Vereinigten Friedrichs- und Humboldt-Gym-
nasium" in Berlin. Hatte genug vom alten Lateinprofessor Cohn, genug von
dem Nazi Mathematiklehrer Schlichter, genannt „Ajax", genug vom Direktor Professor von Trendelenburg. Künstler wollte ich werden! Vielleicht
hatte das damit zu tun, daß meine Schule um die Ecke vom damaligen
Theater Max Reinhardts lag, dem Deutschen Theater. Doch eigentlich hatte
ich überhaupt keine Ahnung, was ich wollte, war nur von gewissen modernen Plakaten und Werbeanzeigen auf den Litfaßsäulen beeindruckt. „So was
will ich auch entwerfen", sagte ich zu meiner großen Schwester, die sich
öfter meiner annahm.

Mit Hilfe meiner gescheiten Schwester klapperte ich also Kunstschulen
ab, merkte jedoch sofort, daß sowas, wie die berühmte „Reimann-Schule"
nichts für mich war – zuviel Eleganz und gelangweilte Mädchen aus guten
Familien, und man mußte eine ganz schöne Summe zahlen. Nee – aber ich
entdeckte endlich die städtische Kunstgewerbeschule, und das war das beste,
was mir passieren konnte. Um aufgenommen zu werden, mußte ich eine
Prüfung bestehen. Angst hatte ich davor schon, denn ich hatte bisher kaum
eine Linie gezeichnet. Wenn wir als Kinder nach den großen Ferien zur
Schule zurückkamen, konnte ich nie meine „Sommererlebnisse" in Zeichnungen oder Bildern darstellen und hatte auch keine Lust dazu. Was erlebten
denn Hinterhofkinder wie ich um den Schlesischen Bahnhof herum? Etwa in
unserer Müncheberger Straße zu sehen, wie die billigen Nutten mit den
hohen Schnürstiefeln Kunden in ihre dunklen Kellerwohnungen schleppten
und diese sich nach zehn Minuten wieder wegschlichen? Oder etwa zuzusehen, wie verschiedene Ringvereine – einer hieß „Edelweiß" – in einer Kneipe
große Sauferein und oft auch Schlägerein veranstalteten, wenn sie vom
Begräbnis eines ihrer erschossenen Mitglieder zurückkamen?

Mein Vater war einer der wenigen jüdischen Kellner, die es damals in
Berlin gab. Er war als Waise aufgewachsen, hieß eigentlich Haberkorn und
war irgendwann mal irgendwo im östlichen Deutschland von Leuten namens Roth adoptiert worden. Er hatte wenig in der Schule gelernt, aber

dank seiner Energie und harter Arbeit hatte er sich langsam aber sicher als sehr guter Kellner durchgesetzt. Er machte die ganze Chose durch: als Kellnerlehrling – Piccolo hieß das – Servierkellner und endlich Zahlkellner. Als er bei der „Mitropa" Speisewagenkellner war, hatte er sogar ein paar Sprachen gelernt. Er erzählte viel davon, und als ich noch klein war, beeindruckten mich seine Geschichten sehr. Wenn er guter Stimmung war, spielte er uns Kindern kleine Szenen vor über das, was sich so im Speisewagen oder in der Küche ereignet hatte. Er zeigte uns auch Tricks, etwa wie ein geschickter Kellner, zehn bis zwölf Teller auf einem Arm balancierend, so tun kann, als ob er stolpert und hinfliegt, sich dann aber doch noch fängt. Wir Kinder feierten ihn wie einen Akrobaten. Abends mußten wir ihm zur Beruhigung die müden Fußsohlen kitzeln, wenn er sich nach sechzehn Stunden Arbeit müde ins Bett haute und für uns Geschichten erfand darüber, wie es sein würde, wenn er im zweiten Leben wieder auf die Welt käme.

Das war der kleine Kellner Hirsch Roth, Jude, der sich für ein bißchen Trinkgeld ausbeuten ließ und sich kaputtmachte, um seine sechsköpfige Familie zu ernähren. Obwohl er es nie zugeben wollte, ein Prolet war er doch und blieb es trotz mehrerer Versuche, seine Situation zu verbessern. Wir hatten sogar mal zwei richtige Café-Restaurants, übrigens mit herrlichem selbstgemachtem Eis. Aber all dies ging pleite, weil erstens meine Eltern keine guten Geschäftsleute waren, und zweitens die ganze ökonomische Situation in Deutschland miserabel war. Es ging mit Papa finanziell und überhaupt bergab. Er fing an zu saufen. Es ging soweit, daß Mama uns für einige Zeit verließ, da sie nicht mitansehen konnte, wie ihr Mann eine Liebesaffäre mit einer Kellnerin hatte und auch durch Alkoholsucht zugrunde ging. Eines Nachts zerschlug er sogar im Delirium sein Restaurant. Wir Kinder sahen zu, gebannt und tödlich erschrocken, bis dann die Polizei kam und Papa in eine Zwangsjacke steckte.

Mama war eine geborene Österreicherin und daher eine gute Köchin. Sie konnte sogar etwas singen und großartig Walzer tanzen. Vielleicht habe ich von ihr das Tanztalent geerbt. Sie verstand mich etwas besser als Papa in meinen Wünschen und Ambitionen und trat oft für mich ein. Aber sie kam nie darüber hinweg, daß ich im letzten Moment, nachdem schon alles vorbereitet war, mich weigerte, Bar Mizwa zu werden. Das ist der Moment im Leben eines dreizehnjährigen jüdischen Jungen, in dem er ein Mann und ein vollwertiges Mitglied der jüdischen Gemeinschaft wird. Mir leuchtete nämlich nicht ein, wieso ich eine idiotische Rede an die Gäste halten sollte, die mir ein Rabbiner Wort für Wort eingepaukt hatte. Ich kann sie heute, nach einem halben Jahrhundert, noch immer auswendig.

Mama hatte keine Ahnung von dem, was mich antrieb, aber sie hatte ein gutes Herz. Sie backte mir auch Kuchen und brachte ihn mir in meine eigene Wohnung, lange nachdem ich von zu Hause fortzog. Sie weinte auch gern und oft, mit oder ohne Grund. Nur als ich plötzlich im März 1933 weg mußte, um den Nazis zu entkommen, da weinte sie nicht, sondern war sorgenvollen Gesichts ganz still. Ich sah beide, Papa und Mama, nie mehr wieder. Papa starb bald nach meiner Flucht im Mai 1933 in Berlin und ist dort beerdigt. Mama hatte noch das Glück gehabt, meinen Geschwistern nach Palästina folgen zu können, und starb dort während des Krieges 1948. Ja, ich machte also die Aufnahmeprüfung in der Kunstgewerbeschule. Das für mich wirklich überraschende Resultat war, daß ich in die Vorbereitungsklasse aufgenommen wurde. In einem halben Jahr würde man dann weitersehen, ob überhaupt und in welcher Richtung ich mich entwickeln würde. Da verließ ich in revolutionärem Aufstand mein Elternhaus – dritter Stock, Hinterhof. Meine Brüder machten sich nur lustig über mich, und mein Vater zog wieder einmal seine Hand von mir ab. Papa hatte Ambitionen für seine Kinder, die sollten nicht wie er ein Leben lang andere Leute bedienen. Schwesterlein sollte Ärztin werden, ich zumindest Bankier und die Zwillinge Universitätsprofessoren. Nichts wurde draus. „Kunst ist brotlos", warf er mir vor.

Mit dem bißchen, was in meinem Sparschwein drin war, konnte ich das Übernachten auf der schwimmenden Jugendherberge auf der Spree bezahlen. Ich dachte, irgendwie wird der Kahn schon schaukeln, und er schaukelte. Auf den guten Rat meines humpelnden Lehrers hin wurde ich auch Malerlehrling bei einem Hausanstreicher in Neukölln. Erstens konnte ich so einen Beruf erlernen und zweitens etwas Geld verdienen. Und so schuftete ich tagsüber beim Anstreicher und abends in der Kunstgewerbeschule, um „Künstler" zu werden.

Der Sohn meines Malermeisters, Rudi Pieroth, ein streitbarer und aufgeweckter Kommunist, wurde mein bester Freund und Ratgeber – nicht nur im Malen und Farbenmischen, sondern auch in der Politik und in der Frage, was und wie man es mit Mädchen tut. Und wir taten es auch ausgiebig auf Wochenendfahrten mit Zelt und Faltboot, oft unterbrochen von Keilereien mit Nazi-Sturmtrupps oder Motorradbanden. Gerhard Feilchenfeld, ein dritter Freund, war auch dabei. Wir waren als zwei Juden in der Überzahl in unserer Dreiergemeinschaft. Was mit Gerhard Feilchenfeld, der auch Malerei studierte, passiert ist, weiß ich nicht. Ich weiß nur, daß Rudi von den Nazis ermordet wurde.

Ich beschäftigte mich mehr und mehr mit Politik, wollte für eine bessere Welt kämpfen. Man lebte in einer seltsamen Mischung von absoluter Verzweiflung und enormer Lebensfreude. Die Zeit war eigentlich grausig, und jeder wußte das auch. Diese dauernd lauernden Katastrophen, diese wachsenden Straßenschlachten zwischen Kommunisten, Sozialisten und Nazis. Wir auf der Linken waren uns damals nicht bewußt, daß wir trotz aller unserer Anstrengungen verlieren würden. Wir waren so jung, so enthusiastisch und hatten Antworten für alles. Und wir wollten doch den Massen helfen – derselben Masse Mensch, die dann, von Hitler beeinflußt, wenig später uns in den Rücken stach.

[1928 ist Wolfgang Roth Meisterschüler bei Cesar Klein an der Staatlichen Kunstakademie.]

Es begann eine intensive Zeit des Studierens. Nebenbei entwarf ich noch Dekorationen für politische Theatergruppen, führte sie aus und spielte auch manchmal selbst mit. Ich trat der „Assoziation Revolutionärer Bildender Künstler Deutschlands" bei und lernte dort wichtige Leute kennen, die starken Einfluß auf mich hatten: den Fotomonteur John Heartfield, George Grosz, Teo Otto und viele andere politische Künstler.[2] Ich war überzeugt, daß es die wichtigste Aufgabe der Kunst sei, für die linke Bewegung künstlerisch zu werben und die Massen zu erziehen.

Durch das Renommee, bei Cesar Klein[3] Meisterschüler zu sein, hatten die sechs in unserer Klasse als Gruppe viel Außenarbeit. Wir statteten Bälle, Kostümfeste, Restaurant- und Klubräume aus. Unter anderem den damals sehr progressiven Klub der sowjetrussischen Handelsvertretung in Berlin. Die Akademie tat viel Gutes für mich. Ich traf und sprach oft die gütige, menschliche Käthe Kollwitz, die dort Grafik unterrichtete, und ihren Mann, den Arzt, der Arme meistens umsonst behandelte.

Das Theater beschäftigte mich mehr und mehr. Ich wollte auf der Bühne verwirklichen, was ich bisher in Grafik mit politischen Losungen auf Plakaten und Transparenten geschaffen hatte. Ich wurde ein reger Besucher und Bewunderer von Agitprop-Gruppen, die unter allen möglichen Namen fungierten: „Das rote Sprachrohr", „Kolonne Links", „Die roten Blusen" und andere. Ich sah auch Inszenierungen von Piscator[4] und war völlig hingerissen. Da wollte ich dabeisein! An der Akademie konnte ich es nicht länger aushalten, ich wollte direkt ans Theater. Ich fühlte, daß man Theater nicht auf der Schule lernen kann und daß sich die Lehrer an der Akademie für politische Kunst wenig interessierten oder sogar dagegen waren. Die Akademie war eigentlich nur ein künstlerisch-ästhetischer Ersatz für die Wirklichkeit. Außerdem kam mein Lehrer, der würdige Professor Cesar Klein, selbst hin und wieder Bühnenbildner, selten, um unsere Arbeiten zu diskutieren. Er hatte auch die schlechte Angewohnheit, das, was er vor sich sah, zum Beispiel meinen Entwurf, so vollkommen umzumalen, daß man ruhig darunterschreiben konnte „Cesar Klein". Zu seiner großen Empörung habe ich das dann eines Tages getan. Ich schrieb seinen Namen unter meinen Entwurf und verließ meine romantische Meisterschülerexistenz an der Akademie.

Ich bat John Heartfield um Rat, der sprach mir Mut zu, ich sollte mich doch bei Piscator bewerben, vielleicht brauchte der jemanden. Also schrieb ich einen schüchternen Brief an Traugott Müller[5], Piscators Bühnenbildner am Theater am Nollendorfplatz. Er war ein Mann, dessen Arbeiten mir sehr imponierten. Ich fing an, mich intensiver mit Piscator und seinen Ideen zu beschäftigen, und las, was ich bekommen konnte – Theaterbücher, Kritiken, Zeitschriften, und Piscators eigene Arbeiten über das Theater. Ich sah seine rote Revue „Trotz alledem" in Poelzigs Großem Schauspielhaus und die umstrittenen „Räuber" im Berliner Schauspielhaus. Ich erfuhr von seinen Anfängen als Schauspieler im Fronttheater des Ersten Weltkriegs und seinen politischen Theaterstücken in Sälen und Kneipen. Ich war böse über die sozialdemokratische Berliner „Volksbühne", weil sie ihn als Regisseur herausgeworfen hatte, da er ihr politisch zu radikal war. Um ihn zu unterstützen, wurde ich Mitglied der „Jungen Volksbühne", einer politischen Besucherorganisation aus jungen Proletariern und Intellektuellen, die leider nur einen kleinen Teil von Piscators Publikum ausmachten. In der Saison 1927/28 eröffnete Piscator sein eigenes Theater in einem eleganten unproletarischen Berliner Stadtteil am Nollendorfplatz. Piscators „politisches" Theaterpublikum bestand zum großen Teil aus einer Gesellschaft in Smoking und Abendkleid, die es großartig fand, von der Bühne herab beschimpft zu werden, während oben die „Junge Volksbühne" im Olymp auf den billigen Plätzen saß und wild applaudierte.

Die Antwort von Traugott Müllers Assistentin Hilde Böhm, „Frau Doktor", wie er sie nannte, kam bald. Ich sollte Müller an der Bühnentür treffen. Dazu machte ich mir eine schöne Mappe mit Beispielentwürfen zurecht, in der Annahme, ich könnte Müller damit imponieren. Traugott Müller, kraushaarig, verschmitzt und rheinländisch, stand am Bühneneingang und sah auf meine Mappe: „Was wollen Sie damit? Entwürfe machen kann jeder... Warum wollen Sie eigentlich ans Theater? Haben Sie nichts Besseres zu tun? Das Theater ist doch Scheiße, und man wird nur ausgebeutet. Hier hauptsächlich von Piscator. Ja, er ist ein Kommunist, aber sehen Sie sich vor, mein Lieber. Können Sie eigentlich singen oder tanzen? Das ist ja viel schöner..." Und so ging es eine Stunde lang. Müller war ein Zyniker großen Formats. Er nahm nichts ernst, war aber ein großer Künstler und Erfinder und – wichtiger noch – ein großer Theatermann. Mir fiel ein, daß ich ihn vorher schon mal in „Volpone" auf der Bühne gesehen hatte. Er hatte die Ausstattung dafür gemacht, sang aber auch Lautenlieder zwischen den Akten vor dem Vorhang. „Warum kommen Sie nicht übermorgen abends zu mir zum Essen, und dann prüfe ich Sie, und dann werden wir mal sehen."

Ich ging also zur verabredeten Stunde zu Traugott Müllers Wohnung, traf seine schöne Frau und die Schauspielerin Maria Fein, noch ein paar Mädchen und einen ägyptischen Bühnenbildstudenten, Maler und Schauspieler namens Veli El Din Samih, damals einer der vielen Untertanen von Piscator. Und wir begannen zu essen und zu trinken. Müller holte plötzlich eine Gitarre raus und fing an, Wedekind-Lieder zu singen. Ich bekam eine zweite Gitarre und sang mit, sang auch meine alten Bauernkriegslieder, und es wurde ein herrlicher Abend. Von „Prüfung" keine Rede – gegen drei Uhr früh, etwas nüchterner geworden, fragte ich endlich so sachlich, wie möglich: „Herr Müller, wie ist das mit meiner Prüfung?" Mit einem Mädchen auf dem Schoß lächelte Traugott, „Mensch, was wollen Sie – Sie haben ja bestanden!" Und so wurde ich sein Assistent und Schüler, engagiert an der Piscator-Bühne, natürlich mit einem niedrigen Gehalt. Das war 1929. Ich nahm an allem teil. Brachte den Kaffee ins Theater während der Proben, machte Grundrisse und andere technische Zeichnungen, oder besser, lernte sie zu machen, fegte den Boden des Malersaals, baute Modelle, lernte Maßstäbe, las Manuskripte und machte mich allgemein nützlich. Ich lernte, studierte und arbeitete mich kaputt. Wenn wir nicht gerade arbeiteten, saß ich mit Müller und anderen nachts bei Schwannecke, und wir tranken Wein und rissen Zoten. Ich wurde auch Assistent und Schüler im Piscator-Studio, das dem Theater angegliedert war. Ich lernte nicht nur entwerfen und Theatermalen, sondern auch fechten, spielen und inszenieren. Es kamen Menschen aus vielen Teilen der Welt ins Studio, und ich lernte immer mehr Schauspieler, Regisseure und Filmemacher kennen. Da waren Leopold Lindtberg, Erwin Kalser, Leonhard Steckel, Alexander Granach, Ernst Busch, Curt Oertel und viele andere mehr.[6] Es war für mich eine gute, wertvolle und faszinierende Zeit. Dabei spitzten sich die wirtschaftlichen und politischen Zustände in Deutschland zu, und außerhalb des Theaters machte ich immer mehr politische Zeichnungen und Wahlplakate.

Im Sommer 1929 begannen Piscators Proben für Walter Mehrings „Kaufmann von Berlin". Das war eine politisch-satirische Behandlung der deutschen Inflation von 1923 mit Dialogen, Songs, Musik, Projektionen und mannigfacher Bühnentechnik – Technik aber, die dramaturgisch bedingt war. Trotz aller Treue zu Traugott Müller hatte Piscator Professor Moholy-Nagy[7] vom Bauhaus für die Bühnenbauten engagiert. Das Bauhaus und Gropius hatten ihm ja die Wohnung eingerichtet. Mit den unzähligen Assistenten und Experten, die der Professor vom Bauhaus mitbrachte, war auch ich wieder mal Assistent. Es war eine großartige Inszenierung Piscators mit aufrührender Musik von Hanns Eisler[8], den ich bei der Gelegenheit kennen und lieben gelernt habe. Bei den Proben ging alles schief und nicht nur schief, denn die Bühnendecke senkte sich sogar wegen des ungeheuren Gewichts der Stahlplattformen, die Moholy an die Decke gehängt hatte. Und so funktionierte es dann: Film, Projektionen, Laufbänder, drei Versenkungen, Drehbühne, Stahlplattformen am Schnürboden rauf und runter. Eisler dirigierte, mit seinem Schmerbauch auf dem Flügel balancierend, und Mehring lief wie ein Wahnsinniger im Zuschauerraum auf und ab. Das Stück wurde von der Presse vollkommen verrissen – „Parteitheater statt Kunst". Nur einige nicht ganz verblödete Leute unterstützten Piscator, so Alfred Kerr[9] im „Berliner Tageblatt": „Piscator Triumphator – Klopfer das Opfer" (Ludwig Klopfer war der unwissende Produzent und Geldgeber). Die letzte Vorstellung war großartig und erschütternd. Es kamen alle am Schluß auf die Bühne – Schauspieler, Bühnenarbeiter, technisches Personal, rund hundertfünfzig Menschen – und während Bühne und Zuschauerraum in projizierte wehende Fahnen gehüllt waren, sangen sie den Schlußchoral mit, der sich an das im Parkett sitzende Smoking- und Abendkleid-Publikum wandte:

„Wann tragen wir die Fahne?" Und ich weinte und ging nach Hause. Meine Arbeit bei Piscator war vorläufig vorbei.

Nach der Niederlage des „Kaufmanns von Berlin" wollte Piscator nicht mehr und war sehr deprimiert und enttäuscht. Eine Schauspielergruppe etablierte sich unter der nominellen Leitung des Schauspielers Erwin Kalser. Dieses „Piscator-Kollektiv", in dem ich auch Mitglied war, schloß sich hauptsächlich zusammen, um Piscator zu motivieren, wieder zu inszenieren und auch, um für die Schauspieler neue Arbeit zu finden. Das Kollektiv begann mit Credes „Paragraph 218", einem Stück gegen das Abtreibungsverbot. Traugott Müller, der die Inszenierung eigentlich ausstatten sollte, übergab das mir: „Können Se ja alleene..." Unter seiner Anweisung entwarf ich ein einfaches, nützliches Bild ohne laufende Bänder, ohne Drehbühne, ohne Film und Orchester und Umbauten. Es war schlicht und einfach ein Spielgerüst, leicht transportierbar und auf- und abbaubar. Die Inszenierung wurde einer der größten Piscator-Erfolge.

Piscator hatte an seinem Theater auch ein Schriftstellerkollektiv geschaffen. Das half ihm, Stücke künstlerisch und politisch zu prüfen, umzuschreiben und auf die Bühne zu bringen. Franz Jung gehörte dazu, Ernst Ottwalt, Leo Lania, der alte Anarchist Erich Mühsam[10] und auch Bertolt Brecht, den ich auf Fürsprache Traugott Müllers kennenlernte – Brecht mit seiner Lederjacke und Mütze, die ewige Zigarre im Mund, sich zynisch selbst widersprechend und andere überzeugend. Ich bewarb mich um eine Assistenzstellung bei Brecht zu der Zeit, als er noch mit Erich Engel als Regisseur seine „Dreigroschenoper" im Theater am Schiffbauerdamm plante. Und ich wurde akzeptiert. Für mich war das der Beginn meiner Zusammenarbeit mit Brecht. Ich wurde Caspar Nehers Assistent, das war Brechts Bühnenbildner.[11] Ich lernte zu beobachten – und Brecht bei der Arbeit zu beobachten, war eine reine Freude und ein Erlebnis. Langsam wurden wir auch Freunde, die Brecht-Familie und ich. Ich lernte durch Brecht, daß die Bühnenbilder nicht Schaufensterdekorationen oder Ansichtspostkarten sind. Eine Erfahrung, die das weiterentwickelte, was ich schon angefangen hatte, bei Piscator zu begreifen. Bühnenbilder machen ebenso eine Aussage wie das Wort des Autors oder die Geste des Schauspielers. Sie haben mitzuspielen und nicht nur dazustehen, um bewundert zu werden. Mein Meister Traugott Müller hatte mir Vorträge gehalten, in denen er sagte: „Seit Jahren arbeite ich an der Abschaffung des Bühnenbildes" – das war sehr ironisch, aber es stimmte auch. Ich merkte, daß Brecht von Piscator gelernt hatte, wie auch Piscator von Brecht.

Ich arbeitete 1930 mit Teo Otto an Brechts Chorwerk „Die Maßnahme" und 1932 mit Caspar Neher an Brechts Stück „Die Mutter". Als Hanns Eisler „Die Maßnahme" komponierte, hämmerte ich im gleichen Raum seiner Wohnung Regale zusammen, es störte ihn nicht, und er störte mich nicht. Es begannen auch die Arbeiten an Brechts erstem Film „Kuhle Wampe", ein Film über die große Arbeitslosigkeit und deren Folgen in

Deutschland. Ich verbrachte viel Zeit in Brechts Atelier hoch oben in der Hardenbergstraße mit Blick über das „Knie", saß auf der mit Affenhaut bespannten Couch oder rohen Stühlen, diskutierte mit und hörte zu. Eine schwarze Tafel – oder war es ein Sperrholzbrett? – hing an der Wand, und darauf wurde viel gezeichnet, geschrieben, entworfen und komponiert. Dieses Atelier war ein Treffpunkt, und Brecht mit seiner ewigen Zigarre machte lange scharf akzentuierte Märsche durchs Zimmer, während er telefonierte – und er telefonierte dauernd – die besonders lange Telefonschnur mit sich schleppend. Oder er stand hinter seinem hohen Schreibpult und schrieb Gedichte. Die Musik für Brechts „Wiegenlieder einer proletarischen Mutter" komponierte Hanns Eisler da oben auf seinem alten Hammerklavier. Kortner war da, und Oskar Homolka und Peter Lorre, und wir diskutierten die „Heilige Johanna der Schlachthöfe", die 1932 im Berliner Rundfunk als Hörspiel produziert wurde. Zu einer Bühnenaufführung kam es erst nach dem Krieg. Ich begann, mit Brecht an einer Marionettenproduktion seines langen Gedichts „Die drei Soldaten" zu arbeiten, doch Hitler und sein Tausendjähriges Reich machten dem ein Ende.

An dem Abend, an dem Mackie Winzer von Herzfeldes Malik-Verlag[12] und ich aus einer Aufführung von Wangenheims „Die Mausefalle" herauskamen, sahen wir den Reichstag brennen. „Es hat angefangen", sagte ich zu Mackie, „die Nazis haben es erreicht. Es werden bestimmt sofort Massenverhaftungen stattfinden. Ich glaube, ich gehe heute besser nicht nach Hause." Diese Nacht schlief ich bei Sonja Wronkow, die ich im Romanischen Café aufstöberte und um Unterkunft bat. Es war gut, daß ich nicht heimkehrte, denn mein Mitbewohner, der Maler Alois Erbach und viele andere Künstler und Schriftsteller wurden in dieser Nacht verhaftet – einige sogar, bevor das Reichstagsfeuer ausgebrochen war. Göring mußte sich ein wenig in der Zeit geirrt haben.

Wir, die aktiven Antifaschisten, tauchten unter. Meta und ich wohnten von Nacht zu Nacht in verschiedenen Teilen der Stadt. Wir trauten kaum jemandem, sogar oft guten Freunden nicht, denn sie hätten ja unterdessen Nazispitzel geworden sein können. Das tägliche Dasein war für uns gefährlich geworden, und wir wußten nie, ob wir die nächste Nacht, den nächsten Tag noch in Freiheit erlebten. Wir verfaßten und druckten Manifeste, Traktate und Aufrufe an die Bevölkerung, auch kurze Tageszeitungen auf primitiven Handpressen in einer Wohnung, einem Keller oder einer Laubenkolonie. Sogar kleine Bücher veröffentlichten wir und vertrieben sie mit raffinierten Methoden. Man nahm einen Krimi oder einen Klassiker, und die ersten Seiten waren unverdächtig, wenn man aber weiterblätterte, las man Anklagen gegen den Faschismus. Diese Literatur wurde oft aus Fenstern auf die Straße geworfen, vom Winde verweht, schnell aufgegriffen, und sie verschwand so schnell, wie sie auftauchte. Die illegalen Gruppen bestanden meist aus vier bis fünf Personen, die einander oft kaum kannten. Manche dieser Zellen flogen auf, denn Spitzel hingen überall herum. Man traf sich in

Caféhäusern, man tat, als ob man Schach spielte, ohne eine Ahnung davon zu haben. Aber dies machte es möglich, sich zu sehen und miteinander zu sprechen. Brecht und Familie waren weg. Viele waren plötzlich weg – entweder in Gefängnissen oder heraus aus Deutschland oder tot. Einmal ging ich nach Hause, um saubere Wäsche anzuziehen, und wurde auch prompt aufgegriffen und ins Gefängnis geworfen. Ich hatte jedoch Glück, denn nach acht Tagen und etwas Prügel wurde ich entlassen, da sich, wie ich hörte, einige alte sozialdemokratische Polizisten aus unserer Nachbarschaft für mich verwendet hatten. Das Polizeirevier gab mir sogar meinen Reisepaß zurück mit dem etwas verschmitzten Ratschlag, ihn doch zu einer Erholungsreise ins Ausland zu benutzen. Nicht jedem ging es so glimpflich wie mir, mein Freund Erbach wurde später, als ich schon in Sicherheit war, erneut von der Gestapo aufgegriffen und umgebracht. Nach längeren geheimen Zusammenkünften mit meinen künstlerischen und politischen Freunden entschied ich mich schweren Herzens, im März 1933 zu fliehen.

1 Der hier abgedruckte Text ist eine vom Verfasser autorisierte und leicht redigierte Auswahl aus den ersten 76 Seiten des Manuskripts. Er enthält wegen zahlreicher chronologischer Umstellungen keine Auslassungszeichen.

2 Die „Assoziation Revolutionärer Bildender Künstler Deutschlands" (ASSO) wurde 1928 in Berlin von Künstlern des graphischen Ateliers der KPD gegründet. Sie umfaßte bis 1933 über 500 Berufs- und Laienkünstler in 16 Ortsverbänden. – John Heartfield (1891–1968), eigentlich Helmut Herzfelde, wurde durch seine antifaschistischen Fotomontagen berühmt, arbeitete aber für Piscator und später für Brecht auch als Bühnenbildner. Er lebte 1933–1950 im Exil. Im Gegensatz zu ihm änderte der sozialkritische Maler George Grosz (1893–1959), seit 1933 in den USA, dort seinen Stil vollkommen. Teo Otto (1904–1968) war während der Emigration 1933–1955 Bühnenbildner am Züricher Schauspielhaus.

3 Cesar Klein (1876–1954) lehrte Wand- und Glasmalerei an der Kunstakademie in Berlin und entwarf Bühnenbilder für Berliner Theater. 1937 wurde ihm die Professur entzogen.

4 Erwin Piscator (1893–1966) war 1924–1927 Intendant der Berliner Volksbühne und leitete dann bis 1931 die Piscator-Bühne im „Theater am Nollendorfplatz" in Berlin. 1933–1951 emigriert, wurde er 1962 Intendant der Freien Volksbühne in Berlin-West.

5 Traugott Müller (1895–1944) entwickelte an der Piscator-Bühne eine neue Auffassung des Bühnenbildes und arbeitete nach 1933 mit den Regisseuren Fehling, Gründgens und Stroux zusammen.

6 Leopold Lindtberg wurde 1933 Regisseur am Züricher Schauspielhaus, Erwin Kalser und Leopold Steckel spielten ab 1933 ebenfalls in Zürich, wohin auch Alexander Granach über Polen und die Sowjetunion kam. Kalser und Granach emigrierten später weiter nach Hollywood.

7 László Moholy-Nagy (1895–1946) lehrte 1923–1928 am Bauhaus in Weimar und Dessau und leitete ab 1937 das New Bauhaus in Chicago.

8 Hanns Eisler (1898–1962) komponierte, abgesehen von zahlreichen Orchester-, Kam-

mermusik- und Chorwerken, etwa 80 Bühnen- und Filmmusiken. 1930 begann seine lebenslange Zusammenarbeit mit Brecht. 1933–1948 lebte er in der Emigration.

9 Alfred Kerr (1867–1948) war 1920–1933 Theaterkritiker beim „Berliner Tageblatt", emigrierte 1933 und leitete 1941–1947 in London das PEN-Zentrum deutschsprachiger Autoren im Ausland.

10 Erich Mühsam (1878–1934) war 1919 aufgrund seiner Beteiligung an der ersten Münchner Räterepublik wegen Hochverrats verurteilt, aber 1924 vorzeitig aus dem Gefängnis entlassen worden. 1933 wurde er erneut verhaftet und im Konzentrationslager Sachsenhausen ermordet.

11 Caspar Neher (1897–1962) war enger Freund und wichtigster Bühnenbildner Bertoldt Brechts bis zu dessen Tode.

12 Der Malik Verlag wurde 1917 in Berlin von Wieland Herzfelde (Bruder von John Heartfield, vgl. Anm. 2) gegründet und bestand 1933–1939 in Prag und London als wichtiger Exilverlag für kommunistische und sozialistische Schriftsteller.

35 Carl Schwabe

geb. 1891 Hanau – gest. 1967 Philadelphia

Carl Schwabe, Mein Leben in Deutschland vor und nach dem 30. Januar 1933. Ms. London 1939, 90 S.

Carl Schwabe wird mit 15 Jahren Lehrling im Kaufhaus Kahn in Hanau, das sein Vater mit einem Teilhaber betreibt. Nach dreijähriger Ausbildungszeit in Duisburg tritt er in die väterliche Firma ein, während seine beiden Brüder studieren und Arzt und Anwalt werden. Carl Schwabe ist 1916 bis 1918 Soldat; einer seiner Brüder fällt im Weltkrieg. 1922 heiratet er und steuert die Firma trotz Inflation und zunehmender Konkurrenz erfolgreich durch die zwanziger Jahre. Ab 1933 geht das Unternehmen wegen der zahlreichen Schikanen so zurück, daß er es 1935 stark verkleinert und im April 1938 verkauft. Sein zweiter Bruder wird von der Polizei in den Tod getrieben. Nach dem Novemberpogrom wird Schwabe einen Monat in Buchenwald inhaftiert und wandert dann 1939 mit Frau und zwei Kindern nach London aus. 1940 läßt er sich in den USA nieder und ernährt sich in Philadelphia bis ins Alter durch Stimmen und Reparieren von Klavieren.

Während der Inflationszeit hatten wir in Hanau eine Preisgrundtabelle ausgearbeitet, die mit einer nach dem Kursstand zu errechnenden Schlüsselzahl zu multiplizieren war. Ein Vetter von mir, der eine Goldwarenfabrik hatte, war dem Wirtschaftsfunkdienst angeschlossen und bekam jeden Tag die drahtlos übermittelten Tageskurse des Dollars mitgeteilt. Um ein Uhr schlossen wir die Geschäfte, um zwei Uhr versammelten sich alle Kleinhändler hinter verschlossenen Türen in unserem Möbellager, das einen Nebeneingang in einer Seitenstraße hatte, und dann erfolgte die Bekanntgabe des neuen Kurses und die Festsetzung der Schlüsselzahl. Solange der Kurs der Mark ungefähr gleichblieb, funktionierte das System. Als aber der Kurs endgültig zusammenbrach, war das Wettrennen zwischen der Preiserhöhung und der Entwertung hoffnungslos. Da der neue Dollarkurs erst mittags bekannt wurde, mußte man vormittags noch zu „alten" Preisen verkaufen. Das Publikum, das ja auch nur Mark in die Hand bekam, war natürlich gegenüber Preiserhöhungen äußerst gereizt. Ich hatte damals in einer Gesellschaft eine Unterhaltung mit einem Landgerichtsrat, der bei dem sogenannten Wuchergericht mitwirkte. Es kostete mich stundenlange Mühe, den alten Herrn davon zu überzeugen, daß der Kaufmann, der – wie er mir empört erzählte – für die Kerze aus der gleichen Kiste ihm am nächsten Tag einen höheren Preis abverlangt hatte, trotzdem nicht mehr erhalten habe und wohl kaum imstande sei, sich die Kerzen von dem Erlös wiederzubeschaffen. Er werde vielmehr für das entwertete Geld vielleicht nur noch das Streichholz zum Anstecken bekommen. Es gelang mir so, einem Richter einen Begriff von unseren Schwierigkeiten zu geben. Ich habe dadurch wohl manchen Händler vor der Bestrafung bewahrt. Die große Masse aber, die mit uns gleichzeitig getäuscht und betrogen wurde, sah in *uns* die Hauptsünder.

Auf der anderen Seite versuchten wir natürlich, die Einnahmen sofort wieder in Waren anzulegen. Jeden Morgen fuhren wir mit einem Koffer voll Geldscheinen nach Frankfurt und kamen mit Einkäufen zurück, die wir mitgenommen hatten – eine hübsche Variante zu der Redensart „mit Gold aufwiegen". Die Fabrikanten gingen alle dazu über, nur noch in Dollar oder in Schweizer Franken zu berechnen. Wir schickten unsere Tageseinnahmen, phantastische Beträge, auf dem schnellsten Wege ein und bekamen nach einigen Tagen die Abrechnung, daß soundsoviel Dollar und soundsoviel Cent uns gutgeschrieben seien. Wir hatten selbstverständlich für den Betrag weit mehr Ware abgegeben. Da half kein Rechnen und kein Sparen, wir sahen, wie wir jeden Tag verloren. Erst ganz spät erzählte mir ein Bekannter, wie er diese Schwierigkeiten überwunden habe. So machten wir es dann auch. Wir schickten zwei Schecks – einen mit dem Betrag des Gegenwerts der Rechnung am Ausstellungstag und einen Blankoscheck. Dieser Blankoscheck wurde von dem Lieferanten mit dem Differenzbetrag des Kurses am Ankunftstag ausgefüllt, und damit war die Rechnung erledigt. Wenn der Scheck zur Bank kam, war natürlich längst Deckung aus den Einnahmen vorhanden, und nun waren wir die Gewinner bei der Geldentwertung. Ungeheure Geschäfte wurden mit Wechseln gemacht, unglaublicherweise nahm die Reichsbank Wechsel mit längerer Laufzeit zum Diskont an. Der Diskont war phantastisch hoch, aber er hätte ruhig mehrfach höher sein können. Bei Verfall wurde der Wechsel mit dem Bruchteil aus dem Verkauf eingelöst. Wir Kaufleute der alten Schule waren ängstlich und fürchteten eine Kurserhöhung. Ich machte deshalb nur ein- oder zweimal Einkäufe mit Zahlung durch Wechsel und nur zu einem so kleinen Betrag, daß ich das Risiko auf mich nehmen konnte. Andere, die nichts zu verlieren hatten, weil sie nichts besaßen, waren weniger bedenklich, und Riesenlager wurden auf diese Weise zusammengekauft. Über Nacht entstanden Firmen, die Zehntausende Meter Ware aller Art annoncierten. Für uns arme Schlucker war das damals ganz unverständlich.

In unserem Privatleben spürten wir die Inflation natürlich ganz gewaltig. Die Hauptlast trugen die Frauen. Hatte eine einen Laden entdeckt, wo es Fett, Reis oder sonst was zu kaufen gab, so wurden die Freundinnen benachrichtigt und beeilten sich, noch rechtzeitig hinzukommen. Das gelang oft nicht – es war schwer zu wirtschaften. Der Tauschhandel kam wieder auf. Wir bekamen auf diese Weise einige Zentner Kartoffeln und einen Sack Mehl, manchmal auch Eier oder Butter und ähnliche Kostbarkeiten – ein großes, viel beneidetes Glück. Es wurde immer unruhiger in der Stadt und im Reich. Die anwachsende antisemitische Partei machte eine wütende Propaganda. Wir nahmen das nicht so ernst, wir fürchteten vielmehr die kommunistische Gefahr und spürten in unserer Stadt deutlicher und deutlicher die Verelendung und die Erbitterung der Massen. [...]

Nach der Inflation war es im Geschäft wesentlich weniger aufregend, und das Vertrauen in die Dauer der Stabilisierung wuchs. Im Februar noch hatte ich einen großen Schrecken gehabt, denn der Markkurs war für zwei Tage auf 95 Schweizer Franken für 100 RM gefallen. Aber das war der einzige Rückschlag gewesen. Nun zeigte sich, daß die alten Firmen durch den Ruf der Solidität, den sie genossen, doch wesentliche Vorteile hatten. Wir erhielten von unseren Lieferanten ausreichende Angebote und Kredit. Man hätte denken sollen, daß jetzt, wo die Mark stabil war, die Käufer mit dem Kaufen zurückgehalten hätten, da doch die Notwendigkeit der sofortigen Geldverwertung nicht mehr gegeben war. Es war aber die Versorgung mit Kleidung und Hausrat in den vergangenen Jahren so völlig unzureichend gewesen, daß sich ein ungeheurer Bedarf aufgestaut hatte. So wurde uns jetzt die gute Ware, die auf dem Markt erschien, gerne abgenommen; Absatzschwierigkeiten kannten wir damals nicht.

Die verbesserte Konjunktur brachte gesteigerten Wettbewerb. Die großen Warenhauskonzerne fingen an, sich auszudehnen. Sie machten neue Filialen auf, kauften an ihnen günstig erscheinenden Plätzen alteingesessene Firmen, und überall wurde umgebaut und erweitert. Sie konnten es, da sie dauernd große Auslandsanleihen erhielten. Es kamen die ersten Einheitspreisgeschäfte. Woolworth fing an, Tietz und Karstadt folgten. Wir mußten Anstrengungen machen, um uns zu behaupten. Die Kundschaft wurde anspruchsvoller, die Unkosten stiegen. Die Tochter meines Teilhabers heiratete, der Schwiegersohn trat in unsere Firma ein. Er kam aus dem Bankfach, es war nicht einfach für ihn, sich einzuarbeiten und mit unserer Kundschaft auf guten Fuß zu kommen. Unsere Bilanz für 1926 zeigte gesteigerten

Umsatz, aber keinen gesteigerten Gewinn. Immerhin hielt 1927 der Aufstieg an.

Mitte dieses Jahres wurde bekannt, daß der Tietz-Konzern[1] in Hanau einen Bauplatz kaufen wolle, um ein neues Warenhaus zu errichten. Es kam in Einzelhandelskreisen zu großer Aufregung. Man wußte, daß Tietz der Stadt für ein bestimmtes Grundstück ein Kaufangebot gemacht hatte. Der Einzelhandelsverband suchte dem Konzern zuvorzukommen und das Geld für den Kauf zusammenzubringen. Die Stadt stellte unerfüllbare Bedingungen, der Oberbürgermeister wollte die Entwicklung beschleunigen. Unter seinem Regime hatte die Stadt in der Inflationszeit einen Hafen am Main gebaut, dann große Siedlungsbauten unternommen und Beihilfen zur Ansiedlung neuer Industrien gewährt. Nun suchte er dem Einzelhandel ein neues Gesicht zu geben. Schließlich kaufte den Bauplatz eine schon seit langen Jahren in Hanau bestehende Filiale des Frankfurter Warenhauskonzerns Wronker[2]. Tietz gab sich nicht geschlagen. Er verhandelte mit einem Geschäftsmann, der als Strohmann eine Anzahl Häuser in guter Geschäftslage kaufte, und so wurde Hanau innerhalb eines Jahres mit zwei für den Platz viel zu großen Warenhäusern beglückt. Dazu kam noch, daß in der gleichen Zeit ein Einheitspreisgeschäft aufgemacht wurde.

Die Reaktion innerhalb der verschiedenen Kreise war mannigfach, die Entwicklung ging mit der im ganzen Reich parallel. Arbeiterkreise begrüßten sie, denn der erhöhte Wettbewerb sollte vermehrte und verbilligte Kaufgelegenheit bringen. Der kleine Geschäftsmittelstand sah sich in seiner Existenz bedroht und war verzweifelt. Es wurde damals die sogenannte Wirtschaftspartei[3] gegründet, die aus diesen und Handwerkerkreisen ihre Mitglieder warb, und den Kampf gegen die Warenhäuser und Kettengeschäfte auf ihre Fahne schrieb. Ihr Versagen förderte das Heraufkommen des Nationalsozialismus. Der Antisemitismus nahm stark zu, da gerade die großen Warenhaus-Konzerne unter jüdischer Führung standen. Die größeren Geschäfte suchten den Kampf aufzunehmen. Es wurde viel umgebaut, erweitert und verschönert und reichlichst Geld für Inneneinrichtungen aufgewandt. Die Fachzeitschrift brachte in jeder Ausgabe neue Besprechungen über Umbauten und Innenarchitektur. Die Geschäftsstraßen der Städte gleißten und funkelten. In Hanau gewährte die Stadt für Schaufensterbeleuchtung billige Tarife, um den Verbrauch an Elektrizität anzuregen.

Wir konnten uns dem Geist der Zeit nicht entziehen. Wir glaubten, durch die Schaffung besserer Ausstellungsmöglichkeiten und durch bessere Ausstattung der Verkaufsräume sowie durch größere Lagerhaltung unseren Rang behaupten zu können. So bauten wir im Jahre 1928 unser Haupthaus völlig um. Ich nahm eine Hypothek auf und glaubte so, finanziell für alle Fälle stark genug zu sein. Mein Teilhaber erlitt einen Schlaganfall, und so fiel leider gerade um diese Zeit seine wertvolle Arbeitskraft und Erfahrung weg. Mit meinem neuen Teilhaber, seinem Schwiegersohn, verstand ich mich gar nicht. Bald kam es zu ernsten Differenzen, und ich mußte mich von ihm trennen. Er schied aus der Firma aus. Da Herr S. nicht mehr tätig war, schloß ich mit ihm einen neuen Vertrag, der ihm ein bestimmtes Einkommen unabhängig vom Geschäftsgang sicherte. Zunächst ging alles gut. Die neue Schaufensterpassage brachte tatsächlich neue Kunden. Die Warenhäuser eröffneten, die Preise wurden gedrückt, die scharfe Konkurrenz machte sich fühlbar. Trotz allem blieb der Umsatz zunächst ungeschmälert. Ich erwog mit einigen anderen Firmen Fusionspläne. So ging das Jahr 1929 dahin.

Wir hatten trotz aller Kämpfe, Aufregungen und Sorgen ein schönes Familienleben und fühlten uns froh und stark. Meine Frau war gesund. Der Kleine lebte in seinem grünen Garten im Kinderparadies. Der große Sandhaufen, den wir ihm hatten aufschütten lassen, lockte Spielkameraden herbei, und immer war lustige Gesellschaft da. Mein Bruder hatte sich eine sehr gute Praxis aufgebaut, die ständig zunahm. Er war jetzt viel zufriedener als früher. Besonders in einfacheren Kreisen war er außerordentlich beliebt. Man wußte, für Dr. Schwabe war keine Stunde zu spät und kein Weg zu weit, wenn er gebraucht wurde.

Ein neuer Kunstverein hatte sich gebildet, der mit Lichtbildvorträgen, Konzerten und anderen Veranstaltungen viele Anregungen brachte. Jüdische Akademiker, die sich nach dem Krieg niedergelassen hatten, wirkten führend mit. Wir kauften unser erstes Radio: unvergeßlich die Aufregung und das Entzücken, zum ersten Mal eine Oper – es war Faust von Gounod – aus Budapest zu hören. Der Rundfunk war damals noch völlig unpolitisch und die Programme weit künstlerischer als heute. Es erschienen die ersten Kriegsromane. Reinhard Wehr brachte in der Frankfurter Zeitung seine realistischen Schilderungen. Remarque veröffentlichte sein „Im Westen nichts Neues". Jakob Wassermanns großartige gesellschaftskritische Romane erschienen, Hermann Hesse, Werfel und die Zweigs und viele andere brachten neue Werke und wurden viel gelesen.

Ich fuhr häufig nach Berlin, meine Frau begleitete mich öfter. Viele neue Firmen hatten sich aufgetan, der Einkauf war dadurch nicht erleichtert. Immer mehr Auswahl sollte gebracht werden, jede Firma suchte einen ganz speziellen Warentyp herauszuarbeiten. Berlin suchte sich selbst zu überbieten. Außer Max Reinhardt brachten auch die anderen Theater glanzvolle Aufführungen. Schnell vergessene Tagesgrößen und Klassiker wurden mit gleicher Sorgfalt inszeniert. Revuen nach französisch-amerikanischem Vorbild zeigten immer größeren Prunk und immer knappere Kostüme. Wir hatten Verwandte in Berlin und machten im Sommer öfter mit ihnen Autotouren in die herrliche Berliner Umgebung. Ich zeigte Lotte Sanssouci und die Havelseen, wir fuhren nach Wannsee und auch nach Treptow, wo die Berliner Arbeiter ihren Sonntag feiern. Ein anderes Berlin, Berlin O. Hier sitzt die Möbelindustrie, auch hier hatte ich einzukaufen. Es gab keine Prunkstraßen, sondern Riesenfabriken und Lagerhäuser, endlose Mietskasernen mit sonnenlosen Höfen, unzählige Kinder tummelten sich auf der Straße, überall Lärm und Staub. Hier wurde gearbeitet, das merkte man. Ein anderer Ton herrschte als im Westen, rauher und männlicher. Nirgends Eleganz. In den Geschäften nur die billigsten, einfachsten Qualitäten. Wenn ich nach meinem Hotel zurückfuhr, war ich wieder in einer anderen Welt. [...]

Ich versuche nun zu schildern, wie in den Jahren 1930 bis 1933 mein persönliches Geschick durch die allgemeinen Ereignisse in Mitleidenschaft gezogen wurde. Zunächst kam ein ganz scharfer Umsatzrückgang im gesamten Einzelhandel. Wenn billigere Preise erwartet werden, hält der Käufer zurück, wenn die Löhne abgebaut werden und die Erträgnisse aus der Wirtschaft sich verkleinern, kann der Lebensstandard nicht gehalten werden. Die Rohstoffpreise fielen, da auch die Weltkonjunktur zerstört war. Wer große Vorräte besaß, verlor. Die Warenhauskonzerne suchten ihre Umsätze auf jeden Fall und mit allen Mitteln zu halten. So ging der Preisspiegel noch rascher nach unten, als es bei vernünftigem wirtschaftlichem Handel notwendig gewesen wäre. Geldstarke Firmen kauften bei notleidenden Fabrikanten zu Schleuderpreisen und gaben die Ware billiger ab, als sie regulär eingekauft werden konnte. Die Substanz schmolz, Löhne wurden abgebaut, Arbeiter und Angestellte entlassen. Auch hier gingen die Großkonzerne rücksichtslos vor. „Wenn uns die Schaufenster eingeworfen werden, wir sind versichert", so soll sich damals der Leiter einer Zentrale in Köln geäußert haben. Die kleineren Geschäfte, die mit ihren Leuten in engen persönlichen Beziehungen standen, konnten diese nicht so einfach auf die Straße setzen. Ich war in dieser Beziehung nicht hart genug. Später sollte sich das bitter rächen. Der Rückgang der Kaufkraft ging mit dem Rückgang des Umsatzes und des Warenwertes parallel. Natürlich ging der Abstieg nicht so rasch, wie ich es hier erzähle. Ich kämpfte, so gut ich konnte. Unsere Stammkundschaft blieb uns treu, allerdings mußten wir jetzt viel Buchkredit gewähren. Wir hatten Monate, wo es uns gelang, den Umsatz zu steigern, und wo wir hofften, über den Berg zu sein. Wir suchten, die Unkosten zu drücken, wo wir konnten. [...]

Am 30. Januar 1933 wurde Hitler vom Reichspräsidenten Hindenburg mit dem Reichskanzleramt betraut. Die Propaganda stieg sofort. Der Hanauer Anzeiger war auf einmal nationalsozialistischer als die Parteipresse. Hier wie überall brachte die Angst um die Stellung, um das tägliche Brot die Andersgesinnten schnell zum Einschwenken. Es gab Männer, es gab aufrechte Charaktere, aber wie kläglich, wie rückgrat- und würdelos kapitulierten im allgemeinen Wirtschaft, Wissenschaft, Beamtentum und Justiz. Noch war ja die NSDAP in der Minderheit, in der Regierung wie im Parlament, noch hatten Deutschnationale und Zentrum Schlüsselstellungen, nur unter Bedingungen hatten sie Hitler an die Macht gelassen. Sie nutzten diese Stellung nicht aus. Gerade die Neubekehrten, die Postenjäger, wie auch die, die in Stellungen saßen und sie behaupten wollten, waren nur zu bereit, ihrer Überzeugung von gestern abzuschwören.

Nach den ersten Wochen wurde die Tonart fühlbar antisemitischer. Es war ja so bequem, alles, was einem nicht paßte, als jüdisch anzuprangern und verächtlich zu machen. Der „Stürmer", Streichers berüchtigtes Blatt[4], gab die Tonart an, die andere Presse folgte. Man brauchte einen Vorwand für Gesetze, die man vorbereitete. Der Reichstagsbrand, die Wahl, die Kommunistenverfolgung waren erledigt, jetzt kamen die Juden an die Reihe. Plötzlich wurde entdeckt, daß „Greuelhetze" von Juden im Ausland betrieben wurde. Rachegeschrei: ein Boykott der Juden muß die Hetze stoppen. So wurde, wie alles in Deutschland organisiert wird, der Boykott vom 1. April organisiert. Streicher stand an der Spitze. Der Boykott sollte so lange dauern, bis der Zweck, die Auslandshetze abzustoppen, erreicht sei. Der Beginn war auf zehn Uhr morgens angesetzt. Wir waren im Geschäftslokal und warteten. In den vorangegangenen Tagen hatten wir einen stärkeren Kundenzulauf als seit Jahren. Alle sagten uns, wie wenig sie mit der Aktion einverstanden seien und wie sehr sie mit uns fühlten. Jeder kaufte, was er für die nächste Zeit nötig hatte, für den Fall, daß der Boykott länger dauerte.

Der Boykott dauerte einen Tag. Ich werde ihn nicht vergessen. Die Straße war gefüllt mit Menschen. Junge Burschen johlend, ältere Leute neugierig, viele entrüstet. Vor jedem jüdischen Geschäft standen Reihen der braunen SA. Die Führer in schneidigen neuen Uniformen revidierten die Posten. Ich schloß ab und ging nach Hause. Noch war man ja nicht so geduckt, so niedergetrampelt, daß einen nicht die brennende Wut erfaßt hätte und die Scham, daß so etwas in Deutschland möglich sei. Meine Frau und ich gingen in den nahen Wald, und abends besuchten wir einen befreundeten Landgerichtsrat. Wir trafen dort Freunde, und ein etwas später kommender evangelischer Pfarrer konstatierte: „Da treffe ich ja eine feine Gesellschaft, einen katholischen Amtsrichter, einen sozialdemokratischen Direktor und zwei jüdische Ehepaare – Zeit, daß die Polizei dem Skandal ein Ende macht!" Sie hat es bald genug getan.

Bald nach dem Boykott kamen die ersten Gesetze, die die Juden aus den Berufen warfen, die sie bisher mit bestem Erfolg und zur Zufriedenheit aller ausgeübt hatten. Die Juristen, Ärzte und Beamten, die nicht vor 1914 gearbeitet hatten oder Frontkämpfer im Krieg gewesen waren, mußten aus dem Berufsleben ausscheiden.[5] Die Ärzte verloren die Berechtigung, Krankenkassenmitglieder zu behandeln. Da fast jeder Patient in einer solchen Kasse versichert war, verloren die Betroffenen durch die Sperre die Existenzgrundlage. Mein Schwager in Stuttgart hatte während des Krieges als Chirurg und Orthopäde in Cannstatt im Lazarett gearbeitet. Seine Vorgesetzten hatten ihn als unentbehrlich nicht vom Krankenhaus an die Front entlassen. Nun verlor er die Hauptpraxis. Seine Frau war als Medizinstudentin an die Front in ein Seuchenlazarett gegangen und hatte ihr Examen nach dem Krieg gemacht. Da sie nicht als Ärztin gearbeitet hatte, wurde ihr die Vergünstigung als Frontkämpfer nicht bewilligt. Die beiden wanderten nach Palästina aus.

Die jüdische Gemeinschaft schloß sich enger zusammen. Die Jüdische Rundschau, das Blatt der Zionisten, trug durch ihre ermutigenden Artikel viel zur Aufrichtung der Geister bei. Wir versuchten, in Hanau eine jüdische Schule zu errichten, doch die Regierung versagte die Einwilligung. Die Geschäfte wurden schikaniert. Unsere Vorräte an Fahnenstoff wurden vom Einzelhandelsverband „beschlagnahmt", obwohl nicht die geringste Berechtigung dafür vorlag. Der Druck auf die Kundschaft, den jüdischen Geschäften fernzubleiben, wurde stärker. Die NS-Handels-Organisation arbeitete mit Anstrengung.

Den 1. Mai, der als „Tag der nationalen Arbeit" gefeiert wurde, verlebten wir bei Freunden auf dem Land in Schlüchtern. Diese hatten dort eine Seifenfabrik und wohnten in einem reizenden Haus. Ihr Unternehmen gab vielen Brot, ihre Wohltätigkeit hatte allen Armen nach Kräften geholfen. Die Firma hatte die Betriebsfahne gestiftet (unter sanftem Druck des Vertrauensrates), und nun war es komisch, den jüdischen Inhaber die Naziflagge überreichen zu sehen. Mit den Wölfen zu heulen, nutzte hier aber nichts. Unzählige Male hörten wir an diesem Tag das Horst-Wessel-Lied und das Deutschlandlied, die Organisation klappte.

Am nächsten Tag wurden die Gewerkschaften aufgelöst. Die NSBO[6], später Arbeitsfront genannt, erbte das große Vermögen. Dann begannen die Zweckprozesse, die die Maßnahme rechtfertigen sollten. Geschichten von Unterschlagungen, Mißwirtschaft und Verschwendung durch Gewerkschaftsbeamte kamen in die Presse. Der Lärm dauerte ein paar Wochen, dann war es vorbei, der Zweck war erreicht. NSBO „Nun sind die Bonzen oben", so deutete das Volk die Abkürzung. Natürlich litt das Geschäft. Wir hatten an Krankenhäuser, Behörden und an die Stadt früher Lieferungen ausgeführt, nun fiel das alles fort. Beamte, Lehrer und alle Leute, die irgendwie von Stadt oder Gemeinde abhängig waren, wurden eingeschüchtert. Mein Bruder hatte als Frontkämpfer seine Kassenpraxis behalten, er hatte mehr zu tun als je. Die neuen nationalsozialistischen Grundsätze der Krankenbehandlung gefielen anscheinend seinen Patienten nicht so gut, als daß sie ihn deshalb verlassen hätten. Den Arzt wechselte man nicht so leicht wie das Geschäft, Gesundheit ist wichtiger als Kleidung.

Unser Musizieren bei H.'s ging regelmäßig weiter. Wir hatten manche Unterhaltung zu Zeitfragen. Es erschien eine Stürmer-Nummer (die Ritualmord-Nummer), die an Gemeinheit alles bisherige weit in den Schatten stellte. Weinend erklärte uns Frau H., wie sie sich für Deutschland schäme. Dann kam ein Tag, an dem Herr H. im Geschäft erschien. Er hatte der SA beitreten müssen. Unter diesen Umständen... Aus! Das Erlebnis war typisch.

Ein bitterer Witz aus der Zeit: „Wie viele anständige Juden gibt's in Deutschland?" Und die Antwort: „60 Millionen, jeder Arier kennt mindestens einen."

Die Regelung über die Zulassung jüdischer Schüler und Studenten zu höheren Schulen und Universitäten brachte neuen Druck, neue Schmähungen, neue Entwürdigung. Jüdische Bücher wurden öffentlich verbrannt, jüdische Autoren und Künstler geächtet.[7] Jeder Tag brachte neue Gemeinheit. Jedes Mittel war recht. Lügen, gefälschte Statistiken, Verleumdungen, alles wurde benutzt. Am 1. Oktober „Erntedanktag", Verbrüderung von Stadt und Land auf behördlichen Befehl. Die „Gefolgschaften" der einzelnen Firmen zogen mit ihren „Führern", die jüdischen Firmen natürlich ohne Führer, aufs Land zum Erntedankfest. Nachher erzählten mir unsere Leute, wie sehr sich unsere Kunden in Mittelbuchen mit ihnen gefreut hätten und daß sie mich alle grüßen ließen.

Wie jedes Jahr sollte auch diesmal eine gemeinsame Reklameveranstaltung des Einzelhandels für das Weihnachtsfest gemacht werden. Es wurden Werbezeitungen herausgegeben, von uns wurde der übliche Beitrag erhoben, die Texte abgeholt und auf unsere Beteiligung an der Weihnachtsverlosung hingewiesen. Plötzlich machte einer die fürchterliche Entdeckung, Juden und Arier arbeiteten auf gleicher Stufe. Unmöglich! Es wurde uns mitgeteilt, wir würden nicht zugelassen. Wir waren damals noch naiv genug, an das Recht zu glauben. Zwei Herren fuhren mit einem Anwalt nach Frankfurt, um bei höherer Instanz Beschwerde einzureichen. Wir setzten eine Anweisung an den Verband durch, daß die Zulassung zu erfolgen habe. Das Resultat: die Veranstaltung wurde nicht durchgeführt, die bezahlte Werbezeitung nicht ausgegeben, und für die jüdischen Geschäfte das Weihnachtsgeschäft durch Boykott–Posten „erleichtert". Wir wurden vor Andrang geschützt. [...]

Ich konnte mein Geschäft nicht länger aufrechterhalten. Zu viele Lasten hatte ich zu tragen, zu viele Zahlungen zu leisten. Meine Nerven waren am Zusammenbrechen. Ich meldete meine Firma zum Vergleich an. Mein guter Name half mir. Die Verhandlungen zogen sich einige Zeit hin, der Vergleich kam zustande, und ich konnte ihn erfüllen. Im Frühjahr 1935 war ich frei, hatte das teure Personal zum größten Teil entlassen können, hatte meine Unkosten auf ein tragbares Maß heruntergesetzt und hoffte, auf einer schmaleren, aber tragfähigeren Basis meine Existenz aufrechthalten zu können. Ich habe furchtbar gelitten, meine Frau stand treu zu mir, ohne sie hätte ich nicht durchgehalten. [...]

Wir erwogen natürlich dauernd den Gedanken der Auswanderung. Mein Bruder hatte immer noch gut zu tun, aber auch er litt, wie wir alle litten. Unser Vermögen steckte in unserem Grundbesitz, und war es in diesen Zeiten an sich schon schwer, Grundbesitz zu verwerten, so war es für Juden fast unmöglich, auch nur einen einigermaßen erträglichen Preis zu erzielen. Die Periode der „Arisierung" hatte begonnen. Täglich las man in der Tages- und Fachpresse: Die Firma X und die Firma Y und die Firma Z sind in arische Hände übergegangen und von den Herren... übernommen worden. Ich selbst hatte, nachdem mein Geschäft saniert war, Versuche gemacht, es zu verkaufen. Die Häuser lagen in der ersten Geschäftsstraße, und vor 1933 wäre es leicht möglich gewesen, sie noch verhältnismäßig günstig zu verwerten. Jetzt glaubte ein Arier, der ein paar tausend Mark besaß, dafür das Zehnfache an Werten aus jüdischer Hand erwerben zu können. Nach Abzug der Unkosten, Steuern usw. wäre mir so gut wie nichts übriggeblieben, die Grundstücke hätten noch kaum die Hypothekenbelastung erbracht. Mitte 1936 trat der Inhaber eines Lichtspielhauses an uns heran. Eine merkwürdige Erscheinung, etwas hochstaplerhaft veranlagt, hatte er mit gepumptem Geld ein Kino aufgemacht. 1933 gelang es ihm offiziell, Partei–Kino zu werden, und von da an ging es ihm gut. Er hatte sich mit seinem Vermieter verkracht, überhaupt lag er ständig mit allen möglichen Leuten im Streit. Sein Mietvertrag lief ab, und er suchte ein anderes Lokal. Ich hatte, um Grundsteuern zu sparen, die für unbenutzte Gebäude nicht berechnet wurden, meine Möbelabteilung, die in einem großen Haus gesondert untergebracht war, in mein anderes Haus verlegt. Für das leerstehende interessierte sich Herr E. Wir verhandelten beiderseitig mit größter Vorsicht. Er benutzte anscheinend unser Angebot als Druckmittel seinem Hauswirt gegenüber – je nach Stand gingen die Verhandlungen weiter. Der Druck, der auf unser Geschäft ausgeübt wurde, verstärkte sich. Ich hatte meine Unkosten gedrosselt und glaubte, wenigstens für die nächste Zeit gesichert zu sein. Die Entwicklung zeigte, daß immer, wenn ein besonderer neuer Propagandastoß losbrach, weitere Kunden fernblieben. [...]

Mein Bruder bereitete seine Auswanderung vor, stattete sich und die Seinen reichlichst aus, schaffte sich die neuesten und besten medizinischen Apparate an. Er lernte eifrig Englisch und war guter Zuversicht. Am 10. September 1937 fuhr er mit Frau und Kindern nach Stuttgart, um sich das Visum zu holen. Er bekam es ohne jede Schwierigkeit. Unmittelbar nach seiner Rückkehr gingen wir mit Herrn E. zum Notar, um den Vertrag fertigzustellen. Es waren noch Kleinigkeiten zu besprechen, dann sollte Herr E. die formelle ihm zugesagte Genehmigung der Partei und der Stadt einholen und dann der endgültige Abschluß erfolgen. Mein Bruder traf seine letzten Dispositionen. Wir hatten eine Aussprache über persönliche Angelegenheiten, um finanzielle Fragen zu regeln. Durch einen Zufall kam ich dann einige Tage nicht in seine Wohnung. Ich sah ihn nicht mehr lebend wieder.

Am Montag, den 21. September, ließ mich meine Schwägerin heraufrufen. Ich fand sie in Tränen. „Otto ist verhaftet." Ich war wie betäubt, was war geschehen? Mein Bruder hatte eine Patientin jahrelang behandelt, ihr geholfen, ihrem Mann, einem Dachdecker verschiedene Male Aufträge erteilt, an unseren Häusern Reparaturen auszuführen. So war eine gewisse Bekanntschaft entstanden, die Frau hatte meine Schwägerin öfter besucht und mit den Kindern gespielt. Nun erfuhr das Paar, daß mein Bruder in nächster Zeit abreisen würde. Offensichtlich um ihn zu erpressen, warf der Mann ihm vor, er sei der Frau zu nahe getreten und habe abgetrieben. Er erging sich in Drohungen. Mein Bruder beriet sich mit seinen zwei besten

Freunden, man führte Unterredungen herbei, die von Zeugen im Nebenzimmer abgehört wurden. Schließlich erstattete mein Bruder Anzeige bei der Polizei wegen Erpressung. Die beiden wurden vernommen, mein Bruder für den nächsten Tag bestellt und in Haft genommen. Der Arme hatte sich eingebildet, guter Name und Unschuld würden genügen, um ihn zu schützen. Er hatte seinen Paß und das Visum in der Tasche, hatte die Ausreiseerlaubnis, mit Leichtigkeit hätte er, wenn er im geringsten an dem guten Ausgang seiner Sache gezweifelt hätte, noch am Tage vor seiner polizeilichen Vernehmung abreisen können. Wir wissen nicht, was während des Verhörs mit ihm geschehen ist. Ich ging zum Anwalt, beriet mit meiner Schwägerin und Freunden. Am Mittwoch, den 23. September kam ich morgens von einer Besprechung zu meiner Schwägerin. Der Anwalt hatte versucht, uns Hoffnung zu machen und gewisse Schritte angeraten. Während ich berichtete, kam eine alte Patientin weinend in die Wohnung. „Sie wissen wohl noch gar nicht, was geschehen ist? Der Dr. Schwabe hat sich was angetan." Wir glaubten ihr nicht, konnten ihr nicht glauben.

Ich ging mit dem Freund zur Polizei. Ein Menschenauflauf vor dem Gebäude, Blutspritzer auf der Treppe bestätigten, daß sich eine Tragödie ereignet hatte. In der Kaserne wollte uns keiner Auskunft geben, schließlich kamen wir zum Polizeichef selbst, und der sagte uns, mein Bruder habe nach abgeschlossenem Verhör der Staatsanwaltschaft zugeführt werden sollen. Er habe im Zimmer im zweiten Stock gewartet und sich ganz ruhig mit den anwesenden Beamten unterhalten, dann sei er plötzlich zum Fenster gegangen, habe es aufgerissen und sich hinuntergestürzt. Ein Beamter, der ihn habe festhalten wollen, habe sich dabei an der Hand verletzt. Die Wahrheit dieser Erzählung werden wir nie prüfen können. [...]

Eines Morgens fanden alle jüdischen Geschäfte an ihren Schaufensterscheiben Plakate mit der Aufschrift „Juddegeschäft". Wir entfernten sie natürlich, aber am nächsten Morgen waren sie wieder da, ergänzt durch eine kleine Inschrift am Fuß: „Wer dies abreißt, ist ein Volksverräter". In Hanau war ein neuer Kreisleiter an die Spitze der örtlichen Organisation getreten und mußte seine Fähigkeiten beweisen. Ostern stand vor der Tür, Boykottposten marschierten auf. Es waren Beamte, Lehrer und städtische Angestellte, die man diesmal für dieses Ehrenamt gewählt hatte. Jedem Erwachsenen waren einige Schuljungen beigegeben, denen das Ganze natürlich ungeheuren Spaß machte. Sich mit behördlicher Billigung gegen Erwachsene frech benehmen zu dürfen, das war doch noch nicht dagewesen. Blieb jemand vor dem Schaufenster eines jüdischen Geschäftes stehen, so waren die kleinen Helden auf dem Posten. Schilder für „Volksverräter", die es wagen sollten, die Geschäfte zu betreten, waren vorbereitet, Photoapparate sollten das Konterfei eines solchen „Untermenschen" für den „Stürmer" verewigen. Kurz, es war für die Jungen eine große Zeit. Manchmal warfen sie Feuerwerkskörper und Stinkbomben in die Geschäftslokale, alles unter Aufsicht und Billigung der Lehrer und Würdenträger. Mancher von diesen

hatte sich geweigert, mitzumachen, aber „Befehl ist Befehl", und Parteiaus-
schluß bedeutete sicheren Existenzverlust.

Es begann gleichzeitig auch eine andere Art Boykott. An den Eingangstü-
ren der christlichen Geschäfte erschienen Plakate „Juden haben keinen
Zutritt". Erst in einer Straße, dann in einer anderen, immer mehr Geschäfte
wurden gezwungen mitzumachen. Wehrte sich der Geschäftsmann, so
riskierte er Anprangerung und noch Schlimmeres. Mit wenigen Ausnahmen
mißbilligte jeder einzelne von ihnen die Aktion. Waren doch die Juden gute
und gutzahlende Kunden gewesen, und die allgemeine Geschäftslage war
nicht derart, als daß nicht der Ausfall sich bemerkbar gemacht hätte. Wir
kamen nicht in Verlegenheit, wir hatten Freunde genug, die uns alles
besorgten, was wir nötig hatten, und wir konnten nach Frankfurt fahren,
aber wir empfanden diese dumme Belästigung als Gemeinheit.

Anfang April erschien Herr E. wieder. Er war in einer Zwangslage. Die
Genehmigung der Filmkammer, die für jeden Neubau eines Kinos notwendig ist, war abgelaufen. Nun verlangte die Kammer, bevor sie überhaupt
eine Entscheidung traf, die Vorlage eines Kaufvertrages, mit dem er den
Besitz des Grundstückes nachweisen könne. Fiel dann die Entscheidung
gegen ihn, so war das Grundstück für ihn natürlich wertlos. Wir schlossen
ein „gentlemen agreement", daß ich in diesem Fall den Vertrag als nicht
geschlossen betrachten würde und keine Rechte aus ihm geltend machen
würde. Ein solches Abkommen zwischen einem Parteigenossen und einem
Juden unter Billigung des Parteianwalts – das war eine besondere Sache. Wir
unterzeichneten den Vertrag am 26. April 1938 und am 27. kam ein Erlaß
Görings, daß von diesem Tag an kein Jude mehr Grundvermögen ohne die
Erlaubnis des zuständigen Regierungspräsidenten verkaufen dürfe. Später
stellte sich heraus, daß diese Genehmigungen monatelang auf sich warten
ließen. Es kam noch zu dramatischen Endkämpfen, beide Parteien fuhren
nach Berlin zur höchsten Instanz, Ende Mai kam dann eine Kommission der
Filmkammer zur Ortsbesichtigung und entschied zu E.s Gunsten. Er übernahm die Häuser ab 1. April, so daß mir die schwere Steuernachzahlung
erspart blieb.

Es war eine Rettung in zwölfter Stunde; denn zu uns kam kaum noch ein
Kunde. Ich mietete in einer Seitenstraße in einem jüdischen Haus eine
Parterre-Etage, die äußerlich nicht als Geschäftslokal zu erkennen war.
Noch einmal zogen wir um. Sobald der Besuch bei uns nicht mehr so leicht
zu kontrollieren war, kamen die Kunden – zahlreicher als seit vielen
Monaten! Wir hatten inzwischen die Bürgschaft für die Einwanderung nach
USA erhalten und lösten das Geschäft langsam auf.

---

1 Die Familie Tietz schuf seit den neunziger Jahren zwei große Warenhausketten: den
Hermann Tietz Konzern und die Leonhard Tietz AG. Der Hermann Tietz Konzern
war im Privatbesitz der Familie und beschäftigte 1933 etwa 14 000 Angestellte.

2 Hermann Wronker (1867–1942 deportiert) errichtete 1891 in Frankfurt a. M. ein Warenhaus.

3 Die Wirtschaftspartei oder Reichspartei des deutschen Mittelstandes, gegründet 1920, war eine rechte Interessenpartei von Haus- und Grundbesitz, Handwerk und Einzelhandel. Sie verfügte 1928 über 23 Reichstagsmandate.

4 Julius Streicher (1885–1946 hingerichtet), NSDAP-Gauleiter in Franken, gab 1923–1945 die NS-Wochenschrift „Der Stürmer" heraus, die der Verbreitung des fanatischsten Antisemitismus diente und die Vernichtung der Juden propagandistisch vorbereitete. Die Zeitschrift wurde in sogenannten „Stürmer Kasten" überall öffentlich ausgehängt. Vgl. Albert Schwerin (Nr. 44) S. 502.

5 Das „Gesetz zur Wiederherstellung des Berufsbeamtentums" vom 7. April 1933 verfügte die Entlassung aller Beamten jüdischer Abstammung mit Ausnahme jener, die schon vor 1914 Beamte waren oder im Weltkrieg an der Front gekämpft hatten. Die gleiche Ausnahmeregelung findet sich im „Gesetz über die Zulassung zur Rechtsanwaltschaft" vom 11. April 1933, das jüdischen Rechtsanwälten die Zulassung entzog, und in der „Verordnung über die Zulassung von Ärzten zur Tätigkeit bei Krankenkassen" vom 22. April 1933, durch die Juden die Kassenpraxis genommen wurde.

6 Nationalsozialistische Betriebszellen-Organisation. Diese wurde 1931 gegründet, um dem Nationalsozialismus Eingang in die Betriebe zu verschaffen, und 1935 in die Deutsche Arbeitsfront (DAF) überführt. Die DAF, geschaffen im Mai 1933 nach Auflösung der Gewerkschaften, organisierte zwangsweise Arbeitnehmer und Arbeitgeber.

7 Das „Gesetz gegen die Überfüllung der deutschen Schulen und Hochschulen" vom 25. April 1933 beschränkte die Zahl der jüdischen Studenten und Schüler auf 1,5 Prozent der Gesamtzahl. Die öffentliche Bücherverbrennung fand am 10. Mai 1933 an zahlreichen Universitätsorten statt.

36 Emil Schorsch

geb. 1899 Hüngheim (Baden) – gest. 1982 Vineland, N. J. (USA)

Emil Schorsch, Die zwölf Jahre vor der Zerstörung der Synagoge in Hannover. Ms. Vineland (New Jersey) 1975, 95 S.[1]

Obgleich zunächst in Esslingen zum Volksschullehrer ausgebildet, entschließt sich Emil Schorsch unter dem Einfluß seiner Fronterlebnisse, Rabbiner zu werden. Er holt das Abitur nach, studiert 1922 bis 1926 am Jüdisch-Theologischen Seminar in Breslau und promoviert zum Dr. phil. Schorsch ist 1927 bis 1938 zweiter Ortsrabbiner in Hannover, einer Gemeinde mit etwa 5500 Mitgliedern, davon fast ein Drittel Ostjuden. Er widmet sich der Jugendarbeit und versucht, der religiösen Indifferenz entgegenzuwirken; dabei kann er sich vor allem auf die lebendige Religiosität der Ostjuden stützen. Er gehört zu den Gründern eines Jüdischen Lehrhauses, dessen

Programm nach 1933 durch praktische Kurse für Auswanderer ergänzt wird. Nach dem Novemberpogrom 1938 im KZ Buchenwald inhaftiert, wird er aufgrund eines englischen Visums nach zehn Tagen freigelassen. Aus England emigriert Schorsch 1940 mit Frau und zwei Kindern zu Verwandten in die USA. Von 1940 bis 1964 ist er Rabbiner in Pottstown, Pennsylvania.

Meine Aufgaben als Rabbiner in Hannover umfaßten laut Kontrakt das „Dezernat für den Religionsunterricht", das Predigen in der Synagoge, die Aufsicht über das Kaschrutwesen[2] und die Leitung der Gemeindebibliothek. Die Aufsicht über den Religionsunterricht brachte zuerst viel Arbeit, war aber eine großenteils klar umrissene Aufgabe. Wir formierten 28 Religionsklassen für die ungefähr 650 jüdischen Schüler der Volksschulen und höheren Schulen Hannovers. Für die Volksschulklassen hatten wir eine besondere Religionsschule in der Lützowstraße, wo das Gemeindegebäude stand. Diese Schüler hatten keine Schwierigkeiten, zweimal während der Woche und am Sonntagmorgen zum Religionsunterricht zu erscheinen. Für die Schüler der höheren Schulen war das schwieriger, weil verhältnismäßig wenige jüdische Schüler in jeder Schule waren. So hatten wir den Gedanken aufgegeben, Klassen in den verschiedenen höheren Schulen einzurichten, sondern vereinigten diese Schüler am Nachmittag in einer der Schulen, die für diesen Zweck ausgewählt worden war.

Das Resultat war nicht gut. Die Schüler hatten das Gefühl, daß die ganze Angelegenheit des Religionsunterrichts nicht ernst genommen werden müßte. Es war sehr schwer, die daraus folgende Unregelmäßigkeit des Unterrichtsbesuches zu bekämpfen. Wir hatten selbstverständlich einen Lehrplan ausgearbeitet, und alle mit dem Religionsunterricht verbundenen Fragen wurden in besonderen Lehrerversammlungen diskutiert. Wir führten sogar Versammlungen aller Lehrer der Provinz Hannover ein, die sehr gut besucht wurden. Nichtsdestoweniger hatte es keinen Zweck, sich vorzutäuschen, daß der Religionsunterricht – sowohl das Hebräische als auch der geschichtliche und der theoretische Teil – viel zur Vertiefung des jüdisch-religiösen Bewußtseins beitrug. Die Ursache war, daß man kaum eine wirkliche Beeinflussung der Persönlichkeit erwarten kann, wenn das häusliche Leben der Schüler dem Unterrichtsideal widerspricht. Und es konnte kein Zweifel sein, daß die jüdische Religion nur in ganz geringem Umfang als Maßstab für das Leben der Eltern diente, vielleicht nur gerade soweit, wie es ihnen mit Rücksicht auf die Öffentlichkeit notwendig erschien, wenngleich sie hierüber kaum nachdachten. [...]

Religiöse Unwissenheit war eine weitverbreitete Tatsache. Sie führte soweit, daß jemand, der Mitglied des Gemeindevorstandes wurde, sich dem Rabbiner überlegen fühlte, weil er sich mit der Verwaltung der Gemeindefinanzen beschäftigte. Unwissenheit in religiösen Dingen beschwerte ihn nicht, da der Materialismus das Leben der modernen Menschen beherrschte und der Religion nur aus politischen Erwägungen eine Stellung eingeräumt wurde. Es war noch immer so, daß die Gesellschaft die Zugehörigkeit zu einer Religion erwartete. Wo Kirchen waren, da mußten auch Synagogen sein, sonst wäre die jüdische Gemeinschaft als kommunistisch abgestempelt worden. In vielen Fällen ging diese Haltung nicht weiter als bis zum Zahlen der Gemeindesteuer, im übrigen wollte der Beitragzahlende in Ruhe gelassen werden. Vielleicht war im Untergrund das Gefühl vorhanden, daß durch die Anstellung eines Rabbiners etwas getan werden konnte, um das Judentum als Religion zu erhalten. Aber das machte die Aufgabe des Rabbiners nicht leichter. Er fühlte die kalte Hand des Unglaubens, der Indifferenz, der Feindseligkeit gegen alles Religiöse in einem Maße, das seine Wirksamkeit beinahe strangulierte. Waren Gottesdienste mehr als gutgläubige Selbsttäuschungen? Diese Frage konnte nicht aus dem Herzen verdrängt werden. Wenn der Prediger über Gott sprach, wendete er sich an so manchen Synagogenbesucher, der überzeugt war, daß Gott nicht existierte. Wie lange konnte die Beharrungskraft der Tradition einer solchen gefühlstötenden Atmosphäre widerstehen? [...]

Eine solche Haltung und ausgesprochen negative Einstellung kann nur einen lähmenden, wenn nicht tötenden Einfluß auf religiöse Erziehung ausüben. Das Höchste, was ein Lehrer der Religion erwarten konnte, war, daß ein Wunder geschah und der Schüler ein dem Judentum zugewandtes Herz besaß, das darauf wartete, von einem Führer erschlossen zu werden. Gegen die Gleichgültigkeit jedoch war im allgemeinen nichts vorhanden, was man wirklich als religiösen Einfluß bezeichnen konnte. Es war ganz klar, daß ich versuchen mußte, eine Atmosphäre zu schaffen, die religiöserzieherische Möglichkeiten eröffnete. Es mußte etwas sein, das wie Elternhaus und Familie auch einen emotionalen Einfluß ausübte. So kam es, daß ich die Idee der Jugendgemeinde entwickelte.

Da die Kinder ihre Eltern nachahmen, ist es nicht verwunderlich, daß diese Nachahmung sich auch auf die Zugehörigkeit zu einer Gemeinde erstreckt. Kinder wissen nicht, warum Vater und Mutter manchmal einen Gottesdienst besuchen, doch sie neigen dazu, dasselbe zu tun, und besonders, wenn sie dabei nicht Nebensache sind, sondern im Mittelpunkt stehen können. Es war einleuchtend, daß eine Jugendgemeinde eine solche Gelegenheit schaffen würde. Nicht nur, daß Kinder und Jugendliche den Gottesdienst als Kantor und Rabbiner leiten sollten, sie könnten auch Vorsteher sein und Ehrenämter verteilen, und doch würde alles ohne die falschen Absichten sein, die das wirkliche Synagogenwesen gefährdeten, da Kinder noch nicht aktiv am wirtschaftlichen Leben teilnehmen.

Die Idee der Jugendgemeinde schlug ein. Kinder und Jugendliche waren begeistert. Wir schufen einen Samstagnachmittag-Gottesdienst, der auf eben den genannten Prinzipien beruhte. Besonders Kinder, die aus religiösen Familien kamen, und unter ihnen waren viele ostjüdische Familien, fühlten sich in dieser Jugendgemeinde zu Hause. Plötzlich waren Kinder und Jugendliche religiös organisiert. Das einzelne Kind konnte vielleicht in religiöser Beziehung vernachlässigt werden, nicht aber die Jugendgemeinde. Der Vorstand der Synagogengemeinde betrachtete die Jugendgemeinde als eine außerordentlich wertvolle Neuerung und war gewillt, die finanzielle Bürde zu tragen, nachdem die Jugendgemeinde für einige Jahre ihren Bestand gesichert hatte.

Die Sabbatgottesdienste waren selbstverständlich nicht die einzige Aktivität der Jugendgemeinde. Es wurden auch Jugendgottesdienste für die Feiertage eingeführt, und eine ganz große Überraschung war der erste Simchas-Tora-Gottesdienst.[3] Bisher kamen an den Feiertagen einige Kinder mit ihren Eltern in die Synagoge, doch zu diesem Simchas-Tora-Gottesdienst, der am Nachmittag stattfand, versammelten sich 300 Kinder in dem schönen Gotteshaus der Gemeinde. In den folgenden Jahren stieg ihre Zahl bis auf 1000 an. Zugegeben, es war manchmal schwer, die nötige Ruhe zu schaffen, um den Kantor oder die Predigt des Rabbiners zu hören. Aber schließlich fanden wir einen Weg, diese notwendige Stille herzustellen, ohne den Kindern das Gefühl zu geben, daß sie durch strikte Disziplin unterjocht werden sollten. Oberkantor Alter mit seiner voluminösen, durchdringenden Stimme hatte manchmal Schwierigkeiten, gehört zu werden, aber er ließ sich nicht abschrecken. Und ich entdeckte sehr bald, daß das Herz eines Kindes verhältnismäßig leicht mit der Erzählung einer schönen Geschichte geöffnet werden konnte. Eine weitere Aktivität der Jugendgemeinde war ihre Selbstverwaltung – ein Vorstand mußte gewählt werden. Wir schufen ein Tagebuch, zu welchem Mitglieder der Jugendgemeinde Beiträge lieferten, und das jüdische Gemeindeblatt veröffentlichte eine Beilage der Jugendgemeinde.

Das Wichtigste, das diese Jugendgemeinde bewirkte, war die Anerkennung der Tatsache, daß jüdische Jugend als Totalität religiöse Ansprüche haben konnte. Die Eltern merkten, daß sie ihre religiöse Verpflichtung nicht einfach vernachlässigen konnten, ohne irgendwie zu fühlen, daß sie der ganzen jüdischen Jugend unrecht taten. Es war wichtig, nicht nur eine Jugendorganisation zu schaffen, die ihre Rechte von der Gemeindeverwaltung verlangen konnte, sondern eine jüdische Jugendorganisation, die die jüdische Religion in den Mittelpunkt stellte. Sie schuf eine Basis jüdischer Existenz, die alle jüdischen Menschen der verschiedensten Einstellung zu einer Gemeinschaft vereinte. Das war besonders wichtig für die Kinder und Jugendlichen aus ostjüdischen Familien – in der Jugendgemeinde waren sie mit allen anderen vereinigt. [...]

In der jüdischen Gemeinde Hannover gab es eine Menge Familien, die aus Polen, Rußland und anderen osteuropäischen Ländern kamen. Ich würde ihre Zahl ungefähr auf 1700 Seelen schätzen. Viele hatten sich schon vor Jahrzehnten in Hannover niedergelassen, ihre Kinder wurden in Hannover geboren und erhielten ihre Erziehung an deutschen Schulen. [...]

Die meisten ostjüdischen Familien in Hannover waren orthodox. Ihre Geschäfte blieben am Sabbat geschlossen. Am Freitag hängten sie eine Notiz an die Ladentür, die etwa besagte: „Dieses Geschäft wird am Freitagnachmittag um drei Uhr geschlossen und wird am Samstag um sechs wieder geöffnet." Ich glaube nicht, daß die Geschäfte durch diese Praxis Einbußen erlitten, sondern ich habe oft bemerkt, daß Christen großes Vertrauen in jüdische Geschäftsleute setzten, die ihre Religion wirklich ernst nahmen. Die ostjüdischen Familien hatten sich drei sogenannte „Stübel" geschaffen, das sind Gebetsräume, in welchen ihre besonderen religiösen Bräuche berücksichtigt werden. Im ersten Stübel versammelten sich die jüdischen Familien aus Litauen, im zweiten die aus Polen und im dritten die Galizier. Diese Trennung ist unschwer zu verstehen, wenn man bedenkt, daß in den Gebeten die kleinen Unterschiede der Aussprache, der Vortragsweise und der Melodien eine wichtige Rolle spielen. Wenn bekannte Melodien auftauchen, dann summt die ganze Gemeinde mit dem Vorbeter mit. Wahrscheinlich wurde auch die jiddische Sprache in der Unterhaltung benutzt. Diese drei Stübel hatten eines ihrer Mitglieder, Raphael Balsam[4], zum Rabbiner ernannt, dessen Aufgabe besonders die Entscheidung über Kaschrut des Geflügels war. Prinzipiell jedoch fühlten sich die jüdischen Familien ostjüdischen Ursprunges in Hannover als Mitglieder der Synagogengemeinde. Das erklärt sich einerseits daraus, daß es ein Gesetz gab, nach dem jeder, der sich als zur jüdischen Religion gehörend bezeichnete, zur jüdischen Gemeinde der betreffenden Stadt gehören mußte und Gemeindesteuer zu zahlen hatte; andererseits war es das Bestreben der Ostjuden, sich der allgemeinen deutsch-jüdischen Gemeinschaft anzuschließen.[5] Erschwerend war der Umstand, daß die deutsche Staatsangehörigkeit als notwendig betrachtet wurde, um ein vollständiges, gleichberechtigtes Gemeindemitglied zu werden. Nur wenige der ostjüdischen Familien waren bereit oder fähig, die Kosten der Einbürgerung zu tragen. Die Folge war, daß die meisten nicht Vollmitglieder werden konnten.[6]

Im Gottesdienst waren immer viele ostjüdische Familien anwesend, da sie den Sabbat streng einhielten. Wie groß die Zahl der ostjüdischen Synagogenbesucher war, wurde in beinahe erschreckender Weise deutlich, als die Nazis am 28. Oktober 1938 die ostjüdische Bevölkerung Hannovers in das Niemandsland an der polnischen Grenze abtransportiert hatten. Das geschah an einem Freitag; am darauffolgenden Samstagmorgen war die Synagoge beinahe leer. Es ist wohl möglich, daß einige der deutschen Juden an diesem Sabbat aus Furcht nicht zur Synagoge kamen. Nichtsdestoweniger bewies es, daß man sich beim Sabbatmorgen-Gottesdienst nicht auf eine jüdische Bevölkerung stützen konnte, die den Sabbat in einen Werktag umgewandelt hat. [...]

Die fehlende Vollmitgliedschaft hatte keine Auswirkung auf die Tatsache, daß alle Einrichtungen der Synagogengemeinde allen jüdischen Familien in Hannover zugänglich waren. Jeder konnte den Gottesdienst besuchen, nur für die hohen Feiertage wurden Karten ausgegeben, die die Mitgliedschaft zur Voraussetzung hatte.[7] Aber an den anderen Feiertagen war die Synagoge mit unseren ostjüdischen Mitgliedern gefüllt. Nur das Simchas-Tora-Fest bildete eine Ausnahme. Nachdem in der Synagoge die Torarollen in der feierlich-freudigen Prozession herumgetragen worden waren, begleitet von den traditionellen Melodien, wenn dann die Tora-Verlesung stattgefunden hatte und der Gottesdienst beendet war, ging ich zu den „Stübeln" der Ostjuden, um an ihrer Simchas-Tora-Freude teilzunehmen. Die war ein bißchen wilder. Da saßen Jungen hoch oben auf den Schränken und sangen von dort lautstark die Melodien zur Prozession. Zu den Hakafot[8] gehörte richtiges Tanzen mit den Torarollen. Trotz des ungeheuren Lärms war das ein herzerwärmendes Erlebnis.

Was immer die ostjüdischen Familien an Religion praktizierten, strahlte diese gewisse Herzenswärme aus. Man hatte das Gefühl, daß Religion Wirklichkeit für sie war. Da so viele keine deutsche Staatsangehörigkeit hatten und da sie sicher nicht auf ihren Heimatstaat Polen mit seinem nie endenden Antisemitismus stolz waren, ist es vielleicht verständlich, daß das Judentum, das heißt die jüdische Religion mit all ihren Gesetzen, Sitten und Traditionen, ihre wirkliche innere Heimat darstellte. Die Herzenswärme kann jedoch allein so nicht erklärt werden, denn sie war tief in der Persönlichkeit des Menschen verankert. Im Gegensatz zu dieser inneren gefühlsstarken Warmherzigkeit war das Judentum der deutschen Juden etwas Kaltes, im besten Falle eine intellektuell-emotionale Erscheinung, wie ich sie ganz besonders in meinem Lehrer Isaak Heinemann[9] in Breslau vorfand. Der Zylinderhut, den die deutschen Juden in der Synagoge trugen, bezeugte mehr als eine Sitte, mehr als selbstauferlegten Respekt vor Gott. Er war auch ein Zeichen einer gewissen Erstarrung des Herzens. Auch der christliche Schammes[10], der während des Gottesdienstes im Korridor der Synagoge auf- und abwandelte, erschien mir immer wie eine Verkörperung erstarrten Judentums. Alles, was in diesem prachtvollen Hause Gottes erwartet wurde, war Dekorum, äußerliches Dekorum. Unter der Haut, da konnte Gleichgültigkeit wuchern oder sogar Opposition. Einen solchen Zwiespalt habe ich unter den ostjüdischen Familien nicht gefunden.

Wenn ich am Sabbat oder zur Bar Mizwa eine ostjüdische Familie besuchte, habe ich mich immer gewundert, wie viele der christlichen Nachbarn anwesend waren. Offensichtlich bestand äußerlich ein großer Unterschied zwischen den christlichen Deutschen, die Hannoveraner Deutsch sprachen, und den ostjüdischen Familien, die oft einen jiddischen Tonfall hatten. Aber dieser Unterschied hatte keinen Einfluß auf das Verständnis zwischen den beiden Gruppen. Die ostjüdischen Familien lebten in den ärmsten Stadtteilen, und es war besonders die einfache christliche Bevölkerung, die sich mit ihren jüdischen Nachbarn verstand. Ich stellte eine viel geringere Verbindung zwischen den deutsch-jüdischen Familien und der christlichen Bevölkerung fest, obgleich beide Gruppen das Deutsche mit dem Hannoveraner Akzent sprachen. Wahrscheinlich zeigten sich auf dem einfacheren Niveau der Ostjuden weniger Selbstgefälligkeit und Eitelkeit als auf der sogenannten höheren Kulturstufe der deutschen Juden.

1 Das Originalmanuskript enthält zahlreiche Anglismen, so daß für den Druck einige sprachliche Korrekturen vorgenommen werden mußten.

2 Kaschrut (Substantiv zu »koscher«) bedeutet die Erfüllung der rituellen Speisegesetze. Der Rabbiner führt z. B. die Aufsicht über das Schächten, das heißt das Schlachten nach den religionsgesetzlichen Vorschriften.

3 Gottesdienst am Fest der Torafreude. An diesem Tag wird die jährliche Lesung der Tora-Wochenabschnitte abgeschlossen und wieder neu begonnen. In den Synagogen feiern Erwachsene und Kinder dies Fest in ausgelassener Fröhlichkeit, wobei Auserwählte mit der Torarolle im Arm tanzen.

4 Der Talmudgelehrte Raphael Balsam (gest. Haifa 1974) amtierte 1912–1936 als Rabbiner der ostjüdischen Orthodoxie Hannovers und emigrierte dann nach Palästina.

5 Die Ostjuden gehörten also trotz eigener Betstuben und eines eigenen Rabbiners zur sogenannten Einheitsgemeinde und nicht zur Austrittsorthodoxie. In Preußen war es seit 1876 gesetzlich möglich, daß Juden aus der jüdischen Gemeinde austraten, wovon auch ein Teil der Orthodoxen Gebrauch machte, um sich zu Separatgemeinden zusammenzuschließen (Austrittsorthodoxie).

6 Es war weniger die Kostenfrage, die die Einbürgerung verhinderte, als die Politik der Länder, die jeder Naturalisation sämtlich einzeln zustimmen mußten, bevor sie für das Reich galt. – Das Gemeindewahlrecht durfte Ausländern nach einer Entscheidung des preußischen Innenministers von 1914 zwar nicht abgesprochen werden, jedoch galt in der Jüdischen Gemeinde Hannover noch 1929 ein Zensuswahlrecht, das die Mehrheit der Ostjuden als Nichtsteuerzahler von der Wahl ausschloß. Vgl. Jüdisch-liberale Zeitung 1929, Nr. 11.

7 Die hohen Feiertage sind das Neujahrsfest (Rosch Haschana) und der Versöhnungstag (Jom Kippur). Vgl. Worterklärungen.

8 Umzüge (hebr.)

9 Isaak Heinemann (1876–1957) war 1919–1938 Dozent am Jüdisch-Theologischen Seminar in Breslau und 1930–1933 auch Honorarprofessor für Klassische Philologie an der Breslauer Universität. Er gab seit 1920 die Monatsschrift für Geschichte und Wissenschaft des Judentums heraus und emigrierte 1939 nach Palästina.

10 Synagogendiener.

37 Ottilie Schönewald, geb. Mendel

geb. 1883 Bochum – gest. 1961 New York

Ottilie Schönewald, Lebenserinnerungen. Ms. New York 1961, 22 S.

Die Frauenrechtlerin Ottilie Schönewald entstammt einer vermögenden Familie Bochums. Sie erhält eine traditionelle Mädchenerziehung und heiratet früh einen Rechtsanwalt. In seiner Praxis erkennt sie die rechtliche Benachteiligung der Frau und beginnt, in der Bochumer Frauenrechtsschutz-

stelle des Bundes Deutscher Frauenvereine zu arbeiten. Als mit Gründung der Weimarer Republik Frauen das Wahlrecht erhalten, wird sie Stadtverordnete der Deutschen Demokratischen Partei. Seit 1926 Vorstandsmitglied im Westfälischen Landesverband des Jüdischen Frauenbundes (JFB), gehört sie seit 1929 dem JFB-Hauptvorstand in Berlin an, wo sie den Ausschuß für Frauenrecht leitet. Als Vertreterin jüdischer Frauen wird sie auch in den Hauptvorstand des Centralvereins und in den Preußischen Landesverband Jüdischer Gemeinden gewählt. Von 1934 bis zu seiner Auflösung 1938 ist sie die letzte Vorsitzende des Jüdischen Frauenbundes. Sie emigriert 1939 mit ihrem Mann und ihrer Tochter über Holland nach England und 1946 weiter nach New York, wo sie überall in der Sozialarbeit tätig bleibt.

Zu welch großen Hoffnungen berechtigte 1919 am Ende des für Deutschland verlorenen Weltkriegs die Verleihung der absoluten politischen Gleichberechtigung an die deutschen Frauen! War die Gewinnung des zahlenmäßig überwiegenden Teiles des Volkes für verantwortungsbewußte politische Betätigung am Wiederaufbau ein Ausgleich für den erlittenen Verlust an äußerer Macht und Ansehen? Waren die Frauen fähig und willig zur Bewältigung dieser gewaltigen Aufgabe? Nun – am Ende der Entwicklung steht die Hitlerzeit, an deren Heraufkommen nach statistischen Angaben das Frauenwahlrecht entscheidend mitgewirkt haben soll.[1] Wenn das zutrifft, so würde das auf meine Fragen eine vernichtende Antwort geben. Aber dazwischen liegt für meinen Bericht eine von neuen Aufgaben erfüllte Zeitspanne, die im chronologischen Ablauf behandelt werden soll als ein wichtiges Kapitel meiner Lebensentwicklung.

Kein Wunder, daß, als 1919 die politische Mündigkeitserklärung der Frauen erfolgte, um die die Frauenbewegung bis dahin vergebens gekämpft hatte, alle politischen Parteien nach einer geeigneten Frauenvertreterin Umschau hielten. Da ich mit der durch die Kriegsarbeit erworbenen Popularität als Frau auch noch den „Vorzug" verband, eine Vertreterin der jüdischen Interessen zu sein, aber nur *einen* Platz auf der Wahlliste einnahm, war es verständlich, daß von mehreren Parteien das Anerbieten kam, mich bei der Stadtverordnetenwahl als Vertreterin aufzustellen. Meiner politischen Einstellung entsprechend, nahm ich das Anerbieten der Deutschen Demokratischen Partei (später Staatspartei) an und war bis 1926 im Stadtparlament tätig, wo ich zeitweise vierzehn Ausschüssen angehörte, u. a. dem Hauptausschuß. Meine Kooptierung in den Reichsparteiausschuß in Berlin erfolgte bald darauf. All das hätte zugleich mit der Zugehörigkeit zum örtlichen Parteivorstand und einer ausgedehnten rednerischen Tätigkeit, insbesondere über Kommunalpolitik und Fraueninteressen, für einen ausgefüllten Arbeitsplan mehr als genügt.

Dann kam aber 1922 auch noch die Gründung des Preußischen Landesverbandes Jüdischer Gemeinden hinzu, und nun erinnerte man sich, dem Zuge der Zeit folgend, auch in jüdischen Kreisen, daß die Mitarbeit der

Frauen wesentlich sei. Ich hatte bisher immer den Ausschluß der Frauen von der Mitarbeit in führenden jüdischen Organisationen bedauert. Deshalb glaubte ich, die mir von den westfälischen jüdischen Frauen angebotene Delegierung in den Preußischen Landesverband nicht ablehnen zu dürfen. Ich hatte außerdem auch die Wahl in den Vorstand des Centralvereins und der Vereinigung für das Liberale Judentum angenommen und wurde von letzterer als repräsentative Rednerin 1930 zur internationalen Tagung des Weltbundes für Liberales Judentum nach London entsandt.[2]

Es war eine Schicksalsfügung, daß gerade das an neuen Pflichten überreiche Jahr 1919 mir auch die Erfüllung meines persönlichen Herzenswunsches, ja die Krönung meines ganzen Lebens bescherte, nämlich die Übernahme von Mutterpflichten durch die Adoption unseres geliebten sonnigen Töchterchens. Unserer überglücklichen, harmonischen Ehe war Kindersegen versagt geblieben. Daraus darf aber keineswegs geschlossen werden, daß mein starker Einsatz in der Sozialarbeit eine Ersatzleistung war, um eine gewisse Leere in meinem Leben zu überbrücken. Im Gegenteil, ich darf wohl sagen, daß beides – Sozialarbeit und Adoption – dem gleichen Quell einer überströmenden Mütterlichkeit entsprang und dem ausgeprägten Pflichtgefühl, das mich zwang, die mir verliehenen Kräfte voll wirksam zu machen. Das zeitliche Zusammentreffen der freiwilligen Arbeitsüberlastung und der Adoption darf als Beweis dafür dienen. Den scheinbar berechtigten Vorwurf, daß die Aufgaben einer wahren Mutter eine so starke außerhäusliche Inanspruchnahme nicht zulassen, glaube ich mit dem Hinweis entkräften zu können, daß mein Körper auf sechs Stunden Nachtschlaf trainiert war und daß die von vielen Müttern beim Kaffeeklatsch, am Bridgetisch oder beim Friseur verbrachten Stunden meinen häuslichen mütterlichen Pflichten gewidmet waren. Die Anregungen und Erfahrungen meiner öffentlichen Betätigung sind gewiß auch meiner erzieherischen Aufgabe zugute gekommen, so wie sie auch unser Eheleben bereichert haben. Daß dieses der Fall war, ist vor allem der steten Förderung meiner außerhäuslichen Interessen durch meinen Ehemann zu verdanken und seiner Bereitwilligkeit, alle damit verbundenen privaten Erschwerungen auf sich zu nehmen. Dessen bin ich mir voll bewußt.

Aber als dann 1925 meine Zuwahl in den Vorstand des rheinisch–westfälischen Verbandes des Jüdischen Frauenbundes[3] erfolgte, war ich froh, diese neue Belastung mit dem Hinweis ablehnen zu dürfen, daß wir in Bochum keine Ortsgruppe dieser Organisation besäßen, ich also kein unmittelbares Mitglied und nicht zuwahlberechtigt sei. Das hatte aber nur zur Folge, daß man von Köln aus, dem Vorstandssitz des rheinisch-westfälischen Verbandes, 1926 die Neugründung einer solchen Ortsgruppe in Bochum unternahm, und zwar durch Frau Paula Ollendorff (Breslau)[4] und Clara Samuel (Elberfeld). Man machte mich zur Vorsitzenden und wiederholte im nächsten Jahr die Wahl in den Verbandsvorstand. Das traf glücklicherweise mit dem Ende meiner Stadtverordnetentätigkeit zusammen, da bei der Neuwahl

1926 einige Nazis in das Stadtparlament einzogen, und die Parteivertretung der Demokraten mich nicht persönlichen Anpöbelungen aussetzen wollte. Der weite Kreis jüdischer Aufgaben, der sich mir eröffnete, erleichterte es mir, mich von der liebgewonnenen und interessanten bisherigen Tätigkeit zu trennen. Deshalb fühlte ich mich berechtigt, mich im Vorstehenden als ein Beispiel zu bezeichnen für die von Bertha Pappenheim[5] aufgestellte Behauptung, die jüdische Gemeinschaft habe sich das Interesse und die Mitarbeit der jüdischen Frau durch eine Verweigerung der vollen Mitverantwortung, die allein zur Pflichterfüllung führt, verscherzt gehabt. Mein erstes Zusammentreffen mit Bertha Pappenheim auf dem großen deutschen Frauenkongreß 1912 in Berlin wurde demnach schicksalhaft für mich. Ich wohnte dem Kongreß als passive Delegierte des Bochumer Zweigvereins des Bundes Deutscher Frauenvereine bei, Bertha Pappenheim als Vertreterin des 1904 von ihr gegründeten Jüdischen Frauenbundes. Sie war eine der drei Hauptrednerinnen, die vor der großen Öffentlichkeit die Stellung der Frau innerhalb der drei großen Konfessionen behandelten. Bertha Pappenheim war die unbestrittene Siegerin in diesem Wettstreit, in dem sie offen die von mir erwähnte kritische Äußerung über den Zusammenhang von Rechten und Pflichtbewußtsein machte und diesen Gedanken rednerisch hervorragend in die Lessingsche Fabel von den drei Ringen verflocht. Wir damals noch jungen Jüdinnen waren stolz erfüllt über diesen Erfolg einer der Unsrigen und zu ihren Folgerungen und Forderungen begeistert entschlossen. Der Erste Weltkrieg mit seinen vielseitigen Aufgaben für Frauen und die lähmende Inflationszeit legten sich wie ein Riegel vor die praktische Auswirkung.

Im Jahr 1926 begann also das Kapitel meiner Lebensarbeit, für das die bisherigen Berichte nur den Hintergrund bedeuten, den Zugang eröffnen und das Verständnis fördern sollen. Ich wurde 1929 in den Hauptvorstand des Jüdischen Frauenbundes in Berlin gewählt. Zurückschauend scheint es mir, als ob die damalige Leitung des Jüdischen Frauenbundes von Beginn meiner Mitarbeit an das Ziel im Auge gehabt hätte, mich für den Posten der Ersten Vorsitzenden der Organisation heranzubilden. Jedenfalls übertrug man mir sofort wichtige Aufgaben zur Bearbeitung, wie z. B. die organisatorische Vorbereitung und Förderung der Mitarbeit der jüdischen Frauen in den bisher nur rein männlichen Gemeindevertretungen und Vorständen. Ich hielt auf dem internationalen Frauenkongreß in Hamburg ein Referat über diese umfassende Frage, die eingehende statistische und religiöse Vorarbeiten notwendig machte. Dieser 1930 stattfindende Kongreß diente vor allem der formellen Gründung des Weltbundes Jüdischer Frauen. Die damalige Vorsitzende, Mrs. Kohut aus den USA, verstieg sich zu dem Ausspruch „Wir haben heute Geschichte gemacht". Diese Geschichte fand allerdings durch das Heraufkommen der Hitlerzeit und den damit verknüpften Zweiten Weltkrieg ein schnelles Ende. Es blieb mir vorbehalten, kurz nach meiner Ankunft in den USA [1946] die Wiederbelebung des jüdischen Frauenweltbundes, der sich hier International Council of Jewish Women (I. C. J. W.) nennt, anzuregen. Er verfügt heute über eine ansehnliche Mitgliederzahl, u. a. auch in Israel und in Deutschland. – Zur weiteren Vorbereitung auf den Vorstandsposten wurden mir auf Tagungen, in Sommerschulen, Kursen usw. rednerische Aufgaben gestellt, deren Bewältigung mich zwang, mich in die betreffenden Gebiete gründlich einzuarbeiten und die mich zugleich der Mitgliedschaft bekannt machten.

Das alles führte dazu, daß im Jahre 1934, als die damalige Erste Vorsitzende des Jüdischen Frauenbundes, Bettina Brenner, infolge ihrer bevorstehenden Auswanderung ihr Amt niederlegte, ich einstimmig zur Ersten Vorsitzenden gewählt wurde. Die zionistische Gegenkandidatin, Frau Dr. Rahel Straus[6], war inzwischen nach Israel ausgewandert.

Es war mir von vornherein klar, daß eine jüdische Organisation unter der Naziherrschaft, wenn deren Methoden auch Anfang 1934 noch verhältnismäßig erträglich waren, sich neuer Methoden bedienen mußte, um ihren Aufgaben gerecht werden zu können. Natürlich mußte das zu Meinungsverschiedenheiten mit der früheren Leitung führen, die auf normale Verhältnisse eingestellt war. Immerhin war es dem Einfluß Bertha Pappenheims zuzuschreiben, daß wir den Zusammenhalt der Familien als wesentliche Aufgabe betrachteten und demzufolge der Kinderverschickung nach Palästina, die bereits 1934 einsetzte, entgegenarbeiteten, solange noch eine Aussicht auf den Fortbestand unserer Gemeinschaft in Deutschland bestand. Dies galt besonders für die Verschickung noch nicht schulpflichtiger Kinder. Als jede Hoffnung auf die Möglichkeit des Verbleibens in Deutschland schwand, haben wir unsere Kräfte vorbehaltlos der Jugend-Alija zur Verfügung gestellt und auch Hachschara Zentren für die älteren Mädchen eingerichtet, um sie auf die in Palästina auf sie wartenden Pflichten vorzubereiten.

Ohne weiter auf Einzelheiten der Arbeit des Jüdischen Frauenbundes einzugehen, möchte ich im Rahmen dieser persönlichen Erinnerungen nur festhalten, daß es unser Bemühen war, die uns angeschlossenen jüdischen Frauen mit dem Geiste des Widerstandes gegen die herrschenden Gewalten zu beseelen und ihnen das hierzu nötige Rüstzeug zu geben. Dazu gehörte in erster Linie die Erkenntnis, daß es notwendig war, all unsere Neueinrichtungen, denen im Hitler-Deutschland nur geringe Dauer beschieden sein würde, mit Ewigkeitsgeist zu erfüllen. Ich denke, daß mein vorstehend geschilderter Entwicklungsgang die Konzeption solcher Gedanken und Aufgaben zur Genüge erklärt. [...] Ich möchte hier auch die Erinnerung wachrufen an meine engsten Mitarbeiterinnen im Jüdischen Frauenbund, Professor Cora Berliner[7], zweite Vorsitzende, und Hannah Karminski[8], Schriftführerin und Generalsekretärin, weil ich mir bewußt bin, wieviel ich durch ihre geistige Kraft, ihre Anregungen und ihre Stütze nicht nur in der Arbeit, sondern auch menschlich persönlich gewonnen habe. Mit anderen Vorstandskolleginnen sind sie beide Opfer des Nationalsozialismus geworden, Märtyrer ihrer Pflichttreue und jüdischen Überzeugung.

1 Diese populäre Behauptung ist durch Statistiken nicht zu stützen, sondern zu widerlegen. Gerade weil Frauen konservative Wählerinnen waren und Parteien wie die Zentrumspartei und die Deutsch-Nationale Volkspartei bevorzugten, schwenkten sie langsamer als Männer zur NSDAP über. Für die Jahre ab 1930 wurden nur neun, meist großstädtische Wahlkreise nach Geschlechtern getrennt ausgezählt, und hier wählten Frauen immer noch etwas weniger häufig die NSDAP als Männer.

2 Die Vereinigung für das Liberale Judentum, gegründet 1908, vereinte Juden jener religiösen Richtung, die eine fortschreitende Entwicklung des Judentums bei Bewahrung seines zentralen religiösen Gehalts erstrebte. Die Vereinigung schloß sich der 1926 in London gegründeten World Union of Progressive Judaism an (Weltbund für Liberales Judentum).

3 Der Jüdische Frauenbund, gegründet 1904 und 1938 zwangsweise aufgelöst, unterhielt Ortsgruppen in den meisten größeren jüdischen Gemeinden und hatte bis zu 50000 Mitglieder. Ottilie Schönewald widmete sich vor allem dem Kampf des Frauenbundes für Stimmrecht und Mitarbeit der Frauen in den jüdischen Gemeinden, der bis 1933 noch nicht in allen Gemeinden erfolgreich war.

4 Paula Ollendorff (1860–1938) gründete 1908 die JFB-Ortsgruppe Breslau und war 1910–1938 Mitglied des JFB-Hauptvorstandes. Wie Ottilie Schönewald wurde sie Stadtverordnete der DDP und war aktiv in der Vereinigung für Liberales Judentum.

5 Bertha Pappenheim (1859–1936) war als Sozialarbeiterin Mitgründerin des JFB und 1904–1924 dessen Erste Vorsitzende. Ihre von Energie und Hingabe an die Aufgabe bestimmte Persönlichkeit prägte den JFB bis zum Ende. Sie widmete sich vor allem dem Kampf gegen den Mädchenhandel, dem Kinderschutz, der Berufsausbildung für Mädchen und dem von ihr gegründeten Heim für gefährdete Mädchen in Neu-Isenburg.

6 Die Münchner Ärztin Dr. Rahel Straus (1880–1963), Vorstandsmitglied des JFB, war eine der wenigen Zionistinnen im Frauenbund. Obgleich Bertha Pappenheim antizionistisch eingestellt war, forderte sie Rahel Straus zur Kandidatur auf, weil sie deren aktives Judentum schätzte.

7 Die Nationalökonomin Dr. Cora Berliner (1890–1942 deportiert) war Regierungsrätin im Statistischen Reichsamt und 1930–1933 Professorin am Berufspädagogischen Institut in Berlin. Sie widmete sich dann zur Hälfte dem JFB und zur Hälfte der Vorstandsarbeit in der Reichsvertretung bzw. Reichsvereinigung. In der Auswanderungshilfe tätig, lehnte sie für sich selbst die Emigration aus Pflichtgefühl ab.

8 Hannah Karminski (1897–1942), ausgebildet als Kindergärtnerin und Sozialarbeiterin, arbeitete nach Auflösung des JFB in der Auswanderungshilfe der Reichsvereinigung. Ende Oktober 1942 wurde sie als Geisel verhaftet, als sich 20 Gemeindeangestellte der Deportation entzogen, und mit 500 Angestellten der Reichsvereinigung deportiert. Sie starb auf dem Transport.

38 Alexander Szanto

geb. 1899 Budapest – gest. 1972 Manchester

Alexander Szanto, Im Dienste der Gemeinde 1923–1939. Ms. datiert Manchester 1968, 241 S.

Alexander Szanto kommt als Kind mit seinen Eltern aus Budapest nach Berlin, erhält die deutsche Staatsbürgerschaft und wird Journalist. Er ist Sozialdemokrat, entschiedener Gegner des Zionismus und Mitglied der Reformgemeinde. 1923 bis 1933 nimmt er als Stenograph die Sitzungen der Repräsentantenversammlung der Jüdischen Gemeinde Berlins auf und 1925 bis 1930 auch die Verbandstage des Preußischen Landesverbandes jüdischer Gemeinden, bis er 1930 dort selbst Delegierter wird. Er leitet 1933 bis 1939 die Finanzabteilung der „Wirtschaftshilfe", einer Selbsthilfeinstitution der Jüdischen Gemeinde. Im Dezember 1939 emigriert Szanto, inzwischen staatenlos, mit falschen Papieren in seine Geburtsstadt Budapest, wo er interniert wird, aber als Zwangsarbeiter überlebt. In der Volksrepublik Ungarn als Sozialdemokrat verfolgt, beteiligt er sich am Aufstand von 1956 und flieht dann nach England. Dort arbeitet er in Anwaltsbüros und als Journalist.

Meine ersten Verbindungen mit der Berliner Jüdischen Gemeinde stammen aus dem Jahre 1923 – dem Jahre der großen Inflation. Die schwere Wirtschaftskrise, die damals Deutschland überflutete, bedeutete natürlich auch für die deutschen Juden eine bewegte Zeit. Hatte sich die Jüdische Gemeinde vorher lediglich mit religiösen, karitativen und kulturellen Aufgaben zu befassen, so fielen jetzt in wachsendem Maße auch wirtschaftliche und sozialpolitische Probleme in ihren Arbeitsbereich. Der Gemeindevorstand hatte alle Hände voll zu tun, um den wachsenden Anforderungen, die an ihn gestellt wurden, gerecht zu werden und die Repräsentantenversammlung, ein in freier Wahl gewähltes Gemeindeparlament, mußte viel mehr Sitzungen als vordem abhalten, um das Arbeitspensum bewältigen zu können. Nicht nur die Zahl der Sitzungen vergrößerte sich, auch ihre Tagesordnungen wurden umfangreicher und bedeutsamer. Deshalb wurde beschlossen, an Stelle der früher üblichen Protokolle nunmehr ein wortgetreues Stenogramm der Sitzungen aufnehmen zu lassen, und ich wurde mit dieser Aufgabe betraut. [...]
Der Schauplatz der Sitzungen war der große Repräsentantensaal in dem Verwaltungsgebäude der Gemeinde, Oranienburger Straße 29. In dem riesigen Raum, von dessen Wänden die Ölgemälde verblichener Gemeinde-Koryphäen auf die Versammelten niederblickten, befand sich eine große

hufeisenförmige Tafel, zu deren beiden Seiten die Repräsentanten ihre Plätze einnahmen. In der Mitte, etwas erhöht, saß der Vorsitzende der Versammlung, rechts von ihm die Orthodoxen (sie nannten sich offiziell Konservative) und daran anschließend die Zionisten, links von ihm die Liberalen. Dort, wo die offene Seite des Hufeisens war, befand sich ein langer Tisch, an dem die Mitglieder des Gemeindevorstandes ihren Platz hatten. Im Hintergrund pflegten meist einige führende Gemeindebeamte zu sitzen oder zu stehen. Ein Rednerpult gab es nicht. Jeder Repräsentant, der in der Debatte das Wort ergriff, erhob sich von seinem Platze und sprach von dort aus. Das gleiche galt für die Mitglieder des Gemeindevorstandes, wenn sie das Wort ergriffen, um Erklärungen abzugeben oder auf Interpellationen zu antworten. Der hufeisenförmige Tisch der Repräsentanten war so groß, daß in seinem Zwischenraum noch Platz für einen kleineren kreisförmigen Tisch blieb, an dem die Vertreter der jüdischen Presse, der Stenograph und der zuständige Sekretär, der die administrativen Agenden der Versammlung leitete, saßen. Der letztgenannte Posten wurde jahrelang von dem Gemeindebeamten Silberberg ausgefüllt, einem im Dienste ergrauten und allseits beliebten Manne.

Die Sitzungen waren öffentlich. Rund um den Saal, in erheblicher Höhe, befand sich eine Empore, auf der stets eine Anzahl von Zuhörern anwesend war. Die Sitzungen wurden in regelmäßigen Abständen, etwa alle zwei bis drei Wochen abgehalten, meistens am Sonntagvormittag, je nach Bedarf aber auch an Wochentagen abends. Die Sitze waren stets vollständig besetzt, denn nach dem Gemeindestatut wurde jeweils bei den Wahlen zusammen mit dem Repräsentanten auch ein Stellvertreter gewählt, der für den eigentlichen Repräsentanten im Verhinderungsfalle eintrat.

Den Höhepunkt jeder Sitzungsperiode bildeten die Beratungen über das jährliche Budget der Gemeinde. Neben den Ausgaben für Kultus und Wohlfahrt, Neubau von Synagogen, Einrichtung und Betrieb von Altersheimen, Waisenhäusern, Krankenhäusern usw. waren es in wachsendem Maße kulturelle und wirtschaftliche Aufgaben, die große Geldbeträge erforderten. Das von einzelnen Rednern der Budgetdebatte gewünschte Ziel, daß einige Institutionen sich aus den eigenen Einnahmen aufrechterhalten sollten, konnte in der Praxis fast nie erreicht werden. Nur der Friedhof brachte in manchen Jahren einen finanziellen Überschuß ein, besonders nachdem zu dem eigentlichen Beerdigungswesen noch eine eigene Gärtnerei in Weißensee eingerichtet worden war.

Außer den gemeindeeigenen Institutionen wurden laufend zahlreiche andere jüdische Vereinigungen und Organisationen subventioniert. In allen solchen Fällen mußte die Repräsentantenversammlung ihre Zustimmung zur Bewilligung der Gelder geben. Das geschah nicht ohne genaue Prüfung der Sachlage und oft erst nach reiflicher Debatte, aber doch zumeist in recht großzügiger Weise, und zwar auch dann, wenn es sich um Institutionen handelte, deren Wirkungskreis sich nicht auf die Reichshauptstadt beschränkte. Im Gegensatz zur Berliner Gemeinde konnten sich viele kleine Gemeinden in der Provinz nicht aus eigener Kraft erhalten, und auf die eine oder andere Weise mußte dann Berlin aus der Not heraushelfen. Die wirtschaftliche Existenz der Kleingemeinden, die Frage der Besoldung ihrer Rabbiner und Lehrer usw. bildete ein ständiges Problem, und die Notrufe klangen bis in die Berliner Gemeindestube hinein. Es war nicht zuletzt die Notwendigkeit eines Lastenausgleiches zwischen den armen und den kapitalkräftigen Gemeinden, die schließlich den Anstoß zur Schaffung des Preußischen Landesverbandes jüdischer Gemeinden gab.[1]

Die Beratung des Budgets erfolgte in der Weise, daß der Voranschlag im einzelnen in den Ausschüssen beraten wurde, die von den Repräsentanten und vom Gemeindevorstand gemeinsam beschickt wurden. Es dauerte in der Regel sehr lange, bis das fertige Budget vor das Plenum der Repräsentantenversammlung gelangte, und meist war bis dahin ein wesentlicher Teil des Etatjahres bereits verstrichen. Es war eine Jahr für Jahr wiederkehrende Beschwerde der Repräsentanten, daß sie im wesentlichen über Gelder abzustimmen hätten, die in Wirklichkeit bereits ausgegeben waren. Dieser Umstand verhinderte aber nicht, daß die Etatberatung im Plenum zur Austragung der großen weltanschaulichen Meinungsverschiedenheiten benutzt wurde. Die einzelnen Fraktionen, Liberale, Zionisten und Konservative, schickten ihre glänzendsten Redner vor, und erst nachdem diese ihr rhetorisches Feuerwerk abgebrannt hatten, kam es zur trockenen sachlichen Debatte, in deren Rahmen die mit dem Referat betrauten Repräsentanten über die einzelnen Posten des Etats und über deren Vorberatung in den Ausschüssen ihren Bericht erstatteten. Oft kam es allerdings auch hierbei zu lebhaften Aussprachen. [...]

Das Jahr 1926 brachte Neuwahlen zur Repräsentantenversammlung, und bei dieser Gelegenheit verloren die Liberalen ihre Majorität. Sie verfügten nurmehr über 20 von den 41 Sitzen. Die unter dem Namen Jüdische Volkspartei auftretenden Zionisten errangen 14 Sitze, die übrigen sieben Sitze verteilten sich auf die verschiedenen konservativen Gruppen. Die Liberalen waren immerhin die stärkste Partei geblieben, es fehlte ihnen nur ein einziges Mandat zur absoluten Mehrheit. Aber die Zionisten und die verschiedenen konservativen Gruppen verbanden sich sofort zu einer Einheitsfront und benutzten die auf diese Weise geschaffene Mehrheit von einer Stimme, um ihr eigenes Regime aufzurichten. Zahlreiche Umbesetzungen auf leitenden Posten der Gemeindeverwaltung wurden vorgenommen und das Steuer scharf nach rechts herumgeworfen. Das führte zu einer Zuspitzung der Debatten in der Versammlung. Äußere Umstände kamen hinzu, um die Gemüter noch mehr zu erregen: die steigende antisemitische Gefahr, die weltpolitischen Auseinandersetzungen um die Palästina-Frage und anderes mehr. Die jüdische Öffentlichkeit nahm regeren Anteil an den innerjüdischen Auseinandersetzungen als vorher. Die jüdische Presse, vor allem die zionistische Jüdische Rundschau und die antizionistische Jüdisch–Liberale

Zeitung entsandten nunmehr regelmäßig ihre Berichterstatter in die Sitzungen der Versammlung (was früher nur sporadisch der Fall gewesen war) und brachten ausführliche Berichte in ihren Spalten. Die gegenseitigen Polemiken erreichten ihren Höhepunkt. [...]
Ich war naturalisierter, nicht gebürtiger Deutscher, hatte andererseits aber seit vielen Jahren in Deutschland gelebt und hier meine Erziehung genossen, so daß ich sowohl die Fehler wie die Vorzüge der Deutschen ziemlich genau zu kennen glaubte. Ich war mir auch wohl bewußt, daß einzelne Verfechter der deutsch-jüdischen Ideologie bei der überlauten Betonung ihres Deutschtums sich manchmal zu Übertreibungen und Taktlosigkeiten führen ließen – dies galt besonders für die Männer vom Verband nationaldeutscher Juden[2] –, aber davon abgesehen hielt ich es im großen und ganzen für richtig, daß ein in Deutschland lebender Jude diesem Staate, der Weimarer Republik, nicht nur mit staatsbürgerlicher Loyalität, sondern – im Sinne einer echten Demokratie – mit aufrichtiger Hingabe zu dienen habe. Diese Republik hatte, in schwerem Kampfe mit den Mächten der Reaktion stehend, sich eine demokratische Verfassung gegeben, die auch den Juden Gleichberechtigung und Schutz verhieß; und ihre führenden Parteien – die Sozialdemokratie, das Zentrum, die Demokratische Partei – bekämpften Antisemitismus und Rückschritt, sie traten für Fortschritt und soziale Gerechtigkeit ein, für Forderungen also, die im Einklang mit jüdischem wie mit christlich-religiösem Ethos standen. Jüdische Persönlichkeiten befanden sich in führenden staatlichen Positionen, bewährten sich, errangen Anerkennung. Unter solchen Umständen hatte in meinen Augen ein deutscher Jude nicht nur das Recht, sondern auch die Pflicht, sich zu diesem Staate zu bekennen, seinem Wohle nach besten Kräften zu dienen und sich als Glied dieser Gemeinschaft zu fühlen. Jeder andere Gedanke, insbesondere der einer zweifachen staatsbürgerlichen Loyalität, schien mir abwegig.

Hinzu kam, daß ich als Sozialist mir die geistigen Vorstellungen der sozialistischen Vorkämpfer der alten Schule zu eigen machte, wonach nationalistische oder rassische Vorurteile mit der Verwirklichung des Sozialismus in internationalem Rahmen verschwinden würden. Soweit es ein spezielles Judenproblem überhaupt gab, hatte es im Rahmen des allgemeinen Fortschrittes der Menschheit seine Regelung zu finden. Als Schüler der großen Ideen der Aufklärung konnte ich mir keinen anderen Weg als den des unaufhaltsamen Fortschrittes, des Sieges der Freiheit über die Reaktion, der Humanität über den Rückschritt, der Gerechtigkeit über die Vorurteile der Vergangenheit vorstellen. Der Fortschrittsoptimismus war für mich wie für so viele meiner Generation das große geistige Wahrzeichen, in dessen Lichte wir die drohenden Schatten nur allzugern und allzu freudig übersahen.

Die zionistische Gedankenwelt blieb mir fremd. Nicht, daß ich etwa verabsäumt hätte, mich mit ihren Doktrinen bekanntzumachen. Ich las zionistische Literatur, ich besuchte auch zionistische Versammlungen – aber ich fand keinen inneren Kontakt. [...] Vom Standpunkt des Sozialisten, des

Pazifisten, des Antimilitaristen, des in kosmopolitischen Gedankengängen sich bewegenden Humanisten glaubte ich, einen jüdischen Nationalismus nicht akzeptieren zu dürfen. Im Geiste der Aufklärung konnte es nur eine Vorwärts- und Aufwärtsentwicklung, vom Gruppen- und Völker-Egoismus hinweg zu immer universelleren Gebieten der Menschheit geben. Und was die Juden betraf, so hatten sie als internationale Gruppe par excellence und als Hüter alt-prophetischen Geisteserbes eine besondere Menschheitsmission im Rahmen dieser fortschrittlichen Entwicklung zu erfüllen. Der nationaljüdische Gedanke dagegen – so wollte mir scheinen – kam nicht von der Aufklärung her, sondern von der Romantik. Der fatale Geruch der Reaktion umwitterte ihn.

[Im Frühjahr 1933 wird Alexander Szanto Mitarbeiter der eben gegründeten „Wirtschaftshilfe" der Berliner Jüdischen Gemeinde.]

Die Wirtschaftshilfe begann ihre Tätigkeit in einer schwierigen Zeit und unter chaotischen Umständen, da Tausende und Abertausende von Opfern des Nationalsozialismus sich an die Gemeinde wandten, ihre Büroräume von einer Flut von ratlosen und verzweifelten Menschen überschwemmt wurden, und niemand sich eine rechte Vorstellung von der Art und Weise machen konnte, wie den über Nacht brotlos gewordenen und in Notlage geratenen Glaubensgenossen eine produktive Fürsorge geboten werden konnte. Erfahrungen mit einer solchen außergewöhnlichen Situation standen nicht zur Verfügung; einen vorbereiteten Plan gab es nicht. Es spricht für die Tüchtigkeit und organisatorische Fähigkeit der deutschen Juden, daß es gelang, innerhalb relativ kurzer Zeit Ordnung in das Chaos zu bringen und aus einer aus der Not der Zeit geborenen Institution eine gut arbeitende Organisation zu machen, die ungezählten Glaubensgenossen wirksame Hilfe brachte.

Die nötigen finanziellen Mittel wurden ohne große Schwierigkeiten von der Gemeinde, von privaten Spendern und auch von ausländischen Organisationen (Joint) bereitgestellt, später wurden sie planmäßig in den Etat der Gemeinde und der neugeschaffenen Reichsvertretung der deutschen Juden aufgenommen. Die Räumlichkeiten stellte die Gemeinde zur Verfügung. Sie bestanden zunächst aus dem Gebäude Oranienburger Straße 31, unmittelbar neben der großen Synagoge. Dieses Gebäude hatte früher als Altersheim der Jüdischen Gemeinde für die Unterbringung alter Leute gedient, und es erwies sich als für seinen neuen Zweck nicht sehr geeignet, so daß im Laufe der folgenden Jahre eine ganze Anzahl von Umbauten im Hause vorgenommen werden mußte. In den ersten Monaten, als Tausende und Abertausende von Rat- und Hilfesuchenden vom frühen Morgen bis zum Abend das Gebäude förmlich bestürmten, waren die Verhältnisse sehr arg. Es ging zu wie in einem Bienenkorb, in den Zimmern und Korridoren bewegte sich ein ununterbrochener Schwarm von aufgeregten Menschen, die Treppen waren von ihnen überflutet, oft war es schwierig, von einer Etage in die andere zu gelangen. Mit Grauen erinnere ich mich an den Winter 1933/34, als wir zu allem Überfluß auch noch die Auswandererberatungsstelle des Hilfsvereins der Deutschen Juden[3] bei uns beherbergen mußten, und die Leute sich Leib an Leib in den Gängen und im Treppenhaus drängten. Es war zunächst schwer, irgendeine Ordnung aufrechtzuerhalten, die Heizung funktionierte schlecht, die Ventilation war im argen, die Luft oft zum Ersticken schlecht. Aber allmählich gelang es, dieser Schwierigkeiten Herr zu werden. [...]

Bei Schaffung der Wirtschaftshilfe und während ihres ganzen Bestehens haben alte Gemeindebeamte und neu hinzugezogene Fachleute, Zionisten und Nichtzionisten, Liberale und Orthodoxe, alle einmütig zusammengearbeitet, und die Arbeit selbst ist – frei von jeder parteimäßigen Bindung oder Voreingenommenheit – ausschließlich vom Gesichtspunkt einer möglichst umfassenden Hilfeleistung für alle in Notlage geratenen Glaubensgenossen ausgeführt worden. Mit einer Selbstverständlichkeit, die aus der Not der Stunde geboren war, haben alle Mitarbeiter, die alten wie die neuen, unter den schwierigsten Umständen ihre Pflicht getan. Es gab für sie, besonders in den ersten schwierigen Zeiten, keine Pause und keine Begrenzung der Arbeitszeit und des Pensums. Mit einer Hingabe ohnegleichen wurde Tag für Tag, oft bis zur Grenze der physischen Leistungsfähigkeit, die Aufgabe gemeistert, einer Vielzahl von hilfesuchenden, oft recht erregten, manchmal im Zustand der Verzweiflung befindlichen Glaubensgenossen zu raten und zu helfen. Es war ehrliche, anständige, jüdische und menschliche Arbeit, die in jenen Jahren dort im altersgrauen Gebäude in der Oranienburger Straße geleistet wurde.

[Eine der Abteilungen der Wirtschaftshilfe ist die „Kaufmännische Beratungsstelle".]

Von den vielen Fällen, die die Kaufmännische Beratungsstelle der Wirtschaftshilfe bearbeitete, möchte ich aus meiner Erinnerung hier einige wenige anführen, die als anschauliche Beispiele zeigen, wie manchen Glaubensgenossen damals geholfen werden konnte.

Der jüdische Gastronom X betrieb seit vielen Jahren eine kleine Konditorei, deren Kundschaft vorwiegend aus Christen bestand. Obwohl er persönlich bei den Kunden sehr beliebt war, wagten sich diese seit dem Boykott-Tage kaum mehr in sein Lokal, zumal das Stadtviertel von den Nazis zu einer ihrer Hochburgen gemacht wurde. Gleichzeitig erwuchsen ihm Schwierigkeiten mit den bei ihm beschäftigten christlichen Kellnern, und die Behörden setzten ihm mit allerhand Schikanen zu. Er geriet in Schulden, fand keinen Käufer für sein Lokal und mußte schließen. Auswanderungsmöglichkeiten gab es für ihn zu jenem Zeitpunkt nicht. Die Wirtschaftshilfe verhalf ihm dazu, in einem ganz anderen Stadtteil eine Eisdiele zu eröffnen, in der im Sommer Eiswaffeln und dergleichen, in den anderen Jahreszeiten Süßigkeiten verkauft wurden. Die Speiseeis–Maschine wurde für ihn von der Wirtschaftshilfe bei einem jüdischen Fabrikanten gekauft. Personal brauchte er keines, da seine Familienmitglieder im Laden mithalfen. Natürlich war das Unternehmen weit kleiner als sein voriges, auch hatte es ausgesprochenen Saisoncharakter, aber die Einnahmen waren doch so, daß er mit seiner Familie seinen Lebensstandard aufrechterhalten konnte. Der Betrieb hielt sich bis zum Sommer 1938, als die Nazis eine Hetz- und Boykottaktion gegen die jüdischen Eisdielen unternahmen. Aber zu diesem Zeitpunkt ergab sich für ihn endlich eine Möglichkeit zur Auswanderung, und er zog mit der ganzen Familie nach Übersee. Sein Darlehen hatte er der Wirtschaftshilfe schon vorher bis zum letzten Pfennig zurückgezahlt.

Der jüdische Kaufmann Y war ein tüchtiger Geschäftsreisender in Textilwaren. Da er bei seiner Kundschaft – Juden und Christen – sehr gut eingeführt war, konnte er seine Reisen in der Provinz vorerst erfolgreich fortsetzen. Er hatte aber Schwierigkeiten bei der Unterkunft in den kleinen Provinzstädten, wo die Hotels und Gasthöfe immer mehr dazu übergingen, jüdischen Personen Quartier und Verpflegung zu verweigern. Die Wirtschaftshilfe verschaffte ihm ein Auto und später einen Lieferwagen, wodurch es ihm ermöglicht wurde, seine Touren unabhängig vom Eisenbahnfahrplan so einzurichten, daß er am Abend regelmäßig in eine größere Stadt gelangte, wo Unterkunftsmöglichkeiten noch verfügbar waren. Als auch dies etwa seit 1937 unmöglich wurde, pflegte er auf der Landstraße in seinem Lieferwagen zu übernachten und sich aus mitgebrachten Konserven zu verpflegen. Das war für ihn gewiß nicht angenehm, aber er konnte auf diese Weise seinen Beruf bis Ende 1938 fortsetzen, zu welchem Zeitpunkt er auswanderte. Auch er zahlte sein Darlehen an die Wirtschaftshilfe restlos zurück.

Der Pressefotograf Z. wurde als Nichtarier in seiner gutbezahlten Stellung bei einem Zeitungsverlag gekündigt. Die Wirtschaftshilfe gab ihm ein Darlehen für die Anschaffung einer eigenen Fotoeinrichtung mit hochqualifizierten Geräten und richtete ihm ein eigenes Studio ein, in dem er als technischer Fotograf für Industrie und Reklamezwecke noch mehrere Jahre lang selbständig arbeiten und ein recht gutes Einkommen erzielen konnte. Als bei seiner Auswanderung das Darlehen noch nicht vollkommen abgezahlt war, gab er einen Teil der Fotoeinrichtung an die Wirtschaftshilfe zurück, die diese in ihren Umschulungskursen verwerten konnte.

Zahllos waren die Fälle, in denen jüdische Kaufleute die Wirtschaftshilfe in Anspruch nahmen, weil sie Wareneinkäufe, die sie bisher bei arischen Lieferanten auf Kredit getätigt hatten, nunmehr bar bezahlen mußten und die nötigen flüssigen Mittel nicht aus Eigenem aufbringen konnten. Aber ebenso häufig gab es auch Fälle, wie das obige Beispiel Z. zeigt, in denen Personen, die bisher fest angestellt gewesen waren und ihre Stellung verloren, durch die Wirtschaftshilfe in die Lage versetzt wurden, als Selbständige in einem verwandten Berufskreis sich eine ausreichende Lebensgrundlage für mehrere Jahre zu verschaffen. [...]

Die Ärzte organisierten eine Art Selbsthilfe, indem diejenigen, die ihre Praxis noch weiterführen konnten, unter sich Gelder für ihre weniger glücklichen Kollegen sammelten. Es wurden auf diese Weise erkleckliche Summen aufgebracht, die den brotlos gewordenen Ärzten zugute kamen. Außer den regelmäßigen Beiträgen, die die Ärzte nach einem bestimmten Schlüssel aufbrachten, flossen bis 1938 alljährlich erhebliche Beträge aus den Einnahmen des Ärzteballes in den Ärztefonds. Das war ein Ball, den die Ärzte in jedem Winter veranstalteten und der *das* gesellschaftliche Ereignis der Berliner jüdischen Kreise in jenen sonst so lichtlosen Jahren darstellte.

Ebenso wie die Ärzte organisierten auch die jüdischen Zahnärzte und Dentisten ihre Selbsthilfe, desgleichen die jüdischen Apotheker und die jüdischen Juristen. Die Wirtschaftshilfe war bei diesen Aktionen nur insoweit beteiligt, als sie den Ärztefonds und den Juristenfonds administrativ betreute, das heißt, die Auszahlungen und Dispositionen nach den Anweisungen des Ärztekomitees bzw. des Juristenkomitees ausführte. Freilich bedeutete auch diese rein administrative Funktion noch ein bedeutendes Maß von zusätzlicher Arbeit zu unseren sonstigen Aufgaben.

Schwierige Probleme erwuchsen den jüdischen Organisationen bei der Betreuung der brotlos gewordenen Künstler. Die Schauspieler, die Musiker, die Maler und Graphiker, die Bildhauer, die Artisten waren mit unter den ersten, die von den Nazis völlig aus dem öffentlichen Leben ausgeschaltet und damit von jeder Existenzmöglichkeit abgeschnitten wurden. Die Prominenten unter ihnen wanderten zum größten Teile sofort aus, einige wenige konnten sich auf andere Berufe umstellen, aber das Gros blieb der Fürsorge der jüdischen Stellen überlassen.

Ein großzügiger Versuch zum Aufbau eines eigenen jüdischen Kultursektors innerhalb Deutschlands wurde vom Jüdischen Kulturbund[4] unternommen. In Berlin allein hat der Jüdische Kulturbund in den Jahren 1933 bis 1939 nicht nur Hunderten von jüdischen Künstlern die Möglichkeit zur Entfaltung ihrer Fähigkeiten gegeben, sondern zugleich vielen Tausenden von Glaubensgenossen die Gelegenheit zu künstlerischem Genuß in jüdischem Milieu, zu Unterhaltung und Entspannung geboten. Er hat damit in schwierigsten Notzeiten wahrhaft jüdische Kulturarbeit geleistet.

Die Wirtschaftshilfe setzte sich auf kulturellem Gebiet ein bescheideneres Ziel. Es stellte sich nämlich sehr bald heraus, daß der Jüdische Kulturbund infolge der Begrenztheit seiner Mittel finanziell, administrativ und örtlich nicht in der Lage war, allen notleidend gewordenen jüdischen Künstlern Beschäftigung zu geben. Mochten Hunderte von ihnen dort für längere oder kürzere Zeit Anstellung oder auch nur provisorische Betätigung finden – es blieben Tausende übrig, die ohne Arbeitsmöglichkeit waren. Um ihnen zu helfen, wurde im Rahmen der Wirtschaftshilfe die Abteilung „Künstlerhilfe" gebildet. Es waren im allgemeinen die weniger Prominenten, die sich

hilfesuchend an diese Stelle wandten. Aber danach wurde nicht gefragt – ebensowenig wie danach gefragt wurde, ob der Betreffende sich vorher seines Judentums bewußt gewesen war oder ob ihn erst die Stunde der Not zur Jüdischen Gemeinde trieb. Wer immer als jüdischer Glaubensgenosse von den Maßnahmen der Nazis getroffen war, dem standen unsere Türen offen und dem suchten wir zu helfen, wo und wie immer es nur ging. [...]
Es wurden eine große Zahl von Berufsumschichtungskursen ins Leben gerufen, in denen im Laufe der Jahre 1935 bis 1939 mehrere tausend Personen männlichen und weiblichen Geschlechts eine Ausbildung erhielten. Die Wirtschaftshilfe errichtete vor allem drei große eigene Lehrwerkstätten, nämlich eine Werkstätte für Baugewerbe (Maurer, Zimmerleute, Installateure), eine andere für die metallverarbeitende Industrie (Schlosser, Schweißer usw.) und eine dritte für die Holzverarbeitung (Tischler, Drechsler usw.). Die Ausbildung in diesen gemeindeeigenen Lehrwerkstätten erfolgte unter Anweisung von Fachleuten – Ingenieuren, Handwerkern, Vorarbeitern – und unter Benutzung neuzeitlicher Maschinen und Geräte, wobei die größtmögliche Sorgfalt angewendet wurde, um wirklich branchenmäßige Kenntnisse zu vermitteln. Die „Umschichtler" – wir nannten sie so, weil es etwas eigentümlich gewesen wäre, für Leute im Alter zwischen 20 und 40 Jahren die Bezeichnung „Lehrlinge" oder „Schüler" anzuwenden – arbeiteten acht Stunden täglich; die Gesamtdauer der Kurse betrug je nachdem neun bis zwölf Monate; die Einteilung der Arbeit erfolgte ungefähr nach den Normen, wie sie in einem entsprechenden Fabrikbetrieb üblich waren.
Die Kosten dieser Lehrgänge waren erheblich. Nicht nur mußten die Umschichtler, die ja in dieser Zeit keinen eigenen Verdienst hatten und meist über keine Existenzmittel verfügten, materiell unterstützt werden, sondern die Anschaffung von Maschinen und Material, die Besoldung der festangestellten Fachleute, die Miete für die Räumlichkeiten, Beleuchtung, Beheizung usw. verschlangen große Summen. Für meine Abteilung „Kasse, Buchhaltung und Statistik" ergaben sich hiermit neue Probleme. Ich suchte nach Möglichkeit rationelle wirtschaftliche Maßnahmen einzuführen, einmal durch strikte Kontrolle des Inventars und der zur Verwendung gelangenden Materialien, andererseits indem der Einkauf, wo nur irgend möglich, bei jüdischen Firmen bzw. Lieferanten bewerkstelligt wurde, die ohnedies von der Kaufmännischen Beratungsstelle der Wirtschaftshilfe betreut wurden, so daß also hier die Tendenz zur Schaffung einer Art von jüdischem Wirtschaftssektor betont wurde. Ferner versuchten wir, die Produkte der Lehrwerkstätten zu verwerten, um auf diese Weise einen Teil der Unkosten wieder hereinzubringen. So stellten zum Beispiel in der Tischlerlehrwerkstatt die geübteren Umschichtler Schreibtische und Pulte her, die bei jüdischen Geschäften in den Handel gebracht oder für den Eigengebrauch der Gemeindebüros verwendet werden konnten.
Natürlich wurden nun aber nicht alle Umschichtungskurse in eigenen

Lehrwerkstätten durchgeführt. Im Textilfach zum Beispiel erwies es sich als rationeller und praktischer, anstatt zahlreiche Nähmaschinen anzuschaffen, die Umschichtler in bestehende jüdische Betriebe als Lehrlinge einzuweisen. Doch wurde der Unterricht hier von uns kontrolliert und finanziell angemessen vergütet. Auf diese Weise konnten eine ganze Anzahl von männlichen und noch mehr weiblichen Schneidern, Zuschneidern, Büglern, Nähern und Wäschenähern ausgebildet werden. Die Ausbildungzeit in diesen Textilkursen war in der Regel erheblich kürzer als in den obengenannten eigenen Lehrwerkstätten. Von weiteren Umschichtungskursen, die im Lauf der genannten Jahre durchgeführt wurden, seien genannt: Fotografie, Buchbinderei, Automechanik, Keramik, Chemie, Schaufensterdekoration, Kindergarten, Krankenpflege, Kosmetik, Modezeichnen, Diät- und Massenküche, Weberei, Lederverarbeitung, Uhrmacherei, Putzwarenherstellung und andere mehr.

Von mindestens ebenso großer, wenn nicht größerer Bedeutung als die industrielle und handwerkliche Umschichtung war die landwirtschaftliche Ausbildung. Auf diesem Gebiete waren die jüdischen Organisationen allerdings in der glücklichen Lage, die Umschichtler in bereits seit Jahren bestehende jüdische landwirtschaftliche Güter einweisen zu können, wo sie unter fachmännischer Leitung eine gründliche Ausbildung auf den verschiedenen Gebieten des Ackerbaus, der Viehzucht und der Gartenwirtschaft erhielten. [...] Die größte und bekannteste jüdische landwirtschaftliche Ausbildungsstätte war das Landgut Neuendorf[5] in der Nähe von Fürstenwalde, etwa 40 Kilometer vom Weichbild der Reichshauptstadt entfernt gelegen. Unter der Leitung des jüdischen Diplomlandwirts Moch[6] wurden hier viele Hunderte von jungen jüdischen Menschen zu perfekten Ackerbauern, Viehzüchtern, Gärtnern ausgebildet. Neuendorf war ein weit ausgedehntes Gut, es gab dort Getreide- und Kartoffelfelder, Gemüseplantagen, Blumenanlagen, Treibhäuser, ferner ausgedehnte Pferdeställe, Rinderzuchtanlagen, Molkereibetriebe, Geflügelfarmen – ja sogar einen Schweinestall. Der Leiter Moch war der Ansicht, daß ein perfekter Wirtschaftsbetrieb auch Schweinezucht betreiben müsse, und setzte seine mit fachmännischen Argumenten gestützte Meinung gegenüber von jüdisch-orthodoxer Seite her geäußerten Einwänden durch.

Die Ausbildung in Neuendorf dauerte in der Regel etwa ein Jahr, und so hatte jeder, der diese Zeit durchhielt – es gab nur relativ wenige Versager –, Gelegenheit, die landwirtschaftlichen Arbeiten in allen vier Jahreszeiten zu verrichten, beziehungsweise zu erlernen. Abwechselnd wurden die Lehrlinge, Jungen wie Mädchen, Männer wie Frauen, auf den Getreidefeldern, im Gemüseanbau und bei der Hackfrucht, in den verschiedenen Viehstallungen sowie in den Gartenanlagen in einem genau geregelten Turnus eingesetzt. Sogar eine Stellmacherei gab es, in der man sich genügende Geschicklichkeit in der Herstellung und Reparatur landwirtschaftlicher Geräte aneignen sollte. Moch konnte natürlich die ganze Arbeit nicht allein bewältigen, er hatte einen kleinen Stab von landwirtschaftlichen Lehrern und Inspektoren neben sich, darunter auch ein oder zwei Nichtjuden. Für das leibliche Wohl der Zöglinge in bezug auf Küche, Kleidung, Wäsche sorgte die tüchtige Ehefrau Mochs, unterstützt von einigen jungen Leuten, die nach absolvierter agrarischer Ausbildung sich noch eine zusätzliche Praxis auf dem Gebiete der Massenküche und der Heimarbeit erwerben wollten.

Die Erfolge der landwirtschaftlichen Ausbildungsweise in Neuendorf waren besonders handgreiflich. Von diesem Lehrgut aus gingen zahlreiche tüchtige Landwirte teils in palästinensische Siedlungen wie Jawne, Hasorea und kleinere Kibbuzim, teils in JCA-Siedlungen[7] in Argentinien.

Ein anderes Lehrgut, das gleichfalls nicht allzuweit von der Reichshauptstadt entfernt lag, war Groß-Gaglow[8] bei Cottbus. Diese landwirtschaftliche Stelle war etwa zwei Jahre vor der Machtergreifung der Nazis von jüdischen Organisationen als Gemeinschaftssiedlung auf genossenschaftlicher Grundlage gegründet worden und widmete sich ausdrücklich der Umschulung von aus städtischen Berufen stammenden Juden. Hier wurde vor allem Obst- und Gemüsebau betrieben. Unter anderem wurden regelmäßig große Spargelfelder bearbeitet und trugen reiche Ernte, die an inländische Konservenfabriken verkauft wurde. Auf diese Weise arbeitete Groß-Gaglow zeitweise sehr erfolgreich mit finanziellem Überschuß. Die Berliner Gemeinde, beziehungsweise die Wirtschaftshilfe, zahlte jedoch für die von ihr nach Groß-Gaglow entsandten Umschichtler regelmäßig monatliche Beiträge, und auf diese Weise wurde der fortlaufende Betrieb des Gutes auch in weniger ertragreichen Perioden gesichert. Von Groß-Gaglow sind viele Landwirte nach Brasilien ausgewandert.

1 Der Preußische Landesverband jüdischer Gemeinden, 1922 gegründet, unterstützte 1925 etwa 250 leistungsschwache Gemeinden.

2 Der Verband nationaldeutscher Juden, gegründet 1921, wurde von Rechtsanwalt Dr. Max Naumann geführt. Die kleine Organisation nationalistischer deutscher Juden lehnte z. B. die Einwanderung von Ostjuden entschieden ab.

3 Der Hilfsverein der deutschen Juden, gegründet 1901, widmete sich ursprünglich der Sozialarbeit unter Juden in Osteuropa und Palästina sowie der Auswandererfürsorge für Ostjuden. Nach 1933 wurde die Auswanderungshilfe für deutsche Juden, die nicht nach Palästina gingen, zu seiner Hauptaufgabe. Er unterstützte 1933 bis 1938 die Emigration von 31000 Personen. – Zur Wirtschaftshilfe vgl. auch den Aufsatz von A. Szanto, Economic Aid in the Nazi Era, Leo Baeck Institute Yearbook IV, 1959, S. 208–219.

4 Zu Entstehung und Geschichte des Jüdischen Kulturbundes s. die Memoiren von Kurt Baumann (42).

5 Das 1500 Morgen große Landwerk Neuendorf hatte ursprünglich die Jüdische Arbeitshilfe als Ausbildungsstätte für arbeitslose junge Juden eingerichtet. Es wurde nach 1933 zur Stätte landwirtschaftlicher Umschulung für nichtzionistische Juden und verfügte 1938 über 135 Ausbildungsplätze.

6 Alexander Moch (1889 Nonnenweier – 1977 Tel Aviv) leitete das Landwerk Neuendorf 1933 bis 1938, dann eine Landwirtschaftsschule (Tythrope House) für jüdische Flücht-

linge in England. Er war Farmer in Kenya/Afrika und schließlich landwirtschaftlicher Berater in Israel.

7 Die JCA (Jewish Colonization Association), 1891 von Baron Moritz Hirsch gegründet, finanzierte jüdische landwirtschaftliche Siedlungen hauptsächlich in Argentinien, Brasilien und Kanada.

8 Der auf Initiative des Reichsbundes jüdischer Frontsoldaten 1928 gegründete Reichsbund für jüdische Siedlung kaufte 1930 das Gut Groß-Gaglow. Hier siedelten etwa zwei Dutzend jüdische Familien, zumeist als Kleinbauern, bis das Gut im Frühjahr 1935 zwangsweise geräumt wurde.

39 Marta Appel, geb. Insel

geb. 1894 Metz – gest. 198? Los Angeles

Marta Appel, Memoirs. Ms. undatiert, 610 S. – Verfaßt USA 1940/41. Aus dem Amerikanischen übersetzt von Eva Furth.

Die Autorin wächst im lothringischen Metz auf, aus dem ihre Familie 1918 von den französischen Behörden ausgewiesen wird. Im gleichen Jahr heiratet sie Dr. Ernst Appel (1884–1973), damals Rabbiner in Bingen. Das Ehepaar hat zwei Töchter und lebt bis 1926 in Bingen, dann wird Appel Rabbiner in Dortmund. Die Autorin beschreibt ausführlich die Situation ihrer Familie und der jüdischen Gemeinde, die nach 1933 ständig von der Gestapo überwacht wird. Ihre Töchter sind in der Schule wachsender Verfolgung ausgesetzt, doch sie kann ihren an Deutschland und seine Gemeinde gebundenen Mann nicht zur Auswanderung bewegen. Im April 1937 werden beide Ehepartner als Vorsitzende der Dortmunder Bne-Briss-Loge verhaftet, als die Gestapo diese auflöst und das Logenvermögen konfisziert. Nach ihrer Freilassung fliehen sie mit den Töchtern im Mai 1937 heimlich ohne Abschied nach Holland und emigrieren von dort zu Verwandten in die USA. Ernst Appel amtiert bis 1969 als Rabbiner in Jackson (Tennessee). Nach seinem Tode zieht die Autorin nach Hollywood (Kalifornien).

Man hatte den Kindern gesagt, daß sie am 1. April 1933, dem Tag des Boykotts, nicht in die Schule kommen sollten. Selbst der Schuldirektor war der Meinung, daß das Leben der jüdischen Kinder nun gefährdet sei. Eines Nachts wurden an jedem jüdischen Geschäft, an jedem Haus, das einem Juden gehörte, große Plakate angebracht. Auf jedem Platz, an jeder Ecke vor der Synagoge fanden sich Propagandatafeln, auf denen wir verächtlich gemacht und beschimpft wurden. Wir seien Parasiten und hätten das Unglück des deutschen Volkes verschuldet, so konnten wir überall und immerzu bei jeder Gelegenheit hören und lesen. Doch an diesem Tag schloß kein jüdischer Laden; keiner wollte angesichts des Boykotts seine Angst zeigen. Nur die Synagoge öffnete ihre Tore nicht wie sonst, obgleich es Sonnabend war. Wir wollten nicht, daß diese heilige Stätte durch irgendwelche Unruhestifter entweiht würde.

Ich ging sogar in die Stadt, um zu sehen, was im Geschäftsviertel los war. Ich fand keine begeisterte Menge, die durch die Straßen stürmte und die jüdischen Geschäfte zerstörte, wie es die Nazis erwartet hatten, sondern ich hörte nur Äußerungen des Unmuts und der Mißbilligung. Viele Menschen versammelten sich vor den jüdischen Läden und beobachteten die Naziposten, die dort standen, um jeden am Betreten des Geschäftes zu hindern. Dennoch gab es viele, die den Mut aufbrachten, in die Geschäfte hineinzugehen, obgleich sie von den Nazipatrouillen wüst beschimpft und fotografiert wurden, um sie durch Veröffentlichung in den Tageszeitungen als Feinde des deutschen Volkes zu brandmarken. Im Inneren der Geschäfte spielten sich in den Büros andere Auseinandersetzungen ab. Die Nazis zwangen hier die jüdischen Kaufleute, ihren ausländischen Geschäftspartnern in Telegrammen zu versichern, daß die Situation völlig normal sei, daß es keinen Boykott jüdischer Geschäfte gäbe. Einer dieser Männer wurde sogar zwangsweise in Begleitung von zwei Nazibeamten nach Holland geschickt, um dort ausländische Kunden und Geschäftsleute zu überzeugen, daß alles in Ordnung sei.

Nichtjüdische Freunde und Nachbarn, ja sogar Menschen, die wir vorher kaum gekannt hatten, kamen zu uns, um ihre Verbundenheit und ihre Freundschaft zu uns zu bekunden, und alle meinten, daß diese Schreckenszeit nicht lange dauern könne. Aber nach einigen Monaten des Terrorregimes hatten Treue und Freundschaft ihren Sinn verloren, Furcht und Verrat griff um sich. Um unsere christlichen Freunde nicht zu gefährden, wandten wir uns ab und grüßten nicht, wenn wir einen von ihnen auf der Straße trafen; sie sollten nicht ins Gefängnis kommen, weil man sie für Judenfreunde hielt.

Mit jedem Tag der Naziherrschaft wurde die Kluft zwischen uns und unseren Mitbürgern weiter. Freunde, mit denen wir lange Jahre hindurch freundschaftlich verbunden waren, kannten uns nicht mehr. Plötzlich stellten sie fest, daß wir eben doch anders waren als sie. Natürlich waren wir anders, denn wir trugen schließlich das Stigma des Nazihasses, wir wurden verfolgt und gejagt wie Wild. Durch die prominente Stellung meines Mannes waren wir ständig gefährdet. Oft ließ man uns Warnungen zukommen, daß wir nicht nach Hause gehen sollten. Aber wohin wir auch immer gingen, es gab für uns keine Sicherheit mehr.

Wie sehr sich unser Leben in jenen Tagen verändert hatte! Oft glaubte ich, es nicht mehr länger ertragen zu können, aber dann dachte ich an meine Kinder, und ich wußte, daß wir uns stark zeigen mußten, um dieses Leben für sie erträglicher zu machen. Ich ging nur noch sehr ungern aus dem

Hause, denn an jeder Ecke mußte ich die Plakate sehen, auf denen behauptet wurde, die Juden seien das Unglück des deutschen Volkes. Angstvolle Vorstellungen begleiteten mich, wohin ich ging: wenn ich in einem Geschäft mit den Angestellten sprechen mußte, fürchtete ich, daß sie sich feindlich gegen mich wenden würden, sobald sie entdeckten, daß ich Jüdin sei; wenn ich auf die Straßenbahn wartete, dachte ich immer, daß der Fahrer nicht anhalten würde, wenn er wüßte, daß ich Jüdin sei. Ich bin eigentlich auf der Straße und in Geschäften niemals solchen unangenehmen Erlebnissen ausgesetzt gewesen, aber ich erwartete so etwas jeden Moment, und diese Angst quälte mich unablässig. Schon lange bevor es uns von den Nazis verboten worden war, hatte ich darauf verzichtet, ein Theater oder ein Kino zu besuchen, weil ich es einfach nicht ertragen konnte, zwischen Menschen zu sitzen, die uns haßten. Die Verbote, die uns später von diesen Dingen ausschlossen, konnten mir also nichts nehmen, was ich nicht selbst schon aufgegeben hatte.[1] Dennoch empfand ich diese Maßnahmen als neue Schmach. Es ist etwas grundsätzlich anderes, ob man aus eigener Entscheidung auf etwas verzichtet, oder ob man es nicht mehr darf.

Abends saßen wir zu Hause und hörten voller Schrecken im Radio die Ankündigung der neuen empörenden Maßnahmen und Gesetze, die fast Tag für Tag den Juden neue Lasten und Leiden auferlegten. Wir besuchten unsere Freunde nicht mehr, und sie kamen nicht mehr zu uns. Warum sollten wir noch zusammenkommen? Für uns alle gab es ja nur noch ein Thema, und wenn wir miteinander sprachen, hörten wir eine schreckliche Geschichte nach der anderen. Nein, es war genug, sich täglich während der Arbeit mit den Schrecken auseinandersetzen zu müssen. Warum sollten wir noch unseren Schlaf opfern, um von immer weiteren Grausamkeiten zu hören?

Seitdem ich in Dortmund lebte, hatte ich mich alle vier Wochen mit einigen anderen Frauen getroffen, die auch aus meiner geliebten Heimatstadt Metz stammten. Als Lehrerinnen oder als Schülerinnen waren wir alle an demselben Lyzeum gewesen. Seitdem die Nazis an der Macht waren, hatte ich an den Treffen nicht mehr teilgenommen, ich wollte meinen Freundinnen durch die Anwesenheit einer Jüdin keine Schwierigkeiten machen, schließlich trafen wir uns immer in der Öffentlichkeit, in einem Café. Eines Tages begegnete ich auf der Straße einer meiner alten Lehrerinnen. Sie hatte Tränen in den Augen, als sie sagte: „Komm doch wieder zu uns; wir vermissen dich. Es tut uns leid, daß du denken mußt, wir wollen dich nicht mehr bei uns haben. Keine von uns hat ihre Gefühle dir gegenüber geändert." Sie versuchte, mich zu überzeugen, daß alle nach wie vor meine Freundinnen seien und wollte meine Zweifel beschwichtigen. Daher beschloß ich, zu dem nächsten Treffen zu gehen. Ich habe mir die Entscheidung wirklich nicht leicht gemacht und konnte in der Nacht vor dem Treffen nicht schlafen. Ich fürchtete einerseits für meine christlichen Freunde – um nichts in der Welt wollte ich sie durch meine Anwesenheit in Schwierigkeiten bringen –, andererseits hatte ich auch um mich Angst. Ich wußte, ich würde sie sehr genau beobachten. Auch der Schatten eines Unbehagens bei meinem Eintreten würde mir nicht entgehen. Ich wußte, daß mir auch die geringste Veränderung einer Stimme auffallen würde, sie konnten mich nicht täuschen. Würden sie Angst haben, mit mir zu reden?

Aber ich brauchte weder in ihren Augen zu lesen noch auf die Veränderungen in ihren Stimmen zu achten. Der leere Tisch in der kleinen Nische, der immer unser Stammplatz gewesen war, sprach eine deutliche Sprache. Unnötig, daß der Kellner kam, um mir zu erklären, daß am Vormittag eine Dame den Tisch telefonisch abbestellt habe. Ich konnte es ihnen nicht zum Vorwurf machen. Warum sollten sie riskieren, möglicherweise ihre Stellung zu verlieren, nur um mir zu beweisen, daß Juden noch Freunde in Deutschland haben?

Mir machten diese persönlichen Enttäuschungen nicht allzuviel aus, aber wenn meine Kinder darunter leiden mußten, wenn es ihnen nicht erspart blieb, überall beleidigt und gedemütigt zu werden, dann war mein Herz mit Kummer und Zorn erfüllt. Nur durch unsere eigene seelische Kraft, nur durch die Liebe und Harmonie in den Jüdischen Familien konnten wir unseren Kindern genügend Kraft geben, um Haß und Verfolgung zu ertragen. [...] Ich war verzweifelt, als eines Tages das jüngere meiner beiden Kinder weinend aus der Schule nach Hause kam. Sie war weggeschickt worden, während die anderen zu irgendeinem Kindertheater oder einer anderen Belustigung geführt wurden. Meine kleine Tochter weinte, nicht, weil sie das Theaterstück nicht sehen konnte – sie wußte ja, daß ihre Mutter jederzeit bereit war, mit ihr ins Theater zu gehen –, sie weinte, weil sie aus der Gruppe ausgeschlossen worden war, als ob sie nicht mehr gut genug sei für ihre Klassenkameraden. Das Ausgeschlossensein machte dieses Erlebnis so hart und bitter für sie. Ich glaube, daß auch die Nazi-Lehrerin sich manchmal schämte, wenn sie in die traurigen Augen meiner kleinen Tochter sehen mußte, denn einige Male rief sie mich an und bat, das Kind gar nicht in die Schule zu schicken, wenn für die Klasse irgend etwas Vergnügliches geplant war. Vielleicht war es nicht recht von mir, diese Lehrerin so sehr zu hassen, schließlich hatte sie ihre Anordnungen, die sie befolgen mußte, aber sie fügte meinem Kind soviel Schmerz und Kummer zu, daß ich es niemals vergessen kann.

Fast jede Unterrichtsstunde wurde für die jüdischen Kinder zu einer Quälerei. Es gab eigentlich kein Thema mehr, bei dem der Lehrer nicht über die „Judenfrage" gesprochen hätte. Die jüdischen Kinder mußten mit anhören, wie die Lehrer alle Juden ausnahmslos als Verbrecher bezeichneten und als zersetzende Kraft in allen Ländern, in denen sie lebten. Während solcher Reden durften meine Kinder das Klassenzimmer nicht verlassen, sie wurden gezwungen dabeizusitzen und zuzuhören, und sie mußten fühlen und erleben, wie die anderen Kinder sie als die Musterexemplare einer verachteten Rasse anstarrten.

An jedem Schultag waren meine Kinder beleidigenden und bedrückenden Erlebnissen ausgesetzt. Zum Muttertag hatten die Schüler im Chor Lieder eingeübt, denn dieser Tag wurde jedes Jahr mit einem großen Schulfest gefeiert. Am Tag vor dem Fest mußten meine Töchter zur Musiklehrerin kommen. „Ihr müßt am Schulfest teilnehmen, aber mitsingen dürft ihr natürlich nicht, da ihr nicht arisch seid." Die Kinder protestierten mit Tränen in den Augen: „Wieso können wir nicht mitsingen? Wir wollen doch auch für unsere Mutter singen!" Anscheinend wollte die Lehrerin die Gefühle der Kinder nicht verstehen. So sagte sie nur kurz und von oben herab: „Ich weiß, daß ihr auch eine Mutter habt, aber sie ist ja nur eine jüdische Mutter." Darauf wußten sie keine Antwort; es hatte auch keinen Zweck, mit dieser Lehrerin zu sprechen. An diesem Tag kamen sie noch trauriger und verstörter nach Hause als sonst, weil die Lehrerin so verächtlich über ihre Mutter gesprochen hatte.

Allein die Hoffnung, daß dieser Schrecken nicht lange dauern könne, hielt uns aufrecht. Der Tag, an dem dieser Alptraum vom deutschen Volk genommen werden würde, konnte eigentlich nicht mehr fern sein. Niemand konnte in einem Lande glücklich sein, in dem das Wort „Freiheit" nicht mehr existierte, wo niemand wußte, ob er nicht am nächsten Tag inhaftiert, ins Konzentrationslager geschleppt und möglicherweise zu Tode gequält werden würde. Aber nicht nur wir Juden fürchteten bei jedem zu laut gesprochenen kritischen Wort um Leben und Existenz, viele andere zitterten schon bei der Vorstellung, man könne ihre Gedanken erraten. [...]

Innerhalb der Gemeinde durften die einzelnen Gruppen kein Treffen, keine Versammlung ohne die Anwesenheit eines Gestapobeamten durchführen. Daher hielten wir solche Versammlungen manchmal heimlich in unserem Hause ab. Ich sorgte immer dafür, daß das Mädchen an solchen Abenden Ausgang hatte. Das Telefon wurde aus dem Stecker gezogen, und die Mitglieder kamen einzeln und zu verschiedenen Zeiten ins Haus. Bei öffentlichen Versammlungen war es höchst erstaunlich zu beobachten, daß die Gestapobeamten sich unter den Juden ganz wohl zu fühlen schienen, nachdem sie einige Male an unseren Zusammenkünften teilgenommen hatten. Zu unserem größten Mißvergnügen blieben sie sogar, nachdem der geschäftliche Teil einer Sitzung oder ein Vortrag beendet war, um eine Tasse Tee mit uns zu trinken. Offenbar gefiel es ihnen in unserer Gesellschaft so gut, daß sie überhaupt nicht merkten, wie wenig erwünscht sie waren. Aber die Gestapoleitung war natürlich gegen solche „Bekehrungen". Wurden die Berichte eines Gestapobeamten zu wohlwollend, wurde er sofort abgelöst und durch einen besseren Judenhasser ersetzt. [...]

Chanukka [1934], das Fest der Lichter, stand vor der Tür. Gerade in einer Zeit der tiefsten Erniedrigung war es für uns Juden ein großer Trost, sich an die heldenhaften Taten der Makkabäer zu erinnern, die die Juden aus der syrischen Knechtschaft befreit hatten. In diesem Jahr wollten wir wenigstens für die Kinder ein Chanukka-Fest ausrichten. Das wurde von der Gestapo genehmigt, aber selbst zu einer Kinderveranstaltung schickten sie einen Gestapobeamten. Im Rahmen des Programms führte ein vierzehnjähriger Knabe Zauberkunststücke vor. Er war wirklich großartig, und jedem gefiel seine Vorführung, denn er war auch sehr witzig. Zu Beginn zeigte er einige einfachere Tricks, wobei er immer einen der Zuschauer als Assistenten auf die Bühne bat. Zuerst hatte er immer Kinder ausgewählt, nun sollte es ein Erwachsener sein. Der kleine Zauberer schaute sich im Saal um, seine Augen fielen auf einen Mann, der in der ersten Reihe zwischen den Kindern saß. „Sie sind am nächsten", sagte er zu ihm, „und für meine Experimente sind Sie sicher ausgezeichnet geeignet." Wir sind uns niemals darüber klargeworden, ob der junge Gestapomann so mitgerissen war von der Vorführung, daß er seinen Dienst völlig vergessen hatte, oder ob er einfach nicht wußte, was er antworten sollte. Jedenfalls erhob er sich etwas verlegen und mit rotem Kopf, aber – genau wie der Junge gesagt hatte – er war ein sehr gutes Medium. Der Zauberer fuhr mit seinen Vorführungen fort, als ob er nicht wüßte, daß dieser Mann einer der gefürchteten Gestapoleute sei und ließ ihn lauter komische Dinge tun. Wir mußten so lachen, daß uns die Tränen kamen. Der Judenjunge und der Gestapobeamte waren die erfolgreichste Nummer im ganzen Programm.

Wie in allen früheren Jahren war auch in diesem Jahr die Frauengruppe wieder eifrig dabei, Chanukka-Pakete für die Armen der Gemeinde zu packen. Die Liste der bedürftigen Menschen war immer länger geworden, während andererseits immer weniger Spenden eingingen. Kaum jemand war noch in der Lage, eine angemessene Spende zu geben. Wenn wir unseren Armen wirklich helfen wollten, mußten wir auf alle Unterhaltungs- und Vortragsabende von auswärtigen Gästen verzichten. Alles war sehr teuer geworden, und da die Juden nicht dieselbe Unterstützung von den städtischen Stellen erhielten wie andere Bürger, hatten viele nicht genügend Nahrung und Heizung. Wir mußten in diesem Winter eine Volksküche eröffnen, wo die Ärmsten wenigstens eine warme Mahlzeit erhielten. Unserer Bne-Briss-Frauengruppe[2] gelang es auch, eine Schulspeisung für bedürftige Schulkinder zu organisieren. Wir taten, was wir konnten, aber den Familien, die in die Fänge der Gestapo geraten waren, denen konnten wir nicht helfen, da waren wir vollkommen machtlos. Der Einspruch jüdischer Anwälte wurde von der Gestapo überhaupt nicht zur Kenntnis genommen, christliche Rechtsanwälte dagegen hatten Angst, Juden zu vertreten.

Wenn Gott nicht half, gab es keine Hilfe mehr für uns. Niemand konnte sicher sein, daß er nicht am nächsten Tag hinter dem elektrisch geladenen Stacheldraht eines Konzentrationslagers verschwinden würde und entweder niemals oder durch grausame Mißhandlungen an Leib und Seele gebrochen zurückkommen würde. Es bereitete uns eine fast unerträgliche Qual, die Rückkehr von Freunden zu erleben, die das Konzentrationslager so zerstört hatte, daß sie nicht einmal wagten, ihren Frauen über ihre Erlebnisse zu berichten. Unaufhörlich bat ich meinen Mann, alles im Stich zu lassen, und mit uns in ein Land zu gehen, wo mich nicht ständig die Furcht quälen würde, mein Liebstes zu verlieren. Wenn mein Mann verspätet aus einer Sitzung nach Hause kam, wenn er zur Gestapo bestellt war, immer wartete ich angstvoll auf ihn. Dieses dauernde Gefühl der Unsicherheit, des Gefährdetseins zerrte an meinen Nerven. Manchmal wäre ich am liebsten einfach davongelaufen. [...]

Eines Tages kamen meine Kinder nach langer Zeit einmal wieder mit glänzenden Augen und kichernd und lachend aus der Schule nach Hause. Sie berichteten, daß sich am Morgen fast alle Klassen in der Aula versammeln mußten, weil ein Beauftragter des neugeschaffenen Rasseamtes den Kindern einen rassekundlichen Vortrag halten wollte. „Ich fragte die Lehrerin, ob ich nach Hause gehen könnte", erzählte meine Tochter, „aber die meinte, sie habe keine Anweisung irgend jemanden wegzuschicken. Du kannst dir vorstellen, daß der Vortrag gräßlich war. Zuerst erklärte der Mann, daß es hochstehende und niedere Rassen gäbe, die am höchsten stehende Rasse seien die Germanen, die daher auch dazu bestimmt seien, die Welt zu regieren, während die Juden eine sehr niedrigstehende, verächtliche Rasse seien. Dann, Mammi, schaute er sich in der Aula um und bat eins von den Mädchen, zu ihm zu kommen". Die Kinder fingen wieder an zu kichern. „Zuerst wußten wir überhaupt nicht, was er eigentlich wollte", erzählte meine Tochter weiter, „und wir wurden ganz ängstlich, als er Eva auswählte. Aber dann fing er an zu erklären und zeigte dabei auf Eva: ‚Seht mal, den schmalen Schädel dieses Mädchens, die hohe Stirn, die blauen Augen und das blonde Haar‘, und dabei nahm er einen ihrer langen Zöpfe in die Hand. Er fuhr fort: ‚Beachtet auch die hohe schlanke Gestalt. All dies sind die untrüglichen Zeichen der reinen, unvermischten germanischen Rasse!‘ Mammi, du hättest wirklich hören sollen, wie alle Mädchen plötzlich zu lachen anfingen. Sogar Eva konnte sich das Lachen nicht verbeißen. Von allen Seiten wurde dem Beamten zugerufen: ‚Sie ist doch jüdisch!‘ Sein Gesicht war sehenswert, ich glaube, der war froh, daß der Direktor schnell aufstand, uns mit einer Handbewegung zum Schweigen brachte und die Veranstaltung beendete, indem er dem Mann für seinen so interessanten und lehrreichen Vortrag dankte. Bei den Worten des Direktors mußten wir wieder lachen, aber er sorgte sofort für Ruhe. Ach, bin ich froh, daß ich nicht nach Hause geschickt wurde, sondern das miterleben konnte!"

Als mein Mann dann nach Hause kam, erzählten sie ihm die Geschichte auch und amüsierten sich immer wieder über sie. Wir beide waren froh und dankbar, daß unsere Kinder das Lachen noch nicht ganz verlernt hatten, daß sie immer noch wie ganz vergnügte, richtige Kinder reagieren konnten.

Wenn ich nur wenigstens meine Kinder aus diesem Lande herausbringen könnte – dieser Gedanke beschäftigte mich in diesen Tagen mehr und mehr. Mein Mann und ich glaubten nicht mehr, daß sich in Deutschland bald etwas ändern würde. Aber selbst bei einer Änderung der politischen Situation in Deutschland würde ich niemals vergessen können, daß alle unsere Freunde –

ja das ganze Volk – uns in unserer Not verlassen hatten. Deutschland war für mich nicht mehr dasselbe Land. Alles hatte sich verändert, nicht nur die Menschen, sondern auch die Stadt, der Wald, der Fluß – das ganze Land sah für mich anders aus.

[Im Frühjahr 1935 flüchtete ein jüdischer Arzt unter Zurücklassung aller Habe aus Dortmund.]

Einige Tage, nachdem dieser Arzt mit seiner Familie Dortmund verlassen hatte, waren wir bei Freunden eingeladen. Die Unterhaltung kreiste verständlicherweise vor allem um die Flucht des Arztes, und die Diskussion wurde sehr erregt. Die meisten Männer verurteilten die Flucht. „Das ist ein Mangel an Mut, jetzt zu einem Zeitpunkt das Land zu verlassen, da wir alle fest gegen Unterdrückung und Haß zusammenstehen sollten." Die Frauen protestierten heftig; sie fanden, daß es mehr Mut erfordere, wegzugehen als zu bleiben. „Wozu sollen wir hierbleiben und auf unseren allmählichen Ruin warten? Ist es nicht besser zu gehen und sich eine neue Existenz woanders aufzubauen, bevor unsere Kräfte durch den dauernden physischen und psychischen Druck hier erschöpft sind? Ist die Zukunft unserer Kinder nicht viel wichtiger als ein völlig sinnloses Durchhalten angesichts der Ideologie und der Verbrechen der Nazis?" Alle Frauen, ohne Ausnahme, waren dieser Meinung und nahmen für den Arzt Partei, während die Männer mehr oder weniger leidenschaftlich dagegen sprachen. Auch auf dem Heimweg diskutierte ich noch mit meinem Mann. Wie alle anderen Männer, konnte er sich einfach nicht vorstellen, wie man seine geliebte Heimat und die Pflichten, die das Leben eines Mannes ausmachen, verlassen könne. „Könntest du das alles wirklich aufgeben, um sozusagen ins Nichts zu gehen?" Aus dem Klang seiner Stimme merkte ich, wie sehr ihn schon der bloße Gedanke daran erregte. „Ich könnte es", sagte ich, ohne eine Sekunde zu zögern. „Ja, ich könnte es", wiederholte ich noch einmal, „denn es würde ja auch bedeuten, ein neues Leben zu beginnen." Und ich war tief überzeugt von dem, was ich sagte.

Unser eigenes Leben wurde immer mühevoller. Nicht nur mit den Predigten bekam mein Mann immer mehr Schwierigkeiten, überall versuchten die Nazis, ihm Fallen zu stellen. Für eine große Gemeinde gab es so viele Verordnungen, für deren Befolgung der Rabbiner verantwortlich war. Beispielsweise mußten wir jetzt alle vier Wochen auf den letzten Stand gebrachte Listen aller Mitglieder der verschiedenen Komitees und Organisationen unserer Gemeinde einsenden. Wenn jemand wegzog, mußte es uns mitgeteilt werden, denn wir hatten sofort die Partei darüber zu informieren. Für alles, was wir in der Synagoge oder im Gemeindehaus durchführten, brauchten wir eine Genehmigung der Gestapo.

Das Neujahrsfest und der Versöhnungstag [1935], die höchsten jüdischen Feiertage, standen vor der Tür. Mein Mann und ich überprüften aufmerksam seine Predigten. Wort für Wort lasen wir sie uns laut vor und überlegten, ob dieser oder jener Satz nicht etwa das Mißfallen des bei jedem Gottesdienst anwesenden Gestapobeamten erregen würde. Es gab so vieles, das mein Mann seiner Gemeinde an diesen heiligen Festtagen gern gesagt hätte, was er aber nicht sagen durfte. Die ganze Gemeinde würde am Gottesdienst teilnehmen, um daraus neue Hoffnung und Mut zu schöpfen. Er mußte Worte finden, die unsere augenblickliche Situation nicht direkt beschrieben, die aber seiner Zuhörerschaft unmißverständlich übermittelten, was er ihnen sagen wollte. Dies war eine äußerst schwierige Aufgabe. Mein Mann unterzog sich ihr nicht nur, weil er um seine eigene Sicherheit besorgt war, sondern vor allem, weil er den Nazis in seinen Predigten nicht den geringsten Vorwand liefern wollte, um die Gottesdienste zu verbieten und den Gemeindevorstand zu verhaften.

Zwei oder drei Tage vor den hohen Feiertagen wurde das Pflaster vor der Synagoge mit großen weißen Lettern beschmiert. „Die Juden sind unser Unglück" und ähnliches war dort zu lesen. Vor Beginn des ersten Feiertages reinigten wir das Pflaster, aber am nächsten Morgen waren die Schmierereien wieder da, schlimmer denn je. Aber dies blieb nicht der einzige störende Zwischenfall. Vor dem Eingang der Synagoge stand eine Gruppe uniformierter Hitlerjungen Spalier und vollführte einen ohrenbetäubenden Lärm. Jeder, der den Tempel betreten wollte, mußte durch die Reihen dieser Jungen, die wie besessen trommelten und ihren Trompeten gräßliche Dissonanzen entlockten. Etwa zehn Schritte davon entfernt stand ein Polizist an der Straßenecke, aber als unsere Synagogendiener ihn um Hilfe baten und ihn aufforderten, die Jungen nach Hause zu schicken, antwortete er nur: „Die haben ihre Sonderbefehle; da kann ich gar nichts tun." Die Hitlerjungen blieben also, bis der letzte zu spät kommende Gottesdienstbesucher eingetroffen war. Der wilde Lärm, den sie machten, drang in die Stille unseres Tempels und störte unsere Gebete.

Der nächste Feiertag verlief zu unserem Erstaunen ohne Störungen. Erst später erfuhren wir, daß bei der Gestapo viele anonyme Briefe eingegangen waren, in denen christliche Mitbürger ihr Mißfallen über die Störung eines Gottesdienstes ausdrückten. Zu dieser Zeit schien es den Nazis wohl noch ratsam, von Aktionen, die den Juden Sympathie und Mitleid einbringen konnten, abzusehen und ihre wirklichen Absichten den Juden gegenüber nicht offen zu zeigen.

Damals gab es noch Millionen Deutsche, die nicht glauben wollten, daß diese Unterdrückungsmaßnahmen durchaus mit dem offiziellen Einverständnis der Hitlerregierung durchgeführt wurden. Immerzu wurde uns gesagt: „Wenn Hitler von solchen Grausamkeiten wüßte, würde er das niemals erlauben. Er würde dem sofort ein Ende bereiten. Aber er kann nicht alles wissen, was geschieht. Diese Dinge sind illegal, das macht nur die SA, und der Führer weiß das nicht." Viele Menschen begriffen den Ernst der Lage erst nach dem Erlaß der Nürnberger Gesetze im Herbst 1935. Erst als man es in jeder Zeitung lesen und in jedem Rundfunkprogramm hören konnte, glaubten sie endlich, daß die Juden keine Bürger mehr waren. Zwar blieben sie Staatsangehörige des Deutschen Reiches mit allen Pflichten, aber man sprach ihnen alle Bürgerrechte ab. [...]

Bei jeder Gemeindeveranstaltung sah ich jetzt neue Gesichter und vermißte alte, vertraute. Die Zusammensetzung unserer Gemeinde änderte sich laufend. Als Folge der Nürnberger Gesetze waren mehr und mehr Geschäfte gezwungen zu schließen; die Eigentümer wanderten aus oder gingen nach Berlin, wo sie hoffen konnten, in der großen Menge der dort lebenden Juden nicht aufzufallen. Trotzdem wurde unsere Gemeinde nicht kleiner, da die Juden von den umliegenden Dörfern und Kleinstädten in die Großstadt flüchteten. In den Kleinstädten war das Leben für sie absolut unerträglich geworden. Sie durften noch nicht einmal Lebensmittel in arischen Geschäften einkaufen, und jüdische Geschäfte gab es ja dort längst nicht mehr.

Einmal mußte mein Mann zu einem Begräbnis aufs Land. Am nächsten Tag kam er krank zurück, verzweifelt über das Schreckliche, das er dort erlebt hatte. Der Leichnam durfte erst nach Einbruch der Dunkelheit auf den Friedhof gebracht werden, und weder Juden noch Christen – außer den engsten Familienangehörigen – durften an dem Begräbnis teilnehmen. Nicht einmal einem Totengräber war die Arbeit erlaubt worden, so daß die Familienmitglieder das Grab für ihren Vater selbst graben mußten. Naziposten paßten auf, daß kein anderer half.

Nach dem Begräbnis wurde mein Mann zum örtlichen Parteibonzen vorgeladen. „Wie kannst du dreckiger Jude es wagen, deinen Leuten zu sagen, daß sie auf bessere Zeiten hoffen sollen?" brüllte ihn der Nazibeamte an, als mein Mann das Polizeibüro betrat. „Ich habe nur die Bibel ausgelegt, dagegen können Sie doch wohl kaum irgendwelche Einwände haben", bemerkte mein Mann sehr ruhig. Der gemeine und ordinär aussehende Kerl beeindruckte ihn nicht, und das Gebrüll konnte ihn auch nicht einschüchtern. Er fühlte nur eine tiefe Verachtung und Widerwillen gegen diesen Menschen. „Wer liest denn heute noch die Bibel?" gab der Beamte zur Antwort, „für dieses Buch interessiert sich heute niemand. Die Zeiten der Bibel sind vorbei, unsere Bibel ist ‚Mein Kampf'!" Mit diesem Bekenntnis zu seinem Nazigott hatte er sich offenbar beruhigt und ließ meinen Mann gehen. [...]

Wieder war es Frühling geworden [1936]. Die Natur war voller Hoffnung. Doch für uns gab es keine Hoffnung mehr. Immer neue restriktive Bestimmungen und Gesetze schränkten unser Dasein weiter ein und erstickten das Leben der jüdischen Gemeinden. Der Etat unserer Gemeinde, der 800 000 RM betragen hatte, als Hitler an die Macht kam, betrug jetzt nur noch 80 000 RM. Früher mußten weniger als ein Viertel der Gemeindemitglieder finanziell unterstützt werden, heute standen mehr als Dreiviertel der Mitglieder auf der Liste der Bedürftigen. Die Behörden gewährten den Juden kaum Wohlfahrtsunterstützung, und keine religiöse oder karitative

Organisation durfte noch Sammlungen durchführen. Für unsere Armen konnten wir nur wöchentlich eine „Pfundsammlung" von Lebensmitteln und eine für getragene Kleidung veranstalten. Woche für Woche fuhr ein Lastwagen herum, um Spenden der Gemeindemitglieder zu sammeln, und jeder jüdische Haushalt spendete wenigstens ein Pfund seiner Lebensmittel. Aber mehr als einmal waren wir im Organisationskomitee ratlos, wenn wir nur säckeweise getrocknete Linsen oder Erbsen zusammenbekamen. Selbst Leute, die Geld hatten, konnten zu dieser Zeit nicht mehr alles kaufen, was sie brauchten. Obst, Gemüse, Butter, Eier und Fleisch gab es nicht mehr genug. Es war klar, daß die Leute nur gaben, was sie selbst reichlich hatten. Ähnlich deprimierende Erfahrungen mußten wir mit der Kleidersammlung machen. Die neuen Ersatzstoffe sahen zwar in den Schaufenstern ganz nett aus, aber sie waren nicht sehr haltbar. So waren die Leute dazu übergegangen, ihre alten Kleider zu ändern, damit sie wieder wie neu aussahen, dadurch wurde aber die Kleiderkammer für die Armen unserer Gemeinde kaum noch aufgefüllt.

Solange ich mich erinnern kann, war in unserem Gemeindehaus nie soviel Leben und Treiben gewesen wie jetzt. In jedem Winkel vom Keller bis zum Dachboden fand irgendein Kursus statt. Männer und Frauen, Jungen und Mädchen kamen, um neue Fertigkeiten oder neue Berufe zu erlernen, mit denen sie sich im Ausland über Wasser zu halten hofften. Damen, die früher in ihrem eigenen Haushalt nichts angefaßt hatten, lernten nun kochen oder nähen, lernten Putzmacherin oder Friseuse oder irgend etwas anderes, womit sie im Ausland ihren Lebensunterhalt verdienen konnten. Männer, die schon seit einigen Jahren pensioniert waren oder die früher große Unternehmen und Fabriken besessen hatten, bereiteten sich auf landwirtschaftliche oder handwerkliche Berufe, z. B. Schuhmacher oder Tischler vor. Mit den Geräuschen der verschiedensten Handwerke, die aus den Räumen drangen, mischten sich Wortfetzen vieler Sprachen. Spanisch, Französisch, Englisch oder Hebräisch konnte man hören, wenn man die Korridore entlangging.

Die härteste unter meinen Aufgaben war die Organisation der Kindertransporte[3] ins Ausland: nach den USA, nach Palästina, nach England und Italien. Es war immer herzzerreißend, den Abschied der Kinder von ihren Eltern mitzuerleben. Und doch waren es die Eltern, die zu uns kamen, um uns zu bitten und uns anzuflehen, doch ihre Kinder sobald wie möglich zu verschicken, weil sie es nicht mehr mitansehen konnten, wie sehr ihre Kinder unter Haß und Verfolgung litten. In ihrer selbstlosen Liebe waren die Eltern bereit, ihr Kostbarstes zu opfern, damit die Kinder in Frieden und Freiheit aufwachsen konnten. [...]

Neben allen anderen Pflichten waren wir seit Wochen damit beschäftigt, eine große Anzahl von Kindern für ihre Ausreise nach Palästina vorzubereiten. Die jüdischen Kinder waren ebenso flammend begeistert von der Idee, in Palästina eine neue Heimat aufzubauen, wie die deutsche Jugend von der

Idee, ein neues Deutschland zu errichten. Scharenweise kamen sie, um sich einschreiben zu lassen, und jeder bemühte sich, in die ersten Transporte zu kommen. Dieser Eifer war nicht nur aus dem Wunsch geboren, der Diffamierung und dem Haß in Deutschland zu entgehen, sondern ebenso von der Vorstellung, in Palästina eine große und heilige Aufgabe zu finden, für die es sich zu leben lohnte. In keinem Land der Welt hatte die Idee, Palästina wieder aufzubauen, so viele Gegner gefunden, wie in Deutschland, in keinem Land der Welt waren Zionisten so heftig bekämpft worden. Immer noch lehnte die ältere Generation den Zionismus entschieden ab. „Der Religion nach sind wir Juden, aber politisch sind wir Deutsche", dieser Grundsatz war im Denken der deutschen Juden fest verankert. Haß und Verfolgung konnten die Liebe zu unserem Heimatland nicht zerstören. Daher führte der Enthusiasmus der jüdischen Jugend für Palästina in vielen Familien zu schweren Konflikten. Häufig mußten wir eingreifen und den Streit zwischen Eltern und Kindern schlichten. Die Jugend wollte nicht mehr warten, während die Alten Herz und Hoffnung nach wie vor an ihr deutsches Vaterland hängten.

Am festgesetzten Tag brach ich mit einer Gruppe jüdischer Kinder von Dortmund nach Berlin auf. Von dort sollten jüdische Kinder aus allen Teilen Deutschlands in einem großen Transport nach Palästina gebracht werden. Unser Zug aus Dortmund hatte etwas Verspätung, und ich hoffte von ganzem Herzen, daß uns in Berlin nicht viel Zeit bleiben würde. Ich war noch ganz erschüttert von den tragischen Abschiedsszenen in Dortmund, und ich hatte das Gefühl, diese schmerzliche Situation nicht noch einmal durchstehen zu können. Der Bahnsteig des großen Berliner Bahnhofs war mit Vätern und Müttern überfüllt. Niemand außer den Eltern war auf den Bahnhof gelassen worden. Als ich mit meiner Gruppe auf den Bahnsteig kam, war der Zug schon voll. Aus allen Abteilfenstern blickten strahlende Kindergesichter. Die freudige Zukunftserwartung, die aus ihren Augen leuchtete, ließ sie die Schwere des Abschieds vergessen. Im Gegensatz dazu standen die Eltern schweigend und traurig am Zug. Ich versuchte, nicht zu ihnen hinzusehen, ich konnte ihren Kummer nicht mehr ertragen. „Wie wäre mir zumute, wenn meine eigenen Kinder unter den Abfahrenden wären?" fragte ich mich, während ich meine Gruppe in die für sie reservierten Abteile geleitete.

Kaum hatten sie ihre Plätze eingenommen, als schon das Abfahrtssignal ertönte. Es blieb kaum Zeit für ein hastiges Abschiedswort, für die Ermahnung, tapfer zu sein, dann mußte ich den Zug verlassen. „Grüßen Sie Mama, grüßen Sie Papa, sie sollen sich keine Sorgen um uns machen", riefen die Kinder hinter mir her. Bevor ich die Tür hinter mir zugeschlagen hatte, drängte sich noch ein sechzehnjähriger Knabe heran und schob mir ein winziges Päckchen in die Hand. „Bitte bringen Sie das meiner Mutter und sagen Sie ihr, sie soll mein Geschenk tragen, bis wir uns wiedersehen", bat er mich. Das Päckchen enthielt einen schmalen Goldring, den der Knabe in seiner Goldschmiedelehre selbst gefertigt hatte. Diese, seine erste ganz selbständige Arbeit, gab er seiner geliebten Mutter als Abschiedsgeschenk.

Ich stand wieder auf dem Bahnsteig und sah den langsam anfahrenden Zug an mir vorbeigleiten. Es fiel mir auf, wie still die Kinder geworden waren. Die Begeisterung war in den jungen Gesichtern erloschen, als sie ihre Lieben nun ein letztes Mal sahen. Viele kleine Mädchen, die vorher gelacht hatten, reckten nun die Arme aus dem Abteilfenster, um Vater und Mutter ein letztes Mal die Hand geben zu können, während ihnen die Tränen über die Wangen strömten, und ich sah manches Jungengesicht sich zu einem gezwungenen Lächeln verzerren. „Wir werden tapfer sein" und „Schalom alechem" klang es durch die weite Halle, und mit diesem jüdischen Gruß verließen Hunderte jüdischer Kinder ihre deutsche Heimat.

Die wehenden Taschentücher waren längst verschwunden, das Geräusch des abfahrenden Zuges längst nicht mehr zu hören, aber die Menge stand immer noch schweigend und reglos und blickte dahin, wo nichts mehr war. Ich war wie erstarrt, und ich fragte mich, wie viele dieser Eltern ihre Kinder wiedersehen würden. Plötzlich hörte ich einen Schrei, sah Menschen an einer Stelle zusammenlaufen. „Eine Frau ist ohnmächtig geworden", sagte jemand; es wurde nach einem Arzt gerufen. Einige Minuten des Schweigens folgten, während der Arzt die arme Frau untersuchte; dann ging ein leises ungläubiges Raunen durch die Menge, bis auch ich in der letzten Reihe verstand: „Sie ist tot." Sie hatte noch die Kraft gehabt, ihr Kind bis zur Schwelle eines neuen Lebens zu begleiten, dann aber versagte ihr Herz. [...]

Im Jahre 1937 wurde es für meinen Mann immer schwieriger, seine Amtspflichten unter der dauernden Aufsicht der Gestapo zu erfüllen. Es zehrte an seiner Gesundheit, und außerdem belastete ihn unablässig der Gedanke an die unsichere, aussichtslose Zukunft unserer beiden Töchter. Ich konnte ihm nicht helfen. Gern hätte ich ihm gesagt „Laß uns weggehen aus Deutschland", aber ich hatte versprochen, ihn deshalb nicht mehr zu bedrängen, um nicht alles für ihn noch schwerer zu machen. Doch das, worüber wir beide ständig grübelten, stand unausgesprochen immer zwischen uns.

„Ihr Mann muß ausspannen", sagte mir der Arzt, „er muß mal aus allem heraus, damit er die Sorgen für eine kurze Zeit vergessen kann." Da mein Mann aber nicht allein verreisen wollte, fuhr ich mit ihm, obgleich es mir außerordentlich schwerfiel, meine Kinder in einer so gefährlichen Zeit allein zu lassen. Die Trennung von den Kindern in einer Zeit, in der sie unsere Hilfe und unseren Beistand gegen die Gemeinheiten der Nazis so sehr brauchten, wurde für uns noch schmerzhafter durch einen Vorfall, der sich am Tage. bevor wir abfahren wollten, ereignete. Meine ältere Tochter kam mit blassem, verschrecktem Gesicht aus der Schule, ihre Lippen waren zu einem dünnen Strich zusammengepreßt. Ich kannte diesen Ausdruck in den Gesichtern meiner Kinder, so sahen sie aus, wenn sie versuchten, ihr Leiden mit aller Kraft vor uns zu verbergen, aber die Zeichen des Leidens waren zu deutlich in ihren kindlichen Zügen eingezeichnet, als daß wir sie hätten übersehen können. Ich wollte meinen Mann nicht noch damit belasten, so fragte ich nichts, als meine Tochter zum Mittagessen kam. Aber sogar ihm, der doch mit Hunderten von Dingen beschäftigt war, die er in der Gemeinde für die Zeit unserer Abwesenheit noch regeln mußte, blieb der Kummer des Kindes nicht verborgen. „Ach, es ist nichts, ich habe nur Kopfweh" antwortete sie ihrem Vater, um ihn abzulenken. Sie konnte aber doch nicht verhindern, daß ihr die Tränen in die Augen schossen. „Nein, Liebes", sagte mein Mann, „du hast einen anderen Kummer als nur Kopfschmerzen, bitte sag' mir, was los ist." Aber nun mußte die kleine Schwester helfend eingreifen und berichten, denn die Widerstandskraft der größeren brach nun zusammen und sie schluchzte so sehr, daß wir kein Wort verstehen konnten. Die jüngere Tochter erklärte: „Papa, sie haben ein neues Klassenzimmer, und die Bänke stehen da anders, so daß die Lehrerin eine neue Sitzordnung machen mußte. Und weißt du, Pappi, bis jetzt hat sie doch immer neben ihrer besten Freundin gesessen, obwohl sie in der Pause und auf dem Heimweg nicht zusammen gehen durften. Aber nun sagte die Lehrerin vor allen anderen Kindern, daß man es einem arischen Mädchen nicht mehr zumuten kann, neben einem Judenkind zu sitzen. Es ist eine Beleidigung für das arische Mädchen. Dann hat die Lehrerin befohlen, daß sie sich in die letzte Bankreihe setzen muß und daß keine arische Schülerin in derselben Reihe sitzen darf. Und nun ist sie auch während des Unterrichts von allen isoliert und sitzt da hinten ganz allein." Mein Mann antwortete nicht, aber sein Gesicht und seine Lippen wurden so blutleer, so totenblaß, daß sogar die Kinder, trotz ihres eigenen Kummers, sehr erschraken.

[Während der Erholungsreise werden die Eltern im April 1937 im Zusammenhang mit der Schließung der Bne-Briss-Loge für mehrere Tage verhaftet. Ende Mai flieht die Familie nach Holland.]

1 Das Verbot für Juden, Theater, Konzerte, Kinos usw. zu besuchen, erfolgte erst am 12. November 1938. Drei Tage später wurden die jüdischen Kinder aus den öffentlichen Schulen ausgeschlossen.

2 Der unabhängige jüdische Orden Bne Briss („Söhne des Bundes") wurde 1843 in New York gegründet und bestand ab 1882 auch in Deutschland. 1932 gab es mehr als 100 Einzellogen in Deutschland, die sich Geselligkeit, Bildungs- und Sozialarbeit widmeten. Die weiblichen Mitglieder waren seit 1897 im Bne-Briss-Schwesternbund vereint, der sich 1929 dem Jüdischen Frauenbund anschloß. Am 19. April 1937 wurde der Bne-Briss-Orden durch die Gestapo aufgelöst und sein Vermögen beschlagnahmt.

3 Von 1934 bis Ende 1939 wanderten über 18 000 jüdische Kinder und Jugendliche ohne ihre Eltern aus, davon 8100 nach England und 5300 nach Palästina. Die Palästinaauswanderung organisierte die von Recha Freier in Berlin angeregte Jugend-Alija, die in Palästina von Henrietta Szold geleitet wurde.

40 Ernst Loewenberg

geb. 1896 Hamburg

Ernst Loewenberg, Mein Leben in Deutschland vor und nach dem 30. Januar 1933. Ms. datiert Boston (Massachusetts) 1940, 83 S.

Der Autor, Sohn des Hamburger Schuldirektors und Schriftstellers Dr. Jakob Loewenberg, studiert Germanistik und Romanistik und lehrt nach seiner Promotion 1921 bis 1934 an der progressiven Lichtwark-Schule in Hamburg. Beim Tod seines Vaters übernimmt er 1929 dessen private Mädchenschule, löst sie aber 1931 auf. Obgleich Frontkämpfer des Ersten Weltkriegs, wird er im März 1934 zwangsweise pensioniert. Er tritt in das Kollegium der orthodoxen Talmud-Tora-Schule ein, die ab 1932 jüdisches Gymnasium wird. 1930 bis 1938 gehört er zum Vorstand des CV-Landesverbandes Nordwestdeutschland. Schon seit 1929 Mitglied und seit 1933 Vorsteher der Repräsentantenversammlung der jüdischen Gemeinde, wird er 1934 zum zweiten Gemeindevorsitzenden gewählt. Er arbeitet leitend mit an den wichtigsten Aufgaben der Gemeinde in der NS-Zeit auf dem Gebiet der Wirtschaftshilfe, der Berufsumschichtung und der Auswanderungsförderung. Im Oktober 1938 emigriert er mit Frau und Söhnen in die USA. Er lehrt 1940 bis 1962 an der Eliteschule Groton in Massachusetts und dann bis 1965 an der Brandeis Universität. Die drei Söhne des Autors werden Universitätsprofessoren – zwei in den USA, einer in Israel.

Nach meiner zwangsweisen Pensionierung wanken die Schüler der Lichtwark-Schule nicht in ihrer Anhänglichkeit. Im ersten Sommer treffe ich öfter einige, die mir erzählen, wie standhaft die Klassen als ganze sich weigern, in die HJ einzutreten. Noch 1935 gibt es Klassen, in denen keiner HJ-Mitglied ist. Es scheint, als ob der alte Geist der jungen Schule aus den Wänden ausstrahle. Die neuen Leute sind unfähig, die Schule gleichzuschalten. Zunächst wird die Koedukation aufgehoben, dann die gesamte Schule – die Schüler und das Kollegium werden auf andere Schulen verteilt. Im April 1937 wird die Lichtwark-Schule geschlossen und eine andere Schule in das Gelände am Stadtpark gelegt.

Wo immer ich einen früheren Schüler sehe, kommt er auf mich zu, um sich nach mir zu erkundigen und mir von sich zu erzählen. An einem Morgen begegnet mir ein Arbeitsdienstmädel, das mich nach Hause begleitet, um mir von ihren neuen Erfahrungen zu erzählen. Es stört sie nicht (Herbst 1934), daß Arier und Juden sie dabei sehen, wie sie sich da mit einem Juden unterhält. – Ein Jahr später redet mich ein Reichswehrsoldat an: „Sie kennen mich doch. Wie geht es Ihnen denn?" Nach kurzer

Unterhaltung sage ich ihm: „Lieber Freund, es ist besser, Sie trennen sich jetzt von mir. Die Leute, die vorübergehen, gucken Sie schon groß an. Drüben kommen Offiziere. Es ist in Ihrem Interesse, nicht mit mir zu sprechen." Er sieht mich einen Augenblick verständnislos an, dann geht er. Zwei Jahre nach meiner Entlassung bringen mir Mädel aus meiner letzten Klasse Blumen zum Geburtstag. Nur eine – unser Dummerling – ist im BDM. (Noch heute haben wir Eierwärmer und Kannenuntersetzer, die sie mir gehäkelt hat.) Als wir im Sommer 1935 einen Schrebergarten haben, besuchen uns dieselben Mädchen. Draußen an der Alster unterhalte ich mich stundenlang mit den Eltern. Dort, wo wir unbeobachtet sind, sind auch sie wie früher. „Ich gehe im nächsten Jahr ab", sagt Helga, eine Maurerstochter zu mir. „Ich wäre gern Lehrerin geworden, aber dann müßte ich in den BDM eintreten, und ehe ich das tue, gehe ich lieber in eine Fabrik und bleibe ehrlich."

Im November 1934 kommen acht bis zehn Primaner der Lichtwark-Schule zu mir und fragen mich, ob ich mit ihnen Deutsch arbeiten könnte. Sie haben jetzt Herrn O., und das könne keiner aushalten. Da ich O. vom Studium her kenne, ist an der Richtigkeit dieses Urteils für mich kein Zweifel. Warum aber kommen sie zu mir? Nur ein oder zwei kennen mich aus einem Französisch-Kurs. „Ja, wir wissen von Ihnen und möchten gern mit Ihnen arbeiten." Die Jungen sind in der HJ. „Dürfen Sie denn zu mir kommen?" „Warum nicht? Ich habe sogar meinen Gruppenführer gefragt. Er ist ein alter Lichtwark-Schüler, hat 1925 Abitur gemacht und bei Ihnen Deutsch gehabt. Er hat zu mir gesagt: Geh zu L., da lernst du deutsche Dichtung kennen." Wir einigen uns auf Rilke. Doch ich bitte mir Bedenkzeit aus. Darf ich es tun? Ich berate mich mit Freunden, nehme mir einen Gewerbeschein, der 20 Mark kostet, und veranlasse die Teilnehmer, ein kleines Honorar zu zahlen, um auch für sie eine klare Basis zu schaffen, die jede politische Verdächtigung ausschließt.

Und nun kommen wochenlang an jedem Mittwoch zehn Jungen und Mädel zu mir. Wir lesen Rainer Maria Rilke, verfolgen den Weg dieses stillen, feinen Dichters von seinen Anfängen in mystischer Sehnsucht bis zu den letzten Höhen der Duineser Elegien – Feierstunden deutscher Dichtung. Eines Abends bringe ich sie herunter, um die Haustür des Etagenhauses zu öffnen, da sehe ich vor der Tür K. auf- und abgehen – meinen Kollegen und Nachbarn –, und ich weiß, daß alles vorbei ist. Ob ein Nazi-Mitbewohner unseres Hauses uns angezeigt hat? Wahrscheinlicher ist, daß es sich in der Schule herumgesprochen hat. Zwei Tage später höre ich, daß sämtliche Teilnehmer zum Schulleiter befohlen wurden, der ihnen eröffnet hat, daß ihre Zulassung zum Abitur zweifelhaft wäre, wenn sie ihre moralische Unreife durch Arbeiten mit einem Juden so eklatant bewiesen. „Dabei habe ich an den beiden letzten Abenden schon jedes Wort mitgeschrieben", sagt Elsbeth Z. „Ich ahnte was. Wir können für jedes Wort einstehen. Bitte haben Sie den Mut, arbeiten Sie weiter mit uns." Aber ich lehne ab. „Ich

kann nicht mit euch arbeiten, wenn ich weiß, daß ich euch gefährde. Keiner
von uns würde mehr frei sein. Es ist schon so besser für alle: wir lösen auf.
Ihr werdet mir später recht geben."

*[Im folgenden berichtet Ernst Loewenberg aus seiner Arbeit als Zweiter
Vorsitzender der Hamburger Jüdischen Gemeinde.]*

Am 2. April 1933, dem Tag nach dem Boykott der jüdischen Geschäfte,
kamen die Vertreter der jüdischen Organisationen mit dem Vorstand und
dem Repräsentantenkollegium zusammen, um in einer alle Gruppen vereini-
genden Organisation die Hilfsarbeit zu zentralisieren. Dem Berliner Vorbild
folgend, wurde „Hilfe und Aufbau" in Hamburg gegründet.[1] Aus der
Stunde der Not entsprang auch der Name „Beratungsstelle für jüdische
Wirtschaftshilfe", kurz „Beratungsstelle" genannt. Wir dachten, daß Wirtschaftshilfe die Hauptaufgabe sei, doch bald traten Berufsumschichtung,
Berufsausbildung und Auswanderungsberatung mehr und mehr in den
Vordergrund. Die Beratungsstelle, die sachlich und personell eng mit der
Gemeinde zusammenarbeitete, wurde das Zentrum für alle Hilfsarbeit in
Hamburg. [...]
   Der Herbst 1933 brachte die langersehnte Gründung der Reichsvertretung
der deutschen Juden. Die Großgemeinden, die eine Konferenzgemeinschaft
gehabt hatten, und die drei großen Verbände Reichsbund jüdischer Frontsoldaten, Centralverein und Zionistische Vereinigung für Deutschland taten
sich zusammen. Am 17. September 1933 erfolgte die Gründung. Hamburg
schickte den altehrwürdigen Vorsitzenden Alfred Levy und zu seiner Assistenz Rudolf Samson und mich.[2]
   Im Mittelpunkt der Verhandlungen stand das Verhältnis von Berlin und
dem preußischen Landesverband zu den übrigen Reichsteilen. Es war der
urdeutsche Partikularismus, zugleich aber auch der Versuch der Berliner, auf
Grund ihrer numerischen Stärke zentral alles zu regeln. Demgegenüber
stand, daß die drei süddeutschen Verbände – vor allem Bayern und Württemberg – staatsrechtlich weit stärker als Landesverbände verankert waren
als die freiwillige Vereinigung des preußischen Landesverbandes. Berlin
wurde von Direktor Stahl geführt, hinter dem als treibende Kraft der
Revisionist Kareski, dem Macht alles war, und der Zionistenführer Dr.
Alfred Klee (später auch sein Sohn Hans Klee) standen.[3] Bayern wurde von
Oberstlandesgerichtsrat Neumeyer, Baden von Professor Stein geführt. Erst
als Sachsen und Hamburg erklärten, mit den Süddeutschen allein eine
Reichsvertretung zu gründen, und es den Berlinern zu überlassen, ob sie
eintreten wollten oder nicht, einigte man sich auf eine von Samson und mir
vorgelegte Kompromißlösung in der Machtverteilung. Nur widerstrebend
stimmten die Berliner der Wahl von Rabbiner Leo Baeck, des führenden
Berliner Rabbiners, zum Präsidenten und von Ministerialrat Otto Hirsch
zum Geschäftsführenden Vorsitzenden zu.[4] Durch den Verzicht Hamburgs,

im Rat vertreten zu sein, erleichterten wir die weiteren Verhandlungen. Wir gingen davon aus, daß bei wichtigen Entscheidungen unsere Stimme gehört werden würde – auch ohne offiziellen Sitz. [...]

Die Reichsvertretung versuchte mit dem Zentralausschuß für Hilfe und Aufbau und der jüdischen Zentralwohlfahrtsstelle[5], die Planung der gesamten Hilfstätigkeit im Reich zu organisieren. Das wurde allerdings erschwert durch das Fehlen von Verbindungen zu den zuständigen Stellen. Was in Hamburg und oft in Süddeutschland noch möglich war – persönliche Verbindungen aufzunehmen –, war in Berlin ausgeschlossen. Hinzu kamen Schikanen der Gestapo und das Gegeneinanderarbeiten der Berliner Gemeinde und der Reichsvertretung. Von Berlin aus wurden die Subventionen für neue Lehrwerkstätten, für die Vorbereitungszentren, für die Auswanderung und den finanziellen Lastenausgleich geregelt. In manchen Fragen kam man nur langsam vorwärts. Jüdische Schulen waren in einigen Großgemeinden wie München, Nürnberg, Karlsruhe, Stuttgart und Hannover neu gegründet worden. Im ganzen aber war man zurückhaltend. Man wollte nicht dem Staat eine Last abnehmen, zu der er noch gesetzlich verpflichtet war. Das galt vor allem für Berlin selbst, wo höchstens ein Drittel der jüdischen Schüler in Gemeindeschulen war. Es entwickelte sich alsbald ein großzügiges Privatschulwesen. Erst zögernd gründete die Berliner Gemeinde 1936 eine höhere Schule. Zu dem bestehenden orthodoxen Lehrerseminar in Würzburg errichtete man in Berlin eine liberale jüdische Lehrerbildungsanstalt, geleitet von Fritz Bamberger.[6] In Klein- und Mittelgemeinden war die Entscheidung noch schwieriger. Sollte man eine einklassige Volksschule gründen und den Kindern die Vorteile einer voll ausgebauten Schule nehmen? So geschah dies erst auf Verlangen des Staates, wie in Augsburg 1937, wo es der Gemeinde nicht erlaubt wurde, von sich aus eine zweite Lehrkraft zu bezahlen. Die Schulabteilung der Reichsvertretung, die Adolf Leschnitzer[7] leitete, sorgte auch für Lehrerfortbildungskurse (Lehnitz, Karlsruhe) und für neue Lehrmittel, da es unmöglich wurde, die verhetzenden Lehrbücher jüdischen Schülern zu geben. [...]

Im April 1933 bildeten die jüdischen Juristen, Ärzte und Lehrer Hamburgs Sonderausschüsse, um den vom Gesetz zur Wiederherstellung des Berufsbeamtentums (7. April 1933) betroffenen Kollegen zu helfen.[8] Oft handelte es sich mehr um Rat als um finanzielle Hilfe. Als Obmann der Lehrer habe ich im Jahre 1933 und später wohl alle Lehrer und Lehrerinnen, die die Hamburger Schulen verlassen mußten, bei mir gesehen. Darüber hinaus galt es, durch Verbindung mit der Schulabteilung der Reichsvertretung bei der Neugründung jüdischer Schulen Hamburger Kollegen unterzubringen. So übernahm ein Hamburger die Leitung der neuen jüdischen Schule in Stuttgart. Die Juristen und Ärzte halfen auch finanziell mit Mitteln, die die noch Tätigen aufbrachten, um Mittelstandsbeihilfen zu geben, die über die Beratungsstellensätze hinausgingen. Es war vor allem notwendig, Ärzten und Juristen, die bisher eine überwiegend arische Praxis gehabt hatten, bei dem Aufbau einer jüdischen Praxis zu helfen. In den ersten Jahren waren wirtschaftliche Beratungen und Stützungen von kleinen Betrieben möglich und vertretbar. Hier wurde bald in der Provinz und in kleinen Städten die Lage unhaltbar, weil dort die Partei zu sehr kontrollierte. In der Großstadt konnte mit geringen Mitteln manche Existenz auf einige Jahre gehalten werden. Später kamen dann mit jeder neuen Gleichschaltung in der Wirtschaft – zunächst durch den Übergang jüdischer Firmen an Arier, später durch gesetzliche Maßnahmen (Ausschluß von der Devisenzuteilung, Entziehung der Börsenkarten, Ausschluß aller Agenten) ständig wechselnde Aufgaben einer ersten Hilfe auf die Beratungsstelle zu. Hier wurde mit der Wohlfahrtskommission der Gemeinde, d. h. mit der seit Jahren bestehenden Mittelstandshilfe der Darlehenskasse und dem Vorschußinstitut eng zusammengearbeitet. Durch räumliche Zusammenlegung in einem gemeindeeigenen Etagenhaus, das sich schon bald als zu eng erwies, und durch weitgehende Kooperation wurden Doppelbewilligungen vermieden. Die Gemeinde war nicht so groß, um einen Überblick nicht zu ermöglichen.

Unter den vielen Besuchen von Kollegen ist mir einer besonders in Erinnerung geblieben. Im Herbst 1933 kam eine abgehärmte ältere Lehrerin zu mir und erklärte mir sofort, sie sei noch nie bei einem Juden gewesen, aber sie wisse keinen Rat. Sie sei seit langen Jahren Dorfschullehrerin in Schleswig-Holstein, in der Nähe von R. gewesen. Sie stamme aus einem streng protestantischen Hause, früh habe sie ihren Vater verloren. So sei sie in der Diakonissenanstalt in Potsdam, der gleichen Institution, in der Reichspräsident von Hindenburg seine Erziehung erhalten hat, aufgewachsen. Nun habe sie bei dem Nachweis der arischen Abstammung die Tatsache gefunden, daß ihr Vater – selbst schon Pastorenkind – rassisch Jude sei. Und so sei sie entlassen worden. Die völlig Mittellose hatten entfernte Freunde aufgenommen. Ihre Brüder waren im Ausland. Sie konnte es nicht fassen, daß ihr, der deutschen Protestantin, Juden, mit denen sie doch nichts zu tun hatte, helfen sollten. Ich riet ihr, Deutschland so schnell wie möglich zu verlassen, da sie jeden Boden verloren habe. Ich gab ihr das Fahrgeld, um in die Beratungsstelle zu fahren. Aus einer allgemeinen Stiftung und von jüdischer Seite wurde ihr später die Passage nach den USA bezahlt. Bis dahin wurde sie unterstützt. Manchesmal gab auch die Kirche Getauften die eine Hälfte, Juden die andere.

Völlig neue Aufgaben stellte die Berufsumschichtung. Kaufleute, Studenten, Akademiker wollten ein Handwerk lernen, bevor sie auswanderten. Die Einrichtungen, die zunächst für die Umschichtung geschaffen wurden, waren ein Schlosser- und ein Tischlerkurs, außerdem ein Kurs für landwirtschaftliche Umschichtung. Hier waren es vor allem die palästinensisch orientierten Mitglieder des Hechaluz (Name der paläst. Arbeiterorganisation), die eine landwirtschaftliche Hachschara (Vorbereitung) suchten, um ein Arbeiterzertifikat für die Einwanderung nach Palästina zu bekommen. –

Von den Kreisen, die nicht zionistisch waren, die aber jüdische Umschichtung in jeder Form in die Tat umsetzen wollten, war in den zwanziger Jahren in Groß-Gaglow bei Cottbus eine jüdische Bauernsiedlung gegründet worden.[9] Dieselben Kreise regten nun an, in dem leerstehenden Kinderheim der Gemeinde in Blankenese einen nichtzionistischen landwirtschaftlichen Vorbereitungskurs zu veranstalten. Der „Reichsbund für jüdische Siedlung" unterstützte das Vorhaben. Es wurde ein heizbares Gewächshaus errichtet, die Hälfte des Geländes terrassenförmig in einen Nutzgarten umgewandelt, und Felder wurden gepachtet. Ein erfahrener Obergärtner übernahm die Leitung.

Es stellte sich bald heraus, daß die meisten Auswanderungsländer für landwirtschaftliche Arbeiter aus Europa keine Erwerbsmöglichkeit bieten konnten. Die einzige Ausnahme waren die Siedlungen der JCA in Argentinien[10], die aber größere Familien mit landwirtschaftlichen Erfahrungen anforderten. So schwenkten die Teilnehmer dieses Kursus doch mehr und mehr in die zionistische Richtung. Damit war das Experiment als mißlungen zu betrachten, und die Siedlerschule wurde aufgegeben. An ihre Stelle setzte man einen gärtnerischen Ausbildungslehrgang für Jugendliche, die im Hause wohnen konnten.

Die anfängliche Begeisterung „umzuschichten", hielt nicht allzulange vor. Für eine regelrechte Fachausbildung hatten die Erwachsenen weder die Geduld noch die Mittel. Nur eine solche wäre aber sinnvoll gewesen. Schnellkurse, wie sie privat vielfach angezeigt wurden, lehnten wir ab. In der landwirtschaftlichen Ausbildung des Hechaluz wie in den handwerklichen Kursen der Beratungsstelle, trat die Erstausbildung immer mehr in den Vordergrund. Für die Älteren waren die Umschichtungskurse in Nähen und Schneidern wichtig, die unter der Leitung einer Obermeisterin standen. Die Vorbildung für Palästina übernahm die hebräische Sprachschule, die von der Beratungsstelle subventioniert wurde. Auch Englisch und Spanisch wurden von der Beratungsstelle in Kursen angeboten, die Gelegenheit gaben, den entlassenen Kollegen einige Beschäftigung zu bieten. Eine Zeitlang gab es auch Unterricht in Handelsfächern.

Neben der jüdischen Fachschule für Schneiderinnen wurde von der Beratungsstelle in einem von der Gemeinde gestellten Gebäude eine Haushaltungsschule gegründet, wo Lehrkräfte, die früher im Staatsdienst standen, Unterricht erteilten. Außer dem fachlichen Unterricht gab es hier Sprachen (Englisch, Hebräisch) und auch Religionsunterricht, für den sehr mühsam ein Kompromiß zwischen den religiösen Richtungen erzielt wurde. Auswärtige Schüler gingen zumeist als Haushaltslehrlinge in das Mädchenwaisenhaus Paulinenstift. Beide Haushaltungsschulen traten später aus formalen Gründen unter die Leitung der Mädchenschule. So war es möglich, die staatliche Anerkennung und die Befreiung von der Pflichtfortbildungsschule – auch für die Neugründung zu erhalten. Das Paulinenstift hatte diese Anerkennung schon lange Jahre gehabt. Nachdem es bekanntwurde, daß

viele Ehepaare als „butler" angefangen hatten, gab es in den Haushaltungsschulen auch einen Sonderkurs für Männer im Servieren.

Einzelstellen im Haushalt wurden wohl angeboten, aber die Mädchen
lehnten es zumeist ab, in Deutschland solche Stellen anzunehmen. Der
Misrachi (religiöse Zionisten) hatte ein Seminar in Hamburg, um Mädel
auszubilden. Sie arbeiteten vormittags in orthodoxen Haushalten – oft gegen
Kost und Logis – und hatten nachmittags von zwei bis sieben Uhr Unterricht. Das blieb aber nur eine Notlösung, die zudem noch mancherlei
gesetzliche Schwierigkeiten mit Zuzugssperre für auswärtige Arbeitnehmer,
Versicherung, Steuern und Arbeitsbuch mit sich brachte, was schließlich
zum Abbruch führte.

In steigendem Maße verließen die Schüler gleich nach Ablauf der Schul-
pflicht die Schule, um einen Beruf zu erlernen. Wie überall in Deutschland
strömte zunächst alles zum Hechaluz, dessen neues soziales Ideal, die
Lebensgemeinschaft des Kibbuz, und das der nationalen Welle entsprechende rassische Selbstgefühl das seelische Gleichgewicht so sehr erleichterten. Wie viele Konflikte gab es, wenn die Eltern ins europäische Ausland
oder nach USA wollten, die Kinder nach Palästina drängten. Wie viele
Eltern haben dem Willen der Kinder nachgegeben und sind heute in den
USA, während die Kinder Palästina mitaufbauten.

Immer schwerer wurde die Ausbildung. Kaufmännische Lehrlinge riskierten in jedem Augenblick, durch die Arisierung ihre Stellung zu verlieren
oder noch öfter durch die Liquidation der Firma. Gab es anfangs noch einige
günstige Urteile, wonach Lehrverträge bei eintretender Arisierung eingehalten werden mußten, so gab es später überhaupt keine Erlaubnis mehr zur
Beschäftigung jüdischer Lehrlinge.

Damit wurde die Berufsberatung in der Sonderstelle der Gemeinde immer
schwieriger. In den ersten Jahren konnte noch die staatliche Berufsberatung
herangezogen werden, die ja in Deutschland obligatorisch war und nach
erfolgter Eignungsprüfung der Einstellung von Lehrlingen zustimmen
mußte. Die jüdische Berufsberatung bemühte sich mit der Beratungsstelle
um jede erreichbare Stelle. Es gab noch eine größere jüdische Maschinenfabrik und eine jüdische Schlepp-Reederei, die von einer Frau Borchard
geleitet wurde. Durch ihre Mitarbeit hatte Hamburg die einzige Seefahrt-
Hachschara, und auf den Hochseeschleppern ist mancher jüdische Junge
untergegangen.

Dem Hechaluz stellte die Gemeinde ein Etagenhaus und später für die
Jüngeren ein Privathaus zur Verfügung, wo die ersten Erfahrungen im
Kollektivleben gemacht wurden. Die handwerklichen Lehrlinge wohnten in
der Stadt, und in der Umgebung von Hamburg waren drei große landwirtschaftliche Ausbildungszentren. Die Lebenskosten von 40 Mark pro Monat,
womit aber der gesamte Betrieb erhalten werden mußte, zahlten die Heimatgemeinden und der Zentralausschuß für Hilfe und Aufbau in Berlin. Die
Unterbringung war primitiv, und da die Jugendlichen jede Einflußnahme

der Älteren ablehnten, ließen Ordnung und Disziplin oft zu wünschen übrig. Es war besonders schwierig, bei den geringen Mitteln und oft ungenügenden Kenntnissen der jüdischen Mädel in der Führung eines Großhaushaltes für ausreichende Verköstigung zu sorgen, obgleich viele Lebensmittel gestiftet wurden, und der Einkauf für Hamburg und Umgebung zentral geregelt wurde. In späteren Jahren übernahm die Beratungsstelle eine gewisse Finanzkontrolle. Dies war vor allem notwendig geworden, weil in zunehmendem Maße die „Heimatgemeinden" die versprochenen Zuschüsse nicht zahlten und oft gemahnt werden mußten. Wiederholt gaben die Beratungsstellen und die Gemeinde Extrazuschüsse.

Zwei Erfahrungen dieser Gemeinschaftsausbildung sind bemerkenswert. Auf der einen Seite sahen es die jugendlichen Menschen als eine selbstverständliche Pflicht der Gemeinden an, daß für ihre Ausbildung materiell in jeder Weise gesorgt wurde. Diese Hilfe war die einzige Existenzberechtigung der Alten. Aber man dachte nicht daran, auf den Besitz oder die Gefühle der Gemeinde, deren Gastlichkeit und Hilfe man annahm, irgendwie Rücksicht zu nehmen. Dadurch kam es wiederholt zu an sich vermeidbaren Ärgernissen, wenn die areligiösen Mitglieder des Hechaluz an jüdischen Feiertagen ihre Wäsche wuschen, rauchend vor der Tür standen, mit Fahrrädern auf Fahrt gingen, und damit die Besucher der benachbarten Synagogen störten. Rücksichtnahme gab es nicht.

Andererseits war das Zusammenhalten in der eigenen Gemeinschaft vorbildlich. Als die Einwanderung in Palästina schwieriger wurde, tauchte das Problem der „Ausgesteuerten" auf. Was sollte mit denen geschehen, die ihre berufliche Ausbildung und die für Palästina vorgeschriebene Zeit im „Kibbuz" hinter sich hatten? Die Zuschüsse galten nur für 18 Monate. Man mußte die Mittel strecken. Arbeit war kaum zu finden. Aber viele Jungen und Mädchen konnten und wollten nicht in das Elternhaus heimkehren – entweder, weil sie in ihrer Einstellung nicht mehr dorthin paßten, oder weil sie nicht in die verhetzte Kleinstadt zurück wollten oder auch ihre notleidenden Eltern nicht belasten konnten. Und so kam es oft, daß die Belegschaft die geringen Mittel zusammenlegte und die alten Freunde durchfütterte oder mit ihnen hungerte. Bevor die Ausbildungszeit infolge der zunehmenden Zertifikatsschwierigkeiten verlängert wurde, mußten die Hilfsstellen hier einspringen.

Die Gesamthaltung hing weitgehend von den oft jugendlichen Hachschara-Leitern ab, die, aus der palästinensischen Arbeiterschaft kommend, zum „Frontdienst" abkommandiert wurden. Je nach ihrem menschlichen und organisatorischen Talent ging es reibungslos her oder nicht. Ihr Urteil war bei der Zertifikatserteilung maßgebend, was ihnen eine gefährliche Macht gab. Da mancher Ältere völlig ahnungslos diesem jugendbewegten Betrieb gegenüberstand, wurde ich nicht selten als der Freund in beiden Lagern um Ausgleich gebeten. Die staatlichen Stellen standen diesen Ausbildungszentren in Hamburg immer, in Altona zumeist durchaus wohlwollend und verständnisvoll gegenüber. Wenn die Gesundheitspolizei gelegentlich Auflagen erteilte, so waren sie durchaus berechtigt oder vertretbar. So z. B., daß die Waschräume für Jungen und Mädchen strenger getrennt werden sollten oder bessere Hauseingänge für Jungen und Mädchen vorhanden sein sollten.

Ein schweres Problem waren die Scheinehen, die aus der Handhabung der Einwanderungszertifikate notwendig folgten.[11] Es kam einfach darauf an, möglichst viele Chawerim und Chaverot (neuhebräischer Ausdruck für Genosse) nach Palästina zu bringen. Gefahren und Berechtigung dieser Scheinehen wurden oft erörtert. In manchen Fällen kam es auch zu Ehen, denen die Eltern, die ihre jungen Kinder in das Alt-Neuland schickten, gern zustimmten. Hier konnte man beobachten, wie häufig Menschen aus ganz assimilatorischen Häusern sich ostjüdische Ehepartner nahmen, um auch damit der jüdischen Volksmasse näherzukommen.

1 Der „Zentralausschuß für Hilfe und Aufbau" entstand in Berlin offiziell erst am 13. April 1933. In ihm fanden sich Vertreter der großen jüdischen Organisationen zusammen, um in der Notsituation Wirtschaftshilfe, Wohlfahrtspflege und Auswanderungshilfe besser überregional zu koordinieren und zu finanzieren. Der Zentralausschuß war ein Vorläufer der im September 1933 geschaffenen Reichsvertretung der deutschen Juden, als deren Finanzabteilung er fortgeführt wurde. – Zur Wirtschaftshilfe der Berliner Gemeinde vgl. Memoiren Szanto (Nr. 38).

2 Alfred Levy (1854–1939?) war 1918–1933 Erster Vorsitzender, 1933 bis zur Emigration 1939 Ehrenvorsitzender der Dt.-Israelitischen Gemeinde in Hamburg. Rechtsanwalt Rudolf Samson (1897–1938) leitete die Hamburger Beratungsstelle für Wirtschaftshilfe und war ab 1934 Vorsitzender des CV-Landesverbandes Nordwestdeutschland und der Ortsgruppe Hamburg.

3 Heinrich Stahl (1868–1942), Direktor der Victoria Versicherung, war 1933–1940 Vorsitzender der Berliner Jüdischen Gemeinde. Er wurde 1942 deportiert und starb in Theresienstadt. – Georg Kareski (1878–1947) war Direktor der 1927 von ihm gegründeten jüdischen Genossenschaftsbank Iwria, die 1937 ihre Zahlungen einstellen mußte. Als Vorstandsmitglied der Jüdischen Volkspartei und der Berliner Jüdischen Gemeinde war er 1929 bis 1939 als erster und einziger Zionist Vorsitzender der Berliner Gemeinde. Wegen eigenmächtiger Übergriffe 1933 aus der Zionistischen Vereinigung ausgeschlossen, gründete er die rechte Staatszionistische Organisation. Über seine Kollaboration mit der Gestapo und den Versuch, 1937 die Reichsvertretung zu übernehmen s. Herbert Levine: A Jewish Collaborateur in Nazi Germany – The strange career of Georg Kareski 1933–1937, in: Central European History VIII, 1975, Nr. 3. Dr. Alfred Klee (1875–1943), Rechtsanwalt, war einer der führenden zionistischen Gemeindepolitiker Berlins. Er leitete ab 1920 die Fraktion der Jüdischen Volkspartei in der Berliner Repräsentantenversammlung, deren stellvertretender Vorsitzender er wurde. Er flüchtete 1938 nach Holland, wo er 1943 im Lager Westerbork umkam.

4 Dr. Leo Baeck (1873 Lissa–1956 London) war seit 1912 Rabbiner in Berlin und Dozent an der Hochschule für die Wissenschaft des Judentums. Als geistiger Führer des deutschen Judentums wurde er 1933 Präsident der neu geschaffenen Reichsvertretung

der deutschen Juden und leitete formal auch die 1939 eingesetzte Reichsvereinigung der Juden in Deutschland, die direkt der Aufsicht und den Befehlen der Gestapo unterstand. Im Januar 1943 wurde er nach Theresienstadt deportiert, überlebte das Lager und emigrierte nach England. – Dr. Otto Hirsch (1885–1941), Württembergischer Ministerialrat, war 1929–1933 Präsident des Israelitischen Oberrats, des Landesverbandes der Juden in Württemberg. Er gehörte zum Hauptvorstand des CV und amtierte 1933–1939 als Geschäftsführender Vorsitzender der Reichsvertretung der Juden in Deutschland. Anschließend war er Vorstandsmitglied der Reichsvereinigung, wurde 1941 aus dem Amt verhaftet und im KZ Mauthausen umgebracht.

5 Die Zentralwohlfahrtsstelle der deutschen Juden in Berlin wurde 1917 gegründet als Dachorganisation der jüdischen Wohlfahrtspflege im Deutschen Reich.

6 Dr. Fritz Bamberger (1902 Frankfurt a. M.–1984 New York) leitete 1933–1938 die jüdische Lehrerbildungsanstalt in Berlin. Er emigrierte 1938 nach New York, arbeitete dort publizistisch und lehrte 1962–1978 am Hebrew Union College. Bamberger war Mitbegründer und Vizepräsident des Leo Baeck Instituts in New York.

7 Dr. Adolf Leschnitzer (1899 Posen – 1980 New York); 1933 als Studienrat aus dem Staatsdienst entlassen, leitete er 1933–1938 die Schulabteilung der Reichsvertretung. Er gab als Unterrichtsmittel die „Jüdischen Lesehefte" heraus. Nach New York emigriert, lehrte er Germanistik am City College und gleichzeitig 1952–1972 Geschichte der deutschen Juden an der Freien Universität in Berlin.

8 Siehe Carl Schwabe (Nr. 35) Anm. 5, S. 412.

9 Siehe Alexander Szanto (Nr. 38) Anm. 8, S. 435.

10 Ebenda Anm. 7.

11 Die englische Mandatsregierung in Palästina erlaubte die Einwanderung nur aufgrund zugeteilter Zertifikate. Die sogenannten „Arbeiterzertifikate", die Hachschara-Mitglieder erhielten, wurden nach den palästinensischen Unruhen von 1936 in der Zahl sehr reduziert. Die Verteilung dieser Zertifikate oblag dem Palästinaamt in Berlin, das dadurch zu einer Auswahl gezwungen wurde. Ein Ehepaar benötigte nur *ein* Zertifikat, so daß durch Scheinehen Menschenleben gerettet werden konnten.

41 Gerhard Bry

geb. 1911 Berlin

Gerhard Bry, Resistence; Recollections from the Nazi Years. Ms. datiert West Orange, N.J. (USA), 1979, 273 S. – Aus dem Amerikanischen übersetzt von Eva Furth.

Gerhard Bry wächst als Sohn eines Apothekers in Berlin auf und beginnt das Jurastudium in Heidelberg. Nach Berlin zurückgekehrt, wird er 1931 durch jüdische Freunde für die Geheimorganisation „Neu Beginnen" geworben, die Sozialdemokraten, Kommunisten und Gewerkschafter zu antifaschistischem Kampf vereinen will. Bry ist nacheinander SPD- und KPD-Mitglied. 1933 muß er sein Studium aufgeben, schlägt sich als Hilfsarbeiter durch und

beginnt dann eine kaufmännische Lehre im Geschäft eines jüdischen Elektro-
installateurs. Gleichzeitig setzt er die Untergrundarbeit für „Neu Beginnen"
fort und gehört zur Mehrheit der Mitglieder, die 1935 die alte Leitung für
abgesetzt erklärt. Als im September 1935 mehrere ihm nahestehende Mitglie-
der verhaftet werden, beschließt die Organisation seine Auswanderung. Bry
emigriert mit seiner späteren Frau nach London, wo er als Kaufmann
arbeitet, und wandert 1938 über Kuba nach New York aus. Dort studiert er
Volkswirtschaft. Er arbeitet lange für das National Bureau of Economic
Research, ist 1955–1976 Professor für Nationalökonomie, zuletzt an der New
York University, und lehrt heute als Emeritus an der Pace University in New
York.

Kurze Zeit nach der Machtergreifung der Nazis beschloß ich, nicht mehr in
die Universität zu gehen. Es war für Juden gefährlich, sich im Hörsaal sehen
zu lassen, und durch mein ziemlich typisches Aussehen war die Situation für
mich noch schwieriger. So ergab sich nun die große Frage, was ich beruflich
machen sollte. Wenn ich in Deutschland bleiben und die Arbeit in der Org[1]
weiterführen wollte, mußte ich eine harmlose, unauffällige Tätigkeit ausüben, die mir zugleich engen Kontakt zu den nichtakademischen Schichten
der Gesellschaft ermöglichte. Natürlich mußte ich von dieser Arbeit auch
leben können. Ich beschloß, Arbeiter zu werden; als Ungelernter wollte ich
anfangen und hoffte, dann später noch eine Lehre machen zu können. So
arbeitete ich nacheinander als Helfer in einer großen Autoreparaturwerk-
statt, als ungelernter Arbeiter auf dem Bau und schließlich als Bürolehrling
in einer Firma, die elektrische Anlagen installierte und reparierte.

Betrachtet man die Geschichte der Org in jener Zeit, so ist zweifellos der
wichtigste Punkt, daß sie völlig intakt blieb in einer Zeit, in der die Nazis
alle linken Organisationen zerstörten. Während der ersten Monate des
Naziterrors – sogar während der ersten Jahre – haben wir nur einen Mann
verloren. Diese positive Bilanz ergab sich teilweise aus dem Untergrund-
charakter der Gruppe und aus ihrer konspirativen Tradition. Die meisten
Mitglieder operierten in weit von ihrer Wohnung entfernten Gebieten und
unter Tarnnamen. Mitglieder, die in der Öffentlichkeit bekannt waren, wie
die Führungsgruppe der Sozialistischen Jugend, konnten in vorbereiteten
Verstecken untertauchen. Aber es gab noch andere Gründe für diesen
Erfolg. Das, was früher eine der schwerwiegendsten Schwächen der Organisation gewesen war, nämlich der Mangel an bedeutenden, in der Öffentlichkeit bekannten Persönlichkeiten, wurde jetzt im Kampf ums Überleben zu
einem Positivum. Auch zog die Org sofort alle ihre Mitglieder aus den
selbstmörderischen Aktivitäten der Kommunisten und anderer radikaler
Gruppen zurück.

In der Zeit vor der Machtergreifung der Nazis war es immer unser Ziel
gewesen, der progressivste Teil der Arbeiterbewegung zu sein. Jetzt waren
die demokratischen Parteien und Gewerkschaften zerstört. Wir mußten nun

versuchen, den Ort, wo wir mit politischer Arbeit ansetzen konnten, neu zu bestimmen. Es wurden eine Reihe von Möglichkeiten durchdiskutiert und einige auch ausprobiert. Nahm man die Behauptung ernst, nach der es nunmehr nur noch Naziorganisationen geben würde, so mußte man in diese Organisationen hineingehen (dieser Weg war für Juden selbstverständlich nicht gangbar). Ich glaube auch, daß die Org niemals so vorgegangen ist, es sei denn gelegentlich, um Informationen zu sammeln. Die Überwechsler wären sicherlich in den Augen ihrer ehemaligen sozialistischen Genossen auf ewig diskrediert worden. Eine weitere Möglichkeit wäre es gewesen, die unpolitischen gesellschaftlichen Zusammenschlüsse, wie beispielsweise Zunft- und Standesorganisationen, den öffentlichen Dienst oder vielleicht sogar die Wehrmacht, zu Kontakten zu nutzen. Einen anderen Weg wiesen diejenigen, die argumentierten, daß eine sinnvolle politische Arbeit erst dann wieder möglich sein würde, wenn eine umwälzende Katastrophe – etwa ein Weltkrieg – eingetreten sei; zum augenblicklichen Zeitpunkt könnte jeder Versuch, politisch zu arbeiten, nur sinnlose Opfer fordern. Nach meiner Kenntnis der Dinge, wurde diese Ansicht innerhalb der Org erst zwei oder mehrere Jahre später vertreten. Die Art unseres tatsächlichen Vorgehens wurde uns dann schließlich aufgezwungen durch die einzig mögliche Form, in der sich Gegner des Naziregimes zusammenfinden konnten: in kleinen Gruppen ehemaliger Gewerkschaftsmitglieder innerhalb oder außerhalb großer Firmen, in kleinsten organisatorischen Gruppen von Sozialdemokraten, Kommunisten oder von Splittergruppen. Diese Zusammenschlüsse konnten gut eingesetzt werden, um Informationen zu sammeln und weiterzugeben, um ein organisatorisches Netz innerhalb und zwischen den Großstädten zu entwickeln, um das politische Bewußtsein zu schulen und die technische Kompetenz zu verbessern; kurz gesagt – sie konnte für alle diejenigen Aufgaben eingesetzt werden, auf die die stolzen Bestrebungen der Org nach dem Sieg der Nazis reduziert worden waren. Nach einigem Schwanken war dies schließlich auch der Weg, den die Org einschlug.

Gleichgültig, welches Vorgehen gewählt wurde, die Untergrundarbeit gegen die Nazis war außerordentlich kostspielig. Vor 1933 hatte sich die Org vor allem durch die hohen, von den Mitgliedern selbst festgesetzten Mitgliedsbeiträge finanziert (nach Stefan[2] gaben manche Mitglieder etwa ein Drittel ihres Einkommens) und durch die Spenden von mehr an der Peripherie stehenden Förderern, denn unter der Drohung des herannahenden Nazismus waren diese Spenden relativ leicht zu bekommen. Nach der Machtergreifung versiegten manche dieser Einnahmequellen von außen angesichts der mit ihnen verbundenen Gefahr. Während die Kosten unserer Aktivitäten immer größer wurden, wurden unsere Einnahmen immer spärlicher, so daß sich die Org in ernsthaften finanziellen Schwierigkeiten befand. Die Situation besserte sich erst ab Januar 1934 – zu diesem Zeitpunkt wurde ein Auslandsbüro der Org in Prag eingerichtet. Danach erhielten wir regelmäßige Zuschüsse von ausländischen sozialistischen Organisationen, von internationalen Gewerkschaften, von der SoPaDe (Prager Parteiführung der Sozialdemokratie im Exil) und aus einigen anderen Quellen. Aber trotz der andauernden finanziellen Schwierigkeiten war meiner Meinung nach nicht der Geldmangel der entscheidende Faktor, der den Erfolg unserer Unternehmungen begrenzte. [...]

Ich begann im Winter 1933 in einer Baufirma zu arbeiten, die auch über eine kleine Werkstatt verfügte. Einige Wochen lang wurde ich mit einfachen Bohr- und Stanzarbeiten in der Werkstatt beschäftigt. Dann wurde ich einer Arbeitsgruppe zugeordnet, die die Aufgabe hatte, Konstruktionsfehler in Berlins erstem Bürohochhaus, dem Columbus-Haus am Potsdamer Platz, zu beseitigen, das von dem Architekten Erich Mendelsohn[3] entworfen worden war. Es handelte sich hier um ein sehr modernes Gebäude, bei dem einige noch nicht in der Praxis erprobte Bauelemente verwendet worden waren. Um das Problem genauer zu spezifizieren: die Fenster hatten Metallrahmen und konnten mit Hilfe einer Kurbel um ihre Mittelachse bewegt werden. Das sah sehr gut und leicht aus, aber die Fenster waren nicht genau genug eingepaßt, so daß es in den Räumen dauernd zog. Besonders in den oberen, dem Wind am meisten ausgesetzten Stockwerken war es während der Wintermonate unmöglich, in der Nähe der Fenster zu sitzen. Es war nun unsere Aufgabe, an den Fenstern elastische Messingstreifen anzubringen, die sich fest gegen den Rahmen pressen und dadurch den Zug abhalten sollten. Zur Anbringung der Messingstreifen mußten zuerst Löcher in den Fensterrahmen gebohrt, dann Gewinde geschnitten und zuletzt die vorgefertigten Metallstreifen mit kleinen Schrauben befestigt werden. Im allgemeinen machten wir die Bohrarbeiten früh am Morgen, die anderen Arbeiten während des Tages. Um die Löcher in den Teil des Fensters zu bohren, der sich nach außen öffnete, mußte man sich weit herauslehnen und praktisch außerhalb des Gebäudes arbeiten. Dies war ziemlich gefährlich, aber vor allen Dingen war es an den Wintermorgen sehr kalt. Das Bohren verursachte viel Lärm, aber Gewinde schneiden und das Befestigen gingen ziemlich geräuschlos vor sich, so daß man sich dabei mit den Büroleuten unterhalten konnte. Ich machte von dieser Gelegenheit ausgiebig Gebrauch und gewann auf diese Art viele, wenn auch nur kurzlebige Kontakte. Ich hatte schon eine Methode für die Kontaktaufnahme entwickelt. Ich gab mir große Mühe, keinen Dreck zu machen, ich half, Stühle und Tische wegzuräumen und versuchte, das Büropersonal vor Zugluft und Kälte zu schützen. Während dieser kleinen Hilfeleistungen, erzählte ich dann, daß ich noch ein Neuling in dieser Stellung und überhaupt ein Neuling in dieser Art Arbeit sei. Das führte dann immer zu Fragen nach dem, was ich denn vorher getan hätte, und so konnte ich dann sagen, daß ich früher Jura studiert hätte, das Studium aber meiner Konfession wegen aufgeben mußte. Für einige hörte die Unterhaltung an dieser Stelle auf, aber eine weit größere Anzahl zeigten ihre Anteilnahme und sprachen ihre Gedanken offen aus. Offensichtlich war ich für sie jemand, mit dem man ohne Furcht sprechen konnte. (Ich hoffte nur, daß die Nazis nicht auch einen solchen Trick benützen würden, um Unzufriedenheit aufzuspüren.) Natürlich konnte ich auf diese Art keine wirklich wichtigen Informationen sammeln, aber es war doch sehr viel besser als die Isolation, in der ich in einer Autowerkstatt gearbeitet hatte.

Nachdem ich mich durch ein bestimmtes Stockwerk hindurchgearbeitet hatte, näherte ich mich einer Reihe von Ingenieurbüros. Eines Abends rief mich Stefan an und verabredete eine Zusammenkunft mit mir. Er sei beauftragt mir mitzuteilen, sagte er mir, daß ich mich einer Untergrundzentrale der Org nähere, die unter dem Deckmantel eines beratenden Ingenieurbüros in diesem Gebäude operiere (natürlich mußten auch Ingenieuraufträge durchgeführt werden). Ich sollte mich wie jeder andere fremde Arbeiter benehmen, nicht verraten, daß ich irgend jemanden erkannte und sofort vergessen, was ich sah oder hörte. Ich tat genau, was mir gesagt worden war oder jedenfalls beinahe, denn ich wurde von allen mit Lächeln begrüßt, als ich hereinkam, da offensichtlich gerade keine fremden Kunden anwesend waren. Ich bekam noch einen Kuß, eine Umarmung und einen Apfel. Aber wir sprachen nicht miteinander und ließen auch sonst nicht merken, daß wir uns kannten. Ich weiß nicht, ob sie alle unbekannten Arbeiter, die hereinkamen, so begrüßten; ich bin jedenfalls in den anderen Büros niemals wieder so empfangen worden.

Bei dieser Baufirma arbeitete ich mehrere Monate. Als die Reparaturen an den Fenstern beendet waren, hörte ich dort auf. Nach den an beiden Arbeitsplätzen gemachten Erfahrungen war mir doch klargeworden, daß mein Gesicht und meine Art zu sprechen und zu denken, mich immer daran hindern würden, ganz in der arbeitenden Klasse aufzugehen und daß körperliche Arbeit für mich auf Dauer nicht die Grundlage meines Lebensunterhalts und meiner sozialen Kontakte sein könnte. Für diese Zwecke mußte ich irgendeine Bürostellung finden. Zur gleichen Zeit hörte ich von einem kleinen Betrieb der Elektrobranche, der einen Bürolehrling einstellen und ihn in den Bereichen Buchhaltung, Vorkalkulation, Einkauf und Verkauf ausbilden wollte. Der Eigentümer des Unternehmens war ein jüdischer Elektroingenieur mit einem umfassenden technischen Wissen und einem umgänglichen Wesen. Die geschäftliche Seite des Unternehmens lag allerdings mehr in den Händen seiner Frau, einer intelligenten, knauserigen und etwas herrschsüchtigen Person. Die Geschäftsräume bestanden aus einer Werkstatt, in der ein hochqualifizierter Arbeiter mit einigen Gehilfen arbeitete, und einigen kleinen Büroräumen für die Inhaber, eine Sekretärin und für mich. Meine Ausbildung unterstand der Chefin, ich erhielt ein sehr bescheidenes Gehalt. Während meines ersten Lehrjahres 1934 wirkte ich mit bei der umfangreichen Büroarbeit, die nun einmal für die verschiedenen Tätigkeitsbereiche eines solchen Betriebes unerläßlich ist, wenn es um Kalkulation, Angebotsabgabe, Einkauf und Verkauf geht. Ich lernte auch einige grundlegende Buchhaltungstechniken und andere Bürotätigkeiten kennen. Später, als dann 1935 die Geschäfte nicht mehr gut gingen – das war teilweise auf die andauernde Propaganda des Naziregimes „Deutsche, beschäftigt nur deutsche Firmen!" zurückzuführen – mußte ich auch Kundenbesuche machen, um Aufträge hereinzubringen. Dabei lernte ich einiges über die Kunst des Verkaufens. Außerdem brachte mir diese Tätigkeit einige unkontrollierte Zeit ein, die ich während meiner Bürotätigkeit lange nicht mehr genossen hatte. Nicht zuletzt war mir dabei auch der Kontakt mit Außenstehenden, die Möglichkeit, etwas über deren Denken und Fühlen zu erfahren, aus persönlichen und politischen Gründen sehr wichtig. Was ich nach meiner Ausbildung zum „technischen Kaufmann" tun würde, wußte ich noch nicht, aber ich hoffte, im Büro eines technischen Unternehmens arbeiten zu können. Ich glaubte, eine solche Stellung finden zu können, vorausgesetzt, daß bis dahin jüdische Angestellte noch beschäftigt werden durften. Sollte das nicht mehr möglich sein, mußte man eben neu planen. Es war in diesen Jahren fast unmöglich, berufliche oder andere längerfristige Pläne zu machen.

Die ersten zweieinhalb Jahre des Dritten Reiches brachten für die Org viele neue Aufgaben. Die internen Verfahrensweisen mußten der repressiven politischen Umwelt angepaßt werden, und zugleich wurde die Arbeit in Berlin und anderen Städten intensiviert. Es wurden enge Beziehungen zu der Schwesterorganisation in Österreich aufgenommen und eine Vertretung in Prag eingerichtet. Es mußten auch Kurierdienste und Anlaufstellen an der Grenze organisiert und neue Kommunikationstechniken entwickelt werden. Der Vertreter der Org im Ausland war Karl Frank[4]; ihm gelang es einige Male, Deutschland zu besuchen. 1934 wurde das Buch „Neu Beginnen" von Miles veröffentlicht, das in viele Sprachen übersetzt wurde und der Gruppe den Namen gab.[5] Das Buch enthielt aber keine klaren Aussagen über die Grundsätze der Org. Anstelle der alten leninistischen Konzeption von der Untergrundarbeit in allen Organisationen vertrat es mehr einen linkssozialistischen Aktivismus und erklärte die konspirative Taktik der Gruppe als technische Notwendigkeit unter der Hitlerdiktatur. Dieses theoretische Konzept entsprach etwa unserer tatsächlichen Strategie unter den gegebenen Verhältnissen, denn wir hatten uns von allen kommunistischen Organisationen gelöst.

Außerordentlich schwierig ist es, zu einer realistischen Einschätzung der numerischen Stärke unserer Gruppe zu kommen, schon weil sich hier die Frage ergibt, wieweit Unterstützungsgruppen und Personen bzw. Gruppen, zu denen wir nur in relativ lockerer Beziehung standen, eingerechnet werden dürfen. Damals war ich der Meinung, daß die Org 1934 in der Zeit ihrer stärksten Entfaltung etwa 200 Mitglieder in Berlin und vielleicht noch einmal 100 Mitglieder im übrigen Reich und möglicherweise noch einmal soviel im Ausland hatte. Die Mitgliederzahlen der Gruppen, mit denen wir in Verbindung standen und auf die wir entweder direkt von Berlin aus oder durch unsere Büros im Ausland Einfluß nahmen, mögen etwas unter 1000 betragen haben. Das klingt nicht sehr eindrucksvoll, aber die Zahlen sind nicht so gering, wenn man bedenkt, daß zu jener Zeit jede politische Aktivität gegen Verrat und Verfolgung gesichert werden mußte. Die gesamte Stärke der organisierten sozialistischen und kommunistischen Gruppen in Deutschland kann ich nicht abschätzen. 1934 gab es allerdings in jeder größeren Stadt solche Gruppen, und die Gesamtzahl ihrer Mitglieder war bestimmt wesentlich größer als die Mitgliederzahlen der Gruppen, mit denen wir in Kontakt standen. Aber selbst, wenn man die Gesamtzahl aller im Widerstand organisierten Menschen mit 10 000 annimmt, so wäre das nur wenig mehr als ein Zehntel Prozent der deutschen Bevölkerung. Selbstverständlich gab es daneben Millionen von unorganisierten jüdischen und nichtjüdischen Nazigegnern. Viele von diesen waren durchaus bereit, in irgendeiner Form Hilfe zu leisten, und einige halfen tatsächlich den rassisch und politisch Verfolgten. Ich habe vor einiger Zeit meine Schätzungen der Mitgliederzahlen mit Eva Jeremias[6] besprochen, die damals Sekretärin im Prager Büro der Org war, und sie meinte, daß ich der Wahrheit näher käme, wenn ich meine Org-Zahlen halbierte. Sie meinte auch, daß die Führung der Org in Deutschland es für notwendig gehalten habe, Mitgliederzahlen und Aktivitäten der Org etwas umfangreicher darzustellen als es der Realität entsprach, einerseits um die Kampfbereitschaft der Gruppe zu stärken, andererseits um die notwendige finanzielle Unterstützung gewährt zu bekommen.

Dennoch muß festgehalten werden, daß – ungeachtet der Mitgliederzahlen – die Gruppe „Neu Beginnen" die einzige zentralisierte und für das gesamte Reichsgebiet zentral organisierende Kraft der sozialistischen Untergrundarbeit war. Wir gaben Informationen, wir bildeten die politische Führung und gaben praktische Ratschläge und Hilfen. Innerhalb Deutschlands sammelten wir Informationen, die wir zusammenstellten und innerhalb und außerhalb des Landes weitergaben. Diese Arbeit konnte auf ziemlich breiter Basis durchgeführt werden, weil drei wichtige Grenzsekretäre, Männer, die die Inlandsarbeit vom Ausland her koordinierten und unterstützten, sich von der Führung der alten Sozialdemokratischen Partei (SoPaDe) gelöst hatten und zu uns gestoßen waren, und weil wir den in Deutschland operierenden Gruppen wesentlich mehr an politischer Führung und Unterstützung zu bieten hatten.[7] [...] Zu den Tätigkeiten der Grenzsekretäre gehörte es, Wege und Mittel zu finden, die „Sozialistische Aktion", eine von der SoPaDe herausgegebene und von Paul Hertz[8] geleitete Zeitschrift, nach Deutschland hereinzuschmuggeln. Hertz sympathisierte mit unseren Zielen und schloß sich später unserer Gruppe an. Wir schrieben zumindest zeitweilig für seine Zeitschrift. [...]

Einer der wenigen Punkte, in denen sich die Einstellung jüdischer und nichtjüdischer Org-Mitglieder unterschied, war meiner Meinung nach die Frage des Nationalgefühls. Wir sprachen nicht oft über dieses Thema, aber wenn wir es erörterten, hatte ich immer den Eindruck, daß viele der nichtjüdischen Mitglieder überzeugt waren, daß sozialistischer Widerstand gegen Hitler zugleich eine hohe patriotische Aufgabe sei. Sie, die Widerständler, waren die wirklichen Patrioten, nicht die Nazis. Meine eigene Einstellung war mehr internationalistisch geprägt oder, um es noch vorsichtiger zu formulieren, ihr fehlte die Komponente patriotischen Eifers. Ich nehme an, daß das für Eliasberg, für Rix[9] und die anderen jüdischen Mitglieder der Org ebenso zutraf. Der Grund dafür war natürlich nicht, daß Juden, wie die Nazis behaupteten, wurzellos sind und loyal nur ihren eigenen „Rassegenossen" gegenüber handeln, nicht aber gegen ihre „Wirtsvölker". Die Ursache war vielmehr, daß wir uns im Deutschland der dreißiger Jahre durch die antisemitischen Traditionen, denen ein großer Teil der deutschen Öffentlichkeit anhing und durch die antisemitischen Maßnahmen der Nazis von den spezifisch deutschen Werten weitgehend gelöst und entfremdet hatten. [...]

Jüdischer Widerstand gegen die Nazis konnte nur als organisierter Widerstand, nicht als individuelle Aktion sinnvoll sein. Eine solche Organisation durfte sich aber auch nicht als bloß jüdische verstehen, sondern sie mußte umfassendere politische Ziele vertreten. Widerstand mußte geplant, nicht improvisiert werden. Folglich war es die für Juden damals wirksamste Methode des Widerstands, sich an Widerstandsgruppen im Untergrund zu beteiligen. Es ist bedauerlich, daß diese Teilnahme der Juden am Widerstand bisher nicht zum Gegenstand der Forschung gemacht wurde, ja, daß dieser Aspekt nicht einmal die Beachtung erhalten hat, die er eigentlich verdiente.

Ich habe schon erwähnt, daß es unter den verschiedenen politischen Strategien, wie man gegen den Nazismus Widerstand leisten könne, eine gab, die dafür eintrat, sich auf den Informationsaustausch zu beschränken und nur eine kleine Kerngruppe von Mitgliedern zu organisieren, bis größere Risse in der monolithischen Struktur des Regimes Widerstand wirklich aussichtsreich erscheinen lassen würden. Man argumentierte, daß durch politischen Widerstand vor dieser Zeit Leben und Freiheit der Beteiligten nur sinnlos geopfert werden würde. Diese Ansicht verbreitete sich mit leichten Varianten in der Org-Führung, und sie vertrat sie seit der ersten Hälfte des Jahres 1935 auch nach außen hin. Die Varianten waren die folgenden: Angesichts der angeblich von der Org-Führung entwickelten größeren Einsichten wäre eine Vernichtung der Org unbedingt zu vermeiden, weil dann diese Erkenntnisse auch nicht mehr für den Fortschritt der Arbeiterbewegung in anderen demokratischen Ländern genutzt werden könnten. Daher sollte eine kleine Gruppe (20 bis 30 Leute vielleicht) erfahrener marxistischer Revolutionäre in Deutschland verbleiben, um den Kontakt aufrechtzuerhalten und um zu berichten. Die anderen Org-Mitglieder sollten entweder jeder Aktivität entsagen oder emigrieren, um durch ihre Teilnahme den Kampf gleichgesinnter Gruppen im Ausland auf einen höheren Stand politischen Bewußtseins und politischer Effektivität zu heben.

[Die meisten Org-Mitglieder lehnen diese Strategie als defätistisch ab und trennen sich von der älteren Führungsschicht.]

Der „Bruch" wurde sorgfältig vorbereitet. In einem Arbeitspapier hatte Rix die neue Politik der Org-Führung auf grundlegende Fehler ihrer theoretischen Ausgangskonzeption zurückgeführt; dieses Arbeitspapier liest sich noch heute wie ein Klassiker. In einem anderen kurzen Arbeitspapier wies Stefan nach, daß diese grundlegenden Fehler ihre Spuren in der tatsächlichen Geschichte der Org hinterlassen hatten. Die Absetzung der Führung vollzog sich Mitte 1935. Die Org-Mitglieder meines Bereichs versammelten sich unter dem Vorwand einer Geburtstagsfeier in meiner Wohnung.[10] Alles lief glatt; nur wenige blieben bei der alten Org-Führung. Aus der Gruppe unserer engeren Freunde blieben nur Heinrich Jacubowicz und der in der Türkei geborene Gurland bei der Menz-Gruppe.[11] Ich fragte Stefan, wie wir die Org und die neue Führung gegen irrationale Vergeltungsmaßnahmen und gegen administrative Indiskretionen schützen könnten. Aber er versicherte mir, daß wir noch genügend Einfluß bei der alten Führung hätten, so daß solche Dinge nicht zu befürchten seien. Ich sollte hier noch hinzufügen, als wie wichtig mir dieses historisch an sich winzige Ereignis im Gedächtnis ist. In den vorhergehenden Monaten hatte ich gefürchtet, daß der einzige erfolgreiche Versuch, eine sozialistische Untergrundorganisation gegen die Entdeckung und Verfolgung durch die Nazis zu behaupten, der defätistischen Politik unserer eigenen Führung zum Opfer fallen würde. Die Übernahme der Führung durch meine Freunde, die eine aktivistische Linie vertraten, erfüllte uns mit neuer Hoffnung. Karl Frank stand nun offiziell an der Spitze, Peuke[12] führte die Inlandsorganisation, Rix war der von allen anerkannte Theoretiker, und auch Stefan gehörte zur Führungsgruppe. Der Gründer der Org, Walter Löwenheim, emigrierte bald danach nach England. [...]

Die tatsächliche politische Entwicklung machte es uns leider unmöglich, uns lange an unserem Sieg zu freuen. Zwei Monate nachdem wir die Führung der Org übernommen hatten, schlug die Gestapo zu. Es war ein harter Schlag, der auch meine nähere Umgebung traf. Eine Reihe meiner engsten persönlichen Freunde in der Org wurden verhaftet: Ende Juli Stefan Eliasberg, Anfang August Edit (Ted) Taglicht.[13] Fritz Schmidt, Teds Freund und späterer Ehemann, konnte nach Prag flüchten. Auch Konrad Frielinghaus, ein früherer Schulkamerad von mir, den ich in die Org gebracht hatte, wurde in dieser Zeit verhaftet. Etwas später ergriffen die Nazis auch Edith Jacobsohn, die Psychoanalytikerin, und Gerhard Dannies. Besonders tragisch war die Verhaftung von Lisel Paxman, einer hochbegabten jungen Frau, die einer unserer Kuriere zwischen Berlin und Prag war. Sie wurde bei der Wiedereinreise nach Deutschland verhaftet. Um sich nicht den Grausamkeiten der Naziverhöre auszusetzen und uns durch die Informationen, die man möglicherweise aus ihr herausprügelte, nicht zu gefährden, setzte sie ihrem Leben selbst ein Ende.[14] Die Org hatte gewußt, daß Lisel Paxman in Gefahr war, aber es war nicht gelungen, sie rechtzeitig zu warnen. Abgesehen von der gemeinsamen politischen Arbeit, kannte ich Lisel auch privat. Gelegentlich waren wir zusammen spazierengegangen und hatten meine Freundin Rut in Papenberge besucht. Lisels Tod war ein entsetzliches Ereignis. [...]

Nachdem ich über die Verhaftung meiner Freunde informiert worden war, ging ich nicht mehr in meine Wohnung, sondern wechselte Wohn- und Schlafstätte häufig. Nun zeigte es sich, wieviel es wert war, einen großen Kreis politischer und persönlicher Freunde zu haben, die bereit waren, in Notzeiten zu helfen. Unter den gegebenen Umständen mußten eine Reihe von Aufgaben schnell durchgeführt werden; eine der wichtigsten war es, Material aus einem Versteck in Stefans und Veras gemeinsamer Wohnung zu holen – die neue Org hatte ihr eigenes kleines Archiv. Das Problem bestand darin, daß dieses nun in der Wohnung eines verhafteten Org-Mitglieds verborgen war, und es war anzunehmen, daß die Wohnung von der Gestapo beobachtet wurde. Doch mußten die Dokumente aus einer Reihe von Gründen unbedingt aus der Wohnung entfernt werden. Erstens mußten Stefan und Vera geschützt werden. Falls das Material gefunden wurde, was sicherlich eines Tages der Fall sein würde, war Stefan als einer der Führer der neuen Org identifizierbar. Der zweite Grund ergab sich aus unserer Verteidigungsstrategie. Wir hofften, daß die Gestapo noch nichts von dem Führungswechsel in der Org gehört hatte, und daß wir daher die Strategie der Selbstliquidierung, wie sie die alte Führung vertrat, als Beweis dafür anführen könnten, daß sich die Org selbst aufgelöst habe, daß sie praktisch aufgehört habe zu bestehen. Wenn nun aber aus den versteckten Dokumenten die neue aktivistische Linie erkennbar würde, wäre eine solche Behauptung natürlich sinnlos. Außerdem würde sich die Gestapo sofort darauf konzentrieren, den Rest unserer Gruppe aufzuspüren und zu vernichten, wenn erst einmal die Art unserer aktivistischen Zielsetzung – nämlich der Aufbau eines Netzes revolutionärer antinazistischer Gruppen in Deutschland – bekanntgeworden wäre.

Franz Carsten[15] und ich erhielten den Auftrag, die Dokumente sicherzustellen. Carsten hatte ein Zimmer in der Eliasbergschen Wohnung gemietet und besaß daher mit gutem Grund den Wohnungsschlüssel. Ich sollte ihn mit einer Flasche Wein begleiten, um der Unternehmung den Anschein einer gemütlichen Plauderstunde zwischen Freunden zu geben. Wir wurden mit der Lage und der Art des Verstecks bekanntgemacht. Es befand sich in einer ausgehöhlten Tür, die an ihrer Unterseite einen genau eingepaßten Deckel hatte, der mit Hilfe eines Steckschlüssels entfernt werden konnte. Der Schlüssel mußte in ein winziges Loch eingeführt werden, dessen Lage sich nur durch genaue Messungen von der Türkante aus ermitteln ließ. Durch die Beobachtung von Hauseingang und Fenstern und durch wiederholte Telefonanrufe meinten wir ziemlich sicher zu sein, daß sich die Gestapo nicht in der Wohnung befand; aber natürlich konnte man das niemals ganz genau wissen. Es gab noch zwei weitere Schwierigkeiten: Der Hausbesitzer, der wußte, daß Eliasberg verhaftet worden war und der als Nazisympathisant galt, wohnte in der Wohnung direkt unter der von Stefan und Vera. Dazu kam, daß sich ein Polizeirevier ganz in der Nähe befand, so daß innerhalb von ein oder zwei Minuten ein Polizist erscheinen konnte. Es war unser Plan, die Wohnung so leise wie möglich zu betreten, kein Licht zu machen, sondern uns nur mit Hilfe weniger Streichhölzer zu orientieren und das Material aus seinem Versteck zu entfernen. Sollte uns der Hausbesitzer bei unserem Rückzug den Weg versperren, so wollten wir uns mit den als Keulen eingesetzten Weinflaschen den Rückweg erkämpfen. Danach sollten wir uns in einem nahegelegen Park mit einem anderen Org-Mitglied treffen, ihm die Dokumente übergeben und uns in verschiedene Richtungen davonmachen. Wir legten alle Papiere ab, mittels derer wir hätten identifiziert werden können. Ich bekam noch die feste Zusage, daß mein jüngerer Bruder Ernst sofort ins Ausland gebracht würde, falls unsere Unternehmung fehlschlagen, und wir in die Hände der Nazis geraten würden. Dann machten wir uns auf den Weg, begleitet von den guten Wünschen unserer Genossen, die sich in der Wohnung oder in den Praxisräumen von Edith Jacobsohn versammelt hatten. Nach den umständlichen Vorbereitungen und der vorweggenommenen Angst verlief die Ausführung völlig undramatisch. Wir gingen in die Wohnung, nahmen die Papiere, verließen die Wohnung und übergaben das Material dem Org-Mitglied.

Danach mußten wir noch einiges andere regeln, vor allem das Verhältnis zu den Unterstützungsgruppen. Grundsätzlich teilte ich meiner Gruppe mit, daß jede Form organisierter Kontakte aufhören müßte. Nur wenn sich die Notwendigkeit ergeben sollte, würden wir mit jedem individuell Kontakt aufnehmen. Wir vereinbarten auch bestimmte Warnungszeichen, die wir benutzen wollten, wenn wir glaubten, daß einer der Freunde seine Wohnung nicht mehr aufsuchen sollte oder wenn einer gar das Land verlassen mußte. Wir sprachen auch Aussagen miteinander ab, durch die bei eventuellen Verhören unsere wirklichen Beziehungen zueinander verschleiert werden sollten. Ich erinnere mich noch heute, wie ungeheuer emotional dieses Abschiednehmen war.

Nachdem ich die mir übertragenen Aufgaben erledigt hatte, wurde auch mir geraten, Deutschland zu verlassen. Peuke und Hanna waren der Meinung, daß ich, da mehrere meiner besten Freunde verhaftet worden waren, unmittelbar gefährdet sei und damit zu einer untragbaren Belastung der politischen Arbeit geworden war; auch würden die Möglichkeiten für politische Tätigkeit innerhalb Deutschlands für die jüdischen Mitglieder der Org immer stärker eingeschränkt, während ich im Ausland von größerem Nutzen sein könnte. Ich vermute fast, daß dies letzte nur gesagt wurde, um mich nicht ganz zu entmutigen. Eigentlich hieß es einfach: „Raus mit dir!"

1 „Org" (für: leninistische Organisation) war die ursprüngliche Bezeichnung der sozialistischen Gruppe „Neu Beginnen", die ihren zweiten Namen erst ab 1933 führte, als ihr
Gründer Walter Löwenheim (1896–1977) unter dem Pseudonym „Miles" die Pro-
grammschrift „Neu Beginnen" veröffentlichte. (Vgl. Anm. 5.) Löwenheim brach 1927
mit der KPD und schuf ab 1929 die Org als eine konspirativ arbeitende Untergrundorganisation, die die Spaltung der deutschen Arbeiterbewegung überwinden sollte, um
den Kampf gegen den Nationalsozialismus erfolgreicher zu führen. Die Mitglieder
kamen u. a. aus KPD, KPDO, SPD, SAJ und SAP. Die Gruppe „Neu Beginnen"
näherte sich politisch dem linken Flügel der SPD und wurde zeitweise von der Exil-
SPD finanziell unterstützt. Bis 1938 konnte sie in Berlin arbeiten und bis 1943 bestand
eine Restgruppe in Bayern.

2 Stefan war der Deckname des Chemikers Dr. George J. Eliasberg (1906–1972), der mit
Richard Löwenthal (Vgl. Anm. 9) aus der kommunistischen Studentenfraktion kam
und der Org seit Beginn angehörte. Bry war mit Eliasberg und seiner späteren Frau
Vera ab 1931 befreundet. Um die Eliasbergs konzentrierte sich die Studentengruppe
der Org, die nach Bry etwa zur Hälfte aus Juden bestand. Eliasberg wurde im Juli 1935
verhaftet und zu viereinhalb Jahren Zuchthaus verurteilt. Nach seiner Haftentlassung
als Staatenloser ausgewiesen, erreichte er 1941 New York. Dort arbeitete er als
Journalist, bis er nach Deutschland zurückkehrte und 1968 Mitarbeiter der Friedrich-
Ebert-Stiftung in Bonn wurde.

3 Erich Mendelsohn (1887–1953), einer der führenden modernen Architekten Deutschlands, errichtete u. a. repräsentative Verwaltungsgebäude und Warenhäuser in Berlin.
Er emigrierte 1933, baute in England und Palästina und ab 1940 in den USA.

4 Dr. Karl Frank (1893–1969), Psychologe aus Wien, war nacheinander politisch aktiv in
KPÖ, KPD, KPDO, SAP und SPD. Er kam 1933 zu Neu Beginnen, wurde ihr
Repräsentant in Prag und nach der Spaltung 1935 Leiter der Organisation. 1938 ging er
mit der Auslandsleitung nach London und 1939 nach New York, wo ebenfalls eine
Neu Beginnen-Vertretung entstand. Frank wurde in New York Psychotherapeut.

5 Vgl. Anm. 1. Der genaue Titel dieser Faschismusanalyse lautete „Neu Beginnen!
Faschismus oder Sozialismus. Diskussionsgrundlage zu den Streitfragen unserer Epo-
che. Von Miles". Die Broschüre erschien im September 1933 im SPD-Parteiverlag in
Karlsbad und kam auch in einer Tarnausgabe für Deutschland heraus, betitelt „Arthur
Schopenhauer, Über Religion". Französische und englische Übersetzungen der vieldis-
kutierten Schrift erschienen 1934.

6 Eva Jeremias, geb. Elsa Gronenberg, war Sekretärin und gehörte zum Kreis Eliasbergs.
Sie ging 1938 nach Paris, von dort nach New York.

7 Die gemeinten Grenzsekretäre des SPD-Vorstandes sind Erwin Schoettle, Waldemar
von Knoeringen und Franz Bögler.

8 Dr. Paul Hertz (1888–1961) war 1920–1933 SPD-Reichstagsmitglied, gehörte
1933–1938 zum Exilvorstand der SPD und schied dort wegen seines Übertritts zu Neu
Beginnen aus. Er emigrierte 1939 in die USA und war 1951 bis 1961 Wirtschaftssenator
in Berlin-West.

9 Rix ist Richard Löwenthal (geb. 1908 Berlin), den Bry 1930 beim Studium in Heidelberg kennenlernte, wo L. der kommunistischen Studentenfraktion, später KPO,
angehörte. L. wurde der führende Theoretiker von Neu Beginnen und arbeitete auf die
Spaltung von 1935 hin. Er emigrierte im August 1935 nach Prag, gehörte dort und
später in Paris und London dem Auslandsbüro von Neu Beginnen an. Im Kriege lebte
er als politischer Journalist in London, war 1948–1954 britischer Korrespondent in

Deutschland und lehrte 1961–1974 Außenpolitik an der Freien Universität in Berlin. – L. teilt die von Bry geäußerte Meinung so nicht und kommentierte 1982: „Internationalismus und Sorge um die Zukunft Deutschlands waren für mich keine Gegensätze."

10 Brys Geburtstag ist am 29. Juni. – Die Leitung wurde von vier gleichzeitig stattfindenden Stadtteilsitzungen für abgesetzt erklärt. Walter Löwenheim, der Gründer, erklärte seinerseits Neu Beginnen im September für aufgelöst, emigrierte nach Prag und später nach London.

11 Menz ist der Gründer und Leiter Walter Löwenheim. – Ruben Gurland emigrierte nach Brüssel, Heinrich Jacubowicz nach London und nahm den Namen Hellmann an.

12 Werner Peuke leitete 1933/34 den illegalen KPD-Bezirk Berlin-Mitte und schloß sich dann Neu Beginnen an. 1936–1939 war er im KZ Sachsenhausen inhaftiert.

13 Edith Taglicht ist die Tochter des Wiener Rabbiners David Israel Taglicht (1862–1943). Sie lebte als Dr. Schmidt-Taglicht später in New York.

14 Lisel Paxman beging am 13. September 1935 im Dresdner Gefängnis Selbstmord.

15 Der Historiker Franz Carsten (geb. 1911) gehörte zu Brys Org-Zelle und emigrierte wie Bry 1935 nach England. Er lebt als emeritierter Professor für europäische Geschichte in London.

42 Kurt Baumann

geb. 1907 Berlin – gest. 1983 Ithaca, N. Y. (USA)

Kurt Baumann, Memoiren. Ms. 126 S. – Verfaßt Ithaca (New York) 1977.

Kurt Baumanns Vater ist Inhaber eines Installateurgeschäftes in Berlin. Von 1928 bis 1932 studierte Kurt Baumann Theaterwissenschaft, ist Volontär und Regieassistent an der Berliner Staatsoper und 1932/33 Dramaturg der Berliner Rotter-Bühnen. Angesichts der Entlassung jüdischer Künstler und der Isolierung aller Juden, entwirft er im April 1933 einen Plan zur Gründung einer eigenen jüdischen Kulturorganisation. Er legt den Plan Dr. Kurt Singer vor, dem Intendanten der Städtischen Oper, der Ähnliches beabsichtigt und die Verwirklichung unter seiner Leitung in kurzer Frist erreicht. Im Juni 1933 wird mit staatlicher Genehmigung der Kulturbund deutscher Juden gegründet, der bis 1941 Theater-, Opern- und Filmaufführungen sowie Konzerte und Vorträge veranstaltet. Kurt Baumann wird Leiter der Opernabteilung und des künstlerischen Büros, ab 1935 auch „Schutz-Zensor". Im August 1939 wandert er in die USA aus und ist 1946 bis 1972 Bibliothekar der Cornell University in Ithaca (New York), wo er auch eine kleine Oper gründet.

Meine Idee, einen jüdischen Kulturkreis zu gründen, basierte auf sehr einfachen Zahlen: 1933 lebten 170 000 Juden allein in Berlin, viele andere

Großstädte hatten prozentual ähnliche Konzentrationen. Ich rechnete mir aus, daß eine Stadt von 170 000 Einwohnern ein eigenes Theater, eine Oper, ein Sinfonieorchester, Museen, Vorträge, ja sogar eine Hochschule erhalten könnte, und dies unter den ökonomischen Verhältnissen einer Mittelstadt.

Es war mir von vornherein klar, daß es vorläufig noch zweifelhaft war, ob und wie eine behördliche Genehmigung zu erreichen sei, gerade wegen der Ungewißheit, welcher Flügel der Nazis welche Amtspositionen innehatte und was das Parteiprogramm für die jeweiligen Amtsstellen bedeutete. Es war mir auch bewußt, daß zionistische Kreise ihre Unterstützung nur dann geben würden, wenn wir alle unsere kulturellen Bemühungen in Jiddisch oder Hebräisch ausführen würden. Abgesehen von der Tatsache, daß im großen und ganzen das deutsche Judentum weder Jiddisch noch Hebräisch ausreichend beherrschte und daß Übersetzungen jiddischer und hebräischer Literatur nur spärlich existierten, waren die Zionisten damals eine Minderheit in der jüdischen Bevölkerung. Von der Mehrheit, die im Centralverein deutscher Staatsbürger jüdischen Glaubens zusammengefaßt war, und vom Reichsbund jüdischer Frontsoldaten, konnte ich erwarten, daß der Vorschlag eines rein jüdischen Kulturkreises in Deutschland mit dem Ruf beantwortet werden würde: „Wir gehen nicht freiwillig ins Getto!"

Auf alle Fälle war mir klar, daß ein genau bis ins einzelne ausgearbeiteter Plan mit Etat, künstlerischem und intellektuellem Personal und Mitgliederorganisation vorliegen müsse, um zu beweisen, daß eine solche Idee verwirklicht werden könnte. Ich setzte mich daher hin und entwarf in ungefähr zwei Wochen einen bis ins kleinste ausgeführten Plan. Die nächste Überlegung war, wer die Leitung eines solchen Unternehmens übernehmen sollte. Ich war mir dessen bewußt, daß ich mit meinen 26 Jahren weder im deutschen Judentum noch in den deutschen Amtsstellen bekannt war oder irgend etwas bedeutete. Es mußte jemand sein, der in künstlerischen Kreisen einen guten und großen Namen hatte und der, wenn möglich, auf beiden Seiten sich so verdient gemacht hatte, daß die deutschen Amtsbehörden ihn nicht von vornherein ablehnen konnten.

Es dauerte nur sehr kurze Zeit, bis ich auf meinen Mentor, den früheren Intendanten der Städtischen Oper kam: Dr. Kurt Singer.[1] Er war nicht nur ein sehr bekannter Musiker und Organisator, sondern hatte noch einen anderen großen Vorzug: Singer war im Ersten Weltkrieg Frontkämpfer und hatte als Dirigent des Ärztechors in Berlin in seinen Schriften und auf dem Podium besonders wertvolle Arbeit für das deutsche Volkslied geleistet. Er war daher sogar in deutschnationalen Kreisen sehr bekannt und beliebt, obwohl er selbst liberaler Demokrat – früher wohl Sozialdemokrat – war. Ich ging also zu ihm hin, erzählte ihm von der Idee im allgemeinen und bat ihn unter strengster Verschwiegenheit, sich meinen Plan genau anzusehen. Er war sofort sehr interessiert und sagte, daß ihm ähnliche Ideen auch schon durch den Kopf gegangen seien, nur daß er sich keine weiteren Gedanken darüber gemacht habe. Er versprach mir, den Plan genau durchzustudieren.[2]

Nach sehr kurzer Zeit rief mich Dr. Singer an und bat mich zu sich zur Besprechung meines Planes. Es begann nun eine intensive tägliche Zusammenarbeit, in der einige Revisionen des Planes vorgenommen wurden. Dr. Singer hatte die Idee mit Begeisterung aufgenommen und sich bereiterklärt, im Falle des Gelingens die Organisation zu leiten.

[Kurt Singer gewinnt die Unterstützung der Jüdischen Gemeinde Berlin und beantragt die Zulassung im preußischen Kultusministerium.]

Bei der Verwirrung, die in den ministeriellen Stellen herrschte und bei der Unwilligkeit, die Verantwortung für eine so seltsame Organisation vor ihren Vorgesetzten zu vertreten, war es kein Wunder, daß der ehrgeizige junge Staatskommissar Hinkel[3] sehr bald witterte, daß durch seine Einwilligung, mit uns zu verhandeln und später vielleicht sogar uns zu überwachen, sich eine große Karrieremöglichkeit für ihn eröffnete. Und das war genau die Richtung, die die Entwicklung dann nahm. Im Mai war es soweit. Man erlaubte uns, ein altes Theater zu mieten und einen Verein zu gründen, in dem ausschließlich jüdische Künstler und Intellektuelle für ausschließlich jüdisches Publikum Veranstaltungen aller Art machen konnten. Die Mitglieder mußten sich durch Lichtbildausweise identifizieren und hatten nur mit Abonnements die Möglichkeit hineinzukommen. Ein Abendbesuch von der Straße her war sogar für Mitglieder verboten. Einzelplätze waren an der Abendkasse nicht erhältlich. Dafür wurde uns versprochen, daß wir Polizeischutz erhalten würden und daß keine nationalsozialistischen Verbände die Mitglieder des Vereins bei der An- und Abfahrt und bei den Vorstellungen stören würden. Selbstverständlich mußten alle Texte, die Musik und die Ausstellungsgegenstände von einer Kontrollbehörde des Ministeriums vorher genehmigt werden. Es ist hier zu bemerken, daß es uns „nahegelegt" wurde, deutsches Kulturgut, das als besonders deutsch galt, möglichst zu vermeiden.

Es war uns schon lange klargeworden, daß wir eine mögliche Genehmigung zunächst einmal damit erkaufen mußten, daß wir nur unter strikter behördlicher Kontrolle arbeiten durften. Der größere Preis aber war, daß die Nazis uns als eines ihrer stärksten Propagandamittel ausnutzen würden, wann immer etwa antijüdische Maßnahmen im Ausland große Erregung über „Greuelmärchen" auslösen würden. Wir gingen tatsächlich ins Getto, aber wir brachten dem jüdischen Publikum wenigstens für einige Zeit eine Kulturstätte mit Darbietungen, die sie gewohnt waren, und in einer Umgebung, die sie vor Unannehmlichkeiten aller Art schützte.

Die großen jüdischen Künstler von internationaler Bedeutung, vor allem die Musiker, waren sofort nach der Machtübernahme aus Deutschland ausgewandert; sie hatten keine Schwierigkeiten, im Ausland Arbeit und Brot zu finden. Aber es gab in Berlin zunächst Hunderte von hochbegabten und gut ausgebildeten Künstlern und Geistesarbeitern, die nicht so leicht auswandern konnten, weil sie draußen nicht bekannt waren, die aber in Deutschland keine Arbeit mehr bekamen.

In dem entstehenden Vertrag zwischen uns und der preußischen Regierung war uns von deutscher Seite klargemacht worden, daß Vorstandsmitglieder der Jüdischen Gemeinde Berlin in unserem Aufsichtsrat vertreten sein müßten, um dem Verein einen offiziellen Status zu verleihen. So begannen unsere Verhandlungen mit der Jüdischen Gemeinde Berlin, die sich als schwieriger herausstellten als die mit den Nazibehörden. Wie ich schon angedeutet habe, mußte erst der Kampf innerhalb der Gemeinde zwischen zionistischen und nichtzionistischen Kräften ausgetragen werden, bis endlich beide Flügel sich geeinigt hatten und bereit waren, Vertreter in unseren Aufsichtsrat zu entsenden. Was uns Dr. Singer vorausgesagt hatte, trat nun ein. Der Vorgesetzte, in dessen Dezernat Hans Hinkel arbeitete, schlug Ministerpräsident Göring vor, Herrn Hinkel mit einem neuen Dezernat als Leiter und Aufsichtsbeamter für jüdische Kulturbelange in Preußen zu ernennen. Von den internen Verhandlungen haben wir offiziell nie etwas erfahren, aber Mitte Mai 1933 teilte Herr Hinkel Dr. Singer mit, daß dem Vertrag nichts mehr im Wege stehe, daß er – Hinkel – von Göring zum Leiter ernannt sei und daß Dr. Singer mit seinem Kopf für die reibungslose Ausführung der im Vertrag enthaltenen Bedingungen haftbar sei. Es war nur noch nötig, sich bei Minister Göring vorzustellen und seinen „Segen" zu erhalten. Das geschah dann auch; Göring versuchte, leutselig und jovial zu sein und sagte ungefähr: „Wenn ihr alles richtig macht und Herrn Hinkel pariert, dann wird alles gut gehen, wenn ihr über die Stränge haut, dann knallt's, ihr wißt das ja."

Am 20. Mai 1933 war es schließlich soweit. Es wurde ein Vertrag geschlossen, der von Dr. Singer für den „Kulturbund deutscher Juden" und von dem neuen Ministerialdirektor im preußischen Kultusministerium, Hans Hinkel, unterzeichnet wurde. Hermann Göring zeichnete nur mit seinen Initialen. [...]

Der Widerhall bei den Berliner Juden war viel größer als wir es uns je vorgestellt hatten. Zur ersten großen Werbeveranstaltung in der Synagoge Prinzregentenstraße mit Chor, Orchester und Ansprache versammelten sich mitten im Hochsommer zweieinhalbtausend Menschen. Die Hälfte von ihnen wurde auf der Stelle Mitglied, und neunzig Prozent der anderen wurden es zehn Tage später, nachdem es sich herausgestellt hatte, daß keinerlei Störungen geschahen und nur leichter Polizeischutz vorhanden war, wie es für alle kulturellen Veranstaltungen, jüdische oder nichtjüdische, üblich war. Weitere Veranstaltungen waren noch überfüllter als die erste und hatten ähnliche Werberesultate.

Jedes neue Mitglied bekam zunächst eine Mitgliedskarte, auf der sein Lichtbild erschien und die mit *unserem* Stempel versehen war. Der Spielplan sah vor, daß einen Monat lang ein Schauspiel gespielt wurde und im nächsten Monat eine Oper. Außerdem gab es jeden Monat zwei Konzertprogramme und zwei Vortragsserien. Der Abonnent konnte sich seine Tage selbst aussuchen und hatte Anspruch auf zwei Programme, die er frei wählen konnte.

[Kurt Baumann wird Vorstandsmitglied des Kulturbundes, Leiter der Opernabteilung und des künstlerischen Büros.]

Das Theater des Bundes sollte am 1. Oktober 1933 eröffnet werden. Da die Vorbereitung eines Schauspiels etwas weniger Zeit braucht als die einer Oper, war es klar, daß wir mit einem Schauspiel eröffnen würden. Es ist nie eine Frage gewesen, welches Schauspiel das sein sollte. Es gab nur *ein* Werk, das geeignet war, unsere neue Situation darzustellen. Es hatte ein jüdisches Thema, war Teil der deutschen Klassik, und sein Dichter war in Deutschland jetzt zwar nicht offiziell verboten, aber doch nicht sehr aufführbar. Es war Lessings „Nathan der Weise", mit Kurt Katsch als Nathan, Sigmund Nunberg als Pater, Fritz Wisten, der auch die Regie führte, als Derwisch und Lenart als Tempelherr.[4] Es wurde eine feierliche Eröffnung, das Haus war ausverkauft, Herr Hinkel kam mit seinem Stab, es gab keine Störungen, und das Publikum reagierte ergriffen und zugleich begeistert.

So begann eine Reihe von Kulturveranstaltungen, die bis ins Jahr 1941 – mit Ausnahme von zwei kurzen Unterbrechungen – nicht abgerissen ist. In der Blütezeit des Kulturbundes fanden manchmal täglich mehrere Veranstaltungen statt. Vorträge und Ausstellungen wurden ebenso veranstaltet wie Konzerte, Matineen, Schauspiel- und Opernaufführungen. Manchmal ging das Orchester auf Tournee, manchmal waren das Schauspiel oder die Oper unterwegs. Später kamen die Kleinkunstbühne Max Ehrlichs und das Jugendtheater Werner Hinzelmanns dazu, die ebenfalls nicht nur in Berlin spielten, sondern auch außerhalb. [...] Fast alle Angestellten, Künstler und Verwaltungsbeamten waren mit mindestens einjährigen Verträgen angestellt. Wir machten damals schon eine bewußte Anstrengung, so viel jüdische Kunst zu bringen, wie es nur möglich war, aber es war immer noch erlaubt, deutsche Literatur und Musik zu bieten. Daß wir nie Wagner spielten, war selbstverständlich, auch nicht Richard Strauss, weil sie als Lieblingskomponisten Hitlers galten. Auch Schiller haben wir nie gewählt, obwohl es uns wahrscheinlich im Anfang noch genehmigt worden wäre. Dafür brachten wir viel ausländische Literatur und Musik. Die Schwierigkeit war, daß in späteren Jahren zeitgenössische ausländische Autoren und Komponisten Gebühren, und damit Devisen, kosteten, und wir wußten, daß das den Behörden nicht genehm war. Aus denselben Gründen wurde uns lange eine Filmabteilung versagt, die wir uns erst viel später unter ganz anderen Umständen erkämpfen konnten.

[In zahlreichen anderen Städten entstehen jüdische Kulturbünde, die sich 1935 zu einem Reichsverband zusammenschließen.]

Auf der Gründungstagung des Reichsverbandes der jüdischen Kulturbünde in Deutschland wurde auf Druck der Behörde der Name „Kulturbund deutscher Juden" umgeändert in „Jüdischer Kulturbund Berlin". Gleichzeitig hat Hinkel auf derselben Tagung deutlich zu verstehen gegeben, daß wir nun darangehen sollten, mehr jüdische Thematik in unseren Spielplan aufzunehmen, und daß von nun an die Genehmigung deutscher Autoren strenger gehandhabt werden würde.

Wir hatten das schon vorausgesehen und eine Gruppe von erstklassigen Judaisten aufgefordert, als Anfang wenigstens einiges aus der klassischen jiddischen Literatur zu übersetzen. Es war zwar eine langsame, mühselige Arbeit, aber zwei Stücke und eine Reihe von Kleinkunstprogrammen waren bereits fertig. Inzwischen waren schon einige unserer Künstler und Angestellten ausgewandert, ebenso ein immer größer werdender Teil unseres Publikums. Der Kulturbund Berlin hatte im Frühjahr 1936 mit 20000 Mitgliedern seine Höchstzahl erreicht, und wir waren uns darüber klar, daß diese Zahl schnell absinken würde. Damit ist unsere kurzfristige Planung zu erklären. Auch ich dachte mehr und mehr an Auswanderung.

Da bat mich Dr. Singer, ein neues Amt zu übernehmen: das Amt des Schutz-Zensors, offiziell „Lektor" genannt. Alle Texte, Musik, etc., die im jüdischen Kulturkreis aufgeführt oder gezeigt wurden, mußten von den Behörden genehmigt werden. Da dies nun auf Reichsebene vor sich gehen sollte, war es eine absolute Notwendigkeit, daß jemand unsere Programme sozusagen mit nationalsozialistischen Augen las, um möglichst zu verhindern, daß man uns etwas verbieten würde. Dr. Singer bot mir an, diesen Posten im Reichsverband der jüdischen Kulturbünde zu übernehmen. Ich würde bei der Oper des Kulturbundtheaters bleiben, aber das künstlerische Büro des Kulturtheaters abgeben. Obgleich ich wußte, daß die Blüte des Kulturbundes vorbei war, wollte ich doch meinen Posten nicht verlassen, vor allem da Herr Hinkel bis jetzt niemandem aus den nationalsozialistischen Ämtern oder Organisationen erlaubte, auch nur einen groben Brief an uns zu richten, uns zu drohen oder gar andere Maßnahmen zu ergreifen.

Die Frage der Zensur wurde von 1935 an aber schon deshalb kritischer, weil wir mit einem neuen Ministerium zu arbeiten hatten, von dem wir nicht wußten, wie es auf mögliche „Fehler" von uns reagieren würde. Auch waren uns durch den Druck Hinkels weniger Möglichkeiten gegeben, deutsche Kunstwerke zu bringen; vor allem war es ganz unklar, welche deutsche Kunst erlaubt sein würde und welche nicht. Man muß hier einen kurzen Blick auf die sogenannte nationalsozialistische Kulturpolitik werfen, nicht nur dem jüdischen Kulturkreis gegenüber, sondern auch dem deutschen. Die Richtlinien für die jüdischen Kulturbünde sahen scheinbar sehr einfach aus: deutsches Material, das als besonders *deutsch* galt, vor allem die deutsche Romantik, war mehr oder weniger verboten. Die deutsche Klassik war bis auf Schiller eigentlich bis zuletzt erlaubt. Themen des deutschen Mittelalters und der sogenannten „Heldenzeit" waren von vornherein tabu.

Die Sache mit der deutschen Romantik war sehr eigenartig. In der Musik war für lange Zeit die ganze deutsche Romantik erlaubt, vor allem in symphonischer Form, während es mit den Liedern eine Sache des Feingefühls war, welche Liedtexte welcher Autoren vielleicht genehmigt werden würden und welche nicht. Die sogenannten linksgerichteten Autoren der Weimarer Zeit waren natürlich nicht nur den Deutschen, sondern auch uns von Anfang an verboten.

Ich habe schon angedeutet, daß die Frage ausländischer Autoren in den Richtlinien nie klargestellt worden ist; 1936 war die Devisenfrage wahrscheinlich entscheidend. Wie sehr eine jüdische Vorzensur auf Feingefühl, Glück und fleißiges Zeitungslesen angewiesen war, sollen ein paar Beispiele beweisen, die uns heute sehr komisch anmuten, aber damals eine sehr ernste Sache waren, weil unter Umständen Konzentrationslager oder mindestens Zwangshaft für einen Irrtum des Vorzensors zu erwarten war. Wir hatten vor, Shakespeares „Hamlet" aufzuführen. Wir waren zwar noch nicht sicher, ob wir das Stück besetzen könnten, wollten es aber trotzdem einreichen, da es manchmal ein paar Wochen dauerte, bis die Genehmigung kam. In ziemlich kurzer Zeit erhielten wir die Genehmigung, nur der große Monolog „Sein oder Nichtsein" war von der Behörde gestrichen worden.

Wir hatten offiziell keine Möglichkeit, je anzufragen, warum uns bestimmte Dinge genehmigt oder nicht genehmigt worden sind. So mußten wir einen Weg finden, der etwas umständlich war, aber uns häufig Aufschlüsse gegeben hat, die wir sonst nie hätten erhalten können. Mein Freund Klaus Jedzek war zu dieser Zeit gerade Dramaturg des Preußischen Staatstheaters unter Gustaf Gründgens. Er hatte die Möglichkeit, an einige der jungen Leute in Hinkels Büro heranzutreten, denn diese jungen Leute waren die „Leser" für unsere Genehmigungen und mußten also wissen, auf welchen politischen Hintergründen Ablehnungen und Genehmigungen beruhten. Es gelang Klaus Jedzek, einen von Hinkels Lektoren in ein Weinrestaurant einzuladen und in beschwipstem Zustand dem jungen Mann das Geheimnis des Hamlet-Monologes zu entreißen. Es stellte sich heraus, daß die Zeile „der Mächtigen Druck, der Übermächtigen Drängnis" auf einer jüdischen Bühne gesprochen, so aussehen könnte, als ob sich die Juden über die Behandlung durch die Nazis beschwerten. Aus diesem Grunde hatte man nicht etwa nur diese Zeile, sondern gleich den ganzen Monolog gestrichen. [...]

Nachdem wir Gustav Mahlers Musik seit Jahren gespielt hatten, wurden uns eines Tages plötzlich seine „Lieder eines fahrenden Gesellen" verboten. Darüber herrschte große Verwirrung im Jüdischen Kulturbund, denn wir konnten uns überhaupt nicht vorstellen, warum man uns einen jüdischen Komponisten verbieten wollte. Wir benutzten also wieder unser bewährtes Umgehungsmanöver. Diesmal stellte sich heraus, daß ein neuer junger Mann in der Musikzensurabteilung von Hinkels Büro der festen Überzeugung war, daß der Komponist von „Des Knaben Wunderhorn" arisch sein müsse. Da hatten wir wieder einmal einen Beweis, daß Hinkel selbst wohl die Sachen, die er unterschrieb, nur sehr flüchtig lesen konnte, denn er hatte Mahler immer als besonderes Beispiel dafür genannt, was wir aufführen sollten. Natürlich wurde der Irrtum von Hinkels Büro sofort korrigiert. [...]

Von Ende 1936 an wurde es uns immer klarer, daß wir ein mehr und mehr isoliertes Leben führten – nicht nur von der deutschen Öffentlichkeit, sondern auch zusehends von der jüdischen Gemeinschaft. Die Isolierung auf wirtschaftlichem und politisch-juristischem Gebiete, in der die jüdische Gemeinschaft in Deutschland sich befand, wurde immer größer. Wir erkannten, daß die Existenz des Jüdischen Kulturbundes zunehmend auf der Tatsache beruhte, daß die Nazis uns als Gegenpropaganda gegen den wachsenden Druck der ausländischen öffentlichen Meinung benutzten und daß früher oder später dies der einzige Grund sein würde, um die Organisation weiter zu erlauben. Wir sahen mit steigender Besorgnis, daß die „Gleichschaltung" der öffentlichen Meinung in Deutschland erfolgreich zu werden begann. Wir mußten einsehen, daß die Hoffnung weiter Kreise, eine Mäßigung in der nationalsozialistischen Politik zu erleben, vergebens war. Demgemäß wurde die Auswanderung von allen jüdischen Kreisen, auch den unseren, stärker betrieben. Auch wir verloren zum erstenmal eine Reihe unserer ausübenden Künstler und natürlich auch der Mitglieder. Joseph Rosenstock wurde als Leiter der Kaiserlichen Philharmonie nach Tokio berufen, und Wilhelm Steinberg trat an seine Stelle.[5] Auch das dauerte nur eine kurze Zeit bis Steinberg auf Empfehlung von Toscanini nach New York ging. An seine Stelle trat Rudolf Schwarz, der 1939 von seinem Mentor Leo Blech an die Stockholmer Königliche Oper geholt wurde.[6] Auch einige unserer ersten Sänger und Schauspieler und mehrere der prominenten Vortragskünstler haben es schließlich geschafft, die schwierigen Auswanderungsbedingungen zu überwinden. So verging das Jahr 1937. Anfang 1938 glaubte schließlich auch ich, daß der Kulturbund seine Blütezeit überschritten hatte und von nun an immer kleiner werden mußte; so fing ich an, meine Auswanderung zu betreiben.

[Nach dem Pogrom vom 9./10. November 1938 wird in Abwesenheit Kurt Singers sein Stellvertreter Dr. Werner Levie zu Hinkel ins Propagandaministerium zitiert.]

Hinkel erklärte, daß es wohl auch uns klar sei, daß unsere Leute und unser Haus nicht ohne Grund vor der Zerstörung bewahrt worden seien. „Der Herr Minister hat mir befohlen, daß unter allen Umständen der Jüdische Kulturbund sofort wieder aufmachen und weiter spielen muß." Hinkel wiederholte, daß er seinem Minister mit seinem Kopf dafür hafte. Er beschwor Dr. Levie[7] mit uns zu reden und dafür zu sorgen, daß das Nötige geschehe; außerdem wollte er, daß man Dr. Singer zu erreichen versuche und ihm auftrage, so schnell wie möglich zurückzukommen. Herr Hinkel bat um Antwort an demselben Nachmittag. Zum Theater zurückgekehrt, ersuchte uns Dr. Levie zusammenzubleiben und uns sehr genau zu überlegen, was wir nun tun sollten. Die überwältigende Mehrheit von uns bestand zunächst darauf, daß jede weitere Kulturbundarbeit unmöglich sei; wir waren uns darüber klar, daß wir im äußersten Fall alle in den Konzentrationslagern enden würden. Dr. Levie kam von seinem Versuch, Dr. Singer zu erreichen, zurück und berichtete uns, daß Dr. Singers Schiff gerade New York verlassen habe, er also auf hoher See sei und in ungefähr sechs Tagen in Rotterdam eintreffen würde. Wir hingegen teilten ihm unsere Meinung und unsere Befürchtungen mit. In einer langwierigen Diskussion kristallisierte sich der Gedanke heraus, daß, wenn Hinkel wirklich einem solchen Druck ausgesetzt sei, es vielleicht die Möglichkeit gäbe, ihn zu erpressen. Offensichtlich war der Aufschrei der öffentlichen Meinung des Auslandes so laut geworden, daß die Weiterführung unserer Veranstaltungen für Goebbels ein wichtiges Alibi geworden war.

Dr. Levie hatte schon vor seinem Zusammentreffen mit Hinkel klugerweise veranlaßt, daß wir feststellen sollten, wie viele Aktive des Kulturbundes im Reich verhaftet worden waren und wie es mit den Synagogen und anderen jüdischen Räumlichkeiten in der Provinz stand. Bis zur Zeit von Dr. Levies Nachmittagskonferenz bei Hinkel wußten wir, daß über hundert Aktive im Reich verhaftet waren und daß die Zahl der sonstigen jüdischen Menschen, die verschleppt worden waren, in Berlin und im Reich ungefähr 30 000 betrug. Langsam kamen wir zu einer Übereinkunft. Dr. Levie würde Herrn Hinkel eine ganze Reihe Forderungen stellen. Es würde sich ja zeigen, wie viele unserer Forderungen Herr Hinkel zu bewilligen bereit sei, und sich damit die Größe des Drucks erweisen, unter dem er tatsächlich stand. Dr. Levie erinnerte uns daran, daß die Tatsache, daß er holländischer Bürger war, ihm einen gewissen Schutz bot, so daß er versuchen würde, Herrn Hinkel so viele Konzessionen abzuringen, wie nur möglich. In aller Eile wurde eine Liste von 200 Personen aufgestellt, die verhaftet waren. Wir würden darauf bestehen, daß wir ohne diese Menschen keine Kulturbundarbeit im Reich durchführen könnten und sie sofort freizulassen seien. Es waren alles Intellektuelle und Künstler; eine ganze Reihe dieser Menschen war in Wirklichkeit nie oder fast nie in unserer Arbeit aktiv geworden, aber wir kannten sie und wollten sie so schnell wie möglich herausholen. Außerdem wurde in aller Eile eine ganze Liste anderer Forderungen aufgestellt, darunter auch finanzielle, die wir bewilligt haben wollten. Wir warteten in höchster Spannung.

Dr. Levie ging zu seiner Nachmittagsbesprechung mit Herrn Hinkel; als er nach langer Zeit zurückkam, berichtete er, daß alle unsere Forderungen ohne Vorbehalte bewilligt worden waren und daß die notwendigen Maßnahmen sofort in Gang gesetzt werden würden. [...] Dafür sollte Dr. Levie versprechen, den Kulturbund in drei Tagen wieder aufzumachen. Es war nicht ganz leicht, Herrn Hinkel zu bewegen, diese Frist auf zwölf Tage zu verlängern. Wir hatten nun keine Wahl mehr, wir mußten weiterarbeiten. Herr Hinkel hatte versprochen, daß über die deutsche Presse und den deutschen Rundfunk weitreichende Erklärungen abgegeben würden, um das jüdische Publikum zu beruhigen, daß alle unsere Veranstaltungen nach wie vor geschützt sein werden und daß für keines unserer Mitglieder eine Gefahr bestünde. Das geschah auch in kürzester Zeit. Von allem anderen abgesehen: daß es uns gelungen war, zweihundert jüdische Menschen vor dem Konzentrationslager zu bewahren, so daß sie ruhig auswandern konnten, war eine Tatsache, für die es sich gelohnt hatte, einen Jüdischen Kulturbund zu gründen und in dieser kritischen Zeit weitergeführt zu haben.

1 Dr. Kurt Singer (1885–1944), Neurologe und Musikwissenschaftler, gründete und leitete den Berliner Ärztechor. 1927–1933 war er Intendant der Städtischen Oper Berlin. 1933–1938 leitete er als Intendant den Jüdischen Kulturbund Berlin und war Präsidiumsmitglied des 1935 geschaffenen Reichsverbandes jüdischer Kulturbünde. Während des Novemberpogroms befand er sich auf der Rückreise aus den USA und blieb dann in Holland. Er wurde von dort 1943 nach Theresienstadt deportiert, wo er 1944 starb.

2 Auszüge des handschriftlichen Dokuments und der ersten maschinenschriftlichen Fassung, von Dr. Singer gegengezeichnet, wurden mit dem Nachlaß des Autors dem Leo Baeck Institut übergeben.

3 Hans Hinkel (1901–1960) war seit 1921 Mitglied der NSDAP, gründete 1923 den Kampfbund für deutsche Kultur und wurde 1930 Reichstagsabgeordneter und Redaktionsmitglied des Völkischen Beobachters. Am 30. 1. 1933 wurde er Staatskommissar im preußischen Ministerium für Wissenschaft, Kunst und Volksbildung und leitete den Theaterausschuß. Hinkel benutzte Überwachung und Zensur des Jüdischen Kulturbundes als Mittel zu seiner eigenen Karriere. Ab 1935 Reichskulturwalter und Ministerialdirektor im Reichspropagandaministerium, verschärfte er die Zensur des Kulturbundes zunehmend, bis diesem die Aufführung aller Werke von Nichtjuden verboten wurde.

4 Kurt Katsch (1893–1958) aus Grodno (Litauen) spielte bis 1933 Hauptrollen an deutschsprachigen Bühnen und 1934 am Berliner Kulturbundtheater. Danach Regisseur am Jiddischen Theater in Warschau, emigrierte er 1938 nach Hollywood. Vgl. seine Jugenderinnerungen: Jüdisches Leben in Deutschland, hrsg. v. M. Richarz, Bd. II, Stuttgart 1979, S. 115–125. – Fritz Wisten (1890–1962), früher am Schauspielhaus in Stuttgart, war 1933–1941 Schauspieler und Regisseur des Jüdischen Kulturbundes. Mit einer nichtjüdischen Kollegin verheiratet, überlebte er in Berlin und leitete 1946 bis 1954 das Theater am Schiffbauerdamm, 1954 bis 1962 die Volksbühne in Berlin-DDR.

5 Joseph Rosenstock (geb. Krakau 1895), vor 1933 Generalmusikdirektor in Darmstadt, Wiesbaden und Mannheim, war bis 1936 künstlerischer Leiter der Oper des Kulturbundes. Ab 1936 leitete er das Nippon Philharmonic Orchestra in Tokio, war 1948–1956 Generaldirektor der New York City Opera und 1961–1969 Dirigent an der Metropolitan Opera in New York. – Wilhelm Steinberg (1899–1978) war bis 1933 Generalmusikdirektor in Frankfurt a. M. Er emigrierte 1936 nach Palästina, 1938 in die USA. Nach dem Krieg leitete er die Symphonieorchester in Buffalo, Pittsburgh, London und Boston.

6 Leo Blech (1871–1958), Dirigent und Komponist, war 1913–1937 Generalmusikdirektor der Deutschen Staatsoper Berlin, emigrierte über Riga nach Schweden und kehrte 1953

aus seiner Stellung als Kapellmeister der Königlichen Oper in Stockholm an die Berliner Staatsoper zurück. – Rudolf Schwarz (geb. 1905 Wien), vor 1933 Kapellmeister der Opern in Düsseldorf und Karlsruhe, war 1936 bis 1941 Musikalischer Leiter am Jüdischen Kulturbund Berlin. Er überlebte die Lager Auschwitz und Bergen-Belsen und emigrierte 1945 nach England, wo er Orchester des BBC und das Sinfonieorchester von Birmingham leitete.

7 Dr. Werner Levie (1903–1945), Nationalökonom und Journalist bei Ullstein, wurde 1933 Verwaltungsleiter des Kulturbundes, ab 1935 Generalsekretär des Reichsverbandes jüdischer Kulturbünde. Nach Singers Abreise leitete er für ein Jahr den Kulturbund und kehrte Ende 1939 in sein Geburtsland Holland zurück. 1943 wurde er über Westerbork nach Bergen-Belsen deportiert, wo er einen Monat nach der Befreiung starb.

43 Hans Berger

geb. 1898 Wiesbaden – Todesdatum unbekannt

Hans Berger, Erinnerungen an die Kristallnacht und meine Erlebnisse im KZ Buchenwald. Ms. datiert Brüssel 15. Januar 1939, 10 S.

Hans Berger wächst in Wiesbaden auf, wo sein Vater eine Fabrik für heilgymnastische Apparate besitzt. Nach dem Abitur besucht er die Ingenieurschule in Friedberg und tritt in die väterliche Firma ein, die er 1930 übernimmt. In der jüdischen Loge Bne Briss tätig, wird Berger bei deren Zwangsauflösung 1937 vorübergehend festgenommen. Nach dem Reichspogrom wird er am 11. November 1938 erneut verhaftet, in die Festhalle in Frankfurt gebracht und von dort in das KZ Buchenwald. Mit etwa 10 000 weiteren während des Pogroms verhafteten Juden ist er dort schweren Mißhandlungen ausgesetzt. Als er nach drei Wochen entlassen wird, flieht er nach Brüssel. Dort entsteht der folgende Bericht über Verhaftung und Lagerzeit, den er nach Palästina sendet. – Nach Auskunft zweier Geschwister Bergers, die in die USA emigrierten, lebte Berger dann in Südfrankreich, wo er mit seiner Frau und den beiden Söhnen vermutlich der Deportation zum Opfer fiel.

Am Mittwoch, dem 9. November 1938, saßen wir abends mit unserem Englischlehrer Moses in unserem gemütlichen Heim beisammen und unterhielten uns über die Drohung, die von Regierungsseite nach dem Hinscheiden Ernst vom Raths[1] gegen die deutschen Juden ausgesprochen worden war. Keiner von uns glaubte an die wahnsinnige Brutalität, unter der wir in den nächsten Tagen schon bis zur Vernichtung zu leiden haben sollten.

Als ich am 10. November morgens, wie alltäglich, ins Geschäft fuhr, führte mich mein Weg im Auto an der Synagoge vorbei, deren Kuppel in lichterlohen Flammen stand. Der Schreck hierüber ging mir durch Mark und Bein. Eine große Menge Menschen stand schweigend darum herum, und die Feuerwehr begnügte sich damit, die umliegenden Häuser vor einem Übergreifen des Feuers zu schützen. Mein Weg führte zur jüdischen Schule, wo ich ausstieg, um nach meinen Kindern zu sehen. Dort hatte man noch gar keine Kenntnis von dem brennenden Gotteshaus, und erst in der Fabrik hörte ich durch telefonische Berichte, daß in der Stadt sämtliche jüdischen Geschäfte vollständig demoliert worden sind. Die Ware wurde auf die Straße geworfen und angezündet, und dies geschah alles nur von wenigen Halbwüchsigen, die zu diesem Zweck von den Parteistellen beauftragt waren. Nach kurzer Zeit kamen meine Kinder verängstigt bei mir im Büro an, und Onkel Maas, der inzwischen auch eingetroffen war, nahm sie mit dem Auto in die Stadt und nach Hause. Ich erhielt dann einen telefonischen Anruf, aus dem hervorging, daß eine ganze Reihe von jüdischen Männern in der Stadt verhaftet worden sei. Dann kam Mariechen, meine Frau, die nicht wußte, daß Onkel Maas die Kinder schon heimgebracht hatte, um sie abzuholen, und auch Liesel fand sich schreckensbleich ein. Nachdem wir durch telefonischen Anruf erfahren hatten, daß Lotte bei den Kindern zu Hause sei, blieben Liesel und Mariechen erstmal in der Fabrik.

Gegen Mittag hörte ich ein Telefongespräch mit, welches unser Betriebswalter[2] mit der Arbeitsfront führte, dem ich entnahm, daß unser Betrieb vor der Zerstörung geschützt werden sollte, daß aber ich selbst und Maas in Schutzhaft genommen werden sollten. Daraufhin beschlossen wir, uns sofort in zwei getrennten Autos nach Frankfurt zu begeben, um der Verhaftung zu entgehen. Ich fuhr sofort mit Mariechen los, und zwar zuerst zu Fritz Duensing, dessen Frau sich gleich bereit erklärte, die Kinder bei sich aufzunehmen. Da wir befürchteten, daß ich in der Stadt oder zu Hause verhaftet werden könnte, fuhr Mariechen allein in unsere Wohnung, die ich selber erst in Freiheit nach drei Wochen und unter ganz veränderten Umständen wieder betreten konnte. Mariechen holte die Kinder, und nach einem kurzen Abschied fuhren wir beide zu Onkel Maas nach Frankfurt.

Dort verfehlten wir uns und suchten ihn den ganzen Nachmittag, bis wir bei gemeinsamen arischen Bekannten zusammentrafen. Inzwischen machten wir einen Besuch im Israelitischen Krankenhaus, wo wir erfuhren, daß Dr. Rosenthal[3], der Arzt, der Mariechen vor 14 Tagen operiert hatte, sich wenige Stunden vorher durch Selbstmord seiner Verhaftung entzog.

Beim Zusammentreffen mit Maas erfuhren wir, daß auch in Frankfurt und Mainz die Synagogen angezündet, die jüdischen Geschäfte demoliert, die jüdischen Männer sogar auf der Straße verhaftet und bereits eine ganze Reihe von jüdischen Privatwohnungen in der bestialischsten Weise zerstört worden seien. Wir überlegten uns, wie wir retten könnten, was vielleicht noch zu retten war, und kamen zu dem Entschluß, daß ich in den Betrieb zurückkehren sollte, während Maas, der im Gegensatz zu mir einen gültigen Reisepaß besaß, versuchen sollte, über die Grenze zu kommen. Wie ein gehetztes Wild mußten wir die Wohnung des arischen Freundes auf Schleichwegen verlassen, als dort zwei fremde Herren erschienen, von denen man annahm, daß sie Kriminalpolizisten seien. Da wir auch gehört hatten, daß sie auf der Landstraße Juden aus den Autos herausholten, fuhr Mariechen allein mit dem Wagen nach Wiesbaden zurück, ich mit der Bahn, merkwürdigerweise ohne angehalten zu werden. Mariechen dagegen wurde bereits kurz hinter Frankfurt auf der Landstraße mit der Frage nach ihrer Rassezugehörigkeit angehalten und wurde erst nach ca. 20 Minuten, nachdem festgestellt war, daß sie ohne männliche Begleitung fuhr, wieder entlassen. Auf meinem zu Fuß zurückgelegten Weg zwischen Bahnhof und Fabrik in Wiesbaden holte mich Mariechen in der Nacht mit dem Auto ein und fuhr dann allein in die Fabrik voraus, um festzustellen, ob dort die Luft rein sei. Nach Rücksprache mit dem Werkmeister Seibel stellten wir fest, daß ich bei ihm, wie wir annahmen ohne Gefahr, übernachten konnte. Ich ging also, nachdem ich einiges, wie etwa meinen Dolch aus der Kriegszeit, aus meinem Büro entfernt hatte, bei Seibels schlafen. Alle halbe Stunde hörte ich Wachen in der Nacht durch den Fabrikhof gehen, die Seibel anriefen und fragten, ob alles in Ordnung sei. Hätten sie gewußt, daß ich selbst in der Höhle des Löwen schlief, hätten sie mich wohl in derselben Nacht noch mitgenommen.

Am nächsten Morgen begann ich meine Arbeit früh und erledigte die dringendsten geschäftlichen Dinge, unterschrieb einen Scheck für die Löhne und erhielt telefonische Anrufe, denen ich zu entnehmen glaubte, daß die Verhaftungen aufgehört hätten. Etwa um neun Uhr erschien ein Beauftragter der Arbeitsfront, der sich zu mir ins Büro setzte und mir erklärte, daß der Betrieb unter allen Umständen ordnungsmäßig weitergeführt werden müsse und er darüber zu wachen habe, daß keine Zerstörung im Betrieb vorkomme. Im übrigen störte er mich nicht weiter in meiner Arbeit. Gegen halb eins erschienen zwei Beamte der Gestapo, von denen mir der eine sogar bekannt war, die nach mir fragten und mir erklärten, daß sie in meinem Büro nach Waffen suchen wollten, ferner, daß ich zu einem Verhör mitgehen sollte. Da ich eventuell für wenige Tage dem Betrieb fernbleiben müßte, sollte ich einen Herrn mit der Bankvollmacht betrauen. Im Lauf des Gesprächs stellte sich dann heraus, daß sie auch über eine Arisierung der Firma Auskünfte von mir verlangten, ferner mußte ich die noch in meinem Besitz befindlichen Briefschaften und Papiere, die die Firma betrafen, übergeben. Mein Einwand, daß ohne meine Arbeit ein von den Herren gewünschtes, reibungsloses Weiterlaufen des Betriebes nicht möglich sei, wurde mit einem Achselzucken und der Bemerkung, daß in den nächsten Tagen sowieso eine Änderung zu erwarten sei, abgetan. Es blieb mir also nichts übrig, als zum Treuhänder einen möglichst zuverlässigen Freund zu bestellen. Meine Wahl fiel, wie sich später herausstellte glücklicherweise, auf Herrn Schwerdtfeger, den Vorsitzenden unseres Aufsichtsrates und Inhaber einer Maschinenfabrik in Wiesbaden. Bei einem Telefongespräch mit diesem

Herrn, welches ich in Gegenwart der Stapo und der Arbeitsfrontleute führte, protestierte Schwerdtfeger zwar gegen meine Verhaftung, nahm aber, nachdem dieser Protest keinen Erfolg hatte, das Mandat an. Inzwischen war Mariechen, um nach mir zu sehen, draußen angekommen, und nach einer kurzen Haussuchung in meinem Büro fuhr uns Karl Seibel jun. in einem unserer Opel mit den beiden Herren der Stapo zusammen in meine Wohnung, wo ich mit Freuden feststellte, daß keine Zerstörung stattgefunden hatte. Dort wurde mir Zeit gelassen, mich umzuziehen und einige nötige Kleidungsstücke mitzunehmen. Ich wurde sogar mit Mariechen kurze Zeit allein gelassen, eine oberflächliche Haussuchung fand statt, und dann fuhren mich die Herren in meinem eigenen Auto und unter Begleitung meiner Frau ins Gerichtsgefängnis. Mariechen wurde vorher abgesetzt. Ich hatte 112,- RM bei mir und wußte Mariechen im Besitz von ca. 600,- RM in barem Gelde.

Im Gefängnis begrüßte ich als ersten Ernst Springer, mit dem ich die gleiche Situation schon einmal erlebt hatte anläßlich der Verhaftungen bei der Auflösung der jüdischen Logen.[4] Im Laufe des Nachmittags füllte sich die Zelle, bis wir schließlich enggedrängt standen, etwa 35 Mann in einer engen Zelle, zum geringsten Teil Wiesbadener, meistens Leute, die sie im Wiesbadener Bahnhof, auf der Straße und aus den Hotels heraus verhaftet hatten. Darunter war ein älterer Herr aus Berlin, der, zu Besuch in Frankfurt, einen Ausflug nach Wiesbaden gemacht hatte, nicht einmal Glaubensjude war und ohne Hut in einem dünnen Mantel von der Straße weg zu uns in die Zelle geriet. Es war außerdem Herr Kahn aus Schierstein da, der erzählte, daß in Schierstein nicht nur die jüdischen Geschäfte, sondern auch alle Wohnungen in schrecklichster Weise demoliert worden seien. Man hatte die Möbel mit der Axt zu Kleinholz zerschlagen, Vorhänge und Bilder zerschnitten, Wäsche und Bettzeug gleichermaßen behandelt, Küchenvorräte, Gelee, Öl usw. in die Federbetten geschüttet und alles Porzellan zerschlagen, kurz in keiner Wohnung war mehr ein Stück heil. Der Ärmste wußte nicht, wo Frau und Kinder abgeblieben waren, da er morgens im Geschäft von den Vandalen überrascht wurde und, als er nach Hause kam, um nach dem Rechten zu sehen, Frau und Kinder dort bereits nicht mehr angetroffen hatte, dafür aber auf der Stelle verhaftet wurde. Später erfuhr ich, daß dies wieder nicht ein Einzelfall, sondern die Regel war und ich nur durch einen Glückszufall, wovon die nachfolgende Zeit für mich noch mehrere in Bereitschaft hatte, diesem allgemeinen Zerstörungsschicksal entging.

Wir wurden am Abend ins Polizeigefängnis überführt, wo ich unter anderen Bekannten auch Rechtsanwalt Liebmann[5] antraf. Die Nacht verbrachten wir dort, fürstlich aufgehoben gegenüber dem, was noch folgen sollte. Am nächsten Tag, also Samstag, dem 11. November, folgte unter anderem ein Verhör der Stapo über unsere Auswanderungspläne, und Ernst Springer, der seine fertigen Schiffspapiere zur Ausreise nach Amerika zum

7. Dezember in der Tasche hatte, wurde sofort entlassen. Außer ihm kamen noch zwei frei, einer mit einer offenen Wunde am Bein, ein zweiter ein schwerer Epileptiker. Als es schon abends hieß, wir sollten uns schlafen legen, wurden wir plötzlich alle aus dem Gefängnis entlassen, man gab uns Geld und Wertsachen wieder, aber nicht etwa, wie wir Narren hofften, in die Freiheit, sondern nur aus den Händen der regulären Polizei in die Klauen der Stapo.

Noch am selben Abend wurden wir in Lastautos bei strenger Kälte nach Frankfurt in die Festhalle geschafft, wo wir um elf Uhr nachts eintrafen. Eine johlende Menge empfing uns bei der Einfahrt in die Festhalle – Schmährufe, Steinwürfe, kurzum Pogromstimmung. Im Laufschritt ging es ins Innere der Halle, wo wir zuerst einen schwachen Begriff davon bekamen, was uns noch bevorstand. Gleich gegenüber dem Eingang lag auf dem Boden ein Toter. Er schien einem Herzschlag erlegen zu sein. In der großen Halle waren Tausende von Menschen in kleine Gruppen geteilt, die unter Aufsicht von SS-Leuten in schwarzer Uniform und in Zivil zum Teil exerzierten und Freiübungen machten, zum Teil auch, auf dem Boden sitzend, ausruhten und zum Teil an den in der Mitte des Saales befindlichen Tischen von Polizisten oder SA-Leuten registriert wurden. Das Exerzieren war nur als Beschäftigung gedacht für die neu Eintreffenden, solange sie nicht für die Aufnahme der Personalien und die Registrierungsarbeiten in Anspruch genommen waren. Wir hatten Glück, daß wir erst am späten Abend eintrafen, denn für andere dauerte diese Prozedur schon viele Stunden. Bei unserem Eintreffen war die Wachmannschaft offenbar bereits des Menschenschindens müde und ließ uns von unseren eigenen Genossen, die Offiziere oder Unteroffiziere gewesen waren, kommandieren, wobei sie selbst nur, Zigaretten rauchend, zusahen. Lediglich ab und zu griffen sie sich den einen oder anderen heraus, der ihnen als Objekt ihrer sadistischen Lüste geeignet schien, und dieser Arme hatte dann weiß Gott nichts zu lachen. Ich habe gesehen, wie einer mit dem Gesicht direkt an der Wand Kniebeugen machen mußte. Selbstverständlich fällt man nach hinten um. Dann stand der betreffende SS-Schnösel dahinter und schlug jedesmal mit der Reitpeitsche zu. Das wiederholte sich meiner Schätzung nach viele hundert Male, bis der Arme kaum mehr fähig war, sich auf den Beinen zu halten. Denkt euch den schlimmsten preußischen Unteroffizier und Menschenschinder in vielfacher Vergrößerung und in vielleicht 300 Exemplaren losgelassen auf ein paar tausend Juden, die wehrlos ihren Schikanen preisgegeben waren, dann habt ihr ungefähr einen Begriff von den Vorgängen in der Festhalle in Frankfurt. Denkt euch dazu das entsprechende Gebrüll, den Lärm exerzierender Kolonnen, die Schreie Geschlagener, denn es regnete Schläge, und ihr habt den Vorgeschmack dessen, was uns in den nächsten Tagen erwartete.

Ein kleines Beispiel noch für die psychische Bedrängnis. Bei einem der Juden wurde ein neuer Tallis[6] gefunden; ein anderer wurde vor die Front gerufen und sollte erklären, was damit zu tun sei. Zu diesem Zweck hatten sie einen Rabbiner herausgesucht. Er mußte den Tallis umlegen und Gebräuche verschiedener Art erklären, wobei er in gröblichster Weise beschimpft und die Erklärungen mit Hohn und Spottreden begleitet wurden. Zuletzt wurde der Tallis selbst als Schuhputztuch verwandt und zum Kehricht geworfen.

Die währenddessen weiterlaufenden Registrierungsarbeiten waren ebenfalls begleitet von den schmählichsten Schimpfreden und Beleidigungen gemeinster Art, von Schlägen und Püffen nicht zu reden. Rasiermesser, Wertsachen und Geld wurden uns abgenommen. Von den oben erwähnten 112 Mark sah ich später nur 12 Mark wieder. Meine Hausschlüssel wurden mir ebenfalls abgenommen und in den Kehricht geworfen mit der Bemerkung, ich würde doch keine Gelegenheit haben, sie jemals wieder zu benutzen. Das waren ja nette Aussichten! Wir wurden in neue Gruppen eingeteilt, so daß ich mit lauter Frankfurtern zusammen kam, neu aufgestellt, und ein Teil mußte die Festhalle sorgfältig kehren. Inzwischen war es zwei Uhr in der Nacht geworden. Ein mitleidiger SS-Mann, ich wollte sagen, ein menschlicher – denn so etwas gibt es außerhalb des Konzentrationslagers doch noch – ließ uns wenigstens austreten und den gröbsten Staub durch einen Schluck Wasser aus Mund und Kehle hinunterspülen.

Dann wurden wir gruppenweise in Omnibussen zum Südbahnhof in Frankfurt gefahren und mußten dort, immer im Laufschritt, durch eine johlende, steinewerfende Menge Spießruten laufen. Einer stellte mir ein Bein, und ich schlug der Länge nach hin. Wir wurden dort in einen ungeheizten Sonderzug mit sorgfältig verschlossenen Türen gesetzt, und nachdem der Zug gefüllt war, ging es unter Bewachung von Gendarmerie in die Nacht hinaus, einem unbekannten Ziel entgegen. Unterwegs kam der Befehl: „Mäntel ausziehen!", damit wir der Kälte besser ausgesetzt wären. Rauch- und Eßwaren hatte man uns abgenommen. In einzelnen Abteilen, in denen Gendarmen mitfuhren, wurden die Juden noch besonders schikaniert. Bald merkten wir die Richtung, als wir ohne Aufenthalt im Schnellzugstempo Erfurt und Eisenach passierten. Uns erfüllte ein panischer Schrecken, und das von allen berüchtigste Konzentrationslager Weimar-Buchenwald tauchte mit seinen Steinbrüchen vor uns auf.

Etwa um sechs Uhr am Sonntag früh hielt der Zug im Bahnhof Weimar, der Stadt Goethes, mit der für mich für alle Zeit die nun folgende Szene im Tunnel zwischen den Bahnsteigen in schrecklichster Erinnerung bleiben wird. Wir mußten abteilungsweise aus dem Zug steigen und im Laufschritt unter Schlägen mit Stahlruten und unter Stößen von Gewehrkolben den Bahnsteig entlang und die Treppe hinunter in den Tunnel rennen. Wehe dem, der hinschlug oder die Treppe hinunterfiel. Das mindeste war, daß die Nachfolgenden über ihn hinwegtrampeln mußten oder ebenfalls hinfielen und mit neuen Schlägen und Stößen wieder auf die Beine gebracht wurden. Im Tunnel selbst mußten wir uns in Reihen zu zehn hintereinander aufstellen, der Vorderste direkt mit dem Gesicht an die Wand, und die Gendarmen sorgten dafür, daß wir enggedrängt wie die Heringe standen. Die Armen, die als Hinterste in der Reihe standen, mußten Schläge und Stöße aushalten, die dazu dienten, die Reihen immer fester zusammenzudrücken. Ich stand mitten drin, zuletzt war es kaum mehr möglich, zu atmen, dazu sausten Peitschen über die entblößten Köpfe; und das unflätigste Gebrüll und die gemeinsten Redensarten, die man sich denken kann, ergossen sich über die verweifelte Menge der eingepferchten Juden. Das dauerte etwa zwei Stunden. Dann mußten wir reihenweise und immer wieder im Laufschritt durch den Tunnel weiter die Treppe hinaufrennen und in bereitstehende, mit Sitzen versehene Lastautos steigen, immer unter den entsprechenden Peitschen- und Stockhieben. In den Autos hieß es: „Hüte aufsetzen und Köpfe herunter!" Wehe dem, der sich nicht tief genug zusammenduckte. Ein Schlag mit der Peitsche oder einem Stock auf den Kopf war das mindeste. Fort ging es in höllischem Tempo durch den Wald. Nach etwa zehn Minuten Fahrt hielt der Wagen, wieder ging es im Laufschritt heraus und durch ein Tor hinein in einen großen Hof, in dem Tausende von Leidensgefährten in Zehnerreihen hintereinander angetreten standen. Wir waren im Konzentrationslager Buchenwald.

Es fällt schwer, die ersten Eindrücke zu schildern, die uns dort bestürmten. Die Schilderung von der Festhalle müßte noch um ein paar Grade heftiger und aufreizender wiederholt werden, um einigermaßen das zu treffen, was es hier zu schildern gab. Gegessen hatten wir lange nichts mehr, der Durst war eine der schlimmsten Qualen, die uns bestürmten, und diese Qual sollte uns bis zur Entlassung aus dem Lager nicht mehr verlassen. Als erstes wurden uns sämtliche Haare geschoren. Als ich mich dabei umsah, entdeckte ich, daß an einer Stelle des Platzes nicht wie in der Festhalle einer, sondern gleich vier Tote nebeneinanderlagen. Durch die im Lager befindliche Lautsprecheranlage, die so eingerichtet war, daß in jedem Lagergebäude durch Lautsprecher gehört werden konnte, was in der Zentrale befohlen wird, fragte man, ob jemand die Toten kenne, denn alle Ausweise hatte man uns in Frankfurt abgenommen. Wir erhielten dann auch sofort jeder eine Nummer auf einem Zettel, auf den wir nur unseren Namen schreiben mußten und den wir in die Tasche stecken sollten als Möglichkeit zur Identifizierung. Nach stundenlangem Warten erhielt jeder ein Stück frisches Brot und immer zehn Mann zusammen einen Becher sogenannten Kaffee. Auf jeden kam ein Schluck, ein schwacher Tropfen für den brennenden Durst.

Der ganze Tag verging im Herumstehen, mit Aufstellung von Listen, Aufnahme der Personalien und dergleichen. Wir hatten dabei Zeit, uns umzusehen und sahen auch die Leute, die bereits am Tag zuvor angekommen waren und von denen wir hörten, daß sie wie wir keinen Schlaf gehabt, aber zum großen Teil die Nacht hatten im Freien verbringen müssen, da die für uns bestimmten Baracken noch nicht fertig gebaut waren. Eine besonders große Gruppe von mehreren tausend Mann war aus Schlesien, und den ganzen Tag wurden die Schlesier aufgerufen und registriert. Hier hörte ich auch den Namen Adolf Mandowsky, ohne ihn zu sehen oder ihn gar sprechen zu können. Um einen kleinen Begriff der Menschenmenge zu geben, sei erwähnt, daß, wie wir später erfuhren, in diesen Tagen ca. 25 000 Menschen in diesem Lager versammelt waren, darunter allein ca. 16 000[7] von der Aktion des 9. November, mehrere tausend aus Österreich, die seit März hier saßen, weitere von der Juni-Aktion und außerdem die normale Belegschaft des Lagers, Arier und Juden, Berufsverbrecher in Sicherheitsverwahrung, Sittlichkeitsverbrecher, politische Gefangene, Rassenschänder und Arbeitsscheue. Außerdem saßen in Weimar im Gefängnis weitere 3000 Mann von der Aktion, ferner in den Lagern Dachau, Oranienburg, Sachsenhausen etc. und in den vielen Gefängnissen des Reiches. Es ist mir nicht möglich, auch nur annähernd die Gesamtzahl der gefangenen Juden anzugeben.[8] Jedenfalls war das Lager Buchenwald gar nicht in der Lage, diesen Ansturm an Menschen auch nur einigermaßen menschenwürdig unterzubringen oder zu verpflegen, selbst wenn der Wille dazu bestanden hätte. An dieser Stelle muß ich einfügen, daß tatsächlich Enormes geleistet wurde, um diesen Anforderungen auch nur einigermaßen gerecht zu werden, und an dieser Stelle Lob und Dank den Tausenden von österreichischen Juden sagen, die zu unseren Gunsten nicht nur auf einen Teil ihrer Ration verzichteten, sondern in den folgenden Nächten und Tagen alles daransetzten, eine Panik zu verhüten und Ruhe, Ordnung und Disziplin unter uns aufrechtzuerhalten.

Auf dem Ettersberg bei Weimar gelegen, besteht das Lager aus zwei konzentrischen Ringen, die durch einen Stacheldraht, der nachts elektrisch geladen wird, und den sogenannten Todesraum voneinander getrennt sind. Der Todesraum ist ein ca. 20 Meter breiter Ring, der sich an der Innenseite des Stacheldrahtes entlangzieht, und dessen Betreten bei Tag und Nacht durch sofortiges Erschießen geahndet wird. Zu diesem Zweck stehen um den ganzen Ring auf Wachttürmen Scharfschützen mit Maschinengewehren, die ohne Anruf jeden niederknallen, der den Todesraum betritt. Nachts ist dieser, wie überhaupt das ganze Lager, durch Hunderte von Scheinwerfern taghell erleuchtet. Das Betreten des Todesraums ist Selbstmord und wird auch von der Lagerleitung als solcher gewertet. Viele haben davon Gebrauch gemacht, und wenn man nachts zwei oder drei kurze Schläge der Maschinengewehre hörte, so durfte man sicher sein, am Morgen wieder die entsprechende Leiche im Todesraum liegen zu sehen. Der Ring ist an mehreren Stellen von scharf bewachten Toren unterbrochen, die in den Außenring führen. Das Haupttor, ein imposantes Gebäude, welches die Verwaltungsbüros enthält, ist gleichzeitig das Befehlszentrum des Lagers. Über diesem Tor prangen die Worte: „Recht oder Unrecht, mein Vaterland.“ Auf dem Dache des Torgebäudes ist ein Kranz von starken Scheinwerfern angebracht, die den auf der Innenseite davor liegenden Riesenplatz taghell erleuchten können, und außerdem steht auf dem Dach Tag und Nacht eine Wache mit Maschinengewehren. Der innen vor dem Tor liegende Platz ist der Appellplatz, geteert und mit kleinen Steinchen beworfen, gut zum Exerzieren, aber schlecht, um darauf zu sitzen. Vom Tor aus gesehen jenseits des Appellplatzes, aber immer natürlich im inneren Ring, liegen die Barakken, Wirtschaftsgebäude, Effektenkammer, Küche, Gärtnerei etc. Außerhalb des im Verhältnis zum Terrain des großen inneren Ringes kleinen Appellplatzes ist Waldboden, der durch die Feuchtigkeit der Novembertage in einen Morast verwandelt war, für den unsere Straßenschuhe ungeeignet waren. Seitlich des Appellplatzes, also im morastigen Gelände, standen bei unserer Ankunft vier Notbaracken, an einer fünften und sechsten wurde gebaut. Um den inneren Ring zieht sich der noch gewaltigere äußere Ring, der ein SS-Schulungslager enthält, ferner Werkstätten, Schneiderei, Schlosserei, Schreinerei etc., zum größten Teil mit Wald bestanden ist und seinerseits wieder tagsüber durch Postenketten bewacht wird. Nachts werden die dort arbeitenden Gefangenen in den inneren Ring zurückgezogen, ebenso die in den weiter abgelegenen Steinbrüchen unter Aufsicht von SS mit scharf geladenem Gewehr Arbeitenden.

Nachdem wir den ganzen Tag teils auf dem Appellplatz, teils im morastigen Gelände herumgestanden hatten, erhielten wir gegen Abend aus großen Tragkesseln Essen in kleine Näpfe und zwar wider Erwarten gutes Gulasch und Kartoffeln. Löffel gab es nicht, also mußte man mit den Händen essen, die seit zwei Tagen nicht gewaschen waren und entsprechend aussahen. Die Möglichkeit, etwa im Lager die Hände zu waschen, bestand nicht, und zwar für die meisten nicht nur an diesem ersten Tag nicht, sondern überhaupt für die nächsten Wochen nicht. Hierbei komme ich zur größten Qual des Lagers Buchenwald, zu dem völligen Mangel an Wasser, von dem noch öfter die Rede sein wird.

Bald nach dem Essen wurden wir in die Notbaracken getrieben, um uns zur Ruhe zu begeben. Diese Notbaracken sind wieder ein Kapitel für sich. Man stelle sich riesige, aus Tannenbrettern roh zusammengeschlagene Hütten vor, ohne genügende Lüftung mit nur wenigen schmalen Fenstern und einer kleinen Tür, die kaum für zwei Leute nebeneinander Raum bot. Im Innern bestanden diese Baracken im wesentlichen aus Fächern, wie etwa Regale eines Magazins in vier Stockwerken übereinander, die einzelnen Fächer nicht hoch genug, daß man aufrecht darin sitzen konnte, aber lang genug oder, besser, breit genug, um ausgestreckt zu liegen. Hier mußten wir uns niederlegen, ohne Strohsack, ohne Decke, auf dem blanken Holz in unseren Kleidern, wie man uns von der Straße weg gefangen hatte. Als Bedürfnisanstalt diente ein Platz direkt neben dem Todesraum, eine ausgehobene riesige Grube mit einer Stange darüber, also eine Latrine recht zweifelhafter Qualität, alles notdürftig und in Eile hergestellt. Auch diese Latrine durfte nur vor Schließung der Baracke benutzt werden, nachher war es bei Todesstrafe verboten, die Baracke während der Nacht zu verlassen.

Ich kletterte gleich in den obersten Stock der Baracke, wo man wenigstens aufrecht sitzen konnte, und legte mich, schon ziemlich eng eingekeilt, zwischen andere nieder, todmüde, doch an Schlaf war nicht zu denken. Das harte Lager, der Durst, der Staub und der Lärm verscheuchten den Schlaf. Kaum lagen wir, als erneut Kolonnen unserer Leidensgenossen in die Baracke hineingepreßt wurden und unter allen Umständen noch einen Liegeplatz haben mußten. Auf dem Rücken liegen wurde zur Unmöglichkeit. Wo nicht freiwillig Platz geschaffen wurde dadurch, daß jeder sich, eng wie die Heringe liegend, auf die Seite drehte, half die Peitsche nach. Bald wurde auch das Liegen zur Qual. Man wußte nicht, wohin mit den Armen, man konnte sich nicht drehen, die Luft wurde zum Ersticken, der Lärm unerträglich.

Und dann trat eine neue allgemeine Qual auf. Ein großer Teil der Gefangenen, sicher weit über die Hälfte, bekam plötzlich Durchfall. Aufstehen oder hinausgehen durfte keiner. Stöhnen der von Leibschmerzen Geplagten erfüllte den Raum, und bald darauf ein schier unerträglicher Gestank von denen, die es gepackt hatte und die nicht anders konnten, als ihre Notdurft an Ort und Stelle und in die Hose zu verrichten. Sei es, daß ich das frische Brot verschmäht hatte und es erst am nächsten Tag trocken aß, sei es aus anderen Gründen, mich jedenfalls hat diese Seuche verschont. Die Verzweiflung der Armen wuchs in dieser Nacht ins Ungemessene. Gellende Schreie tönten durch den Raum von denen, die, ihrer Nerven nicht mehr Herr, Tieren gleich, ihrem Schmerz Ausdruck verliehen; hier und da sprang einer auf und suchte aus der Baracke zu entfliehen. Nur wenige derer, die dies versuchten, konnten mit Gewalt zurückgehalten werden. Und jedesmal spielte sich, nur unserem Ohr vernehmbar, folgendes ab: Erst ein Hasten um die Baracke, Angstschreie eines Verfolgten, Schmerzensschreie eines Geschlagenen, wilder und wilder und dann langsam schwächer und schwächer werdend, bis sie schließlich in einem Wimmern erstarben. Wir nahmen an, daß alle, deren Schreie wir so hörten, den Tod fanden, und ich weiß bis heute noch nicht, ob dies nicht auch zugetroffen ist. Später hörten wir von Kameraden, die in der Nähe der Türen und Fenster lagen, daß andere mit Gewalt ins Freie geschleppt wurden, denen es dann nicht anders erging. In dieser Nacht haben sich manche in selbstmörderischer Absicht von dem höchsten Stock des Regals heruntergestürzt, wieder andere haben angefangen, laut zu beten, zu weinen, Reden zu halten und alle aufzufordern, wenigstens gemeinsam in den Tod zu gehen. Peer Gynts Tollhausszene kam mir in den Sinn, aber das Grauen war nichts gegen das, was in dieser Nacht an uns herantrat.

Vor dem Niederlegen war uns gesagt worden, daß jeder, der im Besitz eines Feuerzeugs angetroffen würde, mit sofortigem Erschießen bestraft wird. Im Fall eines Brandes könne, da kein Wasser vorhanden sei, nur mit den Maschinengewehren gelöscht werden, und wir gaben uns keiner Täuschung darüber hin, daß diese Drohung keine leere war. Und nun stand in dieser Nacht einer auf, der von allen guten Geistern verlassen war, verließ die Baracke und raste draußen herum, aus Leibeskräften schreiend: „Heraus Kameraden, heraus! Ihr seid verloren, sie stecken uns die Baracken an!" Neben mir lag ein Junge von 17 Jahren, der mit anderen aus einer oberschlesischen Hachschara vertrieben worden war. Er sprang auf und mit ihm viele andere. Mit festem Griff zog ich ihn auf sein Lager zurück, und es gelang mir, ihn zu beruhigen. So oder so, wir sind in der Hand der Philister, der Tod durch die Flammen oder die Kugel des Maschinengewehrs kann uns gleich gelten, aber jetzt eine Panik von über 2000 Menschen in einem Raum, dessen Tür nur zwei zugleich hinausläßt und das in einen sicheren Tod, wäre die größte Dummheit und sicherer Untergang gewesen. Die Gefahr einer Panik war in diesem Augenblick die allergrößte, und es war hier nur den Beherzten unter uns und den Wiener Juden, die im Inneren der Baracke die Aufsicht führten, zu danken, daß nicht größeres Unheil eingetreten ist.

Auch diese Nacht ging zu Ende. Am Morgen traten wir hinaus, und jetzt erst ergab sich, in welche Hölle wir geraten waren. Um die Latrine standen Hunderte und versuchten, ihre Wäsche und Kleider zu reinigen. Kein Wasser, kein Tropfen Wasser, um sich von dem eigenen Kot zu befreien. Kein Tier lebt, ohne sich zu reinigen, und uns fehlte hierzu das Allernotwendigste. Kopf an Kopf standen die Tausende von Juden bis zu den Knöcheln im Morast, verschmutzt, übernächtigt, ein Bild des Jammers – Ärzte, Anwälte, Gelehrte, Menschen höchsten Bildungsgrades, schlimmer behandelt als das schlechteste Vieh. Dabei waren Kranke darunter, um die wir fürchteten. Ärztliche Hilfe gab es nicht, Medikamente gab es nicht, es gab doch nicht einmal Wasser, um den brennenden Durst zu löschen, den diese Hölle ausgelöst hatte. – An diesem Morgen traf ich auf eine Gruppe von Freunden und Landsleuten. Jacob Oppenheimer, Fritz Marx (Sonnenbergerstraße), Berthold Guthmann[9], Max Liebmann, Paul Rothbart, und da mitten im Morast, mitten im Gedränge lag einer am Boden, Dr. Fackenheim. Wir Wiesbadener stellten uns um ihn, um zu verhüten, daß einer ihn träte, und die einzige Hilfe, die ich ihm bringen konnte, war eine Flasche Mundwasser, die ich in der Tasche hatte, eine Erholung, damit die ausgedörrten Lippen zu benetzen, den Duft nach Pfefferminz einzuatmen. Sofort streckten sich mir rundum Hände entgegen, die auch einige Tropfen des köstlichen Naß ergattern wollten. Ich teilte aus, bis nur noch wenige Tropfen in der Flasche waren, die ich vorsorglicherweise für noch dringendere Fälle aufsparen wollte.

Dann kam der Befehl zum Antreten. Wir nahmen den durch Durchfall geschwächten Arzt Dr. Fackenheim unter die Arme, Jacob Oppenheimer rechts, ich links, und so traten wir an. Langsam erholte sich der gute Doktor und konnte wenigstens wieder allein stehen, und wir standen lange. Stunden und Stunden ertönte nur das Kommando „Richtung Vordermann". Zu Tausenden standen wir da, in aufgeschlossener Reihe, hier und da fiel einer zusammen, entkräftet vom Durchfall, vom Hunger, vom Durst und von schlafloser Nacht. „Ein Arzt", tönte es von Mund zu Mund, und der gute Dr. Fackenheim, der sich selbst kaum auf den Beinen halten konnte, lief mit den letzten Tropfen meiner Mundwasserflasche als einziger Erquickung, als einziges Medikament hierhin und dorthin, bis ihm auch dieses barsch verboten wurde. So standen wir vier Stunden, und dann kam der Befehl „Hinsetzen", und wir saßen, in Reih und Glied ausgerichtet, mit angezogenen Beinen weitere vier Stunden in unseren Zivilkleidern auf dem körnigen Boden des Appellplatzes, von niemandem begünstigt als vom Wetter, denn die Sonne schien. In diesen vier Stunden gab es Speise und Trank. Das Essen war gut. Diesmal bekamen wir sogar Löffel, das Trinken war aber viel zu wenig und reichte nicht aus, auch nur den schlimmsten Durst zu löschen. Austreten durfte niemand. Der Durchfall wütete noch immer, und Fackenheim neben mir mußte stöhnend tun, was er nicht lassen konnte. Da kam einer wie ein Schlafwandler durch die Reihen und setzte sich neben mich, mitten zwischen die ausgerichteten Reihen. Es war Julius Kahn, ein Mann von über 60 Jahren, der bereits vor längerer Zeit durch eine schwere Krankheit gegangen war, und der mich inständig bat, mit ihm ans Tor zu kommen. Seine Frau sei draußen mit dem Auto und wolle ihn holen. Der Alte war nicht mehr bei sich, er wußte nicht, daß keine Zivilperson in die Nähe des Tors gelangen konnte, sondern viele Kilometer weiter draußen hätte warten müssen. Er sprach irre. Mit großer Mühe veranlaßten wir ihn, auf seinen Platz zurückzukehren, auf dem Weg dorthin fiel er einem SS-Mann in die Hände, und wir sahen, wie der alte irre Mann von dem jungen Schnösel eine furchtbare Ohrfeige bezog. Ich habe ihn nicht wiedergesehen, er ist wenige Tage danach im Lager gestorben. Auch dieser Tag ging vorüber, wieder ging es zurück in die Notbaracken, und wieder folgte eine Nacht wie die erste, wenn auch nicht ganz so aufregend, so doch nicht weniger qualvoll.

Neue Gefangene waren eingetroffen, darunter eine Gruppe von der Bergstraße mit einem Knaben von 12 Jahren. Leute, die von Haus und Hof vertrieben worden waren. An diesem zweiten Morgen kam der Befehl zum Antreten nur für die Frankfurter. Der Lagerleiter, ein Mann mit dem Blutorden, hielt uns folgende Rede: „Es will das Gerücht nicht schweigen, daß ihr hier schlecht untergebracht seid. Ich will euch besser unterbringen." Und nun wurden ca. 1000 Mann unserer Gruppe, darunter auch ich, abgesondert und eingekleidet. Es war eine Wohltat, die verschmutzten Zivilkleider ausziehen zu dürfen, die uns abgenommen wurden. Wir bekamen Militärstiefel, Strümpfe, leinene Unterwäsche und einen gestreiften Häftlingsanzug mit Mütze und wurden aus den Notbaracken herausgeholt und in den ordnungsgemäßen Lagerbaracken untergebracht. Aber nur etwa tausend Mann, die vielen anderen tausend blieben in den Notbaracken, blieben in ihren verschmutzten Zivilkleidern, und wenn auch, wie mir erzählt wurde, langsam etwas mehr Ordnung in ihr Leben kam, so blieben sie doch die ganze Zeit ohne Waschwasser und ohne die Möglichkeit, auch

nur die dringendsten Reinlichkeitsbedürfnisse zu befriedigen. Wir Einge-
kleideten konnten nicht mehr mit ihnen sprechen, ein Drahtzaun trennte
uns von ihnen. Wir sahen sie nur täglich am Drahtzaun stehen, von Tag zu
Tag mehr verwahrlost, mit wachsenden Bärten, ein furchtbares Bild, und die
Wut über diese Gemeinheit, die aus Menschen Tiere machte, ließ uns die
Faust in der Tasche ballen. Unser Los, das der Eingekleideten, hatte sich
gewandelt. Wir bekamen jeder einen Strohsack oder auch zu dritt zwei
Strohsäcke, jeder zwei Decken, und unser Leben spielte sich von nun an in
mehr militärischen Formen ab. Wenn auch mit vielen Schikanen und Rohei-
ten von seiten unserer direkten Vorgesetzten, Blockältesten, die selbst
arische Gefangene waren, und von seiten der SS, der Herren und Tyrannen
des Lagers. Laßt mich schweigen von den beleidigenden Reden, die man für
uns übrig hatte, von den Strafen, die für geringe Vergehen verhängt wurden,
für die geringste Insubordination, für ein paar Worte. Einen Tag mit dem
Gesicht an die Wand gekehrt zu stehen, mag lästig sein, mit erhoben
angebundenen Armen an der Wand zu stehen, ist eine Tortur, die schon der
Inquisition bekannt war. Die Prügelstrafe in allen Abstufungen ist ein
täglich geübter Brauch. Der Arme, der auf einen Bock geschnallt, sich mit
einer langen Stange 25 Schläge auf das entblößte Hinterteil gefallen lassen
muß, kann wochenlang weder sitzen noch liegen, und das ist noch nicht die
schwerste Strafe. Ich habe einer solchen Exekution öfter zusehen müssen,
und ich werde auch das niemals vergessen.

Die Tage vergingen und keiner wußte, was mit uns geschieht. Keiner
wußte, was draußen mit Frau und Kind geschah. Langsam stellte sich eine
Haftpsychose ein, und es war immer wieder notwendig, diesem oder jenem
gut zuzureden, um ihn vor der Verzweiflung zu bewahren. Wenn wir unsere
Leidensgenossen aus den Notbaracken sahen, wie sie langsam verkamen,
ohne Kragen, ohne Hemd, bärtig, schmutzig herumstanden, dann schien
uns unser Los noch das bessere, denn wir konnten uns wenigstens jetzt fast
täglich einmal Gesicht und Hände waschen und hatten ein geregeltes Leben,
wenn auch kein angenehmes. Morgens um fünf Uhr wurden wir geweckt.
Anziehen, Bettenbauen, Kaffeefassen und gelegentlich Waschen, nämlich,
wenn Wasser da war, spielte sich innerhalb der Baracke ab, deren Tagesraum
geheizt war. Dann um sechs Uhr auf dem Appellplatz antreten. In dem
dünnen Zeug in Regen und Morgennebel eine Sache, an die man sich erst
gewöhnen mußte. Von sieben bis elf exerzieren, gelegentlich auch arbeiten,
aber nicht schwer, dann Essen fassen vor der Baracke im Freien, dann eine
Stunde Pause, in der man tat, was man wollte, dann wieder drei Stunden
exerzieren, Freiübungen etc. Um fünf Uhr allgemeiner Appell, dann ein
meistens allerdings sehr dürftiges Abendbrot in Form eines kleinen Stückchens Käse oder Wurst, im Inneren der Baracke eingenommen. Dann noch
bis etwa acht Uhr eine Freistunde, in der man gesellig im Tagesraum der
Baracke sitzen konnte, soweit die Sitzgelegenheiten ausreichen. Hier konnten wir sogar rasiert werden.

Dieser Bericht würde nie ein Ende nehmen, wenn ich die vielen kleinen
und größeren Quälereien mitteilen wollte, denen wir ausgesetzt waren, so
z. B. daß man uns zur Strafe für schlecht gemachte Betten eine ganze Nacht
lang vor den Betten stehen ließ und nicht schlafen, sondern in dieser Nacht
Betten bauen ließ. Einer ging herum und zerstörte immer wieder das
gemachte Bett, damit es neu gemacht werden konnte. Die alten Griechen
müssen derartige Strafen auch schon gekannt haben, jedenfalls kann mir
heute keiner mehr erzählen, wie das mit Tantalus oder Sisyphus gewesen ist,
noch wie es in Ägypten oder Spanien war.[10] Ich habe alles selber kennengelernt. Am schlimmsten waren die Nächte, in denen ich nicht schlafen
konnte. Ich wußte doch nicht, ist Maas über die Grenze entkommen, was ist
bei mir im Betrieb geschehen; ich hatte die Vorstellung, daß mir irgend etwas
angehängt wird und daß ich, sei es als Geisel oder aus anderen Gründen,
lebend überhaupt nicht mehr aus dieser Hölle herauskäme.

Langsam begannen die Entlassungen: zuerst Leute über 60 und unter 18
Jahren, und Leute, die ihre Auswanderungspapiere fertig hatten oder in
Kürze nach Stuttgart zum amerikanischen Konsulat bestellt waren. Wir aber
saßen und saßen. *[Ende des Fragments.]*

1 Ernst vom Rath, Sekretär an der Deutschen Botschaft in Paris, wurde am 7. November
   1938 von dem siebzehnjährigen Herschel Grynszpan angeschossen und starb zwei Tage
   darauf. Grynszpans Eltern gehörten zu den Ende Oktober aus Deutschland gewaltsam
   ausgewiesenen polnischen Juden. Der Tod vom Raths diente als Vorwand für das
   Pogrom vom 9./10. November 1938.

2 Die Deutsche Arbeitsfront war die nationalsozialistische Pflichtorganisation für Arbeitgeber und Arbeitnehmer. Ihre Betriebswalter fungierten als Vertrauensleute; in den
   Betrieben, in jüdischen Firmen waren sie oft Spitzel und Instrumente der „Arisierung".

3 Dr. Bernhard Rosenthal (1881–1938) leitete die Gynäkologische Abteilung des Israelitischen Krankenhauses in Frankfurt a. M.

4 Im Zusammenhang mit der Schließung und Auflösung der Bne-Briss-Logen und der
   Beschlagnahme ihres Vermögens im April 1937 wurden einzelne Logenpräsidenten
   vorübergehend inhaftiert.

5 Dr. Max Liebmann war Vorstandsmitglied der Israelitischen Kultusgemeinde Wiesbaden und emigrierte später nach London.

6 Gebetsmantel.

7 Diese Zahl ist zu hoch. Von den während des Pogroms Verhafteten wurden (nach
   Kogon) 9815 in Buchenwald inhaftiert, wo sich bereits ca. 900 Juden befanden, die im
   Juni 1938 als sogenannte Asoziale verhaftet wurden.

8 Die genaue Zahl ist unbekannt, es wird heute geschätzt, daß 26 000–35 000 Personen
   während des Pogroms verhaftet wurden.

9 Berthold Guthmann, Rechtsanwalt und CV-Vorsitzender in Wiesbaden, war der letzte
   Vorsitzende der Jüdischen Gemeinde, bis er 1943 aus Wiesbaden nach Theresienstadt
   deportiert und in Auschwitz ermordet wurde.

10 Anspielung auf die Knechtschaft der Juden im alten Ägypten und auf ihre Verfolgung
   durch die spanische Inquisition im 15. Jahrhundert.

44 Alfred Schwerin

geb. 1892 Buchen (Baden) – gest. 1977 Cincinnati (Ohio)

Alfred Schwerin, Erinnerungen von Dachau bis Basel. Ms. datiert Basel 1944, 236 S. – Anhang: Briefe aus Gurs an den Autor, 20 S.

Alfred Schwerin, Sohn des Lehrers der jüdischen Gemeinde Buchen (Odenwald), lernt in der Frankfurter Lederhandlung Schiff. Im Ersten Weltkrieg wird er als Frontsoldat mehrfach verwundet. Bis 1923 ist er Angestellter der Firma Schiff, dann heiratet Alfred Schwerin, läßt sich als Ledervertreter in Pirmasens nieder und lebt ab 1937 als Witwer allein mit seiner Tochter. Während des Pogroms wird er im November 1938 verhaftet und in das Lager Dachau gebracht. Nach seiner Entlassung übernimmt er das Amt des Gemeindesekretärs der Jüdischen Gemeinde Pirmasens. Im Frühjahr 1939 kann seine zehnjährige Tochter mit einem Kindertransport nach Frankreich emigrieren. Bei Kriegsbeginn werden die Juden aus dem grenznahen Pirmasens evakuiert, und Schwerin führt sein Amt von Ludwigshafen aus weiter. Im März 1940 wird er von einem Gestapobeamten illegal über die Grenze in die Schweiz abgeschoben. 1940 bis 1948 lebt er in Basel und emigriert dann mit seiner Tochter in die USA. Er läßt sich in Cincinnati nieder, wo er im Büro einer Schuhfirma arbeitet.

In Dachau befanden sich unter uns Pfälzern in Block 18 eine kleine Anzahl Österreicher. Von ihnen vernahm ich zum erstenmal den in Österreich für die Reichsdeutschen gebräuchlichen Spott- und Schimpfnamen „Piefke", ausgerechnet angewandt im Konzentrationslager Dachau gegen ihre jüdischen Glaubensgenossen aus dem Altreich. Meist fiel der gehässig gebrauchte Ausdruck während des Exerzierens. Wir gerieten dabei oft deshalb durcheinander, weil die Österreicher keinen Gleichschritt hielten, wodurch einerseits sehr schwer zu marschieren war, andererseits aber die Gefahr bestand, daß wir vom Blockältesten oder von der aufsichtführenden SS schikaniert würden. Wir ärgerten uns über die Österreicher, die sich wiederum über uns empörten, weil wir nach ihrer Meinung die preußischen Militaristen spielten, was uns aber ganz fernlag.

Während, wie gesagt, dieser betonte Gegensatz zwischen Deutschen und Österreichern unter Juden in solcher Lage für mich die erstaunlichste und unfaßbarste Tatsache bildete, erschienen mir die Diebstähle von Brot und anderen Lebensmitteln als das Widerwärtigste innerhalb unserer Notgemeinschaft. Sicher sind unter Tausenden von Menschen stets einige verkommene Subjekte, die sich durch nichts in ihren von Geburt an selbstsüchtigen oder gar verbrecherischen Neigungen und Handlungen stören lassen. Trotzdem war es aber für alle Beteiligten eine abstoßende und peinliche Angelegenheit, sich gezwungen zu sehen, das bißchen Brot, Kunsthonig oder was man sonst noch in der Kantine erstanden hatte, des Nachts im Stroh seines Schlafplatzes in Sicherheit bringen zu müssen, wenn man die Sachen am nächsten Morgen nicht vergeblich in seinem unverschließbaren Kasten suchen wollte.

Diese Diebstähle waren etwas, dem unsere arischen Block- und Stubenältesten verständnislos, ja empört gegenüberstanden und das uns viel Sympathie und bei manchem jede Achtung kostete. Sie, die arischen Häftlinge, die ihrer politischen Überzeugung wegen seit Jahren hier waren, die wußten, weshalb sie durchhielten und die Zähne zusammenbissen, bildeten eine geistige und kameradschaftliche Elite, die eine gemeinsame Idee, ein gemeinsames Ziel zusammenhielt, in der einer für den anderen einstand und mit dem Kampfgenossen das Letzte teilte. Daß, wie ich es selbst erlebte, sich einer von uns aus Geiz weigerte, einem anderen eine Briefmarke für den Brief an seine Angehörigen vorzustrecken, erschien ihnen mit Recht unfaßbar. Sie glaubten eben, das Judesein bedeute für uns das gleiche einigende Band, wie sie ihr Bekenntnis zum Sozialismus oder Kommunismus auf Gedeih und Verderb zusammenschloß. Das war aber hinsichtlich des Großteils der damaligen deutschen und österreichischen Juden eine in jeder Beziehung falsche Voraussetzung, schon deshalb, weil viele von ihnen zur jüdischen Religion und zur jüdischen Gemeinschaft gar keine innere und äußere Beziehung mehr hatten und erst durch Hitler und den Nationalsozialismus – oft sehr gegen ihren Willen und ihre Überzeugung – gewaltsam dahin zurückgeführt wurden.

Durch diese Diebstähle, durch den allabendlichen Streit um die Decken sowie durch ähnliche Vorfälle steigerte sich unser Blockältester oft zu einer solchen Wut, daß er uns ungerechterweise allesamt Lumpen und Verbrecher schimpfte und manchmal wie einer von der SS auf einzelne Leute einschlug. Das ging sogar so weit, daß er aus dem geringsten Anlaß mit uns strafexerzierte oder uns, wenn alle anderen Blocks schon eingerückt waren, noch im Regen vor der Baracke in der Kniebeuge sitzen ließ. Wenn nicht unser Stubenältester manchmal dazwischengetreten wäre und ihm bedeutet hätte, daß er seine Mitgefangenen nicht derart behandeln dürfe, hätte es ab und zu gefährlich werden können. Allerdings ist ihm zugute zu halten, daß er, wie viele der seit 1933 Inhaftierten, am Rande seiner Nerven war und bestimmt den sogenannten Lagerkoller hatte. Außerdem wartete er schon seit Wochen auf die ihm versprochene Entlassung und befand sich dadurch in einer kaum mehr erträglichen Spannung. Andererseits besaß er die außerordentliche Anständigkeit, einem unserer orthodoxen Rabbiner, der, wenn es Schweinefleisch gab, nie etwas essen wollte, jedesmal Brot und Butter aus seinem Vorrat geradezu aufzudrängen und nicht nachzugeben, bis der fromme Mann einigermaßen satt war.

Hervorragend bewährte sich unser Stubenältester. Ich weiß nicht, war er

Sozialdemokrat oder Kommunist. Auf jeden Fall befand er sich seit 1933 in Haft. Dieser vorbildliche Mensch und Kamerad kam viele Abende nach halb neun Uhr, wenn das Licht gelöscht war und wir auf unserem Stroh lagen, trotz des bestehenden Verbots auf eigenes Risiko zu uns in die Stube, gab uns Ratschläge für unser Verhalten, machte uns auf wichtige Dinge aufmerksam, tröstete uns und richtete die Hoffnungslosen auf. Er war ein einfacher Arbeiter und wohl ein kleiner Parteifunktionär, aber ein Mensch mit einer so festen und aufrechten Gesinnung, von so klarem Verstand und einem solch edlen Charakter, wie wenige anzutreffen sind. Leider ist mir sein Name entfallen.

Unheimlich, wenn man nachts aus dem Schlaf gestört wird und mitten in dem durch die Außenbeleuchtung und das Kreisen der Scheinwerfer halbdunklen Raum sich eine Gestalt aufrichtet, die, durch all das Erlebte geistig verwirrt, mit monotoner Stimme den Kaddisch zu sprechen beginnt, jenes Gebet, das gläubige Juden im Gedanken an verstorbene Angehörige alljährlich an deren Todestag verrichten. Oder wenn sich im Waschraum ein Verzweifelter aufgehängt hat – der laut strenger Verordnung von uns weder an seinem Vorhaben gehindert noch von uns nach eingetretenem Tod abgenommen werden durfte – und von Baracke zu Baracke durch die weite Stille der Ruf der Blockältesten ertönt, um die Wache am Lagereingang zu benachrichtigen. Auf andere Weise ist das nicht möglich, weil es kein Telefon gibt, und weil auf jeden, der die Baracke während der Nacht verläßt, ohne weiteres geschossen wird. Mancher, dem das Leben hier zur unerträglichen Last wurde, benutzte das Verbot, um mit sich Schluß zu machen, indem er aus der Baracke heraus in das Feuer der Maschinengewehrtürme lief.

[Nach fünf Wochen wird Alfred Schwerin aus Dachau entlassen.]

Dachau und die Erlebnisse vor und nach diesem Ereignis hatten mir mit außerordentlicher Eindringlichkeit zum Bewußtsein gebracht, daß es nun höchste Zeit sei, Deutschland den Rücken zu kehren. Vor allem mußte meine Tochter Ellen heraus, wenn anders sich für uns beide keine Möglichkeit fand, gemeinsam ins Ausland zu gehen.

Bis zum Jahre 1937 hatte ich mich nie ernsthaft mit diesem Problem befaßt. Dem lagen verschiedene Ursachen zugrunde. In erster Linie besaß ich weder Verwandte noch Freunde im Ausland, die mir hätten behilflich sein können. Ferner wurde seit 1933 von den maßgebenden jüdischen Stellen immer wieder die Forderung aufgestellt, daß man, solange man noch eine Verdienst- und Existenzmöglichkeit habe, zurückstehen und der Jugend sowie jenen Glaubensgenossen den Vortritt lassen solle, die aus politischen oder wirtschaftlichen Motiven unbedingt aus dem Reich verschwinden mußten. Im Jahre 1937 gewann ich aber immer mehr die Überzeugung, es sei das beste, möglichst rasch den immer ungastlicher werdenden Boden zu verlassen. Da ich einerseits jedoch keinen legalen Weg vor mir sah, andererseits wiederum mich scheute, mit Ellen illegal zu flüchten, meldete ich das Kind für einen Kindertransport nach Amerika an, um es auf diese Weise aus der Gefahrenzone herauszubringen. Dieser Schritt fiel mir keineswegs leicht. Auch Ellen konnte sich anfänglich nicht mit dem Gedanken befreunden. Erst die Schwere der folgenden Ereignisse hatte bei ihr eine allmähliche Sinnesänderung bewirkt. Doch die Zeit verging, und von einem Transport war nichts zu sehen. Amerika verhielt sich genau wie alle die anderen großen Länder, die über ungeheure Siedlungsräume und über genügend Mittel verfügten, um allen Unglücklichen zu helfen und sie zu retten. Ja, es kam sogar so, daß, je mehr der nationalsozialistische Druck gegen die inneren Gegner und die Juden zunahm, je mehr man sie verfolgte, man desto hermetischer die Pforten verschloß, an die jene verzweifelt pochten. [...]

Nach meiner Rückkehr aus Dachau bestimmten mich noch andere als die erwähnten Gründe, in aller Eile für Ellens Ausreise zu sorgen. Ich merkte nämlich von Tag zu Tag mehr, wie sehr das Kind unter den Verhältnissen litt und wie sich sein Gemüt verdüsterte. Ein Vorfall war besonders bezeichnend. Eines Abends stand ich bereit, in den zweiten Stock hinaufzusteigen, um mich mit den Leuten droben noch etwas zu unterhalten. Zum erstenmal erhob Ellen Einspruch und bat: „Geh nicht hinauf, bleib bei mir!" Niemals hatte sie das getan, immer war sie ruhig eingeschlafen, wenn ich zu einem Besuch wegging. Der ungewohnte Ton und der ernste Gesichtsausdruck machten mich stutzig. Da sie mir nicht gestehen wollte, weshalb ich sie nicht allein lassen sollte, blieb ich da und legte mich ebenfalls zu Bett, worüber sie sich sehr glücklich zeigte. „Nun sage mir auch den Grund, warum ich nicht weggehen sollte", forschte ich. Sie gab mir keine direkte Antwort, sondern sagte, indem sie starr gegen die Zimmerdecke blickte: „Wenn wir sterben, wollen wir zusammen sterben!" Mir stockte einen Augenblick der Atem. Neun Jahre und zehn Monate war dieses Kind alt! Dann sprach ich zu ihr: „Nicht an das Sterben, an das Leben müssen wir denken, Ellen! Das wäre den anderen gerade so recht, wenn wir verzweifelten und uns selbst aufgäben. Nein, wir müssen alle unsere Kräfte sammeln und stark bleiben und Vertrauen zu uns selber haben. Das sind wir uns schuldig und allen denen, die mit uns in einer Reihe stehen. Wenn wir das so machen, wird es schon irgendwie gut gehen. Und der liebe Gott ist ja auch noch da. Habe ich es im letzten Krieg nicht immer gewußt, daß ich wieder heimkäme? Sagte ich dir nicht meine Rückkehr aus Dachau voraus? Du wirst jetzt bald mit einem Transport irgendwohin in ein anderes Land gehen. Vielleicht gibt es dann wieder Krieg, und wir bleiben Jahre hindurch getrennt. Ganz gleich wie es kommt, glaube daran, wir werden uns wiedersehen! Und dann wird es wieder besser werden. Nicht sterben wollen wir zusammen, sondern wir wollen zusammen gemeinsam das Leben meistern!" „Glaubst du, Papa, daß der Transport bald gehen wird?" „Sicher Kind!" „Ach, ich wäre ja so froh!"

Ihre Einstellung zur Auswanderung hatte sich gründlich geändert. Jetzt konnte sie es kaum erwarten, bis sie fortkam.

Ein paar Tage nach diesem Zwiegespräch fragte die jüdische Hilfsstelle in Ludwigshafen an, ob ich damit einverstanden sei, daß Ellen einem Transport nach Frankreich oder Holland zugeteilt würde. Ich bejahte selbstverständlich, denn meine Parole hieß ohne jede Einschränkung: Raus um jeden Preis! Und dann, am 4. März 1939, erreichte uns das bedeutungsvolle Schriftstück, in dem stand, daß die Ausreise nach Frankreich für den 8. März vorgesehen sei. Ellen hüpfte vor Freude hoch, als ich es ihr vorlas. Eine liebe christliche Bekannte ließ es sich nicht nehmen, Kleider und Wäsche des Kindes in Ordnung zu bringen. Hierauf machte ich noch mit Ellen zusammen die nötigen Einkäufe. [...]

Am nächsten Morgen trug uns die Bahn nach Kaiserslautern. Der Schnellzug aus Ludwigshafen, mit dem die anderen kamen, traf erst in zwei Stunden ein. So blieb uns noch viel Zeit, und wir gingen plaudernd in der Bahnhofshalle auf und ab, denn der Zutritt zu den Wartesälen war den Juden verboten. Später saß Ellen neben mir auf dem Koffer, und ich sah, wie sie ernst und blaß vor sich hin grübelte. Unvermittelt sagte sie plötzlich: „Papa, wenn du die zehn Mark brauchst, die du mir als Reisegeld gabst – mehr mitzugeben erlaubten die Devisenbestimmungen nicht –, dann nimm sie wieder. Ich brauche sie nicht!" Der gute Kerl machte sich Sorgen, weil ich nach seinen Begriffen so viel Geld für Neuanschaffungen ausgegeben hatte. „Nein, Kind, behalt' die paar Mark. Ich habe sie wirklich nicht nötig. Aber weißt du, jetzt hätten wir beinahe den Segen vergessen! Komm, wir gehen dort hinten in die Ecke, wo der Wiegeautomat steht, da fallen wir nicht auf." „Ach, ja!" Sie sprang auf, und wir gingen miteinander an die bezeichnete Stelle. Dort legte ich die Hände auf ihren Kopf und sprach leise den uralten jüdischen Segen: „Gott segne dich wie Sara, Rebekka, Rahel und Lea!" Dann küßte ich sie. „Jetzt wird es mir immer gut gehen!" frohlockte Ellen und sah mich mit leuchtenden Augen an.

Endlich standen wir auf dem Bahnsteig. Wir schauten schweigend in die Richtung, aus der der Zug heranbrauste. Ich wagte nicht, ein Wort zu sprechen. Als aber der Zug schon ganz nahe war, drehte sich Ellen mit einem entschlossenen Ruck zu mir und rief lachend: „Aber Papa, sag mir doch adieu!" Ich wußte und merkte, mit welch unglaublicher Energie sie dieses Lächeln hervorzwang, und es würgte mich in der Kehle. Aber ich lächelte auch, küßte sie und sagte: „Leb wohl, Kind, bleib gesund und auf Wiedersehen!" Ellen küßte mich wieder, reichte mir noch einmal die Hand und bestieg dann den Zug. Sie stand einige Augenblicke am Fenster und schaute auf mich. Plötzlich wandte sie sich um und verschwand im Hintergrund. Mit ihrer Beherrschung war es zu Ende. Gleich darauf fuhr der Zug ab, und ich kehrte allein nach Pirmasens zurück.

[Alfred Schwerin wird im Frühjahr 1939 Sekretär der Jüdischen Gemeinde Pirmasens.]

Der Gemeindevorsteher Karl Hahn und ich arbeiteten in unserem Büro täglich außer Samstag und Sonntag von früh halb neun bis nachmittags sechs. Häufig wurde es auch viel später, denn es gab mehr als genug Beschäftigung. Als der einzigen Stelle, bei der sich die Glaubensgenossen des Stadt- und Landbezirks Auskunft und Unterstützung holen konnten, drängten sich in dem kleinen Raum oftmals die Rat- und Hilfesuchenden.[1] Alle neuen Judenerlasse erhielten wir entweder direkt von den Behörden und der Geheimen Staatspolizei, oder sie kamen zu uns über die vom Regime in Berlin geschaffene Dachorganisation, die Reichsvereinigung der Juden in Deutschland. Diese war für die richtige Weitergabe und Durchführung der Judengesetze in erster Linie verantwortlich und unterstand der besonderen Kontrolle der Gestapo.

Die Reichsvereinigung organisierte vor allem die Auswanderung, ferner die Unterstützung der ständig wachsenden Zahl der Mittellosen und sorgte für die kulturellen Belange. Unter anderem ließ sie in den großen Städten durch die brotlos gewordenen jüdischen Künstler regelmäßig Theateraufführungen und Konzerte veranstalten und stellte für die Provinz entsprechende Wandertruppen zusammen.[2] Der Besuch der staatlichen wie der städtischen Kunststätten war nämlich Juden im ganzen Reichsgebiet untersagt. Auch wissenschaftliche Vorträge über aktuelle Themen, wie die Einwanderungsmöglichkeit in verschiedene Länder oder die augenblickliche Lage in Palästina, kamen auf solche Weise zustande. Bei all diesen Veranstaltungen durfte nur über jüdische Dinge gesprochen werden und sollten nur Dichtungen und Musik jüdischer Autoren dargeboten werden. Ungern gestattete man die Wiedergabe „arischer" Kunst, selbst wenn es sich um einen rein jüdischen Stoff handelte. Jedes Programm bedurfte der ausdrücklichen Genehmigung des zuständigen Dezernenten bei der Reichsregierung, Hans Hinkel[3], dem Vorsitzenden der Überwachungszentrale. Das Programm mußte außerdem jeweils der betreffenden Ortspolizei eingereicht werden, die meist einen oder zwei Kriminalbeamte zur Beaufsichtigung der Darbietungen abkommandierte.

Da beim Novemberpogrom viele Bücher und Unterlagen vernichtet worden waren, blieb uns nichts anderes übrig, als den ganzen Verwaltungsapparat neu aufzubauen. Die Unterstützung der Bedürftigen war zu organisieren, für den Schulunterricht der noch verbliebenen dreißig Kinder zu sorgen, und es waren Wohnräume zu beschaffen. Die Arbeit wurde uns in mancher Hinsicht dadurch erschwert, daß alle Bankguthaben und andere Depots der Gemeinde gesperrt waren und daß wir für jede Entnahme erst die schriftliche Genehmigung des parteiamtlichen Wirtschaftsberaters abwarten mußten.

Von Anfang an bemühten wir uns darum, in der Wohnung eines Gemeindemitglieds regelmäßig Gottesdienst abhalten zu dürfen, nachdem die Synagoge im November in Flammen aufgegangen war. Wir erhielten schließlich auch die Genehmigung, jedoch unter dem Vorbehalt, daß wir jeden Gottesdienst zuvor der Polizei anmeldeten.

Unsere Hauptarbeit beanspruchte das Auswanderungsproblem. Wir meldeten Kinder und Erwachsene den Auswandererhilfsstellen, füllten die endlosen Fragebogen aus, schrieben Gutachten und kümmerten uns um die Bereitstellung der Mittel für Fahrt und Ausstattung. Es handelte sich hierbei oft um recht ansehnliche Summen. Beispielsweise verursachte die Ausreise einer vielköpfigen Familie, der Transport ihrer Möbel sowie ihrer landwirtschaftlichen Geräte nach Übersee bedeutende Kosten. Die Reichsvereinigung bewilligte nicht immer sofort und gern, weil sie möglichst vielen Leuten helfen wollte und es zu vermeiden suchte, im Einzelfall zu große Beträge auszuwerfen.

Auch Einzelpersonen beanspruchten ab und zu unverhältnismäßig hohe Summen. So konnte ein junger Pirmasenser, der anderthalb Jahre Zuchthaus wegen Rassenschande verbüßt hatte, nur dadurch vor dem Konzentrationslager bewahrt werden, daß er – wie es die Gestapo in solchen Fällen stets verlangte – innerhalb dreier Tage nach seiner Entlassung aus Deutschland verschwand. Irgendein Visum war für ihn nicht zu erlangen. Es blieb nach vielen erfolglosen Versuchen nur der Ausweg, ihn mit einem gerade in Triest liegenden Dampfer nach Schanghai zu schicken, dem einzigen Ort auf der ganzen Welt, wo man damals noch ohne Visum landen konnte. Weil aber das Zwischendeck und die zweite Kajüte ausverkauft waren, lösten wir wohl oder übel, nachdem wir bis zum letzten Augenblick einen schweren Kampf um die Bewilligung der Mittel geführt hatten, für mehr als zweitausend Mark eine Karte erster Klasse. Bei der Schnelligkeit, mit der alles hatte erledigt werden müssen, und in Anbetracht der noch aufgetretenen sonstigen Schwierigkeiten – die Polizei hatte den jungen Mann auf Veranlassung der Gestapo bereits wieder am Nachmittag des dritten Tages verhaftet – war uns nicht einmal Zeit geblieben, unserem Schützling anständige Wäsche und Kleidung zu besorgen. Er trat seine Weltreise mit einem alten, armseligen Koffer mit noch armseligerem Inhalt an und meinte beim Abschied humorvoll, ihn grusele es etwas vor den Stewards, die ihn sicher für den Gepäckträger, aber nicht für einen Passagier erster Klasse halten würden. [...]

Daß unter solchen Umständen der Kontakt mit der christlichen Bevölkerung immer mehr zurückging, insbesondere auch die Beziehungen zu den bisher befreundeten Familien aufhörten, versteht sich von selbst. Die Bespitzelung und Bedrohung der Judenfreunde nahm immer größeren Umfang an. Schließlich lösten wir das Verhältnis zu den Treuesten freiwillig, um ihnen jede Unannehmlichkeit zu ersparen. Außerdem weckte es ja auch bittere Gefühle, wenn man immer wieder erleben mußte, daß ein Mann, der einem gestern noch freundschaftlich die Hand gedrückt hatte, heute wie ein Fremder an einem vorüberschritt oder einem einen Brief ins Haus sandte, worin er bat, ihn nicht mehr zu grüßen und seine Wohnung nicht mehr zu betreten, weil ihm von der Partei mit entsprechenden Repressalien gedroht worden war, wenn er seine Beziehungen zu den Juden nicht aufgäbe. So beschränkte sich die Geselligkeit nur auf den Besuch jüdischer Bekannter. Hier unterhielt man sich, spielte Schach oder Karten, hörte Radio. [...] Doch fand man sich in jüdischer Gesellschaft zusammen, so bedeutete das meist nicht die geringste Erholung, denn jeder einzelne wußte entweder ein eigenes unangenehmes Erlebnis zu erzählen oder hatte irgendeine Hiobsbotschaft von auswärts zu berichten.

Diesem niederdrückenden, auf die Dauer entnervenden Zustand suchte ich dadurch entgegenzutreten, daß ich jeden Sonntag, wenn es Umstände und Witterung erlaubten, große Wanderungen unternahm. Ich hängte, wie ich das aus der guten früheren Zeit gewohnt war, den Rucksack um und fuhr in der Morgenfrühe nach einer Station in der Vorderpfalz, von wo aus ich durch die weiten Wälder hinauf auf die Bergkuppen stieg oder durch das freundliche Rebgelände streifte. Das hatte ich vor meinen Glaubensgenossen voraus, die sich kaum mehr zu einem Spaziergang aus dem Hause wagten, und es erhielt mich stark. Wie in den friedlichsten Tagen saß ich am Abend auf der Burgterrasse zwischen fröhlichen Menschen, trank meinen Wein und unterhielt mich ungeniert mit ihnen. Dadurch schärfte ich nicht nur meinen Blick, sondern ich bewahrte mich damit auch vor dem Versinken in der Dumpfheit und hoffnungslosen Niedergeschlagenheit. Und gar manchmal überfiel mich eine verhaltene Ausgelassenheit, wenn meine Tischgenossen oft mit dem Parteiabzeichen am Rockaufschlag, angesichts der zahlreichen, ringsum die Höhen krönenden Burgruinen meinen Vorträgen über deutsche Sage und Geschichte andächtig lauschten, mir zutranken und sich mit einem achtungsvollen „Heil Hitler!" verabschiedeten. [...]

Es gab auf meinen Wanderungen aber auch ganz bestimmte Dinge, die für den Augenblick meine Stimmung beeinflussen oder mein Inneres zum Kochen bringen konnten. Das waren die auf Anordnung der Partei an allen Ortseingängen angebrachten Inschriften, die Verbotsschilder an den Gaststätten, die „Stürmer-Kästen" und ab und zu mitangehörte Gespräche. An den Haupteingängen fast aller Ortschaften standen oder hingen große Tafeln mit Hetzinschriften wider die Juden. Die harmloseste lautete: „Juden sind hier unerwünscht!" oder „Juden ist der Eintritt verboten!" Aber viele Nazis benutzten diese Gelegenheit, um ihre geistigen und dichterischen Fähigkeiten an den Mann zu bringen. Am Dahner Ortseingang prangte beispielsweise der Satz: „Ist dir die Judenfrage fremd, dann stehst du plötzlich da im Hemd!" Pirmasens hatte zur Abschreckung der jüdischen Geschäftsreisenden ein Transparent mit folgender Inschrift über der Einmündung der Zeppelinstraße angebracht: „Hier führt nicht der Weg nach Palästina!" In Edenkoben wurde dem Wanderer eingeprägt, daß die Juden für die Menschheit dasselbe seien, was die Flöhe für den Hund. Zu Tausenden konnte man solche Geistesprodukte an den Straßen ganz Deutschlands finden.

Ähnlich verhielt es sich mit den Schildern an Gasthäusern und Cafés. Die Besitzer wurden gezwungen, das Schild „Juden sind hier unerwünscht" an der Tür oder am Fenster anzubringen. Auch hier gab es Leute, die mit ihrem kümmerlichen Witz und Geist zu glänzen suchten. So fand ich in Karlsruhe nach langem Suchen ein Café, an dem kein Schild zu sehen war. Als ich aber die Außentür hinter mir zuzog, stand an der Drehtüre direkt vor meiner Nase: „Weiche zurück Juda!"

Im kleinsten Dorf befanden sich an einer oder mehreren Hauptverkehrsstellen die Stürmer-Kästen, die überall die gleiche Umschrift trugen: „Die Juden sind unser Unglück!" In ihnen hing die in Nürnberg von dem berüchtigten Gauleiter Julius Streicher herausgegebene Wochenschrift Der Stürmer. Sie war der Tummelplatz aller pornographischen und sadistischen Geister des Dritten Reiches, die glaubten, ihrem grenzenlosen Haß gegen die Juden irgendwie schriftlichen Ausdruck verleihen zu müssen. Der Stürmer bildete mit jeder Nummer ein ewiges Schanddokument für den geistigen und kulturellen Niedergang Hitler-Deutschlands und für die rohe und brutale Denkart, die von der Partei in die Massen verpflanzt wurde. Artikel wie Bilder strotzten von einer gemeinen, sehr gefährlichen und nicht zu überbietenden Aufreizung gegen die Juden. Sondernummern in rotem Druck forderten geradezu zu Pogromen auf. Die Zeitung enthielt eine ständige Denunzierrubrik, in die aus allen Teilen des Reiches Einsendungen aufgenommen wurden, die mitzuteilen wußten, daß in dem und dem Ort ein namentlich genannter Volksgenosse noch den Umgang mit den Juden aufrechterhalte.

[Bei Kriegsbeginn werden die Juden aus dem grenznahen Pirmasens evakuiert. Alfred Schwerin verlegt das Gemeindebüro nach Ludwigshafen.]

Natürlich bot der Kriegsausbruch dem Regime neue Gelegenheit und neuen Vorwand zur weiteren Bedrückung und Entrechtung der Juden. Offen wurden sie zu Feinden des deutschen Volkes und zu Spionen und Helfern der Alliierten gestempelt. Sie durften nach acht Uhr abends nicht mehr ausgehen. Mancherorts bestand sogar das Verbot, daß sich nach dieser Stunde jüdische Familien, die in verschiedenen Stockwerken des gleichen Hauses wohnten, nicht mehr gegenseitig aufsuchen durften. Mit Wehrmachtsangehörigen zu sprechen, war untersagt. Der Bahnhof durfte ohne Ausweis nicht betreten werden. In einigen Städten mußten Juden zum Verlassen des Ortes die Erlaubnis der Polizei einholen.

Bei den Lebensmittelämtern wurden die Rationierungskarten für Juden an separaten Schaltern ausgegeben. Die Karten trugen den roten Aufdruck „Jude", um den Geschäftsmann von vornherein über die Rassezugehörigkeit des Einkäufers aufzuklären. Alle Coupons für Sonderzuteilungen sowie diejenigen für Hülsenfrüchte waren entwertet. Als Einkaufsstunde für Juden hatte man die Zeit von zwei Uhr bis halb vier nachmittags festgelegt. Arier sollten zu dieser Zeit den Geschäften möglichst fernbleiben, um nicht mit den Juden in Berührung zu kommen. Oft waren begehrte Artikel schon am frühen Morgen ausverkauft, so daß die jüdische Hausfrau am Nachmittag ohne die gewünschte Ware wieder nach Hause gehen mußte. Doch gab es überall anständige Geschäftsleute, die ihre langjährige jüdische Kundschaft nicht im Stiche ließen und für sie oft noch mehr als das ihnen zustehende Quantum reservierten. Auch ich erhielt von einer in einer Mannheimer Metzgerei angestellten Pirmasenserin jeweils fast die doppelte Fleisch- und Wurstration.

Schlimm gestaltete sich mit der Zeit die Bekleidungsfrage, denn es wurden uns weder Textil- noch Schuhcoupons ausgehändigt. Auch zum Besohlen der Schuhe erhielten wir keine Erlaubnis. Einzig Stopfgarn im Werte von sage und schreibe zwanzig Reichspfennigen wurde jedes Vierteljahr einmal zugeteilt. Die Gemeinden legten deshalb frühzeitig Kleider- und Schuhsammelstellen an und veranlaßten vor allem die Auswandernden, einen Teil ihrer Vorräte für ihre zurückbleibenden Glaubensgenossen zu spenden.

Im Laufe des Monats Oktober 1939 fuhr ich nach Frankfurt, um in der Dahlmannstraße meine Koffer abzuholen. Der Empfang, der mir dort überraschenderweise zuteil wurde – im Gegensatz zu jenem liebenswürdigen, den mir wenige Wochen zuvor die Tochter des Hauses bereitet hatte –, gehört zum Beschämendsten, was mir während der ganzen Hitlerzeit in Deutschland widerfuhr. Seit einunddreißig Jahren war ich mit dieser Familie eng befreundet. Ich war der Pate des einen, jetzt fünfundzwanzigjährigen Sohnes. Als mein Freund und ich uns am ersten Mobilmachungstage des Jahres 1914 voneinander verabschiedeten, war er mir gerührt um den Hals gefallen, hatte mir das Du angeboten und mich gebeten, ich möchte mich, wenn er nicht mehr zurückkäme, seiner Frau und seiner Kinder annehmen. Wir hatten seither in ungetrübter Freundschaft zusammengestanden.

Als ich jetzt die Stufen zur Wohnung hinaufstieg, eilte mein Freund, der gerade aus dem Keller gekommen war und mich von oben erblickte, ohne ein Zeichen des Begrüßens zu geben voraus und alarmierte die Angehörigen. Seine Frau bat mich von fern, im Wohnzimmer auf sie zu warten. Während ich an der Küche vorbeischritt, sah ich durch den Türspalt, wie sich Söhne und Schwiegersohn hinter der Türe versteckten und sich eng aneinanderdrückten, um von mir nicht bemerkt zu werden und mich nicht begrüßen zu müssen. Nach einigen Minuten trat dann das Ehepaar in höchster Verlegenheit zu mir ins Zimmer und wußte im Augenblick kein Wort hervorzubringen, obwohl wir uns schon lange nicht mehr gesprochen hatten. Auch fand keiner von den zweien den Mut, mich zum Sitzen einzuladen. Endlich berichteten sie, daß sie das Gepäck bereits zur Bahn geschafft hätten, angeblich, um mir den Transport zu erleichtern, in Wahrheit jedoch wohl, weil sie aus feiger Angst jüdisches Eigentum nicht mehr hatten beherbergen wollen. Einer Bemerkung mußte ich außerdem entnehmen, daß sie die

Koffer durchsucht hatten, um sich zu überzeugen, daß sie keine verdächtigen Gegenstände enthielten.

Um über die ungemütliche Situation hinwegzukommen, begann nun mein ehemaliger Freund darüber zu lamentieren, daß sich jetzt die Missetaten der Nazis gegen die Juden an den Deutschen rächten, und seine Frau erklärte jammernd, sie nähme Gift, wenn ihre Buben ins Feld rücken müßten. Dabei liefen sie fortwährend aufgeregt hin und her, ohne sich darüber klarzuwerden, wie sie es mir beibringen könnten, daß ich so schnell wie möglich von der Bildfläche verschwände. Sprachlos beobachtete ich dieses widerwärtige Schauspiel und brach absichtlich nicht sofort auf, weil ich den beiden ihre traurige Rolle nicht zu leicht machen wollte. Als ich mich schließlich empfohlen hatte, konnte ich aufs neue nicht damit fertig werden, daß diese letzten Jahre den deutschen Menschen derartig hatten umformen können.

[Das folgende Erlebnis hat Alfred Schwerin im Januar 1940 nach einer Geburtstagsfeier der Familien Sauer und Strauss in Ludwigshafen.]

Während ich mich von den Gästen verabschiedete, erklang die Flurglocke. Gleich darauf wurde der Hausherr aus dem Zimmer gerufen. Frau Sauer, die ihm neugierig gefolgt war, kehrte sofort wieder mit dem leisen Schreckensruf „Es sind zwei Polizisten draußen!" zurück, ergriff in völliger Verstörtheit einen auf dem Tisch stehenden Teller mit Nuß- und Orangenschalen und stellte ihn mit einer hastigen, fahrigen Bewegung sinnlos auf das Büfett nebenan. Inge, das bis jetzt so glückliche Geburtstagskind, schrie laut auf, die Gesichter der Anwesenden verfärbten sich, und alle saßen oder standen einen Augenblick wie versteinert. Zwar bemühten sich die Herren nach Überwindung des ersten Schocks krampfhaft, den plötzlich abgerissenen Faden des Gesprächs wieder aufzunehmen und so zu tun, als ob sie dem Zwischenfall keine Bedeutung beilegten. Aber die unruhig flackernden, fragend hin und her wandernden Augen der Frauen bezeugten, wie grausam man wieder einmal aus der Illusion eines normalen, bürgerlichen Daseins herausgerissen worden war und daß man sich mit einem Schlage in die wirkliche Gegenwart mit ihrer Brutalität und ihrer Rechtlosigkeit hineinversetzt fühlte. Daß der jüdische Mensch täglich mehr zum Freiwild wurde, das war die niederschmetternde Erkenntnis, die jedes derartige Ereignis unterstrich und die das Leben in eine ewige Hölle zu verwandeln drohte. Die Qualen der Eltern, die mit wachsender Sorge und bebendem Herzen um die Zukunft ihrer Kinder bangten, erreichten schon damals die Grenzen des Erträglichen.

Ursache und Wirkung standen auch diesmal wieder in krassem Mißverhältnis zueinander. Das Mädchen hatte in einem versehentlich nicht abgedunkelten Zimmer das Licht brennen lassen. Die Schutzleute hatten es von der Straße aus bemerkt und waren heraufgekommen, um darauf aufmerksam zu machen. Sie zeigten sich mit der Erklärung, die ihnen Strauss für die

Unterlassungssünde gab, zufrieden. Indessen fühlte sich der ältere der beiden doch verpflichtet, in das Speisezimmer, in dem sich die aufgescheuchte Gesellschaft befand, forschend einzutreten, um sich persönlich davon zu überzeugen, daß die Juden hier tatsächlich eine kleine Feier veranstalteten und nicht eine geheime staatsgefährliche Versammlung abhielten. Als er aber von den Mienen der stumm Verharrenden die Panik ablas, die sein unverhofftes Erscheinen ausgelöst hatte, geriet er selbst in eine gewisse Verlegenheit und zog sich, ohne weitere Schwierigkeiten zu machen, mit seinem Kollegen zurück.

Es gab Leute, die aus solchen und anderen Vorkommnissen und deren psychischen Auswirkungen die richtige Lehre zogen, weil sie in ihnen den Beweis dafür erblickten, wie sehr sich jeder einzelne der staatlichen Willkür ausgeliefert fühlte und auf welch vulkanischem Boden sie sich unverkennbar bewegten. Sie sahen ein, daß es mit jedem Tag dringender wurde, aus dem Hexenkessel zu entrinnen und den Weg über die Grenze zu finden. Es gab aber auch andere, die daraus, daß man wegen eines solch unbedeutenden Verdunklungsdeliktes nicht sofort in ein Konzentrationslager gesperrt wurde, oder aus dem gutmütigen Lächeln eines Schutzmannes, schlossen, die Wende aller bösen Zeiten sei eingetreten und die Sonne der nationalsozialistischen Gunst schiene fürderhin auch den Juden. Immer wieder begegnete man solchen unvernünftigen Menschen, die sich selbst etwas vorgaukelten und die wähnten, weil seit zwei oder drei Monaten jede Sonderaktion gegen die Juden unterblieben war, sei mit einer weiteren Verschlimmerung der eigenen Situation nicht mehr zu rechnen, und man müsse den derzeitigen Zustand als die Basis betrachten, auf der man vorläufig sein künftiges Dasein einzurichten habe. Wie sie das auf die Dauer fertigbringen sollten, schon mit Rücksicht auf das Verbot jeder Erwerbstätigkeit, darüber machten sie sich in ihrer Einfalt erstaunlich wenig Kopfzerbrechen.

Aus diesen und selbstverständlich auch aus anderen Gründen kam es, daß von der gesamten Geburtstagsgesellschaft ich der einzige blieb, der durch seinen noch rechtzeitigen Weggang der Deportation entrann. Alle anderen wurden im Herbst des gleichen Jahres [1940] zusammen mit sämtlichen pfälzischen und badischen Juden, 6500 an der Zahl, in die berüchtigten südfranzösischen Konzentrationslager gebracht.[4]

[Im März 1940 überschreitet Alfred Schwerin illegal die Schweizer Grenze.]

1 Das Gemeindesekretariat Pirmasens betreute nach den Angaben von Schwerin etwa 300 Juden des Stadt- und Landkreises.
2 Dies geschah durch die jüdischen Kulturbünde, die in Berlin und einigen anderen Städten teilweise bis 1941 bestanden. Vgl. Memoiren Kurt Baumann (Nr. 42) S. 458.
3 Zu Hans Hinkel s. ebenda Anm. 3.
4 Zu den Deportationen aus Baden und der Pfalz nach Südfrankreich am 22./23. Oktober 1940 s. Miriam Gerber (Nr. 47) S. 527.

45 Michael Meyer

geb. 1881 Blankenburg – gest. 1956 Berlin

Michael Meyer, Eine Wanderung nach Erez Israel im Jahre 1940. Ms. datiert Tel Aviv, August 1941, 22 S.

Michael Meyer, Sohn eines Lotterieunternehmers in Blankenburg am Harz, wächst in einer religiös traditionellen Familie auf, besucht das Gymnasium und studiert Jura. Während der Referendarzeit in Magdeburg wendet er sich unter dem Einfluß seiner Freundschaft mit Arthur Ruppin (später Leiter des Siedlungswerkes in Palästina) dem Zionismus zu. Meyer läßt sich 1909 als Anwalt in Berlin nieder und spezialisiert sich auf Metallhandels-, Grundstücks- und Mietsachen. Als Frontsoldat des Ersten Weltkrieges muß er seine Praxis erst im November 1938 aufgeben. Ab 1939 arbeitet er ehrenamtlich im Palästina-Amt in Berlin, das die Auswanderung nach Palästina leitet. Als diese immer schwieriger wird, werden besonders seit Kriegsbeginn mit Billigung der Gestapo illegale Palästinatransporte organisiert. Mit dem letzten dieser Transporte aus Deutschland verläßt Meyer im August 1940 Berlin und überlebt die Explosion der „Patria" im Hafen von Haifa. Er wird Beamter der Mandatsregierung. Ab 1952 ist er als Entschädigungsanwalt tätig und stirbt auf einer Dienstreise nach Berlin, wird aber in Israel beigesetzt.

Den Entschluß zur Alija faßte ich im Juli 1938, sogleich nachdem die Gesetze über die Ausschaltung der Juden aus dem Wirtschaftsleben ergangen waren.[1] Ich erkannte darin den radikalen Umschwung und rechnete auch mit dem baldigen Ende der jüdischen Anwaltschaft. Da echte Kapitalisten-Zertifikate[2] für Palästina auf normalem Wege schon damals schwer zu erhalten waren, wandte ich mich an eine Stelle, von der ich aus der Erfahrung meiner Anwaltspraxis wußte, daß sie Baseler Kapitalisten-Zertifikate gegen Zahlung bestimmter Summen verschaffte oder vermittelte. Dieser Weg war bis dahin stets glatt geglückt.

[Trotz Zahlung von 2000 RM erhält Michael Meyer kein Zertifikat, da infolge des Novemberpogroms die Nachfrage enorm steigt.]

Es wurde also nichts mit einem Zertifikat. Inzwischen war der neue Krieg ausgebrochen, und selbst viele von denen, für die bereits *ordnungsmäßige* Zertifikate ausgefertigt oder in sicherer Aussicht waren, hatten das Nachsehen, nachdem die englischen Konsulate in Deutschland geschlossen waren. Es gab nun, von ganz besonderen Ausnahmefällen abgesehen, nur noch eine einzige Möglichkeit, nach Erez Israel zu gelangen, eine sogenannte S. H.-Fahrt. S. H. bedeutet Sonder-Hachschara. Der Ausdruck wurde gewählt, um zu tarnen, daß es sich um eine illegale Alija handelte. Aus dem gleichen Grunde ist das Palästina-Amt Berlin,[3] das in Wirklichkeit diese illegale Alija, die auch Alija Bet genannt wurde, organisierte und zwar zusammen mit seinen Unterorganisationen, dem Hechaluz und der Jugend-Alija, nicht offiziell hervorgetreten. Vorbereitung und Durchführung der Transporte lagen offiziell in den Händen eines sogenannten Ausschusses für jüdische Übersee-Transporte.

Illegal waren die Transporte natürlich nur den Engländern gegenüber, in Deutschland waren sie legal und konnten nur legal sein, da alle jüdischen Stellen unter Aufsicht der Gestapo standen und jede Auswanderung, von vereinzelten Ausnahmen abgesehen, nur mit Wissen und Willen der Behörden möglich war. Vor Kriegsausbruch waren bereits zwei solcher Transporte vom Berliner Hechaluz organisiert worden, und zwar mit Erfolg. Die Teilnehmer dieser S. H. 1 und S. H. 2 waren nach mannigfachen Strapazen und Gefahren gelandet, ohne den Engländern in die Hände zu fallen. Die S. H. 3 ging nach Kriegsausbruch im Oktober 1939 ab, kam nach drei Monaten gleichfalls glücklich an, die Teilnehmer fielen aber den Engländern in die Hände und wurden in Athlit interniert, von wo die Frauen schon nach kurzer Zeit, die Männer nach sechs Monaten entlassen wurden. Auch die Teilnehmer dieser Fahrt hatten viele Gefahren und Strapazen überstanden. Es war sogar auf dem Schiff ein Feuer ausgebrochen, das zwar sofort gelöscht werden konnte, einem jungen Mädchen aber das Leben kostete.

Die S. H. 4 ging im November 1939 ab; sie fror in dem damaligen frühen und strengen Winter auf der Donau an der jugoslawischen Küste ein. Die Teilnehmer, meist Jugendliche, wurden in Cladowe in Jugoslawien in ein Lager gebracht und haben dort durch Hunger und Kälte sowie durch schlechte Unterkunftsverhältnisse viel aushalten müssen. Vielfache Bemühungen, ihnen zur Weiterfahrt zu verhelfen, scheiterten. Erst im Frühjahr 1941, als die Nazigefahr auch für Jugoslawien näherrückte, kamen die Jugendlichen ins Land aufgrund von Jugendalija-Zertifikaten, die der immer wieder tatkräftigen Miß Szold[4] zu verdanken waren.

Die S. H. 5 und S. H. 6 wurden nicht von Berlin aus organisiert, sondern in Wien von dem dortigen Ausschuß für jüdische Übersee-Transporte in der Roten Turmgasse. Es war die S. H. 7, die meine Frau und ich mitmachten. Wie schon erwähnt, gab es nach Kriegsausbruch keine andere Möglichkeit. Wir meldeten uns daher für einen S. H.-Transport in vollem Bewußtsein der Gefahren und Strapazen, die mit einem solchen verbunden waren. Ich war darüber ziemlich informiert, da ich seit Frühjahr 1939 im Palästina-Amt Berlin ehrenamtlich arbeitete, und die Berichte über die vorangegangenen Transporte zu meiner Kenntnis gekommen waren.

Es war nicht leicht, mit der S. H. 7 mitzukommen. Der Andrang war ungeheuer. Die Möglichkeit solcher Transporte war früher fast nur in zionistischen Kreisen bekannt gewesen, insbesondere in den Kreisen des Hechaluz, der sie im wesentlichen nur für die chaluzische Jugend organisierte. Seit Februar 1940 aber war diese Möglichkeit in ganz Deutschland bekannt geworden. Damals war die Hapag an das Palästina-Amt Berlin herangetreten und hatte ihm vorgeschlagen, für die illegalen Transporte nach Palästina Schiffe zur Verfügung zu stellen. Das Palästina-Amt wollte hierauf zunächst nicht eingehen, weil es befürchtete, daß die Gestapo dahinterstände und viele unerwünschte Menschen auf diese Weise abgeschoben werden sollten. Nach einigen Verhandlungen wurde aber erreicht, daß die Anträge auf Mitnahme beim Palästina-Amt einzureichen waren und ausschließlich diesem die Auswahl der mitzunehmenden Personen überlassen blieb. Es ergoß sich nun eine Flut von Anträgen aus ganz Deutschland über das Palästina-Amt. Im Laufe von zwei, drei Monaten meldeten sich etwa 30 000 für die „Apala".[5] Apala war der von der Hapag vorgeschlagene Name für die Transporte; sie wollte mit ihrem eigenen Namen nach außen nicht hervortreten. Manche von denen, die sich meldeten, hatten wohl nicht ernstlich die Absicht, nach Palästina auszuwandern; es lag ihnen nur daran, gegenüber der Gestapo einen Nachweis ihrer Auswanderungsbemühungen in den Händen zu haben. Der allergrößte Teil aber meinte es ernst.

Das Palästina-Amt setzte nun Kommissionen zur Prüfung und Entscheidung der Anträge ein und stellte hierfür Richtlinien auf. Danach sollten im wesentlichen nur Personen für die Mitnahme bestätigt werden, die entweder zionistische Verdienste aufzuweisen hatten oder deren Unterbringung im Lande gesichert war. Voraussetzung einer Bestätigung waren ferner gesundheitliche Eignung für die Fahrt und für das Land sowie die Beschaffung der Passagekosten in Dollar. Die Dollar waren notwendig, weil von den Teilnehmern selbst 20 000 Dollar aufgebracht werden mußten. In der Regel wurden von älteren Menschen 200 Dollar pro Person verlangt. Bei altverdienten Zionisten, den Watikim[6], sowie bei den Chaluzim begnügte man sich mit geringeren Beträgen oder ließ überhaupt die Dollarforderung fallen. Die Dollars konnten natürlich nur im neutralen Auslande beschafft werden mit Hilfe von Verwandten und Freunden; sie mußten bei einer Bank in Zürich eingezahlt werden.

Die Beratung des Publikums, das täglich zu Hunderten ins Palästina-Amt kam, über all die einschlägigen Fragen, erforderte einen ganzen Stab von Mitarbeitern. Ich gehörte zu den Beratern. Ich war auch Mitglied der Kommission, die über die endgültige Bestätigung zu entscheiden hatte. In den Beratungsstunden waren viele schiefe und unsinnige Ansichten zu berichtigen und Illusionen zu zerstören. Es gab auch drollige Szenen. Eines Tages kam ein altes Mütterchen von fast 70 Jahren und sprach den Wunsch aus, man möchte sie doch mitnehmen nach Apala; sie war der Meinung, das sei irgendein Land in Übersee. Wir mußten ihr leider sagen, daß sie bei ihrem Alter den zu erwartenden Anstrengungen nicht gewachsen sei und daher nicht mitgenommen werden könne.

Von den Zehntausenden, die sich gemeldet hatten, konnte natürlich nur ein kleiner Teil bestätigt werden. Wir kannten die Schwierigkeiten der Organisierung solcher Transporte, wir kannten insbesondere die Schwierigkeit der Beschaffung von Schiffen. Wir hatten zur Hapag-Apala nicht das Vertrauen, daß es ihr gelingen würde, Schiffe zu stellen. In Betracht kamen – es war ja nach Ausbruch des Krieges – nur Schiffe neutraler Länder. Auch in den neutralen Ländern war infolge der gewaltigen Schiffsversenkungen jeder Schiffsraum eine Kostbarkeit. Dazu kam das Risiko der Fahrt durch Kriegsgebiete und das Risiko einer erheblichen Bestrafung wegen Vergehens gegen die palästinensischen Einwanderungsvorschriften, die Kapitän und Mannschaften zu gewärtigen hatten.

Unsere Vermutung, daß die Hapag keine Schiffe stellen könnte, bestätigte sich. Die Ausschüsse für Überseetransporte in Berlin und Wien, unterstützt von der Reichsvereinigung der Juden in Deutschland und vom Joint[7], bemühten sich daher nach den gleichen Methoden, nach denen man für die früheren S. H.-Fahrten Schiffe erhalten hatte, um neue Transportmittel. Die Geduld der für die Fahrten Bestätigten wurde aber auf eine harte Probe gestellt. Meine Frau und ich gehörten zu den Bestätigten. Wir wurden von Woche zu Woche, von Monat zu Monat vertröstet. Bald hieß es, Schiffe seien da, und zwar griechische Schiffe; aber die griechische Regierung habe die Ausfahrt verboten; dann hieß es, die Ausfahrt sei zwar gestattet, aber es sei kein Kapitän zu finden. Nachdem ein Kapitän verpflichtet war, war die Schiffsmannschaft nicht zu beschaffen. Nachdem auch die Schiffsmannschaft gedungen war, verlangte der griechische Reeder eine Vorauszahlung von 20 000 Dollar; erst nach deren Zahlung sollten die Schiffe aus dem Hafen Piräus nach der Donaumündung am Schwarzen Meer auslaufen. Darauf wollte man sich nicht einlassen. Man hatte zu dem griechischen Gauner kein Vertrauen. Nachdem auch diese Schwierigkeit beseitigt war und die Schiffe tatsächlich in Tulcea an der Donaumündung angekommen waren, wurde uns gemeldet, daß sie noch gar nicht für einen Massentransport eingerichtet waren.

Inzwischen war es bereits Sommer 1940 geworden. Italien war in den Krieg eingetreten, das Mittelmeer unmittelbares Kriegsgebiet geworden. Frankreich war niedergeworfen. Hitlers Invasion in England und seine Diktatur über Europa drohten Wirklichkeit zu werden. Und viele befürchteten, daß Mussolini die Herrschaft über das gesamte Mittelmeer, auch über Palästina zufallen würde. Die Situation war jedenfalls so, daß man die Hoffnung aufgeben mußte, noch aus Deutschland herauszukommen oder gar während des Krieges nach Palästina zu gelangen. Es ging bald das Gerücht, daß jede Auswanderung gesperrt würde; dann wieder hieß es, daß Juden bis zu 45 Jahren nicht mehr aus Deutschland herausgelassen würden. Aber das Unwahrscheinliche wurde Wirklichkeit oder, wie ich anfangs sagte: „Lo janum welo jischan."[8] Die Vorsehung wachte und schlug die Nazihäuptlinge mit Blindheit, so daß sie nicht erkennen konnten, wie sehr sie selbst sich schädigten dadurch, daß sie noch Juden, insbesondere Jugend, auswandern ließen.

Anfang Juli 1940 befahl die Gestapo dem Palästina-Amt, aus der Zahl der für die S. H.-Fahrten Bestätigten 500 auszusuchen und die Liste der Ausgesuchten bis zum anderen Morgen 9 Uhr bei der Gestapo einzureichen sowie den Abtransport dieser 500 mit größter Beschleunigung durchzuführen. Eine Kommission, der ich nicht angehörte, trat sofort zusammen, saß die ganze Nacht hindurch und stellte die Liste der 500 zusammen. Es war dabei nicht ohne scharfe Kämpfe abgegangen. Der Vertreter jeder einzelnen Gruppe suchte die Bestätigung einer möglichst großen Anzahl seiner Gruppe durchzusetzen, Vertreter der chaluzischen Jugend, der Jugend-Alija, des Bachad,[9] der Watikim und anderer Gruppen. Man hatte schon damals das Gefühl, daß die bevorstehende Alija die letzte aus Nazideutschland sein würde und daß Bestätigung oder Nichtbestätigung vielleicht eine Entscheidung über Leben und Tod sein könnte.

Meine Frau und ich gehörten zu den 500. Wir waren in der Gruppe der Watikim bestätigt worden. Die Zugehörigkeit zu den Watikim allein hätte aber nicht genügt. Es gab außer mir noch Hunderte von Watikim. Den Ausschlag gab, daß für uns in Zürich 200 Dollar Passagekosten eingezahlt waren. Sämtliche Ausgewählten wurden nunmehr vom Palästina-Amt aufgefordert, einen Revers zu unterschreiben. Der Revers wies auf die Gefahren und Anstrengungen der Reise hin, schloß jede Haftung für Schäden aus und betonte insbesondere, daß keinerlei Haftung für eine Ankunft in Palästina übernommen werden könne. Die Unterzeichnung des Revers bedeutete auch die strikte Anerkennung der Transportbedingungen. Diese waren auf Grund der früheren Erfahrungen abgestellt auf Einhaltung allerstrengster Disziplin und unbedingter Befolgung aller Anordnungen der Transportleitung.

Unter den Ausgewählten gab es einige wenige, die Angst oder sonstige Bedenken hatten, die Fahrt mitzumachen. An ihrer Stelle wurden andere ausgewählt aus der großen Zahl derer, die wegen ihrer Nichtberücksichtigung protestiert hatten. In der endgültigen Liste, die von der Gestapo genehmigt wurde, waren 350 Jugendliche und Chaluzim bis zum Alter von 30 Jahren und 150 Ältere. Die verhältnismäßig große Zahl der Jugendlichen und Chaluzim erklärt sich daraus, daß die S. H.-Transporte im wesentlichen für junge Menschen organisiert wurden, die für den Aufbau des Landes naturgemäß wertvoller waren als ältere.

Wir 500 rüsteten uns nun für die Abreise. Die Tatsache, daß nun doch mitten im Kriege ein Transport mit dem Ziel Palästina abgehen sollte, war die Sensation und das Tagesgespräch unter den Juden Berlins. Viele waren skeptisch und meinten, die Gestapo würde uns irgendwohin abschieben, andere meinten, wir würden, auch wenn wir mit den Schiffen auslaufen könnten, niemals das Ziel erreichen, wir würden auf eine Mine laufen, von Flugzeugen bombardiert oder von den Italienern gefangengenommen und interniert werden oder monatelang auf den Meeren umherirren, ohne landen zu können, oder wir würden sonst irgendwie zugrunde gehen. Ich wurde von meinen Freunden noch besonders gewarnt, weil ich einige Male eine Grippe mit hohem Fieber gehabt hatte und mir außerdem im Juli bei einem Unfall noch einen Rippenbruch zugezogen hatte. Durch all diese Skeptiker und Pessimisten ließen wir uns jedoch nicht abschrecken. Wir waren, wie es sich für Juden gehört, Optimisten und mußten es sein. Es blieb uns auch gar keine andere Wahl, nachdem die Gestapo die Auswanderung der 500 befohlen hatte.

Wir mußten zunächst unsere Auswanderungspapiere in Ordnung bringen. Hierfür ließ uns die Gestapo noch einige Wochen Zeit. Hierbei waren mannigfache Klippen zu überwinden. Die Finanzämter prüften noch einmal sehr genau, ob alle Abgaben, insbesondere Reichsfluchtsteuer und Judenbuße, ordnungsmäßig bezahlt waren. Auch die Jüdische Gemeinde hatte zu bescheinigen, daß keine Steuerrückstände bestanden, insbesondere die jüdische Auswanderungsabgabe entrichtet war, die der Unterstützung der zurückbleibenden, mittellosen Juden dienen sollte. Ich hatte auch eine Schwierigkeit beim Finanzamt, deren Behebung nicht einfach war. Das Finanzamt hatte eine Bescheinigung der Reichsbank verlangt, daß sie gegen die Ausstellung einer Unbedenklichkeitsbescheinigung keine Einwendungen habe. Ich hatte vorschriftsmäßig Gebührenforderungen gegen Devisenausländer der Reichsbank angemeldet, auch den Eingang solcher Forderungen. Einige Gebührenforderungen waren aber uneinziehbar. Es bedurfte langwieriger Verhandlungen mit der Reichsbank, um sie von einer Uneinziehbarkeit zu überzeugen. Die Reichsbank hatte zunächst den Verdacht, daß ich die Forderungen nur deshalb nicht eingezogen hätte, weil ich sie als Devisenwerte im Auslande stehen lassen wollte.

Nachdem alle Klippen siegreich überwunden waren und wir unsere Pässe erhalten hatten, mußten wir sie dem Palästina-Amt zur Beschaffung des erforderlichen Visums einreichen. Wir wollten nach Palästina, es wäre also das Visum des britischen Konsulates nötig gewesen. Aber erstens war das britische Konsulat wegen des Krieges geschlossen und zweitens hätte es uns Zertifikatslosen kein Visum gegeben. Die Reichsvereinigung hatte aber vorgesorgt. Das Konsulat von Paraguay gab das Gewünschte gegen gute Bezahlung, die die Reichsvereinigung mit Hilfe des Joint leistete. Der Joint hatte auch die Garantie dafür übernehmen müssen, daß wir in Wirklichkeit Paraguay nicht heimsuchen würden.

Nun fehlte nur noch ein letztes, das Ausreisevisum des Polizeipräsidiums, das nach gesetzlicher Vorschrift für jeden Grenzübertritt erforderlich war. Es wurde anstandslos erteilt, da ja das Polizeipräsidium über uns und über unsere Absichten bereits genau informiert war. Wir hatten nun endlich abfahren können, wenn nicht eine neue Schwierigkeit aufgetaucht wäre. Die griechische Regierung verbot plötzlich die Führung der griechischen Flagge. Eine andere Flagge war zunächst nicht zu beschaffen. Ohne Flagge konnten wir nicht über die Meere fahren. Reichsvereinigung und Palästina-Amt wollten daher nicht die Verantwortung für die Abfahrt übernehmen. Da griff die Gestapo ein und erteilte am 3. August 1940 den Befehl zur Abfahrt in Gruppen. Nach Anordnung der Gestapo durfte am 18. August von den 500 niemand mehr im Altreich sein. Die erste Gruppe sollte bereits am nächsten Tage abfahren.

Nun wurde es wirklich ernst. Die erste Gruppe, eine chaluzische aus der Provinz, reiste vorschriftsmäßig ab nach Wien. Andere Gruppen folgten. Vor Abfahrt der Berliner Gruppen veranstalteten Reichsvereinigung und Palästina-Amt eine Abschiedsfeier, bei der immer wieder die Kaltblütigkeit und der Mut hervorgehoben wurden, mit dem die 500 einem ungewissen, gefahrdrohenden Schicksal entgegensahen. Bei der Abschiedsfeier sprach auch der führende Kopf der Reichsvereinigung, Dr. Paul Eppstein[10], der einige Tage nach der Feier von der Gestapo [vorübergehend] verhaftet wurde. Es wurde ihm wahrscheinlich zum Vorwurf gemacht, daß er den Abgang des Transportes nicht genügend beschleunigt habe.

Meine Frau und ich fuhren mit der letzten Gruppe am Abend des 17. August 1940 ab.[11]

1 Die „Verordnung zur Ausschaltung der Juden aus dem deutschen Wirtschaftsleben" datiert erst vom 12. November 1938. Einzelne Gewerbe waren Juden aber bereits durch das „Gesetz zur Änderung der Gewerbeordnung" vom 6. Juli 1938 verboten worden. Am 25. Juli 1938 verfügte die „Vierte Verordnung zum Reichsbürgergesetz" das Erlöschen der ärztlichen Approbation von Juden. Das entsprechende Berufsverbot für jüdische Rechtsanwälte erfolgte am 27. September 1938.

2 Einwanderungserlaubnis der britischen Mandatsregierung in Palästina für Besitzer eines Kapitals von mindestens 1000 Pfund (12 000 RM). Im Gegensatz zu Einwanderungszertifikaten für Arbeiter und Studenten waren Kapitalisten-Zertifikate ursprünglich unbegrenzt erhältlich.

3 Die Zionistische Exekutive schuf 1918 Palästina-Ämter in allen Ländern, aus denen Juden nach Palästina einwanderten. Sie hatten die Aufgabe, die Immigranten auszuwählen und vorzubereiten und organisierten auch die Wanderung selbst. Der Hechaluz (s. Worterklärungen) und die Jugend-Alija (s. Memoiren Marta Appel, Nr. 39, Anm. 3, S. 448), ursprünglich selbständig, bildeten 1939 nur noch Unterabteilungen des Palästina-Amtes, das seinerseits Teil der Reichsvereinigung geworden war.

4 Henrietta Szold (1860–1945), amerikanische Zionistenführerin, leitete ab 1935 in Palästina die Jugend-Alija.

5 Wagnis (hebr.).

6 Veteranen (hebr.).

7 American Jewish Joint Distribution Committee, s. Worterklärungen „Joint".

8 „Schläft noch schlummert nicht" (hebr.). Zitat aus Psalm 121,4 „Siehe, der Hüter Israels schläft noch schlummert nicht".

9 Religiöse zionistische Jugendorganisation, die aus der Jugendbewegung hervorging.

10 Dr. Paul Eppstein (1901–1944), bis 1933 Privatdozent für Nationalökonomie in Mannheim, leitete 1934–1938 den Verband Jüdischer Jugendvereine Deutschlands und war seit 1933 führender Mitarbeiter der Reichsvertretung in Berlin auf dem Gebiet von

Wirtschaftsfürsorge, Berufsumschichtung und Auswanderung. In der Reichsvereinigung war er auch Verbindungsmann zu deren Aufsichtsbehörde, der Gestapo. Er wurde im Januar 1943 nach Theresienstadt deportiert, dort zum Judenältesten ernannt und im September 1944 erschossen.

11 Am 1. November 1940 erreicht Meyer auf der „Pacific" den Hafen von Haifa. Die englische Mandatsregierung verweigerte die Landung und lud die Passagiere zum Weitertransport auf die „Patria" um. Dieses Schiff wollte die Hagana am 25. 11. durch einen Bombenanschlag manövrierunfähig machen, versenkte es aber, und 260 Passagiere ertranken. Meyer schwamm an Land und wurde für acht Monate in Athlit interniert.

46 Elisabeth Freund, geb. Freund

geb. 1898 Breslau – gest. 1982 Rochester, N. Y. (USA)

Elisabeth Freund, Zwangsarbeit Berlin 1941. Ms. undatiert, 188 S. – Verfaßt Havanna (Kuba) Dezember 1941.

Die Autorin wächst als Tochter des Neurologen Dr. Carl Freund in Breslau auf. Sie studiert Volkswirtschaft in Breslau und Berlin, wo sie im Hause ihres Onkels, des Nobelpreisträgers Fritz Haber, lebt. 1922 heiratet sie ihren Vetter Dr. jur. Rudolf Freund (1877–1959), Vorstandsmitglied der oberschlesischen Eisenindustrie AG in Gleiwitz. Als diese Gesellschaft 1924 Teil der Mitteldeutschen Stahlwerke (Flick-Konzern) wird, siedelt die vermögende Familie nach Berlin über. Rudolf Freund muß 1933 aus dem Flick-Konzern ausscheiden und arbeitet bis 1938 als Wirtschaftsprüfer. Elisabeth Freund läßt sich nach der Auswanderung ihrer drei Kinder zur Fotografin umschulen. Von April bis September 1941 muß sie zuerst in einer Großwäscherei, dann in einem Rüstungsbetrieb Zwangsarbeit leisten. Nach vergeblichen Auswanderungsversuchen gelingt es dem Ehepaar noch im Oktober 1941, nach Kuba zu emigrieren. 1944 wandern beide in die USA weiter, wo die Autorin zuerst als Retuscheurin arbeitet, später eine Lehrsammlung für Blinde in Philadelphia aufbaut.

Wir haben so sicher geglaubt, daß wir jetzt [Mai 1941] die Visen für USA bekommen müßten, aber wir haben noch immer nichts darüber gehört. Unsere Geschwister in Amerika schreiben, wir sollten uns beim amerikanischen Konsul erkundigen, sie hätten alles geregelt, die Affidavits[1] für uns lägen beim Konsulat und seien gut und ausreichend. Es ist sogar ein Bankdepot für uns gestellt worden, und man hat eine Bescheinigung der Schiffahrtslinie geschickt, daß die Fahrkarten bereits bezahlt sind. Unsere Wartenummer, die wir im November 1938 beantragt haben, ist längst an der

Reihe. Aber es ist wie ein Verhängnis, wir haben die Vorladung aufs Konsulat noch immer nicht. Wenn wir nur wüßten, woran es liegt, daß wir nicht weiterkommen! Leider wird im Konsulat keine Auskunft über den Stand von Auswanderungssachen erteilt. Wir sind vollkommen ratlos. Wenn wirklich eines Tages Amerika in einen Krieg mit Deutschland eintritt – und es sieht doch alles bedrohlich genug aus –, wenn dann alle Verbindungen zum Ausland gesperrt sind und wir die Visen nicht rechtzeitig erhalten haben! Es ist gar nicht vorstellbar – dann sehen wir doch die Kinder überhaupt nicht mehr wieder.

Es ist wirklich zum Verzweifeln. Wir haben schon so viel unternommen, um aus Deutschland fortzukommen. An die Schweiz, Dänemark und Schweden haben wir Anträge auf Einreiseerlaubnis gestellt. Es war alles erfolglos, obwohl wir in allen diesen Ländern gute Verbindungen hatten. Im Frühling 1939 haben wir uns durch einen Agenten für 3000 Mark die Einwanderungserlaubnis für Mexiko verschafft. Wir haben aber das Visum nie erhalten, weil das mexikanische Konsulat verlangte, daß wir Pässe vorlegen sollten, die zur Rückreise nach Deutschland berechtigten, und solche Pässe gab die deutsche Behörde für Juden nicht aus. Dann erhielten wir im August 1939 wirklich das Permit für England. Aber es kam zu spät, erst zehn Tage vor Kriegsausbruch, und in dieser kurzen Zeit konnten wir nicht die Formalitäten bei den deutschen Behörden erledigen. Im Frühling 1940 bekamen wir die Einreiseerlaubnis für Portugal. Wir machten sofort alles fertig, beantragten unsere Pässe, da kam der Einmarsch der deutschen Truppen in Holland, Belgien und Frankreich. Ein Flüchtlingsstrom ergoß sich nach Portugal, und die portugiesische Regierung widerrief telegrafisch sämtliche erteilten Genehmigungen. Wir hatten dabei noch Glück, daß wir nicht unsere Wohnung aufgegeben und noch nicht unsere Einrichtung verkauft hatten. Es war auch gut, daß wir im Dezember 1940 nicht bereits das Geld für die Panama-Visen bezahlt hatten, als wir merkten, daß die uns angebotenen Visen gar nicht zur Landung in Panama berechtigten. Es kann uns jetzt wieder so gehen, daß wir nicht mehr fortkommen.

Wir sind überzeugt, daß Amerika in Wirklichkeit helfen will, und die europäischen Flüchtlinge in großzügigster Weise aufnimmt. Aber sie wissen dort drüben nicht, wie schwierig die Lage ist, sonst würden sie doch diesen armen und gequälten Menschen erlauben, schnell herüberzukommen, solange es noch möglich ist. Sie könnten sie dort in ein Lager einsperren, bis die Verhältnisse jedes einzelnen geklärt sind, und die Hilfskomitees könnten die Kosten dafür tragen. Aber hier müßten wir fort und so schnell wie möglich, sonst geht es uns wie den unglücklichen Menschen, die aus Stettin nach Polen verschleppt wurden oder wie den Juden aus Baden, die man nach Frankreich schickte und dort in den Pyrenäen gefangenhält.[2]

[Am 22. Juni 1941 greift Deutschland die Sowjetunion an. Kurz darauf bricht Elisabeth Freund bei der Zwangsarbeit an der Dampfpresse zusammen.]

Über drei Wochen war ich krank und habe fast die ganze Zeit im Bett gelegen. Unsere alte Hedwig hat alle paar Tage nach mir gesehen und in rührender Weise für mich gesorgt. Das ist eine arische Frau, die seit mehr als 40 Jahren mit unserer Familie verbunden ist. Sie war als junges Mädchen bei meinen Eltern Hausangestellte, sie kennt jedes Mitglied der Familie und weiß fast besser über alle Bescheid als ich selbst. Sie hat auch meine Kinder aufwachsen sehen und sorgt sich um sie. Ihr Mann ist bei der Post angestellt, ihr Sohn ist schon verheiratet. Sie hat nie den Zusammenhang mit uns verloren und sagt immer wieder, daß sie es meinen Eltern nicht vergessen wird, daß ihr Junge ohne deren Hilfe vor vielen Jahren bei einer schweren Krankheit wohl zugrunde gegangen wäre. Sie ist ein so grundanständiger, treuer Mensch, ich kann alles mit ihr besprechen und ihr alles anvertrauen.

Wie sie weiter unter den größten Schwierigkeiten zu uns hält, ist rührend. Denn die Gefahren, die sie unsertwegen auf sich nimmt, sind eigentlich so groß, daß ich ihr selbst abreden sollte, zu uns zu kommen. Bei der Postbehörde haben alle Angestellten, also auch ihr Mann, eben wieder eidlich versichern müssen, daß sie keine Verbindungen mehr mit Juden haben. Natürlich gilt diese Versicherung auch für den Umgang der Frau. Wenn es herauskommt, daß sie uns besucht, verliert der Mann die Stellung und damit die Existenz. Sie ist selbst in einem schrecklichen Zwiespalt zwischen Angst und Überzeugung. Einerseits hat sie mir erklärt, daß es ihr ganz gleich sei, ob eine falsche eidesstattliche Versicherung abgegeben wird oder nicht: „Man wird ja zum Meineiden geradezu erzogen. Was mein Mann bloß immerzu beeiden muß, alle Wochen etwas anderes! Da hat man ja gar keine Ehrfurcht mehr davor." Andererseits fürchtet sie sich schrecklich, daß sie erwischt werden könnte. Sie hat ihrer Nazi-Schwägerin, die lauernd nach uns fragte, gesagt, sie wisse gar nicht, wohin wir ausgewandert wären. Sie ist sehr stolz auf diese diplomatische Auskunft. Frühmorgens huscht sie in das Haus und ist in steter Sorge, daß man sie etwa durchs Fenster oder beim Fortgehen sehen könnte. Wenn es an der Tür klingelt, versteckt sie sich. Und trotz dieser Angst und Nervenanspannung kommt sie doch und schleppt Lebensmittel an, die ich gar nicht nehmen kann, weil ich weiß, daß sie sie sich vom Mund abspart und daß es uns beide in Gefahr bringt. Es ist bewundernswert, wie diese einfache Frau den Mut hat, den sehr viele der „gebildeten" Leute nicht aufbringen. In solcher Notzeit erweist sich erst der wahre Kern eines Menschen. Leider haben wir uns in manchen unserer sogenannten Freunde getäuscht. Um so mehr muß man anerkennen, wie sich die alte Hedwig benimmt.

Sie drängt uns immerfort, doch bloß endlich auszuwandern. Als ob wir es nicht brennend gern möchten. Die Außenstehenden, die Arier hier, und wahrscheinlich auch die Menschen im Ausland, können gar nicht verstehen, warum wir denn immer noch hier sind. Sie wissen nicht, daß es doch gar nicht an uns liegt, sondern, daß wir eben leider nirgends Einlaß in ein anderes Land finden. Visen nach USA gibt es nicht mehr. Mein Mann hat einen letzten Versuch gemacht und unsere Verwandten in Amerika telegrafisch um die Einreisevisen nach Kuba gebeten. Das ist die einzige Möglichkeit, die es jetzt überhaupt noch gibt. Kein anderes Land gibt mehr für deutsche Juden eine Einreiseerlaubnis oder ist noch auf irgendeine Weise erreichbar.

Hoffentlich glückt es uns diesmal. Es türmen sich schon wieder die Schwierigkeiten, die Kosten für ein solches Visum sind sehr hoch, es müssen große Gelddepots für uns hinterlegt werden. Hoffentlich bekommt mein Schwager das Geld für uns zusammen. Die Vereinigten Staaten haben eine Devisensperre eingeführt, und außerdem ist der Ansturm auf diese Kuba-Visen im Augenblick sehr groß, so daß für die Überweisung der Depots drei bis vier Wochen benötigt werden. Wir können bestenfalls Mitte August auf die Visen rechnen. Hoffentlich kommt jetzt nicht wieder etwas dazwischen. Wir sind nach unseren Mißerfolgen in allem, was Auswanderung anbetrifft, sehr pessimistisch geworden.

[Elisabeth Freund muß jetzt in einem Rüstungsbetrieb arbeiten.]

Für mich selbst ist es ein Glück, daß ich hierher gekommen bin. Hier ist doch keine so furchtbare Hitze. Wenn ich höre, wie es weiter in der Wäscherei zugeht, dann muß ich ganz zufrieden sein, daß ich nicht mehr dort bin. Die Arbeit wird überall schwer sein. Am schlimmsten ist die Lage unserer Arbeiterjungen. Wir haben eine ganze Schar von 14 Jahren an. Ich unterhalte mich oft mit ihnen, wenn ich sie auf dem Wege treffe. Mein eigener Sohn ist jetzt auch fast vierzehn. Ob er wohl auch schon so lang ist wie diese Jungen hier? Ich hoffe, daß er nicht so verbittert und ernsthaft sein wird. Er hat es doch gut in seiner englischen Schule, er darf was lernen und wächst gleichberechtigt in einer großen Schar von Kameraden auf. Für ihn ist nur schlimm, daß er von seinen Eltern getrennt sein muß.

Die armen jüdischen Jungen hier in der Fabrik! Das Schlimmste ist nicht die schwere Arbeit, es ist die Aussichtslosigkeit. Da ist einer, Kurt, ein lang aufgeschossener Junge in viel zu kurzen Kniehosen; die Arme staken ganz lang aus den Ärmeln heraus. Selbst die Jugendlichen bekommen doch keine Kleiderkarten! Kurt hat ein Jahr in einer Ausbildungswerkstatt der Jüdischen Gemeinde gearbeitet, interessiert sich sehr für Technik und wollte so gern Elektroingenieur werden. „Ist es da nicht aber eigentlich ganz interessant für Sie hier, gibt es nicht eine ganze Menge zu lernen?“ frage ich ihn. „Ach, haben Sie 'ne Ahnung! Lehrlinge sind nur die arischen Jungen, die bekommen was gezeigt. Wir Judenjungen dürfen hier nichts lernen. Wir dürfen bestenfalls mal an einer Maschine arbeiten und bekommen dann den Handgriff gezeigt, der gerade für diese eine Maschine nötig ist. Aber das ist auch alles. Wir sollen ja gerade ungelernte Arbeiter bleiben.“ [...]

Die armen Kerle. Es ist alles hoffnungslos für sie. Da nützt kein Fleiß und keine noch so große Energie, sie können nichts lernen. Sie haben eine schreckliche Jugend. Wie lange wird sich überhaupt unter diesen Verhältnissen das bisher noch immer sehr hohe Bildungsniveau der Juden halten? Jede Möglichkeit ist ihnen verschlossen. Sie dürfen weder Theater noch Konzerte besuchen. Museen, Bibliotheken, selbst der Zoo sind für sie verboten. Die paar noch bestehenden jüdischen Schulen kranken an ungenügender Lehrerzahl und ungenügenden Lehrmitteln. Es gibt überhaupt nur noch eine höhere Schule für jüdische Kinder in Berlin, die wohl auch nicht mehr lange bestehen wird. Die guten Schulgebäude sind längst von der Partei beschlagnahmt.

Ich höre immer sehr viel über diese ganzen Schwierigkeiten, weil ich mit einer jüdischen Schullehrerin befreundet bin. Die Geldmittel der Gemeinde für alle ihre Zwecke werden immer knapper, die Not immer größer, die Schwierigkeiten und der Druck immer unüberwindlicher. In diesem Sommer war zum Beispiel eins der größten Probleme, was man mit den Schulkindern in den Ferien machen sollte. In fast allen Familien arbeiten die Eltern in den Fabriken, zu Haus waren die Kinder also unbeaufsichtigt. Wo sollte man sie unterbringen, diese armen, übernervösen Kinder, die nach diesen letzten Jahren mit ihren furchtbaren Erlebnissen eine Ferienerholung besonders nötig brauchten. In früheren Jahren hatte die jüdische Schulverwaltung unter ungeheuren Schwierigkeiten Ausflüge der Kinder in den Wald organisiert, denn die Gestapo hatte erklärt, daß die Kinder nur in kleinen Trupps von nicht mehr als sechs die Elektrischen oder Stadtbahnen benützen dürfen. Man muß sich mal vorstellen, wie schwer es unter diesen Umständen ist, auch nur hundert Kinder unter Aufsicht irgendwohin zu bringen. Ganz abgesehen von der Schwierigkeit, einen geeigneten und ungestörten Platz zum Spielen zu finden, wo die Kinder nicht von irgendwelchen Lümmeln überfallen und verprügelt werden können.

Dieses Jahr hatte aber die Gestapo auch diese Waldausflüge strengstens verboten. Was blieb denn da noch! Die Parks sind ebenfalls verboten, sehr viele der jüdischen Kinderhorte haben nicht einmal einen Hof, geschweige einen Garten, und wenn sie ihn haben, dürfen die Kinder nicht darin spielen – der Nachbarhäuser wegen, die sich über den Lärm beklagen. Schließlich ist die Jüdische Gemeinde auf die Lösung gekommen, auf den jüdischen Friedhöfen jeden freien Platz zu Spielplätzen mit Sandkästen für die kleineren Kinder umzugestalten. Und die größeren Kinder hatten klassenweise die Pflicht, die Gräber und Wege von Unkraut zu reinigen und instandzuhalten. Auf diese Weise waren die Kinder beschäftigt und in guter Luft, und zugleich wurden die Gräber in Ordnung gehalten, was seltsamerweise die Gestapo plötzlich verlangt hatte und wofür sonst natürlich Arbeitskräfte und Geldmittel gefehlt hätten. Soweit ist es jetzt also gekommen: In Deutschland sind die Friedhöfe nicht nur die letzte ruhige Stätte für die alten Menschen, sondern auch der einzige Platz zum Spielen für jüdische Kinder.

[Im September 1941 wird – nach Angabe von Elisabeth Freund – Jüdinnen zwischen 18 und 45 Jahren die Auswanderung verboten.]

Die Gestapo hat mir die Erlaubnis gegeben, trotz des Verbotes aus Deutschland auszureisen! Wir wagen noch gar nicht, daran zu glauben. Es kam so: Mein Mann traf ganz zufällig auf der Straße einen alten Bekannten, einen leitenden Mann von einer der Berliner Großbanken, mit dem er viel zusammengearbeitet hat, besonders in der Zeit der Aufstände in Oberschlesien nach dem Ersten Weltkrieg. Mein Mann war damals leitendes Vorstandsmitglied der oberschlesischen Eisenindustrie-AG und hat unter ständiger Lebensgefahr mit Erfolg die Versorgung Oberschlesiens mit Geldmitteln zum Bezahlen der Löhne durchgeführt. Ohne dies wären zu den blutigen Polen-Aufständen auch noch Unruhen in der Arbeiterschaft hinzugekommen. Seine kluge Vermittlung mit den englischen und französischen Besatzungsbehörden hat damals viel Unglück verhütet und ist immer anerkannt worden. Dieser Herr hat also ganz harmlos freundlich gefragt, wie es uns ginge, und ist aus allen Wolken gefallen, als er hörte, was für Schwierigkeiten wir haben. „Aber ich bitte Sie, das ist doch gar nicht möglich! Diese Maßnahmen richten sich doch nicht gegen Leute wie Sie!" Wie oft bloß haben wir und tausend andere Juden schon diesen Satz gehört: „Diese Maßnahmen richten sich doch nicht gegen Sie!" Gegen wen denn sonst? Und wenn sie sich wirklich nicht gegen „besonders verdiente" Leute richten würden – wer hat das Recht zu unterscheiden, ob ein Mann in „hoher Stellung" mehr Verdienste hat als ein einfacher Arbeiter, ein fleißiger Kaufmann oder ein Akademiker? [...] Also jedenfalls dieser Herr war sehr teilnehmend. Er hat sich genaue Einzelheiten sagen lassen und wollte die Sache im Vorstand seiner Gesellschaft besprechen. Dort hätte man die nötigen Verbindungen zur Gestapo und würde das schon irgendwie für uns regeln. Als mein Mann mir von diesem Zusammentreffen erzählte, war ich so pessimistisch und so müde von der Arbeit, daß ich kaum hinhörte. Wir hatten doch schon so viele Enttäuschungen erlebt, warum sollte es diesmal anders ausgehen? Wir waren auch sehr ängstlich und gar nicht so entzückt von dem gut gemeinten Angebot, denn man weiß doch gar nicht, was passieren konnte, wenn so etwas an die falsche Stelle weitergegeben würde.

Aber das Wunder ist geschehen. Es ist gut ausgegangen. Der Obergruppenführer in der Kurfürstenstraße[3] hat der Bank erklärt, daß für mich eine Ausnahme gemacht wird. Wir haben auch nichts zu zahlen. Der Gestapomann, der die Sache vermittelt hat, würde allerdings gern ein Bett von uns haben, wenn wir reisen – das ist alles. Und dieses Bett werden wir ihm mit dem größten Vergnügen überlassen. Alle diese Sachen sind ja so knapp und nicht auf dem regulären Wege zu kaufen.

Wir haben aber nichts über diese Entscheidung in den Händen. Die Gestapo gibt aus Prinzip nichts Schriftliches in solchen Fällen. Mein Mann war sofort bei der Auswanderungsstelle des jüdischen Hilfsvereins.[4] Man hat ihn dort beglückwünscht, aber niemand will die Verantwortung übernehmen, unsere Namen auf eine Transportliste zu setzen. Man kann es ihnen nicht verdenken, es steht doch auf allem sofortiger Abtransport in ein KZ. Es sind noch so viele Schwierigkeiten zu überwinden. Nein, ich glaub' noch nicht daran, es gibt dann nur wieder eine größere Enttäuschung. Wir dürfen auch mit niemandem darüber sprechen. Die eine Stelle der Gestapo kann es erlaubt haben – vielleicht steckt uns eine andere dafür ins Lager. Ich muß auch weiter meine Arbeit in der Fabrik machen, denn wie soll ich dem Arbeitsamt für Juden klarmachen, daß mein Arbeitsbuch geschlossen werden darf. Ohne Unterlagen glaubt mir das niemand. Aber ohne Schließung des Arbeitsbuches können wir keinem Transport zugeteilt werden. Wir sind noch lange nicht soweit.

Ich muß meine Arbeit in der Fabrik weitermachen. Die Arbeit fliegt mir nur so von der Hand. Meine Gedanken fliegen noch viel schneller. Selbst wenn ich noch nicht recht daran glaube, so muß ich mir doch für alle Fälle überlegen, wie man alles am besten einrichtet. Vor anderthalb Jahren sind uns eine ganze Menge Sachen als Umzugsgut nach Portugal genehmigt worden. Die Genehmigung gilt noch. Aber damals hat man noch die Transportkosten in Papiermark bezahlen dürfen. Jetzt darf jeder Auswanderer nur noch zwei Handkoffer mitnehmen, und ab deutscher Grenze muß in Goldmark bzw. in Dollar bezahlt werden. Damit ist uns der Umfang unseres Gepäcks gegeben. Es darf nur das Allernotwendigste mitgenommen werden. Wir werden uns von unserem ganzen Haushalt trennen müssen. Das ist bitter, besonders für eine Frau. Aber ich werde mir das nicht schwermachen. Ich habe mich vor drei Jahren von meinen Kindern trennen müssen – das war schwer. Von Möbelstücken – das ist nichts, worüber man sich aufzuregen braucht. Die Hauptsache ist, daß wir lebend hier aus Deutschland herauskommen. Ich werde eben die Sachen an gute Freunde verschenken, da hab' ich wenigstens eine Freude dabei. Wenn wir nur erst soweit wären! Nach allen unseren Erfahrungen dürfen wir Wohnung und Möbel erst im allerletzten Moment aufgeben. Es kann uns doch wieder so gehen, wie die anderen Male, daß wir wieder im letzten Augenblick nicht fort können. Am besten ist, wir lassen diese Auswanderung jetzt so an uns vorüberlaufen, als ob sie uns gar nichts anginge, als ob wir in einem Film mitspielten. Die Spannung ist sonst zu schwer zu ertragen. Es steht noch viel vor uns: der Abschied von unseren Freunden, das Fortgehen aus der alten Heimat.

Hitler hat von den deutschen Juden gesagt: „Das sind alles Zigeuner, die sich in Paris genauso wohl fühlen wie in Budapest, in London oder New York." Wir haben Deutschland geliebt, wie man nur seine Heimat lieben kann. Hitler-Deutschland und alles, was damit zusammenhängt, verabscheuen wir. Aber wir müssen aus dem Lande fort, dessen Sprache wir sprechen, mit dessen Liedern und Gedichten wir aufgewachsen sind und dessen Wälder und Gebirge wir durchwandert haben. Unsere Familien haben seit vielen Generationen für dieses Land ihre ganze Kraft eingesetzt, und wir lassen in dieser Erde ihre Gräber zurück. Unsere Kinder können in eine andere Zukunft hineinwachsen. Mein Mann und ich sind nicht mehr jung genug, wir gehen in die Fremde, und vieles dort wird fremd und schwierig für uns sein. Aber wenn wir erst einmal draußen sind, wenn wir in einem anderen Land aufgenommen werden, in dem wir ungestört mit unseren Kindern leben dürfen, dann werden wir froh und dankbar uns Mühe geben, für dieses neue Land so getreu zu arbeiten, wie es unsere Eltern und Voreltern für Deutschland getan haben.

Unser Auswanderungsagent bringt die Nachricht, daß jetzt schon eine Reihe von Fällen vorliegt, in denen Ausnahmen von dem Auswanderungsverbot für Frauen gemacht worden sind. Leider nicht viele. Ich kenne auch so einen Fall, in dem die Gestapo 5000 Mark dafür verlangt hat. Es ist hauptsächlich dann eine solche Erlaubnis gegeben worden, wenn ein gynäkologisches Attest über Unfruchtbarkeit vorlag.

Ich arbeite noch immer in der Fabrik. Mein Mann hat aber jetzt vom Hilfsverein die Zusicherung, daß wir auf die nächste Transportliste gesetzt werden sollen. Die nächsten Transporte gehen aber erst in drei Wochen. Wenn wir doch bloß die Abreise beschleunigen könnten. Es wird uns immer unheimlicher.

Seit der letzten Woche tragen wir den Judenstern.[5] Die Wirkung auf die Bevölkerung ist anders als die Nazis erwarteten. Berlin hat noch vielleicht 80 000 Juden.[6] In einigen Stadtteilen sieht man die Sterne sehr zahlreich. Leute, von denen man nach dem Äußeren nicht angenommen hätte, daß sie Juden sind, tragen den Stern. Die Bevölkerung in ihrer Mehrheit mißbilligt diese Diffamierung. Alle Maßnahmen gegen die Juden sind bisher im dunkeln vor sich gegangen. Jetzt kann niemand daran vorbeisehen.

Es gibt natürlich verschiedenartige Erfahrungen. Ich höre es von anderen Leuten und erlebe es selbst, daß ich von wildfremden Menschen auf der Straße mit besonderer Höflichkeit gegrüßt werde und daß mir in der Bahn ostentativ Platz gemacht wird, obwohl Sternträger nur sitzen dürfen, wenn kein Arier mehr steht. Aber es werden mir auch mal von Straßenjungen Schimpfworte nachgerufen. Und gelegentlich sollen Juden verprügelt worden sein. Jemand erzählt mir ein Erlebnis aus der Stadtbahn. Eine Mutter sah, daß ihr kleines Mädchen neben einem Juden saß: „Lieschen, setz dich auf die andere Bank, du brauchst nicht neben einem Juden zu sitzen." Da stand ein arischer Arbeiter auf: „Und ick brauch nicht neben Lieschen zu sitzen!"

Die Judensterne sind nicht populär. Das ist ein Mißerfolg der Partei, und dazu kommen die Mißerfolge an der Ostfront. Als übliches Ablenkungsmanöver folgt jetzt eine furchtbare antisemitische Propagandawelle. Es sind in allen Stadtteilen mehr als 200 Versammlungen, in denen über die Judenfrage gesprochen wird. In den Treppenhäusern liegen frühmorgens Flugblätter, in denen ganz offen zum Pogrom aufgefordert wird. In den Mitteilungen, daß ein Soldat im Felde gefallen sei, wird gesagt, daß die Juden die Schuld an diesem Tod haben!

Ein früherer Hausmeister von uns, der in Polen Bewachungssoldat bei einem Konzentrationslager für Juden ist, hat seine Frau zu uns geschickt. Wir möchten bloß sehen, so schnell wie möglich fortzukommen. Er könne den Gedanken nicht ertragen, daß es uns wie diesen Unglücklichen da gehen sollte. Ob wir denn nicht wüßten, was uns bevorstände? Das klingt schrecklich. Was macht man denn bloß mit den Lagerinsassen? Die Nazis können doch die Leute nicht zu Tausenden umbringen! Das ist doch unvorstellbar – deutsche Menschen ihre eigenen Mitbürger, mit denen sie 1914 Seite an Seite gekämpft haben. Und was geschieht mit den Frauen und Kindern? Man weiß in Berlin nichts über ihre Schicksale. Der Brief des Hausmeisters an seine Frau nennt keine Einzelheiten, wahrscheinlich wird die Soldatenpost streng zensiert.

Den ganzen Kurfürstendamm hinunter hat jetzt fast jeder Laden ein Schild „Juden ist der Eintritt verboten" oder „An Juden kein Verkauf". Wenn man die Straßen entlanggeht, sieht man „Jude", „Jude", „Jude" an jedem Haus, an jeder Scheibe, an jedem Laden. Es ist schwer zu erklären, daß die Nazis, diese Judenfresser, ihre eigene Stadt mit diesem Wort über und über bepflastern, wo es dabei nur noch so wenig Juden in Deutschland gibt. Man kann nirgends mehr hinsehen, ohne auf dieses „Jude" zu stoßen. Und es sind nicht bloß etwa die Luxusläden oder die Zigarrengeschäfte, die in der ganzen Stadt für Juden verboten sind, jetzt bekommen auch die Bäckereien, die Fleisch- und Gemüsegeschäfte diese Schilder. Und für Juden sind keine Kohlen-Bezugsscheine für den Winter ausgegeben worden. Wo soll das hinführen!

Und ich arbeite immer noch in der Fabrik. Ich habe es bis jetzt nicht gewagt, dort um meine Entlassung zu bitten. Vielleicht weiß man in der Fabrik, daß für meine Altersklasse die Auswanderung gesperrt ist. Wenn das der Fall ist, dann gibt es Rückfragen, und ich habe nichts von der Gestapo in der Hand. Das sind alles solche Schwierigkeiten – wenn wir jetzt irgend etwas falsch machen, dann kann alles auf das Spiel gesetzt sein.

Vor ein paar Tagen habe ich den Meister aus der Schraubenabteilung gebeten, wegen meiner Auswanderungsangelegenheiten eine Stunde eher nach Hause gehen zu dürfen. Er wurde wütend und warf mir vor, ich wolle mich nur vor der Arbeit drücken, er wisse ganz genau, daß es keine Auswanderung mehr gäbe und er ließe sich nicht von mir auf der Nase herumtanzen. Mit diesem Mann komme ich nicht weiter.

Dann wird mir mitgeteilt, daß ich nicht mehr bei der Schraubenabteilung geführt werde, sondern vollkommen in die Petroleumabteilung umgeschrieben bin. Jetzt muß ich es versuchen. Ich lege dem neuen Meister meinen Paß mit den Visen vor und bitte um kurzen Urlaub. Nach fünf endlosen Stunden läßt mich der Meister rufen: „Hier sind Ihre Papiere, Sie sind entlassen. Gehen Sie auf das Arbeitsamt und lassen Sie Ihr Arbeitsbuch schließen!"

Zum letzten Mal werde ich von dem arischen Begleiter an den Fabrikausgang gebracht. „Ist das wirklich wahr, kommen Sie weg? Wo liegt denn Kuba eigentlich? Und dort ist wirklich kein Krieg?" Er sieht sich vorsichtig um. „Dann wünsche ich Ihnen Glück, dann haben Sie es besser als wir alle hier."

Ich bin wirklich entlassen! Jetzt nur noch auf das Arbeitsamt. Dort macht man mir Schwierigkeiten. Für Leute unter 45 gibt es keine Schließung des Arbeitsbuches. Ob ich das wirklich noch nicht wisse. Es hilft nichts. Ich muß zur Gestapo in die Kurfürstenstraße. Das ist wenig angenehm, aber es ist der einzig mögliche Weg. Das Brüdervereinshaus ist ganz leer, außer mir selber scheint kein Jude dort zu sein. Ich werde in den ehemaligen Festsaal gewiesen, an dessen Seitenwänden ein paar Nischen als Büros eingerichtet sind. Ein Beamter hört sich meine Sache an, weiß aber nicht Bescheid. Er ist sehr abweisend und glaubt mir ganz offensichtlich nicht. Aber er wird den obersten Vorgesetzten fragen. Ich soll warten. Ich darf aber nicht dort an der Wand warten, sondern ich muß mich genau in die Mitte des großen Saales unter den riesigen Kronleuchter stellen mit der strengen Anweisung, mich nicht vom Platze zu rühren. Ich habe genau in der Mitte des Parketts stehen zu bleiben. Ich hatte von diesem Sadismus schon erzählen hören, doch alles für eine Übertreibung gehalten. Aber nein, das wurde wirklich so gemacht. Während der dreiviertel Stunde, die ich da warte, büße ich – wie man so sagt – meine sämtlichen Sünden ab. Es ist schwer, in der Mitte eines so riesigen leeren Raumes zu stehen, ohne zu schwanken, ohne die „Platzangst" zu bekommen. Aber das ist jetzt die Probe aufs Exempel: Wird die Gestapo zu der erteilten Genehmigung stehen?

Ich warte. Ich warte. Endlich kommt der Mann zurück. Die Sache geht in Ordnung. Er telefoniert mit dem Arbeitsamt und gibt die nötigen Anweisungen. Jetzt bin ich frei! Nein, noch nicht, noch lange nicht! Ich kenne ein junges Mädchen, das fix und fertig zum Ausreisen war, als das Ausreiseverbot kam. Einen Tag später sollte sie fahren. Und jetzt arbeitet sie wieder in der Fabrik, nur ihre Eltern haben abreisen können. Erst wenn wir über die Grenze sind, erst dann bin ich frei.

Jetzt kommt eine große Nervenanspannung. Wenn wir im letzten Augenblick aus irgendeinem Grunde nicht fortkommen! Mein Mann zahlt in der letzten Woche unser ganzes Vermögen für die Reichsfluchtsteuer[7], für die Abgabe „zur Beförderung der Auswanderung der Juden" an die Jüdische Gemeinde (die im übrigen aber die Gemeinde nicht erhält, sondern die auf ein gesperrtes Konto geht!) und für unsere Schiffsplätze. Der Betrag für diese Schiffsplätze wird nach der Höhe des noch vorhandenen Vermögens angesetzt. In gewisser Hinsicht billige ich das, denn wie sollten sonst Leute ohne Vermögen das Geld für die Überfahrt aufbringen. In unserem Falle haben wir für die Plätze alles zu zahlen, was nach der Zahlung aller anderen Abgaben an barem Geld noch übrigbleibt. Warum wird da erst so viel mit dem Berechnen hergemacht? Was wir nicht zu Geld machen konnten, wie

z. B. Grundbesitz oder Hypotheken, verfällt sowieso mit der Auswanderung an den Staat, da wir dann als „staatsfeindlich" ausgebürgert werden und alles beschlagnahmt wird. Von unserem immer noch großen Vermögen bleibt zum Schluß kein Pfennig übrig. Wenn wir jetzt aber nicht fortkönnen, haben wir alles bezahlt und bekommen bestenfalls einen Teilbetrag in Papiermark zurück, d. h., wir sind dann vollkommen mittellos. [...]

In der letzten Woche haben eine ganze Anzahl von jüdischen Familien in Berlin Wohnungskündigungen erhalten. Und zwar nicht von ihren Hauswirten, sondern auf Vordrucken der Polizei.[8] Es ist ihnen mitgeteilt worden, daß sie sich nicht nach anderen Wohnungen umsehen sollen. Sie würden benachrichtigt werden, was mit ihnen geschieht. Ihr ganzes Besitztum sei beschlagnahmt. Sie dürften nur noch eine beschränkte Stückzahl von Gegenständen als ihr Eigentum ansehen, und zwar z. B. eine Frau: zwei Kleider, drei Stück Hemden, Hosen, Strümpfe usw., einen Mantel.

Die Aufregung ist unbeschreiblich. Was wird jetzt mit diesen Menschen geschehen? Kommen sie in die Provinz, in Baracken oder nach Polen? Wer hat überhaupt solche Kündigungen bekommen? Anscheinend zunächst die sogenannten „Vorbestraften", also diejenigen, die mal schlecht verdunkelt hatten oder nicht um acht zu Hause waren, oder bei denen man bei einer Haussuchung etwas gefunden hatte. Hiobsnachrichten kommen von allen Seiten. Man kann kaum mehr folgen. Eine Anzahl unserer Bekannten werden vor die Gestapo geladen und teils mit Geldstrafen, teils mit Gefängnis bestraft, weil sie im Telefonbuch nicht mit dem Zwangsvornamen „Sara" und „Israel" eingetragen sind. Dabei besitzen wir doch alle seit mehr als Jahresfrist kein Telefon mehr! Sie hätten trotzdem sofort eine Änderung ihrer Namen im Telefonbuch beantragen müssen. Ein guter Freund von uns erhält die Mitteilung, daß sein Neffe, der wegen angeblicher Rassenschande zwei Jahre im Zuchthaus war, von dort in ein Arbeitslager überführt worden und dort nach vierzehn Tagen „gestorben" ist.

Ich gehe auf das Postamt, um dort in einer Telefonzelle zu telefonieren. Kaum bin ich in der Zelle drin, als eine Frau die Tür aufreißt und mich kreischend herauszerrt: „Wir Arier müssen hier warten, immer sind die Juden in den Zellen! Raus mit den Juden. Raus! Raus mit allen Juden aus Deutschland!" Es ist eine so schreckliche Szene, daß ich nicht weiß, wie ich wieder auf die dunkle Straße hinausgekommen bin. Ich fürchtete, sie würde mir die Kleider vom Leibe reißen.

Mein Mann bekommt eine Vorladung auf die Gestapo am Alexanderplatz. Das ist immer sehr unangenehm. Die Korridore zu den Büros haben nämlich am Eingang schwere eiserne Gitter. Wenn die sich erst einmal hinter einem geschlossen haben, ist man nie sicher, ob man auch wieder herausgelassen werden wird. Wir waren beide schon mehrmals allein oder zu zweien vorgeladen. Es handelte sich immer darum, ob wir denn nicht endlich auswandern würden. Diesmal kann mein Mann glücklicherweise unsere Pässe mit den Ausreisegenehmigungen mitnehmen. Der Beamte fragt wirk-

lich wieder, warum wir denn immer noch da wären. Als mein Mann die
Pässe vorlegt, nimmt der Gestapobeamte einen beschriebenen Zettel aus
unserem Aktenstück und zerreißt ihn. Mein Mann fragt sehr höflich, was
denn dieses Papier besagt hätte. „Das war Ihre Ausweisung nach Polen", ist
die Antwort, „ich freue mich, daß Sie darum herumkommen!" Er freut sich!
Gestapomänner sind also auch manchmal Menschen.

Das ist Donnerstag, und am Sonntag sollen wir fahren. Jetzt spielt sich
alles Schlag auf Schlag ab. In der Nacht vom Donnerstag zum Freitag
werden zum erstenmal in Berlin die Juden aus ihren Wohnungen geholt.
Jeder darf nur ein Köfferchen mitnehmen. Die Polizei kommt in der Nacht
gegen elf. Im Dunkeln, damit die Bevölkerung nicht etwa Partei ergreift.
Die armen Menschen werden zu einer Sammelstelle, der Synagoge in der
Levetzowstraße, gebracht. Das ganze Straßenviertel dort ist abgesperrt. Die
Jüdische Gemeinde hat Krankenschwestern, Ärzte und Helfer stellen müs-
sen. In aller Eile wird Proviant zurechtgemacht, denn niemand hat von zu
Hause Lebensmittel mitnehmen dürfen.

Es ist eine furchtbare Nacht mit Regen und Gewittersturm. Die Synagoge
reicht nicht aus. Die Menschen müssen stundenlang im Hof im Regen
stehen. Die Szenen, die sich dort abspielten, sollen unbeschreiblich gewesen
sein. Die Familien sind getrennt worden, man hat Eheleute auseinanderge-
rissen, Kinder fortgeschleppt, Eltern dagelassen. Schon in den Wohnungen
bei der Verhaftung haben sich Menschen das Leben genommen. Dort in der
Synagoge geschieht es weiter. Es finden Leibesvisitationen statt, die Koffer
werden durchsucht. Alle müssen ihre Ausweispapiere, Geburtsscheine,
Pässe usw. abliefern. Es wird ihnen alles fortgenommen, was Geldeswert
besitzt, und ebenso Seife, Kämme, Rasierzeug, Scheren, Bürsten, also alles,
was ein zivilisierter Mensch braucht, um sauber und ordentlich auszusehen.
Sie sollen so verwahrlosen wie die unglücklichen Juden im polnischen
Getto, deren Zerrbilder der „Stürmer" bringt.

Wir hören diese furchtbaren Einzelheiten erst in den nächsten beiden
Tagen von Augenzeugen. In der Wäscherei sind die Leute aus der Nacht-
schicht von der Polizei abgeholt worden. Die Arbeit in den Fabriken schützt
also nicht vor dem Abtransport. Ein junges Mädchen, dessen Mutter zum
Transport gehörte, ist von einer Gestapostelle zur anderen gelaufen, um mit
der Mutter zusammen deportiert zu werden. Man hat ihre Bitte abgelehnt.
„Sie fahren nicht nach Polen, wenn *Sie* Lust haben, sondern wenn *wir* es für
richtig halten." Diese Angst, diese Panik überall, läßt sich einfach nicht
schildern. Wir haben doch wirklich schon sehr viel Schreckliches mitgemacht. Aber dies – das ist mit nichts zu vergleichen. Das ist wie eine Jagd auf
wehrlose Tiere!

Ich fahre einen Vormittag mit der Straßenbahn kreuz und quer durch die
Stadt, um nach Freunden und Bekannten zu sehen, ob sie noch da oder auch
schon fortgeschleppt sind. Wir wissen alle nichts voneinander, wir haben
doch kein Telefon! Erst in der Nacht zum Sonnabend werden die Unglückli-

chen in vergitterten Polizeiautos nach dem Bahnhof Grunewald gebracht. Dieser Bahnhof liegt so abseits, daß nur wenige Menschen beobachten können, was da geschieht. (Deswegen kommen dort auch immer die Lazarettzüge von der Front an.) Die Menschen werden in Viehwagen verladen. Es heißt, die Transporte gingen nach Polen. Niemand weiß es genau.

Bekannte kommen zu uns. Sie wissen, daß wir abfahren sollen. Sie bitten, daß wir ihren Angehörigen im Ausland letzte Grüße bringen. Wir sollen doch versuchen, daß alles getan wird, um ihnen ein Einreisevisum zu verschaffen. Wir sollen draußen schildern, was hier vorgeht, was ihnen bevorsteht. Abtransport nach Polen jetzt zu Beginn des Winters, das ist Tod durch Erfrieren, das sind Hunger und Flecktyphus, Seuche und elendes Zugrundegehen. Ahnen denn die Menschen im Ausland, was hier geschieht? Wird es möglich sein, daß Hilfe kommt, ehe es zu spät ist? Werden die hohen Beträge in Dollars für die Visen aufgebracht werden können? Die meisten Verwandten im Ausland haben ja selber kein Geld.

Ein paar unserer Freunde haben gerade die Kuba-Visen bekommen. Es sind Eltern oder alte Mütter. Der Abschied von ihnen ist leichter. Wir hoffen, sie werden uns bald nachkommen können, hoffentlich doch! Es kann nicht sein, daß sie jetzt etwa nicht mehr fortkommen werden, nachdem die Kinder mit solchen Schwierigkeiten die Visen beschafft haben. Wir müssen doch hoffen, daß sie es noch erreichen!

Ein Studienfreund meines Mannes sagt uns Lebewohl. Seine Schwester in Breslau hat sich eben das Leben genommen, als sie abtransportiert werden sollte. Er selbst ist ganz ruhig und gefaßt. „Ich bin nie ein Feigling gewesen. Ich habe bisher alles durchgemacht und bin damit fertiggeworden. Ich habe keine Möglichkeit, ins Ausland zu kommen. Solange ich kann, werde ich mir das hier ansehen. Foltern lasse ich mich nicht. Wenn es sein muß, dann werde ich zu sterben wissen." Eine alte Lehrerin kommt zu uns, die mit ihrer noch älteren Schwester und ihrer neunzigjährigen Mutter zusammenlebt. Auch sie ist bewundernswert ruhig. „Meine Schwester und ich würden auch dies auf uns nehmen. Aber die Mutter! Wir dürfen sie diesen Qualen nicht aussetzen. Sie weiß noch gar nichts von diesen Abtransporten. Wenn wir die Wohnungskündigung bekommen, dann werden wir uns mit Mutter in die Küche setzen und den Gashahn aufmachen. Das ist die einzige Liebe, die wir unserer Mutter noch erweisen können." Wir wagen nicht zu widersprechen. Das müssen diese armen Menschen mit sich allein ausmachen.

Unser 72jähriger Freund F. bittet uns, seiner Tochter nach Bolivien zu schreiben, daß er gesund sei und daß es ihm gut gehe. Vielleicht kann sie das Visum für Bolivien beschleunigen, das nun schon seit mehr als einem Jahr beantragt ist. „Aber beunruhigt meine Tochter nicht. Das arme Mädel kann mir doch nicht helfen." Ich habe diesen lieben Menschen nie anders als heiter und gleichmäßig freundlich gesehen. Auch jetzt spricht er so mit uns, als ob es sich nicht um Ernsthaftes handelte. „Laßt es euch gut gehen. Ich bin bloß froh, daß ihr wenigstens fortkommen werdet. Ich bin ein alter Mensch, bei mir kommt es auf ein paar Jahre mehr oder weniger nicht an." Diese furchtbaren Abschiede. Nur nicht weinen, nur nicht weinen. Ich gehe noch einmal durch unser Mietshaus, um mich von unseren Nachbarn zu verabschieden. Man darf nicht feige sein. Vielleicht haben auch sie noch irgendeine Nachricht. Sie können sich auf uns verlassen. Wir werden sie sofort weitergeben, sobald wir frei Briefe schreiben können. Wenn es nur noch rechtzeitig kommt. Ich notiere Adressen im Ausland, wir sprechen alle nicht viel, geben uns nur die Hand. Nur keine Tränen. Man darf nicht damit anfangen, sonst hört man nicht auf. Wer weiß, was aus diesen Menschen werden wird, da kann man nicht mehr in konventioneller Weise Abschied nehmen. [...] Mit welchem Recht dürfen wir diese Hölle verlassen, wenn die anderen aushalten müssen? Vielleicht träumt man das nur alles. Es ist doch unmöglich, daß so etwas Furchtbares in der Welt Wirklichkeit ist.

Wir sitzen ein letztes Mal an unserem eigenen Tisch zu einer Mahlzeit. Dann ziehen wir unsere Mäntel an, nehmen jeder einen Rucksack und eine kleine Handtasche und gehen aus dem Haus, ohne zurückzusehen.

Wir fahren mit der Stadtbahn zum Potsdamer Bahnhof. Dort im Keller des Bahnhofs werden die Judentransporte zusammengestellt. Wir werden nach Überprüfung unserer Papiere in den Keller hineingelassen. Die Tür schließt sich hinter uns. Gott sei Dank! Der Transport geht also doch noch heute ab. Wir hatten bis zum letzten Augenblick gefürchtet, die Reise werde nicht mehr erlaubt sein. Es gibt noch viele Förmlichkeiten mit Gepäck und Pässen. Wir erfahren, daß in der letzten Nacht auch in Frankfurt a. M. die ersten Abtransporte erfolgten. Drei Stunden vergehen, bis wir endlich im Stockdunkeln durch den finsteren Bahnhof an den Zug nach Paris gebracht werden. Ein plombierter Wagen ist für unseren Transport bestimmt. Wir steigen ein, die Türen werden geschlossen, der Zug setzt sich in Bewegung. *Wir* fahren in die Freiheit.

Vier Tage später wird von der Deutschen Regierung die Ausreise für alle Juden verboten, und die Heeresleitung stellt die Freigabe von Waggons für die Reise durch Frankreich ein.[9]

Aber die Verschickung der Juden nach Polen dauert fort.

1 Bürgschaft eines US-Bürgers in Form einer eidesstattlichen Versicherung, in der er den vollen Unterhalt für den Neueinwanderer garantiert, falls dieser in Not geraten sollte.

2 Am 12./13. Februar 1940 wurden etwa 1200 Juden aus Stettin und der Provinz Pommern in die Region von Lublin deportiert. Die Deportation der Juden aus Baden, der Pfalz und dem Saarland in südfranzösische Lager erfolgt am 22./23. Oktober 1940. Vgl. Memoiren Miriam Gerber (Nr. 47) Anm. 4, S. 533.

3 In der Kurfürstenstraße 116 befand sich im ehemaligen Gebäude des jüdischen Bruder-vereins das Judenreferat (Abt. IV B 4) des Reichssicherheitshauptamts, geleitet von Adolf Eichmann.

4 Siehe Memoiren Alexander Szanto (Nr. 38) Anm. 3, S. 434.

5 Im Reichsgebiet mußte der Judenstern ab 19. September 1941 getragen werden.

6 Laut Statistik der Reichsvereinigung lebten am 1. Oktober 1941 in Berlin noch 72 872 „Rassejuden".

7 Die Reichsfluchtsteuer wurde im Dezember 1931 für alle Auswanderer eingeführt, betraf aber ursprünglich nur Vermögen über 200 000 RM und betrug 25 Prozent. Im Mai 1941 betrug sie für Juden 80 Prozent, was nicht bedeutet, daß der Rest des Vermögens wirklich ausgeführt werden konnte.

8 Hier und im folgenden handelt es sich um die Vorbereitung der ersten Deportation von Juden aus Berlin, die am 18. Oktober 1941 stattfand. Die ersten Transporte führten in das Getto von Lodz (damals Litzmannstadt). Am selben Tag konnte noch der letzte von der Reichsvereinigung organisierte Auswandererzug Berlin in Richtung Paris verlassen. In ihm befand sich die Autorin.

9 Die Auswanderung wurde am 23. Oktober 1941 verboten.

47 Miriam Gerber, geb. Sondheimer

geb. 1922 Worms

Miriam Sondheimer, Tagebuch. Ms. 98 S. – Verfaßt in Worms, Heidelberg, Gurs, Marseille, Lissabon, Sosua 1934–1942.

Miriam Sondheimers Vater betreibt in Worms eine Getreide- und Futtermittelfirma. Miriam besucht bis 1935 die allgemeine Schule, dann bis 1938 die jüdische Bezirksschule in Worms. Sie beginnt eine Ausbildung zur Säuglingsschwester, während sich die Familie vergeblich um Auswanderung bemüht. Am 22. Oktober 1940 wird die inzwischen nach Heidelberg umgezogene Familie Sondheimer zusammen mit allen Juden Badens, der Pfalz und des Saarlandes nach Südfrankreich deportiert. Miriam arbeitet unter schwersten Lebensbedingungen in der Krankenstation des Lagers Gurs. Durch Verwandte gelingt es, eine Einreiseerlaubnis für die Dominikanische Republik zu erhalten, wo die Familie im Juli 1941 in Sosua eintrifft. Dort siedeln sich etwa 600 jüdische Emigranten als Farmer an, unterstützt vom American Jewish Joint Distribution Committee. Miriam arbeitet im Krankenhaus, bis sie 1946 nach New York geht. Sie heiratet 1954, hat einen Sohn und arbeitet als Sekretärin.

Camp de Gurs, 6. November 1940

Zwei Jahre habe ich nicht mehr geschrieben. Aber wenn ich diese Jahre genau beschreiben wollte, könnte ich hundert Tagebücher ausschreiben, und es wäre doch nicht alles. Ich glaube, dies sind die schwersten Jahre für uns Juden, seitdem die Welt besteht. Und nun scheint es allmählich seinen Höhepunkt zu erreichen. Wollte Gott, der wäre endlich erreicht, und es würde einmal wieder besser werden. Gestern war Wahl in den USA. Vielleicht ist Roosevelt wieder Präsident geworden und hilft uns. Wir wissen hier ja nichts, denn wir sind seit 14 Tagen von zu Hause fort und sind im Camp de Gurs in den Pyrenäen im unbesetzten Frankreich als Flüchtlinge oder als Internierte oder Kriegsgefangene, ich weiß nicht, was. Aber von 1938 bis jetzt war ein langer Weg und gewiß schon kein leichter.

Da war vor allem der 10. November 1938, an dem sämtliche Synagogen in Deutschland zerstört wurden und so vieles geschah, daß es zum Himmel um Rache schreit. Ich war gerade drei Wochen in der Haushaltungsschule in Frankfurt und mußte wieder nach Hause. Als ich in unsere Wohnung trat, waren meine Begrüßung Scherben, Scherben, wohin man sah. Papa war glücklicherweise verreist und kam so um das Konzentrationslager herum. Zuerst wußten wir nicht, wo er war. Wir wohnten tagsüber bei Onkel Albert und nachts schliefen wir zu Hause, nachdem wir unser Bettzeug von der Straße aufgelesen hatten. Die Großeltern wohnten von nun an bei uns; denn ihre Wohnung war vollkommen zerstört. Auch Tante Paula Kehr war bei uns. Onkel Seppl war in Buchenwald. Ich ging eine Zeitlang jeden Tag zur Polizei, um L. Kiefer Essen zu bringen. Im übrigen wagten wir nur, zum Allernotwendigsten auszugehen.

Wir sollten mit der Kinderverschickung in die Schweiz nach Wohlen kommen. Es hat nicht geklappt. Onkel Seppl kam von Buchenwald zurück in einem sehr kranken Zustand und war lange Zeit zur Erholung weg. Papa kam vom Mannheimer Krankenhaus zurück.[1] Unsere Wohnung war uns am 10. November gekündigt worden. Im Januar war ich eine Zeitlang in Heidelberg. Am 21. März, Omamas 70. Geburtstag, sind wir umgezogen. Ich hatte einen theoretischen Kurs in Säuglingspflege mitgenommen und sollte mit Lotti zusammen nach Holland. Wir verwarfen es, weil die Schweizer Sache verlockender aussah. Lotti ging weg. Dann begann die England-Auswanderung. Ich bekam nach langer Suche eine Garantie, war fertig ausgestattet, es hätte noch drei Wochen gedauert, da kam das große Unglück, der Krieg brach aus. Am 1. September 1939 war der Einmarsch in Polen. Nun ging es Schlag auf Schlag. Die Radios wurden uns abgenommen. Wir hatten Haussuchungen, dauernd kam die Polizei. Es gab Lebensmittel-karten. – Wir haben die Auswanderung nach allen möglichen und unmögli-chen Ländern betrieben. Es war fast alles Schwindel. Unsere Amerikanum-mer, 19 823, hatte noch lange keine Aussicht dranzukommen[2]. [...]

Und dann kommt der 22. Oktober 1940. Wir sind noch im Bett. Nur Mutti ist auf. Es ist halb acht Uhr. Plötzlich höre ich unbekannte Männer-stimmen bei uns im Flur, und dann verstehe ich, was sie vorlesen. „Sie haben innerhalb einer Stunde am Bahnhof zu sein. Pro Person sind 50 Kilo Gepäck erlaubt. Verpflegung für vier Tage." Dann folgt noch Verschiedenes über Dinge, die mitzunehmen nicht erlaubt sind. Pro Person sind 100 RM gestattet. Sonst nur Ehering, Stahluhr und Gebrauchsgegenstände. – Ich bin ganz erstarrt, springe aus dem Bett, ziehe mich in fliegender Eile an, dicke

Wäsche. Lorle steht auch auf, hört und fängt zu weinen an. Dann, ich weiß gar nicht mehr richtig, stehen alle auf, die Großeltern, Papa. Ich koche Kaffee, mache alles verkehrt. Wir fangen an zu packen. Warme Sachen heißt es. Lublin? Im ganzen Haus hört man herumspringen. Unten steht ein Polizist, der niemand raus und rein läßt. Wir packen ganz durcheinander. Jeder wirft in den Koffer, was er gerade findet und für recht hält. Ich mache mich an die Eßvorräte. Ich packe sie in die Rucksäcke.

Unsere Putzfrau kommt und hat plötzlich einen Wagen und eine Nichte zur Hand, die ihr hilft, alles Verderbliche aus unserer Wohnung zu bringen. Das darf sie nämlich. *Wir* haben weniger Hilfe an ihr. Das Hausmädchen von E.s. nimmt einen Korb mit frischgewaschener Wäsche, geht damit zur Tür hinaus und sagt zum Polizisten: „Die gehört mir!" Sie geht auch an die Wäscheschubladen und macht es genauso. Dann werden wir geholt. Ein Polizeiauto fährt vor. Je sechs steigen ein und werden am Bahnhof abgeladen. Wir kommen als letzte vom Haus dran. Wir stehen im Hauseingang und warten. Die Hausschlüssel werden abgeliefert. Ich gehe noch mal rauf und hole in einem Töpfchen die Vollmilch von Lorle. Wir trinken sie noch. Dann kommt das Auto. Wir werden namentlich verlesen und steigen ein. Wir sitzen ungefähr noch zehn Minuten vor der Türe im Wagen und müssen warten, bis das Haus versiegelt ist. Viele Leute gehen vorbei, stehen in der Nähe oder sehen zum Fenster raus. Alle gaffen, manche lachen, manche sind ernst. Wir sind alle ruhig und stolz.

Am Bahnhof steigen wir aus und werden von Polizei und SS empfangen. In einem Raum muß das Testament gemacht werden, und Papa unterschreibt, daß die Reichsvereinigung sein Vermögensverwalter wird, oder so ähnlich. Alle, fast alle unterschreiben es. Dann gehen wir zum Zug. Wir steigen ein und bekommen mit Wolfs zusammen ein D-Zugabteil für uns. Es ist zwölf Uhr, und wir hören, daß der Zug erst um sechs Uhr abgehen soll. Das große Gepäck wird in die Gepäckwagen verladen, nur Rucksäcke, Decken und kleine Koffer dürfen mitgenommen werden. Werden wir unsere Koffer wiedersehen? Man hat schon trübe Erfahrungen gemacht, z. B. bei den Stettinern, die nach Lublin gekommen sind.[3] Da wurden die Gepäckwagen abgehängt. Ich helfe tragen. Allmählich kommen sie alle. Die nächsten Bekannten und Gesichter, die man nie im Leben gesehen hat. Auch aus der Umgebung von Heidelberg. Manche sind ruhig und gefaßt, andere weniger. Alle schleppen sich ab mit Sachen, die sie in aller Eile zusammengerafft haben. Es ist ein trauriges Bild. Die ganz Alten und Kranken werden mit dem Auto von zwei Sanitätern in einem Krankenstuhl zum Zug gefahren. – Onkel Seppl war die Tage vorher bei uns, und jetzt hat er, Gott sei Dank, die Genehmigung erhalten, zu seiner Frau zu fahren. Wir hatten uns schon zu Hause verabschiedet. Andere hatten dieses Glück nicht. Da war einer verreist, wußte vielleicht noch gar nichts, und seine Lieben wurden hier, Gott weiß wohin, verfrachtet; wird er sie jemals wiedersehen?

Gegen sechs Uhr sind alle Leute da, man muß einsteigen. Der Zug wird rangiert. Die zwei Teile werden zusammengehängt. Es sind ungefähr 15 bis 20 Wagen voll von nun heimatlosen Menschen, die nur das Allernotwendigste haben und das manchmal nicht, und die nun zu einer noch viel engeren Schicksalsgemeinschaft verschmolzen werden, als sie vorher schon waren. Dann fahren wir aus dem Bahnhof. Auf einem gegenüberliegenden Bahnsteig stehen Frau F. und ihr Sohn Hans. Sie ist „arisch" verheiratet und braucht deshalb nicht mit. Sie rufen und schreien und winken ganz aufgelöst: „Auf Wiedersehen, alles Gute, lebt wohl!" Auf dem Bahnsteig hat man noch Limonade und Bier gekauft und Becher aus Wachspapier dazubekommen. Nun fahren wir. Es geht das Gerücht: Nach Frankreich, nach Belfort. Oh Gott, nur nicht nach Polen! Die Herren überlegen sich die Bahnlinien. Wir fahren.

In Bruchsal ist die erste Station. Neue Menschen steigen ein. Schicksalsgenossen. Man hört, die Aktion sei nur in Baden und der Pfalz. (Man weiß es jetzt noch nicht genau.) Dann fahren wir weiter. Es wird Nacht. Der Zug hält sehr oft. In Karlsruhe und Freiburg kommen immer wieder Juden dazu. Der Zug wird schrecklich voll. Die Leute sitzen und stehen in den Gängen mit ihrem Gepäck. Die Fenster müssen geschlossen und die Vorhänge zu sein. Die Luft ist unerträglich. Einer in Uniform und zwei Sanitäter laufen durch den Zug und rufen: „Ist jemand schlecht, hat jemand Herzbeklemmung?" Es war das erste und letzte Mal.

Wir fahren in die Nacht, in unbekannte Gegend. Immer noch die große Frage: Osten oder Westen? Wenn jetzt Breisach kommt, sind wir sozusagen gerettet. Waren wir schon dort? Endlich, schon im Morgengrauen, fahren wir über die Rheinbrücke. Frankreich! Das Bild, das sich uns jetzt bietet, ist ein sehr ungewohntes. Wir fahren nämlich durch ein Stück Kriegsschauplatz. Überall unbestelltes Feld, große Löcher darin, hie und da ein Bunker, kaputte Schienen, zerschossene Häuser. Scheußlich.

Marseille, 26. März 1941

Worms, Heidelberg, Camp de Gurs, Marseille. Wer hätte das je gedacht, daß wir so plötzlich von Gurs befreit werden? Aber wir müssen Gott dafür danken. Denn was wir da erlebt haben, würde allein ein ganz dickes Buch füllen. Am 25. Oktober 1940 kamen wir in Gurs an, und am 23. Februar 1941 fielen die Schranken wieder hinter uns zu. Dazwischen liegt viel Leid, aber auch manch Schönes.

Die Reise dorthin durch Frankreich war teilweise sehr interessant, und besonders groß war unsere Freude, als wir merkten, daß wir im unbesetzten Gebiet waren und die deutsche Zugbesatzung weg war. Jetzt konnten wir auch aussteigen und Wasser holen, wenn der Zug hielt, was wir vorher unter Androhung der Todesstrafe nicht durften; und im Zug war kein Wasser, zweimal wurden wir unterwegs verpflegt, einmal davon in Mülhausen, wo wir Brot, Suppe und Wasser bekamen und nebenbei erpreßt wurden. „Wer

Geld, Edelmetalle, Wertpapiere oder sonstige verbotene Wertgegenstände im Koffer hat und sie nicht abgibt, wird erschossen." Das wird zwei-, drei-, viermal gesagt. Dann werden kleine Stichproben im Handgepäck gemacht, das ist alles.

Wir kommen nachts in Oloron an, und der Zug steht bis zum Morgen – außerdem drei andere Züge mit der gleichen Ladung.[4] Wo kommen wir hin? Dann werden wir ausgeladen und in Lastwagen verfrachtet, irgendwo hingefahren, vermutlich in ein Camp.

Lissabon, 17. Mai 1941

Lieber Gott, ich danke Dir! Lieber Gott, ich danke Dir, daß Du uns so gut aus dem Hexenkessel herausgeführt hast. Ja, wir sind wirklich in Lissabon! Ganz wirklich, es ist kein Traum. Wir sind frei! Wir sind im Schlaraffenland! Endlich, endlich haben wir es geschafft! Es hat Kämpfe genug gekostet, und die letzten Wochen und Tage waren entsetzlich nervenzerreißend und aufregend, aber nun sind wir da. Am 10. Mai haben wir uns abends in den Zug in Marseille gesetzt, und am 14. Mai mittags fünf Uhr sind wir hier ausgestiegen. Die Reise war anstrengend und beschwerlich, aber interessant und schön. Jetzt kann ich schreiben, wie ich will, ohne Angst haben zu müssen, es könnte kontrolliert werden. Ich will nun versuchen, von Gurs bis jetzt alles der Reihe nach zu schreiben. Leider wird es nicht mehr so genau sein, wie wenn es neu und frisch erlebt wäre, aber das soll mich nicht hindern.

Unser Lastwagen hält, Männer raus. Also getrennt von den Männern! Er fährt weiter, hält wieder, raus. Wir sehen nicht viel, wo wir sind, wir schleppen unser Gepäck und gehen denen nach, die vor uns laufen, irgendwohin in ein Ding, von dem wir später erfahren, daß es Ilot I heißt. Eine Baracke aus Holz neben der anderen. Am Eingang des Ilots, das ringsum von Stacheldraht umgeben ist, der allerdings später verdreifacht wurde, steht eine Frau und zählt uns und sagt: „Zwanzig." Das heißt Baracke 20, und irgend jemand führt uns dorthin. In welcher Gegend es liegt, weiß ich nicht, alle Baracken sehen gleich aus und stehen in einer Richtung. Ich sehe nur an einer Barackentür, an der wir vorbeikommen, L. K. aus Heidelberg stehen, und sie ruft mir zu. Dann kommt Nummer 20. Ich glaube, in meinem ganzen Leben werde ich nicht diesen Augenblick vergessen, als wir in die Baracke hereinkamen und und Plätze suchten. Da war nämlich buchstäblich nichts drinnen als Wand, Dach und Fußboden. [...]

Von den 800 Menschen, die während des Winters in Gurs gestorben sind, sind es die meisten an Ruhr. Es gab Tage, wo im Lager zwanzig oder mehr Beerdigungen waren. In jedem Ilot wurden Ruhrbaracken eingerichtet. Ich selbst hatte natürlich auch Ruhr, doch Gott sei Dank nicht so schlimm. Ich hatte mich vermutlich angesteckt, da ich in der Infirmerie [Krankenbaracke] gearbeitet habe.

Ich begann meine Arbeit im Camp mit Dienst im Waschraum und

Sanitätsdienst in meiner Baracke. Es war schrecklich, denn es standen uns sozusagen keinerlei Mittel zu Gebote, noch nicht einmal ein Bett in den ersten Wochen. Dienst im Waschraum machte ich zusammen mit A. F., einem lieben Mädel aus der „Zwanzig", mit der ich mich später befreundete. Dann begann ich, Nachtwachen in der Infirmerie zu machen. Als ich zum ersten Male abends hinkam und die vielen alten kranken Leute da liegen sah, teilweise in Holzgestellen, denen man in Gurs den wunderbaren Namen „Bett" verlieh, teilweise auf dem Boden, Gestalten, die mit allem möglichen zusätzlich zu den Decken zugedeckt und angezogen waren, um die Kälte abzuhalten, dazu das schwache Licht und der scheußliche Geruch, da wurde mir ganz sonderbar, und ich mußte einen Moment aus dem Saal gehen, damit mir nicht schlecht wurde. Aber das war das einzige Mal. Später ging alles glatt. Ich habe in der Infirmerie viel gelernt und viel gesehen. Ich sah Menschen gesund werden und sah auch solche, die starben, wenn ihnen der schreckliche Durchfall das letzte bißchen Kraft nahm, das sie noch hatten. Ich habe achtmal Nachtwachen gemacht, und dann durfte ich tagsüber arbeiten, was mir und den Eltern ungleich angenehmer war. Durch diese Arbeit habe ich das Lagerleben leichter überstanden, denn ohne Arbeit wäre es nicht auszuhalten gewesen, man wäre verrückt geworden.

Mutti hat auch viel zu tun gehabt, besonders, da Omama fast den ganzen Winter krank war. Einmal waren Mutti und Omama zusammen krank, und ich pflegte sie. [...] Omama wurde so empfindlich mit dem Essen. Sie konnte fast alles, was es vom Lager gab, nicht essen, und was man so noch beschaffen konnte, war allein auch vollkommen unzureichend. Vom Lager gab es morgens schwarzes Wasser, genannt Kaffee, mittags Wasser mit Rüben, abends Wasser mit Rüben, dazu je nachdem ein Sechstel eines Brotlaibes, oder ein Siebentel und jetzt ist es sogar nur ein Neuntel. Aber die Laibe sind dabei keineswegs größer geworden. Man lernt jetzt etwas kennen, was man sonst nur dem Namen nach kannte, nämlich „Hunger". Am schlimmsten ist es für die Leute, die über keine Geldmittel verfügen und die sich dadurch nichts Zusätzliches leisten können. Ich kann jetzt gut verstehen, wenn jemand Mundraub begeht. Nein, ich muß sogar diejenigen Menschen bewundern, die Hunger haben und vor Lebensmittelgeschäften stehen, ohne die Fensterscheiben einzuschlagen. Aber noch schlimmer als den Hunger empfand ich persönlich die Kälte. Besonders nachts war es schrecklich. Dann legten Mutti und ich unsere Matratzen aufeinander, so daß wir nicht so auf dem Boden lagen, und legten uns zusammen darauf und wickelten uns zusammen in unsere Decken. So hatten wir es wärmer und froren nicht so. [...]

Eines Tages, Ende Dezember, erhielten wir einen Brief aus Amerika von Onkel Gustav, daß er versuchen wird, für uns die Einreise nach Santo Domingo zu erhalten. Sein Sohn Walter sei Sekretär bei David Schweitzer, dem Vorstand der Jüdischen Siedlungsgesellschaft DORSA.[5] Am 8. Januar 1941 erhielten wir vom Dominikanischen Konsulat in Marseille eine Vorladung zur Erteilung des Visums. Dies wurde die Grundlage zu unserer Befreiung aus Gurs.

1 Dort hatte sich der Vater versteckt, um der Verschleppung nach dem November-Pogrom zu entgehen. Diese Tatsache ließ die Verfasserin aus Sicherheitsgründen unerwähnt.

2 Registriernummer für potentielle USA-Einwanderer, die die Einwanderungsbedingungen erfüllten, jedoch bis zum Abruf ihrer Nummer warten mußten. Entsprechend ihrem Quotensystem erlaubten die USA jährlich nur ca. 27 000 Personen aus Deutschland und Österreich die Einwanderung. Infolge des starken Flüchtlingsstroms war diese Quote 1939 und 1940 in keiner Weise ausreichend. Das amerikanische Einwanderungsgesetz von 1921, das das Quotensystem festlegte, wurde jedoch nicht geändert.

3 Siehe Memoiren Elisabeth Freund (Nr. 46) Anm. 2, 5, S. 526.

4 Aus Baden, der Pfalz und dem Saarland wurden am 22./23. Oktober 1940 etwa 7000 Juden in das unbesetzte Frankreich deportiert. Die Vichy-Regierung inhaftierte sie unter den primitivsten Bedingungen im Lager Gurs am Fuße der Pyrenäen. Einem Teil der Betroffenen gelang es durch Emigration oder Flucht, dem Lager zu entkommen, die meisten wurden später in die Vernichtungslager Polens weiterdeportiert.

5 Dominican Republic Settlement Association. Die DORSA wurde 1939 in New York gegründet mit Geldern des Jewish Joint Distribution Committee, um jüdische Flüchtlinge aus Europa in der Dominikanischen Republik anzusiedeln. Präsident Trujillo hatte auf der internationalen Konferenz von Evian die Aufnahme von Flüchtlingen zugesagt und schloß einen entsprechenden Vertrag mit der DORSA. Es wurden ab 1940 etwa 600 Emigranten an der Nordküste in Sosua angesiedelt, wo sie Milchfarmen betrieben und eine Fabrik für Molkereiprodukte gründeten.

48 Käte Mugdan, geb. Rosenthal

geb. 1859 Magdeburg – gest. 1942 Berlin

Heinrich Mugdan, Aus meinem Tagebuch, Ms. September 1942, 8 S. – Vom Autor 1959 kopiert und mit einigen Erklärungen (in Klammern) versehen.

Käte Rosenthal wird in Magdeburg als Tochter des Arztes Dr. Heinemann Rosenthal geboren. Sie heiratet 1880 den Kaufmann Hugo Mugdan in Breslau, der ein Weißwarengeschäft am Ring besitzt. Schon 1893 wird sie Witwe. Von ihren fünf Kindern sterben die drei Söhne früh, die zwei Töchter studieren und emigrieren 1938/39 mit ihren Familien. 1931 zieht Käte Mugdan nach Berlin. Als die dreiundachtzigjährige Frau im August 1942 den Deportationsbescheid erhält, veranlaßt sie ihren Chemie studierenden Enkel Heinrich Mugdan, ihr den Freitod zu ermöglichen. Sie verbringt die letzten Stunden mit ihm, betend und Klassiker lesend, und stirbt gefaßt. – Der folgende Auszug aus dem Tagebuch des Enkels schildert die letzten Tage der Großmutter. Heinrich Mugdan, geboren 1916 als Sohn des Arztes Dr. Franz

Mugdan und seiner nichtjüdischen Frau, promoviert 1944 in Heidelberg und ist 1946 bis 1978 Gymnasiallehrer in Baden, zuletzt in Karlsruhe.

[Heinrich Mugdan kommt aus Heidelberg nach Berlin zu Besuch und wohnt bei seinem Bruder Ernst und dessen Verlobter Edith.]

Mittwoch, 12. August 1942: Nachmittags zu Großmama. Fand sie gegenüber vorigem Jahr gealtert, unruhig, sprunghaft. [...]

Dienstag, 18. August 1942: Großmama hat die Benachrichtigung, daß sie wegkommt. Eine Dame von der Gemeinde hat ihre Personalien aufgenommen, ihr eine Nummer Th. 4069 hinterlassen (von uns wohl richtig als Theresienstadt[1] gedeutet). – Nun geht alles seinen unerbittlichen Gang. Wir überlegen noch einmal: Neckargemünd? Heidelberg? Am Abend und nach Überdenken in der Nacht scheint Brunnengasse möglich und das beste. (In der Brunnengasse in Heidelberg wohnte jahrelang L. N. bei einer Wirtin, die den großen Vorzug hatte, taub zu sein.) Zum Abendessen Lutz Heuss[2] – wir spielen die Unbefangenen.

Mittwoch, 19. August 1942: Zum Mittagessen bei Großmama. Sie beginnt zu richten und zu packen. Ich spreche von der Brunnengasse. Erst geht sie kaum darauf ein. Am Ende mache ich den Vorschlag nochmals dringlicher. Sie scheint danach zu greifen – doch weist sie ihn am folgenden Morgen weit von sich: „Was, wenn ich sterbe?" Abends nach dem Essen mit (meiner Kusine) Liesel bei Walter zu Besuch [...]. Gespräch von allerlei, in Gedanken nur Großmama.

20. und 21. August 1942: Bei Großmama, die weiter mit den Dingen beschäftigt. Ich lerne bei ihr verschiedene Freunde kennen in diesen Tagen: Frau Pascher, Frau Professor Ziegler, später noch Fräulein Stapel und Fräulein Gerhardt. Dann sind da die Hausleute („arischer" Hausmeister, Heizer etc.), die mir mehr oder minder ziemlich mißfallen, Herr Remer, der alles nur Greifbare fortschleppt, Frau Räder, die das Geschirr bekommt. – Inzwischen laufen Ernsts Anstrengungen bei Justizrat Bollert (die Behörden zu einer Zurückstellung Großmamas von der Deportation zu veranlassen). Es kommt kein Bescheid. – Die andere Ausflucht: Krankheit. Es bedrückt Großmama, daß sie die Kranke spielen soll, obwohl sie es wieder nicht entschieden von sich weist, im Augenblick der Gefahr sich wohl dazu fähig fühlt. Aber sie „kann" sich nicht ins Bett legen.

Samstag, 22. August: Ich bin nicht bei Großmama, wohl aber Edith und Ernst. Da ereignet sich der nächste Schritt: die Auflage, zum 31. August die Wohnung zu kündigen und alles zur Übersiedlung in ein „Altersheim" vorzubereiten. Geschirr und Kleider, soweit nicht persönlicher Bedarf, sollen von der Gemeinde abgeholt werden, die Möbel schließlich verzeichnet und auch beschlagnahmt werden. – Damit ist schon der äußerste Termin gesetzt: die Bedrängnis wird immer größer.

Inzwischen war ich nachmittags mit Liesel draußen am Wannsee paddeln mit Walters Boot. Abendessen in der Stadt im „Fürstenhof". Liesel geht dann nach kurzer Station in der Carmerstraße weg. Ich zu Bett, ehe die anderen zurück. Höre dann Ernsts Bericht. *Sonntag, 23. August:* Ungünstiges Wetter vereitelt – zum Glück – Sonntagswanderpläne. Ich bin gegen Mittag bei Mommsens. Das Gift. (Ich hatte aus dem Labor für alle Fälle Kaliumcyanid bereit und Großmama auf ihre Bitte davon geschickt). Wie man auf einmal menschlich viel stärker zueinander kommt. – Mittagessen mit Edith, Ernst und Walter im chinesischen Restaurant auf der Kantstraße. Nachher zu Großmama. Sie wird immer entschiedener in ihrer grundsätzlichen Haltung. Schade nur, daß ihr die Sorge um die Sachen keine Ruhe läßt. Vielleicht ist's freilich auch gut und richtig so, da kommt sie nicht zu viel zum Nachdenken – über Tag, denn nachts schläft sie natürlich kaum. Ich versuche, sie abzulenken auf die alten Dinge, Erinnerungen hin. Lese aus den alten Gedichten, der Chronik Joachim Mugdans, dem Gästebuch – aber nie läßt sie sich lange dabei halten, da fällt ihr wieder etwas ein, das versorgt sein will. – Nach dem Abendessen kommen Ernst und Edith. Wir spielen eine Runde Rommé, trinken ein Gläschen Wein dazu, der leider sauer geworden ist. – Mein Vorschlag, zur Nacht dazubleiben, wird für diesmal noch nicht angenommen: „Morgen." Am frühen Nachmittag schickt mich Großmama mit einem Pack zu Paschers, Tangastraße 11. Ich irre dort von Bahnhof Putlitzstraße wohl eine Stunde umher, finde dann in Paschers (sie kannte ich schon: also ihn und der Tochter von ca. 20 Jahren) sehr nette Menschen. Der Garten. Die Dahlie „Susanne". Die Kirschen. Frau Paschers Ungefaßtheit. Inzwischen ist Großmama schon in großer Sorge um mich, da auch die anderen zu spät kommen.

Montag, 24. August: Meine Fahrt hinaus verzögert sich etwas. Zwischen Bahnhof und Güldenhofer Ufer (Nr. 10, Großmamas Wohnung) begegne ich Frau Pascher, die überladen nach Hause zieht, mich sehr herzlich begrüßt. – Inzwischen hat die Post den nächsten Schrieb gebracht. Wieder von der Gemeinde abgefaßt. Spricht zunächst nur von einem „Berliner Altersheim" – Gormannstraße 3 – von Gepäck, das transportiert werden solle usw. Abholungstermin: Donnerstag, ab 13 Uhr. Ich beschließe, mich bei der Ausgangsstelle, (der Jüdischen Gemeinde) Oranienburgerstraße, näher zu erkundigen, obwohl Großmama zunächst hartnäckig den Zweck dieses Unternehmens nicht einsehen wollte; sie sollte recht behalten. In der „Zentralstelle Altersheime" wird mir die Hauptfrage: „Zwischenstation oder Dauer?" ausweichend beantwortet, doch ist der Ton der Auskunft sprechend genug. Der Versuch am „Wohnungsamt"[3] mehr zu erfahren, scheitert daran, daß man mich überhaupt nicht hineinläßt. Ich rufe an. Der ungeduldige Herr Adler: „Sie können schneller sprechen, ich habe keine Zeit." Auf meine Frage, ob noch private Unterbringung denkbar: „Nein, behördlich verboten. Sie können sich doch denken, daß die Maßnahme mit der Abwanderung in Zusammenhang steht." Bei der Gormannstraße „Nur Zwischenstation". – Ich bringe Ernst den trostlosen Bescheid ins Büro, fahre dann wieder hinaus. Bleibe draußen über Nacht. Wie rührend – wie alt Großmama ist, im Nachthemdchen, das Haar zu einem dünnen Zöpfchen geflochten, der Mund ohne Gebiß erschreckend eingefallen, die Sprache mühsam. Ein wenig ist ihr's peinlich, daß ich da bin, sie möchte selbst alles im Zimmer fertigmachen: Verdunklung, Fenster auf. Dann ist ihr's aber doch wohl auch beruhigend. Denn ich höre sie sehr bald den tiefen Atem des Schlafes atmen. Ich liege noch lange wach, wache morgens früh auf und kann nicht hindern, daß meine Gedanken um das Ende kreisen.

Dienstag, 25. August: Während ich morgens zur „Wohlfahrtsstelle"[4] telefonieren will – für Frau Bernheim (die über siebzigjährige schwatzhafte und unordentliche Frau Bernheim war außer dem „gemischten" und daher einstweilen unbehelligten Ehepaar Garten in Großmamas Wohnung zwangseinquartiert und hatte ebenfalls den Auszugsbefehl erhalten) – kommt eine Dame ins Haus, die ein Verzeichnis von Hab und Gut aufstellt, außerdem Gutes über Theresienstadt berichtet, sagt, daß das Gepäck abgeholt wird und alles mitgenommen werden darf an persönlichem Bedarf – außer Büchern. „Und was denkst du darüber?" – „Ach, das hat mich doch nicht im geringsten tangiert. Das kommt doch für mich gar nicht in Frage. Ich bin dort tot für euch, und für mich ist's kein Leben mehr. Ich hätte gern noch gelebt, so wie es hier zuletzt war. Ich habe wirklich viel Freude daran gehabt. Es war wie eine zweite Jugend. Und ich habe mir noch so viel vorgenommen zu lesen. Den Faust und den Hamlet wollte ich noch einmal lesen, wie jedes Jahr. Und meine Handarbeiten: den Pullover für Irene aus Angorawolle hätte ich noch so gerne fertiggestrickt. Und ein Netz habe ich auch wieder angefangen zu filieren (wie viele hat sie in diesen Tagen verschenkt!). Und ich habe solche Freude am Kochen gehabt. Früher habe ich doch nie gekocht. Und ich glaube, ich hätte sehr gut kochen lernen können. Ich habe wirklich ein schönes Leben gehabt bis zuletzt. Aber dort – fern von meinen Lieben und nichts voneinander wissen, das möchte ich nicht." Das war der Inhalt manchen Gesprächs. Immer klarer ging sie auf das Ende zu. Von der Aktion Bollert versprach sie sich nichts. Und wirklich, er hätte auch nur ungewissen Aufschub erzielen können. Das wollte sie nicht, immer neuer Bedrohung sich aussetzen. Auch das Kranksein hätte nichts Besseres bedeutet. Man hätte sie günstigstenfalls ins Krankenhaus gebracht, wo sie nicht sicherer gewesen wäre. – Jetzt nachträglich scheint es, als wäre es bei der unklaren Zuständigkeit der einzelnen Stellen doch für sie möglich gewesen, in der Wohnung zu bleiben: freilich, wie lange? Möglich, daß noch eine Reihe ähnlich scheinbar friedlicher Tage ihr beschieden gewesen wären. Aber wahrscheinlich ist's nicht, und sie war den Weg zum Tode innerlich in dieser einen Woche so weit vorgeschritten, daß sie sich doch nie mehr recht hätte zurückfinden können, wo es keine Sicherheit für sie gab. Der Entschluß war immer unbeirrbarer, keine Verlockung konnte ihn mehr erschüttern, unbeschadet der Freude am Schönen, am Leben, die bis ganz zuletzt anhielt. Aber zu einem abenteuerlichen Dasein – jede Fortsetzung wäre ein solches gewesen – wäre nach dieser Erschütterung wohl ihr Herz rein physisch nicht mehr im Stande gewesen.

Abends war Ernst zum Essen da. „Ich komme mir vor wie ein gemeiner Mörder." Großmama: „Im Gegenteil, die Alten haben es als den größten und höchsten Freundschaftsdienst angesehen, dem Freunde in der äußersten Not den Tod zu geben." In diesen Tagen suchte sie sich die Stelle in der Apologie des Sokrates, wo er vom Tode spricht: „Die Menschen reden vom Tod, wie wenn sie wüßten, daß er das größte Übel ist, mir aber ist nicht gewiß, ob er nicht vielleicht das höchste Gut sei ..." Ernst will davon nichts wissen: der Tod ist ein grausames Ende, eine Grenze, jenseits deren kein Zurückblicken, keine Verbindung zu den Lebendigen mehr möglich ist.

Mittwoch, 26. August: Der Tag beginnt bald mit großer Unruhe. Die Bernheim packt verzweifelt und muß sich wohl wundern, daß wir nichts dergleichen tun, ist aber völlig in ihren eigenen Sorgen absorbiert. – Als erster kommt ein junger Mann, um das Gepäck abzuholen, anständig, ruhig, obschon arisch. Er tut das ständig. Läßt Frau Bernheim ruhig zu Ende kramen und bringt dann ihr Gepäck weg – hätte sie auch gleich mitgenommen, wenn sie gewollt hätte. Gegen elf Uhr kommt Edith. Ich lasse die beiden allein, besorge Essigessenz, telefoniere an Ernst, was unerhört lang dauert. [...] Bald nach meiner Rückkehr kamen zwei Leute, beide sehr anständig, einer von der Gemeinde, ein anderer, um für die Gemeinde das Bereitgestellte abzuholen. Wir hatten nichts bereit. Da aber die Leute klar sagten, daß, was sie nicht holten, der G. (Gestapo) verfiele, so war doch auch Großmama bereit, ihnen zu geben. So war's eine große Unordnung in der Wohnung. Edith half tüchtig mit, unter anderem etwas Geschirr aus der Küche zu verpacken. Endlich war auch das vorbei. Großmama hatte sich sehr aufgeregt und konnte nichts recht anfangen. Zu kochen brauchte sie zum Glück nicht viel, da vom Vorabend noch etwas aufzuwärmen war. Nachmittags war sie auch lange nicht zu ruhigem Sitzen zu bewegen. Erst später konnte ich ihr dann ein wenig vorlesen. Wir hatten unter den alten Sachen das kleine Stückchen gefunden, das Tante Berta zu Großmamas 70. Geburtstag verfaßt, Stenzels und ihre Freunde aufgeführt hatten: von der rastlosen Tätigkeit der überall benötigten Großmutter, vom Treuenfelsschen Radio, das über Paschki an den Trunkenbold K. geriet usw. Großmama konnte sich richtig herzlich darüber freuen und hatte viele Einzelheiten zu erklären und zu erzählen. Ich wollte die gute Gelegenheit ausnutzen, uns weiter in unsere „Chronik" zu vertiefen, die uns gestern abend nach Ernsts Weggang noch ein Stündchen in die schönere Vergangenheit geführt hatte. – Da kam Ernst. Großmama wurde gleich wieder unruhig. Ich kümmerte mich inzwischen um das Abendessen, das Frau Garten bereiten wollte. Sie kochte uns auch wirklich ein treffliches Gericht: Bratkartoffeln und Gemüse und Schnitzel dazu – für die letzten Marken. Und zum Nachtisch gab's noch

Kirschen aus der Neckargemünder Büchse. – Nach dem Essen spülte ich noch mit Ernst Geschirr ab. Inzwischen traf Großmama Vorbereitungen für ihr Lieblingsgericht: geschlagene Eier. Frau Remer hatte ihr zwei Eier gebracht, und die half ich ihr nun schlagen; das Gelbe für sich mit Zucker, und das Weiße als Schnee dazu. Das eine Ei war goldgelb, das andere blaß, und wir verteilten beide über drei Tassen, nach Menge und Farbe gleichmäßig. „So nun habt ihr noch mein Lieblingsgericht gegessen. Das habe ich mir oft als Abendessen gemacht mit Butterbrot dazu, das schmeckt prächtig: aber ich weiß ja nicht, ob ihr's mögt. Das wollte ich euch doch noch als Speise machen. – Meine Henkersmahlzeit.“ – Es schmeckte wirklich wunderbar. Während ich noch aufräumte, las Großmama Ernst aus der Bibel vor: „Alles ist eitel …“ (Prediger). Dann setzten wir uns zu dritt um den gewohnten Tisch zur stillen Lampe. Ich holte uns Lektüre. Und dann las ich noch einmal Tante Bertas Stück vor, das Großmama so sehr erheitert hatte und auch jetzt seine Wirkung nicht verfehlte. Inzwischen war es elf Uhr geworden und Zeit für Ernst Abschied zu nehmen. Ich machte mir derweil in der Küche zu schaffen.

Als er gegangen war, und ich mit Verbrechergefühlen wieder zu ihr eintrat, stand sie erschöpft da. Doch faßte sie sich bald: „Der Ernst ist zu weich. Wir wollen stark sein bis zum Ende.“ Unvergeßlich die Gebärde, mit der sie das sprach: ganz antike Würde und Kraft. – Wir saßen dann noch eine gute Stunde, sie erzählte von früher, von ihrer glücklichen Kindheit, ihrer liebreizenden Mutter; dann sprach sie von ihren eigenen Kinderchen, dem unbändigen und doch nach des Vaters Tod so gut lenkbaren Franz, der klugen Berta, den reizenden Zwillingen, ihren Lieblingen. Und dann wieder fragte sie nach mir. Es war ihr tröstlich zu hören, daß ich – trotz allem – an das Leben glaube, daß ich irgendwie auch hoffe. „Das ist recht, daß du nicht so hoffnungslos bist wie Ernst.“ – Einmal fiel ihr der Theklamonolog ein, und wir suchten uns die Stelle im Wallenstein, d. h. sie suchte sie: erstaunlich wie sie diese Dinge im Gedächtnis bewahrt hat. Den Wallenstein hatte sie noch kürzlich wieder gelesen. „100 Schiller-Gedichte habe ich auswendig gewußt und kann sie noch so ziemlich.“ Auch hierin bewundernswert.

Dann, es war gegen 1 Uhr, wollte sie zu Bett gehen. Da fielen ihr zwei Pfirsiche in der Obstschale auf. „Ach, die wundervollen Pfirsiche. Die wollen wir noch essen.“ Während wir uns am runden Tisch dazu bereitmachen, bläst die Sirene Alarm. Gartens bewegen sich draußen, und ich muß Großmama, die nichts gehört hat, es schließlich sagen. Erst wird sie unruhig. Dann aber setzen wir uns und verspeisen unseren Pfirsich, haben das Lämpchen ins Zimmer zurückgestellt. – Nun rüstet sich Großmama für die Nacht. Dabei fällt ihr wieder und wieder etwas aus dem Besitz ein: „Aber du weißt das ja sehr gut, was und für wen. Was du tust, ist wohlgetan.“ – Du Liebe, Gute. – Es ging auf zwei Uhr. Großmama wollte eben ins Bad, da kam schon die Entwarnung. Und dann wusch sie sich aufs gründlichste, während Gartens draußen wieder heraufkamen und dann verschwanden. Sie zog ihr vorbestimmtes Sterbehemd an, flocht ihr Haar, nahm die Zähne heraus und legte sich zu Bett. Vorher aber hatte sie noch mit erhobenen Händen um die Kraft zu diesem Letzten gerungen. „Gott war mir immer gnädig. Ich habe immer beten können. Und auch jetzt kann ich's." – Und sie betete lange und hörbar, während ich mit schlechtem Gewissen am Fenster stand, die Verdunklung hochzog und den vollen Mond ins Zimmer scheinen ließ. „Es ist so schön draußen. Der Mond ist noch zu sehen." – „Dann muß ich ihn mir noch einmal anschauen." Und sie kam und trank noch einmal mit vollen Zügen die reine Luft, nahm die Schönheit mit ihren Augen auf. „Füllest wieder Busch und Tal ... kann man da wirklich sagen" ... „Oh sähst du, voller Mondenschein zum letzten Mal auf meine Pein", hatte sie gestern zitiert. Dann geleitete ich sie zum Bett zurück, sie nahm eine starke Dosis Schlafmittel und konnte doch nicht einschlafen, wie sie so bereit lag zum Letzten. „Ich bin noch ganz wach." – „Quälst du dich denn?" – „Nein, ich bin ganz ruhig, ich bete für euch alle. Ich bin ganz ganz sicher, daß es wirkt. Es wird euch einmal besser gehen." – „Ich schlafe gar nicht." – „Aber wir haben doch noch so viel Zeit, die Nacht ist noch so lang. Und ich möchte, daß du friedlich einschläfst." – „Warum willst du mir's denn so leicht machen? Dafür muß ich dir noch einen Kuß geben." Endlich legte sie sich, wie gewohnt, zur Seite und schlief ein. Welche Gefühle.

Donnerstag, 27. August: Der vergebliche Versuch mit dem Einatmen (von mit Hilfe des Essigs erzeugtem Blausäuregas). Um vier Uhr muß ich sie wecken, trinken lassen. Die schrecklichen Minuten bis 4.13 Uhr. Die letzten Dienste. Die Stunden bis zum Morgen, wo ich noch bei ihr sein darf, sie umarmen. Die Kerze, die, fast verzehrt, noch immer flackert all die Zeit. Endlich, wie ich die Augen aufschlage, tagt es schon. Drüben regt es sich. Kurz vor sieben Uhr verlasse ich die Liebe, rufe den Arzt an und Ernst. Dann packt es mich. Droben Frau Garten ... „Großmutter lebt nicht mehr." – „Das geht nicht mit rechten Dingen zu." Und dann die Verrichtungen dieses trostlosen Morgens, der mit so heller Sonne ins Zimmer drang. Aufräumen. Packen. Ernst. Um zehn Uhr Dr. Sonntag. Ernsts unvorsichtiges Wort von „Freitod", das den gewissenhaften Mann nichts anderes schreiben läßt. – Die Komplikationen auf der Polizei. Der Kriminalbeamte. – Die Koffer. Die „Abholer", denen ich auf der Treppe begegne. Schon vorher hat man *sie* geholt, während ich drunten war. – Frau Bernheims Abgang. – Nach kurzem weiterem Aufräumen erschöpft. Frau Garten macht mir Kaffee, ich esse ein paar Brote, fühle mich etwas stärker. Wir gehen. Da überkommt's mich mit Macht. Im Freien. Am hellen Tageslicht. „Daheim" ins Bett. Schlafen. – Abends Liesel nur kurz, allein. Klavier: Bach.

Freitag, 28. August: Draußen (in Großmamas Wohnung) aufgeräumt.

Samstag, 29. August: Besuch bei Frau Heuss:[5] „Keine Skrupel – nie."

1 In das Getto Theresienstadt wurden aus Deutschland vorwiegend alte Menschen deportiert: Von fast 42 000 Juden aus dem Altreich (von denen 20 000 in Theresienstadt
starben) waren 31 000 über 61 Jahre alt. Die meisten, die nicht im Getto umkamen,
wurden nach Auschwitz weiter deportiert und dort ermordet.

2 Dr. Ernst Ludwig Heuss (1910–1967), der Sohn des späteren Bundespräsidenten
Theodor Heuss.

3 Die Wohnungsberatungsstelle der Jüdischen Gemeinde bewirtschaftete alle Wohnungen
von Juden, seitdem diese nur noch in besonderen „Judenhäusern" wohnen durften. Das
Amt wurde gezwungen, an der Vorbereitung der Deportationen mitzuwirken. Es mußte
nach und nach alle in Berlin lebenden Juden spezielle Fragebogen ausfüllen lassen, nach
denen die Gestapo die zu Deportierenden bestimmte.

4 Das Wohlfahrtsamt der Gemeinde leitete noch der im Oktober 1942 als Geisel erschos-
sene Dr. Fritz Lamm (1876–1942). Vgl. Bruno Blau (Nr. 51) Anm. 3, S. 587.

5 Elly Heuss-Knapp (1881–1952) hat die von Heinrich Mugdan geschilderten Ereignisse in
dem kleinen Erzählungsband „Schmale Wege" (1946) frei nachgestaltet.

49 Camilla Neumann, geb. Selinger

geb. 1892 Budapest – gest. 1955 New York

Camilla Neumann, Erlebnisbericht aus der Hitlerzeit. Ms. 29 S. – Verfaßt Berlin 1946.

*Camilla Selinger wächst in ihrer Geburtsstadt Budapest und in Konstantino-
pel auf, wo sie deutsche Schulen besucht. Sie heiratet 1913 den Berliner
Bankbeamten Ludwig Neumann und lebt 1913 bis 1949 in Berlin. Ihr Mann
ist ein mittlerer Angestellter der Dresdner Bank, bei der auch sie bis 1918
arbeitet. Als ihr Mann 1936 zwangspensioniert wird, versucht die Autorin
vergeblich, ihn zur Auswanderung zu veranlassen. Ihre Tochter emigriert
1938 als Lehrkrankenschwester nach England. Ab April 1941 muß die
Autorin Zwangsarbeit leisten. Im Zuge der „Fabrik-Aktion" vom 27. Februar
1943 wird ihr Mann auf der Arbeitsstelle verhaftet und nach Auschwitz
deportiert. Sie taucht sofort unter, lebt kurze Zeit bei verschiedenen nichtjüdischen Bekannten und arbeitet dann eineinhalb Jahre als Hilfskraft auf
einem Gut in Berlin-Frohnau, wo ihre Situation bekannt ist und ausgenutzt
wird. Sie überlebt zuletzt mit falschen Papieren und emigriert 1949 in die
USA.*

Im Oktober 1941 fingen in Berlin die Massenverschleppungen an. Von da ab
ist die Stimmung unter den Juden auf dem Nullpunkt angelangt. Schon
wochenlang vorher war eine trostlose Atmosphäre, denn in den kleineren
Städten hatte man die Juden bereits zusammengetrieben und nach Lublin
und Piaski abgeschoben. In Berlin wurde der Kulturbund aufgelöst, wie

auch die einzige jüdische Schule[1], und Gottesdienste durften auch im kleinsten Rahmen nicht abgehalten werden. Die Mitglieder des Kulturbundes, Schauspieler, Musiker etc. haben bei der Gemeinde für die Gestapo Personenverzeichnisse gemacht. Kurz gesagt, das war der Anfang vom Ende. Man war auch hier auf das Schlimmste gefaßt und doch auch nicht, als das Fürchterliche eintraf. Von nun an packte man kopflos die Koffer ein und aus. Alle Augenblicke gab es neue Bestimmungen darüber, was man mitnehmen darf. Dabei sah man immer deutlicher, daß das ganze Packen sinnlos war, denn die Sachen wurden einem doch abgenommen. Oft haben die armen Menschen auf den stundenlangen Märschen, die sie zum „Ziel" führten, vor Erschöpfung ihre Sachen nach und nach selbst weggeworfen. Von vielen Transporten wußte man nicht, wo sie angekommen sind, und von denen man es wußte, mußte man gleichzeitig erfahren, daß die Menschen dort zugrunde gingen.

Diese Deportationen waren so etwas Ungeheuerliches und sind nur von den Massenmorden übertroffen worden. Grauenhaft war es, wenn der dunkle Wagen mit den SS-Banditen vor der Türe hielt und die abgehärmten Männer, Frauen und die unschuldigen Kinder abholte. Die Art der Abholung hat sich alle paar Wochen geändert. Sie wollten immer etwas Neues bringen, die Hauptsache war „schlagartig" und „spontan". – Die ersten haben eine Mitteilung bekommen, daß über die Wohnung anders verfügt wird und daß sie die beigefügte Liste ausfüllen müßten. Zuerst ahnte kein Mensch, wozu das sein sollte, aber später wußte man schon, was die „Liste" bedeutete. Es war ein vorgedrucktes Verzeichnis, worein man seine sämtlichen Einrichtungsgegenstände, Kleidung, Wäsche eintragen mußte. Das wurde dann gleich bei der „Evakuierung" laut Liste beschlagnahmt. – Nachher fiel die Liste weg, und man bekam nur eine Mitteilung, daß man sich den nächsten oder übernächsten Tag zwecks Abholung in der Wohnung aufhalten müsse. Die Boten waren meistens Leute von der Gemeinde, sogar Kapellmeister Schwarz[2] trug solche Todesurteile aus, denn in Wirklichkeit war es nichts anderes. Die Gemeinde war eben nichts weiter als eine Abteilung der Gestapo. Selbstverständlich kam es nun vor, daß einzelne ausgerückt und irgendwo untergetaucht sind, und so gab es nicht mehr immer vorherige Mitteilungen. Nun war man in seinen vier Wänden keine Minute mehr seines Lebens sicher, und jede Mahlzeit konnte die Henkersmahlzeit sein. – Da der Gestapo die Abholung aus den Wohnungen nicht schnell genug ging, mußte ein großer Teil der Beamten der Jüdischen Gemeinde sich an den Abholungen beteiligen. Sie hatten Vollmachten von der Gestapo, und man mußte mit ihnen mitgehen, sträubte man sich, so wandten sie Gewalt an. Sie sagten, sonst koste es ihren eigenen Kopf. Wir waren sehr betrübt, daß sich Juden zu so etwas hergaben. Aber auch das genügte noch nicht. Schließlich wurden die Juden wie Hunde eingefangen; aus den Läden, aus den Sprechzimmern der Ärzte, von den Straßen wurden sie zusammengeholt und auf Lastwagen verladen. Wenn das Einsteigen nicht schnell genug ging, wurde man in den Wagen gestoßen. Die letzte Aktion, „Fabrikaktion" genannt, war am 27. Februar 1943. Da wurden alle geholt. Hunderte von Lastautos mit SS sind vor sämtlichen Fabriken, wo Juden arbeiteten, vorgefahren und haben die Menschen, so wie sie standen und saßen, von der Arbeit verschleppt. Sie sind in zwei Lager geteilt worden, Männer und Frauen extra, und noch am selben Abend fing der Abtransport nach Auschwitz an. In offenen Viehwagen, ohne Decken und Mäntel. Viele sind unterwegs erfroren. Die meisten Transporte sollen sofort in die Gaskammern gekommen sein. Nur junge und sehr kräftige Menschen sind abgesondert und den Arbeitslagern zugeteilt worden.

Bevor ich auf unser eigenes Schicksal zu sprechen komme, will ich über unsere Verwandten und Freunde berichten. Schon seit Jahren hatte Ludwig seine Verwandten Flater in Stettin nicht gesehen, ich kannte sie überhaupt nicht. Als wir aber über das grauenhafte Los der Stettiner Juden hörten, setzten wir uns mit Flaters in Verbindung und boten ihnen unsere Hilfe an. Damals war das noch möglich. Wir erfuhren dann von ihnen, daß Adolf Flater mit Frau und Kind, die zwei Schwestern und eine Tante bei Nacht und Nebel ohne vorherige Benachrichtigung abgeholt und nach Lublin transportiert worden waren. Das war am Anfang des Jahres 1940 in der bittersten Kälte.[3] Von Lublin aus mußten sie mehrere Stunden durch den hohen Schnee nach Belzyce marschieren. Sie nannten das den „Todesmarsch", denn viele sind auf dem Wege zusammengebrochen und liegengeblieben, darunter auch ihre Tante. Sie selbst haben unter Aufwendung ihrer ganzen Energie den Weg geschafft, aber ihr ganzes Gepäck haben sie unterwegs nach und nach weggeworfen. Hinter ihnen fuhr ein großer Lastwagen her, der das Gepäck gesammelt und wieder nach Deutschland zurückgefahren hat. In Lublin hatten die fünf Personen in einem Zimmer gehaust unter den allerprimitivsten Umständen. Dabei ging es Adolf als Lagerarzt noch viel besser als den anderen, die im Lager wohnen mußten. Die schlechten hygienischen Verhältnisse trugen dazu bei, daß bald eine Typhusepidemie ausbrach und die Menschen wie die Fliegen starben. Unsere Hilfe bestand darin, daß wir, d. h. Flaters, Oppels, Martin und Grete und wir, ihnen alles, was sie brauchten, geschickt haben. Sogar Julius Hirsch hat sich daran beteiligt. Wir schickten ihnen vom Kochtopf bis zum Taschentuch alles. Jeden Tag ging ein Paket an sie ab. Schon nach sechs Wochen schrieben sie, daß sie bereits mehr hätten, als sie von Stettin mitnehmen konnten. Dann versorgten wir sie mit Arzneien und billigem Schmuck von Woolworth, da Flaters dies gegen Lebensmittel tauschen konnten. Die Polen waren sehr scharf auf solchen Tand. Bis zum Frühjahr 1942 standen wir in Verbindung miteinander, dann hörten die Nachrichten ganz plötzlich auf. Der erste Transport mußte anderen Transporten Platz machen.

Oppels haben zu den ersten gehört, die eine „Liste" bekamen, und Felix in seiner überaus großen Gewissenhaftigkeit hat auch alles ganz genau ausgefüllt. Keiner wußte, was das bedeuten sollte. Oppels befürchteten schon, daß sie nun aus der Wohnung heraus müßten und dann womöglich in einem Zimmer untergebracht würden. Leider ist es noch viel schlimmer gekommen. Zwei Tage, nachdem sie die Liste abgegeben hatten, sind sie an einem Freitagabend um 9 Uhr abgeholt worden. Gerade war eine Nachbarin aus dem Hause bei ihnen, als es klingelte. Felix ging zur Türe und fragte, wer da sei. Darauf kam die Antwort: „Im Namen des Gesetzes, machen Sie auf!" Erschrocken rettete sich die Nachbarin durch die Hintertüre und Oppels machten auf. Innerhalb von einer Stunde mußten sie sich fertigmachen und mit den Beamten die Wohnung verlassen. Sie haben kaum etwas mitnehmen können, denn Rosa mußte Felix stützen und Erna hatte schon seit Monaten einen entzündeten Nerv im Arm. Ein Kommerzienrat wohnte bei ihnen, und durch den erfuhren wir am nächsten Tag das furchtbare Ereignis. Mir fehlen die Worte zu schildern, wie niedergeschmettert wir waren. Seit der schweren Krankheit von Felix im Sommer 1938 waren wir innig befreundet. Rosa hat mich ganz unverdienterweise als ein Vorbild hingestellt und überall erzählt, wie ich zu Felix' Genesung beigetragen habe. Ludwig, der noch nicht arbeitete, ging jeden Tag zu Oppels und erzählte mir, wie sie frieren, weil sie sich ihre paar Kohlen für noch strengere Kälte aufbewahren wollten. Da habe ich aber geschimpft und ließ ihnen sagen, daß man in dieser Zeit nicht auf so lange Sicht disponieren könne. Am Freitag ließen sie mir erwidern, daß sie meinen Rat beherzigt und schön eingeheizt hätten. Und an diesem Tag ist das Unglück passiert. Diese ersten Berliner Verschleppten, genau 2000 Menschen, hat man in der Synagoge Levetzowstraße[4] gesammelt, sie blieben dort mehrere Tage, weil damals noch viele Formalitäten zu erledigen waren. Später hat man sich mit uns nicht mehr soviel Mühe gemacht. Obwohl Oppels noch in Berlin waren, durften wir sie nicht mehr sehen, denn die Gestapo hatte Posten vor den Toren. Nachdem dieser Transport weg war, stand einige Tage später folgende Notiz in der Zeitung: „In den letzten Tagen haben viele Juden unter Hinterlassung von Schulden Deutschland fluchtartig verlassen."

Wir hörten wochenlang nichts von Oppels. Mit vieler Mühe ist es Ludwig gelungen, endlich zu erfahren, daß Oppels nach Lodz (Litzmannstadt) gekommen sind. Ludwig schrieb ihnen über den „Judenältesten", sie möchten umgehend ihre Adresse mitteilen, damit wir ihnen helfen können. Endlich kam die Antwort, von Rosa geschrieben. Sie lebten dort unter ähnlichen Verhältnissen wie die Stettiner in Lublin, und bei Ludwigs Brief hätten sie vor Heimweh bitterlich geweint. Dann kam noch eine Karte von Erna. Leider war es uns nicht möglich, auch nur *ein* Päckchen an sie zu schicken, denn die Post nahm für Litzmannstadt keine Pakete an. Das war fatal, daß wir gerade Oppels, die uns so nahestanden, so wenig helfen konnten, als sie in der größten Not waren. Martin Reissner, der später wegkam, konnten wir Pakete schicken, d. h. seiner Frau, denn er starb ja bald. Es war eben verschieden – nach Warschau konnte man Pakete schicken, nach Litzmannstadt waren nur RM 10,- wöchentlich zu senden gestattet. Das Geld wurde uns durch vorgedruckte Karten bestätigt. Die Karten waren abwechselnd von Felix, Rosa und Erna unterschrieben. So wußten wir, daß sie alle drei noch lebten. Nach ungefähr vier Monaten kam eine Geldsendung zurück, auf dem Abschnitt stand lakonisch: „Verzogen, unbekannt wohin". Außerdem waren aber noch drei Sendungen unterwegs, die nicht zurückkamen.

Zufällig haben wir schon nach kurzer Zeit erfahren, was für ein furchtbares Ende die Arbeitsunfähigen in Lodz hatten. In unserem Hause, Heilbronner Straße 26, wohnte ein junges Ehepaar. Auch sie hatten ihre Eltern und eine Schwester in Lodz. Auf illegalem Wege durch einen Angehörigen der Wehrmacht schrieb die Schwester sehr lange und ausführliche Briefe und so erfuhren wir, daß in Lodz alle paar Wochen ein Appell zwecks „Aussiedlung" stattfand. Die Juden mußten sich in Reih und Glied aufstellen, eine Kommission ging durch die Reihen und sonderte alle Alten, Gebrechlichen und Kranken ab. Manchmal genügte es schon, wenn man schlecht aussah. Diese Abgesonderten kamen auf einen Lastwagen und wurden nach dem Wald gefahren. Nach einigen Stunden kamen die Wagen zurück... mit Kleidung, Schuhen und Wäsche der Unglücklichen. Entsetzlich! – Einmal kam der vorhin erwähnte Soldat auf Urlaub nach Berlin. Ich sah ihn nicht persönlich, hörte nur, was er erzählt hatte. Seit der Zeit weiß ich, *wie* Oppels gestorben sind. Aber es gibt Dinge, über die man einfach nicht sprechen kann. Die nazistische Mentalität hat Methoden erfunden, die wirklich einmalig in ihrer Grausamkeit sind. Diese Erinnerungen erschüttern mich immer wieder. [...]

Und nun will ich von unserem persönlichen Schicksal berichten. Das erste Mal bekamen wir die „Liste" im Dezember 1942. Daraufhin wurde ich von der Fabrik reklamiert, und Spanier, der bei der Gemeinde unseren Fall bearbeitete, stellte uns zurück. Da ich die Befürchtung hatte, meine Reklamation könnte Ludwig nicht auf die Dauer schützen, erwogen wir schon, ob es nicht besser wäre, wenn Ludwig auch arbeiten würde. Von diesem Hin- und Herüberlegen wurden wir erlöst, indem Ludwig im Januar 1942 eine Zuschickung vom Arbeitsamt bekam. Schon am nächsten Tag mußte er bei Fromm in Köpenick zur Arbeit antreten. Er hat menschlichere Vorgesetzte gehabt als ich, aber die Arbeit ging weit über seine Kraft. In dem Raum, wo er arbeitete, standen auf beiden Seiten Öfen, und es war eine unerträgliche Hitze. An diesen Öfen mußten den ganzen Tag eineinhalb Zentner schwere Rahmen rein- und rausgeschoben werden. Zwei Leute hoben den Rahmen an und einer dirigierte ihn so, daß er im Ofen in die richtige Stellung kam. Die Rahmen waren durch die vollen Glasformen, die mit flüssigem Gummi übergossen waren, so schwer. Mehr als einmal ist es dort passiert, daß einer durch die übergroße Anstrengung und die furchtbare Hitze ohnmächtig wurde. Dazu kam noch die schlechte Ernährung, denn Fleisch, Fisch, Eier, Gemüse, Obst bekamen die Juden nicht. Ob es auch Ludwig so ergangen ist, weiß ich nicht, denn er hat mir alles Unangenehme, soweit er konnte, verheimlicht. Er magerte aber zusehends ab, und hätten wir nicht die ganze Zeit über die Hilfe meiner Schwester gehabt, dann hätte Ludwig das gar nicht ausgehalten. Dadurch, daß Ludwig arbeitete, hatte ich es auch schwerer, denn ich mußte nun neben der Fabrik den Haushalt versehen. Grete unterstützte mich, indem sie einmal in der Woche kam und die Wohnung gründlich machte. Noch schlimmer als die Mehrarbeit war, daß wir uns kaum noch sprechen konnten. Wenn ich Spätschicht hatte, habe ich Ludwig von Sonntagabend bis Sonnabendmittag, also sechs Tage, nicht gesehen. Aber jeden Abend lagen ein paar liebe Zeilen von Ludwig auf meinem Nachttisch, und selbstverständlich legte ich ihm auch jeden Tag ein Zettelchen auf seinen Abendbrottisch. Wenn er morgens aufstand und wegging, schlief ich noch, und wenn ich nachts um zwölf Uhr nach Hause kam, schlief er. Bevor ich ins Bett ging, saß ich und bereitete das Frühstück für Ludwig. So kam ich also erst um halb zwei Uhr ins Zimmer, und Ludwig stand schon um vier Uhr auf. Hatte ich Frühdienst, konnten wir wenigstens abends zusammen essen. Ludwig ging vor fünf Uhr morgens weg und kam um dreiviertel sieben abends nach Hause. Vier Stunden beanspruchte nur der Weg, und dann diese schwere Fronarbeit! Er tat diese Arbeit wirklich unter Aufwendung seiner ganzen Energie, es ging ja um den Kopf.

Im Frühjahr 1942 bekamen wir die zweite Aufforderung, uns bereitzuhalten. Auch diesmal reklamierte mich Blaupunkt, und die Reklamation hat sich auch auf Ludwig erstreckt. Aber wir hatten keine frohe Stunde mehr, denn ein Transport nach dem anderen ging nach Polen ab, und immer war einer von unseren Verwandten oder Freunden dabei, und nach und nach sickerte es auch durch, was dort auf uns wartete. Die Massenexekutionen ließen sich auf die Dauer nicht verheimlichen. Vor allen Dingen sah man schon, auf welche bestialische Art die Abtransporte vonstatten gingen: in offenen Vieh- und Güterwagen mit einem Eimer zur Notdurft. Kein Essen. Jedem neuen Tag sah man mit banger Sorge entgegen. „Wer wird wieder dabei sein?" war die angsterfüllte Frage. Das Damoklesschwert schwebte ständig über uns, und das forderte alle seelischen und körperlichen Kräfte.

Im Herbst 1942 fing die Gestapo an, kaum mehr auf die Reklamationen Rücksicht zu nehmen und holte auch Arbeitende. Immer größer wurden die Lücken in den Fabriken. Da die Rüstungsbetriebe ihren Verpflichtungen nicht mehr nachkommen konnten, beschwerte sich die Wehrmacht bei der Gestapo. Die Gestapo versprach den Firmen ausländische Arbeiter. Bis dahin sollten die Juden in ein im Dezember errichtetes Lager in der Auguststraße kommen, und von dort zur Arbeit gehen. Das Lager war ein menschenunwürdiges Unterkommen. Auf Pritschen hat man gelegen, und auch die sonstige Hygiene ließ sehr viel zu wünschen übrig. Aber auch sonst waren die Zurückgebliebenen nicht zu beneiden; denn je weniger Arbeiter blieben, um so mehr wurde man ausgepreßt. Das war auch schon ganz egal, man ist mürbe geworden. Mürbe und müde des Lebens, der Angst und des Grauens müde.

Ich faßte nun den Entschluß, meinem Leben selbst ein Ende zu machen. Ich ging zu unserem guten Dr. Lissner und bat ihn um Veronal. Er verweigerte es mir. Er selbst hat sich aber acht Tage später vergiftet. 16 Tabletten hatte ich schon, damit konnte man aber nichts beginnen, zumal ich Ludwig auf keinen Fall allein zurücklassen wollte. Veronal war damals ein begehrter Artikel, die Juden gaben 1000 RM für 30 Tabletten. Es gab ja noch andere Möglichkeiten, aus dem Leben zu gehen, und ich sprach mit Ludwig darüber. Ludwig wollte nicht und hatte viele Einwände. Zuerst sagte er: „Es wäre doch paradox, wenn man sich aus Angst vor dem Tode das Leben nehmen würde." Und dann sagte er immer wieder, daß er Ursel [die Tochter] wiedersehen möchte und sich durch Selbstmord nicht um diese Möglichkeit bringen wolle. Ludwig *wollte* sich einfach nicht auf den Boden der Tatsachen stellen und wartete immer noch auf das „Wunder". Dabei litt er auch furchtbar, denn er konnte es einfach nicht fassen, daß das deutsche Volk es soweit hatte kommen lassen. Er begriff nicht, daß ein Volk, das Menschen wie Bach, Beethoven und Goethe hervorgebracht hatte, nun einem Hitler, Himmler und Goebbels huldigte. Ludwig sah ein, daß er sich von Anfang an geirrt hatte, und daß dieser Irrtum für uns verhängnisvoll wurde. Er bat mich um Verzeihung, weil er sich nicht, als es noch möglich war, um die Auswanderung gekümmert hatte. Ich konnte es nicht mitansehen, daß er sich neben den vielen Leiden, denen wir ausgesetzt waren, auch noch mit Selbstvorwürfen quälte. Darum tröstete ich ihn und sagte, daß wir nirgends unserer Bestimmung entgangen wären. Damals war das noch nicht meine volle Überzeugung. Ich sagte das nur, um Ludwig zu beruhigen. Seit 1939, als wir wegen der Auswanderung noch Auseinandersetzungen hatten, war nie ein Mißton zwischen uns gewesen.

Von November 1942 ab lebten wir nur noch in dem Gefühl der herannahenden Katastrophe. Das Ausrottungssystem der Naziverbrecher hat so funktioniert, daß keiner vergessen wurde. Es ist unmöglich, die entsetzlichen Wochen von damals zu beschreiben. Bei jedem Klingelzug zuckten wir zusammen und hatten Angst, zur Tür zu gehen. Gingen wir zur Arbeit, befürchteten wir, daß der Wagen schon vor der Türe steht, um uns zu holen. Kamen wir von der Arbeit nach Hause, trauten wir uns erst recht nicht in die Wohnung. Unsere „Endlösung" war längst beschlossen; durch den Zusammenbruch bei Stalingrad konnte es diesen Unmenschen nicht schnell genug gehen, denn irgendwie mußten sie sich für ihre Niederlage rächen.

Anfang Januar 1943 hatte ich Tagesschicht und kam um sechs Uhr nach Hause. In dem stockdunklen Hof merkte ich ein Hin- und Hergerenne. Als ich ins Treppenhaus kam, sah ich drei Männer vor der Parterrewohnung stehen, die von dem schon erwähnten jungen Ehepaar bewohnt war. Sofort kam mir der Gedanke, daß das die Gestapohelfer sein könnten und klappte meinen Mantel auf, damit man meinen Stern nicht sähe. Um sie aber nicht merken zu lassen, daß ich in meine Wohnung gehe, ging ich zu Friedländers hinauf. Diese hatten gerade die Absicht wegzugehen. Ich kam also mit ihnen wieder hinunter und bei der Gelegenheit unbemerkt in die Wohnung. Ich hatte noch nirgends verdunkelt, machte also kein Licht und wartete ab. Nach einigen Minuten wurde geklingelt, dann geklopft; das ging unaufhörlich; ich rührte mich aber nicht. Ich mußte damit rechnen, daß unser Mieter, Herr Kurzmann, jeden Augenblick nach Hause kommen konnte, und überlegte schon, was ich dann machen würde. Schon nach kurzer Zeit wurde tatsächlich die Türe aufgeschlossen, und unser Mieter, gefolgt von drei Leuten, kam in die Wohnung. In der Dunkelheit konnte ich schnell in die Speisekammer schlüpfen, habe natürlich vorher von draußen den Schlüssel abgezogen. Bis in der Wohnung Licht gemacht wurde, dauerte es noch eine ganze Weile, denn der Kurzmann mußte überall erst verdunkeln. Als das Licht angeknipst war, gingen sie durch die ganze Wohnung, und so oft sie nach der Küche kamen, konnte ich sie durch einen Spalt in der Speisekammertür sehen. Einer stieß mal mit dem Stiefel gegen die Speisekammertüre und fragte, ob das ein Hintertreppenausgang sei, was der Kurzmann natürlich verneinte. Da Kurzmann sich zum Abtransport fertigmachen mußte, kam er oft nach der Küche, und ich hörte, wie er auf „Ehre und Gewissen" gefragt wurde, wo wir seien, was er nicht beantworten konnte. Während der Zeit, wo ich in der Speisekammer stand, hörte ich, wie die Türe in der Parterrewohnung eingeschlagen wurde, und nach einer Weile krachte eine zweite Tür. Ich guckte aus dem schmalen Fensterchen und sah, daß auf dem Hof Leute mit Taschenlaternen hin- und herliefen. Meine Situation war furchtbar, aber trotzdem dankte ich Gott, daß Ludwig an diesem Abend Luftschutzdienst hatte und nicht der Gestapo in die Arme laufen würde. So stand ich also unbeweglich vier volle Stunden lang. Um zehn Uhr ging die Gestapo aus der Wohnung und nahm Kurzmann mit. Als ich sah, daß auf dem Hof alles ruhig wurde, kam ich aus der Speisekammer heraus.

Waren schon die vergangenen Stunden entsetzlich, so sollten die kommenden noch viel schlimmer werden. Über uns wohnte seit einiger Zeit ein Ehepaar Klein. Sie waren Parteigenossen. Trotzdem steckte uns die Frau manchmal heimlich etwas zu. Dadurch ermutigt, lief ich zu ihr hinauf. Ich wollte von Kleins aus Ludwig anrufen und ihm mitteilen, daß ich die Absicht habe, nachts das Haus zu verlassen, und er möchte den nächsten Morgen nicht nach Hause kommen. Zu meinem größten Entsetzen mußte ich von Frau Klein erfahren, daß Ludwig schon unterwegs war, um nach Hause zu kommen. Ein Kollege von ihm, Wilhelm Neumann, der auch in der Heilbronner Straße wohnte, klingelte bei ihm an, und erzählte ihm, daß die Gestapo alle aus unserem Hause abholte und nun auch seit einigen Stunden bei mir in der Wohnung sei. Darauf fragte Ludwig bei Frau Klein telefonisch an, ob das alles stimme. Als sie das bestätigte, sagte Ludwig, daß er dann sofort nach Hause kommen würde. Das war um neun Uhr. Also um elf Uhr mußte er dann zu Hause sein. Während ich das so überlegte, hörte ich Frau Friedländer nach Hause kommen. Ich zog sie auch zu Kleins in die

Wohnung herein, und Frau Friedländer sagte mir, daß zwei Leute noch vor der Haustür stehen und auf Ludwig und mich warten. Außerdem erzählte sie, daß die Parterrewohnung aufgebrochen wurde. Da die junge Frau allein zu Hause war, verbarrikadierte sie sich im Schlafzimmer. Auch diese zweite Tür wurde aufgebrochen. Unterdessen hatte die junge Frau Gift genommen. Ich dachte aber nur an Ludwig und daß Ludwig der Gestapo in die Arme laufen wird. Es war noch nicht halb elf Uhr. Ich bat Frau Friedländer, mit mir über den Boden zu gehen und mich dann über den Vordereingang aus dem Hause zu begleiten. Sie wollte zuerst nicht, weil sie Angst hatte. Ich habe sie angefleht und sagte ihr, daß Ludwigs Leben davon abhänge. Schließlich tat sie es. Ich muß überhaupt an dieser Stelle sagen, daß Frau Friedländer viel mit uns durchgemacht und sich immer fabelhaft bewährt hat. Als wir aus der Haustüre traten, ging uns einer von den zwei Leuten einige Schritte nach. Als er aber unser Lachen und Scherzen hörte, ging er wieder zurück. Ja, gelacht und gescherzt haben wir, nur um die Gestapo-knechte irrezuführen. Frau Friedländer begleitete mich bis zur Ecke Hohenstaufenstraße. Dort postierte ich mich und wartete auf Ludwig. Es war eine stockdunkle und bitterkalte Nacht, und meine Finger und Zehen schmerzten derartig, daß die Tränen ununterbrochen über meine Wangen liefen. Ich hatte aber nur einen Gedanken, daß Ludwig der Gestapo nicht in die Arme läuft. Sooft eine Gestalt vorbeihuschte, mußte ich rufen: „Ludwig?". Zum Glück waren um diese Zeit nur noch wenige Menschen auf der Straße. Ich wartete und wartete und befürchtete schon, daß Ludwig am Bayerischen Platz ausgestiegen sei, während ich ihn vom Viktoria-Luise-Platz erwartete. Endlich um dreiviertel zwölf Uhr kam er im Laufschritt an. Er hatte sich so verspätet, weil er sich bevor er die Fabrik verlassen hatte, noch telefonisch mit einem Direktor in Verbindung setzte. Sehr erstaunt war er, mich auf der Straße anzutreffen. Ich klärte ihn über den Sachverhalt kurz auf. Nun standen wir da und wußten nicht wohin.

[Sie übernachten in einem Treppenhaus, beschließen Selbstmord zu begehen, werden dann aber noch einmal als Arbeitskräfte reklamiert.]

Nun begann der Tragödie letzter Teil. Am 15. Februar 1943 klingelte mich Ludwig in der Fabrik an und sagte, ich möchte um Gottes willen nicht nach Hause gehen. Er sei eben telefonisch benachrichtigt worden, daß ein großer SS-Wagen vor unserem Hause und mehrere SS-Leute in unserer Wohnung seien. Wir verabredeten, daß wir uns um sechs Uhr Ecke Hohenstaufen- und Heilbronner Straße treffen und dann das Weitere besprechen wollten. Um diese Zeit war es schon dunkel, und man konnte uns nicht sehen. Da ich schon um drei Uhr frei war, fuhr ich zu meiner christlichen Schwägerin Martha und bat sie, nachher zur Verabredung mitzukommen. Zur verabredeten Zeit waren wir dort. Der Wagen stand immer noch vor unserem Hause. Am Vorderteil des Wagens war ein Scheinwerfer angebracht, der die ganze Straße erleuchtete. Wir mußten vorsichtig an der Ecke stehen bleiben, um nicht gesehen zu werden. Nun sagte ich vor Martha noch einmal zu Ludwig, daß es für uns nur zwei Möglichkeiten gebe. Entweder wir mußten jetzt in den Wagen steigen oder selbst unserem Leben ein Ende machen. Es wäre doch geradezu hirnverbrannt, jetzt noch auf eine andere Lösung zu hoffen. Ludwig nickte nur stumm. Wir gingen mit Martha mit und blieben die Nacht über dort. Wir beschlossen nun noch einmal, aus diesem Leben zu gehen. Da wir aber sehr müde waren, wollten wir erst den nächsten Tag das Wichtigste besprechen.

Am nächsten Tag gingen wir zu den Schwestern [frühere Nachbarn] in die Weißenburger Straße und baten sie, zwei Tage dort bleiben zu dürfen, sagten aber nicht, was wir dann vorhatten. Wie friedlich und ruhig lebten die Schwestern. Eine uns ganz ungewohnt gewordene, fast vergessene Welt tat sich noch einmal vor uns auf, und wir erinnerten uns an unsere glücklichsten Jahre, als Ursel geboren wurde und als sie noch ein kleines Kind war. Das war nun alles vorbei und die Vergangenheit konnte man nicht mehr herzaubern. Das Gebot der Stunde war, sich mit der Gegenwart zu befassen. Wir sahen, daß wir vollständig der Vernichtung preisgegeben waren und daß nichts mehr aufzuhalten und nichts mehr zu verhindern war. Und so blieb uns nichts weiter übrig, als eine günstige Gelegenheit abzuwarten und heimlich in die Wohnung zu gehen, um unser Vorhaben auszuführen. Wir ließen uns von den Schwestern Papier und Feder geben, um von unseren Lieben Abschied zu nehmen. [...]

Ich war sehr gefaßt und nahm das auch von Ludwig an. Gegen elf Uhr waren wir in der Heilbronner Straße, die ruhig und friedlich dalag. Nun war alles hinter mir ausgelöscht, und ich dachte nur noch an die kommende Stunde. Zum Glück war auch die Haustüre auf, so daß wir nicht erst aufzuschließen brauchten. Ganz leise und im Dunkeln schlichen wir die Treppe hinauf. Als wir aber vor unserer Wohnungstür ankamen, mußten wir uns überzeugen, ob die Türe auch nicht versiegelt war. Wir knipsten das Licht an. Frau Friedländer, die schon seit Tagen auf uns wartete, sah, daß es auf der Treppe hell wurde, und in demselben Augenblick kam sie heruntergelaufen. Schon beim Herunterkommen rief sie freudig: „Wo haben sie bloß gesteckt? Dr. Gent hat ein paarmal hergeschickt. Sie möchten wieder zur Fabrik kommen, es geschieht Ihnen *nichts*." Sofort war Ludwig verändert. Vor Freude lachte und weinte er zu gleicher Zeit. Während der ganzen Jahre habe ich die Fassung nicht verloren und bin mit den schwierigsten Situationen fertiggeworden, nun war ich aber fassungslos. Ich bat Ludwig, sich nicht darauf zu verlassen, denn diese entartete Menschheit wird nicht gerade vor uns haltmachen. Aber Ludwig sagte, er wolle jetzt nicht mehr in sein Leben hineinpfuschen und dem Schicksal seinen Lauf lassen. Und das Schicksal nahm seinen Lauf.

Der nächste Tag war ein Sonntag. Ludwig badete, zog sich seinen besten Anzug an und freute sich seines Lebens (diesmal im wahren Sinne des

Wortes). Am Abend verabschiedeten wir uns voneinander, denn es war die Woche, in der wir uns nicht sahen. Wie immer gingen wir wieder unserer Arbeit nach. Am Freitagabend erzählte eine Kollegin, sie hätte durch einen Schwager, der bei der Gemeinde arbeitete, gehört, daß die Gestapo jetzt eine Änderung bei den Abholungen vornehmen wolle, und zwar sollten die Juden nicht mehr von zu Hause, sondern von der Arbeit abgeholt werden. Diese Nachricht hat mich sehr beunruhigt. Ich habe Ludwig nie aus dem Schlaf geweckt, aber an diesem Abend tat ich es ganz behutsam, damit er keinen Schreck bekommt. Ich erzählte ihm das Gehörte und wollte, daß er am nächsten Tag zu Hause bleibe. Und wie immer versuchte er, mich zu beruhigen und sagte: „Sorge dich doch nicht immer, es muß doch nicht gerade *morgen* sein, daß sie damit anfangen und nächste Woche habe ich sowieso Urlaub." Nach einem Gutenachtkuß ging ich schweren Herzens zu Bett. Er war der letzte Gutenachtkuß.

Da Ludwig am Sonnabend nur bis mittags arbeitete, wartete ich den nächsten Tag mit dem Mittagessen auf ihn. Er kam nicht, für mich war es aber schon die höchste Zeit, zur Arbeit zu gehen. Gerade in dem Augenblick, als ich die Wohnungstür aufmachte, um wegzugehen, kam die Portiersfrau (Naziweib) herauf und teilte mir mit, daß Ludwig am Vormittag aus der Fabrik abgeholt wurde. Ich starrte sie verständnislos an. „Ja" sagte sie, „als Sie heute zum Einholen waren, kam eine russische Arbeiterin, die von ihrem Mann beauftragt worden war, ihnen diese Nachricht zu überbringen." Diese Botschaft traf mich derart, daß ich unfähig war, etwas zu sagen und noch eine Frage zu stellen, und so ging die Frau auch gleich wieder hinunter. Ich war wie erstarrt. Dann fühlte ich meine Knie schwach werden, und ich mußte mich an der Tür festhalten. Als ich meinen Schwächeanfall etwas überwunden hatte, ging ich langsam, mich am Geländer festhaltend, zu Frau Friedländer hinauf und bat sie, mit mir telefonieren zu gehen, denn Juden durften nicht in die Telefonzellen. Sie telefonierte mit der Firma Fromm, und leider wurde uns die schreckliche Tatsache bestätigt, daß Ludwig mit allen zusammen von der SS abgeholt worden war. Ich ging noch einmal in die Wohnung und packte einen Rucksack mit warmen Sachen, für den Fall, daß ein jüdischer Ordner der Sachen wegen noch kommen sollte (was schon manchmal vorkam). Plötzlich entdeckte ich auf dem Schreibtisch Ludwigs Ehering, den er zwei Tage vorher abgenommen hatte. Seine Finger waren nämlich so mager geworden, daß er befürchtet hatte, den Ring zu verlieren. In dem traurigen Bewußtsein, ihn nie wieder abzunehmen, zog ich ihn auf. Dann schrieb ich einen Brief an Ludwig und steckte ihn in den Rucksack, aber leider ist kein Ordner mehr gekommen. Nachdem ich die Sachen bei Frau Friedländer abgegeben hatte, ging ich noch einmal durch die Wohnung, um Abschied zu nehmen von den Räumen, in denen ich so manche schöne aber auch die furchtbarsten Stunden meines Lebens verbracht hatte. Das Bett von Ludwig war schon zum Abend aufgedeckt. Ich drückte meinen Kopf ein letztes Mal in das Kissen, aber weinen konnte ich nicht. Ich nahm nichts weiter mit als meine Handtasche, und so verließ ich die Heilbronner Straße 26 für immer. Dies geschah am 27. Februar 1943. Es standen ein paar Naziweiber vor der Haustür. Ich merkte sofort, daß sie von mir sprachen. Da ich gar kein Gepäck bei mir hatte, ahnten sie nicht, daß ich nie mehr wiederkehren werde, sonst hätten sie mich sicher festgehalten, um mich der Gestapo auszuliefern. In einer ganz unbeschreiblichen inneren Verfassung ging ich nun planlos die Straßen entlang. Ich hatte ja gar kein Ziel. In meinem Kopfe ging es wie ein Mühlrad, und mein einziger Gedanke war Ludwig. Ich zitterte und bebte am ganzen Körper und fühlte, daß auch Ludwig mit all seinen Gedanken bei mir war. Ich überlegte, wie ich Ludwig noch helfen könnte, aber ich sah, daß ich machtlos war. Diese Machtlosigkeit machte mich rasend. Und wie ich so in meiner tiefsten Verzweiflung die Straßen entlangging, sah ich plötzlich einen SS-Mann auf mich zukommen. Er brüllte mich an, ich sollte mich nach Hause scheren, um abgeholt werden zu können; denn „heute soll Berlin judenfrei werden!" Da merkte ich erst, daß ich mit dem Stern ging (meistens entfernte ich den Stern, wenn ich aus der Heilbronner Straße heraus war). Das war ungefähr am Prager Platz. Ich lief in das nächste Haus, er kam mir nicht nach, weil er annahm, daß ich dort wohne. Ich riß mir den Stern vom Mantel, und nachdem ich mich vergewissert hatte, daß dieser Strolch nicht mehr in Sicht war, kam ich wieder heraus. Jetzt erinnerte ich mich, daß mir Frau Friedländer sagte, ich möchte nach der Küstriner Straße gehen, damit sie mich – falls von Ludwig eine Botschaft käme – erreichen kann. Ich ging zu Fuß hin. Dort angekommen, erfuhr ich, daß Erich und Margot auch nicht nach Hause gekommen waren. Nun wußte ich erst, daß diese Aktion in allen Fabriken, wo Juden beschäftigt waren, durchgeführt wurde. Teils unfähig, das alles zu begreifen, teils in einem wilden Schmerz, daß ich hätte aufschreien können, verbrachte ich den Abend und die Nacht bei Martha.

Den nächsten Tag ging ich mit Martha ganz früh aus dem Hause. Wir fuhren nach der Oranienburger Straße [Jüdisches Gemeindehaus]. Dort hoffte ich, etwas über Ludwig zu erfahren. Martha forschte natürlich nach Erich und Margot. Auf der Straße sah man nur noch Juden, die eine weiße Armbinde trugen. Das waren die „Ordner", die der Gestapo bei den Transporten helfen mußten. Die Gestapo selbst saß in den Räumen der Jüdischen Gemeinde. Ich sprach einen der Ordner an, der mir aber nicht antwortete, und ich merkte, daß Spitzel in der Nähe waren. Da gingen wir um die Ecke in die Große Hamburger Straße; vor dem Altersheim, das als Sammelstelle der Juden vor dem Abgang der Transporte diente, sah ich einige Ordner, unter ihnen auch den kleinen Pinkus aus Hirschgarten. Ich kannte ihn nur ganz flüchtig, steuerte aber gleich auf ihn los. „Ich bin die Frau von Ludwig Neumann. Wissen Sie, wo die Arbeiter von Fromm hingekommen sind? Ludwig ist darunter", flüsterte ich ihm zu. Er schüttelte nur verwundert den Kopf und sagte: „Ich weiß es nicht. Aber ich wußte gar nicht, daß Ludwig eine christliche Frau hatte." Er mußte natürlich mit

Bestimmtheit annehmen, daß ich Christin bin, da ich mich sonst nicht auf die Straße, geschweige denn in diese Gegend gewagt hätte. Dann gab er mir nur noch leise zu verstehen, daß er Sprechverbot hat und ging weiter. Über Ludwig konnte ich nichts erfahren. Nachmittags irrte ich wieder planlos auf der Straße umher und war in meiner Machtlosigkeit ganz verzweifelt.

Die zweite Nacht verbrachte ich wieder bei Martha, nahm mir aber vor, nur so lange zu bleiben, bis ich eine Nachricht von oder über Ludwig erhielte. Ich stand wieder früh auf und ging diesmal alleine in die Oranienburger und Große Hamburger Straße. Keiner wußte, wo die Arbeiter von Fromm hingekommen waren. (Viel, viel später erfuhr ich erst, daß Ludwig in einer Kaserne in Moabit war.) Was ich brockenweise von verschiedenen Leuten erfuhr, war erschütternd. Die Juden hatten seit ihrer Verhaftung noch keine Nahrung erhalten. Die Jüdische Gemeinde hatte einfach nicht mehr die Möglichkeit, für diese Tausende von Menschen zu sorgen und ihnen auch nur das geringste zukommen zu lassen.[5] Die Transporte sollten am 1. März beginnen und hintereinander abgehen. Männer- und Frauentransporte sind gesondert abgegangen, gleich nach der Verhaftung wurden Männer und Frauen schon voneinander getrennt. Ehepaare haben sich überhaupt nicht mehr wiedergesehen, weil sie ja in verschiedenen Fabriken gearbeitet haben. Eltern haben ihre Kinder nicht mehr wiedergesehen. Kinder sind von zu Hause und aus den Heimen abgeholt worden und kamen auch gesondert weg. Es war alles ganz niederschmetternd und dazu diese fürchterliche Winterkälte.

Ergebnislos und ohne etwas über Ludwig erfahren zu können, fuhr ich nun in eine Gegend, wo ich keinen Menschen kannte und wo man mich nicht kannte. Ich wußte einfach nicht, was ich beginnen sollte. Ich war verzweifelt, aber irgend etwas Unerklärliches widersetzte sich in mir, meinem Leben selbst ein Ende zu machen.

[Sie findet Aufnahme bei Bekannten in Berlin-Schlachtensee.]

Die Arbeit war für mich die beste Ablenkung, und ich tat sie gerne. Ich war sehr dankbar, daß ich dort sein konnte, und Lydia sagte mal nebenbei, daß sie mich dort behalten würde, wenn sie dadurch keine finanzielle Belastung hätte. Ich habe mich sofort bereiterklärt, zum Haushalt beizusteuern, und wir einigten uns auf 5 Mark täglich. Außerdem habe ich das Kochen, Nähen und die Wäsche übernommen. Auch Besorgungen außer dem Hause erledigte ich, und die Nachbarn sahen mich, ohne sich darüber Gedanken zu machen. Aber nachts, während der Luftangriffe, ging ich niemals in den im Nebenhause gelegenen Luftschutzkeller. Da ich nicht polizeilich gemeldet war, durfte man nicht sehen, daß ich dort wohnte. Es war nicht so leicht, mich an das Ungesetzliche meines Daseins zu gewöhnen. Aber trotzdem hatte ich in der ersten Zeit das Gefühl des Geborgenseins. Es tat meinem Herzen wohl, daß A. in seinen Gebeten immer Ludwigs gedachte. Gebetet wurde dort nach jeder Mahlzeit und vor dem Schlafengehen. Wenn A. im Dienst war, betete Lydia vor, und ich beneidete diese Menschen um ihren Glauben.

Nach und nach merkte ich aber, daß ihre Gebete mit ihren Taten nicht immer in Einklang standen. Es hat mich innerlich erschüttert, ich ließ es mir aber nicht anmerken. Aber dann sah ich immer mehr, wie ich Lydia und A. verkannt hatte, und das Schweigen fiel mir schwer. Manchmal machte auch Lydia Äußerungen, die mich sehr verletzten und auch in Erstaunen setzten. Zum Beispiel kam sie eines Tages freudestrahlend nach Hause und erzählte, sie wäre bei einem Verwandten, der Kartograph ist, gewesen. Dort hat sie die neuen Karten von dem zukünftigen Europa gesehen. Halb Europa gehört Deutschland! Es verstimmte mich, daß Lydia so sprach, und als sie das merkte, sagte sie noch: „Dachten Sie vielleicht, daß Deutschland den Krieg verlieren wird?" Oder sie fing plötzlich an, von der „Vergeltung" zu sprechen. Ja, wenn die neue Waffe erst da ist, wird England „ausradiert". Auch die Kinder brachten derartige Ansichten aus der Schule mit. Wenn ich das auch nicht einen Augenblick geglaubt habe, taten mir diese Äußerungen doch weh. Außerdem war Lydia sehr habgierig. A.s. politische Meinung war vernünftiger, an Habgier hat er aber Lydia übertroffen. Ich konnte es gar nicht fassen, wie ein Mensch, der sich so gläubig gebärdet, so nach irdischen Gütern trachten kann. Nur einen Fall will ich hier erzählen. Um zu erfahren, ob ich noch gesucht werde, forschte A. bei der Portiersfrau in der Heilbronner Straße nach uns. Er tat so, als wenn er schon seit einem halben Jahr nichts mehr von uns gehört hätte. Die Portiersfrau sagte: „Herr Neumann ist abgeholt worden, und Frau Neumann ist flüchtig. Die Gestapo hat die Wohnung nicht versiegelt, um ihr eine Falle zu stellen, denn sie war schon oft weg und ist dann wiedergekommen. Diesmal werden wir sie aber gleich fassen." Angenehm so etwas zu hören. A. ließ sich aber dadurch nicht abschrecken. Drei Tage später ging er ohne mein Wissen mit meinem Schlüssel in den späten Abendstunden in die Wohnung und „rettete" für sich, was nicht niet- und nagelfest war. Da er nicht alles tragen konnte, ließ er einen Teil der Sachen bei Friedländers, die der Meinung waren, A. hätte das für mich herausgeholt. Es würde zu weit führen, wenn ich hier erzählen würde, was für merkwürdige Dinge ich dort noch erlebte. Zusammenfassend will ich nur sagen, daß ich sehr stark darunter litt, als ich nach und nach die Entdeckung machen mußte, daß A. nicht der uneigennützige Wohltäter war, für den Ludwig und ich ihn immer hielten.

Sehr langsam verging die Zeit, aber sie verging. Und eines Tages war der Frühling da! Es war unbeschreiblich schön da draußen. Die Baumblüte um uns herum, die leuchtenden Rasenflächen, der süße Duft, das Vogelgezwitscher! Alles Dinge, die ich schon lange entbehren mußte, aber ich konnte darüber keine Freude empfinden. Der Schmerz um Ludwig, der das nicht erleben durfte, war zu heftig. Auch sonst war meine ganze Lage nicht dazu angetan, mich über etwas freuen zu können. Wenn es auch nicht zu einer offenen Auseinandersetzung zwischen uns kam – im Gegenteil, sie waren sogar süßlich zu mir –, so fühlte ich doch, daß ich dort nicht mehr lange bleiben würde. Ich ahnte schon, daß Lydia und A. überlegten, *wie* sie mir den Stuhl vor die Türe setzen sollten, und wartete ab. Dabei wäre es doch so einfach gewesen, sie hätten mir doch aufrichtig und offen sagen können, daß sie das Risiko mit mir nicht mehr auf sich nehmen wollten.

Statt dessen haben sie es auf eine ganz verlogene Art gemacht. Eines Tages, Anfang Juni, kam A. um zehn Uhr morgens angeblich wieder aus dem Büro zurück und legte mir einen Brief vor. Ich plättete gerade, und da ich sofort wußte, wieviel es geschlagen hatte, legte ich das Eisen beiseite. Der Brief sah folgendermaßen aus. Oben in einer Ecke stand: „Die Kriminalpolizei". Der Text des Briefes lautete: „Sehr geehrter Herr A.! Wir warnen Sie! Die Kriminalpolizei." Alles mit der Schreibmaschine geschrieben, auch der Kopf oben und die Unterschrift. Für so dumm hat mich A. gehalten, daß ich den Brief für echt halten werde; vielleicht weil ich zu allem schwieg. Ich gab ihm den Wisch zurück und sagte: „Herr A. die Kriminalpolizei warnt nicht, die packt zu! Aber ich habe Sie verstanden!" Ich zog mich gleich an, und in zehn Minuten war ich auf der Straße. Beim Weggehen wollte A. seinen Arm um mich legen, ein paar Krokodilstränen hat er auch noch herausgequetscht, aber ich habe ihn abgeschüttelt. Auch von Lydia nahm ich nur einen ganz kalten Abschied. Irgend etwas von meinen Sachen mitnehmen konnte ich nicht, da ich ja selbst nicht wußte, wohin.

Ich lief und lief durch die Straßen zum Schlachtensee hinunter, dort wollte ich mich hinsetzen und mich ausweinen. Es war ein Dienstag, nur wenige Menschen, die dort Erholung suchten, gingen vorüber. Keiner störte mich, denn eine weinende Frau war damals keine Sensation. Es war ein strahlender Sommertag, der See lag still, und die Bäume wiegten sich nur leise im lauen Wind. Ein Bild des Friedens! Das alles konnte aber meinen Schmerz nicht lindern. Der Schmerz über meine Enttäuschung war schrecklich, denn wir hatten von A. während unserer langjährigen Bekanntschaft immer die allerbeste Meinung gehabt. Ludwig und ich verehrten ihn geradezu. Ohne zu übertreiben, kann ich sagen, daß A. die größte Enttäuschung meines Lebens war. Dabei überdachte ich noch gar nicht meine verzweifelte Lage. Es war lediglich die menschliche Enttäuschung, die mich so tief getroffen hatte. Stundenlang saß ich dort, bis ich ein Hungergefühl verspürte, und da wurde mir mein Unglück in seiner ganzen Größe klar. Ich schlenderte langsam zum Bahnhof, und das war mein Abgang aus Schlachtensee.

In Berlin – denn es ist mir ja nichts weiter übriggeblieben, als meinen Weg wieder hierher zu nehmen – erlebte ich entsetzliche Tage. Ich habe das Leben im Dunkel der Illegalität bis zur Neige ausgekostet. Heute ist es mir geradezu unfaßbar, wie ich mein hartes Schicksal ertragen konnte.

Ich kam also wieder nach Berlin und ging instinktiv nach der Weißenburger Straße. Was aber noch nie der Fall war, die Schwestern waren nicht zu Hause. Zu meinem Schrecken erfuhr ich von den Nachbarn, daß sie nach außerhalb gefahren waren und einige Tage wegbleiben wollten. Was sollte ich nun beginnen? Ich fuhr nach Neu-Westend, um mich mit [Tante] Grete zu beraten. In Neu-Westend angekommen, bekam ich plötzlich Hemmungen. Es ging schon auf Abend zu, und Friedel[6] hätte natürlich meinen Besuch so aufgefaßt, daß ich dort übernachten möchte. Grete bat mich aber einmal ausdrücklich, Friedel niemals und in keiner Weise in Anspruch zu nehmen; denn es wäre ja schon gerade genug, daß *sie* dort sein könnte. Ich versprach Grete, daß sie sich auf mich verlassen könnte, und daß sie durch mich keine Unannehmlichkeiten haben würde. So ging ich also nicht hin, sondern schlenderte in der Nähe der Heerstraße umher. Der Hunger quälte mich schrecklich, aber die Sorge, wie ich die Nacht verbringen sollte, ließ alle Qualen klein erscheinen. Ich ging über eine Brücke und sah auf die Schienen hinab. Wäre es nicht besser, wenn ich mich vor einen Zug werfen würde, fragte ich mich. Gleich packte mich aber das Grauen. Nein, noch wollte ich nicht diesen Verzweiflungsschritt tun. Ich setzte mir ein Ziel. Acht Tage! Wenn ich in acht Tagen keine Unterkunft gefunden hatte, *mußte* es ja geschehen! Länger hätte ich dieses Leben nicht aushalten können.

Plötzlich entdeckte ich einige nebeneinanderstehende Telefonzellen. Mein Nachtlogis stand fest. Ich kaufte mir ein paar Zeitungen und wartete, bis es dunkel wurde. In der einen Telefonzelle hing eine Tafel „Außer Betrieb". Diese Tafel band ich draußen an der Klinke an, so kam keiner auf den Gedanken, die Tür aufzumachen. Die Zelle legte ich mit Zeitungspapier aus und hockte mich hin; an ein Schlafen war natürlich nicht zu denken. Aber wenigstens konnte ich von der Polizeistreife nicht aufgegriffen werden.

Aber bald ertönten die Sirenen. Fliegeralarm! Daran hatte ich nicht gedacht, nun war guter Rat wieder teuer. Auf der offenen Straße durfte man sich während eines Luftangriffes nicht aufhalten. In der Zelle war der Aufenthalt auch nicht gerade geeignet, aber ich blieb drin. Ängstlich war ich wirklich nicht, denn wenn ich auch nicht selbst Schluß machen wollte, so war mir mein Leben an dem Tag nicht mehr viel wert. Deswegen bin ich innerlich ganz ruhig geblieben und dachte, was kommen soll, kommt doch. Es war das erste Mal, daß ich einen Angriff so genau beobachten konnte. Zahllose britische Flugzeuge flogen von Nordwesten in die Stadt ein. Das Dröhnen der Motore ließ die Luft erzittern. Sofort setzte eine rege Flaktätigkeit ein, scheinbar ohne großen Erfolg, denn bald krachten die Einschläge der schweren Bomben. Ziemlich nahe hat sich das abgespielt, ich mußte deswegen die Tür aufmachen, sonst hätte der starke Luftdruck die Scheiben eingedrückt.

Nachdem die Flieger abgeflogen waren, fror ich ganz erbärmlich. Es war eine kühle Juninacht, und ich hatte nur einen dünnen Mantel an. Ich konnte kaum erwarten, daß es Tag wurde, und mit den ersten Sonnenstrahlen kroch auch ich aus meinem Versteck. Es war aber noch sehr früh. Vor elf wollte ich auf keinen Fall in der Westendallee sein, um nicht *zu* ungelegen zu kommen. Außerdem fühlte ich mich sehr heruntergekommen. So ging ich also zum

Friseur, ließ mir dort die Haare waschen und legen. Geld hatte ich ja, aber leider konnte ich mir nichts zu essen kaufen, weil alles rationiert war.

[Die Aufzeichnungen enden kurz darauf damit, daß sich die Aussicht auf eine neue Arbeitsstelle zeigt.]

1 Der Jüdische Kulturbund – zu seiner Geschichte, s. Memoiren Kurt Baumann (Nr. 42) S. 470 – wurde am 11. September 1941 verboten. Die jüdischen Schulen, von denen es in Berlin noch mehrere gab, wurden erst zum 30. Juni 1942 gezwungen zu schließen.
2 Zu Rudolf Schwarz s. Memoiren Baumann (Nr. 42) Anm. 6, S. 479.
3 In Stettin fand am 12./13. Februar 1940 die erste Deportation aus dem Reich statt.
4 Die große Synagoge in der Levetzowstraße wurde 1914 für die zahlreiche jüdische Bevölkerung des Hansaviertels erbaut und hatte 2000 Plätze. Im Novemberpogrom 1938 beschädigt, diente sie ab 1939 wieder dem Gottesdienst, bis die Gestapo während der hohen Feiertage 1941 die Schlüssel forderte und die Synagoge zum Deportationszentrum machte. Die dort Inhaftierten versorgte die Jüdische Gemeinde mit Nahrung, Kleidung, Bettzeug und ärztlicher Hilfe.
5 Bei der „Fabrik-Aktion" vom 27. Februar 1943 wurden etwa 7000 Juden verhaftet. Die Gestapo richtete vier zusätzliche Sammellager ein, die von der dezimierten Gemeinde ohne ausreichende Transportmittel nur schwer mit Nahrung versorgt werden konnten.
6 Friedel Landsberger, eine von ihrem ausgewanderten jüdischen Ehemann pro forma geschiedene Nichtjüdin, hatte Grete Neumann, die angeheiratete Tante der Autorin, bei sich versteckt.

50 Hermann Pineas

geb. 1892 Düsseldorf

Hermann Pineas, Unsere Schicksale seit dem 30. Januar 1933. Ms. datiert Memmingen 18. Mai 1945, 53 S. – Die Seiten 11–13 des Manuskripts enthalten einen Bericht von Frau Herta Pineas.

Der Kaufmannssohn Hermann Pineas studiert Medizin und ist trotz schwerer Kriegsverletzung beruflich erfolgreich: 1920 bis 1931 Assistenzarzt und Oberarzt an der Neurologischen Abteilung des Hufeland-Hospitals in Berlin, 1932 bis 1939 Privatpraxis als Neurologe – zuletzt „Krankenbehandler" – und 1939 bis 1943 Leiter der neuropsychiatrischen Abteilung des Berliner Jüdischen Krankenhauses. Pineas betätigt sich auch im Reichsbund jüdischer Frontsoldaten und in der jüdischen Wohlfahrtsarbeit. 1927 heiratet er in zweiter Ehe Herta geb. Appel, die im Jüdischen Frauenbund aktiv ist. Nach vergeblichen Auswanderungsversuchen der Familie können 1938/39 nur die drei Söhne emigrieren. 1941 bis 1943 arbeitet Herta Pineas als Helferin bei der Versorgung der Deportationstransporte, worüber sie den unten folgenden Bericht schreibt. Am 5. März 1943 geht das Ehepaar in die Illegalität und hält sich überwiegend in Schwaben bei Mitgliedern der Bekennenden Kirche auf, bis es Pineas im September 1944 gelingt, in Memmingen falsche Papiere und eine Anstellung in einem Rüstungsbetrieb zu erhalten. Nach der Befreiung emigriert Pineas mit seiner Frau nach New York, wo er 1952 bis 1969 Neurologe an der dortigen Poliklinik der Veterans Administration ist.

Bericht von Frau Herta Pineas über ihre Arbeit im Verpflegungsdienst der Berliner Jüdischen Gemeinde während der Deportationen 1942:

Frau Bertha Falkenberg, früher Vorsitzende des Jüdischen Frauenbundes[1] Berlin bis zu seiner Auflösung, leitete unter genauer Aufsicht und Zuteilung der Lebensmittel durch die Gestapo die Vorbereitung der Verpflegung für die Transporte. Von etwa vierzig Frauen, die dabei am Anfang halfen, waren es zum Schluß nur noch acht, die anderen waren ebenfalls abtransportiert worden. Das Schnittenschmieren fand statt in einer nicht mehr gebrauchten jüdischen Schule mitten in der Stadt. Während uns sonst das Fahren mit öffentlichen Verkehrsmitteln verboten war, bekamen wir für diesen Zweck einen schriftlichen Fahrerlaubnisausweis, der dem Schaffner vorgewiesen werden mußte, der sonst einen mit Stern ausgezeichneten Juden nicht hätte aufsteigen lassen. Wie lange die Transporte unterwegs sein würden, blieb uns verborgen. Auf jeden Fall war die Menge der Verpflegung für den einzelnen ungenügend, denn sie reichte knapp für einen Tag aus. Für jedesmal ungefähr tausend Menschen, späterhin umfaßten die Transporte auch mehr, schmierten und verpackten wir tagelang, verteilten die Brote am Zug, gossen Kaffee und Suppe aus. Wir verschafften uns dazu Gefäße, brachten Wasser, halfen das Gepäck suchen. Wir fanden meist nur einen Bruchteil, das meiste hatte die Gestapo bereits im Sammellager behalten. Wenn es eine ungehetzte Minute gab, erzählten die Transportler, was sie im Sammellager hinter sich hatten. Ich wußte es auch durch eine Freundin, die Ordnerin im Sammellager Levetzowstraße war; das befand sich sinnigerweise in der Synagoge.[2] Sie selbst lebt bestimmt nicht mehr, ich sah sie im Zuge abfahren. Ich sah auch den Abtransport der jüdischen Gemeindeangestellten mit Hannah Karminski[3]; die moralische Größe dieser Menschen war überwältigend. Die anderen Transportler aber waren schon durch das Sammellager stigmatisiert, verstört, heruntergekommen, überanstrengt, manche irgendwie befreit, daß es weiterging, die wenigsten klar über ihr Schicksal. Wir halfen denen, die gar nichts tragen konnten. Menschen kamen auf Bahren in den Zug, einen Beingelähmten (Vorsitzender der Jüdischen Körperbehinderten) sah ich auf den Schultern seines alten Vaters. Fußtritte der Gestapo von hinten und Drohungen wegen versteckten und mitgenommenen Geldes gab es dauernd, dazu fuchtelte ein Gestapomann immer mit einer stählernen Hand herum, die bei Druck auf einen Knopf aus einem

Spazierstock herausgesprungen war. Wir von der Verpflegungsgruppe am Zug waren durch weiße Armbinden kenntlich in dem Gewimmel. Trotzdem passierte es mir einmal, daß ein Gestapobeamter am Zuge mich aufforderte, mit einzusteigen und abzufahren. Daß mir bei dem Schreck noch Protestworte kamen, konnte ich später kaum fassen. Einmal bat mich ein befreundeter Arzt, der mitabtransportiert wurde, seine Handbürste an mich zu nehmen, in der im ausgehöhlten Holz Wertsachen versteckt waren, aber ich mußte es ablehnen; die Gestapo hatte gerade fürchterlich gedroht und alle verängstigt. Leider fanden sie bei einem Gold in einem Kissen versteckt; die Federn stoben über den ganzen Bahnsteig. Auch Abschiedszettel durften wir bei Todesstrafe nicht annehmen, denn sie konnten über die Vorgänge in den Sammellagern unterrichten.

Jeder Transport bekam einen jüdischen Transportarzt. Einen mir bekannten Arzt sprach ich, der im tiefen Winter mit Sommermantel und Strohhut reiste, denn er war im Sommer als Strafgefangener eingeliefert worden, weil er einen ausländischen Sender gehört hatte. Er hatte aus seiner Wohnung einen kleinen Kasten mit Instrumenten und Medikamenten bekommen, der neben ihm stand; er war Neurologe. Wie hätte er helfen können, wo doch schon am Bahnsteig die Medikamente fehlten, wenn einer vor Erschöpfung umfiel, wo doch die Züge vor der Abfahrt plombiert wurden und kein Fenster geöffnet werden durfte. Hinten aber reiste ein Maschinengewehr mit, und in der Mitte des Zuges war ebenfalls Gestapo. Schon an der Bahn fehlte die Verpflegung für die Kleinsten, nur kalte Magermilch – aber auch zu wenig – gab es, und die kinderreichen Familien waren für uns am Zuge die schlimmsten. Da hielten die Kinder die Puppen im Arm und freuten sich, den Großeltern nachzureisen, die schon voraus „abgereist" waren. Da lag ein Säugling im offenen Pappkoffer, weil gerade der für diese Familie zuständige Beamte den Kinderwagen für Luxus gehalten und vereinnahmt hatte. Da quollen die Kinder nur so aus den geschlossenen Möbelwagen, in die eingepfercht sie vom Sammellager zur Bahn transportiert wurden. Eine mir befreundete Helferin sah, wie ich den Kopf schüttelte, die Bewegung hätte mir fatal werden können; seitdem habe ich nie mehr meine „Mißbilligung" verraten. Mit welchem Neid blickten die Armen, wenn der Zug sich in Bewegung setzte, jedesmal auf uns, die wir zurückblieben!

Die Umwohner des Bahnhofs Putlitzstraße beobachteten in Massen von der Brücke aus, die über die Gleise ging, wie diese Transporte zur Bahn kamen und vom ungedeckten Bahnsteig aus abgingen. Wenn wir nach Abfahrt des Zuges zurückkamen, standen diese Zuschauer noch immer da – sollten sie nichts von den Dingen gewußt haben? Und wenn ich bereits im Sommer 1942 gewußt habe, daß aus Juden Seife gemacht wird, sollen es die uns umgebenden „Arier" nicht gewußt haben? Nicht alle, aber die Mehrzahl muß von den Greueln gewußt haben. Ich selbst sah doch von meiner Wohnung in der Levetzowstraße aus, die nicht weit vom Synagogen-Sammellager lag, die Wohnungsinhaber und Ladenbesitzer vor die Türen treten und ausführlich das Einladen der Juden in die Möbelwagen beobachten.

Die Prozedur in der Synagoge, das Körper- und Gepäckdurchsuchen auf Wertsachen, dauerte jedesmal zwei bis vier Tage. Schon dort kamen viele Selbstmorde vor. Wenn nicht erfolgreich, war Selbstmord strafbar! Die im Krankenhaus – in polizeilich bewachter Sonderabteilung – Geheilten kamen beim nächsten Transport in der Strafabteilung mit; sie war extra gekennzeichnet und besonders stark bewacht, ihnen durften wir auch kein Essen verabreichen. Bemerkenswert waren die jungen Mädchen, die die Gestapo mitbrachte, von denen nur eines jedesmal als Schreiberin beschäftigt war, die anderen kamen zum Anschauen der ganzen Vorgänge. Auch bei der Gepäckdurchsuchung half der BDM, die weibliche Hitlerjugend, dem Alter nach Kinder. Dies hat mir die oben erwähnte Ordnerin erzählt, worauf, wie auf vielem anderen, Todesstrafe stand.

Unsere Mithilfe bei der Verpflegung wurde Ende 1942, nachdem die Zuweisung an Lebensmitteln schon immer knapper, die Transporte aber immer häufiger geworden waren, nicht mehr erlaubt. Im Februar 1943 gab es den größten Transport überhaupt. 14 000 Menschen wurden schlagartig in den Betrieben, wo sie Zwangsarbeit machten, eingetrieben wie Vieh und fünf Tage lang in fünf großen Räumen ohne Wasser und Klosetts zur Sichtung gelassen bis zum Transport.[4] Die Berliner Gemeinde mußte mit ihren dezimierten Kräften ebenso „schlagartig" die Verpflegung übernehmen. Die Leistungen der Gemeinde waren bewundernswert.

Hermann Pineas:
Wenn wir auch in Berlin von den Verbrechen an Juden [1941] nichts Näheres wußten, so hatten wir doch einige Informationen. In unserem Hause wohnte der ehemalige Reichstagsabgeordnete Dr. med. Julius Moses[5], der in der Weimarer Republik eine große Rolle gespielt hat. Wir hatten uns während des Naziregimes angefreundet. Eines Tages kam er in unsere Wohnung, um mir etwas zu zeigen. Es war ein Originalschreiben eines sozialdemokratischen Parteifunktionärs, der als Soldat an der Ostfront stand und tollkühn genug war, diesen Brief durch die Feldpost an den ehemaligen Reichstagspräsidenten Paul Löbe[6] zu schicken. Von Löbe kam er an Dr. Moses. In diesem Brief berichtete der Schreiber, daß russische Kriegsgefangene in versiegelten Waggons ohne jede Nahrung oder Getränk tagelang unterwegs gewesen und beim Ausladen tot waren. Ferner war er Augenzeuge, wie in einer russischen Kleinstadt jüdische Frauen Gräber ausschaufeln mußten, vor die sie sich dann mit ihren Kindern aufstellen mußten und dann erschossen wurden. Beim Vorlesen des Briefes brach Moses in Weinen aus und konnte vor Erschütterung nicht weiter lesen. Ich habe diesen Brief unter Weglassung der Eigennamen ins Englische übersetzt und ihn durch Augenarzt Dr. Hirschfeld an die amerikanische Botschaft gelangen lassen,

einen Tag bevor sie wegen Pearl Harbour geschlossen wurde. Dies war Anfang Dezember 1941. Weihnachten 1941, als uns mein ehemaliger Assistent Dr. Erwin Rehwald in Zivilkleidung aufsuchte, hat er zu meinem Schrecken bestätigt, daß er selbst die Erschießung von Juden, wie in obigem Brief geschildert, mitangesehen hätte.

Als dann der Vorsitzende des Deutschen Rechtswahrerbundes, um mich der beliebten geschraubten Redeweise zu bedienen, der spätere Generalgouverneur von Polen und Reichsminister Frank[7] den lapidaren Satz prägte: „Recht ist, was dem deutschen Volke nützt", entstand langsam und allmählich bei meiner Frau und mir der Plan, uns dieser Willkür nicht zu beugen, und wenn wir untergehen sollten, selbst die Stunde zu bestimmen, wann dies geschehe, nicht aber die Nazis sie bestimmen zu lassen. Bevor ich dazu übergehe, einzelne Umstände anzuführen, die mich in unserem Entschluß bestärkten, im richtigen Augenblick zu verschwinden, sei etwas über die Arbeit im Jüdischen Krankenhaus[8] berichtet, aus der ich am 6. März 1943 plötzlich und freiwillig ausschied.

Als ich nach Professor Schusters[9] Weggang am 1. Juli 1939 die Nervenabteilung übernahm, bestand gar keine von anderen getrennte neurologische Station, sondern es gab nur eine „gemischte Station" für Augen-Ohren-Haut- und Nervenkranke. Die Augenkranken versorgte erst Dr. Oppenheimer, dann Dr. Fritz Hirschfeld, die Ohrenpatienten Dr. Else Levy, die wenige Wochen vor mir verschwand und offenbar in der Illegalität umgekommen ist. Hautkranke behandelte Professor Buschke[10], der in Theresienstadt starb, nach seiner Abwanderung Dr. Peiser. Für die gesamte Station gab es nur eine Oberschwester (Hella) und eine ebenso unzureichende Zahl von Seitenschwestern. Poliklinik war ein- bis zweimal in der Woche, wurde aber wenig frequentiert. Das ging so bis zum Sommer 1942. Dann hatte die Gestapo beschlossen, die gesamten psychiatrischen Fälle aus ganz Großdeutschland in Berlin zu konzentrieren, also im Jüdischen Krankenhaus eine Psychiatrische Station einzurichten. Die Gestapo hatte schon zweimal die Geisteskranken der jüdischen Heil- und Pflegeanstalt Sayn[11] bei Koblenz mit unbekanntem Ziel wegbringen lassen. Die Reichsvereinigung hatte diese Anstalt von den Erben Dr. Jacobys käuflich erworben. Diese Anstalt und außerdem alle staatlichen, städtischen und privaten Sanatorien und Nervenanstalten in ganz Großdeutschland wurden geräumt und die Patienten auf die neue psychiatrische Station des Jüdischen Krankenhauses gebracht; sie wurde die größte des Krankenhauses und zählte gegen 120 Betten. Ärztlich stand mir als Assistent Dr. Hanff zur Verfügung; er kam in Auschwitz um. Die Einrichtung der Station war außerordentlich primitiv, die pflegerische Versorgung durch gänzlich unausgebildetes Personal völlig unzureichend. Wie die Verpflegung beschaffen war, kann man nach den Beschränkungen im Ernährungssektor leicht selbst beurteilen. Immerhin wurden die nötigsten Untersuchungen (Liquor) und Cardiazolkur bei Schizophrenen, Pyriferkuren bei Paralysen ausgeführt. Daneben hatte ich auf der Privatstation noch zahlreiche Nervenfälle. Unter derart unzulänglichen Verhältnissen arbeiten zu müssen, war eine Qual.

Es gab außer den genannten Stationen eine Chirurgische mit Urologischer, eine Innere, eine Gynäkologisch-geburtshilfliche, eine Röntgen- und eine Kinder- und Infektionsabteilung. Auf die Innere im Parterre kamen in bestimmte Zimmer die Suizidfälle, die sich in der Ära der Abholungen zum Sammellager ungeheuer vermehrten. Das „Mittel der Wahl" war Veronal, bzw. Phandodorm, jedenfalls Barbitursäure, das sich in riesigen Mengen im Besitz der Unglücklichen befand. Die Kollegen der Inneren Abteilung waren geteilter Meinung, ob es besser sei, die Kranken dieser Art zu retten oder sie ruhig einschlafen zu lassen. Die Mortalität war jedenfalls riesengroß. Zu den genannten Abteilungen, zu denen noch eine Pathologische Station unter Ludwig Pick und ein chemisch-serologisch-bakteriologisches Labor unter Hans Hirschfeld kamen, gesellte sich noch eine von der Gestapo befohlene geschlossene Polizeistation.[12] Hier fanden alle polizeilich Eingewiesenen und solche Suizidfälle Aufnahme, die sich ihrer Verhaftung hatten entziehen wollen. Oberschwester dieser ominösen Station, die von sämtlichen Abteilungsleitern betreut wurde, war Schwester Lori. Leiter der Gesundheitsverwaltung, zum Schluß auch der Reichsvereinigung, war Oberregierungs- und Obermedizinalrat a. D. Dr. Dr. Walter Lustig[13], ein tüchtiger Verwaltungsbeamter, aber, in Mischehe verheiratet, von jüdischem Wissen gänzlich unbelastet. Er blieb in Berlin, ist aber nach der Befreiung von den Russen verhaftet worden. Im jüdischen Sektor hat er versagt. Das gilt auch für den letzten Vorsitzenden der Berliner Gemeinde, Moritz Henschel.[14]

Zum Schluß war es die Taktik der Gestapo, die fähigsten Kräfte aus den Abteilungen der Gemeindeverwaltung zu verhaften und zu deportieren, und so mußte das Leistungsniveau zwangsläufig sinken. Besonders raffiniert war die später eingeführte Methode, Juden durch Juden abholen zu lassen! Es mußten förmlich jüdische Häscherbanden gebildet werden, und im Winter 1942/43 waren auch ich und die anderen Kollegen vom Krankenhaus einmal gezwungen worden, uns an solchen Abholungen zu beteiligen. (In dieser betreffenden Nacht arbeitete meine Frau beim Schnittenschmieren durch.) Als ich tags darauf dem damaligen Amtsarzt des Bezirks Wedding, Dr. Brunzer, dies berichtete, war er sichtlich entsetzt. – Wie wir hören, ist Dr. Helmut Cohen[15], früherer Chef der Inneren Abteilung, mit jüdischer Frau und Kind in Berlin am Krankenhaus belassen worden, so auch einige Schwestern. Dr. Cohen leitet jetzt das Krankenhaus, dessen beschädigter Bau repariert wird.

Eine Reihe von Ereignissen und Umständen bereiteten unser Untertauchen vor. Am 14. September 1942 mußte ich, mit der Faust in der Tasche geballt, ohnmächtig zusehen, wie meine Mutter nach Theresienstadt verschleppt wurde. Im Januar 1943 erlitt mein Lehrer Dr. Baeck dasselbe Schicksal. Nun hielt mich nichts mehr an meinem Platz, und es kam nur noch darauf an, nicht zu früh, aber vor allem nicht zu spät den Augenblick des Untertauchens abzupassen. Wie viele Fälle sind uns bekannt, wo Leute alles zum Untertauchen vorbereitet hatten, sich aber immer noch nicht entschließen konnten und dadurch der Abholung zum Opfer fielen! [...]

Zwei Hauptschwierigkeiten bestanden für jeden „Taucher": ausreichende Personalpapiere, möglichst mit Lebensmittelkartenanmeldung – letzteres war eine fast unlösbare Aufgabe – und eine zuverlässige Unterkunft. Man denke, wie schwierig es schon war, sich Ausweisfotos machen zu lassen. Mit dem Stern am Mantel hätte solcher Wunsch in einem Fotogeschäft zur Anzeige geführt, also mußte man folgendermaßen verfahren: Ein weit entlegenes Geschäft zu Fuß aufsuchen, unterwegs den Obermantel mit dem Stern bei zuverlässigen Leuten lassen, mit dem Untermantel ohne Stern in ein Photogeschäft gehen und dabei hoffen, daß einen niemand dort oder unterwegs kannte. Dasselbe war zur Abholung der Fotos notwendig, und da schon damals Apparate vielfach kaputt waren, so auch die Fotoapparate, war solche Reiseunternehmung für jeden von uns nur viermal erforderlich. Ausweispapiere waren für sehr hohe Summen in Berlin zu bekommen. So machte auch ich bei einer günstig scheinenden Gelegenheit von einer angebotenen Möglichkeit Gebrauch. Ich bekam für 3000 Mark eine Gewerbelegitimation blanko und wartete nun auf die Erfüllung der zweiten Bedingung, der Lösung der Unterkunftsfrage. Auch diese fand sich scheinbar, indem mir eine in Wien lebende Patientin Quartier verschaffen wollte. Daß es sich dabei um eine psychotische Phantasie handelte, wußten wir damals noch nicht; glücklicherweise, wie ich heute sage. Es kam nun nach Sicherung der Voraussetzungen darauf an, den Plan zu möglichst gelegener Stunde auszuführen.

Donnerstag, den 4. März 1943, wurden Herta und ich nebst dem bei uns wohnenden Kollegenehepaar Jakobsohn und vielen anderen Ärzten, die bis dahin von der Abwanderung freigeblieben waren, nachmittags durch Polizisten ins Sammellager Levetzowstraße gebracht und unsere Wohnung versiegelt. Nach einem noch in unserer Wohnung in Gegenwart der Polizisten geführten Telefongespräch mit Lustig aber, bzw. mit der Gestapo Burgstraße, wurden wir in der Synagoge nach kurzer Zeit wieder freigelassen und bekamen einen Beamten mit, der unsere Wohnung wieder entsiegelte. Während des obigen Telefongesprächs baten wir die Beamten ins Sprechzimmer; inzwischen konnten wir zwei getauchte Freunde, die gerade bei uns zu Besuch waren, und die in ihrem Todesschreck auf unsere Loggia geflüchtet waren, durch die Haustür hinausbringen.

Freitag, den 5. März, als Gustav Degner[16] gerade bei uns war (jetzt Bürgermeister in Berlin) und er versprochen hatte, Herta unterzubringen, so daß ich ihretwegen unbesorgt sein konnte, wurde ich von Wien angerufen, woraufhin ich meine Ankunft für Sonntag, den 7. März, ankündigte. Samstag, den 6. März, wollte ich bei der für uns zuständigen Kartenstelle Lebensmittelkarten für uns beide holen, wofür meine Frau der besondere

Ausweis fehlte, mit einem Stempel der Gemeinde nämlich, daß man für die Gemeinde tätig sei und unentbehrlich und darum berechtigt, trotz Stern noch frei auf der Straße herumzulaufen. Für diesen Stempel mußte ich mir im Sammellager Synagoge Levetzowstraße bescheinigen lassen, daß ich schon einmal ins Lager gekommen, aber als unentbehrlich wieder freigelassen war. Nun wurde ich von der Kartenstelle zur Gestapo Burgstraße geschickt. Es wurden an dem Tage viele zum Transport in der Burgstraße zurückbehalten. Ich dagegen wurde wieder zur Kartenstelle zurückgeschickt und bekam schließlich auf Drängen die Lebensmittelkarten. Sie stellten für den ersten Monat die Lebensmittelgrundlage wenigstens für Berlin dar, konnten allerdings wegen des Aufdrucks „Jude" in unzähligen Wiederholungen nur unter erheblichen Umwegen benutzt werden. Dann ging ich letztmalig zum Krankenhaus, erledigte meinen Dienst wie gewöhnlich, fuhr zu Degner, der mir für Wien eine wichtige Adresse gab, kam nach Hause, traf die letzten Vorbereitungen und saß um halb fünf nachmittags auf dem Anhalter Bahnhof im Nachtschnellzug nach Wien. Ich hatte den Sprung ins Dunkle gewagt, konnte aber doch nicht ermessen, wie dunkel das war, wohin ich sprang.

Nachzuholen sind unsere drei früheren Fluchtpläne. Im Oktober 1942 wollten wir mit französischen Arbeiterpässen nach Frankreich, im Januar 1943 wollte ich ohne meine Frau auf einem schwedischen Schiff nach England, im Februar wollten wir beide zu Fuß über elsässisches Gebirge nach der Schweiz. Der Plan mit England war bestimmt selbstmörderisch, aber wir waren derartig mit allen Sinnen auf das eine Ziel ausgerichtet, aus der Fallgrube herauszukommen, daß wir es damals nicht merkten. Auch bei den Urlaubsreisen der in Deutschland arbeitenden französischen Arbeiter, die auf Werbung hin freiwillig nach Deutschland gekommen waren, wurden viele Juden von der an der Sperre und im Zuge kontrollierenden Gestapo geschnappt und als Straffällige abgeführt. Immerhin ist es einer ganzen Anzahl deutscher Juden auf diese Weise durch den Ankauf von Urlaubspässen gelungen, aus Deutschland herauszukommen. Unsere Route sollte über Paris in das unbesetzte Südfrankreich gehen, dann durch Spanien nach Lissabon und von da nach den USA. [...]

Betrachte ich heute, am 18. Mai 1945, mein damaliges Untertauchen ins illegale Leben, so muß ich es als tollkühn bezeichnen. Meine Wiener Patientin hatte mir geschrieben, ich könne bei einer Künstlerin wohnen, die ständig auf Reisen sei und werde dort ohne Lebensmittelkarten für monatlich 200 Mark untergebracht. Auf diese an sich recht unwahrscheinliche Angabe hin trat ich die Reise an. Bei meiner Ankunft stellte sich heraus, daß „die Künstlerin" ein Produkt krankhafter Phantasie war, und die Patientin mich nur hatte dort haben wollen. Ich wohnte in Wirklichkeit bei ihr in ihrer Wohnung. Daß dieses zu – gelinde gesagt – Unzuträglichkeiten führen mußte, hätte eigentlich damals schon für mich auf der Hand liegen müssen. Mir gab der Aufenthalt in Wien einen mächtigen Auftrieb, wozu Verschiedenes beitrug. Einmal die mir fast gänzlich unbekannte Stadt, die ich bei einem Neurologenkongreß 1927 nur wenig kennengelernt hatte, dann das wunderbare Frühlingswetter, das ich zu Ausflügen in die jahrelang und bitter entbehrte Natur benutzte, endlich der absolute Kontrast zu meinem bisherigen Leben. Daß ich dabei die Gefahr meiner Situation vollkommen übersehen habe, ist mir je länger, desto mehr, unbegreiflich. Ich wurde der geschwätzigen Untermieterin meiner Patientin als Berliner Onkel vorgestellt. Es lag damit auf der Hand, daß es sich um einen Berliner Juden handeln mußte. Frau Friedrich war Jüdin, aber ihr Ehemann arisch. Es kam sehr bald zu einer Denunziation. Ein günstiges Geschick hatte es gefügt, daß Herr Friedrich sehr energisch auf andere Unterbringung gedrungen hatte. Da Frau Habarth, deren Adresse ich von Degner bekommen hatte, behauptete, nichts für mich tun zu können, war ich auf mich selbst angewiesen. Ich konnte mir kurzfristig Quartier im Hotel „Römischer Kaiser" in Pötzleinsdorf verschaffen, wo wir eines Sonntags Palatschinken gegessen hatten. Am Tage der Haussuchung bei Friedrichs wohnte ich dort und war mit Frau Friedrich in der Badeanstalt verabredet. Während sie sonst die Pünktlichkeit selbst war, erschien sie diesmal nach zweistündigem Warten noch nicht. Da wir uns abends bei Bekannten von ihr treffen wollten, suchte ich diese auf. Dorthin kam zum Glück auch Frau Friedrich und berichtete mir, man habe sie früh um sieben Uhr aus dem Bett geholt, ihr meine Anwesenheit auf den Kopf zugesagt (die früheren Telefonanrufe von ihr in meiner Berliner Wohnung waren offenbar abgehört worden), sehr genau über mich Bescheid gewußt und sie dann zum Morzinplatz gebracht, wo sie verhört wurde, aber jede Auskunft über meinen Verbleib verweigerte wegen angeblicher Unkenntnis. Sie hat sich jedenfalls tadellos benommen. Daß ich an demselben Freitagvormittag mir aus dem Briefkasten der Friedrichschen Wohnung einen Brief meiner Frau abholte, sei als Kuriosum vermerkt, ebenso, daß Frau Friedrich und ich am darauffolgenden Sonntag einen Ausflug nach Neu-Waldeck machten, der ebenfalls für mich hätte verhängnisvoll werden können. Am darauffolgenden Montag kam die Gestapo wiederum in ihre Wohnung, diesmal am Abend. Sie nahmen meine dort befindliche Aktentasche mit Toilettensachen mit und begnügten sich im übrigen damit, Frau Friedrich zu verwarnen und sie aufzufordern, mich unmittelbar nach meinem etwaigen Wiederauftauchen zu melden. Man sagte ihr dabei, daß sie am Sonntag in Neu-Waldeck gesehen worden sei; auf ihre Begleitung hatte man offenbar nicht geachtet! – Durch eine andere Patientin, die, ebenfalls in gemischter Ehe, in Auschwitz war und überlebt hat, und die dort – welch merkwürdige Fügung – Frau Friedrich kennengelernt und mit ihr von mir gesprochen hat, weiß ich, daß sie später in Auschwitz umgekommen ist.

Diese Ereignisse waren dazu angetan, mir den Boden Wiens als zu heiß erscheinen zu lassen, und da sich kein Dauerquartier finden ließ, war es Zeit, meine dortigen Zelte abzubrechen und anderswo aufzuschlagen. Zunächst

ging es nach Linz, der „Gauhauptstadt des Gaues Oberdonau". Fahrten ins
Blaue waren mir bis dahin wohl bekannt, doch nie hatte ich eine Reise ins
derart Dunkle unternommen wie diese: ohne vorbestelltes Quartier, ohne
Lebensmittelkarten und selbstverständlich ohne polizeiliche Ab- und An-
meldemöglichkeiten. [...] Nun hatte ich zum Glück, als ich seinerzeit in
Berlin meine Gewerbelegitimation käuflich erstand, als Zugabe einen Blan-
kobogen der I.G.-Farben bekommen, der, mit meinem Lichtbild versehen
und entsprechend von meiner Frau ausgefüllt, mir bei Hotelquartieren von
größtem Nutzen war. Ich war also in Linz zunächst auf drei Nächte
gesichert. Meine Mittagsmahle bestanden aus: SSS = Suppe und Stammge-
richt und Seidel, nämlich aus allem, was markenfrei und auch entsprechend
nicht nahrhaft war. Am zweiten Tag meines Dortseins fuhr ich wienwärts
nach St. Pölten, wo es mir gelang, wieder auf drei Tage Anschlußquartier im
größten dortigen Hotel zu bekommen. In der Folgezeit pendelte ich zwischen Wien, Linz und St. Pölten hin und her, war tagsüber immer unterwegs, da ich berufliche Beschäftigung vortäuschen mußte. In Wien hatte ich
das Hotel „Wiener Wald" in Salmannsdorf entdeckt, wo ich mit Hilfe
meines Firmenausweises bis zu drei Wochen bleiben konnte; sogar in Linz
habe ich es im Mai zu einem Aufenthalt bis zu 14 Tagen gebracht, was wegen
der dortigen Bettenknappheit besonders schwierig war. [...]
  Wie sah mein „Arbeitstag" in Wien, Linz oder St. Pölten aus? Nach dem
selbst gehaltenen Frühstück – außer Wasser nahm ich kein Getränk zu mir –
verließ ich das jeweilige Hotel, kaufte mir eine oder mehrere Zeitungen, am
liebsten die Frankfurter, Das Reich oder die D. A. Z., und ging in einen der
Parks, wo ich die Zeit bis zum Mittagessen verbrachte. Dann trieb ich mich
noch eine Weile in den Anlagen herum und kehrte gegen 16 Uhr ins Hotel
zurück. Dann wurden Briefe geschrieben; die Maschine, auf der ich diesen
Bericht schreibe, ist mein ständiger Begleiter gewesen, und gegen 18 Uhr
gab es das ziemlich einförmige Abendessen, das ich mir ebenfalls meist selbst
bereitete.
  Inzwischen war meine Frau über Stuttgart ins Pfarrhaus Heimsheim
gekommen, hatte der dortigen Pfarrfrau Helene Fausel, deren Mann damals
eine Vertretung in Ditzingen hatte, im Haushalt geholfen und mußte vor-
sichtshalber – eine getauchte Jüdin war bei Frau Fausels Bruder auf dessen
Pfarrei der Gestapo in die Hände gefallen – mit einer durch Radunfall
verursachten schweren Knieverletzung ganz plötzlich Heimsheim verlassen
und nach Schwenningen am Neckar übersiedeln, wo die Vikarin Margarete
Hoffer im Johannispfarrhaus am Rande der Stadt ihr Aufenthalt und Pflege
bot. Dorthin wurde auch ich Anfang Juli 1943 von der Vikarin eingeladen.
Fräulein Hoffer stammte aus Graz und aus einer hundertprozentigen Nazi-
familie, zu der sie sich aus christlicher Überzeugung, wie wir an uns
erfuhren, in Gegensatz stellte. Als mich der an Frau Habarth gerichtete
Einladungsbrief erreichte, war ich zunächst sprachlos vor Beglückung.
Nach über viermonatiger Trennung sollte ich meine Frau zum erstenmal

wiedersehen! Am 13. Juli fuhr ich mit dem Nachtschnellzug vom Wiener Westbahnhof in Richtung Stuttgart ab. Wäre ich einen Tag später gereist, so hätte mich ein an mich gesandter und bereits bezahlter Satz Lebensmittelkarten noch erreicht. So ist er leider verlorengegangen. In Stuttgart lernte ich Pfarrer (ehemals Rechtsanwalt) Kurt Müller[17] aus Bremen kennen, den Mittelpunkt und Organisator aller für unsere Leute betriebenen Bemühungen der „Sozietät". Dies waren Pfarrer, die zur protestantischen sogenannten „Bekennenden Kirche" gehörten, durchweg Schüler von Karl Barth, und die sich in Gegensatz stellten zu den Pfarrern, die der Hitlerregierung anhingen. Bei meiner Ankunft in Schwenningen abends um 22 Uhr hat mich meine Frau fast nicht wiedererkannt, derart abgemagert war ich, was ja bei dem Regime, das ich führen mußte, nicht weiter verwunderlich war. Im besonderen hatten meine Augen stark gelitten. Hatte ich schon durch die Einladung als solche und die Reise, die aus dem hoffnungslosen Einerlei herausführte, vor allem durch die Aussicht auf das Wiedersehen mit meiner Frau einen starken Auftrieb bekommen, so wurde ich durch den mehrwöchigen Aufenthalt in Schwenningen und anschließend in Haiterbach bei Nagold wieder Mensch.

[Hermann Pineas und seine Frau wohnen dann wieder getrennt bei verschiedenen Gastgebern der Bekennenden Kirche.]

Wir hatten zu Weihnachten 1943 eine Einladung nach Schwenningen zu Vikarin Hoffer und trafen uns dort am 22. Dezember. Durch glückliche Umstände konnten wir der damals für alle Zivilpersonen verfügten Reisebeschränkungen Herr werden. In Schwenningen hatten wir mit Fräulein Hoffer eine Art gemeinsamen Haushalt. Am 10. Februar, als wir gerade unser Gepäck mittels Schlitten zu getrennter Weiterreise an die Bahn brachten, glitt meine Frau durch Glatteis aus und brach das linke Handgelenk. Somit verlängerte sich unser gemeinsamer Aufenthalt in Schwenningen bis Ende April 1944. Ab dann übernahm meine Frau eine anstrengende Tätigkeit bei einer Bauernfamilie in Gniebel, Kreis Reutlingen, wo sie für eine Bombenflüchtige angesehen wurde, während ich zu Stadtpfarrer Gümbel in Stuttgart-Zuffenhausen reiste. Ich wurde dort und im gleichen Hause bei der Pfarrerswitwe Elisabeth Kirschmann und bei Stadtpfarrer Dr. Werner sehr gastlich aufgenommen und verlebte dort eine schöne Zeit, nicht zuletzt durch mehrere Begegnungen mit meiner Frau in Tübingen. Dr. Werner ließ sich gern von mir über das Judentum belehren. [...]

In Schwenningen hatte mir Kollege Dr. Hans Kohler, der mit der Bekennenden Kirche verbunden war, dazu verholfen, einen Postausweis zu bekommen, der mir im Gegensatz zum Linzer Postausweis, durch den ich Dr. Hans Perger geworden war, den Namen meiner Frau gab, wodurch ich Dr. Hans Günther, Biologe, wurde, und der zugleich, um nicht in den neu verfügten Arbeitszwang zu gehören, mein Alter um 15 Jahre heraufsetzte.

So war in einigen Punkten unsere eventuelle gemeinsame Existenz, die herbeizuführen ja unser ständiges Bestreben darstellte, gesichert. Viel schwieriger war es, in den Besitz einer Lebensmittelkarten-Abmeldung zu kommen, die eine Anmeldung ermöglichen sollte. Dies geschah für uns beide von Wankheim bei Tübingen aus, wo ich nach dem Verlassen Stuttgarts im Hause von Pfarrer Richard Gölz[18] und seiner Frau Hilde überaus gastlich und freundschaftlich aufgenommen wurde. Ich wurde zwischendurch von Fräulein Hoffer wieder nach Schwenningen zitiert, wo ich in Gestalt von Frau Anni Cerny eine Schicksalsgefährtin kennenlernte, die im Pfarrhaus wohnte und leider im Februar 1945, also wenige Wochen vor der Befreiung, die innere Vereinsamung, über die sie zu uns klagte, nicht mehr ertrug und ihrem Leben ein Ende gemacht hat. – Fräulein Hoffer hatte es fertiggebracht, mir, als ein Nazimädchen im Lebensmittelamt in Urlaub war, durch ihre kirchlich gesinnte Vertretung ein gestempeltes Blankoformular einer Abmeldung des Schwenninger Ernährungsamtes zu verschaffen. Dieses Formular verwendete Fräulein Elisabeth Braun in Gerstetten als Unterlage, uns beim dortigen Ernährungsamt durch dessen ebenfalls kirchlich gesinnte Angestellte anzumelden, so daß wir endlich in den Besitz regulärer Lebensmittelkarten kamen, als wir die darauf vorgenommene Abmeldung später in einem kleinen Dorf vor Memmingen vorzeigten. Es war Lautrach, wo der Ortsvorsteher alles in einer Person war, Polizei, Meldeamt, Lebensmittelamt und Schlächtermeister dazu, und wo es gar nicht amtmäßig herging, so daß z. B. das Fehlen der polizeilichen Abmeldung und der Kleider- und Kohlenkarte nicht auffiel. Inzwischen aber war vieles passiert.

Ich war aus dem Wankheimer Pfarrhaus in das Haus des ehemaligen – nämlich wegen Antinazismus gemaßregelten – Pfarrers Paul Schempp[19] in Kirchheim a. d. Teck, Plochinger Str. 6, übersiedelt. Dort erhielt ich die schlimme Nachricht, in Wankheim habe sich ein Gendarm aus Tübingen nach mir erkundigt! In der Folgezeit habe ich erfahren, daß Pfarrer Gölz am darauffolgenden Tage über meine Person vernommen wurde und angegeben hat, ich sei ein Berliner jüdischer Arzt, den zu beherbergen er für seine christliche Pflicht gehalten habe. Er glaube, ich sei nach Friedrichsroda in Thüringen weitergereist. Er gab auch eine falsche Personalbeschreibung dazu. Übrigens wußten aus Gründen der Sicherheit für unsere Beherberger diese nie unsere richtigen Namen. Und wir hatten noch bei Pfarrer Gölz über den den Nazis verhaßten Typ der „Intellektualbeschtie" – so auf württembergisch gesprochen – gescherzt, den ich verkörpere, und der allerdings in ländlichen Bezirken leicht auffallen konnte. Für sein „Delikt" ist der unglückliche Pfarrer unmittelbar vor Weihnachten abgeholt und in ein Arbeitslager überführt worden. Dies hat uns sehr bedrückt. Später erfuhren wir, daß Pfarrer Gölz im Mai 1945 befreit wurde und wieder in Wankheim ist.

Jedenfalls bin ich in recht verzweifelter Stimmung, von der meine Frau zunächst nichts merken durfte, Mitte August 1944 mit ihr zusammen nach Lautrach bei Memmingen gefahren. Ich war damals, weil man es mir so gesagt hatte, unter dem Eindruck und der Erwartung, daß nach mir gesucht würde, und ich meine Frau zugleich gefährde. Allerdings befanden wir uns jetzt in Bayern und nicht mehr in Württemberg, was bezüglich polizeilicher Verfolgung zu unseren Gunsten war. Auch waren wir dabei, da wir das Debakel kommen sahen, uns eine gemeinsame quasi-legale Existenz aufzubauen. Nach einer zum Glück vergeblichen und wirklich nervenzerrüttenden Woche der Erwartung, verhaftet zu werden, entschloß ich mich am 1. September, nach Memmingen zu fahren und mich im „freiwilligen Ehrendienst" beim dortigen Arbeitsamt zu melden. Glückte es, so würden wir von Amts wegen eine Wohnung zugewiesen bekommen; das war mein Beweggrund für dieses Wagnis. Ohne Vorlage irgendeines Ausweises, wie Berufs- oder Ahnennachweis und dergleichen, wurde ich, der ich mich Biologe nannte, der Werkzeugfabrik Wilhelm Stehle, bei der ich noch heute „tätig" bin, zugewiesen und bekam zugleich im größten Steinbau der Stadt, im Amtsgericht, bei Landgerichtsdirektor Bächler zwei für Rüstungsarbeiter seitens der Stadt beschlagnahmte Zimmer zugewiesen. Nun hatten wir mit einem Male alles: Wohnung, polizeiliche Anmeldung, Lebensmittelkarten und Arbeit. Am 6. September 1944 zogen wir in Memmingen ein, am 7. trat ich meine neue Stellung an.

Der Vermittler auf dem Arbeitsamt hatte gemeint, daß ich eventuell für die Firma reisen könnte, wenn Material zu beschaffen sei, und das schlug ich auf eine diesbezügliche Frage bei meinem Eintritt dem Direktor Born, Schwiegersohn des Chefs, vor. Man war damit einverstanden. In der Nicht-Reisezeit sollte ich einen Lagerverwalter vertreten, der gerade eingezogen worden war. Für meine Reisetätigkeit bedurfte ich einer besonderen Bescheinigung, die mir die Gauwirtschaftskammer Schwaben am 8. September 1944 ausgestellt hat und die bis 30. Juni 1945 gelten sollte. Sie berechtigte zur Lösung von Fahrkarten für alle Strecken und zur Schnellzugbenutzung. Ich bemerkte gleich, daß der Betrieb überhaupt erstaunlich wenig Nazis zählte. Parteigenossen waren Chef, Direktor, Prokurist, Betriebsingenieur und einige wenige Meister. Der Ingenieur und der Direktor waren wohl die waschechten Nazis, ersterer „alter Kämpfer" von vor 1933. Der Betrieb, der ursprünglich Holzbearbeitungswerkzeuge produzierte, arbeitete seit 1939 für die Marine und machte Hilfsapparate für U-Boote und für Minen. Worum es sich im einzelnen handelte, habe ich nie erfahren und hat mich auch nicht interessiert. Die Lagerverwaltungstätigkeit war recht langweilig, um so interessanter das Reisen.

[Hermann Pineas unternimmt mehrere Geschäftsreisen, u. a. nach Berlin zum Rüstungsministerium.]

Am 28. November 1944 brachte mir Herta den „Allgäuer Beobachter" vom selben Tag in den Betrieb, worin die Notiz stand, daß von nun ab, im Gegensatz zu einer früheren Bestimmung, Postausweise nicht mehr als amtliche Personalausweise angesehen werden sollten. Dies war für uns der Anlaß, mit Rücksicht auf meine Reise, die am nächsten Morgen angetreten werden sollte, am gleichen Tage noch die Ausstellung einer Kennkarte zu beantragen, die ich tatsächlich noch am selben Tage erhielt; meine Frau bekam die ihre zwei Tage später. Damit waren wir im Besitz der während der ganzen Vorbereitung zur Untergrundzeit und während ihrer Dauer bis dahin erstrebten besten Legitimation, die unerreichbar geschienen hatte, und die auch hier nur wegen der plausiblen Eile und Stehles Betriebswichtigkeit ohne weitere Unterlagen zustande kam. Es verursachte allerdings meiner Frau eine erhebliche Beklemmung, daß ein Kennkarten-Doppel nach Düsseldorf, das andere nach Hamburg geschickt werden mußte, an unsere Geburtsorte nämlich, wobei wir nur hoffen konnten, daß die vielen Luftangriffe, die den Postverkehr lahmlegten, es verhindern würden, daß die Nichtexistenz der in den Kennkarten eingehend und mit Fingerabdrücken beschriebenen Personen an den Tag käme. Darüber allerdings konnten wir uns erst bei der Befreiung vollends beruhigen. Endlich haben wir noch neue Kleiderkarten anstelle unserer „durch Luftangriff verbrannten alten" beantragt und bekommen. Ein anderes Amtsformular, die sogenannte Personalkarte beim Wirtschaftsamt, auf der alle ausgegebenen Bezugsscheine für Spinnstoffe oder Schuhe verzeichnet sind, hatte uns ebenfalls einige Kopfschmerzen bereitet. Zu diesem Papier kamen wir dann automatisch, nachdem wir erfahren hatten, daß in Gerstetten deswegen nachgefragt worden sei. Wir wurden nur einmal zum hiesigen Wirtschaftsamt zitiert und nach unserer Berliner Adresse gefragt. Auch dabei blieb ich im Gegensatz zu meiner Frau gleichmütig, indem ich die weit vorgeschrittene Verwirrung im Wirtschafts- und Amtsverkehr richtig beurteilte.

Zusammenfassend kann man sagen, daß die letzten Jahre uns nahezu ununterbrochen Ausweis-Sorgen gemacht haben, und auch heute ist es nicht anders, wenngleich die Vorzeichen verschieden sind: Wir suchen einen Passierschein für die Übersiedlung in die USA.

---

1 Zum Jüdischen Frauenbund s. Memoiren Ottilie Schönwald (Nr. 37) Anm. 3, S. 423.

2 Siehe Memoiren Camilla Neumann (Nr. 49) Anm. 4, S. 556.

3 Siehe Memoiren Ottilie Schönewald (Nr. 37) Anm. 8, S. 423.

4 Zu dieser sogenannten „Fabrik-Aktion" s. Memoiren Camilla Neumann (Nr. 49) Anm. 5, S. 556. Die Zahl von 14 000 verhafteten Fabrikarbeitern ist zu hoch, nach den Deportationslisten handelt es sich um etwa 7000 Personen.

5 Dr. Julius Moses (1868–1942), Arzt und Sozialhygieniker in Berlin, 1923 bis 1932 Herausgeber der Zeitschrift „Der Kassenarzt", war als SPD-Politiker 1920 bis 1932 Reichstagsmitglied. Er starb in Theresienstadt.

6 Paul Löbe (1875–1967), Schriftsetzer und Redakteur, war als ein führender SPD-

Politiker von 1920–1932 Reichstagspräsident. Er wurde 1933 und 1944 vorübergehend verhaftet und gehörte 1949 bis 1953 dem Bundestag an.

7 Hans Frank (1900–1946 hingerichtet) gründete 1928 den „Bund Nationalsozialistischer Deutscher Juristen" später „Nationalsozialistischer Rechtswahrerbund" genannt. Frank war 1933/34 bayerischer Justizminister, dann Reichsminister und ab 1939 Generalgouverneur in Polen.

8 Das Krankenhaus der Jüdischen Gemeinde Berlin, 1862 gegründet, erhielt 1914 einen modernen Neubau (270 Betten) in der Iranischen Straße. Es fungierte auch 1939 bis 1945 weiter als Jüdisches Krankenhaus, war 1943–1945 Sitz der Rest-Reichsvereinigung und diente verschiedenen NS-Behörden. Siehe hierzu ausführlich die Memoiren von Bruno Blau (Nr. 51) S. 571.

9 Paul Schuster (geb. 1867), seit 1921 Außerordentlicher Professor, leitete bis 1933 die Neurologische Abteilung des Hufeland-Hospitals in Berlin, dann bis zu seiner Auswanderung im Sommer 1939 die Neurologie des Jüdischen Krankenhauses.

10 Professor Abraham Buschke (1868–1943 Theresienstadt) war ein bekannter Dermatologe in Greifswald und Berlin.

11 Die private, rituell geführte Heil- und Pflegeanstalt für Nervenkranke in Sayn wurde 1869 von Meier Jacoby gegründet. Seine Enkel Dr. Fritz Jacoby und Dr. Paul Jacoby leiteten sie bis zu ihrer Auswanderung 1940. Im März und Juni 1942 wurden die hier konzentrierten jüdischen Geisteskranken deportiert.

12 Zur Polizeistation s. Memoiren Bruno Blau (Nr. 51) S. 571.

13 Oberregierungs- und Obermedizinalrat Dr. Dr. Walter Lustig (1891–1945) leitete bis 1932 die medizinische Abteilung im Polizeipräsidium Berlin. Da er in Mischehe verheiratet war, wurde er als einziges Mitglied der Reichsvereinigung nicht deportiert, sondern nach deren Schließung im Juni 1943 zum Leiter der Rest-Reichsvereinigung ernannt, die ihren Sitz im Jüdischen Krankenhaus hatte. Die Berichte über Lustigs Charakter und über seine Tätigkeit als Vollstrecker von Gestapobefehlen sind ungünstig. Er wurde 1945 von Sowjetsoldaten verhaftet und wegen Kollaboration mit der Gestapo erschossen. Vgl. Memoiren Bruno Blau (Nr. 51) S. 571.

14 Moritz Henschel war als Nachfolger Heinrich Stahls 1940 bis 1943 Vorsitzender der Jüdischen Gemeinde in Berlin. Er überlebte die Deportation nach Theresienstadt und starb 1946 in Tel Aviv.

15 Dr. Helmut Cohen überlebte die NS-Zeit als Internist im Jüdischen Krankenhaus und wanderte nach dem Krieg in die USA aus. Er arbeitete am Marlboro State Hospital in Marlboro, N. Y.

16 Gustav Degner war 1946 Bezirksbürgermeister im Berliner Prenzlauer Berg.

17 Kurt Müller gab seine Praxis als Anwalt nach 1933 auf, studierte Theologie bei Karl Barth und wurde Pfarrer der reformierten Gemeinde in Stuttgart. Er leitete die Judenhilfsaktionen der „Sozietät", die der Bund aller der Bekennenden Kirche nahestehenden Pfarrer in Württemberg war. Nach Schätzungen konnte er über ein Dutzend Juden aus Berlin in schwäbischen Pfarrhäusern verstecken.

18 Richard Gölz, Pfarrer in Wankheim und Musikdirektor am Tübinger Stift, wurde kurz vor Weihnachten 1944 in der Tübinger Stiftskirche verhaftet, weil der Aufenthalt von Hermann Pineas im Pfarrhaus den NS-Behörden bekanntgeworden war. Gölz blieb bis Kriegsende in einem Arbeitslager inhaftiert.

19 Pfarrer Paul Schempp wurde nicht wegen Antinazismus gemaßregelt, sondern von seinem Pfarramt suspendiert wegen eines Konflikts mit der Württembergischen Kirchenleitung, aus dem Politisches ausgeklammert blieb.

51 Bruno Blau

geb. 1881 Marienwerder (Westpreußen) – gest. 1954 Freiburg

Bruno Blau, Vierzehn Jahre Not und Schrecken. Ms. 120 S. – Verfaßt New York 1952.[1]

Bruno Blau läßt sich nach dem Studium 1908 als Anwalt in Berlin nieder. Daneben widmet er sich statistischen Forschungen, gibt ab 1909 die „Zeitschrift für Demographie und Statistik der Juden" in Berlin heraus und leitet das dortige „Büro für Statistik der Juden". Am Ersten Weltkrieg nimmt er als Frontsoldat teil. Im Jahr 1933 muß Blau seine Anwaltsgemeinschaft mit einem Nichtjuden zwangsweise auflösen, und Anfang 1936 läßt er sich wegen schwindender Klientenzahl aus dem Anwaltsregister streichen. Auf der vergeblichen Suche nach einer neuen Existenz kommt er 1937 über Warschau und Karlsbad nach Prag. Dort wird er verhaftet und infolge schwerer Erkrankung im Oktober 1942 als Gestapohäftling ins Jüdische Krankenhaus in Berlin gebracht. Da Krebspatient und mit einer Nichtjüdin verheiratet, bleibt er hier bis zur Befreiung 1945. Bruno Blau emigriert 1947 nach New York, ist bis 1953 Bibliothekar am dortigen YIVO-Institut und stirbt kurz nach der Rückkehr in Deutschland. Im folgenden berichtet er, wie er mit weiteren 800 Juden im Krankenhausgetto überlebte.

Als ich am Abend – es war der 22. Oktober 1942 – im Jüdischen Krankenhaus eintraf, begrüßte mich der Stationsarzt und befragte mich kurz über meinen Zustand. Am nächsten Morgen sollte die erste Untersuchung erfolgen, die von dem Chefarzt der Inneren Station vorgenommen wurde; es folgten dann die weiteren üblichen Untersuchungen wie Blutproben, Durchleuchtungen usw. Eine bestimmte Diagnose konnte jedoch nicht gestellt werden; ich wurde daher noch von dem Nervenarzt untersucht, der ebenfalls nichts feststellen konnte. Die Röntgenuntersuchungen wurden dann fortgesetzt, und schließlich glaubte man, sogenannte Metastasen eines Tumors an der Wirbelsäule gefunden zu haben. Darauf wurde ich dem Röntgenologen zur Behandlung übergeben, der eine Anzahl von Bestrahlungen mittels Röntgenstrahlen anordnete, daneben erhielt ich Injektionen mit Kalk. Ich war damals so gut wie unbeweglich, konnte mich nur an einem Stock fortbewegen und mich nicht, wenn ich lag, allein auf die andere Seite umdrehen. Die Bestrahlungen, welche genau dosiert waren und in bestimmten Abständen erfolgen sollten, sollten erst nach längerer Zeit eine Wirkung zeitigen. Offenbar handelte es sich um sehr starke Strahlen; denn nach einigen Behandlungen trat eine Verbrennung ein, so daß die Behandlung unterbrochen werden mußte. Einige Zeit nach Beendigung der Bestrahlung besserte sich tatsächlich mein Zustand langsam, und ich gewann allmählich wieder meine Bewegungsfähigkeit. Offenbar hatte der Röntgenarzt das Richtige getroffen.

Ich war einer der letzten Patienten, den er zu behandeln hatte. Eines Tages war er gemeinsam mit seiner Assistentin verschwunden; es gelang ihm, bis zur Schweizer Grenze zu kommen. Er wollte diese zusammen mit einer größeren Gesellschaft überschreiten, und er hatte dies bereits getan, als er bemerkte, daß einer seiner Weggenossen zurückgeblieben war. Darauf kehrte er noch einmal um, und bei dieser Gelegenheit wurde er mit seiner Assistentin von Grenzwächtern gefaßt und nach Berlin zurückgebracht; dort nahmen beide auf dem Polizeipräsidium Gift. Der Arzt starb an Ort und Stelle, während die Assistentin noch nach dem Jüdischen Krankenhaus geschafft wurde, aber dort ebenfalls starb. – Ungefähr gleichzeitig ereignete sich ein zweiter Fall, der eine andere Assistentin der Röntgenstation betraf, nämlich diejenige, welche gewöhnlich – auch bei mir – die Bestrahlungen vornahm. Sie hatte einen Bruder, der im Krankenhaus als Pfleger beschäftigt war (der Vater der beiden war ein bekannter Berliner Arzt) und gleichfalls verschwand. Aus Furcht, nunmehr zur Vergeltung sofort deportiert zu werden, verübte die Schwester Selbstmord. Der Bruder hat das Dritte Reich überlebt. Diese beiden Fälle zeigen, wie zu jener Zeit die Stimmung unter den Juden war. [...]

Ich kam als Häftling der Gestapo in das Krankenhaus. In demselben war eine besondere „Polizeistation" eingerichtet, in welcher hinter Gittern und verschlossenen Türen sich alle diejenigen Patienten befanden, die von der Gestapo oder von Gefängnissen nach dem Krankenhaus geschickt wurden, denn in den allgemeinen Krankenhäusern durften Juden nicht untergebracht werden. Auch die zwecks Deportation verhafteten Juden kamen in die Polizeistation des Krankenhauses, sofern sie krank waren. Ebenso erging es Patienten des Krankenhauses, sobald sie zur Deportation bestimmt waren. Sie wurden, auch wenn es sich nur um eine einzige Nacht handelte, in die Polizeistation gelegt, damit eine Flucht verhindert wurde.

In der Station befanden sich damals etwa 20 Patienten; deren Zahl wuchs aber im Laufe der Zeit immer mehr, so daß schließlich eine zweite Polizei- station eingerichtet werden mußte, und sich im ganzen etwa 80 Personen als Gefangene im Krankenhaus befanden. Unter den Patienten, die ich vorfand, war ein junger Mann – sein Name war Heymann[2] –, der wegen Teilnahme an kommunistischen Umtrieben verhaftet worden war und versucht hatte, sich durch Öffnen der Halsschlagader das Leben zu nehmen. Sobald er das Bett verlassen konnte, wurde er an einem frühen Morgen von zwei Gestapobe- amten abgeholt, die so lange an seinem Bett standen, bis er fertig angezogen war. Am 4. März 1943 stand sein Name mit acht anderen auf roten Plakaten an den Berliner Anschlagsäulen: Neun junge Juden waren wegen Vorberei- tung zum Hochverrat hingerichtet worden. Angeblich hatten sie sich zu einer kommunistischen Schulungsgemeinschaft zusammengeschlossen; die Sache lief unter dem Rubrum: „Heinz Israel Rotholz und Genossen".

Heymann war ein gelernter Metallarbeiter (Dreher) und besonders intelligent und belesen. Ein anderer Patient war zur Deportation abgeholt und hatte sich in der Levetzowstraße, wohin damals die Unglücklichen kamen, aus dem Fenster gestürzt. Im Laufe der Zeit wurden viele Patienten eingeliefert, die aus Furcht vor der Deportation Selbstmordversuche gemacht hatten; eine Anzahl von ihnen wurde gesund und mußte dann sogleich die Fahrt ins Verderben antreten.

Die Behandlung der Insassen der Polizeistation unterschied sich in nichts von derjenigen der übrigen Patienten, nur durften sie die Station nicht verlassen und Besuche nur mit besonderer Genehmigung empfangen. Von Zeit zu Zeit wurden sie, soweit sie nicht bettlägerig waren, unter Aufsicht spazierengeführt. Mußten sie zur Behandlung oder Untersuchung nach einem anderen Gebäude, so wurden sie von einem Krankenhausangestellten bewacht. Pakete für sie wurden vor der Aushändigung untersucht; auch der Briefverkehr unterlag der Kontrolle.

Einige Tage vor meiner Einlieferung hatte das Krankenhaus einen neuen Verwaltungsdirektor erhalten; dessen Vorgänger war zusammen mit einer großen Zahl anderer Gemeindebeamten zur Deportation bestimmt und hatte mit seiner Frau Selbstmord verübt. Der neue Direktor war, ohne daß die Gemeinde befragt wurde, von der Gestapo ernannt worden, da sein Wesen und Gebaren den maßgebenden Gestapobeamten gefiel und er deshalb auch vor der Deportation bewahrt wurde. Bei dem sogenannten „Gemeindetransport" war es einigen Personen gelungen, sich ihrem Schicksal zu entziehen. Dies hatte zur Folge, daß vier Beamte der Gemeinde – Dr. Lamm, Dr. Blumenthal, Dr. Goldstein und Dr. Mendelsohn – sowie vier Vorstandsmitglieder der Reichsvereinigung – Selbiger, Looser, Joseph und Wolff – erschossen wurden, obwohl sie vollkommen schuldlos und gar nicht in der Lage waren, das Verschwinden jener Leute zu verhindern.[3] [...]

Nach und nach waren alle Vorstandsmitglieder der Reichsvereinigung – unter ihnen der Vorsitzende Dr. Leo Baeck – deportiert worden; der einzige, der übrigblieb, war der Oberregierungs- und Obermedizinalrat Dr. Walter Lustig,[4] der in Mischehe lebte. Ihm wurde von der Gestapo die Leitung der Reichsvereinigung übertragen, deren unumschränkter Herrscher er dadurch wurde. Die Angestellten des Krankenhauses pflegten ihn unter Umstellung seines Namens und Titels „Oberlustrat Gierig" zu nennen.

Die von der Reichsvereinigung gebildete Gesundheitsverwaltung hatte auch die Aufsicht über die Polizeistation des Krankenhauses und empfing dafür die Weisungen der Gestapo. Alle Anordnungen der Gestapo, die sich auf die Juden bezogen, gingen an die Reichsvereinigung, und diese hatte für ihre Ausführung zu sorgen. Diesem Zwecke diente auch das Jüdische Nachrichtenblatt[5], in dem die Anordnungen meist veröffentlicht wurden. Zuweilen wurden sie aber nur an dem Schwarzen Brett in den Dienststellen der Gemeinde angeschlagen, und es wurde im Nachrichtenblatt darauf hingewiesen und jedem einzelnen zur Pflicht gemacht, den Inhalt der

Anschläge zur Kenntnis zu nehmen. Als Chef der Gesundheitsverwaltung war Dr. Lustig vollkommen unzugänglich und weder für die Polizeigefangenen noch für deren Angehörige zu sprechen. Es wird behauptet, daß er nicht nur ein gefügiges Werkzeug in den Händen der Gestapo war, sondern derselben sogar in die Hände gearbeitet und sowohl Angestellte wie Patienten des Krankenhauses durch sein Eingreifen zur Deportation gebracht hat. Welche Rolle er wirklich gespielt hat, läßt sich nicht übersehen. Dafür, daß er mit der Gestapo konspiriert hat, spricht jedenfalls die Tatsache, daß er von der russischen Polizei verhaftet und sicherem Vernehmen nach erschossen worden ist; jedenfalls ist er verschwunden, und man hat von ihm seit seiner Verhaftung nichts gehört. Fest steht, daß weder Dr. Lustig noch sein Assistent Zwilsky auch nur das geringste Wohlwollen für uns hatten, was sich bei jeder Kleinigkeit zeigte. Man berief sich stets auf die Anordnungen der Gestapo, der „Behörde", die man aber immerhin oft verschieden auslegen konnte. Wie weit dies ging, zeigt die Tatsache, daß Dr. Lustig, als bereits die Russen in Berlin und die Beamten der Gestapo längst geflüchtet waren, sich weigerte, mich aus dem Krankenhaus zu entlassen, weil er dies angeblich ohne Einverständnis der Gestapo nicht durfte, er aber deren Beamte telefonisch nicht erreichen konnte, da sie ja nicht mehr da waren. [...]

Im April 1943 nahm die Gestapo das Gebäude der Pathologie als Gefängnis in Anspruch. Vorher wurden die Juden, die zur Deportation bestimmt und aus diesem Grunde verhaftet waren, in einem Gebäude untergebracht, das sich im Zentrum Berlins, in der Großen Hamburger Straße befand. Auf dem betreffenden Gelände liegt der älteste jüdische Friedhof Berlins mit den Gräbern bedeutender Juden, z. B. Moses Mendelssohns, für den auch ein Denkmal errichtet worden war. Dieses hat die Gestapo natürlich entfernen lassen, während die Gräber eingeebnet wurden.[6] Das Haus in der Großen Hamburger Straße hatte als Altersheim gedient und war als solches überflüssig geworden, da es keine Bewohner mehr hatte. In der ersten Zeit der Deportationen wurden die hierfür aus ihren Wohnungen abgeholten Personen in der Synagoge in der Levetzowstraße untergebracht. Da diese Räume aber nicht ausreichten, auch für einen längeren Aufenthalt nicht geeignet waren, wurde das Altersheim zur Aufnahme jener Unglücklichen hergerichtet, d. h. es wurden vor allem die Fenster vergittert, um Fluchtversuche zu verhindern. Hier wurden die Juden nun unter strenger Bewachung gehalten, bis sie abtransportiert werden konnten. Im April 1943 trat nun hierin wieder eine Änderung ein, da das Haus in der Hamburger Straße für andere Polizeigefangene benötigt wurde. Die jüdischen Gefangenen, und zwar sowohl die Deportationskandidaten wie andere Juden, die von der Gestapo verhaftet waren, kamen jetzt nach dem Pathologiegebäude des Krankenhauses, das einen besonderen Eingang von der Schulstraße her hatte. Selbstverständlich wurden auch hier die Fenster vergittert und das Gebäude gegen das Krankenhaus mit einem Stacheldrahtzaun umgeben. Leiter dieses Gefängnisses, das den offiziellen Namen „Sammellager" führte, waren einige Beamte der Gestapo, an deren Spitze der Oberscharführer Dobberke. Außerdem hatte das Lager einen jüdischen Leiter, den früheren Lehrer Reschke, und ferner eine Anzahl jüdischer „Ordner", die den Dienst von Gefängnisaufsehern hatten. Einige von ihnen haben die ihnen unterstellten Juden schlecht behandelt, auch geschlagen, insbesondere der zweite Leiter Blond, der dann auch nach dem Einmarsch der Russen sofort verschwunden ist. In dem Lager waren ferner einige jüdische Handwerker, wie Schneider und Schuster, und ein Barbier beschäftigt.

Außerdem betätigten sich eine Anzahl von Juden und Jüdinnen als Spitzel und „Greifer" im Dienste der Gestapo. Sie behaupteten, dazu gezwungen worden zu sein, aber es ist klar, daß die Gestapo sich gegen ihren Willen unmöglich ihrer bedienen konnte. Vielmehr glaubten die Betreffenden, sich durch jene Tätigkeit ihrer eigenen Deportation entziehen zu können und haben sich daher der Gestapo angeboten. Diese Kreaturen haben viele ihrer Brüder und Schwestern auf dem Gewissen, und manche von ihnen haben auch die gerechte Strafe für ihr Tun empfangen. Soweit die russische Polizei ihrer habhaft wurde, wurden sie im allgemeinen gleich erschossen, so ein junger Mann namens K., der sich als Greifer betätigt hatte, und ein gewisser G.; dieser wurde bei dem Versuch, eine Jüdin zu verhaften, von deren nichtjüdischem Freund durch Messerstiche schwer verletzt und schwebte lange zwischen Leben und Tod. Den Bemühungen der Ärzte gelang es, ihn soweit wieder herzustellen, daß er sich bewegen konnte. Der Mann, der ihm die Verletzungen beigebracht hatte, soll zum Tode verurteilt worden sein, denn die jüdischen Greifer der Gestapo hatten sehr weitgehende Vollmachten, und ein Widerstand gegen sie wurde wie ein Widerstand gegen die Gestapo selber behandelt. – Noch schlimmer als diese Greifer waren die Spitzel, die ihr schmutziges Handwerk betrieben, indem sie auf alle mögliche Weise Juden, die sich mit Erfolg vor der Gestapo verborgen hielten, aufspürten und der Gestapo auslieferten. Zum Teil haben sie es, wenn sie besonders tüchtig waren, tatsächlich erreicht, daß sie der Deportation entgingen und die Gestapo überlebten. Die meisten von ihnen aber, so der Rechtsanwalt Dr. Kurt J. und der Arzt Dr. J., die als Spitzel fungierten, wurden nach einiger Zeit selbst deportiert, da die Gestapo alle Personen, die ihr als Zeugen irgendwie unbequem werden konnten, beseitigte. Wie groß die Zahl der Opfer ist, die durch jüdische Spitzel umkamen, wird nie festgestellt werden.

Es sind übrigens auch jüdische Ordner dabei betroffen worden, wie sie die ihrer Obhut überlassenen Juden vor der Deportation ausgeraubt haben; mehrere davon haben Selbstmord begangen. Gegen die Behandlung der jüdischen Gefangenen durch den Lagerleiter Dobberke ist nach dem übereinstimmenden Urteil der ehemaligen Lagerinsassen nichts einzuwenden gewesen. Nur, wenn er glaubte, belogen worden zu sein oder er sonst einen Widerstand witterte, mißhandelte er die Häftlinge; sonst aber gewährte er ihnen, soweit dies in seiner Macht lag, Erleichterungen mancher Art, obwohl er die Macht hatte, ihnen das Leben zur Hölle zu machen. Mit einer in der Apotheke des Krankenhauses fabrizierten Flasche Schnaps war bei ihm viel zu erreichen, und der Direktor des Krankenhauses tat sein möglichstes, um Dobberke bei guter Laune zu halten. Jedenfalls haben die Gefangenen des Sammellagers es viel besser gehabt als die Insassen der Polizeigefängnisse. In der Großen Hamburger Straße wurde das Essen durch eine dort untergebrachte jüdische Köchin bereitet, in der Schulstraße aber erhielten die Häftlinge das gleiche Essen wie die Patienten des Krankenhauses, ja zum Teil öfter Zusätze, die die Kranken nicht erhielten. Die Häftlinge konnten sich auch zweimal täglich eine Zeitlang im Freien aufhalten und wurden mit Arbeiten beschäftigt, die weder schwer noch unangenehm waren. Teilweise arbeiteten sie in der Küche des Krankenhauses, teilweise wurden sie zu Aufräumungsarbeiten im Krankenhause, auf den Straßen oder auch in den Räumen der Gestapo (Französische Straße) verwendet.

In den letzten Monaten des Tausendjährigen Reiches hatte die Gestapo noch einen großen Saal des Krankenhauses zu einem Arbeitsraum eingerichtet und dort Kinderkleidung herstellen lassen. Die dazu notwendigen Maschinen und sonstigen Einrichtungen waren beschafft worden. In dieser Faktorei wurden ebenfalls Insassen des Sammellagers beschäftigt, und solche, die sich dabei besonders bewährten, möglichst lange vor der Deportation bewahrt; manche sind ihr auf diese Weise gänzlich entgangen. Der Beamte der Gestapo, dem die Kleiderfabrik unterstellt war, interessierte sich für sie ganz besonders und besichtigte sie fast täglich; scheinbar hatte er ein persönliches Interesse daran. Der Betrieb war äußerst rentabel, da er außer Rohstoffen keinerlei Unkosten verursachte; es wurden weder Löhne noch Miete, Beleuchtung, Heizung, Strom usw. bezahlt, und es wurde in zwei Schichten – auch nachts – gearbeitet. Beim Zusammenbruch des Nazireiches waren eine ganze Anzahl fertiger Kinderkleider vorhanden; dieselben wurden dann unter die im Krankenhaus befindlichen Juden verteilt.

Seit dem 1. Juli 1943 wurden auf Grund der 13. Verordnung zum Reichsbürgergesetz Juden, die sich strafbar gemacht hatten, nicht mehr vor Gericht gestellt, sondern von der Polizei, d. h. der Gestapo abgeurteilt.Sie unterlagen der völligen Willkür dieser Behörde, die an kein Gesetz gebunden war. Wenn es sich wirklich um strafbare Handlungen handelte, so kamen die Täter im allgemeinen in ein Konzentrationslager, und zwar gleich mit einem bestimmten Vermerk, der entweder die sofortige Liquidierung anordnete oder sie für die allmähliche Vernichtung bestimmte, um ihre Arbeitskraft noch eine Zeitlang auszunutzen. In manchen Fällen wurde der Transport nach dem Vernichtungslager auch gespart, indem man die Betreffenden gleich an Ort und Stelle ermordete. In Berlin geschah dies in den SS-Kasernen in Lichterfelde; diese Juden wurden dann aufgefordert, „ohne Sachen" mitzukommen, die dann ja nicht mehr gebraucht wurden. Die Frau eines auf diese Weise Ermordeten, den ich kannte, wurde monatelang von der Polizei hingehalten, ohne daß sie Auskunft über das Schicksal des Mannes erhalten konnte. Schließlich erhielt sie auf vieles Drängen eine Sterbeurkunde ausgehändigt, aus der sich das Datum des Sterbetages ergab, dies war der Tag, an dem der Mann aus dem Krankenhaus abgeholt wurde.

In dem Sammellager befanden sich neben den zu Deportierenden in erster Linie solche Personen, die wegen sogenannter „Judendelikte" verfolgt wurden. Hierzu gehörte vor allem die „Judenbegünstigung", d. h. die Unterstützung oder Förderung von Juden, die sich der Deportation zu entziehen suchten. Hierfür genügte der bloße Verkehr mit ihnen, z. B. wenn man sie in seiner Wohnung empfangen und ihnen eine Tasse Kaffee vorgesetzt hatte. Wegen derartiger Verbrechen wurden übrigens Nichtjuden erst recht verfolgt und ins Konzentrationslager verbracht, da es ja eine gerichtliche Strafe für ein derartig schweres Verbrechen nicht gab. Dann gehörten zu den „Judendelikten" verbotener Besuch von Restaurants, Kinos, Benutzung öffentlicher Verkehrsmittel ohne Erlaubnis, Weglassung des jüdischen Vornamens, Nichtvorzeigen der Judenkennkarte, Benutzung von Fernsprechautomaten, Kauf von Zeitungen, Einkauf außerhalb der festgesetzten Einkaufszeiten, Halten von Haustieren, Überschreiten der Ausgehzeit usw., vor allem aber Nichttragen des Judensterns. Dieser mußte auch vorschriftsmäßig befestigt sein, d. h. an dem Kleidungsstück festangenäht und nicht nur mit Nadeln angesteckt, so daß er nach Bedarf entfernt werden konnte.

Ein bei der Reichsvereinigung angestelltes junges Mädchen von 19 Jahren wurde einmal bei einem Besuch von Gestapobeamten dabei betroffen, daß sie an ihrem Mantel den Stern nur lose angesteckt hatte. Sie wurde sofort nach der Polizeistation des Krankenhauses gebracht und am gleichen Tage nach dem Sammellager, von wo sie ins Konzentrationslager kam, ohne daß sie ihre Mutter noch einmal sehen durfte; sie ist nicht zurückgekehrt. Strafbar war es auch, den Stern durch ein Paket oder eine Aktentasche zu verdecken. – Übrigens wurde der erstrebte Erfolg, die Juden kenntlich zu machen und der Volkswut zu überliefern, nur in wenigen Ausnahmefällen erreicht. Im allgemeinen nahm die Bevölkerung von dem Stern keine Notiz; in der ersten Zeit wurden vielmehr abfällige Bemerkungen von Nichtjuden über die Maßnahme gemacht, und es kam auch zu Sympathiekundgebungen gegenüber Juden in der Form von Zigarren oder Süßigkeiten für Kinder. [...]

Privilegierte Mischehen waren solche Mischehen, bei denen entweder die Frau Jüdin war oder aus denen Kinder hervorgegangen waren, die nicht der jüdischen Religionsgemeinschaft angehörten bzw. nach den Nürnberger Gesetzen nicht als Juden galten. Dies Privileg gab es seit dem 30. April 1939; das „Gesetz über Mietverhältnisse mit Juden" von diesem Tag hat es eingeführt und die darunterfallenden Juden von gewissen Ausnahmebestimmungen (Einschränkung des Mieterschutzes, vorzeitige Kündigung, Genehmigungszwang) befreit. Die privilegierten Juden waren auch von der Zwangsmitgliedschaft in der Reichsvereinigung und später von einer ganzen

Reihe anderer Bestimmungen ausgenommen. Ihr wichtigstes und nach außen hervorstechendstes Privileg aber war ihr Ausschluß von den Bestimmungen der „Polizeiverordnung über die Kennzeichnung der Juden" vom 1. September 1941; sie brauchten weder auf der Kleidung noch später an der Wohnungstür den Davidstern anzubringen. Was dies bedeutet, kann nur ermessen, wer selbst gezwungen war, den Stern zu tragen, wer weiß, welche Tränen von ergrauten Männern und unmündigen Kindern darum vergossen wurden und daß so manche ihr Leben darum aufs Spiel setzten und auch verloren. Die vor Erfindung des Judenprivilegs eingeführten Ausnahmebestimmungen galten auch für die nachher privilegierten Juden; d. h. sie mußten z. B. die mit einem „J" versehene Kennkarte stets bei sich führen und jedem Beamten unaufgefordert vorzeigen sowie im Schriftwechsel die Nummer der Kennkarte angeben, sie mußten den jüdischen Vornamen führen usw. Von allen entehrenden, drückenden und schädigenden Vorschriften aber, die später eingeführt wurden und das Leben der übrigen Juden einengten und zu einem Martyrium machten, waren die privilegierten Juden befreit. Sie erhielten auch die gleichen Lebensmittel wie die Nichtjuden, erhielten Kleider- und Raucherkarten, durften die öffentlichen Verkehrsmittel uneingeschränkt benutzen, durften die Stadt verlassen, durften über ihr Vermögen verfügen, ihre Titel führen usw. Ihre Lebenshaltung unterschied sich kaum von der der Nichtjuden; sie spürten alle die Drangsalierungen nicht, die für die Juden mit einem wahren Sadismus ausgedacht waren.

Maßgebend für die Bestimmung des Privilegs war die Tatsache, ob die Kinder am Stichtag – dem 15. September 1935 – im Kataster der Jüdischen Gemeinde eingetragen waren. Nun waren die Kataster oft nicht so genau geführt, daß alle Eintragungen in allen Fällen den Tatsachen entsprachen. Es ist sowohl vorgekommen, daß Kinder, die christlich getauft waren, im Kataster nicht gelöscht waren, und andererseits infolge irgendeines Versehens Kinder nicht im Kataster standen, obwohl sie niemals von den Eltern bei der Gemeinde abgemeldet waren und im besten Sinne jüdisch erzogen wurden. Früher bestand keine Veranlassung, die Eintragung nachzuprüfen, und es kümmerte sich daher kaum jemand darum. Jetzt aber konnten die Eintragungen praktisch von der größten Bedeutung sein. Mir ist ein alter Zionist bekannt, dessen aus seiner Mischehe stammende Tochter jüdisch erzogen wurde, aber aus irgendeinem Versehen nicht im Kataster stand. Seine Ehe galt daher als privilegiert, und er hatte keine Veranlassung, von dem Privileg keinen Gebrauch zu machen.

Die Gestapo hatte natürlich das Bestreben, das Privileg nach Möglichkeit einzuschränken; so legte sie die Bestimmungen so aus, daß eine Ehe nicht darunterfiel, wenn die Kinder im Auslande lebten. Später wurde diese durch nichts begründete Auslegung fallengelassen, aber dabei ausdrücklich bestimmt, daß, wenn früher das Privileg aus dem genannten Grunde nicht anerkannt worden war, es dabei bleiben solle. Es muß gesagt werden, daß viele privilegierte Juden von dem Privileg, zu dem sie ohne eigenes Verdienst – oft durch einen Zufall – gekommen waren, ausgiebigen Gebrauch gemacht und sich über andere Juden erhaben gefühlt haben; oft haben sie jeden Verkehr mit ihnen vermieden und sich gescheut, sich mit ihnen in der Öffentlichkeit zu zeigen. Nach den Feststellungen der Reichsvereinigung gab es am 1. April 1943 im Deutschen Reich 17 375 Nichtsternträger und nur 14 393 Sternträger. Auch in Berlin war die Zahl der privilegierten Mischehen größer als diejenige der anderen; am Ende des Dritten Reichs gab es dort 3339 privilegierte und 1451 gewöhnliche Mischehen. [...]

Gelegentlich einer Massendeportation ließ die Gestapo entgegen der Weisung, Juden, die in Mischehe lebten, nicht zu deportieren, eine größere Zahl solcher Juden mitverhaften; sie wurden zunächst „bis zur Klärung" in dem früheren Verwaltungsgebäude der Jüdischen Gemeinde in der Rosenstraße gefangengehalten. Die Frauen der Verhafteten begaben sich nun täglich am frühen Morgen in Scharen nach der Rosenstraße und verlangten die Freilassung ihrer Männer.[7] Ihre eigene Person nicht achtend, demonstrierten sie während des ganzen Tages, bis sie von der Polizei verjagt wurden. Durch ihr mutiges Verhalten, ihre Opferbereitschaft und ihre Beharrlichkeit erreichten sie schließlich, daß die Gestapo nachgab und die Verhafteten entließ. Dies Verhalten der Frauen zeigt, daß es nicht unmöglich war, mit Erfolg gegen die Nazis anzukämpfen. Wenn die verhältnismäßig geringe Zahl von Frauen jüdischer Männer es zuwege gebracht hat, deren Schicksal zum Guten zu wenden, so hätten diejenigen Deutschen, die sich jetzt in so großer Zahl als Gegner des Nazismus bezeichnen, auch die von ihnen angeblich nicht gewollten oder gar verabscheuten Greueltaten verhindern können, sofern sie es ernstlich gewollt hätten. [...]

In der Polizeistation war eine Reihe bekannter Persönlichkeiten untergebracht, so Theodor Wolff[8], der frühere Chefredakteur des „Berliner Tageblatt", der nicht nur als Schriftsteller hervorragende Bedeutung, sondern auch als Politiker zeitweise in Deutschland großen Einfluß besaß. Er war im Jahr 1933 emigriert und lebte in Nizza; dort wurde er verhaftet und durch 14 Gefängnisse geschleppt, bis er endlich im Berliner Polizeigefängnis landete. Er wurde während seines dortigen Aufenthalts zweimal im Hauptquartier der Gestapo in der Prinz-Albrecht-Straße vernommen, ohne daß ihm ein Grund für seine Verhaftung angegeben wurde; die Vernehmungen fanden in Form eines Colloquiums statt, dessen Thema das eine Mal der Zionismus war. In der Zeit seiner Haft hatte Wolff sich eine Phlegmone (Zellgewebsentzündung) zugezogen. Er wurde deswegen ins Krankenhaus gebracht und mußte am Arm operiert werden; nach der Operation trat eine Herzschwäche ein, die bei dem hohen Alter des Patienten – er war 76 Jahre alt – zum Tode führte. Wolff war im ganzen zehn Tage im Krankenhaus; er war geistig vollkommen frisch und hatte guten Appetit; daß das Herz schließlich versagte, war nach dem, was er während der letzten Monate durchgemacht hatte, kein Wunder. Er wurde in der Ehrenreihe des Friedhofs Weißensee beigesetzt. Der Zufall wollte es, daß später einer seiner Söhne als Angehöriger der amerikanischen Besatzungsmacht nach Berlin kam und ihm ein würdiges Denkmal setzen lassen konnte.

Ein anderer Patient war der Nationalökonom Professor Dr. Franz Eulenburg[9], der als junger Privatdozent in Leipzig mein Lehrer gewesen war; er lehrte zuletzt an der Handelshochschule Berlin, deren Rektor er auch eine Zeitlang war. Schon in seiner Jugend getauft, hatte er keinerlei Beziehungen mehr zum Judentum; man erzählte sogar, daß er frommer Christ und eifriger Kirchgänger war. Da er in Mischehe lebte, wurde er nicht deportiert. Er beschäftigte aber eine jüdische Sekretärin, die sich vor der Gestapo verborgen hielt; es wurde ihm nun zum Vorwurf gemacht, daß er diese begünstigte, und er kam wegen „Judenbegünstigung" ins Polizeigefängnis. Er bestritt zwar, gewußt zu haben, daß die Dame „untergetaucht" war; er will sich überhaupt nicht darum gekümmert haben, wo sie sich aufhielt. Sie sei stets regelmäßig zu ihm zur Arbeit gekommen, und er habe keine Veranlassung gehabt, sie zu fragen, woher sie käme, und ob sich in ihren Verhältnissen eine Änderung vollzogen habe. Eulenburg wurde in Haft behalten und wäre, wenn er gesund geblieben wäre, auch ins Konzentrationslager gekommen. Er kam schon in fast sterbendem Zustande ins Krankenhaus; ich konnte ihn noch begrüßen und mich ihm als früheren Schüler vorstellen; er schien sich darüber zu freuen, verlor aber bald die Besinnung und starb nach kurzer Zeit. [...]

Ein weiterer Polizeigefangener war der bekannte Chemiker Dr. Ernst Eichengrün[10], der während seiner Tätigkeit bei der Fabrik Bayer das Aspirin erfunden hatte. Sein Verbrechen bestand darin, daß er bei einer Patentanmeldung, die er nicht für sich persönlich, sondern für seine eingetragene Firma bewirkte, den Zwangsvornamen „Israel" wegließ. Obwohl er in Mischehe lebte, also an sich nicht deportiert werden sollte, wurde er – ebenso wie zwei andere Häftlinge – nach Theresienstadt gebracht; dort wurde ihm ein Laboratorium eingerichtet, in dem er arbeitete. – Zu erwähnen sind noch der Direktor des großen Berliner Varietés „Scala" und Vorsitzende des Verbandes der Varietédirektoren Deutschlands, Jules Marx, der nach seiner Genesung nach Auschwitz kam – ob er es überlebt hat, ist nicht bekannt – und Ludwig Katzenellenbogen[11], ein bekannter Industrieller und Gatte der großen Schauspielerin Tilla Durieux; er wurde in Jugoslawien verhaftet, nach Berlin gebracht und ist im Krankenhaus verstorben.

[Im Frühjahr 1944 wird Bruno Blau von der Polizeistation in die Offene Abteilung verlegt.]

Es scheint, daß ich der von den Ärzten gestellten falschen Diagnose mein Leben verdanke; dieselbe ging offenbar dahin, daß ich als unheilbar krank galt. Und aus diesem Grunde dürfte das Desinteresse der Gestapo an mir entstanden sein. Der Chefarzt hat mir später erklärt, daß mein Fall entweder zu den fünf Prozent Fällen gehöre, in denen bei der diagnostizierten Krankheit eine Heilung erfolge, oder daß die Diagnose unrichtig war.

Ich benutzte die Zeit im Krankenhaus dazu, um Material über die Nazizeit zu sammeln und hatte genügend Gelegenheit, mit einer großen Zahl von Patienten und anderen Personen zusammenzukommen, von denen ich vieles erfuhr und zum Teil auch selbst mit ansah bzw. kontrollierte. Vor allem kam ich auch mit vielen Häftlingen des Sammellagers und mit den Beamten der Reichsvereinigung in Berührung; so erhielt ich von dem Referenten für Statistik das gesamte damals noch vorhandene statistische Material der Reichsvereinigung; ein Teil desselben war vorher bei Fliegerangriffen verlorengegangen. Alles, was vorhanden war, habe ich gerettet und bearbeitet; so bin ich allein im Besitz jener wichtigen Zahlen geblieben.[12] Als Dr. Lustig erfuhr, daß der betreffende Beamte mir das Material zur Verfügung gestellt hatte, war er sehr ungehalten und verbot, mir in Zukunft noch irgend etwas zu überlassen. [...]

Im Sommer 1943 kamen aus Frankfurt a. M., Hamburg und anderen Orten in Mischehe lebende Juden nach Berlin, um dort in einem Arbeitseinsatz verwendet zu werden; sie wurden entweder bei Bau- oder ähnlichen Firmen beschäftigt oder bei der Gestapo. Diese hatte u. a. das Gebäude des „Brüdervereins" in der Kurfürstenstraße 116 im Westen Berlins für sich genommen. Es war dies ein alter angesehener Verein mit klubähnlichem Charakter, dessen Mitglieder wohlhabende Juden waren. Das Gebäude war ziemlich neu und von guter stabiler Bauart; dort wurde ein Teil des berüchtigten Reichssicherheitshauptamts untergebracht.[13] Auch die Zentralstelle für jüdische Auswanderung hatte sich dort befunden, bis das Reichssicherheitshauptamt ihre Aufgaben übernahm. Dies Haus nun wurde von der Gestapo wie eine richtige Festung ausgebaut und mit Unterständen, Bunkern usw. versehen. Anscheinend bestand die Absicht, sich dort zu verschanzen, wenn die Alliierten nahten. Dazu kam es aber nicht; denn als die Sache gefährlich wurde, verschwand zuerst die Gestapo. Jedenfalls wurde mehrere Jahre an der Befestigung des Hauses gearbeitet, und hierzu verwendete man u. a. auch die Juden, die von außerhalb nach Berlin kamen.

Im Herbst 1944 wurden weitere ca. 300 Juden und Jüdinnen aus dem Rheinland und Westfalen nach Berlin gebracht; es waren dies die jüdischen Teile von Mischehen, welche damals von ihren Gatten getrennt wurden und in Arbeitslager außerhalb ihres Wohnorts kamen. Soweit sie nicht arbeitsfähig waren, wurden sie nach Berlin befördert und kamen dort in das Krankenhaus. Hier wurden sie im Wirtschaftsgebäude und teilweise auch im Krankengebäude untergebracht oder vielmehr zusammengepfercht. Obwohl sie gerade wegen ihrer Arbeitsunfähigkeit in das Krankenhaus gekommen waren, wurden sie mit körperlichen Arbeiten und auch in der erwähnten Kleiderfabrik beschäftigt; eine Entlohnung erhielten sie dafür nicht, aber sie mußten für ihre Unterkunft und Verpflegung einen bestimmten Betrag bezahlen, der von ihren Angehörigen eingezogen wurde. Sie durften das Krankenhaus nicht verlassen und nur einmal in der Woche einen Brief schreiben. Besuche durften sie nur mit besonderer Erlaubnis der Gestapo empfangen, die nur ganz ausnahmsweise erteilt wurde. Mit anderen Worten: sie wurden wie Gefangene behandelt.

Schließlich wurden noch eine Anzahl Juden russischer Staatsangehörigkeit im Krankenhaus untergebracht, die als feindliche Ausländer an sich in ein Internierungslager hätten kommen müssen, aber wegen Krankheit dem Krankenhaus überwiesen wurden. Auch diese waren in ihrer Freiheit beschränkt. Die Reichsvereinigung hatte auch von der Gestapo den Auftrag erhalten, alle Juden, die von außerhalb aus irgendeinem Grunde nach Berlin kamen, festzuhalten. Diese wurden ebenfalls im Krankenhaus untergebracht und zur Arbeit eingesetzt. So war das Krankenhaus überfüllt, zumal immer mehr Teile desselben durch Beschädigungen bei Fliegerangriffen unbenutzbar wurden. Dazu kam, daß eine Anzahl von Beamten der Reichsvereinigung in ihren Wohnungen ausgebombt wurde und im Krankenhaus eine Notunterkunft erhielt.

Sämtliche Angestellten der Reichsvereinigung und des Krankenhauses mußten jederzeit der Gestapo für besondere Arbeiten zur Verfügung stehen. So wurde eines Abends eine bestimmte Anzahl von ihnen für eine eilige Arbeit nach dem Reichssicherheitshauptamt in der Kurfürstenstraße angefordert. Sie mußten von dort eine Menge von Stoffballen nach dem Krankenhaus schaffen, die in den Kellerräumen gelagert wurden. Es stellte sich dann heraus, daß es sich um eineinhalb Millionen von Judensternen handelte. Später verlangte das Sicherheitshauptamt davon etwa 10 000 Stück zurück; vielleicht sollten diese später im Notfall zur Tarnung von Gestapobeamten verwendet werden.

Ein anderes Mal mußten Angestellte der Reichsvereinigung auf einem Bahnhof Eisenbahnwaggons entladen; dieselben enthielten Kisten mit der Aufschrift: „Vorsicht! Sprengmaterial!" Die Kisten waren aber verhältnismäßig leicht, so daß Zweifel entstanden, ob die Aufschriften der Wahrheit entsprachen. Und siehe da, beim Entladen der Kisten öffnete sich eine derselben durch einen Zufall, so daß man den Inhalt sehen konnte: silberner und goldener Tora-Schmuck, der aus Synagogen in Griechenland geraubt worden war.

Die Gestapo hatte im Jüdischen Krankenhaus ziemlich alle Reste der noch in Berlin zurückgebliebenen Juden konzentriert; ausgenommen waren lediglich die in Mischehe Lebenden, die sich nicht in Haft befanden und noch ihre Wohnungen in verschiedenen Gegenden der Stadt hatten! Es gab zum Schluß in Berlin noch etwa 160 Juden, die unverheiratet oder mit einem jüdischen Gatten verheiratet waren, während sich im Krankenhaus und dem Sammellager zusammen etwa 800 Personen befanden.

In dem Sammellager hatte die Gestapo eine jüdische Meldestelle eingerichtet, deren Leiterin ein Fräulein Raffael war; hier liefen alle Meldungen der verschiedenen Behörden zusammen, soweit sie Juden betrafen, z. B. die Nachrichten der Standesämter von Todesfällen. Handelte es sich dabei um den Tod des nichtjüdischen Partners einer Mischehe, so war die sofortige Folge die Deportation des jüdischen Teils, der von jenem Augenblick an nicht mehr geschützt war. Fräulein Raffael hatte allmonatlich der Reichsvereinigung Meldungen über den jeweiligen Stand der in Berlin befindlichen Juden zu erstatten. Diesen Meldungen verdanke ich die Kenntnis aller Einzelheiten bezüglich der Mischehen mit und ohne Privileg, Geltungsjuden usw.

Hier in Amerika erscheint es vielfach nicht verständlich, aus welchem Grunde die Gestapo das Jüdische Krankenhaus in Berlin bis zuletzt in Betrieb gelassen hat, obwohl es sonst ihr Prinzip war, gerade die Kranken möglichst schnell zu vernichten. Es ist zu beachten, daß das Krankenhaus nicht nur dem Namen nach als solches bestand, sondern die Kranken auch tatsächlich ordnungsmäßig behandelt und betreut wurden. Zu diesem Zweck wurde sogar das erforderliche Personal dort gelassen und zum Teil auf diese Weise von der Deportation verschont. Ein Teil der Ärzte lebte zwar in Mischehe und wäre auch sonst nicht deportiert worden; ein anderer Teil aber wurde ebenso wie das Pflegepersonal und Verwaltungsangestellte als unabkömmlich zurückbehalten. Nach und nach wurden wohl immer mehr deportiert, aber immerhin blieben doch so viele übrig, daß der Betrieb aufrechterhalten werden konnte, wenn auch die Art der Betreuung manches zu wünschen übrig ließ und vor allem die früher vorbildlich gewesene Sauberkeit des Hauses nicht genügend beachtet wurde.

Einige der im Krankenhaus belassenen Personen waren für den Palästina-Austausch bestimmt, d. h., es wurden von Zeit zu Zeit Deutsche aus Palästina nach Deutschland zurückgebracht und gegen Juden ausgetauscht. Technisch geschah dies in der Weise, daß auf beiden Seiten die erforderliche Zahl von Personen in einem Lager gesammelt wurde, das unter dem Schutz der Schweiz stand. Sobald die nötige Anzahl beisammen war, wurden die Transporte nach der Türkei geleitet und warteten dort auf einer Eisenbahnstation aufeinander. Dort erfolgte der Austausch genau nach der Kopfzahl. Dieses Verfahren, das auf internationalem Wege erfolgte, nahm viel Zeit in Anspruch und wurde mit dem Fortschreiten des Krieges immer schwieriger. Sobald aber ein Zertifikat für einen in Deutschland befindlichen Juden erteilt war, wurde er von der Deportation zurückgestellt; der Grund hierfür war, daß man möglichst viele Deutsche auf diesem Wege nach Deutschland zurückschaffen wollte. [...]

Der jetzige Vorsitzende der Berliner Gemeinde, Dr. Hans-Erich Fabian[14], war mit seiner Frau und seinen kleinen Kindern nach Theresienstadt deportiert worden. Da er in Berlin für bestimmte Arbeiten in der Finanzverwaltung gebraucht wurde, wurde er von Theresienstadt zurückgeholt und im Sammellager untergebracht. Von dort wurde er täglich durch einen Beamten zu der Dienststelle, wo er arbeitete, abgeholt und am Abend wieder nach dem Lager zurückgebracht. Dies geschah bis zum Zusammenbruch des Regimes.

Die Juden, die noch in Deutschland lebten, befanden sich ohne Ausnahme dauernd in Gefahr und mußten stets damit rechnen, auf gewaltsame Weise beiseite gebracht zu werden. Dies war auch dann der Fall, wenn sie nach der bisherigen Praxis sicher sein durften, denn es bestand keine Gewähr dafür, daß diese Praxis beibehalten wurde. Besonders gefährdet aber waren die im Krankenhaus Untergebrachten, da sie dauernd unter den Augen der Gestapo waren und keine Möglichkeit hatten, sich durch die Flucht ihrem Schicksal zu entziehen, wenn es einmal ernst werden sollte. Auch abgesehen von allgemeinen Aktionen, konnte zu jeder Tages- oder Nachtzeit bei jedem einzelnen die sofortige Auslieferung an die Gestapo verlangt werden, wie es in vielen Fällen geschehen ist. Noch als die Rote Armee schon in Berlin war, wurden einige Angestellte des Krankenhauses, die außerhalb desselben wohnten, von SS-Leuten abgeholt und erschossen, ohne daß die Angehörigen zunächst etwas darüber erfuhren. Je mehr sich die Kriegslage zuungunsten der Nazis zuspitzte, desto gefährlicher wurde die Lage für die Juden.

Mitte April 1945 wurden die Judenakten der Gestapo in verschiedenen Dienststellen derselben vernichtet; ich habe es gesehen, wie die Akten, die sich in dem Sammellager befanden, auf dem Hofe des Krankenhauses – vor dem Wirtschaftsgebäude – verbrannt wurden, und zwar waren dies nicht nur die Akten des Sammellagers selbst, sondern es waren auch andere Akten dabei, wie ich mich überzeugt habe. Man wollte alle Spuren verwischen und für später alle Feststellungen über die Deportationen und andere Aktionen ausschalten. Dabei hat man aber eines vergessen: Die Gestapo hatte in jedem einzelnen Fall dem Oberfinanzpräsidenten von der bevorstehenden Deportation Mitteilung gemacht und ihm dann die Urkunden über die Vermögensbeschlagnahme übersandt. Diese Akten sind, soweit sie nicht Fliegerbomben zum Opfer gefallen sind, noch vorhanden und es läßt sich ermitteln, welches Vermögen jeder Deportierte zurückgelassen hat und was daraus geworden ist. Auch die Listen über die einzelnen Transporte der Deportierten von Berlin aus sind vorhanden und können eingesehen werden. Das Originalmaterial befindet sich heute bei der Generalsteuerdirektion in Berlin, während das Berliner Office des American Jewish Joint Distribution Committee Abschriften davon besitzt.

Es ist oben erwähnt worden, daß der Flügel des Krankenhauses mit der Synagoge wegen der Fliegerschäden nicht benutzt werden konnte; tatsächlich wurde er aber schon vorher nicht benutzt, denn den Juden war das Abhalten irgendwelcher Zusammenkünfte verboten. Trotzdem fanden im Krankenhause in der Wohnung des Direktors Neumann von Zeit zu Zeit an Feiertagen, an besonderen Sabbaten und nach dem glücklichen Ausgang schwerer Fliegerangriffe in aller Heimlichkeit Minjanim[15] statt, zu denen zehn Bewohner des Krankenhauses durch besondere Vertrauensleute geladen wurden; ich hatte auch Gelegenheit, daran teilzunehmen. Wir mußten uns dann möglichst unauffällig an Ort und Stelle begeben und nach Beendigung des Minjans getrennt – zum Teil unter Benutzung der Kellergänge – unsere Räume wieder aufsuchen. Dabei fürchtete man weniger die Gestapo als den Leiter der Reichsvereinigung Dr. Lustig, der darüber wachte, daß die Gebote der Gestapo nicht übertreten wurden. [...]

Wie sich in den letzten Tagen des Tausendjährigen Reiches die Ereignisse entwickelten, wie 800 Juden, auf einen geringen Raum angewiesen, von der Welt abgeschnitten, ohne Bewegungsfreiheit, allen Gefahren des furchtbaren Krieges ausgesetzt, diese Tage durchlebten und den Anbruch einer neuen Zeit erwarteten, wie sie voller Hoffnung und Sehnsucht der Befreiung entgegensahen, wie sie im Bewußtsein der kommenden Erlösung alle Mühen und Beschwernisse gern auf sich nahmen, das konnte man nirgends mit der gleichen Intensität miterleben wie in dem Berliner Krankenhausghetto; denn an keiner anderen Stelle waren so viele Juden zusammengepfercht wie hier, wo auch alle Institutionen, die für den Fortbestand des Judentums in Deutschland im positiven wie im negativen Sinne in Betracht kamen, vereinigt waren, wo alle ohne Ausnahme von dem einen gleichen Gedanken beseelt waren, wo auf aller Lippen – ausgesprochen oder nicht – die eine bange Frage schwebte: Ist das Ende nahe? Wann wird es kommen? Werde ich es erleben?

Noch am 27. März 1945 wurde von dem Sammellager ein Deportationstransport abgelassen, in einer Zeit, wo, wie man glauben mußte, jeder Eisenbahnwagen für militärische oder Versorgungszwecke notwendig gebraucht wurde. So arbeitete die Gestapo bis zur letzten Minute an der Durchführung ihres Judenprogramms. Mitte April aber, nachdem sich die Zeichen dafür mehrten, daß auch die Gestapo mit dem baldigen Ende des Dritten Reiches rechnete, flüchteten drei der von ihr als Spitzel verwendeten Juden aus dem Sammellager; eine derselben, die besonders berüchtigte Frau Stella Isaacsohn, geb. Goldschlag, geschiedene Kübler, geriet später in die Hände der Russen und dürfte ihre verdiente Strafe erhalten haben.

Am 21. April 1945 begann die Beschießung von Berlin durch die Rote Armee; an diesem Tage wurden zwei im Krankenhaus beschäftigte Brüder auf dem Heimweg von einer Granate getroffen und schwer verwundet. Der eine verlor einen Arm und damit seinen Beruf als Gärtner; sie gehörten mit zu den ersten Opfern des Kampfes um Berlin. Ihnen folgten in den nächsten Tagen drei andere Angestellte der Reichsvereinigung, die den Tod fanden.

Die Beschießung nahm solche Formen an, daß noch am ersten Tage derselben sämtliche Insassen des Krankenhauses – auch die Gesunden, die Angestellten, die Internierten, die Kinder usw. – ständig in den Kellerräumen untergebracht werden mußten. Hier sollten sie während der nächsten vierzehn Tage ohne Licht, ohne Luft, ohne Wasser, ohne Heizung hausen. Es war dies nicht anders möglich, denn schon im Erdgeschoß war der Aufenthalt zu gefährlich. Fliegerbomben, Granaten, Maschinengewehrkugeln gingen darüber hinweg und trafen auch die Mauern; in vielen Räumen waren später Einschläge zu sehen. Zuweilen dauerte das Trommelfeuer viele Stunden ohne Unterbrechung. Die Gegend war besonders gefährdet, weil in unmittelbarer Nähe des Krankenhauses Barrikaden errichtet und mit Militär und SS besetzte Widerstandsnester eingerichtet waren. Dauernd wurde über unsere Köpfe hinweggeschossen. Ständig wurden Verwundete eingeliefert – meist Nichtjuden –, die verbunden und teilweise auch zur Weiterbehandlung aufgenommen wurden. Ein jüdischer russischer Soldat starb an seinen Wunden. In dem behelfsmäßigen Operationsraum, der sich schon seit einiger Zeit zur Benutzung bei Fliegeralarmen im Keller befand, herrschte jetzt Hochbetrieb; die Ärzte hatten alle Hände voll zu tun und kamen weder bei Tage noch bei Nacht zur Ruhe.

Noch denke ich daran zurück, wie man sich im Dunkeln durch die kalten, feuchten Kellergänge hindurchtasten mußte, die von liegenden und sitzenden Menschen gefüllt waren; ein Teil mußte mangels genügender Liegegelegenheit die ganze Zeit sitzend verbringen. Keiner kam aus den Kleidern heraus, kaum einer fand eine Möglichkeit, sich zu waschen. Noch gellen in meinen Ohren die Rufe der verschmachtenden Kranken nach Wasser, das nur in ganz geringen Mengen unter Lebensgefahr aus einem Brunnen herangeholt werden konnte. Noch höre ich den Donner der Geschütze, das Pfeifen und Peitschen der Kugeln, das Tak-Tak-Tak der Maschinengewehre, das Surren der Flugzeuge, den Donner der einschlagenden Bomben. Noch sehe ich die Bahren mit den Verwundeten, noch höre ich ihr Stöhnen und ihre Schmerzensschreie. Noch erinnere ich mich, wie die kärglichen Mahlzeiten ausfallen oder verlegt werden und wir hungern mußten, da es nicht möglich war, die nötigen Lebensmittel heranzuschaffen. Alles das haben wir mit Ruhe und Geduld ertragen; wußten wir doch, daß anders die Rettung nicht kommen konnte. Endlich sahen wir sie in greifbarer Nähe.

Nachdem am 22. April die Beamten der Gestapo geflüchtet waren, wußten wir auch, daß wir eine Bartholomäusnacht nicht mehr zu fürchten hatten. Jetzt konnte die Gesundheitsverwaltung der Reichsvereinigung auch ohne Angst vor der Gestapo die Polizeigefangenen und sonst Internierten in Freiheit setzen. Für die meisten hatte dies zunächst allerdings keine praktische Bedeutung, da sie das Krankenhaus wegen der Beschießung doch nicht verlassen und in ihre Heimat gelangen konnten; nur einige wenige, die in der Nähe wohnten, wagten es, während der Nacht den Heimweg anzutreten.

Im Krankenhaus fanden sich immer noch beherzte Leute, die trotz des Beschusses Brot und andere Lebensmittel holten und so dafür sorgten, daß die 800 Menschen etwas zu essen hatten und nicht zu sehr zu hungern brauchten. So haben 800 Juden unter Hangen und Bangen die letzte schwere Zeit überstanden, ohne daß aus ihren Reihen ein Opfer zu beklagen war. Als wir endlich aus unserer Matratzengruft ans Tageslicht kamen, war der ganze Nazispuk vorüber – wenigstens damals. Der Kommandant von Berlin, General Bersarin, hatte einen Tagesbefehl erlassen, wonach die Nazigesetzgebung „ausradiert" werden sollte. Aber auch ohne daß dies formell geschah, galten die Judengesetze praktisch ohne weiteres als aufgehoben. Zuerst wurde der Judenstern abgelegt, und die Zwangsvornamen verschwanden. Die Juden waren wieder Menschen.

Anfangs konnte man das Große, das sich ereignet hatte, noch gar nicht fassen, obwohl man es lange genug erwartet und erhofft hatte. Die Freude der meisten war auch dadurch getrübt, daß sie über das Schicksal ihrer Angehörigen im ungewissen waren. Niemand wußte von dem anderen, ob er noch lebte, wo er sich befand, wie er die letzte Zeit überstanden hatte, ob und wann er ihn wiedersehen werde.

Es ergab sich auch bald, daß die wenigen Juden, die die tausend Jahre überlebt hatten, doch in mancher Beziehung enttäuscht sein mußten. Man hatte sich die Befreiung aus der Nazisklaverei eigentlich anders vorgestellt. Trotz der Bekanntmachungen der russischen Kommandantur scheute sich das russische Militär nicht, alle Räume des Krankenhauses zu durchwühlen, die Schränke aufzubrechen und nach Herzenslust zu plündern. Sogar im Keller versuchten die Soldaten, den Kranken Wertsachen wegzunehmen; es nützte auch nichts, wenn man sich ihnen als „Jewrei" zu erkennen gab. Sie glaubten uns nicht, daß wir Juden wären; sie glaubten, Hitler habe alle Juden „kaputt" gemacht und hielten uns für getarnte Nazis.

Als abgeschlossen konnte die Naziperiode für uns gelten, als wir uns zusammenfanden, um nach alter Sitte unserem Gott für die Errettung aus größter Not zu danken und der Opfer zu gedenken, die die Zeit gefordert hatte. Am 6. Mai sammelte der mit der Roten Armee in Berlin eingetroffene Oberrabbiner des polnischen Heeres Kahane in den Räumen der Reichsvereinigung eine Schar von Juden um sich. Obwohl die Veranstaltung gänzlich improvisiert war, konnte der Raum die tiefbewegte Menge nicht fassen, ein Teil der Erschienenen mußte in den Nebenräumen und Korridoren verharren. Der Rabbiner sprach zunächst das Mincha Gebet und schilderte dann in kurzen, prägnanten Zügen die Lage; er wies darauf hin, daß das Naziregime sechs Millionen Juden das Leben gekostet habe, davon dreieinhalb Millionen allein in Polen. Der gleichfalls der polnischen Armee angehörende Chasan sang zum Gedenken an die Opfer das El mole rachamim[16], das von dem Schluchzen der ergriffenen Zuhörer unterbrochen wurde.

1 Die Herausgeberin dankt den YIVO Institut in New York für die Genehmigung zum Abdruck des Manuskripts.

2 Es handelt sich um den sechsundzwanzigjährigen Felix Heymann, Mitglied der jüdischen Widerstandsgruppe Baum, der nach dem Brandanschlag der Gruppe auf die Propaganda-Ausstellung „Das Sowjetparadies" verhaftet, vom Volksgerichtshof zum Tode verurteilt und am 4. März 1943 hingerichtet wurde. Insgesamt 27 Mitglieder der Gruppe wurden 1942/43 hingerichtet.

3 Alle Angestellten der Reichsvereinigung und der Berliner Jüdischen Gemeinde mußten sich am 20. 10. 1942 im Gemeindehaus Oranienburger Straße einfinden, wo 500 zur Deportation selektiert wurden. Als sich 20 von diesen der Deportation nicht stellten,

wurden 20 Geiseln genommen und von diesen zwölf deportiert und acht erschossen. Zu den Erschossenen gehörten Dr. Fritz Lamm, der Leiter des Wohlfahrts- und Jugendamtes, Dr. Bruno Mendelsohn, Leiter der Wirtschaftshilfe, Alfred Selbiger, Leiter von Hachschara und Hechaluz im Palästina-Amt, sowie Dr. Julius Blumenthal, Mitarbeiter des Jüdischen Nachrichtenblattes.

4 Die Büros der Reichsvereinigung und der Berliner Jüdischen Gemeinde wurden am 10. Juni 1943 geschlossen und die letzten Angestellten deportiert, soweit sie nicht in Mischehe lebten. Kurz darauf muß Dr. Lustig im Jüdischen Krankenhaus zum Leiter der Rest-Reichsvereinigung ernannt worden sein, die reines Vollzugsorgan der Gestapo war. Zu Lustig s. Memoiren Hermann Pineas (Nr. 50) Anm. 13, S. 570. Bruno Blau schildert an anderer Stelle des Manuskripts in abfälliger Weise die Beziehungen Lustigs zu einzelnen Krankenschwestern.

5 Das Jüdische Nachrichtenblatt erschien als einzige noch erlaubte jüdische Zeitung unter schärfster Zensur der Gestapo von Ende 1938 bis Mai 1943. Zunehmend konnte es nur noch antijüdische Verordnungen veröffentlichen.

6 In der Großen Hamburger Straße befindet sich heute an der Stelle des 1672 eingeweihten Friedhofs eine Grünanlage mit dem rekonstruierten Grabstein Moses Mendelssohns und mit einem Gedenkstein für die aus dem Sammellager – früher Altersheim – Deportierten. Das Gebäude des Altersheims steht nicht mehr.

7 Es handelt sich um jüdische Männer, die im Zuge der „Fabrik-Aktion" vom 27. Februar 1943 (siehe Memoiren Camilla Neumann, Nr. 49, Anm. 5, S. 556) verhaftet wurden. Die erfolgreiche Demonstration ihrer nichtjüdischen Ehefrauen für ihre Freilassung fand vom 27. Februar bis zum 11. März täglich statt. Im Jahr 1955 konnte die Jüdische Gemeinde Berlin 67 Frauen feststellen, doch lag die Zahl der Demonstrantinnen weit höher.

8 Theodor Wolff (1868–1943) war 1906–1933 Chefredakteur des Berliner Tageblattes und gehörte 1918 zu den Gründern der Deutschen Demokratischen Partei. Er war einer der einflußreichsten liberalen Publizisten Deutschlands, dessen Schriften kurz nach seiner Flucht der nationalsozialistischen Bücherverbrennung zum Opfer fielen. Er starb am 23. September 1943.

9 Dr. Franz Eulenburg (1867–1943) lehrte Nationalökonomie als Professor in Leipzig, Aachen und 1921–1933 an der Handelshochschule in Berlin.

10 Dr. Ernst Eichengrün (1867–1949), getauft, entwickelte Arzneimittel für Bayer, darunter das Aspirin. Er erfand auch den Kunststoff Cellon und leitete 1908–1938 in Berlin seine Cellon-Werke.

11 Ludwig Katzenellenbogen (1877–1944), getauft, war Gründer und Generaldirektor der Ostwerke AG (Spirituosen, Sprit, Hefe), die später mit der Schultheiß-Patzenhofer-Brauerei einen Konzern bildeten. Er emigrierte 1933 in die Schweiz, 1938 nach Jugoslawien und wurde während des Krieges in Saloniki verhaftet.

12 Bruno Blau benutzte die Statistik der Reichsvereinigung für sein bisher unveröffentlichtes Werk „Die Entwicklung der jüdischen Bevölkerung in Deutschland", New York 1950, S. 334–380 (Original im YIVO Institut, New York).

13 Siehe Memoiren Elisabeth Freund (Nr. 46) Anm. 3, S. 526.

14 Dr. Hans Erich Fabian (1902–1974) leitete die Finanz- und Vermögensabteilung der Reichsvereinigung. Nach Theresienstadt deportiert, wurde er von dort nach Berlin zurückgebracht, um die Vermögensabwicklung der aufgelösten jüdischen Organisationen zu beenden. Fabian wurde nach dem Krieg Kammergerichtsrat in Berlin und war 1946–1948 Vorsitzender der neuen Jüdischen Gemeinde. 1949 emigrierte er in die

USA, wo er sich als Anwalt der United Restitution Organization auf Entschädigungsverfahren spezialisierte.

15 Gemeint sind Gottesdienste, die nur möglich sind, wenn Minjan vorhanden ist, das heißt eine Mindestzahl von zehn religiös volljährigen Männern. Solche Minjanim fanden sich 1943–1945 auch auf dem jüdischen Friedhof in Berlin-Weißensee zusammen (Auskunft Arthur Brass).

16 Der Kantor trug das bei Beerdigungen und Trauerfeiern übliche Totengebet vor.

Verzeichnis der benutzten Literatur

Adam, Uwe Dietrich: Judenpolitik im Dritten Reich, Düsseldorf 1972

Adler, H. G.: Der verwaltete Mensch, Studien zur Deportation der Juden aus Deutschland, Tübingen 1974

Adler-Rudel, Salomon: Ostjuden in Deutschland 1880–1940, Tübingen 1959

Ders.: Jüdische Selbsthilfe unter dem Naziregime 1933–1939, Tübingen 1974

Angress, Werner T.: Das deutsche Militär und die Juden im Ersten Weltkrieg. Militärgeschichtliche Mitteilungen 1976, Nr. 1

Aschheim, Steven: Brothers and Strangers. The East European Jew in German and German-Jewish Consciousness, 1800–1923, Madison, Wisc. 1982

Barkai, Abraham: Vom Boykott zur „Entjudung". Der wirtschaftliche Existenzkampf der Juden im Dritten Reich, Frankfurt 1988

Ders.: Jüdische Minderheit und Industrialisierung. Demographie, Berufe und Einkommen der Juden in Westdeutschland 1850–1914, Tübingen 1988

Leo Baeck Institute (LBI) Year Book, Bd. 1–33, London 1956–88 mit der laufenden Bibliographie „Post-War Publications on German Jewry".

Ball-Kaduri, Kurt: Berlin wird „judenfrei", in: Jahrbuch für die Geschichte Mittel- und Ostdeutschlands Bd. 22, Berlin 1973

Bennathan, Esra: Die demographische und wirtschaftliche Struktur der Juden, in: Entscheidungsjahr 1932, hrsg. v. Werner Mosse und Arnold Paucker, Tübingen 1965

Benz, Wolfgang (Hrsg.): Die Juden in Deutschland 1933–1945, Leben unter nationalsozialistischer Herrschaft, München 1988

Berding, Helmut: Moderner Antisemitismus in Deutschland, Frankfurt 1988

Birnbaum, Max: Staat und Synagoge 1918–1938. Eine Geschichte des Landesverbandes jüdischer Gemeinden (1918–1938), Tübingen 1981

Breuer, Mordechai: Jüdische Orthodoxie im Deutschen Reich 1871–1918. Die Sozialgeschichte einer religiösen Minderheit, Frankfurt 1986

Cecil, Lamar: Albert Ballin. Wirtschaft und Politik im Deutschen Kaiserreich 1888–1918, Hamburg 1969

Dunker, Ulrich: Der Reichsbund jüdischer Frontsoldaten 1919–1939. Geschichte eines jüdischen Abwehrvereins, Düsseldorf 1977

Eckert, Brita (Hrsg.): Die jüdische Emigration aus Deutschland 1933–1941. Die Geschichte einer Austreibung. Ausstellung und Katalog, Frankfurt 1985

Eloni, Yehuda: Zionismus in Deutschland von den Anfängen bis 1914, Gerlingen 1987

Feilchenfeld, Werner/Michaelis, Dolf/Pinner, Ludwig: Haavera Transfer nach Palästina und Einwanderung deutscher Juden 1933–1939, Tübingen 1972

Freeden, Herbert: Die jüdische Presse im Dritten Reich, Frankfurt 1987

Ders.: Jüdisches Theater in Nazideutschland, Tübingen 1964

Genschel, Helmut: Die Verdrängung der Juden aus der Wirtschaft im Dritten Reich, Göttingen 1966

Glanz, Rudolf: Geschichte des niederen jüdischen Volkes in Deutschland, New York 1968

Graml, Hermann: Reichskristallnacht. Antisemitismus und Judenverfolgung im Dritten Reich, München 1988

Grossmann, Kurt: Emigration. Geschichte der Hitler-Flüchtlinge 1933–1945, Stuttgart 1968

Hamburger, Ernest: Juden im öffentlichen Leben Deutschlands. Regierungsmitglieder, Beamte und Parlamentarier in der monarchischen Zeit 1848–1918, Tübingen 1968

Hertz, Deborah: Jewish High Society in Old Regime Berlin, New Haven (USA) 1988

Herzig, Arno: Judentum und Emanzipation in Westfalen, Münster 1973

Hilberg, Raul: Die Vernichtung der europäischen Juden. Die Gesamtgeschichte des Holocaust, Berlin 1982

Honigmann, Peter: Der Austritt aus der jüdischen Gemeinde Berlin 1873–1941. Statistische Auswertung und historische Interpretation. Frankfurt 1988

Jeggle, Utz: Judendörfer in Württemberg, Tübingen 1969

Jochmann, Werner: Gesellschaftskrise und Judenfeindschaft in Deutschland, 1870–1945, Hamburg 1988

Kampe, Norbert: Studenten und „Judenfrage" im Deutschen Kaiserreich, Göttingen 1988

Ders. (Hrsg.): Emigration and Expulsion of German Jewry 1879–1945, Documentary History, New York, London, München, Paris 1989

Kaplan, Marion: Die jüdische Frauenbewegung in Deutschland. Organisation und Ziele des jüdischen Frauenbundes 1904–1938, Hamburg 1981

Dies.: For Love or Money: The Marriage Strategies of Jews in Imperial Germany, in: LBI Year Book 28, London 1983

Dies.: Freizeit-Arbeit. Geschlechterräume im deutsch-jüdischen Bürgertum 1870–1914, in: Bürgerinnen und Bürger, Geschlechterverhältnisse im 19. Jahrhundert, hrsg. v. Ute Frevert, Göttingen 1988

Katz, Jacob: Tradition and Crisis. Jewish Society at the End of the Middle Ages, New York 1961

Ders.: Aus dem Ghetto in die bürgerliche Gesellschaft. Jüdische Emanzipation 1770–1870, Frankfurt 1986

Ders.: Vom Vorurteil bis zur Vernichtung. Der Antisemitismus 1700–1933, München 1989

Kwiet, Konrad/Eschwege, Helmut: Selbstbehauptung und Widerstand. Deutsche Juden im Kampf um Existenz und Menschenwürde 1933–1945, Hamburg 1984

Lacina, Evelyn: Emigration 1933–1945. Sozialhistorische Darstellung der deutschsprachigen Emigration und einiger ihrer Asylländer aufgrund ausgewählter zeitgenössischer Selbstzeugnisse, Stuttgart 1982

Leuschen-Seppel, Rosemarie: Sozialdemokratie und Antisemitismus im Kaiserreich. Die Auseinandersetzung der Partei mit den konservativen und völkischen Strömungen 1871–1914, Bonn 1978

Liebeschütz, Hans/Paucker, Arnold (Hrsg.): Das Judentum in der deutschen Umwelt. Studien zur Frühgeschichte der Emanzipation, Tübingen 1977

Marcus, Alfred: Die wirtschaftliche Krise des deutschen Juden, Berlin 1931

Maurer, Trude: Ostjuden in Deutschland 1918–1933, Hamburg 1986

Meyer, Michael: Response to Modernity. A History of the Reform Movement in Judaism, New York 1988

Milton, Sybil: The Expulsion of Polish Jews from Germany October 1938 to July 1939. A Documentation. LBI Year Book 29, London 1984

Mosse, Werner: Jews in the German Economy. The German-Jewish Economic Elite 1820–1935, Oxford 1987

Ders. (Hrsg.): Juden im Wilhelminischen Deutschland, Tübingen 1976

Ders./Paucker, Arnold (Hrsg): Deutsches Judentum in Krieg und Revolution 1916–1923, Tübingen 1971

Dies. (Hrsg.): Entscheidungsjahr 1932. Zur Judenfrage in der Endphase der Weimarer Republik, Tübingen 1965

Dies./Rürup, Reinhard (Hrsg.): Revolution and Evolution. 1848 in German Jewish History, Tübingen 1981

Paucker, Arnold: Der jüdische Abwehrkampf gegen Antisemitismus und Nationalsozialismus in den letzten Jahren der Weimarer Republik, 2. Aufl. Hamburg 1969

Ders. mit Sylvia Gilchrist und Barbara Suchy (Hrsg.): Die Juden im nationalsozialistischen Deutschland. The Jews in Nazi Germany 1933–1945, Tübingen 1986

Prinz, Arthur: Juden im deutschen Wirtschaftsleben. Soziale und politische Struktur im Wandel, 1850–1914, bearb. und hrsg. von Abraham Barkai, Tübingen 1984

Pulzer, Peter: Die Entstehung des politischen Antisemitismus in Deutschland und Österreich 1867–1914, Gütersloh 1966

Reinharz, Jehuda: Fatherland or Promissed Land. The Dilemma of the German Jew 1893–1914, Ann Arbor, Mich. 1975.

Ders. (Hrsg.): Dokumente zur Geschichte des deutschen Zionismus 1882–1933, Tübingen 1981

Richarz, Monika: Der Eintritt der Juden in die akademischen Berufe. Jüdische Studenten und Akademiker in Deutschland 1678–1848, Tübingen 1974

Dies. (Hrsg.): Jüdisches Leben in Deutschland. Selbstzeugnisse zur Sozialgeschichte. Bd. I 1780–1871, Stuttgart 1976. Bd. II Kaiserreich, Stuttgart 1979. Bd. III 1918–1945, Stuttgart 1982

Rürup, Reinhard: Emanzipation und Antisemitismus. Studien zur „Judenfrage" in der bürgerlichen Gesellschaft, Göttingen 1975

Schatzger, Chaim: Die jüdische Jugendbewegung in Deutschland 1919–1933, in: Die deutsche Jugendbewegung 1920–1933, Bd. III, hrsg. v. Werner Kindt, Düsseldorf 1974

Schleunes, Karl: The twisted Road to Auschwitz. Nazi Policy towards German Jews 1933–1939, Urbana 1970

Schmelz, Usiel: Die demographische Entwicklung der Juden in Deutschland von der Mitte des 19. Jahrhunderts bis 1933, in: Zeitschrift für Bevölkerungswissenschaft 1982, Heft 1

Schorsch, Ismar: Jewish Reaction to German Anti-Semitism, 1870–1914, New York 1972

Segall, Jakob: Die beruflichen und sozialen Verhältnisse der Juden in Deutschland, Veröffentlichungen des Büros für Statistik der Juden, Heft 9, Berlin 1912

Silbergleit, Heinrich: Die Bevölkerungs- und Berufsverhältnisse der Juden im Deutschen Reich, Bd. I, Preußen, Berlin 1930

Simon, Ernst: Aufbau im Untergang. Jüdische Erwachsenenbildung im nationalsozialistischen Deutschland als geistiger Widerstand, Tübingen 1959

Sorkin, David: The Transformation of German Jewry 1780–1840, New York 1987

Sterling, Eleonore: Judenhaß. Die Anfänge des politischen Antisemitismus in Deutschland (1815–1850), Frankfurt 1969

Stern, Fritz: Gold und Eisen. Bismarck und sein Bankier Bleichröder, Berlin 1978

Strauss, Herbert: Jewish Emigration from Germany. Nazi Policies and Jewish Responses, in: LBI Year Book 25 und 26, London 1980 und 1981

Tal, Uriel: Christians and Jews in Germany. Religion, Politics and Ideology in the Second Reich, 1870–1914, London 1975

Toury, Jacob: Die politischen Orientierungen der Juden in Deutschland. Von Jena bis Weimar, Tübingen 1966

Ders.: Der Eintritt der Juden ins deutsche Bürgertum. Eine Dokumentation, Tel Aviv 1972

Ders.: Soziale und politische Geschichte der Juden in Deutschland 1847–1871, Düsseldorf 1977

Volkov, Shulamit: Jüdische Assimilation und jüdische Eigenart im Kaiserreich, in: Geschichte und Gesellschaft, 9. Jahrg. 1983, Heft 3

Walk, Joseph (Hrsg.): Das Sonderrecht für die Juden im NS-Staat, Eine Sammlung der gesetzlichen Maßnahmen und Richtlinien, Heidelberg 1981

Wertheimer, Jacob: Unwelcome Strangers. East European Jews in Imperial Germany, New York 1987

Zechlin, Egmont: Die deutsche Politik und die Juden im Ersten Weltkrieg, Göttingen 1969

Worterklärungen

Alija	„Aufstieg". Zionistische Bezeichnung für die jüdische Einwanderung nach Palästina/Israel.
Barches	(auch Berches oder Challe) Geflochtenes Weißbrot, über das beim Sabbatmahl der Segen gesprochen wird.
Bar Mizwa	„Sohn der religiösen Verpflichtung" wird der Knabe mit seinem 13. Geburtstag und erhält damit die religiöse Mündigkeit und die Pflicht zur Erfüllung des Gesetzes. Am Tag der Bar Mizwa wird der Knabe in der Synagoge erstmals zum Vorlesen der Tora aufgerufen und hält einen kurzen religiösen Vortrag.
Benschen	Segnen
Bes Hamidrasch	Talmudschule
Bne Briss	„Söhne des Bundes". Der unabhängige jüdische Orden Bne Briss wurde 1843 in New York gegründet. In Deutschland gab es 1932 mehr als 100 Einzellogen, die sich Geselligkeit, Bildung und Wohlfahrtspflege widmeten. Am 19. April 1937 wurde der Orden zwangsweise aufgelöst und sein Vermögen beschlagnahmt.
Bocher	(Plur. Bocherim, Bachurim) Talmudstudent. Die Bachurim zogen zum Sitz ihrer rabbinischen Lehrer und wurden von der dortigen Gemeinde unterstützt oder verdienten ihren Lebensunterhalt als Hauslehrer.
Bris Milo	Beschneidung der Knaben am 8. Tage nach der Geburt zum Zeichen des Bundes (Gen. 17,10–14).
Centralverein (CV)	Der „Centralverein deutscher Staatsbürger jüdischen Glaubens" (CV) wurde 1893 primär als Abwehrorganisation gegen den Antisemitismus gegründet. Der CV war bis 1933 mit mehr als 500 Ortsgruppen die größte jüdische Organisation Deutschlands. Er vertrat als Sprecher des liberalen jüdischen Bürgertums die Symbiose von Deutschtum und Judentum und war bis 1933 antizionistisch. Im November 1938 wurde der CV verboten.
Chaluz	(Plur. Chaluzim) „Pionier", auch Mitglied der zionistischen Organisation Hechaluz (s. dort), die auf die Einwanderung nach Palästina vorbereitete.
Chanukka	Achttägiges Fest zur Erinnerung an die Wiedereinweihung des Tempels in Jerusalem 164 v. Chr. Während der Feiertage wird täglich ein Licht mehr am Chanukkaleuchter entzündet, der mit dem Dienerlicht neun Kerzen hat.
Chasen	Vorsänger und Vorbeter. Er trägt während des Gottesdienstes Tora und Gebete vor. Dieses Amt kann haupt- oder nebenamtlich versehen werden, z. B. übernimmt es in kleinen Gemeinden oft der Lehrer.
Chasne	Hochzeit

Chewra Kadischa	„Heilige Vereinigung". Religiöse Gesellschaft, die im orthodoxen Judentum die Pflege der Schwerkranken und die Beerdigung der Toten übernahm.
Chuppa	Traubaldachin, unter welchem die Trauzeremonie vollzogen wird.
Dajan	(Plur. Dajanim) Richter, der nach jüdischem Religionsgesetz Recht spricht.
Gemara	s. Mischna
Goi	(Plur. Gojim) Nichtjude
Hachschara	„Tauglichmachung", die vom Hechaluz (s. dort) organisierte Vorbereitung auf das Arbeitsleben in Palästina. Die Hachschara geschah meist durch die kollektive Ausbildung auf Lehrfarmen.
Haggada	Erzählender und exegetischer Teil des Talmud im Gegensatz zum gesetzlichen Teil, der Halacha. Im engeren Sinne auch Ritual für das Pessachfest (Pessach Haggada).
Hechaluz	„Der Pionier". Internationale zionistische Organisation zur Vorbereitung junger Einwanderer auf die Siedlung in Palästina (s. Hachschara). Ein deutscher Zweig des Hechaluz wurde 1918 gegründet, bestand in selbständiger Form bis 1938, dann bis 1942 als Teil der Reichsvereinigung (s. dort).
Hilfsverein	„Hilfsverein der deutschen Juden", gegründet 1901 als Wohlfahrtsorganisation für die Juden in Osteuropa und Palästina. Ab 1933 Hilfsorganisation für die Auswanderung deutscher Juden in alle Länder außer Palästina.
Jeschiwe	(Plur. Jeschiwot) Talmudhochschule
Jeschiwebocher	s. Bocher
Jischuw	„Ansiedlung". Bezeichnung für die jüdischen Siedlungen und Siedler in Palästina vor Gründung des Staates Israel.
Joint	„American Jewish Joint Distribution Committee". Diese 1914 gegründete Hilfsorganisation der vereinten Juden Nordamerikas unterstützte bis 1933 primär Juden in Osteuropa und Palästina, dann die vom NS-Terror verfolgten Juden Europas. Der Joint förderte die Auswanderung aus Deutschland und bestritt bis 1941 einen wachsenden Teil des Haushalts von Reichsvertretung und Reichsvereinigung (s. dort).
Jom Kippur	Versöhnungstag, an dem Bußgebete und strenges Fasten der Wiederversöhnung mit Gott und Mitmenschen dienen. Dieser hohe Feiertag wird in der Synagoge verbracht.
Jontew	(Jomtow) Feiertag
Kaddisch	Gebet mit Lobpreis Gottes und der Bitte um Frieden. Der Kaddisch wird auch von Trauernden für Verstorbene gesprochen, vor allem regelmäßig am Jahrestage des Todes vom Sohn für die Eltern.
Kaschrus	Substantiv zu „koscher" (vgl. dort), das Koschersein.
Kehilla	Jüdische Gemeinde.
Kol Nidre	Gesungene Formel zu Beginn des Jom Kippur, die die Aufhebung unbedachter Gelübde betrifft.
Koscher	Den biblischen Speisevorschriften entsprechend, die u.a. for-

dern: Entziehung des Blutes aus dem Fleisch beim Schlachten, strenge Trennung von Milch- und Fleischspeisen und das Verbot des Verzehrs von Schweinefleisch.

Kulturbund | Der jüdische Kulturbund Berlin wurde im Juni 1933 gegründet als Veranstalter- und Besucherorganisation eines separaten jüdischen Kulturlebens. Mit Bünden anderer Städte 1935 zum „Reichsverband jüdischer Kulturbünde" vereint, veranstaltete er bis 1941 unter strenger Zensur des Reichspropagandaministeriums Theater- und Konzertaufführungen sowie Vortragsreihen.

Laubhüttenfest | s. Sukkos

Leinen | Tora vorlesen

Mazze | (Plur. Mazzot) Ungesäuertes Brot, das zu Pessach gegessen wird zur Erinnerung an den Auszug der Juden aus Ägypten, der ihnen nicht Zeit ließ zum Backen von Brot mit Sauerteig.

Meschores | Knecht, Diener

Mesusa | (Plur. Mesusot) Kapsel am Türpfosten, die Pergamentstreifen enthält mit den Torastellen Deut. 6,4–9 u. 11,13–21. Die Mesusa soll beim Eintritt an die Grundlehren des Judentums erinnern.

Minjan | Die Zehnzahl der religiös volljährigen Männer, die für die Abhaltung eines Gottesdienstes notwendig ist.

Mischna | Sammlung von rabbinischen Lehrsätzen, die um 200 n. Chr. von Rabbi Juda Hanassi redigiert wurde. Die Mischna und die Erörterungen über sie, die Gemara, bilden zusammen den Talmud.

Misrach | „Osten" und die zum Anzeigen der Gebetsrichtung an der Ostwand eines Raumes angebrachte Tafel, oft verziert.

Mizwo | (Plur. Mizwot) Erfüllung eines religiösen Gebotes durch eine gute Tat, z. B. Unterstützung der Armen.

Mohel | Beschneider. Dies ist ein religiöses Ehrenamt, das von besonders geprüften Männern nebenberuflich ausgeübt wird.

Oren | Beten

Parnas | (Plur. Parnassim) Gemeindevorsteher.

Peies | Lange Schläfenlocken, die von orthodoxen Juden gemäß dem Gebot in Leviticus 19,27 getragen werden.

Pessach | Das beim ersten Frühlingsvollmond gefeierte Fest zur Erinnerung an den Auszug der Juden aus Ägypten (Exodus 12–14). Es beginnt mit dem Sedermahl, bei dem aus der Pessach Haggada die Geschichte des Auszugs gelesen wird.

Pletten | „Bilette". Anweisungen für kostenlose Speisung bei einem Gemeindemitglied, die durchreisende oder arme Juden vom Gemeindevorstand erhielten.

Purim | Freudenfest mit Maskeraden zur Erinnerung an die Errettung der Juden in Persien aus der Hand des Judenfeindes Hamann (Buch Esther).

Rabbi | (Rebbe, Reb, Raw) Rabbiner. „Reb" wird auch als ehrende Anrede benutzt wie „Herr". – Im traditionellen Judentum ist der Rabbiner der Gesetzeskundige, der das Gesetz verbindlich auslegt. Er ist weder zum Gottesdienst notwendig, noch muß jeder, der eine Rabbinerautorisation hat, auch ein Rabbineramt ausüben. Im liberalen Judentum erst wird der Rabbiner zum Prediger.

Reichsbund jüd. Frontsoldaten Der R.j.F., gegründet 1919, war eine Veteranenorganisation mit bis zu 50 000 Mitgliedern. Er bekämpfte den Antisemitismus und verteidigte die Ehre der jüdischen Soldaten. Seit Beginn betont patriotisch, versuchte der R.j.F. nach 1933 vergeblich, eine Führungsrolle unter den deutschen Juden zu erlangen. Er wurde im November 1938 verboten.

Reichsvertretung „Reichsvertretung der deutschen Juden" (ab 1935 R.d. Juden in Dt.) hieß die im September 1933 von allen großen jüdischen Organisationen und Landesverbänden gegründete erste Gesamtvertretung in der Geschichte der deutschen Juden. Sie leitete das Selbsthilfewirk und vertrat die Juden gegenüber der NS-Regierung. Nach dem Novemberpogrom 1938 wurde sie zwangsweise umgebildet zur Reichsvereinigung (s. dort).

Reichsvereinigung Die „Reichsvereinigung der Juden in Deutschland" war der im Februar 1939 zwangsweise geschaffene Zusammenschluß aller „Rassejuden" im Sinne der Nürnberger Gesetze zu einer der direkten Aufsicht der Gestapo unterworfenen Organisation. Ihr Vorstand, von der Reichsvertretung übernommen, leitete Emigration, Schulwesen und Wohlfahrtspflege. Während der Deportation wurde sie zu Hilfstätigkeiten gezwungen und dann am 10. Juni 1943 aufgelöst.

Rosch Haschana Neujahrstag, meist in den September fallend. Dieser hohe Feiertag wird in den Synagogen als Tag des göttlichen Gerichts begangen. Er leitet zehn Tage der Umkehr ein, die auf Jom Kippur (s. dort) vorbereiten.

Sabbat (Schabbat, Schabbes) Wöchentlicher Ruhetag, beginnend am Freitagabend mit Synagogenbesuch und häuslichem Sabbatmahl. Im traditionellen Judentum ist jede Arbeit – wozu auch Fahren und Schreiben rechnen – am Sabbat verboten.

Schabbes Goi Christliche Hilfskraft, die Juden am Sabbat verbotene Arbeiten erledigt.

Schächten Schlachten nach den Vorschriften des Religionsgesetzes. Der Schächter führt einen tiefen Halsschnitt aus, der das Tier sofort bewußtlos macht und das Blut abfließen läßt, dessen Genuß verboten ist.

Schächter s. Schochet

Schawuot (Schewues, Schawues) Wochenfest, das sieben Wochen nach Pessach gefeiert wird. Ursprünglich Erntefest, wurde es dann zum Fest der Offenbarung und des Bundes.

Schechita Die vorschriftsmäßige religiöse Schlachtung der Tiere durch den Schochet (Schächter).

Schiwe (Schiwa) „Sieben". Die siebentägige Trauerzeit nach der Beerdigung. Die Familie sitzt im Trauerhaus auf dem Boden, hält morgens und abends Gottesdienst und empfängt die Besuche von Freunden, die Trost und Speisen bringen.

Schochet
(Plur. Schochtim) Schächter, der die Tiere nach den Vorschriften des Religionsgesetzes schlachtet (schächtet), wodurch sie koscher werden. Das Amt erfordert eine Ausbildung mit Prüfung vor dem Rabbiner und kann haupt- oder nebenberuflich ausgeübt werden.

Schofar
Aus einem Widderhorn gefertigtes Blasinstrument, das an Rosch Haschana in der Synagoge geblasen wird. Sein Ton mahnt an das göttliche Weltgericht und ruft zur Buße.

Schul
Traditioneller Ausdruck für Synagoge, da diese zugleich immer Stätte des Lernens ist.

Seder
„Ordnung". Festordnung für den Abend des Pessachfestes mit dem Sedermahl (s. Pessach). Den „Seder geben" heißt, das Sedermahl als Hausherr leiten.

Simchas Tora
Fest der Torafreude, an dem die jährliche Lesung der Tora in Wochenabschnitten abgeschlossen und wieder neu begonnen wird. In der traditionellen Synagoge tanzen Männer mit der Torarolle im Arm.

Sukkos
Laubhüttenfest. Gefeiert zur Erinnerung an das Wohnen der Juden in Hütten nach ihrem Auszug aus Ägypten (Lev. 23, 42f.). Sieben Tage lang hält sich die Familie überwiegend in der festlich errichteten Laubhütte (Sukka) auf, durch deren geflochtenes Dach der Himmel sichtbar sein soll.

Talles
Tallis, pl. Tallesim. Gebetmantel aus einem viereckigen Tuch mit dunklen Streifen und herabhängenden Quasten (Schaufäden nach Numeri 15, 37–41). Er wird vor allem beim Morgengebet getragen.

Talmud
Zusammenfassung der Lehren und Überlieferungen des nachbiblischen Judentums. Man unterscheidet den erzählenden und exegetischen Teil, die Haggada, vom gesetzlichen Teil, der Halacha. Der palästinensische Talmud wurde um 375 n. Chr., der babylonische um 500 n. Chr. abgeschlossen.

Tefillin
Gebetsriemen, an denen Kapseln mit vier Toratexten befestigt sind (Ex. 13,1–10 u. 11–16, Deut. 6,4–9 u. 11,13–21). Sie werden von Männern beim Beten um Hand und Haupt geschlungen, entsprechend dem Gebot in Deut. 6,8.

Tora
Die fünf Bücher Mose: Genesis, Exodus, Leviticus, Numeri, Deuteronomium. Jede Synagoge besitzt wenigstens eine in Rollenform geschriebene Tora in einer Lade. Aus ihr wird beim Gottesdienst der jeweilige Wochenabschnitt vorgetragen.

Trefe
Nicht koscher (s. dort).

Zionistische Vereinigung
„Zionistische Vereinigung für Deutschland" hieß die 1897 geschaffene Organisation der deutschen Zionisten, die Teil der zionistischen Weltorganisation war. Sie propagierte die jüdische Nationalidee und die Siedlung in Palästina. Bis 1933 eine um Anerkennung in der Gemeinde kämpfende Minorität, wuchs ihre Bedeutung in den Jahren des Naziregimes.

Namenregister

Ortsregister

Leben im Zeichen der Bedrohung

Die Juden in Deutschland
Leben unter nationalsozialistischer Herrschaft
Unter Mitarbeit von Volker Dahm, Konrad Kwiet,
Günter Plum, Clemens Vollnhals, Juliane Wetzel
herausgegeben von Wolfgang Benz.
2., unveränderte Auflage. 1989. 779 Seiten mit
27 Abbildungen. Gebunden

Betty Scholem – Gershom Scholem
Mutter und Sohn im Briefwechsel
1917–1946
Im Auftrag des Leo Baeck Instituts
herausgegeben von Itta Shedletzky
1989. Etwa 570 Seiten mit 13 Textabbildungen
und 6 Faksimiles. Leinen

Jacob Katz
Vom Vorurteil bis zur Vernichtung
Der Antisemitismus 1700–1933
1989. 375 Seiten. Gebunden

Else R. Behrend-Rosenfeld
Ich stand nicht allein
Leben einer Jüdin in Deutschland
1933–1944
Mit einem Nachwort von Marita Krauss.
1988. 270 Seiten mit 2 Porträts der
Autorin. Paperback (Beck'sche Reihe, Band 351)

Hans-Günter Richardi
Schule der Gewalt
Die Anfänge des Konzentrationslagers Dachau
1933–1934. Ein dokumentarischer Bericht
Mit einem Nachwort von Hermann Langbein.
1983. XII, 331 Seiten mit 31 Bildern und
Dokumenten und einem Plan. Broschiert

Verlag C.H.Beck München

Deutsche Vergangenheit

Helmuth James von Moltke
Briefe an Freya 1939–1945
Herausgegeben von Beate Ruhm von Oppen.
1988. 632 Seiten mit 10 Abbildungen
und einem Faksimile im Text. Leinen

Ger van Roon
Widerstand im Dritten Reich
Aus dem Niederländischen von Marga
E. Baumer-Thierfelder.
4., erweiterte Auflage. 1987.
272 Seiten. Paperback
(Beck'sche Reihe, Band 191)

Bernd Rüthers
Entartetes Recht
Rechtslehren und Kronjuristen im
Dritten Reich
2., überarbeitete Auflage. 1989.
230 Seiten. Broschiert

Im Warschauer Getto
Das Tagebuch des Adam Czerniaków 1939–1942
1986. XXVI, 303 Seiten mit 19 Abbildungen.
Gebunden

Peter Longerich
Die braunen Bataillone
Geschichte der SA
1989. 285 Seiten mit 31 Abbildungen.
Gebunden

Verlag C.H.Beck München